Katalonien

Comunitat Valenciana

Región de Murcia

Andalusien

Extremadura

Kastilien-La Mancha
Comunidad Madrid
Kastilien-León

Aragón

La Rioja

Navarra

Baskenland

Kantabrien

Asturien

Galicien

Text und Recherche: Thomas Schröder
Lektorat: Anja Keul
Mitarbeit Madrid & Umgebung: Dr. Hans-Peter Siebenhaar
Recherche/Textänderungen Nordspanien für diese Auflage: Dr. Dietrichhuber
Redaktion und Layout: Sebastian Sabors, Sven Talaron
Fotos: Thomas Schröder, außer:
S. 43, 427, 499: Spanisches Fremdenverkehrsamt; S. 487: Detlchröder;
S. 541, 545, 551, 561, 563, 569, 575, 577: Dr. Hans-Peter Siebenhaar
Covergestaltung: Karl Serwotka
Covermotive: oben: in der zentralspanischen Meseta
unten: Segovia – Burg Alcázar (beide Thomas Schröder)
Karten: Susanne Handtmann; Judit Ladik, Gábor Sztrecska, Joachim B

Die in diesem Reisebuch enthaltenen Informationen wurden vom Au nach bestem Wissen erstellt und von ihm und dem Verlag mit größtmöglichSorg- falt überprüft. Dennoch sind, wie wir im Sinne des Produkthaftungsrecbeto- nen müssen, inhaltliche Fehler nicht mit letzter Gewissheit auszuscßen. Daher erfolgen die Angaben ohne jegliche Verpflichtung oder Garantiels Au- tors bzw. des Verlags. Beide Parteien übernehmen keinerlei Verantrtung bzw. Haftung für mögliche Unstimmigkeiten. Wir bitten um Verständ und sind jederzeit für Anregungen und Verbesserungsvorschläge dankbar.

ISBN 978-3-89953-485-6

© Copyright Michael Müller Verlag GmbH, Erlangen 1993, 1997, 200, 2003, 2006, 2009. Alle Rechte vorbehalten. Alle Angaben ohne Gewähr.

Druck: Fuldaer Verlagsanstalt, Fulda.

Aktuelle Infos zu unseren Titeln, Hintergrundgeschichten zu unseren Rise- zielen sowie brandneue Tipps erhalten Sie in unserem regelmäßig erscheinen- den Newsletter, den Sie im Internet unter **www.michael-mueller-verlag.de** kostenlos abonnieren können.

---

6. erweiterte und aktualisierte Auflage 2009

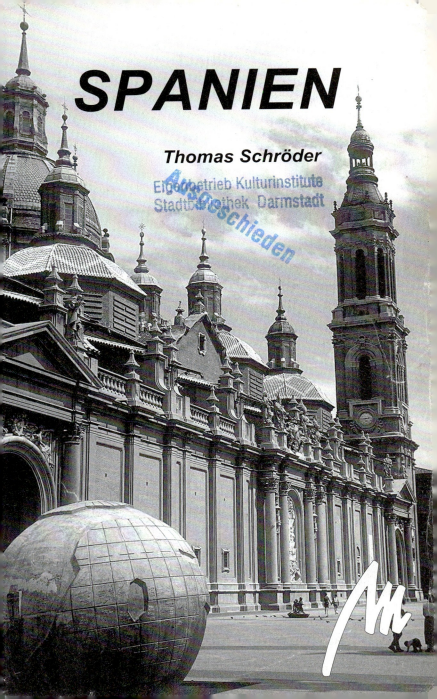

SPANIEN

Thomas Schröder

INHALT

SPANIEN – Reisepraktisches 15

Anreise 16
Mit Auto und Motorrad 16
Mit der Bahn 20
Mit dem Bus 20
Mit dem Flugzeug 21

Unterwegs in Spanien 22
Mit Auto, Motorrad und Fahrrad 22
Mit der Bahn 28
Mit dem Bus 32

Übernachten 33
Ferienhäuser/Apartments 37
"Ferien auf dem Bauernhof" 37
Jugendherbergen 37
Privatzimmer 38
Camping 38

Küche und Keller 40

Wissenswertes von A bis Z 48
Adressen 48
Aids 48
Ärztliche Versorgung 49
Baden 49
Drogen 51
Einkaufen 51
Estancos 52
Feste und Feiertage 52
Feiertage und ausgewählte Feste 53
Flamenco 54
Geld 55
Haustiere 56
Informationsstellen 56
Internet 56
Karten 58
Kleidung 58
Klima und Reisezeit 58
Konsulate 59
Kriminalität 60
Literatur 60
Lotterien 61
Movida, Marcha und Paseo 61
Öffnungszeiten und Eintrittsgelder 62
Polizei 62
Post 63
Rauchverbote 63
Reisedokumente 64
Siesta 64
Sport 64
Stierkampf 66
Telefonieren 68
Toiletten 69
Umweltschutz 69
Zeit 71
Zoll 71

Geschichte 72
Vor- und Frühgeschichte 72
Maurische Eroberung – der Islam in Spanien 74
Maurische Glanzzeit 74
Reconquista und Entstehung der Königreiche 74
Spätes Mittelalter: 13.–15. Jahrhundert 77
Los Reyes Católicos – der Aufstieg beginnt 78
Aufstieg und Fall der Weltmacht Spanien 79
Die Bourbonenherrschaft 81
Wirre Zeiten: Unabhängigkeitskampf und Karlistenkriege 82
Die Restauration 83
Wurzeln des Bürgerkriegs 83

Katastrophen: Bürgerkrieg und Franco-Diktatur	84	Skandale, Skandale ...	86
Endlich: Die Demokratie	85	1996–2004: Die Ära Aznar	87
Blickpunkt 1992: Spanien boomt	85	Zapatero, die erste	87
		Zapatero, die zweite	88

Kunstgeschichte ... 89

Vor- und Frühgeschichte	89	Barock und Klassizismus	95
Islamische Kunst	90	Spanische Malerei im „Goldenen Jahrhundert"	95
Präromanik und Romanik	92		
Gotik, Plateresco und Isabellinischer Stil	94	Kunst des 19. und 20. Jahrhunderts	97
Renaissance und Manierismus	94	Spanien heute – auf einen Blick	99

SPANIEN – Reiseziele ... 101

Katalonien (Catalunya) ... 102

Costa Brava ... 109

La Jonquera	109	L'Estartit	122
Port Bou	109	Im Hinterland von Estartit und Torroella de Montgrí	123
Um das Cap de Creus	110		
Llançà (Llansa)	110	Girona	124
El Port de la Selva	111	Pals	131
Monestir Sant Pere de Rodes	111	Begur	132
Cadaqués	112	Palafrugell	133
Golf von Roses	115	Küstendörfer bei Palafrugell	134
Roses	115	Palamós	135
Castelló d'Empúries	116	Sant Feliu de Guíxols	136
Figueres	116	Tossa de Mar	137
Parc Natural Aiguamolls de L'Empordà	120	Lloret de Mar	139
		Blanes	141
L'Escala (La Escala)	121	Costa del Maresme	142

Katalanische Pyrenäen ... 144

Olot und der Naturpark Garrotxa	144	Sort	152
Ripoll	146	Parc Nacional d'Aigüestortes i Sant Maurici	152
Núria	147		
Puigcerdà	148	Espot/Estany de Sant Maurici	153
La Seu d'Urgell	148	Vall de Boí/Aigüestortes	154
Andorra	150	Vall d'Aran	156
Im Tal des Riu Noguera Pallaresa	151	Im Vorfeld der Pyrenäen	156
		Vic	157

Barcelona ... 158

Montserrat	229	Penedès	232

Costa de Garraf ... 233

Zwischen Barcelona und Sitges	233	Vilanova i la Geltrú	236
Sitges	233		

Costa Daurada (Costa Dorada) 237

Torredembarra	237	Salou	250
Tarragona	238	Cambrils	251
Landeinwärts nach Lleida	246	Südwestlich von Cambrils	252
Monestir de Poblet	247	Tortosa	253
Lleida	248	Delta de l'Ebre (Ebro-Delta)	254
Weiter an der Costa Daurada	250		

Comunitat Valenciana   257

Costa del Azahar	262	**Costa Blanca**	289
El Maestrat (El Maestrazgo)	263	Dénia	290
Vinaròs (Vinaroz)	263	Xàbia (Jávea)	293
Benicarló	264	Moraira	295
Peñíscola	264	Calp (Calpe)	295
Richtung Castelló de la Plana	266	Altea	297
Castelló (Castellón) de la Plana	266	Benidorm	298
Sagunt (Sagunto)	267	Alacant (Alicante)	300
València	268	Die Küste südlich von Alacant	307
Die N 340 nach Alacant (Alicante)	286	Santa Pola	307
Xàtiva (Játiva)	287	Guardamar de Segura	308
Weiter in Richtung Alacant	287	Torrevieja	308
Die Küste südlich von València	288	Auf der A 7 nach Murcia	309
Gandia	288	Elx (Elche)	309
Südlich von Gandia	289		

Región de Murcia   311

Murcia	313	Mar Menor	322
Richtung Andalusien	317	Costa Cálida	322
Lorca	317	Puerto de Mazarrón	322
Caravaca de la Cruz	318	Águilas	323
Cartagena	319		

Andalusien   324

Provinz Almería 331

Costa de Almería (Östlicher Teil)	331	San José	333
Mojácar	331	**Almería**	335
Südlich von Mojácar	332	Durch die Alpujarra almeriense	340
Parque Natural Cabo de Gata-Níjar	332	**Costa de Almería (Westlicher Teil)**	341

Provinz Granada   342

Costa Tropical	342	Von Granada in die Sierra	
Salobreña	343	(und auf den Veleta)	373
Almuñécar	344	La Alpujarra granadina	375
Granada	345	In die Alpujarra alta	376
Parque Nacional de la		Richtung Guadix	380
Sierra Nevada	372	Guadix	380

Provinz Jaén 381

Jaén 381	Parque Natural Sierras de
Baeza 384	Cazorla, Segura y Las Villas 386
Úbeda 385	Cazorla 387

Provinz Córdoba 389

Córdoba 389	Von Córdoba Richtung Granada 404
Von Córdoba Richtung Sevilla 404	

Provinz Málaga 405

Costa del Sol	**Costa del Sol**
(östlich von Málaga) 406	**(südwestlich von Málaga)** 425
Nerja 406	Torremolinos 426
Richtung Málaga 407	Fuengirola 427
Málaga 408	Marbella 428
Das Hinterland von Málaga 422	Estepona 430
Paraje Natural El Torcal 422	**Ronda** 432
Antequera 422	Pueblos Blancos um Ronda 437
Embalses del Conde y de Guadal-	Cueva de la Pileta 438
horce/Garganta del Chorro 424	

Gibraltar 439

Provinz Cádiz 442

Algeciras 443	Conil de la Frontera 451
Abstecher nach Marokko 444	**Cádiz** 453
Costa de la Luz (Provinz Cádiz) ... 445	El Puerto de Santa María 462
Tarifa 446	Sanlúcar de Barrameda 464
Bolonia und Baelo Claudia 448	Das Binnenland der Provinz Cádiz ... 466
Cabo de Trafalgar 449	Jerez de la Frontera 466
Vejer de la Frontera 450	Arcos de la Frontera 470

Provinz Sevilla 472

Sevilla 472	Richtung Córdoba 494
Itálica 494	Richtung Málaga 496

Provinz Huelva 497

Parque Nacional Coto de Doñana .. 498	**Huelva** 502
Costa de la Luz (Provinz Huelva) . 500	Richtung Portugal 504
Matalascañas 500	Der Norden der Provinz Huelva 505
Zwischen Matalascañas	
und Huelva 501	

Extremadura 507

Zafra 508	Trujillo 517
Badajoz 510	Guadalupe 517
Mérida 510	Plasencia 518
Cáceres 514	

Kastilien 520

Kastilien-La Mancha 523
Valdepeñas ... 524
Feuchtgebiete der Mancha ... 526
Parque Nacional de Cabañeros ... 527
Auf den Spuren von Don Quijote ... 528
Cuenca ... 529
Toledo ... 532

Comunidad Madrid 541
Madrid ... 541
Aranjuez ... 575
Chinchón ... 576
Alcalá de Henares ... 577
El Pardo ... 578
Sierra de Guadarrama ... 579
El Escorial ... 579
Monasterio de San Lorenzo de El Escorial ... 580
Valle de los Caídos ... 581

Kastilien-León 582
Segovia ... 583
Ávila ... 590
Sierra de Gredos ... 595
Salamanca ... 596
Richtung Portugal ... 606
Sierra de la Peña de Francia ... 606
Zamora ... 607
Tordesillas ... 609
Valladolid ... 609
Palencia ... 615
León ... 616
Burgos ... 625
Atapuerca ... 632
Soria ... 635

Aragón 637

Aragonische Pyrenäen 639
Huesca ... 640
Valle de Benasque ... 641
Parque Nacional de Ordesa y Monte Perdido ... 642
Jaca ... 644
Valle de Hecho/Valle de Ansó ... 645
Zaragoza ... 645
Mudéjarstädte in Aragón ... 653
Tarazona ... 653
Calatayud ... 654
Daroca ... 654
Teruel ... 654
Alcañiz ... 657

La Rioja 658
Calahorra ... 659
Enciso und die Ruta de los Dinosaurios ... 660
Logroño ... 660
Haro ... 663
Santo Domingo de la Calzada ... 663

Navarra (baskisch: Nafarroa) 665
Tudela ... 666
Olite ... 669
Pamplona ... 669
Am Jakobsweg ... 675
Roncesvalles (Orreaga) ... 676
Monasterio de Leyre ... 677
Puente la Reina (Gares) ... 678
Estella (Lizarra) ... 678

Baskenland (Euskadi/País Vasco) 680

Costa Vasca, Provinz Gipuzkoa (Guipúzcoa) 690
Hondarribia (Fuenterrabia) ... 690
Donostia (San Sebastián) ... 691
Zarautz (Zarauz) ... 702
Westlich von Zarautz ... 702

Costa Vasca, Provinz Bizkaia (Vizcaya) ... 704	Bilbao (Bilbo) ... 708
Lekeitio (Lequeitio) ... 704	Provinz Araba (Alava) ... 720
Gernika (Guernica) ... 705	Vitoria-Gasteiz ... 720
Mundaka und Bermeo ... 707	La Rioja Alavesa ... 725
	Laguardia ... 725

Kantabrien 727

Costa de Cantabria ... 730	Comillas ... 742
Castro Urdiales ... 730	San Vicente de la Barquera ... 744
Laredo ... 731	**Picos de Europa (kantabrischer Bereich)** ... 744
Santoña ... 732	Potes ... 745
Santander ... 732	Nach Fuente Dé ... 747
Santillana del Mar ... 740	Südumfahrung der Picos de Europa ... 748
Umgebung von Santillana ... 742	

Asturien 749

Picos de Europa (asturischer Bereich) ... 752	Llanes ... 757
Cangas de Onís ... 752	Ribadesella ... 758
Covadonga und die Bergseen ... 754	Gijón (Xixón) ... 760
Arenas de Cabrales ... 755	Oviedo ... 763
Garganta de Cares ... 756	**Costa Verde (westlicher Teil)** ... 769
Costa Verde (östlicher Teil) ... 757	Cudillero (Cuideiru) ... 769
	Luarca ... 770

Galicien 772

Rías Altas ... 776	Noia (Noya) ... 800
Ribadeo ... 776	Ría de Arousa ... 801
Viveiro (Vivero) ... 777	Padrón ... 801
Ferrol ... 778	Cambados ... 803
Betanzos ... 779	O Grove ... 803
A Coruña (La Coruña) ... 779	Ría de Pontevedra ... 804
Santiago de Compostela ... 786	Pontevedra ... 804
Costa da Morte (Costa de la Muerte) ... 797	Península de Morrazzo ... 806
Malpica de Bergantinos ... 797	Ría de Vigo ... 806
Camariñas ... 797	Vigo ... 806
Muxía (Mugia) ... 798	Baiona (Bayona) ... 809
Cée und Corcubión ... 798	Galicisches Binnenland ... 810
Finisterre (Fisterra) ... 798	Entlang des Río Miño ... 810
Rías Bajas ... 799	Ourense (Orense) ... 812
Ría de Muros y Noia ... 799	Garganta del Sil ... 813
Muros ... 799	Lugo ... 815

Etwas Spanisch ... 817
Register ... 833

Alles im Kasten

Dramaturgie des Stierkampfs	67
Kurzes Resümee der Reconquista	76
Universalist Karl V., letztlich gescheitert	80
El Siglo de Oro	81
Erste Gehversuche der Demokratie	82
Francisco Franco Bahamonde	84
Spanien heute – auf einen Blick	99
Ein katalanisches Genie des 20. Jahrhunderts: Salvador Dalí	118/119
Stierkampffreie Stadt Barcelona	191
Modernisme in Barcelona	212
Mehr Modernisme	215
Joan Miró	226
Cava aus Katalonien	232
El Cid, Nationalheld Spaniens	258
Die Fallas von Valencia	279
Plasticultura	341
Federico García Lorca	372
Volkstümliche Architektur in der Alpujarra granadina	376
Über den Ölbaum	381
Málagas großer Sohn: Pablo Picasso	420
Ronda, Wiege des modernen Stierkampfs	436
Fluchtziel Spanien: Tod auf dem Weg ins „Gelobte Land"	445
Semana Santa und Feria de Abril	487
La Romería del Rocío	498
Reben, Reben, Reben … und Safran	523
Juden in Toledo	533
El Greco: Woher kommt bloß das Licht auf der Leinwand?	537
El Rastro, berühmtester Flohmarkt Spaniens	559
Mit Muße durch den Musentempel	570
Rätselhaft: Las Meninas, Meisterwerk des Goldenen Zeitalters	571
„Guernica": Fanal gegen den Krieg	574
Abstrakter Expressionismus: Museo Esteban Vicente	588
Mystische Teresa von Ávila	594
Spanien und Portugal teilen sich die Welt	609
Padres als Popstars? Die Gregorianischen Choräle von Santo Domingo	634
Mittelalterliche Tragik: Los Amantes de Teruel	655
Weine aus La Rioja	659
Ein quicklebendiges Abendessen	664
San Fermín – die Fiesta	670/671
El Camino del Santiago	675
Kochen – reine Männersache	689
Tankerunglück vor Galicien	773
Santiago – der wundersame Apostel	787

Kartenverzeichnis

Spanien..vordere Umschlagklappe innen
Übersicht der Autonomen Gemeinschaften..............vordere Umschlagklappe außen
Barcelona (Altstadt)..hintere Umschlagklappe

A Coruña	780/781	Kastilien-León	584/585
Alicante	302/303	Katalonien	105
Andalusien	326/327	La Rioja	661
Aragón	639	León	618/619
Asturien	750/751	Madrid	552/553
Ávila	590/591	Madrid (Comunidad)	543
Bahnlinien	28/29	Málaga	412/413
Barcelona (Eixample, Grácia)	185	Mérida	512/513
Barcelona (Übersicht)	170/171	Murcia (Región)	312
Barcelona (Umgebung)	229	Murcia (Stadt)	315
Baskenland	682/683	Navarra	667
Bilbao	710/711	Oviedo	766/767
Bilbao (Altstadt)	715	Pamplona	673
Burgos	627	Salamanca	599
Cádiz	456/457	Santander (Innenstadt)	737
Córdoba	393	Santander (Übersicht)	735
Córdoba (Mezquita)	398	Santiago de Compostela	789
Donostia (San Sebastián)	694/695	Segovia	586/587
Extremadura	509	Sevilla	478/479
Galicien	775	Tarragona	241
Girona	127	Toledo	534/535
Granada (Albaicín)	356/357	Valencia (Stadt)	274/275
Granada (Alhambra)	362/363	Valenciana (Comunitat)	259
Granada (Übersicht)	347	Valladolid	610/611
Granada (Innenstadt)	350/351	Vitoria-Gasteiz	721
Kantabrien	728/729	Zaragoza	647
Kastilien-La Mancha	524/525		

Zeichenerklärung für die Karten und Pläne

- Autobahn
- Schnellstraße
- Asphaltstraße
- Bahnlinie
- Gewässer
- Grünanlage
- ▲ Berggipfel
- ✝ Kirche/Kapelle
- Kloster
- Schloss/Festung
- ✈ Flughafen/-platz
- ∩ Höhle
- Aussicht
- 𝑖 Information
- P Parkplatz
- Post
- BUS Bushaltestelle
- M Museum

„Es ist ein ganzer Kontinent, der dort hinter den Pyrenäen liegt. Geheimnisvoll, verborgen, unbekannt, ein Gebilde aus Ländern mit jeweils eigener Geschichte, mit eigener Sprache und Tradition."
(Cees Nooteboom)

Liebe Leserin, lieber Leser,

»Todo bajo el sol«, »Alles unter der Sonne«, verspricht ein Slogan der spanischen Fremdenverkehrswerbung – und übertreibt damit nur wenig. Spanien ist, bedingt durch Geographie und Geschichte, in der Tat ein ausgesprochen vielfältiges Reiseziel. Zwischen den grünen Hügeln des Nordens, den ausgedörrten Weiten der zentralspanischen Meseta und den Sonnenstränden der Mittelmeerküste, zwischen den majestätischen Kathedralen Kastiliens und den maurischen Märchenpalästen Andalusiens liegen nie mehr als ein paar hundert Kilometer – spannende Kontraste.

»Todo bajo el sol«, das heißt auch, dass Spanien weit mehr zu bieten hat als nur die zahllosen Hotelanlagen des Mittelmeers. Selbst an dessen vom Tourismus arg gebeutelten Küsten gibt es zwar noch manch überraschend angenehmes Fleckchen (und dieses Handbuch sagt Ihnen selbstverständlich, wo), die echten Kostbarkeiten jedoch liegen oft ein wenig abseits. Wussten Sie, dass Spanien nach der Schweiz das gebirgigste Land Europas ist? Dass sich an den endlosen Atlantikstränden im Norden und Südwesten auch im Hochsommer noch reichlich Platz findet? Dass Dutzende von Naturparks und Nationalparks auf Ihren Besuch warten? Es ist Zeit, Spanien neu zu entdecken.

Dieses Reisehandbuch möchte Ihnen mit vielen praktischen Tipps und mit Informationen zu Geschichte und Sehenswertem dabei helfen. Gerade in Spanien ändert sich jedoch vieles quasi über Nacht: neue Hotels eröffnen, Bahnhöfe werden verlegt, Museen schließen. Meine Bitte deshalb: Schreiben Sie mir, wenn Sie Ungewöhnliches und Interessantes entdecken oder aktuelle Änderungen feststellen. Ihr Tipp kommt der nächsten Auflage zugute. In diesem Zusammenhang ein herzliches „muchas gracias!" an die vielen Leserinnen und Leser, deren Zuschriften zu den ersten fünf Ausgaben nun diese sechste Auflage bereichern.

Viel Spaß in Spanien!

Thomas Schröder

Was haben Sie entdeckt?

Haben Sie die Bar mit wundervollen Tapas gefunden, das freundliche Hostal, den günstigen Campingplatz, einen schönen Wanderweg? Und welcher Tipp war nicht mehr so toll?

Wenn Sie Ergänzungen, Verbesserungen oder neue Informationen zum Spanienbuch haben, lassen Sie es mich bitte wissen!
Ich freue mich über jede Zuschrift!

Thomas Schröder
Stichwort „Spanien"
c/o Michael Müller Verlag
Gerberei 19
91054 Erlangen

thomas.schroeder@michael-mueller-verlag.de

SPANIEN – Reisepraktisches

Anreise 16	Wissenswertes von A bis Z 48
Unterwegs in Spanien 22	Geschichte 72
Übernachten 33	Kunstgeschichte 89
Küche und Keller 40	

Nasse Füße für Autor und Auto: anno 1991 im Ebre-Delta

Anreise

Von Frankfurt bis Barcelona sind immerhin gut 1300 Kilometer zurückzulegen, die Strecke nach San Sebastian schlägt mit fast 1400 Kilometern zu Buche.

Weit genug also, um über die Art der Anreise nachzudenken. Kriterien der Entscheidung sind die Kosten, die Bequemlichkeit und Dauer der Anreise, nicht zuletzt auch die Frage, inwieweit Mobilität vor Ort gewünscht wird.

Mit Auto und Motorrad

Der Vorteil der Mobilität ist eindeutig. Erkauft wird er mit ziemlich hohen Fahrtkosten. Und, selten einkalkuliert: Parkplätze sind in spanischen Städten eine Rarität.

Rechnet man die Kosten genau durch, bezieht also auch den Verschleiß mit ein, kommt die Anreise per Pkw ganz schön teuer. Die Autobahngebühren und hohen Benzinpreise besonders in Frankreich belasten das Budget zusätzlich. In Großstädten bringt das Auto – im Gegensatz zum Motorrad – nur Nachteile. Wer Madrid, Barcelona oder Sevilla noch nie besucht hat, kann sich kaum vorstellen, wie schwer es ist, dem Vehikel einen Platz für die Nacht zu sichern. Im Freien, so man tatsächlich einen Parkplatz gefunden hat, ist der Wagen extrem einbruchgefährdet. Parkgaragen nehmen abschreckende Gebühren von bis zu 25 € und mehr pro Tag.
Fazit: Wer in erster Linie Städte besuchen will, vielleicht noch einige Strandtage

an den mit öffentlichen Verkehrsmitteln gut zu erreichenden Küsten plant, sollte sich mit anderen Anreisevarianten anzufreunden versuchen. Bei ausgedehnteren Rundreisen durchs Land jedoch sichert das eigene Fahrzeug ein Maximum an Beweglichkeit.

Vor dem Start

▶ **Alternative Autoreisezug**: Besonders für Familien mit Kindern eine feine, wenn auch nicht sonderlich preisgünstige Sache – abends in den Schlafwagen, morgens fast am Ziel. Die Züge fahren zwar nur bis *Avignon und Narbonne* in Südfrankreich, die folgenden Distanzen bis zur spanischen Grenze sind jedoch ausgesprochen kurz bis erträglich. Motorräder können so ebenfalls transportiert werden, die Fahrer dem nördlichen Klima entfliehen.

• *Information* In Deutschland ist bei größeren Bahnhöfen und den Büros des DER/ABR die Broschüre „DBAutozug" erhältlich, die alle nötigen Daten aufschlüsselt.
Info-Telefon: 01805 996633
Internet: www.dbautozug.de

Auch **innerhalb Spaniens** existieren Autoreisezüge. Nähere Informationen an den auf Autoreisezüge spezialisierten Sonderschaltern der Bahn.

▶ **Papiere**: Außer *Pass/Personalausweis* sind der nationale *Führerschein* und der *Fahrzeugschein* erforderlich. Die *Grüne Versicherungskarte* ist nicht mehr Pflicht, wird aber dringend empfohlen. Als nützlich im Notfall kann sich ein *Europäischer Unfallbericht* erweisen, der bei den Versicherungen kostenlos, beim ADAC gegen einen geringen Betrag erhältlich ist.

▶ **Zusatzversicherungen**: Wertvolle und neue Fahrzeuge sichert man besser durch eine kurzfristige Vollkaskoversicherung ab. Sie springt auch bei Diebstahl des Fahrzeugs ein; hierfür genügt jedoch auch eine Teilkasko-Police. Überlegenswert mag der Abschluss einer im Ausland gültigen *Rechtsschutzversicherung* sein: Wer unschuldig in einen Unfall verwickelt wird, kann in Spanien unter Umständen echte Mühen haben, den Schaden auch erstattet zu bekommen.

▶ **Auslandsschutzbrief**: Sehr ratsam. Zu erhalten ist der Schutzbrief bei den Automobilclubs (preiswert, aber nur für Mitglieder möglich), oder bei Versicherungen. Zu den Serviceleistungen zählen der Heimtransport von Fahrzeug und Besatzung bei Reparaturschwierigkeiten oder Krankheit, Erstattung dadurch nötig gewordener Übernachtungskosten, Ersatzteilversand, Fahrzeugverzollung bei Totalschaden etc. Details bei den jeweiligen Versicherern.

▶ **Straßenkarten**: Für die Anreise nach Spanien via Autobahn reicht jeder gebräuchliche Maßstab aus. Gut und in Frankreich sehr preiswert sind die Michelin-Karten 1:1.000.000 Südfrankreich (bis Höhe Genf) und Nordfrankreich. Mitglieder mancher Automobilclubs können sich ein kostenloses Paket mit Übersichtskarten, Gebühreninformationen etc. zusammenstellen lassen.

Anreiserouten

Prinzipiell stehen je nach angepeiltem Spanieneinstieg zwei Hauptrouten zur Wahl: auf der Rhônetalautobahn über Lyon und Nîmes zur Costa Brava am Mittelmeer oder über Paris/Bordeaux zur nordspanischen Atlantikküste bei San Sebastian.

Beide Routen lassen sich auf dem Weg via Lyon, Clermont-Ferrand und Bordeaux kombinieren, eine Alternative, die besonders für Südbayern, Österreicher und Schweizer, die an der Atlantikküste nach Spanien einreisen wollen, interessant sein kann. Der Großteil der Verbindungsstrecke erfolgt dabei jedoch Zeit raubend über kurvige Landstraßen.

Zur Mittelmeerküste

Gleichgültig, ob von Hamburg, Berlin oder München: Die kürzeste Anreise erfolgt auf der Rhônetalautobahn über Valence, Nîmes, Montpellier und Perpignan zur spanischen Grenze.

Bis Lyon, eventuell auch Valence scheiden sich jedoch die Geister. Bayern und Österreicher fahren am kürzesten über die Schweiz, der Westen der Republik am besten via Luxemburg bzw. Saarbrücken und Metz. Für den Großteil Deutschlands aber ist die Strecke über die Rheintalautobahn zum Grenzübergang Mulhouse (Mühlhausen) sicher die günstigste Route.

• *Durch die Schweiz nach Lyon* (Deutsche Grenze-Lyon ca. 570 km): Ein finanzieller Vorteil dieser Route sind die im Vergleich zu Deutschland und Frankreich günstigeren Benzinpreise in der Schweiz. Die ab Bayern übliche Strecke führt bislang bei Lindau/Bregenz durch den Pfändertunnel (Achtung: Vignettenpflicht! Am günstigsten ist meist die sog. „Korridorvignette" à 2 € einfach, erhältlich z.B. an der ehemaligen Grenzstation der Autobahn) und bis zur Ausfahrt *Dornbirn-Süd*, von dort auf einem kurzen Stück österreichischer Landstraße bis zur Schweizer Grenze; um sich die Vignette zu sparen weichen viele Autofahrer auf die Landstraßen durch Lindau und Bregenz aus und sorgen dort für Staus. Von der Schweizer Grenze geht es weiter auf der Autobahn N 1 (vignettenpflichtig) über *Zürich* bis *Bern*, dann auf die N 12/N 9 bis *Lausanne* (Staugefahr bei Abfahrt zum Genfer See), schließlich auf die N 1 nach *Genf* und zum Grenzübergang nach Frankreich. Weiter über die französische A 40/42 nach Lyon.

• *Von Luxemburg/Saarbrücken über Metz nach Lyon* (Luxemburg-Lyon ca. 510 km): Ab dem Westen Deutschlands die preisgünstigste Variante. Die Autobahn Luxemburg-Thionville-Metz ist gebührenfrei, das französische Teilstück Saarbrücken-Metz hingegen mautpflichtig. Ebenfalls gebührenfrei ist die A 31 von Metz bis *Toul* bei Nancy; die folgenden rund 400 Kilometer bis Lyon sind dann wieder gebührenpflichtig. Die Strecke führt zunächst weiter auf der A 31, hinter dem Dreieck bei *Beaune* dann auf der A 6 von Paris; ab hier regelmäßig hohes Verkehrsaufkommen.

• *Vom Rheintal über Mulhouse nach Lyon* (Grenze-Lyon ca. 400 km): In der Regel flott zu befahren ist die A 36 vom deutschen *Auto-*

bahndreieck *Neuenburg* über Mulhouse und Besançon bis zur A 31 bei *Beaune*, wo sie auf obige Route trifft. Ab dem Autobahndreick mit A 6 erhöhte Staugefahr.

- *Von Lyon zur spanischen Grenze* (Lyon-Le Perthus (Grenze) 460 km): Zunächst südlich auf der Rhônetalautobahn A 7 bis Orange, ab dort südwestlich auf der A 9 über *Nîmes/Montpellier/Perpignan*. Die gesamte Strecke kann sich ab Mitte Juli bis in den August hinein in einen einzigen Stau verwandeln; in der Gegenrichtung liegen die verkehrsstärksten Zeiten zwischen Ende Juli und Ende August. Besonders neuralgische Termine sind jeweils die Wochenenden. Außerhalb dieser Zeiten lassen sich A 7 und A 9 gleichermaßen zügig befahren.

Verkehrstipps Frankreich

- *Geschwindigkeitsbegrenzungen* Innerorts 50 km/h, Landstraßen 90 km/h, bei Nässe 80 km/h; vierspurige Landstraßen mit Mittelstreifen 110 km/h, bei Nässe 100 km/h; Autobahnen 130 km/h, bei Nässe 110 km/h. Wer den Führerschein erst kürzer als zwei Jahre besitzt, darf generell außerorts nur 80 km/h, auf Schnellstraßen 100 km/h und auf Autobahnen nur 110 km/h fahren.

- *Unfall/Panne* **Polizeinotruf** und **Rettungsdienst** ✆ 112; Pannendienst an Autobahnen über die Notrufsäulen. **ADAC-Notruf:** ✆ 0825 800 822, Handy 0033 825 800 822.

- *Mistral* Ein vor allem im Rhônetal auftretender, kalter und trockener Nordwind, dessen Böen Gespannkapitänen, Wohnmobil-Lenkern und Motorradfahrern schwer zu schaffen machen können.

- *Autobahngebühren* Fast das gesamte französische Autobahnnetz ist mautpflichtig, Ausnahmen bilden die Autobahnen im Umkreis mancher Großstädte. Die Bezahlung der Gebühren mit gängigen Kreditkarten (Eurocard, Visa) ist problemlos möglich.

- *Mautberechnung* Die französischen Autobahngebühren lassen sich auf der Seite der französischen Autobahnen ganz leicht berechnen, man gibt Quell- und Zielort an und *voilà*: www.autoroutes.fr. Die deutschen Orte können in Deutsch eingegeben werden.

Zur Atlantikküste

Für den Großteil Deutschlands ist die Route über Paris und Bordeaux die günstigste Verbindung zur nordspanischen Atlantikküste. Bis Paris jedoch sind, je nach Abfahrtsort, zwei Hauptstrecken möglich.

Vom Raum Düsseldorf und damit auch vom Norden und Osten Deutschlands ist die Route über Aachen und Belgien zu empfehlen; aus Südwestdeutschland ist die Strecke über Metz und Reims schneller.

- *Über Belgien nach Paris* (Deutsche Grenze-Paris ca. 380 km): Vorteil – die belgischen Autobahnen sind (im Gegensatz zu denen Frankreichs) gebührenfrei. Zunächst geht es auf der A 4/A 3 vorbei an *Aachen* und dem belgischen *Liège*, dann auf der A 15 und später auf der A 7 Richtung *Lille*; ab der Autobahngabelung bei *Bousso* Richtung Grenze-*Cambrai*-Paris. Auf der gesamten Strecke meist hohes Verkehrsaufkommen.

- *Über Metz und Reims nach Paris* (Deutsche Grenze-Paris ca. 400 km): Grenzübergang bei *Saarbrücken* (Freyming), dann in meist recht flotter Fahrt auf der A 4 über *Reims* bis Paris. Maut sparende, aber zeitintensive Alternative sind die immer etwa parallel verlaufenden Landstraßen über *Verdun-sur-Meuse* und *Châlon-sur-Marne*.

- *Von Paris zur spanischen Grenze* (Paris-Irún (Grenze) ca. 790 km): Durchgehende Autobahn A 10 über Tours bis hinter *Bordeaux*, von dort auf vierspuriger Landstraße N 10 bis etwa 30 km vor Bayonne, dann noch etwa 65 km Autobahn A 63 bis zur spanischen Grenze. Die Route ist die gängige Heimatstrecke der in Paris arbeitenden Portugiesen und Marokkaner; Richtung Süden besonders ab Mitte Juli bis in den August hinein häufig lange Staus; in der Gegenrichtung liegen die verkehrsstärksten Zeiten zwischen Ende Juli und Ende August. Besonders staugefährdet sind die Wochenenden.

Mit der Bahn

Wer nicht mit einem der modernen „Talgo"-Züge anreist, muss an der spanischen Grenze wegen der unterschiedlichen Spurweiten den Zug wechseln. Doch auch vorher ist in der Regel schon Umsteigen angesagt.

Bahnreisen nach Spanien sind in aller Regel mit ein- oder mehrmaligem Umsteigen verbunden, Direktzüge (Ausnahme sind manche Nachtzüge ab der Schweiz) bislang eine Rarität. Die preisgünstigsten Verbindungen nehmen je nach Abfahrtsort unterschiedliche Streckenführungen – mit ein Grund, weshalb die Fahrzeiten ganz erheblich schwanken. Ab dem Norden Deutschlands kann man jedoch bis zur spanischen Grenze ohne weiteres 24 Stunden und mehr unterwegs sein. Gut möglich, dass sich dies mit der geplanten TGV-Schnellverbindung von Frankreich nach Barcelona via La Jonquera ändert, doch dauert es bis zu deren Fertigstellung noch einige Jahre.

• *Information* **Info-Telefon der DB**: ✆ 11861 (Mensch zu Mensch, gebührenpflichtig) oder unter 0800 1507090 (Computer); im **Internet**: www.bahn.de

• *Preise/Sondertarife* Der sehr häufigen Änderungen unterworfene Tarifdschungel der Bahnen im In- und Ausland ist im Rahmen dieses Handbuchs unmöglich darzustellen. Sondertarife werden einem am Bahnschalter nicht unbedingt aufgedrängt, es lohnt sich also sehr, gezielt danach zu fragen.

• *Reisegepäck in Frankreich* muss (Ausnahme Handgepäck) mit einem Gepäckanhänger versehen sein, der mindestens Vor- und Nachname enthält. Dies gilt z.B. für Koffer, die im Gepäckfach des Abteils oder unter den Sitzen abgestellt werden.

• *Fahrradtransport* Das Fahrrad nach Frankreich oder Spanien als Reisegepäck aufzugeben, ist nicht möglich. Einzige Ausnahme ist die wenig praktikable „häppchenweise" Fahrt durch Frankreich, gefolgt vom Grenzübertritt per Rad, eine Alternative die Versendung per Post auf dem Land- oder Luftweg. Informationen, auch zu möglichen aktuellen Änderungen, bei der Radfahrer-Hotline der DB oder auf den Internet-Serviceseiten des Allgemeinen Deutschen Fahrradclubs ADFC.
Radfahrer-Hotline: ✆ 01805/151415.
ADFC: Hauptgeschäftsstelle Bremen, ✆ 0421/346290, www.adfc.de.

Mit dem Bus

Rund ums Jahr verbinden die Busse der „Europäischen Fernlinienverkehre" Spanien mit vielen Städten Deutschlands.

Ansprechpartner in Deutschland ist meist die *Deutsche Touring*. Unmöglich, hier alle Zielorte aufzuführen: Generell ist fast jede größere Stadt Spaniens auf diese Weise zu erreichen. Besonders gut bedient wird die Mittelmeerküste, jedoch bestehen auch Verbindungen nach Zentral- und Nordspanien. Der Bahn gegenüber kann die Busfahrt den Vorteil ins Feld führen, im Allgemeinen etwas preiswerter zu sein. Generell sind die Busse durchaus komfortabel ausgestattet – die reine Erholung ist eine Busfahrt über mehr als tausend Kilometer natürlich ebensowenig wie die Anfahrt per Bahn oder Auto.

• *Information, Buchungen* **Service-Center Frankfurt**, Deutsche Touring GmbH, Am Römerhof 17, 60486 Frankfurt/Main. Servicehotline ✆ 069 7903501. Büros in vielen Städten, zu finden über die Website **www.touring.de**.

Preisbeispiel: Die Strecke Frankfurt-Girona (18 Stunden Fahrt) kostet im Normaltarif einfach etwa 85 €, für Hin- und Rückfahrt gibt es je nach Buchungsdatum gestaffelte, z.T. recht interessante Ermäßigungen. Reisende bis 26 oder über 60 Jahre sowie Studenten erhalten 10 %, Kinder bis 12 Jahre nach Alter 50–80 % Rabatt.

Modalitäten: Zwei Gepäckstücke sind frei, Übergepäck gegen Aufpreis und nur, falls genug Platz ist.

• _Fahrradtransport_ In den Linienbussen nicht möglich. Über mögliche Spezialveranstalter für Fahrradreisen nach Spanien informiert der ADFC, siehe „Anreise mit der Bahn".

Mit dem Flugzeug

Der schnelle und bequeme Weg in den Süden. Dank preisgünstiger Low-cost-Airlines und ermäßigter Linientarife muss der Flug gar nicht einmal so teuer sein.

Angesichts der großen Distanzen nach Spanien ist die Anreise per Jet eine Zeit sparende Alternative zum stressigen Landweg. Wegen der starken Nachfrage sind Lowcost- und Charterflüge, aber auch die Sondertarife der Liniengesellschaften zur Hauptsaison jedoch oft sehr schnell ausgebucht. Man sollte sich also rechtzeitig um das Ticket bemühen.

• _Transport von Fahrrad und Sportgepäck_ Prinzipiell bei jeder Airline möglich. Der Transport von Fahrrädern und Sportartikeln ist bei Charter- und vielen Low-Cost-Carriern relativ preisgünstig. Für ein Fahrrad oder ein Surfbrett sind meist 20–25 € zu rechnen. Bei Linienfliegern sind die Regelungen unterschiedlich. In jedem Fall ist es sehr ratsam, Sondergepäck schon vor der Buchung anzumelden. Gute Verpackung ist zu empfehlen: ausgediente Fahrradkartons z.B. gibt es oft gratis beim Fahrradhändler; Pedale nach innen, Lenker verdrehen etc.

Spanien aus der Vogelperspektive

Spanien – ein Land der großen Entfernungen

Unterwegs in Spanien

Spaniens Verkehrsnetz wurde stark verbessert und hat mittlerweile, von sehr entlegenen Gebieten abgesehen, durchaus mitteleuropäisches Niveau erreicht.

Dennoch ist das Straßennetz recht weitmaschig – man könnte auch sagen, dass Spanien erfreulicherweise noch nicht komplett zuasphaltiert ist. Besonders Autobahnen sind eher rar, die oft autobahnähnlich angelegten Fernstraßen dafür meist gut in Schuss. Auch die Bahn profitierte vom Ausbau der Verkehrswege; zahlreiche Hochgeschwindigkeitsstrecken entstanden oder sind noch im Entstehen.

Mit Auto, Motorrad und Fahrrad

Die Mobilität des eigenen Fahrzeugs bringt viel: schnelle Ortswechsel, Unabhängigkeit von Fahrplänen und die Chance, auch entlegenere Gebiete anzusteuern.

Mit Bussen und Bahnen nämlich lassen sich zwar fast alle Siedlungen, aber längst nicht jeder einsame Strand erreichen. Ebenso klar muss allerdings gesehen werden, dass – wie erwähnt – ein Auto in den Großstädten nur eine Last darstellt, aufbruchgefährdet und ohne realistische Chance auf einen legalen Parkplatz.

Autobahnen (Autopistas) sind in Spanien überwiegend gebührenpflichtig. Kenntlich sind sie meist am Kürzel „AP" nebst Nummer, wobei das „P" für „Peaje" (Autobahngebühr) steht. Sie gehören zu den teuersten Europas; Motorradfahrer dürfen sich doppelt ärgern – sie werden mit dem gleichen Tarif zur Kasse gebeten wie Pkw-Fahrer und sogar Wohnmobilisten. Die Bezahlung der Maut mit gängigen

Kreditkarten (Visa, Eurocard etc.) ist möglich. Etwas Kleingeld kann vor allem bei hohem Verkehrsaufkommen dennoch nützlich sein: An manchen Stationen bestehen schnellere Extraspuren mit Zahlautomaten, die allerdings mit exakten Beträgen gefüttert werden wollen.

Schnellstraßen (Autovias, Kürzel „A" plus Nummer) sind vierspurig ausgebaute, also autobahnähnliche, dabei aber gebührenfreie Fernstraßen. Auch die nur zweispurig ausgebauten Nationalstraßen (Kürzel „N" plus Nummer) sind in aller Regel gut in Schuss.

Besonderheiten und Verkehrsbestimmungen in Spanien

- *Besonderheiten* **Kreisverkehre** sind in Spanien viel häufiger als bei uns. Der Kreisverkehr hat immer Vorfahrt.

    Linksabbiegen von Fernstraßen: Auf Überlandstraßen muss zum Linksabbiegen oft erst nach rechts abgebogen und die gerade verlassene Straße dann hinter einem Stoppschild auf direktem Weg überquert werden.

    Linkseinbiegen in Fernstraßen: Ebenso ungewohnt – vielfach gibt es nach dem Linkseinbiegen zunächst eine Beschleunigungsspur, die links (!) von der eigentlichen Fahrspur verläuft. Durchgezogene Linien nicht überfahren!

- *Tanken* Die Benzinpreise an Tankstellen differieren wenig. Diesel nennt sich „gasoleo", Bleifrei mit 95 Oktan „gasolina sin plomo" und ist flächendeckend verfügbar.

- *Verkehrsverstöße/Strafen* Wichtig zu wissen – die Strafen für Verkehrsvergehen liegen in Spanien weit höher als bei uns. So kostet Halten auf der Fahrbahn außerorts rund 200–400 €, eine Geschwindigkeitsüberschreitung um 20 km/h 90–300 € usw. Wird man angehalten, sind die Strafen sofort zu zahlen, andernfalls wird der Wagen sichergestellt; Achtung zudem, Bußgelder ab 70 € dürfen künftig EU-weit eingetrieben werden. Bei extremen Überschreitungen (z.B. 110 km/h in Ortschaften, mehr als 1,2 Promille) ist auch Haft möglich. Jeder Unfallbeteiligte ist verpflichtet, sich einem Alkohol- und Drogentest zu unterziehen.

- *Promillegrenze* 0,5; für Berufskraftfahrer und Fahranfänger, die ihren Führerschein noch keine zwei Jahre besitzen, gilt sogar 0,3. Die Kontrollen sind strikt, die Strafen hoch. Auch eine Gefängnisstrafe ist mittlerweile drin.

- *Höchstgeschwindigkeiten* Innerorts 50 km/h, außerorts 90 km/h (Wohnmobile 70 km/h), auf autobahnähnlichen Straßen 100 km/h (WoMo 80 km/h), Autobahnen 120 km/h (WoMo 90 km/h). Mit Anhänger auf Landstraßen 70 km/h, auf autobahnähnlichen Straßen und Autobahnen 80 km/h. Eine spanische (aber selten gewordene) Spezialität sind Ampeln in Ortsdurchfahrten, die bei zu hoher Geschwindigkeit automatisch auf Rot springen.

- *Überholverbot* 100 m vor Kuppen und auf Straßen, die nicht mindestens auf 200 m zu überblicken sind.

- *Abschleppen* durch Privatfahrzeuge ist verboten!

- *Gurtpflicht/Helmpflicht* besteht sowohl inner- wie außerorts.

- *Reservekanister* im Auto sind verboten.

- *Warndreiecke* Ausländische Fahrzeuge benötigen nur ein Warndreieck, Autos mit einheimischen Kennzeichen jedoch zwei – das gilt auch für Mietwagen!

- *Weitere besondere Vorschriften* Das Fahren mit **Kopfhörern** (iPod etc.) ist verboten, ebenso die Benutzung von **Handys** während der Fahrt; Ausnahme: „Echte" Freisprechanlagen (keine Headsets etc.), die keine elektromagnetischen Störungen verursachen. Wenn die vorgesehene Mindestgeschwindigkeit (z.B. 60 km/h auf Autobahnen) nicht eingehalten werden kann, muss die Warnblinkanlage eingeschaltet werden. Für Kinder unter drei Jahren sind **Babysitze** vorgeschrieben. Beim **Tanken** sind Radio und Handy auszuschalten. Eine **Warnweste** (anzulegen beim Aussteigen wegen Unfall/Panne außerorts) für den Fahrer ist ebenso Pflicht wie die Sicherung überstehender Ladung durch eine rot-weiß schraffierte **Warntafel**. Empfohlen wird die Mitnahme der Grünen Versicherungskarte sowie einer Box mit Reserve-Glühlampen.

24 Unterwegs in Spanien

- **Unfall/Panne**: Bei kleineren Schäden einigt man sich in Spanien gern ohne Polizei und in bar. Dieses Verfahren ist auch Urlaubern sehr zu empfehlen, denn das Recht geht hier verschlungene Wege. Bei ernsthaften Unfall-Beschädigungen sollte man dennoch die Polizei holen, Namen, Anschrift und Versicherungsnummer des Unfallgegners sowie die Adressen etwaiger Zeugen notieren. Es empfiehlt sich dann auch, Fotos der Unfallstelle zu machen, Mitglieder von Automobilclubs sollten unbedingt ihre Notrufstationen konsultieren. Wieder in der Heimat, geht es an die Abwicklung des Schadens. Dabei hilft der Kontakt mit dem von der eigenen Haftpflicht benannten Schadensregulierer in Spanien, der sich mit der Versicherung des Unfallgegners in Verbindung setzen muss; den jeweils zuständigen Beauftragten nennt der *Zentralruf der Autoversicherer* unter der Telefonnummer 0180 25026. Mittlerweile darf man als Geschädigter die Versicherung des Unfallgegners übrigens auch im Heimatland verklagen, wenn auch nach dem Recht des Unfall-Landes.

> - *Notrufnummer* ✆ **112**, eine einheitliche Rufnummer für Feuerwehr, Ambulanz und Polizei.
> - *ADAC-Notrufstationen* **Deutschland** (rund um die Uhr): ✆ 0049 89 22222. **Spanien**: Barcelona, ✆ 935 082828.
> - *Abschleppwagen/Werkstatt* **La Grúa** heißt der Abschleppwagen, die Werkstatt nennt sich **Taller de reparaciones**.
> - *Pannenhilfe* (Auxilio en carretera): ✆ 902 300505. Ansprechpartner ist der spanische Automobilclub RACE.

- **Parken**: In Großstädten grundsätzlich ein heikles Kapitel. Auch aus Sicherheitsgründen ist es empfehlenswert, Parkhäuser oder bewachte Parkplätze anzusteuern, beide durch weißes „P" auf blauem Grund gekennzeichnet.

  Gelb markierte Bordsteine: Parkverbot, alternativ (oder gleichzeitig) auch durch die bei uns üblichen Schilder angezeigt.
  Blau markierte Bordsteine: Gebührenpflichtige Parkzone. An der nächsten Ecke steht ein Automat, den man je nach vorgesehener Parkdauer mit Münzen füttert; die Quittung gilt für den Parkwächter gut sichtbar unter die Windschutzscheibe. Auf dem Automaten stehen auch die Zeiten, in denen bezahlt werden muss; gebührenfrei parken in der Regel sonntags, nachts und zur Siesta-Zeit.
  La Grúa, der spanienweit gefürchtete Abschleppwagen, kommt schnell im Parkverbot und, bei längerer Überschreitung der Parkzeit, auch in den blauen Zonen. Verbotenes Parken kann bis zu 90 € kosten.
  „**Parkwächter**": Vor allem in Großstädten trifft man auf selbsternannte Parkwächter („Gorillas"), die mit großen Gesten Autofahrer auf freie Parklücken aufmerksam machen, sie dort einweisen und auf ein Trinkgeld hoffen. Natürlich ist man zur Zahlung nicht verpflichtet. Die Arbeitslosigkeit in Spanien ist jedoch hoch, und auch Einheimische geben in einem solchen Fall meist einen kleinen Obulus (zumal dieser die Chance erhöht, das Fahrzeug unversehrt wiederzufinden...). In manchen Gemeinden, in denen besonders viele Autos aufgebrochen werden, sind auch uniformierte Parkwächter unterwegs, die sich ebenfalls über eine Spende freuen.

- **Diebstahl**: Der Pkw selbst ist nicht gefährdeter als bei uns; Vorsichtige sichern ihn durch eine Zusatzsperre am Lenkrad. Autoaufbrüche dagegen sind in vielen Gebieten immer noch eine echte Plage. Ausländische Wagen sind besonders beliebt; spezielle Gefahr, bei Leichtsinn geradezu Gewissheit, besteht in Großstädten (Madrid, Barcelona, Sevilla, Valencia!), allen Touristenregionen, an vielen Strandparkplätzen etc. Deshalb nichts, aber auch gar nichts im Auto lassen: Handschuhfach und, wo vorhanden, beim leergeräumten Auto auch die Heckablage öffnen – die Chancen auf eine eingeschlagene Fensterscheibe stehen sonst gut. Bei Verlassen des Fahrzeugs immer den Zündschlüssel abziehen!

• *Diebstahl auf der Autobahn* Immer wieder in den Schlagzeilen sind Banden, die vor allem auf der AP 7 Urlauber überfallen. Das System ist stets das gleiche: Durch aufgeregte Handzeichen werden Urlauber auf einen angeblichen Defekt am Fahrzeug aufmerksam gemacht und an den Pannenstreifen gelockt. Steht der Wagen erst einmal, haben die Diebe leichtes Spiel. Seien Sie in solchen Fällen also misstrauisch, halten Sie nicht an und überprüfen Sie Ihr Fahrzeug lieber erst an der nächsten Raststätte.

Motorrad

Für Spanien das optimale Verkehrsmittel, keine Parkprobleme, kurvige Sträßchen durch Gebirgsregionen... In spanischen Großstädten ist ein Harley-Fahrer mit Anzug und Krawatte keine Seltenheit, das Image des Motorradlers mithin durchaus positiv. Aber: Anders als die meisten Pkw sind Motorräder durchaus diebstahlgefährdet – eine gute Kette in Verbindung mit Teilkasko bringt Sicherheit. Vollbepackt steht man in der Großstadt am sichersten vor einer Polizeiwache.

Fahrrad

Zur Anreise mit Bahn, Bus und Flugzeug siehe jeweils dort. Prinzipiell besitzt das Fahrrad fast alle Vorteile des Motorrads, verhilft in vielen Gebieten zudem zu gutem Kontakt mit der Bevölkerung – Spanier sind meist radsportbegeistert. Ein Blick auf die Karte zeigt allerdings schnell die Grenzen für den Normalradler auf: Spanien ist ein fast durchweg hügeliges bis hochgebirgiges Land, und an den Küstenstrecken herrscht meist sehr starker Verkehr. Günstige Reisezeiten sind Frühjahr und Herbst; im Hochsommer wird es fast überall unangenehm heiß. Klimatisch relativ günstig zeigt sich die nördliche Atlantikküste, die eher gemäßigte Temperaturen aufweist; dort ist allerdings auch im Sommer mit dem einen und anderen Schauer zu rechnen. Achtung: Vor dem Start neue Mäntel aufziehen, Ersatzschläuche einpacken – nicht alle Größen sind in Spanien erhältlich.

Am Ziel: Fahrräder vor der Kathedrale in Santiago

• _Fahrradtransport im Land_ Mit allen genannten Transportvarianten hat es in der Vergangenheit auch schon Probleme gegeben. Hier hängt manches wohl von der aktuellen Laune der Bediensteten ab; ratsam ist es auf jeden Fall, rechtzeitig vor Ort zu sein, und zwar mindestens 30 Minuten vor Abfahrt.

RENFE-Züge: Normalerweise kann man das Fahrrad in Regionalzügen mit Radabteil (in den meisten Zügen des Typs Regional Express, aber nicht in den mit RED gekennzeichneten Zügen) oder Gepäckwagen kostenlos mitführen. Für schnellere Züge sind Fahrradtransporte nicht vorgesehen und mit kleinen Ausnahmen auch nicht möglich (ein Leser nahm sein Rad in einem der Nachtzüge „Estrellas" mit, musste es dazu aber zerlegen und auf der reservierten Liege „parken"; ihm blieb dann nur noch ein Stehplatz im Gang). Hat der Zug Gepäckwagen, aber kein Radabteil, muss man sich frühzeitig am Gepäckschalter („Equipajes") anmelden, bei einem Radabteil ist keine Anmeldung nötig. Das Radabteil ist in dem im Bahnhof ausgehängten Kursangaben mit einem kleinen Radzeichen gekennzeichnet.

Schmalspurbahnen: Private spanische Bahnen wie zum Beispiel die FEVE nehmen Fahrräder in Regionalzügen meist mit, und das – wie bei der Staatsbahn – kostenfrei. Bei Interregionalverbindungen keine Fahrradmitnahme.

Busse: Per Bus klappt der Fahrradtransport oft erstaunlich gut und umsonst, rechtzeitige Anfrage bei den Agenturen vorausgesetzt. In der Regel muss nur das Vorderrad ausgebaut und die Kette abgedeckt, eventuell auch der Lenker verdreht werden. Die Vorschriften allerdings verlangen bei nahezu allen Busgesellschaften Verpackung in eine spezielle Radtransporttasche, worüber aber die meisten Busfahrer locker hinweg sehen. Im Notfall schaffen zwei große Müllsäcke (die für Baumüll) Abhilfe, seitlich aufgeschnitten und mit Klebeband zum provisorischen Radsack verbunden; dies kann man auch noch in den letzten fünf Minuten machen, wenn der Fahrer schon auf dem Sprung ist.

• _Fahrradverleih_ In manchen Ferienorten der Küsten sowie in einigen Gebirgsregionen finden sich Vermieter, die manchmal allerdings nur zur Hochsaison arbeiten; Adressen über das jeweilige Fremdenverkehrsamt. Besonderer Beliebtheit erfreut sich auch in Spanien das Mountainbike, „Bicicleta Todo Terreno" (All-Gelände-Rad) genannt und BTT abgekürzt. Für die teuren Räder sind allerdings auch entsprechende Mietpreise zu bezahlen. Einfache Tourenräder werden oft etwas preiswerter angeboten.

• _Verkehrsvorschriften_ Ob die Polizei die einzelnen Vorschriften auch überall durchsetzt, mag eine Frage sein; darauf einstellen sollte man sich jedoch.

Helmpflicht besteht grundsätzlich außerhalb geschlossener Ortschaften. Spanien ist damit das einzige Land in der EU, das Radfahrer zum Helm zwingt.

Reflektierende Kleidung ist außerhalb geschlossener Ortschaften ebenfalls vorgeschrieben.

Verboten sind Fahrradanhänger, auch für den Transport von Kindern. Gestattet ist die Mitnahme von Kindern nur auf einem Kindersitz, der sinnigerweise am Lenker befestigt sein muss. Ebenfalls verboten ist es, an stehenden Kolonnen (z. B. vor Ampeln) rechts vorbeizufahren.

Geschwindigkeitslimit für Bergabfahrten: 40 km/h.

Promillegrenze: 0,5 Promille gelten auch für Radfahrer.

Mietwagen

In Verbindung mit der Anreise per Flugzeug die komfortabelste Art, Spanien zu bereisen; allerdings kein ganz billiges Vergnügen.

Zu mehreren wird die Sache aber halbwegs erschwinglich. Es muss ja auch nicht immer für den gesamten Urlaub ein Fahrzeug gemietet werden – in den Großstädten hat ein Mietwagen dieselben Nachteile wie das eigene Auto. Vermieter finden sich in jeder Großstadt und in zahlreichen Küstenorten; für viele Städte ist eine Auswahl in den jeweiligen Ortskapiteln dieses Führers aufgelistet. Komplette Adressenlisten sind bei den örtlichen Fremdenverkehrsämtern erhältlich – meist lohnt es sich, mehrere Agenturen abzuklappern und die Preise zu vergleichen; die Unterschiede sind oft beträchtlich.

Internationale Mietwagen-Anbieter und Vermittler

Die Vorausbuchung des Fahrzeugs ist in vielen Reisebüros oder im Internet möglich. Dies ist nicht nur meist preisgünstiger als die Miete vor Ort, man hat so auch die Garantie, dass wirklich ein Auto verfügbar ist.

- *Konditionen* Mindestalter meist 21 Jahre, Führerschein mindestens 1 Jahr alt; Mindestmietdauer 3 Tage. Die Angebote beinhalten meist unbegrenzte Kilometer und, ein wichtiger Unterschied zur Anmietung vor Ort, auch Vollkaskoversicherung, Insassenversicherung und alle Steuern.
- *Vermittler* **www.billiger-mietwagen.de** vergleicht die Preise von Vermittlern wie www.holidayautos.de, www.cardelmar.com etc. Alle vermitteln sie vorab Mietverträge, die dann mit einem lokalen Vermieter abgeschlossen werden; die Preise liegen dabei in aller Regel deutlich unter denen einer Direktmiete. Beim Vergleich auch auf Details wie Gerichtsstand, Tankregelung (Rückgabe mit vollem Tank ist günstiger als der Ankauf einer Tankfüllung bei Anmietung und Abgabe mit leerem Tank), Selbstbehalt der Vollkaskoversicherung usw. achten.

Zum Vergleich einige weitere Internet-Vermittler:
www.spanien-mietwagen.com,
www.doyouspain.de,
www.carjet.com.
Alle drei von Lesern empfohlen. Auch viele Reisebüros vermitteln Mietwagen in Spanien; ratsam, auch hier genau auf die Vertragsbedingungen zu achten.

Konditionen bei der Miete vor Ort

Immer auf das Kleingedruckte achten. Nur selten werden Endpreise angeboten! Die meisten Prospekte und Verträge werden zweisprachig, in Spanisch und Englisch, abgefasst.

- *Mietwagen* Zwei Grundvarianten von Verträgen sowie diverse Rabattformen.

Miete mit Kilometergeld („mas kilómetros"): Nicht mehr so häufig angeboten wie früher. Hier wird ein günstiger Grundpreis angesetzt sowie eine Gebühr für jeden gefahrenen Kilometer fällig. 100 Tageskilometer werden jedoch meist grundsätzlich berechnet, auch wenn man sie nicht gefahren ist.

Inklusiv-Tarif („kilometraje ilimitado"): Heute fast die Regel. Gelegentlich wird der Inklusiv-Tarif auf lokale Benutzung beschränkt, ein schwammiger Begriff, den man mit dem Vermieter besser genau klärt.

Achtung: Zu den von den Vermietern genannten Preisen ist fast immer noch die spanische Mehrwertsteuer IVA zu addieren, im Fall Mietwagen 16 %.

Versicherung („Seguro"): Im Preis meist – aber nicht immer – enthalten sind Haftpflicht („responsabilidad" – auf Deckungssummen achten), Kautionsgebühren und ein gewisser spanischer Rechtsschutz sowie Diebstahl- und Feuerversicherung. Extra zu zahlen, jedoch nicht obligatorisch, sind Vollkasko- und Insassenversicherung.

Weitere Bedingungen: Bei Pkw-Vermietung üblicherweise Mindestalter 21 Jahre, Führerschein mindestens ein Jahr alt. Ohne Kreditkarte geht wenig, nur selten akzeptieren Vermieter stattdessen eine Kaution („Deposito") in bar.

Dokumente: „Wir wurden mit unserem Mietwagen eines spanischen Vermieters von der Guardia Civil angehalten. Bei der Kontrolle der Papiere wurde beanstandet, dass Fahrzeugschein und Zulassung nur in Fotokopien vorhanden seien (wurde uns so vom Vermieter mitgegeben). Trotz langen Verhandelns mussten wir etwa 50 € Strafe bezahlen, da Kopien nicht gültig wären (kein Originalstempel). Erst nach langem Hin und Her wurde uns die Strafe vom Vermieter erstattet. Also: beim Anmieten auf Aushändigung der Originaldokumente achten", so der Leserbrief von Andreas Ludwig. Andere Leser wiederum hatten mit Kopien keine Probleme.

- *Mietmotorräder* sind seltener zu finden als Mietwagen, in den größeren Touristenorten gibt es jedoch meist einen oder sogar mehrere Anbieter. Die Preise liegen in der Regel höher als für Autos. Beim Führerschein wird dieselbe Klasse vorausgesetzt wie bei uns.

Mit der Bahn

Neben dem Streckennetz der Staatsbahn existiert in Spanien eine Reihe von Schmalspurbahnen, die manch unangenehme Lücke schließen.

In Spanien gibt es verschiedene Bahngesellschaften. Das Streckennetz der spanischen Staatsbahn **RENFE** (Red Nacional de los Ferrocarriles Españoles) überzieht das ganze Land, ist aber ziemlich weitmaschig. Viele Küstenregionen am südlicheren Mittelmeer und am Atlantik sind nur über Stichbahnen zu den wichtigen Städten zu erreichen, Verbindungen entlang der Küste fehlen dann. In der Praxis bedeutet das, beispielsweise zwischen den relativ nah beieinander liegenden Städten Almería und Málaga (Andalusien) einen weiten Umweg mit Zugwechsel durchs Inland machen zu müssen. Solche Lücken überbrückt auch der eingefleischte Bahnfan besser mit dem Bus.

Verschiedene **Schmalspurbahnen** gleichen die fehlenden Küstenverbindungen der Staatsbahn teilweise aus. Die Züge der FGV verkehren an der Mittelmeerküste zwischen Denia und Alacant (Alicante, Comunidad Valencia), entlang der nördlichen Atlantikküste zwischen Donostia (San Sebastian, Baskenland) und Ferrol (Galicien) ist die FEVE zuständig. Ferner existieren im Baskenland die EUSKO TRENBIDEAK (Ferrocarriles Vascos), in Katalonien die FFCC, beides Bahnen der jeweiligen Autonomen Gemeinschaft. Alle sind sie bislang nicht der RENFE angeschlossen, RENFE-Fahrkarten und internationale Tickets wie Interrail sind auf diesen Linien nicht gültig.

Bahnfahren in Spanien kann lustig und kommunikativ sein, aber auch stressig und langsam. Doch muss man der RENFE lassen, dass sie sich sehr um den Ausbau ihres Netzes bemüht. Ohnehin ist das ganze System seit Jahren in einer Phase der Umstrukturierung und Modernisierung. Vieles verändert sich deshalb sehr rasch. Bisheriges Zugmaterial wird ausgemustert (2010 will die RENFE die modernste Flotte Europas besitzen), neue Tarifsysteme und Serviceleistungen werden eingeführt. Erfreuliches gibt es von den Preisen zu vermelden: Bahnfah-

... mit der Bahn

ren in Spanien ist weitaus preisgünstiger als in Deutschland, zumindest, solange man einen Zug der unteren Kategorie benützt.

Bahntipps und -tricks

▸ **Zugkategorien**: Generell unterscheidet die RENFE zwischen den Kategorien *Cercanías* (Vorortverkehr), *Regionales* (Regionalverkehr), *Grandes Líneas* (Fernverkehr) und *Alta Velocidad* (Hochgeschwindigkeitsnetz).

▸ **Zugarten**: Zugarten gibt es in einer fast schon verwirrenden Vielfalt, wobei der Trend freilich zu schnellen, edlen und leider auch teureren Zügen geht. Unten nur

Unterwegs in Spanien

Mittlerweile hat die RENFE modernisiert ...

die wichtigsten Zugtypen, abgestuft nach Komfort und Geschwindigkeit; es gibt noch weitere Gattungen.

AVE: Der klimatisierte Hochgeschwindigkeitszug, der auf einem eigenen Schienennetz verkehrt, verbindet u.a. Madrid mit Barcelona und mit Sevilla. Noch nobler als die AVE-Züge ist der edle (und sehr teure) **Altaria**.

Euromed: Ein ebenfalls blitzschneller Zug ähnlich dem AVE.

Talgo 200/Alvia/Avant: Ebenfalls sehr schnelle Fernstrecken-Züge, die zwischen normaler Spur und AVE-Gleisen wechseln können.

Talgo/Eurocity (**EC**) und **Intercity** (**IC**) sind auch recht schnelle Fernzüge, halten nur an den wichtigsten Bahnhöfen und bieten viele Annehmlichkeiten. Teilweise nur 1. Klasse und/oder Platzkartenpflicht.

Trenhotel sind Schlafwagenzüge erster Klasse, flott und nicht billig.

Diurno/Estrella (Tag- und Nachtzüge) entsprechen etwa unseren Schnellzügen, wobei das „schnell" relativ zu sehen ist. Estrellas haben Schlaf- und/oder Liegewagenservice.

Regional ist die im Nahbereich am häufigsten vertretene Zuggattung; ein Regional hält fast überall. Eine schnellere Variante, die kleinere Bahnhöfe auslässt, ist der **Regional Exprés**.

Cercanías fahren im Kurzstreckenverkehr der Großstädte, sprich z.B. von Madrid in die umliegenden Ortschaften. Sie halten meist überall, selten gibt es jedoch auch „Schnell-Cercanías", die manche Stationen auslassen. www.renfe.es/cercanias.

Sonderzüge: Für gut betuchte Zugfans interessant, die Hotelkomfort auf der Schiene genießen wollen. In Andalusien und Nordspanien verkehren zu bestimmten Zeiten exquisit ausgestattete Hotelzüge („Al-Andalus" in Andalusien bzw. „Transcantábrico" in Nordspanien) im Stil eines modernen Orientexpress, die komfortable Übernachtung, Mahlzeiten, Ausflüge etc. als Pauschalprogramm offerieren. Informationen im Reisebüro.

▶ **Preise, Fahrkartenkauf etc.:** Die Tarifgestaltung der RENFE ist komplex, ständigen Änderungen unterworfen und deshalb selbst für die Schalterbeamten oft kaum noch durchschaubar. Die Preise variieren nicht nur je nach gewählter Abteilklasse, sondern auch nach der Zugkategorie, z. T. sogar nach der Abfahrtszeit. Klar ist jedoch: Je langsamer und unkomfortabler man reist, desto preisgünstiger.

- *Informationen* **Info-Telefon** 902 240202, eine landesweit gültige Renfe-Nummer. **www.renfe.es** – unter anderem mit einer praktischen Suchmaschine, die neben exakten Zugverbindungen auch die zugehörigen Fahrpreise liefert. Auch über www.bahn.de lassen sich übrigens Fahrpläne (keine Preise) abfragen.
- *Preisbeispiel* Die 140 km lange Strecke Córdoba-Sevilla kostete im Andalucía Exprés (Fahrzeit 1 Std. 20 min.) zuletzt 8,60 €, im AVE (41 min.) jedoch mindestens 26,30 €, jeweils in der günstigsten buchbaren Klasse. Die Frage „Hay otro tren más barato?" („Gibt es einen billigeren Zug?") kann bei Fernstrecken also schon einiges Geld sparen.
- *Sondertarife* existieren so reichhaltig, dass eine komplette Aufzählung den Rahmen sprengen würde. Nachlässe werden unter anderem für Senioren ab 65 („Tarjeta Dorada", bei der FEVE bereits ab 60), für Frühbucher im Web, für Inhaber von ausländischen Familienpässen, Gruppen etc. angeboten. Auch für die Buchung von Hin- und Rückfahrt („Ida y vuelta") gibt es Rabatte zwischen 10 und 25 Prozent, laut einer Leserzuschrift sogar dann, wenn man die Karten getrennt kauft – beim Erwerb der Rückreisekarte sollte man also die Karte für die Hinfahrt vorlegen.
- *Platzkarten* sind in den „edleren" Zügen obligatorisch. Vor allem für Langstrecken und für Fahrten an Wochenenden (heimreisende Studenten!) empfiehlt sich eine frühzeitige Reservierung jedoch ohnehin.

Schmalspur im Norden: FEVE

- *Fahrkartenkauf* Der Vorverkauf erfolgt an größeren Bahnhöfen am Schalter „Venta anticipada", alternativ im RENFE-Stadtbüro größerer Ortschaften sowie in Reisebüros mit entsprechender Lizenz – letztere sind mit Abstand am bequemsten, der Preis ist überall gleich. Laut einer Leserzuschrift sind Fahrkarten für Regionalzüge jedoch nur am Abfahrtstag erhältlich. Im Vorverkauf ist eine Platzkarte obligatorisch, die Gebühr dafür aber gering. Ein RENFE-Vertreter in Deutschland ist der Veranstalter Ibero Tours, ℅ 0211 8641510, www.iberotours.de.
- *Ticket-Stornierung* Bis 15 Minuten vor Abfahrt möglich, 85 Prozent des Reisepreises werden zurückerstattet.

Kleine Sprachfibel „öffentlich reisen"

Diario	täglich	metro	U-Bahn
Laborables	werktags	la estación	Bahnhof
Sábados	samstags	abierto	geöffnet
Domingos	sonntags	cerrado	geschlossen
Verano	Sommer	a qué hora?	wann?
Invierno	Winter	billete	Fahrkarte
Horario	Fahrplan	ida y vuelta	hin & zurück
Tren	Zug	cuánto es	wieviel kostet es?
Autobús	Bus		

Unterwegs in Spanien

• *Fahrpläne* Hängen in allen Bahnhöfen aus (Llegadas = Ankünfte, Salidas = Abfahrten). Praktisch sind die Faltblätter, die es zu verschiedenen Regionen in größeren Bahnhöfen kostenlos gibt.

Besondere Fahrplankürzel: Bei nicht täglich verkehrenden Zügen oder Bussen steht im Fahrplan der Anfangsbuchstabe der Wochentage, an denen gefahren wird: L für Lunes (Montag), M für Martes (Dienstag), wieder M oder auch ein X für Miércoles (Mittwoch), J für Jueves (Donnerstag), V für Viernes (Freitag), S für Sábado (Samstag), D für Domingo (Sonntag). LXV bedeutet mithin: Abfahrten nur Montag, Mittwoch und Freitag.

Mit dem Bus

In Spanien ist der Bus das öffentliche Verkehrsmittel Nummer eins, noch deutlich vor der Bahn. Ähnlich preisgünstig, zwischen den Städten häufige Frequenzen, Verbindungen in kleinste Orte.

Kein Wunder, dass der Bus – bei uns im Schattendasein – ein beliebtes Verkehrsmittel nicht nur für Kurzstrecken ist. Eine nationale spanische Busgesellschaft besteht nicht; der größte und nach Ankauf diverser Konkurrenten mittlerweile in weiten Teilen des Landes vertretene private Anbieter ist ALSA (www.alsa.es; Wochen- bis Monatstickets auch unter www.kmtriko.com). In vielen Regionen teilen aber immer noch zahlreiche verschiedene und oft nur lokal operierende Agenturen das Geschäft unter sich auf; manchmal ist auch eine Gesellschaft gebietsweise vorherrschend. In größeren Ortschaften Spaniens findet sich fast immer ein Busbahnhof, nur selten noch liegen die Abfahrtstellen der einzelnen Gesellschaften verstreut. In kleinen Dörfern gibt es oft nur eine Haltestelle, oft an einem Halteverbotsschild mit dem Zusatz „Bus" zu erkennen; dort weiß die nächste Bar über Abfahrtszeiten garantiert Bescheid. An den Bahnhöfen liegen manchmal Fotokopien von Fahrplänen aus: Zugreifen!

▶ **Wichtig**: An *Sonntagen* und *Feiertagen*, in geringerem Ausmaß auch an Samstagen, ist der Busverkehr stark eingeschränkt. Ausflüge in abgelegenere Regionen sollte man dann sein lassen oder nur unternehmen, sofern die Rückfahrtsfrage zweifelsfrei geklärt ist! Unsere Angaben beziehen sich auf Werktage und an den Küsten auf die Sommersaison, die etwa von Juni bis September reicht. Im „Winter", was in Spanien den Rest des Jahres meint, kann das Angebot deutlich eingeschränkt sein. Sind die Verbindungen zu Städten generell und zu Ferienorten meistens sehr gut, so hängen auf dem Land oftmals nur ein bis zwei Busse pro Tag. Wer dort nicht hängenbleiben will, vielleicht noch ohne Übernachtungsmöglichkeit, sollte sich vor der Abfahrt unbedingt nach Terminen der Rückfahrt bzw. Weiterreise erkundigen.

Fernstrecken werden oft von mehreren Gesellschaften parallel bedient. Die Preise können dann, je nach Fahrtroute und gebotenem Komfort, kräftig schwanken – oft lohnt sich ein Vergleich!

• *Kleine Tücken im Busverkehr* Zwar ist das System insgesamt weniger verworren als das der Staatsbahn, doch läuft auch die Fortbewegung per Bus meist nicht ganz ohne Komplikationen ab. So ist es in den meisten Fällen aussichtslos, sich bei einer Gesellschaft nach Fahrzeiten einer anderen Agentur erkundigen zu wollen. In großen Busbahnhöfen muss man oft eine Weile suchen, um den richtigen Schalter zu finden; auf den Fahrplänen dort ist manchmal nur die Telefonnummer der Busgesellschaft angegeben. Bei Fernbussen, zu denen man unterwegs zusteigt, gibt es Fahrkarten oft erst, wenn der Bus eingetroffen ist und noch Platz hat – falls nicht, bleibt man stehen. Verspätungen nehmen Spanier gelassen. Falls Sitzplatznummern ausgegeben werden, sollte man sich auch daran halten.

Kleine Pensionen: oft familiär und gemütlich

Übernachten

Die Angebotsskala reicht von der einfachen Pension bis zum Luxushotel in der umgebauten Ritterburg. Je nach Budget und Ansprüchen finden sich Doppelzimmer zu 40 € ebenso wie solche zu 400 €.

Schwerpunkte von Spaniens Hotellerie sind die Küsten, die Großstädte und die Erholungsgebiete der Gebirgsregionen. Schwierigkeiten bei der Quartiersuche können sich im *Juli/August* ergeben. Vor allem im August, wenn ganz Spanien in Urlaub ist, sind viele der Hotels an den Küsten und im Gebirge bis aufs letzte Bett belegt. Wer dann Probleme hat, eine Unterkunft zu finden, wendet sich am besten an die örtliche Touristeninformation, die weiß, wie und wo sich noch freie Zimmer finden. Ähnliche Probleme können bei den sogenannten *puentes* („Brücken") auftreten: Lange Wochenenden, an denen der Feiertag auf einen Donnerstag/Freitag oder Montag/Dienstag fällt, werden sehr gerne zu Kurzreisen genutzt, weshalb viele Quartiere dann ausgebucht sind: Reservierung ratsam!

Außerhalb der Sommersaison ist mit ganz anderen Einschränkungen zu rechnen: Viele Küstenhotels in den nördlichen Regionen Spaniens haben ab Ende September bis in den Mai hinein geschlossen. Wir geben bei den Hotelbeschreibungen nach Möglichkeit die Öffnungszeiten mit an. Wo diesbezüglich nichts vermerkt ist, hält die Unterkunft in der Regel ganzjährig geöffnet.

Hotel-Klassifizierung

Die Einteilung der spanischen Unterkünfte wird von den örtlichen Behörden vorgenommen. Die Preise können von den Betrieben jährlich selbst festgelegt werden, sie sind jedoch den Fremdenverkehrsämtern anzuzeigen und müssen dann das ganze

Übernachtungs-Tipps

- Das **Unterkunftsverzeichnis** „Guía de Hoteles" verzeichnet fast alle Herbergen Spaniens ab der Hostal-Kategorie aufwärts inkl. Preisangaben. Es ist in Spanien deutlich preiswerter erhältlich als bei uns. In den unteren Kategorien hat dieser Führer jedoch häufig Lücken. Insbesondere Einsternhostals sind nicht in allen Regionen aufgeführt. Kostenlose Unterkunftsverzeichnisse gibt es bei den Informationsstellen vor Ort, erhältlich für die jeweilige Stadt, Provinz oder sogar für die ganze Autonome Gemeinschaft.

- **Preise**: Die *Mehrwertsteuer* IVA (7 %) ist nur selten inklusive („incluido"), sondern wird oft erst bei Erstellen der Rechnung aufgeschlagen. Die in diesem Handbuch genannten Preise beziehen sich auf die Übernachtung für zwei Personen im Doppelzimmer (DZ) und auf die reguläre Hochsaison (HS) und Nebensaison (NS). Sie beinhalten die Mehrwertsteuer und orientieren sich an den offiziellen Angaben, was nicht ausschließt, dass mancher Hotelier in der Nebensaison mit sich handeln lässt oder sogar von sich aus weniger fordert. Bei besonderen Ereignissen und bekannten Festen ist dagegen oft mit weit erhöhten Preisen zu rechnen!

- **Reservierung im Reisebüro/Internet**: Vor allem Häuser der Dreisternklasse aufwärts sind oft deutlich günstiger, wenn sie in einem Reisebüro gebucht werden. Im Internet lassen sich erst recht Schnäppchen machen, z.B. am Wochenende in einem auf Geschäftsreisende eingerichteten Stadthotel.

- **Beschwerden**: Jeder Beherbergungsbetrieb muss Beschwerdeformulare („Hojas de Reclamación") zur Verfügung stellen; meist verhilft schon die Frage danach zur gütlichen Einigung. Die Drohung mit dem Gang zum Fremdenverkehrsamt zieht auch fast immer; andernfalls sollte man sich keineswegs scheuen, sie auch auszuführen.

- **Singles** haben es nicht leicht in Spanien, denn nicht jedes Quartier verfügt über Einzelzimmer. Wo vorhanden, muss man in etwa mit 70 % des Doppelzimmerpreises rechnen. Ob DZ verbilligt als EZ abgegeben werden, steht im Ermessen des Hoteliers – gelegentlich ist auch der volle Preis zu zahlen.

- **Doppelzimmer**: Meist sogenannte „dobles", worunter man zwei Einzelbetten zu verstehen hat. Pärchen werden „matrimonios" („Ehe-Zimmer") vorziehen, mit Doppelbett oder französischem Bett. Auch in Spanien benötigt man heute keinen Trauschein mehr, um ein Doppelzimmer zu mieten.

- **Außen- und Innenzimmer**: In Städten eine bedeutsame Unterscheidung. Außenzimmer (habitación exterior) besitzen Fenster zur Straße, was sie heller, luftiger und oft leider auch lauter macht. Innenzimmer (habitación interior) gehen auf einen Lichtschacht oder im günstigeren und seltaneren Fall auf einen Innenhof; sie sind in aller Regel dunkler, gleichzeitig oft auch ruhiger.

- **Frühaufsteher**: Wer gewohnt ist, morgens früh aufzustehen, sollte besonders in kleineren Hotels und Pensionen sicher gehen, dass er das auch kann: Meist bleibt die Pforte nämlich bis morgens um 8.30 Uhr verschlossen. Unbedingt abends absprechen, dass man früh raus will!

- **Ein Rat für Reisende zur Hochsaison**: Überlegen Sie, besonders als Autofahrer, ob Sie sich nicht eine einfache Campingausrüstung für den Fall mitnehmen, dass die Hotels ausgebucht sind – auf Campingplätzen findet sich fast immer noch ein freies Eck. Wer weiß, vielleicht finden Sie ja sogar Gefallen am Leben „open-air" ...

Jahr über eingehalten werden. Nach Saison gestaffelte Preise sind in den Feriengebieten die Regel, in Städten eher selten. Nicht unbedingt aussagekräftig ist die Zahl der Sterne, die sich vor allem an bestimmten Ausstattungsdetails wie Radio/TV im Zimmer, dem Vorhandensein eines Aufzugs etc. orientiert. Ein Einsternhotel kann ohne weiteres besser möbliert und moderner ausgestattet sein als der Nachbar in der Dreisternklasse.

▶ **Parador**: Paradores sind einer staatlichen Hotelkette angeschlossene Betriebe, die mindestens drei Sterne aufweisen. Gegründet wurde die Kette bereits 1926 unter König Alfons XIII. zur Unterstützung der ärmeren Regionen Spaniens. Kennzeichnend für Paradores ist ihre schöne Lage und/oder die Unterbringung in klassischen und stilvollen Gemäuern wie umgebauten Klöstern oder Burgen. Daran und an der sonstigen Ausstattung gemessen, sind Paradores im europäischen Vergleich tatsächlich recht preiswert. Richtig günstig sind sie indes schon länger nicht mehr: Der Richtwert liegt bei etwa 130–160 € fürs Standard-Doppelzimmer, je nach Betrieb und Saison, manche Paradores verlangen noch deutlich mehr. Doch auch wer unterhalb dieser Preisklasse reist, sollte sich öfter mal auf einen Kaffee oder einen Drink in die auch für Nicht-Übernachtungsgäste zugänglichen Bars der Paradores hineinwagen, die zu akzeptablen Preisen eine oft sehr schöne Atmosphäre bieten.

Reizvoll: Hotel in Sitges

- *Rabatte* gibt es in Paradores beispielsweise für über 60-Jährige („Días Dorados"), unter 30-Jährige („Escapada Joven") oder auch beim Kauf eines Pakets von mehreren Nächten (z.B. „Tarjeta 5 Noches"). Sie werden aber nicht immer und nicht in jedem Parador gewährt, was das System etwas kompliziert macht.

- *Reservierungen* Paradores sind vor allem zur Hochsaison und an Wochenenden und „Puentes" häufig ausgebucht, eine rechtzeitige Reservierung empfiehlt sich deshalb sehr. **Internet**: www.parador.es.

- *Information/Reservierung in Deutschland* Beide Firmen offerieren auch andere Hotels, Rundreisen etc. **Olimar**, ✆ 0221-20590490, www.olimar.de. **Ibero Tours**, ✆ 0211 8641520, www.iberotours.de.

▶ **Hotel/Hotel-Residencia (H/HR)**: Entspricht in etwa unseren Hotels, die Hotel-Residencias unseren Garni-Hotels, bieten also mangels Restaurant nur Frühstück an. Spanne zwischen einem und fünf Sternen.

▶ **Hostal (Hs), Pensión (P)**: Beide Bezeichnungen meinen die gleiche Klasse von Quartieren. Langfristig soll die Bezeichnung „Pensión" landesweit das gute alte „Hostal" ersetzen, das auch tatsächlich schon aus den Quartierverzeichnissen man-

36 Übernachten

cher Autonomen Gemeinschaft verschwunden ist (in anderen Comunidades wie Andalusien wiederum erhalten seit einigen Jahren auch manche frisch eröffneten Quartiere wieder als offizielle Kategorie die Bezeichnung Hostal). Im Sprachgebrauch und als Namenszusatz wird der Ausdruck in jedem Fall noch lange erhalten bleiben. Der gebotene Komfort liegt bei Pensionen und Hostals in der Regel unter Hotels der Einsternklasse. Spanne zwischen einem und (selten) drei Sternen.

▶ **Fonda (F)**: Eine aussterbende Unterkunftskategorie. Es handelt sich um Einfachstquartiere auf dem Land oder in Großstädten, dort oft im ersten Stock über einer Bar oder einem Restaurant gelegen. In Nordspanien heißen sie gelegentlich auch „Hospedajes".

• _Komfort & Preise_ ***** **Hotel**: Obere Luxusklasse, jeder Komfort ist selbstverständlich. Preise um die 250–500 € pro Doppelzimmer bzw. hier oft pro Suite.

**** **Hotel**: Luxushotels, Aircondition selbstverständlich, fast immer Swimmingpool. Je nach Standort, Ausstattung und Saison kosten DZ hier zwischen etwa 100 € und 250 € (Großstädte), im Schnitt aber um 120–200 €.

*** **Hotel**: obere Mittelklasse, in Komfort und Ausstattung sehr unterschiedlich ausfallend. Schön gelegene Strandhotels, sterile Neubauten an Fernstraßen, ehemalige Grandhotels mit verblichenem Charme – alles möglich. Preise um 80–110 €/DZ, mit saisonalen und örtlichen Ausreißern nach oben und unten.

** **Hotels**: Mittelklasse, meist immer noch sehr solide Häuser. Außer in sehr teuren Städten (Madrid, Barcelona, Sevilla) um etwa 70–100 €/DZ, besonders gut ausgestattete Hotels in Feriengebieten auch mal mehr. In dieser Klasse fallen die Preise in Küstenhotels außerhalb der Saison oft besonders stark.

* **Hotels**: Untere Mittelklasse. Die meisten verlangen etwa 40–60 €/DZ, nach oben teilweise deutlich mehr, nach unten kaum Schwankungen. Für Singles ist diese Kategorie oft auch preislich eine erwägenswerte Alternative zu den Pensionen, die Einzelreisenden auch schon mal den DZ-Preis abknöpfen.

** **Pensionen/Hostals**: Können angenehme Häuser der Mittelklasse sein, evtl. besser als Einsternhotels, aber auch sehr einfache Herbergen, die ihre zwei Sterne irgendeinem unbedeutenden Extra verdanken. Entsprechend groß ist die Preisspanne: DZ ohne Bad ab etwa 30 € bis DZ/Bad für 60 €, manchmal auch noch deutlich darüber.

* **Pensionen/Hostals**: In aller Regel einfach in der Ausstattung, der Pflegezustand und die Atmosphäre stark abhängig vom Vermieter. Herbergen dieser Klasse sind an der Küste und in den Feriengebieten der Gebirge meist moderner, besser in Schuss und oft teurer als in den Städten. Die Preisspanne liegt kaum unter den Zweistern-Pensionen.

Fondas: Wie oben, wobei in den Städten echte „Löcher" häufiger sind als bei den Pensionen. Auch Fondas bieten an den Küsten meist besseres Angebot zu höheren Preisen, sind allerdings dort nur selten zu finden.

Der Patio spendet Kühle:
Hostal in Córdoba (Andalusien)

Ferienhäuser/Apartments

Ferienhäuser und Apartments sind in den Küstengebieten, nicht immer zum Wohle der Landschaft, reichlich vertreten. Für Urlauber ist die Miete eines Hauses bzw. Apartments eine feine Sache. Speziell der eigene Herd ist Goldes wert, spart er doch manchen Restaurantbesuch. Die Miete ist allerdings meist nur wochenweise, im Sommer oft sogar nur auf Monatsbasis möglich. Bei der Vermittlung helfen die Touristenämter und manche Reisebüros. Gute Chancen bestehen bei diesem Verfahren aber nur in der Nebensaison; im Juli und besonders im August wird man vor Ort nur mehr ein bedauerndes Lächeln ernten. Ab der Heimat vorbuchen kann man bei manchen Spanien-Spezialisten unter den Reisebüros oder bei Privat; ergiebige „Jagdgründe" sind die Kleinanzeigen in den Reisebeilagen überregionaler Zeitungen. In der Nebensaison lassen sich teilweise echte „Schnäppchen" erzielen. Generell gilt: Je mehr Personen sich zur Miete einer Einheit zusammentun, desto billiger kommt die Sache.

- *Einige Veranstalter und Vermittler* **Terraviva** bietet neben Hotels auch Ferienhäuser und Wohnungen an den Küsten und im Inland. Scheffelstraße 4A, 76275 Ettlingen, ✆ 07243/30650, ℻ 07243/537677, www.terraviva.de. **www.fewo-direkt.de** vermittelt online ebenfalls zahlreiche Objekte, daneben gibt es noch eine ganze Reihe weiterer Anbieter, wie z. B. www.costaholidays.de. **Casa Feria**, die FeWo-Seite des Michael Müller Verlags, bislang auf Andalusien beschränkt. www.casaferia.de

„Ferien auf dem Bauernhof"

Agroturismo („landwirtschaftlicher" Tourismus), *turismo rural* („ländlicher" Tourismus) und *turismo verde* („grüner" Tourismus) sind auch in Spanien stark im Kommen. Viele Autonome Gemeinschaften erkennen die Vorteile der Förderung strukturschwacher ländlicher Gebiete, die von Arbeitslosigkeit und Abwanderung bedroht sind, und unterstützen diesen Trend. Vor allem der Norden des Landes und auch Andalusien können mittlerweile ein gutes Angebot an Bauernhöfen mit Zimmervermietung präsentieren, in manchen Gebieten erweitert durch Fahrradvermietung, Reitausflüge, geführte Wandertouren und andere Freiluftaktivitäten. Zu buchen ist wahlweise Übernachtung mit oder ohne Frühstück, oft mit Küchenbenutzung, seltener auch Halb- oder Vollpension. Die Preise beginnen bei etwa 35 € fürs Doppelzimmer, doch sind eine ganze Reihe von Häusern heute fast schon verkappte Luxushotels mit entsprechenden Tarifen. Adressen ländlicher Unterkünfte finden sich z. T. in den Unterkunftsverzeichnissen der jeweiligen Autonomen Gemeinschaft, doch geben manche Gemeinschaften vor allem des Nordens auch eigene Kataloge heraus. Informationen sind bei den Fremdenverkehrsämtern in Deutschland (siehe Kapitel „Wissenswertes von A-Z": „Information") und den Infostellen vor Ort erhältlich.

Jugendherbergen

Leider stehen längst nicht alle Jugendherbergen Spaniens rund ums Jahr zur Verfügung. Ein Teil ist nur während der Schulferien geöffnet, andere sind fast durchgängig von Gruppen belegt. Es empfiehlt sich also, die Lage rechtzeitig durch einen Anruf zu klären; Telefonnummern und allgemeine Öffnungszeiten sind im Text angegeben. In der Regel wird der Internationale Jugendherbergsausweis verlangt, einzelne JH verzichten bei geringer Belegung aber auch schon mal darauf. Verpflegung bis hin zur Vollpension ist gegen relativ geringe Aufzahlung fast überall möglich.

Übernachten

* *Infos* **Deutsches Jugendherbergswerk**, Bismarckstraße 8, 32756 Detmold, ℡ 05231-74010, 🖷 05231-740149. Hier gibt es auch den IYHF-Ausweis und das JH-Verzeichnis. www.jugendherberge.de.
Red Española de Albergues Juveniles, Zusammenschluss der spanischen JH, im Netz unter www.reaj.com.
www.hostelseurope.com, Internet-Reservierungszentrale für Jugendherbergen, die nicht dem offiziellen Verband angehören, nützlich besonders für Großstädte wie Barcelona.

Privatzimmer

Vermietung von privat ist in Spanien längst nicht so verbreitet wie z. B. in Griechenland. Die Informationsstellen der Fremdenverkehrsämter vermitteln auch keine Privatvermieter.

Habitaciones: „Zimmer", als Schild oder Aufschrift gelegentlich vor allem in Ferienorten zu sehen. Eher halblegal, mit dem Nachteil, sich bei Schwierigkeiten kaum an ein Amt wenden zu können. Ansonsten meist preiswert und sauber.

Camping

Der Großteil der spanischen Campingplätze konzentriert sich auf die Küsten und hier wieder besonders auf Katalonien, wo sich über 70 Prozent der Plätze des Landes finden. Doch auch in der Nähe der interessanten Städte des Landesinneren und in den Gebirgsregionen gibt es fast immer Möglichkeiten.

Einige der Campingplätze an den spanischen Küsten zählen zu den am besten ausgestatteten Südeuropas; sie bieten Swimmingpool, Sportmöglichkeiten und andere Extras bis hin zu Kinderbetreuung und Animation. Klassifiziert sind alle spanischen Plätze in folgenden Kategorien: Luxus (sehr selten); 1. Kategorie (meist auch sehr gut ausgestattet); 2. Kat. (Durchschnitt), 3. Kat. (ziemlich selten, oft magere Ausstattung). Alle Plätze müssen ein Depot zur Abgabe von Wertsachen unterhalten.

▸ **Preise**: Den gebotenen Luxus lassen sich die besseren Plätze auch gut bezahlen: 20 € ist man zu zweit und mit Auto zur Hochsaison ganz schnell los, auf sehr guten Plätzen und in besonders teuren Regionen können es leicht auch noch ein paar Euro mehr werden. Man sollte meinen, dass Warmduschen da generell inklusive wären, doch gibt es immer noch einige Plätze, die sie extra berechnen; Duschmarken sind dann an der Rezeption erhältlich. Die Preise vieler Plätze besonders der Küsten splitten sich nach Hochsaison (HS) und Nebensaison (NS) auf, die von Camping zu Camping unterschiedliche Zeiten haben können: Wer mehr mit mitteleuropäischer Kundschaft rechnet, setzt die Hochsaison länger an als Plätze mit überwiegend spanischem Publikum. Die meisten Campings berechnen die Preise separat nach Personen, Auto und Zelt. Unsere Preise beziehen sich auf die Hochsaison und auf kleine Zelte. Manchmal gibt es aber auch einen Einheitspreis, oder der Verwalter legt den Ausdruck „tienda individual" („Einzelzelt" – gemeint ist normalerweise ein kleines, im Gegensatz zum Hauszelt „tienda familiar") allzu buchstabengetreu aus. Manche der höherklassigen Plätze vermieten die Stellflächen pauschal bzw. zu hohem Grundbetrag mit Aufschlag 7nach Personenzahl; unangenehm für Einzelreisende, oft auch für zwei Personen noch eine Verteuerung gegenüber dem anderen System.

▸ **Öffnungszeiten**: Ganzjährig geöffnete Plätze sind am häufigsten in der südlichen Mittelmeerregion (Valencia, Andalusien) zu finden. In den anderen Gebieten wird meist über den Winter geschlossen. Zwischen Anfang Juni und Mitte/Ende September ist aber praktisch jeder Platz in Betrieb. Offizielle Öffnungszeiten sind im

Camping 39

Campers Traum: Platz bei Tossa de Mar (Costa Brava, Katalonien)

Text angegeben, doch nicht immer verlässlich – bei Mangel an Kundschaft wird auch mal früher geschlossen oder später geöffnet. Ärgerlich, dass manche eigentlich grundlegenden Versorgungseinrichtungen, z. B. Bar, Restaurant oder Einkaufsmöglichkeit, häufig nur in der Hauptsaison in Betrieb sind. Das gilt erst recht für Extras wie den Swimmingpool. Am engsten wird es auf den spanischen Plätzen – wie in den Hotels auch – ab Mitte Juli bis Ende August, doch riskiert man nur selten, auf das Schild „completo" (besetzt) zu stoßen. Richtig problematisch wird die Situation nur am *ersten Augustwochenende* an der nördlichen Atlantikküste zwischen San Sebastián und Bilbao sowie auf den Hauptrouten im Inland: Zu der dann ohnehin schon hohen Urlauberbelegung kommen zahlreiche heimreisende Portugiesen und Marokkaner, die eine Zwischenübernachtung einlegen. Wer in dieser Zeit nicht schon mittags am Platz ist, hat nur mehr wenig Chancen, unterzukommen.

▶ **Selbstversorger** haben in Spanien keine Schwierigkeiten. Lebensmittel sind in den Läden der Plätze selbst teurer. Bessere Einkaufsreviere sind die meist nur bis etwa 14 Uhr geöffneten Märkte bzw. Markthallen; Obst, Gemüse, Käse und Wurstwaren sind hier von hervorragender Qualität, Obst und Gemüse auch noch zu Preisen, von denen Mitteleuropäer nur träumen können. Was es auf dem Markt nicht gibt, findet sich bestimmt im Supermercado oder einem der meist an Ausfallstraßen gelegenen großen Einkaufszentren, die mit riesiger Auswahl glänzen. Die *Gasversorgung* für Wohnmobile und Caravans kann hingegen zum Problem werden. Laut Gesetz dürfen die grauen Flaschen für 5 und 11 Kilogramm bei ausländischen Touristen weder gefüllt noch ausgetauscht werden – man startet seine Spanientour also besser mit einer vollen Flasche. Die blauen Camping-Gas-Flaschen bis maximal drei Kilogramm sind von dieser Regelung nicht betroffen.

Frisch auf den Tisch: Ernte von Meeresfrüchten in O Grove (Galicien)

Küche und Keller

Das älteste überlieferte Rezeptbuch Spaniens stammt aus dem Mittelalter. An Tradition besteht also kein Mangel.

Von einer allgemein „spanischen Küche" zu sprechen, wäre verkehrt: Bedingt durch die landschaftliche und kulturelle Vielfalt des Landes, tummelt sich auf den Tellern so einiges, je nachdem, in welcher Region sie auf dem Tisch stehen. In diesem Führer sind deshalb bei den Einleitungen zu den jeweiligen Autonomen Gemeinschaften (Comunidades) auch deren kulinarische Spezialitäten berücksichtigt – hier deshalb nur ein erster Überblick. Vorausschickend sei noch gesagt, dass als berühmteste „Kochnationalität" Spaniens die Basken gelten, dicht gefolgt von den Galiciern und Katalanen.

Die gastronomischen Zonen

Traditionell, aber etwas vereinfachend wird Spanien in sechs gastronomische Zonen eingeteilt.

Katalonien gilt als *zona de las cacerolas*, als Zone der Kasserollen. Bekanntestes Beispiel ist der in einer Kasserolle geschmorte Fischtopf *zarzuela*.

Die **Levante** (Valencia und Murcia) ist die *zona de los arroces*, die Reiszone – treffend, schließlich ist die *paella valenciana* weltberühmt.

Andalusien bildet die *zona de los fritos*, die Zone der frittierten Gerichte. Köstlich ist besonders der so behandelte Fisch; nicht fettig, wie man annehmen sollte, sondern ganz leicht ausgebacken.

Zentralspanien (Kastilien, Extremadura) ist die *zona de los asados*, die Zone der Braten, die aus der Kasserolle oder dem Ofen kommen. Immer sind sie so zart, dass man das Fleisch mit einer Tellerkante zerteilen kann.

Nordspanien wird als *zona de las salsas* bezeichnet, als Zone der Saucen. Hier sollte man jedoch besser von der „Zone der Eintöpfe", ebenso auch von der „Fisch- und Meeresfrüchtezone" sprechen. **Aragón** und **Navarra** schließlich bilden die *zona de los chilindrones*, die „Zone der Paprikaschoten": Das vielseitige Gemüse ist unersetzlicher Bestandteil der dortigen Fleischgerichte.

Der kulinarische Tagesablauf

▶ **Frühstück** (*desayuno*): Überall in Spanien ist man da mit wenig zufrieden. Ein Milchkaffee und ein *croissant* beziehungsweise *brioche* oder auch ein Stück Süßgebäck reichen den meisten Spaniern völlig aus. Entsprechend langweilig gestaltet sich meist das Hotelfrühstück: zwei Brötchen, Butter, Marmelade, das war's. Da geht man besser in die nächste Bar, obligatorisch ist das Frühstück nämlich fast nie. Spanische Frühstücksspezialitäten sind *tostadas*, geröstetes und gebuttertes Weißbrot vom Vortag (viel besser, als es klingt), und *churros con chocolate*, Fettgebäck mit sehr süßer flüssiger Schokolade – besonders sonntags beliebt, kalorienreich und nichts für schwache Mägen.

▶ **Mittagessen** (*comida*): Es beginnt keinesfalls vor 13 Uhr, meist sogar erst um 14 Uhr oder noch später. Das bis dahin zwangsläufig auftretende Loch im Magen wird zwischendurch mit den leckeren Kleinigkeiten *tapas* gestopft. Traditionell besteht bereits das Mittagessen aus mehreren Gängen: Zum Verdauen bietet die nachmittägliche Siesta ja Gelegenheit genug.

▶ **Abendessen** (*cena*): Zum Abendessen braucht man nicht vor 21 Uhr anzutreten. Spanier fangen kaum vor 22 Uhr an und retten sich deshalb am späten Nachmittag gern noch mit einem Imbiss (*merienda*, oft Kaffee und Kuchen) oder am frühen Abend mit diversen Tapas über die Runden. In den Touristenzentren am Mittelmeer hat man sich dagegen an den mitteleuropäischen Magenfahrplan angepasst. Wer dort dann tatsächlich schon um 20 Uhr an der Tafel sitzt, ist zweifelsfrei als Ausländer identifiziert.

Essen gehen

Spanien als Billigland – das ist vorbei. So teuer wie in Italien beispielsweise fällt ein gutes Mahl allerdings auch nicht aus: Für etwa 20 € findet man vielerorts schon recht erfreuliche Küche. Und wer rechnen will oder muss, kann zum *Menú del Día* („Tagesmenü") greifen: Es wird in einfachen bis leicht gehobenen Gaststätten angeboten und bietet zu Durchschnittspreisen zwischen acht und zwölf Euro vielleicht keine kulinarischen Höhenflüge, im Normalfall aber doch solide Kost inklusive einem Viertel Wein. Den Begriff „Tagesmenü" muss man übrigens nicht überall wörtlich nehmen. Häufig, das ist von Region zu Region und von Restaurant zu Restaurant verschieden, wird auch abends ein günstiges Menü serviert. Dass in Touristenzentren vom Schlag Torremolinos blanke Abfütterung eher die Regel als die Ausnahme darstellt, ist wohl keine Überraschung.

● *Einige Tipps* **Platz nehmen**: In Spanien ist es absolut nicht üblich, sich zu jemand Fremdem an den Tisch zu setzen. Auch wenn das Restaurant knallvoll und ein großer Tisch nur von einer einzelnen Person belegt ist: Zu fragen, ob man Platz nehmen kann oder sehnsüchtig auf die freien Stühle zu starren, gilt als ausgesprochen unhöflich. Etwas anderes ist es, wenn der Ober einen zu dem Tisch geleitet bzw. dessen „Inhaber" seinerseits den Platz anbietet.
Zahlen: Die Rechnung verlangt man mit „La cuenta, por favor", noch höflicher ist „La cuenta, cuando pueda". Der Umgang mit der spanischen Mehrwertsteuer IVA wird unterschiedlich gehandhabt: Meist sind die auf der Karte angegebenen Preise inklusive; vor allem in teureren Restaurants

werden die sieben Prozent jedoch manchmal auch erst beim Zahlen auf den Gesamtbetrag aufgeschlagen. In Spanien ist getrenntes Zahlen absolut unüblich; einer am Tisch begleicht die Rechnung und die anderen geben ihm ihren Anteil oder übernehmen die nächste Runde.

Trinkgeld: Beim Bezahlen lässt man sich zunächst das Wechselgeld herausgeben und dann den entsprechenden Betrag, je nach Zufriedenheit bis etwa 10 %, auf dem Tellerchen liegen. Ein wenig Trinkgeld wird auch in der Bar erwartet.

Lokale

▶ **Bars**: Die Bezeichnung für die schlichte Kneipe ums Eck. In Spanien kein Platz, an dem man ganze Abende verbringt. Hinein, etwas getrunken, vielleicht eine Kleinigkeit gegessen – und weiter in die nächste. Chromblitzende Bars sind die Regel, mit etwas Suchen findet sich auch Gemütlicheres. *Bodegas* sind urige Weinschänken auf der untersten Stufe der Preisskala, *cervecerías* ihr etwas teureres Pendant, in dem vornehmlich Bier getrunken wird. *Tascas* und *tabernas* sind weitere Namen für einfache Kneipen. In Küstenorten müssen all diese Bezeichnungen allerdings oft für sehr touristische Lokalitäten herhalten.

Essen in Bars

Tapas sind leckere Kleinigkeiten aller Art: Oliven, ein Häppchen Schinken, frittierte Fischchen, ein Stück Tortilla – die Auswahl ist bestechend. Früher wurden sie oft gratis zum Getränk serviert, doch ist diese Praxis selten geworden. Ein Rundgang durch mehrere Bars mit zwei Tapas hier, einer Tapa dort, ist eine bei Spaniern beliebte und wirklich amüsante Alternative zum kompletten Essen. Eine Ración ist eine Art „Über-Tapa", nämlich eine ganze Portion vom Gleichen wie z. B. eine Schinkenplatte.
Bocadillos sind belegte Weißbrote ohne Butter, etwa in der Art von Baguettes: Ideal für den sättigenden Imbiss zwischendurch und nur in den einfacheren Bars zu haben. Die Auswahl ist ähnlich breit wie bei Tapas, reicht von Wurst und Schinken über Käse bis hin zu Sardellen und Tortilla.

Tapas	**„Häppchen"**	patatas bravas	Kartoffeln (scharf)
aceitunas	Oliven	tortilla	Omelettstück
albóndigas	„Fleischbällchen"	**Bocadillos**	**Sandwiches**
anchoas	Sardellen	atún	Thunfisch (meist Dose)
boquerones	„Fischchen"	butifarra	Schweinswurst
callos	Kutteln	chorizo	Dauerwurst
caracoles	Schnecken	jamón serrano	Schinken (roh)
champiñones	Champignons	jamón York	Schinken (gekocht)
ensaladilla rusa	Russischer Salat	lomo	Schweinefilet
empanadas	„gefüllter Fladen"	queso	Käse
habas	Bohnen	salchichón	Art Salami

▶ **Cafeterías**: Vor allem in Großstädten und Ferienorten zu finden. Optisch im Schnellimbiss- oder Mensastil, auf dem Teller vielfach die Unsitte der *platos combinados*: oft willkürlich erscheinende und fettreiche Zusammenstellungen für anspruchslose Esser, beispielsweise Wurst mit Spiegelei, Tomate und Pommes. Immerhin sind sie preisgünstig. Die Auswahl an Platos Combinados ist zumeist einer Sammlung von Fotokarten an der Wand zu entnehmen.

Es ist angerichtet: maritime Köstlichkeiten

▶ **Restaurantes**: Im Inneren von Restaurants weist oft ein Schild auf den *comedor* hin: Es zeigt den Weg zum Speisesaal, der manchmal im ersten Stock liegt. Ein komplettes Essen besteht mindestens aus Vorspeise (*primero*), Hauptgericht (*segundo*) und Nachspeise (*postre*); anders als in Italien ist der Wirt jedoch nicht böse, wenn man es beispielsweise bei Salat und Hauptgericht belässt. *Bar-Restaurantes* sind ein meist recht preiswertes Mittelding zwischen beiden, als Restaurant oft nicht zu erkennen: Der Comedor versteckt sich dann irgendwo hinter einer Seitentür oder ist gar durch die Küche zu erreichen. *Marisquerías* servieren vorwiegend Fisch und Meeresfrüchte, in Andalusien und an der Atlantikküste meist gar nicht einmal teuer. *Ventas* heißen die Landgasthäuser; oft liegen sie an Fernstraßen oder den Kreuzungen wichtiger Verkehrswege, und manche gehen auch wirklich noch bis in die Zeit der Postkutschen zurück.

pan	Brot
mantequilla	Butter
aceite	Öl
vinagre	Essig
sal	Salz
pimienta	Pfeffer
ajo	Knoblauch
Ensalada	**Salat**
de arroz	Reissalat
de marisco	Meeresfrüchtesalat
del tiempo	nach Saison
verde	grüner Salat

Spanische Spezialitäten

Vorspeisen (Entremeses)/**Salat** (Ensalada): Zu den beliebtesten Vorspeisen zählen in Spanien die *entremeses variados*, eine Art gemischter Teller, unter anderem mit mehreren Wurstsorten. Auch Salate sind beliebt, Suppen werden eher im Winter gegessen.

Eiergerichte (Huevos): Bei allen regionalen Unterschieden – eine Speise eint die Spanier doch. Die *tortilla*, eine Art Eieromelett, das als Vorspeise wie als Hauptgericht gegessen wird, kann man getrost als das spanische Nationalgericht bezeichnen. Sie ist wirklich im ganzen Land zu bekommen. Die Variationen sind vielfältig: Tortilla mit Gambas (Garnelen), mit Schinken, Käse, Gemüse ... Am häufigsten angeboten wird die *tortilla de patatas*, bezeichnenderweise auch *tortilla española* genannt und nur aus Kartoffeln, Zwiebeln und eben Eiern hergestellt.

Verdura	Gemüse	garbanzos	Kichererbsen
Alcachofas	Artischocken	guisantes	Erbsen
Alubias	Weiße Bohnen	habas	Saubohnen
Berenjenas	Auberginen	lentejas	Linsen
Coliflor	Blumenkohl	patatas	Kartoffeln
Endibias	Endivien	pimiento	Paprika
Espinacas	Spinat	tomates	Tomaten

Reisgerichte (Arroces): Reisgerichte, weltberühmt die *paella*, haben ihren Ursprung in der Levante (Valencia, Murcia). Sie sind aber auch eine Spezialität des südlichen Katalonien, wo ebenfalls Reis angebaut wird.

Nudelgerichte (Pastas/Pastes): Vor allem in Katalonien heimisch, sind sie ein Erbe aus der Zeit, als die Region im Verein mit Aragón, Sardinien und Sizilien regierte. Im Rest von Spanien sind Nudelgerichte eher unüblich.

Fleischgerichte (Carnes): Rindfleisch ist in Spanien natürlich auch erhältlich, Huhn ohnehin, doch gebühren die Küchenmeriten den zahllosen Zubereitungsarten von Schwein, Lamm, Zicklein und Kaninchen. Das brave Schwein findet sich in zahlreichen höchst delikaten Würsten und Schinken wieder; die besten Schinken („jamón serrano") kommen aus Andalusien und der Extremadura.

Carnes	Fleisch	cordoniz	Wachtel
bistec	Beefsteak	faisán	Fasan
chuletas	Koteletts	hígado	Leber
escalope	Schnitzel	perdiz	Rebhuhn
solomillo	Filet	pollo	Huhn
cabrito	Zicklein	riñones	Nieren
cerdo	Schwein	ternera	Kalb
conejo	Kaninchen	vaca	Rind
cordero	Lamm		

Fisch und Meeresfrüchte (Pescados y Mariscos): Die Überfischung des Mittelmeers ist auch in Spanien spürbar – in den nördlicheren Regionen wie Katalonien und Valencia kostet Maritimes meist mehr als Fleisch. Noch sehr günstig sind Fisch und Meeresfrüchte in Andalusien und Nordspanien. Die Auswahl ist riesig. Am häufigsten angeboten und recht preiswert ist *merluza*, meist mit „Seehecht" übersetzt, eine Schellfischart. Für uns ungewöhnlicher, aber für manche Regionen

Spanische Spezialitäten

typisch, ist *bacalao*, getrockneter Kabeljau. Im Schaufenster sehen die dünnen, weißen Stücke nicht allzu appetitlich aus; sie munden aber, nach dem Einweichen in Wasser und zu einer der vielen Spezialitäten verwandelt, hervorragend.

Pescados	Fisch	Mariscos	Meeresfrüchte
anguilas	Jungaal	almejas	Venusmuscheln
atún	Thunfisch	berberechos	Herzmuscheln
bacalao	Stockfisch	bogavante	Hummer
besugo	Seebrasse	calamares	Tintenfisch (klein)
bonito	kl. Thunfisch	chipirones	Tintenfisch (noch kleiner)
dentón	Zahnbrasse		
dorada	Goldbrasse	gambas	Garnelen
lenguado	Seezunge	langosta	Languste
merluza	„Seehecht"	langostino	Hummerkrabben
Mero	Zackenbarsch	mejillones	Miesmuscheln
Rape	Seeteufel	navajas	„Taschenmesser" (lange Muscheln)
salmón	Lachs		
sardinas	Sardinen	pulpo	Krake
trucha	Forelle	sepia	Tintenfisch (groß)

Desserts (Postres)/**Käse** (Queso): Bei den Desserts hat die spanische Küche einiges von den Mauren geerbt, die ja den Süden des Landes jahrhundertelang besetzt hielten. Viele traditionelle Süßigkeiten werden besonders an einem bestimmten Festtag gegessen, sind aber meist das ganze Jahr erhältlich. *Turrón*, ähnlich dem „Türkischen Honig", ist eine Spezialität aus dem Raum Alicante, wird aber auch im Rest Spaniens an Weihnachten in Mengen verzehrt. Spanien, wenig bekannt, ist auch ein Land der exzellenten Käse. An erster Stelle steht sicher der *queso manchego*, ein Schafskäse aus Kastilien-La Mancha, doch produzieren auch viele andere Regionen Hervorragendes aus diesem Gebiet, wie z. B. den Schimmelkäse *queso cabrales*, der aus dem Gebiet des nordspanischen Gebirges Picos de Europa stammt. Eine herrliche Erfrischung an heißen Sommertagen ist natürlich Obst – wie wäre es z. B. mit einer kühlen Scheibe Wassermelone (*Sandía*)?

Postres	Nachtisch	manzana	Apfel
arroz con leche	Milchreis	melocotón	Pfirsich
flan	Karamelpudding	melón	Melone
pastel	Gebäck	naranja	Orange
helado	Eis	pera	Birne
sorbete	Sorbet	piña	Ananas
Queso	**Käse**	pomelo	Grapefruit
Fruta	**Obst**	uva	Trauben
fresas	Erdbeeren	zumo de fruta	Fruchtsaft

Getränke

Alkoholisches

Eines vorweg: Spanier sind beim Trinken keine Kinder von Traurigkeit. Oft begleitet schon vormittags ein Sherry die Tapas oder ein Brandy den Kaffee. Betrunken zu sein, *borracho*, ist jedoch absolut unwürdig – für die trunkenen Horden in Lloret de Mar und anderen Ferienzentren haben Spanier nichts als blanke Verachtung.

▶ **Wein**: Spanien ist nach der Anbaufläche – nicht jedoch vom Ausstoß her – der größte Produzent Europas. Dabei geht im Land selbst der Weinkonsum pro Kopf stetig zurück, liegt mittlerweile deutlich unter dem Verbrauch beispielsweise der Schweiz. Der bekannteste Wein Spaniens ist sicherlich der *Sherry* aus dem andalusischen Jerez, dessen Eigentümlichkeiten im entsprechenden Ortskapitel noch näher beleuchtet werden. In Mitteleuropa in Mode gekommen sind die Weine aus der nordspanischen Region *La Rioja*; wer sie bestellt, geht nie fehl. Doch sollte man auch den meist vorzüglichen regionalen Qualitätsweinen immer eine Chance geben – man wird nicht enttäuscht sein. Kenntlich sind sie an der Herkunftsbezeichnung *D.O.* (*denominación de origen*). Über 50 Weinbaugebiete sind durch eine D.O. herkunftsgeschützt – Sherry seit 1933, noch bevor Frankreich ähnliche Bezeichnungen einführte. Auch die einfacheren „Hausweine" ohne Qualitätsbezeichnung („Vino de la casa", „de mesa" oder „del país") sind in aller Regel durchaus trinkbar.

Vino	Wein
vino tinto	Rotwein
vino blanco	Weißwein
vino rosado	Rosé
vino del país/ de la casa	Hauswein
seco	trocken
dulce	süß

Sidra: Apfelwein, besonders in Nordspanien häufig angeboten. Beim Einschenken wird die Flasche möglichst hoch über das Glas gehalten: keine reine Show, sondern dazu gedacht, den Wein zum Schäumen zu bringen.

▶ **Cava/Champaña**: Schon seit dem Mittelalter produziert Katalonien hervorragenden Schaumwein. Die *cavas* („Keller") reifen nach der Méthode Champenoise in der Flasche und stehen auch sonst dem berühmten Champagner kaum nach. Näheres über Cava sowie Tipps zur Besichtigung der Kellereien von Sant Sadurni im entsprechenden Abschnitt des Kapitels „Umgebung von Barcelona".

▶ **Bier**: *Cerveza* hat in Spanien dem Wein schon seit längerer Zeit den Rang abgelaufen. Mit dem „Reinheitsgebot" ist es allerdings nicht weit her ... Ein Glas vom Fass bestellt man mit *„una caña"*, eine Flasche (botella) schlicht mit *„una cerveza"*. In manchen Lokalen kommt Bier krugweise auf den Tisch: *un tanque* („Panzer").

▶ **Härtere Alkoholika**: In Spanien immer noch sehr preisgünstig – leider auch ein Urlaubsanreiz für trinkfeste Zeitgenossen aus dem Norden.

Sangría: Die angeblich so „typisch spanische" Mischung aus Rotwein, Brandy, Orangen- oder Pfirsichsaft und Zucker wird von Spaniern selbst nur selten getrunken. Sie wissen warum, der Kopfschmerz am nächsten Tag kann fürchterlich sein.
Brandy: Fälschlicherweise, aber geschmacklich relativ treffend auch als „coñac"

Spanischer Wein: Von der Sonne verwöhnt

bezeichnet. Ein Weinbrand, dessen beste Sorten aus Andalusien kommen. Dort reifen sie in alten Sherry-Fässern, was ihnen den speziellen Geschmack und die besondere Färbung verleiht.

Aguardientes: „Feuerwasser", Sammelbezeichnung für alle Arten von Schnaps. Wer Pastis oder Ouzo mag, sollte mal den „Chinchón" aus der gleichnamigen Stadt bei Madrid probieren. Er wird allerdings in der Regel pur getrunken, also ohne Wasser.

Alkoholfreies

Erfrischungsgetränke gibt es im üblichen internationalen Angebot. *Granizados* sind dagegen etwas Besonderes, eine Art halbflüssiges Wassereis, meist in den Geschmacksrichtungen *café* oder *limón* (Zitrone).

Kaffee bedeutet in Spanien immer etwas in der Art von Espresso. *Café solo* ist schwarz, *Café cortado* enthält etwas Milch, während *Café con leche* aus einem Tässchen Espresso mit sehr viel Milch besteht, optimal fürs Frühstück. Ein *Carajillo* ist ein Kaffee mit „Schuss", wahlweise mit Brandy, Whisky oder anderen Alkoholika. Wer unbedingt die heimische Kaffeevariante bevorzugt, muss an die Costa Brava: „Deutscher Filterkaffee" wird dort oft genug angeboten.

Tee wird in Spanien nicht besonders häufig getrunken und ist oft nur als Beuteltee erhältlich. Eine Ausnahme bilden die Teestuben („Teterías") in manchen andalusischen Städten wie Granada und Málaga.

Chocolate ist eine ganz unglaublich dicke flüssige Schokolade. Zum Frühstück allein schon fast sättigend, wird sie meist mit dem Fettgebäck Xurros (Churros) serviert.

Horchata de chufa: Die süße Erdmandelmilch kommt aus der Region Valencia, ist aber in ganz Spanien erhältlich. Sie muss frisch hergestellt sein, industriell produzierte Horchata schmeckt mäßig.

Säfte (*zumos*) sind in Cafeterias etc. frisch gepresst zu haben, kommen in Restaurants aber meist aus kleinen Dosen oder Tetrapaks.

Cerveza sin alcohol, alkoholfreies Bier, ist fast überall in kleinen Flaschen zu erstehen. Da eiskalt serviert, ist es ganz gut trinkbar.

Wissenswertes von A bis Z

Adressen	48	Kriminalität	60
Aids	48	Literatur	60
Ärztliche Versorgung	49	Lotterien	61
Baden	49	Movida, Marcha und Paseo	61
Drogen	51	Öffnungszeiten und Eintrittsgelder	62
Einkaufen	51		
Estancos	52	Polizei	62
Feste und Feiertage	52	Post	63
Feiertage und ausgewählte Feste	53	Rauchverbote	63
Flamenco	54	Reisedokumente	64
Geld	55	Siesta	64
Haustiere	56	Sport	64
Informationsstellen	56	Stierkampf	66
Internet	56	Telefonieren	68
Karten	58	Toiletten	69
Kleidung	58	Umweltschutz	69
Klima und Reisezeit	58	Zeit	71
Konsulate	59	Zoll	71

Adressen

In einigen, wenn auch immer wenigeren Orten erinnern noch Namen von Straßen und Plätzen an die unseligen Zeiten des Franco-Regimes. Durch das 2007 erlassene Gesetz „Ley de Memoria Histórica" sollten auch diese verbliebenen Namen bald ebenso verschwunden sein wie die letzten Franco-Denkmäler. Die Geschwindigkeit der Umbenennung dürfte sich auch nach dem politischen Standort der Stadtverwaltung richten. Aufmerksamkeit ist unter anderem geboten bei Adressen mit „Generalísimo", „Caudillo", „Primo de Rivera" und so ziemlich jeder Anschrift mit „General ...". In der Bevölkerung bleibt die frühere Bezeichnung aber noch lange bekannt, so dass man sich leicht durchfragen kann.

- *Wichtige Abkürzungen* Av. oder Avda. = Avenida (Allee); C. = Calle (Straße); Ctra. = Carretera (Landstraße); Pl. = Plaza (Platz); Po. = Paseo (Promenade); s/n = sin numero (ohne Hausnummer).

- *Klingelschilder an Haustüren* weisen kaum jemals Namen auf, sondern sind entweder mit Buchstaben beschriftet, oder, häufiger, mit der Angabe des Stockwerks und der Lage der Wohnungstür. Dann steht d für derecha, rechts; c für centro, Mitte; i für izquierda, links. Die Adresse Avda. España 23, 1, d ist also unter Hausnummer 23, 1. Stock, rechte Tür zu suchen.

Aids

Kein Thema für ein Reisehandbuch? Leider doch. Obwohl die Zahl der Neuerkrankungen deutlich zurückgegangen ist, rechnen spanische Behörden mit etwa 200.000 Menschen, die sich infiziert haben; im Verhältnis zur Gesamtbevölkerung einer der höchsten Werte in Europa. Zudem sind noch etwa ein bis zwei Millionen Spanier mit dem lebensgefährlichen Hepatitis-Typ C infiziert. Genau wie anderswo gilt deshalb auch in Spanien der dringende Rat, beim Sex mit der Urlaubsbekanntschaft unbedingt Kondome („preservativos") zu verwenden.

Ärztliche Versorgung

Prinzipiell übernehmen die gesetzlichen Krankenkassen die Kosten ärztlicher Behandlungen im EU-Ausland. Erkundigen Sie sich jedoch vorab bei Ihrer Kasse über die aktuelle Verfahrens- und Abrechnungsweise und beantragen Sie rechtzeitig die Europäische Krankenversicherungskarte EHIC (oft schon auf der Rückseite der normalen Versicherungskarte vorhanden), die Nachfolgerin des Auslandskrankenscheins. Um der Bürokratie aus dem Weg zu gehen und vor unangenehmen Überraschungen sicher zu sein, ist die *Urlaubs-Krankenversicherung*, die z.B. im Gegensatz zu fast allen anderen Versicherungen auch medizinisch notwendige Krankenrücktransporte einschließt, in jedem Fall eine sinnvolle Ergänzung. Zu erhalten ist sie zu sehr günstigen Tarifen bei manchen Automobilclubs und bei fast allen Krankenversicherungen, natürlich auch für Mitglieder gesetzlicher Kassen.

> **Notruf**: ℡ *112*. Diese Notrufnummer für Polizei, Ambulanz und Feuerwehr funktioniert landesweit. Polizeinotruf ℡ *091* (Policia Nacional), Ambulanz ℡ *061*.

Bester Ansprechpartner im akuten Notfall ist die Notaufnahme *Urgéncias* eines Krankenhauses (Hospital); sie ist rund um die Uhr geöffnet und behandelt auf EHIC-Karte kostenlos. Bei niedergelassenen Ärzten muss man in aller Regel bar bezahlen, lässt sich dann unbedingt eine genaue Rechnung mit Diagnose und Aufstellung der ärztlichen Leistungen geben und reicht diese beim Versicherer zur Rückerstattung ein. Gesetzliche Kassen erstatten in diesem Fall nur die heimischen Gebührensätze.

Apotheken (*Farmacias*) können bei kleineren Problemen oftmals den Arzt ersetzen. Nacht- und Sonntagsdienste sind an jeder Apotheke angeschlagen.

Baden

Am **Mittelmeer** unterscheiden sich die Wassertemperaturen regional nur wenig. Im Frühjahr und Herbst können jedoch die höheren Lufttemperaturen im Süden ausschlaggebend für Badelust oder -frust sein. Die Badesaison beginnt nur für Abgehärtete schon im Mai, denn eine durchschnittliche Wassertemperatur von 16–17 Grad ist nicht jedermanns Sache. Erst ab Mitte Juni werden akzeptable 19 Grad erreicht. Dafür bleibt das Wasser bis weit in den Herbst hinein angenehm warm, hält sich bis Mitte Oktober bei 20 Grad.

Die **südliche Atlantikküste** von Andalusien erwärmt sich im Sommer nicht ganz so stark wie das Mittelmeer, doch zeigen sich die Temperaturen von Juni bis in den Oktober hinein ebenfalls gut badetauglich.

Die **nördliche Atlantikküste** verlangt da schon ein dickeres Fell. Lässt es sich an den Küsten zwischen dem Baskenland und Asturien von Juli bis September bei etwa 19–20 Grad Wassertemperatur noch ganz gut aushalten, so ist das Meer vor Galicien mit durchschnittlich maximal 17 Grad schon ein arg kühles Gewässer.

Auch Spanien ist von der Verschmutzung der Meere betroffen, doch sind die hiesigen Küsten insgesamt besser als ihr Ruf. In den letzten Jahren hat sich besonders am Mittelmeer einiges getan. In vielen Badeorten wurde – besser spät als nie – mittlerweile die dringend nötige Kläranlage installiert. Die Küsten des Atlantik sind prinzipiell weniger belastet, doch gibt es auch hier einige üble Schmutzecken, die von industriellen Abwässern verdreckt werden; hierzu zählen besonders die Großräume von Bilbao, Cádiz und Huelva. Generell sind Daten über Wasserverschmutzung nicht überall zu bekommen, könnten für ganz Spanien an dieser Stelle auch gar nicht aufgelistet werden. Stattdessen zwei Tipps, die schon eine ganz gute Einschätzung der Wasserbelastung ermöglichen:

Flussmündungen und ihre Umgebung unbedingt meiden! In Spanien dienen viele Flüsse immer noch der „Entsorgung" kommunaler und industrieller Abwässer, d. h., sie führen oft extreme Schmutzmengen mit sich. Tests der Wasserqualität um Flussmündungen ergaben deshalb vielfach wirklich erschreckende Resultate. Aus demselben Grund sollte man auch auf das Baden in Stauseen verzichten, falls sie nicht schon am Oberlauf der dort noch sauberen Flüsse aufgestaut werden.

Blaue Umweltflagge: Auch Blaue Europaflagge genannt, wird sie jährlich an Badeorte verliehen, die bestimmte Kriterien des Umweltschutzes erfüllen. So muss das Badewasser im Vorjahr den gesetzlichen Bestimmungen entsprochen haben, dürfen industrielle und kommunale Abwässer nicht direkt eingeleitet werden. Hundertprozentige Sicherheit gibt das jedoch nicht – gesetzliche Bestimmungen beziehen sich auf Gesundheitsgefährdung, doch auch unterhalb dieser Marke kann's schon unappetitlich werden – doch immerhin einen Anhaltspunkt. Andererseits kann auch ohne Blaue Umweltflagge das Wasser hundertprozentig in Ordnung sein: Die Blaue Flagge wird auch dann verwehrt, wenn z. B. keine Sicherheitseinrichtungen am Strand bestehen.

Badeunfälle vermeiden: Selbst am so harmlos erscheinenden Mittelmeer kommt es jedes Jahr zu vielen tödlichen Badeunfällen, am Atlantik natürlich erst recht. Unterströmungen beispielsweise können auch bei scheinbar ruhiger See auftreten, auflandige Winde unter Wasser Verwirbelungen hervorrufen. Ablandige Winde wiederum sind, insbesondere für Kinder, gefährlich beim Baden mit Plastikbooten oder Luftmatratzen. Lassen Sie Ihre Kinder am Strand nie unbeaufsichtigt, schwimmen Sie möglichst nicht allein und vermeiden Sie Alkohol und das Baden mit vollem Magen. Nehmen Sie die Gefahren des Meeres ernst!

• *Warnflaggen* Falls an einem Strand grüne, gelbe oder rote Flaggen wehen, signalisieren sie mögliche Gefahren beim Baden: Rot – Gefahr, Badeverbot! Gelb – Vorsicht, Grün – Baden erlaubt. Bitte beachten Sie zu ihrer eigenen Sicherheit diese Flaggen unbedingt. Leider wird die Beflaggung außerhalb der Hochsaison oft eingestellt.

www.blausand.de liefert weitere Informationen zum Thema Badeunfälle und Strandsicherheit.

• *Giftige Meerestiere* **Quallen** (Medusas) können, abhängig von den Wetterverhältnissen und Strömungen, zeitweilig das Badevergnügen verleiden. Falls es einen erwischt hat, die betroffene Stelle mit warmem oder besser noch heißem Meerwasser abwaschen, keinesfalls mit Süßwasser! Einen mit Essig (deaktiviert das Quallengift) getränkten Wattebausch auf die Verbrennung drücken. Im Anschluss mit Eis kühlen, später helfen Kortison oder Antihistamine. Viel trinken. Bei kleinen Kindern, Verletzungen im Gesicht, großflächigen Verbrennungen oder Kreislaufbeschwerden gibt es aber nur eins: sofort zum Arzt.

Petermännchen (Arañas) sind eine Fischart mit giftigen Flossenstacheln. Sie verstecken sich strandnah in Sand und Schlick. Falls man auf ein Petermännchen tritt und sich der Stachel in den Fuß bohrt, ist dies zwar in der Regel nicht tödlich, aber sehr schmerzhaft. Als erste Hilfe vor dem Arztbesuch empfiehlt sich eine Wärmebehandlung (lässt das eiweißhaltige Gift zerfallen), indem man den betroffenen Fuß zum Beispiel in einen Eimer mit heißem Wasser hält. Um keine Verbrühungen auszulösen, empfiehlt es sich, die Temperatur (bis etwa 45 Grad) von einer Begleitperson oder notfalls mit einer nicht betroffenen Extremität zu prüfen.

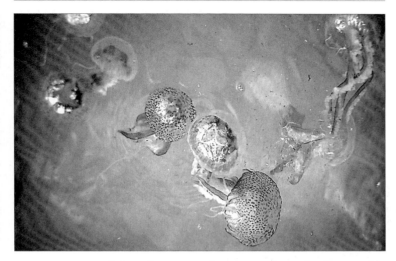

Seltene Begegnung der unangenehmen Art: Feuerquallen

Drogen

Spanien zählt zu den europäischen Ländern mit relativ liberalen Drogengesetzen. Der Besitz kleiner Mengen zum Eigenverbrauch ist (im Gegensatz zum Handel) keine Straftat, Drogenkonsum und -besitz in der Öffentlichkeit sind jedoch als Ordnungswidrigkeit mit Bußgeld bedroht. Bei der weit verbreiteten weichen Droge „Chocolate" (Haschisch) mag sich das polizeiliche Interesse je nach Sachlage in Grenzen halten. Verlassen sollte man sich darauf besser nicht. Wer als Ausländer mit harten Drogen erwischt wird oder gar mit Drogen handelt, bekommt in jedem Fall gewaltigen Ärger.

Einkaufen

▶ **Märkte**: Markthallen und Marktplätze sind die beste Adresse für Selbstverpfleger. Fleisch, Fisch, Brot, Käse, Wurst und Schinken gibt es hier in reicher Auswahl, ebenso saisonales Obst und Gemüse zu teilweise fantastisch niedrigen Preisen. Geöffnet sind die meisten Märkte von Montag bis Samstag, im Gegensatz zu anderen Geschäften aber in der Regel nur bis etwa 13.30/14 Uhr. Ausnahmen finden sich in manchen Großstädten, in denen auch schon mal nach der Siesta eine erneute Verkaufsrunde beginnt.

▶ **Kaufhäuser/Einkaufszentren**: Spaniens dominierende Kaufhauskette ist *El Corte Inglés*. Sie bietet gehobene Preise, große Auswahl und meist gute Qualität, verfügt in fast allen Filialen auch über eine Lebensmittelabteilung. Im Umfeld großer Städte finden sich, meist an den Ausfallstraßen, zudem gigantische *Einkaufszentren*, die vom Frischfisch bis zum Wagenheber nahezu alles unter einem Dach anbieten.

Estancos

Die Tabakläden, kenntlich an dem braunen Schild mit der orangen Aufschrift „tabacos", sind immer noch eine Institution in Spanien, obwohl Zigarettenautomaten und auch die Verkäufer von Schmuggelware ihnen arg zu schaffen machen. Doch gibt es in den Estancos nicht nur Zigaretten, Zigarren und Tabak in breiter Auswahl, Feuerzeuge und anderes Raucherzubehör: Hier sind ebenso Postkarten und Briefmarken erhältlich, oft auch Telefonkarten und Zehnertickets für Stadtbusse.

Feste und Feiertage

Spanien ist das Land der *ferias* und *fiestas*: Eine Reise ohne Teilnahme an einem dieser vor Lebensfreude überschäumenden Feste wäre einfach nicht komplett. Ihre Zahl geht in die Tausende, feiert doch schon jedes Dorf einmal jährlich seinen Schutzpatron; und je nach Region und Anlass zeigen sie sich völlig unterschiedlich. Wein, Tanz, Musik und viel, viel Spaß fehlen jedoch nie.

Ferias entwickelten sich aus traditionellen Jahrmärkten zu allgemeinen Volksfesten, die nur teilweise noch einen Bezug zur Vergangenheit haben, aber immer ein erlebenswertes Ereignis sind. Die bekannteste und größte Feria Spaniens ist wohl die *Feria de Abril* von Sevilla.

Fiestas sind meist religiösen Ursprungs, doch spielt das weltliche, lustbetonte Element immer auch eine Rolle – spätestens nach der Prozession oder der Messe quellen die Bars über, wird gefeiert bis in den Morgen. Als berühmteste Fiesta Spaniens darf sicher *San Fermín* in Pamplona gelten, doch gibt es noch eine ganze Reihe mindestens ebenso reizvoller Großereignisse und zahllose unbekanntere und deshalb zumindest ursprünglichere Festivitäten.

Beseelt: Sardana-Kapelle in Barcelona

Feiertage und ausgewählte Feste

Reyes Magos (Dreikönig; 6. Januar), vor allem ein Spaß für die Kinder, die am Vorabend dieses Tages, also nicht etwa zu Weihnachten oder Nikolaus, ihre Geschenke bekommen. Feiertag.

Carnaval (Karneval, Fasching), unter Franco wegen antikonservativer Gesinnung der Feiernden verboten, heute wieder bunt und ausgelassen wie eh und je. Die peppigsten Umzüge finden in Cádiz (Andalusien) und auf Teneriffa statt, gefolgt von Platja d'Aro und Sitges (Katalonien).

Fallas von Valencia (12.–19. März), Riesenfest; Hunderte von großen Pappmaché-Figuren gehen in Flammen auf.

San José (Josefstag, 19. März); Fest des Hl. Josef, gleichzeitig Namenstag der vielen „Pepes" (= José) und Vatertag, in einigen Regionen auch Feiertag.

Semana Santa (Karwoche bis Ostern); im ganzen Land, besonders aufwändig gefeiert jedoch in Andalusien; die Semana Santa von Sevilla ist weltberühmt. Gründonnerstag und Karfreitag sind Feiertage, Ostermontag ist dafür in den meisten Gebieten Arbeitstag.

Feria de Abril (Ende April, Anfang Mai), Sevilla. Festgelände mit Zelten, farbenprächtige Reiterumzüge, Sherry in Strömen.

Día del Trabajo (1. Mai), Tag der Arbeit – wie bei uns. Feiertag.

Feria del Caballo (Mai), Jerez. Ein sehr farbenprächtiges „Fest des Pferdes", für Pferdeliebhaber natürlich ein Muss.

Los Curros (Mitte Mai bis Anfang Juli), Einfangen und Brandzeichnung der halbwild lebenden Pferde Galiciens; Feste in vielen Orten.

Romería del Rocío (Pentecostés = Pfingsten), riesige Wallfahrt zum andalusischen Dörfchen El Rocío in der Provinz Huelva: eine halbe bis eine Million Teilnehmer!

Corpus Cristi (Fronleichnam), in vielen Regionen Spaniens mit Prozessionen begangen; Schwerpunkte sind Kastilien und Andalusien. Feiertag.

Día de San Juan (23./24. Juni), Mittsommernachtsfest, das wirklich die ganze Nacht hindurch gefeiert wird. Große Feuerwerke in vielen Orten, besonders berühmt ist die Feier von Alicante.

Día de San Pedro y San Pablo (29. Juni), Feste zu Sankt Peter und Paul; Feiertag.

Fiestas de San Fermín (6.–14. Juli), Pamplona. Eines der bekanntesten und wildesten Feste Spaniens. Massensäufnis, Stiertreiben in den Gassen, von Hemingway im Roman „Fiesta" („The sun also rises") gefeiert, entsprechend viele Amerikaner.

Día de Santiago (25. Juli), Feiern zu Ehren des bei uns Jakobus genannten Apostels. Bedeutendstes Fest in der „Heiligen Stadt" Santiago de Compostela. Feiertag.

Mariä Himmelfahrt (Asunción, 15. August), in ganz Spanien gefeiert. Feiertag.

Día de la Hispanidad (12. Oktober), spanischer Nationalfeiertag, in den nach Autonomie strebenden Regionen eher widerwillig begangen.

Todos los Santos (1. November), Allerheiligen; Feiertag.

Inmaculada Concepción (8. Dezember), Mariä unbefleckte Empfängnis; Feiertag.

Navidad (24./25./26. Dezember), Weihnachten; gefeiert wird im engen Familienkreis. Der 25. ist Feiertag.

Día de los Inocentes (28. Dezember), Kirchenfeierlichkeiten zum „Tag der unschuldigen Kinder". Aufgepasst: Scherze ähnlich wie zu unserem 1. April sind an diesem Tag sehr beliebt!

Año Nuevo (31. Dezember/1. Januar), Silvester und Neujahr. Zu jedem der zwölf Glockenschläge um Mitternacht muss eine Weintraube gegessen werden, denn das bringt Glück im neuen Jahr. Die Glockenschläge der Rathausuhr von Madrid werden deshalb landesweit im Fernsehen übertragen.

Die lokalen Feste werden in diesem Führer jeweils unter den Autonomen Gemeinschaften und in den Ortskapiteln vorgestellt; hier deshalb nur eine Aufstellung der überregionalen Feiertage und der bedeutendsten Feste; erstere, da dann fast alles geschlossen ist, letztere auch als Anregung, sie bei der Urlaubsplanung zu berücksichtigen. Es lohnt sich! Manche Feiertage differieren je nach Region: Ostermontag ist in den meisten Comunidades ein normaler Arbeitstag, nicht jedoch z.b. in Katalonien oder València. Es kann auch passieren, dass gewisse Feiertage, wenn sie auf einen Sonntag fallen, am Montag nachgeholt werden; so verfahren beispielsweise Andalusien oder Asturien mit Mariä Himmelfahrt. **Wichtig** anlässlich lokaler Feste: Unterkünfte sind in aller Regel lange vorher ausgebucht – entweder rechtzeitig reservieren oder wenigstens schon einige Tage vorher auf die Suche gehen.

Flamenco

Eigentlich eine Spezialität Andalusiens, doch eines der spanischen Klischees schlechthin. Dabei ist längst nicht alles Flamenco, was sich der Ausländer unter diesem Namen vorstellen mag, existieren doch eine ganze Reihe südspanischer Volkstänze wie *sevillanas* oder *malagueñas*, die mit dem eigentlichen Flamenco kaum etwas gemein haben. Seine Ursprünge hat der Flamenco, der „Blues Europas", in der von der restlichen Bevölkerung Spaniens lange völlig abgeschottet lebenden Volksgruppe der *gitanos*, in Andalusien sesshafter Zigeuner. Die regionalen Anfänge liegen etwa im „Flamenco-Dreieck" zwischen Cádiz, Sevilla und Ronda. Nachgewiesen sind jedoch auch vielfältige andere Einflüsse, unter anderem aus Nordafrika, aber auch aus Pakistan und Indien. Heute besitzt der Flamenco drei Hauptelemente, den Gesang (cante), Tanz (baile) und das Gitarrenspiel (toque), doch war dem nicht immer so: Lange Zeit galt Flamenco als reine Gesangskunst des *cante jondo*, zu übersetzen etwa mit „tief empfundener Gesang", dessen Texte, getragen vom *duende* (dem „Geist" oder „Dämon" des Flamenco), sich um Trauer, Einsamkeit und Leidenschaft drehen. Erst im 19. Jh. folgte die Begleitung durch die Gitarre und dann auch erst der Tanz, den viele fälschlicherweise für den Kern des Flamenco halten; Kastagnetten übrigens gehören überhaupt nicht dazu.

Früh übt sich ... Flamenco-Nachwuchs in Ronda (Andalusien)

Guten Flamenco zu erleben ist gar nicht so leicht. Was in den *tablaos* in Andalusien und dem Rest Spaniens vorgeführt wird, ist fast immer auf Touristen zugeschnitten. Allzu schlimm muss das, je nach Können und Engagement der Akteure, nicht unbedingt sein: Nur wenige können ernsthaft behaupten, den „guten, wahren, echten" Flamenco auch zu erkennen. Ganz passable Chancen, ihn zu erleben, hat der, der auf Plakatankündigungen und Anzeigen in den Tageszeitungen achtet. Auch bei den verschiedenen andalusischen Festen ist häufig guter Flamenco zu sehen.

• *Ansprechpartner* Die **Fundación Andaluza de Flamenco** ist eine gute Adresse für alle, die sich ernsthaft mit dem Thema auseinandersetzen wollen. Sitz der Fundación in Jerez de la Frontera, Adresse siehe dort; www.centroandaluzdeflamenco.es.

• *Flamenco im Internet*
www.andaluciaflamenco.org, ein „Reiseführer des Flamenco" der andalusischen Tourismusbehörde; auch auf Deutsch. Viel Hintergrund, mit Hörbeispielen verschiedener Stile.
www.deflamenco.com, mit zahlreichen Artikeln und Veranstaltungshinweisen. Spanisch und Englisch.

• *Flamenco-Festivals* Die Homepage des Centro Andaluz de Flamenco verzeichnet praktisch alle Festivals von Bedeutung.
Concurso Nacional de Flamenco, bedeutender Flamencowettbewerb der besten Künstler, der jedoch nur alle drei Jahre stattfindet; das nächste Mal im Mai 2010. Näheres im Kapitel über Córdoba.
Bienal de Flamenco, großes Flamencofestival in Sevilla, das in geraden Jahren jeweils von Anfang September bis Anfang Oktober gefeiert wird.

Geld

Auf der Rückseite der spanischen Ein- und Zwei-Euro-Münzen ist König Juan Carlos abgebildet, die Münzen im Wert von 50, 20 und 10 Cent („Céntimo") ziert Miguel de Cervantes, der Schöpfer von Don Quijote. Die Fünf-, Zwei- und Ein-Cent-Münzen zeigen die Kathedrale von Santiago de Compostela, die die Reliquien des spanischen Nationalheiligen Santiago birgt.

Geldautomaten („Bancomat"): Die bequemste Lösung, Bedienungsanleitung auch auf Deutsch. Geldabheben kostet Gebühren, zumindest sofern man nicht eine Filiale seiner heimischen Bank findet.

> **Sperrnummer für Bank- und Kreditkarten**: 0049 116116. Diese einheitliche Sperrnummer gilt mittlerweile für die Mehrzahl der deutschen Bankkunden. Aus dem Ausland ist sie zusätzlich unter 0049 30 4050 4050 anwählbar. www.sperr-notruf.de.

Die Polizei empfiehlt, auch dann die Karte sofort sperren zu lassen, wenn der Automat sie einbehalten hat, da Bancomaten gelegentlich von Betrügern manipuliert werden.
Kreditkarten: Die gängigen Karten (Mastercard und Visa sind verbreiteter als American Express) werden von fast allen größeren Hotels, teureren Restaurants, Tankstellen etc. akzeptiert.

Reiseschecks: Beim Kauf von Reiseschecks wird eine Gebühr fällig, in der auch eine Versicherungsprämie enthalten ist. Ärgerlich, dass in Spanien auch von der einwechselnden Bank noch Gebühren einbehalten werden – vor dem Einwechseln nach der Höhe der „comisión" fragen!
Postsparbuch: Für Geldabhebung im Ausland muss das Sparbuch bei der heimischen Post in die „Postbank Sparcard" umgetauscht werden. Mit dieser kann dann auch an Automaten Geld abgehoben werden. Details in den Filialen der Postbank.
Schnelles Geld: Bei finanziellen Nöten ist die Geldüberweisung mit Western Union die flotteste Methode. Der Betrag wird auf dem heimischen Postamt eingezahlt und trifft maximal wenige Stunden später auf der spanischen Post ein. Wegen der saftigen Gebühren ist dieses Verfahren nur für den Notfall geeignet.

Haustiere

Ein ernst gemeinter Rat: Lassen Sie Ihren Hund nach Möglichkeit zuhause. Obwohl sich immer mehr Spanier vor allem in den Städten selber „Gesellschaftstiere" (animales de compañía) zulegen, ist das Reisen mit den vierbeinigen Freunden immer noch großen Beschränkungen unterworfen. Die Mehrzahl der Hotels und auch viele der Campingplätze akzeptieren keine Hunde. An vielen Türen von Restaurants ist ebenfalls das Schild „Perros No!" zu lesen. Fast alle Strände sind für Hunde gesperrt, ebenso die öffentlichen Verkehrsmittel.

- *Einreisevorschriften für Haustiere:* **EU-Pass**, ein für Hunde, Katzen und Frettchen (ja!) obligatorischer „Reisepass" samt implantiertem Mikrochip (alternativ eine spezielle Tätowierung), durch den die Identität des Tiers nachgewiesen und attestiert wird, dass es gegen Tollwut geimpft ist. Über Details informiert der Tierarzt, der auch die Prozedur durchführt.

Informationsstellen

Spanisches Fremdenverkehrsamt: Informationsstellen der spanischen Tourismusbehörde gibt es in Deutschland, Österreich und der Schweiz. Um die Büros zu entlasten, wurde für die Bestellung von Prospekten eine separate, für ganz Deutschland zuständige Serviceleitung geschaffen.

- *Deutschland* **Serviceleitung**: ✆ 06123 99134, ✆ 06123 9915134. Die richtige Telefonnummer für die Anforderung von Broschüren, Hotelverzeichnissen, Festkalendern etc.
Fremdenverkehrsämter: 10707 **Berlin**, Kurfürstendamm 63, ✆ 030 8826541, ✆ (030) 8826661. berlin@tourspain.es.
40237 **Düsseldorf**, Grafenberger Allee 100; ✆ (0211) 6803981, ✆ (0211) 6803985. dusseldorf@tourspain.es.
60323 **Frankfurt/Main**, Myliusstraße 14; ✆ (069) 725038, ✆ (069) 725313. frankfurt@tourspain.es.
80051 **München**, Postfach 151940/Schubertstr. 10, ✆ (089) 5307460, ✆ (089) 53074620. munich@tourspain.es.
- *Österreich* 1010 **Wien**, Walfischgasse 8, ✆ (01) 5129580, ✆ (01) 5129581. viena@tourspain.es.
- *Schweiz* 8008 **Zürich**, Seefeldstraße 19; ✆ (01)2536050, ✆ (01) 2526204. zurich@tourspain.es.
- *Internet-Adresse* www.spain.info

Fremdenverkehrsämter vor Ort: *Oficinas de turisme*, Informationsstellen der Gemeinden oder der regionalen Tourismusbehörden sind in vielen Orten eingerichtet. An den Küsten spricht das Personal fast immer Deutsch oder zumindest Englisch, im Inland nicht unbedingt. Erwarten kann man allgemeine Tipps, Hinweise zu Bussen und Bahnen, aktuelle Öffnungszeiten der Sehenswürdigkeiten, Unterkunftsverzeichnisse, Ortspläne sowie eine ganze Reihe weiterer Broschüren und Listen. Adressen und Öffnungszeiten der einzelnen Fremdenverkehrsämter sind im Text jeweils angegeben.

Internet

Auch das Internet bietet gute Möglichkeiten, sich vorab über Spanien zu informieren, Quartiere zu buchen, aktuelle Bahnverbindungen abzurufen etc. Im Folgenden einige interessante Sites, weitere Adressen sind unter den jeweiligen Themenbereichen aufgeführt. Und dann gibt es – für aktuelle Infos nach Redaktionsschluss, aber auch für das schnelle Senden stets gern gesehener Lesertipps – natürlich noch die Seite unseres Verlags …

- *Allgemeine touristische Sites* Die Adressen der Tourismusseiten der einzelnen Autonomen Gemeinschaften finden sich im Einleitungskapitel zur jeweiligen Comunidad.
www.spain.info: Das offizielle Spanien-Portal von Turespaña, dem Spanischen Frem-

Ganz genau genommen: Hinweisschild in Comillas (Kantabrien)

denverkehrsamt. Es soll sich um die „weltweit größte Datenbank einer touristischen Destination" handeln und enthält auch wirklich reichlich Infos. Deutschsprachig.

www.deutsche-in-spanien.de, aufs ganze Land bezogen, mit umfangreichen Infos, Forum und vielen Links, letztere zu finden unter „Suchmaschine".

www.spanien-abc.com, „das aktuelle Nachschlagewerk für alle, die in Spanien leben oder Urlaub machen".

• *Spezialisierte Sites* **www.festivales.com**, eine landesweite Suchmaschine für Feste, Kulturereignisse, nach Musikrichtung geordnete Konzerte etc. Prima, aber leider nur in spanischer Sprache.

www.mcu.es, die Site des spanischen Kulturministeriums, mit Links zu staatlichen Museen, Theatern etc. Natürlich nur in der Landessprache.

www.marm.es, die Site des spanischen Umweltministeriums Medio Ambiente (gekoppelt mit dem Landwirtschafts- und Fischereiministerium). Teilweise auch auf Englisch. Infos zu Naturparks, aktuellen Entwicklungen etc. Über „Costas" und „Catalógo de Playas" kann man sich zu einem Verzeichnis aller spanischen Strände durchklicken.

www.ecologistasenaccion.org, Site einer sehr bissigen spanischen Umweltorganisation. Alles nur auf Spanisch.

www.aena.es, die Site der spanischen Flughäfen, u.a. mit Infos zur Anreise. Auch in Englisch.

www.renfe.es: Site der spanischen Eisenbahn. Unter anderem mit effektiver Suchmaschine für Verbindungen und Preise. Teilweise auch in Englisch.

www.alsa.es, die größte spanische Busgesellschaft. Die deutschsprachige Seite funktionierte bis zuletzt nur mäßig; besser, die englische oder spanische Version zu wählen.

www.esplaya.com, eine Seite zu allen spanischen Stränden. Unter „Playas Nudistas" kann man z. B. auf der Karte nach Nacktbadestränden suchen. Zuletzt leider (vorläufig?) außer Betrieb.

http://whc.unesco.org: Die Unesco-Liste des landschaftlichen und kulturellen Erbes der Menschheit. Spanien zählte zuletzt 40 Einträge, mehr als Deutschland oder Frankreich, und kaum weniger als Italien (43). Ein Zusammenschluss spanischer Welterbe-Städte findet sich unter **www.ciudadespatrimonio.org**.

www.michael-mueller-verlag.de: Unsere Site, auch mit einem Spanienforum, Links sowie aktuellen Informationen (siehe Reiseinfos/Reisenews), die sich erst nach Redaktionsschluss ergeben haben – schauen Sie doch mal rein!

Karten

Hundertprozentig genau ist keine der erhältlichen Straßen- und Landkarten. Trotzdem gibt es einige recht brauchbare Exemplare.

• *Straßenkarten* Aktualität ist wichtig, da immens viel gebaut wird.
Michelin 1:1.000.000, deckt ganz Spanien und Portugal ab. Sehr zuverlässig, jährlich aktualisiert, nicht teuer, in Frankreich noch etwas preisgünstiger als in Spanien oder Deutschland.
Michelin 1: 400.000, Regionalkarten mit den gleichen Vorzügen wie die „große" Michelin. Für Asturien/Kantabrien gibt es eine Version 1:250.000. Das Gesamtwerk ist auch als praktischer und recht preiswerter Atlas für ganz Spanien und Portugal erhältlich.
• *Wanderkarten* **Topographische IGN-Karten** des Instituto Geográfico Nacional sind im Maßstab 1: 50.000 oder 1: 25.000 erhältlich, meist nicht mehr die jüngsten und aktuellsten, aber manchmal mangels Alternativen die besten. Für bestimmte Gebiete wie z. B. die Sierra Nevada gibt es vom IGN auch touristische Karten („mapas turísticos") im Maßstab 1: 50.000. Teilweise erhältlich im spezialisierten Buchhandel, über die komplette Auswahl verfügen jedoch nur die regionalen Hauptvertretungen, die in vielen Provinzhauptstädten angesiedelt sind. Weitere topographische Karten, z. T. in sehr guter Qualität, werden von privaten Verlagen (z. B. Editorial Alpina) und manchen Autonomen Gemeinschaften (z. B. Katalonien) herausgegeben.

Kleidung

„In dieser Hinsicht gibt es in Spanien keine bestimmten Normen", behauptete einmal eine Broschüre des Spanischen Generalsekretariats für Tourismus. So ganz richtig ist das nicht. Der aufmerksame Beobachter wird vor allem in größeren Städten feststellen, dass sich die Mehrheit der Spanier eleganter und modischer kleidet, als wir es aus unseren Breiten gewohnt sind. Ein gepflegtes Äußeres ist deshalb wichtig, falls man ernst genommen werden will. Zwar stößt man hie und da auch schon auf Spanier, die in Polyestershorts oder Jogginghosen durch die Stadt bummeln; auf die meisten wirkt diese Freizeituniform aber immer noch eher lächerlich. In Kirchen sind Shorts und blanke Schultern verpönt, eine Regel, die für beide Geschlechter gilt. Ansonsten mag man sich nach persönlichem Geschmack kleiden, sollte bei der Zusammenstellung des Reisegepäcks jedoch bedenken, dass es auch in Spanien nicht rund ums Jahr und überall heiß ist. Ein warmer Pullover kann durchaus nützlich sein, ebenso ein Regenschutz und feste Schuhe. Wer Abstecher in die Berge plant oder im Frühjahr oder Herbst Spanien bereist, sollte sogar noch wärmere Kleidung mitführen, etwa eine gefütterte Jacke. Das gilt natürlich erst recht für den Winter, der in manchen Gebieten Spaniens mindestens ebenso frostig ausfällt wie bei uns daheim.

Klima und Reisezeit

Entsprechend seiner Größe und landschaftlichen Vielfalt gestaltet sich auch das Klima Spaniens. Vereinfachend lassen sich jedoch drei große Klimazonen erkennen.
Zentralspanien weist ausgesprochenes Kontinentalklima auf. Die Sommer sind sehr heiß und trocken, die Winter eiskalt. Aufgrund der Höhenlage Zentralspaniens kann es jedoch auch in Sommernächten empfindlich frisch werden, bis weit ins Frühjahr und schon im frühen Herbst ist mit Nachtfrost zu rechnen. Gute Reisezeiten bleiben Frühjahr und Herbst dennoch; der Sommer ist der extrem hohen Temperaturen wegen weniger geeignet.

Mittelmeerküste: Sie glänzt mit trockenen, warmen Sommern und gemäßigten Wintern. Nach Süden zu steigen die Temperaturen, die Niederschlagsmengen sinken – die andalusische Provinz Almería ist das trockenste Gebiet Europas. Doch gerade in Andalusien sind die spanischen Extreme spürbar: Das Gebirge um Grazalema in der Provinz Cádiz empfängt die ergiebigsten Niederschläge des gesamten Landes, auch an der Atlantikküste regnet es häufig. Als Reisezeit bieten sich wiederum Frühjahr und Herbst an, weniger aufgrund des Klimas (an den mittelmeerischen Küsten wird es auch im Juli/August nicht zu heiß), als vielmehr wegen der sommerlichen Urlauberschwemme.

Nordspanien zwischen den Pyrenäen und Galicien liegt im Einflussgebiet des atlantischen Klimas, das der Küste gemäßigte Winter und nicht zu heiße Sommer beschert: Die sommerlichen Lufttemperaturen in Galicien liegen im Schnitt etwa sechs Grad unter denen der Mittelmeerküste bei Valencia. Rund ums Jahr ist mit Regen zu rechnen: Nicht umsonst heißt die nordspanische Küste „Costa Verde", die Grüne Küste. Die relativ (!) trockenen Monate Juni bis August sind gleichzeitig die beste Reisezeit, auch wenn im Juni an Baden noch kaum zu denken ist und die Hotels im Juli und besonders im August großteils in der Hand einheimischer Gäste sind. Von den klimatischen Widrigkeiten abgesehen, hat Nordspanien jedoch viel zu bieten – von etwas Regen sollte man sich also nicht schrecken lassen.

Katalanische Windrose: jeder Richtung ihren Namen

Näheres zum Klima in den Einleitungskapiteln zu den Autonomen Gemeinschaften. In klimarelevanten Regionen sind dort auch Tabellen enthalten, anhand derer sich die Daten für die Nachbarn gut bestimmen lassen.

Konsulate

Sie sind Ansprechpartner im akuten Notfall. Allzuviel praktische Hilfestellung sollte man sich allerdings nicht erwarten. Immerhin gibt es bei Diebstahl oder Verlust aller Geldmittel meist die Bahnfahrkarte nach Hause plus Verpflegungsgeld für unterwegs. Selbstverständlich sind alle Auslagen zurückzuzahlen. Konsulate sind meist nur Mo-Fr bis jeweils 12/12.30 Uhr geöffnet. Wir nennen hier nur die Botschaften, die jeweils in Madrid liegen, und die Generalkonsulate. In vielen weiteren Städten bestehen Honorarkonsulate, über deren Adressen die örtlichen Fremdenverkehrsämtern informieren.

Deutsche Botschaft/Konsulat:	Österreichische Botschaft/Konsulat:	Schweizer Botschaft/Konsulat:
Madrid, ✆ 915 579000	Madrid, ✆ 915 565315	Madrid, ✆ 914 363960
Barcelona, ✆ 932 92100	Barcelona, ✆ 933 686003	Barcelona, ✆ 934 090650

Kriminalität

Spanien genießt in Sachen Kleinkriminalität keinen besonders guten Ruf, auch wenn sich die Situation in den letzten Jahren gebessert hat und die allgemeine Kriminalitätsrate sogar deutlich unter der Deutschlands liegt. Tatsächlich sind in Spanien Autoaufbrüche und andere Eigentumsdelikte in Großstädten und den Touristenzentren keine Seltenheit. Drogensucht, Jugendarbeitslosigkeit und mangelnde Zukunftsperspektiven zählen zu den Hauptursachen.

Panik und Misstrauen gegen jedermann sind dennoch nicht angebracht, stattdessen die üblichen Vorsichtsregeln: Achtung bei Ablenkungsmanövern aller Art, geparktes Auto immer offensichtlich leer lassen (Handschuhfach offen!), Geld und Pass am Körper tragen, Fotoapparate lieber im abgewetzten Rucksack als in der protzigen Fototasche transportieren. Ein einfacher Trick gegen motorisierte Räuber ist es, die Handtasche in den Straßen immer zur Hausseite hin zu tragen. Vorsicht bei einer unvermuteten Autopanne, womöglich noch kurz nach Übernahme des Mietwagens: Gut möglich, dass der Autoreifen angestochen wurde; während dann ein „freundlicher Helfer" beim Reifenwechsel zur Hand geht, räumt der Komplize den Kofferraum oder das Wageninnere aus. Die finsteren Ecken der Großstädte sind während der Siesta (etwa 14–17 Uhr), wenn kaum ein Mensch auf der Straße ist, genauso ungemütlich wie in tiefer Nacht! Grundsätzlich gilt: Wem die Angst vor einem Überfall schon im Gesicht geschrieben steht, der hat bessere Chancen, in Schwierigkeiten zu geraten, als derjenige, der sich locker und selbstbewusst gibt. Den Helden spielt man im Ernstfall jedoch besser nicht.

Literatur

Die Bücher zum Thema Spanien könnten ohne weiteres eine mittlere öffentliche Bibliothek füllen. Hier deshalb nur eine kurze, sicher subjektive Auswahl.

Belletristik und Reportagen

- *Verlag Winfried Jenior*, ein auf Spanien spezialisierter Verlag, der neben einem jährlichen Taschenkalender zu Kunst und Kultur („Almanach Spanien") viele interessante Bücher zu Geschichte und Gegenwart Spaniens herausgibt. www.jenior.de
- *Camilo José Cela* Literaturnobelpreisträger von 1989, bekannt für surrealistisch inspirierte Texte und vulgäre Sprache, Verfasser eines „Wörterbuchs der Obszönitäten". Aus dem Verlag Piper zuletzt nur antiquarisch erhältlich u. a. **„Pasqual Duartes Familie"**, **„Mazurka für zwei Tote"**.
- *Juan Goytisolo* Der Katalane ist einer der wichtigsten zeitgenössischen Autoren des Landes, sein **„Spanien und die Spanier"** praktisch ein Standardwerk. Außerdem u. a. **„Das Fest der anderen"**, radikale, bitterböse Kritik an der spanischen Oberschicht (Rororo; Antiquariat).
- *Manuel Vázquez Montalbán*, **„Die lustigen Jungs von Atzavara"**, spöttische Bestandsaufnahme der persönlichen Problemchen katalanischer Bourgeoisie nach dem Tod Francos. Weiterhin natürlich die Reihe bekannter **Pepe-Carvalho-Krimis** mit kulinarischen Anmerkungen.
- *Miguel de Cervantes* **„Don Quijote"**, zweideutiger Klassiker über die Lebensphilosophie eines Hidalgo und den Kampf gegen Windmühlen. Reclam.
- *Ernest Hemingway*, berühmtester aller ausländischen Spanienfans. **„Tod am Nachmittag"**, **„Gefährlicher Sommer"** (beide zum Stierkampf), **„Wem die Stunde schlägt"** (Bürgerkriegsepos), **„Fiesta"** (Angeln und Trinken anlässlich San Fermín, Liebeslied eines Kriegsgeschädigten). Alle von tiefer Spanienkenntnis geprägt und im perfekten Papa-Stil.
- *Cees Nooteboom*, von anderer Grundhaltung, aber ebensolcher Liebe zum Land wie Hemingway. Der kunsthistorisch und geschichtlich hochgebildete Bestsellerau-

tor liefert mit „**Der Umweg nach Santiago**" eine Sammlung brillanter Essays nicht nur zu Nordspanien. Suhrkamp Verlag.

• *George Orwell* **Mein Katalonien**, die Schilderung von Orwells Erlebnissen im Spanischen Bürgerkrieg, insbesondere der selbstzerfleischenden Kämpfe innerhalb der Linken.

• *Max Aub* **Das magische Labyrinth**, sechsbändiger Romanzyklus des deutsch-französischen Autors über den Spanischen Bürgerkrieg, lange nahezu vergessen, seit wenigen Jahren wieder entdeckt.

Naturführer

Beide Führer sind mit Karten, Fotos und viel Hintergrundinformationen gleichermaßen empfehlenswert.
Reiseführer Natur, *Spanien*, Roberto Cabo, Tecklenborg Verlag.

Wege in die Wildnis: *Spanien*, Frederic v. Grunfeld, Westermann-Verlag. Leider nur noch im Antiquariat zu finden.

Diverses

Fiestas – Spanien im Festrausch, von Rolf Neuhaus. Ausführliche Texte, viel Hintergrund, Festkalender mit über 800 Terminen in ganz Spanien. Verlag Winfried Jenior.

Spaniens Paradores, von Wolfgang Abel, Oase Verlag. Ebenfalls von einem Landeskenner geschrieben und ein prima Begleiter für eine Rundreise, der hauptsächlich oder ausschließlich in Paradores genächtigt werden soll – auch die Schwächen der einzelnen Häuser werden nicht verschwiegen.

Gebrauchsanweisung für Spanien, von Paul Ingendaay. Aus der bekannten Reihe des Piper-Verlags; bunte, nett geschriebene Anekdoten, die auf humorvolle Art viel (auch Hintergründiges) über Land und Leute verraten.

Spanische Fischküche, Johannes Schmid. Detaillierte Beschreibung der verschiedenen Fisch-, Krebs- und Muschelarten samt Illustrationen, natürlich mit Rezepten. Perfekt für Fischfans, die es genau wissen wollen. Verlag Winfried Jenior.

Lotterien

Spanier gelten als das spielfreudigste Volk Europas. Gleichgültig, ob es sich um Bingo, Fußballwetten, Glücksspielautomaten oder Lotterien handelt – die Kassen klingeln. Im Straßenbild auffällig sind die blinden oder stark sehbehinderten Losverkäufer der Blindenlotterie O.N.C.E., die mit Rufen wie „Tengo el viaje" (Ich habe die Reise) Kunden anzulocken versuchen. Besonders begehrt ist der Hauptgewinn der Weihnachtslotterie, „El Gordo" (Der Fette) genannt. Verlost werden dabei Beträge, die unsere Lottogesellschaften vor Neid erblassen ließen. Spaniens „Lotteriehauptstadt" ist das kleine katalanische Pyrenäendorf Sort, das immer wieder millionenschwere Haupttreffer verbucht – Sort bedeutet auf Katalanisch übrigens nichts anderes als „Glück" ...

Movida, Marcha und Paseo

▶ **Movida** („Bewegung") meinte ursprünglich den Aufbruch in Kunst und Kultur nach dem Tod Francos. Befreit von staatlicher „Fürsorge", die Kreativität meist im Keim erstickte, machte sich die Avantgarde vor allem Madrids auf zu neuen Ufern. Bald jedoch wurde „Movida" auch zum Begriff für den Wechsel von einer Bar in die nächste und so zu einem Synonym für ausgeprägtes Nachtleben. Die wahre, die kulturelle Movida, gilt als mausetot – die nächtliche Movida jedoch lebt.

▶ **Marcha** („Marsch") ist ein eindeutiger Begriff, der sich auf rein nächtliche Vergnügungsaspekte beschränkt: Auf die Piste gehen. Wichtig zu wissen für diejenigen, die am spanischen Nachtleben teilnehmen wollen: In fast allen Städten gibt es je nach Uhrzeit verschiedene „In"-Zonen; so sind beispielsweise zwischen 22 und 24 Uhr die Bars der dann angesagten Straße bis auf den letzten Stehplatz belegt, während die Kneipen einer anderen Zone sich erst nach Mitternacht richtig füllen. Wer zur falschen Zeit am falschen Platz ist, kann spanische Städte leicht fälschlich für „tote Hose" halten. Generell beginnt das Nachtleben sehr spät und dauert dann bis in den Morgen – vor ein, zwei Uhr nachts ist in kaum einer Disco etwas los.

- **Paseo** („Spaziergang") hängt ebenfalls mit Bewegung zusammen und ist die Entsprechung zur italienischen Passegiata. Nach Dienstschluss, etwa gegen acht, neun Uhr abends werden die Flanierzonen der Städte plötzlich schwarz vor Menschen: Familien, jugendliche Grüppchen, Manager und Sekretärinnen beim Bummel; alle modisch gekleidet und mit flinken Augen.

Öffnungszeiten und Eintrittsgelder

Vorgegeben sind die Öffnungszeiten von der Hitze – die Nachmittagsruhe *siesta* ist immer noch fast heilig. Abends bleibt dafür länger geöffnet, als in unseren Breiten üblich. Wenn Öffnungszeiten saisonal unterschiedlich sind, wird nur im Sommer und Winter unterschieden – Spanien kennt da nur zwei Jahreszeiten. Was sie genau bedeuten, kann im Einzelfall höchst unterschiedlich sein. Lokale Busfahrpläne meinen mit „Sommer" oft die Badesaison, die für Spanier frühestens Mitte Juni beginnt und spätestens Mitte September endet.

- **Geschäfte**: Im Allgemeinen Mo–Sa ab 9/10 bis 13.30/14 geöffnet, nachmittags wieder von 16/17 bis 20 Uhr. Supermärkte und Kaufhäuser sind teilweise am Samstagnachmittag geschlossen. Kleine Lebensmittelgeschäfte hingegen können in Ferienorten auch bis in die Nacht hinein offen sein.
- **Museen und Monumente**: Hier gibt es unterschiedliche Regelungen. Öffnungszeiten sind, ebenso wie Eintrittsgelder, im Text jeweils angegeben, können sich aber schnell ändern. Oft ist Montag geschlossen; wer Dienstag bis Freitag am Vormittag kommt, geht praktisch nie fehl. Bei den Eintrittsgeldern für Museen und Monumente werden für Rentner („jubilados", deutscher Ausweis reicht meist) und Studenten („estudiantes", manchmal internationaler Ausweis nötig) oft Ermäßigungen gewährt.
- **Kirchen**: Offen sind sie theoretisch meist von etwa 7–12 Uhr und nachmittags von 17–20 Uhr. Dies liegt allerdings völlig im Ermessen des Zuständigen. Die besten Chancen bestehen vormittags.

Polizei

Es gibt drei verschiedene Polizeiorganisationen (in einigen Autonomen Gemeinschaften, die wie z.B. Katalonien eine eigene Polizei besitzen, sind es sogar vier), was auf den ersten Blick etwas verwirrend sein kann. Prinzipiell kann man sich im Notfall (dann am besten Tel. 112 wählen) natürlich an jede wenden, doch ist es sinnvoll, die Unterschiede zu kennen. Die paramilitärische *Guardia Civil* hat ihren schlechten Ruf aus Franco-Zeiten heute weitgehend abgelegt. Ihre Beamten tragen grüne Uniformen und sind gleichzeitig dem Innen- wie dem Verteidigungsministerium unterstellt. Ihr Arbeitsgebiet sind Überlandstraßen (wo sie als Guardia Civil Tráfico auch den Verkehr überwacht) und kleinere Ortschaften, weshalb sie auch „Landpolizei" genannt wird; zuständig ist sie für dort begangene Delikte, daneben für Schmuggel, Sprengstoff- und Waffenbesitz, die Überwachung der Grenzen, Häfen und Küsten etc. Gewisse Kompetenzüberschneidungen gibt es mit der *Policía Nacional*, die blaue Uniformen trägt, dem Innenministerium unterstellt ist und in größeren Orten die Guardia Civil ersetzt. In ihren Aufgabenbereich fallen z.b. die Fahndung nach Verbrechern, der Drogenhandel und illegales Glücksspiel, ebenso Ausländer- und Passangelegenheiten. Die *Policía Local* (oder *Municipal*) ist der Gemeinde unterstellt, kümmert sich u. a. um die lokale Verkehrsüberwachung und ist Ansprechpartner bei kleineren Schwierigkeiten, z.b. dem abgeschleppten Fahrzeug, verlorenen Gegenständen etc. Als „Botschafter" ihrer Gemeinde reagieren diese Beamten meist auch am freundlichsten, wenn sie beispielsweise nach dem Weg gefragt werden.

Post

Die einzelnen Schalter des Postamtes (*correos*) halten je nach den angebotenen Diensten unterschiedlich geöffnet. Um Briefmarken (*sellos*) zu kaufen, muss man sich ohnehin nicht auf die Post bemühen, zu erhalten sind sie auch im Tabakladen. Die Gebühren für Briefe und Postkarten ändern sich fast jährlich. Lang sind die Laufzeiten bis in die Heimat; Briefe werden schneller befördert als Postkarten – steckt man letztere in einen Umschlag, erreichen sie die Lieben daheim früher.

Kunstvoller Briefkasten: Der grimmige Löwe frisst nur Drucksachen

www.correos.es, Internet-Verzeichnis der spanischen Post, mit Angabe der Postleitzahlen, Gebühren, der Adressen der einzelnen Postämter etc.

Lista de Correos Die Möglichkeit, sich Briefe aufs spanische Postamt schicken zu lassen. Zu adressieren nach folgendem Muster: Name, Vorname/por Lista de Correos/PLZ, Ort/Spanien.
Tipp: Falls der Beamte nicht fündig wird, auch mal unter dem Vornamen nachschauen lassen! Nicht „Herr" oder „Frau" vor den Namen setzen – der Brief wird sonst vielleicht unter „H" oder „F" abgelegt.

Rauchverbote

Am 1. Januar 2006 trat in ganz Spanien ein Anti-Tabak-Gesetz in Kraft. Rauchen am Arbeitsplatz und in allen öffentlichen Gebäuden ist tabu, Tabakwaren gibt es nur noch im Estanco (oder am Zigarettenautomaten in der Kneipe, der aus Jugendschutzgründen per Fernbedienung kontrolliert werden muss), nicht mehr am Kiosk oder der Tankstelle. Größere Bars und Gaststätten müssen separate Raucherzonen ausweisen. Bei Lokalen bis 100 Quadratmeter Fläche darf jedoch der Wirt entscheiden, ob sie als Nichtraucher- oder als Raucherlokal gelten sollen. Dies betrifft den

Großteil der Gaststätten, wobei es schon erstaunt, wieviele Kneipen laut ihren Eigentümern exakt 99 Quadratmeter Fläche messen... Meist gibt ein Schild am Eingang Auskunft darüber, ob es sich um ein Raucher- oder ein Nichtraucherlokal handelt.

Reisedokumente

Trotz des Schengener Abkommens ist weiterhin ein gültiger Personalausweis oder Reisepass Pflicht; wer auf dem Landweg ein- und ausreist, muss ohnehin trotz Schengen weiter mit Kontrollen vor allem französischer Zöllner rechnen. Autofahrer benötigen zusätzlich Führer- und Fahrzeugschein; die Grüne Versicherungskarte wird dringend empfohlen. In jedem Fall ist es günstig, Pass *und* Personalausweis mitzuführen, da ein Ausweis ja an der Hotel- oder Campingrezeption abgegeben werden muss. Anzuraten ist auch, von allen wichtigen Papieren *Fotokopien* anzufertigen. Dies beschleunigt bei Verlust die Ausstellung von Ersatz erheblich, Ansprechpartner ist dann die örtliche Polizei oder das heimische Konsulat. Bei Personenkontrollen akzeptiert die spanische Polizei Fotokopien der Dokumente meist ebenso wie das Original.

Siesta

Zwischen ca. 13.30/14 Uhr und 16.30/17 Uhr hat Spanien geschlossen. Oder hatte es zumindest, denn im Zeitalter der Klimaanlagen weckt die mehrstündige Mittagspause natürlich Begehrlichkeiten. So hat die Regierung 2006 die Siesta für den öffentlichen Dienst per Gesetz abgeschafft. Klar, dass dies die Privatwirtschaft nicht ruhen ließ und der Unternehmerverband den Schritt euphorisch begrüßte. Dennoch – wer irgend kann, hält auch weiterhin daheim im abgedunkelten Zimmer sein Nachmittagsschläfchen oder ruht sich zumindest aus. Die Nächte sind dafür lang ... Wichtig zu wissen ist, dass es als ausgesprochen unhöflich gilt, Privatleute während der Siesta zu stören; das wäre etwa vergleichbar dem Menschen, der bei uns daheim um 5 Uhr morgens vorbeischaut.

Sport

Das breiteste Angebot findet sich natürlich in den Ferienzentren an den Küsten, wo man vom Surfbrett bis zur Segelyacht alles ausleihen kann. Viele Anbieter wechseln jedoch von Saison zu Saison, weswegen wir in diesem Führer auch keine Adressen nennen wollen – aktuelle Listen sind bei den touristischen Informationsstellen vor Ort erhältlich.

Abenteuersportarten wie Parasailing, Drachenfliegen, Bungee-Jumping, Rafting etc. sind auch in Spanien stark im Kommen, zusammengefasst unter dem Stichwort *Turismo activo*. Naturgemäß konzentriert sich das Angebot auf die vom Fremdenverkehr schon recht gut erschlossenen Bereiche der Sierras, und scheinbar ebenso naturgemäß wechseln auch hier die Anbieter recht schnell.

Zuschauersport: *Fútbol*, Fußball, ist die bei weitem populärste Sportart Spaniens, wie jeder Barbesucher schnell herausgefunden haben wird. Ein Besuch in einem der großen Stadien ist sicher ein noch beeindruckenderes Erlebnis, zumal die Atmosphäre dort zwar leidenschaftlich, aber nie verbissen ist. Zu den Zuschauern zählen auch erstaunlich viele Frauen.

Angeln im Meer bringt meist nicht viel ein. Eine Erlaubnis ist zwar auch dort offiziell erforderlich (Adressen der zuständigen Stellen bei den Fremdenverkehrsämtern), doch kümmert man sich kaum um angelnde Touristen; ratsam, sich vorab über eventuelle

Sport 65

Schutzbestimmungen zu informieren. Im Binnenland benötigen Angler mehrere Dokumente, darunter auch eine Versicherung, Näheres hierzu ebenfalls bei den Infostellen.

Bergsteigen/Wandern: In allen Bergregionen, gute Wandermöglichkeiten oft auch in ihrem Vorfeld. Schutzhütten und markierte Wege allerdings sind nicht gerade im Übermaß vorhanden, die vor Ort erhältlichen Karten manchmal veraltet. Allmählich bessert sich die Situation jedoch, zumal immer mehr Spanier selbst das Wandern entdecken.

Golf: Kommt auch in Spanien verstärkt in Mode. Besonders viele Plätze finden sich an der andalusischen Costa del Sol, doch sind auch die anderen Küsten recht gut bestückt.

Kanu-, Kajakfahren: Gute Bedingungen in den Flüssen der nordspanischen Gebirgsregionen. Bekannte Reviere sind die katalanischen Flüsse Ríu Segre und Riu Noguera Pallaresa. Im August findet auf dem Rio Sella (Asturien) ein großer internationaler Wettbewerb statt, der sich regelmäßig zu einer Fiesta entwickelt.

Pelota: Eine Spezialität des Baskenlands. Pelota hat mehrere Abarten (cesta punta, frontenis, remonte) und kann mit der Hand oder verschiedenen Schlägern gespielt werden; Spielfeld ist meist der „frontón" mit drei Wänden, seltener der überdachte „trinquete" mit vier Wänden.

Reiten: Zentrum des spanischen Reitsports ist Andalusien; Pferdefreunde sollten sich die Königliche Reitschule in Jerez nicht entgehen lassen. Ein renommierter deutscher Veranstalter ist „Pegasus", www.reiterreisen.com.

Segeln: Über 250 Häfen zählt Spanien. Anspruchsvolle Reviere sind die Costa Brava, die Bucht von Cádiz und die Region Santander-Laredo in Kantabrien.

Skifahren: In den Gebirgsregionen, besonders in den katalanischen Pyrenäen, haben sich, oft zum Nachteil der Landschaft, eine ganze Reihe von Skigebieten etabliert, z. B. Supermolina oder Baqueira/Beret. Ein ungewöhnliches Revier ist die andalusische Sierra Nevada: Im März/April Skifahren im T-Shirt! Der Preis der Skipässe liegt etwa auf Alpenniveau, der Schwierigkeitsgrad der Abfahrten meist eher darunter. Eine Ausrüstung kann man sich oft vor Ort mieten.

Surfen: Wellenreiten in den schweren Brechern des Atlantiks kommt seit einigen Jahren verstärkt in Mode. Bekannt gute Spots sind Zarautz und vor allem Mundaka, beide im Baskenland.

Tauchen: Zentrum ist die Costa Brava, gute Möglichkeiten finden sich besonders in den Naturschutzgebieten Cap de Creus (bei Cadaqués) und Illes Medes (bei L'Estartit). In beiden Gebieten gibt es eine ganze Reihe von Tauchbasen.

Tennis: Plätze, die meist auch für Nicht-Gäste zugänglich sind, gibt es bei Hotels und manchen höherklassigen Campingplätzen der Feriengebiete.

Windsurfen: Verleihstationen und Schulen finden sich an allen Küsten. Weltbekannt, aber nichts für Anfänger ist das atlantische Starkwindrevier Tarifa in Andalusien, gute Möglichkeiten bestehen auch an der baskischen Küste.

„High Wind Area":
Tarifa (Andalusien)
lockt Surfer aus aller Welt

Gespannte Ruhe: Gleich greift er an

Stierkampf

In der Zuschauergunst ist er zwar längst vom Fußball überholt worden, dabei aber immer noch sehr populär geblieben. Die *corrida de toros* („Lauf der Stiere" = Stierkampf) ist Gegenstand zahlreicher Diskussionen und auch in Spanien nicht mehr unumstritten. Wie man dazu steht, muss jeder für sich selbst entscheiden. Tierschützer – die sich ja hoffentlich auch als Naturschützer verstehen – sollten dennoch wissen, dass die Abschaffung des Stierkampfs einige negative ökologische Folgen nach sich ziehen würde: „Zum einen handelt es sich beim Kampfstier um eine sehr ursprüngliche Rinderrasse, die ohne Stierkampf schnell aussterben würde, und zum anderen weiden diese Rinder bis zu ihrem Tod mehrere Jahre in ausgedehnten Dehesas und auf Weiden, die auch Lebensraum für seltene Tiere und Pflanzen sind und ihren wirtschaftlichen Wert eben durch diese Kampfstiere erhalten. Ohne diesen würden viele Weideflächen zu intensiven Landwirtschaftskulturen degradiert werden" (Roberto Cabo, Reiseführer Natur).

Die Saison dauert von April bis September, wobei längst nicht in jeder Stadt und an jedem Wochenende Kämpfe stattfinden; meist sind sie mit einer *fiesta* verbunden. Die besten Kämpfe finden in der Regel in Madrid und Sevilla statt; was in den Küstenorten den Touristen geboten wird, ist für den echten *aficionado* (Liebhaber des Stierkampfs) vergeudete Zeit. Die Preisspanne bei Eintrittskarten ist recht weit und hängt nicht zuletzt auch vom Renommee der Arena und des Matadors ab. Ein wichtiges Kriterium unter vielen ist die Frage, inwieweit die Plätze der Sonne ausgesetzt sind, da die Matadore es vorziehen, im Schatten zu arbeiten: *sol* (Sonne), *sol y sombra* (teils-teils, nur manchmal angeboten) und *sombra* (Schatten) sind die Kategorien. Die Zuschauerränge nennen sich *gradas*, im Unterschied z. B. zu den viel

Dramaturgie des Stierkampfs

Als ausgesprochenes Ritual verläuft ein Stierkampf immer gleich. Wer zuschaut, sollte zumindest die Grundabläufe kennen.

Paseo: Einmarsch der Teilnehmer, begleitet von einer Musikkapelle. Den beiden voranreitenden Dienern des presidente, der die Oberaufsicht hat, folgen die drei *matadores* („Töter", auch: espadas); sie werden jeder zwei Stiere töten und entsprechen dem, was man sich bei uns unter „Torero" vorstellt. Doch Toreros sind alle, die mit dem Stier arbeiten, also auch die Mannschaft (*cuadrilla*) der Matadore, nämlich die *banderilleros* und die *picadores* zu Pferd, die jenen folgen. Den Schluss des Zuges bilden die Helfer, die mit Maultieren die toten Stiere aus der Arena schleifen. Nachdem der Präsident den Schlüssel für das Stiertor in die Arena geworfen hat, geht es los.

Suerte de varas (auch: Suerte de la pica): Das erste Drittel des Kampfes. Zunächst „testet" der Matador den Stier mit der *capa*, einem schweren Tuch; er will damit seine Eigenheiten kennenlernen. Auf den Matador folgt der Picador auf einem gepanzerten Pferd. Seine Lanze soll den Stier genau in den Nackenmuskel treffen, um diesen zu schwächen und den Stier so dazu zu bringen, den Kopf unten zu halten. Das Gewicht der Pferde spielt eine bedeutende Rolle. 1992 wurde es auf 650 Kilo beschränkt, bis dahin wogen manche Kolosse an die 900 Kilo. Kurz darauf tötete ein kaum geschwächter Stier einen Matador. Oft übertreibt der ja in den Diensten des Matadors stehende Picador deshalb vorsichtshalber seine Aufgabe, obwohl er damit den Unmut des Publikums herausfordert.

Suerte de banderillas: Die Banderilleros sollen dem Stier die zwei *banderillas*, mit Widerhaken versehene kurze Spieße, in den Nackenmuskel stoßen, und zwar so, dass sie dort stecken bleiben.

Suerte de matar: Das „Drittel des Tötens". Erneuter Auftritt des Matadors, diesmal mit dem roten Tuch muleta. Verschiedene Manöver mit der Muleta sollen den Stier für den tödlichen Degenstich vorbereiten; ist es soweit, folgt der Todesstoß estocada. Dabei versucht der Matador den Kopf des Stieres durch Reizen mit der Muleta zu senken, um den Degen möglichst tief – zwischen die Schulterblätter und nach Möglichkeit bis in die Aorta – zu versenken. Trifft er die richtige Stelle, ist das Tier auf der Stelle tot. Er kann sich aber auch so lächerlich machen, dass es Pfiffe oder gar Sitzkissen hagelt. Ein tödlich verwundeter Stier, der nicht mehr angreifen kann, darf auch mit einem Dolch den Gnadenstoß *„Descabello"* erhalten. Getötet wurde der Stier bis vor einigen Jahren in jedem Fall, denn für die Arena wäre er nicht mehr brauchbar: Gegen einen solchermaßen „erfahrenen" Stier hätte kein Torero eine Chance – er würde den Mann suchen, sich nicht von Capa oder Muleta irritieren lassen. Seit 1992 ist es jedoch auch erlaubt, besonders „tapfere" Stiere zu begnadigen: Der Todesstoß erfolgt dann nur symbolisch, und der Stier darf fortan sein „Gnadengras" auf der Weide seines Züchters fressen. Diese Praxis ist jedoch sehr selten. Häufiger geschieht es, dass der Matador geehrt wird: Je nach seiner Leistung kann der Presidente ihm als Ehrung ein Ohr des Stiers, zwei Ohren oder, höchste Lobpreisung, zwei Ohren und den Schwanz verleihen.

teureren Logen. Wer möglichst preisgünstig davonkommen will, wählt mithin *gradas sol* – von dort sieht er absolut alles, jedoch aus einem gewissen, fürs erste Mal sicher günstigen Abstand. Am preisgünstigsten sind die *novilladas*, bei denen hoffnungsvolle Nachwuchsmatadore ihr Debüt gegen Jungstiere ableisten. Allerdings können solche Veranstaltungen auch leicht zu einer üblen Schlächterei ausarten, wenn nämlich ein noch unerfahrener Matador den Stier beim Todesstoß wieder und wieder nicht richtig trifft. Bei Spitzenmatadoren bleibt man dagegen in aller Regel von solchen Anblicken verschont. *Videoaufnahmen* zu machen, ist bei fast allen Corridas verboten und mit Strafen bedroht – die Veranstalter wissen warum, und die Ordner sind da sehr empfindlich und genau! Fotografieren wird dagegen meist geduldet.

- *Internet-Infos* **www.tauromaquia.de**, sehr umfangreiche deutsche Site mit vielen Hintergrund-Informationen, Links und aktuellen Beiträgen zum Thema. Auch kritische Töne fehlen nicht. Sehr lesenswert unter „Kommentare" ist der Text von Horst Stern.

www.ctol.org, die Site des „Club Taurino of London", größter Stierkampfclub der Welt. Riesige und qualifizierte Linkliste.
www.anti-corrida.de, die Gegenseite: eine Webpage deutscher Stierkampfgegner mit weiterführenden Links. Zuletzt nicht mehr aktualisiert.

Telefonieren

Spanien hat die Ortsvorwahlen de facto abgeschafft beziehungsweise den jeweiligen, seitdem neunstelligen Teilnehmernummern zugeschlagen. Aus dem Ausland wird nach der Landesvorwahl 0034 die komplette neunstellige Teilnehmernummer gewählt. In der Gegenrichtung wurde die früher als Einwahl ins internationale Netz verwendete 07 durch die auch in anderen Ländern übliche 00 ersetzt.

Vorwahlen

Nach Deutschland (00)49, nach **Österreich** (00)43, in die **Schweiz** (00)41. Immer gilt: die Null der Ortsvorwahl weglassen.
Nach Spanien ab Deutschland, Österreich und der Schweiz: Ländervorwahl 0034, dann die komplette Teilnehmernummer.

Gebühren: Von Calling Cards etc. abgesehen, ist es im Normalfall billiger, sich von der Heimat aus anrufen zu lassen – die spanischen Normaltarife für Auslandsgespräche sind höher als bei uns.
Telefongesellschaften: Der Telekommunikationsmarkt ist viel zu schnelllebig, um hier Informationen über die günstigsten Anbieter für Gespräche Richtung Spanien zu geben. Das gilt auch in der Gegenrichtung.
Telefonzellen werden immer seltener. Sie akzeptieren nicht nur Münzen, sondern meist auch Telefon- und sogar Kreditkarten.
Telefonkarten: Die „Tarjetas telefónicas", in praktisch jeder Telefonzelle anwendbar, bedeuten bei Ferngesprächen großen Komfortgewinn. Es gibt sie im Tabakgeschäft (Estanco) oder bei der Post.
Calling Cards: Eigentlich nur eine Merkhilfe für eine Netzzugangsnummer, mit der man sich zu einem meist sehr günstigen Tarif bei der jeweiligen Telefongesellschaft einwählt. Abgerechnet wird über das Girokonto oder prepaid, also per Vorauszahlung.
Handys: Die ganz große Abzocke ist vorbei: Durch eine EU-Verordnung wurden die Minutenpreise bei Auslandsanrufen auf maximal 43 Cent, bei angenommenen Gesprächen auf 19 Cent (jeweils für 2009) gedeckelt, in beiden Fällen zzgl. Mehrwertsteuer. Das ist erheblich weniger als früher, und künftig sollen die Tarife noch weiter sinken. Für Vieltelefonierer geht es aber noch günstiger, beispielsweise durch die Buchung eines speziellen Auslandstarifs oder die Anschaffung einer internationalen oder spanischen Prepaid-Karte. Letztere gibt es in jedem spanischen Telefonladen, in Einkaufszentren etc. oder bereits vorab z.B. bei www.gsm-webshop.com.

www.teltarif.de/reise: Nützliche Seite mit aktuellen Infos und Tipps zum Thema „Telefonieren im Ausland".
Telefonieren ohne Geld: Der „Deutschland Direkt-Dienst" ist ein Service der Telekom, nützlich z. B., um nach Verlust der Barschaft von zuhause telegrafischen Nachschub (siehe „Geld") anzufordern – die Gebühr zahlt der Angerufene.
Telefonnummer ab Spanien, ohne jede Vorwahl: **900 99 0049**
Eine Zentrale verbindet weiter. Die Tarife liegen in erträglichem Rahmen: pro Verbindung 2,50 €, zusätzlich pro Minute 0,51 €. Der Service funktioniert nur zu Festnetzanschlüssen, Details im Internet: www.detecardservice.de.

Toiletten

Bezeichnet sind Toiletten meistens mit „Servicios" oder „Lavabos", nur selten noch mit dem altertümlichen „Aseos". Um nicht ins falsche Abteil zu geraten, folgen Herren der Aufschrift „Señores" oder „Caballeros" (oft schlicht „C"), Damen suchen „Señoras" (oder „S").

Zentrum der Telekommunikation: Barcelonas Torre de Collserola

Umweltschutz

Umweltschutz stand früher nicht allzu hoch im Kurs in Spanien. Bezeichnend für den jahrzehntelangen laxen Umgang mit der Problematik ist die Tatsache, dass sich erst die PP-Regierung in ihrer ersten Legislaturperiode 1996–2000 zur Einrichtung eines Umweltministeriums (Ministerio de Medio Ambiente) entschließen konnte – bis dahin lagen die Kompetenzen auf Regierung, Autonome Gemeinschaften und Gemeinden zerstreut. Auf Besserung darf jedoch gehofft werden: Das Bewusstsein in der Bevölkerung ist gewachsen, geschärft auch durch Katastrophen wie die des Tankerunglücks der „Prestige" vor Galicien. Dennoch hat Spanien immer noch mächtige Probleme, zu denen nicht nur die früher lange Zeit als Kavaliersdelikt angesehene „wilde" Giftmüllablagerung zählt. Landesweit gelten allein 4500 Industriemüllhalden als hochgefährlich, da sie zu nahe an Flüssen und Ortschaften angelegt wurden.

▸ **Erosion**: Sie zu stoppen, wird wohl die wichtigste Aufgabe der Zukunft werden: Mehr als ein Drittel Spaniens, vor allem in Galicien und an der Mittelmeerküste zwischen Tarragona und Málaga, ist von Versteppung und dem Verlust jeder Vegetation bedroht. Hauptursachen sind das Absinken des Grundwasserspiegels, Fehler in der Landwirtschaft und die etwa 50.000 jährlichen Waldbrände, letztere oft auf Brandstiftung zur Gewinnung von Bauland zurückzuführen. Wenn aufgeforstet wird, was bislang viel zu wenig der Fall ist, dann meist mit schnell wachsenden Eukalyptusbäumen, billigem Industrieholz, ökologisch ohne besonderen Wert und selbst wiederum äußerst leicht entflammbar.

▸ **Wassermangel**: Immer wieder erlebt Spanien lange Dürreperioden. Dabei fehlt es dem Land nicht grundsätzlich an Wasser, die Niederschläge verteilen sich nur

Wissenswertes von A bis Z

*Staubtrocken:
Halbwüste in der Provinz Almería*

höchst ungleich. Während der feuchte Norden über Mangel an Regenfällen nicht klagen kann, ist Wasser im Osten, in der Mitte und im Süden des Landes ein kostbares Gut geworden. Mit ein Grund für den eklatanten Wassermangel ist, neben dem Klimawandel, der allzu sorglose Umgang mit dem kostbaren Nass. Der Pro-Kopf-Verbrauch in Spanien liegt mit fast 300 Litern pro Tag etwa doppelt so hoch wie in Deutschland und ist der höchste Europas und der dritthöchste der Welt. Dabei wird nur ein kleiner Teil von den privaten Haushalten genutzt. Rund 80 Prozent des gesamten Wasserverbrauchs ergießen sich auf Äcker und Felder und verdunsten dort oft völlig uneffizient in der Sonne. Auch das marode Leitungsnetz trägt seinen Teil zum Wasserverlust bei – in manchen Städten versickert so mehr als die Hälfte des Wassers im Boden. Trotz dieser zum Teil quasi hausgemachten Probleme bleibt deshalb jeder, Einheimischer wie Reisender, weiterhin zum Sparen aufgerufen. Duschen statt Baden ist angesagt, Verzicht statt Verschwendung: Eine Devise, der man sich gerade als Gast anschließen sollte.

▶ **Schadstoffeinleitung in Flüsse**: Immer noch gehen die Abwässer vieler Kommunen ungeklärt in Flüsse und damit letztlich ins Meer. Hinzu kommt die Schadstoffeinleitung durch die Industrie, deren Filter- und Rückhaltesysteme noch längst nicht überall mitteleuropäischen Standard besitzen. Ein Beschluss der Mittelmeerstaaten, bis zum Jahr 2005 die giftigen Einleitungen zu beenden, wurde wieder zurückgenommen, auch auf Druck Spaniens. Die jetzige, wenig verbindliche Regelung sieht lediglich vor, die Emissionen zu reduzieren. Greenpeace sprach daraufhin von einem „Sieg der Chemie-Industrie Europas".

▶ **Berge von Müll**: Mehrwegsysteme für Verpackung und Transport von Konsumgütern sind immer noch eine Rarität. „Ex-und-Hopp" heißt die Devise. Dabei zählt die bei jedem Einkauf unaufgefordert gereichte Plastiktüte vielleicht noch zu den kleineren Übeln. Schlimmer sind die immer häufiger angebotenen, praktisch nicht verrottenden PET-Flaschen, die den Müllberg ins Unermessliche wachsen lassen. Solcher Plastikmüll landet – so er nicht nach dem Picknick einfach in der Landschaft liegen bleibt – meistens auf abseits gelegenen Deponien oder wird verbrannt und setzt dabei Dioxine frei.

▶ **Lärm**: Auch Lärmbelästigung fällt unter das Stichwort „Umweltverschmutzung", kann sogar Krankheiten verursachen. In Spanien wird, wie ja oft im Süden, mit dem

Problem recht lässig umgegangen. An Baustellen dröhnt der Betonmischer von frühmorgens bis in die Nacht, Wasserpumpen rattern rund um die Uhr, Discotheken beschallen benachbarte Campingplätze und Hotels mit ohrenbetäubender Musik. Wer Spanien bereist, wird mit diesem Lärm leben müssen – die Einheimischen scheinen sich daran nur selten zu stören.

▶ **Tourismus**: Der Fremdenverkehr bringt, auch wenn mancher dies nicht so gern hören wird, ebenfalls massive Umweltschädigungen mit sich. Am auffälligsten wird dies in den Küstenbereichen, die vielerorts bis zur Unkenntlichkeit entstellt sind durch den Bau von hoch aufragenden Hotelkästen und den sogenannten Urbanisationen, landschaftsfressenden Feriensiedlungen, die in erster Linie dem einheimischen Tourismus dienen und zehn Monate im Jahr fast leer stehen. Hinzu kommt der verstärkte Verkehr, ein erhöhter Verbrauch des kostbaren Trinkwassers und natürlich auch ein größeres Müllaufkommen. Zumindest ein wenig kann jeder einzelne Reisende dazu beitragen, die Belastung durch seine Anwesenheit so gering wie möglich zu halten: Wählen Sie eine möglichst umweltfreundliche Art der Anreise; verzichten Sie, wo immer es geht, auf Getränkedosen und Plastikflaschen, auch auf die Tragetaschen aus Plastik, die zu jedem noch so kleinen Einkauf automatisch ausgehändigt werden. Belasten Sie ihr Urlaubsgebiet nicht mit Sondermüll wie z. B. ausrangierten Batterien – nehmen Sie diese wieder mit nach Hause oder setzen Sie besser gleich Akkus ein. Verzichten Sie auf dubiose Wassersportarten, insbesondere auf die hoch umweltbelastenden Jet-Skis („Wassermotorräder"), die zudem eine enorme Lärmbelästigung darstellen. Schonen Sie bitte auch ökologisch sensible Zonen, indem Sie dort die Wege nicht verlassen.

Zeit

Auch in Spanien gilt die Mitteleuropäische Zeit (MEZ), wie bei uns werden die Uhren auf Sommer- und Winterzeit umgestellt. Da Spanien jedoch innerhalb unserer Zeitzone ein Stück weiter westlich liegt, geht die Sonne dort später auf und unter.

Zoll

Waren zum eigenen Verbrauch dürfen im privaten Reiseverkehr der EU, also auch zwischen Deutschland, Frankreich und Spanien, unbegrenzt mitgeführt werden. Anders ist die Regelung natürlich für Schweizer.

Richtmengen: Zur Unterscheidung zwischen privater und gewerblicher Verwendung wurden folgende Richtmengen festgelegt: 800 Zigaretten, 400 Zigarillos, 200 Zigarren, 1 kg Rauchtabak. 10 Liter Spirituosen, 20 Liter sogenannte Zwischenerzeugnisse, 90 Liter Wein, davon maximal 60 Liter Sekt, und 110 Liter Bier.

Auch die Mitnahme höherer Mengen ist möglich, sofern sie dem eigenen Verbrauch dienen, was bei eventuellen Kontrollen dem Zoll allerdings glaubhaft zu machen wäre. Anders ist die Regelung beim Transit durch das Nicht-EU-Land Schweiz. Hier wurde folgendes vereinbart: Sofern die vierfache Freimenge der jeweiligen Ware nicht überschritten wird, gibt es keine Probleme; Nicht-EU-Freimengen sind unter anderem 200 Zigaretten, 2 Liter Wein, 1 Liter Spirituosen. Bei Mitnahme höherer Mengen muss der Zöllner ungefragt (!) darüber in Kenntnis gesetzt werden. Er entscheidet dann, ob für die Waren eine Transitkaution zu stellen ist, die bei der Ausfuhr wieder erstattet wird. Besonders für Freunde des spanischen Schinkens ist es darüber hinaus wichtig zu wissen, dass beim Transit durch die Schweiz schon kleinere Mengen von Fleisch- und Wurstwaren Ärger bescheren können.

Relikt der Römer: Amphitheater in Mérida

Geschichte

Die Geschichte Spaniens war immer auch die Geschichte der einzelnen Regionen. Wichtige historische Ereignisse regionaler Art sind deshalb unter der betreffenden Autonomen Gemeinschaft ausführlicher dargestellt, wie zum Beispiel die Maurenherrschaft im Kapitel über Andalusien. Auf den folgenden Seiten deshalb nur ein erster allgemeiner Überblick.

Vor- und Frühgeschichte

Die Ursprünge der spanischen Völker sind bis heute nicht unumstritten. Funde wie die Wandmalereien der Höhlen Cuevas de Altamira in Kantabrien belegen die Besiedlung der Pyrenäenhalbinsel bereits in der Altsteinzeit; die dortigen Malereien wurden mit Hilfe der Radiokarbonmethode auf etwa 11.000 v. Chr. datiert. Noch vor den indoeuropäischen Völkerwanderungen der Jungsteinzeit waren Spaniens Mitte und Süden von den *Iberern* besiedelt, vermutlich von Afrika eingewanderte Berberstämme, die an der Mittelmeerküste in Kontakt mit Handel treibenden Phöniziern und Griechen kamen. Etwa auf dem Gebiet ihrer heutigen Autonomen Gemeinschaft lebten bereits damals die *Basken*, deren Herkunft unklar, auf jeden Fall nicht indogermanischen Ursprungs ist. Ab etwa dem 9. Jh. v. Chr. ist im Norden Spaniens die Existenz der *Kelten* gesichert, die wahrscheinlich von Mitteleuropa aus über die Pyrenäen gekommen waren und auf einem niedrigeren Kulturstand lebten als die Iberer. An den Schnittstellen ihrer Siedlungszonen, insbesondere in der Meseta Zentralspaniens, vermischten sich im Lauf der Jahrhunderte Kelten und Iberer zu den *Keltiberern*.

Ins Licht der Geschichte tritt Spanien mit den Handelsniederlassungen der *Phönizier* um 1100 v. Chr. Sie gründeten die älteste Stadt Spaniens, Gadir, das heutige Cádiz (Andalusien). In der Nähe, im Mündungsbereich des Río Guadalquivir, lag das legendäre Reich von *Tartessos*, dessen Spuren von der Zeit mehr als gründlich verwischt wurden. Ab dem 6. Jh. v. Chr. siedelten sich Handel treibende *Griechen* an der Mittelmeerküste an, spielten aber auf politischer Ebene keine große Rolle. Mehr Einfluss errangen die von Nordafrika kommenden Kolonialphönizier aus *Karthago*. Sie gerieten bald in Konflikt mit einer neuen, aufstrebenden Macht – Rom griff in die Geschichte ein. Beide Völker kämpften in den *Punischen Kriegen* um die Vorherrschaft im westlichen Mittelmeer. In Spanien entschieden die Römer im *Zweiten Punischen Krieg* (218-201 v. Chr.) das Rennen für sich.

Romanisierung der Iberischen Halbinsel: Sie begann gegen den heftigen, letztlich jedoch nicht erfolgreichen Widerstand einheimischer Volksstämme. Die Iberische Halbinsel wurde zunächst in die beiden römischen Provinzen *Hispania citerior* im Nordosten und *Hispania ulterior* im Südwesten geteilt. Eine spätere Neugliederung hatte die drei Verwaltungsgebiete *Hispania Tarraconensis* (im Norden und Osten), *Hispania Baetica* (im Süden, etwa identisch mit Andalusien) und *Hispania Lusitania* (im Westen) zur Folge. Römische Kultur und Gesetzgebung wie auch die lateinische Sprache prägten die Iberische Halbinsel nachhaltig. Die Christianisierung ab Beginn des zweiten Jahrhunderts wurde ebenfalls durch zugereiste Römer eingeleitet.

„Barbarenvölker" in Spanien: Mit dem Verfall des römischen Weltreichs und der einsetzenden *Völkerwanderung* zog es ab dem frühen 5. Jh. Westgoten, Vandalen, Alanen und Sueben nach Spanien. Die Germanenstämme beschränkten sich zunächst auf blutige Raubzüge und Gemetzel auch untereinander.

Westgotisches Reich: Als militärisch erfolgreichstes Volk erwiesen sich die Westgoten, deren Königreich bis ins 8. Jh. Bestand haben sollte. Ursprünglich arianischen Glaubens, wahrten sie zunächst Distanz zur hispano-romanischen Bevölkerung. Die Folge waren häufige Aufstände, die von verfeindeten westgotischen Familien noch weiter geschürt wurden. Auch aus politischen Erwägungen also trat König *Rekkared* 587 zum katholischen Glauben über, der 589 auf dem *III. Konzil von Toledo* zur Reichsreligion erklärt wurde. Fortan lockerten sich die Fronten, Westgoten und einheimische Bevölkerung vermischten sich. Das Machtgerangel in der westgotischen Führungsschicht ging jedoch weiter, letztlich mit ein Grund für den Untergang des Reichs – die Mauren kamen.

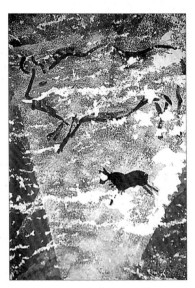

Kunstvolle Höhlenzeichnungen

Maurische Eroberung – der Islam in Spanien

Zwistigkeiten zwischen westgotischen Provinzfürsten waren es, die die islamische Eroberung Spaniens einleiteten. Von einer der rivalisierenden Parteien zu Hilfe gerufen, setzten arabische und berberische Heere, die so genannten *Mauren* („moros"), 711 über die Meerenge von Gibraltar, schlugen den letzten Westgotenkönig *Roderich* verheerend und eroberten Spanien in kürzester Zeit: In wenigen Jahren überrollten sie fast die gesamte Iberische Halbinsel – die neue Weltreligion des Islam war damals gerade mal ein Jahrhundert alt. Zentrum der maurischen Macht war Andalusien, die Nordafrika am nächsten gelegene Region. Zunächst noch dem *Abbasiden*-Kalifat in Damaskus unterstellt, gründete der letzte der von dieser Dynastie fast ausgerotteten Omaijaden in Córdoba ein unabhängiges Emirat, das später zum Kalifat ausgerufen wurde. Córdoba stieg zu einer der bedeutendsten Städte der damaligen Welt auf.

Maurische Glanzzeit

Auseinandersetzungen zwischen einzelnen Adelsdynastien ließen 1031 das Kalifat Córdoba in Stücke brechen, aus denen die kleineren Teilkönigreiche *Taifas* entstanden. Ab 1085 übernahm zunächst die Dynastie der *Almoraviden*, ab 1130 dann die der *Almohaden* die Macht; beide waren Vertreter einer religiös-fundamentalistischen Erneuerungsbewegung. Gleichzeitig rückten von Norden die Heere der christlichen Rückeroberer vor, langsam, aber stetig. Nach der entscheidenden Schlacht bei *Navas de Tolosa* (1212) mussten die Mauren, nach fünf Jahrhunderten Herrschaft, Stück um Stück ihre Machtbereiche aufgeben. Einzig das islamische Königreich Granada konnte sich durch geschicktes Taktieren der dortigen *Nasriden*-Dynastie noch bis zum Einmarsch der Katholischen Könige halten: Erst 1492 war die maurische Besetzung Spaniens beendet – es waren nicht die schlechtesten Zeiten in der Geschichte des Landes.

> Den islamischen Herren verdankt Spanien, besonders die Region der südlichen Mittelmeerküste, ein reiches Erbe. Auf kulturellem Gebiet waren die Mauren den Westgoten haushoch überlegen. Sie erweiterten und verbesserten die Bewässerungssysteme der Römer und führten eine ganze Reihe neuer Nutzpflanzen ein, darunter Dattelpalme, Orangen- und Zitronenbaum, Reis und Baumwolle. In religiöser Hinsicht zeigten sie sich meist tolerant; Christen und Juden durften, wenn auch gegen Zahlung einer Sondersteuer, weitgehend ungestört ihrem Glauben nachgehen. Gleichzeitig förderten die Mauren Wissenschaften und Künste, setzten auf eine Kombination der Kenntnisse von Orient und Okzident. Nicht zuletzt schufen sie wundervolle Bauten von federleichter Eleganz – die Alhambra von Granada oder die Mezquita von Córdoba zählen zu Recht zu den Hauptattraktionen Spaniens.

Reconquista und Entstehung der Königreiche

Schon bald nach dem Eindringen der Mauren hatte sich der Widerstand formiert. Der Norden und der Osten Spaniens wurden zum Ausgangspunkt der christlichen Rückeroberung, der **Reconquista**. Sie war kein geschlossener und zielgerichteter Vorgang – zu sehr verwickelten sich die einzelnen Königreiche in Rivalitäten und Erbstreitigkeiten untereinander. Die gängige Praxis, zurückeroberte Gebiete dem jeweilig siegreichen Königreich zuzuschlagen, förderte die Konkurrenz noch. Auch deshalb wohl benötigten die christlichen Heere fast fünf Jahrhunderte, bis die entscheidende Schlacht geschlagen war. Ausschlaggebend für den endgültigen Sieg war letztlich die Idee des „Kreuzzugs gegen die Ungläubigen", die die bestehenden Differenzen überlagerte.

Die Reconquista begann mit der siegreichen *Schlacht von Covadonga* 722 in Asturien, das sich zunächst zu einem eigenständigen Königreich entwickelte. Kantabrien, Galicien und das Gebiet von Altkastilien gesellten sich bald hinzu. *Alfons III.* (866-909) erweiterte das Reich bis über den Fluss Duero, gewann das Gebiet um Porto (Portugal) und machte León zur Hauptstadt. 930 wurde der östliche Teil des Reichs León abgespalten und zur Großgrafschaft Kastilien ausgerufen, der Keimzelle der zukünftigen Hauptmacht Zentralspaniens. Im Osten Spaniens vertrieben ab 785 fränkische Grafen unter Schirmherrschaft *Karls des Großen* die Mauren aus dem nördlichen Katalonien. Auch in Navarra und dem Baskenland etablierten sich christliche Grafschaften, die ab 905 zum Königreich Navarra zusammengefasst wurden. Gegen 910 waren

Hohe maurische Kunst: Vorraum des Mihrab in Córdobas Mezquita

der gesamte Norden bis in das Gebiet um den Río Duero sowie die Pyrenäenregion samt Vorland in christlicher Hand. Ab 1000 regierte *Sancho III. der Große* Navarra und die Großgrafschaft Kastilien. Nach seinem Tod 1035 wurde das Reich unter seinen drei Söhnen aufgeteilt. Die neuen Einzelkönigreiche Navarra, Aragón und Kastilien entstanden. 1037 fiel León an Kastilien. In den folgenden Jahrzehnten veränderten Erbteilungen und Zusammenführungen die politische Landkarte, doch blieb Kastilien für Zentralspanien fortan die beherrschende Region.

1072 gelang *Alfons VI.* von Kastilien die Vereinigung der zwischenzeitlich geteilten Reiche; mit gestärkter Macht wagte er sich über das Kastilische Scheidegebirge und eroberte 1085 Neukastilien mit Toledo. Sein berühmtester Feldherr Rodrigo Díaz, genannt *El Cid*, konnte 1094 València erkämpfen, das jedoch nach seinem Tod wieder von den Mauren genommen wurde. Damit erschöpfte sich die kastilische Reconquista fürs erste; die aus Afrika zu Hilfe gerufene, kampferprobte Dynastie der *Almoraviden* und später die der *Almohaden* machten den christlichen Herren das weitere Vordringen zunächst unmöglich. Nach dem Tod von Alfons VI. 1109 spaltete sich Portugal als unabhängige Grafschaft ab, die 1139 zum Königreich wurde.

Im Osten war in der Zwischenzeit ein weiteres Großreich im Entstehen begriffen. Die Könige von Aragón drangen Zug um Zug Richtung Süden vor, eroberten 1096 Huesca und sicherten sich 1118 mit der Einnahme von Zaragoza die Herrschaft über große Teile des Ebro-Tals. 1137 wurde Aragón durch Heirat mit der Grafschaft Katalonien vereinigt; das neue Reich eroberte sich die islamisch verbliebenen Regionen Kataloniens (Lleida, Ebre-Delta) zurück und machte sich an die Belagerung von València.

Aufgeschreckt durch die kriegerische Stärke der Almohaden konnten sich die christlichen Königreiche schließlich zu einem militärischen Bündnis durchdringen, das seine Wirkung nicht verfehlte: 1212 wurden die Mauren bei *Navas de Tolosa* (Jaén/Andalusien) durch die vereinigten Heere Kastiliens, Aragóns, Navarras und Portugals entscheidend geschlagen. Fortan ging die Reconquista im Eiltempo vonstatten. Bis 1250 eroberte das Heer des später heilig gesprochenen *Ferdinand III.* von Kastilien ganz Andalusien (mit Ausnahme des Königreichs Granada) und Murcia; *Jaime I.* von Aragón/Katalonien errang die Herrschaft über die Balearen und die Region València. Navarra hatte zum weiteren Verlauf nicht mehr viel beizutragen: Ab 1234 wurde das Königreich mit der Champagne vereint und von Frankreich aus regiert.

> **Kurzes Resümee der Reconquista**
>
> Während der Jahrhunderte der Rückeroberung Spaniens ergaben sich Veränderungen, die die Zukunft des Landes mitbestimmen sollten. Von Anfang an war den Königen eine adlige Kriegerkaste zur Seite gestanden, die natürlich belohnt werden wollte. Zu Beginn der Reconquista fielen die Landgewinne eher mäßig aus, viel war also nicht zu verteilen. Das änderte sich mit den raschen Fortschritten des 13. Jh., als riesige Gebiete erobert wurden. Die Könige konnten den Hochadel nun mit ausgedehnten Ländereien bedenken: Ursprung der vielfach bis heute bestehenden Großgrundbesitze Andalusiens, von Kastilien-La Mancha und der Extremadura, die immer noch große soziale Probleme aufwerfen.
>
> Zufrieden waren die kriegerischen Adligen damit anscheinend nicht immer, denn in den folgenden Jahrhunderten kam es mehrfach zu Aufständen gegen die schwach regierenden Herrscher. Der zahlreich vertretene niedere Adel war ohnehin nur mit kleineren Ländereien versorgt worden, angesichts des eher schleppend vorankommenden Restprogramms der Reconquista auch von ausreichenden militärischen Einkünften abgeschnitten – Konflikte mit dem Königshaus waren programmiert. Umso eifriger warfen sich diese „Hidalgos", vor allem die der Extremadura, später auf die Eroberung Mittel- und Südamerikas.
>
> Auch die katholische Amtskirche errang in den Jahrhunderten der Reconquista als religiöse Stütze der Kriegszüge einen beherrschenden Einfluss, der ja bis ins letzte Jahrhundert reichte, und auch sie bekam ihren reichlichen Anteil an den neuen Ländereien. Fraglich, ob ohne die Reconquista und den damit verbundenen kirchlichen Machtzuwachs die ab 1478 in furchtbarem Ausmaß erneuerte Inquisition überhaupt möglich gewesen wäre – Gelegenheit zur „peinlichen Befragung", also der Folter, boten die zunächst im Land verbliebenen konvertierten Juden und Mauren genug.

Spätes Mittelalter: 13. – 15. Jahrhundert

Die nunmehr fast abgeschlossene Rückeroberung hatte zwei Großreiche zur Folge, die fortan für die Geschicke Spaniens bestimmend waren: Aragón mit Katalonien und València am Mittelmeer, Kastilien in Zentralspanien. In beiden sank die Macht der Könige durch Aufstände des Hochadels und des wohlhabenden Bürgertums; in diese Zeit fällt ebenso die zunehmende Bedeutung der *Cortes* (Ständeversammlungen). Die Pest, besonders schlimm die Epidemie von 1347, wütete auch in Spanien und dezimierte die Bevölkerung erheblich.

In **Kastilien** erwies sich *Alfons X. der Weise* (1252-1284) zwar als großzügiger Förderer von Kunst und Kultur, war politisch jedoch nicht allzu glücklich; die ihm als Nachfolger der Staufer angebotene Krone des deutschen Kaisers konnte er wegen innenpolitischer Widerstände nicht annehmen. Nach seinem Tod kam es zu schweren Nachfolgestreitigkeiten, wie sie auch die Wechsel folgender Regenten fast immer begleiteten – schwächliche Könige lagen im Dauerstreit mit Adel und aufstrebender Mittelschicht. In der Regierungszeit von Heinrich IV. (1454-1474) brach sogar ein Bürgerkrieg aus, der in die Herrschaft von *Isabella I.* mündete – ein politischer Glücksgriff für Spanien, wie sich noch zeigen sollte. In diesen Jahrhunderten der politischen Orientierungslosigkeit ging es Kastilien jedoch gar nicht so schlecht, wie man meinen sollte: Mit Zugang zu Häfen an Atlantik und Mittelmeer nahm die Wirtschaft einen ständigen Aufschwung. Zudem riss die Pest weniger tiefe Lücken in die Bevölkerung als in Katalonien oder Aragón.

Begründer der Reconquista: Denkmal für Don Pelayo in Cangas de Onís

Ebendort, in **Aragón, Katalonien** und dem angeschlossenen Königreich **València**, hatte es sich zunächst gut angelassen. Die Handelshäfen Kataloniens und Valèncias brachten Wohlstand, das Königshaus regierte umsichtig und ohne Streitigkeiten in Nachfolgefragen. Auch als militärische Macht triumphierte das vereinigte Reich zunächst: Heiratspolitik und Eroberung brachten Sizilien, Sardinien, Korsika, Neapel und sogar das Herzogtum Athen in den Besitz der Krone, die das westliche Mittelmeer fast nach Belieben beherrschte. Doch die Zeichen kommenden Unheils mehrten sich. Pest und Hunger schwächten die Bevölkerung, die zu Beginn des 15. Jh. um mehr als die Hälfte geschrumpft war. Bauernaufstände kamen hinzu. Die Könige gaben mehr aus, als sie einnahmen, Inflation war die Folge. 1410 starb das letzte Mitglied der alten katalanischen Grafendynastie. Über der Nachfolgefrage entzweiten sich Aragón und die wohlhabenden, für die Region bislang politisch bestimmenden Stände Kataloniens. Militärische Desaster und der Niedergang des Handels im östlichen Mittelmeer machten die katalanische Katastrophe komplett. Von 1462 bis 1472 entbrannte ein Bürgerkrieg, den der herrschende König *Johann II.* aus Aragón letztlich aber doch für sich entscheiden konnte. Die von ihm eingefädelte Heirat seines Sohns *Ferdinand II.* mit Isabella von Kastilien katapultierte Spanien in ein neues Zeitalter.

Los Reyes Católicos – der Aufstieg beginnt

1469 heirateten *Isabella* von Kastilien und *Ferdinand II.* von Aragón. Sie trat 1474, er 1479 die Thronfolge an. Das so entstandene Doppelreich war in Wahrheit vor allem durch die Personen der beiden Herrscher verbunden; außer der 1478 wieder eingesetzten Inquisition gab es im innenpolitischen Aufbau keine gemeinsamen Autoritäten. Dennoch konnte von nun an von „Spanien" gesprochen werden. Gewinner der Vereinigung war vor allem Kastilien, das zum absoluten Machtzentrum des Landes aufstieg.

Los Reyes Católicos, die „Katholischen Könige", wie Isabella und Ferdinand genannt wurden, machten sich schnell daran, ihren Einfluss auf den bislang so rebellischen Adel und das wohlhabende Bürgertum zu sichern, die Macht der Cortes einzuschränken und eine straffe Verwaltung zu installieren. Das Königshaus musste wieder alleiniger Herrscher, das Reich befriedet werden. Hilfreich in solchen Fällen ist immer das Errichten eines gemeinsamen Feindbildes, und wie so oft in der Geschichte mussten auch diesmal wieder Andersgläubige dafür herhalten. Der katholische Glaube wurde als Instrument zur Einigung des spanischen Volks eingesetzt, eine Idee, die über Jahrhunderte die Politik des Landes bestimmen sollte. Zunächst traf es die meist wohlhabenden Juden, die unter Zwangstaufen und der Wut der Inquisition litten. Ab 1481 dann begannen die Katholischen Könige mit dem endgültigen Abschluss der Reconquista.

1492 wurde zu einem der entscheidenden Jahre der spanischen Geschichte. Mit Granada fiel nach zehnjährigem Kampf die letzte islamische Bastion in Spanien. Wenige Monate später setzte die systematische Vertreibung der Juden ein, die vor die Alternative Taufe oder Auswanderung gestellt wurden; die so genannten *conversos,* die sich für die Taufe entschieden hatten, durften fortan der konzentrierten Aufmerksamkeit der Inquisition sicher sein. Hunderttausende Juden jedoch verließen Spanien; eine Schwächung der wirtschaftlichen Leistungskraft des Landes, die fatale Folgen hätte haben müssen. Dazu kam es jedoch nicht: Am *12. Oktober 1492* entdeckte ein Genueser in kastilischen Diensten Amerika – Christoph Kolumbus, in Spanien *Cristóbal Colón* genannt, öffnete dem Land die Tür zu den Schätzen des neuen Kontinents.

Der Krieg gegen die „Ungläubigen" ging währenddessen weiter. 1502 wurden die kastilischen Mauren vor die gleiche Wahl gestellt wie vor ihnen die Juden. Die Mehrheit entschied sich für die Taufe; als *moriscos* (Morisken) boten sie der Inquisition ein weiteres reiches Betätigungsfeld.

Erscheinen auch die Mittel aus heutiger Sicht mehr als fragwürdig, so erreichten die Katholischen Könige das angepeilte Ziel damit durchaus. Spanien war, erstmals in seiner Geschichte, durch den Glauben geeint. Auch außenpolitisch erwiesen die

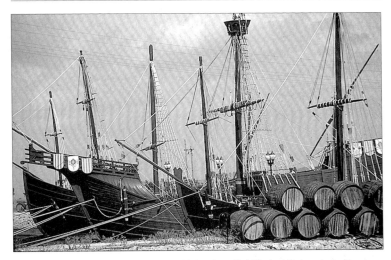

Imposant: Nachbauten der Kolumbus-Schiffe bei Palos de la Frontera (Huelva)

Katholischen Könige sich als ebenso machtbewusste und erfolgreiche Regenten wie im inneren Reich. Ferdinand konnte der Krone von Aragón die an Frankreich verlorenen Grafschaften Roussillon und Cerdaña durch Verhandlungen, Neapel durch Eroberung zurückgewinnen. Eine Mischung aus beidem ließ ihn 1512 Navarra annektieren.

Seit dem Tod Isabellas regierte Ferdinand als Vormund der gemeinsamen Tochter *Johanna der Wahnsinnigen* auch Kastilien; die Herrschaft ihres Gemahls *Philipp des Schönen* (1506), eines Habsburgers, blieb durch dessen frühen Tod eine Episode. Als Ferdinand 1516 starb, ging die Krone beider Reiche auf Johannas Sohn *Karl* über – für Spanien begann wieder eine neue Epoche.

Aufstieg und Fall der Weltmacht Spanien

Als der in Gent geborene Karl als *Karl (Carlos) I. von Spanien* 1516 die Thronfolge antrat, war er gerade 16 Jahre alt, nie vorher in Spanien gewesen und Erbe des „Reichs, in dem die Sonne nicht untergeht". Zusätzlich zu Spanien, dessen gewaltigen Kolonien in Amerika und Besitzungen im Mittelmeer brachte ihm seine habsburgische Herkunft die Herrschaft über Burgund, die Niederlande und Österreich. 1519 wurde Karl zum deutschen König gewählt, 1530 vom Papst zum Kaiser *Karl V.* gekrönt. Seine vielfältigen Verpflichtungen ließen ihm nur wenig Zeit, Spanien zu regieren, das jedoch bei seiner Frau *Isabella von Portugal* (Heirat 1526) und dem effizienten Verwaltungssystem der Rätekammern *consejos* in guten Händen war.

Die überseeischen Kolonien: In die Regierungszeit Karls I. (oder V., je nach Sichtweise) fällt die weitere Ausdehnung der Kolonien, aus denen sich unvorstellbare Reichtümer über das Land ergossen. Spanische Konquistadoren, vor allem adlige, aber arme *Hidalgos* aus der Extremadura, nahmen weite Teile Mittel- und

Südamerikas in Besitz. 1519-1522 eroberte *Hernán Cortés* Mexiko, 1532 zog *Francisco Pizarro* in Peru ein; ab 1535 besetzten *Almagro* und nach ihm *Valdivia* Bolivien und Chile. Obwohl sich Gold und Silber aus den Kolonien auf Karls riesiges Reich verteilten und es teilweise alimentieren mussten, blieb mehr als genug für Spanien übrig. Eine negative Folge war die zunehmende Inflation, doch erwies sich die Wirtschaft des Landes noch als kräftig genug, dies aufzufangen – der Grundstein des späteren Niedergangs aber war gelegt. Auf einem ganz anderen Blatt stehen die Grausamkeiten und Morde, die die Konquistadoren, deren offizieller Auftrag ja auch die Missionierung war, begingen: Millionen Menschen aus der amerikanischen Urbevölkerung bezahlten ihre Begegnung mit dem Christentum mit dem Leben.

> **Universalist Karl V., letztlich gescheitert**
>
> Die Verwaltung eines so riesigen Reiches mit seinen vielfältigen diplomatischen und militärischen Verwicklungen war auch für einen politisch begabten Mann – wie Karl es zweifellos war – kaum zu bewältigen. Sein Traum vom Universalreich zerbrach. Konnte er sich gegen innerspanische Aufstände noch durchsetzen, insgesamt vier Kriege mit Frankreich siegreich (1527 gar mit der Eroberung Roms) oder zumindest ohne Verlust beenden, so war er im italienischen Konflikt mit dem Papst und im mediterranen Kampf gegen die Türken schon weniger glücklich. Den Ausschlag für seinen Rückzug aus der Politik gab schließlich der gescheiterte Kampf für die einheitliche Reichsreligion des Katholizismus – nach dem Augsburger Religionsfrieden (1555), in dem die Reichsfürsten den Protestantismus als gleichberechtigte Religion durchsetzten, dankte Karl 1556 verbittert ab und zog sich ins Kloster Monasterio de Yuste (Extremadura) zurück, wo er 1558 starb.

Die Regierungszeit (1556-1598) von Karls Sohn und Nachfolger *Philipp (Felipe) II.*, eher pflichtbewusster Politikarbeiter denn glänzender Staatsmann, sah sowohl den absoluten Höhepunkt als auch den Beginn des rasanten Falls des spanischen Weltreichs. Philipp regierte, anders als sein Vater, das Reich von Spanien aus. Unter ihm stieg Madrid endgültig zur Hauptstadt auf. Philipps Augenmerk galt vor allem dem Erhalt der Macht der katholischen Kirche – in den Zeiten des sich verbreitenden Protestantismus ein problematischer und auch teurer Wunsch. Ab 1564 begann in den protestantischen Niederlanden der Befreiungskampf gegen die spanische Herrschaft, der später in die Unabhängigkeit münden sollte. Doch die Niederlande waren nur eine der vielen Fronten, an denen sich Philipp letztlich verzettelte.

Zunächst hatte es noch gut ausgesehen für den katholischen König: 1571 markierte der Sieg in der *Seeschlacht von Lepanto* einen bedeutenden Erfolg gegen die Türken. Als er sich 1580 auch Portugal nebst dessen überseeischen Besitzungen sichern konnte, stand Spanien auf der Höhe seiner Macht. Es war eine glänzende, aber unsichtbar bereits im Bröckeln begriffene Macht: Schon die Kriege Karls hatten mehr Geld verschlungen, als die Kolonien liefern konnten, unter Philipp stieg die Staatsverschuldung nochmals, gleichzeitig die Inflation; die Zeche zahlten die Bürger und Bauern in Form stetig hochgetriebener Steuern.

Dann erhob sich im Kampf um die Niederlande ein neuer Gegner – England. Das protestantische Königreich unterstützte die Aufständischen offen. Philipps Antwort sollte ein vernichtender Schlag werden, entwickelte sich aber zum Fiasko. Die

„Unbesiegbare Armada", Spaniens gewaltige Flotte, wurde 1588 von den wendigeren englischen Schiffen vernichtend geschlagen – Spaniens Niedergang als Seemacht hatte begonnen, der Protestantismus triumphiert. Zwei Jahre später versuchte Philipp sein Glück in Frankreich, wo er für eine Tochter Erbansprüche auf den Thron geltend machte; 1598 musste er seinen Einmarsch mit einem schmählichen Friedensschluss beenden. Im selben Jahr noch starb Philipp II.
Seine Nachfolger zeigten sich als Abfolge unfähiger und schwacher Regenten, die die Regierungsgeschäfte Günstlingen überließen. Das 17. Jh. geriet der spanischen Politik zu einer Häufung von Katastrophen. 1609 wurden unter *Philipp III.* Hunderttausende bisher verbliebener Mauren ausgewiesen; ein schwerer Aderlass für das ohnehin durch Auswanderung und Pest von Bevölkerungsrückgang betroffene Land. Sein Nachfolger *Philipp IV.* engagierte sich ab 1621 im *Dreißigjährigen Krieg* mit dem Ergebnis des zeitweiligen Verlusts Kataloniens an Frankreich und des Abfalls von Portugal (1640). 1648 musste das mittlerweile fast bankrotte Reich die Unabhängigkeit der Niederlande akzeptieren, 1659 im *Pyrenäenfrieden* das Roussillon und Teile der Cerdaña an Frankreich abtreten, 1668 nach verlustreichen Schlachten auch Portugal endgültig freigeben. Die Kette der Niederlagen setzte sich fort in Kriegen gegen das aufstrebende Frankreich, die mit weiteren Territorialverlusten endeten. Mit dem Tod des schwachen Königs Karls II. endete 1700 die habsburgische Linie – das einst so glanzvolle Spanien lag am Boden.

El Siglo de Oro

So sehr Spanien auch militärisch, wirtschaftlich und politisch absank, seine kulturelle Blüte dauerte an und erreichte im 16. und 17. Jh. ihren Höhepunkt. Das „Goldene Jahrhundert" Spaniens wurde geprägt durch Mystiker wie die heilige Theresa von Avila und Ignatius von Loyola, den Gründer des Jesuitenordens, durch Literaten wie Miguel de Cervantes („Don Quijote", erdacht im Gefängnis von Sevilla) und den Bühnenautor Calderón de la Barca, durch Maler wie El Greco und Velázquez. Letzterer, Hofmaler des Königs und mit vollem Namen Diego Velázquez de Silva (1599-1660) geheißen, war der berühmteste Vertreter der Malerschule von Sevilla, der wohl herausragendsten Künstlergruppierung Spaniens in jener Epoche, auf die im Kapitel zur Kunstgeschichte noch näher eingegangen wird.

Die Bourbonenherrschaft

Karl II. war kinderlos gestorben, hatte aber den französischen Bourbonen *Philipp von Anjou* als Nachfolger bestimmt; die österreichische Habsburg-Linie sah das jedoch anders. In der Folge setzte ab 1701 der **Spanische Erbfolgekrieg** ein, in den halb Europa verwickelt war. In Spanien wurde er zudem zum Bürgerkrieg zwischen Kastilien auf Seiten Frankreichs und Aragón sowie Katalonien auf Seiten Österreichs. Erst der Frieden von Utrecht ließ 1713 den Bourbonen als Philipp V. den Thron besteigen; Spanien musste jedoch die italienischen und verbliebenen niederländischen Besitzungen abtreten. Die nächsten Jahrzehnte sahen Spanien als Verbündeten Frankreichs und unter reformfreudigen Herrschern, die ihre Nähe zum aufgeklärten Absolutismus Frankreichs nicht verleugneten.
Die Französische Revolution jedoch brachte wieder Unruhe, vor allem in den Kolonien. Ab 1788 ließ einer der Nachfolger Philipps, der unfähige *Karl IV.*, Spanien

von seinem Günstling *Manuel de Godoy* regieren, der das Land prompt erneut in verschiedene Kriege manövrierte. Der Höhepunkt des Desasters jener Jahre wurde mit der verheerenden Niederlage in der **Seeschlacht von Trafalgar** (1805) gegen England erreicht.

Wirre Zeiten: Unabhängigkeitskampf und Karlistenkriege

Einen Volksaufstand gegen Godoy nahm 1808 *Napoleon I.* zum Anlass, in Spanien einzumarschieren und Karl und dessen Sohn und Nachfolger *Ferdinand VI.* zum Herrschaftsverzicht zu zwingen. Ziel der Übung war die Inthronisierung seines Bruders *Joseph Bonaparte* und damit die völlige Unterwerfung Spaniens unter Frankreich. Der dem Einmarsch folgende *Volksaufstand von Madrid* wurde mit Waffengewalt niedergeschlagen. Es war der 2. Mai 1808, ein Datum, das in den vielen Straßennamen *Dos de Mayo* weiterlebt.

Die Spanier bewiesen – für die Franzosen wohl überraschend – Sinn für nationale Identität: Der Volksaufstand weitete sich zum *Spanischen Unabhängigkeitskrieg* aus, der mangels militärischer Stärke in Guerillamanier geführt wurde. In der Endphase von England unterstützt, konnten sich die Spanier nach sechs Jahren Besatzung durchsetzen. Es half ihnen wenig; die Folgezeit brachte dem Land nur weitere Kriege und innenpolitisches Chaos.

> ### Erste Gehversuche der Demokratie
>
> Cádiz, die kosmopolitische Handelstadt auf der kaum einnehmbaren Halbinsel, bildete damals das einzige von den Franzosen nicht eroberte spanische Territorium. Während die französischen Kriegsschiffe Cádiz beschossen, wurde hier von der Ständeversammlung der Cortes, nach zweijähriger Beratungszeit unter permanentem Kanonendonner, 1812 die erste spanische Verfassung überhaupt verabschiedet. Angelehnt an die Französische Revolution, war sie für die damalige Zeit geradezu wegweisend, auch wenn sie kaum zur praktischen Anwendung gelangte – immerhin wurde damals von der freiheitlichen Seite der politische Begriff „liberal" geprägt.

1814 kehrte Ferdinand IV. aus dem Exil auf den Thron zurück. Er zeigte sich wenig dankbar für die Unterstützung seines Volkes und hob die von den Cortes in Cádiz ausgearbeitete Verfassung sofort auf. Ferdinand, zuvor noch „El Deseado" (Der Ersehnte) geheißen, regierte totalitär, unterstützt von der wieder eingesetzten Inquisition und reaktionären Gefolgsleuten. Es folgten Aufstände, die nur mit Hilfe französischer Truppen unterdrückt werden konnten – eine Zeit, die die südamerikanischen Kolonien nützten, sich unter *Simón Bólivar* die Unabhängigkeit (1824) zu erkämpfen.

Nach Ferdinands Tod begannen Jahrzehnte noch größerer Unruhen. Sieben Jahre (1833-1840) dauerte der *Erste Karlistenkrieg* zwischen den Anhängern seiner unmündigen Tochter *Isabella II.* und den konservativen Kräften, die seinen Bruder *Don Carlos* favorisierten. Er mündete in eine Militärherrschaft unter General *Espartero*, der sich aber auch nur drei Jahre halten konnte.

Der ab 1843 mit 14 Jahren als Regentin eingesetzten Isabella war ebenfalls nicht viel mehr Glück beschieden. Sie wurde zum Spielball konservativer wie liberaler Kräfte, über 30 Regierungen wechselten in ihrer Amtszeit einander ab. Gleichzeitig warf sich Spanien erneut in riskante Kriegsabenteuer. 1868 wurde Isabella gestürzt. Auf eine Interimsregierung folgte 1873/74 die *Erste Republik*, die aber binnen kurzem an innerer Zerrissenheit scheiterte. Der folgende *Zweite Karlistenkrieg* (1873-75) erschütterte das Land von neuem.

Die Restauration

Als Restauration gilt die Zeit von 1875 bis 1917, wobei der Name etwas irreführend ist: Restauriert, im Sinne der Wiederherstellung staatlicher Einheit und Geschlossenheit, wurde bestenfalls in der Anfangsphase; schon bald darauf häuften sich die politischen Krisen erneut.

Alfons XII., Sohn Isabellas und 1875 zum König ausgerufen, gelang es, die Karlistenkriege zu beenden und Spanien eine relativ ruhige Zeit zu bescheren. Unter ihm und seiner Witwe *María Cristina* (ab 1885) wechselten sich die konservative und die liberale Partei nach festgelegten Phasen ab. Die Katastrophen des *Kuba-Aufstands* (1895) und besonders des folgenden *Amerikanisch-Spanischen Kriegs* (1898) konnten dennoch nicht verhindert werden. Als der Krieg mit Amerika beendet war, hatte Spanien nicht nur seine Flotte, sondern auch die Philippinen, Kuba und Puerto Rico verloren und damit den Traum vom Weltreich endgültig eingebüßt – ein Verlust, den die kritische sogenannte *Generation von 98* zum Anlass nahm, die Abkehr von alten Leitbildern und den Anschluss Spaniens an modernere, humane Zeiten zu fordern. Ein vergeblicher Wunsch, wie sich zeigen sollte.

Alfons XIII., der Sohn und Nachfolger María Cristinas, suchte sein Heil in der Expansion und griff Marokko an. Das militärische Abenteuer führte mit der zwangsweisen Rekrutierung von Soldaten 1909 zum Volksaufstand der *Semana Tràgica* („Tragische Woche") von Barcelona: Linke Arbeiterverbände revoltierten und zerstörten Kirchen und Klöster; bald darauf formierte sich die anarchistisch gefärbte Gewerkschaft *Confederación Nacional de Trabajo* (CNT), eine radikalere Gegenspielerin der schon 1882 gegründeten sozialistischen UGT.

In Spanien ging es nun drunter und drüber, auch wenn die Neutralität im *Ersten Weltkrieg* einen gewissen wirtschaftlichen Aufschwung ermöglichte. Die Ansiedlung von Industrie (Textilien in Katalonien, Schwerindustrie im Baskenland) verlief parallel zu einer Stärkung der Arbeiterbewegungen. Unruhe in den immer noch kastilisch geprägten Zentralstaat brachten auch regionale Unabhängigkeitsbewegungen der Katalanen und Basken; Katalonien erreichte einige Erfolge, das Baskenland nicht.

Soziale Verschärfungen durch die junge Industrie und militärische Misserfolge in Marokko führten 1917 zu einer Staatskrise, die auch eine immer schnellere Abfolge von Kabinetten nicht zu lösen vermochte. Die Rufe konservativer Kreise nach dem „starken Mann" wurden lauter – und sie verhallten nicht ungehört.

1923 putschte General *Primo de Rivera* mit Einverständnis von König Alfons XIII. und errichtete eine Militärdiktatur. Zwar gelang es ihm, den Krieg mit Marokko zu beenden, doch stolperte auch er über innenpolitische Schwierigkeiten. Seine zaghaften Reformansätze scheiterten schnell am Widerstand linker wie auch rechter Kreise. Als die Weltwirtschaftskrise die Probleme des Landes nochmals verschärfte, trat er im Januar 1930 freiwillig ab.

Wurzeln des Bürgerkriegs

Die *Zweite Republik*, im April 1931 ausgerufen, versuchte mit einer Politik weitreichender Reformen die Probleme Spaniens zu lösen, scheiterte jedoch am Widerstand konservativer Kreise in Wirtschaft, Militär und Kirche. Gleichzeitig kam es zu antiklerikalen Ausschreitungen der Linken, denen wie schon in der Semana Tràgica von Barcelona Kirchen und Klöster zum Opfer fielen. 1933 gründete *José Antonio Primo de Rivera*, Sohn des Ex-Diktators, die *Falange Española*, eine rechtsextreme Partei, deren Programm während und nach dem Bürgerkrieg eine prägende Rolle spielen sollte; gleichzeitig musste sich die Regierung zahlreicher Aufstände anarchistisch gefärbter Gewerkschaften erwehren.

Zwischen 1934 und 1936 schlitterte Spanien von einer politischen Krise in die nächste. Den Rechtsruck nach den Parlamentswahlen vom Oktober '34 quittierten die Gewerkschaften mit Generalstreiks. Auch nach dem Wahlsieg der Volksfront im Mai '36 beruhigte sich die Lage nicht, verschärfte sich sogar noch. Streiks überfluteten das Land, die Rechte antwortete mit Mord, die Linke gab mit gleicher Münze zurück – Spanien im Chaos. Die Ermordung des rechten Abgeordneten *Calvo Sotelo* am 13. 7. '36 wurde zum Auslöser eines Militärputsches, der in den *Spanischen Bürgerkrieg* mündete.

Katastrophen: Bürgerkrieg und Franco-Diktatur

Bis heute ist der Spanische Bürgerkrieg (1936-39), dem über eine halbe Million Menschen zum Opfer fielen, ein Trauma für das Land geblieben, zumindest für ältere Menschen. „Bürgerkrieg" ist eigentlich nicht der richtige Ausdruck für diesen dreijährigen Kampf: Auf der einen, der letztlich siegreichen Seite der „Nationalen", stand eine Clique von gut ausgerüsteten, antidemokratischen Militärs, auf der anderen, der der „Republikaner", der Großteil der Bevölkerung.

Ab dem 28. Juli flogen Truppenverbände aus Spanisch-Marokko nach Südspanien ein; den Oberbefehl hatte *General Franco*, die Flugzeuge wurden teilweise aus Hitler-Deutschland ausgeliehen. Italien, Portugal und Deutschland unterstützten den Putsch; die berüchtigte deutsche Flugzeugstaffel „Legion Condor" bombte unter anderen das baskische Städtchen *Guernica* in Schutt und Asche, eine Schandtat, die von Pablo Picasso im gleichnamigen Gemälde verewigt wurde. Die Republikaner erhielten dagegen nur bescheidene Hilfen von Russland, Frankreich und Mexiko.

Francisco Franco Bahamonde

Geboren am 4. 12. 1892 im galicischen El Ferrol, wurde der „Caudillo" und „Generalísimo" zum spanischen Alptraum des 20. Jahrhunderts. Grundprinzipien seines diktatorischen Regimes waren die Unterstützung durch Militär, Kirche und die Falange, absolute Autorität des Staates und Unterdrückung aller abweichenden Auffassungen. Demokratische Ansätze wurden durch passende Gesetze nur vorgetäuscht, nie verwirklicht; Staatsform war eine „Monarchie ohne König", die allein dem Staatsführer Franco das Recht zugestand, seinen – dann königlichen – Nachfolger zu ernennen.
Während des Zweiten Weltkriegs blieb Spanien neutral; versuchsweise Annäherungen an Hitler-Deutschland wurden durch wirtschaftlichen Druck der Alliierten erstickt. Nach dem Krieg zunächst politisch isoliert, wurde Spanien im diplomatischen Verkehr bald wieder halbwegs salonfähig; 1959 befürwortete Adenauer vergeblich die Aufnahme des Landes in die NATO. Innenpolitisch hielt die harte Linie an. Ab den Sechzigern mehrten sich Proteste, Unruhen und Terroranschläge der baskischen Befreiungsbewegung ETA. Am 20. November 1975 starb Franco – und in Spanien knallten die Sektkorken.

Eine andere Ursache für die Niederlage der linken Kräfte war wohl, dass sie sich selbst befehdeten: Trotzkisten misstrauten den Anarchisten, Sozialisten den Kommunisten. Auch die Freiwilligen der *Internationalen Brigaden*, junge Männer und Frauen aus dem Ausland, konnten Spanien nicht retten – die „Schlacht am Ebro" (25.7.–16.11. 1938) markierte den endgültigen Sieg der Nationalisten. Am 26. Januar 1939 schließlich nahmen Francos Truppen Barcelona ein, am 28. März fiel Madrid, am Tag darauf ergab sich València. – Die Aufarbeitung der Franco-Jahre ist bis heute nicht abgeschlossen. Seit dem Jahr 2000 engagiert sich die ARMH (Asociación para la Recuperación de la Memoria Histórica) in der Exhumierung und Bestattung von verscharrten Opfern frankistischer Erschießungen, wobei immer neue Massengräber entdeckt werden.

Endlich: Die Demokratie

Francos Nachfolger wurde der vom „Caudillo" selbst erwählte und heute noch amtierende König *Juan Carlos I.*, ein Bourbone. Zunächst zaghaft, dann tatkräftig mit Hilfe des von ihm ernannten Ministerpräsidenten *Adolfo Suárez González*, bereitete Juan Carlos die Demokratie vor. 1977 fanden die ersten demokratischen Wahlen seit über 40 Jahren statt; die von Suárez geführte und später aufgelöste UCD (Mitte-Rechts) ging als Sieger hervor.

Am 23. Februar 1981 hielt Spanien nochmals den Atem an: Ein gewisser *Colonel Tejero* versuchte im Parlament mit gezogener Pistole einen Militärputsch durchzusetzen. Doch König Juan Carlos verhielt sich mustergültig, lehnte jede Unterstützung ab. Die Armee hörte auf sein Wort, und Spaniens junge Demokratie war gerettet.

Blickpunkt 1992: Spanien boomt

1982 wurde Spanien Mitglied der NATO. Im selben Jahr übernahm erstmals die sozialistische *Partido Socialista del Obrero Español* (PSOE) das parlamentarische Ruder, geführt von dem Andalusier *Felipe González*. Anfang 1986 trat Spanien der EG bei, die Parlamentswahlen im Juni sahen erneut die PSOE als strahlenden Sieger. Es waren Jahre der lustvollen Befreiung von Moralvorstellungen, die eine unheilige Allianz von Kirche und Staatsgewalt über mehr als vierzig Jahre hinweg diktiert hatte – kaum ein anderes europäisches Land veränderte sich in so kurzer Zeit so rapide. Und es waren Jahre des Booms, in denen Spaniens Wirtschaft jährlich um fast fünf Prozent wuchs. Die Aktienkurse erreichten Rekordhöhen, vor allem auch in Hinblick auf 1992, das große Jahr. Unter der Führung des allseits verehrten „Felipe" errichtete die PSOE einen Sozialstaat moderner Prägung mit Arbeitslosenunterstützung und staatlichem Gesundheits- und Rentensystem. Umsonst waren diese Erfolge nicht zu haben, drastische Einschnitte nötig. Vor allem die Stahlindustrien und die Werften, staatlich geführte Dinosaurier, die nur Verluste produzierten, mussten abgebaut werden. Zehntausende Arbeitsplätze verschwanden, die Arbeitslosigkeit, vom Wirtschaftsboom ohnehin kaum gemildert, stieg weiter. Die der PSOE seit über einem Jahrhundert eng verbundene Gewerkschaft Unión General de Trabajadores (UGT) warf der Regierungspartei Abkehr von den sozialistischen Idealen vor. Ende 1988 eskalierte der Konflikt in einem Generalstreik. Das Vertrauen in die PSOE sank, doch reichte es bei den Wahlen von 1989 noch einmal knapp zur Mehrheit.

1992 sollte Spaniens großes Jahr werden: die 500-Jahr-Feier der Entdeckung Amerikas, die Olympischen Spiele in Barcelona, die Weltausstellung Expo in Sevilla, Madrid die Kulturhauptstadt Europas. Die Preise stiegen in schwindelnde Höhen, die Staatsschulden auch. Der großen Feier folgten Ernüchterung und Stagnation. In der Euphorie hatte mancher vergessen, dass die Arbeitslosigkeit mit landesweit über 20 Prozent den europäischen Spitzenwert darstellte und das Defizit im Staatshaushalt Rekordhöhe erreicht hatte. Als logische Folge der schlechten Grunddaten der Wirtschaft wurde die Peseta nach der teilweisen Freigabe der Wechselkurse gleich mehrfach, insgesamt um fast ein Fünftel, abgewertet: Gut für den Export und für den ausländischen Reisenden, miserabel für das internationale Prestige des Landes.

Trotz aller Schwierigkeiten gelang es der PSOE bei den Wahlen von 1993 noch einmal, stärkste Partei zu werden, doch verfügte sie über keine absolute Mehrheit mehr. Zweitstärkste Macht in Spanien wurde die konservative Volkspartei *Partido Popular* (PP). Die Vereinigte Linke *Izquierda Unida* (IU), eine bunte Gemeinschaft von Ex-Kommunisten, Grünen und mit der PSOE unzufriedenen Sozialisten, spielte keine große Rolle. Unterstützung erhielt Felipe González von zwei Regionalparteien, der Baskischen Nationalistischen Partei PNV und der konservativen katalanischen Convergencia i Unio (CiU), die ihn als Ministerpräsidenten mitwählten.

Skandale, Skandale ...

Schon bald nach den Wahlen von 1993 erschütterte eine Krise nach der anderen die labile Regierung. Harte Eingriffe ins soziale Netz und das Einfrieren der Löhne der Staatsbediensteten führten Anfang 1994 zu einem weiteren Generalstreik. Wesentlich schlimmer noch war die Serie nach und nach ruchbar gewordener Skandale. So hatten weite Teile der PSOE-Regierung die öffentlichen Kassen anscheinend als Selbstbedienungsladen betrachtet. Für die Vergabe von Aufträgen an ausländische Firmen kassierte die Partei horrende Schmiergeldsummen, finanzierte damit ihren Wahlkampf. Der Chef der Notenbank nutzte Insiderwissen zur Börsenspekulation, wurde binnen weniger Monate mehrfacher Millionär. Auch der Wirtschaftsminister, so hieß es, habe im Rahmen des *pelotazo*, der Weitergabe von wertvollen Informationen gegen Bargeld, seinen Anteil erhalten. Am tollsten jedoch trieb es Luis Roldán, der Ex-Chef der Guardia Civil. Er soll beim Bau neuer Kasernen und aus einem Geheimfonds zur Terroristenbekämpfung insgesamt rund 30 Millionen Euro abgezweigt haben. Seine Aussagen enthüllten erst das wahre Ausmaß der Korruption: Nicht nur er allein, sondern die gesamte Leitung des Innenministeriums habe sich aus besagtem Geheimfonds bedient. Allzulange wohl hatte Regierungschef González den Machenschaften in seiner Partei wenig Beachtung geschenkt, immer wieder versucht, die Affären herunterzuspielen. Doch sollte es für die Sozialisten noch schlimmer kommen. War bisher nur von Korruption die Rede, erreichten die Skandale nun ganz andere Qualitäten: Die geheimen „Antiterroristischen Befreiungstruppen" (GAL), die während der Achtzigerjahre in der Manier von Todesschwadronen vermeintliche ETA-Mitglieder in Südfrankreich überfielen und ermordeten, sind von höchsten Regierungsstellen gelenkt worden. Im Juni 1995 schließlich folgte der bislang letzte Schock für die mittlerweile an skandalöse Enthüllungen schon fast gewohnte spanische Bevölkerung: Von 1984 bis 1991 hatte der Geheimdienst CESID ohne richterliche Verfügung Privatgespräche von Prominenten und Politikern abgehört. Nicht einmal der im Volk äußerst beliebte

König Juan Carlos blieb verschont. Die Rücktritte des Verteidigungsministers Vargas und des damaligen Geheimdienstchefs Serra, letzterer auch Stellvertreter von González, konnten die Wogen der Empörung nicht glätten. Um die Zulassung vorgezogener Neuwahlen, wie sie schon seit langem gefordert worden waren, kam die spanische Regierung jetzt nicht mehr herum.

1996–2004: Die Ära Aznar

Die vorgezogenen Parlamentswahlen im März 1996 brachten der Partido Popular unter ihrem stets etwas blass wirkenden Führer *José María Aznar* nicht den Erdrutschsieg, den so mancher prophezeit hatte. Zwar erreichte die PP mit knapp 39 Prozent der Stimmen die Mehrheit, doch erzielte sie gegenüber der PSOE nur einen dünnen Vorsprung. Aznars Volkspartei, die die Einheit Spaniens auf ihre Fahnen geschrieben hat, war damit auf eine Koalition mit den separatistisch eingestellten Basken und Katalanen angewiesen. Zur Verblüffung vieler politischer Beobachter hielt diese wacklige Konstellation sogar über die gesamte Legislaturperiode hinweg die Stellung. Aznar gelang es auch, die Wirtschaft zu stabilisieren. Neue Gesetze erleichterten es den Betrieben, zeitlich befristete Arbeitsverträge abzuschließen, und in der Folge sank allmählich die horrend hohe Arbeitslosigkeit, auch wenn Spanien diesbezüglich weiterhin trauriger Spitzenreiter in Europa blieb. Die Hürden zur Teilnahme am Euro wurden ohne größere Probleme gemeistert, die Neuverschuldung deutlich gesenkt, die Inflation erheblich gebremst. Doch forderte der wirtschaftliche Aufschwung auch seinen Tribut: „Der Egoismus des einzelnen ist in den letzten Jahren stärker geworden", brachte es ein spanischer Freund auf den Punkt. „Die Leute kümmern sich viel weniger umeinander, als sie es noch vor wenigen Jahren taten." Das ist wohl ein Trend, wie er in den meisten modernen Industrie- und Dienstleistungsländern anzutreffen ist, Spanien bildet da leider keine Ausnahme. Insgesamt gesehen konnte Aznar jedoch durchaus zu Recht und voller Selbstbewusstsein seinen Lieblingssatz verkünden: „España va bien", Spanien geht es gut. Die Belohnung folgte an der Urne: Bei den Parlamentswahlen 2000 errang die PP, gestützt durch die erfreulichen Wirtschaftsdaten, überraschend deutliche 44,5 Prozent der Stimmen, war auf keinerlei Unterstützung durch andere Parteien mehr angewiesen. Doch vielleicht machte gerade dieser Erfolg Aznar allzu überheblich. Und so boxte er, ganz gegen den Willen einer breiten Mehrheit im Land, die Entsendung spanischer Truppen in den Irak durch.

Zapatero, die erste

Bei den Parlamentswahlen im März 2004 geschah, was noch eine Woche vorher kaum ein politischer Beobachter vermutet hätte – die PP wurde abgewählt. Ursächlich dafür war sicher auch der Versuch Aznars, das verheerende Al-Quaida-Attentat von Madrid (11. März 2004, für Spanier nur noch „11 M") in den Tagen vor der Wahl wider besseren Wissens der ETA anzulasten. Der Premier hatte offensichtlich befürchtet, das Volk würde einen Zusammenhang zwischen dem Massaker und der von Aznar durchgesetzten Teilnahme am Irak-Krieg sehen, und die PP dafür verantwortlich machen. Der Schuss ging jedoch nach hinten los: Viele Spanier fühlten sich von ihrer Regierung aus taktischen Gründen belogen und wählten erst recht die Opposition. Mit fast 43 Prozent der Stimmen gewann die PSOE unter José Luis Rodríguez Zapatero die Parlamentswahl, die PP erreichte nicht einmal 38 Prozent. In Andalusien, seit jeher eine Hochburg der Sozialisten, fiel die Wahl noch deutlicher aus, hier errang die PSOE mehr als 50 Prozent. Spaniens Umwelt konnte der Regierungswechsel nur nützen, ebenso der Gleichstellung der Geschlechter. Insbesondere auf letzterem Gebiet setzte der neue Regierungschef schon bald deutliche Akzente. Sein Regierungsteam bestand zur Hälfte aus Frauen, zählte sieben Ministerinnen und stellte mit María Teresa Fernández de la Vega sogar die erste Vize-Ministerpräsidentin der spanischen Geschichte. 2006 erhielten Homosexuelle fast die gleichen Rechte wie andere Paare, 2007 wurde ein Gleichstellungsgesetz verabschiedet, das unter anderem die Parteien verpflichtet, auf ihren Wahllisten mindestens 40 Prozent Frauen aufzustellen. Ein Novum war auch das umstrittene Gesetz „Ley de Memoria Histórica". Dreißig Jahre nach dem Ende der Franco-Ära wurde mit ihm die gesetzliche Basis für die Anerkennung von durch das Franco-Regime Verfolgten geschaffen, ebenso für die nachträgliche Korrektur von Unrechtsurteilen des Bürgerkriegs und letztlich auch für ein Verbot der Verherrlichung des Franco-Faschismus.

Zapatero, die zweite

Bei den Parlamentswahlen von 2008 konnte die PSOE noch einmal etwas zulegen. Knapp 44 Prozent der Stimmen und 169 der insgesamt 350 Sitze im Parlament ermöglichten es Zapatero, seine Minderheitsregierung (in Spanien nichts Ungewöhnliches) fortzuführen. Gleichzeitig war das gute Ergebnis ein Beweis, dass Zapatero seinen Sieg von 2004 nicht allein den taktischen Fehlern Aznars im Umgang mit dem Madrider Attentat verdankte.

Zapateros zweite Amtsperiode dürfte jedoch weit härter werden als die erste. An Konfliktstoff herrscht kein Mangel. Da ist zum einen die Frage der Zuwanderung: 2005 hatte Zapatero in einer Legalisierungsaktion rund 600.000 illegale Immigranten mit Aufenthalts- und Arbeitsgenehmigungen ausstatten lassen, woraufhin ihm die Opposition vorwarf, den Einwanderungsdruck insbesondere aus Richtung Afrika damit nur erhöht zu haben. Mit der Einführung der Homosexuellen-Ehe und der diskutierten Erleichterung von Abtreibungen brachte Zapatero zudem die Kirche gegen sich auf, Massendemonstrationen katholischer Gläubiger waren die Folge. Weiteren Streit gibt es über den Umgang mit der baskischen ETA. Zapateros anfängliche Verhandlungsbereitschaft ging der PP viel zu weit, die sich denn auch insbesondere durch den Bombenanschlag auf den Madrider Flughafen im Dezember 2006 und die Aufkündigung der sog. „Waffenruhe" durch die Basken im Juni 2007 in ihrer Haltung bestätigt sah. Und dann wäre da noch das Problem der Autonomie der Regionen. Zapatero erwies sich auf diesem Gebiet im Vergleich zur PP als deutlich konzilianter, gestattete es den Katalanen beispielsweise, sich in der Präambel ihres mit deutlich mehr Rechten versehenen neuen Autonomiestatuts als „Nation" zu definieren – der Aufschrei konservativer spanischer Kreise war programmiert. Nicht zuletzt hat das Land auch immense wirtschaftliche Herausforderungen zu bewältigen. Der Immobilienmarkt ist nach Jahren des Booms und geradezu absurder Preissteigerungsraten auf breiter Front eingebrochen und steckt nun in einer schweren Krise – landesweit findet fast eine Million Neubauwohnungen keine Käufer. Die Arbeitslosigkeit ist drastisch auf zuletzt mehr als 17 Prozent angestiegen (und könnte noch erheblich weiter steigen, die EU prognostizierte über 20 Prozent), und die private Nachfrage ist ebenso deutlich zurückgegangen wie die Produktion. Als Folge der Misere droht eine erhebliche Neuverschuldung. Die Aussichten für die nächsten Jahre sind also nicht eben rosig...

Zwischen Kunst und Kitsch: Plaza España in Sevilla

Kunstgeschichte

Vor- und Frühgeschichte

Spanische Steinzeit: Die Höhlenmalereien der Altsteinzeit in Kantabrien, Andalusien und an der Mittelmeerküste zwischen Barcelona und València gelten als die ersten Beispiele künstlerischen Ausdrucks in Spanien. Als Angehörige von Kulturen der Jäger und Sammler stellten die Künstler meist Tiere dar; ob es sich dabei um Beschwörungen des Jagdglücks, Anrufungen von Schutzgeistern oder andere Motivationen handelt, muss in der Regel Spekulation bleiben. Auffällig jedenfalls die Geschicklichkeit, mit der Felsformationen genutzt wurden, um den Eindruck plastischer Tiefe zu erwecken.

Iberer und Kelten: Von der *Iberer*-Kultur der Mittelmeerküste sind eine Reihe von Grabbeigaben erhalten, die großteils griechischen Einfluss aufweisen. Die *Kelten*, im Norden ansässig und ohne Verbindung zu Kulturnationen wie den Griechen, hinterließen in ihren Gräbern Goldschmuck und Waffen.

Griechen, Römer und Westgoten: Aus der Zeit der *Griechen*, die in Spanien ohne Großmachtambitionen als Händler unterwegs waren, blieb nicht allzuviel.

Die *Römer* dagegen waren eine der Kulturen, die Spanien bis heute prägen. Vor allem Amphitheater, Aquädukte und andere nützliche Bauwerke gemahnen an ihre Herrschaft. Was an Grabbeigaben auftauchte, ist solide Arbeit, aber ohne den ganz großen künstlerischen Wert – oftmals handelt es sich um Kopien von Kunstwerken aus anderen Regionen des römischen Reichs.

Die *Westgoten* übernahmen, da kulturell weniger entwickelt, vieles von den Römern, auch in der Architektur. Typisch für westgotische Bauten, von denen nur wenige die Zeiten überdauert haben, ist die Verwendung des Hufeisenbogens, den die Mauren vielleicht von den Westgoten adaptierten.

Kunstgeschichte

Sehenswertes

- **Steinzeit**: Die berühmte Höhle von Altamira in Kantabrien ist praktisch nur noch für Spezialisten zugänglich, gleich nebenan jedoch wurde eine Kopie errichtet. Mehrere andere Höhlen können noch „original" besucht werden, darunter die *Cueva de la Pileta* in Andalusien, deren Felszeichnungen älter sind als die von Altamira. Die bedeutendsten steinzeitlichen *Höhlengräber* Spaniens liegen bei Antequera, ebenfalls in Andalusien.
- **Iberer und Kelten**: Die schönsten Stücke aus iberischen Gräbern finden sich im Museo Arqueológico Nacional in Madrid, darunter die Büste der *Dama de Elche* und die auf einem Thron sitzende Ganzkörperfigur der *Dama de Baza*.
  Auch keltische Grabfunde sind im Archäologischen Museum Madrid zu sehen. Unter den verschiedenen Ausgrabungsstätten ist besonders das bei Coaña in Asturien gelegene und aus steinernen Rundhütten bestehende *Keltendorf* einen Abstecher wert.
- **Griechen**: Von Bedeutung sind allenfalls die Ruinen ihrer Handelsniederlassung *Empúries* in Katalonien; schöne Strände direkt unterhalb versüßen den Weg. Die maßgeblichen Funde der Griechensiedlung werden im Archäologischen Museum Barcelona präsentiert.
- **Römer**: *Mérida* in der Extremadura, *Tarragona* in Katalonien und *Itálica* beim andalusischen Sevilla bewahren das römische Erbe am besten. In *Segovia* (Kastilien-León) steht das beeindruckendste Aquädukt des Landes.
- **Westgoten**: Als einer der bedeutendsten westgotischen Bauten gilt die kleine Kirche San Juan Bautista in Baños de Cerrato bei Palencia (Kastilien-León).

Islamische Kunst

Vor allem in Andalusien, das weit länger als andere Regionen Spaniens unter arabischer Herrschaft stand, finden sich Zeugnisse der zu höchster Blüte gelangten maurischen Kunst.

Die maurischen Paläste: Von außen waren sie, mit Ausnahme allenfalls des Haupttors, schmucklos schlicht anzusehen. Aber welche Pracht im Inneren! Von schlanken Säulen umgebene Innenhöfe, plätschernde Brunnen, reich dekorierte Hufeisenbögen und geschnitzte, vergoldete Stalaktitendecken wecken Träume von tausendundeiner Nacht. Gebaut waren diese Prunkstücke überwiegend aus leicht vergänglichen Materialien wie Lehm und Ziegeln. So symbolisierten sie bei aller Prachtentfaltung, dass außer Allah nichts auf der Welt von Dauer ist.

Die Moscheen: Auch sie zeigten sich nach außen hin bescheiden, im Inneren dagegen aufs prächtigste dekoriert. Den Höhepunkt des Glanzes bildete der nach Mekka ausgerichtete *mihrab*, die Gebetsnische. Über der Moschee erhob sich das Minarett, der Turm, von dem aus der Muezzin die Gläubigen zum Gebet rief. Traditionell musste der Mann blind sein, da er sonst in die Innenhöfe der Umgebung hineinschauen hätte können: Die Privatsphäre war den Mauren heilig.

Die Gärten: Auch die lieblichen maurischen Gartenanlagen sind in ihrer märchenhaften Verbindung aus Blumen, Bäumen und allerorten sprudelndem Wasser zweifellos zum Kapitel „Kunst" zu rechnen: Wer das Lustschlösschen Generalife in Granada oder die Gärten des Alcázar von Sevilla gesehen hat, wird da nicht widersprechen.

Im Alcázar: orientalische Kunst in Sevilla

Die Dekoration: Da der Islam figürliche Abbildungen verbietet, also weder Mensch noch Tier, strenggenommen nicht einmal ein Baum oder eine Landschaft dargestellt werden durften, schmückten die Baumeister ihre Wände und Friese mit arabischen Koransuren und Ornamenten, den *Arabesken*. Ihre Grundformen entstammen der Geometrie oder sind aus der Pflanzenwelt stilisiert. *Azulejos*, mit Ornamenten bunt bemalte Kacheln, sind ein weiteres Dekorationselement, das in Andalusien bis heute weiterlebt und sich auch in andere Teile Spaniens und nach Portugal verbreitet hat. Typisch sind auch die Stalaktitendecken *muquarnas*. Meist aus Holz geformt und oft vergoldet, erinnern sie manchmal tatsächlich an eine Tropfsteinhöhle.

Mischformen islamisch-christlicher Kunst: Beide entstanden während der langen Jahrhunderte des Mit- und Gegeneinanders. Der *mozarabische Stil* wurde von Christen entwickelt, die unter maurischer Herrschaft lebten und mit dieser Stilform z. B. ihre Kirchen ausschmückten. Der *Mudéjar-Stil* ist die umgekehrte Version: Hier übernahmen maurische Baumeister nach der Reconquista architektonische Formen der Christen und kombinierten sie mit islamischen Stilelementen. Auftraggeber waren oft christliche Herrscher, die die Vorzüge islamischer Gestaltung wohl erkannten.

Sehenswertes

An vielen Orten im Süden Spaniens stehen noch Kastelle, die von den Mauren errichtet wurden. Die mit Abstand schönsten Bauten beherbergen jedoch die andalusischen „großen Drei" Granada, Córdoba und Sevilla. Interessanterweise sind in Andalusien Gebäude fast aller maurischer Dynastien zu finden, die hier geherrscht haben. Die Altersspanne ist somit recht weit: Zwischen dem Baubeginn der Mezquita und der Schaffung des Löwenhofs in der Alhambra liegen immerhin sechshundert Jahre.

- **Córdobas** *Mezquita* ist die einzige noch verbliebene Moschee Andalusiens. Zu Baubeginn war das fantastische Werk der Omaijadendynastie die größte Moschee der Welt. In ihrem Inneren steht ein wahrer Wald von Säulen.
- In **Sevilla** erinnern der „Goldene Turm" *Torre de Oro* und die *Giralda*, ehemaliges Minarett und heutiger Glockenturm der Kathedrale, an die Zeit der Almohaden. Ihre Vorgänger, die Almoraviden, haben dagegen nur wenige Spuren hinterlassen. Der Palast *Alcázar*, im christlichen Sevilla des 14. Jh. errichtet, bildet ein besonders beeindruckendes Beispiel des Mudéjarstils.
- **Granadas** Palastburg *Alhambra* schließlich ist, Freunde kirchlicher Kunst mögen verzeihen, vielleicht sogar das schönste Gebäude Spaniens, gleichzeitig das besterhaltene Beispiel eines orientalischen Palasts überhaupt. Sie stammt aus der Zeit der Nasridendynastie.

Präromanik und Romanik

Präromanik: Aus den Anfängen der Reconquista datiert die spezifisch asturische Kunst der Vorromanik, die sich vom späten 8. Jh. bis ins frühe 10. Jh. als Verfeinerung der westgotischen Architektur entwickelte, aber auch Elemente römischer Baukunst aufnahm. Kennzeichen der meist dreischiffigen Kirchen sind der rechteckige Grundriss mit Vorhalle, die Dreiteilung des Chors und die Verwendung von Rundbögen. Zu den Schmuckelementen zählen geometrische und florale Motive sowie Darstellungen von Tieren und Menschen, vor allem jedoch das typische Kordelmuster.

Präromanik und Romanik 93

Filigran: romanische Kapitelle in Santo Domingo de Silos

Romanik: Die erste länderübergreifende Kunst des christlichen Europa (11.-12. Jh.) fiel in vielen Teilen Spaniens aufgrund der maurischen Besetzung praktisch aus. Anders im schon früh zurückeroberten Norden des Landes: Der alte Pilgerpfad Jakobsweg ist gar das Schatzkästlein romanischer Kunst in Spanien schlechthin. Den Namen hat die Romanik von der Verwendung römischer Formelemente wie Pfeiler, Säule und Rundbogen; weitere Charakteristika des fast ausschließlich in Sakralbauten überlieferten Stils sind der Grundriss des lateinischen Kreuzes und die Gewölbeformen des Kreuzgrat-, Kreuzrippen- oder Tonnengewölbes. Ihren Höhepunkt jedoch erreichte die romanische Kunst in der Skulptur: Auf Portalen, Kapitellen, Friesen und Altären tummeln sich Fabelwesen, Musikanten, Heilige, Tiere und Teufel von immensem Ausdruck und frappierender Lebendigkeit; ein bunter Bilderbogen des Mittelalters.

Sehenswertes

- **Präromanische Kunst:** Alle verbliebenen präromanischen Kirchen liegen im Umkreis der asturischen Königsresidenz und heutigen Hauptstadt Oviedo. Zu den bedeutendsten zählen *San Julián de los Prados* sowie *Santa María* und *San Miguel de Lillo*, beide auf dem Berg Monte Narranco gelegen.
- **Romanik:** Unmöglich, an dieser Stelle alle wichtigen romanischen Bauten Spaniens aufzuzählen. Wer sich auf die Spuren romanischer Kunst begeben will, reist am besten entlang des Jakobswegs, sollte aber auch Katalonien nicht auslassen. Als absoluter Höhepunkt darf sicher die *Kathedrale von Santiago de Compostela* mit ihrem faszinierenden Skulpurenportal Pórtico de la Gloria gelten. Besondere Prunkstücke sind auch die Freskenmalerei in der Basílica de San Isidoro von León und das Hauptportal der Klosterkirche Santa María im katalanischen Ripoll. Als eines der wichtigsten Museen romanischer Kunst überhaupt gilt das Museu d'Art de Catalunya in Barcelona, das auch die Originale der kunsthistorisch bedeutsamen Fresken der Kirchen aus den beiden Pyrenäentälern Vall de Boí und Vall d'Aran birgt.

Gotik, Plateresco und Isabellinischer Stil

Die **Gotik** (13.-15. Jh.) in Spanien stand im Zeichen des Triumphs und der Dankbarkeit über die Rückeroberung der islamisch besetzten Gebiete; sie war gleichzeitig sicher auch ein Manifest kirchlicher Macht. Im Gegensatz zu den gedrungenen Formen der Romanik wirken die Kirchen und Kathedralen der Gotik weit schlanker; der elegantere Spitzbogen löste den Rundbogen ab. Die Bauten wuchsen zwar auch in die Breite, vor allem aber in die Höhe; das Gefühl des Raums wurde verstärkt als Stilmittel eingesetzt.

Der **Platereskstil** („Plateresco"), eine spezifisch spanische Variante, fällt in die Spätphase der Gotik im Übergang zur Renaissance. Im Namen wie auch im Ausdruck lehnt er sich an die Kunst der Silberschmiede an und übernimmt teilweise mudéjare Formen. Platersek geschmückte Kirchenfassaden sind geprägt von Detailverliebtheit und oft übersteigertem Schmuck.

Der **Isabellinische Stil**, benannt nach der „Katholischen Königin" Isabella (Regierungszeit 1474-1504), deren Lieblingsstil er war, entstand ebenfalls im Übergang von der Gotik zur Renaissance. Wie auch der Platereskstil ist er überreich an Formen und Dekoration, die oft ornamentalen Charakter hat.

Sehenswertes

- **Gotik**: Kathedralen, Kathedralen, Kathedralen... und Kreuzgänge. Wie die Romanik auch, wird die spanische Gotik vorwiegend durch christliche Kunst repräsentiert. Die drei bedeutendsten gotischen Kathedralen Spaniens stehen in *Toledo* (Kastilien-La Mancha), *Burgos* und *León* (beide Kastilien-León); alle sind sie an französische Vorbilder angelehnt. Die Kathedrale von *Sevilla* zeigt wohl am deutlichsten den Wunsch nach triumphaler Monumentalität: Sie ist die drittgrößte Kirche der Welt. Besonders in den rückeroberten südlichen Regionen von Katalonien weisen viele Kirchenbauten einen Übergangsstil zwischen Romanik und Gotik auf, schön zu sehen an den Zisterzienserklöstern *Poblet* und *Santes Creus*. Gotische Zweckbauten blieben nur wenige erhalten; besonders bemerkenswert sind die königlichen Werften *Drassanes* in Barcelona, heute Sitz des Marinemuseums.
- **Plateresco**: Besonders schöne Beispiele des platteresken Stils sind die üppig geschmückten Kathedralen von *Salamanca* und *Segovia*.

Renaissance und Manierismus

Die **Renaissance** (16. Jh.), an der Antike orientiert, wurde in Spanien von ausländischen Vorbildern besonders aus Italien geprägt. Sie manifestierte sich hier eher im Bau von Palästen als von Kirchen.

Der **Manierismus**, der sich in zu vielen Formen äußert, um eindeutig definiert zu werden, fällt in die Spätzeit der Renaissance und kehrt deren Aussagen teilweise sogar um. In Spanien zeigt er sich besonders durch eine gewisse Übersteigerung des Ausdrucks. In der Malerei erreichte ein Manierist einsame Größe: El Greco (1541-1614), „der Grieche". Der gebürtige Kreter, der in Toledo lebte und eine Zeitlang für Philipp II. arbeitete, schuf Bilder intensiver, geradezu ekstatischer Religiosität; als sein Charakteristikum gilt die Verlängerung der Gesichter, Körper und Hände der Dargestellten. Auch seine Porträts zeigen hohe Kunst und typischen Stil.

Sehenswertes

- **Renaissance**: Als bedeutendstes Renaissancebauwerk Spaniens wird oft der *Palast Karls V.* in der Alhambra in Granada genannt. Mag sein, doch nimmt er sich gegen die maurische Architektur eher phantasielos aus; zudem überlagert der Ärger über die instinktlose Platzierung etwaige Bewunderung – dann schon lieber die *Kathedrale von Granada*. Liebenswerte Städtchen, die völlig im Zeichen der Renaissance stehen, sind *Úbeda* und *Baeza*, beide in der andalusischen Provinz Jaén. Die gegen den Manierismus gewandte Gegenreformation forderte Strenge und Klarheit: *El Escorial*, der riesige Kloster- und Mausoleumsbau bei Madrid, war die Antwort. Errichtet ist er im sogenannten Herrera-Stil, benannt nach dem Baumeister Juan de Herrera.
- **El Greco**: Viele seiner Werke sind im Prado in Madrid zu sehen, doch bewahrt auch Toledo berühmte Gemälde des Kreters. Ein Höhepunkt in der dortigen Kathedrale ist die „Entkleidung Christi".

Barock und Klassizismus

Der **Barock** (17./18. Jh.), dessen überbordende Dekorationslust sich besonders in sakralen Kunstwerken (vor allem an der goldglänzenden Innenausstattung der Kirchen) austobte, ist eine der in Spanien am weitesten verbreiteten Stilrichtungen.

Im **Churrigueresco**, einem spezifisch spanischen Stil, der vor Dekoration geradezu überquillt, erfuhren die schwelgerischen Formen der Barockarchitektur noch eine Steigerung. Im Gegensatz stand der in der zweiten Hälfte des 18. Jh. aufkommende **Klassizismus**, der sich klarer, einfacher Formen bediente.

Sehenswertes

- **Barock**: Das Glanzstück der spanischen Barockkunst bildet die Malerei des „Goldenen Jahrhunderts", der im Anschluss ein eigenes Kapitel gewidmet ist.
- **Churrigueresco**: Der überladene, oft als extravagant bezeichnete Stil des Churriguerismus wird am deutlichsten von der Sakristei des Klosters *La Cartuja* in Granada repräsentiert.
- **Klassizismus**: Er findet seine Entsprechung im Gebäude des *Prado* in Madrid – Ernest Hemingway fühlte sich beim Anblick an „irgendein großes amerikanisches Universitätsgebäude" erinnert.

Spanische Malerei im „Goldenen Jahrhundert"

Die spanische Malerei des Barock erreichte Großartiges. Das **Siglo de Oro**, das „Goldene Jahrhundert" spanischer Künste, sah besonders in der andalusischen Schule von Sevilla eine Reihe von Meistern internationalen Formats.

Diego Velázquez (1599-1660), der gemeinhin als bedeutendster spanischer Maler angesehen wird, ist sicher an erster Stelle zu nennen. Von religiösen Motiven hielt Velázquez wenig; umso bemerkenswerter sind seine alles andere als geschönten Porträts von Mitgliedern des Hofes, die offensichtlich z. T. rechte Schreckensgestalten waren.

Francisco de Zurbarán (1598-1664) hielt sich dagegen völlig an religiöse Sujets. Der „Maler der Mönche" zeigte in charakteristischer Hell-Dunkel-Manier seine Figuren entrückt, oft regelrecht asketisch.

96 Kunstgeschichte

Beunruhigend: Goyas geniale „Schwarze Bilder"

Bartolomé Esteban Murillo (1618-1682) malte nicht nur sakrale Gemälde, die vielleicht manchmal etwas arg süßlich ausfielen. Er verlegte sich daneben auch auf Genrebilder, die spielende Gassenjungen und ähnliches zeigen und gilt auf diesem Gebiet für Spanien als wegweisend.

Juan de Valdés Leal (1622-1690), wie viele seiner Kollegen gleichzeitig auch Bildhauer, war von ganz anderer Geisteshaltung. Seine Gemälde entwerfen mehr als drastisch die Schrecken des Todes und der Vergänglichkeit des Menschen.

Auf das Siglo de Oro folgte lange Jahrzehnte nur wenig. Das 18. Jh. brachte kaum bedeutende Maler hervor.

Francisco José de Goya y Lucientes (1746-1828) war die strahlende Ausnahme. Zunächst blieb der erste Hofmaler des Königs noch eher konventionell dem Spätbarock und heiteren Rokokoszenerien verhaftet. Viele seiner Bilder entstanden als Vorlage für die Herstellung von Wandteppichen. Ab 1794 jedoch eröffnete Goya der Kunst völlig neue Welten. Sind die Porträts des spanischen Hofs schon hohe Klasse, so erreichen die 1799 erschienenen *Caprichos* und erst recht die ab 1810 geschaffenen *Desastres de la Guerra*, die „Schrecken des Krieges", noch eine ganz andere Qualität: In diesen grandiosen graphischen Zyklen wird, ähnlich wie auch in der „Erschießung der Aufständischen am 3. Mai 1808 in Madrid", erstmals persönliches Engagement, wird wütende Zeitkritik spürbar. Doch Goyas Werk, das ihn auch in Konflikt mit der Inquisition brachte, spannt sich noch viel weiter. Er erwies sich als feinfühliger Interpret von Frauenpersönlichkeiten („Nackte und Bekleidete Maya") und als genialer Visionär des Dämonischen. Die bedrückenden „Schwarzen Bilder" im Prado, vom über siebzigjährigen Goya an die Wände seines Landhauses gemalt, entwerfen Düsternis und Grauen in einer Intensität, die Urängste weckt: „Keiner hat mehr gewagt als er" (Charles Baudelaire).

Literaturtipp: „**Goya**", von Lion Feuchtwanger. Der farbenprächtige, 1951 geschriebene Roman erzählt das Leben des Malers spannend wie ein Krimi.

> **Sehenswertes**
> Der **Prado** von *Madrid* ist die mit weitem Abstand bedeutendste Gemäldesammlung ganz Spaniens. Hier kann und muss man Stunden verbringen und wird dennoch nur einen Bruchteil der Werke in sich aufnehmen können.
> Das **Museum der schönen Künste** von *Sevilla* steht an zweiter Stelle. Es widmet sich naturgemäß vor allem den Vertretern der Sevillaner Schule.
> Im **Kunstmuseum** von *Cádiz* ist eine große Sammlung von Zurbarán ausgestellt. Religiöse Themen von Zurbarán und auch Murillo finden sich in vielen Kirchen vor allem Andalusiens.

Kunst des 19. und 20. Jahrhunderts

In der Architektur des 19. und 20. Jh. ragt aus dem in ganz Spanien beliebten Mischmasch historisierender Stile einzig Katalonien heraus.

Mit dem **Modernisme** entwickelte die relativ reiche Region in den Jahrzehnten um die Jahrhundertwende eine eigene Variante des Jugendstils. Sein bedeutendster Vertreter war der Architekt und Bildhauer **Antoni Gaudí** (1852-1926), der international vor allem durch die Gestaltung der bis heute unvollendeten Kirche Sagrada Familia bekannt wurde. Als große Baumeister des Modernisme zu nennen sind weiterhin Domenech i Montaner und Puig i Cadafalch.

Auch in der Malerei entwickelte sich Katalonien zum Zentrum Spaniens. **Pablo Picasso** (1881-1973) arbeitete, obwohl in Málaga geboren, vor allem in Frankreich und in Barcelona. Nach seinen Anfängen („Blaue Phase", „Rosa Phase") entwickelte er zeitgleich mit Georges Braque den Kubismus, reduziert auf die Grundformen Kubus, Kegel und Kugel und unter Aufgabe jeder zentralen Perspektive. Ab 1927 wandte Picasso sich dem Surrealismus zu, doch bildete auch dann der Kubismus noch einen bestimmenden Faktor seines Werks. Bekanntestes Gemälde des wohl größten Malers des letzten Jahrhunderts ist das Bild „Guernica", das die Bombardierung des gleichnamigen Baskenstädtchens durch die deutsche „Legion Condor" im Bürgerkrieg anklagt.

Joan Miró (1893-1983), in Barcelona geboren, war dem abstrakten Surrealismus verpflichtet. Kennzeichnend für die meisten seiner Bilder ist ihre bunte, hei-

Unverkennbar Gaudís Handschrift (Parc Güell in Barcelona)

Modernisme-Hauptstadt Barcelona: Casa Bruno Cuadros an den Rambles

tere Atmosphäre; meist verwendete er die Grundfarben rot, blau und gelb. Das bunte Logo der spanischen Fremdenverkehrswerbung stammt ebenso von Miró wie das der katalanischen Pensionskasse „La Caixa".

Salvador Dalí (1904-1989), nach eigener Einschätzung „Der Göttliche", wurde im katalanischen Figueres geboren. Seine surrealistischen Gemälde gelten als beeinflusst von der Psychoanalyse Sigmund Freuds; mindestens ebenso bekannt wurde er durch seine skurrilen Happenings (Büffet auf nackter Frau etc.), die er wohl aus Marketinggründen inszenierte. Den Spätwerken Dalís warf die Kritik bloßes Zitieren seiner selbst vor. Doch war Dalí auch ein bevorzugtes Objekt von Kopisten; die im Umlauf befindliche Zahl „falscher Dalís" ist kaum abzuschätzen.

Sehenswertes

- **Modernisme**: Barcelona als Hauptstadt des Stils besitzt auch die Mehrzahl der Bauten. Neben der Sagrada Familia steht besonders im Stadtteil Eixample eine ganze Reihe von Wohnhäusern, z. T. der Öffentlichkeit zugänglich.
- **Picasso** und **Miró**: Beiden sind, ebenfalls in Barcelona, eigene Ausstellungen gewidmet: das Museu Picasso im Gotischen Viertel und die Fundació Miró auf dem Stadtberg Montjuïc. In Málaga, der Geburtsstadt des Genies, eröffnete ein weiteres Picasso-Museum.
- **Dalí**: Das „Dalí-Dreieck" an der Costa Brava ist Pflichtbesuch für alle Fans des Meisters. Es handelt sich um das 1974 von Dalí gestaltete Teatre-Museu in seinem Geburtsort Figueres, sein in typischer Dalí-Manier eingerichtetes Wohnhaus in Port Lligat bei Cadaqués sowie um das Schloss Púbol, das er seiner lebenslangen Gefährtin Gala geschenkt und selbst eingerichtet hatte.
- **Museo Thyssen-Bornemisza**, **Centro de Arte Reina Sofia**: Zwei herausragende Gemäldegalerien in Madrid, die eine hervorragende Ergänzung zu einem Besuch des nahen Prado darstellen.

Spanien heute – auf einen Blick

Fläche: 504788 Quadratkilometer, einschließlich der Balearen, der Kanarischen Inseln und der afrikanischen Exklaven Melilla und Ceuta.

Einwohner: Etwa 46 Millionen, das entspricht rund 91 Einwohnern pro Quadratkilometer, ein Wert deutlich unter dem Durchschnitt der EU. Die Bevölkerung verteilt sich sehr unterschiedlich: starke Verstädterung, in den Großräumen Madrid und Barcelona und dem Baskenland extreme Bevölkerungsdichte, andere Gebiete wie Extremadura und Kastilien-La Mancha dagegen nur sehr dünn besiedelt.

Wichtigste Städte: Madrid (3,1 Millionen Einwohner), Barcelona (1,6 Mio.), València (0,8 Mio.), Sevilla (0,7 Mio.).

Geographie: Spanien liegt etwa zwischen 36° und 44° nördlicher Breite sowie zwischen 9° westlicher und 5° östlicher Länge. Seine Landesoberfläche ist überwiegend gebirgig: Mehr als 70 % des Landes liegen höher als 500 Meter über dem Meeresspiegel; innerhalb Europas hat nur die Schweiz noch eine größere Durchschnittshöhe aufzuweisen. Im Zentrum Spaniens erstreckt sich die weite Hochfläche der Meseta, mit einer Durchschnittshöhe von über 600 Metern und vom Kastilischen Scheidegebirge in eine nördliche und eine südliche Hälfte geteilt. Die Grenzen zu den Küstengebieten bilden die Bergketten der Galicischen, Asturischen und Kantabrischen Randgebirge im Norden, das Iberische Randgebirge im Osten etwa auf der Linie València-Santander und die Sierra Morena im Süden. Im äußersten Nordosten der Iberischen Halbinsel stellen die Pyrenäen eine natürliche Grenze zum Rest Europas dar. Höchster Berg Spaniens ist der Pico de Teide (3710 m) auf Teneriffa, gefolgt vom Mulhacen (3481 m) in der andalusischen Sierra Nevada. Tiefebenen sind selten; die größten sind im Nordosten das Becken des Río Ebro und im Südwesten das des Río Guadalquivir. Spaniens Küsten liegen an Mittelmeer und Atlantik; natürliche Seen gibt es nur wenige, jedoch viele Stauseen („embalse" oder „pantano").

Politik: Spanien ist seit der Verfassung von 1978 parlamentarische Staatsmonarchie. Staatsoberhaupt ist der König, Volksvertretung und Gesetzgebung erfolgen durch die „Cortes Generales" (Ständeparlament: Abgeordnetenhaus und Senat). Von 1979 bis 1983 wurde Spanien in 17 Autonome Gemeinschaften, „Comunidades Autónomas" eingeteilt, die ein eigenes Parlament und gewisse Verwaltungshoheit besitzen. Es gibt folgende Autonome Gemeinschaften, nach denen auch dieses Handbuch gegliedert ist: am Mittelmeer Katalonien, València, Murcia, Andalusien; in Zentralspanien Extremadura, Kastilien-La Mancha, Kastilien-León, La Rioja; in der Pyrenäenregion Aragón und Navarra; am nördlichen Atlantik Baskenland, Kantabrien, Asturien, Galicien. Eigene Gemeinschaften bilden auch die Balearen und die Kanarischen Inseln, die jedoch nicht Thema dieses Führers sind. Die meisten Autonomen Gemeinschaften setzen sich aus mehreren Provinzen zusammen.

Sprachen: Amtssprache ist Kastilisch (castellano, „Spanisch"). Regionalsprachen sind Baskisch, Galicisch und Katalanisch, letzteres in Katalonien, València und auf den Balearen gesprochen. Gelegentlich wird auch das Valencianische als eigene Sprache genannt.

Wirtschaft: Wichtigste Handelspartner sind die EU-Länder, Exportprodukte vor allem Obst und Gemüse, Maschinen, Eisen, Stahl, Kfz (Seat), Schiffe, Schuhe. Ein sehr bedeutender Wirtschaftszweig ist mit einem Beitrag zum Bruttoinlandsprodukt von rund 11 Prozent der Tourismus: Spanien zählt jährlich deutlich mehr internationale Besucher, als es Einwohner besitzt, zuletzt trotz der Krise immer noch mehr als 57 Millionen. Damit liegt das Land weltweit hinter Frankreich auf dem zweiten Platz. Einen sehr hohen Anteil der Besucher stellen die Deutschen, nur noch knapp von den Briten übertroffen. Sehr hoch ist die Arbeitslosigkeit, die bei mehr als 17 Prozent (Tendenz steigend) liegt und unter der jungen Bevölkerung und in Gebieten mit Großgrundbesitz (Extremadura, Andalusien) sogar noch weit höhere Prozentzahlen erreicht.

SPANIEN – Reiseziele

Katalonien	102	La Rioja	658
Comunitat Valenciana	257	Navarra	665
Región de Murcia	311	Baskenland	680
Andalusien	324	Kantabrien	727
Extremadura	507	Asturien	749
Kastilien	520	Galicien	772
Aragón	637		

Typisch Costa Brava: Sandbuchten und Steilküsten

Katalonien (Catalunya)

Politisch ein Teil Spaniens, dabei im Selbstverständnis eine Nation für sich – mit diesem Zwiespalt lebt Katalonien gar nicht einmal so schlecht.

Die *Comunidad Autónoma Catalunya* erstreckt sich im Nordosten der Iberischen Halbinsel von den Pyrenäen bis zum Ebre-Delta. Sie wird begrenzt von Frankreich sowie den autonomen Gemeinschaften Aragón im Westen und Valencia im Süden. Gut sieben Millionen Menschen leben in den vier Provinzen Girona, Barcelona, Tarragona und Lleida, davon fast ein Viertel allein in der Hauptstadt Barcelona. Katalonien besitzt eine eigenständige Sprache, das *català*. Trotz jahrzehntelangen Verbots durch das Franco-Regime ist es im Volk lebendig geblieben und wird von der katalanischen Landesregierung nach Kräften gefördert.

▶ **Català, Sprache der Katalanen:** Català ist nicht etwa ein Dialekt des Spanischen, besser gesagt des Kastilischen, sondern tatsächlich eine völlig eigene Sprache. Wie Spanisch zählt es zu den aus dem Vulgärlatein entstandenen romanischen Sprachen, ist aber dem Provençalischen näher verwandt. Natürlich ähneln auch viele Bezeichnungen ihrem spanischen Pendant, wie man überhaupt mit Spanisch überall problemlos durchkommt – Ausländern wird der Gebrauch dieser „Fremdsprache" in der Regel verziehen. Der Sprachraum des Català reicht bis hinunter nach Alicante in der Comunidad Valencia. Gesprochen und verstanden wird Katalanisch jedoch auch in Andorra, Teilen Aragóns, auf den Balearen, im französischen Roussillon jenseits der Pyrenäen und sogar in der sardischen Gemeinde Alghero, letzteres als Erbe der hohen Zeit Kataloniens, als die Nation auch über Sardinien und Sizilien herrschte. Seit 1990 ist Català vom Europäischen Parlament als europäische Sprache anerkannt. Dies erfolgte reichlich spät, bedenkt man, dass – je nach Quelle – sechs bis zehn Millionen Menschen Katalanisch sprechen, etwa ebenso viele wie

Katalonien 103

z. B. Dänisch. Im letzten Jahrzehnt hat sich der Einfluss des Català noch verstärkt, wurde das Spanische weiter zurückgedrängt. Auf den ehemals zweisprachigen Wegweisern an Landstraßen muss die spanische Bezeichnung kaum noch von katalanischen Aktivisten übermalt werden: Sie fehlt mittlerweile fast überall. Wo irgend möglich, verwenden wir in diesem Handbuch deshalb auch die katalanische Bezeichnung.

- *Etwas Katalanisch verstehen* Vor allem mit Blick auf die zahlreichen Touristen hat die Landesregierung Generalitat einen kleinen „Sprachführer Deutsch-Katalanisch" herausgebracht, der in den Fremdenverkehrsämtern vor Ort gratis erhältlich ist. Wer sich näher mit Català anfreunden will, wird an aufwändigeren Sprachführern und Wörterbüchern, wie sie z. B. von Polyglott und Langenscheidt herausgegeben werden, nicht vorbeikommen.

„Catalunya no es Espanya" *„Katalonien ist nicht Spanien"*

Nicht nur aus der eigenen Sprache leiten die Katalanen das Recht auf Eigenständigkeit ab. Schon immer war die Region dem Mittelmeerraum und übrigen Europa eher zugewandt als dem Inneren Spaniens. Jahrhundertelang rang sie um ihre Unabhängigkeit von der Zentralmacht Madrid; längerfristige Erfolge wie der Autonomiestatus und die Anerkennung des *català* als Amtssprache, die auch in den Schulen gelehrt wird, stellten sich jedoch erst nach Francos Tod ein. Die Entscheidung für Barcelona als Austragungsort der olympischen Sommerspiele 1992 brachte dem Selbstbewusstsein der Katalanen einen weiteren Schub. Älteren Datums ist ein anderer Eckpfeiler katalanischen Nationalstolzes: Wirtschaftlich steht die Region im innerspanischen Vergleich hervorragend da. Etwa ein Viertel der spanischen Industrieproduktion wird hier erzeugt, an Textilien sogar an die drei Viertel. Der Tourismus steuert ebenfalls ein nicht gerade geringes Scherflein zum Wohlstand bei. In den Augen Restspaniens gilt Katalonien deshalb ein bisschen als die „Schweiz" des Landes, seine Bewohner als geschäftstüchtig, bienenfleißig und dynamisch – ein Blickwinkel, der einer Portion Neid wie Argwohn nicht entbehrt. *Seny* ist das Wort, das die katalanische Mentalität umschreibt. Es bedeutet etwa soviel wie „Augenmaß", Erkenntnis dessen, was zählt im Leben.

In kultureller Hinsicht nimmt Katalonien gleichfalls eine Sonderstellung ein. Ein guter Teil der auch außerhalb Spaniens bekannten Künstler des 19. und 20. Jahrhunderts stammt aus dieser Region, darunter so illustre Persönlichkeiten wie Salvador Dalí oder Joan Miró. Katalonien war die Geburtsstätte des *modernisme*, der spanischen Variante des Jugendstils, dessen berühmtester Vertreter, der Architekt und Bildhauer Antoni Gaudí, aus Reus (Tarragona) stammt. Künstler waren es auch, die ab den 60er-Jahren – selbstverständlich in *català* – immer lauter die Forderung nach Selbstbestimmung aussprachen. Auch der Volkstanz *sardana* geriet zum politischen Ausdruck einer Nation, die sich zu Recht lange um ihre eigene Kultur betrogen sah.

Wirtschaftlich gefestigt und im Bewusstsein der eigenen Sprache und Kultur, treiben es die Katalanen mit ihrem „Wir-sind-eine-Nation-Fieber" nach Meinung vieler Spanier heute allerdings etwas weit. Allerorten prangt die rot-gelb gestreifte katalanische Flagge, ersetzt Català spanische Inschriften. Die Landesregierung *Generalitat de Catalunya* unterstützt den Trend nach Kräften, leistet sich unter anderem einen eigenen Sprachkommissar. Was den Katalanen recht sein kann, wirft für die starke Minderheit der vor allem aus Andalusien kommenden, *xarnegos* (spanisch: charnegos) genannten „Einwanderer" ernste Probleme auf. Immerhin sind etwa 40 % der Einwohner Barcelonas Nicht-Katalanen, und ohne Kenntnis des Katalanischen bleibt ihnen z. B. die Anstellung im öffentlichen Dienst verwehrt.

Geschichte Kataloniens

Unter den Römern, die sich im 2. Punischen Krieg gegen Karthago die Herrschaft über Spanien gesichert hatten, war Tarragona jahrhundertelang die Hauptstadt der Provinz Hispania Citerior, später der neu geschaffenen Provinz Hispania Tarraconensis. Die römische Kultur prägte Katalonien nachhaltig. Nach dem Untergang des Römischen Reiches und dem Einsetzen der Völkerwanderung kamen im 5. Jh. nach Christus Westgoten an die Macht, 711 gefolgt von den Mauren, die sich aber nur in den südlichen Landesteilen länger halten konnten.

Ab 785 übernahmen die Franken (Karolinger) unter Karl dem Großen das Zepter. Die von ihnen regierte *Spanische Mark* gilt als die Keimzelle der katalanischen Nation, deren enge Anbindung an das Europa jenseits der Pyrenäen als Erbe der fränkischen Zeit. Als Geburtsjahr ihrer Nation sieht die katalanische Landesregierung das Jahr 988, als unter Graf Borell II., dem Grafen von Barcelona, politisch die Unabhängigkeit erreicht wurde. Einen gewaltigen Sprung nach oben machte die junge Nation im Jahr 1137, als Ramon Berenguer IV. durch Heirat Katalonien mit dem Königreich Aragón vereinigte. Das mächtiger gewordene Reich erkämpfte zwischen 1229 und 1238 die Balearen und das Königreich Valencia, später kamen Sizilien und Sardinien hinzu. Gleichzeitig entstand eine funktionstüchtige Verwaltung, brachte der Handel im Mittelmeergebiet Reichtum. Das vereinigte Königreich Katalonien-Aragón beherrschte das westliche Mittelmeer fast völlig. Regiert wurde es nicht allein vom Königshaus: Mit der Einsetzung der Räteversammlung *Corts Catalans* sicherten sich Adel, hohe Stadtherren, die Kirche und später auch die Handwerkszünfte Einfluss auf politische Entscheidungen.

Doch die Zeiten wurden schlechter. Als die alte Grafen-Dynastie ausstarb, bekam Aragón Übergewicht in der bis dahin so erfolgreichen Zweierbeziehung. Die Heirat König *Ferdinands II.* von Aragón mit *Isabella*, der Thronfolgerin von Kastilien, brachte schließlich den politischen Niedergang: Im 1479 entstandenen Doppelkönigreich Kastilien-Aragón spielte Katalonien nur mehr eine untergeordnete Rolle. Amerika wurde entdeckt, der Handel verlagerte sich von den katalanischen Küsten an den Atlantik. 1640 wagte die unter

Gesichter der Vergangenheit: Kapitell im Kloster Sant Pere de Rodes

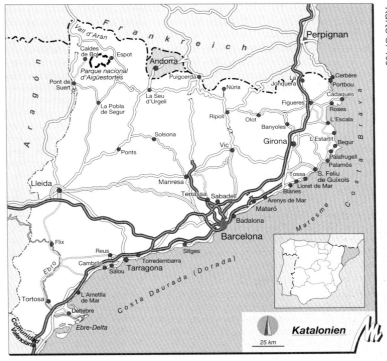

schwerer Steuerlast leidende Region einen Volksaufstand („Krieg der Schnitter", aus ihm stammt die Nationalhymne Els Segadors) gegen das vorherrschende Kastilien, wurde aber besiegt.

Der *Spanische Erbfolgekrieg* sah Katalonien auf der falschen, der habsburgischen Seite. Zur Vergeltung schaffte der Bourbone Philipp V. alle katalanischen Institutionen ab und verbot die katalanische Sprache. Katalonien wurde zur spanischen Provinz, stand völlig unter dem Diktat Kastiliens.

Sinnigerweise fällt in diese Zeit der politischen Bedeutungslosigkeit ein erneuter wirtschaftlicher Aufschwung Kataloniens. Eine erste Industrialisierung besonders der Textilproduktion setzte ein. Der Schiffsbau florierte, ebenso der Handel, nachdem Kastilien 1778 Zugang zu den wichtigen neuen Märkten in Amerika gewährt hatte. Mit dem ökonomischen Erfolg erholte sich auch das angeschlagene Nationalgefühl. 1859 wurden die mittelalterlichen Dichterwettkämpfe „Jocs Florals" (Blumenspiele) erneut aufgenommen; sie leiteten die kulturelle Wiedergeburt *Renaixença* ein. Auch die in Barcelona 1888 abgehaltene Weltausstellung verhalf zu Selbstbewusstsein, das sich 1914 in der Gründung der provinzübergreifenden *Mancomunitat* manifestierte. Von der kastilischen Zentralmacht eigentlich nur als Verwaltungsgemeinschaft zugelassen, gelang es der Mancomunitat, sich durch geschicktes Taktieren als de-facto-Regionalregierung zu etablieren. Katalonien focht klug und beherrscht für seine Eigenständigkeit. Während der Militärdiktatur unter General *Primo de Rivera* 1923 wurde die Mancomunitat jedoch wieder aufgelöst, katalanische Sprache und Kultur erneut unterdrückt.

1936 stürzte der *Spanische Bürgerkrieg* Katalonien – obwohl mehrheitlich auf Seiten der Republikaner – in innenpolitische Verwirrung. Die linken Kräfte befehdeten sich selbst. Am 26. Januar 1939 nahmen Francos Truppen Barcelona ein. Für Katalonien begann die wohl schlimmste Etappe seiner Geschichte. Todeskommandos begannen mit der Abschlachtung der „Aufständischen", die katalanische Führungsschicht wurde – so sie nicht ins Exil hatte flüchten können – größteils ermordet. Es folgten Jahrzehnte der systematischen politischen und kulturellen Unterdrückung. Nur langsam konnten sich die Katalanen wenigstens auf kulturellem Gebiet wieder einige Zugeständnisse geradezu „erschleichen". Weit gingen diese kleinen Fortschritte ohnehin nicht; noch 1960 musste Jordi Pujol, langjähriger Präsident der *Generalitat*, für zweieinhalb Jahre ins Gefängnis: Er hatte bei einem Besuch Francos die katalanische Hymne gesungen. Erst Francos Tod 1975 brachte Katalonien wieder Luft.

1979 erhielt die Region die gegenwärtig gültige Autonomieregelung zuerkannt, mit offiziell anerkannter Zweisprachigkeit und zumindest teilweiser Selbstbestimmung in Verwaltungs- und Rechtsangelegenheiten. Schon die ersten Regionalwahlen gewann die konservative Koalition *Convergència i Unió (CiU)* unter Jordi Pujol. Sie blieb 24 Jahre ununterbrochen an der Macht, wurde erst 2003 von einer linksgerichteten Koalition abgelöst.

2005 sorgte der Wunsch nach einem neuen katalanischen *Autonomiestatut* für Zündstoff. Der Entwurf zum Statut, einer Art Regionalverfassung, wurde von einer deutlichen Mehrheit des katalanischen Parlaments gebilligt, im großen Rest Spaniens jedoch sehr kritisch aufgenommen, inbsbesondere die darin enthaltene Definition Kataloniens als „Nation in einem multinationalen und föderalen spanischen Staat". Kernpunkt des Entwurfs war eine deutlich erweiterte Autonomie Kataloniens inklusive dem Recht, zunächst (wie die Basken) alle Steuern selbst einzuziehen und dann erst einen Teil an den spanischen Staat weiterzuleiten – ein Wunsch, der dem Weg durch das spanische Parlament ebensowenig standhielt wie eine ganze Reihe anderer Artikel. Nach zähem Ringen gelang es dem spanischen Ministerpräsidenten Zapatero, einen Kompromiss durchzubringen, demzufolge Katalonien in der Präambel der Verfassung (nicht jedoch im rechtsverbindlichen ersten Artikel) erklärt, dass sich das katalanische Volk als „Nation" fühlt. Deutlich heraufgesetzt wurde Kataloniens Steueranteil, der nun von einer eigenen Finanzbehörde eingezogen werden darf. Im Mai 2006 stimmte das spanische Parlament dem Statut zu. Im Juni erfolgte in Katalonien ein abschließendes Referendum, bei dem fast 75 Prozent der Wähler dem Statut ihren Segen gaben – die geringe Wahlbeteiligung von nicht einmal 50 Prozent freilich zeigte den Grad der Enttäuschung vieler Katalanen. In Kraft trat das neue Autonomiestatut am 9. August 2006.

Reiseziel Katalonien

Für viele Touristen scheint Katalonien identisch mit den gut, manchmal zu gut erschlossenen Küsten. Die vielfältige Region hat jedoch landschaftlich und kulturell weit mehr zu bieten.

▶ **Abseits der Strände** lockt die alpine Gebirgswelt der *Pyrenäen* zu genussreichen Wanderungen beispielsweise im Nationalpark Aigües Tortes, laden alte Städtchen wie Girona oder Lleida zum Bummel ein. Kunsthistorisch Interessierte erwartet vor allem eine ganze Reihe sehenswerter Kirchen und Klöster wie *Poblet* und *Santes Creus*, zudem die römischen Ruinen von *Tarragona*. Wer ein Faible für Exzentriker hat, sollte sich das surrealistische *Dalí-Dreieck* der Costa Brava nicht entgehen lassen. Ganz im Süden der Region erweist sich die von Kanälen durchzogene flache Sumpflandschaft des *Ebre-Deltas* (span.: Ebro) mit Reisfeldern und vielfältigem Tierleben als Dorado für Entdecker eines noch recht unbekannten Kataloniens. *Barcelona* schließlich wäre schon allein die Reise wert: Die ewige Konkurrentin Madrids und quirlige Hauptstadt Kataloniens erweist sich geradezu vor Leben.

▶ **Lust auf Meer?** Auch dann wird man in Katalonien selbstverständlich fündig. Kommt man nicht gerade im Hochsommer, zeigen sich die hiesigen Gestade sogar weit angenehmer, als es ihrem etwas ramponierten Ruf entspricht. Die *Costa Brava*, reich an Steilküsten, Felsen und kleineren Sandbuchten, erstreckt sich zwischen der französischen Grenze und dem Ort Blanes. Als erste aller spanischen Küsten vom internationalen Tourismus erobert, gilt sie zwar nicht ganz zu Unrecht als „Reich des deutschen Filterkaffees", hat aber abseits der von den Reisebussen angelaufenen Zonen noch viele reizvolle Ecken aufzuweisen. Der *Maresme* schließt sich südlich an. Er gibt sich mit seinen großteils von Hochhaussiedlungen begleiteten flachen Sandstränden landschaftlich weit weniger reizvoll, bietet mit guten Nahverkehrsverbindungen aber besonders Campern eine brauchbare Basis für den Besuch von Barcelona. Die *Costa de Garraf*, kleinste der katalanischen Küsten, erstreckt sich südlich von Barcelona bis Vilanova i la Geltrú und wird von ausgedehnten Sandstränden geprägt. An der *Costa Daurada* bestimmen kilometerlange, feinsandige Strände und ein mildes Klima das Bild. Jahre später für den Tourismus erschlossen als die Costa Brava, ragen an ihr heute vielerorts Apartmentkomplexe und Hotelltürme in die Höhe. Auch an der Goldküste gibt es jedoch noch Ausnahmen, die den Weg in den tiefen Süden Kataloniens wert sind ...

Klimadaten am Beispiel Barcelona

(Durchschnittswerte in Grad Celsius bzw. Tagen)

Monat	Luft		Wasser	Regentage *
	° max.	° min.		
Januar	12.7	6.4	13	5
Februar	13.6	7.1	12	5
März	15.7	9.0	13	8
April	18.2	11.0	14	9
Mai	21.3	14.0	16	8
Juni	25.1	18.0	19	6
Juli	27.9	20.7	22	4
August	27.7	20.9	24	6
September	25.0	18.8	22	7
Oktober	20.6	14.6	20	9
November	16.4	10.6	16	6
Dezember	13.0	7.5	14	6

* Regentage: Tage mit mehr als 0,1 mm Niederschlag.

Katalonien

- *Internet* www.catalunyaturisme.com, www.katalonien-tourismus.de.
- *Klima und Reisezeit*: Während mediterranes Klima den Küsten trockene, nicht zu heiße Sommer und gemäßigte Winter beschert, weist das Innere Kataloniens mit heißen Sommern und kalten Wintern fast schon Kontinentalklima auf. In Richtung Pyrenäen sinken die Durchschnittstemperaturen, die Niederschlagsmenge steigt.

Baden lässt es sich in Anbetracht der Luft- und Wassertemperaturen am angenehmsten von Juni bis einschließlich September, wobei im Juli und August die üblichen Nachteile der Hochsaison anfallen. Wer Pech hat, kann in Frühjahr und Herbst gelegentlich von der „Tramontana" gebeutelt werden, einem kalten und sehr starken Fallwind, der von den Pyrenäen herunterpfeift.

- *Verbindungen* Zug: Innerhalb Kataloniens präsentiert sich das Schienennetz recht engmaschig, wobei Barcelona als zentrale Umsteigestation fungiert. Nicht per Zug zu erreichen ist der Großteil der Costa Brava: Die Linie Port Bou-Figueres-Girona verläuft ab Llançà ein ganzes Stück landeinwärts und trifft erst bei Blanes wieder auf die Küste.

Bus: Die Gesellschaft SARFA bedient die meisten Ortschaften entlang der Costa Brava; gute Anschlüsse bestehen vor allem von und nach Barcelona, Figueres und Girona. Etwas spärlicher sind die Verbindungen in den Pyrenäen und entlang der Costa Daurada.

- *Übernachten/Camping* Ein Hotel oder eine Pension (auf katalanisch „Pensió" genannt) zu finden, sollte angesichts der soliden Bettenkapazität vor allem der Küstenorte eigentlich kein Problem darstellen. Während der sommerlichen Höchstsaison kommt es gerade dort – wie auch in den Feriengebieten der Pyrenäen – dennoch häufig zu Engpässen. Außerhalb der Saison sind in den Küstenorten viele Unterkünfte geschlossen. Kataloniens Angebot an Campingplätzen ist das größte Spaniens, die hiesigen Plätze zählen zu den bestausgestatteten des Landes. Allerdings halten viele Campings nur während der Sommermonate geöffnet.

- *Essen und Trinken* Kataloniens deutlich von Frankreich und Italien beeinflusste Küche hat Tradition: Das älteste bekannte Kochbuch stammt aus dem 15. Jahrhundert. Die Provinz Tarragona ist bekannt für ihre Reisgerichte wie den Fischreis **arròs a banda**, im bergigen Hinterland beharren Traditionalisten eher auf Forellen, Fleischgerichten und den während der Saison häufig angebotenen Pilzspeisen. Barcelona wiederum ist die Heimat des köstlichen Fisch- und Meeresfrüchteeintopfs **sarsuela**. Als die Provinzen einigendes katalanisches Nationalgericht gilt die leider selten im Restaurant erhältliche **escudella**: ein Fleisch-Gemüse-Eintopf, der in zwei Gängen serviert wird. Ebenfalls typisch katalanisch ist die sehr einfache Sommerspeise **pa amb tomàquet**: Reife Tomaten werden auf Weißbrot zerrieben und mit Olivenöl überträufelt. Gemeinsam ist vielen katalanischen Gerichten die Verwendung verschiedener Grund-Saucen: **Sofregit** (Knoblauch, Zwiebeln und Tomaten) ist Grundlage der vielen Variationen des Fischtopfs Suquet de Peix. **Samfaina** ist ein Sofregit mit Paprika und Auberginen; **picada** eine Mischung aus zerstoßenen Mandeln, Knoblauch, Petersilie und geröstetem Brot. **Allioli** als Beilage zu Grillfleisch und manchen Fischgerichten ist in unseren Breiten schon recht bekannt. Als original gilt nur die reine Mischung aus Knoblauch und Olivenöl; die mit Eigelb versetzte, mayonnaiseartige Version wird aber ebenso gern gegessen.

Kataloniens **Weinbaugebiete** unterscheiden sich in elf Zonen, die unter der Bezeichnung D.O. (Denominació d'Origen) geschützt sind. Südlich von Barcelona stößt man auf die **D.O. Penedès**, wohl das bedeutendste der katalanischen Weinbaugebiete. Die Region ist vor allem berühmt für ihre Schaumweine, produziert aber auch gute, leichte Weiß-, Rot- und Roséweine. Unter den sich südwestlich direkt anschließenden Weinbaugebieten ist besonders die **D.O. Priorat** mit ihren tiefdunklen und schweren Rotweinen hervorzuheben. Schon seit dem Mittelalter produziert Katalonien hervorragenden Schaumwein. Diese **Cavas**, mit der traditionellen Methode der Flaschengärung produziert, stammen vorwiegend aus dem Penedès und hier wiederum vor allem aus Sant Sadurni d'Anoia, der „Hauptstadt der Cavas". Viele der Kellereien können besichtigt werden; Details siehe „Umgebung von Barcelona".

- *Feste und Veranstaltungen* **Dia de Sant Jordi** (23. April), Fest des Schutzpatrons Kataloniens; Männer schenken ihrer Herzensdame Rosen, sie revanchieren sich traditionell mit einem Buch. Von der Unesco wurde der 23. April zum weltweiten „Tag des Buches" erklärt.

Festa de la Sardana, am Sonntag nach Sant Jordi. In ganz Katalonien wird der Volkstanz Sardana getanzt.

Dia de Sant Joan (23./24. Juni), Fest in der Mittsommernacht „Verbena de Sant Joan", mit großen Feuerwerken besonders in Barcelona und Blanes.

La Diada, (11. September) Nationalfeiertag Kataloniens, zum Gedenken an die Eroberung Barcelonas durch den verhassten Bourbonen Philipp V. und Anlass zu Kundgebungen, Gedenkfeiern und „antispanischen" Aktionen.

Die **Sardana** ist der katalanische Nationaltanz, zur Franco-Zeit Ausdruck des Widerstandswillens und bis heute Symbol für nationale Identität. Getanzt wird im Kreis, während man sich an den Händen fasst. Mittanzen darf jeder, die Schrittfolge ist allerdings nicht unkompliziert. Wichtig: Keine Pärchen trennen – der Mann tanzt links von seiner Partnerin. Sardanas kann man in Barcelona zu festen Zeiten erleben, ansonsten auf jedem Volksfest, im Sommer auch oft in Touristenorten. Die Sardana-Kapelle „Cobla" besteht aus mehreren Arten von Blasinstrumenten, darunter die lange Flöte „Flabillo"; für den Rhythmus sorgen Kontrabass und Tambourin.

Costa Brava

Massentourismus in Betonburgen – das ist die eine Seite der Costa Brava. Traumschöne Buchten, charmante Dörfer und ein vielfältiges Hinterland sind die andere.

Ihren Namen verdankt die „Wilde Küste" den herben Steilabfällen und schroffen Felsbuchten, die weite Teile der Küstenlinie prägen, doch finden sich daneben auch kilometerlange Sandstrände. Sie sind das Hauptziel jenes pauschalen Fremdenverkehrs mit Betonung auf „preiswert", der für einen guten Teil der Costa-Brava-Klischees verantwortlich ist. Auch an dieser vom Tourismus arg gebeutelten Küste existieren jedoch noch ruhige Ecken, die im Zusammenspiel mit faszinierender Landschaft und vielfältigem Hinterland die Costa Brava zumindest außerhalb der Hochsaison zu einem durchaus reizvollen Reiseziel machen. Bleibt das legendäre *Dalí-Dreieck* zu erwähnen: Das Museum des Meisters in Figueres, sein Wohnhaus in Port Lligat bei Cadaqués und das Schloss seiner Frau Gala in Púbol sind geradezu Wallfahrtsstätten für alle Fans des exzentrischen Genies.

La Jonquera

Das grenznahe Städtchen liegt an der wichtigsten Verbindung von Frankreich zur spanischen Mittelmeerküste, weshalb zahlreiche Reisende vor allem französischer Herkunft an den Tankstellen, Souvenirshops und Einkaufszentren der Durchgangsstraße N II einen letzten Stopp einlegen.

• *Übernachten* Mehrere Hotels an der N II, überwiegend um Kilometer 781/782.

** Pensió Marfil, preiswertes Haus im Ort selbst. Ruhige Lage, mit mehr als 40 Zimmern recht groß; Einrichtung schlicht, aber insgesamt durchaus ordentlich. Ein solides Restaurant mit festem Menü (auch abends) ist angeschlossen. DZ/Bad etwa 40 €, ohne Bad 30 €. Carrer Major 109, ✆ 972/554378, ✆ 972/555605, www.pensionmarfil.com.

Port Bou

Den kleinen Küstengrenzort beherrscht das riesige Stellwerk der spanischen Bahn RENFE: Wegen der unterschiedlichen Spurweiten ist für die meisten Züge aus Frankreich hier Endstation, weshalb Bahnreisende in der Regel umsteigen müssen. Traurige Berühmtheit erlangte Port Bou als letzte Station der Flucht des jüdischen Schriftstellers Walter Benjamin vor den Nazis – von den spanischen Grenzbeamten an der Einreise gehindert, nahm sich der Deutsche hier am 26. September 1940 das

*Trügerische Freiheit: Die „Passatges"
enden vor einer Glaswand*

Leben. Sein Grab liegt auf dem kleinen Friedhof von Port Bou, in der Nähe erinnert die Installation „Passatges" an den Philosophen.

• *Information* **Oficina Municipal de Turisme**, in einer Art Kiosk an der Uferpromenade, Passeig Luís Companys s/n, ℡ 972 125161. Zur HS geöffnet Mo-Fr 10-14, 16-18 Uhr, Sa/So 9-14 Uhr, sonst Mo sowie Mi-Sa 10-14 Uhr.

• *Verbindungen* **Zug**: Züge Richtung Figueres und Barcelona fahren tagsüber etwa alle ein bis zwei Stunden.

• *Übernachten* *** Hotel Res. La Masia**, in guter, strandnaher Lage unweit der Touristeninformation. Einziges ganzjährig geöffnetes Quartier im Ort. DZ etwa 70 €, im Juli/August 85 €. Passeig La Sardana 1, ℡ 972 390372.

• *Camping* **Sant Miquel** (2. Kat), im kleinen Nachbarörtchen Colera (Bahnstation), ein paar hundert Meter von der Durchgangsstraße. Gepflegter Platz, nur die Bahn stört gelegentlich ein wenig. Geöffnet April bis September. Preise p.P., Zelt, Auto, jeweils etwa 5,50 €. ℡ 972 389018, www.campingsantmiquel.com.

Um das Cap de Creus

Ein Paradies für Individualisten, Wanderer und Taucher. Nicht umsonst steht das Gebiet der Halbinsel Cap de Creus unter Naturschutz.

Die bizarre, spärlich bewachsene Landschaft der Halbinsel, seit wenigen Jahren als Parc Natural Cap de Creus unter Schutz gestellt, ist von wilder Schönheit. Ihre Küsten stürzen steil ins Meer, nur von kleineren Strandbuchten unterbrochen, und sind ein Tauchgebiet par excellence. Die Siedlungen in diesem Gebiet sind allesamt aus kleinen Fischerdörfern gewachsen; Highlight ist das bildhübsche Städtchen Cadaqués.

Llançà (Llansa)

Schon vor Llançà zeigen ausgedehnte Feriensiedlungen an, dass man sich dem ersten echten Urlaubszentrum der Costa Brava nähert. Abseits der Durchgangsstraße N 260 bewahrt Llançà jedoch ein anderes, freundlicheres Gesicht. Der Ort gliedert sich in zwei Teile: Im landeinwärts liegenden älteren Ortsteil *Llançà-Vila* geht es etwas ruhiger zu, während sich am geräumigen Hafen *Port de Llançà* der Großteil des Ferienbetriebs abspielt.

• *Information* **Oficina Municipal de Turisme**, Calle Camprodón 16-18, am Ortsrand von Llançà-Vila neben der Zufahrtsstraße aus Richtung Figueres, ℡ 972 380855, ℡ 972 121931. Öffnungszeiten Mo-Sa 9-15, 16.30-20 Uhr, So 10-14 Uhr, im Juli/August Mo-Sa 9-21 Uhr, So 10-14 Uhr. Zur Saison öffnet auch ein „Punto de Información" am Hafenparkplatz, ℡ 972 120944.

• *Verbindungen* **Zug**: Bahnhof jenseits der Durchgangsstraße, etwa auf Höhe von Llançà-Vila. Züge Richtung Figueres/Barcelona oder Portbou verkehren tagsüber etwa alle ein bis zwei Stunden.

Costa Brava / Monestir Sant Pere de Rodes

Bus: Haltestellen an der N 260 beim Ortseingang aus Richtung Figueres sowie an der Avinguda Europa zwischen Altort und Hafen. Mit SARFA nach Port de la Selva 2-mal, Figueres 4-mal, Colera/Port Bou 2-mal, Roses 1-mal täglich, Busse nach Cadaqués nur via Figueres. Zur HS teilweise erweitertes Angebot.

- *Übernachten* *** **Hotel Grimar**, schönes und gepflegtes Haus in allerdings etwas ungünstiger Lage knapp jenseits der Durchgangsstraße N 260. Geöffnet von Ostern bis September, DZ/F etwa 80–120 €. Carretera de Portbou s/n, ℡ 972 380167, ℡ 972 121620, www.hotelgrimar.com.
* **Pensió Habitaciones Can Pau**, einfache Pension am Rand des Altorts. Schlichte, aber brauchbare und saubere Zimmer mit Steinböden. Ganzjährig geöffnet, DZ/Bad etwa 45 €, ohne Bad um die 35 €. Carrer Puig d´Esquer 4, ℡ 972 380270.
Jugendherberge Alberg l´Estació, gleich beim Bahnhof, erst 2008 eröffnet. 48 Plätze in Zwei- bis Acht-Bett-Zimmern; ganzjährig geöffnet. C. Setcases 9, ℡ 972 380384, mobil 629 954611, www.albergestacio.cat.
- *Camping* **L'Ombra**, 2. Kat., jenseits der Durchgangsstraße, ein einfacher kleiner Platz, etwas Lärmbelästigung durch die Bahnlinie. Ganzjährig, Parzelle zur HS bis zu 16 €, p.P. 5,50 €, zur NS liegen die Preise erheblich günstiger. ℡ 972 380335.
- *Baden* Der feine Kiesstrand in Llançàs Hafenbucht ist während der Saison mehr als nur gut besucht. Weitaus schöner sind die kleineren Strände wie **La Farella** und **El Cau del Llop**, die noch im Siedlungsbereich Richtung El Port de la Selva liegen.

El Port de la Selva

Ein kompakter Ferien- und Hafenort der angenehmeren Art. Seine weißen Häuser staffeln sich am Ende einer weit geschwungenen Bucht hügelwärts, unterbrochen von engen Gässchen und gepflasterten Treppenwegen.

- *Verbindungen* Bushaltestelle an der Hafenstraße. SARFA-Busse 2-mal täglich nach Llançà und Figueres, 1-mal täglich nach Roses; nach Cadaqués nur über Figueres. Zur HS erweitertes Angebot.
- *Übernachten* *** **Hotel Res. Porto Cristo**, in einer der Parallelstraßen zur Hafenfront. Stilvolles und gepflegtes Hotel der alten Schule. DZ nach Ausstattung und Saison etwa 95–165 €, im August nur mit Halbpension. Carrer Major 4, ℡ 972 387062, ℡ 972 387529, www.hotelportocristo.com.
* **Pensió Sol y Sombra**, gleich hinter dem Rathaus. Einfache, aber saubere Zimmer; ordentliches Restaurant. Ganzjährig geöffnet. DZ ohne Bad knapp 60 €, bessere Zimmer mit Bad 65 €, mit Bad und Balkon mit Meerblick 80 €; Frühstück jeweils inklusive. Von Mitte Juni bis Mitte Sept. geht's auch hier nicht ohne Halbpension. Carrer Nou 8–10, ℡ 972 387060, sol.i.sombra@terra.es.
- *Camping* **Playa Port de la Vall**, 2. Kat., am gleichnamigen Kiesstrand, aus Richtung Llançà ca. drei Kilometer vor dem Ort. Hübscher, zum Meer hin abfallender Platz. Supermarkt, Bar-Restaurant etc. vorhanden. Geöffnet von etwa Anfang/Mitte März bis Mitte Oktober. Stellplatz inkl. zwei Personen, Auto und Zelt etwa 28 €. ℡ 972 387186, ℡ 972 126308, www.campingportdelavall.com.
- *Baden* Die lange, geschwungene Bucht mit Kiesel- und Sandstrand bietet reichlich Platz, kann aber optisch nur wenig begeistern. Schöner sind die kleinen Buchten im Umfeld, die teils auf Pisten und Fußwegen, teils auch nur mit dem Boot zugänglich sind.

Monestir Sant Pere de Rodes (San Pedro de Roda)

Das ehemalige Benediktinerkloster, eines der bedeutendsten romanischen Bauwerke der Costa Brava, thront 500 Meter über Port de la Selva und lohnt allein der fantastischen Aussicht wegen die Anfahrt. Schon im 9. Jh. erstmals urkundlich erwähnt, verdankt das Kloster seine beherrschende Lage den Piraten, die in jenen Zeiten die Küste unsicher machten. Die ineinander verschachtelten Bauten von Sant Pere stammen überwiegend aus drei unterschiedlichen Phasen. Der Kern des Klosters entstand im 10.-11. sowie im 12.-13. Jh. und wurde ab dem 16. Jh teilweise umgebaut. Ungewöhnlich an der 1022 fertiggestellten, dreischiffigen *Kirche* des Klosters ist vor allem ihre Größe: 37 Meter Länge und über 15 Meter Höhe sind er-

Wie eine Festung in den Bergen: Monestir Sant Pere de Rodes

staunliche Ausmaße für einen so früh errichteten Bau. Im Inneren ist die Kirche jeden Schmucks beraubt. Südlich liegt der doppelstöckige *Kreuzgang*. Der untere und ältere wurde erst vor wenigen Jahren entdeckt, stammt aus dem 10./11. Jh. und besitzt noch Wandmalereien aus jener Zeit. Der obere Kreuzgang datiert aus dem 12./13. Jh. und ist zum größten Teil restauriert worden. Am Berg oberhalb des Klosters liegen die Ruinen der als Beobachtungsposten errichteten Zitadelle *Sant Salvador*; der etwas mühsame Aufstieg (Beginn beim Klostereingang) wird mit weitem Rundblick belohnt.

• *Information* **Oficina del Parc Natural Cap de Creus**, eine Infostelle des Naturparks an der Talseite des Klosters (links am Eingang vorbei bergab); ✆ 972 193191. Neben detaillierten Karten gibt es hier auch Broschüren mit Wandervorschlägen („Itineraris Pedestres") zum Parkgebiet. Geöffnet war zuletzt nur Mi-So 10-14 Uhr.

• *Öffnungszeiten des Klosters* Mai bis September Di–So 10–20 Uhr, im restlichen Jahr Di–So 10–17.30 Uhr; Eintrittsgebühr 4,50 €, Di gratis. Am Eingang ist für wenig Geld eine deutschsprachige Broschüre mit Grundriss der Anlage erhältlich. Hunde dürfen nicht auf das Gelände. Innen eine schöne Cafeteria mit Aussicht.

Cadaqués

Blitzweiße Häuser in enger Bucht, überragt von einem schnuckeligen Kirchlein, romantische Pflastergassen im Blumenschmuck und malerische kleine Plätze – ein Costa-Brava-Wunder?

Dass Cadaqués „anders" ist, ist Programm. Illustre Gäste wie *Magritte, García Lorca, Man Ray* oder *Buñuel*, ganz besonders aber der einst im nahen Port Lligat lebende *Salvador Dalí*, verschafften Cadaqués das einträgliche Image des Künstlertreffs der Costa Brava. Durch die fast schon peinlich sauberen Gassen flanieren Fotografen und Freaks, Designer und Models, modische Manager und alle, die da gern dazugehören oder wenigstens zuschauen wollen. So feiert Cadaqués allsommerlich eine Art von Freilufttheater, das an der spanischen Mittelmeerküste seinesgleichen sucht. Zurechtfinden lässt es sich in dem kleinen Städtchen leicht. Die

Costa Brava / Cadaqués · 113

Zufahrtstraße endet auf der stets verkehrsgeplagten *Plaça Frederic Rahola* an der Hafenbucht; links liegt der schlicht *Passeig* genannte Hauptplatz, rechts geht es über die Brücke zur Altstadt.

- *Information* **Oficina d'Información Turística**, Carrer des Cotxe 2; ℅ 972 258315, ℅ 972 159442. Um die Ecke von der Plaça Frederic Rahola, Öffnungszeiten: Juli/August Mo–Sa 9–21 Uhr, So 10–13 Uhr; Rest des Jahres Mo–Sa 9–13, 15–18 Uhr (Fr/Sa bis 19 Uhr); zwischen Oktober und Ostern ist Mi geschlossen. www.cadaques.cat.
- *Verbindungen* **Bus**: Bushaltestelle Nähe Ortsanfang, an der Abzweigung zum Großparkplatz, manche Busse halten auch direkt am Parkplatz. Ein Busbahnhof ist geplant. Mit SARFA via Roses nach Figueres 3-mal, nach Barcelona 2-mal, Girona 1-mal täglich. Zur HS erweitertes Angebot.
Auto: Unbedingt den Großparkplatz am Ortsanfang nutzen, im Zentrum droht chronisches Parkchaos.
- *Übernachten* ***** Hotel Residencia Playa Sol**, zentrumsnah im nördlichen Bereich der Hafenbucht, mit Pool. Schöner Ausblick, ausgezeichnete Ausstattung. DZ je nach Lage und Saison etwa 75–190 €. Platja Pianch 5, ℅ 972 258100, ℅ 972 258054, www.playasol.com.
** Hotel Nou Estrelles, in der Nähe vom Großparkplatz, dank guter Lärmschutzfenster innen ruhig. Ein Lesertipp von Dr. Reinhard Müller-Matthesius: „Liegt ideal zur Stadt, lässt sich unkompliziert erreichen und man kann kostenlos direkt davor parken." DZ etwa 50–85 €. C. Sant Vicenç s/n (offiziellerweise, eigentlich Carrer Tarongeta), ℅ 972 259100, www.hotelnouestrelles.com.
* Hotel Ubaldo, kleineres Hotel in ansprechender Lage im alten Ortskern, nahe Museu Municipal und Großparkplatz. Ordentliches Preis-Leistungs-Verhältnis: DZ etwa 50-85 €. Ganzjährig geöffnet, Carrer Unió 13, ℅ 972 258125.
* Pensió La Fonda, in einem Wohngebiet zwischen Zentrum und Campingplatz. Zehn Zimmer, freundlich und hübsch eingerichtet; DZ/ Bad nach Saison etwa 55–60 €. Carrer Sa Tórtora 64, ℅ 972 258019.
* Pensió Vehí (13), oben in der Altstadt bei der Kirche. Freundliche, familiäre Pension, 2006 komplett renoviert. DZ/Bad etwa 45–65 €, auch 3er-Zimmer. Carrer de l'Esglesia 6, ℅ 972 258470, www.hostalvehi.com.
- *Camping* **Cadaqués**, 2. Kat., auf einem Hügel in Richtung Port Lligat. Zu Fuß eine knappe Viertelstunde vom Zentrum, Autofahrer müssen schon am Ortsrand von Cadaqués links abbiegen. Harter Boden, etwas Schatten durch Olivenbäume. Während der Saison gestopft voll. Angenehme Bar mit traumhafter Terrasse; schöner Swimmingpool, der leider nur im Hochsommer in Betrieb ist. Ausreichende Sanitäranlagen. Betriebszeit April bis September. Praktisch alljährlich gibt es Gerüchte, der Platz gehe in seine letzte Saison (und werde mit Apartments überbaut), bisher trafen sie freilich nie zu. Preise p.P., Auto etwa 7,50 €, Zelt 9,50 €. Av. Salvador Dalí 23, ℅ 972 258126, ℅ 972 159383.
- *Essen* **Es Baluard**, langjährig eingeführtes Lokal im südwestlichen Bereich der Uferstraße, kleine Terrasse mit Blick. Fischgerichte und Meeresfrüchte sind die Favoriten hier, prima z.b. die frischen Sardellen und der Suquet. Gehobenes Preisniveau, Menü ab etwa 30 € weit aufwärts. Riba Nemesio Llorens 2, von etwa Mitte November bis Mitte Februar geschlossen. ℅ 972 258183.
Rest. Al Gianni (7), italienisches Restaurant in einem hübschen kleinen Gärtchen unweit des Hotels Ubaldo. Nudelgerichte, teilweise mit hausgemachter Pasta, in großzügigen Portionen ab ca. 8 €; es gibt aber auch Antipasti, Reisgerichte, Fleisch und Fisch. Freundlicher Service. Sa Riera s/n.
- *Kneipen/Nachtleben* **Casino**, beliebter Treffpunkt, herrlich altmodische Caféhausatmosphäre und angeschlossene Kunstgalerie. Nähe Plaça Frederic Rahola.
L'Hostal, an der Promenade Passeig. Der „Jazz Rock Club" ist seit Urzeiten „die" Kneipe in Cadaqués. Seinen Ruf verdankt er Dalí, der hier Stammgast war und auch das Kachelbild am Eingang schuf. Betrieb erst spät abends, dann aber bis in den Morgen.
- *Feste und Veranstaltungen* **Festa Major d'Estiu**, Hauptfest des Sommers, an einem langen Wochenende der ersten Septemberhälfte. Breites Programm, Regatten, Sardanes etc.
- *Baden* Niemand kommt zum Baden nach Cadaqués. Der Stadtstrand **Platja Es Portal** (Platja Gran), dem Passeig direkt vorgelagert, präsentiert sich grobkieselig, ist aber als größter Strand weit und breit oft überfüllt.

Zerrissener Fels: Cap de Creus

▶ **Sehenswertes**: Die wichtigste Sehenswürdigkeit von Cadaqués liegt außerhalb: Seit 1997 ist Dalís Wohnhaus, die *Casa-Museu Dalí*, für Besucher geöffnet. Aber natürlich ist auch das Ensemble der Altstadt einen Bummel wert.

Museu d'Art Municipal: Das städtische Kunstmuseum, vor einigen Jahren aufpoliert, liegt in der Altstadtgasse Carrer Narcís Monturiol, nahe dem Großparkplatz. Neben wechselnden Exponaten präsentiert es vorwiegend Werke des 20. Jh., darunter auch Arbeiten von Dalí und Picasso.

Öffnungszeiten Nur zur Saison geöffnet, dann täglich 10.30–13.30, 16–19 Uhr, im Hochsommer länger. Die Eintrittsgebühr ändert sich je nach Ausstellung, Richtwert 3-5 €.

Umgebung von Cadaqués

▶ **Casa-Museu Dalí**: Die ehemalige Fischersiedlung *Port Lligat*, unweit nördlich von Cadaqués, ist Ziel zahlreicher Dalí-Pilger. 1930 kaufte der Malerfürst hier eine erste Fischerhütte, im Lauf der Zeit noch sechs weitere, die er zu einem labyrinthischen Ganzen verwob. Nach dem Tod seiner Frau Gala 1982 schwer erschüttert, verschloss Dalí die Tür für immer – er kehrte nie mehr zurück. Ein Höhepunkt der Führungen, die unter strengen Sicherheitsvorkehrungen stattfinden, ist das Atelier des Meisters: Es wirkt, als habe Dalí es erst gestern verlassen und blieb auch wirklich nach seinem Auszug völlig unverändert.

• *Öffnungszeiten* Publikumsbetrieb ist vom 15. März bis 6. Januar. Öffnungszeiten dann vom 15. Juni bis 15. September täglich 9.30–20.10 Uhr, in der übrigen Zeit Di-So 10.30–17.10 Uhr (Mo geschlossen); Eintritt 10 €, Studenten und Rentner 8 €. Voranmeldung unter ✆ 972 251015 oder per Mail unter pllgrups@dali-estate.org ist praktisch obligatorisch; man spricht Englisch. Die Tickets müssen eine halbe Stunde vor dem Besichtigungstermin abgeholt werden, andernfalls verfallen sie. Ohne Reservierung muss man sich, besonders zur Saison, auf stundenlange Wartezeiten einstellen, da die Führungen nur in kleinen Gruppen stattfinden. Die tägliche Besucherzahl ist auf 480 Personen begrenzt. Internet-Infos unter www.salvador-dali.org.

▶ **Cap de Creus**: Die felsige Küste zwischen Port Lligat und dem Kap, das über eine schmale Asphaltstraße zu erreichen ist, wird geprägt von zahlreichen kleinen Buchten, oft mit vorgelagerten Inselchen. Das Kap selbst, letzter Ausläufer der Pyrenäen, bildet den östlichsten Punkt des spanischen Festlands. Die staubtrockene, fast vegetationslose Landschaft hier ist von bizarrer Schönheit, ein Chaos aus aufeinander getürmtem, von Erosion zerfressenem Fels und Stein.

Golf von Roses

„Wilde Küste" ganz zahm: Zwischen den felsigen Ausläufern des Cap de Creus und L'Escala erstreckt sich in einem über 15 Kilometer langen, weit geschwungenen Bogen ein einziger Sandstrand.

Roses

Zwar auch ein bedeutender Fischereihafen, in allererster Linie aber ein ausgedehnter Ferienort. Den schier endlosen Strand flankiert eine Skyline von Hochhäusern. Dennoch besteht Roses nicht nur aus Neubauten: Die wuchtigen Mauern der im Inneren fast leeren Festung Ciutadella und die engen Gassen des Zentrums lassen erkennen, dass hier schon vor Beginn des Fremdenverkehrs eine Siedlung bestand. Mit immerhin rund 20.000 Einwohnern besitzt Roses zudem durchaus ein Eigenleben abseits des Tourismus.

• *Information* **Oficina Municipal de Turisme**, Avinguda de Rhode 77-79, strandnah an der Zufahrtsstraße von Figueres und unweit der Zitadelle gelegen. Das hilfsbereite Personal spricht teilweise Deutsch. Öffnungszeiten: 15. Juni bis 15. September täglich 9–21 Uhr, sonst Mo–Fr 9–18 Uhr (im Mai bis 19 Uhr), Sa 10-14, 15-18 Uhr, So 10–13 Uhr. ✆ 972 257331, ✆ 972 151150, www.roses.cat.

• *Verbindungen* Bus: Busbahnhof im oberen Bereich der Riera Ginjolers, jenseits der Gran Vía de Pau Casals. SARFA-Busse nach Cadaqués 3-mal, Girona 1-mal, Barcelona 2-mal täglich; nach Figueres (Bahnstation) tagsüber etwa stündlich. Zur HS teilweise häufigere Abfahrten.

• *Übernachten* ***** Hotel Ramblamar**, ordentlicher Mittelklassestandard in zentraler Lage an der Uferstraße. Die Zimmer sind allerdings etwas hellhörig. Ganzjährig geöffnet, eine Seltenheit in Roses. DZ nach Saison 65–110 €. Avinguda de Rhode 153, ✆ 972 256354, ✆ 972 256811, www.hotelsrisech.com. **** Pensió Rom**, nur ein kleines Stück hinter der Touristeninformation. Zimmer recht eng, aber sauber und gepflegt. Freundliche, deutschsprachige Besitzer, eigenes Restaurant. Geöffnet vom Samstag vor Ostern bis etwa Mitte Oktober, DZ/Bad 50–60 €, in den beiden ersten Augustwochen 70 €, Frühstück jeweils inklusive. Carrer Trinidad 35, ✆ 972 256181, ✆ 972 257349, www.hostalrom.es.

• *Camping* **Joncar Mar**, 2. Kat., unweit der Zufahrt aus Richtung Figueres. Zentrumsnächster Platz, Lärmbelästigung durch die nahe Straße möglich. Nicht direkt am Meer, Strand aber ganz in der Nähe. Guter Schatten, ordentliche Sanitärs. Geöffnet Ostern bis Oktober, pro Person, Auto je 6,50 €, Zelt 7,50 €; ✆ 972 256702. www.campingjoncarmar.com.

• *Essen* **Rest. El Bulli**, in der Bucht Cala Montjoi, etwa acht Kilometer östlich, ein Teil davon Piste. Eines der besten und kreativsten Restaurants Spaniens, mit drei Michelinsternen geschmückt. Das Degustationsmenü (bis zu 24 Gänge!) kostet rund 200 €, ist jedoch jeden Cent wert. Geöffnet April bis Oktober, Mo/Di Ruhetage. Für Normalsterbliche ist es freilich schon praktisch unmöglich geworden, einen Platz zu ergattern. Cala Montjoi, ✆ 972 150457, www.elbulli.com.
La Taberna y la Bodega Gallega, in der Fußgängerzone. Zwei benachbarte und zusammengehörige galicische Lokale, wegen ihrer feinen Meeresküche ausgesprochen beliebt. Die Bodega bildet das eigentliche, nicht ganz billige Restaurant (festes Menü 35 €), in der Taberna geht es etwas bodenständiger zu. Carrer Trinitat 101 bzw. 105, ✆ 972 151766.

• *Feste und Veranstaltungen* **Festa Major de la Santa María**, mehrere Tage um den

116 Katalonien

15. August: Das Hauptfest, zahlreiche Konzerte und andere Kulturveranstaltungen, Feuerwerk etc.

• *Baden* Nach Südwesten langer, breiter und gepflegter Sandstrand, auf mehreren Kilometern von Feriensiedlungen begleitet. Richtung Cap de Creus zunächst die zwei größeren Sandbuchten **Platja Canyelles Petites** und **Platja Canyelles Grosses**, auch „Platja Almadrava" genannt, die zwar ebenfalls von Ferienhäusern flankiert, aber dennoch recht reizvoll sind. Weiter östlich folgen noch kleinere Buchten wie die **Cala Montjoi** (Anfahrt über Piste), die etwa acht Kilometer vom Zentrum entfernt ist.

▶ **Empúriabrava**: Die Siedlung am Sandstrand südlich von Roses ist ein reines Kunstprodukt, in den 60er-Jahren auf dem Reißbrett geplant. Ein insgesamt rund 30 Kilometer langes Netz von zwei großen und mehr als zwanzig kleineren künstlichen Kanälen durchzieht die in Sektoren aufgeteilte Feriensiedlung, die sich zu einem guten Teil in deutscher Hand befindet.

▶ **Weiterreise**: Im Folgenden ein Inlandsabstecher Richtung Castelló und Figueres. Weiter am Golf von Roses geht es mit dem Naturpark Aiguamolls d'Empordà.

Castelló d'Empúries

Das Städtchen, ehemalige Hauptstadt der Grafschaft Empúries, steht in starkem Kontrast zu den Siedlungen der Küste. Den engen Straßen und kleinen Plätzen sind ihre mittelalterlichen Wurzeln noch deutlich anzusehen. Sehenswert ist besonders die große gotische Pfarrkirche *Santa Maria* aus dem 14./15. Jh.

• *Information* Oficina de Turisme, Plaça Rei Jaume I. s/n, im Herzen der Altstadt, Öffnungszeiten: 24. Juni bis zum Fest Terra de Trobadors täglich 9–21 Uhr, sonst Mo-Sa 10–14, 15–18 Uhr, So 10–13 Uhr. ✆ 972 156233, www.castellodempuries.net.

• *Verbindungen* SARFA-Busse tagsüber etwa stündlich von/nach Figueres und Roses, von/nach Cadaqués 3-mal täglich.

• *Übernachten* ** Hotel Canet, im Ortskern; Parkplatz vorhanden. Traditionsreiches Haus, gute Zimmer, respektable katalanische Küche, Pool im Schatten alter Mauern. DZ etwa 70-75 €. Plaça Joc de la Pilota 2, ✆ 972 250340, ⌂ 972 250340, www.hotelcanet.com.

• *Feste* **Terra de Trobadors**, in der Regel in der zweiten Septemberwoche, meist um den 11. September oder das nächstliegende Wochenende. Großes mittelalterliches Fest mit Umzügen, Theateraufführungen, Gauklern, Ritterspielen etc.

Peralada: Ein weiteres mittelalterliches Städtchen im Hinterland der Küste, berühmt für sein Spielcasino, das im Schloss *Castell de Peralada* residiert.

Figueres

Die erste größere Stadt hinter der französischen Grenze ist Anziehungspunkt für alle Fans des Malers und Exzentrikers Salvador Dalí. Sein Museum zählt zu den meistbesuchten Ausstellungen Spaniens.

So empfängt die lebhafte Industrie- und Handelsstadt allsommerlich eine ganze Menge Kurzbesucher, die jedoch zum Großteil noch am gleichen Tag wieder abfahren und Figueres seinen 41.000 Einwohnern überlassen. Das geschäftige Zentrum konzentriert sich um die platanenbestandene *Rambla*. An ihrer Nordostecke zweigt die Fußgängerzone *Carrer Girona* ab; von der Südwestecke gelangt man über den Carrer Lausaca zur *Plaça del Sol* an der Durchgangsstraße Richtung Grenze.

• *Information* Oficina Municipal de Turisme, ein kioskartiger Bau an der Plaça del Sol s/n, nahe der Durchgangsstraße. Öffnungszeiten im Juli/August Mo-Fr 8-20 Uhr, Sa 10-14 Uhr; in der restlichen Zeit je nach Jahresbudget leicht bis deutlich eingeschränkt und evtl. auch unter der Woche nachmittags geschlossen. Im Sommer öffnen Infokioske am Busbahnhof und am Dalí-Museum. ✆ 972 503155, www.figueresciutat.com.

Costa Brava / Figueres

Ei, Ei: Dalís Museum hält viele Überraschungen bereit

- *Verbindungen* **Zug**: Bahnhof an der Plaça Estació. Züge Richtung Girona und Barcelona etwa stündlich, zum Grenzort Portbou alle ein bis zwei Stunden.
Bus: Busbahnhof nahe Bahnhof. SARFA-Busse fahren nach Roses tagsüber etwa stündlich, weiter nach Cadaqués 3-mal täglich; nach L'Escala 4-mal, weiter nach Palafrugell 3-mal täglich.
Auto: Viele ausgeschilderte Parkplätze bzw. Parkhäuser, die man auch nutzen sollte; eines der Parkhäuser liegt ganz in der Nähe des Dalí-Museums.

- *Übernachten* ***** Hotel Durán**, stilvolles und gut geführtes, vor wenigen Jahren renoviertes Haus mit einem Touch von Dalí. In zentraler Lage, zudem nachts ruhiger als die Hotels an der Durchgangsstraße. Gutes Restaurant angeschlossen, eigene Garage. DZ etwa 90–120 €. Carrer Lausaca 5, Nähe Rambla, ✆ 972 501250, ✆ 972 502609, www.hotelduran.com.
** Hotel Rambla, noch recht junges, 2003 eröffnetes Quartier direkt an der Rambla. Gut ausgestattete Zimmer, eigene Parkmöglichkeit (wie üblich gegen Gebühr), freundlicher Service, Internet-Zugang. DZ/F etwa 75–95 €, es gibt auch Superiorzimmer. Rambla 33, ✆ 972 676020, ✆ 972 676019, www.hotelrambla.net.
** Pensió Hostal La Barretina, zentral in der Nähe des Hotels Durán, einem (recht ordentlichen) Bar-Restaurant angeschlossen. Eher schlicht möblierte, aber mit Klimaanlage/Heizung ausgestattete und sehr saubere Zimmer, für den Preis absolut eine Empfehlung. DZ/Bad etwa 45 €. Im November geschlossen. Carrer Lausaca 13, ✆ 972 673425, www.hostallabarretina.com.

- *Camping* **Pous**, 3. Kat., Einfachplatz hinter einem Restaurant an der Durchgangsstraße zur N II Richtung La Jonquera, etwa 2,5 Kilometer nördlich von Figueres, Busverbindung Richtung La Jonquera. Offiziell ganzjährig geöffnet. Zwei Personen mit Zelt und Auto zahlen etwa 28 €; zur NS günstiger. Hinter dem Hostal-Restaurant „Androl" an der Durchgangsstraße zur N II Richtung La Jonquera, etwa 2,5 Kilometer nördlich vom Ort, ✆ 972 675496, ✆ 972 675057, www.androl.internet-park.net.

- *Essen* **Restaurant Durán**, im gleichnamigen Hotel. Gediegene Atmosphäre unter Kronleuchtern, umsorgt von beflissenen Obern; viel gepriesene, traditionell katalanische Küche. Menü à la carte ab etwa 35 € aufwärts, relativ günstiges Tagesmenü.
Bar-Rest. Can Punyetes, an der Hauptstraße unweit der Infostelle. Teil einer kleinen Kette von Lokalen mit katalanischer Küche, spezialisiert auf Torrades, Schinken- und Wursteller, Tapas und Fleisch vom Grill. Avinguda Salvador Dalí 92.

Monumental: Deckengemälde „Palast der Winde"

Ein katalanisches Genie des 20. Jahrhunderts: Salvador Dalí

Salvador Dalí wurde am 11. 5. 1904 in Figueres geboren und stellte schon als 14-Jähriger seine ersten Gemälde aus. Sein Studium an der Kunstakademie Madrid brach er ab: „Da keiner der Professoren der Akademie San Fernando kompetent ist, mich zu prüfen, gehe ich wieder." 1929 traf Dalí in Cadaqués die gebürtige Russin Elena Diakanoff, genannt Gala – und war sofort unsterblich verliebt. Die exzentrische, fast ein Jahrzehnt ältere Diva wurde nicht nur zur Geliebten und zum meistgemalten Modell Dalís, sondern auch zum stabilisierenden Element im Leben des weltfernen Künstlers. Die beiden zogen zunächst nach Paris, wo Dalí sich den Surrealisten anschloss, kehrten dann jedoch nach Katalonien zurück. Ihr Haus in Port Lligat wurde zu einem Treffpunkt der Avantgarde, die hier wilde Parties feierte. Dalís Werke jener frühen Jahre, (Alb)traumbilder zerfließender Formen, ungewöhnlicher Konstellationen und falscher Perspektiven, gelten als von der Psychoanalyse Sigmund Freuds beeinflusst. Er selbst sprach von „Kritischer Methode der Paranoia". Aus den 30er-Jahren stammen auch die wohl bekanntesten Bilder, z. B. das berühmte Motiv der „weichen Uhren". Doch Dalí malte nicht nur, er schuf eine Fülle an plastischer Kunst und surrealistisch geprägter Gebrauchsgegenstände, arbeitete außerdem an mehreren Filmen mit, darunter „Un chien andalou" und „L'âge d'or". Regie führte jeweils sein Freund Luís Buñuel.

1940 zogen Dalí und Gala in die Vereinigten Staaten, in denen Dalí schon früher Erfolge gefeiert hatte; 1948 kehrte ein vom Surrealismus ab- und der katholischen Kirche zugewandter Dalí aus den Staaten zurück nach Port Lligat, gefeiert vom Regime Francos, dem er öffentlich Sympathie bekundet hatte. Seine Werke zeigten sich nun einerseits von der Religion, andererseits von der neuen Atomwissenschaft inspiriert – die Kunstkritik, anders als das Publikum, wandte sich großteils mit Grausen ab. Dalí focht das nicht weiter an, zumal er, auch dank seiner geradezu hingebungsvoll inszenierten Publicity-Aktionen, blendend verdiente.

In den Achtzigern wurde es still um ihn. Am 10. Juni 1982 starb Gala. Dalí zog sich völlig deprimiert von Port Lligat nach Schloss Púbol zurück. Dort wurde Dalí 1984 bei einem Brand schwer verletzt. Einsam, verbittert und krank verbrachte Dalí die letzten Jahre im Turm seines Museums, der Torre Galatea. Am 23. Januar 1989 starb Dalí im Krankenhaus von Figueres. Seine letzte Ruhestätte fand er, anders als vorgesehen, nicht in Schloss Púbol neben Gala, sondern in einer Gruft im Tiefgeschoss des Museums. Sie ist mit einer schlichten Tafel geschmückt.

Salvador Dalí im Internet www.salvador-dali.org ist die Homepage der Fundació Gala-Salvador-Dalí, die auch das „Dalí-Dreieck" verwaltet.

Unter der Glaskuppel: ein Dalí im Großformat

Sehenswertes

Teatre-Museu Dalí: Zwischen 1961 und 1974 wandelte Dalí das Stadttheater von Figueres, das 1939 durch einen Brand zerstört worden war, in sein „Theater-Museum" um. Mit diesem Museum, das im Ganzen als großes surrealistisches Kunstwerk zu betrachten ist, schuf Dalí sich selbst ein Denkmal und seiner Heimatstadt eine Besucherattraktion ersten Ranges.

Ganz im Stil des Künstlers zeigt sich schon das Äußere des Museums mit seinen blutroten Wänden, den steinernen Broten an der Fassade und den typischen weißen Beton-Eiern auf dem Dach. Im Inneren erwartet den erstaunten Besucher Dalí in Reinkultur. Zuviel sei hier jedoch nicht verraten, nur dies: Absolut erlebenswert ist das Potpourri verschiedenster Wahnwitzigkeiten allemal, ob es sich nun um das „Regentaxi" am Eingang oder den „Mae-West-Saal" handelt ... Einen bestimmten, vorgegebenen Rundgang gibt es ohnehin nicht – der Besucher muss sich, wie noch von Dalí persönlich angeordnet, schon selbst seinen Weg durch diesen surrealistischen Traum suchen. Daneben beherbergt das Gebäude die so genannte „Col.lecció Dalí-Joies", eine Sammlung von Dalís Goldschmiedearbeiten, die mit derselben Eintrittskarte wie das Museum zu besuchen, jedoch über einen separaten Eingang an der Pujada del Castell zu erreichen ist.

120　Katalonien

• *Lage und Öffnungszeiten* An der Plaça Gala i Dalí, zu erreichen auch über Treppen von der Fußgängerzone, gut beschildert. Besonders zur Saison am besten schon vor Öffnung oder während der Essenszeit kommen, vor dem Eingang sonst oft schier endlose Warteschlangen. Zugang von Juli bis September 9–19.15 Uhr, im Oktober 9.30–17.15 Uhr, November bis Februar 10.30-17.15 Uhr, März bis Juni 9.30–17.15 Uhr, Achtung, von Oktober bis Juni ist Montag geschlossen! Eintritt inkl. der „Col.lecció Dalí-Joies" 11 €; für Studenten und Rentner gelten jeweils ermäßigte Preise. Im August ist das Dalí-Museum zu etwas erhöhter Eintrittsgebühr (12 €) auch nachts von 22 bis 1 Uhr zugänglich – ein Erlebnis für sich! Reservierung für diese nächtlichen Besuche („Dalí de Nit") ist ab etwa Anfang Juli möglich und ratsam: www.salvador-dali.org.

Museu dels Joguets: Im renovierten Spielzeugmuseum, direkt an der Rambla, ist Herziges für große und kleine Kinder zu bewundern. Die insgesamt rund 3000 Puppen, Marionettenbühnen, Auto- und Schiffsmodelle etc. stammen aus allen Regionen Kataloniens.

Öffnungszeiten Juni bis September Mo–Sa 10–19 Uhr, So 10–8 Uhr, im restlichen Jahr Di–Sa 10–18, So 11–14 Uhr. Eintrittsgebühr 5 €.

Umgebung von Figueres

Besalú: Das reizende mittelalterliche Städtchen liegt knapp 30 Kilometer westlich von Figueres. Neben dem Wahrzeichen des Ortes, der befestigten, im Winkel über den Fluss gebauten Brücke Pont Fortificat (12. Jh.) zählen das ehemalige jüdische Badehaus Miqwé, der kleine Hauptplatz Plaça Llibertat und die romanische Kirche Sant Pere zu den Hauptsehenswürdigkeiten.

Banyoles: Das Städtchen an der C 150 zwischen Besalú und Girona besitzt zwar eine ganz hübsche kleine Altstadt, ist aber vor allem wegen des nahen Sees Estany de Banyoles einen Abstecher wert. Der etwa zwei Kilometer lange und bis zu 700 Meter breite See wird hauptsächlich aus unterirdischen Quellen gespeist. Sein blaugrünes Wasser ist angenehm warm, das Baden aus Naturschutzgründen allerdings nur an bestimmten, z. T. gebührenpflichtigen Badeplätzen gestattet.

Weiter am Golf von Roses:
Parc Natural Aiguamolls de L'Empordà

Gleich nach dem Ebre-Delta ganz im Süden der Region sind die „Seichten Wasser" das bedeutendste Feuchtgebiet Katalonies.

Aiguamolls (katalanisch: „seichte Wasser") gehört zu den letzten Arealen dieser Art an der spanischen Mittelmeerküste. In den Brackwassersümpfen, den Seen, Kanälen, Reisfeldern und auf den zeitweise überschwemmten Weideflächen, den sogenannten „Closes", leben Wasserschildkröten, Iltisse und Molche. Berühmt ist der Park jedoch für seine Vielzahl an Vögeln; besondere Mühe gibt man sich mit der Wiedereinbürgerung des Weißstorchs. Das Parkgebiet umfasst zwei „Polígons" genannte Zonen, darunter Polígon 2, das Herz des Parks im Süden von Empúriabrava. Hier gibt es eine Infostelle der Parkverwaltung, eine ganze Reihe von Beobachtungshütten („Aguaits") sowie mehrere Wege, die sich zu einem knapp dreistündigen Rundwanderweg kombinieren lassen, der auch am Strand entlangführt, in diesem Bereich jedoch von April bis Mitte Juni gesperrt ist.

• *Information* **Centre d'Informació El Cortalet**, Besucherzentrum nahe der Straße von Castelló d'Empúries nach Sant Pere Pescador, Zufahrt knapp 3 km hinter der Kreuzung mit der C 260; ✆ 972 454222. Kleines Museum, Infos und Karten zum Park, Fernglasverleih; Beginn des Rundwanderwegs. Geöffnet April–September täglich 9.30–14, 16.30–19 Uhr, sonst 9.30–14, 15.30–18 Uhr.

Ein Stück Karibik an der Costa Brava: Calella de Palafrugell

▲▲ Mittelalterlich: die Brücke Pont Fortificat, Besalú
▲ Recycling am Strand: bepflanztes Fischerboot

Exponiert: Vila Vella in Tossa de Mar ▲▲
Majestätisch: Bergwelt um Núria ▲

▲▲ Friedlich: Pyrenäendorf Espot
▲ Wild: Estany de Sant Maurici

Sant Pere Pescador: Ein ruhiger Ort am Riu Fluvià, kurz vor dessen Mündung ins Meer. Der nahe Sandstrand bietet beste Möglichkeiten für Windsurfer und Camper.

• *Information* **Oficina Municipal de Turisme**, beim Kreisverkehr auf der dem Zentrum gegenüberliegenden Flussseite, ✆ 972 520535. Geöffnet Ostern bis September, dann Di 17-20 Uhr, Mi-Fr 10-13, 17-20 Uhr, Sa/So 10-14, 17-20 Uhr. www.santpere.cat.

• *Verbindungen* **Bus**: SARFA-Busse nach Figueres 7-mal, nach L'Escala 5-mal, Girona und Roses je 1-mal täglich. Zur HS teilweise erweitertes Angebot.

• *Camping* Insgesamt sieben Plätze um Sant Pere, Anfahrt jeweils über die Flussbrücke, dann beschildert.
Aquarius, 2. Kat., mittelgroßer, gut ausgestatteter, umweltbewusst geführter und bei Windsurfern sehr beliebter Platz am Strand. Deutsche Leitung. Geöffnet etwa Mitte März bis Anfang/Mitte Januar. Preise p.P. 4 €, Parzellen je nach Größe zur HS ab 26 €, zur NS ermäßigt. Etwa drei Kilometer von Sant Pere, Anfahrt ebenfalls über die Straße nach Sant Martí, ✆ 972 520003, ✆ 972 550216, www.aquarius.es.
El Río, 2. Kat, ortsnächster Platz, in lockerer Fußentfernung von Sant Pere, zum Strand etwa 1,5 km. Sehr schattig, Sanitäranlagen gut. Geöffnet etwa Ostern bis Mitte September. P.P. 4,50 €, Stellplatz zur HS nach Größe ab 16,50 €. ✆ 972 520216, ✆ 972 550469, www.campingelrio.com.

L'Escala (La Escala)

Eine sehr ausgedehnte Siedlung am Südende des Golfs von Roses. Reste des ursprünglichen Fischerstädtchens sind nur um die nordwärts gewandte Hafenbucht erhalten geblieben, die weiter südöstlich liegende Strandsiedlung ist hingegen keine Schönheit. Außer mit dem Tourismus verdient der Ort seine Brötchen vorwiegend mit der Verarbeitung von Sardellen, den *anxoves*.

• *Information* **Oficina de Turisme**, Plaça de les Escoles 1; ✆ 972 770603, an der Grenze zwischen Altstadt und den neueren Ortsteilen. Jährlich mehrfach wechselnde Öffnungszeiten, im Winter Mo–Fr 10–13, 16–19 Uhr, Sa 10–13 Uhr; zur HS von Mitte Juni bis Mitte September täglich 9–20.30 Uhr. Im Sommer öffnen Zweigstellen am Strand Platja de Riells und an der Straße nach Figueres. www.lescala.org.

• *Verbindungen* **Bus**: SARFA-Haltestelle nahe der Touristeninformation. Busse nach Figueres 5-mal, Girona 2-mal, Torroella de Montgrí 7-mal, Palafrugell 5-mal, Barcelona 2-mal täglich, zur HS teilweise häufiger.

• *Übernachten* **** Pensió Hostal El Roser**, angenehmes, gut ausgestattetes Haus im Zentrum nahe der Kirche, Parkplatz ganz in der Nähe. Fast 40 Jahre Tradition, gutes Restaurant angeschlossen. Ganzjährig geöffnet. DZ/Bad etwa 50-60 €. L'Església 7, ✆ 972/770219, ✆ 972/773498, www.elroserhostal.com.
Jugendherberge Alberg de Joventut Empúries (IYHF), außerhalb des Ortes in Richtung der Ruinen von Empúries. Oft mit Gruppen belegt, rechtzeitige Reservierung ratsam. Geöffnet Mitte Januar bis Ende November. Les Coves 41, ✆ 972 771200.

Gott der Heilkunst: Asklepios

122 Katalonien

- *Camping* **L'Escala**, 1. Kat., zentrumsnächster Platz, in bequemer Fußentfernung zur Altstadt. Gut schattig, Sanitäres in Ordnung, Geöffnet etwa Mitte April bis Ende September. P.P. 3 €, Stellplatz etwa 23 €, zur NS günstiger. Cami Ample, 21, ✆ 972 770084, 🖷 972 550046, www.campinglescala.com.
- *Baden* Der gepflegte Hauptstrand erstreckt sich vor dem modernen Siedlungsbereich. Alle nötige Infrastruktur ist vorhanden, das Umfeld allerdings wüst bebaut.

Die **Cala Montgó**, einer der attraktivsten Strände von L'Escala, liegt rund vier Kilometer südöstlich des Zentrums am Ende einer tief eingeschnittenen Bucht. Schön sind auch die Strände nördlich des Ortes in Richtung der Ruinen von Empúries, z. B. die **Platja del Portitxol**.

▶ **Ruïnes d'Empúries:** Die Ruinen der antiken Siedlung liegen etwa zwei Kilometer nördlich von L'Escala, mit dem Ort durch eine Strandpromenade verbunden. Schon im 6. Jh. v. Chr. entstand hier mit *Emporion* („Handelsplatz") eine der ersten Kolonien der Griechen auf spanischem Boden. Den Griechen folgten die Römer, als Feldherr Scipio 218 v. Chr. die strategische Position im Kampf gegen Karthago erkannte. Hinter dem Eingang trifft man zuerst auf die griechische Neapolis. Linker Hand und etwas erhöht liegt der Heilige Bezirk der Stadt. Ins Auge fällt hier besonders eine Kopie der großen Statue des für Heilungen zuständigen Gottes Asklepios (Äskulap), die die Ruine seines Tempels markiert. Weiter nördlich erkennt man die Reste des Marktplatzes *Agora*. Landeinwärts der Agora sind im *Museum* Funde der hiesigen Ausgrabungen (mittlerweile auch das restaurierte Original der Asklepios-Statue) zu bewundern. Die *römische Stadt* westlich des Museums ist recht ausgedehnt, aber nur z. T. ausgegraben.

- *Öffnungszeiten* Von Juni bis September täglich 10–20 Uhr, sonst 10–18 Uhr; Eintrittsgebühr 3 €, deutschsprachige Broschüre inklusive. Ein großer, gebührenfreier Parkplatz liegt innerhalb des Komplexes, hinter der Kasse. Im Sommer ist teilweise auch ein direkter Zugang von und zur Strandpromenade geöffnet.

L'Estartit

Vom Fischernest zum Touristenzentrum – L'Estartit hat einen rasanten Aufstieg hinter sich. Heute übertreffen die neueren Siedlungsteile den alten Ortskern an Fläche bei weitem. Im Zentrum präsentiert sich L'Estartit denn auch von seiner reizvolleren Seite, vor allem rund um den Kirchplatz *Plaça Església*, der durch die Hauptflanierstraße *Carrer de Santa Ana* mit dem Hafen verbunden ist. Zu den touristischen Trümpfen zählen der kilometerlange Sandstrand und die Inselgruppe *Illes Medes*, ein interessantestes Tauchrevier.

- *Information* **Oficina Municipal de Turisme**, an der Uferstraße Passeig Maritim s/n; ✆ 972 751910. Öffnungszeiten Mo–Sa 9–13, 15-18 Uhr, So 9–14 Uhr, zur HS erweitert. www.estartit.org.
- *Verbindungen* **Bus**: AMPSA-Busse nach nach Torroella de Montgrí 12-mal, L´Escala 2-mal, via Begur nach Palafrugell und Palamós 2-mal, Girona 6-mal täglich; mit Umsteigen am Kreisverkehr in Torroella z.T. häufigere Anschlüsse.
Schiff: Vom Hafen verkehren Glasboden-Schiffe zu Rundfahrten um die Medes-Inseln und entlang der Steilküste im Norden. Dauer etwa 1,5 Stunden, Richtpreis 14-16 €.
- *Übernachten* **** Hotel Coral**, im Zentrum des abendlichen Geschehens, nämlich direkt am Kirchplatz. Kleiner Pool. Nur zur Saison geöffnet, offiziell von April bis September, tatsächlich aber oft noch kürzer. DZ etwa 55 €. Plaça Església 8, ✆ 972 751200, 🖷 972 750027, www.hcoral.com.
* Hotel Medes II, langjährig eingeführter Familienbetrieb in recht zentraler Lage, ganzjährig geöffnet. Pension ist möglich, aber nicht Pflicht. Parkmöglichkeit, kleiner Pool. DZ/F je nach Saison und Ausstattung etwa 60–90 €. Carrer Guillem de Montgrí 38, ✆ 972 750880, 🖷 972 751149, www.hotelmedes.com.
- *Camping* **Estartit**, 2. Kat., einer von acht Plätzen vor den Ort. Sehr zentrumsnah, zum Strand etwa 400 Meter. Schattiges Terrassengelände, kleiner Swimmingpool.

Deutschsprachige Leitung. Geöffnet April bis Mitte/Ende September, Preise p.P., Auto jeweils etwa 6 €, kl. Zelt 5,50 €, außerhalb der HS deutlicher Rabatt. ✆ 972 751909, ✆ 972 750991, www.campingestartit.com.

• *Essen* **Restaurant Santa Ana**, in der Fußgängerzone. Interessant besonders für Vegetarier, die hier ein spezielles Menü für 12 € finden. Carrer Santa Ana, Nähe Kirche.
Cafetería-Rest. Alba, in prominenter Lage am Kirchplatz. Solide Bistroküche mit katalanischen Akzenten – sofern man sich an die Hauskarte hält und auf die industriell vorgefertigten Pizzas und Paellas etc. verzichtet. Nicht teuer. Plaça Església.

▸ **Illes Medes**: Nicht einmal einen Kilometer ist der unbewohnte, unter Naturschutz gestellte Archipel von der Küste entfernt. Neben der Hauptinsel *Meda Gran* und ihrer kleineren Schwester *Meda Petita* zählen noch fünf weitere winzige Eilande zur Inselgruppe. Begünstigt durch unterschiedliche Wassertiefen und nährstoffreiche Strömungen findet sich eine Fülle an Pflanzen und Tierarten von der Gorgonie bis zum Zackenbarsch.

Imposant: Steilküste bei L'Estartit

▸ **Torroella de Montgrí**: Nur sechs Kilometer landeinwärts von L'Estartit gelegen, besitzt Torroellas historischer Kern um die gemütliche *Plaza de la Vila* eine ganz andere, städtischere Atmosphäre als die Feriensiedlung am Meer. Zu den Sehenswürdigkeiten zählen das *Museu Palau Solterra* (15.6.-15.9. 17–21.30 Uhr, Di geschlossen; im restlichen Jahr nur Sa 11–14, 16.30–20.30 Uhr, So 11–14 Uhr; 2 €), das Werke zeitgenössischer katalanischer Künstler ausstellt, und das *Centre Cultural de la Mediterrània* (Mo-Sa 11–14 und 17–20 Uhr bzw. im Juli/August 18-21 Uhr; So 10-14 Uhr, Di außerhalb der HS geschlossen; gratis) im historischen Gebäude *Can Quintana* im Carrer d´Ullà 31, das sich der Zivilisation des Mittelmeerraums widmet. Hoch über dem Ort thront die Festung *Castell de Montgrí*, im späten 13. Jh. für König Jaume II. errichtet, jedoch nie vollendet. Im völlig leeren Inneren der Burg kann man auf die mächtigen Mauern emporsteigen und einen phänomenalen Rundblick genießen.

Im Hinterland von Estartit und Torroella de Montgrí

Poblat Ibèric de Ullastret: Auf einem Hügel unweit der Straße nach La Bisbal liegen etwa einen Kilometer nördlich des Örtchens Ullastret die Reste einer großen Iberersiedlung. Schon im 6. Jh. v. Chr. gegründet, erlebte das befestigte Dorf seine Blütezeit im 5. und 4. Jh. v. Christus. Handelskontakte mit Griechen führten zu einem Zivilisationssprung und einer immer schnelleren Entwicklung. Im 2. Jh. v. Chr. wurde die Siedlung verlassen. Gut erhalten beziehungsweise restauriert sind noch die mit Türmen versehenen Stadtmauern, sehr sehenswert auch das kleine Museum.

Öffnungszeiten Von Juni bis September Di–So 10–20 Uhr; übrige Monate Di–So 10–18 Uhr (Museum dann 14–15 Uhr geschlossen). Eintrittsgebühr 2,30 €; im Winter ist die Ausgrabungsstätte (nicht das Museum) gratis zugänglich.

Peratallada: Pures Mittelalter – das denkmalgeschützte Örtchen Peratallada bewahrt ein eindrucksvolles architektonisches Ensemble. Die Siedlung liegt an einer Nebenstraße im Gebiet zwischen La Bisbal und Pals und wird im Norden und Westen von einer Stadtmauer samt Festungsgraben umgeben.

Púbol: Der südliche Abschluss des „Dalí-Dreiecks" – auf Schloss Púbol lebte in den 70er-Jahren Gala und nach ihrem Tod der Meister selbst. Das winzige Dörfchen Púbol liegt unweit der Siedlung La Pera, nahe der C 255 La Bisbal-Girona. Schloss Púbol entstand im 14./15. Jh. und wirkt eher wie eine Burg. 1970 von Dalí als Geschenk für seine Frau Gala erworben, zeigt es eindringlich, mit welcher Intensität sich der geniale Künstler seiner Muse widmete. Dalí ließ die heutige *Casa-Museu Castell Gala Dalí* mit antiken Möbeln ausstaffieren, bemalte die Decke im Wappensaal und installierte dort einen goldenen Thron für Gala. Den Garten dekorierte er mit spinnenbeinigen Elefanten. Galas persönlicher Geschmack wird in ihrem Schlafzimmer im Obergeschoss deutlich, ebenso in der Mansarde, in der „Les Gales de Gala" aufgereiht sind, die Roben der Diva. Ein wenig traurig stimmt der Besuch in der dezent surrealistischen Krypta. Im rechten Grabmal fand Gala ihre letzte Ruhe, das linke Grab war eigentlich für Dalí bestimmt. Wie es heißt, habe Dalí jedoch noch auf dem Sterbebett seine Meinung geändert und darum gebeten, in Figueres beerdigt zu werden – eine Geschichte, die nicht jeder glaubt ...

Öffnungszeiten Nur von Mitte März bis einschließlich Dezember geöffnet, Zugang von Mitte Juni bis Mitte September täglich 10-19.15 Uhr, im November/Dezember 10-16.15 Uhr, in der restlichen Zeit 10-17.15 Uhr. Eintrittsgebühr 7 €.

Girona

Auf den ersten Blick alles andere als eine Schönheit. Girona empfängt mit Industrieanlagen, dichtem Verkehr und hässlichen Wohnkästen. Was von den Durchgangsstraßen nicht zu erkennen ist: Die mittelalterliche Altstadt Barri Vell zählt zu den reizvollsten Spaniens.

Malerisch hängen rote, gelbe und ockerfarbene Häuser über dem Riu Onyar, und hinter dieser Uferfront, umgeben von einer teils noch römischen, teils mittelalterlichen Stadtmauer, wartet ein historisches Schatzkästlein. Winklige Gassen und Bogengänge, prächtige Kirchen und Bürgerpaläste bilden ein von modernen Einflüssen nahezu unberührtes Ensemble. Der Riu Onyar teilt die Stadt in eine westliche und eine östliche Hälfte. Auf der Westseite liegt das moderne Girona samt Durchgangsstraße und Bahnlinie; die Ostseite gehört dem hügelwärts strebenden Kern der uralten, häufig umkämpften Stadt.

Information/Verbindungen

- *Information* **Oficina de Turisme**, Rambla de la Llibertat 1, unweit der Plaça Catalunya; ein freundliches, mit Broschüren aller Art gut ausgestattetes und kompetentes Büro; Öffnungszeiten Mo–Fr 8–20 Uhr, Sa 8–14, 16–20 Uhr, So 9–14 Uhr. ✆ 972 226575, www.ajgirona.cat/turisme.
Weitere Infostellen: Bahnhof (nur Juli bis September, kein Tel.) und Airport (ganzjährig, ✆ 972 186708).

- *Verbindungen* **Auto**: Das Labyrinth der Altstadt ist für Ortsfremde ein Alptraum und bietet kaum Parkmöglichkeiten – besser, das Fahrzeug gleich auf einem der gebührenpflichtigen Parkplätze oder in einer der Tiefgaragen der Neustadtseite abzustellen.
Flug: Der Flughafen Girona ist Hauptzubringer zur Costa Brava und liegt etwa 15 Kilometer südlich der Stadt nahe der Autobahn. Mit der Gesellschaft BARCELONA

Drunter und drüber: Treppengassen in der Altstadt von Girona

BUS bzw. SAGALÈS (www.sagales.com) bestehen regelmäßige Busverbindungen u.a. zum Busbahnhof Girona, nach Lloret, Tossa und Blanes sowie nach Barcelona. SARFA (www.sarfa.com) fährt zum Beispiel nach Lloret, Tossa, Figueres und Roses. Ein Taxi ins Stadtzentrum sollte tagsüber etwa 20-25 € kosten. Mit der geplanten Hochgeschwindigkeits-Zugverbindung von Barcelona nach Perpignan wird der Airport evtl. ans Schienennetz angeschlossen werden.

Zug: Bahnhof an der Plaça d'Espanya, südwestlich des Zentrums und jenseits der Durchgangsstraße. Zur Altstadt sind es etwa 15 Minuten Fußweg. Für die Anbindung an die künftige Hochgeschwindigkeitslinie nach Perpignan (Fertigstellung wohl kaum vor 2011, wenn nicht später) ist der Bahnhof gegenwärtig in Umbau. Anschlüsse nach Barcelona und Figueres tagsüber etwa stündlich, zum Grenzbahnhof Port Bou etwa alle zwei Stunden. RENFE-Auskunft unter ✆ 902 240202.

Bus: Wegen der Bauarbeiten am Bahnhof wurde der Busbahnhof (eigentlich direkt gegenüber vom Bahnhof) provisorisch wenige hundert Meter in Richtung Plaça d´Europa verlegt. Wichtige Verteilstation vor allem für die südliche Costa Brava, dementsprechend vor allem im Sommer gute Verbindungen. SARFA fährt zu den meisten Küstenorten, unter anderem etwa stündlich nach Palafrugell, Palamós und Sant Feliu, 2-mal täglich nach L'Escala und je 1-mal nach Begur und Tossa de Mar. AMPSA bedient L'Estartit 6-mal, RAFAEL MAS Lloret de Mar 10-mal, TEISA Olot 11-mal täglich sowie Sant Feliu etwa stündlich und schneller als die SARFA-Busse. BARCELONA BUS startet 6-mal täglich nach Figueres und 5-mal nach Barcelona. Zur HS teilweise erweitertes Angebot.

Fahrrad: Vor einigen Jahren wurde entlang der 1969 aufgegebenen, rund 40 km langen Schmalspurstrecke Girona-Llagostera-Sant Feliu ein Radweg angelegt, genannt „Carril bici" oder „Via Verde"; er beginnt im südlichen Stadtbereich an der Plaça Països Catalans, Nähe Fluss. Ein ähnlicher Weg führt etwa parallel zur N 141/C 63 ins Inlandsstädtchen Olot, das etwa 60 km nordwestlich von Girona liegt.

• *Internet-Zugang* **Cibercafé La Llibrería**, Carrer Ciutadans 15, im gleichnamigen Bar-Restaurant (siehe „Essen"), ✆ 972 204818.

Locutorio Comunica-T, nicht weit entfernt, Carreras Peralta 4. Hier auch Ausdrucke.

126 Katalonien

Übernachten

**** Hotel Carlemany (15), eines der Spitzenhotels von Girona. Geräumige, komfortable und hübsch eingerichtete Zimmer, Garage. Halbwegs zentrumsnah südwestlich der Plaça de Catalunya gelegen, etwa auf Höhe des Bahnhofs. DZ etwa 130 €, am Wochenende auch schon mal deutlich günstigere Sonderangebote. Es gibt auch Suiten. Plaça Miquel Santaló 1, ✆ 972 211212, ✆ 972 214994, www.carlemany.es.

**** Hotel Històric (2), südlich nahe bei der Kathedrale. Hübsches kleines Hotel mit nur sechs Zimmern und zwei Suiten. DZ etwa 125 €. Zum Haus gehören zudem mehrere komplett ausgestattete (z.T. auch familientaugliche) Apartments in verschiedenen Gebäuden der Umgebung, die auch nur für eine Nacht vermietet werden und für zwei bis drei Personen etwa 90–100 € kosten. Carrer Bellmirall 4 A, ✆ 972 223583, ✆ 972 200932, www.hotelhistoric.com.

* Hotel Rest. Peninsular (12), in seiner Klasse ein solides Quartier, interessant auch wegen der sehr zentralen Lage. Vor wenigen Jahren renoviert, 70 Zimmer und fast immer Platz. Zu suchen auf der Neustadtseite nahe Fluss und Plaça Catalunya. DZ etwa 75–95 €. Carrer Nou 3, ✆ 972 203800, ✆ 972 210492, www.novarahotels.com.

** Pensió Bellmirall (1), gegenüber dem Hotel Històric. Ein Traum von einem Hostal. In einem historischen Haus, Naturstein auch an den Wänden der nur sieben Zimmer, alles mit Bildern, Töpferwaren, Kacheln und viel Holz liebevoll dekoriert – urgemütlich! Jan./Feb. geschlossen, zur Hauptreisezeit besser rechtzeitig reservieren. DZ etwa 65–75 €, Zimmer ohne Bad etwas günstiger. Carrer Bellmiral 3, ✆ 972 204009, www.grn.es/bellmirall.

* Pensió Viladomat (10), in der Altstadt, fast direkt neben der Jugendherberge. Von außen wenig begeisternd, innen jedoch durchaus gepflegt und angenehm – eine gute Wahl in dieser Kategorie. Nur acht Zimmer, bessere DZ/Bad etwa 60 €, ohne Bad 40 €. Carrer Ciutadans 5, ✆ 972 203176.

* Pensió Coll (7), auf der Neustadtseite, nur ein paar Schritte von der Plaça Independencia. Einfach, aber in Ordnung, saubere Zimmer, die je nach Lage unterschiedlich ausfallen – vorher sagen lassen. DZ/Bad etwa 40 €. Carrer Hortes 24, ✆ 972 203086.

Jugendherberge Alberg de Joventut (9), (IYHF), renoviertes historisches Gebäude in der Altstadt, von Lesern für den guten Service gelobt. Anmeldung von 8–11, 18–21 Uhr; über Weihnachten geschlossen. Carrer dels Ciutadans 9, nahe Plaça del Ví, ✆ 972 218003.

Essen/Nachtleben

● *Essen* **Rest. Albereda (14)**, luxuriöses Restaurant im südlichen Altstadtbereich. Exklusive katalanisch-französische Küche, aufmerksamer Service, gute Weinauswahl. Menü à la carte ab etwa 35 €. Carrer Alberada 7, ✆ 972 226002. Geschlossen So, Mo-Abend, über Weihnachten, Ostern und an zwei Wochen im August.

Rest. La Llarga (13), auf der Neustadtseite unter den Arkaden unweit der Plaça de Catalunya. Von außen eher abschreckend, das werktägliche Mittagsmenü bietet für etwa 16 € jedoch exzellenten Gegenwert; à la carte legt man um die 30 € an. Avinguda Sant Francesc 11; So geschlossen.

Rest. Boira (4), beliebter Treffpunkt an der Plaça Independencia. Verwinkeltes Gebäude mit modern eingerichteter Bar und einem großen Speisesaal mit Blick auf den Fluss und die Altstadt; auch Tische direkt an der Plaça. Kreative Küche, gute Tapas. Das Tagesmenü kostet rund 13 €, à la carte ist man ab etwa 25 € dabei. Plaça Independencia 10.

Rest. Casa Marieta (3), schräg gegenüber an diesem Platz, an dem es vor Bars und Restaurants nur so wimmelt. Traditionsreiches Lokal mit klassisch-katalanischer Küche und soliden Preisen: Ein Menü à la carte kostet nur etwa 18-20 €. Plaça Independencia 5-6, Mo Ruhetag.

Rest. La Penyora (11), in der Altstadt. Hübsch mit künstlerischen Anklängen dekoriertes Restaurant. Tagesmenü oder vegetarisches Menü jeweils knapp 15 €, die Karte leider nur auf Katalanisch. Carrer Nou del Teatre 3.

Café-Rest. Le Bistrot (6), in einer der schönsten Ecken der Altstadt. Geschmackvoll eingerichtetes, besonders mittags sehr beliebtes Lokal. Auch hier die Karte nur auf Katalanisch, die Speisenfolge wird aber gern erklärt. Gutes Tagesmenü zu 14 €. Pujada Sant Domènec 4.

Costa Brava / Girona 127

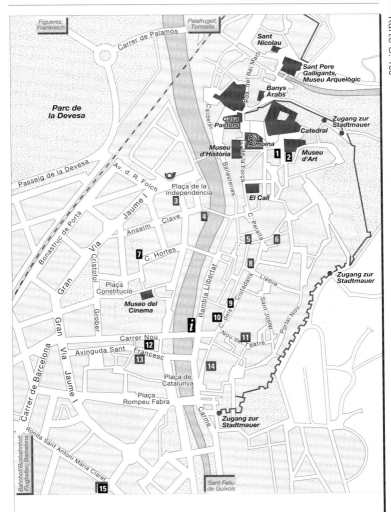

Übernachten
1 Pensió Bellmirall
2 Hotel Històric
7 Pensió Coll
9 Jugendherberge
10 Pensió Viladomat
12 Hotel Res. Peninsular
15 Hotel Carlemany

Essen & Trinken
3 Rest. Casa Marieta
4 Rest. Boira
5 Rest. Taj
6 Café-Rest. Le Bistrot
8 Bar-Rest. La Librería
11 Rest. La Penyora
13 Rest. La Llarga
14 Rest. Albereda

Girona

100 m

Rest. Taj (5), ganz in der Nähe, frisch eröffnet – mal abwarten, ob es sich hält. Ein Lesertipp von Susanne Kopta und Thilo Lacoste: „Indisches Restaurant mit sehr vielen vegetarischen Gerichten. Uns hat es sehr gut geschmeckt." Günstige Preise (Reis, Brot etc. gehen jedoch extra), Tagesmenü 10,50 €. Cort Reial 6.

Bar-Rest. La Llibrería (8), ebenfalls in diesem Gebiet. Einmal etwas anderes – dieses nette Lokal ist einer Bücherei angeschlossen. Tische innen und im kleinen Gässchen dahinter, im Angebot vorwiegend Backofengerichte wie Lasagne etc. Tagesmenü etwa 11 €. Auch Internet-Zugang. Carrer Ciutadans 15, Eingang auch auf der Rückseite.

• *Nachtleben* Am meisten Betrieb herrscht in der Universitätsstadt natürlich zur Semesterzeit von Oktober bis Juni.

Die **Plaça Independencia** und in geringerem Maß auch die **Altstadt** um den nördlichen Bereich des Carrer Ciutadans sind beliebte nächtliche Treffpunkte mit einer guten Auswahl an Musikbars.

Las Carpas: In heißen Sommernächten die erste Adresse – etwa von Juni bis September werden im Stadtpark Parque de la Devesa mehrere Open-Air-Bars installiert. Gelegentlich finden auch Konzerte statt.

Einkaufen/Feste & Veranstaltungen

• *Einkaufen* **Markt** jeweils Di und Sa am Rand des Stadtparks, an und um den Passeig de la Devesa.

Librería Ulysus, eine Buchhandlung der Altstadt, besitzt ein recht breites Sortiment an Wander- und topographischen Karten; außerdem gut Reiseführer etc. Carrer Ballesteries 29, eine Parallelstraße nördlich der Rambla Llibertat. Das Haus selbst ist übrigens ein Modernismebau des lokalen Architekten Masó und demnächst wahrscheinlich zur Besichtigung freigegeben.

Ambrosía, Geschäft mit ungewöhnlichem Angebot: Hier gibt es vor allem Köstlichkeiten aus der Produktion verschiedener Klöster, darunter Konfitüren, Naschwerk etc. In der Altstadt, Carreras Peralta 4.

• *Feste und Veranstaltungen* Über die genauen, oft jährlich wechselnden Termine informiert das Fremdenverkehrsamt.

Procesión de Semana Santa, am Karfreitag. Die Osterprozession beginnt an der Kathedrale und wird von rund einhundert „Manaiaes" angeführt, die als römische Soldaten gekleidet sind.

Girona Temps de Flors, an wechselnden Terminen etwa Mitte Mai. Fantastische, teilweise sehr moderne Blumen- und Grünpflanzeninstallationen lassen historische Gebäude, Plätze und Parks Gironas in floralem Schmuck leuchten.

Festival de Músiques Religioses del Món, ein Festival religiöser Musik aus allen Teilen der Welt, über rund zwei Wochen Ende Juni, Anfang Juli.

Fiesta del Pedal, in der zweiten Septemberhälfte. Ein organisierter Fahrradausflug, an dem alljährlich über 6000 Personen teilnehmen. Nicht alle legen die 25 Kilometer lange Strecke auf gewöhnlichen Fahrrädern zurück: Man sieht auch Räder, die zu kuriosen Flugzeugen, Autos, Rikschas und anderen Spaßmobilen umgebaut sind.

Sehenswertes

Fast alle Sehenswürdigkeiten liegen auf der Altstadtseite und sind üppig beschildert. Ein guter Ausgangspunkt für einen Rundgang ist die Plaça Catalunya über dem Fluss.

Rambla de la Llibertat: Gironas Fußgängerzone birgt keine besonderen Sehenswürdigkeiten, füllt sich dafür aber allabendlich mit regem Leben. Familien, Pärchen und Grüppchen flanieren unter den Bäumen oder setzen sich in eins der Cafés und lassen flanieren.

Carrer de la Força: Die Hauptgasse der Altstadt – ihr Name „Straße der Stärke" soll auf den Widerstandswillen der Bürger Gironas anspielen – entspricht in ihrem Verlauf immer noch der alten Via Augusta. Gleichzeitig bildete sie auch die untere Grenze des ehemaligen Judenviertels *El Call*, eines der besterhaltenen Europas.

Seit dem 9. Jh. bestand in Girona eine große jüdische Gemeinde. Ab dem 11. Jh. von der christlichen Stadtbevölkerung stark angefeindet und mehrfach sogar Pogromen ausgesetzt, musste sich das Viertel auch baulich immer mehr isolieren, bis es nur mehr über einen einzigen Zugang zu erreichen war. 1492 schließlich unterzeichneten die „Katholischen Könige" Isabella und Ferdinand ein Verdikt, das alle Juden Spaniens zur Taufe oder zur Auswanderung zwang.

Centre Bonastruc Ça Porta: Im Gassengewirr oberhalb des Carrer de la Força ist dieses Museum ausgeschildert, das die leidvolle Geschichte der Juden Gironas dokumentiert. Auch der verwinkelte Gebäudekomplex selbst, errichtet im 15. Jh., lohnt den kleinen Abstecher.
Öffnungszeiten Mai–Oktober Mo–Sa 10-20 Uhr, sonst bis 18 Uhr; So 10–15 Uhr; Eintritt 2 €.

Museu d'Història de la Ciutat: Wieder zurück am Carrer de la Força, etwa 200 Meter weiter auf der linken Seite. Das sehr vielfältig ausstaffierte Museum für Stadtgeschichte präsentiert nicht nur einen ausführlichen Überblick über den historischen Werdegang der Stadt, es besitzt auch eine sehenswerte Sammlung alter Technik.
Öffnungszeiten Di–Sa 10-14, 17-19 Uhr, So 10-14 Uhr; Eintrittsgebühr 3 €.

Von hier gelangt man, vorbei am mittelalterlichen Palast *Pia Almoina*, zum Justizgebäude *Casa Pastors* aus dem 18. Jh. Gegenüber führt eine mächtige Freitreppe in neunzig Stufen zu einer der architektonisch ungewöhnlichsten Kirchen Spaniens.

Romantisch: Blick auf Fluss und Altstadt

Catedral: Die eindeutig bedeutendste Sehenswürdigkeit in Girona. Ab dem 14. Jh. an Stelle eines romanischen Vorgängerbaus errichtet, wurde an der Kathedrale fast ein halbes Jahrtausend lang gebaut; die barocke Fassade oberhalb der monumentalen Freitreppe stammt z. B. erst aus dem 18. Jahrhundert. Doch so unterschiedlich die einzelnen Stilrichtungen des Gebäudes auch sein mögen, so harmonisch mutet erstaunlicherweise das Ganze an. Verblüffender noch zeigt sich das Innere der Kirche: ein einziges gigantisches Schiff statt der üblichen drei. Die unkonventionelle Lösung entstand im 15. Jh. unter Baumeister Guillem Bofill und gegen das Urteil einer Architektenkommission – die meisten der Experten hielten das Vorhaben für zu riskant. Ein Gewölbe von 51 Meter Länge, 34 Meter Höhe und fast 23 Meter Breite ohne stützende Pfeilerkonstruktion zu errichten, sei technisch unmöglich, meinte die Mehrzahl der Baumeister. Nun, es steht, das *größte gotische Gewölbe der Welt*. Und es macht einen überwältigenden Eindruck. Die Kostbarkeiten der Kirchenausstattung, darunter der schöne Hochaltar mit reich vergoldetem Aufsatz

(14. Jh.) sowie zahlreiche Gräber, verblassen fast angesichts des schieren Raumgefühls. Schade, dass die in späterer Zeit hier installierte Orgel den Ausblick etwas versperrt.

Kreuzgang und **Museu Capitular:** Der Kreuzgang ist, neben dem Turm nördlich des Chors, der letzte Rest des romanischen Vorgängerbaus. Im 12. Jh. entstanden, gilt er als einer der schönsten Kataloniens. Ungewöhnlich ist der trapezförmige Grundriss, bedingt durch die Geländeverhältnisse und die nahe Stadtmauer. Besonders detailliert und fein gearbeitet sind die Dekorationen der Kapitelle, herausragend vor allem die Darstellung der Schöpfungsgeschichte an der der Kathedrale zugewandten Südseite. Über eine Treppe gelangt man vom Kreuzgang ins Museu Textil, in dem eine Reihe von Kirchengewändern ausgestellt ist. Das eigentliche *Museum der Kathedrale*, dessen Eingang nahe dem Kreuzgang liegt, birgt mittelalterliche Schätze wie den um 975 entstandenen Kommentar zur Apokalypse des Mönches Beatus von Liébana. Berühmt ist es jedoch wegen des einmaligen Schöpfungsteppichs Tapiz de la Creación. Der wahrscheinlich im 12. Jh. gewebte seidene Wandteppich zeigt Christus als Pantokrator (Weltenherrscher), umgeben von allegorischen Figuren und Darstellungen der Schöpfungsgeschichte.

Öffnungszeiten Mo–Fr 10–20 Uhr, im Winter bis 19 Uhr, Sa ganzjährig 10-16.30 Uhr, So 10-20 bzw. 19 Uhr (Kirche dann erst ab 14 Uhr). Eintrittsgebühr für Kathedrale, Kreuzgang und Museum 5 € (Audioguia inkl.), So Eintritt frei.

Museu d'Art de Girona: Untergebracht im *Palau Episcopal*, dem ehemaligen Bischofspalast südlich auf Höhe der Kathedrale. Das Kunstmuseum beherbergt vor allem sakrale Kunstschätze, Gemälde, Goldschmiede- und Schnitzarbeiten des Mittelalters und der Renaissance, doch reicht der zeitliche Rahmen bis hin zum Modernisme und der zeitgenössischen Kunst.

Öffnungszeiten Di–Sa 10-19 Uhr (im Winter bis 18 Uhr), So 10-14 Uhr; Eintritt 2 €.

Sant Feliu: An der Verlängerung des Carrer de la Força gelegen, war die wehrhafte Kirche des 13. und 14. Jh. ehemals ein Bestandteil der Stadtbefestigung. Ins Auge fällt besonders der vieleckige Glockenturm, der oben abgeflacht ist, da seine Spitze im 16. Jh. durch Blitzschlag zerstört wurde. Im Chor sind mehrere römische Sarkophage zu sehen. Flusswärts der Kirche erstreckt sich ein volkstümliches Viertel von seltsam altmodischem Charme, das von Spekulanten und Stadterneuerern bislang offensichtlich übersehen wurde. Hier reihen sich nostalgische Bars und Geschäfte, wirken die Fassaden nicht so blank gescheuert, wie es in der Altstadt sonst oft der Fall ist.

Banys Àrabs: Zu erreichen über den Carrer Fernan el Catolic, der gegenüber von Sant Feliu beginnt und entlang der alten Stadtmauer verläuft. Die „arabischen Bäder" stammen gar nicht von Arabern. Sie entstanden erst im 12./13. Jh., also lange nach Vertreibung der Mauren, und zeigen, wie dauerhaft deren Einfluss auch im so früh „befreiten" Katalonien anhielt. Die Anlage besteht aus Dampfräumen sowie Bädern für verschiedene Temperaturen; besonders hübsch fällt der Ruheraum aus, dessen Oberlicht sich in einem kleinen, säulenumstandenen Becken spiegelt.

Öffnungszeiten April bis September Mo-Sa 10-19 Uhr, So 10-14 Uhr, im restlichen Jahr täglich 10-14 Uhr; Eintritt etwa 2 €. www.banysarabs.org.

Sant Pere Galligants und Museu Arqueològic: Das ehemalige Benediktinerkloster liegt jenseits des Flüsschens Galligants. Es wurde schon 992 urkundlich erwähnt, der dreischiffige romanische Bau, der heute zu sehen ist, stammt jedoch aus dem

Costa Brava / Pals 131

12. Jh. Auch Sant Pere glänzt mit einem hübschen Kreuzgang, in dessen Kapitellen Kunsthistoriker Verwandtschaft mit denen der Kathedrale zu erkennen glauben. Im Kloster ist auch das Archäologische Museum Gironas untergebracht, das neben einer Reihe jüdischer Grabsteine unter anderem auch Funde aus Empúries ausstellt. Noch ein Stück nördlich von Sant Pere findet sich die ehemals zum Kloster gehörige und gut restaurierte Kapelle Sant Nicolau aus dem 13. Jahrhundert.

Öffnungszeiten Juni bis September Di–Sa 10.30–13.30, 16–19 Uhr, sonst 10–14, 16–18 Uhr, So jeweils 10–14 Uhr; Eintrittsgebühr etwa 2,50 €. www.mac.es.

Passeig de la Muralla: Auf der alten Stadtmauer von Girona wurde ein sehr schöner Fußweg angelegt. Der etwa halbstündige Spaziergang eröffnet einen völlig neuen Panoramablick auf die Stadt. Zugänge (täglich 10-20 Uhr) bestehen unter anderem im Norden am Portal de Sant Cristòfol und bei den nahen Jardins d'Alemanys, im Süden an der Placa General Marvà; sehr ratsam jedoch, im Norden zu starten, da es von hier aus bergab geht.

Museu del Cinema: Das Kino-Museum auf der Neustadtseite des Zentrums, im Carrer Sèquia 1 und unweit der Plaça Constitució, gilt als eines der wichtigsten Europas. Zu verdanken ist es der Sammelleidenschaft des 1923 in Sant Pere Pescador geborenen Cineasten Tomás Mallol, der im Laufe der Jahrzehnte rund 7500 Gerätschaften sowie 15.000 Plakate, Zeitschriften, Filme und Dokumente aus der Frühzeit des Kinos zusammengetragen hat.

Öffnungszeiten Mai bis September Di–So 10–20 Uhr, restliche Monate Di–Fr 10–18 Uhr, Sa 10–20 Uhr, So 11–15 Uhr; Eintrittsgebühr 4 €. www.museudelcinema.org.

Parque de la Devesa: Gironas sehr ausgedehnter Stadtpark erstreckt sich jenseits der Bahnlinie und der Durchgangsstraße auf der Neustadtseite. Das dicht mit uralten Platanen bestandene und von Spazierwegen durchzogene Gelände ist ein besonders für sonntägliche Picknicks gern aufgesuchter Familientreffpunkt, mit seinen Freiluftbars aber auch ein sommerliches Zentrum des Nachtlebens.

Pals

Ein viel besuchter kleiner Ort, dessen restauriertes mittelalterliches Viertel *Barri Vell* fast schon allzu perfekt wirkt. Die bedeutendsten Gebäude finden sich im Norden, darunter die Kirche Sant Pere und der rund 15 Meter hohe Turm Torre de les Hores aus dem 11./12. Jh. Die Strandsiedlung *Platja de Pals* besteht vornehmlich aus Campingplätzen, Villen und Apartmenthäusern; der Sandstrand hier ist jedoch fantastisch, kilometerlang, breit und feinsandig.

• *Information* **Oficina Municipal de Turisme**, Plaça Major 7, beim Rathaus im Ort, ✆ 972 637380. Öffnungszeiten von Oktober bis März täglich 10-17 Uhr, sonst 10-14, 16-19 Uhr (April/Mai) bzw. 10-14, 17-20 Uhr (Juni-September). **Zweigstelle** beim Kreisverkehr am Ortsanfang aus Richtung Torroella, nur Juni-September geöffnet, dann wie oben. Aniceta Figueres 6, ✆ 972 667857.

• *Verbindungen* **Bus:** SARFA-Haltestelle am Carrer S'Abeurador, bei der Hauptzufahrt zum Ortskern. Verbindungen u. a. nach Torroella 5-mal, L'Escala 4-mal, Figueres 3-mal, Begur und Palafrugell ebenfalls 3-mal täglich; zur HS teilweise häufigere Frequenzen.

• *Camping* **Inter-Pals**, 1. Kat., siedlungsnah und nur wenige hundert Meter vom Strand gelegen. Angenehmer Platz auf einem hübschen, völlig schattigen Hang; gute Sanitärs, Sportgelände, Kinderanimation; Pool. Geöffnet Ostern bis September. P.P. etwa 6,50 €, Stellplatz (HS) inkl. Auto, Zelt ab 21,50 €. Avda. Mediterrània, s/n, ✆ 972 636179, ✆ 972 667476, www.interpals.com.

Katalonien Karte S. 105

Kastell, Kirche, „Casas Indianos": Begur

Begur

Ein sehr hübsches kleines Hügelstädtchen, einige Kilometer abseits des Meeres. Überragt wird der Ort von einer mächtigen Festung, die einen weiten Ausblick bis zum Golf von Roses bietet. Das größte Plus von Begur ist jedoch die nahe, wildschöne Küste mit ihren Pinienwäldern, den nadelspitzen Felsen und den kleinen Strandbuchten.

- *Information* **Oficina Municipal de Turisme,** Avinguda Onze de Setembre 5, in einem kleinen Marktgebäude. Öffnungszeiten: Juli/August täglich 9–14, 16.30–21.30 Uhr; Juni und September täglich 10–14, 16–20 Uhr; im restlichen Jahr Mo–Fr 9–14.30 Uhr, Sa 10–13 Uhr. ✆ 972 624520, www.begur.org/turisme.
- *Verbindungen* **Busse** der SARFA halten an der Plaça Forgas. Verbindungen nach Palafrugell 3-mal, Sant Feliu 1-mal, Barcelona 3-mal, Girona via Pals 1-mal täglich; zu anderen Zielen in Palafrugell umsteigen. **Stadtbusse** zu den Buchten Sa Riera, Fornells und Aiguablava nur von Ende Juni bis Anfang September, dann etwa stündlich; Abfahrt ebenfalls an der Plaça Forgas.
- *Übernachten* Beschränkte Bettenkapazität. Besonders in den Buchten sind die Hotels oft ausgebucht.
** Hotel Rosa, nicht weit vom Hauptplatz. Hübsches und komfortables Hotel, seit drei Generationen in Familienbesitz. Freundlicher Service, Sonnenterrasse, Fahrradgarage und Leihfahrräder. Parkplatz etwas abseits. Kleines Extra: Wer am TV die Radioprogramme einschaltet, sieht eine Live-Kameraansicht des Kastells von Begur. Geöffnet März–November. DZ mit gutem Frühstück nach Saison 65–95 €; Zimmer mit „Salón" gegen Aufpreis. Über dem angeschlossenen Restaurant Fonda Caner gibt es auch noch fünf ältere, schlichte Zimmer ohne Bad, DZ/F hier knapp 45–50 €. Carrer Forgas y Puig 6, ✆ 972 623015, ✆ 972 62 43 20, www.hotel-rosa.com.
** Pensió Hostal Hanoï, originelles Quartier im Ortskern. Liebevoll renoviertes Stadthaus des 19. Jh., die Zimmer mit vielen kleinen, asiatisch angehauchten Details. Patio fürs Frühstück, zwei Terrassen. DZ/F kosten je nach Saison und Lage etwa 85–100 €, gegen Aufpreis gibt es auch „Spezial"-Zimmer. Carrer Santa Reparada 26, ✆ 972 623300, www.girsoft.com/hanoi.

Costa Brava / Palafrugell

- *Camping* **El Maset**, 1. Kat., kleiner Platz wenige hundert Meter oberhalb der Bucht. Terrassiertes, teilweise schattiges Hanggelände. Die Stellplätze sind eng, die steile Anfahrt für große Caravans ohnehin ungeeignet. Hübsches Bar-Restaurant, Pool vorhanden, Sanitäranlagen brauchbar, wenn auch etwas knapp bemessen. Geöffnet etwa von Ostern bis zum letzten Septemberwochenende. Preise: P.P. 7,50 €, Auto 6,50 €, Zelt 9 €. Platja de Sa Riera, ℡ 972 623023, ℻ 972 623901, www.campingelmaset.com.

- *Essen* Viele Lokale öffnen nur saisonal.
Rest. Fonda Carner, in der „Fressgasse" Carrer Pi i Ralló 14, hundert Meter nördlich der Kirche. Gute, regionaltypische Küche. Diverse Festmenüs ab 22 €, à la carte ab etwa 30 €. Geöffnet März bis November.
Rest. La Pizzeta, sehr beliebtes Lokal nahe Kirchplatz. Prima Preis-Leistungsverhältnis, reizvoll auch der schöne Garten. Carrer Ventura Sabater 2, geöffnet Mitte März bis Mitte Dezember, Di Ruhetag.

▶ **Buchten bei Begur:** Die nahe Küstenlandschaft gehört zu den reizvollsten der Costa Brava – von Felsen umgebene kleine Buchten mit glasklarem Wasser, dazwischen herbe Steilküste, im Hinterland dichte Pinienbestände. Die Villen und kleineren Feriensiedlungen hier sind meist halbwegs geschmackvoll angelegt.

- *Buchten von Nord nach Süd* **Sa Riera**: Die größte Sandbucht um Begur, mehrere hundert Meter lang. Über einen Küstenweg gelangt man zum schönen Nacktbadestrand Platja de la Illa Roja und weiter zur Platja de Pals.
Aiguafreda: Tief ins Land reicht diese Fels- und Steinbucht mit ihrem kleinen Hafen. Zum Baden ist sie nur bedingt geeignet.
Sa Tuna: Eine hübsche enge Bucht, in der sich eine winzige Siedlung etabliert hat. Strand überwiegend aus Kies.

Platja Fonda: Ein relativ langer und breiter Kiesstrand unterhalb eines steilen Abhangs, zu erreichen über eine Abzweigung der Straße nach Fornells.
Fornells: Eine noble Villensiedlung in bildschöner Lage oberhalb der hier felsigen Küste. Ins Wasser gelangt man nur an wenigen Stellen.
Aiguablava: Fornells direkt gegenüber. Der schöne, etwa hundert Meter lange Sandstrand erfreut mit feinem Blick auf die Felsküste, ist jedoch zur Saison gut besucht. Mehrere Restaurants.

Palafrugell

Das lebendige Städtchen liegt etwa fünf Kilometer landeinwärts der Küste nahe der C 255 Palamós-Girona. In erster Linie ein Wirtschaftszentrum, verdankte die Stadt ihren frühen Aufschwung vor allem der industriellen Korkverarbeitung. Im Ort selbst gibt es deshalb auch ein *Museo del Suro* genanntes Korkmuseum (15. Juni bis 15. September täglich 10–14, 16–21 Uhr, übrige Zeit Di–Sa 17–20 Uhr, So 10.30–13.30 Uhr; 3 €; Umzug in die ehemalige Korkfabrik Fàbrica Armstrong geplant). Sehenswert ist auch das benachbarte *Centre d'Art Contemporani Can Mario*, ein Zentrum zeitgenössischer katalanischer Kunst.

- *Information* **Oficina de Turisme**, Carrilet 2, ein Häuschen an der Ringstraße am westlichen Ortsrand; ℡ 972 300228. Öffnungszeiten: Mai/Juni und September Mo–Sa 10–13, 17–20 Uhr, So 10–13 Uhr, Juli/August Mo–Sa 9-21 Uhr, So 10-13 Uhr, von Oktober bis April Mo-Sa 10-13, 16-19 Uhr, So 10-13 Uhr. www.palafrugell.net
Oficina de Turisme, in zentraler Lage im Teatro Municipal; Carrer Santa Margarida 1, praktisch direkt an der Plaça Nova. Geöffnet Ostern bis Mitte September, dann Mo–Sa 10–13, 17–20 Uhr, So 10–13 Uhr. ℡ 972 611820.
- *Verbindungen* **Bus**: SARFA-Station am Kreisverkehr unweit der erstgenannten

Infostelle; Busse nach Barcelona, Girona und Palamós/Sant Feliu alle 1–2 Stunden; nach Begur 4-mal täglich, zur HS teilweise häufiger. Nach Tamariu nur von etwa Mitte/Ende Juni bis Mitte September, dann 4-mal täglich, nach Llafranc und Calella ganzjährig, im Sommer halbstündlich bis stündlich, im Winter mindestens 4-mal täglich.
- *Übernachten* **** Pensió Hostal Playa**, ein angenehmes, gut in Schuss gehaltenes Quartier mit Garage. Ganzjährig geöffnet, DZ/Bad etwa 65 €. Carrer Sant Sebastià 34, eine östliche Seitenstraße der Plaça Nova, ℡/℻ 972 300526, www.hostalplaja.com.

- *Feste* **Festas de Primavera**, einwöchiges Frühlingsfest um Pfingsten, 1962 eingeführt, um das unter Franco bestehende Verbot der Faschingsfeiern zu umgehen. Höhepunkt sind ausgedehnte Umzüge mit Kapellen und fantasievoll gestalteten Karossen am Pfingstsonntag.
Festa Major de Santa Margarida, mehrere Tage um den 20. Juli. Das Hauptfest von Palafrugell; Mittelpunkt der Aktivitäten ist die Plaça Nova.

Küstendörfer bei Palafrugell

▶ **Tamariu:** Der kleinste der drei Küstenorte scheint auf den ersten Blick geradezu der Traum vom vergessenen Fischerdörfchen zu sein: Felsen umrahmen eine schmale Sandbucht voll bunter Boote, dahinter eine Gruppe weißer Häuser, in der Umgebung dichte Pinienwälder... Zwar ist auch Tamariu längst „entdeckt", der Andrang jedoch nicht ganz so stark wie in den Schwesterorten weiter südlich.

- *Übernachten* ** **Hotel Tamariu**, gepflegtes Haus an der Strandpromenade, gutes Restaurant angeschlossen. Geöffnet März bis Anfang Dezember. DZ/F nach Lage und Saison 100–140 €, im Penthouse bis 180 €. Passeig del Mar 2, ℡ 972 620031, ℡ 972 620500, www.tamariu.com.
- *Camping* **Tamariu**, 2. Kat., ein angenehmer Platz am westlichen Ortsrand, etwa einen Kilometer vom Meer, beschildert. Weitläufiges Hügelgelände mit viel Schatten und modernen Sanitäranlagen; Swimmingpool, Bar/Cafeteria, Einkaufsmöglichkeit. Geöffnet Mai–September. P.P. 6,50 €, Auto 5 €, Zelt etwa 5,50 €. ℡ 972 620422, ℡ 972 620592, www.campingtamariu.com.

▶ **Llafranc:** Gemeinsam mit dem nahen Calella ist der Ort per autobahnähnlicher Schnellstraße mit Palafrugell verbunden. Der Ortskern erfreut mit schmucken Häusern, Promenade und breitem Sandstrand. Als Abwechslung zum Strandleben empfiehlt sich ein Ausflug zu Leuchtturm, Ermita und Nobelhotel am *Cap de Sant Sebastià* im Norden; wer Lust hat, kann von hier aus weiterwandern bis Tamariu.

- *Information* **Oficina de Turisme**, Passeig de Cípsela, ein Kiosk auf der Strandpromenade. Geöffnet etwa Juni bis September, Mo–Sa 10–13, 17–20 Uhr, So 10–13 Uhr, im Juli/August täglich 10–20 Uhr. ℡ 972 305008, www.palafrugell.net.
- *Übernachten* *** **Hotel Llevant**, 1935 gegründet. Ein familiäres, kleines und komfortables Hotel mit gutem Restaurant an der Strandpromenade. Ganzjährig geöffnet. DZ nach Lage und Ausstattung etwa 75–190 €, es gibt auch teurere Spezial- und Superior-Zimmer. Carrer Francesc de Blanes 5, ℡ 972 300366, ℡ 972 300345, www.hotel-llevant.com.
** **Pensió Hostal Celimar**, zwei Blocks hinter der Strandpromenade. Die komfortabelste der wenigen kleinen Pensionen von Llafranc, im Winter nur an Wochenenden geöffnet. DZ/Bad etwa 55–65 €, bei Aufenthalt von nur einer Nacht bis 75 €. Carrer de Carudo 12–14, ℡/℡ 972 301374, www.hostalcelimar.com.
- *Camping* **Kim's Camping**, 1. Kat., in hübscher, schattiger Lage. Großteils terrassiertes Gelände, gute Sanitärausstattung; Swimmingpool, Bar/Restaurant, Supermarkt; zum Meer etwa 500 Meter. Geöffnet April–September. P.P. 6,50 €, Stellplatz 28 €, zur NS ermäßigt. Beschilderte Zufahrt von der Straße von Palafrugell, ℡ 972 301156, ℡ 972 610894, www.campingkims.com.

▶ **Calella de Palafrugell:** Der größte und trubeligste der drei Küstenorte zeigt sich mit seinen weißen Häusern besonders reizvoll. Calella erstreckt sich entlang einer ganzen Reihe kleinerer, hübscher Sandbuchten, in denen es im Sommer recht eng zugeht. Einmal in der Gegend, sollte man auch die örtliche Spezialität *cremat* versuchen: ein flambierter Rumcocktail; delikat und nicht ganz billig.

- *Information* **Oficina de Turisme**, Carrer de les Voltes 9, küstennah im Ortskern, ℡ 972 614475. Geöffnet etwa Juni bis September, Mo–Sa 10–13, 17–20 Uhr, So 10–13 Uhr, im Juli/August täglich 10–20 Uhr. ℡ 972 614475, www.palafrugell.net.
- *Übernachten* *** **Hotel Sant Roc**, stilvolles Hotel in schöner Lage über der Küste. Sehr reizvoller Blick, dabei nicht weit vom Strand. Geöffnet Ostern bis Ende Oktober. DZ 110–130 €, Meerblickzimmer und zur HS im August sogar alle Zimmer nur mit Halb-

pension, für zwei Personen 220–275 €, Superiorzimmer bis 300 €. Plaça de l'Atlàntic 2, ✆ 972 614250, ✉ 972 614068, www.santroc.com.

Hotel La Torre, in schöner Lage am Küstenweg nach Llafranc. Zimmer z. T. mit hübscher Aussicht, einige auch im Garten. Nur von Mai bis September geöffnet. Erfreulich: Keine Pensionsverpflichtung, für Gäste gibt es jedoch ein besonders günstiges Menü. DZ/F nach Saison 95–140 €. Passeig de la Torre 26–28, ✆ 972 614603, ✉ 972 615171, www.latorre.cat.

• *Camping* **Moby Dick**, 2. Kat., kleinerer, sympathisch geführter Platz, strandnah im Ortsbereich gelegen und kurioserweise durch eine Straße zweigeteilt – die beiden Bereiche sind durch eine Unterführung verbunden. Mittlerer bis guter Schatten, Sanitäres relativ schlicht, aber in Ordnung. Geöffnet etwa April bis September. Preise p.P., Auto jeweils etwa 6 €, Zelt 6,50 €, zur NS ermäßigt. ✆ 972 614307, ✉ 972 614940, www.campingmobydick.com.

• *Veranstaltungen* **Cantada d'Havaneres**, berühmtes Festival mit traditionellen Seemannsliedern, am ersten Samstag im Juli. Die Havaneres stammen ursprünglich aus der Karibik und wurden von Seeleuten nach Katalonien gebracht; die kreolischen Melodien werden zur Begleitung von Gitarre oder Akkordeon gesungen.

Jardins de Cap Roig: An dem Kap, das etwa zwei Kilometer südlich von Calella liegt, pflanzten ein Exilrusse und seine britische Frau ab den 20er-Jahren einen ausgedehnten botanischen Garten an. Schwerpunkt ist die Mittelmeerflora, eine eigene Abteilung ist den verschiedenen Kakteenarten gewidmet. Mittlerweile hat die Caixa de Girona hier auch einen Skulpturengarten mit großformatigen Werken renommierter Künstler anlegen lassen, der Zug um Zug erweitert wird. Auch der schöne Blick über die Küste lohnt den Abstecher in das kleine Paradies.

Öffnungszeiten Täglich 9–20 Uhr, Winter 9–18 Uhr; Eintrittsgebühr 6 €.

Schmucke Häuser, kleine Buchten: Calella de Palafrugell

Palamós

Das 17.000-Einwohner-Städtchen liegt etwa acht Kilometer südlich von Palafrugell am Ende einer langen Bucht. Auf gewisse Weise wirkt der Ort gespalten zwischen Alltagsleben und Tourismus, der sich an der kilometerlangen, von Hochhäusern flankierten Strandpromenade abspielt. Reste der früheren Fischersiedlung finden sich nur am Kap und am alten Hafen in dessen naher Umgebung. Sehr gut konzipiert ist das Fischereimuseum *Museo de La Pesca* (15. Juni bis 15. September täglich 9-21 Uhr, sonst Di-Sa 10-13.30, 15-19 Uhr, So 10-14, 16-19 Uhr; 3 €) in einem ehemaligen Hafenlager.

136 Katalonien

- *Information* **Oficina Municipal d'Informació Turística**, Passeig del Mar s/n, ein kioskartiger Bau direkt auf der Promenade; ℘ 972 600550. Öffnungszeiten: Juni Mo-Sa 9-20 Uhr, So 10-14 Uhr, Juli-Sept. täglich 9.30-21.30 Uhr, restliche Monate Mo-Sa 9-14, 16-20 Uhr, So 10-14 Uhr. www.palamos.org.
- *Verbindungen* **Bus:** SARFA-Station am Carrer López Puigcerver 7 (Plaça Catalunya), etwa einen Block hinter der Promenade. Busse zur Umsteigestation Palafrugell und nach Girona etwa stündlich, Richtung Süden bis Sant Feliu und nach Barcelona ebenfalls etwa stündlich; nach Begur und Torroella 2x täglich. In der HS etwas erweitertes Angebot.
- *Übernachten* ***** Hotel Hostal Vostra Llar**, Nähe Busstation, nicht weit von der Altstadt. Hübsches Haus mit geräumigen Zimmern und nettem, günstigem Restaurant. Geöffnet von März bis Oktober. DZ nach Saison etwa 60–90 €, Frühstück inklusive. Carrer President Macía 12, ℘ 972 314262, ℡ 972 314307, www.vostrallar.com.
** Pensió Hostal Catalina, nördlich der Altstadt. Vielsprachig geführt, ordentliche Zimmer mit Sat-TV. DZ etwa 60–85 €, Frühstück inklusive. Carrer Foment 16, ℘ 972 314386, ℡ 972 312081, www.hostalcatalina.com.
- *Camping* **Palamós**, 1. Kat., links und rechts der Küstenstraße zum Strand La Fosca; Zentrum und Strand jeweils in Fußentfernung. Wiesengelände landeinwärts mit wenig, Terrassen auf der Meerseite mit mehr Schatten und schöner Aussicht. Unterhalb eine steinige Badebucht. Gute Sanitärs und sonstige Ausstattung, Swimmingpool. Geöffnet Ostern bis Ende September. p.P. 6,50 €, Stellplatz ab 14 €, zur NS günstiger. ℘ 972 314296, ℡ 972 601100, www.campingpalamos.com.

▶ **Platja d'Aro**: Trabantenstadt am goldenen Strand – eines der größten Ferienzentren der Costa Brava. Platja d'Aro lebt fast ausschließlich vom Fremdenverkehr, rund 90 Prozent der Einwohner sind im Tourismus oder den mit ihm verbundenen Branchen tätig. Beliebt ist der Ort besonders bei Besuchern, die ein intensives Nachtleben schätzen.

- *Information* **Oficina Municipal de Turisme**, Carrer Mossèn Cinto Verdaguer 4, an der großen Kreuzung im Ortszentrum. Geöffnet täglich 9–13, 16–19/20 Uhr, von Mitte Juli bis Mitte September täglich 8–22 Uhr. ℘ 972 817179, www.platjadaro.com.
- *Verbindungen* **Bus:** SARFA-Station knapp landeinwärts der Durchgangsstraße auf Höhe der Plaça Abat Escarre; Verbindungen jeweils etwa stündlich nach Sant Feliu, Sant Antoni, Palamós, Girona und Barcelona.
- *Übernachten* ******* Hotel Hostal Sa Gavina**, in der kleinen, wenige Kilometer entfernten Nachbarsiedlung S'Agaro. 1932 gegründet und vielleicht das beste Hotel der Costa Brava; DZ etwa 200–350 €. Die Küche des zugehörigen Restaurants steht dem Stil des Hauses nicht nach. Geöffnet April bis Oktober. Pl. de la Rosaleda s/n, ℘ 972 321100, ℡ 972 321573, www.lagavina.com.
*** Hotel Els Pins, familiäres Quartier in zentraler, aber ruhiger Lage einen Block hinter der Strandpromenade. Geöffnet Ostern bis Oktober. DZ inkl. Frühstück etwa 65–120 €. Carrer Verge del Carme 34, ℘ 972 817219, ℡ 972 817546, www.hotelelspins.com.
- *Camping* **Vall d'Or Europ**, 2. Kat., in schöner, strandnaher Lage südlich knapp außerhalb von Platja d'Aro, jenseits der Mündung des Riu Ridaura, ins Zentrum gut ein Kilometer. Mittlerer Schatten, recht gute Sanitärs. Geöffnet Ostern bis Oktober. p.P., Auto, Zelt jeweils knapp 9 €. ℘/℡ 972 817585, www.betsa.es.
- *Feste* **Carnestoltes**, der Karneval oder Fasching. Auch wenn so mancher Reisende zu anderen Zeiten vielleicht geneigt wäre, einen Bogen um Platja d'Aro zu machen – zum Karneval lohnt der Ort einen Besuch wirklich: Die ausgelassenen hiesigen Feiern sind, nach denen von Cádiz und Teneriffa, die drittgrößten Spaniens.

Sant Feliu de Guíxols

Eine sehr alte Küstenstadt, die längst nicht nur auf den Fremdenverkehr setzt. Im großen Hafen dümpeln immer noch Fischerboote, auf den beiden meerwärts führenden Rambles *Vidal* und *Portalet* flanieren nicht nur Urlauber. Das Zentrum wird zum Hafen hin durch den Boulevard *Passeig del Mar* abgegrenzt. Und hier am

Meer lässt sich auch vermuten, warum Sant Feliu sich seinen fast nostalgischen Charakter so gut bewahrt hat: Der Stadtstrand ist nicht der Schönste und geht direkt in den Hafen über; angenehmer badet es sich am reizvollen Strand Santa Pol am Ortsrand.

- *Information* **Oficina Municipal de Turisme**, mit Erscheinen dieser Auflage wohl umgezogen ins Rathausgebäude am Passeig del Mar 8; ob die bisherige Telefonnummer (✆ 972 820051) beibehalten wird, blieb unklar. Öffnungszeiten: Mo–Sa 10–13, 16–20 Uhr (Winter nur bis 19 Uhr), So 10–14 Uhr; www.guixols.net.
- *Verbindungen* **Bus**: Der Busbahnhof liegt etwas abseits nordwestlich des Zentrums. SARFA-Busse unter anderem etwa stündlich nach Platja d'Aro, Palamós und Palafrugell sowie nach Barcelona. Nach Girona alle 1–2 Stunden, zusätzlich verkehren Busse der Gesellschaft TEISA, die eine schnellere Route bedient. Spärliche Verbindungen nach Tossa und Lloret de Mar (1- bis 2-mal tägl. via Inland) bestehen, je nach Jahresplanung der Sarfa, höchstens im Juli/August. Sonst gibt es keine Direktbusse nach Tossa de Mar, der einzige Weg führt dann über Girona!
- *Übernachten* *** **Hotel Plaça**, kleines und modernes, komfortables Stadthotel direkt am Marktplatz, eigene Parkmöglichkeit. Angesichts der sehr zentralen Lage lässt sich das Fehlen eines Restaurants verschmerzen. Ganzjährig geöffnet. DZ nach Saison etwa 80–115 €. Plaça del Mercat 22, ✆ 972 325155, ✎ 972 821321, www.hotelplaza.org.
- * **Pensió Geis**, in einer der engen Altstadtgassen in Marktnähe, also sehr zentral gelegen. Einfach, aber sauber, angenehm und ruhig, sehr freundlicher Wirt. Ganzjährig geöffnet. DZ/Bad rund 45 €. Carrer Especiers 27, ✆ 972 320679, www.restaurant-isern.com.
- *Camping* **Sant Pol**, 2. Kat., nahe der gleichnamigen Strandbucht nördlich von Sant Feliu. Zum Strand ein paar hundert Meter, auch das Stadtzentrum liegt noch in Fußentfernung. Kleiner, recht schattiger Platz mit guten Sanitärs, Pool und Mietbungalows, durch die nahe Straße leider nicht immer ganz ruhig. Geöffnet Ostern bis Ende November. Preis pro Person etwa 7 €, Stellplatz inkl. Auto und Zelt 25 €, Rabatt zur Nebensaison und für Camper ohne Auto. ✆ 972 327269, www.campingsantpol.com.
- *Essen* **Rest. Eldorado**, an der größeren der beiden Rambles. Tagesmenü ohne Getränke etwa 20 €, à la carte können es schnell 35-40 € werden. Rambla Vidal 23. Gegenüber auf Nr. 17 eine Art Cafetería-Ableger des Eldorado und ein guter Platz für ein preisgünstigeres Mittagsmenü, aber auch für Tapas und andere Kleinigkeiten: **Eldorado Pintxos**.
- *Baden* Die **Platja de Sant Pol**, etwa 1,5 Kilometer nördlich des Zentrums beim kleinen Nachbarort S'Agaro gelegen, ist die hübsche Alternative zum Stadtstrand.

Porta Ferrada: Der dreibogige Bau, möglicherweise der Rest eines mittlerweile verschwundenen Kreuzgangs, steht nahe der Plaça Monestir und gehört zu einem Benediktinerkloster, das schon im 10. Jh. urkundlich erwähnt wurde. Es beherbergt das Stadtmuseum *Museo d'História de la Ciutat* (Di–Sa 10–13, 17-20 Uhr, So 10-13 Uhr; gratis), das sich unter anderem der Korkverarbeitung widmet.

▸ **Südlich von Sant Felíu**: Die Küstenstraße nach Tossa de Mar zählt sicher zu den landschaftlich schönsten Routen der gesamten spanischen Mittelmeerküste. Tief unten glitzern kleine Buchten, die nur z. T. von Land her zu erreichen sind, meist durch Feriensiedlungen hindurch.

Tossa de Mar

Tossa – das bedeutet vor allem Pauschaltourismus mit langer Tradition. Doch konnte sich das Städtchen gewissen Charme bewahren.

Schon in den „Goldenen Zwanzigern" existierte in Tossa eine kleine Künstlerkolonie, der zeitweise auch der Maler *Marc Chagall* angehörte; ein Jahrzehnt später gab es bereits eine regelmäßige Busverbindung von Paris. Seitdem wurde reichlich gebaut, doch konnten die Hotelkästen erfreulicherweise nicht bis in den Ortskern

138 Katalonien

Tossas Schmuckstück: die Altstadt Vila Vella

vordringen. Der älteste Teil von Tossa, die unter Denkmalschutz stehende *Vila Vella*, erhebt sich auf einem schon zu Römerzeiten besiedelten Felskap. Von hier genießt man einen schönen Blick über die geschwungene Sandbucht, der Tossa wohl auch einen Teil seiner Beliebtheit zu verdanken hat.

• *Information* **Oficina Municipal de Turisme**, Avinguda del Pelegrí 25, neben dem Busbahnhof. Saisonal mehrfach wechselnde Öffnungszeiten, von Juni bis September Mo–Sa 9–21 Uhr, So 10–14 Uhr, im Winter Mo–Sa 10–14, 16–19 Uhr; ✆ 972 340108. Eine Sommerfiliale öffnet in einem Kiosk in Strandnähe. www.infotossa.com.

• *Verbindungen* **Zug**: Nächster Bahnhof bei Blanes; Busverbindung mit Umsteigen in Lloret verbunden, dafür jedoch weit häufigere Anschlüsse als nach Girona.
Bus: Busbahnhof an der Durchgangsstraße bei der Abzweigung nach Lloret. SARFA-Busse nach Barcelona 11-mal, nach Girona 1-mal täglich. Verbindungen nach Sant Feliu höchstens im Juli und August und dann nur 1- bis 2-mal täglich. PUJOL & PUJOL tagsüber halbstündlich nach Lloret de Mar. Zur HS teilweise erweiterte Frequenzen.
Schiff: Viajes Marítimos, einer von mehreren Anbietern, fährt zur Saison 4-mal täglich nach Norden bis Platja d´Aro, nach Süden 7-mal täglich bis hinter Blanes. ✆ 972 369095 www.viajesmaritimos.com

• *Übernachten* ****** Best Western Gran Hotel Reymar**, in schöner Lage nahe der Strandbucht Platja Mar Menuda. Aller Komfort inklusive Pool; viele der 166 Zimmer mit Meerblick. Geöffnet Ende April, Anfang Mai bis Oktober. DZ nach Saison etwa 130–290 €, DZ mit „Salón" gegen Aufpreis. Platja Mar Menuda s/n, ✆ 972 340312, ✉ 972 341504, www.ghreymar.com.
* Hotel Can Tonet, im Zentrum und als einziges Hotel in Tossa ganzjährig geöffnet. Eher einfach ausgestattete, aber recht große und freundliche Zimmer. DZ etwa 70 €, Frühstück inklusive. Plaça de l´Església s/n, ✆ 972 340237, www.hoteltonet.com.
* Hotel Tarull, im südlichen Ortsbereich etwas abseits des Rummels. Dachterrasse mit schönem Blick, Zimmer schlicht, aber ok; Garage. Viele Stammgäste. Geöffnet April–Oktober, DZ etwa 60–70 €, Frühstück inklusive. Carrer Rosa Rissech 35, ✆ 972 340127, ✉ 972 341935, www.hoteltarull.com.
* Pensió Fonda Can Lluna, hübsche Pension in bestechender Lage im Zentrum. Zimmer etwas eng, aber gepflegt; von der Dachterrasse fantastischer Blick auf die Vila

Vella. Ganzjährig geöffnet, DZ/Bad etwa 40-50 €. Carrer Roqueta 20, ☎ 972 340365, www.fondalluna.com.

• *Camping* Insgesamt fünf Plätze um Tossa.
Cala Llevadó, 1. Kat., etwa drei Kilometer Richtung Lloret. Terrassiertes, schattiges Gelände, unterhalb mehrere kleine Buchten, der längere Sandstrand Platja de Llorell in naher Fußentfernung. Exzellente Sanitärs, Pool, reiche Sportmöglichkeiten. Geöffnet Mai–September; Beschilderte Abzweigung an der Straße nach Lloret. Preise zur HS p.P., Auto, Zelt je etwa 9,50 €, zur NS Ermäßigung. ☎ 972 340314, ☎ 972 341187, www.calallevado.com.
Can Martí, 1. Kat., der zentrumsnächste Platz. Großer Pool. Etwa 1,5 Kilometer landeinwärts des Hauptstrands, durch das trockene Flussbett von der Straße nach Llagostera getrennt. Geöffnet etwa Mitte Mai bis Mitte September. Preise zur HS: p.P. und Zelt jeweils 9 €, Auto 5 €, zur NS günstiger. ☎ 972 340851, www.campingcanmarti.net.

• *Essen* Rest. **Cuina de Can Simón**, ganz oben in der Restaurantgasse von Tossa und der örtliche Vertreter der Michelin-stern-Liga. Kreative mediterrane Küche, gute Weinauswahl. „Klassisches" festes Menü etwa 60 €, à la carte ähnliches Preisniveau. Carrer Portal 24, außerhalb der Saison So-abend, Mo und Di geschlossen. ☎ 972 341269.
Rest.-Brasería Berlin, in einem neueren Ortsbereich, nicht weit vom Zentrum. Ein beliebtes und oft voll besetztes Lokal vom alten Schlag, in dem die (spanische) Chefin ein freundliches Regiment führt. Exzellentes Preis-Leistungs-Verhältnis insbesondere beim festen Menü, das es auch abends gibt und das für gerade mal 10 € eine prima Auswahl bietet. Carrer Sant Antoni 12.

• *Baden* Die **Platja Gran**, der mehrere hundert Meter lange Hauptstrand, ist mit Rotkreuz-Station, Duschen etc. bestens ausgestattet, wird trotz seiner Größe zur Saison jedoch reichlich voll. Die kleinere **Platja de Mar Menuda** liegt ein paar hundert Meter nordöstlich und bietet zahlreiche Wassersportmöglichkeiten. Noch weit kleiner ist die Sandbucht **Platja Es Codolar**; sie liegt westlich unterhalb der Vila Vella und diente dem alten Tossa als Hafen.

Vila Vella: Das malerische Ensemble mittelalterlicher Verteidigungsanlagen und enger Treppenwege stammt in seinen Grundzügen aus den letzten Jahrzehnten des 12. Jh; Ende des 14. Jh. wurden die Wälle erweitert. Innerhalb des Komplexes liegen ein Leuchtturm mit Museum, die Reste einer gotischen Kirche und das *Museu Municipal* (häufig wechselnde Öffnungszeiten; 3 €), in dem neben Mosaikböden der hiesigen Vila Romana auch Gemälde unter anderem von Marc Chagall ausgestellt sind.

Lloret de Mar

Der größte Ferienkomplex der Costa Brava, Rummel rund um die Uhr: Das berühmt-berüchtigte Lloret muss man fast gesehen haben.

Die „Tourismuskapitale der Welt" (Prospekt des Fremdenverkehrsamtes) ist wirklich ein ganz besonderes Stückchen Spanien. Den 35.000 Einwohnern stehen in Hotels, Pensionen und Apartments rund die doppelte Anzahl Gästebetten entgegen, in der kleinen Altstadt und den weiträumigen neuen Vierteln beherbergt fast jedes Gebäude einen irgendwie am Tourismus verdienenden Betrieb. Vom Ruf der Stadt als Dorado für Pistengänger fühlen sich dabei nicht nur Nordländer angezogen, im Sommer tummelt sich auch viel spanisches Jungvolk in den Diskotheken und Spielsalons.

• *Information* **Oficina Municipal de Turisme**, die Hauptstelle an der Zufahrt von Girona, etwas nördlich der Abzweigung Richtung Blanes. Geöffnet Juni bis September Mo-Sa 9-20 Uhr, im restl. Jahr Mo-Sa 9-13, 16-19 Uhr. Avinguda de les Alegries 3, ☎ 972 365788, www.lloretdemar.org.
Zweigstelle im zentralen Museu del Mar (Meeresmuseum), ☎ 972 364735. Öffnungszeiten: Juni bis Sept. Mo–Sa 9–20 Uhr, So 10–13, 16–19 Uhr Uhr; restliche Monate Mo–Sa 9–13, 16–19 Uhr.

140 Katalonien

- *Verbindungen* **Zug**: Nächster Bahnhof knapp außerhalb des Nachbarorts Blanes, Busverbindung mehrmals stündlich.
Bus: Busbahnhof („Terminal Bus") an der Durchgangsstraße Carretera de Blanes. Stadtbusverbindung nach Blanes mehrmals stündlich, SARFA nach Barcelona 11-mal täglich. PUJOL & PUJOL fährt tagsüber halbstündlich nach Tossa, RAFAEL MAS 10-mal täglich nach Girona. In der HS teilweise erweitertes Angebot.
Schiff: Viajes Marítimos bedient zur Saison 7-mal täglich die Küste bis hinter Blanes (hin und zurück 10 €); Abfahrten Richtung Tossa (12 €) in der Regel 9-mal täglich.
- *Übernachten* **** **Hotel Marsol**, direkt an der Strandpromenade, ganzjährig geöffnet. Gute Ausstattung mit schallisolierten Fenstern (in dieser Lage natürlich ein Muss), Pool, Sauna etc. 116 Zimmer, DZ mit Frühstück je nach Saison und Lage 70–170 €. Passeig Jacint Verdaguer 7, ℡ 972 365754, ℻ 972 372205, www.marsolhotel.com.
** **Pensió Hostal Santa Ana**, sehr solider Familienbetrieb, mit 96 Betten für die Klasse recht groß. Die Zimmern fallen relativ schlicht aus, sind aber sauber und gut in Schuss gehalten. Geöffnet Juni bis September, DZ/Bad offiziell 40–50 €, manchmal geht es auch günstiger. Carrer Sènia del Rabic 26, im nördlichen Zentrumsbereich, ℡/℻ 972 373266, www.santaanalloret.com.
- *Camping* **Lloret Europ**, 2. Kat., stadtnächster Platz, ins Zentrum knapp einen Kilometer. Teils terrassiertes, teils ebenes Gelände am Ortsrand, mittlerer Schatten, recht gute Sanitärausstattung. Vorwiegend junges Publikum, in der Saison sehr voll. Swimmingpool, Supermarkt und Bar/Cafeteria. Anfahrt von der Hauptstraße beim Schild Richtung Vidreres. Geöffnet Ostern bis September, p.P., Auto, Zelt je etwa 8 €, zur NS ermäßigt. ℡ 972 365483. www.betsa.es.
- *Essen* **Restaurant Can Bolet**, eines der wenigen guten Restaurants im Zentrum – das Stammpublikum von Lloret stellt keine großen kulinarischen Ansprüche. Schwergewicht auf katalanischen Fischspezialitäten, Menü à la carte ab etwa 30 € aufwärts, oft sind aber auch vergleichsweise preisgünstige Tagesmenüs im Angebot. Carrer de Sant Mateu 6, eine Seitenstraße der strandnahen Plaça d'Espanya.
- *Nachtleben* Die **Avinguda Just Marlés i Vilarrodona** ist „die" Disco-Straße von Lloret, zahlreiche Discos liegen in ihrer unmittelbaren Nähe. Wer abends hier oder in den benachbarten Altstadtgassen umherstreift, wird garantiert von einem der schick gewandeten Animateure angesprochen und erhält vielleicht sogar eine Gratiskarte. Die Eintrittsgebühr für die meisten Discos beträgt inkl. einem Drink im Juli/August etwa 12-15 €, für Frauen bzw. in der Nebensaison ist auch freier Eintritt drin.
- *Baden* Der über einen Kilometer lange Hauptstrand erstreckt sich direkt vor der Promenade, ist bestens gepflegt, wird allerdings allsommerlich knackvoll. Zur Hochsaison kaum leerer, sonst aber weniger stark besucht sind die Strandbuchten **Platja Canyelles** in Richtung Tossa und **Platja de Fenals** in Richtung Blanes. Noch ein Stück weiter, auf halbem Weg zwischen den Zentren von Lloret und Blanes, glänzt die Doppelbucht **Santa Cristina/Platja de Treumal** mit besonders feinem Sand.

Nicht weit von Llorets Kirchplatz: Haus im Modernisme-Stil

Museu del Mar: An der Strandpromenade, untergebracht in der Casa Garriga, einer schönen Villa des 19. Jh. Auf mehreren Etagen informiert das Meeresmuseum (kein Aquarium) mit detailgetreuen Schiffsmodellen, alten Karten, Fotografien, Möbeln, teilweise recht witzig gemachten Schaukästen etc. über die traditionell enge Beziehung des Städtchens zum Meer. Deutschsprachige Begleitblätter zu den einzelnen Bereichen liegen aus.
Öffnungszeiten Im Sommer Mo-Sa 10-13, 16-20 Uhr, So 10-13, 16-19 Uhr, im Winter Mo-Sa 9-13, 16-19 Uhr, So 10-13, 16-19 Uhr; Eintrittsgebühr 4 €.

Blanes

Die südlichste Siedlung der Costa Brava, gleichzeitig die größte Stadt dieser Küste. Blanes wirkt bodenständig, familiär und ehrlich.

Die rund 38.000 Einwohner zählende Stadt lebt keinesfalls nur vom Fremdenverkehr; die Textilindustrie und der betriebsame Fischereihafen tragen ebenfalls zum Einkommen bei. Das Zentrum von Blanes kann zwar, ebenso wie die in den 60ern und 70ern errichteten Häuser der Uferzeile, nicht direkt als Schönheit gelten, besitzt aber gewissermaßen Charakter. Reizvoll präsentiert sich die üppig begrünte Strandpromenade, die im Norden am großen Hafen endet – hier schlägt das Herz von Blanes.

• *Information* **Oficina Municipal de Turisme**, die Hauptstelle in der Biblioteca Comarcal am Passeig de Catalunya 2, nahe der Plaça dels Paisos Catalans. Öffnungszeiten Juni bis Sept. Mo–Sa 9–20 Uhr, im Juli/August auch So 9.30–14 Uhr; restliche Monate Mo–Fr 9–14 Uhr (Mai/ Okt. auch 16–19 Uhr), Sa 10–14 Uhr. ✆ 972 330348. www.blanes.net.

• *Verbindungen* **Zug**: Bahnhof Estació Blanes südwestlich außerhalb des Ortes, häufige Busverbindung mit Linie 4. Züge der Cercanía- bzw. Rodalies-Linie C1 fahren halbstündlich nach Barcelona sowie etwa stündlich nach Maçanet-Massanes, dem Umsteigebahnhof Richtung Girona. Stadtbus Nr. 6 fährt vom Bahnhof nach Lloret.
Bus: Busbahnhof am Passeig de Catalunya, etwas stadtauswärts der Haupt-Infostelle. Busse von BARCELONA BUS nach Barcelona 2-mal, Girona 10-mal täglich. Nach Lloret de Mar mit Stadtbus Nr. 1 mehrmals stündlich, Haltestellen in der Hotelsiedlung und an der Plaça Catalunya. Stadtbus Nr. 3 fährt von der Plaça Catalu-

Nicht nur Fischern vorbehalten: der Hafen von Blanes

nya zum Botanischen Garten Mar i Murtra, Nr. 7 (nur im Sommer) zur Campingzone.
Schiff: Viajes Marítimos fährt im Norden bis Platja d´Aro und Sant Antoni, Preisbeispiel: Tossa de Mar 14 €.

• *Übernachten* *** **Hotel Horitzó (9)**, am stadtwärtigen Rand der Strandsiedlung, noch nicht weit vom Ortskern selbst. Gute Ausstattung, viele Zimmer mit Balkon zum

Meer und zur Strandpromenade, allerdings auch zur Straße, die hier noch die Promenade begleitet. Spa, Garage. Geöffnet Mitte März bis Mitte November. DZ inklusive Frühstück je nach Lage und Saison 70–125 €. Passeig Marítim S'Abanell 11, ✆ 972 330400, ✆ 972 337863, www.hotelhoritzo.com.

** Pensió Hostal Doll, an der Promenade des Zentrums. Freundliche, familiäre Atmosphäre, gepflegte Zimmer in hellem Holz und teilweise mit Balkon zum Meer. Geöffnet Juni bis September, DZ/Bad je nach Lage und Saison etwa 55–70 €, Frühstück inklusive. Passeig Pau Casals 71, ✆ 972 330008, www.hostaldoll.com.

• *Camping* Alle elf Plätze (im Ort schlicht mit „Campings" ausgeschildert) der Strandsiedlung zählen zur zweiten Kategorie und sind sich in Ausstattung und Preis relativ ähnlich; hier nur ein Beispiel.
Camping Blanes, 2. Kat., einer der ortsnäheren Plätze. Gelände mit recht gutem Schatten, strandnah gleich hinter der Uferpromenade gelegen. Offiziell ganzjährig geöffnet, Parzelle 21 € (mit Zweirad etc. günstiger), p.P. 7 €. ✆ 972 331591, www.campingblanes.com.

• *Essen* **Rest. Can Flores I und II**, im Hafenbereich. Ein kleines Restaurant-Imperium aus zwei einander benachbarten Lokalen. Bekannt für Fisch und Meeresfrüchte, Menü à la carte ab etwa 20 € aufwärts; auch Tapas und günstige Tagesgerichte. Esplanada del Port s/n.

• *Feste & Veranstaltungen* **Festa Major**, das Hauptfest zu Ehren der Schutzpatronin Santa Anna, vom 21.-28. Juli. Höhepunkt ist der „Concurs Internacional de Focs d'Artifici Costa Brava", ein Festival des Feuerwerks.

• *Baden* Der eher grobkörnige Stadtstrand von Blanes erstreckt sich direkt vor dem Zentrum und wirkt durch die Nähe zum Hafen nicht allzu attraktiv. Die **Platja de S'Abanell**, der Strand vor der ausgelagerten Feriensiedlung, ist von ganz anderem Kaliber, bietet mit rund 2,5 Kilometer Länge und einer Breite von bis zu 100 Metern wirklich reichlich Platz.

Jardí Botànic Mar i Murtra: Vielleicht der bedeutendste Botanische Garten der Costa Brava, ein Stück oberhalb der Stadt und des Hafens gelegen. Er wurde ab den 20er-Jahren angelegt und beherbergt mehr als 4000 Pflanzenarten, die aus mediterranen Zonen, aber auch aus Afrika, Südamerika und sogar aus dem australischen Busch stammen.

• *Öffnungszeiten* April, Mai und Oktober täglich 9–18 Uhr, Juni bis September täglich 9-20 Uhr, November bis März Mo–Fr 10–17 Uhr, Sa/So bis 14 Uhr; Eintrittsgebühr 5,50 €. Der Weg hinauf ist steil, der Garten jedoch auch mit einem offenen Bus, dem so genannten „Carrilet" (Bus Nr. 3) ab der Plaça de Catalunya zu erreichen.

Costa del Maresme

Südlich von Blanes markiert die Mündung des Flusses Tordera sowohl die Grenze der Provinz Girona zur Provinz Barcelona als auch die der Costa Brava zur Costa del Maresme.

Der Maresme bildet den etwa 60 Kilometer langen Küstenstreifen bis Barcelona. Früher zur Costa Daurada gerechnet, hat sich das Gebiet vor Jahren als eigene Küste quasi selbständig gemacht. Augenfällig ist der landschaftliche Unterschied zur Costa Brava: statt steil abfallender Küstenberge flaches oder leicht hügeliges, dank des günstigen Klimas intensiv landwirtschaftlich genutztes Land; statt kleiner Buchten endlose Sandstrände. Doch was so verlockend klingt, erweist sich in der Praxis als weit weniger erfreulich. Die Nähe Barcelonas sorgte schon vor Jahrzehnten für Raum greifende Bautätigkeit, weshalb eine Fahrt entlang des Maresme heute durch eine fast ununterbrochene Abfolge verschiedener Siedlungen führt. Unschön auch die Bahnlinie und die stets von Staus geplagte Nationalstraße N II (Autofahrern empfiehlt sich dringend die Autobahn), die vielerorts einen Sperr-Riegel zum Strand bilden und für erhebliche Geräuschkulisse sorgen. Und da es we-

- **Malgrat**: Der nördlichste Ort des Maresme zwängt sich zwischen Bahnlinie und die Zufahrt von Blanes zur Nationalstraße. Malgrat pendelt mit seinen fünf Kilometern Strand irgendwo zwischen Kleinindustrie und Tourismus mit ausgeprägter Betonung auf „preisgünstig".
- **Pineda de Mar**: Im Nebengeschäft betreibt das Städtchen Landwirtschaft statt Industrie, ist sonst ähnlich strukturiert wie Malgrat – preiswerte Hotels der unteren Klassen, beliebt bei Familien, mehrere Campingplätze.
- **Calella de la Costa**: Das touristische Schwergewicht unter den Maresme-Orten. Wer bisher noch nicht genug deutsche Miturlauber gesehen hat, dürfte hier richtig sein – bei Spaniern ist das Städtchen als „Calella de los Alemanes" bekannt, als „Calella der Deutschen". Reichlich Campingplätze und Hotels auch höherer Kategorien.
- **Sant Pol de Mar**: Mit dem Vorteil einer Umgehungsstraße und kleiner als die nördlichen Maresme-Orte. Die Altstadt liegt auf einem Hügel oberhalb einiger Strandbuchten, es gibt kleine Hotels verschiedener Kategorien und zwei Campingplätze: eine der sympathischeren Siedlungen dieser Küste.

- *Übernachten* *** **Hotel Gran Sol**, komfortables Quartier der Hoteliersschule, in reizvoller Lage über der Küste, dabei ganz nah an der Hauptstraße N II. Gut ausgestattet mit Pool, Parkplatz, etc. DZ etwa 105–140 €, Frühstück inklusive. Carretera N II, km 664, ✆ 937 600051, ℻ 937 600985, www.hotelgransol.info.
- *Essen* **Rest. Sant Pau**, für Gourmets bereits Grund genug für einen Besuch von Sant Pol. Chefin Carme Ruscalleda gilt als eine Institution der katalanischen Küche, hat sich mit ihren raffinierten, saisonabhängigen Gerichten sagenhafte drei Michelinsterne (seit 2006, vorher waren es zwei) erkocht. Auch das Ambiente stimmt, ein altes Haus mit reizvollem Blick über die Bucht. Probiermenü rund 120 €, à la carte ähnliches Preisniveau. Carrer Nou 8-10, ✆ 937 600662; So, Mo und Do-Mittag geschlossen. www.ruscalleda.com.

- **Arenys de Mar**: Bekannt ist der Ort besonders durch seinen noblen Yachthafen, auch Fischerei wird noch relativ umfangreich betrieben. Um den alten Ortskern reichlich Beton. Mehrere Strände, relativ wenige Hotels, drei Campingplätze.
- **Mataró**: Industrie- und Hafenstadt mit etwa 120.000 Einwohnern, dennoch Badeziel von Tagesausflüglern aus Barcelona. Sonst gibt es kaum Tourismus.

Was haben Sie entdeckt?

Haben Sie d i e Bar mit wundervollen Tapas gefunden, das freundliche Hostal, den günstigen Campingplatz, einen schönen Wanderweg? Und welcher Tipp war nicht mehr so toll? Wenn Sie Ergänzungen, Verbesserungen oder neue Informationen zum Spanienbuch haben, lassen Sie es mich bitte wissen!

Thomas Schröder
Stichwort „Spanien"
c/o Michael Müller Verlag
Gerberei 19
91054 Erlangen
thomas.schroeder@michael-mueller-verlag.de

Hoher Berg, winziges Dorf: Landschaft in den Pyrenäen

Katalanische Pyrenäen

Die Alternative zur Einreise entlang der Küste. Kataloniens Gebirgswelt konnte sich viel Ursprünglichkeit bewahren.

Das etwa in Ost-West-Richtung verlaufende Massiv der Pyrenäen markiert die natürliche Grenze der Iberischen Halbinsel zu Frankreich. Auf spanischer Seite mündet der Gebirgszug in die Regionen von Katalonien, Aragón und Navarra. Scheinen die Pyrenäen Kataloniens vom Kartenbild her weniger spektakulär als die des westlichen Nachbarn Aragón, so warten sie doch mit einer ganzen Reihe landschaftlich reizvoller Ziele auf. An erster Stelle steht sicherlich der *Parc Nacional d'Aigüestortes i Sant Maurici* mit seinen zahlreichen Seen, Bächen und Wasserfällen. Kunstfreunde finden zahlreiche romanische Kirchen und Klöster vor, Wintersportler eine Reihe von Skigebieten. Bedeutsam für die *Reiseplanung* ist die Nord-Süd-Ausrichtung der meisten Pyrenäentäler und damit der Verkehrswege; Querverbindungen sind rar gesät. Was für Autofahrer nur unbequem ist, verlangt von Reisenden mit den spärlichen öffentlichen Verkehrsmitteln vorausschauende Wahl des Ziels. Auch das Klima ist ins Kalkül zu ziehen: Selbst im Sommer wird es nachts recht frisch; im Frühjahr und Herbst, wenn an der Küste T-Shirt-Wetter herrscht, liegt in den Hochlagen Schnee.

Olot und der Naturpark Garrotxa

Der üppig grüne Naturpark der Garrotxa umfasst ein inaktives Vulkangebiet und liegt auf gerade mal 450 Meter Höhe der eigentlichen Pyrenäenregion vorgelagert. Olot, die größte Ortschaft im Gebiet des *Parc Natural de la Zona Volcanica de la Garrotxa*, zeigt sich bei näherer Bekanntschaft freundlicher, als es zunächst den

Katalanische Pyrenäen 145

Anschein haben mag. Mit einer ausreichenden Infrastruktur stellt Olot auch den besten Ausgangspunkt für Exkursionen in die Vulkanregionen dar.

- *Information* **Oficina Municipal de Turisme**, im Museu Comarcal, Carrer de Hospici 8. Öffnungszeiten: Juli bis Mitte September Mo–Sa 10-20 Uhr, So 11-14 Uhr, im restlichen Jahr Mo-Sa 9-14 (Sa erst ab 10 Uhr), 17-19 Uhr, So 11-14 Uhr. ✆ 972 260141, www.olot.cat/turisme.
Casal dels Volcans, die richtige Adresse für Wanderer und alle, die sich für Vulkane interessieren. Angeschlossen ein kleines Museum und ein botanischer Garten; es gibt Karten, Wanderbroschüren und Infos über den Naturpark. Parc Nou, an der Avinguda de Santa Coloma s/n, etwa einen Kilometer südwestlich des Zentrums, ✆ 972 266202. Öffnungszeiten: 10-14, 16-18 Uhr (Sommer 17-19 Uhr).
- *Verbindungen* **Bus:** Busbahnhof gleich südlich der Altstadt am Carrer de Bispe Lorenzana. TEISA-Busse von/nach Girona direkt 3-mal, via Besalú und Banyoles 8-mal und via Amer 6-mal, Figueres 4-mal, Barcelona über Besalú und Banyoles 6-mal, Ripoll 3- bis 5-mal täglich.
- *Übernachten* *** **Hotel Borrell**, in einem ruhigen Wohngebiet knapp südwestlich der Altstadt, ein komfortables Mittelklassehotel mit Parkplatz. DZ etwa 90–100 €, Frühstück inklusive. Carrer Nonet Escubos 5, eine Seitenstraße des Passeig de Barcelona, ✆ 972 276161, ✆ 972 270408, www.hotelborrell.com.
** **Pensió Hostal Olot**, ganz frisch eröffnetes Quartier. Ein Lesertipp von Robert und Claudia Böswald, der leider erst nach erfolgter Recherche eintraf: „Setzt vermutlich neue Maßstäbe für diesen Ort. Die geschmackvolle moderne Einrichtung ist nagelneu und für den Preis schon fast ein bisschen zu schick. Die Sauberkeit ist vorbildlich, das Frühstück wirklich üppig. Die Latex-Matratzen sind super". DZ etwa 60 €, Frühstück inklusive. C. Sant Màrtir 29, ✆ 972 261212, www.hostalolot.com.
Jugendherberge Alberg de Joventut „Torre Malagrida", wenige Fußminuten südwestlich des Zentrums. Ein Leser fand „Service und Zimmer eher dürftig". Im September und über Weihnachten geschlossen. Passeig de Barcelona 15, ✆ 972 264200.
- *Camping* **Camping Lava**, 2. Kat., einige Kilometer außerhalb in Richtung Santa Pau und damit günstig für Exkursionen im Naturpark gelegen – Wildcampen ist verboten. Recht gute Ausstattung, p.P., Auto, Zelt je etwa 5,50 €. Offiziell ganzjährig geöffnet, zur NS aber besser vorher anrufen: ✆ 972 6780358. www.i-santapau.com.
Les Tries, 3. Kat., ortsnächster Platz, am Stadtrand von Olot nahe der C 150 von Besalú, etwa zwei Kilometer vom Zentrum. Geöffnet von April bis Oktober, p.P., Auto, Zelt jeweils etwa 5 €. ✆ 972 262405.
- *Essen* **Rest. Can Guix**, am südwestlichen Rand der Altstadt. Bodenständiges, preiswertes Lokal; ein komplettes Menü kostet kaum über 15 €. Carrer de Mulleras 3, am Sonntag geschlossen.
Café Espai Europa, direkt an der zentralen Plaça Major, serviert für etwa 10 € ein ausgesprochen ordentliches, modern-leichtes Mittagsmenü. À la carte legt man ab etwa 18 € an. Plaça Major 2.
- *Feste* **Baile de los Gigantes**, am 8. September. Einer der Höhepunkte des Hauptfestes von Olot, ein Tanz von Cap-Grossos („Groß-Köpfen") und zweier künstlerisch wertvoller Riesenfiguren.

Sehenswertes

Museu Comarcal de la Garrotxa: Das Regionalmuseum an der Altstadtgasse Carrer de l'Hospici erinnert an den wirtschaftlichen Aufschwung der Stadt als Zentrum der Textilherstellung, der Holzverarbeitung und der Fabrikation religiöser Artikel, präsentiert aber auch Gemälde.
Öffnungszeiten Juli bis Sept. Di-Sa 11-14, 16-19 Uhr, So 11-14 Uhr, im restlichen Jahr Di-Fr 10-13, 15-18 Uhr, Sa 11-14, 16-19 Uhr, So 11-14 Uhr. Eintritt 3 €, es gibt auch Kombitickets mit den anderen Museen von Olot.

Volcà de Montsacopa: Der zentrumsnächste unter den vier Vulkanen im Stadtgebiet von Olot erhebt sich fast hundert Meter über der Ebene, sein Krater besitzt einen Durchmesser von 120 Metern. Zu erreichen ist er auf einem kurzen, aber steilen Weg vorbei am Museu Comarcal, ausgewiesen als „Itinerari 17".

146 Katalonien

▶ **Parc Natural de la Zona Volcanica de la Garrotxa**: Der Naturpark der Vulkanzone erstreckt sich etwa um das Siedlungs-Dreieck Castellfollit de la Roca, Olot und Santa Pau sowie noch ein Stück gen Süden. Der letzte Krater stellte seine Tätigkeit allerdings schon vor etwa 11.500 Jahren ein. Dank des feuchten Klimas zeigt sich die sanfte, hügelige Landschaft nahezu überall schön begrünt. Das Gebiet der Zone an der Straße Olot-Santa Pau ist durch markierte Wanderwege erschlossen.

Ripoll

Auch Ripoll liegt noch etwas außerhalb der Zentralregion der Pyrenäen. Das sonst eher unscheinbare Städtchen an der Mündung des Riu Freser in den Riu Ter glänzt mit einem der bedeutendsten romanischen Kunstwerke Kataloniens, dem großartigen Westportal des Benediktinerklosters Santa María.

• *Information* **Oficina Municipal de Turisme**, Plaça Abat Oliba s/n, neben dem gut beschilderten Kloster; ℡ 972 702351. Öffnungszeiten Mo–Sa 9.30-13.30, 16-19 Uhr, So 10-14 Uhr, zur HS erweitert.

• *Verbindungen* **Zug**: Bahnhof der Linie Barcelona-Puigcerdà (Cercanía-Linie C3) einen knappen Kilometer südöstlich des Zentrums, jenseits des Riu Ter. Züge Richtung Barcelona 15-mal, Richtung Ribes de Freser (Zahnradbahn nach Núria) 7-mal, Puigcerdà 6-mal täglich.
Bus: Busbahnhof etwas stadtwärts des Bahnhofs, unter anderem mit TEISA 6-mal täglich nach Olot und 1-mal nach Girona. Recht gute Verbindungen bestehen auch nach Sant Joan de los Abadesses, Camprodon und Ribes de Freser.

• *Übernachten* **** Hotel Solana de Ter**, knapp drei Kilometer südlich an der Straße nach Barcelona, mit Pool und Garage. DZ kosten etwa 90–95 €. Carretera Barcelona-Ripoll s/n, ℡ 972 701062, ℻ 972 714343, www.solanadelter.com.
* Pensió Ca la Paula, nur ein paar Schritte westlich des Klosters. Die Zimmer sind schlicht, aber sauber, freundlich und mit Heizung und Fernseher ausgestattet, die Bäder gut und modern. DZ/Bad etwa 45 €. Carrer Pirinues 6, ℡/℻ 972 700011.

• *Camping* **Solana del Ter**, 2. Kat., beim gleichnamigen Hotel, also etwas außerhalb gelegen. Neben der lauten Straße, Schatten mäßig, sonst alles Nötige vorhanden, Bar-Rest. Pool, Geschäft etc. Geöffnet Ostern bis Oktober; Stellplatz inklusive Zelt und Auto etwa 13 €, p.P. 7 €. ℡ 972 701062, ℻ 972 714343, www.solanadelter.com.

• *Feste* **Festa de la Llana**, „Fest der Wolle", verbunden mit der traditionellen Hochzeitszeremonie „Casament a Pagès"; am Sonntag nach dem 11. Mai, der die Fiesta Mayor von Ripoll markiert.

Monestir de Santa María: Schon vor der islamischen Eroberung bestand in Ripoll ein Kloster. Im Jahr 888 neu gegründet durch *Wilfried den Behaarten*, einen der „Väter" der katalanischen Nation, war Santa María bald eines der bedeutendsten Zentren der Region. Die *Klosterkirche* wurde nach schweren Zerstörungen Ende des 19. Jh. in ihrer ursprünglichen, aus dem 10.-12. Jh. stammenden Form nachgebaut. Original aber ist das prächtigste Stück der Kirche, das im 12. Jh. geschaffene *Westportal*. Wenn auch schwer vom Zahn der Zeit zernagt, lohnen die vielfältigen Reliefs immer noch allein den Gang nach Ripoll. Kunsthistoriker sehen das Westportal als nicht ausschließlich religiös zu verstehenden „Triumphbogen": Zur Zeit seiner Entstehung gelang die endgültige Vertreibung der Mauren aus den südlicheren Regionen Kataloniens. Der *Kreuzgang* rechts neben dem Portal wurde im 12. Jh. begonnen, jedoch erst im 16. Jh. fertiggestellt. Links neben dem Kloster ist in der ehemaligen Kirche Sant Pere ein bunt bestücktes *Museum* (zuletzt in Renovierung) untergebracht, das vielfältige Exponate zur Geschichte der Region präsentiert.
Öffnungszeiten Mo-Sa 10-13, 15-18 bzw. im Sommer 19 Uhr; Eintrittsgebühr 2 €.

▶ **Umgebung von Ripoll – Sant Joan de los Abadesses**: Das Städtchen mit seinem mittelalterlichen Ortskern liegt an der C 151, etwa zwölf Kilometer nordöstlich von Ripoll. Bedeutendste Sehenswürdigkeit ist das Kloster *Monestir de Sant Joan*, das

Pyrenäen / Núria

889 durch Wilfried den Behaarten gegründet wurde. Der heutige Bau aus dem 11. und 12. Jh. beherbergt die berühmte, um 1250 geschaffene Kreuzabnahmegruppe Santíssim Misteri, einen der Höhepunkte katalanischer Holzschnitzkunst. Weiterhin bemerkenswert sind der alabasterne Altaraufsatz Verge Blanca („Weiße Jungfrau"), der gotische Kreuzgang und das Museum kirchlicher Kunst.

Öffnungszeiten Juli/August täglich 10–19 Uhr, Mai/Juni und September 10–14, 16–19 Uhr; im restlichen Jahr Mo–Sa 10–14, 16–18 Uhr; Eintrittsgebühr 2 €.

Núria

Wanderer, Wallfahrer und Wochenendausflügler, zur Saison auch Skifahrer: Núria zieht ein sehr bunt gemischtes Publikum an.

Das Heiligtum Santuari de Núria liegt etwa 35 Kilometer nördlich von Ripoll in einem hochalpinen Gebiet fast 2000 Meter über dem Meeresspiegel. Zu erreichen ist es nur zu Fuß oder mit der reizvollen Zahnradbahn *Ferrocarril Cremallera*, dem „Reißverschluss". Die 1931 in Dienst gestellte Bahn überbrückt von der Talstation in *Ribes de Freser* einen Höhenunterschied von satten 1059 Metern. Eine schöne Möglichkeit des Abstiegs zu Fuß bildet der als Nummer 1 a markierte alte Pilgerpfad Camino Viejo, der vom Stausee bei Núria in etwa zwei bis zweieinhalb Stunden hinunter zur „Mittelstation" beim Bergdörfchen Queralbs führt. Núria selbst besteht aus einem einzigen, wenig attraktiven Gebäudekomplex, der auf traditionsreichem Boden steht: Schon um 700 soll der Benediktinerabt San Gil hier in einer Höhle gelebt und den Hirten gepredigt haben. Dazu rief er sie mit einer Glocke zusammen und speiste sie aus einem Topf; sein Kreuz, die Glocke und der Topf werden im Heiligtum aufbewahrt. Im 12. Jh. wurde eine Schutzhütte mit Kapelle errichtet. Aus jener Zeit stammt wohl auch die hochverehrte Marienstatue *Nostra Senyora de Núria*, die nicht nur die Schutzpatronin der Pyrenäenschäfer ist, sondern auch von Frauen, die sich ein Kind wünschen, angerufen wird. Im Umkreis des Heiligtums bieten sich Wandermöglichkeiten in alle Richtungen.

Mitten durch den Fels: Ferrocarril Cremallera

● *Information* Ein **Infostand** bietet gute Auskünfte über Tourenmöglichkeiten etc. Geöffnet Juli-September 9-20 Uhr, sonst 9-18 Uhr. ✆ 972 732020, www.valldenuria.cat.

● *Verbindungen* **Ferrocarril Cremallera**: Ribes de Freser besitzt zwei Bahnhöfe, Ribes-Renfe/Ribes-Enllac und Ribes-Vila, ersterer ein Umsteigebahnhof von der Staatsbahn auf die Zahnradbahn Cremallera, letzterer nur eine Zusteigestation zur Cremallera; ein weiterer Bahnhof liegt etwa auf halber Strecke bei Queralbs. Abfahrten je nach Saison 7- bis 15-mal täglich; der erste Zug am Morgen startet jeweils erst ab Ribes-Vila. Im November schließt die Station von Núria und damit auch die Bahn. Fahrpreis für Hin- und Rückfahrt 17 €, einfach 11 €, zur NS liegen die Tarife einen Tick günstiger.

148 Katalonien

- *Veranstaltungen* **San Gil**, am 1. September, Wallfahrt der Schafhirten von beiden Seiten des Pyrenäenkamms nach Núria; Messe mit Opfergaben wie Milch, Käse und Quark; Marienprozession.
Concurso de Perros de Pastor, in Ribes de Freser am ersten Septembersonntag; Wettbewerb der Hirtenhunde, die ihre Geschicklichkeit im Dirigieren einer Schafherde beweisen müssen.
- *Übernachten* ***** Hotel Vall de Núria**, das einzige Hotel oben, komfortabel ausgestattet. Unterkunft nur auf Basis von mindestens Halbpension, weniger als zwei Nächte sollten es möglichst auch nicht sein; HP p.P. nach Saison etwa 55-85 €. Es werden auch Apartments vermietet, an bestimmten Terminen der NS, wenn das Hotel selbst geschlossen hat, die einzige Möglichkeit, hier oben ein Quartier zu finden. Im November sind – wie ganz Núria – jedoch auch die Apartments geschlossen. ℡ 972 732000, ℻ 972 732001, www.hotelserhsvalldenuria.com.
/* Hotel Caçadors, in Ribes de Freser, zwei benachbarte Hotels unweit der Cremallera-Station Ribes-Vila. DZ im Dreisterner nach Ausstattung und Saison etwa 60-85 €; kleinere, aber brauchbare DZ im Einsterner 40-50 €. Carrer Balandrau 24-26, ℡ 972 727006 und 972 727077, ℻ 972 728001. www.hotelsderibes.com. In der Nähe liegt die etwas günstigere * Pensió Hostal Porta de Núria**, ℡ 972 727137.
Jugendherberge Alberg de Joventut Pic de L'Aliga, modernes Gebäude über Núria, Auffahrt mit einer Kabinenbahn, die im Fahrpreis der Cremallera enthalten ist; zu Fuß rund eine Viertelstunde. Ausweis nötig, Voranmeldung ratsam, viele Gruppen. ℡ 972 732048. Geschlossen im November und über Weihnachten.
- *Camping* **Zona controllada d'acampada**, einfaches, aber immerhin mit Duschen und WC ausgerüstetes Campinggelände hinter dem Heiligtum. Ratsam, Proviant und einen guten Schlafsack mitzuführen – angesichts der Höhe reicht eine Sommer-Ausrüstung nicht. Geöffnet Ostern bis Oktober, die Gebühren liegen niedrig.

Puigcerdà

Obwohl im Spanischen Bürgerkrieg schwer in Mitleidenschaft gezogen, macht das Grenzstädtchen mit seinen engen Gassen einen sympathischen Eindruck. Puigcerdà ist bei Katalanen und Franzosen als Ferienort beliebt, besondere Sehenswürdigkeiten hat es allerdings nicht mehr aufzuweisen.

- *Information* **Oficina de Turisme C.I.T.**, Carrer Querol 1, nahe Rathaus Ajuntament. Geöffnet Di–Fr 10-13, 16-19 Uhr, Sa 10-13, 16.30-19.30 Uhr, So 10-14 Uhr. ℡ 972 880542, www.puigcerda.com.
- *Verbindungen* **Zug**: Bahnhof tief unterhalb des Zentrums, von dem französischen Latour-de-Carrol kommenden, landschaftlich reizvollen Nebenlinie nach Barcelona. Züge nach Barcelona via Ribes de Freser/Ripoll 6-mal, nach Latour-de-Carrol 4-mal täglich; ab Latour-de-Carrol Weiterfahrt nach Villefranche und Perpignan möglich.
Bus: Abfahrt vor dem Bahnhof, u. a. mit ALSA nach Barcelona 5-mal, La Seu d'Urgell 5-mal und Lleida 1x täglich.
- *Übernachten* **** Hotel Res. Del Lago**, am nördlichen Zentrumsrand, unweit des künstlichen Sees Estany. Hübscher Garten, Pool; kein Restaurant. DZ etwa 105–130 €. Avinguda Dr. Piguillem s/n, ℡ 972 881000, ℻ 972 141511, www.hotellago.com.
- *Camping* **Stel**, 2. Kat., in Grenznähe etwa einen Kilometer außerhalb an der Straße nach Llívia. Geöffnet zur Sommersaison und an Wochenenden; Parzelle inklusive Auto, Zelt rund 23 €, p.P. 6,50 €. ℡ 972 882361. www.stel.es.

La Seu d'Urgell

Das Grenzstädtchen zum etwa zehn Kilometer entfernten Andorra war schon im 6. Jh. Bischofssitz und verdankt dieser Eigenschaft auch den Namen „Seu" (Dom oder Kathedrale). Sein malerisches Altstadtviertel blieb Seu weitgehend erhalten. Unter Wassersportlern ist der Ort, an der Mündung des Riu Valira in den Riu Segre gelegen, bestens bekannt: Beide Flüsse gelten als ausgezeichnete Wildwasserreviere, weshalb das Städtchen Austragungsort der Kanu- und Kajakmeisterschaften von Olympia '92 wurde. Auf der damals geschaffenen Sportanlage können sich heute Anfänger und Cracks gleichermaßen versuchen.

Skurril: Kapitell im Kreuzgang der Kathedrale

- *Information* **Oficina Municipal de Turisme**, Avinguda Valls d'Andorra 33, beim Kreisverkehr an der Umgehungsstraße Richtung Andorra, etwa 250 Meter nordwestlich des Busbahnhofs. Öffnungszeiten: Mo–Sa 10-14, 16-18 Uhr, im Juli/August Mo–Fr 9-21 Uhr, Sa 10-14, 16-20 Uhr, So 10-14 Uhr. ✆ 973 351511, www.turismeseu.com.
Oficina Comarcal de Turisme, Passeig Joan Brudieu 15, an der zentral gelegenen Rambla; ✆ 973 353112. Geöffnet Mo-Fr 9-14, 16-18 Uhr, Sa 10-14 Uhr.
- *Verbindungen* **Bus**: Busbahnhof an der Avinguda Joan Garriga Masso, gleich nördlich der Altstadt. Busse der ALSA nach Barcelona 5-mal, nach Lleida 4-mal und Puigcerdà ebenfalls 4-mal täglich. Hier auch Abfahrt der Busse nach Andorra. Nach Sort besteht 2-mal täglich eine Art Sammeltaxi zum Bustarif, Reservierung einen Tag im voraus nötig unter ✆ 973 620733 (Vormittagsfahrt) bzw. ✆ 973 620802 (Nachmittagsfahrt).
- *Übernachten* ***** Parador de Seu d'Urgell**, in der Altstadt. Modernes Gebäude, das den Kreuzgang eines ehemaligen Konvents integriert. Standard-DZ nach Saison etwa 130–160 €. Carrer de Sant Domènec s/n, ✆ 973 352000, ✆ 973 352309, www.parador.es.
* Hotel Andria, an der zentralen Rambla. Hübsches und familiäres Quartier in einem Haus der Jahrhundertwende. Nur 14 freundliche Zimmer, kleiner Garten mit Restaurantterrasse, gute Küche. DZ nach Saison und Ausstattung 90–125 €. Passeig Joan Brudieu 24, ✆/✆ 973 351425, www.hotelandria.com.
* Hotel Avenida, etwas weiter nördlich. Teilrenoviertes Haus, die Zimmer fallen je nach Stockwerk unterschiedlich aus, von brauchbar bis topmodern. Schickes Restaurant. DZ nach Saison und Ausstattung 50–100 € (je weiter oben, desto teurer). Av. Pau Claris 24, ✆ 973 350104, ✆ 973 353545, www.avenhotel.com.
Jugendherberge Alberg de Joventut La Valira, westlich des Zentrums am Ende des Carrer Joaquim Fuerza, Nähe Park La Valira. Im September geschlossen, ✆ 973 353897.

Catedral La Seu: Die romanische Kirche des 12. Jh. steht an der Stelle, die schon seit dem 4. Jh. (!) ihre Vorläufer eingenommen hatten. Die dreischiffige Basilika mit Querschiff wurde nie ganz fertig gestellt, eine gewisse Eleganz lässt sich ihr dennoch nicht absprechen. Die Fassade und die vier von außen nicht erkennbaren Nebenabsiden zeigen den Einfluss lombardischer Baumeister. Der *Kreuzgang* aus dem 13./17. Jh. ist, für die Region recht ungewöhnlich, aus Granit gehauen; bemerkenswert

sind die schaurig-schönen, vorgeschichtlich wirkenden Kapitel. Das ungewöhnlich gut ausgestattete *Museum* prunkt mit zahlreichen Fresken und mit dem berühmten, um 970 entstandenen Kommentar zur Apokalypse des Beatus von Liébana. Vom Kreuzgang zu erreichen ist die kleine Kirche *Esglesia de Sant Miquel* aus dem 11. Jh.
Öffnungszeiten (Museum) Mo–Sa 10-13, 16-18 Uhr, So 11-13 Uhr; Eintrittsgebühr (inkl. Kreuzgang und Kirche Sant Miquel) 3 €.

Andorra

Der Zwergstaat Principat d'Andorra, am Südhang der Pyrenäen zwischen Spanien und Frankreich gelegen, misst nur etwa 460 Quadratkilometer Fläche und ist damit kleiner als so mancher spanische Naturpark.

Landschaftlich wird das Gebiet um die zwei Quellflüsse und den Oberlauf des Riu Valira von Hochtälern und Bergen geprägt, deren höchste Erhebung der Pic de l'Estany (2915 Meter) ist. Durchreisende dürften sich angesichts der zahllosen Discounter allerdings eher an einen gigantischen Supermarkt erinnert fühlen. Hauptstadt des rund 83.000 Einwohner zählenden Landes ist *Andorra La Vella*, die Amtssprache *català*; Französisch und Spanisch werden selbstverständlich auch verstanden. Eine eigene Währung besitzt Andorra nicht, Zahlungsmittel ist der Euro.

Glaubt man der Legende und auch der Nationalhymne, so wurde Andorra von Karl dem Großen gegründet. Im Jahr 839 fand der kleine Staat erstmals urkundliche Erwähnung. 1278 endete ein Erbstreit zwischen dem Bischof von La Seu d'Urgell und den französischen Grafen von Foix in einem Kompromiss: Beide durften sich fortan gleichberechtigte Mitregenten („Co-Princeps") des Landes nennen. Diese mittelalterliche Grundlage der Verfassung war prinzipiell bis vor wenigen Jahren gültig, tatsächlich regiert wurde Andorra jedoch vom so genannten *Consell dels Valls*, einem Rat der sieben Täler des Landes. Im März 1993 erbrachte eine Volksabstimmung eine überwältigende Mehrheit zugunsten der Einführung einer demokratischen Verfassung. Bei den folgenden Wahlen im Dezember waren nur „echte" Andorraner stimmberechtigt, nämlich die, die entweder hier geboren sind, einen Einwohner oder eine Einwohnerin geheiratet oder mindestens 20 Jahre lang hier gelebt haben. Gerade mal 8500 Einwohner des kleinen Landes durften an die Urne. Dank der neuen Verfassung ist das Land mittlerweile auch als volles Mitglied der Vereinten Nationen anerkannt worden.

Bis weit ins 20. Jahrhundert galt Andorra als „hinterm Mond", als völlig zurückgebliebenes Kuriosum in den Bergen, das nur auf Schmugglerpfaden zu erreichen war. Diese Einschätzung änderte sich zunächst langsam mit dem Bau der Straßen von Spanien (1913) und von Frankreich (1931), dann rapide durch die weitgehende Abschaffung der Einfuhrzölle 1950. Seitdem verwandelte sich Andorra in eine Duty-Free-Oase, deren Hauptstraßen von parkenden Autos aus Frankreich und Spanien chronisch verstopft sind. „Ursprüngliches" Andorra ist nur mehr in den entlegeneren Seitentälern zu entdecken. Zu den Hauptsehenswürdigkeiten des Ländchens zählt neben einer Reihe romanischer Kirchen vor allem die aus dem 16. Jh. stammende *Casa de la Vall* in La Vella. Der heutige Regierungssitz, dem auch ein Museum angeschlossen ist, kann wochentags und Samstag vormittags auf Führungen besichtigt werden.

• *Information* **Oficina de Turisme**, in Andorra La Vella, Plaça de la Rotonda s/n, ✆ (376) 827117. Öffnungszeiten im Juli/August tägl. 9-21 Uhr, im restlichen Jahr Mo–Sa 9-13, 15.30-19 Uhr, So 9-13 Uhr.

Im Tal des Riu Noguera Pallaresa 151

- *Zoll* Die Grenzübergänge sind durchgehend geöffnet, Ein- und Ausreise mit den üblichen Papieren verlaufen problemlos. Erlaubte Freimengen Richtung Spanien und Frankreich sind u.a. 300 Zigaretten und 1,5 Liter Getränke mit mehr als 22% Alkohol.
- *Verbindungen* Anfahrt von Frankreich durch den gebührenpflichtigen Tunnel von Elvira, der den 2408 Meter hohen Pass Port d'Envalira, übrigens eine hervorragende Motorradstrecke, unterquert. Busse von und nach La Seu d'Urgell verkehren mehrmals täglich.
- *Übernachten/Camping* Hotels und/oder Pensionen in allen größeren Ortschaften, daneben eine erstaunliche Zahl von Campingplätzen, die besonders in den Seitentälern oft sehr schön gelegen sind.
- *Einkaufen* Die überall angebotene Elektronik ist bei heimischen Discountern zu den gleichen Preisen erhältlich; relativ günstig sind dagegen Zigaretten und Alkoholisches. Etwas billiger als in Spanien sind dank der geringen Steuer auch Benzin und Diesel: Volltanken!

Im Tal des Riu Noguera Pallaresa

Die bekannteste Rafting-Region Spaniens: Von April bis August wird der Riu Noguera Pallaresa zur Spielwiese der Fans feuchter Vergnügungen.

Der wilde Pyrenäenfluss entspringt hoch oben in den Bergen und durchquert eine ausgesprochen reizvolle Landschaft, bevor er nordöstlich von Lleida in den größeren Riu Segre mündet. Im Unterlauf ist er mittlerweile durch mehrere Stauseen gezähmt, im Oberlauf jedoch noch ungestüm genug, um mit Rafting-Booten, aber auch mit Kajaks, Kanus und Hydrospeed-Brettern befahren zu werden.

▶ **La Pobla de Segur**: Das Städtchen ist der wichtigste Verkehrsknotenpunkt im Tal des Riu Noguera Pallaresa. Hier endet die landschaftlich sehr interessante Bahnlinie von Lleida, und hier müssen sich Autofahrer und Busreisende auch entscheiden, welche Seite des Nationalparks Aigüestortes sie ansteuern wollen.

- *Verbindungen* **Zug**: Bahnhof am Ortsrand, jenseits des Flusses; Anschlüsse von/nach Lleida 3-mal täglich.

Bus: Busbahnhof zentrumsnah auf der dem Bahnhof gegenüberliegenden Flussseite; Verbindungen von/nach Barcelona 2-

Feuchtes Vergnügen: Rafting auf dem Riu Noguera Pallaresa

bis 3-mal, nach Lleida sowie nach Sort, zur Kreuzung bei Espot und nach Esterri d'Aneu jeweils 2-mal, weiter nach Vielha nur von Mitte Juni bis September. Busse nach El Pont de Suert fahren nur von Juli bis Mitte September, dann 1-mal täglich.

Sort

Der Hauptort der Comarca Pallars Sobirà erweist sich trotz seiner geringen Einwohnerzahl als durchaus lebendig und geschäftig. Sort ist das Rafting-Zentrum des Riu Noguera Pallaresa, eine ganze Reihe von Anbietern offeriert hier die wilden Schlauchbootfahrten. Fast noch bekannter ist Sort für den Dusel, den das Dorf bei Lotterie-Ausspielungen besitzt: Seit 1994 erzielen Lose der hiesigen, „La Bruixa d'Or" (Goldene Hexe) genannten Lotterieniederlassung immer wieder gigantische Hauptgewinne. Vielleicht fühlt sich Fortuna ja vom Ortsnamen angezogen – Sort bedeutet schlicht „Glück".

- *Information* **Patronat Comarcal de Turisme del Pallars Sobirà**, Camí de la Cabanera s/n, nahe dem Ortseingang aus Richtung La Pobla del Segur, unweit der Polizeistation der „Mossos". Geöffnet Mo-Do 9-15 Uhr, Fr 9-15, 16-19 Uhr, Sa 9.30-15, 16-19 Uhr; zur HS im Juli/August erweitert. ✆ 973 621002, www.pallarssobira.info.
- *Verbindungen* **Bus**: Bushaltestelle am nördlichen Zentrumsrand, an der Kreuzung der Umgehungs- mit der Hauptstraße. ALSA fährt 2-mal täglich von/nach Barcelona, 1-mal nach Lleida und 2-mal Richtung Norden zur Kreuzung nach Espot und nach Esterri d'Aneu, weiter nach Vielha nur von Mitte Juni bis September. Nach Seu d'Urgell verkehrt 2-mal täglich eine Art Sammeltaxi, Reservierung einen Tag im voraus nötig unter ✆ 973 620733 (Vormittagsfahrt) bzw. ✆ 973 620802 (Nachmittagsfahrt).
- *Übernachten* ***** Hotel Pessets II**, traditionsreicher Familienbetrieb in zentraler Lage. Ordentliche Zimmer, guter Swimmingpool und Tennisplatz, prima Restaurant. DZ/F nach Saison etwa 85–105 €, auch Vermietung von Apartments. Carrer Diputació 3, ✆ 973 620000, 973 620819, www.hotelpessets.com.
- **** Pensió Les Collades**, an der ehemaligen Hauptstraße mitten im alten Ortskern gelegen, einem Restaurant angeschlossen. DZ/Bad ca. 50-55 €. Carrer Major 5, ✆ 973 621180.
- *Camping* **Noguera Pallaresa**, 3. Kat., am nördlichen Ortsrand von Sort, unweit der Straße Richtung Llavorsí. Hübsche Lage beim Fluss, teilweise schattig und für die Kategorie recht ordentlich ausgestattet. Preise p.P., Auto, Zelt je etwa 5,50 €. Ganzjährig geöffnet. ✆ 973 620820, 973 621204, www.noguera-pallaresa.com.
- *Sport* **Rafting-Touren** lassen sich bei einer ganzen Reihe von Anbietern buchen, z. B. „Rafting Sort", Placa Joan Carles Dolcet s/n, ✆ 973 620220, oder gleich in Llavorsí selbst, wo die Touren starten. Richtpreis für die etwa zwei- bis zweieinhalbstündige Fahrt von Llavorsí nach Rialp rund 35 €. Die meisten Agenturen offerieren auch Kajak-Touren, Hydrospeed (Wildwasserschwimmen mit Kunststoffbrettern), Canyoning und diverse andere Abenteuersportarten.

Parc Nacional d'Aigüestortes i Sant Maurici

Neben den Schönheiten des Hochgebirges beeindrucken in Kataloniens einzigem Nationalpark vor allem die überall in wahrhaft verschwenderischer Fülle sprudelnden Wasser, denen er seinen Namen verdankt.

Das 10.230 Hektar große Gelände des Parks erstreckt sich südlich des Hochtals von Aran, von diesem abgeschnitten durch eine Kette hoher Berge. Für die Reiseplanung bedeutsam ist die Aufteilung des Parks in zwei Hochtäler, die durch den 2423 Meter hohen Fußgänger-Pass *Portarro d'Espot* verbunden sind. Die östliche Zone markiert das Gebiet um den See Estany de Sant Maurici, welches über das Bergdorf *Espot* zugänglich ist. Die westliche Zone bildet das Gebiet von Aigüestortes, zu erreichen über *Boí* im gleichnamigen Tal. Eine Straßenverbindung durch den Park besteht nicht!

Prägendes Merkmal des Hochgebirgsparks ist sein Wasserreichtum. Aigüestortes bedeutet etwa „gewundene Wasser", und so sprudelt und fließt es allerorten. Eiszeitliche Gletscher haben die Becken von über 50 Seen in die Täler gefräst, daneben finden sich Bäche, Quellen, Wasserfälle und Sumpfgebiete. Die Vegetation des Parks wird von Kiefern- und Tannenarten ebenso wie von ausgedehnten, im Frühsommer blumenübersäten Weideflächen bestimmt. In der Tierwelt sind die Gämsen besonders zahlreich vertreten, mit Glück sieht man auch Steinadler.

• *Vorsichtsmaßnahmen* Für ausgedehnte Touren im Park sind richtige Ausrüstung und alpine Erfahrung unverzichtbar – schließlich bewegt man sich in einem echten Hochgebirge, in dem das Wetter sehr rasch umschlagen kann. Feste Bergschuhe sind ebenso nötig wie warme Kleidung, da auch im Hochsommer mit Schlechtwettereinbrüchen zu rechnen ist. Vor einer Tour ist es ratsam, eine der Infostellen der Parkverwaltung zu kontaktieren.

• *Karten* Editorial Alpina 1: 25.000; Sant Maurici-Els Encantants für die östliche, Montardo/Vall de Boí für die westliche Zone.

• *Übernachten* Das **Refugi Ernest Mallafré** (℡ 973 250118) mit Platz für 24 Personen liegt unweit des Sees Sant Maurici auf rund 1950 Meter Höhe. Es ist eine von fünf Berghütten („Refugi") im Park, weitere liegen an seiner Peripherie. Sie sind in den Infobroschüren aufgeführt, überwiegend jedoch nur von etwa Juni bis September geöffnet. Zentrale Reservierung unter ℡ 902 734164, www.lacentralderefugis.com.

Espot/Estany de Sant Maurici

Der östliche Bereich des Parks ist über eine Zufahrt ab der C 147 zu erreichen, der Verbindungsstraße von Sort nach Vielha im Val d'Aran. Sein Zentrum ist der Estany de Sant Maurici, ein künstlich aufgestauter See auf rund 1880 Meter Höhe, in dessen Umgebung sich ein ganzes Netz von Wanderrouten erstreckt.

▶ **Espot**: Als einzige echte Siedlung am Rand dieser Seite des Naturparks drängt sich Espot (1318 m) als Standquartier natürlich auf. Auch wenn der Tourismus unübersehbar Einzug gehalten hat, ist der Ortskern mit seinen Pflastergassen und den alten Häusern um die Kirche noch weitgehend ländlich strukturiert. Von Espot führt eine schmale, vier Kilometer lange Holperstraße zu einem Parkplatz bei der Sperre am Rand des Nationalparks. Weiter geht es nur zu Fuß oder mit einem der zur Saison zahlreich pendelnden Jeeptaxis zum See Sant Maurici.

• *Information* **Casa del Parc de Espot**, Infostelle der Parkverwaltung an der Zufahrt zum Ortskern, Prat del Guarda 4, ℡ 973 624036. Informationen über Berghütten, Verkauf von Landkarten und Büchern zum Park, Ausstellungen, Wetterinfos etc. Öffnungszeiten: Juni bis September täglich 9-13, 15.30-18.45 Uhr, im restlichen Jahr 9-14, 15.30-17.45 Uhr, So-Nachmittag ist dann geschlossen. **Zweigstellen** bestehen beim Parkplatz an der Strecke nach Sant Maurici

Rustikal: Architektur in Espot

("Prat de Pierró", geöffnet von Ostern bis Oktober), sowie am See Sant Maurici selbst („Punto de Información Estany de Sant Maurici", geöffnet über Ostern sowie Juli bis September).

• *Verbindungen* **Bus**: Die Gesellschaft AL-SA bedient je 1-mal täglich die Strecken von Barcelona und Lleida nach Esterri d'Aneu an der C 13; ab La Pobla de Segur (Bahnhof, Züge 3-mal täglich ab Lleida) und Sort fahren zwei Busse pro Tag. Wer nicht eines der Jeeptaxis von Espot reserviert hat, muss ab der Kreuzung der C 13 die sieben Kilometer Bergstraße hinauf nach Espot laufen oder trampen.

Jeeptaxis: Haltestelle in Espot neben der Casa del Parc, ℡ 973 624105. Die Strecke von der Kreuzung mit der C 13 nach Espot kostet 10 €, die Fahrt von Espot zum See Sant Maurici pro Person 5 €, hin und zurück das Doppelte.

• *Übernachten* ***** Hotel Saurat**, ein recht weitläufiges, ansprechendes Quartier im Zentrum von Espot. 2003 komplett renoviert. Geräumige Zimmer, die besten nach vorne zum Parkplatz. DZ inkl. F nach Saison etwa 80–130 €, es gibt auch Familienzimmer und gelegentliche Internet-Offerten. Zu manchen Terminen ist Halb- oder Vollpension obligatorisch. Plaça Sant Martí s/n, ℡ 973 624162, ✉ 973 624037, www.hotelsaurat.com.

** Pensió Casa La Palmira, in einem Seitengässchen nahe der zentralen Brücke. Gut eingerichtete Zimmer in hellem Kiefernholz, angeschlossen ein Restaurant mit recht preisgünstigem Menü. DZ/Bad etwa 35–50 €, auch Halb- oder Vollpension möglich. Carrer Marineta s/n, ℡ 973 624072.

• *Camping* **Sol i Neu**, 2. Kat., nahe der Zufahrtsstraße kurz vor Espot gelegen, etwa 500 m vom Ortsrand entfernt. Einer von fünf Plätzen um Espot. Mit Pool und Sportmöglichkeiten, geöffnet Juni bis Mitte September. Preise pro Person, Auto, Zelt jeweils 5,50 €; ℡ 973 624001.

• *Wanderungen* **La ruta de'l isard**: Der reizvolle und gut beschilderte „Weg der Gemse" führt in einer Stunde vom Parkplatz des Naturparks hinauf zum See. Er verläuft meist abseits der Jeep-Piste.

Ost-West-Durchquerung des Nationalparks: Auf dieser Route, vom Refugi Mallafré vorbei an der Südseite des Sant-Maurici-Sees und auf gut erkennbarer Jeep-Spur weiter quer durch den Park, sind von Espot bis Boí (siehe auch dort) rund 30 Kilometer zurückzulegen. Nutzt man jedoch die Jeeptaxis ab Espot zum See und auf der anderen Seite ab den Quellen von Aigüestortes nach Boí, so lässt sich die Durchquerung in etwa vier bis fünf Stunden absolvieren.

Vall de Boí/Aigüestortes

Etwa drei Kilometer nördlich von El Pont de Suert führt eine Abzweigung von der N 230 in das knapp 30 Kilometer lange Hochtal und ermöglicht so den westlichen Zugang zum Nationalpark.

▶ **Boí**: Das kleine Dorf liegt knapp einen Kilometer abseits der Hauptstraße auf rund 1280 Meter Höhe. Mit seiner recht guten Infrastruktur bildet Boí den wohl besten Ausgangspunkt auf der Westseite des Parks. Bis zum Park-

„Gewundene Wasser":
Aigüestortes

Pyrenäen / Vall de Boí

Die Wandmalereien von St. Climent begeistern Fachleute der ganzen Welt

eingang sind etwa sieben Kilometer zurückzulegen; die Straße dorthin zweigt etwa 1,5 Kilometer nördlich der Kreuzung unterhalb von Boí von der Hauptstraße ab, ist allerdings nur wenig später für private Kraftfahrzeuge gesperrt. Am besten nutzt man den Jeep-Zubringerdienst zu den reizvollen Quellen von Aigüestortes.

• *Information* **Oficina Municipal de Turisme**, in Barruera, etwa sechs Kilometer vor Boí, an der Hauptstraße Carretera de Caldes de Boí s/n. Öffnungszeiten ganzjährig Mo–Sa 10-14, 16-19 Uhr. ℡ 973 694000, www.vallboi.com.

Casa del Parc. Infostelle der Parkverwaltung beim Hauptplatz von Boí, Carrer de les Graieres 2, ℡ 973 696189. Geöffnet Juni bis September täglich 9-13, 15.30-18.45 Uhr; im restlichen Jahr 9-14, 15.30-17.45 Uhr, So-Nachmittag geschlossen.

• *Verbindungen* **Bus**: Ganzjährige Verbindung ab Barcelona (z.T. via Lleida) nach El Pont de Suert 4-mal täglich. Im Sommer (1.7.-15.9.) besteht 1-mal täglich Anschluss bis Caldes de Boí. Die Busse dorthin stoppen nicht immer direkt in Boí, sondern halten oft knapp einen Kilometer außerhalb des Ortes an der Kreuzung; von hier sind es zum Parkeingang rund sechs Kilometer.

Jeeptaxis in den Park: Regelmäßige Abfahrten am Hauptplatz von Boí, Preis pro Person 5 €, hin und zurück das Doppelte; Infos unter ℡ 973 698314 oder (mobil) ℡ 629 205489. Auch ab Caldes de Boí besteht eine Jeeptaxi-Verbindung.

• *Übernachten* *** Hotel Pey 2**, am Hauptplatz von Boí; ein beliebtes Restaurant ist angeschlossen. Das DZ/Bad kommt auf etwa 65–75 €. Von Mitte Oktober bis nach Weihnachten geschlossen. Plaça Treio s/n, ℡ 973 696036, ℡ 973 696191, www.hotelpey.com.

** Pensió Pey, eine Dependance des Hotels mit etwas günstigeren Preisen: DZ/Bad etwa 55-60 €. Adresse, Öffnungszeiten und Telefonnummer wie Hotel Pey 2.

• *Camping* **Taüll**, 3. Kat., beim gleichnamigen Dorf oberhalb von Boí. Mittlere Ausstattung. Preise pro Person, Auto, Zelt je etwa 6 €. Offiziell ganzjährig geöffnet, außerhalb der Hochsaison jedoch besser vorher anrufen: ℡ 973 696174.

• *Wanderung im Gebiet Aigüestortes* Die **West-Ost-Durchquerung des Parks** führt durch den gesamten Park bis zum See Sant Maurici und hinab nach Espot. Die Entfernung beträgt etwa 30 Kilometer, doch lässt sich die Wegzeit durch die Benutzung der Jeeptaxis ab Boí und vom See Sant Maurici hinunter nach Espot auf etwa vier bis fünf Stunden verkürzen. Ab Aigüestortes steigt die Strecke bis zur Berghütte „Refugi d'Estany Llong" (Reservierung bei der Parkverwaltung in Boí) und zum gleichnamigen, nahebei gelegenen See entlang eines Flussbettes nur mäßig an; dann geht es steiler hinauf zum 2423 Meter hohen Pass „Portarro d'Espot". Bis zum See Estany de Sant Maurici sind es nun noch etwa zwei Stunden Weg.

Romanische Kirchen im Tal von Boí: Manche der schlichten romanischen Gotteshäuser des Tals von Boí sind im Inneren mit uralten, vielfarbigen Wandmalereien ausgeschmückt. In der Regel handelt es sich heute um Kopien; die Originale sind im Museu d'Art de Catalunya in Barcelona zu bewundern.

Taüll, ein Dörfchen oberhalb von Boí, besitzt gleich zwei Kirchen mit schönen Wandmalereien. Im Ortskern steht die Pfarrkirche *Santa María*, etwas außerhalb *Sant Climent*; beide weisen norditalienische Einflüsse auf und datieren aus dem frühen 12. Jh. Besonders die Wandmalereien von Sant Climent begeistern die Fachwelt – die Ausmalung gilt als das absolute Meisterstück des romanischen Katalonien. Nicht umsonst wurde Sant Climent, zusammen mit sieben anderen Gotteshäusern der Region, in die Unesco-Liste des Weltkulturerbes aufgenommen. Santa María ist offiziell täglich von 10-20 Uhr geöffnet, Sant Climent (Eintrittsgebühr 1,20 €) von 10-14 und 16-19 Uhr, im Sommer bis 20 Uhr.

Vall d'Aran

Von Katalonien war das Tal lange Zeit nur zu Fuß über den 2072 Meter hohen und nur im Sommer geöffneten Pass Puerto de la Bonaigua zu erreichen. Es lag so abgeschieden, dass sich ein eigener Dialekt bildete: *Aranès*, eine Variante des Gascognischen. Die Einwohner des Tals sehen Aranès gar als eigene Sprache, wie sie sich auch kaum als Katalanen fühlen: Ergebnis einer gewissen, jahrhundertelang ausgeübten Autonomie. Wanderer, Bergsteiger und Skifahrer finden in dem von bis über dreitausend Meter hohen Bergen umgebenen Tal beste Bedingungen.

▸ **Vielha** ist der Hauptort des Tals. Das Dorf liegt auf 974 Meter Höhe und hat sich in den letzten Jahren durch rege Bautätigkeit nicht unbedingt zu seinem Vorteil verändert. Sehenswert ist die Kirche *Sant Miquèu*, in romanischem Stil errichtet und später gotisch umgebaut; sie beherbergt den „Crist de Mijaran", eine lebensgroße Holzfigur, die vermutlich im 12. Jh. geschnitzt wurde. Von Vielha führt die Straße Richtung Bonaigua-Pass in die höher liegende Region des *Naut Aran* („Hochtal") zur Ortschaft Arties, nach Salardú und weiter zur noblen Skistation Baqueira-Beret auf 1500 Meter Höhe.

• *Information* **Oficina de Turisme**, Carrer Sarriuléra 10, ✆ 973 640110. Nahe der Kirche Sant Miquèu, geöffnet tägl. 9-21 Uhr. www.torismearan.org.

• *Verbindungen* **Bus**: Verbindungen eher spärlicher Natur; Abfahrten mit ALSA von/nach Barcelona und Lleida je 2-mal täglich. Innerhalb des Val d'Aran mehrmals täglich Lokalbus-Verbindungen.

• *Übernachten* ****** Parador de Vielha**, moderner Bau in fantastischer Aussichtslage oberhalb des Ortes, zu erreichen über die Straße von Lleida; mit Garage und Pool. Standard-DZ nach Saison 140–160 €, es gibt auch Zimmer mit „Salón", Suiten etc. Carretera del Túnel s/n, ✆ 973 640100, ✆ 973 641100, www.parador.es.

** Pensió Casa Vicenta, im Zentrum. Solide und freundlich geführte Pension mit akzeptablen Preisen, DZ/Bad rund 40–45 €, ohne Bad günstiger. Camin Reiau 3, ✆ 973 640819, casavicenta@teleline.es.

Im Vorfeld der Pyrenäen

Der Pyrenäenregion vorgelagert, finden sich Richtung Lleida und Barcelona einige sympathische Städtchen, die zu einem Zwischenstopp reizen.

▸ **Solsona**: Der alte Bischofssitz ist ein verträumtes Städtchen, dem man seine lange Vergangenheit an vielen Stellen noch deutlich anmerkt. Sehenswert sind besonders die Kathedrale *Santa María* und das *Museu Diocesano* Di–Sa 10-13, 16-18 Uhr bzw. im Sommer 16.30-19 Uhr, So 10-14 Uhr; 3 €) im nahen Bischofspalast.

Im Vorfeld der Pyrenäen

Katalonien Karte S. 105

- *Information* **Oficina Municipal de Turisme**, Carretera Basella 1, ✆ 973 482310. Öffnungszeiten Mo–Sa 9-13, 16-19 Uhr, So 10-12 Uhr. www.turismesolsones.com.
- *Übernachten* ****** Hotel Sant Roc**, zentral gelegenes, 2004 komplett renoviertes Quartier, das in einem Modernisme-Bau untergebracht ist und auf reizvolle Weise Tradition und Moderne mischt. Parkmöglichkeit. DZ etwa 100 €, es gibt auch Superior-Zimmer und Suiten. Plaça de Sant Roc, ✆ 973 480006, ✉ 973 484008, www.hotelsantroc.com.

▶ **Cardona**: Bestimmendes Wahrzeichen des nur 18 Kilometer von Solsona entfernten Städtchens ist die mittelalterliche Burg auf einem Hügel oberhalb, heute zum Parador umgewandelt. Ein Glanzlicht innerhalb ihrer Mauern bildet die romanische, italienisch inspirierte Stiftskirche Sant Viçenc von 1140. Noch eine andere Besonderheit hat Cardona aufzuweisen: *La Montaña de Sal*, ein „Hügel" aus Steinsalz, der etwa einen Kilometer vom Ort in Flussnähe liegt. Über Jahrtausende hinweg wurde hier vom Menschen Salz abgetragen, ab dem Beginn des 20. Jh. dann in Minen abgebaut. 1990 schlossen die Minen, sind aber heute auf Führungen zu besichtigen (Di–Fr 11.30 und 13.30 Uhr, Sa/So halbstündlich von 10-16.30 Uhr, im August jeden Tag halbstündlich von 10-18 Uhr. 10 €).

- *Übernachten* ****** Parador Duques de Cardona**, innerhalb der Festung und wohl der stilvollste und am schönsten gelegene Parador Kataloniens. Vor einigen Jahren renoviert, fantastische Aussicht. Jeder Komfort ist selbstverständlich, manche Zimmer prunken sogar mit Himmelbetten. DZ etwa 135–160 €. Castillo de Cardona, ✆ 938 691275, ✉ 938 691636, www.parador.es.

Vic

Die industriell geprägte Kleinstadt an der Nationalstraße 152 und der Bahnlinie nach Barcelona liegt etwa 50 Kilometer südlich von Ripoll. Aus ihrer bis in die vorrömischen Zeiten zurückreichenden Geschichte ist nur wenig erhalten, die hübsche Altstadt lohnt dennoch einen Besuch.

- *Information* **Oficina Municipal de Turisme**, Carrer de la Ciutat 4, nahe der Plaça Major. Geöffnet Mo-Sa 10-14, 16-20 Uhr, So 10-13 Uhr. ✆ 938 862091, www.victurisme.cat.
- *Übernachten* ****** Parador de Vic**, in den Siebzigern als spröder Architektur errichtet. Rund 14 Kilometer von Vic entfernt im Gemeindebereich von Les Masies de Roda gelegen, oberhalb des Stausees Pantà de Sau; ein Teil der Zimmer besitzt einen sehr schönen Blick zum See. Tennisplatz, hübscher Swimmingpool. DZ etwa 145–160 €. Paraje el Bac de Sau, ✆ 938 122323, ✉ 938 122368, www.parador.es.

*** Hotel Balmes Vic, solide Mittelklasse, etwa eine knappe fünfminütige Fußweg nordöstlich der Altstadt. Wegen der Lage beim großen Zentralkrankenhaus gibt es prinzipiell reichlich Parkplätze, die aber tagsüber belegt sein können. DZ/Bad etwa 105 €, F inkl. Carrer Francesc Pla el Vigatà 6, ✆ 938 891272, ✉ 938 892915, www.hoteljbalmes.com.

Sehenswertes: Die **Kathedrale** von Vic wurde nach Zerstörungen im Spanischen Bürgerkrieg neu aufgebaut; von der romanischen Vorgängerin blieben nur noch der Glockenturm und die Krypta. Interessant im Inneren sind ein gotischer Alabasteraltar sowie Wandmalereien des Katalanen Josep María Sert und seiner Nachfolger. Der Künstler liegt im Kreuzgang begraben. Das **Museu Episcopal**, gleich neben der Kathedrale, ist die Hauptsehenswürdigkeit der Stadt. Besonders der Sammlung romanischer Kunst wird höchster Rang eingeräumt; zahlreich vertreten sind auch Kunstwerke der Gotik.

Öffnungszeiten April bis September Di–Sa 10-19 Uhr, So 10-14 Uhr, im restlichen Jahr Di–Fr 10-13, 15-18 Uhr, Sa 10-19 Uhr, So 10-14 Uhr; Eintrittsgebühr 5 €.

Santa Maria de L'Estany: Etwa 22 Kilometer südwestlich von Vic steht beim Örtchen L'Estany diese ehemalige Klosterkirche des 12. Jh. Vor den skurrilen Motiven der romanischen Kapitelle im Kreuzgang kann man Stunden verbringen; besonders interessant sind die Arbeiten im Süd- und Ostflügel.

Organische Bauweise à la Gaudí: Casa Batlló im Viertel Eixample

Barcelona

+++ *Weltstadt und Wirtschaftszentrum* +++ *Design als Devise* +++ *Modernitat und Modernisme* +++

Eine alte Stadt, gegründet von den Römern, deren Häuser und Werkstätten direkt unter dem Pflaster der Plaça del Rei liegen. Eine junge Stadt, die sich ständig neu erfindet und immer auf der Höhe der Zeit ist – oder ihr voraus. Barcelona boomt.

Kataloniens Kapitale hat den Status als Geheimtipp unter den europäischen Städtezielen längst hinter sich gelassen. Sie ist ein Fest für die Liebhaber extravaganter Architektur, avantgardistischen Designs und hochklassiger Museen, gleichzeitig ein Shoppingparadies par excellence. Barcelona glänzt mit einer historischen Altstadt, innovativen Restaurants und einem glitzernden Nachtleben, das seinesgleichen sucht. Und in welcher anderen Metropole liegt schon der Mittelmeerstrand direkt vor der Tür?

Für Manuel Vázquez Montalbán war Barcelona „die südlichste aller Hauptstädte des Nordens und die nördlichste aller Hauptstädte des Südens". Die Mischung aus nördlicher Effektivität und südlicher Lebenslust darf tatsächlich als typisch für Barcelona gelten. Schließlich weisen die Katalanen selbst gerne und durchaus mit Stolz auf den Zwiespalt ihres Nationalcharakters hin, in dem sich *Seny i Rauxa* vereinen, Vernunft und Rausch.

Mit dieser Kombination aus Pragmatismus und Leidenschaft ist es der mediterranen Metropole gelungen, ihr Erbe der Vergangenheit zu bewahren und gleichzeitig die Gegenwart bewusst neu zu gestalten. Alte Viertel erwachen dadurch plötzlich zu ganz neuem Leben. Nur ein paar Schritte von den mittelalterlichen Palästen des Barri Gòtic tummelt sich eine bunte internationale Szene in den Musicbars um den modischen Passeig del Born. Gleich neben den Rambles macht sich das früher so verrufene Raval ebenfalls auf zu neuen Ufern. Und kaum hat sich Barcelona, so lange dem Meer abgewandt, mit neu gestaltetem Hafen und einer fünf Kilometer langen Uferpromenade zur See hin geöffnet, sind schon wieder die Stadtplaner zugange, reißen alte Industriegebiete ab und schaffen erneut Parks, Hotels, Freizeitzentren, Strände ... Diese Stadt kennt nur den Vorwärtsgang.

Fast täglich putzt sich Barcelona ein Stück mehr heraus. Nach dem Willen der Stadtväter wird der inklusive aller Vororte weit über vier Millionen Einwohner zählende Großraum bald in einer Reihe mit Metropolen wie Paris, London oder New York stehen. Und die Voraussetzungen sind nicht schlecht. So fehlt es dem neben Madrid wichtigsten Wirtschaftszentrum Spaniens anscheinend nicht an Kapital, und die sprichwörtliche katalanische Dynamik tut ihr Übriges.

Zukunftsorientiert, euopäisch, schick und edel, wohl auch etwas versnobt, präsentiert sich die mediterrane Metropole. Designer aller Art haben Konjunktur, immer neue, immer elegantere Konsumtempel entstehen. Längst zählt Barcelona zu den teureren Städten Europas. Auf der Strecke bleiben bei dieser Metamorphose in eine Stadt der Reichen und Schönen die ärmeren Schichten der Bevölkerung, darunter viele vor allem aus Andalusien kommende Zuwanderer, die mit der Ausbreitung des ihnen fremden *català* schon Probleme genug haben. Armut stört im Antlitz einer Stadt des dritten Jahrtausends, also wird sie in die Außenbezirke abgeschoben. Das Verfahren ist einfach: Abriss und Neubau oder Luxussanierung der Häuser im Altstadtkern, mit entsprechendem Anstieg der Mieten. Von den Verantwortlichen wenig ins Kalkül gezogen wird die Umweltbelastung, die die steigende Attraktivität Barcelonas zwangsläufig mit sich bringt. Schon heute erstickt die Stadt fast im Smog, der zu über drei Vierteln aus Autoabgasen stammt. Bei aller Kritik muss aber auch gesehen werden, dass die einschneidenden Veränderungen durchaus dem Geist Barcelonas entsprechen, quasi eine schlüssige Fortsetzung der Stadtgeschichte sind. Immer schon war Barcelona eine lebendige, weltoffene Stadt, dem Aufbruch in die Zukunft deutlich stärker zugeneigt als dem Verharren im Althergebrachten.

Den traditionellen Reizen Barcelonas konnten die vielen Veränderungen erstaunlich wenig anhaben. Im Barri Gòtic gibt es immer noch Geschäfte wie zu Großvaters Zeiten, der belebte Boulevard der Rambles hat seine kosmopolitische Atmosphäre nicht verloren, auf dem Hausberg Tibidabo dreht sich nach wie vor das Riesenrad des ältesten Vergnügungsparks Spaniens. Im unvergleichlichen Jugendstilviertel Eixample, berühmt für die exzentrischen *Modernisme*-Bauten von Gaudí und Kollegen, reihen sich postmoderne Designershops an Delikatessenläden aus dem vorletzten Jahrhundert. Groß wie eh und je ist die Zahl der Ausstellungen und kulturellen Veranstaltungen für jeden Geschmack. Die Eleganz und das rund um die Uhr sprühende Leben der Mittelmeermetropole sind ohnehin fast schon sprichwörtlich. Das internationale Publikum hat die ungewöhnliche Attraktivität dieser Mixtur aus *Tradició* und *Modernitat* erkannt. Innerhalb von nur einem Jahrzehnt haben sich die Übernachtungszahlen der Hotels mehr als verdoppelt, ist Barcelona zur beliebtesten Kreuzfahrerdestination im Mittelmeer aufgestiegen. Derzeit zählt die Stadt schon acht Millionen Besucher pro Jahr.

Kurzübersicht der einzelnen Rubriken

Stadtaufbau	160	Entlang der Rambles	196
Geschichte	162	El Raval	199
Information	163	Barri Gòtic	200
Verbindungen	164	Sant Pere und La Ribera/El Born	204
Stadtverkehr	166	Parc de la Ciutadella	206
Übernachten	172	Hafen	207
Essen und Trinken	179	Barceloneta und die Küste	209
Nachtleben	186	Eixample	211
Feste/Veranstaltungen	189	Gràcia	218
Einkaufen/Märkte	191	Tibidabo	219
Baden	194	Pedralbes/Les Corts/Sants	221
Sehenswertes	194	Montjuïc	223

Stadtaufbau

Das Stadtgebiet von Barcelona zwängt sich in die Ebene zwischen dem Meer und dem Höhenzug der Serra de Collserola mit dem Berg **Tibidabo**. Umgeben ist es von einem Kranz eigenständiger Städte und neuer Trabantensiedlungen jenseits der Serra. Im Südwesten überragt ein weiterer Hügel die Stadt, der nahe dem Hafen ansteigende **Montjuïc**.

Ciutat Vella: Barcelonas Altstadt besteht aus mehreren Vierteln. Begrenzt wird sie durch den Hafen, den Park La Ciutadella im Nordosten und die verschiedenen Rondas. Diese Straßenzüge, die Ronda Universitat und andere, folgen dem Verlauf der früheren Stadtmauern, die im 19. Jh. zugunsten einer Vergrößerung des Wohngebiets geschleift wurden. Quer durch die Ciutat Vella verläuft der ewige Lebensnerv Barcelonas – die knapp 1,2 Kilometer lange und von Platanen bestandene Flaniermeile der **Rambles** (span.: Ramblas) verbindet die zentrale Plaça Catalunya mit der Kolumbussäule am Hafen. Südwestlich der Rambles in Richtung Montjuïc liegt das Altstadtviertel **El Raval**, lange heruntergekommen und als Rotlichtdistrikt verrufen, mittlerweile jedoch im Aufwind. Ungefähr im geografischen Zentrum der Altstadt erstreckt sich rund um die mächtige Kathedrale das **Barri Gòtic** (Barrio Gótico), das mittelalterliche Herz Barcelonas und ein Gewirr engster Gassen und Gässchen. Nordöstlich, durch die neuzeitliche Verkehrsader Via Laietana getrennt, schließt sich das hübsche und lebendige Altstadtviertel **La Ribera** an, von dem, je nach Sichtweise, manchmal noch andere Gebiete wie El Born als eigene Viertel abgegrenzt werden. Landeinwärts davon liegt **Sant Pere**, auf den ersten Blick in manchen Ecken noch ziemlich heruntergekommen und Wohnstatt zahlreicher Immigranten, doch ebenfalls bereits im Visier der Modernisierer. Von der Stadtverwaltung ebenfalls zur Ciutat Vella gerechnet wird das ehemalige Fischerviertel **Barceloneta** an der Küste südlich von La Ribera, obwohl die ältesten Häuser hier erst aus dem 18. Jh. stammen.

Grenzen der Altstadt: Markiert werden sie durch den alten Hafen Port Vell, den Park La Ciutadella im Nordosten und die verschiedenen Rondas. Diese Straßenzüge, die Ronda Universitat und andere, folgen dem Verlauf der früheren Stadtmauern, die im 19. Jh. zugunsten einer Vergrößerung des Wohngebiets geschleift wur-

Es war einmal: nostalgische Ansicht des alten Hafens Port Vell

den – drastische Veränderungen liebt man in Barcelona offensichtlich nicht erst seit gestern.

Die Küstenlinie: Das lange vernachlässigte Gebiet um den alten Hafen **Port Vell** und die sich nördlich anschließenden Zonen bis weit über Barceloneta hinaus hat seit Olympia 1992 die umfassendsten Veränderungen erfahren. Das Hafengebiet erhielt einen kompletten Umbau, hinter Barceloneta entstand der Olympiahafen **Port Olímpic**, die mehr als vier Kilometer langen Strände wurden von Müll und Abwassereinleitungen befreit. Und ganz im Norden der Küstenlinie wuchs an der Stadtgrenze das völlig neue, hypermoderne Gebiet der **Diagonal Mar** und des **Fòrum 2004**. Große, aber auch umstrittene Pläne hegt die Stadtverwaltung mit dem im Hinterland der Strände gelegenen Viertel **Poblenou**: Unter dem Signet 22@ (der modische Name ist von der Bezeichnung alter Industriegebiete in einem Stadtentwicklungsplan der Siebziger abgeleitet) sollen weite Teile des Viertels komplett umgebaut werden und in der Folge Medienunternehmen und High-Tech-Firmen anziehen.

Eixample: Die Stadterweiterung landeinwärts der Altstadt entstand ab 1859, kurz nach dem Abriss der Mauern. Ihr schachbrettartiger Aufbau aus sich rechtwinklig kreuzenden Straßen ist charakteristisch für Barcelona. Eixample besitzt neben dem Großteil der Jugendstilbauten des Modernisme auch die edelsten Geschäftsviertel der Stadt. Die beiden wichtigsten Verkehrsadern sind die **Gran Via de les Corts Catalanes** (kurz Gran Via genannt), die einen Block oberhalb der Plaça de Catalunya verläuft und die **Avinguda Diagonal**, die ihren Namen dem ausnahmsweise schräg zum Schachbrettmuster angelegten Verlauf verdankt. Beide Straßen treffen sich an der **Plaça de les Glòries Catalanes** und sind auf jeder besseren Regionalkarte Kataloniens leicht zu erkennen. Nördlich und östlich von Eixample erstrecken sich weitere, touristisch im Allgemeinen weniger interessante Distrikte wie Horta-Guinardó, Nou Barris, Sant Andreu und Sant Martí.

Gràcia, oberhalb der Diagonal gelegen und mit der Plaça de Catalunya durch den Passeig de Gràcia verbunden, gilt als traditionelle Arbeitergegend und ist eines jener Viertel, die ehemals selbstständige Dörfer waren, mit steigender Einwohnerzahl Barcelonas jedoch der Stadt zugeschlagen wurden. Weitere solche eingemeindeten Gebiete sind Sants, Les Corts, Pedralbes, Sarrià und Sant Gervasi. Letztere drei liegen jenseits der westlichen Avinguda Diagonal und werden auch unter dem Begriff der „Oberstadt" zusammengefasst, der **Zona Alta**.

Geschichte

Als die ersten bekannten Siedler im heutigen Stadtgebiet gelten Iberer, die sich auf dem Montjuïc niedergelassen hatten. Ob der antike Name *Barcino* nun schon von ihnen, den Karthagern oder erst den Römern stammt, ist strittig. Letztere jedenfalls waren es, die im 1. Jh. v. Chr. auf dem Mons Taber, dem höchsten Punkt der Altstadt, eine Kolonie gründeten, die etwa den Umrissen des heutigen Barri Gòtic entsprach. Mit dem Fall Roms kam die Siedlung unter die Herrschaft der Westgoten, wurde ab 415 kurzfristig sogar zu deren Residenz. Die Mauren, die die Stadt 713 eroberten, blieben eine Episode; schon 801 mussten sie dem Heer des Karolingers Ludwig der Fromme, Sohn Karls des Großen, weichen. Mit der Spanischen Mark des Karolingerreichs war der Grundstein zur katalanischen Nation gelegt.

Seit 988 unter Borrell II. unabhängige Grafschaft, nahm Barcelona ab 1137 durch die Vereinigung Kataloniens mit Aragón einen steilen Aufstieg als Handelsmacht. Bis ins 15. Jh. dauerte diese Zeit der Blüte und des Fortschritts, aus der viele der prächtigen Gebäude des Barri Gòtic stammen. Neben den Königen regierte bereits der Rat *Consell de Cent*, in dem auch das Handwerk in Form von Ständevertretungen seine Stimme hatte.

Ab 1479 geriet Barcelona wie ganz Katalonien durch die Vereinigung der Königreiche Aragón und Kastilien ins politische, mit der Entdeckung Amerikas auch ins wirtschaftliche Abseits: Die neuen Machthaber verboten Barcelona den Handel mit der Neuen Welt. Es folgten Jahrhunderte der Unterdrückung durch Kastiliens Knute. Erst ab etwa der Mitte des 18. Jh. erholte sich die Stadt wieder, wenn auch zunächst nur auf wirtschaftlichem Gebiet. Während der Rest Spaniens in überkommenen Formen der Landwirtschaft verharrte, ratterten in Barcelona die Webstühle, keuchten die Dampfmaschinen. Der ökonomische Erfolg führte zu neuem Selbstbewusstsein. Gegen den allmählich erlahmenden Widerstand Madrids wurden in der zweiten Hälfte des 19. Jh. die Stadtmauern niedergerissen, die neuen Viertel von Eixample errichtet. Gleichzeitig brachte die *Renaixença* die Wiederentdeckung der katalanischen Kultur. 1888 und 1929 Gastgeber der Weltausstellung, dazwischen Zentrum des Modernisme, zunehmende Eigenständigkeit wenigstens regionalpolitischer Natur – Barcelona hatte seinen alten Glanz wiedergewonnen.

Im Juli 1936 sollte in Barcelona die antifaschistische „Volksolympiade" stattfinden, ein Gegenstück zu den Spielen im Berlin der Nazis. Stattdessen erhob sich General Franco gegen die Regierung, der Spanische Bürgerkrieg brach aus. Barcelona stellte sich mehrheitlich sofort auf die Seite der Republik. Nach zwei blutigen Tagen des Kampfes gegen das Militär war die Stadt in der Hand von Arbeiterkomitees, organisiert vor allem in der Gewerkschaft CNT. Barcelona erlebte den *Sommer der Anarchie*, die Stadt wurde zur „Rose aus Feuer". Doch bröckelte die Einheitsfront nur zu rasch, die Linke befehdete sich selbst. Im Mai 1937 kämpften in Barcelonas Straßen orthodoxe Kommunisten gegen Anarchisten – blanker Irrwitz angesichts

Barcelona

Katalonien Karte S. 105

der faschistischen Bedrohung. Am 26. Januar 1939 schließlich marschierten die Truppen Francos in Barcelona ein. Es folgten Jahrzehnte der Repression gegen alles, das als Regung katalanischen Nationalgefühls interpretiert werden konnte. Der Todestag Francos am 20. November 1975 sah Barcelona gut gerüstet für die „Zeit danach". Wirtschaftlich ging es der Stadt nicht schlecht, und die katalanische Kultur war allen Verboten zum Trotz ohnehin immer lebendig geblieben.

Information

• *Fremdenverkehrsämter* **Turisme de Barcelona**, Plaça de Catalunya 17, im Tiefgeschoss, zentrale Telefonnummer 932 853834 (nur Mo-Fr 9-20 Uhr), ☎ 932 853831. Sehr zentrales und gut ausgestattetes Büro der Stadt. Neben Broschüren und Auskünften auch Geldwechsel und Souvenirverkauf, bei persönlichem Erscheinen ist Hotelreservierung möglich. Oft sehr voll. Geöffnet täglich 9–21 Uhr.

Zweigstelle an der zentralen Plaça Sant Jaume im Barri Gòtic. Weniger Andrang, freundliches Personal. Geöffnet Mo–Fr 9–20 Uhr, Sa 10–20 Uhr, So 10–14 Uhr. Wie auch in den folgenden Büros sind keine telefonischen Anfragen möglich.

Zweigstelle im Bahnhof Estaciò Sants, geöffnet Mo–Fr 8–20 Uhr, Sa/So 8–14 Uhr, zur Hochsaison (24.6.-24.9.) tägl. 8–20 Uhr.

Zweigstelle im Palau de Congressos auf dem Messegelände, nur während größerer Messen geöffnet, dann Mo–Sa 10–20 Uhr, So 10–14 Uhr.

Flughafen-Zweigstellen, Aeroport de Barcelona; Terminal A und Terminal B; beide geöffnet 9–21 Uhr.

Cabines d'informació, Infokioske, die an strategischen oder touristisch interessanten Punkten im Stadtgebiet verteilt sind, z.B. an der Kolumbusstatue, der Sagrada Família, der Plaça Espanya, dem Busbahnhof oder dem Passeig Joan de Borbó von Barceloneta. Unterschiedliche, auch saisonal wechselnde Öffnungszeiten.

Centre d'Informació Turística de Catalunya, im Palau Robert, Passeig de Gràcia 107, an der Kreuzung mit der Avinguda Diagonal; Metro 3 und 5, Station Diagonal; ☎ 932 388091-93, ☎ 932 384010. Das Büro der Generalitat, zuständig für die Stadt und ganz Katalonien. Viele Broschüren und Pläne, computergestützte „Self-Info", Ausstellungen etc. Öffnungszeiten: Mo–Sa 10–19 Uhr, So 10–14 Uhr, an Feiertagen geschlossen.

• *Barcelona im Internet* Fast alle genannten Sites sind zumindest teilweise auch in Englisch abrufbar.

www.bcn.cat, die Seite der Stadtverwaltung. Eine wahre Fundgrube zu praktisch allen Themen rund um Barcelona, englischsprachig.

www.barcelonaturisme.cat, die ebenfalls recht umfangreiche Site des Fremdenverkehrsamts der Stadt. Englisch. Bei Reservierung im „Shop" der Seite erhält man für eine Reihe von Produkten (Barcelona Card, Bus Turístic etc.) Rabatte.

www.barcelona-online.com, gigantische Linksammlung zu schier allen erdenklichen Themen rund um Barcelona. Guter Veranstaltungskalender. Englisch.

www.extraguide.de, umfangreiche Site mit vielen Infos rund um das Thema „Arbeiten und Leben in Barcelona". Leider nicht (mehr) durchgängig aktualisiert, trotzdem sehenswert. Deutschsprachig.

„Barcelona, Stadt in Umgestaltung"

www.barcelonareporter.com, englischsprachige Site, die Neuigkeiten (insbes. aus Politik und Wirtschaft) zu Barcelona und Katalonien aus vielen Quellen zusammenträgt und übersetzt.

www.barcelona-metropolitan.com, ebenfalls auf Englisch, mit guten Hintergrundartikeln zum Stadtleben, aber auch vielen nützlichen Alltagsinformationen.

www.bcnweek.com, „Barcelona´s Alternative Newsweekly", aus einer Printzeitung hervorgegangen. Kolumnen, Kritiken, Veranstaltungen, Links... Hübsch gemacht.

www.tmb.net, die Site der städtischen Verkehrsbetriebe Barcelonas, mit Infos zu Metro, Bus, Sammeltickets etc. Auch in Englisch. Das Pendant der FGC findet sich unter **www.fgc.net**.

www.gaudiallgaudi.com, rund um den Modernisme – nicht nur Gaudí. Englisch.

www.guiadelociobcn.es, vielfältige Site zum Thema „Ausgehen in Barcelona": Clubs, Bars, Festivals, Theater etc. Nur in Spanisch. Ganz ähnliche Sites sind beispielsweise www.bcn-nightlife.com und www.barceloca.com.

www.drinkbarcelona.blogspot.com, mit reichlich Anregungen für Barhopper, Auswahl nach Gebieten möglich. Englisch.

Verbindungen von und nach Barcelona

FLUG

Aeroport Internacional Barcelona (BCN), auch bekannt als Aeroport del Prat, etwa 15 Kilometer südlich des Zentrums. Drei Terminals (A, B, C), ein viertes soll noch 2009 fertiggestellt sein. Ankömmlinge finden alles Nötige inkl. Infostellen, Geldautomaten etc.

• *Fluginformation* **Info-Telefon** ℘ 902 404704, www.aena.es.

• *Verbindungen vom und zum Flughafen*
Ein **Taxi** ins Zentrum darf rund 25 € kosten, deutlich mehr könnte nur bei sehr ungünstigen Verkehrsverhältnissen auf dem Taxameter stehen. Die Fahrzeit ins Zentrum beträgt 30–45 Minuten.

Nahverkehrszüge (Cercanías/Rodalies, Linie C 10) der Bahngesellschaft RENFE sind eine preiswerte Alternative und bleiben nicht im Stau stecken. Sie verkehren halbstündlich zwischen ungefähr 6 und 23 Uhr (Zusatzzug um 23.44 Uhr) zum Bahnhof Sants, Passeig de Gràcia (Eixample) und zur Estació França, letztere günstig gelegen fürs Born-Viertel/La Ribera. Am Übergang zwischen Terminal B und A vom Obergeschoss dem Zugsymbol über die lange „Röhren"-Brücke folgen. Fahrzeit nach Sants ca. 20 Minuten. Fahrkarten an Automaten, RENFE-Einzelticket etwa 2,60 €, mit einem Streifen des ohnehin zu empfehlenden städtischen Zehnertickets T-10 (→ „Stadtverkehr") kostet die Fahrt im ATM-Verbund (Renfe, Metro, Bus) sogar nicht einmal 80 Cent. – Die für etwa 2012 avisierte Metro-Linie L 9 wird nicht in die Innenstadt fahren, sondern im Bogen um sie herum.

Busverbindung: „Aerobus" fährt von und zur Plaça de Catalunya. Zwischenstopps bei der Hinfahrt sind Plaça Espanya (Doppeltürme), Gran Vía/Ecke Comte d´Urgell und Plaça Universitat, bei der Rückfahrt Passeig de Gràcia/Ecke Diputació, Av. Roma/Ecke Comte d´Urgell, Bahnhof Sants und Plaça Espanya/Ecke Creu Coberta. Im Bus und besonders beim Aussteigen sollte man gut auf seine Sachen aufpassen. Abfahrten vor den Terminals zwischen etwa 6 und 1 Uhr alle 6 bis 15 Minuten; die Fahrt kommt mit rund 4 € teurer als der Zug; Tickets im Bus. Es gibt auch Mehrtages-Kombitickets mit Metro und Bus (nicht: FGC). Nachts fährt bis etwa 5 Uhr der Nachtbus N 17 von/zur Plaça Catalunya.

ZUG

Neben den üblichen RENFE-Strecken, darunter die Nahverkehrszüge Rodalies (span.: Cercanías), existieren im Nahverkehr auch die FGC-Linien der Generalitat. Um die Verwirrung komplett zu machen, gibt es auch noch mehrere Bahnhöfe... Innerhalb des Stadtgebietes verlaufen fast alle Gleise unterirdisch.

Barcelona

- *Bahnhöfe* Alle besitzen Metro-Anschluss. Auskünfte über den RENFE-Fahrplan unter ✆ 902 240202 oder unter www.renfe.es.

Estació de Sants ist der moderne Hauptbahnhof von Barcelona, westlich des Zentrums zwischen Avinguda Diagonal und Plaça d'Espanya gelegen, Metro-Station Sants Estació, Linien L3/L5. Hier starten oder stoppen fast alle Nah- und Fernverkehrszüge, ebenso die meisten grenzüberschreitenden Züge (Talgo etc.) aus Richtung Frankreich. Es besteht Zusteigemöglichkeit zu Cercanías-Nahverkehrszügen. Neben einer RENFE-Information, einem Fremdenverkehrsamt der Stadt und Schließfächern gibt es auch eine Wechselstube, Autoverleih, eine Hotelvermittlung etc.

Estació de França, Barcelonas nostalgischer und schön renovierter Nobelbahnhof, liegt altstadtnah südlich des Ciutadella-Parks. Metro-Station Barceloneta, Linie L4, dann noch ein Stück zu Fuß.

Estació Sant Andreu Comtal, ein kleinerer Bahnhof im Norden der Stadt, ans Netz der Metro (L1) und der Renfe-Cercanías (C2) angeschlossen.

Estació La Sagrera, ein Bahnhof speziell für die aus Frankreich kommende Hochgeschwindigkeitslinie, die aber erst in einigen Jahren fertiggestellt sein wird. Mit der künftigen L9 soll er ans Metro-Netz angeschlossen werden. Der Verlauf der AVE-Gleisverbindung quer durch die Stadt zum Bahnhof Sants ist ein derzeit sehr kontrovers diskutiertes Thema.

Estació Passeig de Gràcia, ein untergeordneter, aber zentral gelegener Bahnhof, an dem manche Züge aus Richtung Norden zum Bahnhof Sant halten. Zusteigemöglichkeit zur Cercanías-Linie C2, die von Maçanes kommt und die südliche Küste Richtung Sitges bedient.

- *Nahverkehr* **Rodalies (Cercanías)**: Die Nahverkehrszüge der RENFE sind gleichermaßen praktisch für Ausflügler wie für Autobesitzer, die außerhalb Barcelonas Quartier machen. Zu den wichtigen Zusteigestellen zählen die Plaça de Catalunya und der Bahnhof Sants. Von besonderem Interesse sind die Linien entlang der nördlichen Küste bis Blanes an der Costa Brava und der südlichen Küste über Castelldefels nach Sitges. Fahrscheine gibt es auch aus Automaten in den Bahnhöfen (für die günstigen und auch von mehreren Personen nutzbaren 10er-Tickets den Knopf „Bonotren" drücken). Die Rodalies sind dem städtischen Nahverkehr angeschlossen, weshalb es auch Kombikarten mit dessen Angeboten (z. B. T-Dia oder T-10, siehe „Metro") gibt; nützlich z. B. für Pendler aus Sitges.

FGC: Die Nahverkehrszüge der Generalitat bieten günstige Verbindungen zu beliebten Ausflugszielen im Inland: ab der Plaça d'Espanya nach Montserrat und Manresa, ab der Plaça de Catalunya nach Sant Cugat und auf einer Nebenlinie zu den Verkehrsmitteln zum Tibidabo. Infos unter ✆ 932 051515 oder www.fgc.net.

Bus

- *Busbahnhof* **Estació del Nord**, Carrer Alí Bei 80, ein paar Blocks oberhalb des Ciutadella-Parks, nahe Avinguda Vilanova. Die Metro-Station Arc de Triomf (Linie L1) liegt in der Nähe. Hier starten fast alle nationalen Gesellschaften (z.B. SARFA zur Costa Brava), außerdem auch internationale Linien. Info-✆ 902 260606, Fahrplanabfrage unter www.barcelonanord.com.

Fähren

Mehrere Gesellschaften bedienen mit Auto- und Schnellfähren die Baleareninseln Mallorca, Menorca und Ibiza.

- *Gesellschaften* ACCIONA TRASMEDITERRÁNEA bedient alle drei großen Baleareninseln. Abfahrten z.B. nach Palma de Mallorca rund ums Jahr mindestens 1-mal, zur HS teilweise auch 2-mal täglich, Fahrtdauer etwa 7 Stunden. Zusätzlich setzt die Trasmediterránea auch flotte, aber ein wenig teurere Schnellfähren („Alta Velocidad") ein, die die Fahrtzeit von Hafen zu Hafen auf knapp vier Stunden reduzieren. ✆ 902 454645, www.trasmediterranea.es.

ISCOMAR fährt ab Barcelona ebenfalls nach Mallorca, Menorca und Ibiza, die Preise liegen oft etwas bis deutlich niedriger als bei Trasmediterránea. ✆ 902 119128, www.iscomar.com.

BALEÀRIA bedient mit Fähren und Schnellfähren gleichfalls alle drei großen Baleareninseln. ✆ 902 169189, www.balearia.net.

Originelles Transportmittel: Transbordador Aeri zum Montjuïc

Stadtverkehr

Die Gratis-Broschüre „Información sobre el transporte público en Barcelona" enthält einen Plan mit Metro- und Buslinien. Erhältlich ist sie bei den Touristeninformationen oder den Info-Büros der Verkehrswerke, unter anderem an der Plaça de la Universitat; Infotelefon: 010, www.tmb.net.

• *Tarife im öffentlichen Nahverkehr* Das gesamte Stadtgebiet von Barcelona bildet eine einzige Tarifzone. Einzelfahrten mit Metro, FGC, Bus, Tram und Renfe-Cercanías/Rodalies im Stadtbereich kosten etwa 1,30 €. Tickets gibt es an den Metro- und FGC-Eingängen, viele Varianten (nicht alle) auch in Zeitschriften- und Tabakgeschäften etc. Entwertet werden müssen alle Tickets an den Drehkreuzen zum Untergrund, im Bus am gelben Kasten beim Fahrer.

• *Sammeltickets* Für den normalen Städtetrip meist die beste Option sind die Sammeltickets „Targetes", insbesondere das Zehnerticket „**T-10**" (gesprochen „Te-Deu"). Es kann auch von mehreren Personen (pro Person einen Streifen entwerten) benutzt werden, gilt für Metro, FGC, Busse, Tram und die Renfe-Nahverkehrszüge Cercanías bzw. Rodalies und kostet für eine Zone (also das gesamte Stadtgebiet Barcelona) etwa 7,50 €. Nach dem Entwerten hat man eineinviertel Stunden Zeit, um mit den genannten Verkehrsmitteln das Ziel zu erreichen; bis zu viermal Umsteigen ist in dieser Zeit möglich, beim erneuten Einführen des Tickets in den Entwerter wird dann kein weiterer Streifen abgestempelt. Nur für den, der sehr viel mit öffentlichen Verkehrsmitteln unterwegs ist, lohnt sich eventuell das Tagesticket „**T-Dia**": ein Tag freie Fahrt im Stadtgebiet in Metro, FGC, Bussen und den Cercanías/Rodalies für etwa 6 €; es gibt auch Mehrtageskarten und Monatskarten.

Barcelona Card: Eine Mehrzweck-Karte, die neben freier Fahrt im öffentlichen Stadtverkehr auch Rabatte oder freien Eintritt bei vielen Museen, Seilbahnen, Geschäften etc. gewährt. Erhältlich für 2–5 Tage, Preis für zwei Tage 25 €, für fünf Tage 40 €. Ob sich das Ticket wirklich lohnt, hängt in erster Linie davon ab, wieviele (und welche) Aktivitäten man in den entsprechenden Zeitraum quetscht; die reine Fortbewegung im Stadtverkehr ist weit billiger zu haben. Details und Verkauf z. B. in allen Infostellen des Turisme de Barcelona (bei Kauf im Netz 10% Rabatt) und in Filialen des Kaufhauses Corte Inglés.

Barcelona 167

Katalonien Karte S. 105

Metro/FGC/Tram

Schnell, effektiv und übersichtlich ist das Verkehrsnetz der Untergrundbahn. Nachteil: Vom Geschehen an der Oberfläche bekommt man nichts mit. Anders auf den neuen Straßenbahnlinien, deren Linienführung für den Touristen bislang aber nur begrenzten Nutzen hat.

- *Metro* Sechs Linien (L 1–5 sowie die Vorortlinie L 11, auf Plänen und Wegweisern auch durch unterschiedliche Farben hervorgehoben) erschließen Barcelona; mit der bogenförmig im Inland verlaufenden L 9 (Stationen u.a. Airport, Messe, Maria Cristina, Sagrera) und ihrem Ableger L 10 sollen ab frühestens 2012 zwei weitere Linien eröffnen. Fahrzeiten: So–Do 5–24 Uhr, Fr 5–2 Uhr, Sa durchgehend, Feiertage 6–23 Uhr. Infostellen der TMB u.a. im Untergeschoss der Pl. Universitat, nur Mo–Fr 8-20 Uhr geöffnet, ✆ 933 187074, sowie im Bhf. Sants (Mo–Fr 7-21 Uhr, Sa 9-19 Uhr, So 9-14 Uhr). www.tmb.net.

- *Ferrocarrils de la Generalitat FGC* Im Stadtverkehr sind die Nahverkehrszüge der FGC vor allem als Verbindung zum Tibidabo (Abfahrt z.B. Plaça de Catalunya) interessant; Abfahrtsstelle für die Linie zum Ausflugsziel Montserrat ist die Plaça d'Espanya. Infostellen in den FGC-Bahnhöfen an der Plaça Catalunya (Mo-Fr 7-21 Uhr) und an der Plaça Espanya (Mo-Fr (9-14, 16-19 Uhr); Info-✆ jeweils 932 051515.

- *Tram* Neben dem nostalgischen Tramvia Blau vom Tibidabo (→ dort) besitzt Barcelona mehrere moderne Linien. Die Linien T1–3 fahren von der Pl. Francesc Macià entlang der Av. Diagonal in die westlich angrenzenden Nachbarstädte wie L´Hospitalet de Llobregat. Interessanter ist die Linie T4, die von der Haltestelle Ciutadella/Villa Olímpica über die Plaça Glòries zum Fòrum 2004 und weiter in den Nachbarort Sant Adrià de Besòs fährt; landeinwärts etwa parallel bis zur Station Gorg verläuft die Schwesterlinie T5. Infostellen wie Metro.

Mit dem Bus

Naturgemäß ist der Bus deutlicher langsamer als die Metro, doch erschließt sich die Anlage der Stadt auf Busfahrten wesentlich besser als im Untergrund.

- *Stadtbus* Auf den ersten Blick verwirrendes Linien-Geflecht; die Infobroschüre der Verkehrsbetriebe ist sehr hilfreich. Die Betriebszeiten der Busse schwanken je nach Linie, Richtwert 5 Uhr bis 22.30 Uhr. Sa sind die Frequenzen etwas eingeschränkt, So deutlicher bis hin zum Komplettausfall mancher Linien. Eingestiegen werden darf nur beim Fahrer, Ausstieg Mitte oder hinten. Nachts verkehren auf einigen Strecken Nachtbusse (Extra-Tickets), die fast alle über die Plaça de Catalunya fahren. Infostellen wie Metro.

- *Tomb-Bus* Sehr komfortabel mit Aircondition und Musik ausgestattet ist der „Shopping-Shuttle" Tomb-Bus, der Mo-Fr 7.30–21.30 Uhr, Sa 9.30–21.20 Uhr von der Pl. Catalunya zur Pl. Pius XII. (Av. Diagonal) die wichtigsten Einkaufsreviere der Stadt anfährt. Jede Fahrt kostet 1,50 €, andere Tickets sind nicht gültig.

Taxi

Barcelonas Taxis sind in der ganzen Stadt präsent und am schwarz-gelben Design leicht zu erkennen. Ein leuchtendes grünes Dachlicht signalisiert „frei".

- *Tarife* Im Stadtgebiet gibt es zwei Tarife. Der günstigere T-2 kommt Mo–Fr 8–20 Uhr zur Anwendung, der etwas teurere T-1 nachts und an Wochenenden und Feiertagen. Insgesamt sind die Preise relativ moderat; die Grundgebühr kostet in beiden Tarifen knapp 2 € (Fr/Sa von Mitternacht bis sechs Uhr 4 €), der Kilometer etwa 0,85-1,05 €. Zuschläge freilich gibt es in breiter Zahl; sie werden z.B. bei telefonischer Anforderung, an „Nits especials" (besondere Nächte: Weihnachten etc.), für Gepäck, Hunde sowie Fahrten vom/zum Flughafen oder Bahnhof erhoben.

Bestellungen/Reservierungen: Es gibt keine Leitstelle, sondern mehrere Unternehmen, z. B. „Ràdio-Taxi Metropolitana" ✆ 932 250000, „Servi-Taxi" ✆ 933 300300 oder „Ràdio Taxi 033", ✆ 933 033033. Behindertengerechte Taxis bei „Taxi Amic", ✆ 934 208 088. www.taxibarcelona.com.

Barcelona per Bus entdecken: Bus Turístic & Barcelona Tours

Eine durchaus reizvolle, zudem bei richtiger Nutzung sehr preiswerte Angelegenheit – Stadtrundfahrt auf eigene Faust. Kein Wunder, dass der Bus Turístic zuletzt fast zwei Millionen Fahrgäste pro Jahr zählte.

Die Busse fahren auf mehreren Routen („Blau" im Süden, „Rot" im Norden, von etwa Ostern bis September auch „Grün" zum Fòrum 2004) weit über zwei Dutzend Sehenswürdigkeiten Barcelonas ab, die sonst oft nur umständlich zu erreichen sind, darunter die Sagrada Familia, der Parc Güell und der Montjuïc. Zusteigemöglichkeiten bestehen z. B. an der Kolumbussäule am Hafen, der Plaça de Catalunya und dem Bahnhof Sants. Betriebszeit ganzjährig außer am 25. Dezember und 1. Januar, von etwa April bis Oktober 9–20 Uhr, sonst 9–19 Uhr. Preise pro Tag 20 €, Kinder von 4–12 J. 12 €; Zweitageskarte 26 bzw. 16 €; bei Reservierung unter www.barcelonaturisme.cat gibt es 10% Rabatt. Von etwa Mitte Mai bis Ende September verkehrt zudem ab der Plaça Catalunya ein Nachtbus („Barcelona Bus Turístic Nit", Abfahrt nur Fr-So um 21.30 Uhr), der eine eigene Route nimmt; p.P. 16 €, Kinder 10 €. Für Besitzer aller Tickets werden zudem eine Reihe von Ermäßigungen auf Eintrittskarten etc. gewährt, die nicht nur am Fahrtag gelten, sondern auch noch später in Anspruch genommen werden können. Tickets gibt es im Bus, in den TMB-Infostellen und bei den Fremdenverkehrsämtern an der Plaça Catalunya und im Bahnhof Sants. Relativ *ungünstige Tage* für eine Rundfahrt sind Sonntag und Montag: Sonntags sind die Busse oft sehr voll, da dann auch einheimische Ausflügler kommen, außerdem haben am Nachmittag die meisten Museen zu; am Montag sind fast alle Museen ganztägig geschlossen. Und noch ein Tipp: Achten Sie auf dem offenen Oberdeck auf ausreichenden Sonnenschutz (Mütze), denn durch den Fahrtwind spürt man die Sonneneinstrahlung fast nicht.

Barcelona Tours: Die Konkurrenz zum Bus Turístic – Route ähnlich (keine Fòrumslinie), Preise eine Winzigkeit höher. Vorteile: oft weniger voll, deutschsprachige Erläuterungen per Kopfhörer; Nachteile: Haltestellen (z. B. Plaça Catalunya Nähe Hard Rock Café oder am Monument a Colom) nicht gekennzeichnet, geringere Frequenzen, keine Rabatte auf Eintrittskarten.

Mit dem Auto oder Scooter

Wenn es sich machen lässt, verzichte man besser auf Stadtfahrten.

An den hektischen Verkehr auf bis zu sieben oder acht Fahrspuren in einer Richtung kann man sich vielleicht gewöhnen, auch an die vielen Motorradfahrer, die sich mit Todesverachtung zwischen den Fahrzeugen hindurchschlängeln – allein, es gibt kaum Parkplätze. Die aus Sicherheitsgründen ohnehin anzuratenden Parkhäuser (gut ausgeschildert) verlangen Tarife von bis zu 2,50 € pro Stunde und 25 € pro Tag – Achtung, nicht alle sind rund um die Uhr geöffnet. Parkgaragen finden sich z. B. entlang den Rondas, der Gran Via und der Plaça de Catalunya, ein Internet-Verzeichnis unter www.onaparcar.bcn.es.

Targeta P-8 dies: Ein Tipp für Barcelona-Besucher, die mehrere Tage bleiben wollen, ist dieser Parkausweis, dessen Modalitäten (insbesondere Ort und Preis) sich jedoch leider gelegentlich ändern. Zuletzt galt er auf dem Parkplatz des Busbahnhofs und bot mit der Targeta „P-8 dies Estació Barcelona Nord" zum Pauschalpreis von 75 € (Ticketverkauf nur Mo-Fr 8-22 Uhr) Parkmöglichkeit für bis zu acht Tage am Stück. Einschränkung: Das Fahrzeug darf das Parkgelände nicht verlassen, sonst verfällt die Gebühr. Internet-Info: www.bsmsa.es/mobilitat, Stichworte „Aparcaments" und „P-8/11 Dies".

• *Autovermietung* Für den Stadtverkehr sind Leihwagen ebensowenig ratsam wie der eigene Pkw. Gut geeignet sind sie dagegen für Ausflüge und längere Touren über Land. Es gibt eine große Auswahl an Firmen, Preisvergleiche machen sich schnell bezahlt. Ratsam, auch auf das Kleingedruckte in den Konditionen zu achten. Am Flughafen sind eine Reihe von Agenturen vertreten, innerhalb des Stadtgebietes kann man sich die Wagen meist zum Hotel bringen und von dort auch wieder abholen lassen. Einige Anbieter: ATESA, C. Muntaner 45, ☎ 933 230701, AVIS, C. Còrsega 293, ☎ 932 375680; EUROPCAR, Gran Via de les Corts Catalans 680, ☎ 933 020543; HERTZ, Carrer Tuset 10, ☎ 932 178076. VANGUARD, Carrer Viladomat 297, ☎ 934 393880, vermietet auch Mopeds.

• *Scooterverleih*: Scooter sind eine feine Sache im Stadtverkehr Barcelonas – wendig, flott, keine Parkplatzsorgen. Fahrpraxis auf motorisierten Zweirädern ist jedoch dringend angebracht, will man in der fast allgegenwärtigen Hektik nicht im Wortsinn „unter die Räder kommen". Beide genannten Agenturen veranstalten auch geführte Scooter-Touren.

Motoloco, Passeig Joan de Borbó 80-84, in Barceloneta, strandnah kurz vor dem Transbordador Aeri, ☎ 932 213452. Der Schweizer Besitzer Roberto weist sorgfältig auf Deutsch ein. Eintagesmiete für 125er-Scooter inkl. Versicherung und Mwst. etwa 38 €, zur NS und bei Langzeitmiete etwas günstiger. Autoführerschein reicht, Bedingungen: Mindestalter 21 Jahre, Führerschein mindestens zwei Jahre alt. www.motoloco.es.

Cooltra, gleich nebenan. Hier neben 125ern auch 50er, die man bereits ab 18 Jahren mieten darf. Passeig Joan de Borbó 80-84, ☎ 932 214070, www.cooltra.com.

Fahrrad

In den letzten Jahren sind die „Bicis" für immer mehr Einwohner Barcelonas zur Alternative geworden. Im Hafenbereich und auch auch an einigen Hauptverkehrsadern wie dem Großteil der Diagonal wurde eine Reihe reizvoller Radwege angelegt; Stadtdurchquerungen per Bike bleiben jedoch eine zwiespältige Angelegenheit.

• *Fahrradverleih* Miträder sind nicht ganz billig, bei Langzeitmiete gibt es allerdings meistens Rabatt. **Bicing**: Im Stadtverkehr schier omnipräsent sind die rot-weißen Räder dieses dezentralen Verleihsystems, die mit einer Benutzerkarte an zahlreichen Stationen angemietet und wieder abgegeben werden können. Leider ist die Registrierung nur für gemeldete Einwohner (natürlich auch für Residenten) der Stadt Barcelona möglich, also nicht für Touristen. www.bicing.com.

Un Cotxe Menys vermietet Tourenräder, ein Tag 15 €, eine Woche 65 €. Der Name bedeutet übrigens „Ein Auto weniger". Carrer Esparteria 3, La Ribera, nahe Passeig del Born (Metro L 4, Station Jaume I.), ☎ 932 682105, Mo-Sa 10–19 Uhr, So 10-14 Uhr; www.bicicletabarcelona.com.

Budget Bikes, mit zwei Filialen: Carrer Marquès de Barberà (El Raval, nicht weit von der

170 Katalonien

Metro Liceu), ℡ 933 041885, und Carrer General Castaños 6 (La Ribera, nahe Estació de França), ℡ 933 041885. Preise ähnlich wie oben, geöffnet täglich 10-20 Uhr. www.budgetbikes.eu.

Barcelona Bici, ein Service vom städtischen Büro Turisme de Barcelona. Verleih an der Plaça Portal de la Pau, im „Sockel" der Kolumbusstatue am unteren Ende der Rambles. Klappräder pro Tag 15 €, Woche 56 €. Die sog. „Targeta Ciclo 10", mit der zehn Mietstunden auf mehrere Anmietungen verteilt werden können, kostet 15 €. Täglich 10-20 Uhr, Nov. bis April nur bis 18 Uhr. ℡ 932 853832.

Biciclot ist ein weiterer Anbieter; Stammsitz etwas abgelegen am Carrer de la Verneda 16-22, ℡ 933 077475. Die Strand-Filiale am Passeig Marítim 33 (kurz vor dem Olympiahafen) ist im Sommer täglich geöffnet, sonst nur am Wochenende oder gar nicht. ℡ 932 219778; www.biciclot.net.

• *Geführte Fahrradtouren* Mehrere Anbieter offerieren Stadttouren per Bike, darunter auch Un Cotxe Menys und Budget Bikes. Dauer etwa 2-4 Stunden, Preis um die 20–25 € pro Person.

Zu Fuß

Weite Teile Barcelonas erschließen sich am schönsten zu Fuß. Die Entfernungen halten sich in Grenzen. Altstadtviertel wie das Barri Gòtic oder La Ribera sind vielfach verkehrsberuhigt, ebenso die Uferzonen.

• *Geführte Stadttouren zu Fuß* Die „**Walking Tours**" des Fremdenverkehrsamts Turisme de Barcelona werden zu verschiedenen Themen angeboten. Führungen auf Englisch: „*Barri Gòtic*" (1,5 Std.; 11 €) tägl. 10 Uhr, „*Picasso*" (1,5 Std.; 15 € inkl. Museum) Di-So 10.30 Uhr, „*Modernisme*" (2 Std.; 11 €) Fr/Sa 16 Uhr (Juni bis September 18 Uhr), „*Gourmet*" (2 Std.; 15 € inkl. zwei Degustationen) Fr/Sa 11 Uhr. Reservierung in allen Infobüros von Turisme de Barcelona. Start ist im Büro an der Plaça Catalunya.

Paseo Barcelona veranstaltet deutschsprachige Stadtspaziergänge zu den Themen „Gòtico", „Raval", „Modernisme" und „Der Schatten des Windes". Dauer jeweils etwa 1,5 bis 2,5 Stunden, Preis für bis zu drei Personen pauschal 50 €, ab vier Personen 15 € p.P. www.paseo-barcelona.de.

Katalonien

Sonstige Verkehrsmittel

Barcelona verfügt über eine Reihe ungewöhnlicher Transportmittel: Kleine Schiffe durchqueren den Hafen, Zahnrad- und Standseilbahnen verbinden die Stadt mit ihren Hausbergen Tibidabo und Montjuïc. Näheres unter den jeweiligen Beschreibungen im Kapitel „Sehenswertes".

Adressen/Kriminalität

- *Notruf* ℡ 112 (mehrsprachig)
- *Ambulanz* Notfälle unter ℡ 061
- *Fundbüro* **Oficina de Troballes**, Plaça Carles Pi i Sunyer 8-10, im Barri Gòtic nahe Portal de l´Àngel, ℡ 010. Geöffnet Mo–Fr 9–14 Uhr.
- *Konsulate* **Deutsches Konsulat**: Passeig de Gràcia 111 (Eixample), schon jenseits der Diagonal, ℡ 932 921000.
Österreichisches Konsulat: Carrer Marià Cubí 7, 1r-2a (Gràcia), ℡ 933 686003.
Schweizer Konsulat Gran Via Carlos III. 94 (Eixample), ℡ 934 090650.
- *Post* **Hauptpost** an der Plaça Antoni López, in Hafennähe fast am Ende der Via Laietana. Öffnungszeiten: Mo–Sa 8.30–21.30 Uhr.
- *Internet-Cafés* **easyeverything**, Rambles 31 und Ronda de la Universitat 35; rund um die Uhr geöffnet. Der Preis richtet sich nach der Nachfrage und ist bei wenig Andrang sehr günstig. Vorsicht, eine Leserin warnte dringend vor Diebstählen, also gut auf die Habseligkeiten aufpassen.
Bornet, in La Ribera (El Born), gleich beim Picasso-Museum. Entspanntes Netz-Café, geöffnet Mo-Sa 10-22 Uhr, So 13-22 Uhr. Carrer Barra de Ferro 3.
- *Waschsalons* **Lavomatic**, Carrer Consolat del Mar 43–45 (La Ribera) und Plaça Joaquim Xirau 1 (Barri Gòtic, hafenwärts Carrer Escudellers).
Wash´n dry, Carrer Nou de la Rambla 19 (El Raval), in einer Seitenstraße der Rambles etwa auf Höhe der Plaça Reial. Weitere Filialen im Stadtgebiet: www. washndry.net.
- *Kriminalität* Barcelonas Ruf ist nicht der Beste. Zu den neuralgischen Zonen gehören die abgelegeneren Ecken im Barri Gòtic, die (ehemaligen) Rotlichtviertel beiderseits der hafennahen Rambles, nicht zuletzt auch die Rambles selbst, an denen vornehmlich Taschen- und Trickdiebe ihrer Tätigkeit nachgehen: Sollte man hier angesprochen werden oder auch ganz „harmlos" nur eine Nelke ins Knopfloch gesteckt bekommen, darf man ruhig mal etwas misstrauischer sein als sonst. Autoaufbrüche sind Alltag, das Abstellen des Fahrzeugs im Parkhaus deshalb dringend geraten.

Übernachten

Barcelona verfügt über eine große Auswahl an Unterkünften aller Kategorien. Dennoch sind die empfehlenswerteren Hotels und Pensionen oft belegt, Reservierung empfiehlt sich sehr.

Die Preise liegen über dem katalanischen Durchschnitt, von billigen Pensionen sollte man sich also nicht zuviel Komfort erwarten. Vor allem in Zeiten hoher Nachfrage wie zu verlängerten Wochenenden und Messen ziehen die Tarife nochmals an – unsere Angaben beziehen sich auf den Normalfall, nicht auf absolute Toptermine.

Reservierungszentralen/Apartment- und Zimmervermittlung

Reservierungszentralen bestehen am Flughafen sowie im Bahnhof Sants; vermittelt wird aber nur in der Hotelkategorie, also keine einfacheren Unterkünfte. Auch die Infostelle an der Plaça de Catalunya vermittelt Hotelzimmer.

- *Reservierungszentralen* **Barcelona online** vermittelt via Internet und Telefon Hotels, Pensionen und Apartments. Suchmaschine mit diversen Optionen, Last-Minute-Funktion etc. Englischsprachig. ℡ 933 437993, innerhalb Spaniens auch ℡ 902 887017, www.barcelona-on-line.es.

Barcelona

• *Agenturen für Apartments und Zimmer*
Citysiesta, Vermittlung von Apartments und Zimmern in Barcelona für kurz- und mittelfristige Nutzung. Carrer Carme 40, Principal 1a, ✆ 933 425670, ℻ 933 426494, www.citysiesta.com.

oh-barcelona, vermittelt ebenfalls Apartments und Zimmer, außerdem Mitwohnmöglichkeiten, Gastfamilien sowie Sprachkurse. Deutschsprachig. Portal de l'Àngel 42, 4 B, (nahe Plaça Catalunya), ✆ 933 040567, günstiger aus D 0180 50041665, ℻ 933 040566, www.oh-barcelona.com.

Rambles (siehe Karte Umschlagklappe hinten)

Zentraler als an Barcelonas Flaniermeile kann man nicht wohnen. Zimmer mit Balkon zu den Rambles sind natürlich erste Wahl. Allerdings herrscht auf dem Boulevard Betrieb bis spät in die Nacht.

***** **Hotel Le Meridien Barcelona (10)**, erste Klasse an den Rambles, beliebt auch bei zahlreichen Prominenten. Jeder Komfort ist selbstverständlich. Wenn's also der Rambles sein sollen und das Kleingeld nicht fehlt, ist man hier richtig. Garage. DZ offiziell ab rund 480 €, bei Internetbuchung aber oft günstiger. Natürlich gibt es auch diverse Suiten. Rambles 111, ✆ 933 186200, ℻ 933 017776, www.lemeridien-barcelona.com.

**** **Hotel 1898 (23)**, noch recht junges, ebenfalls sehr stilvolles Quartier. Untergebracht ist es in der ehemaligen, 1881 errichteten „Compañia de Tabacos de Filipinas"; wohl deshalb zielen Einrichtung und Ambiente auch ein wenig in Richtung Nostalgie und Kolonialstil. Dachterrasse mit Bar und Liegen, schöner Wellnessbereich, beides mit Pool. Standard-DZ („Classic") etwa 200–300 €, man kann aber auch noch deutlich mehr ausgeben. Rambles 109, ✆ 935 529552, ℻ 935 529550, www.hotel1898.com.

**** **Hotel Rivoli-Ramblas (11)**, ein charmanter und sehr schön renovierter Bau, eingerichtet im Stil des Art Déco der Dreißiger. Feines Interieur, schicke Zimmer, moderner Komfort und exzellenter Service; Dachterrasse mit Blick, Garage. DZ nach Ausstattung offiziell um die 310–360 €, mit Internetangeboten auch darunter. Suiten kosten dagegen natürlich eine Kleinigkeit mehr. Rambla 128, ✆ 933 026643, ℻ 933 175053, www.rivolihotels.com.

*** **Hotel Montecarlo (14)**, nobles Quartier in einem stilvollen Bau des 19. Jh., früher Sitz einer Künstlervereinigung und Verlagshaus, als Hotel bereits seit 1945 in Betrieb. Feine Mischung aus Moderne und Klassik, imposantes Foyer, Dachterrasse, Garage. DZ etwa 220–260 €, im Netz oft günstiger. Auch Suiten. Rambles 124, ✆ 934 120404, ℻ 933 187323, www.montecarlobcn.com.

*** **Hotel Oriente (51)**, der Jugendstil-Klassiker der Rambles, eine Reihe von Zimmern geht mit kleinen Balkonen direkt auf den Boulevard. Der bildschöne Salon besitzt eine ganz besondere Atmosphäre, die Zimmer fallen unterschiedlich und bislang relativ schlicht aus, doch wird das Haus gegenwärtig (und wohl noch einige Jahre) Zug um Zug renoviert, bleibt dabei aber geöffnet. Mitglied der Husa-Hotelkette. Weite Preisspanne: DZ etwa 100–270 €. Rambles 45/47. ✆ 933 022558, ℻ 934 123819. www.husa.es.

* **Hotel Internacional (35)**, ebenfalls der Husa-Kette angeschlossen. Ungefähr ein Drittel der Räume geht mit einem kleinen Balkon auf die Rambles, ein idealer Aussichts-

Tradition im Viertel El Raval:
Hotel d'Espanya

posten; klar jedoch, dass die Zimmer nach hinten ruhiger ausfallen. Zuletzt in Umbau vom Ein- zum Zweisterner, die bis dato relativ günstigen Preise dürften dadurch etwas steigen. Rambles 78–80, ✆ 933 022566, ✉ 933 176190, www.husa.es.

* **Hotel Toledano (5)**, bereits 1914 gegründet. Ein schlichtes, aber recht solides Hotel der unteren Mittelklasse mit gepflegten Gemeinschaftsräumen und Zimmern. DZ nach Größe etwa 60–75 €. Rambles 138. ✆ 933 010872, ✉ 934 123142. www.hoteltoledano.com.

** **Pensió Capitol (5)**, im selben Haus und unter derselben Führung wie das Hotel Toledano, ebenfalls eine gepflegte Adresse. DZ/Du (WC auf dem Flur) etwa 60 €, DZ ohne Dusche rund 50 €. Rambles 138. ✆ 933 010872, ✉ 934 123142. www.hoteltoledano.com.

El Raval (siehe Karte Umschlagklappe hinten)

Ein Viertel im Umbruch vom Rotlichtquartier zum Szenetreff, im südlichen Bereich für vorsichtigere Gemüter vielleicht noch nicht die richtige Adresse. Die Preise liegen hier dafür oft etwas niedriger als in anderen Altstadtvierteln.

**** **Hotel Casa Camper (6)**, um die Ecke vom Kunstmuseum MACBA. Eine ultraschicke Neueröffnung der Kult-Schuhmarke Camper, die sich auch in Hotellerie und Gastronomie („Dos Palillos" gleich nebenan) versucht. Nur 25 Zimmer bzw. Suiten, gestylt in Zusammenarbeit mit Fernando Amat vom bekannten Designgeschäft Vinçon und jeweils aufgeteilt in einen Ruhe- und einen Aufenthaltsraum, ausgestattet mit exklusiven Features wie Plasmabildschirm und Hängematten. Ökologisch orientiert, Trinkgelder ablehnend und Nichtraucher. Fahrradverleih (Gebühr) für Gäste, rund um die Uhr zugängliches Gratis-Buffet. DZ bzw. Suiten nach Saison etwa 270-350 €. Carrer Elisabets 11, ✆ 933 426280, ✉ 933 427563. www.casacamper.com.

*** **Hotel Sant Agustí (29)**, nicht weit von den Rambles. Das älteste Hotel Barcelonas, 1840 gegründet, in einem ehemaligen Augustinerkloster untergebracht und gründlich renoviert. Komfortable Zimmer. DZ etwa 120–175 €, Frühstück inklusive. Die besonders schönen DZ unter dem Dach (Ático) kosten etwa 140–185 €. Plaça Sant Agustí 3, ✆ 933 181658, ✉ 933 172928. www.hotelsa.com.

** **Hotel Mesón de Castilla (1)**, eine gute Adresse nahe der Plaça de la Universitat. Ruhige und sichere Lage, Gesellschaftsräume mit Tendenz zur Tradition, dunkles Holz und viele Antiquitäten. Zimmer der Marke solide-bürgerlich, eigene Garage. DZ mit Frühstück nach Saison und Ausstattung 120–170 €. Carrer Valldoncella 5, eine Seitenstraße der Ronda Sant Antonio, Nähe Carrer Tallers, ✆ 933 182182, ✉ 934 124020, www.mesoncastilla.com.

** **Hotel d'Espanya (42)**, nur ein paar Schritte von den Rambles. Ein Hotel für Liebhaber des Jugendstils, der Speisesaal wurde von Domènech i Montaner gestaltet. Auch sonst ein schönes, nostalgisches Quartier; die Zimmer selbst fallen unterschiedlich und nüchterner aus, sind aber angenehm geräumig. Zuletzt in Renovierung, die bis ins Jahr 2010 hinein andauern soll; die Preise (bis dato: DZ etwa 120 €) dürften danach steigen. Carrer Sant Pau 9/11, ✆ 933 181758, ✉ 933 171134, www.hotelespanya.com.

* **Hotel Curious (17)**, nicht weit von den Rambles. Erst 2007 eröffnetes und dementsprechend jugendfrisches Haus, das ein ordentliches Preis-Leistungs-Verhältnis bietet. Nette Rezeption, funktionell-freundliche Zimmer, die zwar – wie in dieser Kategorie üblich – nicht allzu groß, aber mit allem Nötigen ausgestattet sind. DZ/F nach Saison 85–105 €. Carrer Carme 25, ✆ 933 014484, ✉ 933 021172, www.hotelcurious.com.

Hotel Peninsular (40), freundliches, architektonisch sehr reizvolles Haus, das um einen hellen Innenhof herum erbaut wurde. Manche Zimmer fallen vom Mobiliar her leider etwas ältlich aus (evtl. vorher ansehen), ganz oben im Ático gibt es sechs neue Räume. Die Betten sind in Ordnung, Aircondition ist vorhanden. Insgesamt ein Hotel, aus dem sich mit behutsamer Renovierung mehr machen ließe. DZ 80 €, Frühstück inbegriffen; Sondertarife für Schülergruppen. Carrer Sant Pau 34, eine Seitenstraße der Rambles, ✆ 933 023138, ✉ 934 123699, www.hpeninsular.com.

** **Pensió Hostería Grau (2)**, gepflegte Pension in guter Lage unweit der Rambles und der Plaça Catalunya; Parkmöglichkeit in der Nähe. Hübsches Interieur, solide und freundliche Zimmer, angeschlossen eine Café-Bar. Die Besitzer vermieten auch

Apartments. Die Preise haben leider in letzter Zeit erheblich angezogen: DZ/Bad nach Saison etwa 75–115 €, ohne Bad 60–80 €. Carrer Ramelleres 27. ✆ 933 018135, ✉ 933 176825. www.hostalgrau.com.

** **Pensió Gat Xino (16)**, ein jüngeres Schwesterquartier der Pension Gat Raval (siehe unten), das ebenfalls komplett durchgestylt wurde: Das puristische Interieur beider „Katzen" (Gat= Katze) ist bis hinein in die Badezimmer vollständig in Weiß und Limonengrün gehalten. 35 (eher kleine) Zimmer bzw. Suiten, alle mit Bad, TV, Heizung und Klimaanlage. DZ etwa 75–95 €, Suite 100–140 €, Terrassensuite für max. 3–4 Personen 130–150 €; Frühstücksbuffet jeweils inklusive. Carrer Hospital 155, ✆ 933 248833, ✉ 933 248834, www.gataccomodation.com.

* **Pensió Gat Raval (3)**, nicht weit vom MACBA-Museum, unscheinbarer Eingang. Wie das Gat Xino eine schicke Pension, die vor allem Szenegänger anzieht. Von den 24 Zimmern haben allerdings nur sechs ein eigenes Bad, doch besitzen immerhin alle Räume TV und Klimaanlage. Solide Betten. Gut gepflegt und informativ geführt, Internet-Zugang. DZ ohne Bad rund 65–90 €, mit Bad 75–100 €. Carrer Joaquin Costa 44. ✆ 934 816670, ✉ 933426697. www.gatrooms.com.

* **Pensió Òpera (36)**, nur ein paar Schritte von den Rambles entfernt, gegenüber dem Gran Teatre de Liceu. Große, hotelähnliche und komplett renovierte Pension mit fast siebzig funktional-komfortablen Zimmern, die sogar über Klimaanlagen verfügen. Carrer Sant Pau 20. ✆ 933 188201, www.hostalopera.com.

* **Pensió Hostal La Terrassa (33)**, in seiner Preisklasse eine Empfehlung. Mit über 40 Zimmern recht groß, freundliche und teilweise fremdsprachige Rezeption, Aufenthaltsraum, Getränkeautomat und die namensgebende, große und sonnige Terrasse im Innenhof. Gut in Schuss gehalten, zuletzt wurden gerade Klimaanlagen eingebaut. Zur Saison ist Reservierung ratsam. Preisrahmen zwischen etwa 55 und 80 €, je nach Größe (die „Standard"-Zimmer sind größer als die „Basic" genannten Räume) und Lage (innen/außen). Die beiden hübschen Zimmer in einem Ex-Kloster hinter dem Hof kosten 90 €. Carrer Junta de Comerç 11, ✆ 93 3025174, ✉ 93 3012188, www.laterrassa-barcelona.com.

Barri Gòtic (siehe Karte Umschlagklappe hinten)

Romantische Winkel und interessante Kneipen ... Allzu düstere Gassen sollte man beim nächtlichen Heimweg aber besser meiden.

**** **Hotel Colón (24)**, ein Klassiker in sehr zentraler und dabei recht ruhiger Lage direkt gegenüber der Kathedrale, bereits 1951 eröffnet. Hübsche Dekoration, edle Räumlichkeiten; die Zimmer selbst sind komfortabel, fallen aber je nach Lage im Gebäude unterschiedlich aus. DZ nach Lage etwa 255–280 € (im Internet auch schon mal günstiger), es gibt auch Superior-Zimmer und Suiten. Avinguda Catedral 7, ✆ 933 011404, ✉ 933 172915, www.hotelcolon.es.

**** **Hotel Neri (30)**, erst 2003 eröffnetes Quartier mit viel Charme, dessen nur 22 Zimmer bzw. Suiten sich über einen Stadtpalast des 18. Jh. verteilen. Die Ausstattung ist exklusiv, das Interieur kombiniert geschickt Tradition mit Moderne. Gutes Restaurant. Standard-DZ etwa 220–330 €, Suiten 300–400 €. Carrer Sant Sever 5, ✆ 933 040655, ✉ 933 040337, www.hotelneri.com.

*** **Hotel Catalonia Albinoni (9)**, direkt in der Einkaufszone des Portal de l'Àngel. Eleganter, schön renovierter und 1998 als Hotel eröffneter Bau. Moderne und geschmackvoll eingerichtete, allerdings nicht durchgängig geräumige Zimmer, Bar-Cafeteria im überdachten Patio. DZ offiziell etwa 205 €, mit Internet-Angeboten oft günstiger. Portal de l'Àngel 17, ✆ 933 184141, ✉ 933 012631, www.hoteles-catalonia.com.es.

*** **Hotel Nouvel (8)**, heimelige Herberge in einer ruhigen Einkaufs- und Fußgängerzone unweit der Plaça Catalunya. Geschnitzte Holzdecken, Spiegel, Marmor – Tradition seit 1917. Geräumige Zimmer, DZ offiziell etwa 145–245 €, per Internet geht es auch hier schon mal für weniger. Carrer Santa Ana 18/20. ✆ 933 018274, ✉ 933 018370. www.hotelnouvel.com.

* **Hotel Roma Reial (58)**, an der auch nachts sehr lebendigen Plaça Reial und seit deren verstärkter Überwachung durch die Polizei auch wieder zu empfehlen, speziell des Balkonblicks auf selbigen Platz wegen. Etwas nüchterne, aber ordentliche Zimmer, DZ etwa 75–90 €. Plaça Reial 11, ✆ 933 020366, ✉ 933 011839, www.hotel-romareial.com.

* **Hotel Call (41)**, im Gebiet zwischen Plaça Sant Jaume und den Rambles, ein kleineres, gut geführtes Hotel in ruhiger Lage.

Recht einfach möblierte, aber gepflegte und durchaus brauchbare Zimmer mit Klimaanlage und Heizung. DZ/Bad etwa 60 €. Arc de Sant Ramón del Call 4, ✆ 933 021123, ✉ 933 013486, www.hotelcall.es.

** Pensió Jardí (27), in sehr reizvoller Lage an einem der schönsten kleinen Plätze der Altstadt gelegen, nicht weit von den Rambles. Im Erdgeschoss liegt eine ausgesprochen beliebte Bar. Leider fallen die Zimmer sehr unterschiedlich aus; den ungeteilten Beifall unserer Leser fand nur die teuerste Kategorie, während die günstigeren Zimmer eng und teilweise fast fensterlos sind. DZ/Bad nach Lage (innen/außen) und Ausstattung etwa 75–100 €. Plaça Sant Josep Oriol 1, von den Rambles über den Carrer Cardenal Casañas zu erreichen. ✆ 933 015900, ✉ 933 183664. www.hoteljardi-barcelona.com.

** Pensió Layetana (32), in günstiger Lage an der Via Laietana, am Rand des Barri Gòtic. Das verwinkelte Haus der vorletzten Jahrhundertwende besitzt große Zimmer mit Deckenstuck, allerdings auch weniger schöne kleine Räume – vorher ansehen. Diejenigen zur Via Laietana hin sind sehr laut. DZ/Bad etwa 65–70 €, ohne Bad um die 50–55 €. Plaça Ramon Berenguer el Gran. ✆/✉ 933 192012. www.hostallayetana.com.

** Pensió Hostal-Albergue Fernando (44), recht große Pension unweit der Rambles, die neben Zimmern auch Unterkunft in Stockbetten offeriert. Freundliche, internationale Atmosphäre, schlicht möblierte, aber gepflegte Zimmer, z. T. sogar mit TV, gute Bäder. DZ/Bad etwa 55-70 €, Stockbett im Fünfpersonenzimmer 17-24 €. Carrer Ferran 31. ✆ 933 017993, ✉ 935 112150. www.hfernando.com.

** Pensió Hostal Rembrandt (20), von den Rambles Richtung Kathedrale und in seiner Kategorie eine ordentliche Adresse. Die insgesamt 28 Zimmer fallen unterschiedlich aus, manche besitzen sogar einen Balkon oder Patio. DZ/Bad etwa 60 €, ohne Bad 50 €. Zugehörig die von Leser Stefan Leiers gelobten „Apartamentos Rembrandt" im Carrer Canuda 13 (Tel. 933 013157). DZ/Bad etwa 60 €, ohne Bad um die 50 €. Apartamentos Rembrandt für 2 Pers. etwa 85 €. Carrer Portaferrissa 23. ✆/✉ 933 181011. www.hostalrembrandt.com.

** Pensió Dalí (38), in einer Seitenstraße, die etwa in der Mitte der Rambles abzweigt. Insgesamt nicht mehr das jüngste Quartier, jedoch in guter Lage; bei knapp 50 Zimmern bestehen auch in Zeiten hoher Nachfrage Chancen auf eine Unterkunft. Mit nicht immer leisen Jugendgruppen ist laut einer Leserzuschrift zu rechnen. Zuletzt war das Gebäude in Umbau, die Pension sollte aber wieder eröffnen. Carrer Boqueria 12, ✆ 933 185580, ✉ 933 424868, www.pensiondali.com.

La Ribera/El Born (siehe Karte Umschlagklappe hinten)

Ein aufstrebender, auch als Nachtviertel beliebter Altstadtbezirk, vom Barri Gòtic nur durch die Via Laietana getrennt.

**** Grand Hotel Central (31), direkt an der Via Laietana, 2006 eröffnet. Das puristische Design der Einrichtung kontrastiert prächtig mit den üppigen Interieur des ehemaligen Bürogebäudes der Zwanzigerjahre, der Dachterrassenpool mit Fernblick ist ein Traum. Standard-DZ je nach Nachfrage 165–310 €, in der Regel im Bereich 190–210 €. Natürlich gibt es auch Suiten. Via Laietana 30, ✆ 932 957900, ✉ 932 681215, www.grandhotelcentral.com.

*** Hotel Chic and Basic Born (47), originelles Quartier am Rand des Bornviertels, untergebracht in einem Stadtpalast des 19 Jh. Vorhänge vor den Türen; Zimmer Weiß in Weiß, deren wechselnde Farben und Stimmungen durch die Beleuchtung erreicht werden, freistehende Glasduschen (Vorhänge vorhanden) – ein Hotel für Designliebhaber. DZ nach Größe (von „Medium" über „Large" bis „X-Large") und Saison etwa 120–200 €. Carrer de la Princesa 50, ✆ 932 954652, ✉ 932 954653, www.chicandbasic.com.

*** Hotel Banys Orientals (54), 2002 eröffnetes, schön gestaltetes Design-Hotel in guter Lage. Edles Interieur, direkter Zugang zum zugehörigen und sehr empfehlenswerten Restaurant „Senyor Parellada". Die 43 Zimmer fallen nicht allzu groß aus, sind aber komfortabel und stilvoll eingerichtet. DZ ganzjährig etwa 130 €, Frühstück inklusive; Suiten sind ebenfalls im Angebot. Carrer de l´Argenteria 37, ✆ 932 688460, ✉ 932 688461, www.hotelbanysorientals.com.

* Pensió Francia (71), nur ein paar Schritte vom Passeig del Born. Gepflegte, familiäre Pension über zwei Etagen; besonders stolz ist die Wirtin auf die Ausstattung aller Zimmer mit Satelliten-TV. Die Zimmer zur Stra-

ße besitzen Balkon, können aber manchmal etwas laut sein. DZ nach Ausstattung (ohne/mit Bad), Größe und Saison etwa 50–65 €. Carrer Rera Palau 4. ℡ 933 190376.
* **Pensió Lourdes (46)**, in einer Seitenstraße jenseits der Via Laietana. Schlicht und etwas eng, aber sauber, die Zimmer zur Straße sind nachts nicht unbedingt ruhig. Insgesamt jedoch eine ganz passable und recht zentrale Unterkunft, DZ/Bad etwa 55 €, ohne Bad 45 €. Auch Dreibett-Zimmer. Carrer de la Princesa 14, ℡ 933 193372.

Eixample & Gràcia (siehe Karte S. 185)

Die quadratischen Häuserblocks von Eixample beherbergen die feudalsten Hotels der Stadt. In Gràcia gibt es nur einzelne Pensionen.

***** **GL Hotel Palace (103)**, das ehemalige „Ritz" und immer noch eine der ersten Adressen der Stadt. Dies trotz aufkommender Konkurrenz, die die hiesige Grandezza jedoch wohl nie erreichen wird – immerhin reicht die Tradition des Hotels bis 1919 zurück. Zuletzt in Komplettrenovierung, Wiedereröffnung voraussichtlich noch 2009. Gran Via 668, ℡ 935 101130, ℡ 933 180148, www.hotelpalacebarcelona.com.

***** **GL Hotel Monument Casa Fuster (89)**, das erste als „Hotel Monument" ausgezeichnete Quartier der Stadt. Untergebracht ist es in der Casa Fuster von Domènech i Montaner, aller Komfort inklusive Schwimmbad, Panoramaterrasse etc. ist selbstverständlich. 96 Zimmer und Suiten. Standard-DZ etwa 520 €, Deluxe-DZ 680 €, Suiten bis zu 2250 €. Passeig de Gràcia 132, ℡ 932 553000, ℡ 932 553002, www.hotelescenter.es.

***** **GL Hotel Claris (97)**, ebenfalls eines der besten Hotels Barcelonas. Der Stadtpalast von 1882 glänzt mit ultramodernem Interieur und zahlreichen Kunstwerken. Stilvolle Atmosphäre, Swimmingpool und Restaurant auf der Dachterrasse. Standard-DZ etwa 175–325 €, Superiorzimmer und Suiten deutlich mehr. C. Pau Claris 150, ℡ 934 876 262, ℡ 932 157970. www.derbyhotels.com.

**** **Hotel Omm (90)**, superbes Designhotel, ein Kind der Tragaluz-Gastronomiekette. Bereits die ungewöhnliche Fassade beeindruckt, innen setzt sich die Designorgie fort. Dachterrasse mit Blick und (kleinem) Pool; michelinbesterntes Restaurant „Moo" und Nightbar „Omm Session"; Spa, Garage. Standard-DZ etwa 250–310 €, am Wochenende oft Spezialangebote. C. Rosselló 265. ℡ 934 454000, ℡ 934 454004. www.hotelomm.es.

*** **Hotel Axel (100)**, ein Hotel, das sich explizit an die schwule Klientel wendet (dabei jedoch durchaus „heterofriendly" ist) und folgerichtig im Herzen des „Gayxample" untergebracht liegt. Wellnessbereich, Fitness, Dachterrasse mit Pool. DZ nach Saison und Lage (innen/außen) 155–220 €, auch Superiorzimmer und Suiten. C. Aribau 33. ℡ 933 239393, ℡ 933 239394. www.axelhotels.com.

*** **Hotel Granvia (104)**, das „Palace für den kleinen Geldbeutel". Im Ernst: Ebensoviel Charme hat das nostalgische kleine Hotel sicher, bei Ausstattung und Erhaltungszustand sind aber im Vergleich natürlich gewisse Abstriche zu machen. DZ etwa 130–150 €. Gran Via 642. ℡ 933 181900, ℡ 933 189997. www.nnhotels.es.

Aparthotel Silver (81), für Selbstversorger eine Überlegung wert, 49 solide ausgestattete Studios mit französischem Bett und Kochecke. Zwei Personen zahlen im „Standard"-Zimmer etwa 95 €, es gibt auch teurere Räume mit Terrasse sowie etwas günstigere Interior-Zimmer ohne Tageslicht. Eigene und relativ preisgünstige Parkgarage (13 €) mit 22 Stellplätzen, die man leider nicht reservieren kann. Carrer Bretón de los Herreros 26 (Metro: Fontana), ℡ 932 189100, ℡ 934 161447, www.hotelsilver.com.

** **Pensió Hostal Girona (106)**, einige Blocks nordöstlich der Plaça Catalunya. Geräumige und ganz nett dekorierte Zimmer mit TV, zum Teil mit Balkon. DZ nach Saison, Lage (innen/außen) und Ausstattung (ohne/mit komplettem Bad) etwa 65–90 €. C. Girona 24. ℡ 932 650259, ℡ 932 658 532. www.hostalgirona.com.

** **Pensió Hostal Lesseps (80)**, mit geräumigen und hübsch gestalteten Zimmern, die großteils nach hinten liegen und so vom Verkehrslärm verschont bleiben, freundliche Vermieterin. DZ/Bad rund 65 €. Gran de Gràcia 239 (Metro: Lesseps), ℡ 932 184434, www.hostallesseps.com.

** **Pensió Hostal San Medín (82)**, etwas zentrumsnäher gelegen. Familiäre Atmosphäre und gute Zimmereinrichtung; die zur Straße hin liegenden Räume sind allerdings nicht ganz ruhig. Oft belegt, Reservierung ratsam. DZ/Bad etwa 65-70 €, ohne Bad 55-60 €. Gran de Gràcia 125 (Metro: Fontana). ℡ 932 173068, ℡ 934 154410. www.sanmedin.com.

Katalonien

Jugendherbergen und Hostels (siehe Karte Umschlagklappe hinten)

In Barcelona existieren gleich mehrere Jugendherbergen des Internationalen JH-Verbands IYHF. Fast überall ist der Aufenthalt auf fünf Tage beschränkt, für Nichtmitglieder manchmal verkürzt. Neben diesen quasi offiziellen Quartieren existieren zahlreiche private Albergues, deren Preise allerdings oft höher sind.

Albergue Mare de Déu de Montserrat (IYHF), weit außerhalb, in einer „neomaurischen" Villa in schöner Lage oberhalb des Parc Güell. Nur mit JH-Ausweis, max. Aufenthalt drei Tage. Ü/F etwa 15–21 €, für über 25-Jährige 17–25 €. Passeig Mare de Déu dell Coll 41–51. Metro: L3, Vallcarca. ✆ 932 105151, ℻ 932 100798. www.xanascat.cat.

Albergue Pere Tarrès (IYHF), abgelegen im Viertel Les Corts. Ü/F im 4- bis 6-Bett-Zimmer p. Pers. etwa 24 €, über 25-Jährige zahlen 28 €. Auch DZ. Carrer Numància 149–151, ✆ 934 301606, ℻ 934 196268. scv@peretarres.org, www.peretarres.org.

Albergue Gothic Point (48), nahe der Via Laietana. Gut konzipiert. Ü/F p. P. 17,50–23 €. Carrer Vigatans 5. ✆ 932 687808, ℻ 933 107755. info@gothicpoint.com, www.gothicpoint.com, www. equity-point.com.

Albergue Sea Point (76), am Strand von Barceloneta, im Sommer ein Tipp. Ü/F nach Saison 16–23 €. Plaça del Mar 4. ✆ 932 247075, ℻ 932 461552. info@seapointhostel.com, www.seapointhostel.com, www. equity-point.com.

Barcelona Mar Youth Hostel (43), nicht am Meer, sondern in El Raval, einem nachts recht lebendigen, aber etwas unsicheren Gebiet. Ü/F nach Saison und Größe 16–27 €. Carrer Sant Pau 80. ✆ 933 248530, ℻ 933 248531. info@barcelonamar.com, www.youthostel.com.

Abergue-Hostel Itaca (21), im Gotischen Viertel. Angenehmes Ambiente. P. P. 20–26 €; F geht extra. Auch fünf DZ ohne Bad à 50–65 €. Carrer Ripoll 21. ✆ 933 019751. pilimili@itacahostel.com,

Albergue Palau (62), ebenfalls mitten im Barri Gòtic. Freundliche Atmosphäre, moderne Ausstattung. P. P. 16–24 €. Carrer Palau 6, am besten vom Carrer Ferràn aus anzusteuern, ✆ 934 125080, ℻ 943 195325, palau@bcnalberg.com, www.bcnalberg.com.

Albergue Kabul (56), neben den Rambles. Sehr lebendige (für manchen vielleicht allzu lebendige) Atmosphäre. P.P. ca. 20–31 €. Plaça Reial 17, ✆ 933 185190, info@kabul.es, www.kabul.es.

Camping

Die stadtnächsten Plätze liegen an der nordöstlichen Küste bei El Masnou und südwestlich von Barcelona am Meer bei Viladecans/Castelldefels (Nähe Airport), jeweils etwa 15 Kilometer vom Zentrum entfernt. Infos unter www.campingsbcn.com.

• *Im Norden* **Masnou**, 2. Kat., mit komfortabler Zuganbindung bei El Masnou nordöstlich von Barcelona. Hanggelände, die unteren Regionen wegen der nahen Küstenstraße laut. In der Hauptsaison Swimmingpool, Bar/Rest., Einkaufsmöglichkeit, in der NS alles geschlossen. Am Pflegezustand zur NS gab es Leserkritik. Zu erreichen per Cercanías-Bahnlinie C1 Richtung Mataró-Maçanet, ab Bahnhof Sants oder Plaça Catalunya, Fahrzeit ca. 30 Minuten. Ab Bhf. El Masnou zu Fuß entlang der Küstenstraße zurück, ca. 500 Meter. Autofahrer nehmen die Küstenstraße oder die Ausfahrt Nr. 5 der Autobahn von Mataró. Ganzjährig geöffnet. Pro Pers., Auto, Zelt je etwa 8 €, zur NS günstiger. Camil Fabra 33, ✆ 935 551503, masnou@campingsonline.es.

• *Im Süden* **3 Estrellas**, 1. Kat., ein großer, gut ausgestatteter Platz bei Gavà, direkt am breiten Sandstrand, mit Pool. Auch Vermietung von Mobil-Homes. Der Lärm des nahen Flughafens stört allerdings erheblich. Anfahrt per Bus mit Linie L95 ab Ronda de Universitat, Ecke Rambla de Catalunya; mit dem Auto über die C-31 Richtung Castelldefels, Ausfahrt 13, dann wieder etwa 500 Meter zurück in Richtung Barcelona. Geöffnet etwa Mitte März bis Mitte Oktober. Pro Person 8 €, Auto, Zelt je 9 €, zur NS deutlich günstiger. Carretera C-31 (Autovía de Castelldefels), km. 186,2, ✆ 936 330637, ℻ 936 331525, www.camping3estrellas.com.

Stadtbekannter Grill: Los Caracoles

Essen und Trinken

Sonntags haben Hungrige schlechte Karten in Barcelona, da dann die meisten Restaurants ihren Ruhetag nehmen.

Granjas und Cafés

Granjas (Milchbars) fürs Frühstück oder den Nachmittag mit „süßen Stückchen", Cafés zum Relaxen, Leute gucken, als Treffpunkt oder auch für einen leichten Imbiss.

Granja Viader, nur ein paar Schritte westlich der Rambles, eine der traditionsreichsten Milchbars Barcelonas. Carrer Xucla 4–6, eine Seitenstraße des Carrer Carme.

Granja Dulcinea, in einem Gässchen nahe der Plaça del Pi. Das „Dulcinea" ist Café und Granja in einem. Carrer Petritxol 2.

Café de l'Opera, traditionsreiches und bis spät in die Nacht geöffnetes Jugendstil-Café mit Tischen an den Rambles. Bunt gemischtes Publikum. Rambles 79.

Café Zürich, ebenfalls eine Institution. Das alte Gebäude wurde abgerissen, im Neubau hat das „Zürich" jedoch seinen Platz wieder gefunden. Ein internationaler Treffpunkt direkt an der Plaça de Catalunya.

Café Els Quatre Gats, mehr als ein Café: Bar, Restaurant, Treffpunkt ... Die berühmten „Vier Katzen" sahen schon Picassos allererste Ausstellung, die nämlich genau hier stattfand. Das Gebäude selbst, die Casa Martí, zählt zu den frühen Bauten des Modernisme-Architekten Puig i Cadafalch. Carrer Montsió 3, eine Seitenstraße des Portal de l'Angel.

Quiosco Pinotxo, berühmter Imbiss im Markt Boquería an den Rambles, gleich hinter dem Eingang. Morgens ab 6 Uhr eine Mischung aus Marktleuten und letzten Nachtschwärmern beim Kaffee, mittags göttliche Tapas und Bocadillos.

Travel Bar, nur ein paar Schritte von den Rambles. Wie der Name schon sagt, eine Bar für den Reisenden, mit gutem Infoangebot und Internetzugang. Viel britisches Publikum. Tische auch im Freien an der hübschen Placeta del Pi. Carrer Boqueria 27, www.travelbar.com.

Katalonien

Tèxtil Café, im ehemaligen Museu Tèxtil, ganz in der Nähe des Museu Picasso. Ein lauschiges Café inmitten uralter Mauern, das auch recht preisgünstige Mittagsmenüs und leichte Abendküche offeriert. Carrer de Montcada 12.

Restaurants und Tapa-Bars

El Raval (siehe Karte Umschlagklappe hinten)

Rest. Casa Leopoldo (26), ein Klassiker des Viertels, bereits 1924 gegründet und bis zu seinem Tod eines der Lieblingslokale des „Carvalho"-Autors Montalbán. Gekonnte traditionelle Küche, gute Weinauswahl. Probiermenü rund 50 €, à la carte ab etwa 40 € weit aufwärts. Carrer Sant Rafael 24, ℡ 934 413014. So-Abend und Mo geschlossen, in der Karwoche und im August Betriebsferien.

Dos Palillos (7), eine Neueröffnung nahe dem Hotel Casa Camper (siehe „Übernachten") und ebenfalls ein Ableger des ja eigentlich auf Schuhe spezialisierten Camper-Unternehmens. Die Leitung obliegt keinem Geringeren als Albert Raurich, dem ehemaligen Küchenchef des „El Bulli", und das Angebot umfasst, ganz dem Namen („Zwei Stäbchen") gemäß, moderne asiatische Tapas. Sehr gehobenes Preisniveau. So/Mo geschlossen, Di/Mi nur abends geöffnet. Carrer Elisabets 9.

Bar-Rest. Dos Trece (15), edles Lokal mit Glasfront und Lounge, guten Cocktails, gelegentlichen Livekonzerten und DJs am Wochenende. Kleine, aber feine Speisenauswahl, Menü à la carte ab etwa 25 €, relativ günstiges Mittagsmenü. Carrer Carme 40, Reservierung ratsam: ℡ 933 017306.

Café-Rest. Carmelitas (13), gleich gegenüber. Das luftige, angenehm sparsam dekorierte Ambiente mit hoher Decke und das freundliche Personal zeichnen dieses Lokal aus. Kreatives Mittagsmenü à 9 €. Carrer Carme 42, am Wochenende Reservierung ratsam: ℡ 934 124684.

Bar-Rest. Iposa (18), ebenfalls in diesem Gebiet. Kleines, enges Restaurant mit lässiger, freundlicher Atmosphäre und jungem Publikum; ein paar Tische auch draußen vor der Tür. Die Gerichte kommen nicht in gigantischen Portionen, sind aber raffiniert zubereitet und die Preise günstig. Carrer Floristes de la Rambla 14.

Bar Ra (19), praktisch um die Ecke, nahe der Boqueria. Der Name des ägyptischen Sonnengottes ist gut gewählt, liegen die Tische im Freien doch wirklich fast den ganzen Tag in der Sonne; im Winter sorgen Heizstrahler für Wärme. Junges Szenepublikum, das sich am Parkplatz-Panorama nicht stört, internationale Küche von Mexikanisch bis Thai. Preisgünstige Mittagsmenüs, auch sonst nicht teuer. Plaça de la Boqueria 7.

Bar-Rest. Elisabets (4), bei der hübschen kleinen Plaça Bonsuccés. Gegründet 1962 und seitdem optisch wohl kaum verändert. Vor allem an Werktagen ausgesprochen gefragt – kein Wunder, denn das feste Mittagsmenü für etwa 10 € bietet prima Auswahl und ein exzellentes Preis-Leistungs-Verhältnis. So geschlossen. Carrer Elisabets 2.

Pizzeria La Verònica (22), lange Jahre ein Pizzeria-Klassiker des Barri Gòtic, jetzt ins Raval gezogen. Das Design ist das gleiche geblieben, die Qualität der Pizzas (darunter auch vegetarische Möglichkeiten) ist unvermindert hoch, die Beliebtheit des Lokals bei seinem bunt gemischten Publikum auch. Um die 10-12 € pro Pizza sind zu rechnen. Rambla del Raval 2-4. Mo geschlossen.

Rest. Bio-Center (12), ein beliebtes vegetarisches Restaurant in einer westlichen Seitenstraße der oberen Rambles. Das Mittagsmenü mit großem Salatbuffet kommt auf etwa 10 €, am Samstag etwas teurer. Nur mittags; Carrer Pintor Fortuny 25.

Rest. Organic (34), ein weiteres vegetarisches Restaurant. „Somos lo que comemos" (wir sind, was wir essen) heißt hier der Wahlspruch. Angenehmes Ambiente, umfangreiches Drei-Gänge-Mittagsmenü für 10 €, Getränke gehen extra. Von Lesern gelobt. Carrer Junta de Comerç 11, zwischen C. Hospital und C. Sant Pau, täglich mittags und abends geöffnet.

Barri Gòtic (siehe Karte Umschlagklappe hinten)

Rest. Can Culleretes (45), 1786 gegründetes Traditionslokal, gleichermaßen beliebt bei Einheimischen wie Touristen – wenn abends um 21 Uhr geöffnet wird, steht meist schon eine Warteschlange davor. Mehrere stilvolle Räumlichkeiten, Deckenbalken, Kacheldekoration und Wandfriese. Menü à la carte ab etwa 18 €, Tagesmenü kaum über 12 €. So-Abend/Mo geschlossen. Carrer Quintana 3, von den Rambles über den Carrer Ferràn zu erreichen. Reservierung ist nützlich: ℡ 933 176485.

Rest. Los Caracoles (64), eröffnet 1835 und erwähnt als eins der bekanntesten Lokale der Stadt; zahlreiche Prominentenfotos an den Wänden, gemütliche Atmosphäre. „Caracoles" sind Schnecken; eine weitere Spezialität sind die Hühnchen, die sich draußen so appetitanregend am Grill drehen. Mit 30 € aufwärts ist man dabei. Nicht verschwiegen werden soll die Meinung eines Lesers, bei dem Lokal handele es sich mittlerweile um „eine pure Touristenschwemme mit völlig überzogenen Preisen", auch andere Leser übten (mildere) Kritik. Täglich geöffnet; Carrer dels Escudellers, eine Seitenstraße der unteren Rambles, ℡ 933 023185. Abends Vorsicht im Umfeld, hier lauern häufig auf Touristen spezialisierte Handtaschenräuber!

Rest. Agut (73), ein weiterer Klassiker, der seit rund 80 Jahren traditionelle katalanische Küche serviert. Gemütliche Atmosphäre, stets gut besucht und, gemessen am Gebotenen, recht preiswert: Menü à la carte ab etwa 30 € aufwärts, meist auch ein günstiges Mittagsmenü im Angebot. So-Abend, Mo sowie im August geschlossen. Carrer Gignàs 16, nah beim Hafen, ℡ 933 151709.

Rest. Pitarra (72), in der Nähe. Traditionsreiches Lokal, gleichzeitig ein „Museum" über Frederic Soler, genannt „Pitarra", der als Vater des katalanischen Theaters gilt, eigentlich aber Uhrmacher war. Sehr gute katalanische Küche (zur Saison auch Wildspezialitäten), freundlicher Service. Um die 30 € sind zu rechnen. So geschlossen. Carrer d´Avinyó 56, ℡ 933 011647.

Café de l´Acadèmia (53), nicht weit von der Plaça Sant Jaume, ein Lesertipp von Manfred Sauer: „Katalanische und spanische Küche, sehr guter Wein, freundliche und aufmerksame Bedienung." In der Tat eine prima Adresse, deshalb auch sehr beliebt – früh kommen oder reservieren. Mittagsmenü 13,50 €, abends à la carte ab etwa 30 €. Carrer Lledó 1, an der Plaça Sant Just; Sa/So geschlossen. ℡ 933 150026.

Café-Rest. Bliss (50), ganz in der Nähe. Jugendliches Speisecafé mit gemütlichem Nebenraum, kreativer Küche und prima Preis-Leistungsverhältnis. Für knapp 11 € kann man sich hier ein zweigängiges Mittagsmenü aus Standard- und Tageskarte zusammenstellen, wahlweise mit Vorspeise oder hausgemachtem Dessert; daneben gibt es auch Salate, Nudeln etc. Täglich geöffnet. Plaça Sant Just 4, Eingang im Carrer de Dagueria.

Café-Rest. Taxidermista (52), direkt an der Plaça Reial, die in punkto Restaurants sonst etwas touristisch geprägt ist. Ein Lokal mit kurioser Vergangenheit: Über Jahrzehnte hinweg und bis in die Neunzigerjahre hinein war hier der Laden eines Tierpräparators (Taxidermista) untergebracht. Zu dessen Stammgästen zählte auch Salvador Dalí, der gleich bei seinem ersten Besuch 200.000 Ameisen bestellte und später einen Löwen, einen Tiger und sogar ein Nashorn hier ausstopfen ließ. Heute ist das Ambiente nostalgisch-edel. Feine, französisch-nordafrikanisch inspirierte Küche, gutes Mittagsmenü für etwa 10 €, abends à la carte deutlich teurer: Menü ab etwa 30 €. Achtung, Leser berichteten, dass an den Tischen im Freien im Vergleich zum Innenraum sowohl das Angebot (hier meist nur eher mäßige Tapas) als auch der Service deutlich abfallen. Plaça Reial 8, Mo Ruhetag.

Rest. Les Quinze Nits (49), gleich nebenan. Seit einigen Jahren sehr erfolgreich – zu Recht, denn gute Qualität, große Portionen und günstige Preise ergeben eine verführerische Kombination. Trotz des flotten Service und der beachtlichen Größe des Lokals deshalb oft lange Warteschlangen; besser, etwas vor den üblichen Essenszeiten zu kommen. Menü à la carte ab etwa 15 €. Täglich geöffnet. Auf Wunsch auch englische Speisekarte. Plaça Reial 6.

Rest. La Fonda (66), ein Stück hafenwärts. Selbe Besitzer wie „Les Quinze Nits", selbes Erfolgsrezept: flinke Kellner, prima Küche, nettes Ambiente, identische Preise. Kein Wunder, dass sich auch hier fast jeden Abend lange Schlangen bilden – Vierergruppen sind dann gegenüber Pärchen oft im Vorteil. Preiswertes Mittagsmenü, à la carte ab etwa 12 €. Carrer Escudellers 10, eine Seitenstraße der unteren Rambles. Täglich geöffnet.

Café-Rest. Venus Delicatessen (63), kleines, originelles Lokal mit häufig wechselnder Innendekoration und buntem Publikum. Mediterran-internationale Gerichte, Hauptspeisen kosten um die 8 €, das Mittagsmenü 10 €. Küche durchgehend bis Mitternacht. Carrer d´Avinyó, Nr. 25.

182 Katalonien

Bar-Rest. Cervantes (55), hübsches und freundlich-flink geführtes Restaurant mit familiärem Ambiente. Große Holzfässer, Deckenventilatoren, Marmortische; man verspricht „Bona cuina", gute Küche, und hält es auch. Mittagsmenü 10 €, Hauptgerichte sind auch nicht teuer. Carrer Cervantes 7, eine Seitenstraße des Carrer d'Avinyó.

Rest. El Gallo Kiriko (57), beliebtes pakistanisches Restaurant mit guter Küche zu recht günstigen Preisen. Hell erleuchteter, schmaler Speiseraum, hinten um die Ecke ein hübscherer Raum an einer alten Mauer. Viele pakistanisch-indische Hauptgerichte um 6–8 €; auch vegetarische Speisen. Carrer d'Avinyó 19.

Taverna Basca Irati (28), eine baskische Tapa-Bar nahe den Rambles, meist gesteckt voll. Das Baskenland ist berühmt für seine dort „Pinchos" genannten Tapas. Preiswert; bezahlt wird nach Anzahl der Zahnstocher, auf denen die Happen stecken. Als Getränk empfiehlt sich statt Bier vielleicht der nordspanische Apfelwein „Sidra" – der Kellner schenkt ein. Carrer Cardenal Casañas 15, zwischen Rambles und Plaça del Pi.

Bar La Vinateria del Call (37), urige kleine Bodega mitten im Barri Gòtic. Tapas, empfehlenswertes Pa amb Tomàquet (Brot mit Tomate u. Olivenöl), Wein... Sant Domènec del Call 9, eine Seitenstraße des Call, nahe Plaça de Sant Jaume.

La Ribera/El Born (siehe Karte Umschlagklappe hinten)

Rest. Comerç 24 (25), ein Vertreter der jungen Restaurant-Garde: Chef Carles Abellán hat seine Handschrift bei Ferran Adrià im legendären El Bulli bei Roses verfeinert. Avantgardistische katalanische „Molekular"-Küche mit dem gewissen Extra und vielen kleinen Portionen im Tapa-Stil, exquisite Weinauswahl unter rund 150 Sorten. Um die 60 € aufwärts sollte man rechnen und für den ersten Besuch vielleicht eines der Tapa-Menüs aus sieben oder neun köstlichen Kleinigkeiten ins Auge fassen. Carrer Comerç 24, Mo, So sowie für zwei Wochen im August und eine Woche über Weihnachten geschlossen. Unbedingt reservieren, ✆ 933 192102. www.comerc24.com.

Rest. Santa Maria (39), in der Nähe und ebenfalls ein Platz für feine Tapas der besonderen Art; Chef Paco Guzmán kreiert sie in einem wahnwitzigen Mix aus asiatischen und katalanischen Einflüssen. Köstliche Nachspeisen. Preislich günstiger als oben, und das Degustationsmenü kommt sogar für knapp 35 € auf den Tisch, man kann aber auch mit deutlich weniger auskommen. So, Mo und im August geschlossen. Carrer Comerç 17, Reservierung sehr ratsam: ✆ 933 151227.

Restaurant Salero (70), eine Art Speisecafé in einem ehemaligen Salzlager, schick gestylt und mit jungem Publikum. Internationale Küche nach Marktlage in häufig wechselndem Angebot; das Gemüse stammt aus biologischem Anbau. Relativ preisgünstig, Menü ab ca. 20-25 €, unter der Woche auch günstige Mittagsmenüs. Später am Abend wird das Salero zur beliebten Music-Bar. Carrer Rec 60, So Ruhetag.

Bar-Rest. Cal Pep (69), eine Institution im Ribera-Viertel bzw. dem Barrio del Born, wie dieser Teil von Ribera auch genannt wird. Prima Meeresküche, vom Besitzer (Pep eben) gleich hinter der Bar zubereitet und direkt am Tresen verzehrt – die wenigen Tische sind manchmal auf Monate ausgebucht. Stets gut besucht, mittleres Preisniveau. Plaça de les Olles 8, So geschlossen.

Restaurant Senyor Parellada (54), einer der Klassiker des Viertels. Elegantes Ambiente, solider Service, kreative katalanische Küche und die für das Gebotene ungewöhnlich niedrigen Preise (Menü ab etwa 20 € aufwärts) sorgen für stets volle Tische – reservieren! Carrer Argentaria 37, ✆ 933 105094.

Bar-Rest. Euskal Etxea (60), nicht weit vom Picasso-Museum. Eines der vielen baskischen Lokale des Viertels, hervorgegangen aus dem baskischen Kulturzentrum und mit sehr verführerischen Tapas an der Theke. Placeta Montcada 1-3.

Bar-Rest. Origenes 99,9 % (67), ein kleines, oft voll belegtes Lokal, das sich ganz der authentischen katalanischen Küche verschrieben hat – täglich werden Spezialitäten aus einer anderen Region angeboten. Menü à la carte schon ab etwa 15 €, auch das Mittagsmenü ist günstig. Auch Verkauf von Wurstwaren, Weinen, Marmeladen etc. Carrer Vidriera 4. Das Konzept ist so erfolgreich, dass mittlerweile mehrere Filialen eröffneten, eine davon gleich um die Ecke am Passeig del Born 4.

Bar Golfo de Bizkaia (68), zehn Meter weiter. Baskisches Lokal mit guter Auswahl an Tapas (hier Pinchos genannt); abgerechnet wird nach der Zahl der Zahnstocher, auf denen die Häppchen stecken. Carrer Vidrería 12. Im Umfeld noch weitere beliebte Bars.

Bar-Rest. Sagardi (61), noch eine baskische Bar mit bodenständiger Atmosphäre und günstigen Preisen, oft gesteckt voll. Im angeschlossenen Grill-Restaurant gibt man natürlich mehr aus. Carrer Argenteria 62.

Bar La Vinya del Senyor (65), eine von mehreren Bars an diesem hübschen kleinen Platz vor der eindrucksvollen Fassade der Kirche Santa María del Mar. Die Tapas hier sind klein, aber gut, bestechend jedoch vor allem die Auswahl an Weinen – die Weinkarte wird alle zwei Wochen erneuert. Plaça Santa María 5, So-Abend und Mo geschlossen.

Bar Xampanyet (59), in der „Kunstgasse" Carrer Montcada. Uralte Bar in blau-weißem Kacheldekor, die exzellente Tapas (berühmt: die Anchovis) serviert und feinen Cava sowie den nordspanischen Apfelwein Sidra ausschenkt. So-Abend und Mo geschlossen. Altstadt, Carrer Montcada 22, nahe Museu Picasso.

Am Hafen und in Barceloneta (siehe Karte Umschlagklappe hinten)

Rest. Set Portes (74), zwischen Altstadt und Barceloneta. Eines der ältesten Restaurants der Stadt, eines der angenehmsten dazu. Die „Sieben Türen" sorgen seit 1836 für die hungrigen Mägen Barcelonas, und das vorzugsweise mit nicht zu knapp bemessenen Reis- und Fischgerichten. Sehr gute Escalivada. Ein köstliches und mehr als sättigendes Menü kostet ab etwa 35 €. Täglich geöffnet. Passeig d'Isabel II. 14, ✆ 933 193046.

Xampanyeria Can Paixano (75), in der Nähe. Volkstümlicher Treff und Sektbar, laut, eng, stickig und völlig zu Recht immer gestopft voll. Preiswerte Bocadillos und Raciones, in punkto Sekt unschlagbar: Glas Cava schon ab 50 Cent. Ganze Flaschen (ebenfalls sehr günstig) werden nur noch zusammen mit Essen serviert – kein Schaden, die Würste z. B. sind köstlich. Ein echter Tipp zwischen Altstadt und Barceloneta, Carrer Reina Cristina 7, eine Parallelstraße zum Passeig d'Isabel II. Sonntags geschlossen.

Rest. Emperador (79), eines von mehreren Restaurants im renovierten Palau del Mar, der auch das Museu d'Història beherbergt. Reizvolles Ambiente am Hafen, feine Fischgerichte, trotz der hohen Preise immer gut besucht. Menü à la carte ab etwa 30 € weit aufwärts. Plaça Pau Vila s/n.

Rest. El Suquet de Almirall (77), bekannter Vertreter der zahlreichen Restaurants am Passeig de Borbó. Von außen optisch eher schlicht, die Fisch- und Reisgerichte genießen jedoch besten Ruf. Für knapp 45 € gibt es ein (auch von Lesern gelobtes) „Menú ciego de degustación", bei dem man der Küche „blind" (ciego) vertraut; es besteht aus Tapas sowie einem Fisch- oder Reisgericht. Passeig Joan de Borbó 65, ✆ 932 216233.

Bar-Rest. Can Ganassa (78), solides, vorwiegend von Einheimischen besuchtes Lokal am hübschen kleinen Hauptplatz von Barceloneta, einen Block hinter dem Passeig de Joan de Borbó. Plastikstühle und -tische im Freien, ein guter Platz für Tapas, Torrades (geröstetes Weißbrot mit Beilagen) und andere einfache Gerichte, nicht teuer. Plaça de Barceloneta 4.

Eixample, Gràcia & Pedralbes (siehe Karte S. 185)

• *Eixample* **Rest. Casa Calvet (105)**, im gleichnamigen Gaudí-Gebäude untergebracht. Wunderbares Dekor, feine, saisonabhängige mediterran-katalanische Küche mit leichtem und modernem Touch, gute Weinauswahl. Menü à la carte ab etwa 50 € aufwärts. Carrer Casp 48, ✆ 934 124012. So, über Ostern und an zwei Wochen im August geschlossen.

Rest. Tragaluz (91), das Flaggschiff der gleichnamigen Kette feiner Restaurants. Edles Design mit verschiebbarem, lichtdurchlässigem Glasdach, kreative mediterran-internationale Küche. Ein Menü à la carte gibt es ab etwa 40 €; die Weine sind nicht billig. Preiswerter für einen schnellen Happen ist das zugehörige „Tragarrapid", gegenüber liegt mit „El Japonés" eine Dependance, die auf japanische Küche spezialisiert ist. Passatge de la Concepció 5, ✆ 934 870621, www.grupotragaluz.com.

Rest. Corte Inglés (107), an der Plaça de Catalunya. Ganz oben im Kaufhaus, vom Ambiente her eine Cafeteria denn Restaurant, erwähnenswert vor allem aufgrund des beeindruckenden Blicks über die Stadt. Speisen sowohl im Self-Service-Verfahren als auch à la carte.

Katalonien

Bar-Rest. Madrid-Barcelona (98), auch bekannt unter dem Namen des katalanischen Nationalgerichts „Pa amb Tomàquet". Ein hübsch eingerichtetes Lokal mit relativ zivilen Preisen und guter Küche, insbesondere frittierter Ware (Fisch und Meeresfrüchte, Gemüse) und katalanische Gerichte. Oft voll besetzt, zu den Hauptessenszeiten muss man sich meist ein wenig anstellen. Von Lesern gelobt. Carrer Aragó 282, ✆ 932 157026. So Ruhetag.

Rest. La Palmera (95), etwas abseits der Rennstrecken, aber den Weg durchaus wert. Kleines, vorwiegend von Einheimischen besuchtes Lokal in einer der schönsten Straßen des „linken" Eixample. Eine prima Adresse für mittags (unbedingt vor 14 Uhr eintreffen, sonst belegt), wenn für vergleichsweise bescheidene 13 € ein Probiermenü aus drei Vorspeisen und drei Hauptgerichten serviert wird, alles natürlich in kleinen, leckeren Portionen. So/Mo geschlossen. Carrer d´Enric Granados 57.

Rest. La Polpa (93), ganz in der Nähe. Nettes Dekor, fantasievolle mediterrane Küche, prima Preis-Leistungs-Verhältnis: Tagesmenü etwa 10 €, à la carte ab etwa 18 €. Carrer d´Enric Granados 69, im „linken" Eixample. Sehr beliebt, Reservierung ratsam: ✆ 933 238308.

Rest. Atzavara (94), ebenfalls in diesem Gebiet. Gut besuchtes vegetarisches und nikotinfreies Restaurant mit freundlichem Service und angenehmer Atmosphäre, nur mittags von Mo–Sa geöffnet. Schmackhafte Salate, solides Tagesmenü für etwa 10 €. Carrer Muntaner 109.

Rest. El Racó Ecològic (99), im „rechten" Eixample. Wie der Name schon ahnen lässt, wird hier (auch wenn die Karte einige Fleischgerichte aufweist) hauptsächlich vegetarisch gekocht. Solides Mittagsmenü zu normalen Preisen, auch Bio-Frühstück wird angeboten. Ein Geschäft mit Bio-Produkten ist angeschlossen. Nur mittags, Sa/So geschlossen. Carrer Bruc 86.

Tapa C24 (101), eine Tapa-Bar unter prominenter Leitung: Das Lokal ist ein Ableger des Gourmetrestaurants „Comerç 24" im Viertel La Ribera/El Born, geführt von Carles Abellán. Prima Tapas erster Qualität aus hochwertigen Produkten, die Preise entsprechen dem Gebotenen. Auch ein netter Platz fürs Frühstück. Abends viel los. Carrer Diputació 269, nahe Passeig de Gràcia.

Bar La Bodegueta (92), eine nette Tapa-Bar, in der es neben leckeren Häppchen auch glasweise feinen Cava gibt. Tische an der Rambla, unten urige Atmosphäre zwischen alten Fässern. Rambla de Catalunya 100.

Cerveseria catalana (96), eine „katalanische Bierstube" mit naturgemäß guter Bierauswahl, aber auch breitem Angebot an prima Tapas. Oft bis auf die Straße hinaus belebt. Carrer Mallorca 236.

Cervecería Ciudad Condal (102), diesmal in spanischer Schreibweise der „Bierstube", dabei ist das Lokal doch nach der „gräflichen Stadt" Barcelona benannt ... Egal, das Ambiente ist schick und die Tapas sind sehr gut. Gehobenes Preisniveau. Rambla de Catalunya 18.

• *Gràcia & Sant Gervasi* **Rest. Botafumeiro (85)**, galicische Küche hoher Klasse, dem Seemanns-Dekor entsprechend natürlich in erster Linie Fisch und Meeresfrüchte, doch gibt es ebenso feine Reis- und Fleischgerichte. Auch die Weinauswahl kann sich schmecken lassen. Menü à la carte ab etwa 60 €; die Bartheke ist als Essplatz fast beliebter als das Restaurant selbst. Im August für drei Wochen geschlossen. Gran de Gràcia 81, ✆ 932 84230. www.botafumeiro.es.

Rest. La Portería (83), beliebtes Nachbarschaftslokal mit ordentlicher Küche, in dem vor allem zur Mittagszeit viel Betrieb herrscht. Tagesmenüs etwa 10 €, abends à la carte deutlich mehr. Sant Gervasi, Ecke Laforja und Regás, nahe Via Augusta, FGC-Station Gràcia.

Rest. L'Illa de Gràcia (87), nur ein paar Schritte von der Plaça Rius i Taulet, dem Hauptplatz von Gràcia. Kleines vegetarisches Restaurant mit guter Auswahl an Salaten und Süßspeisen; Crêpes gibt es auch. Ausgesprochen preiswert, auch das Tagesmenü ist mit etwa 7 € (ohne Getränke) sehr günstig. Carrer de Sant Domènec 19.

Bar-Rest. Bo (88), ganz in der Nähe. Sehr beliebt, sicher auch wegen der Tische direkt auf dem Platz. Mittagsmenü etwa 11 €, es gibt auch gute Bocadillos, Tapas, Cazuelitas (kleine Kasserolen), Salate etc. Plaça Rius i Taulet 11.

Bar D.O. (84), eine prima Adresse für „Vins i Platillos". Im Mittelpunkt steht hier der auch glasweise ausgeschenkte Wein, wie der Name (D.O.: Denominación de Origen, das spanische Qualitätssiegel für Weinbaugebiete) ja schon ahnen lässt, aber auch die passende Begleitung in Form vieler kleiner Tellerchen mit feinen und originellen Happen. Mittleres Preisniveau. Im belebten Carrer Verdi auf Nr. 36, nur abends geöffnet, Sa auch mittags; So Ruhetag.

- *Pedralbes* **Rest. Neichel (86)**, trotz des unscheinbaren äußeren Erscheinungsbilds eines der Spitzenrestaurants von Barcelona, mit einem Michelinstern ausgezeichnet – Jean Louis Neichel gilt als absoluter Könner seiner Zunft. Exquisite mediterrane Küche, zu genießen à la carte oder, von Gourmetführern empfohlen, bei einem der Degustationsmenüs, die ab etwa 70 € kosten. Carrer Beltrán i Rózpide 1–5, in einem Wohnhaus in einer Seitenstraße der unteren Avinguda Pedralbes, ℡ 932 038408. So, Mo und an mehreren Wochen im August geschlossen.

Nachtleben

Barcelona gilt noch vor Madrid als die heißeste Nacht-Adresse Spaniens. Wichtig bei nächtlichen Exkursionen ist vor allem das Wissen um das „Wann" und das „Wo". Zwischen Donnerstag und Samstag liegen die Hauptausgehzeiten. Vor Mitternacht ist aber nur wenig los, in den Clubs beginnt der echte Betrieb erst ab zwei Uhr morgens.

Türsteher/Eintrittsgelder: Leidige Themen ... Gezieltes Styling kann sicher nicht schaden. Eintrittsgelder, so sie gefordert werden, variieren häufig, je nach Uhrzeit, Wochentag, Live- oder Konservenmusik. Auf den Geldbeutel schlagen auch die Getränkepreise; falls das Eintrittsticket eine „consumición" beinhaltet, ist der erste Drink frei.

Guía del Ocio: Das wöchentlich erscheinende Blättchen ist eine gute Informationsquelle zum Thema. Es birgt Hunderte von Adressen und ist für wenig Geld an jedem Kiosk erhältlich.

Altstadt

- *Rambles & El Raval* **Boadas**, die älteste Cocktailbar Barcelonas und immer noch eine der besten. Edel gewandetes Publikum. Carrer Tallers 1, Ecke obere Rambles. Geöffnet bis zwei Uhr, am Wochenende bis drei Uhr.
Caribbean Club, um die Ecke, eine Bar mit guten karibischen Cocktails, geöffnet bis zwei Uhr. In einer kleinen Gasse, in der sich noch weitere Kneipen finden, z. B. das „Schwarze Schaf" **Ovella Negra**, beliebt vor allem bei jungen Touristen. Can Sitjar (Carrer Sitges) 5, eine Seitengasse des Carrer Taller, nahe den oberen Rambles.
Marsella, eine uralte, atmosphärische Tränke mit viel Holz und halb blinden Spiegeln. Berühmtheit und ein internationales Publikum sichert dem Marsella der Ausschank des Modedrinks Absinth, der nach einem strengen Ritual getrunken wird: Man legt eine Kuchengabel mit einem Stück Zucker über das Glas und benetzt dieses langsam mit Wasser, bis der flüssige Zucker von selbst in den Absinth tropft. Der Spaß hat allerdings seinen Preis. Geöffnet bis zwei Uhr, am Wochenende bis drei Uhr. Carrer Sant Pau 65.
London Bar, eine schöne, mit Stuckdekoration verzierte Jugendstilbar, in der gelegentlich auch Jazzkonzerte stattfinden. Geöffnet bis vier Uhr morgens. Carrer Nou de la Rambla 34.
Moog, in einer Seitengasse der unteren Rambles. Kleiner, aber beliebter Club der Mas-Gruppe mit Schwerpunkt auf Techno und House sowie einer separaten Chillout-Zone. Täglich bis fünf Uhr geöffnet. Arc del Teatre 3, www.masimas.com.
Club Fellini, ein Ableger der Night Sun Group, die auch das legendäre Terrrazza auf dem Montjuïc betreibt; Qualität ist also garantiert. Insgesamt drei Räume: „Der Spiegelsaal" El Salón de los Espejos (von Techno bis House), The Red Room (Disco & Funk) und The Bad Room (Punk, Rock). Geöffnet Mo-Sa 0.30 bis 5 Uhr; im Winter nur Do-Sa. Rambles 27. www.clubfellini.com.
- *Barri Gòtic* **Karma**, Disco-Dauerbrenner an der Plaça Reial. Bodenständige Atmosphäre, Grunge, Punk und Rock. Sehr gemischtes Publikum, oft ausgesprochen viel Stimmung. Offen bis ca. fünf Uhr, am Mo geschlossen. Plaça Reial 10.
Jamboree Jazz & Dance Club, ebenfalls an der Plaça Reial. Die Jazztradition im Jamboree, heute von der Familie Mas übernommen, die eine ganze Reihe erfolgreicher Musiklokale betreibt, reicht bis in die Sechziger zurück. Tägliche Konzerte, danach wird bis 5.30 Uhr morgens zu Hiphop und Funk getanzt. Im selben Gebäude und auch der Mas-Gruppe angeschlossen, widmet

sich das Tarantos dem Flamenco. Plaça Reial 17, Programm jeweils unter www.masimas.com.
Sidecar, ein weiterer Club an der Plaça Reial, der mittlerweile auch schon mehr als zwei Jahrzehnte lang in Betrieb ist. Gespielt wird hauptsächlich deftiger Rock, mehrmals wöchentlich auch live. Geöffnet bis 5 Uhr. Carrer Heures 4-6, neben dem Restaurant Taxidermista.
Schilling, sehr beliebte, jeden Abend bis auf den letzten Platz besetzte Café-Bar im gemütlichen Bistro-Stil. Geöffnet bis 2.30 Uhr. In einer Seitenstraße der Rambles, Carrer Ferrán 23.
Harlem, klassischer Jazz-Club, in dem oft Live-Sessions (auch Blues, Rock, Ethno etc.) stattfinden, als Markenzeichen der lässige Kater. Geöffnet bis 4 Uhr, am Wochenende bis 5 Uhr. Carrer Comtessa Sobradiel 8, eine Seitenstraße des Carrer d'Avinyó.
• *La Ribera (Born)* **Gimlet**, berühmte Bar mit elegantem Dekor. Exquisite und nicht einmal überteuerte Cocktails in breiter Auswahl. An der langen Bartheke drängt sich ein gemischtes Publikum aller Altersgruppen, darunter auch das eine oder andere prominente Gesicht. Carrer del Rec 24, geöffnet bis 3 Uhr morgens.
Miramelindo, ein weiterer Dauerbrenner des Viertels, optisch Richtung Kolonialstil und auch schon mal Kulisse für Filmaufnahmen. Auch hier gibt es prima Cocktails, musikalisch geht die Reise Richtung Jazz und Salsa. Passeig del Born 15, geöffnet bis zwei Uhr, am Wochenende bis drei Uhr. In der Nähe noch weitere beliebte Adressen.

Restaurant und Lounge Club: CDLC

Magic, schon am Rand des Born-Gebiets. Ein „Rock´n´Roll Club" mit entsprechender Musik von Pop bis Rock, manchmal live, in jedem Falle laut. Passeig de Picasso 40, geöffnet Mi-So bis fünf Uhr.

Port Olímpic, Poblenou

• *Port Olímpic* **Gran Casino de Barcelona**, beim Hotel Arts. Das übliche Programm aus Blackjack, Roulette etc., angeschlossen eine Disco. Marina 19–21, ✆ 932 257878, täglich bis 5 Uhr. www.casino-barcelona.com.
CDLC (Carpe Diem Lounge Club), vor dem Olympiahafen neben dem Restaurant Agua. Ein „Lounge Club & Restaurant", beliebt bei den Reichen und Schönen der Stadt. Passeig Marítim de la Barceloneta 32, bis drei Uhr geöffnet. Weitere Nightspots im Umfeld, tagsüber ebenfalls als Restaurants in Betrieb, sind das benachbarte „Opium Mar" (www.opiummar.com) sowie das sich anschließende, orientalisch angehauchte „Shôko" (www.shoko.biz). ✆ 932 2240470, www.cdlcbarcelona.com.

Catwalk, in der Nähe, jedoch eine Etage höher, unterhalb des Hotels Arts. Schick gestylter Club, der eine bunte, oft höchst edel gewandete Kundschaft (gay und hetero) anzieht. Carrer Ramón Trias Fargas 2/4, nur Mi–So geöffnet, dann bis 5.30 Uhr. www.clubcatwalk.net.
• *Poblenou* **Razzmatazz**, im Viertel Poblenou, gut einen Kilometer landeinwärts des Olympiahafens und vier Blocks östlich der Metro-Station Marina. In einer alten Fabrikhalle, die schon seit vielen Jahren als Konzertbühne dient. Neben erstklassigen Live-Acts auf mehreren Etagen auch Disco und Bars, geöffnet Fr/Sa von 1 Uhr bis 5 Uhr. Carrer dels Almogàvers 122. www.salarazzmatazz.com.

Katalonien

Eixample, Sant Gervasi & Gràcia

- **Eixample** **Barcelona City Hall**, ein zentraler Ableger des Nobelclubs Otto Zutz (→ unten). Hier steht jeder Wochentag unter einem anderen Club-Motto, musikalisch überwiegend Underground und House. Geöffnet täglich bis 5 Uhr. Rambla de Catalunya 2-4, fast direkt an der Plaça de Catalunya. www.ottozutz.es.
Space Barcelona, eine erst wenige Jahre alte Filiale des berühmten Ibiza-Clubs. Leider etwas abgelegen jenseits des äußersten Rands des „linken" Eixample, auf Höhe des Parc Joan Miró. Carrer Tarragona 141-147, geöffnet Fr/Sa bis 5 Uhr. www.spacebarcelona.com.
Luz de Gas, schicker und seit vielen Jahren gut besuchter „Sala-Teatre-Club" mit täglichen Live-Aufführungen ganz unterschiedlicher Richtungen, im Anschluss Disco mit Gast-DJs etc. Geöffnet bis 5 Uhr, im Juli/August ist So geschlossen. Carrer Muntaner 246, bereits jenseits der Avinguda Diagonal, www.luzdegas.com.
Distrito Diagonal, im schönen Modernisme-Haus Casa Comalat; im modern gestylten, von der Farbe Rot geprägten Inneren ist von Modernisme freilich nichts mehr zu spüren. Für House-Fans ist der Club dank diverser spezialisierter DJs ein Paradies. Geöffnet Fr/Sa bis 6 Uhr. Avinguda Diagonal 442. www.distritodiagonal.com.
Antilla BCN Latin Club, wie der Name schon sagt: Seit 1993 versorgt dieser Club alle Liebhaber karibischen Sounds mit Salsa, Merengue, Son Cubano & Co., gelegentlich auch live. Tanzkurse werden ebenfalls angeboten. Geöffnet bis 3.30 Uhr, Fr/Sa bis 4.30 Uhr, Di geschlossen. Im „linken" Eixample, Carrer Aragó 141, www.antillasalsa.com.
Arena Madre, Gay-Disco am Rand des Esquerra del Eixample, das im Bereich zwischen dem Carrer d´Aragó und der Gran Via nicht umsonst auch „Gayxample" genannt wird. Carrer Balmes 32, Ecke Carrer Diputació, geöffnet täglich bis 6 Uhr. Weitere Gay-Discos dieser Kette sind Arena Classic im Carrer Diputació 233 und Arena Vip/Dandy an der Gran Via 593, speziell für Frauen gibt es das Aire (Arena Diana) am Carrer València 236. www.arenadisco.com.
- **Sant Gervasi & Gràcia** **Otto Zutz**, immer noch eine der ersten Adressen Barcelonas, Treff all derjenigen, die in der Szene etwas darstellen (wollen). Umgebaute Fabrikhalle in zwei Etagen, richtig los geht's ab etwa 2 Uhr. Mit die härteste Tür der Stadt; bei Erfolg heißt es erst einmal 15 € Eintritt (inklusive einem Drink) zu löhnen. Geöffnet Di-Sa bis 5/5.30 Uhr. Carrer Lincoln 15 (FGC Sant Gervasi), nahe dem Carrer Balmes/Kreuzung Via Augusta.
Universal, zweigeschossig und fein gestylt, halb Bar, halb Disco; tendenziell eher etwas älteres Publikum. Unten läuft hauptsächlich House, oben ist es bei Funk und Pop etwas gesetzter. Geöffnet Mo–Do bis 3.30 Uhr, Fr/Sa bis 5 Uhr, Carrer María Cubí 184 (FGC Gràcia oder Muntaner), eine Seitenstraße der Via Augusta.
KGB, „Kiosco General Barcelona", eine umgebaute Fabrikhalle wie das Otto Zutz; trockenes Styling. Manchmal Live-Musik, darunter spektakuläre Konzerte. Geöffnet Do-Sa 1-6 Uhr. Carrer Alegre de Dalt 55 (Metro Joanic), Seitenstraße des Carrer Pi i Margall. www.salakgb.net.
Café del Sol, an der gleichnamigen Plaça, der Klassiker an diesem alternativ angehauchten Platz von Gràcia. Bis zwei Uhr morgens geöffnet.
Bikini, unterhalb der Avinguda Diagonal, Metro María Cristina. Legendärer Club, gegründet 1953 und nach dem Abriss des ursprünglichen Gebäudes am Rand des Einkaufszentrums L'Illa wieder auferstanden. Mehrere Zonen, Live-Musik und Disco. Geöffnet Mi-So bis 5 Uhr, am Wochenende bis 5.30 Uhr. So/Mo geschlossen. Avinguda Diagonal 547 bzw. Carrer Deu i Mata 105. www.bikinibcn.com.

Montjuïc (Poble Espanyol)/Tibidabo

- **Poble Espanyol** Auch nachts geöffnet, lockt der Kopien-Mix von Gebäuden aus allen Teilen Spaniens vielerlei Nachtschwärmer. Parkplatz. **La Terrrazza** liegt ganz hinten im Poble Espanyol. Die ausgesprochen gefragte Open-Air-Disco gehört zu den Spitzenclubs der Stadt. Ungewöhnlich reizvolles Ambiente, aber strenge Türsteher und gesalzene Eintrittspreise. Tech-House, Top-DJs. Bereits einmal von der Stadt wegen Lärmproblemen geschlossen, zuletzt aber wieder geöffnet. Betrieb etwa Mitte/

Ende Mai bis Mitte Oktober, dann Do-Sa bis 6 Uhr. www.nightsungroup.com, www.laterrrazza.com.

• *Tibidabo* Hier finden sich vor allem schicke Disco-Bars mit Gärten oder Terrassen, besonders im Sommer wegen des schönen Blicks auf Barcelona beliebt.

Mirablau, gleich bei der unteren Seilbahnstation des Tibidabo, gegenüber dem Restaurant La Venta. Mehrstöckige Cocktail- und Tanzbar mit Terrasse. Traumhafter Blick über die Stadt, Sportwagenpiloten und schicke Chicas. Plaça Doctor Andreu, geöffnet ab Mittag bis 4.30 Uhr morgens, am Wochenende bis 5.30 Uhr.

Rosebud, Cocktail-Bar und Disco, umgeben von Garten nebst Swimmingpool. Schöne Architektur, schöne Menschen, schöne Lage ... Carrer Adría Margarit 27, gegenüber dem Museu de la Ciència CosmoCaixa, geöffnet Mo-Sa bis 5 Uhr.

Feste und Veranstaltungen

Das Kulturprogramm Barcelonas ist riesig und hier nicht annähernd aufzuführen. Aktuelle Informationen bieten die Fremdenverkehrsämter und die Auskunftsstelle im Palau de la Virreina, eine weitere Informationsquelle ist die am Kiosk erhältliche Guía del Ocio.

Feste

Festa del Reis, *1.-5. Januar*, Fest der Heiligen Drei Könige. In der Nacht zum 5. Januar stellen Kinder wie bei uns zu Nikolaus ihre Schuhe auf den Balkon, in der berechtigten Hoffnung auf Füllung mit Süßigkeiten und Geschenken. Am 5. Januar findet dann die Boots-Einfahrt der Hl. Drei Könige in den Hafen statt.

Carnestoltes *(Karneval, Fasching)*, war unter Franco verboten und wird jetzt umso toller gefeiert. Halb Barcelona ist dann in Sitges, wo wirklich die Post abgeht.

Sant Jordi, *23. April*, Fest des Nationalheiligen Kataloniens. Traditioneller Austausch von Rosen und Büchern; Verkaufsstände im ganzen Stadtgebiet.

Feria de Abril, beim Fòrum 2004. Ein Riesenfest der andalusischen Einwanderer, komplett mit Sherry und Flamenco – erlebenswert. Wechselnde Termine *Ende April/ Anfang Mai*, Infos bei den Fremdenverkehrsämtern.

Sant Ponç, *11. Mai*, im Carrer Hospital, einer Seitenstraße der Rambles, Verkaufsstände für Kuchen, Gewürze, Honig und Ähnliches.

Sant Joan, *Nacht des 23. zum 24. Juni*, Freudenfeuer zu Ehren des Heiligen Johannes, Riesenfeuerwerk am Montjuïc, Verspeisen des Traditionskuchens „Coca".

Festa Major de Gràcia, *15. August* und die folgende Woche. Musik, Tanz und Trubel im ganzen Viertel.

La Diada, *11. September*, der katalanische Nationalfeiertag. Katalanische Flaggen hängen aus den Fenstern und leuchten als Dekoration auf Kuchen. Extremisten nutzen den Gedenktag gelegentlich auch für (un-) blutige Anschläge.

Festes de la Mercè, in der Woche um den *24. September*. Das Hauptfest der Stadt, seit 1977 die Neuauflage der früheren Festa Mayor von Barcelona. Gewaltiges Programm, Straßenmusik, Gratis-Konzerte und vieles mehr.

Tag der „Hispanidad", *12. Oktober*, spanischer Nationalfeiertag. In Katalonien nicht gerade ein Festtag, sondern eher Anlass zu handfesten Auseinandersetzungen mit Befürwortern der spanischen Nation.

Theater, Kabarett, Musik & Kino

• *Information* **Oficina d'Informació Cultural**, Palau de la Virreina, Rambles 99; ℡ 933 017775. Umfangreiche Informationen zu Konzerten, Theater etc.

Guía del Ocio, Wochenblättchen mit Infos zu Rockkonzerten, Independent Theater etc., an jedem Kiosk.

• *Theater* Es lohnt sich, auf Aufführungen einiger bekannter katalanischer Ensembles zu achten. Europaweit berühmt sind *Els Fura del Baus* (frei übersetzt: „Abschaum der Gosse") mit ihren früher sehr drastischen, mittlerweile jedoch etwas gemäßigteren Performances. *Els Comediants* amü-

Katalonien

Engagement auch ohne Publikum: Probe in der Ciutat del Teatre

sieren nicht nur mit modernen Formen der Komödie, sondern haben auch schon eine Oper vorgestellt; *Els Joglars* ätzen mit politisch-satirischen Aufführungen.

Teatre Nacional de Catalunya (TNC), ein erst 1997 eröffneter, klassisch-moderner Bau von Stararchitekt Ricardo Bofill. Plaça de les Arts 1 (Plaça de les Glóries), ℡ 933 065700, www.tcn.es.

Ciutat del Teatre, eine „Theaterstadt" an den Hängen des Montjuïc. Sie besteht aus mehreren Gebäuden, die sich um die Plaça Margarida Xirgu gruppieren: dem modernen Lehr- und Dokumentationsgebäude des Institut del Teatre, dem renovierten Mercat de les Flors, der als Aufführungsort dient, und dem zur Weltausstellung von 1929 errichteten Palau de l´Agricultura, als „Espai Lliure" eine der Spielstätten des Teatre Lliure, siehe auch unten. Angegliedert in der Nachbarschaft sind der Palau dels Esports am Carrer Lleida 40 und das Teatre Grec, siehe unten. ℡ 932 892770, www.ciutateatre.com.

Teatre Lliure, ein avantgardistisches Theater, das sich einen exzellenten Ruf erworben hat. Neben den Sälen in der Ciutat del Teatre wurde auch das Stammhaus im Carrer Montseny 47 in Gràcia beibehalten, das zuletzt allerdings wegen Renovierung geschlossen war. ℡ 932 189251, www.teatrelliure.com.

Teatre Grec, ein Festival, das mit Theater, Tanz und Performances etwa von Ende Juni bis Anfang August nicht nur im gleichnamigen Amphitheater auf dem Montjuïc stattfindet. www.barcelonafestival.com.

● *Kino* Die Eintrittspreise liegen etwas niedriger als bei uns, viele Kinos offerieren an jeweils an einem Wochentag (meist Mo) vergünstigte Tickets. Originalfilme mit spanischen Untertiteln sind am Kürzel „VO" (Versión original) zu erkennen.

Filmoteca de la Generalitat, das ambitionierte Kino der Regionalregierung. Interessantes Programm, vielfach im Original. Günstige Eintrittspreise. Bislang in der Avinguda de Sarrià 33 (Eixample), der Umzug in die „Illa de la Rambla del Raval" an der Rambla von El Raval ist jedoch bereits avisiert. Im August geschlossen.

Cines Verdi, die beiden Programmkinos Verdi (Carrer Verdi 32, ℡ 932 387990) und Verdi Park (Carrer Torrijos 49, ℡ 932 387990) im Viertel Gràcia, die häufig ausländische Filme in Originalton zeigen. Metrostation: Fontana. www.cines-verdi.com.

IMAX, am Hafen, mit mehreren Großleinwänden und 3D-Projektion. Moll d'Espanya, hinter dem Maremàgnum-Center.

Sala Montjuïc: Von etwa Anfang Juli bis Anfang August finden auf dem Gelände des Montjuïc-Kastells jeden Mo, Mi und Fr um 20.30 Uhr Freilicht-Kinoaufführungen statt, Details unter www.salamontjuic.com.

Musik **Auditorium,** Barcelonas neues Konzertgebäude von Architekt Rafael Moneo. Ausgerichtet für alle Arten von Konzerten, dient es doch hauptsächlich als Heimstätte des berühmten „Orquestra Simfónica de Barcelona i Nacional de Catalunya". Plaça de les Arts, gegenüber dem Teatre Nacional de Catalunya, Karten z. B. bei jeder Filiale der Bank Caixa de Catalunya. www.auditori.com.

Gran Teatre del Liceu, das fantastische Opernhaus an den Rambles (siehe auch „Sehenswertes"), fiel 1994 einem Brand zum Opfer, wurde aber zwischenzeitlich restauriert. www.liceubarcelona.com.

Palau de la Música Catalana, ein weiterer wunderbarer Bau (siehe ebenfalls unter „Sehenswertes"), der einen würdigen Rahmen für Sinfoniekonzerte bildet, durch das Auditorium aber eine gewisse Konkurrenz bekommen hat.

Rock- und Popkonzerte internationaler Stars finden im Stadion Camp Nou, im Olympiastadion und anderen Sportarenen statt. Örtliche und spanische Größen sind auch in vielen Clubs zu hören, siehe im Kapitel zum Nachtleben.

Sardanas, Fußball und Stierkampf

• *Sardanas* Der katalanische Nationaltanz ist in Barcelona an festen Terminen zu beobachten: **Plaça de la Seu,** vor der Kathedrale, jeden Sonntag um 12 Uhr mittags.

• *Fußball* Bekanntermaßen zählt der FC Barcelona, kurz Barça genannt, zur absoluten europäischen Spitze. Die Atmosphäre im Stadion Camp Nou ist berauschend, Karten sind wegen der großen Nachfrage aber alles andere als leicht zu bekommen. Tickets für die Spiele gibt es im Internet auf der Barça-Seite bis zu einem Monat, anderweitig bis zu zwei Wochen im voraus, z.B. vor Ort (Mo–Do 9–13.30, 15.30–18 Uhr, Fr 9–14.30 Uhr, Sa 9-13.30), per Telefon beim Verein oder via „Servi-Caixa" aus Automaten in den Bankfilialen von La Caixa bzw. per Internet unter www.servicaixa.com.

Stierkampffreie Stadt Barcelona

Die *corrida de toros*, der „Lauf der Stiere", war in Katalonien nie populär, die Kämpfe in der Plaza de Toros Monumental wurden in erster Linie von der Fangemeinde der älteren südspanischen Einwanderer und von Touristen besucht. Im April 2004 erklärte sich Barcelona mit einer Gesetzesvorlage sogar zur stierkampffreien Stadt, ein in Spanien geradezu revolutionärer Entschluss. Eingebracht wurde der Gesetzentwurf durch den stellvertretenden Bürgermeister Jordi Portabella, 21 Abgeordnete stimmten mit „Ja", 15 mit „Nein", zwei enthielten sich. Die städtische Gesetzesvorlage hatte allerdings eher symbolische Bedeutung – Stierkampf ist Ländersache, nur das katalanische Parlament könnte seine Abschaffung veranlassen. Nun verschwindet der Stierkampf wohl ganz ohne gesetzlichen Eingriff aus Barcelona: Die Nachfrage wurde zu gering, für die Veranstalter bedeutete jede Corrida einen empfindlichen finanziellen Verlust von 24.000 Euro. Fraglich, was aus der Modernisme-Arena künftig wird; in der Diskussion ist beispielsweise, den Flohmarkt Els Encants von der Plaça de les Glòries dorthin zu verlegen, oder den Bau für Konzerte zu nutzen.

Einkaufen/Märkte

Wunderbare Auswahl, billig ist die Stadt jedoch nicht, auch wenn sich gelegentlich Schnäppchen machen lassen. Achten Sie auf das Schild „Rebaixes" (span.: Rebajas), das herabgesetzte Preise signalisiert.

Einkaufszonen

Altstadt, besonders die nordöstliche Seite der Rambles: preisgünstigere Boutiquen und Schuhgeschäfte vor allem an der Avinguda Portal de l'Angel, am Carrer Portaferrissa, Carrer de la Palla, Carrer del Pi, und auf der anderen Seite der Rambles am Carrer Pelai. Junge, innovative Shops um den Carrer d´Avinyó sowie um den Passeig de Born im Ribera-Viertel, z. T. auch in El Raval.

Eixample, mit den Rondas und der Plaça de Catalunya, vor allem aber dem Passeig de Gràcia und der Rambla de Catalunya sowie den oberen, nahe der Diagonal gelegenen Bereichen des Carrer Balmes und des Carrer Muntaner, ist das Gebiet der internationalen Ketten, großen Modelabels und Designerläden.

Lebensmittelmärkte/Supermärkte

Was auf den ersten Blick erstaunt, ist das weitgehende Fehlen von Supermärkten im Zentrum – die Einwohner bleiben eben ihren Markthallen treu.

Mercat La Boqueria, offiziell Mercat de Sant Josep genannt. Der Markt neben dem Palau de la Virreina an den Rambles ist der größte der Stadt, Treffpunkt der Feinschmecker und Einkaufsquelle qualitätsbewusster Wirte. Unbedingt mal reinschauen, aber möglichst nicht auf nüchternen Magen ... Tägl. außer So geöffnet, auch nachmittags.

Mercat Sant Antoni, Ronda de Sant Pau, Ecke Ronda de Sant Antoni, am Rand des Viertels El Raval. Wie die Boqueria ein lebendiger Altstadtmarkt unter einer schönen Eisenkonstruktion. Geöffnet Mo–Sa, von Di–Fr auch nachmittags. Eine Renovierung ist geplant.

Mercat Santa Caterina, unterhalb der Avinguda Francesc Cambó, einer Seitenstraße der Via Laietana. Bereits 1847 gegründet und damals der erste überdachte Markt der Stadt, 2005 nach einem Komplettumbau wieder eröffnet.

Mercat Abaceria Central, der Markt des Viertels Gràcia; Travessera de Gràcia, Ecke Mare Deu dels Desamparats.

Carrefour Express, ein großer Supermarkt direkt an den Rambles, geöffnet Mo–Do 9-20 Uhr, Fr/Sa bis 21 Uhr. Rambles 113.

Floh- und Sammlermärkte

Els Encants, an der Plaça de les Glòries; Mo, Mi, Fr, Sa, tagsüber; am meisten Betrieb herrscht zwischen 7 und 15 Uhr. Sehr lebendiger Flohmarkt für Kleidung, Schmuck und Trödel. Über einen Umzug (eventuell in die Arena Plaza de Toros Monumental) wird seit Jahren spekuliert.

Antik-Markt, jeden Do außer im August, am Platz vor der Kathedrale, von 9–20 Uhr.

Antik-Markt, jeden Sa/So von 11–21 Uhr, am Hafen, Nähe Kolumbusdenkmal.

Briefmarken & Münzen, jeden So von 9 bis 14.30 Uhr an der Plaça Reial.

Bücher & Münzen, jeden So von 9 bis 14 Uhr am Mercat Sant Antoni hinter dem Viertel El Raval. Auch Comics.

Gemälde, jeden Sa 11–20.30 Uhr und So 10–15 Uhr an der Plaça Sant Josep Oriol.

Kaufhäuser & Shopping-Center/Diverses

• *Kaufhäuser & Shopping-Center* **El Corte Inglés**, Spaniens führende und praktisch konkurrenzlose Kaufhauskette. Große Filiale an der Plaça de Catalunya, weitere Filialen z. B. am Portal de l´Ángel und bei der Plaça Reina Cristina an der Avinguda Diagonal 617. www.elcorteingles.es.

El Triangle, direkt an der Plaça Catalunya. Neben dem großen Buch- und Musikgeschäft FNAC gibt es hier auch Boutiquen, Uhren- und Optikgeschäfte etc. Plaça de Catalunya 4, www.eltriangle. es.

Bulevard Rosa, ältestes Shopping-Center seiner Art in Barcelona. Über hundert Geschäfte, vornehmlich auf Designermode, Schmuck, Accessoires, Lederwaren, Schuhe etc. spezialisiert. Eixample, Passeig de Gràcia 55, www.bulevardrosa. com.

Maremàgnum, am Hafenkai. In den ersten Jahren ein Renner, dann aber zumindest bei den Einheimischen nicht mehr so erfolgreich. Seit einem Umbau und dem Einzug neuer Marken lockt das Center nun wieder mehr Besucher an. www.maremagnum.es

Les Glòries, bei der Plaça de les Glòries. Großer Komplex mit gut 200 Läden, darunter viele internationale Marken, daneben auch Kinos, Lokale etc. Eixample, Avinguda Diagonal 208, www.lesglories.com.

L'Illa, ein weiteres ausgedehntes Shopping-Center mit edlen Boutiquen, einem knappen Dutzend Lokalen, Reinigung, Supermarkt etc. Eixample, Avinguda Diagonal 557, bei der Plaça María Cristina, www.lilla.com.

Centre Comercial Diagonal Mar, etwas abgelegen am meerseitigen Gelände der Av. Diagonal, beim Gelände des Fòrum 2004. Riesen-Zentrum mit mehr als 200 Geschäften. www.diagonalmar.com.

• *Antiquitäten & Kunsthandwerk* **Bulevard dels Antiquaris**, Passeig de Gràcia 55-57 (Eixample), neben dem Bulevard Rosa. Eine ganze Reihe von spezialisierten Läden, nicht gerade billig.

La Manual Alpargatera, ein Traditionsunternehmen, das seit über zwei Jahrhunderten die beliebten Leinenschuhe mit Hanfsohle herstellt. In der Altstadt, Carrer d'Avinyó 7.

Cereria Subirà, berühmtes Kerzengeschäft, 1760 gegründet! Auch das Interieur ist sehenswert. Baixada de la Llibreteria 7, eine enge Altstadtgasse nahe der Plaça de l'Àngel, in der sich noch weitere interessante alte Läden finden.

• *Bücher, Landkarten* **Llibreria de la Generalitat**, Rambles 118; die Buchhandlung der Regionalregierung mit guter Auswahl an topographischen Karten.

Alibri, die ehemalige Buchhandlung „Herder", mit einer guten Auswahl auch an deutschsprachigen Büchern. Eixample, Carrer Balmes 26, Höhe Gran Via; www.books-world.com.

Altaïr, auf seinem Gebiet ein Klassiker; viele Bücher zum Thema Reisen und Schifffahrt, auch Landkarten. Gran Via 616, nicht weit von der Plaça Catalunya, www.altair.es.

• *Mode* **Adolfo Domínguez**, einer der bekanntesten spanischen Modedesigner. Edle Ware für beide Geschlechter, nicht billig. Stammhaus am Passeig de Gràcia 32 in Eixample, Filiale auf Nummer 89. Eine weitere große Filiale liegt am Carrer de la Ribera 16, nahe Mercat del Born. www.adolfo-dominguez.com.

Purificación Garcia, Understatement-Mode für Männer und Frauen. Wie Adolfo Domínguez stammt auch Purificación Garcia aus Galicien, dem derzeitigen Modewunderland Spaniens. Klassischer Stil, feines Material, akzeptable Preise. Eixample, Carrer Diputació 267.

Antonio Miró, Mode für Männer und Frauen von Kataloniens Stardesigner. Schlicht geschnittene, bequeme Ware aus edlen Stoffen. Eixample, Carrer del Consell de Cent 349, ums Eck von der Casa Lleó Morera. www.antoniomiro.es.

Custo, weltberühmte Designer-Shirts in der typischen Handschrift und den kräftigen Farben der Brüder Custo und David Dalmau. Nicht billig, ein T-Shirt kann schon mal 90 € kosten. Plaça de les Olles 7 (La Ribera), www.custo-barcelona.com.

Desigual, kleine Kette aus Barcelona, die es schon zu Filialen in Madrid, Platja d'Aro und auf Ibiza gebracht hat. Junge Trendmode für beide Geschlechter, nicht teuer. Carrer Argenteria 65 (La Ribera), weitere Läden z.B. in den Einkaufszentren Maremàgnum, Les Glòries (Eixample) und Diagonal Mar sowie an den oberen Rambles.

Mango Outlet, große Filiale der bekannten Kette trendiger und preisgünstiger Frauenmode. Hier im Outlet gibt's die Sachen der letzten Saison noch mal eine ganze Ecke günstiger. Carrer Girona 37 (Eixample), meist an den gelangweilt wartenden Männern vor der Tür zu erkennen.

El Mercadillo, ein kleines Mode-Kaufhaus unabhängiger Trendshops für jugendliche Kleidung und Schuhe. Im ersten Stock nach hinten eine hübsche Bar mit Freiterrasse. Carrer Portaferrissa 17 (Altstadt), das große Plastik-Dromedar am Eingang ist nicht zu übersehen.

Mies & Felj, Secondhandladen im Viertel El Raval, einer von mehreren ähnlichen Shops in dieser Gasse. Riera Baixa 5.

• *Schuhe* **Farrutx**, hochklassige und edel gestylte, dabei traditionell sehr bequeme Schuhe. Eixample, Carrer Rosseló 218, www.farrutx.com.

Vialis, Ladengeschäft der jungen, aus Barcelona stammenden Designer-Schuhmarke, originelle Ware für beide Geschlechter. Vidriería 15, in La Ribera.

Camper, mehrere Filialen der spanischen Kette, die preiswertes und qualitativ sehr gutes Schuhwerk fertigt, z. B. im Einkaufszentrum El Triangle (siehe oben), Rambla de Catalunya 122 und Carrer Muntaner 248 (Eixample).

• *Lederwaren & Accessoires* **Loewe**, Spaniens Nobelmarke Nummer eins. Handtaschen, Seidenschals, Krawatten, alles klassisch-elegant und alles andere als billig. Eixample, Passeig de Gràcia 35.

- *Design* **Vinçon**, herrlich gestylte Sachen vom Notizbuch bis zum Koffer. Muss man gesehen haben, ein moderner Klassiker. Auch das Gebäude selbst ist interessant. Eixample, Passeig de Gràcia 98, um die Ecke von Gaudís Casa Milà, www.vincon.com.

Dos i Una, eine Fülle an Geschenkartikeln in teilweise herrlich schräger Gestaltung. Eixample, Carrer Rosselló 275.

Gotham, neues, aber auch traditionelles Innendesign: Möbel, Lampen etc. von den Dreißigern bis in die Siebzigerjahre. Carrer Cervantes 7, im Barri Gòtic.

Conesa, ein Papiergeschäft in der Altstadt; nicht das ganz große Design, aber hübsch gemachte Notizbücher, Schreibhefte, Briefbögen etc. Carrer Petritxol 10.

- *Musik* **FNAC**, großer Platten- und Bücherladen, der auch eine gute Computer- und Fotoabteilung besitzt. In den Einkaufszentren El Triangle in der Plaça de Catalunya und L´Illa in Eixample, siehe jeweils oben. www.fnac.es.

Discos Castelló, nur wenige Schritte von den oberen Rambles. Eines von mehreren Geschäften in dieser mit Plattenläden geradezu gepflasterten Straße, breite Auswahl in mehreren Filialen. Carrer Tallers 3 (Klassik), 7, 9 sowie 79, www.discoscastello.com.

Revolver, auf Hausnummer 13 in derselben Straße, spezialisiert auf Rock, Pop und Konzertkartenverkauf. www.discos-revolver.com.

Edison´s, Neu- und Secondhandware. Riera Baixa 10, im Viertel El Raval. In der Nachbarschaft noch ähnliche Geschäfte. www.discos-edisons.com.

- *Kulinarisches* **Queviures Murrià**, wunderbar nostalgisches Modernisme-Delikatessengeschäft mit superber Auswahl an Weinen, feinen Käsen und anderen Köstlichkeiten. Eixample, Carrer Roger de Llúria 85.

Pastelleria Mauri, edelste Schokoladen und Pralinés mit langer Tradition. Das restaurierte Ladengeschäft vom Ende des 19. Jahrhunderts ist sehenswert. Eixample, Rambla de Catalunya 102.

Xampany, mit einer unglaublich breiten Auswahl an Cavas – mehr als 150 Sorten sind hier zu haben, daneben natürlich auch Weine aller Art. Eixample, Carrer València 200, Nähe Carrer Muntaner.

- *Zigarren* Kubanische Zigarren sind deutlich preisgünstiger als bei uns.

Estanc Laietana, Zigarren aller Art in unglaublich breiter Auswahl. Via Laietana 4, am Rand des Ribera-Viertels.

Estanc Carrilo, in günstiger Lage fast direkt gegenüber dem Haupteingang der Kathedrale. Avinguda Catedral 1.

Baden

Durch den Umbau der Uferzone um Barceloneta und bis über den Olympiahafen hinaus verfügt Barcelona über mehrere Kilometer hellen Sandstrand, begleitet von einer Promenade. Die Ausstattung aller Strände ist gut, das Wasser in der Regel ruhig. Die früher miserable Wasserqualität hat sich durch verschiedene Maßnahmen so deutlich verbessert, dass bei der letzten Recherche fast alle Strände mit der „Blauen Flagge" ausgezeichnet waren. Vorsicht, Diebstähle an den Stränden sind sehr häufig; ratsam deshalb, generell auf seine Wertsachen gut aufzupassen und keinesfalls am Strand zu schlafen!

Sehenswertes

Zu sehen gibt es in Barcelona mehr als reichlich. Ein paar Tage sollte man auf jeden Fall einplanen, und auch dann wird man nur einen Teil der Highlights erleben können.

- *Öffnungszeiten* Sie sind im Text jeweils angegeben, ändern sich aber so häufig, dass sie eher als Orientierungshilfe zu verstehen sind.
- *Museen* gibt es in Barcelona in derart großer Zahl, dass eine komplette Beschreibung den Rahmen bei weitem sprengen würde, zumal auf diesem Gebiet vieles im Umbruch ist. Bei den Fremdenverkehrsämtern der Stadt sind aktualisierte Aufstellungen erhältlich, die auch solche Kuriositäten wie das „Museu de Carroza Fúnebres" (Leichenwagen-Museum), enthalten. Am ersten Sonntag im Monat, manchmal am ersten Donnerstag oder Samstag, ist der Eintritt in den städtischen Museen oft frei.

Barcelona-Highlights

Für Besucher mit wenig Zeit: Diese selbstverständlich subjektive und natürlich viel zu kurze Übersicht soll bei der Auswahl „Ihrer" Sehenswürdigkeiten helfen. Die Reihenfolge bedeutet keine Wertung. Alle Highlights liegen an oder in unmittelbarer Nähe der Routen des „Bus Turístic".

Barri Gòtic: Das mittelalterliche Barcelona erstreckt sich rund um die gotische Kathedrale – ein lebendiges Viertel prachtvoller Paläste, engster Pflastergassen und hübscher kleiner Plätze.

Rambles: Barcelonas weltberühmter Boulevard, eine Platanenallee voller Atmosphäre. Dank des bunten Publikums wird der Aufenthalt in den zahlreichen Cafés nie langweilig.

Palau Güell: Gaudí konzipierte dieses Wohnhaus, das nur wenige Schritte abseits der Rambles liegt, für seinen Freund und Förderer, den Industriellen Güell. Besonders beeindruckend ist die bunte Dachlandschaft der Kamine. Weltkulturerbe.

Museu d'Història de la Ciutat: Besonders faszinierend am Museum für Stadtgeschichte ist dessen Tiefgeschoss: Neun Meter unterhalb des heutigen Straßenniveaus führen gläserne Stege über die Reste des römischen Barcelona.

Drassanes/Museu Marítim: Die alten Werften am unteren Ende der Rambles erinnern an die goldenen Zeiten Barcelonas als Stadt des Seehandels und sind ein bedeutendes Monument gotischer Profanarchitektur. Heute beherbergen sie ein exquisites Schifffahrtsmuseum.

Palau de la Música Catalana: Ein prachtvoller Musikpalast des Modernisme-Architekten Domènech i Montaner, entstanden unter Beteiligung der besten Kunsthandwerker Kataloniens. Weltkulturerbe.

Museu Picasso: Eines der meistbesuchten Museen der Stadt, präsentiert es zahlreiche Werke des genialen Künstlers, der zwar nicht in Barcelona geboren wurde, hier jedoch seine erste Ausstellung feierte.

Port Vell und L'Aquàrium: Der umgestaltete Hafenbereich am unteren Ende der Rambles ist ein schönes Gebiet für Spaziergänge. Die hiesige Hauptattraktion bildet das moderne Aquarium, eines der größten Europas.

Casa Batlló und Casa Milà: Zwei Modernisme-Wohnhäuser im Viertel Eixample, gestaltet vom genialen Architekten Antoni Gaudí. Beide sind für Besucher geöffnet. Die Casa Milà ist Weltkulturerbe.

La Sagrada Família: Gaudís wichtigstes Werk, das Wahrzeichen Barcelonas und der Besuchermagnet der Stadt. Die große Modernisme-Kirche ist bis heute unvollendet, lohnt einen Besuch aber auf jeden Fall.

Hospital de la Santa Creu i Sant Pau: Unweit der Sagrada Família, von den Touristenströmen aber kaum beachtet, steht dieses wunderschöne Jugendstilhospital von Domènech i Montaner. Weltkulturerbe.

Parc Güell: Und wieder einmal Gaudí. Am Rand des Viertels Gràcia verlegte der Meister sich auf die Gestaltung eines Parks, der überdeutlich Gaudís Vorliebe für naturnahe Formen zeigt. Weltkulturerbe.

Museu Nacional d'Art de Catalunya: Das mit großem Aufwand renovierte Museum auf dem Montjuïc ist in Bezug auf romanische und gotische Kunstwerke die vielleicht bedeutendste Ausstellung Europas.

Fundació Joan Miró: Ebenfalls auf dem Montjuïc. Ein sehr reizvoll gestaltetes Museum, das neben Werken des katalanischen Meisters der Formen und Farben auch Arbeiten von Tàpies, Moore und Matisse zeigt.

- *Ermäßigungen* Rabatte auf die Eintrittspreise werden hier nicht extra aufgeführt. In der Regel dürfen Kinder, Studenten mit Ausweis und oft auch über 65-Jährige mit verbilligtem Eintritt rechnen.

Barcelona Card: Eine Art Scheckkarte, die neben freier Fahrt in öffentlichen Verkehrsmitteln auch Rabatte oder freien Eintritt beim Besuch vieler Sehenswürdigkeiten, in manchen Restaurants etc. bringt. Zwei Tage kosten 25 €, fünf Tage 40 €. Ob sie sich lohnt, hängt von der Intensität der Nutzung ab. Infos und Verkauf z. B. in allen Infostellen des Turisme de Barcelona (→ A–Z, Information; bei Internetkauf 10% Rabatt) und in Filialen des Kaufhauses Corte Inglés.

Articket: Ein „Kunst-Pass" für sieben Ausstellungsgebäude und Museen, Preis 20 €, Gültigkeit sechs Monate. Angeschlossene Einrichtungen (hier auch Verkauf): Museum für zeitgenössische Kunst (MACBA), Zentrum zeitgenössischer Kultur (CCCB), Picasso-Museum, Fundació Joan Miró, Nationalmuseum katalanischer Kunst (MNAC), Fundació Antoni Tàpies und Fundació Caixa Catalunya (Casa Mila). Erhältlich auch bei allen Infostellen von Turisme de Barcelona.

Arqueoticket, ein ähnliches Sammelticket, diesmal für Freunde der Archäologie und Geschichte. Gültig für fünf Museen: Museu Marítim, Museu d´Historia de la Ciutat, Museu Barbier-Mueller, Museu Egipci de Barcelona und Museu d´Arqueologia de Catalunya. Preis 18 €, erhältlich in den Museen und bei den Infostellen von Turisme de Barcelona.

Ruta del Modernisme: Ein Sightseeing- und Rabattsystem, das sich an ausgesprochene Modernisme-Liebhaber wendet. Mit dem zuvor erworbenen Buch „Ruta del Modernisme" (12 €, im Buchhandel oder den Modernisme-Centern selbst) erhält man in einem der drei „Modernisme-Center" (Infostelle Plaça de Catalunya, Hospital de la Santa Creu i Sant Pau und Pavellons Güell) Gratisgutscheine, die dem Besitzer beim Besuch vieler Monumente und Museen etc. Rabatte von bis zu 50 % gewähren; für Begleitpersonen kosten die Voucher 5 €, unter 18 J. gratis. Weitere Infos unter www.rutadelmodernisme.com.

Entlang der Rambles

Es ist wohl nicht übertrieben, diesen prächtigen Boulevard als den „berühmtesten Kilometer Spaniens" (genauer: 1,2 km) zu bezeichnen, gleichermaßen heiß geliebt von Touristen wie den Einwohnern selbst.

Rambla meint im ganzen Land eigentlich ein im Sommer ausgetrocknetes Flussbett, das als Weg benutzt wird; und das waren die Rambles früher auch. Heute sind sie ein Reich der Fußgänger, Autos müssen mit den schmalen Fahrstreifen links und rechts der platanenbestandenen Pflasterzone vorlieb nehmen. Dort versammeln sich vom Morgen bis nach Mitternacht Jongleure und Pantomimen, Schuhputzer und Karikaturisten, Bettler und Musikanten. Man flaniert oder sitzt in einem der Cafés und lässt flanieren. Die Rambles gliedern sich in mehrere Abschnitte, die hier separat vorgestellt werden.

Plaça de Catalunya: Startplatz zu einem Rambles-Bummel und wichtiger Verkehrsknotenpunkt, Grenze zwischen Altstadt und Eixample. Lange wird sich hier niemand aufhalten wollen: zu hektisch wimmeln die Massen, zu ungemütlich wirkt der Platz.

Rambla Canaletes: Der erste Abschnitt der Rambles verdankt seinen Namen dem eisernen Brunnen *Font de Canaletes* aus dem 19. Jh. Wer das Wasser des Brunnens trinkt, soll für immer in Barcelona bleiben, so die Legende.

Rambla dels Estudis: Diese Rambla ist nach der früher hier ansässigen Universität benannt. Treffender ist heute der ebenfalls gebräuchliche Name *Rambla dels Ocells*, „Vogel-Rambla", verkaufen hier doch zahlreiche Stände die gefiederten Sänger und andere Haustiere.

Verdiente Ruhepause am MNAC: Sightseeing ist anstrengend

Rambla Sant Josep: Auch *Rambla dels Flors* genannt, nach den zahlreichen Blumenständen. Gleich zu Beginn liegt rechts der 1775 erbaute *Palau de la Virreina*, der ein kulturelles Info-Zentrum und wechselnde Ausstellungen beherbergt.
La Boquería: Der größte Markt Barcelonas umfasst etwa 800 Stände und besteht seit der ersten Hälfte des 19. Jh.; die eiserne Dachkonstruktion datiert von 1914. Ein Blick hinein lohnt sich auch ohne Kaufabsicht.
Museu de l'Eròtica: Etwa gegenüber des Eingangs zur Boquería liegt auf Hausnummer 96 ein kleines Erotikmuseum (Juni bis September tägl. 10–22 Uhr, sonst tägl. 11–21 Uhr; Eintritt 7,50 €), laut Eigenwerbung das einzige in Spanien. Die kunterbunte Sammlung zeigt neben erotischer Kunst aus Asien, Afrika und Europa auch eher dubiose Exponate.
Pla de la Boquería: Den Abschluss der Rambla Sant Josep bildet die Pla de la Boquería, ein kleiner Platz, dessen Pflaster von Joan Miró entworfen wurde. In seinem Umfeld finden sich links wie rechts der Rambles interessante Fassaden des Modernisme.

Abstecher zur Plaça del Pi

Ebenfalls von der Pla de la Boquería, diesmal aber in Gegenrichtung über den Carrer Cardenal Casañas, gelangt man zu einem reizenden Ensemble kleiner Plätze, das schon am Rand des Barri Gòtic liegt. Die **Plaça del Pi**, **Plaça Sant Josep Oriol** und **Placeta del Pi** gruppieren sich um die schlichte, im 14./15. Jh. erbaute gotische Kirche *Santa María del Pi*. Die Gegend ist ein beliebter Treffpunkt und besonders am frühen Abend sehr lauschig.

Weiter an den Rambles

Rambla dels Caputxins: Die Rambla meerwärts der Pla de la Boquería ist vor allem die Rambla der Straßenakteure und der Cafés, darunter das berühmte Café de la Opera. Hier treffen sich die von Zuschauern umdrängten Freiluftartisten – und in ihrem Gefolge die Taschendiebe.

Katalonien

Gran Teatre de Liceu: Eines der berühmtesten und schönsten Opernhäuser Spaniens, von außen unscheinbar, innen jedoch voll goldener und samtener Pracht, ist wieder auferstanden. 1994 war das Gran Teatre durch einen Großbrand zerstört worden. Es war nicht der erste Brand in der Geschichte des 1847 errichteten, fünftausend Plätze bietenden Gebäudes, aber der bei weitem folgenreichste. Im Oktober 1999 wurde das Liceu jedoch wieder eröffnet.

• *Führungen* Anmeldung und Ticketkauf für die „Visites" im Souvenirladen gleich neben dem Haupteingang; Zugang dann durch Espai Liceu. Führungen täglich um 10 Uhr; Dauer eine Stunde, Eintrittsgebühr 8,50 €. Sie beinhalten auch einen Besuch des „Cercle del Liceu", in dem u. a. Werke von Ramon Casas zu sehen sind.

• *Besichtigungen ohne Führung* Täglich 11.30, 12, 12.30, 13 Uhr, Dauer 20 Minuten, Eintritt 4 €. www.liceubarcelona.com. Aus technischen oder künstlerischen Gründen können Teile oder das gesamte Theater gelegentlich gesperrt sein.

Plaça Reial: Der wohl schönste Platz Barcelonas, palmengeschmückt und von klassizistischen Hausfassaden umschlossen, ist durch einen Durchgang links der Rambles zu erreichen, der sich ein kleines Stück meerwärts der Oper öffnet. 1848 wurde er angelegt, die Laternen stammen von *Antoni Gaudí*. Abends und nachts brummt die Plaça geradezu vor Leben.

Wohnzimmer der Stadt: Plaça Reial

Palau Güell: Nur einen Schritt abseits der Rambles, in der Carrer Nou de la Rambla 3, findet sich dieses 1886–88 von Antoni Gaudí gestaltete Palais, das von der Unesco in der Liste des Weltkulturerbes geführt wird. Beeindruckend sind besonders die mehrstöckige Halle und die Dachlandschaft der Kamine.

Führungen Zuletzt in (umfangreicher) Renovierung, sollte das Haus mit Erscheinen dieser Auflage wieder besichtigt werden können. Öffnungszeiten vor Beginn der Arbeiten: April bis etwa Ende Oktober Mo–Sa 10–18.30 Uhr, sonst Mo–Sa 10–13.30 Uhr; es bestand Zugangsbeschränkung auf maximal 22 Personen pro Viertelstunde; deshalb am besten vormittags kommen und sich evtl. ein Reservierungsticket für einen späteren Zeitpunkt holen.

Rambla Santa Mónica: Der letzte Abschnitt der Rambles, unmittelbar vor dem Hafen. In einer winzigen Seitengasse linker Hand der Rambles wartet das Wachsfiguren-Museum *Museu de Cera* mit seinen etwa 300 Figuren. Zum Museum gehört auch das märchenhafte Café „El Bosc de les Fades".

Öffnungszeiten Von etwa Juli bis September täglich 10–22 Uhr, sonst Mo–Fr 10–13.30, 16–19.30 Uhr, Sa/So 11–14, 16.30–20.30 Uhr. Eintrittsgebühr 7,50 €.

El Raval

Von der Plaça Catalunya Richtung Hafen gesehen, erstreckt sich im Gebiet rechts der Rambles das Viertel El Raval, dessen hafennaher Bereich auch als Barrí Xinés bekannt ist, als „Chinesisches Viertel".

Chinesen wird man hier allerdings kaum finden – nach einer der vielen Deutungen soll der Name von Seeleuten stammen, die sich an ähnliche (und dann wirklich von Chinesen bewohnte) Viertel in Übersee erinnert fühlten, eine andere sieht einen katalanischen Journalisten als Urheber, der schon in den 20-ern auf die drangvolle, eben „chinesische" Enge hinwies, in der die Menschen dieses Gebiets lebten. Damals war das Chinesenviertel, das etwa meerwärts des Carrer Santa Pau beginnt, als Rotlicht-Distrikt verrufen, ein Attribut, das auch heute noch teilweise zutrifft. Seit den frühen Neunzigerjahren bemüht sich die Stadtverwaltung zwar, mit einer Reihe von Maßnahmen das schlecht angesehene Gebiet aufzupolieren und es als Wohnviertel auch anderen, wohlhabenderen Bevölkerungsschichten schmackhaft zu machen. Trotz aller Anstrengungen, und obwohl El Raval mittlerweile auch als Szeneviertel eine gewisse Anziehungskraft ausübt, ist der Ruf des Gebiets jedoch immer noch nicht der beste.

Museu d'Art Contemporani de Barcelona (MACBA): Die elegante Architektur des Zentrums zeitgenössischer Kunst steht in scharfem Gegensatz zur Umgebung – tatsächlich sollte der strahlend weiße, 1995 eröffnete Bau eine Art Vorreiterrolle bei der Modernisierung des Viertels spielen. Das Museum zeigt in wechselnden Ausstellungen die Arbeiten zeitgenössischer Künstler aus Katalonien, Spanien und dem Ausland, ist aber auch als Gebäude selbst interessant: Ziel des renommierten Architekten Richard Meier war es, bei der Beleuchtung der Exponate weitgehend mit natürlichem Licht auszukommen, weshalb der Werkstoff Glas reichliche Verwendung fand.

Lage und Öffnungszeiten Plaça dels Àngels, geöffnet vom 25. Juni bis 24. September Mo/Mi 11–20 Uhr, Do/Fr 10–24 Uhr, Sa 10–20 Uhr, So 10–15 Uhr; im restlichen Jahr Mo/Mi/Do/Fr 11–19.30 Uhr, Sa 10–20 Uhr, So 10–15 Uhr. Di ist jeweils geschlossen. Eintritt 7,50 € (Teilbereiche günstiger), Mi 3,50 €. www.macba.es.

Centre de Cultura Contemporània de Barcelona (CCCB): Dem Museum für zeitgenössische Kunst benachbart ist dieses ebenfalls architektonisch reizvolle Kulturzentrum, das der im 18. Jh. errichteten Casa de Caritat angegliedert wurde. Auf einer Fläche von 4500 Quadratmetern finden wechselnde Ausstellungen statt, die sich vornehmlich Themen des urbanen Lebens widmen.

Lage und Öffnungszeiten Carrer Montalegre 5, geöffnet Di/Mi sowie Fr–So jeweils 11–20 Uhr, Do 10–22 Uhr; Mo geschlosen. Eintrittsgebühr je nach Zahl der Ausstellungen 4,50–6 €, Mi ermäßigt; Do ab 20 Uhr sowie am ersten Mi im Monat Eintritt frei. www.cccb.org.

Hospital de la Santa Creu: Am Carrer Hospital steht das frühere Krankenhaus von Barcelona. Schon im 10. Jh. gab es hier ein Hospital, die Bauarbeiten für den gotischen Komplex begannen Anfang des 15. Jahrhunderts. Heute sind hier verschiedene kulturelle Institutionen untergebracht, die meisten Gebäudeteile aber frei zugänglich.

Sant Pau del Camp: Barcelonas älteste Kirche, einziger verbliebener romanischer Bau der Stadt, steht kurz vor der Mündung des Carrer Sant Pau in die gleichnamige Ronda. Wie man aus dem Fund des hier aufgestellten, aus dem Jahr 912 stammenden Grabsteins von Guifré II. weiß, muss an dieser Stelle bereits zu Anfang des 10. Jh. ein Kloster existiert haben, das wahrscheinlich 985 durch den Maurenherrscher Almanzor wieder zerstört wurde. Auch zur Zeit der Errichtung des heutigen

Baus im frühen 12. Jh. lag der „Heilige Paulus des Feldes" noch weit außerhalb der Stadtmauern. Seit 1879 ist das auf kreuzförmigem Grundriss erbaute Gotteshaus als Nationalmonument geschützt. Mehr als einen Blick wert ist neben dem Säulenportal besonders der kleine, aber mit feinen Kapitellen versehene Kreuzgang.
Lage und Öffnungszeiten Carrer de Sant Pau 101. Die Öffnungszeiten ändern sich leider recht häufig, zuletzt Di–Sa 10–13.30 Uhr, Mo–Fr auch 17–20 Uhr; Eintrittsgebühr 2 €.

Barri Gòtic

Das Herz Barcelonas entspricht in seiner Lage weitgehend den römischen Anfängen der Stadt und zählt zu den Highlights jeder Besichtigungstour.

Man verläuft sich leicht im Barri Gòtic, was aber kein Schaden zu sein braucht. Lockeres Herumstrolchen bringt hier mehr Spaß als penibles Abhaken der einzelnen Sehenswürdigkeiten; allzu dunkle Gassen sollte man zur menschenleeren Siesta-Zeit und vor allem nachts allerdings besser meiden.

Plaça Sant Jaume I.

Am zentralen Platz des Viertels lag schon zu römischen Zeiten mit dem Forum der Mittelpunkt der damaligen Siedlung. Das Rathaus *Casa de la Ciutat* (Ajuntament) erhebt sich an der Südostseite des Platzes; an seinen gotischen Ursprung des 14. Jh. erinnern noch die Seitenfassaden, die Front zum Platz hin wurde im 19. Jh. im Renaissance-Stil neu gestaltet. Gegenüber steht der *Palau de la Generalitat*, Sitz der seit 1977 wieder amtierenden katalanischen Regierung; das Gebäude des 15. Jh. ist nur zum Fest Sant Jordi (23.4.) zugänglich. Neben dem Regierungspalast führt der Carrer del Bisbe Iburita direkt zur Kathedrale.

El Call: Barcelonas ehemaliges Judenviertel erstreckt sich südwestlich des Palau de la Generalitat im Gebiet zwischen den Straßen Carrer del Call, Sant Sever, Carrer del Bisbe und Banys Nous und schien bis vor kurzem fast vergessen. Geradezu sensationell war deshalb die (mögliche) Wiederentdeckung der Hauptsynagoge *Sinagoga Major*) (Di–Sa 11–14.30, 16–19.30 Uhr, So 11–14.30 Uhr; freiwillige Eintrittsgebühr 2 €) des Viertels Mitte der 90er-Jahre. Ihre ehemalige Lage an der Kreuzung des Carrer Marlet mit dem Carrer Sant Domènec del Call scheint einwandfrei festzustehen, über die Bewertung der archäologischen Reste sind die Experten noch uneins. Die mutmaßliche Hauptsynagoge, vermutlich zwischen 1140 und 1180 errichtet und damit möglicherweise die älteste ganz Spaniens, befindet sich in einem Kellergeschoss und wurde am 14. Juni 2002 mit einer feierlichen Zeremonie als „Sinagoga Major Shlomo ben Abraham ben Adret" wieder eröffnet.

Catedral de Santa Eulàlia (La Seu)

Der Stadtpatronin Santa Eulàlia geweiht, steht die Kathedrale an der Stelle einer im 6. Jh. errichteten und von den Mauren zerstörten Vorgängerin. 1298 wurde mit den Arbeiten begonnen, erst 1448 wurden sie beendet. Die Fassade musste gar bis zum Ende des 19. Jh. auf ihre Fertigstellung warten. Im **Kreuzgang** empfängt ein herrlich üppiger Garten mit Palmen und einem plätschernden Brunnen, in dem weiße Gänse schwimmen. Der Kreuzgang, im 14. und 15. Jh. errichtet, enthält neben verschiedenen Kapellen den Zugang zur **Sala Capitular** mit dem Museum der Kathedrale.
Öffnungszeiten Kreuzgang Mo–Sa 8.30–12.30, 17.15–19 Uhr, So 8.30–13.30, 17.15–19 Uhr; gratis. Museum täglich 10–12.30, 17.15–18.45 Uhr; 1 €. Leider wechseln alle diese Zeiten häufig.

Landmarke im Herzen der Stadt: Catedral de Santa Eulàlia

Innenraum der Kathedrale: Nach Art der katalanischen Gotik sind die beiden Seitenschiffe sehr hoch gebaut, was zusammen mit den weit auseinander liegenden Pfeilern für ein Gefühl der Großzügigkeit sorgt. Dezent beleuchtet, ist die einstige Düsternis des großen Raumes nur mehr zu erahnen. Umso besser zu erkennen ist der weitgehende Verzicht auf dekorative Elemente. Herausgestellt ist eher die elegante Konstruktion in ihrer Gesamtheit, was einen – sicher gewünschten – Effekt der Strenge hervorruft. Anders, nämlich durchaus aufwändig geschmückt, zeigt sich der prächtige *Chor* inmitten der Kathedrale; ebenso reich verziert sind auch die vielen Seitenkapellen. In der hohen *Capilla del Santísimo* rechts des Haupteingangs ist der „Christus von Lepanto" zu sehen. Wie es heißt, war er die Galionsfigur der Galería Reial, des Flaggschiffs in der Seeschlacht gegen die Türken; der Legende zufolge hängt die Figur so verdreht am Kreuz, weil sie einer türkischen Kugel ausgewichen sein soll. Die *Krypta* der Kathedrale enthält einen Alabastersarg des 14. Jh. Hier sollen die Gebeine der Hl. Eulàlia ruhen, der die Römer ihre Hinwendung zum Christentum mit dem Märtyrertod vergolten. Links des Hauptaltars befindet sich ein Aufzug zu den Terrassen (Mo–Fr 10.30–12.30, 17.15–18.30 Uhr, Sa 9.30–12.30 Uhr; ca. 2€) der Kathedrale, von denen sich eine schöne Aussicht bietet.

Öffnungszeiten (häufig wechselnd) Mo–Sa 8–12.45, 17.15–19.30 (Sa 19.45) Uhr, So 8–13.45, 17.15–19.45 Uhr; gratis. Rein touristische „Visitas especiales" mit Zugang zu allen Kirchenteilen inkl. Chor und Terrassen Mo–Sa 13–17 Uhr, So 14–17 Uhr; 5 €.

Vor der Kathedrale: Kaum fünfzig Meter südwestlich des Haupteingangs, beim Verlassen sofort links, findet sich im Carrer Santa Llucia ein kleines, oft übersehenes Schmuckstück des Modernisme: Der mit Schwalben und einer Schildkröte geschmückte Briefkasten an der Rückseite der *Casa de L'Ardiaca* (15. Jh., schöner Innenhof) wurde 1902 von Domènech i Montaner gestaltet.

Museu Frederic Marès/Plaça del Rei

Von der Plaça Nova gelangt man über den Vorplatz der Kathedrale in den Carrer dels Comtes. Hier und um die nahe Plaça del Rei liegt eine weitere Häufung sehenswerter Gebäude und Museen.

Museu Frederic Marès/„Museu Sentimental": Im Carrer dels Comtes. Das 1946 von Bildhauer Frederic Marès gegründete Museum ist in einem ehemaligen Grafenpalast untergebracht und enthält eine Skulpturensammlung mit Schwerpunkt auf religiöser Kunst, die zu den wichtigsten Spaniens zählt. In den oberen Stockwerken des Gebäudes zeigt das „Museu Sentimental" ein sympathisches Sammelsurium von Alltagsgegenständen des 15. bis 20. Jh.

Öffnungszeiten Di–Sa 10–19 Uhr; So 10–15 Uhr; Eintritt etwa 4,50 €, Mi-Nachmittag und am ersten So im Monat gratis. www.museumares.bcn.es.

Plaça del Rei: Der kleine Platz, nahezu völlig abgeschlossen durch ein Ensemble gotischer Bauten, war einst der Innenhof eines Königspalastes. Angelehnt an die römische Stadtmauer entstand hier ab dem 12. Jh. der *Palau Reial Major*, die Residenz der Könige von Katalonien, die vom Museu d'Història de la Ciutat aus zugänglich ist. Weitere Gebäude an der Plaça sind der *Palau del Lloctinent*, ab dem 16. Jh. Residenz der Vizekönige von Katalonien, und die *Casa Padellàs*, entstanden im 15./16. Jh. und Stück für Stück von ihrem ehemaligen Standort im Carrer Mercaders hertransportiert und neu aufgebaut. Heute beherbergt sie das Museum für Stadtgeschichte.

Ritterlich: Fassade im Barri Gòtic

Museu d'Història de la Ciutat: Der Eingang zum Museum für Stadtgeschichte liegt nahe der Plaça del Rei im Carrer del Veguer. Bei der Verlegung der Casa Padellàs stieß man auf zahlreiche römische und westgotische Relikte, die sich auf einer Fläche von rund 4000 Quadratmetern unter der Plaça del Rei und sogar bis unter die Kathedrale erstrecken, zwischen 1930 und 1960 ausgegraben wurden und heute die Hauptattraktionen des Museums darstellen. Nach einer halbstündigen Audiovisual-Show („Una Història Virtual") nämlich geht es neun Meter tief hinab in die Anfänge Barcelonas, mitten hinein in die Ruinen der *Colonia Iulia Augusta Faventia Barcino*, wie die um die Jahre 15–10 v. Chr. gegründete Römersiedlung in gebotener Kürze benannt worden war. Gläserne Stege führen über beleuchtete Grundmauern, Gassen, Werkstätten und die ersten Zeugen der Christianisierung hinweg, begleitet von guten Erläuterungen auch in englischer Sprache. Dann führt der Rundgang wieder aufwärts, hinein in den Palau Reial und damit ins mächtige und glanzvolle Katalonien des Mittelalters. Herzstück des Palastes ist der beeindruckende Saló del Tinell von 1359, eine über 35 Meter lange, 18 Meter breite und von sechs weiten Bögen getragene Halle. Dieser Saal war es, in dem das Königspaar Isabella und Ferdinand am 16. Februar 1493 den aus Amerika heimgekehrten Kolumbus huldvoll und mit angesichts seines Standes ungewöhnlichen Ehren („Die Königin erlaubte es, dass ich ihre Hand küsste") empfing. Zum Palast gehört auch die elegante Capella de Santa Agata von 1302, mit einem schönen Altaraufsatz des 15. Jh. von Jaume Huguet, und der sogenannte „Mirador del Rei Martí", ein im 16. Jh. errichteter Wachturm.

Öffnungszeiten April bis September Di–Sa durchgängig 10–20 Uhr, sonst Di–Sa 10–14, 16–19 Uhr, So ganzjährig 10–15 Uhr. Eintritt 6 €, am ersten Sa im Monat nachmittags gratis. Ein Audioguide (auch in deutscher Sprache) ist im Preis inbegriffen und lohnt sich. Das Ticket ist auch gültig für das Kloster Monestir de Pedralbes, das Centre d´Interpretació im Parc Güell und das Refugi 307 an den Hängen des Montjuïc. www.museuhistoria.bcn.es.

Sant Pere und La Ribera/El Born

Die breite Via Laietana, Anfang des 20. Jh. wie eine Schneise durch die enge Altstadt geschlagen, trennt das Barri Gòtic von den Vierteln Sant Pere und La Ribera mit El Born.

Bis zur Erweiterung der Stadtmauern im 13. Jh. lagen beide noch vor den Toren der Stadt. Sant Pere, unterhalb der gleichnamigen Ronda und landeinwärts von La Ribera gelegen, zeigt sich bislang als eher unscheinbares und etwas heruntergekommenes Viertel, in dem viele Einwanderer leben. Doch auch hier sind die Stadtplaner zugange ... Mit Ausnahme des grandiosen Modernisme-Palasts Palau de la Música Catalana gibt es freilich kaum hochrangige Sehenswürdigkeiten in Sant Pere. Ganz anders im Viertel La Ribera, dessen Name darauf verweist, dass hier einst das „Ufer" von Barcelona lag, reichte im Mittelalter die Küstenlinie doch ein gutes Stück weiter landeinwärts als heute. Damals war La Ribera das Gebiet der Seefahrer und wohlhabenden Kaufleute, an deren Reichtum noch die große gotische Kirche Santa María del Mar sowie eine ganze Reihe prächtiger Paläste erinnern. Zudem hat sich das Viertel seit Ende der Neunziger besonders um den Passeig del Born – Insider nennen die gesamte Zone ohnehin nur „Born" – mit zahlreichen Bars und edlen Designerläden zum Szenetreff entwickelt.

Palau de la Música Catalana: Der prachtvolle Modernisme-Bau steht im Carrer de Sant Pere Mès Alt, einer Seitenstraße der Via Laietana. Wortwörtlich ein „Palast der Musik", ein Traum in Marmor, farbigen Fliesen und Glas, handelt es sich um eines der schönsten Werke von Domènech i Montaner. Das Gebäude, errichtet 1905 bis 1908, wurde vor wenigen Jahren renoviert und nicht umsonst von der Unesco in die berühmte Liste des Weltkulturerbes aufgenommen. Besonders beachtenswert sind die Glasfenster, Mosaiken und Skulpturen.

● *Führungen* Täglich 10–15.30 Uhr, im August bis 18 Uhr; Führungen in Englisch zu jeder vollen Stunde. Dauer knapp 60 min., Preis 10 €. Maximal 55 Personen pro Führung. Achtung, die Führungen sind immer sehr schnell ausgebucht, Tickets können jedoch bis zu einer Woche im Voraus erworben werden.

▶ **Carrer Montcada:** Der Carrer Montcada verläuft ein paar Blocks jenseits der Via Laietana und parallel zu dieser, am einfachsten zu erreichen über den Carrer de la Princesa. Ihren Namen verdankt die Straße dem Adeligen Montcada, der im 12. Jh. das Privileg der Bauerlaubnis für dieses Gebiet erhielt. In den folgenden Jahrhunderten entstand eine Reihe gotischer Paläste für Adel und Handelsherren; in einigen von ihnen sind heute Museen untergebracht, darunter das wunderschöne Museu Picasso.

Museu Picasso: Gleich über mehrere Paläste des 14. und 15. Jahrhunderts erstreckt sich dieses wohl berühmteste Museum Barcelonas, das durch seine Räumlichkeiten fast ebenso besticht wie durch die Exponate selbst. Erst vor wenigen Jahren wurde die Ausstellungsfläche noch um zwei zusätzliche Nachbargebäude erweitert. Pablo Picasso, 1881 in Málaga geboren, lebte von 1895 bis 1897 und kurzfristig nochmals von 1903 bis 1904 in Barcelona. Bereits aus diesen Zeiten früher Jugend stammen beachtliche Werke. Insgesamt sind in dem Museum weit mehr als tausend Gemälde, Skizzen, Zeichnungen, Keramiken, Radierungen und Lithographien des Meisters zu sehen; zeitlich geordnet von den reich vertretenen Anfängen als Kind und Jugendlicher bis zu Spätwerken. Die ganz großen Arbeiten allerdings sind ebenso wenig darunter wie Werke seiner kubistischen Periode, Ausnahme: „Der Kopf" von

Prachtstück von Domènech i Montaner: Palau de la Música Catalana

1917. Dennoch bietet das Museum die bei weitem größte Picasso-Ausstellung ganz Spaniens und einen guten Überblick über die vielen Sprünge im Werk des experimentierfreudigen Genies.

<u>Lage und Öffnungszeiten</u> Carrer Montcada 15–23, geöffnet Di–Sa 10–20 Uhr, So 10–15 Uhr; Eintritt 9 €, für Wechselausstellungen zusätzlicher Eintritt; am ersten Sonntag im Monat gratis. Cafeteria-Restaurant angeschlossen. www.museupicasso.bcn.es.

Centre del Disseny: Schräg gegenüber vom Picasso-Museum war im Palau Marqués de Llío lange das Textilmuseum „Museu Tèxtil i de la Indumentària" untergebracht, das mittlerweile jedoch in den Palau Reial de Pedralbes im Viertel Pedralbes umgezogen ist. Stattdessen beherbergt der Palast im Carrer Montcada 12 nun – neben dem sehr hübsch gelegenen Tèxtil Café, das seinen Namen auch künftig behalten wird – das provisorisch hier untergebrachte und bei der letzten Recherche noch nicht eröffnete Designzentrum Centre del Disseny. Es soll sich mit Aktivitäten, Dokumentationen und Wechselausstellungen dem angewandten Design in Architektur, Mode, Kommunikation etc. widmen, bildet dabei jedoch nur eine Vorstufe zu dem 25.000 Quadratmeter großen und vom MBM-Architektenteam um Oriol Bohigas, Josep Martorell und David Mackay geplanten Designtempel, der ab 2011 (so zumindest die Planungen...) an der Plaça de les Glòries in Eixample eröffnen und dann auch die Kollektion des Textilmuseums aufnehmen wird.

Museu Barbier-Mueller: Direkt neben dem Centre del Disseny glänzt das Museu Barbier-Mueller mit einer kleinen, aber fein präsentierten Ausstellung präkolumbianischer (also prähispanischer) Kunst aus Mittelamerika, darunter Arbeiten der Inca, Maya und Azteken.

<u>Öffnungszeiten</u> Di–Sa 10–18 Uhr, So 10–15 Uhr; Eintritt 3 €, am ersten So im Monat gratis.

▶ **Església Santa María del Mar**: Ganz unten am Carrer Montcada steht diese Kirche, die von Experten als eines der schönsten Beispiele katalanischer Gotik gerühmt wird. Sie entstand in der ungewöhnlich kurzen Zeit zwischen 1329 und 1383 unter tatkräftiger Mithilfe der Bevölkerung und ist der Schutzheiligen der Seeleute gewidmet. Von außen beeindruckt die dreischiffige Kirche durch ihr schönes Portal mit großer Rosette zwischen den beiden achteckigen Türmen, in aller Ruhe zu bewundern von den Straßencafés am kleinen Platz davor. Nur wenig Dekoration stört im Inneren das Erlebnis des Raums und der blanken Architektur. Die besondere Harmonie rührt von den Proportionen der Seitenschiffe, die genau halb so breit sind wie das Mittelschiff und so hoch, wie die gesamte Kirche breit ist. Sehr reizvoll sind auch die Glasfenster. Geöffnet ist Santa Maria del Mar täglich 9–13.30, 16.30–20 Uhr; häufig (vor allem Fr/Sa) finden hier Hochzeiten statt, gelegentlich auch Konzerte, die dank der außergewöhnlichen Akustik ein besonderes Ereignis sind.

▶ **Passeig del Born**: Die von hohen Bäumen gesäumte Hauptflanierzone des Viertels war ab dem Mittelalter Schauplatz für farbenprächtige Festlichkeiten wie Turniere, Karnevalsumzüge und Prozessionen, aber auch für die schauerlichen öffentlichen Verbrennungen so genannter „Ketzer" durch die Inquisition. Heute geht es in den zahlreichen angrenzenden Cafés und Bars friedlicher zu.

Antic Mercat del Born: Der ehemalige Hauptmarkt Barcelonas, ab 1873 errichtet, erhebt sich am Ende des Passeig del Born. Eine imposante Konstruktion aus Schmiedeeisen überdacht zwei große und vier kleinere Schiffe. Anfang der Siebzigerjahre wurde der Markt aufgegeben, diente dann zeitweise als Ausstellungsgelände und sollte schließlich zu einer Provinzbibliothek ausgebaut werden. Wie so oft bei Arbeiten in Barcelona, wurden jedoch auch hier archäologische Überreste entdeckt. Diesmal handelt es sich um die Ruinen von Häusern, die nach der bourbonischen Eroberung von 1714 zerstört worden waren, mithin um einen Fund von hoher symbolischer Bedeutung, den man im nationalbewussten Katalonien nicht einfach wieder zuschütten konnte. Nun wird der Markt in ein Geschichts- und Kulturzentrum umgebaut, das sich dem städtischen Leben des 17. und 18. Jh. widmen soll. Gegenwärtig ist die Eröffnung für Ende 2009 vorgesehen.

La Llotja: Am meerseitigen Rand des Viertels erhebt sich die ehemalige Börse Barcelonas. Etwa 1380 gegründet, erhielt der Bau im 18. Jh. seine klassizistische Fassade. Der gotische Kern ist für Normalsterbliche in aller Regel off limits.

Parc de la Ciutadella

Stadtverkehr: Metro L 4, Station Ciutadella oder L 1, Station Arc de Triomf

Barcelonas Stadtpark entstand im 18. Jh. an der Stelle einer ehemaligen Festung. Heute beherbergt er unter anderem den Zoo.

Im Jahr 1714, der gerade beendete Spanische Erbfolgekrieg hatte Barcelona auf der unterlegenen Habsburger Seite gesehen, ließ der bourbonische Sieger Philip V. auf dem Gebiet des heutigen Parks eine Zitadelle errichten. Teile des Ribera-Viertels mussten dem riesigen Komplex weichen, der eher zur Kontrolle als zur Verteidigung Barcelonas gedacht war. Mit dem Abriss der Stadtmauern kam anderthalb Jahrhunderte später auch das Ende der Zitadelle. Sie wurde geschleift und machte einem Park Platz, dessen Name noch heute an das einst verhasste Symbol der bourbonischen Fremdherrschaft erinnert. 1888 fand auf dem Gebiet des Parks die für Barcelona so wichtige Weltausstellung statt. Einige Bauten der damaligen Zeit sind noch erhalten, darunter einige frühe Stilübungen der Modernisten. Der Park enthält weiterhin das Parlamentsgebäude der katalanischen Regionalregierung, mehrere Museen und, zumindest noch derzeit, den Zoo. In der Hauptsache jedoch wird der Ciutadella-Park eben das bleiben, was ein Park zu sein hat: eine große grüne Oase mit schattigen Bäumen, verschlungenen Wegen, Rastplätzen und einem See, an dem man sich auch Ruderboote mieten kann – Labsal an heißen Sommertagen und Fluchtpunkt aus den Schluchten der Stadt.

Arc de Triomf: Der zur Weltausstellung von Josep Vilaseca errichtete steinerne Triumphbogen markiert den Beginn des Passeig Lluis Companys, einer etwas sterilen Promenade, die zum Haupteingang des Parks an dessen Westseite (Passeig de Pujades) führt. Das Backsteinbauwerk steht mit seinem reichen Keramikschmuck bereits deutlich im Zeichen des Modernisme.

Cascada: Der monumentale Springbrunnen, etwa in der Nordecke des Parks zu suchen, wurde ab 1875 von Josep Fontseré gestaltet, der einen begabten Assistenten hatte – kein anderer als der junge Student *Antoni Gaudí* stand ihm bei Entwurf und Ausführung zur Seite. In der Nähe kann man mit geliehenen Ruderbooten auf einem hübschen See umherschippern.

*Ein Päuschen gefällig?
Relaxen im Parc de la Ciutadella*

Zoo: Etwa in der Ostecke des Parks liegt der auf relativ kleinem Raum untergebrachte Zoo von Barcelona. Zu seinem Bestand zählen Tiere aus aller Welt, darunter eine kleine Abteilung, die der iberischen Fauna gewidmet ist; auch ein Delphinarium und ein großes Gorilla-Museum gibt es. Der jahrzehntelang unbestrittene Star des Zoos freilich, der auf vielen Postkarten verewigte Copito de Nieve („Schneeflöckchen", katalanisch: Floquet de Neu), einziger weißer Gorilla der Welt und Liebling aller kleinen und großen Zoobesucher, musste im November 2003 im Alter von 40 Jahren eingeschläfert werden, weil er an unheilbarem Hautkrebs litt.

Öffnungszeiten November bis Mitte März 10–17 Uhr, Mitte März bis Mai und Oktober 10–18 Uhr, Juni bis September 10–19 Uhr. Eintritt etwa 16 €, Kinder 3–12 J. 9,50 €, Senioren 8,50 €. www.zoobarcelona.com.

Der Hafen

Dank der radikalen Umbaumaßnahmen der Neunziger, die Barcelona wieder dem Meer öffneten, hat sich das Hafengebiet zu einer der großen Attraktionen der Stadt entwickelt.

Vor allem der älteste Hafenbereich *Port Vell* („Alter Hafen") zwischen Kolumbussäule und Barceloneta lädt zu einem Bummel entlang der Wasserfront ein. Das eigentliche Prunkstück hier ist der Kai *Moll d'Espanya* mitten im Hafenbecken, aber auch weiter nordöstlich, um Barceloneta und den Olympiahafen, lässt es sich nett flanieren.

208 Katalonien

Drassanes/Museu Marítim: Die *Reials Drassanes*, die „Königlichen Docks", liegen schräg gegenüber der Kolumbussäule. Bis auf das 13. Jh. gehen die Anfänge der mittelalterlichen Werftanlage zurück. Einige der Hallen stammen noch aus der Zeit der Gotik und sind seltene Beispiele der Profanarchitektur jener Zeit. Heute ist in der Werft das hervorragende Schifffahrtsmuseum *Museu Marítimo* untergebracht, das an die goldenen Zeiten Barcelonas als Stadt des Seehandels erinnert. Prunkstück ist ein Nachbau der Galeria Reial, jenes königlichen Flaggschiffs, das 1571 in der Seeschlacht bei Lepanto die vereinigten Flotten Spaniens und Venedigs zum Sieg über die Türken angeführt hatte.

Öffnungszeiten Täglich 10–19 Uhr, Eintritt 6,50 € (am ersten Sa im Monat ab 15 Uhr gratis); es gibt auch Kombitickets mit den Ausflugsschiffen Golondrinas (→ unten) sowie deren Katamaran. Im Eintrittspreis inbegriffen sind sog. „Audioguías" mit Kopfhörer, die auch in deutscher Sprache erhältlich und sehr empfehlenswert sind.

Monument a Colom (Kolumbussäule): Das 1886 errichtete Wahrzeichen des Hafens erhebt sich verkehrsumtost am Ende der Rambles. Die bronzene Kolumbusstatue auf einer 50 Meter hohen Eisensäule erinnert an die Audienz, die das Königspaar Isabella I. und Ferdinand II. dem Entdecker nach seiner Heimkehr in Barcelona gewährte. Per (sehr engem) Aufzug im Inneren fährt man in den kleinen Raum zu Füßen der Statue hoch und kann die Aussicht auf den Hafen und die Stadt genießen.

Öffnungszeiten des Aufzugs Juni bis September täglich 9–20.30 Uhr, sonst 10–18.30 Uhr; Auffahrt 2 €. Der Zugang liegt etwas versteckt an der Hafenseite des Sockels.

• *Hafenfahrten* **Las Golondrinas:** Die „Schwalben" genannten Barkassen starten seit 1888 von ihrem Liegeplatz in der Nähe der Kolumbussäule zu Hafenrundfahrten, die bis fast zum Ende der Mole Moll Adossat und zurück führen. Betrieb praktisch rund ums Jahr, Abfahrten im Sommer von 11–20 Uhr, sonst etwas eingeschränkter, an Werktagen von November bis März oft nur vormittags. Sie verkehren auf zwei Routen, der klassischen „roten" Tour (35 min., 5,50 €) und der „grünen" Tour („Especial", 1 Std., rund 9,50 €); letztere wird nur dann angeboten, wenn die Katamarane (s.u.) bei hohem Seegang nicht fahren können. Es gibt auch Kombitickets mit dem Museu Marítim. www.lasgolondrinas.com.

Trimar/Omnibus, zwei Katamarane der gleichen Gesellschaft, pendeln auf einer fünf Kilometer langen Strecke („gelbe" Tour) bis zum Fòrum 2004 und zurück, Dauer etwa 1 Stunde 30 min., Preis 11,50 €.

Catamaran Orsom: Nicht weit vom Liegeplatz der Golondrinas findet sich die Abfahrtsstelle dieses größten Segel-Katamarans Kataloniens, der von etwa März bis Oktober 3-mal täglich die Fahrt zum Olympiahafen unternimmt. Dauer rund 1 Std. 20 min., im Sommer veranstaltet die Gesellschaft auch „Jazz-Kreuzfahrten". Fahrpreis etwa 12-14,50 €. www.barcelona-orsom.com.

Moll de Barcelona: Der Kai südlich der Kolumbussäule ist Abfahrtsstation der Fähren zu den Balearen. Vor wenigen Jahren wurde das Gebiet komplett umgebaut und beherbergt jetzt den recht spektakulären, „World Trade Center" genannten Gebäudekomplex. Auf der Mole steht auch der Eisenturm *Torre de Jaume I.*, die Zwischenstation der Schwebebahn *Transbordador Aeri*, die von Barceloneta zum Montjuïc führt.

Moll de Espanya: Der als Fußgängerzone konzipierte Kai ist über eine klappbare Holzbrücke zu erreichen, die in der Nähe der Kolumbussäule beginnt und das Hafenbecken überspannt. Er lockt mit Attraktionen wie dem Einkaufszentrum Maremàgnum mit seinen zahlreichen Bars und Restaurants, einem ganzen Kinokomplex nebst IMAX-Breitwandkino und vor allem dem großem Aquarium. Besonders an warmen Sommerabenden herrscht hier reichlich Betrieb.

Nur eins von 20 Becken: L'Aquàrium

L'Aquàrium: In Barcelona macht man keine halben Sachen – wenn man ein Aquarium baut, dann schon eines der größten Europas. Clou der Anlage ist ein unterseeisches Großbecken von 4,5 Millionen Litern, durch das die Besucher in einem 80 Meter langen Glastunnel auf einem Laufband gefahren werden. Hier kann man Muränen, Haie und Rochen quasi von unten und aus allernächster Nähe betrachten, ein wirklich beeindruckendes Erlebnis. Dem Aquarium angeschlossen sind eine Sammlung von Schiffsmodellen, die interaktive Ausstellung „Explora!", eine Cafeteria und natürlich auch ein Souvenirgeschäft.
Öffnungszeiten Täglich 9.30–21 Uhr (Sa/So sowie im Juni und September täglich bis 21.30 Uhr, Juli/August täglich bis 23 Uhr), Kassenschluss eine Stunde vorher; Eintritt 16 €, Kinder (4–12 Jh. 11€, über 60-Jährige 12,50 €. www.aquariumbcn.com.

Barceloneta und die Küste

Stadtverkehr: Metro L 4, Station Barceloneta

Auch das küstennahe Gebiet nordöstlich des Port Vell profitierte von der Stadt-Modernisierung. Barceloneta, das ehemalige Viertel der „kleinen Leute" hat sich nicht allzusehr verändert, das Strandgebiet und die sich anschließende Zone bis über den Olympiahafen hinaus umso mehr.

Palau del Mar/Museu d'Història de Catalunya: Ein früheres Lagerhaus an der Uferfront beherbergt das Museum der Geschichte Kataloniens. Das reizvoll gestaltete, interaktive Museum vermittelt die Vergangenheit von der Vorgeschichte bis in die 80er-Jahre; ein Begleitheft in englischer Sprache ist erhältlich. Der Besuch im Café lohnt sich schon wegen der schönen Aussicht. Vorgelagert liegt eine Reihe von Terrassenrestaurants, die an warmen Sommerabenden sehr beliebt, aber alles andere als billig sind.
Öffnungszeiten Di–Sa 10–19 Uhr (Mi bis 20 Uhr), So 10–14.30 Uhr; Eintritt 4 €.

Barceloneta: Der Bau der Zitadelle und der damit verbundene Abriss eines ganzen Wohnviertels hatten ab 1715 Tausende von Menschen wohnungslos gemacht. Für sie errichtete man ein neues, abgeschlossenes Viertel: Barceloneta. Der planmäßige Bau mit den länglichen, niedrigen Häuserzeilen, den quadratischen kleinen Plätzen und schnurgeraden Straßen ist Barceloneta bis heute anzusehen. Große Sehenswürdigkeiten sind hier mit Ausnahme des Geschichtsmuseums kaum zu bewundern, anziehend ist eher die gelassene, vorstädtische Atmosphäre.

Transbordador Aeri: Am Kai Moll Nou, noch hinter dem Ende des Passeig de Joan Borbó, steht mit der Torre de Sant Sebastià die „Talstation" der abenteuerlichen Schwebebahn, die über die Torre de Jaume I. an der Moll de Barcelona hinauf zum Montjuïc führt und mutige Fahrgäste mit einem atemberaubenden Blick über die Stadt belohnt. Im Turm selbst ist ein hochpreisiges Restaurant untergebracht, das eine fantastische Aussicht bietet.

Betriebszeiten März bis Mitte Juni sowie Mitte September bis Mitte Oktober täglich 10.45–19 Uhr, Mitte Juni bis Mitte September täglich 11–20 Uhr, sonst täglich 10–17.45 Uhr. Bei starkem Wind kein Betrieb. Viertelstündliche Abfahrten, zum Montjuïc einfach 9 €, retour 12,50 €. Die reine Auffahrt per Lift kostet 4 €.

Port Olímpic

Der Olympiahafen ist mit Barceloneta durch die neue Küstenpromenade verbunden, ein schönes Gebiet für einen Bummel. Für rund 800 Millionen Euro entstand hier eine fast 75 Hektar große Wohnsiedlung, deren Wahrzeichen die beiden je 136 Meter hohen Wolkenkratzer bilden – in dem einen ist das Fünfsterne-Hotel „Arts" untergebracht, der andere beherbergt Büros. An warmen Sommerabenden zieht das Hafengebiet mit seinen vielen Bars und Restaurants zahlreiche Besucher an. Ein besonderer Blickfang ist die große, aus Bronzedraht gefertigte Fisch-Skulptur von Stararchitekt Frank Gehry, deren Farbe je nach Lichteinfall stark wechselt. Im Hinterland des Hafens liegt das eigentliche Olympische Dorf.

Diagonal Mar/Forum 2004

Hinter dem Olympiahafen kann man noch kilometerweit der Küstenlinie folgen, vorbei an zahlreichen Stränden. Bei der letzten Recherche endete die Promenade noch knapp drei Kilometer hinter dem Port Olímpic, doch soll eines Tages auch ein küstennaher Direktzugang zum Fòrum geöffnet werden.

Mit dem Gebiet der *Diagonal Mar* hat sich Barcelona einmal mehr ein ganz neues Viertel erschlossen und die Silhouette der Stadt einschneidend verändert. In dem ehemaligen Industrieareal, am meerseitigen Ende der Diagonal und unweit der Mündung des Flüsschens Besòs gelegen, sind unter anderem zahlreiche Büro- und Apartmenthochhäuser, drei Hotels mit zusammen rund tausend Betten sowie öffentliche Parks entstanden. Hier wurde auch Spaniens größtes Einkaufszentrum eröffnet, das *Centre Comercial Diagonal Mar*, das mit mehr als 200 Geschäften einen riesigen Block einnimmt. Das derzeit wichtigste Projekt in diesem Gebiet ist der Meereszoo Zoo Marino (Zoo Marí) jenseits der Platja de Llevant, der auf einer im Meer aufgeschütteten, mehr als sieben Hektar großen Plattform direkt vor dem Forumsgelände liegen wird; seine Eröffnung wird gegenwärtig (vielleicht wieder einmal etwas optimistisch?) für das Jahr 2010 avisiert.

Das Gelände des *Fòrum 2004* (oder *Parque del Fòrum*, wie es nach dem Willen der Stadt heißen soll) schließt sich direkt an die Diagonal Mar an. Der Ausbau des Gebiets für das fünfmonatige Welt-Kultur-Forum der Unesco im Jahr 2004 war für die

Freizeitspaß: Kicken mit Meerblick

Planer eine weitere besondere Herausforderung – immerhin handelte es sich um das größte Stadterneuerungsprogramm Europas. Als wichtigste Anlaufstellen entstanden das Internationale Kongresszentrum *Centre de Convencions CCIB*, mit einer Kapazität von 21.000 Personen das größte seiner Art in Südeuropa, sowie, durch einen unterirdischen Gang verbunden, das dreieckige, kobaltblaue *Edifici Fòrum*. Verschiedene Auditorien, eine große Solaranlage, künstliche Riffs, ein Sporthafen und eine Badezone schließen sich an. Und damit das Badevergnügen nicht durch die nahe Kläranlage getrübt wird, wurde diese modernisiert und überbaut. Sogar einen Straßenbahnzubringer (TramBesòs) hat das neue Gelände erhalten. Doch trotz aller Investitionen: Wenn es nicht von genügend Menschen belebt wird, wirkt das rund 25 Hektar ausgedehnte Gelände einfach allzu groß und eher trist. Das hat auch die Stadtverwaltung erkannt und verlegt deshalb, insbesondere im Sommer, Konzerte, städtische Festivitäten etc. in den Forumspark.

Eixample: Im Zeichen des Modernisme

Schon bei einem Blick auf den Stadtplan erweist sich die Stadterweiterung, in der zweiten Hälfte des 19. Jh. oberhalb der Altstadt errichtet, als geradezu charakteristisch für Barcelona.

Der nach Plänen des Ingenieurs Ildefons Cerdà angelegte Schachbrettaufbau mit quadratischen Blocks besaß eine höhere Wohnqualität, als sie die engen Gassen der Altstadt bieten konnten. Eixample, besonders das *Quadrat d'Or*, das „Goldene Quadrat" zwischen Carrer Aribau und Passeig de Sant Joan, wurde vom aufstrebenden Bürgertum begeistert in Beschlag genommen. Geld war dank des wirtschaftlichen Aufschwungs reichlich vorhanden, offensichtlich auch eine gewisse Experimentierfreude, und so baute mancher in einem gerade in Mode kommenden, phantasievollen Stil: Eixample wurde zum Stadtteil des *Modernisme*.

Modernisme in Barcelona

Die Jahrzehnte um die Wende des 19. zum 20. Jh. waren geprägt von vorwärtsdrängendem Optimismus, der sich auf wirtschaftlichen Aufschwung und Fortschritt in Wissenschaft und Technik stützte. Etwa zeitgleich entwickelte sich in vielen westlichen Ländern eine Kunstform, die sich nicht mehr mit der Nachahmung bestehender Stile begnügen wollte, sie allenfalls genüsslich und etwas schräg zitierte. Besonders auf dem Gebiet der Architektur und der angewandten Kunst eröffneten sich durch die Verbindung junger Techniken und Materialien mit alter Handwerkskunst Möglichkeiten neuen künstlerischen Ausdrucks. In Deutschland entstand der Jugendstil, in Frankreich die Art Nouveau, England und USA erlebten die Geburt des Modern Style, in Italien feierte der Liberty und in Österreich die Sezession Triumphe.

Unterscheidendes Merkmal des katalanischen Modernisme zu all diesen verwandten Stilen ist seine Betonung der nationalen Elemente. Es war die Zeit der kulturellen Wiedergeburt Kataloniens, der *Renaixença*, und so grüßt der Schutzpatron Sant Jordi von zahlreichen Erkern, präsentieren viele Gebäude stolz die katalanische Flagge. Bezeichnend sind auch die Aktivitäten einiger großer Modernisme-Architekten in der katalanischen Regionalpolitik.

Die Großen Drei des Modernisme

Antoni Gaudí (1852–1926): In Reus in der Provinz Tarragona als Sohn eines Schmieds geboren, studierte Gaudí ab 1874 Architektur in Barcelona. Im Jahr seines Studienabschlusses gewann er einen Wettbewerb zur Gestaltung der heute noch bestehenden Laternen an der Plaça Reial. Auch in den folgenden Jahrzehnten arbeitete er überwiegend in Barcelona, finanziell gefördert vom Industriellen Eusebi Güell. Sein Werk umfasst eine Reihe von Gebäuden, die Gestaltung des Parc Güell, und, als wichtigstes Bauwerk des Modernisme überhaupt, die Kirche Sagrada Familia. In Barcelona von einer Straßenbahn überfahren, starb Gaudí am 10.6.1926. Gaudí gilt als bedeutendster Vertreter des Modernisme, obwohl dieser Begriff bei weitem nicht ausreicht, sein Schaffen einzugrenzen. Typisch für seine Werke sind die von der Natur inspirierten, weichen und fließenden Formen; zu den von ihm bevorzugten Materialien zählten besonders Metalle (Familienerbe?) und „Trencadís", farbenprächtige Bruchstückkeramik. Der 150. Geburtstag des Künstlers im Jahr 2002 machte ihn noch populärer, als er es ohnehin schon war, und wurde für Barcelona zu einem ganzjährigen Gaudí-Fest. Seine Seligsprechung durch den Vatikan ist wohl nur noch eine Frage der Zeit.

Lluís Domènech i Montaner (auch: Muntaner; 1850–1923): Der Architekt und spätere Direktor der Universität für Architektur war auch in der katalanischen Unabhängigkeitsbewegung stark engagiert. Er gilt als „Rationalist" unter den Modernisten, was sich weniger auf die Form seiner Werke als auf die Anwendung neuer Technologien und Materialien bezieht. Seine wohl schönste Arbeit ist der *Palau de la Música Catalana* unweit des Barri Gòtic.

Josep Puig i Cadafalch (1867–1957): Fast eine Generation jünger als seine Kollegen, zählte er zu den späten Vertretern des Modernisme und orientierte sich nach dem Ersten Weltkrieg mehr zur Klassik hin. Seine Entwürfe sind geprägt von gotischen Zitaten und plastischem Blumenschmuck. Er war auch politisch aktiv, amtierte zwischen 1917 und 1923 als Präsident der Mancommunitat de Catalunya.

> La Ruta del Modernisme: Ein Rabattsystem für Modernisme-Liebhaber, siehe oben im Einleitungskapitel „Sehenswertes", S. 196.

Entlang des Passeig de Gràcia

Die elegante, breite Hauptachse von Eixample, eine der besten Adressen der Stadt, verbindet die Plaça de Catalunya mit dem einstigen Dorf und heutigen Stadtteil Gràcia. Am Passeig de Gràcia und in seinem nächsten Umkreis findet sich die üppigste Konzentration von Modernisme-Bauten Barcelonas.

Fundació Francisco Godia: In der Casa Garriga Nogués, einem Modernisme-Bau am Carrer de Diputació 250, dürfte mit Erscheinen dieser Auflage bereits die Privatstiftung von Francisco „Paco" Godia (1921–1990) eröffnet worden sein, seines Zeichens ehemaliger Formel-1-Fahrer bei Maserati und gleichzeitig ein engagierter Kunstliebhaber. Zehn Säle bieten der umfangreichen Sammlung deutlich mehr Platz, als am früheren Standort im Carrer de València zur Verfügung stand. Die breite Kollektion umfasst nicht nur zahlreiche Werke mittelalterlicher Malerei und Skulptur, sondern auch über 500 Keramikarbeiten des 14. bis 19. Jh. sowie Gemälde moderner Meister wie Casas, Solana und Sorolla. Auch Reminiszenzen an Godias Motorsport-Karriere fehlen nicht.

▶ **Manzana de la Discòrdia:** Der „Streitapfel" steht am Passeig de Gràcia 35–43, oberhalb des Carrer de Consell de Cent. Seinen Namen verdankt er einem Wortspiel mit „Manzana", das sowohl „Apfel" als auch „Häuserblock" (Manzana de Casas) bedeuten kann. Streitapfel deshalb, weil in dem Block die drei berühmtesten Modernisme-Architekten ihre Visitenkarte hinterlassen haben.

Casa Lleó Morera (1905), das erste Haus der Reihe, auf Nr. 35, stammt von *Domènech i Montaner* und ist heute Sitz einer Filiale des Nobelladens Loewe. Umbauten haben ihm leider etwas von seinem ursprünglichen Glanz genommen, doch gibt es noch Interessantes genug zu entdecken. An der Fassade im zweiten Stock sind die damals frischen Errungenschaften der Technik verewigt: Grammophon, Glühbirne, Telefon und Kamera.

Casa Amatller (1898), Nr. 41: Sie wurde konzipiert von Puig i Cadafalch, der hier einmal mehr seiner Vorliebe für Zitate der gotischen Architektur frönte. Auftraggeber war der Schokoladenfabrikant und Hobbyfotograf Antoni Amatller, dessen Familie damals schon rund ein Jahrhundert lang im Süßwarengeschäft tätig war. Das Haus besitzt eine stufenartig ansteigende und mit bunter Keramik geschmückte Front nebst überhängender Galerie. Auch ein Blick in die Vorhalle mit ihren Buntglastüren und dem schönen Glasdach lohnt sich. Seit kurzem ist ein Teil des Gebäudes als Sitz der *Fundació Institut Amatller d'Art Hispànic* zu besichtigen, nämlich der vierte Stock mit dem Fotostudio der Familie Amatller. Die Führungen beinhalten auch den Genuss einer Tasse heißer Schokolade, die in der Originalküche des Anwesens gereicht und natürlich aus Amatller-Produkten zubereitet wird. In einigen wenigen Jahren, so heißt es, soll das gesamte Haus für Besucher geöffnet werden.

Führungen Mo-Fr 11, 12 und 13 Uhr, So 12 Uhr; Eintrittsgebühr 8 €. Anmeldung im Erdgeschoss, in dem es auch ein Verkaufsgeschäft der Schokoladenfabrik Amatller gibt; Reservierung unter 934 877 217. www.amatller.org.

214 Katalonien

Casa Batlló (1905–07), auf Nr. 43: das mit Abstand beeindruckendste Haus der Reihe. Es stammt von Gaudí, wenn auch als Umbau eines bereits vorhandenen Gebäudes, an das freilich praktisch nichts mehr erinnert. Gaudís Veränderungen waren so radikal und so ungewöhnlich, dass die städtischen Behörden anfangs unsicher waren, ob sie den Bauplan genehmigen sollten. Besonders in den unteren Partien ist die sanfte Handschrift des Meisters überdeutlich, die weich geschwungene Fassade mit bunten Mosaiken geschmückt, der Erker mit knochenförmigen Säulen; die Balkone erinnern an menschliche Schädel. Organisch auch das Dach, dessen Ziegel wie die Schuppenhaut einer Echse oder eines Drachens geformt sind. Das Innere, bis in Einzelheiten der Ausstattung und der Möbel von Gaudí selbst entworfen, entstand in Zusammenarbeit mit den besten Kunsthandwerkern und steckt voller überraschender Details aus Schmiedeeeisen, Keramik, Holz und Buntglas. Den Lichthof verkleidete Gaudí, der immer genau auf Helligkeit und Lichtverteilung achtete, mit blauen Kacheln, die vom oberen Stockwerk nach unten zu heller werden und so auf allen Etagen gleiche Lichtverhältnisse garantieren. Besucht werden können nicht nur die Innenräume, sondern auch das Dach mit der typischen Gaudí-Kaminlandschaft – ein Vergnügen, das freilich seinen Preis hat.
Öffnungszeiten Täglich 9–20 Uhr, bei geschlossenen Veranstaltungen nur bis 14 Uhr. Eintrittsgebühr etwa 17 €; „Audioguías" (Erläuterungen per Kopfhörer) inbegriffen. www.casabatllo.es.

▶ **Editorial Montaner i Simon/Fundació Antoni Tàpies** (1880): Im Carrer Arragó 255, ums Eck vom Passeig de Gràcia, steht dieses erste bedeutende Bauwerk von Domènech i Montaner. Das vom maurischen Mudéjar-Stil beeinflusste Gebäude beherbergt eine permanente Ausstellung des 1923 in Barcelona geborenen Malers und Grafikers *Antoni Tàpies*. Tàpies zählt zu den bedeutendsten zeitgenössischen Künstlern Spaniens; seine Collagen, Skulpturen, surrealistischen und abstrakten Gemälde sind unbedingt sehenswert.
Öffnungszeiten Bei Redaktionsschluss war das Gebäude gerade wegen Umbauarbeiten geschlossen. Bisherige Öffnungszeiten: Di–So 11–20 Uhr; Eintritt etwa 6 €. www.fundaciotapies.org

▶ **Museu Egipci de Barcelona – Fundació Arqueològica Clos**: Ebenfalls unweit des Passeig de Gràcia, diesmal jedoch auf der anderen Seite davon, liegt am Carrer València 284 das Ägyptische Museum Barcelonas, eines der bedeutendsten Privatmuseen seiner Art in Europa. Die Ausstellung, erst im Jahr 2000 eröffnet, zeigt rund 600 thematisch geordnete Exponate; Schwerpunkte sind die Pharaonen, das Privat- und Alltagsleben der alten Ägypter, ihr Glauben und ihre Begräbnisriten. Ein hübsches Dachterrassen-Café ist angeschlossen.
Öffnungszeiten Mo–Sa 10–20 Uhr, So 10–14 Uhr; Eintrittsgebühr 11 €.
www.fundclos.com.

Aussicht à la Gaudí: Dachterrasse der Casa Milà

Mehr Modernisme

Im Folgenden eine Auswahl weiterer, in den Stadtteilkapiteln nicht gesondert aufgeführter Gebäude des Modernisme. Leider sind nicht alle auch von innen zu besichtigen.

• _Eixample_ **Palau Baró de Quadras** (1904), Avinguda Diagonal 373, nahe des Passeig de Gràcia (Metro L3/L5 Diagonal), erbaut von Puig i Cadafalch. Heute ist hier die „Casa Asia" untergebracht, ein Infozentrum über Asien, frei zugänglich Di-Sa 10-20 Uhr, So 10-14 Uhr.

Casa Comalat (1909–1911), zwischen Av. Diagonal und Carrer de Còrsega, von Salvador Valeri i Pupurull, einem Vertreter der zweiten Generation von Modernisme-Architekten. Die zur Avinguda Diagonal gerichtete Seite fällt eher konventionell aus, die Fassade am Carrer de Còrsega hingegen ist ein Modernisme-Traum.

Casa Terrades (1903-05), Avinguda Diagonal 416-420. Von Puig i Cadafalch, der spitzen Türme wegen auch Casa de les Punxes genannt, „Haus der Nadeln". Eigentlich handelt es sich um drei Häuser, die auf ungleichmäßigem Grundriss miteinander verbunden sind

Palau Montaner (1885-1893), Carrer de Mallorca 278, nahe Carrer Roger de Llúria. Von Domènech i Estapà begonnen, beendet von Domènech i Montaner. Führungen Sa/So 10.30-12.30 Uhr; Preis p.P. 5 €.

Casa Thomas (1895-98), Carrer de Mallorca 291, von Domènech i Montaner. Heute Sitz eines Möbelgeschäfts

Casa Macaya (1901), Passeig de Sant Joan 108, nahe Avinguda Diagonal (Metro L4/L5 Verdaguer). Von Puig i Cadafalch errichtet und von der katalanischen Architektur des Mittelalters inspiriert.

Plaza de Toros Monumental (1913-15), Gran Via 749 (Metro L 1, Glòries). Die Stierkampfarena stammt von Ignasi Mas; geprägt wird sie durch eigenwillige Zitate maurischen Stils.

Editorial Montaner/ Fundaciò Tàpies

Casa Calvet (1898-1900), Carrer Casp 48, nahe Plaça de Catalunya. Eine Arbeit von Gaudí, an der Nahtstelle historischer Zitate zum unverwechselbaren „Gaudí-Stil". Heute ist hier ein edles Restaurant untergebracht.

• _Altstadt_ **Casa Marti** (1895-96), Carrer de Montsió 3 (Seitenstr. Avinguda Portal de L' Angel). Eine frühe Arbeit von Puig i Cadafalch, Sitz des Traditions-Cafés „Els Quatre Gats".

• _Sarrià_ **Collegi de les Teresianes** (1888 – 89), Carrer Ganduxer 83 (FGC, Station La Bonanova). Von Gaudí auf der Grundlage eines bereits begonnenen Gebäudes fertiggestellte Nonnenschule.

• _Außerhalb_ **Colonia Güell** (1908-1918), die Arbeitersiedlung Güell mit einer unvollendeten Kirche Gaudís. Sie liegt in Santa Coloma de Cervelló, etwa zehn Kilometer westlich von Barcelona, zu erreichen mit FGC-Zügen Richtung Martorell/Manresa.

▶ **Casa Milà (La Pedrera):** Wieder am Passeig de Gràcia, auf Nummer 92. Eines der spektakulärsten Wohngebäude des Modernisme, erbaut 1905–1910 von Antoni Gaudí und zum „Kulturerbe der Menschheit" erklärt. Der Volksmund nennt das Gebäude „La Pedrera" (Steinbruch, Steinhaufen), angesichts der an Felsformationen erinnernden Fassade durchaus passend.

Pis de la Pedrera: Diese riesige Wohnung im vierten Stock ließ La Caixa 1999 als Beispiel der Wohnverhältnisse einer Familie des gehobenen Bürgertums in den ersten Jahrzehnten des 20. Jh. rekonstruieren. Die verschiedenen Räume wurden entsprechend ihrem ursprünglichen Verwendungszweck mit Mobiliar und Gegenständen jener Zeit ausgestattet.

Espai Gaudí: Das Dachgeschoss der Casa Milà beherbergt ein hochinteressantes Museum, das anhand von Plänen, Fotos, Filmen und Modellen Leben, Werk und Arbeitsweise Gaudís dokumentiert. Fantastisch ist jedoch auch die skelettartige Struktur des 800 Quadratmetern großen, von 270 Ziegelsteinbögen getragenen Raums an sich. Von hier hat man Zugang zur originellen, wellenförmig geschwungenen Dachterrasse, die eine ganze Armee von Schornsteinen und Entlüftungskaminen ziert. Typisch Gaudí – kein Schlot gleicht dem anderen.

Öffnungszeiten Täglich 10–20 Uhr, von November bis Februar nur bis 18.30 Uhr. Geschlossen am 25./26 Dezember, 1. Januar und etwa in der zweiten Januarwoche. Eintrittsgebühr 8 €; oft lange Warteschlangen. www.funcaixacat.com.

La Sagrada Familia

Stadtverkehr: Metro L 5 oder L 2, Station Sagrada Família

Gaudís Meisterstück, das Wahrzeichen Barcelonas und größtes Modernisme-Bauwerk überhaupt, liegt etwas abseits, ist aber jeden Umweg wert.

Obwohl bis heute nicht vollendet, brilliert der 1882 begonnene *Templo Expiatorio de la Sagrada Familia* („Sühnetempel der Heiligen Familie") durch seine ungewöhnliche Formensprache abseits aller herkömmlichen Stile. 1883 übernahm der gerade 31 Jahre alte Gaudí die architektonische Leitung. Die Kirche geriet zu seinem Lebenswerk, ab 1911 widmete er sich ausschließlich der Sagrada Familia, auf deren Baustelle er sogar Wohnung bezog. Nach Gaudís Tod 1926 – er liegt in der Krypta begraben – verhinderte der Spanische Bürgerkrieg die Fortsetzung des Baus, auch die meisten Baupläne gingen damals verloren. Die Wiederaufnahme der Arbeiten im Jahr 1952 war von heftigen Kontroversen begleitet, ein Disput, der sich bis heute fortsetzt. Kritiker sahen eine Verfälschung der Ideen Gaudís und forderten, die Kirche im „Urzustand" zu belassen. Die Gegenseite argumentiert, Gaudí selbst sei sich im Klaren gewesen, dass ebenso wie bei mittelalterlichen Kathedralen mehrere Generationen und damit auch mehrere Architekten an dem Bau beteiligt sein würden. Tatsächlich soll Gaudí mit einer Bauzeit von zweihundert Jahren gerechnet haben. Bis die Sagrada Familia einst fertiggestellt sein wird, dürfte also noch einige Zeit ins Land gehen. Immerhin macht der Bau sichtbare Fortschritte. So könnte während der Laufzeit dieser Auflage eventuell das Mittelschiff gedeckt und die Kirche geweiht werden, sie (evtl. bereits ab Herbst 2010) somit für Gottesdienste zur Verfügung stehen. Irgendwann wird wohl auch die Bemalung in Angriff genommen werden, hatte Gaudí die Sagrada Família doch vielfarbig geplant. Optimisten hoffen darauf, dass bis zum hundertsten Todestag Gaudís im Jahr 2026 die Arbeiten abgeschlossen sein werden. Doch schon jetzt ist die Monumentalkirche der bedeutendste Anziehungspunkt von Barcelona, zählte zuletzt rund 2,8 Millionen Besucher pro Jahr.

Beeindruckend ist die Sagrada Familia denn auch wirklich. Ihre Struktur beherrscht religiöser Symbolismus: Die über hundert Meter hohen, durchbrochenen und konisch zulaufenden Türme sollen die Apostel symbolisieren; errichtet sind bislang jedoch nur acht der zwölf Türme. Ein mit 170 Metern Höhe alles überragender Turm wird (irgendwann ...) für Jesus Christus, ein weiterer über der Apsis für die Jungfrau Maria stehen. Die Fassaden sind im Osten Christi Geburt, im Westen der

Gut gelaunt: Straßenkünstler an den Rambles ▲▲
Entspannt: Pause in Barceloneta ▲

▲▲ Das Barcelona der modernen Kunst: Der "Fisch" von Gehry
▲ Türme der Sagrada Familia

▲▲ Strandskulptur in Barceloneta
▲ "Barcelona Head" von Roy Lichtenstein

Zerklüftet: Gebirge von Montserrat ▲▲
Farbenfroh: Sitges ▲

▲▲ Luftig: Über den Dächern von Tarragona
▲ Modernisme in Reus (Casa Navàs) …
▲ … und in L'Espluga (Museu del Vi)

Passion und im Süden der Auferstehung gewidmet. „Gaudí pur", also zu Lebzeiten des Meisters fertiggestellt, sind nur die selten zugängliche Hauptkrypta, die Apsis, einer der Türme und die überreich mit naturalistischen Skulpturen versehene Ostfassade. Die umstrittenen, seltsam emotionslos anmutenden Skulpturen der Westfassade hingegen wurden ab Mitte der Achtziger vom katalanischen Künstler Josep Maria Subirachs gestaltet und 1998 beendet. In einer Seitenkrypta zeigt das *Museu de la Sagrada Familia* Pläne und Modelle der fertigen Kirche. Zu einem weiten Überblick anderer Art verhilft der Aufstieg oder die Liftauffahrt in einem der Türme.

Öffnungszeiten April bis September 9–20 Uhr, sonst 9–18 Uhr, Eintrittsgebühr 8 €, ermäßigt 5 €. Englischsprachige Führungen (3,50 € Aufpreis) von Mai bis Oktober um 11, 13, 15 und 17 Uhr, im restlichen Jahr um 11 und 13 Uhr. Auffahrt per Lift 2 €. Mit Wartezeiten ist zu rechnen. www.sagradafamilia.org.

Hospital de la Santa Creu i Sant Pau: Kaum eine Viertelstunde Fußweg entfernt, steht das Modernisme-Krankenhaus am Ende der Avinguda Gaudí deutlich im Schatten der Sagrada Família. Während sich dort die Massen drängen, finden nur wenige den Weg zu dem einzigartigen Ensemble, das von der

Unvollendet, aber umwerfend: La Sagrada Familia

Unesco in der Liste des Weltkulturerbes geführt wird, eine Ehre, die der Sagrada Família bislang verwehrt blieb. Geplant und erbaut wurde das Hospital ab 1905 von Domènech i Montaner, dessen Arbeit sein Sohn Pere bis 1930 fortführte. Der Eingangspavillon des frei zugänglichen, rund zehn Hektar großen Geländes bildet das dominierende Gebäude des Ensembles. Gekrönt von einem zentralen Uhrturm, weist das Backsteingebäude eine Fülle christlicher Symbole auf, darunter die allegorischen Figuren des Glaubens, der Liebe und der Hoffnung. Geschaffen wurden sie, wie die meisten Skulpturen des Hospitals, vom jungen Pau Gargallo, einem Schüler Eusebi Arnaus. Hinter dem Eingang erstrecken sich 17 weitere Pavillons. Die zwölf dem Hauptgebäude am nächsten liegenden Bauten, allesamt herrlich geschmückt, sind das Werk von Domènech i Montaner, die übrigen das seines Sohns. Auch die weiten Abstände zwischen den Gebäuden und die Anlage von Grünflächen, auf denen die Patienten Sonnenlicht und Frischluft genießen konnten, spiegeln den innovativen Charakter der Anlage. Seit einer Weile dient das Hospital als eines der drei Modernisme-Zentren *Centre del Modernisme*.

Führungen Täglich um 10.15 Uhr (Englisch), 11.15 Uhr (Katalanisch), 12.15 Uhr (Englisch) und 13.15 Uhr (Spanisch); p.P. 5 €. Im Eingangsbereich eine Infostelle („Centre del Modernisme"), geöffnet täglich 10-14 Uhr, das Gelände an sich ist auch sonst zugänglich.

Gràcia

Stadtverkehr: Metro L 3, Stationen Diagonal, Fontana oder Lesseps, L 5 Station Diagonal; FFCC Station Gràcia

Gràcia war lange eine eigenständige Siedlung, der Anschluss an Barcelona Ende des 19. Jahrhunderts heftig umstritten.

In der ausgedehnten Stadt von heute liegt es dagegen gar nicht so weit ab; der Fußweg vom Zentrum über den Passeig de Gràcia ist in einer halben Stunde durchaus zu schaffen. Die kleine *Plaça Rius i Taulet* mit dem Rathaus, von einem Glockenturm überragt, bildet den Hauptplatz des Viertels. Einen weiteren Fixpunkt markiert die belebte *Plaça del Sol*, deren Cafés sich zum Treffpunkt vor allem der Subkultur entwickelt haben. Sehenswürdigkeiten sind in Gràcia eher rar, der am Rand des Viertels gelegene Parc Güell allerdings ist für alle Gaudí-Fans ein Muss.

Parc Güell: 1900 beauftragte Gaudís Förderer, der Industrielle Eusebi Güell, ihn mit dem Bau einer Gartenstadt, in der Wohnen und Natur gleichberechtigt nebeneinander stehen sollten. Fertiggestellt wurden jedoch nur zwei Gebäude, das Wegenetz und die Gartenanlage. Gaudí, der sich immer an organischen Strukturen orientierte und hier die Möglichkeit hatte, seine naturnahe Kunst mit der Natur selbst zu verbinden, löste die Aufgabe ganz seinem Stil entsprechend. Das märchenhafte Ergebnis wurde 1984 in die Unesco-Liste des Weltkulturerbes aufgenommen. Glanzlichter sind die Treppe aus farbiger Bruchkeramik, der ungewöhnliche Saal mit 86 Säulen, ursprünglich als Markthalle des Wohngebiets gedacht, und die berühmte gewundene Bank. Gaudís ehemaliges Wohnhaus beherbergt heute als *Casa-Museu Gaudí* ein Museum, in dem vom Meister gestaltete Möbel sowie Zeichnungen, Modelle und Pläne Gaudís zu sehen sind.

Kleiner Drache aus Bruchkeramik: Gaudí-Skulptur im Güell-Park

• *Stadtverkehr* Ab der Plaça Universitat und der Plaça Catalunya fährt (via Passeig de Gràcia, Gran de Gràcia und Plaça Lesseps an der „grünen" Metro L 3) recht häufig Bus Nr. 24; die beste Haltestelle ist Carretera del Carmel-Parc Güell, dann noch ein kurzes Stück zu Fuß. Variante, fast bis vor den Haupteingang: „Gelbe" Metro L 4 bis Station Joanic (Gràcia); ein kleines Stück oberhalb der Metro-Station hält am Carrer Escorial, kurz hinter einer Haltestelle größerer Busse, der Kleinbus Nr. 116 zum Park; Abfahrten Mo–Fr häufig, Sa alle 20 min, So kein Verkehr.

• *Öffnungszeiten* Park geöffnet November bis Februar 10–18 Uhr, März und Oktober 10–19 Uhr, April und September 10–20 Uhr, Mai bis August 10–21 Uhr; Eintritt frei. Casa-Museu Gaudí geöffnet April bis September 10–20 Uhr, sonst 10–18 Uhr; Eintrittsgebühr (vielleicht etwas hoch gegriffene) 4 €.

Tibidabo

Katalonien Karte S. 105

Mal wieder frische Luft? Raus aus der Stadt ins Grüne? Weite Panoramen? Dann gibt es, neben dem niedrigeren und zahmeren Montjuïc, nur eins: Hinauf auf den Tibidabo, den 512 Meter hohen Hausberg Barcelonas.

Oben auf dem Gipfel erwarten den Besucher ein Vergnügungspark, die Kirche Sagrat Cor und der Fernsehturm Torre de Collserola, vor allem aber ein fulminantes Panorama: Der Blick auf Barcelona ist konkurrenzlos, und die Sicht soll an besonders klaren Tagen bis zu den Pyrenäen, gar zu den Balearen reichen. Ein wichtiger Aspekt des Vergnügens einer Tour auf den Berg sind die teilweise herrlich nostalgischen Verkehrsmittel, die auf den Tibidabo führen. Zu ihnen zählen die alte Straßenbahn *Tramvia Blau* (nicht immer in Betrieb) und die Standseilbahn *Funicular de Tibidabo*. Letztere verkehrt seit der ganzjährigen Inbetriebnahme eines Teils des Vergnügungsparks nun praktisch rund ums Jahr – was sich freilich auch wieder ändern könnte, sofern den neuen Öffnungszeiten des Parks kein durchschlagender Erfolg beschieden sein sollte. Eine weniger bekannte Alternative erschließt den Tibidabo von einer anderen Seite aus, nämlich über das westlich gelegene Städtchen *Vallvidrera*, eine Anreise, die täglich und mit einer ganz normalen Einzelfahrkarte des Barceloneser Stadtverkehrs möglich ist.

● *Stadtverkehr* **Tibibús**: Ein Direktbus, der von der Plaça Catalunya (vor dem Corte Inglés) hinauf zur Plaça del Tibidabo fährt. Betrieb nur, wenn der komplette Vergnügungspark geöffnet hat, Abfahrten je nach Andrang halbstündlich bis stündlich.

FGC: Die Tibidabo-Linie der FGC fährt ab der Plaça Catalunya zur Plaça John Kennedy am Beginn der Avinguda Tibidabo. Hier muss man umsteigen in die Tramvia Blau bzw. in den Ersatzbus.

Tramvia Blau: Von der Avinguda Tibidabo geht es weiter mit dieser nostalgischen Straßenbahn bis zu deren Endstation an der Plaça Dr. Andreu. Die 1901 in Dienst gestellte Linie überbrückt eine Distanz von gut 1200 Metern und einen Höhenunterschied von fast 100 Metern; an den Endstationen muss der Stromabnehmer noch wie einst von Hand umgestellt werden. Betrieb über Ostern sowie im Juli und August täglich, sonst in der Regel nur Sa/So, Fahrpreis hin und zurück 3,90 €, einfach 2,60 €. Falls die Straßenbahn nicht fährt, gibt es einen Busservice.

Funicular de Tibidabo: Ab der Plaça Dr. Andreu verkehrt die Standseilbahn hinauf zur Plaça del Tibidabo. Sie wurde zeitgleich mit der Tramvia Blau zu Anfang des 20. Jh. eröffnet (die Bergfahrt kostete damals 1 Peseta) und war die erste ihrer Art in Spanien. Die einspurige Linie verläuft über eine Länge von 1152 Metern, der Höhenunterschied zwischen Tal- und Bergstation beträgt 275 Meter. Sie war zuletzt täglich in Betrieb, bleibt dies aber wohl nur, wenn auch der „Camí del Cell" („Cota 500") weiterhin täglich geöffnet hat. Fahrpreis hin und zurück 3 €, einfach 2 €.

Via Vallvidrera: Machbar ist diese Route an jedem beliebigen Tag. Sofern die Funicular verkehrt, lässt sie sich zu einer reizvollen Rund-Tour erweitern: Hinweg via Vallvidrera, zurück nach Barcelona mit der Tibidabo-Seilbahn und der Tramvia Blau. Zunächst geht es mit den Nahverkehrszügen der FGC ab der Plaça de Catalunya oder Gràcia zur Station Peu del Funicular (z.B. Linien S 1 nach Terrassa oder S 2 nach Sabadell). Dort steigt man gleich im Ankunftsbereich um in die moderne Standseilbahn Funicular de Vallvidrera; die Fahrt ist im normalen FGC-Ticket enthalten. Vor der Berg- bzw. Endstation fährt Bus 111 (die Nummern ändern sich allerdings gelegentlich) direkt zum Tibidabo. Mehr Spaß macht jedoch ein Spaziergang, der kaum eine halbe Stunde in Anspruch nimmt. Gegenüber der Station steigt man dazu auf dem Treppenweg Carrer dels Algarves rechts aufwärts und hält sich dann, auch weiter vorne an der Hauptstraße, in östlicher Richtung immer geradeaus, auf den Fernsehturm Torre de Collserola zu. An einer Gabelung nimmt man den kräftig ansteigenden Fußweg zwischen den beiden Straßen, der links zunächst noch von einigen Häusern begleitet wird und in den Wald hinein führt. Oben geht es hinter einer Säule (ein ehemaliges Kreuz) links, auf einem Holzbohlenweg abwärts und im Bogen rechts herum zum Eingang des Torre de Collserola. In Richtung Tibidabo lässt man den Eingang zum Fernsehturm rechts liegen, geht an der Straße geradeaus weiter und trifft nach einem kurzen Anstieg auf den Vergnügungspark Parc d´Atraccions.

Parc d'Atraccions: Der Vergnügungspark auf dem Tibidabo besteht seit 1901 und ist damit der älteste Spaniens. So eine Achterbahnfahrt mit Fernblick über Barcelona hat schon etwas Besonderes ... Außer für die diversen Fahrgeschäfte werden sich kleine und große Kinder vor allem für das *Museu d'Autòmates* interessieren, das Vergnügliches wie beispielsweise mechanische Puppen offeriert.

• *Öffnungszeiten* Häufige, praktisch jährliche Wechsel. Die oberste Ebene des Parks, genannt „*Camí del Cel*" oder auch „*Cota 500*" war inklusive der dortigen Fahrgeschäfte und einer Promenade zuletzt täglich (Ausnahmen: 25./26.12., 1.1.) geöffnet, nämlich Mo-Fr 12-16, Sa/So 11-17 Uhr; angesichts der zumindest anfangs und zur Nebensaison sehr geringen Nachfrage bleibt abzuwarten, ob das auch so bleibt. Der Eintritt zu diesem Bereich ist gratis, Tickets für die Fahrgeschäfte (jeweils 2 €) und das Automatenmuseum (4 €) sind einzeln oder als Pauschale (11 €) erhältlich, es gibt auch ein Kombiticket (14 €) mit der Torre del Collserola. Als Ganzes öffnet der Park meist nur an Wochenenden, im Juni teilweise auch Mi/Do, von Juli bis etwa Mitte September durchgehend Mi-So. Tagespass mit freier Fahrt 24 €. Kinder unter 120 cm und über 60-Jährige kostenlos (ohne Inanspruchnahme der Fahrgeschäfte kommen letztere auch gratis auf das Gelände. Infos unter ✆ 932 117942 oder www.tibidabo.es.

El Sagrat Cor: Die Kirche „Das Heilige Herz" markiert die höchste Stelle des Tibidabo. 1902 von Enric Sagnier begonnen, wurde das Gotteshaus erst 1961 fertig gestellt. Kunsthistorisch beeindruckt die ein wenig an Zuckerbäckerei erinnernde Kirche wenig, doch bietet sich schon von ihrer Terrasse ein weiter Blick. Der steigert sich noch durch die Möglichkeit, per Aufzug (2 €) zur Jesus-Statue auf der Spitze zu fahren. Dort, auf der Höhe von 575 Metern über dem Meeresspiegel, genießt man – wenn auch meist windgeschüttelt – einen besonders umfassenden Ausblick.

Torre de Collserola: Der 1992 eröffnete Fernsehturm, ein Werk des britischen Architekten Norman Foster, steht einige hundert Meter westlich des Vergnügungsparks und bildet das Nervenzentrum der katalanischen Telekommunikation. Der Turm selbst ist insgesamt 288 Meter hoch, die rundum verglaste Aussichtsplattform liegt auf rund 160 Meter Höhe und damit insgesamt 570 Meter über dem Meeresspiegel. Die Aussicht in alle Richtungen, auch über die Serra de Collserola hinweg, ist berückend, doch bietet Sagrat Cor ein ganz ähnliches (und preisgünstigeres) Panorama.

Betriebszeiten Mi–Fr 11 bis 14.30 Uhr, dann wieder ab 15.30 und je nach Jahreszeit und Wochentag bis 17, 18, 19 oder 20 Uhr; Mo/Di ist geschlossen. Auffahrt per Lift 5 €, es gibt auch Kombikarten mit dem Vergnügungspark, s.o. Dauer der Auffahrt 2½ Minuten; wer nicht schwindelfrei ist, sollte wissen, dass die Wände des außen liegenden Aufzugs aus Glas sind. www.torrecollserola.com.

Abstecher zum Museu de la Ciència CosmoCaixa: Leicht einbauen auf den Weg vom oder zum Tibidabo lässt sich dieses unweit der Linie der Tramvia Blau gelegene, in einem schönen Modernisme-Gebäude untergebrachte und auch für Kinder amüsante Wissenschafts-Museum, das der Fundació La Caixa gehört und nach einem Umbau im Herbst 2004 wieder eröffnet wurde. Ein Highlight ist der „überschwemmte Wald" *Bosque inundado*, ein riesiges Gewächshaus, in dem auf tausend Quadratmetern ein Stück Amazonasregenwald über und unter Wasser nachgestellt wurde, inklusive Fischen, Vögeln, Reptilien, kleinen Säugetieren und gelegentlichen Regengüssen von der Decke.

Lage und Öffnungszeiten Oberhalb der Treppen am Ende des Carrer Teodor Roviralta, einer Seitenstraße der Avinguda del Tibidabo; linker Hand Richtung Berg. Geöffnet Di bis So 10–20 Uhr, Eintritt 3 €, Kinder 2 €, am ersten Sonntag im Monat gratis. Toca Toca! kostet 2,50 € bzw. für Kinder 2 €, das Planetarium 2 €, Kinder 1,50 €.

Pedralbes, Les Corts und Sants

Überwiegend moderne Viertel, die ehemals eigenständige Siedlungen waren, weit im Westen der Stadt: Pedralbes oberhalb, Les Corts unterhalb der Avinguda Diagonal; Sants unterhalb von Les Corts in Richtung Montjuïc. An Atmosphäre haben alle drei eher wenig zu bieten.

▸ **Monestir de Santa María de Pedralbes**: Das Clarissinnen-Kloster, ältestes und bedeutendstes Monument dieses Stadtbezirks, liegt am Ende der Avinguda de Pedralbes. Gegründet wurde es 1326 von König Jaime II. und seiner Frau Elisenda de Montcada, die nach dem Tod ihres Mannes noch 37 Jahre (!) lang hier lebte. Der gesamte Komplex, bis heute von Ordensschwestern bewohnt, gilt als einer der besten Bauten der katalanischen Gotik. Die *Kirche* mit achteckigem Glockenturm ist schlicht und einschiffig gehalten; im Chor rechts vom Hochaltar das kunstvoll in Stein gehauene Grab der Stifterin. Auch der ungewöhnlich große *Kreuzgang* kommt ohne Dekoration aus. Im Kapitelsaal ist ein kleines Museum untergebracht, sehenswert sind auch die Versorgungsräume des Klosters. In einem beeindruckend weitläufigen ehemaligen Schlafsaal, der noch bis vor einigen Jahren die „Col.lecció Thyssen-Bornemisza (heute im MNAC auf dem Montjuïc) beherbergte, liegt heute die Ausstellung „Els Tresors del Monestir" („Die Schätze des Klosters").

Stadtverkehr, Öffnungszeiten FGC bis Endstation Reina Elisenda bzw. Bus Nr. 22 ab Passeig de Gràcia (nahe Plaça de Catalunya). Geöffnet ist von April bis September Di–Sa 10–17 Uhr, sonst nur bis 14 Uhr, So ganzjährig 10-15 Uhr. Eintritt 6 €, das Ticket gilt auch für das Museu d'Història de la Ciutat im Barri Gòtic (und umgekehrt) sowie für dessen Unterausstellungen, darunter das Refugi 307 an den Hängen des Montjuic.

Pavellons Güell: An der Avinguda de Pedralbes 7, auf dem Weg zum Palau Reial. Von 1884 bis 1887 errichtete der junge Gaudí für seinen Mäzen Güell dieses Gestüt mit Reitbahn und Garten, das als „Centre de Modernisme" (Führungen Fr-Mo 10.15 Uhr/Englisch, 11.15 Uhr/Katalanisch, 12.15 Uhr/Englisch und 13.15 Uhr/Spanisch; evtl. am Eingang klingeln; 5 €) zugänglich ist. Der Komplex besteht aus zwei teilweise mit Keramik verkleideten Ziegelbauten (links das Pförtnerhäuschen, rechts das Hauptgebäude), die durch ein großes Tor miteinander verbunden sind; an einer Säule zeigt ein stilisiertes „G" das Initial des Besitzers Güell. Beeindruckendstes Element des Ensembles ist jedoch der fantastische geflügelte Drache aus Schmiedeeisen, dessen nadelspitze Zunge und scharfe Zähne ihre abschreckende Wirkung auf etwaige Eindringliche sicher nicht verfehlten.

Palau Reial de Pedralbes: Der von einer Parkanlage umgebene Königliche Palast liegt gegenüber der Universität, nahe der Avinguda Diagonal (Metro L 3, Palau Reial). Ab 1919 auf einem Grundstück der Familie Güell errichtet, wurde der Palast von den Königen kaum benutzt, später großteils der Allgemeinheit geöffnet. Im Inneren des prächtig, wenn auch in einem gewissen Stilgemisch ausstaffierten Palastes sind drei Museen untergebracht. Das *Museu de Ceràmica* präsentiert Töpferei des 9.–20. Jh., darunter exquisite maurische Stücke sowie schöne Arbeiten aus Andalusien und dem valencianischen Manises. Im *Museu de les Arts Decoratives* dreht sich, passend zum designverliebten Barcelona, alles um dekoratives Kunsthandwerk (insbesondere Möbel) aus der Zeit vom Mittelalter bis zur Gegenwart. Mittlerweile dürfte auch das *Museu Tèxtil i de la Indumentària* von seinem früheren Standort im Carrer Montcada hierher umgezogen sein. Es widmet sich der Welt der Kleidung, Textilien und Spitzen; die zeitliche Skala der Exponate reicht vom 4. Jh. bis in die jüngste Vergangenheit. In einigen Jahren wird dieses Museum wohl erneut verlegt werden, nämlich ins geplante Centre del Disseny an der Plaça Glòries.

Öffnungszeiten Park täglich 10–20 Uhr im Sommer bzw. 10–18 Uhr im Winter; die Museen Di–Sa 10–18 Uhr, So 10–15 Uhr; Eintrittsgebühr 3,50 €, am ersten Sonntag im Monat gratis.

▶ **Camp Nou – Stadion und Museum des F.C. Barcelona:** Der 1899 gegründete F.C. Barcelona, schlicht *Barça* genannt, ist für seine Anhänger Barça mehr als ein Verein: Zweitreligion, Familienersatz, selbstverständlich auch seit jeher ein Symbol Kataloniens, das „entwaffnete Heer des Katalanentums" (Manuel Vázquéz Montalbán). Genannt werden die Barça-Fans *Culés*, die „Hintern", da man früher durch die Ränge nur die verlängerten Rücken der Sitzenden sah. Und ihrer sind viele: Camp Nou, eine der größten Arenen der Welt, fasst 99.000 Zuschauer. In den nächsten Jahren soll Camp Nou für 300 Millionen Euro von Stararchitekt Sir Norman Foster komplett umgebaut und dabei noch erweitert werden; die Fertigstellung wird frühestens 2012 erfolgen.

Kaum verwunderlich, dass das *Museu FC Barcelona President Núñez* zu den am besten besuchten Ausstellungen der Stadt zählt. Neben den zahlreichen Pokalen und Meisterschaftsfotos zeigt es die „Col.lecció Futbolart Pablo Ornaque", eine sehenswert bunte Antiquitätenausstellung rund um den Ball, sowie die Sammlung „El Fons d'Art" mit natürlich ebenfalls fußballbezogenen Kunstwerken, darunter auch Arbeiten von Miró, Dalí und Tàpies. Weiterhin angeboten werden eine audiovisuelle Darstellung der Clubgeschichte sowie Stadiontouren (deutschsprachiger Audioguide erhältlich), nicht zuletzt das Privileg eines besonderen Blicks auf den Platz – aus der Präsidentenloge. Der Eingang zum Museum erfolgt durch Tor 7. Natürlich ist auch ein großer „Megastore" mit Fanartikeln angeschlossen; hier gibt es auch die Tickets für den Besuch.

• *Stadtverkehr, Öffnungszeiten* Von der Metro-Station Palau Reial ist das Museum am besten über den Ausgang Sortida Facultat de Biologia zu erreichen, dann gleich links in den Carrer Martí i Franquès und bergab in Richtung der gut sichtbaren Kuppel des „Miniestadi"; am Ende links. Falls der Carrer Martí i Franquès wegen Bauarbeiten gesperrt sein sollte (wie es in den letzten Jahren schon einmal der Fall war), kann man über die Plaça de Pius XII. und die Av. de Joan XXIII. ausweichen. Das Museum öffnet von etwa Mitte April bis Mitte Oktober Mo–Sa 10–20 Uhr (Rest des Jahres 10–18.30 Uhr), So ganzjährig 10–14.30 Uhr. An Tagen mit Spielbetrieb ist grundsätzlich nur bis 13 Uhr geöffnet, die Stadiontour dann nicht möglich. Eintritt 8,50 €, mit Besuch des Stadions 13 €; wer noch die 3D-Projektion „Experiència virtual" sehen will, legt insgesamt 17 € hin. ℡ 934 963600, www.fcbarcelona.cat. Bleibt abzuwarten, inwieweit sich die geplanten Umbauten auf die Besichtigungsmöglichkeiten auswirken werden.

Eine von vielen spezialisierten Boutiquen: alles für den Barça-Fan

Parc de l'Espanya Industrial: Südlich des Bahnhofs Sants verwandelte der Architekt Luis Peña Ganchegui in den 80er-Jahren ein altes Fabrikgelände in einen modernistischen „Park" von extravagantem Design. Der beste Zeitpunkt für einen Besuch ist der Lichteffekte wegen bei Dunkelheit. Zuletzt war der Park leider „trockengelegt", wie lange dies anhalten soll, blieb unklar.

Parc de Joan Miró: Ein Stück weiter Richtung Montjuïc, schon nahe der Plaça d'Espanya, liegt diese Anlage, von deren berühmtem Namen man sich nicht allzuviel versprechen sollte. Zwar wird ein Platz tatsächlich von der riesigen Miró-Skulptur „Donna i Ocell" (Frau und Vogel) geschmückt, der Rest besteht jedoch aus einem normalen Park.

Montjuïc

Barcelonas 213 Meter hoher „Haushügel", ältestes Siedlungsgebiet der Stadt und größte Grünfläche weit und breit, war bis ins 20. Jahrhundert vor allem von strategischer Bedeutung.

Kontrolle über den Montjuïc bedeutete Kontrolle über Barcelona. Die Wende zur zivilen Nutzung brachte vor allem die Weltausstellung 1929. Parks wurden angelegt, monumentale Bauten errichtet. Im Laufe der Zeit mauserte der Montjuïc sich zum Naherholungsziel, das durch ein buntes Programm aus Museen, dem Touristenmagnet Poble Espanyol sowie Sport- wie Grünanlagen besticht.

• *Stadtverkehr.* Viele Möglichkeiten.

Per pedes/Bus: Optisch spektakulärer Zugang von der Plaça d'Espanya. Dort gibt es auch Haltestellen mehrerer Buslinien, die auf den Montjuïc führen. Die ausgedehnteste Route in der Zone befährt der Bus PM bzw. „Parc de Montjuïc" (Abfahrten etwa zwei bis drei Mal stündlich). An Werktagen die häufigsten Frequenzen (alle 10-13 min., am Wochenende deutlich weniger) bietet hingegen die Nr. 50, die mit Zusteigemöglichkeiten z. B. an der Gran Via und der Plaça Universitat hügelwärts und vorbei am Olympiagelände, der Fundació Miró und den Stationen der Standseilbahn und der Seilbahn bis zum Ende der Av. Miramar fährt. Ganz selten (4-mal werktäglich) verkehrt noch Bus Nr. 61 von Poble Sec via Plaça d´Espanya, Olympiastadion und Fundació Miró. Der Bus Nr. 55 bedient, mit Zusteigemöglichkeit z. B. an der Plaça Catalunya und dem Carrer Lleida (nicht aber der Pl. d´Espanya), den nördlichen Bereich des Montjuïc (u. a. das Archäologische Museum), fährt dann ebenfalls über die Fundació Miró und stoppt kurz hinter den Stationen der Standseilbahn und der Seilbahn.

Bus Montjuïc turístic: Eine neue, private Buslinie, die auf zwei Linien mit offenen Bussen den Montjuïc bedient. Betrieb von etwa Ende Juni bis Mitte September täglich, sonst nur an Wochenenden, von etwa November bis Ostern gar nicht. Abfahrten alle 40 min. u.a. an der Plaça Portal de la Pau (Kolumbusstatue) und der Plaça d´Espanya, Tagesticket 3 €.

Transbordador Aeri: Eine faszinierende und angesichts des Alters der Anlage (eröffnet 1931) auch recht abenteuerliche Art, den Montjuïc zu erklimmen. Die Schwebebahn führt von Barceloneta über die Torre de Jaume I. (hier auch Zustiegsmöglichkeit) am Hafen zu den Jardins de Miramar und bietet unterwegs fantastische Panoramen der Stadt; von den Sehenswürdigkeiten des Montjuïc ist man am Ziel allerdings noch eine Ecke entfernt. In Betrieb März bis Mitte Juni sowie Mitte September bis Mitte Oktober täglich 10.45–19 Uhr, Mitte Juni bis Mitte September täglich 11–20 Uhr, sonst täglich 10–17.45 Uhr. Bei starkem Wind fällt die Fahrt aus. Viertelstündliche Abfahrten, einfach 9 €, retour 12,50 €.

Funicular de Montjuïc: eine weitgehend unterirdisch verlaufende Standseilbahn ab der Metrostation Paral.lel. Die moderne Anlage ist der Nachfolger einer bereits 1928 in Dienst gestellten Standseilbahn. Ihre „Bergstation" Parc de Montjuïc liegt an der Avinguda Miramar nahe der Gartenanlage Jardins de Mossèn Jacint Verdaguer und nicht weit von der Fundació Miró. Die Bahn ist dem Tarifsystem des Stadtverkehrs angeschlossen, „Targetes" und Einzeltickets sind gültig.

Telefèric de Montjuïc: Die auch „Telecabina" genannte, 1968 eröffnete und 815 Meter lange Seilbahn zum Kastell startet an der Avinguda Miramar gleich bei der Funicular. Früher bediente sie an der Mittelstation den mittlerweile verschwundenen Vergnügungspark des Montjuïc, daher der Knick in der Routenführung. Zuletzt wurde die Anlage komplett restauriert und auf Kabinen mit acht (statt bisher vier) Plätzen umgebaut. Einfache Fahrt 5,70 €, hin und zurück 7,90 €; mancher wird da den Fußweg durch die Jardins de Mossén Cinto Verdaguer vorziehen... Betriebszeit von Juni bis September 10-21 Uhr, sonst je nach Jahreszeit bis 18 oder 19 Uhr.

> Montag ist „Ruhetag" auf dem Montjuïc, vieles hat dann geschlossen!

▸ **Plaça d'Espanya/Av. Reina María Cristina:** Die von der verkehrsumtosten Plaça d'Espanya ausgehende Avinguda de la Reina María Cristina ist die Ouvertüre zum Montjuïc. Gestaltet anlässlich der Weltausstellung 1929, bieten zwei 47 Meter hohe Türme und die Bauten des Messegeländes einen eindrucksvollen Rahmen für den Hauptzugang von der Nordseite.

Font Mágica: Ein großer Springbrunnen, dessen Spiele aus Wasserfontänen und farblich wechselnden Lichteffekten, zeitweise von Musik untermalt, zwar nicht ohne kräftige Tendenz zum Kitsch sind, aber dennoch eine Augenweide darstellen. In der Nähe des Brunnens erleichtern Rolltreppen den Aufstieg zum Palau Nacional, vorher lohnt sich jedoch ein Abstecher zum CaixaForum.
Betriebszeiten Halbstündliche Shows, von etwa Mai bis September jeweils Do–So 21.30–23 Uhr, sonst Fr/Sa 19–20.30 Uhr; im November, Dezember und Januar wegen Wartungsarbeiten zeitweise kein Betrieb. Änderungen bezüglich der Uhrzeiten sind möglich; am besten, man informiert sich vorab bei einem der Fremdenverkehrsämter.

CaixaForum (Fundació de la Caixa Casaramona): Nur einen Katzensprung von der Font Mágica entfernt, liegt an der Avinguda Marqués de Comillas 6–8 dieses von der katalanischen Bank La Caixa betriebene Kunstzentrum. Ein Prachtstück ist bereits das Ziegelgebäude an sich, eine ehemalige Textilfabrik von 1911, die seinerzeit von dem Modernisme-Baumeister Puig i Cadafalch errichtet und unter Mitwirkung berühmter Architekten umgebaut wurde; der Eingangsbereich stammt von dem Japaner Arata Isozaki. Das Zentrum dient als Plattform für die rotierende Ausstellung der riesigen Sammlung zeitgenössischer Kunst von La Caixa; daneben finden auch thematische Sonderausstellungen und Konzerte statt.
Öffnungszeiten Di–So 10–20 Uhr, Sa bis 22 Uhr; Eintritt frei. www.fundacio.lacaixa.es.

Pavellon Mies van der Rohe: Ebenfalls nahe der Avinguda del Marquès Comillas, etwa gegenüber des CaixaForums, steht die Rekonstruktion des von Bauhaus-Direktor *Mies van der Rohe* entworfenen deutschen Beitrags zur Weltausstellung 1929, eines architektonisches Kunststücks von Weltrang.
Öffnungszeiten Täglich 10–20 Uhr; Eintrittsgebühr 3,50 €, unter 18 J. gratis.

▸ **Palau Nacional/Museu d'Art de Catalunya:** Der monumentale, zur Weltausstellung errichtete „Nationalpalast" beherrscht mit seinen Türmen und der Zentralkuppel die Nordseite des Montjuïc. Im Inneren ist seit 1934 das Museum für katalanische Kunst untergebracht.
Museu Nacional d'Art de Catalunya (MNAC): Sicher eines der wichtigsten Kunstmuseen Spaniens. Ihren Ruhm verdankt die Ausstellung vor allem den beiden Abteilungen für Romanik und Gotik; nach einem jahrelangen Umbau, der die Ausstellungsfläche auf nunmehr rund 45.000 Quadratmeter fast verdoppelt und mehrere bedeutende Sammlungen inkorporiert hat, reicht der zeitliche Rahmen jetzt jedoch bis in die Moderne. Die *Romanische Abteilung* zählt zu den weltweit bedeutendsten

dieser Kunstepoche. Ausgestellt sind vorwiegend Fresken des 10.-12. Jh. aus Dorfkirchen der katalanischen Pyrenäen, die mit einem speziellen Verfahren abgelöst und nach Barcelona gebracht wurden. Oft auf Nachbildungen der Originalwände platziert, füllen sie nun Dutzende von Sälen. Höhepunkte der Sammlung sind die Fresken aus den Kirchen Santa María und Sant Climent, die im Dörfchen Taüll im Tal von Boí stehen. Die *Gotische Abteilung* ist geographisch weniger eingegrenzt und umfasst vor allem Werke der Regionen Katalonien, Valencia, Aragón und der Balearen. Der Schwerpunkt liegt auf Altarbildern (Retablos), die Skala reicht von frühen, italienisch beeinflussten Arbeiten wie denen der Familie Serra bis zu den späten Kunstwerken des Jaume Huguet. Die Exponate aus *Renaissance und Barock* stammen aus ganz Europa. Sie beinhalten zwei bedeutende Privatsammlungen, den „Llegat Cambó" des gleichnamigen Kunstsammlers, der u.a. Werke von Zurbarán und Goya zeigt, und die hochrangige Gemäldegalerie „Col.lecció Thyssen-Bornemisza" aus dem Besitz des 2002 verstorbenen Barons Heinrich von Thyssen-Bornemisza, die früher im Kloster Pedralbes zu sehen war und beispielsweise Werke von Rubens, Tizian und Velázquez enthält. Die Arbeiten der *Kollektion Moderner Kunst* stammen vielfach noch aus dem 19. Jh., und die Zeitskala endet (von wenigen Ausnahmen abgesehen) in den Dreißigern des letzten Jahrhunderts. Einige der Glanzstücke sind die Werke von Maria Fortuny und der Modernisme-Künstler Ramón Casas und Santiago Rusiñol. Viele schöne Beispiele gibt es aus dem kunsthandwerklichen Bereich des Modernisme, darunter Mobiliar auch von Gaudí, Domènech i Montaner und Puig i Cadafalch. Letzter Bereich des Museums ist die Münzsammlung *Col.lecció del Gabinet Numismàtic*, die u.a. den erst 1989 entdeckten „Schatz des Klosters Sant Pere de Rodes" ausstellt.
Öffnungszeiten Di–Sa 10–19 Uhr, So 10–14.30 Uhr. Eintrittsgebühr 8,50 €, Kombiticket mit dem Poble Espanyol 12 €. Am ersten So im Monat Eintritt frei. Eine Cafeteria und ein (teures) Restaurant sind vorhanden. www.mnac.es.

▶ **Östlicher Montjuïc/Refugi 307:** Noch gar nicht richtig auf dem Montjuïc selbst, sondern im Siedlungsgebiet von Poble Sec und nicht weit vom Altstadtviertel El Raval, befindet sich diese Erinnerung an den spanischen Bürgerkrieg, die nach umfangreicher Restaurierung erst 2007 der Öffentlichkeit zugänglich gemacht wurde. Zwischen 1937 und 1939 erlitt Barcelona 385 Bombardierungen, die Zahl der Todesopfer wird auf 2500 bis 2700 geschätzt. Vor diesen Luftangriffen Francos flüchtete sich die Bevölkerung anfangs in Keller und in die Gänge der Metro; mit zunehmender Intensität der Angriffe errichtete man jedoch zahlreiche unterirdische Schutzräume (Refugis), viele davon an den Hängen des Montjuïc. Das Refugium am Carrer Nou de la Rambla 169 trug die Nummer 307 (von insgesamt 1384), daher der Name. Geplant waren 400 Meter Schutzgänge, bei Kriegsende fertiggestellt war etwa die Hälfte davon. Auf Führungen durch die nur etwa 1,6 Meter breiten und zwei Meter hohen Gänge, vorbei an Sanitärräumen, einer Wasserstelle, Kinder- und Krankenzimmern, lässt sich die beklemmende Atmosphäre nachvollziehen, die damals hier unter Erde geherrscht haben muss.
Führungen, ausschließlich in Spanisch und Katalanisch, nur Sa/So 11-14 Uhr, Dauer ca. 50 Minuten. Eintritt 3 €, Zugang auch mit dem Sammelticket des Museu d'Història de la Ciutat im Barri Gòtic (6 €), das hier zuletzt aber noch nicht verkauft wurde. Wer an Klaustrophobie leidet, erspart sich die Exkursion natürlich besser.

Museu d´Arqueologia de Catalunya: Das Archäologische Museum von Katalonien, untergebracht in einem der repräsentativen Gebäude der Weltausstellung, steht am nördlichen unteren Rand des Montjuïc. Die reizvoll präsentierte Sammlung,

chronologisch geordnet vom Paläolithikum bis in die westgotische Zeit, widmet sich der Geschichte Kataloniens und der Balearen. Besonders viele Stücke stammen aus der Römerzeit, beispielsweise ein schönes, in Barcelona entdecktes Mosaik mit dem Mythos der „Drei Grazien" aus dem 3./4. Jh.
Öffnungszeiten Di–Sa 9.30–19 Uhr; So 10–14.30 Uhr. Eintritt 3 €, am letzten So im Monat gratis. www.mac.es.

Museu Etnològic: Oberhalb des Museu d´Arqueologia und ein Stück östlich des Palau Nacional gelegen, präsentiert das Museum am Passeig de Santa Madrona Völkerkundliches aus aller Welt. Besonders gut vertreten sind in der bereits 1949 gegründeten Sammlung neben früheren Kolonien Spaniens auch Neuguinea und Japan.
Öffnungszeiten 24. Juni bis 24. September Di–Sa 12-20 Uhr, So 11–14 Uhr, sonst Mi sowie Fr-So 10-14 Uhr, Di/Do 10-19 Uhr. Eintritt 3,50 €, am ersten So im Monat gratis. Zu wechselnden Ausstellungen zusätzliche Gebühr bzw. Kombi-Ticket.

▶ **Fundació Joan Miró:** An der „Hauptstraße" des Montjuïc, die in diesem Bereich Avinguda Miramar heißt, beherbergt das von Architekt Josep Lluís Sert wunderschön gestaltete Museum eine ganze Reihe der meist fröhlich-farbigen Werke des Avantgardisten Joan Miró. Ein Café ist angeschlossen. Das Museum besitzt über 200 seiner Gemälde, Tausende von Lithographien und Zeichnungen sowie Wandteppiche und Skulpturen der späten Jahre. Die Mehrzahl seiner abstrakten Werke ist von bunter und heiterer Atmosphäre, vorherrschend die Farben rot, blau und gelb. Beispiele für Mirós Handschrift sind das Logo der Spanischen Fremdenverkehrswerbung oder das der Pensionskasse „La Caixa". Einen ganz anderen Miró gibt es aber auch zu sehen: Die 50 Lithographien der schwarzen Barcelona-Serie spiegeln in ihrer Düsternis und Aggressivität den Spanischen Bürgerkrieg wider.
Öffnungszeiten Di–Sa 10–19 Uhr (Sommer bis 20 Uhr), Do bis 21.30 Uhr; So 10.30–14.30 Uhr. Eintrittsgebühr 8 €, für temporäre Ausstellungen und den „Espai 13" mit Werken junger Künstler zusätzlich 4 €. „Audioguias" mit Erläuterungen gibt es gegen Pfand gratis. www.bcn.fjmiro.cat.

Joan Miró

1893 in der Altstadt von Barcelona geboren, gilt Miró als führender Vertreter des abstrakt orientierten Surrealismus. Zunächst schwankend zwischen „ordentlichem" Beruf und der Malerei, entschied Miró sich nach schwerer Krankheit für das Studium der Kunst. 1919 besuchte er erstmals Paris, kam dort in Kontakt mit Kubismus und Surrealismus. Wenig später entwickelte er seinen ureigenen Stil, der von kräftigen, fast kalligraphischen Linien, organischen, assoziativen Formen und intensiven Farben geprägt wird. 1956 zog Miró nach Mallorca, der Heimat seiner Mutter und seiner Frau. Joan Miró starb am 25. Dezember 1983 in Palma.

Castell/Museu Militar: Die Verteidigungsanlage im Osten des Montjuïc wurde ab 1640 unter Philip IV. mit dem Ziel angelegt, Barcelona zu beaufsichtigen. So, wie die Festung heute zu sehen ist, stammt sie aus dem 18. Jh., ihre Vorgängerin wurde im Spanischen Erbfolgekrieg gesprengt. Doch auch das neue Kastell war von einer Aura aus Angst und Schrecken umgeben. Es diente als Gefängnis, und immer wieder wurden an seinen Mauern Exekutionen durchgeführt. Heute, da die Kanonen des Kastells nur mehr musealen Charakter besitzen, ist die Festung zum Ausflugsziel avanciert. So mag für manchen das gut ausgestattete *Museu Militar* von Interesse sein, das in den Seitenräumen des Innenhofs und den riesigen unterirdischen Sälen historisches und moderneres Kriegsgerät nebst Zubehör wie Orden, Fahnen etc. ausstellt, außerdem die angeblich zweitgrößte Zinnsoldatensammlung Spaniens. Nachdem das Kastell mittlerweile in die Hände der Stadt übergegangen ist, soll es jedoch künftig zum „Friedenszentrum" umgewidmet werden – fraglich, ob das Militärmuseum dann noch Bestand haben wird.

Öffnungszeiten Von etwa April bis Oktober Di-So 9.30–20 Uhr, im Winter wird teilweise früher geschlossen, wochentags manchmal schon um 17 Uhr. Eintrittsgebühr 3 €.

▶ **Westlicher Montjuïc/ Museu Olímpic i de L´Esport**: Im Frühjahr 2007 eröffnet wurde dieses Museum gegenüber dem Olympiastadion, das zu einem guten Teil unter die Erdoberfläche gebaut ist. Auf mehreren Etagen dreht sich hier alles um den Sport und die Olympischen Spiele, ihre Geschichte und Helden, ergänzt beispielsweise durch Direktübertragungen aus allen Erdteilen, eine themenbezogene Kunstsammlung aus dem Hause Samaranch sowie Filmvorführungen. Wer mag, kann sich auch interaktiv mit den besten Sportlern ihres Fachs messen.

Öffnungszeiten Von April bis September Mi-Mo 10–20 Uhr, im restlichen Jahr bis 18 Uhr; Di geschlossen. Eintrittsgebühr 4 €. www.museuolimpicbcn.cat.

L'Anella Olímpica: Der „Olympische Ring", das Herz der Spiele von 1992, liegt jenseits der Avinguda de l'Estadi, etwa auf Höhe des Palau Nacional. Das geräumige Stadion *Estadi Olímpic* entstand bereits zur Weltausstellung 1929 und sollte 1936 Austragungsort der „Alternativen Olympischen Spiele" sein. Der Ausbruch des Spanischen Bürgerkriegs verhinderte diese Gegenveranstaltung zu den Nazi-Spielen Berlins. Vor dem Eingang bildet eine Freifläche mit Wasserspielen und eigenwilligen Drahtskulpturen einen Kontrast zur klassizistischen Fassade. An ihrem Rand steht die neue Sporthalle *Palau Sant Jordi* des japanischen Architekten Arata Isozaki – vor den Spielen ihres Designs wegen viel gelobt, von einer kleineren Fraktion ebenso heftig kritisiert und wegen ihrer Form mit einer Schildkröte verglichen.

Jardí Botànic: Im Rücken des Olympiastadions erstreckt sich der Botanische Garten. Das rund 14 Hektar umfassende Gelände ist den jeweiligen Regionen verschiedener Kontinente gewidmet, die mediterranes Klima besitzen: Kalifornien, Chile, Südafrika, Australien und das so genannte „Mediterrane Becken" mit dem östlichen Mittelmeer, der Iberischen Halbinsel samt Balearen, den Kanaren und Nordafrika.

Öffnungszeiten Täglich ab 10 Uhr, Februar/März und Oktober bis 18 Uhr, April/Mai und September bis 19 Uhr, Juni bis August bis 20 Uhr, sonst bis 17 Uhr; Achtung, Änderungen sind häufig. Eintrittsgebühr 4 €.

▶ **Poble Espanyol**: Ganz im Westen des Montjuïc erstreckt sich dieses für die Weltausstellung 1929 angelegte „Spanien im Kleinformat". Durch einen Nachbau der Stadttore von Avila betritt man eine künstlich angelegte Siedlung aus charakteristischen Gebäuden und typischen Baustilen der spanischen Provinzen. In Häusern und Gassen demonstrieren Kunsthandwerker wie Töpfer oder Glasbläser nostalgische Arbeitstechniken. Obwohl eine ausgewachsene Touristenshow mit entsprechenden Preisen, ist das Spanische Dorf als eine Art architektonische Schnuppertour durchs gesamte Land nicht unamüsant.

Öffnungszeiten Täglich ab 9 Uhr; So bis 24 Uhr, Mo bis 20 Uhr, Di–Do bis 2 Uhr, Fr bis 4 Uhr, Sa bis 5 Uhr morgens; Eintritt 8 €, es gibt auch ein Kombiticket mit dem MNAC (12 €) sowie Familientickets. www.poble-espanyol.com.

Umgebung von Barcelona

Um Barcelona erstreckt sich ein ganzer Kranz weiterer Städte, die wie Badalona (215.000 Einwohner) oder Terrassa (190.000 Einwohner) zwar stattliche Ausmaße besitzen, deren Charakter aber eher Industriegebieten oder Trabantensiedlungen ähnelt. Daneben finden sich im Großraum jedoch auch Ziele, die den einen oder anderen Tagesausflug absolut wert sind.

Sant Cugat del Vallès: Das Städtchen nördlich der Serra del Collserola wird in erster Linie wegen seines Benediktinerklosters besucht. Das *Monestir de Sant Cugat de Vallès* wurde bereits im 9. Jh. erwähnt und stammt in seiner heutigen, romanisch-gotischen Form aus dem 11. Jh. bis 14. Jh. Rein romanisch ist noch der schöne *Kreuzgang* des 12. Jh. mit seinen 144 reizvollen Kapitellen, die alle von einem einzigen Meister namens Catell oder Gatell stammen sollen.

Öffnungszeiten Di-Sa 10-13.30, 15-19 Uhr (Sommer bis 20 Uhr), So 10-14.30 Uhr; Eintritt 3 €.

Montserrat

Die unbestrittene Nummer eins unter den Ausflugszielen ab Barcelona. Das Kloster, fantastisch in wuchtiger Felslandschaft gelegen, ist das bedeutendste Wallfahrtsziel Kataloniens.

Allein der Blick bei der Anreise lohnt den Weg. Knapp 40 Kilometer nordwestlich von Barcelona erhebt sich der graue Felsstock des Montserrat steil aus der hügeligen Umgebung. Das mächtige, bis zu 1236 Meter hohe Massiv ist heute als Naturpark geschützt. Zu Recht trägt es seinen Namen „Zersägter Berg": Tiefe Einschnitte trennen das Gestein in übereinander stehende Blöcke, in steil aufragende Türme, in Kegel, rundgeschliffen von der Zeit. Am Ausgang einer besonders tiefen Spalte liegt in 725 Meter Höhe das ebenso sagenumwobene Kloster *Monestir de Montserrat*, dem der Berg seinen Beinamen „Montsagrat" (Heiliger Berg) verdankt. Den Katalanen ist das Kloster neben seiner religiösen Bedeutung auch Symbol ihrer Nation, deren Sprache und Kultur es in den schlimmsten Zeiten geschickt verteidigte.

Geschichte: Der Legende zufolge wurde das Kloster um 880 gegründet, nach dem Fund einer dunklen Madonna, die, wie es heißt, vom Evangelisten Lukas höchstpersönlich geschnitzt wurde. Ab dem 11. Jh. entwickelte sich ein kräftiger Marienkult um „Unsere Liebe Frau vom Montserrat". In den folgenden Jahrhunderten strömten Pilger aus nah und fern scharenweise zu *La Moreneta*, der „kleinen Braunen", die Statue wurde zur Schutzpatronin Kataloniens. Nach Ansicht der Fachwelt stammt sie übrigens aus dem 12./13. Jh. ... Anfang des 19. Jh. erlitt das Kloster in den napoleonischen Kriegen schwerste Verwüstungen und musste neu aufgebaut werden. Auf diese Zeit gehen auch die meisten der heutigen, architektonisch nicht gerade überwältigenden Gebäude zurück. Mit der kulturellen Wiedergeburt Renaixença entwickelte sich Montserrat zu einer wahren Bastion des katalanischen Nationalismus. Selbst unter Franco wurden Messen nur in Català gelesen, gab das Kloster eine Zeitschrift in der verbotenen Sprache heraus, trafen sich hier heimlich die Widerständler.

• *Information* **Central de Reserves i Informació**, im „Zentrum" der Klostersiedlung. Geöffnet Mo–Fr 9–18.45 Uhr, Sa/So 9–19.30 Uhr. Hier auch Infos über Quartiere und die vielen Wandermöglichkeiten der Umgebung. ☎ 938 777777, www.montserratvisita.com.

• *Verbindungen* **FGC-Nahverkehrszüge** der Linie R 5 ab der Plaça Espanya, Kombi-Tickets dort oder im FGC-Büro im Bahnhof an der Pl. Catalunya. Abfahrten tagsüber etwa stündlich, Fahrtdauer rund eine Stunde. Weiter wahlweise mit der noch recht

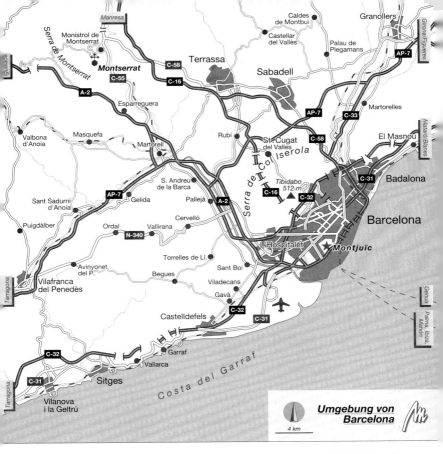

neuen Zahnradbahn **Cremallera de Montserrat** (FGC-Station Monistrol de Montserrat, Kombiticket hin & zurück mit Zugfahrt etwa 15 €, Einzelfahrten hin und zurück 6,50 €) oder schon eine Zugstation vorher mit der Seilbahn **Telefèric de Montserrat** (FGC-Station Aeri de Montserrat, identische Preise). Die FGC bietet noch weitere Kombitickets an, u. a. „TransMontserrat" (ca. 21 €), das auch die Benützung der für Wanderungen nützlichen Seilbahnen „Funiculars" oben am Kloster sowie den Eintritt zum „Espai Audiovisual" beinhaltet.

Bus: JULIÀ (✆ 934 904000) fährt täglich um etwa 9 Uhr ab der Busstation bei Barcelonas Bahnhof Sants, Rückfahrt je nach Saison um 17/18 Uhr, Fahrpreis etwas niedriger als mit dem günstigsten Angebot der FGC. Die Gesellschaft veranstaltet auch organisierte Touren mit Führung.

Mit dem Auto: Autobahn A 2 bis Martorell, weiter über die C 55. Einige Kilometer hinter Olesa folgt rechts die Abzweigung zur Seilbahn Telefèric (s.o.), beschildert „Aeri"; zur Cremallera-Station in Monistrol (siehe ebenfalls oben) geht es geradeaus. Die Direktanfahrt erfolgt über eine Bergstraße ebenfalls ab Monistrol, die Parkplätze oben sind gebührenpflichtig.

• *Kleidung* Dass man sich beim Besuch einer Wallfahrtsstätte entsprechend kleidet, also auf Shorts, Träger-T-Shirts und tiefe Ausschnitte verzichtet, ist wohl selbstverständlich. Ein Pullover im Gepäck kann angesichts der Höhenlage nicht schaden.

• *Übernachten* Gar keine schlechte Idee, um Montserrat einmal ohne Touristenströme zu sehen, auch wenn manche Preise für das Gebotene ein wenig hoch liegen. Im Sommer ist Reservierung sehr zu emp-

Wuchtiger Fels reicht bis an die Mauern: Kloster Montserrat

fehlen. Beide Quartiere sind über die Reservierungszentrale in der Infostelle zu buchen, die Auffahrt mit der „Cremallera" ist im Preis jeweils inbegriffen.

*** Hotel Abad Cisneros, ganzjährig geöffnet, DZ/F nach Saison etwa 65-110 €. Es gibt auch Halb- und Vollpensionsangebote.

Cel.les de Montserrat, vom Kloster betrieben. Insgesamt über 90 Apartments mit zwei bis vier Betten, Preis für zwei Personen je nach Saison etwa 35-55 €, „Studios" noch etwas günstiger. Mindestaufenthalt zwei Nächte.

• *Camping* Ein inoffizieller, aber ganz passabler Platz liegt mit schöner Aussicht oberhalb der Station der Funicular Sant Joan (siehe „Spaziergänge"). Logischerweise nur für Zelte geeignet, Autoanfahrt ist ja nicht möglich. Geöffnet etwa Ostern bis Oktober – nachts wird's frisch hier oben.

Sehenswertes: Montserrat besteht aus einem ausgedehnten Komplex von Gebäuden. „Hauptplatz" des noch immer von Mönchen bewohnten Klosters ist die *Plaça Santa María*, die von der Seilbahn aus hinter der ersten Gebäudereihe liegt.

Espai Audiovisual: Eine moderne und gut gemachte Dokumentation, untergebracht im Gebäude der Info- und Reservierungsstelle, die in Wort, Bild und Ton das Kloster samt seiner Umgebung und seiner Geschichte vorstellt und das Leben der Mönche beschreibt.
Öffnungszeiten Mo–Fr 9–19 Uhr; Sa/So 9–19.30 Uhr, Eintrittsgebühr 2 €.

Basilika: Zugang von der Plaça Santa María. Die zum Platz weisende Fassade wurde erst 1968 fertiggestellt, links von ihr die Reste des gotischen Kreuzgangs. Die Klosterkirche selbst wurde im 16. Jh. errichtet, aber später stark umgebaut. Der direkte Zugang zur Statue *La Moreneta* erfolgt nicht durchs Hauptportal, sondern durch einen Eingang an der rechten Kirchenseite. Meist herrscht ziemliches Gedrängel, so dass man es gern bei einem kurzen Blick auf die hoch verehrte, dunkle Madonna mit Kind bewenden lassen wird. Die berühmte Musikschule *Escolania* hält auf katalanische Tradition, wurde bereits im 13. Jh. oder frühen 14. Jh. gegründet und gilt deshalb als älteste Musikschule Europas. Zu hören ist der Knabenchor außer im Juli und über Weihnachten Mo–Sa gegen etwa 13 Uhr (Salve und „Virolai") und 18.45 Uhr (Vespergottesdienst) sowie So um 12 Uhr.

Museu de Montserrat: Das Klostermuseum unterhalb der Plaça de Santa María zeigt neben liturgischen Gegenständen aus Gold und Silber sowie archäologischen Funden, darunter eine kleine ägyptische Sammlung, vorwiegend katalanische Gemälde des 19. und 20. Jahrhunderts. Zu den Prunkstücken zählt das fast vier Quadratmeter große Ölbild „Der Matrose", ein Frühwerk von Salvador Dalí aus dem Jahr

1926. Das Gemälde (Schätzwert rund 1,75 Millionen Euro) wurde dem Museum von „anonymer Seite" gestiftet, vermutlich von einer Freundin der Schwester des Meisters.
Öffnungszeiten Mo–Fr 10–17.45 Uhr, Sa/So 10–19 Uhr; Eintrittsgebühr 6,50 €.

Penedès

Dem Weinliebhaber klingt der Name gar fröhlich in den Ohren: Die D.O. Penedès ist das bedeutendste Weinbaugebiet ganz Kataloniens.

Als solches und auch historisch gliedert sich das Penedès in zwei Regionen: *Baix Penedès*, das küstennahe Gebiet, ist eher für Rotwein, *Alt Penedès* eher für Weißwein zuständig. Lange Tradition, die bis ins Mittelalter zurückgeht, hat im Alt Penedès auch die Produktion von Cava, dem katalanischen Sekt.

Sant Sadurní d'Anoia: Das Städtchen, rund 30 Kilometer westlich von Barcelona an der Autobahn A 7 und der Bahnlinie nach Tarragona, nennt sich zu Recht die „Hauptstadt der Cavas": Insgesamt rund hundert Fabrikanten widmen sich hier der Sektproduktion – eine gute Gelegenheit, einmal eine Kellerei zu besichtigen.

Information **Oficina Municipal de Promoció i Turisme**, Carrer de L´Hospital 26, im Zentrum; ✆ 938 913188. Geöffnet Di–Fr 10-14, 16.30–18.30 Uhr, Sa/So 10–14 Uhr.

• *Verbindungen* **Zug:** Tagsüber stündlich RENFE-Nahverkehrszüge (Rodalies) der Linie 4 ab Barcelona Sants oder Plaça de Catalunya in Richtung Sant Vicenç de Calders; Fahrtdauer etwa 45 Minuten.

• *Kellereibesichtigungen* Die größeren Kellereien sind im Ort ausgeschildert, eine komplette Liste ist im Fremdenverkehrsamt erhältlich. Beste Besuchstage sind Mo–Do, Fr ist teilweise nur vormittags geöffnet, Sa/So häufig zu; im Juli oder August schließen viele Kellereien für einige Wochen ihre Pforten. Gruppen sollten sich vorher telefonisch anmelden. Führungen dauern normalerweise etwa eineinhalb Stunden, erfolgen oft nur auf Català und Spanisch und sind oft (nicht immer) gratis. In der Regel finden zwei bis drei Führungen pro Vormittag statt, am Nachmittag nochmals zwei; abgeschlossen werden sie durch ein oder zwei Probe-Gläschen.

Codorníu, die älteste von allen, in einem schönen, als Nationalmonument ausgewiesenen Modernismebau von Puig i Cadafalch. Nordöstlich etwas außerhalb der Stadt an der Avinguda Cordorníu s/n, ab der Umgehungsstraße Richtung Torrelavit und Sant Pere beschildert; für Fußgänger leider schlecht zu erreichen. Geöffnet Mo–Fr 9–17 Uhr, Sa/So 9–13 Uhr. Führung gratis, für die anschließende Degustation kleine Gebühr, das Glas darf man als Souvenir behalten. Das Weingut geht bis 1551 zurück, seit 1872 wird hier Cava zum Verkauf hergestellt – Codorníu ist damit der älteste Produzent Spaniens. Während der Besichtigung geht es mit einer Art Kleinbahn durch die mehr als 30 Kilometer langen Kellergänge, deren Temperatur konstant bei 14 Grad liegt. Angeschlossen ist natürlich auch ein gut sortiertes Verkaufsgeschäft. ✆ 938 913342, www.codorniu.es.

Freixenet, die wichtigste Konkurrenz, in günstiger Lage gleich beim Bahnhof. Häufig wechselnde Zeiten (Kalender auf der Website), zwischen 10 Uhr und 13 Uhr ist aber fast täglich (wichtigste Ausnahmen: Weihnachten und Ostern) geöffnet, Mo-Do meist auch am Nachmittag bis mindestens 16 Uhr. Gebühr 5 € p.P. Auch hier gibt es natürlich einen Laden. Carrer Joan Sala 2, ✆ 938 917096, www.freixenet.es.

Vilafranca del Penedès: Seit seiner Gründung im Mittelalter bildet das Städtchen den Hauptort und den Marktplatz der Region. Von der frühen Bedeutung künden eine ganze Reihe von Bauten, darunter die mächtige gotische *Basílica Santa María* aus dem 13. Jh. mit einer neugotischen Fassade. In der Nähe beherbergt der gotische Königspalast Palau Reial das Stadtmuseum *Museu de Vilafranca* (Juni bis August Di-Sa 10–21 Uhr, So 10–14 Uhr, sonst Di–Sa 10–14, 16–19 Uhr, So 10–14 Uhr; 3 €), dessen Hauptattraktion das 1945 eingerichtete, sehenswerte Weinmuseum „Museu del Vi" im Erdgeschoss darstellt.

- *Information* **Patronat Municipal de Turisme**, Carrer de la Cort 14, ℡ 938 181254. Im Rathaus am Hauptplatz Plaça de la Vila, geöffnet Mo 16-19 Uhr, Di–Fr 9-13, 16-19 Uhr, Sa 10-13 Uhr. Hier sind auch Infos über die Besichtigung von Weinkellereien erhältlich. www.turismevilafranca.com.
- *Verbindungen* **Zug**: Nahverkehrszüge Rodalies wie nach Sant Sadurní d'Anoia, Fahrzeit ab Barcelona Sants etwa eine Stunde.
- *Übernachten* ***** Hotel Pedro III el Grande**, architektonisch zwar keine Schönheit, aber ein recht ordentliches und zentral gelegenes Quartier. Eine Tiefgarage liegt direkt vor der Tür. DZ/Bad nach Saison etwa 95 €. Plaça del Penedès 2, ℡ 938 903100, ℡ 938 903921. www.hotelpedrotercero.com.
- *** Pensió Jordina**, eine schlichte, von Leser Sandro de Gruttola jedoch als freundlich empfohlene Pension unweit südlich des Zentrums. 18 Zimmer, DZ ohne Bad um die 30-40 €. Avinguda Tarragona 32 (an der Hauptdurchfahrtsstraße auf ein unauffälliges Schild „Habitaciones" achten), ℡ 938 902992, www.pensiojordina.cat.
- *Feste* **Festa Major de Sant Fèlix**, Ende August bis Anfang September, weithin bekannt für die Menschentürme „Castellers", Umzüge mit Papp-Giganten, dampfspeienden Drachen und Teufelstänzen.
Festa de la Verema, Fest der Weinernte, meist in der zweiten Septemberwoche.

Cava aus Katalonien

Cava („Keller") dürfen sich nur solche Schaumweine nennen, die nach der auch in Katalonien üblichen Flaschengärung hergestellt werden. „Método Tradicional" heißt das heute, nachdem der früher gängige Ausdruck „Méthode Champenoise" von den EU-Gerichten verboten wurde.

Herstellung: Die klassischen Rebsorten für Cava sind die weißen Trauben *Parellada*, *Xarel.lo* und *Macabeo*, häufig wird auch die ursprünglich aus dem Burgund stammende Sorte Chardonnay verarbeitet. Die viel selteneren roten Cavas werden aus Monastrell- und Garnacha-Trauben gekeltert. Nach der Ernte, die meist um Mitte August beginnt und etwa sieben Wochen dauert, erfolgt bei niedriger Temperatur eine erste Vergärung der Grundweine. Nach dem Verschnitt, dem Abfüllen in Flaschen und der Zugabe („Tiraje") einer Mischung aus altem Wein, Zucker und konzentrierten Hefen erfolgt die zweite Fermentation in den Flaschen selbst, die in langen Reihen horizontal in den kühlen Weinkellern gelagert werden. Erst diese zweite Gärung sorgt für die Kohlensäure. Neun Monate muss die Ausbauphase mindestens dauern, die Regelzeit beträgt aber zwei bis fünf Jahre. Nachdem dieser Prozess abgeschlossen ist, gilt es, die bei der zweiten Gärung entstandenen Rückstände zu entfernen. Dazu werden die Flaschen über 30 Tage hinweg auf einem Rüttelpult allmählich in die Vertikale gedreht. Dann wird der Flaschenhals vereist, worauf der Korken und die gefrorenen Sedimente, die sich in seiner Nähe gesammelt haben, entfernt werden können. Der bislang völlig trockene Cava erhält nun seine „Dosage", eine Art Likörzusatz aus verschiedenen Weinen und Zucker, die den Süßegrad bestimmt und deren Rezeptur von jedem Produzenten streng geheim gehalten wird.

Klassifiziert wird Cava nach der enthaltenen Zuckermenge, die die Süße des Ergebnisses bestimmt: *Brut* (trocken, wenig bis gar kein Zuckersatz in der Dosage), *Sec* („trocken": manchem schon zu süß), *Semisec* („halbtrocken": süß), *Dolç* („süß": Zuckerwasser). Die ideale Trinktemperatur für Cava liegt bei kühlen 6–8 Grad Celsius. Vom echten Cava zu unterscheiden sind die „Granvas", die ihre zweite Gärung in Tanks oder großen Fässern durchmachen. Das Ergebnis muss nicht zwangsläufig schlechter sein.

… Costa de Garraf / Sitges

Katalonien, Karte S. 105

Costa de Garraf

Lange zur Costa Daurada gezählt, wurde der Küstenabschnitt südwestlich von Barcelona erst in den Neunzigerjahren quasi offiziell zur eigenständigen Küste erklärt. Das Glanzlicht dieser Küste, bildet sicherlich das höchst lebendige und bunte Städtchen Sitges.

Zwischen Barcelona und Sitges

▶ **Castelldefels** ist der wichtigste Badeplatz für die Einwohner Barcelonas, der Betrieb dementsprechend rege. Hier haben sich auch zahlreiche Campingplätze angesiedelt, die z. T. im Kapitel Barcelona näher beschrieben sind. Es handelt sich um gut ausgestattete Großanlagen, so nah am Großraum Barcelona ist die Wasserqualität allerdings zumindest zweifelhaft.

▶ **Garraf** ist eine Nummer kleiner als Castelldefels, was auch für den Strand gilt. So zeigt sich auch die Atmosphäre am Fischerhafen von der eher ruhigen Seite. Hinter Garraf kurven Straße und Schiene durch die Felshänge des *Massís de Garraf*. Durch das wunderschöne, als Naturpark ausgewiesene Karstmassiv verläuft die gebührenpflichtige Autobahn A 16, die von Barcelona über Sitges bis zur AP 7 Richtung Tarragona führt.

Sitges

Sitges macht Spaß! Durch die engen Gassen des hübschen Ortskerns flaniert ein angenehm gemischtes Publikum, Tendenz „schräg". Im Sommer herrscht Betrieb fast rund um die Uhr.

Wer jetzt eine Art Lloret de Mar erwartet, täuscht sich. In Sitges, etwa 35 Kilometer südwestlich von Barcelona gelegen, hat man die Fehler anderer Küstenorte weitgehend vermieden. Wie in Cadaqués war es zunächst eine Künstlerkolonie, die den Ruf des Ortes begründete; in Sitges formierte sie sich schon Ende des 19. Jahrhunderts, geschart um den Maler Santiago Rusiñol. Auch hier bemüht sich eine rührige Stadtverwaltung, mit Galerien, Ausstellungen und kulturellen Veranstaltungen die künstlerische Tradition aufrecht zu erhalten. Und Sitges ist, obgleich ausgedehnter, im Ortskern fast ebenso nett anzusehen: weiße Häuser, oft mit Kacheln geschmückt, gepflasterte Gassen und Fußgängerzonen. Auffallend die große Zahl an Gays beiderlei Geschlechts, für die Sitges eine Art europäische Ferien-Hauptstadt darstellt.

Turisme, Sínia Morera 1, an der Straße nach Sant Pere und Vilafranca, bei der Eisenbahnunterführung. Vom Bahnhof sind es nur 250 Meter in Fahrtrichtung Tarragona. Öffnungszeiten von Mitte Juni bis Mitte September Mo-Sa 9-20 Uhr, restliche Zeit Mo–Fr 9-14, 16-18.30 Uhr. ✆ 938 944251, www.sitgestur.com.
Zweigstelle La Fragata, in einem Häuschen in Strandnähe. Öffnungszeiten Mitte Juni bis Mitte September Mo-Sa 10-14, 16-20 Uhr, So 10-14 Uhr, in den übrigen Monaten täglich 10-14 Uhr, Fr/Sa auch 16-19 Uhr. ✆ 938 110611. In den Sommermonaten öffnet auch eine Filiale beim Bahnhof.

● *Verbindungen* **Zug**: Bahnhof landeinwärts unweit des Zentrums. Von Barcelona mehrmals stündlich mit RENFE-Nahverkehrszügen Rodalies (Cercanías) der Linie C2; Fahrzeit etwa 40 Minuten. Etwas schneller bzw. aus Richtung Tarragona mit einem der regulären Küstenzüge. Nicht jeder Fernzug hält!
Bus: Bushaltestelle Richtung Barcelona gegenüber der Touristeninformation, Abfahrten etwa stündlich; es gibt auch Nachtbusse („Nitbus") nach Barcelona sowie einen stündlich verkehrenden Flughafenzubringer (www.monbus.org). Busse in andere Orte fahren vor dem Bahnhof ab, nach Vilanova ebenfalls etwa stündlich.

Katalonien

Auto: Besser, das Auto sicher abzustellen; die Nähe zur Hauptstadt bringt auch dunkle Elemente nach Sitges. Bewachte Parkmöglichkeiten finden sich unter anderem meerwärts der Infostelle am Carrer Sant Francesc und im Mercat Nou an der Avinguda Artur Martorell, Nähe Bahnhof.

• *Übernachten* ****** Hotel Estela Barcelona**, außerhalb des Zentrums an der Zufahrt zum Sporthafen. Ein „Hotel del Arte", das sich der Kunst widmet: Reproduktionen bekannter Gemälde und Originale zeitgenössischer katalanischer Künstler wie Subirachs und und Grau Garriga zieren nicht nur die Gemeinschaftsräume, auch die insgesamt 57 Zimmer wurden teilweise von Künstlern gestaltet. DZ/F nach Saison etwa 165–195 €, es gibt auch Suiten. Avinguda Port d´Aiguadolç 8, ✆ 938 114545, 📠 938 114546, www.hotelestela.com.

* Hotel Parrots, das ehemalige Hotel Sant Joan, 2007 nach umfassender Renovierung wiedereröffnet. Absolut zentral, nämlich in einer Seitengasse der Vergnügungszone Carrer 1er de Maig, und trotzdem recht ruhig gelegen. Ableger einer Gay-Bar, Publikum jedoch gemischt. Zimmer unterschiedlicher Größe, alle mit TV und Klimaanlage; gute, große Betten. Ganzjährige Öffnungszeit geplant. Das zugehörige Restaurant wurde von Lesern sehr gelobt. DZ/F etwa 65–115 €. Carrer Joan Tarrida 16, ✆ 938 941350, www.parrotshotel.com.

* Hotel El Cid, nahe der Straße nach Tarragona, in einer Seitengasse 150 Meter von der Touristeninformation entfernt. Moderner Zweckbau, dem man seine inneren Werte von außen kaum ansieht. Nett dekoriert mit leichtem Hang zum Kitsch; Pool. Geöffnet Mai bis Mitte, Ende Oktober. DZ/F etwa 50–110 €. Carrer Sant Josep 39, ✆ 938 941842, 📠 938 946335, www.hotelsitges.com.

* Pensió Parellades, an der Hauptgasse der Altstadt, einer Fußgängerzone. Relativ preisgünstiges und gut gelegenes Quartier, einfache, aber durchaus passable Zimmer. Geöffnet April–September. DZ/Bad um die 55–60 €. Carrer Parellades 11, ✆ 938 940801.

• *Camping* **Sitges**, 2. Kat., einige Kilometer außerhalb an der Straße nach Vilanova und in Hörweite der Bahnlinie gelegen. Gute Ausstattung, Pool. Geöffnet März bis etwa Mitte Oktober. P.P. 6 €, Stellplatz inkl. Auto und Zelt 14 €. Carretera Comarcal C 31, km 38, ✆ 938 941080, 📠 938 949852, www.campingsitges.com.

• *Essen* **Restaurant Maricel**, vielleicht das beste Speiselokal des Ortes. Exzellente, variationsreiche Küche, gute Weinauswahl, aufmerksamer Service. Menü à la carte ab etwa 40 € aufwärts. Passeig de la Ribera 6, unweit der Kirche, ✆ 938 942054; Di-Abend und Mi geschlossen.

Restaurant El Revés, am Eingang zur Altstadt. Hübsch dekorierter Familienbetrieb mit solider, moderner Küche und relativ preiswerten Menüs. Insgesamt durchaus ein Lokal der allseits beliebten Kategorie „bbb" (bueno, bonito, barato: gut, hübsch, günstig). Carrer Sant Francesc 35.

Bar Lizarrán Eguzki: 1992 gegründet wurde diese baskische Tapa-Bar, die sich zum Ausgangspunkt einer fantastischen Erfolgsstory entwickelt hat. Seitdem nämlich eröffnete die Lizarrán-Kette mehr als 150 Filialen in fast ganz Spanien, auf den Balearen, aber ebenso in Portugal, Frankreich und Deutschland. Hier im Mutterhaus in Sitges gibt es komplette Menüs ab etwa 18 €, aber natürlich auch die baskischen Tapas „pintxos", den aus dem Baskenland stammenden, spritzigen Weißwein „txakolí" und den nordspanischen Apfelwein Sidra. Carrer Sant Pau 3, www.grupolizarran.com.

• *Nachtleben* Der *Carrer Primer de Mayo* bildet zusammen mit seiner Verlängerung Carrer Marqués de Montroig das Zentrum der Abendaktivitäten. In dieser kaum zweihundert Meter langen Fußgängerzone zwischen der Strandpromenade und der Plaça Industria reihen sich die verschiedenen Pubs, Disco-Bars und Billardsalons aneinander; einige weitere Bars und Discos liegen im parallel verlaufenden Carrer Bonaire.

Atlàntida, ein paar Kilometer südwestlich nahe der Küste im Sector Terramar, gilt als der absolute Renner unter den Discos. Eintrittsgebühr, an Tagen mit starkem Betrieb verkehren Kleinbusse ab dem Ende des Carrer Primer de Mayo. Immer mal wieder gibt es Gerüchte über eine Schließung, bis zuletzt blieb das Atlàntida jedoch geöffnet. Nur im Sommer.

Pacha, etwas landeinwärts in der Urbanisation Vallpineda. Ein berühmter Name, der in Sitges seine Heimat hat: Hier nämlich (und nicht etwa auf Ibiza, wie viele meinen) eröffnete bereits 1967 das „Ur-Pacha", die allererste Disco der Kette. Die Filiale auf Ibiza folgte erst 1973. Nur im Sommer geöffnet. www.pacha.com.

Sweet Pacha, eine Filiale, die im Juli 2007 pünktlich zum 40-jährigen Pacha-Jubiläum öffnete. Ebenfalls etwas außerhalb gelegen, nämlich im Sporthafen Aiguadolç.

Costa de Garraf / Sitges

Glanzlicht an der Costa de Garraf: Sitges

• *Gay* **Parrots** an der Plaça Industria ist Infobörse und Treff am frühen Abend; Bars konzentrieren sich am Carrer Bonaventura, z. B. das **Bourbon´s** auf Nr. 13, in dem auch Frauen willkommen sind. Nachts dann die Gay-Disco **Trailer** im Carrer Angel Vidal oder das **Organic** im Carrer Bonaire.

• *Feste* **Carnestoltes** (Karneval, Fasching): Wohl der wildeste Karneval Spaniens, durchgehend gefeiert seit mehr als hundert Jahren – vom Verbot Francos ließ man sich kaum beeindrucken. Beginn am Gründonnerstag, Dienstagnacht ein spektakulärer Umzug der Gays, die auch sonst für reichlich „action" sorgen.

Corpus Cristi, am Wochenende nach Fronleichnam, eines der Hauptfeste von Sitges. Blumenteppiche auf den Straßen, Umzüge etc. Höhepunkt ist der Sonntag.

Festa Mayor, das Hauptfest vom 22. bis 27. August, in den ersten beiden Tagen ist am meisten los.

Festa de la Verema, das Fest der Weinernte im September. Höhepunkt ist die Eröffnung einer „Weinquelle", die einige Stunden lang für jedermann sprudelt.

Internationales Festival des fantastischen Films, während der ersten beiden Wochen im Oktober. Schwerpunkte sind Science-Fiction, Fantasy und Horror.

• *Baden* Entlang des **Passeig Maritim**, des 2,5 Kilometer langen Strandboulevards von Sitges, liegen insgesamt acht durch Molen getrennte, gut gepflegte Sandstrandabschnitte, an denen es im Juli und August freilich eher eng zugeht.

Platja de l´Home Mort: Ein Nacktbadestrand, überwiegend gay. Er liegt einige Kilometer südwestlich, vorbei am Kieselstrand Playa de la Atlàntida, dessen Wasser wegen der nahen Kläranlage nicht das sauberste ist. Der Weg vom Zentrum (siehe auch die unten erwähnte Wanderung) dauert etwa eine Stunde. Eine Bucht weiter und ähnlich im Charakter ist die **Platja de la Desenrocada**.

Playas de las Muertas: Nacktbadestrände, teils gay, teils gemischt. Sie liegen einige Kilometer südwestlich, etwa eine Dreiviertelstunde vom Zentrum.

Platja de Sant Sebastià, ein kleinerer, aber recht hübscher Sandstrand gleich jenseits der Kirche.

Sehenswertes

Ruta de los Americanos: Ab dem Ende des 18. Jh. emigrierten viele Einwohner nach Kuba und Puerto Rico. Mancher dieser „Americanos" genannten Auswanderer kehrte als reicher Mann zurück und investierte sein Erspartes in den Bau eines repräsentativen Hauses. Die Mehrzahl der mal kuriosen, mal wirklich sehenswerten Gebäude stammt aus der zweiten Hälfte des 19. Jh. und den ersten Jahrzehnten des 20. Jh. Beim Fremdenverkehrsamt ist eine Broschüre erhältlich, mit der man den Spuren der „Americanos" folgen kann.

Museu Can Ferrat: Nahe der Kirche, oberhalb der Küste. Das frühere Wohnhaus des Modernisme-Malers und Dichters *Santiago Rusiñol*, der Sitges ab 1891 für sich und seinen Freundeskreis, darunter Picasso und Casas, entdeckte und bekannt machte. Das Haus quillt über vor fantastischem schmiedeeisernen Kunsthandwerk, Keramik und Gemälden.

Öffnungszeiten Di–Sa 9.30-14, 16-19 Uhr bzw. 15.30-18.30 Uhr (Okt.-Juni), So 10-15 Uhr. Eintrittsgebühr 3,50 €, Kombiticket für alle drei Museen der Stadt etwa 6,50 €, am ersten Mi im Monat jeweils gratis.

Museu Maricel: Gleich neben Can Ferrat gelegen. Ausgestellt ist eine Reihe von Kunstwerken von der Romanik bis zum 20. Jh. Optisch besonders attraktiv wirkt die Platzierung einer liegenden Frauenskulptur von *Rebull* vor einem großen Fenster mit Meerblick. Öffnungszeiten und Eintrittsgebühr wie oben.

Museu Romàntic: Im Ortszentrum, Carrer Sant Gaudenci 1. Anhand von Möbeln, Musikinstrumenten und Haushaltsgeräten wird der Lebensstil reicher Gutsherrenfamilien des 18. und 19. Jh. demonstriert. Im ersten Stock ist eine Sammlung von Spiel- und Modellpuppen zu sehen; Öffnungszeiten und Eintrittsgebühr wie oben.

Vilanova i la Geltrú

Größer und städtischer als Sitges, zeigt sich Vilanova gleichzeitig bodenständiger, familiärer und weniger international. Die Siedlung ist aus zwei einst getrennten Ortschaften zusammengewachsen und lebt vor allem von ihrem bedeutenden Fischereihafen, in geringerem Maße auch von einigen kleineren Industrieansiedlungen und vom Tourismus. Die Strände sind gut.

• *Information* **Oficina Municipal de Turisme**, Passeig del Carme s/n, am Rand des Parks an der Strandpromenade; ✆ 938 154517. Öffnungszeiten: Juli/August täglich 10-20 Uhr, sonst Di–Sa 10-14, 17-20 Uhr, so 10-14 Uhr.

• *Verbindungen* **Zug**: Bahnhof an der Plaça d'Eduard Maristany, jeweils etwa zehn Fußminuten vom Zentrum und vom Strand entfernt. Mit den Nahverkehrszügen Rodalies (Cercanías) der Linie C2 mehrmals stündlich nach Sitges und weiter nach Barcelona, Fahrzeit knapp eine Stunde. Richtung Tarragona etwas spärlichere, aber ausreichende Anschlüsse.

Bus: Haltestellen direkt vor dem Bahnhof; Verbindungen nach Sitges und Barcelona etwa stündlich.

• *Übernachten* ***** Hotel César**, um die Ecke von der Promenade beim Hauptstrand. Auch architektonisch reizvoller, komfortabel ausgestatteter Bau im Stil der „Americanos", 1880 errichtet und seit über hundert Jahren in Familienbesitz. Schöner Garten, gutes Restaurant. DZ nach Saison, Lage und Ausstattung etwa 95–130 €, Balkonzimmer mit „Salón" noch deutlich mehr. Carrer d'Isaac Peral 8, ✆ 938 151125, ✆ 938 156719, www.hotelcesar.net.

Pensió Hostal Can Gatell, große Pension in einer Seitenstraße unweit des Bahnhofs, die eher auf Geschäftsreisende als auf Urlauber zielt. Rund 70 Zimmer unterschiedlicher Größe, einfach möbliert, aber ordentlich. Freundliche Leitung. DZ/Bad nach Saison etwa 50–60 €. Carrer de Puigcerdà 16, ✆ 938 930117, ✆ 938 934751, cangatell@hotmail.com.

• *Camping* **Platja Vilanova**, 2. Kat., etwa drei Kilometer außerhalb der Stadt, aber nur wenige hundert Meter vom Strand. Swimmingpool, Schatten mäßig bzw. durch Mattendächer. Geöffnet April bis September, sonst nur an Wochenenden. P.P., Auto, Zelt je etwa 6 €. Zufahrt von der C 31 bei km 48,3, ✆/✆ 938 950767, www.platjavilanova.com.

• *Baden* Die **Platja de Ribes Roges** ist der Haupt- und Paradestrand des Städtchens, feinsandig und vor allem erstaunlich breit. Weiter westlich liegt die wesentlich kleinere „Platja de Sant Gervasi".

Platja del Far: Östlich des großen Hafens findet sich dieser ebenfalls breite, aber nicht ganz so lange und vielleicht etwas weniger attraktive Strand.

Costa Daurada (Costa Dorada)

Die südlichste Küste Kataloniens unterscheidet sich landschaftlich deutlich von der Costa Brava. Lange Sandstrände bestimmen das Bild, attraktive Ortschaften sind dagegen eher rar.

Früher begann die „Goldene Küste" offiziell bereits mit dem *Maresme* zwischen Blanes und Barcelona – dort ist sie nun wirklich nicht mehr golden. Doch auch der verbliebene Rest glänzt nicht mehr so wie einst. Obwohl der Tourismus hier später einsetzte als an der Costa Brava, verfügt die Costa Daurada heute doch über kräftige Übernachtungskapazitäten. Zwar entfällt ein guter Teil der Touristenzahlen auf die vielen riesigen Campingplätze, an baulichen Missetaten fehlt es dennoch nicht. Ein Beispiel dafür ist der Ferienort *Salou*, dessen Hotelhochhäuser und Apartmentanlagen nicht nur vom langen Sandstrand, sondern auch vom nahen Themenpark „PortAventura" profitieren.

Es gibt jedoch auch Orte an der Costa Daurada, die – wie *Cambrils* oder das kleine *L'Ametlla de Mar* – ihren eigenen Reiz besitzen, spürbar vor allem in der Nebensaison. Für das kulturelle Beiprogramm muss man sich, mit Ausnahme der Povinzhauptstadt *Tarragona* und ihrer römischen Ruinen, dagegen schon ins Hinterland begeben. Zwei Glanzlichter sind hier die Zisterzienserklöster *Problet* und *Santes Creus*. Sehenswert ist auch die alte Kathedrale von *Lleida*, der Hauptstadt der einzigen katalanischen Inlandsprovinz, die bereits an den Ausläufern der weiten, trockenen Hochflächen Zentralspaniens liegt. Natur und Abgeschiedenheit finden sich ganz im Süden Kataloniens: Das Delta des *Riu Ebre*, auf spanisch Río Ebro genannt, steht zu Recht unter Naturschutz. Ein ganzes Stück landeinwärts der Mündung ist der große Fluss bei *Riba-Roja* in der Nähe von Flix zum See aufgestaut – nicht nur ein Tipp für Freizeitkapitäne, sondern auch für Angler.

• *Verbindungen* **Zug**: Zumindest zwischen größeren Orten das bevorzugte öffentliche Verkehrsmittel der Küste; bis zur Endstation Sant Vicenç de Calders (Coma-ruga bei El Vendrell) verkehren zudem häufig die Renfe-Nahverkehrszüge der Cercanías-Linie C2 ab Barcelona.

Bus: Busverbindungen sind aufgrund der starken Konkurrenz durch die Schiene etwas seltener als in Katalonien sonst üblich.

Auto: Reichlich Verkehr. An der Küstenstrecke über Sitges herrscht starker Ausflugsbetrieb, weshalb es sich trotz der Autobahn empfiehlt, diese Route am Wochenende zu meiden. Bei El Vendrell trifft die Nationalstraße N 340 mit ihrem extremen Schwerlastverkehr auf die Küste; Richtung Süden ist vor allem für längere Strecken die Autobahn deshalb unbedingt vorzuziehen. Allmähliche Änderung ist jedoch in Sicht: Derzeit wird die N 340 zur gebührenfreien A 7 ausgebaut, insbesondere im Bereich um Tarragona sind Teilstrecken bereits freigegeben.

Torredembarra

Der wichtigste Ferienort zwischen Sitges und Tarragona wirkt aufgrund seiner Ausdehnung weit größer, als seine Einwohnerzahl von rund 15.000 Personen vermuten ließe. Zum Meer hin erstreckt sich die übliche Strandsiedlung, landeinwärts liegt der eigentliche Ort. Obwohl im Vergleich zum übrigen Siedlungsgebiet eng gedrängt, ist die auf einem Hügel liegende Altstadt doch das Zentrum des Alltagslebens; ihren höchsten Punkt markiert ein Kastell, dessen Anfänge bis ins 11. Jh. zurückgehen. Für den einen oder anderen Strandtag mag Torredembarra, vor allem in der Nebensaison, vielleicht nicht die schlechteste Adresse sein – der kilometerlange Strand nämlich ist wirklich nicht übel.

238　Katalonien

- *Information* Oficina de Turisme, Passeig Rafael Campalans 10, an der Strandpromenade Nähe Hafen, ℅ 977 644580. Geöffnet ist von etwa Ende Juni bis Mitte September täglich 8-15, 18-21 Uhr, im restlichen Jahr Mo–Fr 8-15 Uhr.
- *Verbindungen* **Zug**: Der Bahnhof liegt näher am Strand als an der Altstadt. Nicht jeder Zug der Linie Barcelona-Tarragona hält, trotzdem bestehen etwa stündliche Anschlüsse in beide Richtungen.
Bus: Busse von/nach Tarragona verkehren etwa stündlich, zusätzlichen ziehen zwei Ortsbuslinien (L1 blau /L2 rot) ihre Kreise zwischen Altort und Strandsiedlung.
- *Übernachten* *** **Hotel Morros**, in der Strandsiedlung. Großes, recht komfortables Hotel; der frühere Meerblick ist mittlerweile leider durch einen Neubau versperrt; Garage. DZ nach Saison etwa 60–90 €. Carrer Pérez Galós 15, ℅ 977 640225, ℅ 977 641864, www.morros.es.
- *Camping* **La Noria**, 2. Kat., etwas nördlich des Ortes nahe der Hauptstraße, einer von drei Plätzen um Torredembarra. Großes, schattiges Areal, gute Ausstattung. Geöffnet Ostern bis September. Parzelle etwa 18 €, p.P. etwa 5 €, zur NS deutlich ermäßigt. N 340, km 1178, ℅ 977 640453, ℅ 977 645272, www.camping-lanoria.com.

▶ **Tamarit**: Ein reizvolles Ensemble aus der restaurierten mittelalterlichen Burg Castell de Tamarit und zwei Campingplätzen in sehr schöner Strandlage. Nur von einer Flussmündung unterbrochen, reicht der Sandstrand von hier bis zur östlichen Nachbarsiedlung Altafulla.

- *Camping* Beide Plätze in unmittelbarer Nachbarschaft des Kastells.
Tamarit Park, 1. Kat., sehr schön am Strand gelegen und gut ausgestattet. Mittlerer Schatten, viele Sportmöglichkeiten; auch Bungalows. Geöffnet Mitte März bis Mitte Oktober. Hohes Preisniveau: Die Parzelle inklusive Auto, Zelt gibt es je nach Lage und Größe ab 36 €, p.P. zusätzlich 5 €, in der NS jeweils deutlich günstiger. Platja Tamarit Ctra Nacional 340, Km 1172, ℅ 977 650128, ℅ 977 650451, www.tamarit.com.
Trillas Platja, 2. Kat., nicht ganz so schön gelegen, aber ebenfalls gut ausgestattet. Auch Bungalows. Geöffnet etwa von Mitte März bis September, Anfang Oktober. Parzelle inkl. Auto, Zelt je nach Lage und Größe ab etwa 21 €, p.P. 5 €, in der NS Rabatt. C.N. 340 Km. 1.172, ℅ 977 650249, ℅ 977 650926, www.campingtrillas.com.

Tarragona

Älter und in der Antike weit bedeutender als Barcelona, besitzt die Provinzhauptstadt zahlreiche Baudenkmäler aus römischer Zeit. Neben der malerischen Altstadt sind sie die Hauptattraktion hier und beförderten Tarragona zur Stadt des Weltkulturerbes.

Tarragona ist vor allem Industriestadt mit Schwerpunkt auf Petrochemie, sein Hafen der zweitgrößte Kataloniens. Das engere Stadtgebiet erstreckt sich auf einem Hügel oberhalb der Küste. Die Neustadt bildet zwar das betriebsame Zentrum des Alltagslebens, wirkt mit ihren schnurgeraden Straßen jedoch ziemlich reizlos. Anders die hübsche Altstadt *Casc Antigua*, die sich ihre Identität weitgehend bewahrt hat. In erster Linie wird Tarragona wegen seiner Baudenkmäler besucht. Die römischen Relikte in Stadt und Umgebung zählen zu den bedeutendsten des ganzen Landes, und auch die Kathedrale, im Übergangsstil von der Romanik zur Gotik, gehört zu den „Musts" eines Tarragona-Besuchs.

Orientierung: Tarragona gliedert sich deutlich in drei Gebiete. Die Unterstadt liegt beim Hafen, die Oberstadt, die heute das eigentliche Stadtzentrum darstellt, auf dem Hügel. An sie schließt sich die noch höher gelegene Altstadt an. Das Herz der Oberstadt ist der breite, besonders am frühen Abend sehr belebte Boulevard *Rambla Nova*. Nordöstlich parallel markiert die *Rambla Vella* den unteren Rand der Altstadt; einen Straßenzug weiter liegt mit der *Plaça de la Font* der Hauptplatz des alten Ortskerns.

Costa Daurada / Tarragona 239

Imposanter Bau: die Kathedrale im Übergangsstil von der Romanik zur Gotik

Geschichte

Mancher Historiker datiert die Anfänge der Stadt bis ins 3. Jahrtausend vor Christus. Im 2. Punischen Krieg eroberten 218 v. Chr. die Römer das damalige Dorf. Mit kräftig verstärkten Befestigungsanlagen wurde *Tarraco* zu ihrem wichtigsten Stützpunkt in Spanien. Kaiser Augustus machte die Siedlung zur Hauptstadt der Provinz Hispania Citerior. Während der Völkerwanderung wurde Tarraco ab dem 3. Jh. n. Chr. mehrfach geplündert und teilweise zerstört. Die Mauren, die ab 712 vier Jahrhunderte herrschten, hinterließen kaum bauliche Spuren. Nach der christlichen Rückeroberung um 1120 konnte Tarragona die einstige Bedeutung nicht mehr zurückerlangen.

Information/Verbindungen/Diverses

• *Information* **Oficina de Turisme de la Generalitat**, Carrer Fortuny 4, eine Seitenstraße hafenwärts der Rambla Nova. Das Büro der Landesregierung, zuständig für Stadt, Provinz und ganz Katalonien. Öffnungszeiten Mo–Fr 9.15-14, 16-18.30 Uhr, Sa 9.15-14 Uhr; ℡ 977 233415, www.gencat.cat.
Oficina Municipal de Turisme, Carrer Mayor 39, in der Altstadt unterhalb der Kathedrale; zuständig für die Stadt. Öffnungszeiten von Juni bis September Mo–Sa 9-21 Uhr, So 10-14 Uhr; Rest des Jahres Mo–Sa 10-14, 16-19 Uhr, So 10-14 Uhr. Im Sommer öffnen Zweigstellen an der Rambla Nova, der Rambla Vieja und in einem Kiosk am Rondell beim Busbahnhof. ℡ 977 250795, www.tarragonaturisme.es.

• *Internet-Zugang* Locutorio Tarraconect, Carrer Cos del Bou 9, nahe dem Plaça de la Font.
• *Verbindungen* **Flug**: Flughafen Aeroport de Reus (℡ 977 779800) knapp zehn Kilometer außerhalb in Richtung der Inlandsstadt Reus, siehe dort.
Zug: Hauptbahnhof (Renfe-Info: ℡ 902 240202) an der Plaça de la Pedrera in der Unterstadt. Fernzüge in alle Teile Spaniens, sehr gute Verbindungen Richtung Barcelona, nach Lleida 6-mal täglich.
AVE-Bahnhof Camp de Tarragona etwa zwölf Kilometer nördlich bei Perafort unweit der N 240, Busverbindung ab Busbahnhof mit PLANA. Häufige, aber nicht eben billige Anschlüsse u.a. nach Barcelona, Lleida, Zaragoza und Madrid.

240 Katalonien

Bus: Busbahnhof an der Plaça Imperial Tarraco, am meerabgewandten Ende der Rambla Nova. Mit PLANA halbstündliche Abfahrten nach Salou/Cambrils; nach Barcelona ebenfalls gute Verbindungen. Mit VIBASA nach Lleida 6-mal täglich, davon 3-mal via Poblet.

Übernachten

**** Hotel Husa Imperial Tàrraco (13), eines der Tophotels der Stadt, unweit dem Balcó del Mediterrani gelegen. 170 Zimmer, viele davon mit weiter Aussicht; Pool und Garage. Weite Preisspanne je nach Nachfrage: DZ etwa 65–170 €. Rambla Vella 2, ✆ 977 233040, ✆ 977 216566, www.husa.es.

*** Hotel Lauria (14), langjährig eingeführtes Haus in zentraler Lage direkt an der Rambla, ebenfalls nahe dem Balcó del Mediterrani. Ordentlich ausgestattet, unter anderem mit Swimmingpool und Garage. DZ etwa 65–75 €. Rambla Nova 20, ✆ 977 236712, ✆ 977 236700, www.hlauria.es.

*** Hotel Nuria (16), an der oben erwähnten Via Augusta, etwa auf Höhe des Strands Platja de la Rabadassa. Modern ausgestattes Hotel in günstiger Lage für Autoreisende, Parkmöglichkeit und eigene Garage. In der zweiten Dezemberhälfte für etwa zehn Tage geschlossen. DZ etwa 65–90 €. Via Augusta 145, ✆ 977 235011, ✆ 977 244136, www.hotelnuria.com.

** Hotel Plaça de la Font (5), am lebendigen Hauptplatz der Altstadt. 2004 eröffnet, ordentliches Preis-Leistungs-Verhältnis. 20 Zimmer, nicht allzu groß, aber angenehm eingerichtet; am schönsten sind natürlich die mit Blick zur Plaça de la Font. DZ kosten je nach Lage (innen/zum Platz) und Saison 55–70 €. Plaça de la Font 26, ✆/✆ 977 246134, www.hotelpdelafont.com.

** Pensió Fòrum (6), gleich gegenüber. Für den Preis durchaus ordentliche Zimmer. Unten im Haus ein hübsches, aber hochpreisiges Restaurant. DZ/Bad etwa 40–45 €. Plaça de la Font 37, ✆ 977 231718.

** Pensió Noria (9), ebenfalls an der Plaça. Gut eingerichtete Zimmer, am schönsten die fünf mit Blick auf den Platz. Beliebt und oft belegt. Ganzjährig geöffnet. DZ/Bad nach Saison etwa 40–50 €. Plaça de la Font 53, „Rezeption" in der Bar, ✆ 977 238717.

Jugendherberge Tarragona (1), „Alberg de Joventut Sant Jordi" (IYHF), stadtauswärts des Rondells beim Busbahnhof. Eigentlich ein Studentenwohnheim, das jedoch im Juli/August auch einige (wenige) Betten für JH-Gäste bereithält. Avinguda President Companys s/n, Eingang um die Ecke. Reservierung sehr ratsam. ✆ 977 240195 oder Reservierungszentrale ✆ 934 838363, www.hihostels.com.

• *Camping* Die relativ stadtnahen Plätze an der Küste Richtung Barcelona sind mit Stadtbus Nr. 1 oder Nr. 9 ab der Rambla Vella zu erreichen, akustisch allerdings etwas durch die nahe Bahnlinie beeinträchtigt. Reizvoller und ruhiger sind die Campings von Tamarit (siehe oben).

Las Salinas, 3. Kat., einer der stadtnächsten Plätze, direkt am hier nicht mehr so vollen Strand Platja Llarga. Teilweise Schatten. Einkauf an der Zufahrtsstraße, nur im Sommer möglich. Geöffnet Mitte Mai bis Ende September. Preise p.P etwa 6 €, Stellplatz inkl. Auto und Zelt 14,50 €. ✆ 977 207628.

Essen

Eine Reihe guter (und teurer) Fischrestaurants liegt im Fischerviertel *El Serrallo*.

Restaurant Aq (2), ganz nah bei der Kathedrale. Noch recht junges Lokal, dabei schon eins der Top-Restaurants der Stadt. Modernes Dekor, kreative Küche mit Pfiff. Das Mittagsmenü kommt auf rund 20 €, à la carte legt man mine 40 € an. Carrer Les Coques 7, So/Mo geschlossen; ✆ 977 215954.

Restaurant Barquet (7), in einem wenig ansehnlichen Stadtteil, jedoch den kleinen Abstecher von der Rambla wert. Gute, ortstypische Küche (prima Reisgerichte) zu vergleichsweise niedrigen Preisen. Menü à la carte ab etwa 30 €, günstiges Tagesmenü. Carrer Gasòmetre 16, So, Mo-Abend sowie in der zweiten August- und der ersten Septemberhälfte geschlossen.

Restaurant El Tiberi (12), mit netter, gemütlicher Einrichtung. Angeboten wird ein schmackhaftes „Buffet català": Für etwa 11–14 € (je nach Wochentag und Tageszeit) kann man essen, soviel der Magen fasst. Mehrere Leser waren sehr zufrieden. Etwas versteckt im Carrer d'én Marti D'Ardenya 5 gelegen, einer Seitenstraße des Carrer Unió bei Nr. 42. So-Abend und Mo geschlossen.

Costa Daurada / Tarragona 241

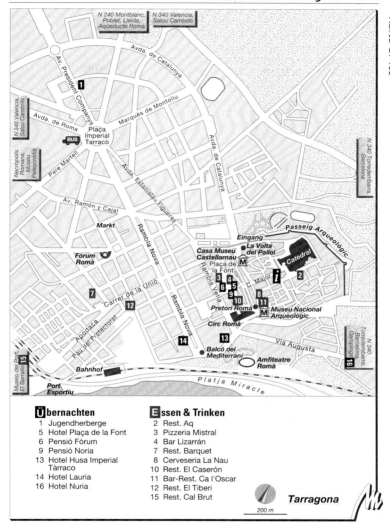

Ü bernachten
1. Jugendherberge
5. Hotel Plaça de la Font
6. Pensió Fòrum
9. Pensió Noria
13. Hotel Husa Imperial Tàrraco
14. Hotel Lauria
16. Hotel Nuria

E ssen & Trinken
2. Rest. Aq
3. Pizzeria Mistral
4. Bar Lizarrán
7. Rest. Barquet
8. Cerveseria La Nau
10. Rest. El Caserón
11. Bar-Rest. Ca l'Oscar
12. Rest. El Tiberi
15. Rest. Cal Brut

Tarragona
200 m

Restaurant Cal Brut (15), eine der preiswerteren Lokalitäten im Fischerviertel El Serrallo. Besonders das Tagesmenü fällt relativ günstig aus, à la carte muss man aber schon mit rund 25 € aufwärts rechnen. So-Abend und Mi geschlossen; Carrer Sant Pere 14.

Pizzeria-Rest. Mistral (3), eines der vielen Lokale am Hauptplatz der Altstadt, mit Tischen direkt auf der abends besonders lauschigen Plaça. Pizza kostet etwa 8 €, als Restaurant eher teuer, vom durchaus ordentlichen Menü für rund 15 € einmal abgesehen. Plaça de la Font 19.

Bar Lizarrán (4), schräg gegenüber, ein viel besuchter Vertreter dieser Kette von Lokalen mit typisch baskischen Tapas. Preisgünstig, abgerechnet wird nach Zahl der Zahnstocher, auf denen die Häppchen stecken. Plaça de la Font 16.

Restaurant El Caserón (10), typisches Nachbarschaftslokal der Altstadt. Solide Hausmannskost, günstiges Tagesmenü. Mittags sehr gut besucht, abends eher leer. Eingänge am Carrer Trinquet Nou und am Carrer Cos del Bou, jeweils nur einen Katzensprung von der Plaça de la Font..

Bar Ca I´Oscar (11), ein Lesertipp von Bernd Steckroth: „Tapas in Super-Qualität und guten Portionen, und dann noch zum Draußensitzen in sehr hübscher Umgebung. Geöffnet ab 20.30 Uhr." Plaza del Rey, ein schöner kleiner Altstadtplatz beim Archäologischen Museum, an dem noch weitere Lokale liegen, darunter das schicke **El Llagut** und das preisgünstige, auch für Vegetarier interessante, aber nur im Sommer geöffnete indonesische Restaurant **Bali**.

Cerverseria La Nau (8), edle Bierstube und Tapa-Bar in einem schönen Gewölbe der Altstadt, bei den Einheimischen sehr beliebt. Carrer de la Nau 12.

Nachtleben/Einkaufen/Feste/Baden

- *Nachtleben* Früher zeigte sich das Nachtleben Tarragonas erstaunlich provinziell. Auch heute noch trifft man sich in erster Linie in den umliegenden Küstenorten wie Salou. Doch gibt es mittlerweile immerhin eine Alternative innerhalb der Stadt, nämlich den unweit des Hafens gelegenen Sporthafen **Port Esportiu**, der mit seinen Bars einen vor allem in Sommernächten beliebten Anziehungspunkt bildet.

- *Einkaufen* **Mercat Plaça Corsini**, von der Rambla meerwärts über Carrer Soler Cañelàs. Städtischer Markt, bis etwa 14 Uhr geöffnet, Fr auch nachmittags. Zuletzt in Restaurierung, die einige Jahre dauern dürfte, und durch ein provisorisches Marktzelt ersetzt. Der freie Markt (Geschirr, Kleidung etc.) am Di und Do, bislang im Umfeld der Markthalle, wurde auf die Rambla Nova verlegt.

Sonntagsmarkt in Bonavista, einem westlichen Stadtteil an der N 340; ein Umzug ist allerdings möglich.

Antiquitäten- und Sammlermarkt jeden Sonntag, von 10-14 Uhr vor der Kathedrale.

- *Feste/Veranstaltungen* **Tarraco Viva**, an etwa zehn Tagen Mitte/Ende Mai. Bedeutendes, 1998 begründetes Römerfestival, mit dem die Stadt an ihre Wurzeln erinnert; Gladiatoren, kulinarische Spezialitäten, Theater, Musik, Kino und zahlreiche weitere Veranstaltungen. www.tarracoviva.com.

Sant Magi, um den 19. August. Großes Fest mit Prozession, Theater, Musik und Tanz.

Santa Tecla, in der Woche um den 23. September. Eines der bedeutendsten Feste ganz Kataloniens. Eine besondere Attraktion sind die berühmten Menschentürme „Castellers".

- *Baden* Die **Platja del Miracle**, östlich des Zentrums beim römischen Amphitheater, ist der stadtnächste Strand. Für ein Sonnenbad brauchbar, liegt er zum Schwimmen wohl etwas arg nah an Hafen und Stadtgebiet. Schöner sind die Strände weiter östlich wie die **Platja de l'Arabadassa**, die von der Platja del Miracle über einen Küstenweg, aber auch per Stadtbus zu erreichen ist.

Sehenswertes

Tarragonas Monumente spiegeln die Stadtgeschichte der Römerzeit und des Mittelalters. Ausgeklammert bleiben die Jahrhunderte dazwischen.

▸ **Rambla Nova**: Schauplatz des abendlichen Bummels und Ausgangspunkt für Besichtigungstouren. Der Boulevard endet hoch über der Küste am *Balcó del Mediterrani*, dem „Balkon des Mittelmeers".

▸ **Altstadt**: Die kompakte Altstadt beginnt gleich jenseits der Rambla Vella. Neben den hochklassigen Sehenswürdigkeiten und Museen erfreuen auch die oft herrlich nostalgischen Details des Alltagslebens.

Plaça de la Font: Der längliche Platz an der Stelle des römischen *Circus* ist das ruhigere Altstadt-Pendant zur Rambla Nova, mit Bars und Restaurants ein beliebter Treffpunkt auch der Einheimischen.

Costa Daurada / Tarragona 243

Casa Museu Castellarnau: Am Carrer Cavallers 14, einige Parallelgassen hügelwärts der Plaça de la Font. Der Palast des 14./15. Jh. wurde samt Inneneinrichtung in ein Museum verwandelt, das Glas, Münzen, Keramik und Ähnliches ausstellt und auch des Gebäudes selbst wegen interessant ist.
Öffnungszeiten Ostern bis September Di–Sa 9-21, So 9-15 Uhr, sonst Di–Sa 9-19 Uhr, So 10-15 Uhr. Eintritt 2,50 €, für Studenten (wie in fast allen Sehenswürdigkeiten der Stadt) deutlich ermäßigt.

Passeig Arqueològic: Eingang beim Portal del Roser, nordöstlich unweit des Museu Castellarnau. Der Spazierweg führt durch Gartenanlagen entlang der auf rund einem Kilometer Länge erhaltenen, wuchtigen Stadtmauern, vorbei an Kopien römischer Statuen. An einigen Stellen bieten sich schöne Ausblicke auf das Hinterland der Stadt. Die uralten, treffend „Zyklopenmauern" genannten *Murallas Ciclópeas* wuchsen mit den Jahrhunderten und sind gewissermaßen ein Konzentrat der Geschichte Tarragonas. Besonders angenehm ist der Spaziergang an Sommerabenden.
Öffnungszeiten Ostern bis September Di–Sa 9-21 Uhr, So 9-15 Uhr, sonst Di–Sa 9-17 Uhr, So 10-15 Uhr. Eintritt 2,50 €.

Catedral de Santa María: Das wichtigste mittelalterliche Bauwerk Tarragonas erhebt sich an einer Stelle, die schon ein römischer Jupitertempel und eine maurische Moschee innehatten. Bedeutsam ist die erstaunlich große Kathedrale als Beispiel des Übergangs von der Romanik zur Gotik; die Arbeiten dauerten von 1171 bis 1331. So zeigt nicht nur die Hauptfassade romanische wie gotische Stileinflüsse. Der *Kreuzgang* (Eingang links der Hauptfassade) bildet heute auch den Zugang zum Kircheninneren; auch er ist von beiden Stilen beeinflusst. Interessant die Kapitele, besonders die originale „Prozession der Ratten" in der Südgalerie: fröhliche Nager, die eine Katze zu Grabe tragen. Äußerst ungewöhnlich auch der Einbau eines Mihrâb, einer maurischen Gebetsnische, in eine Seitenwand. Vom Kreuzgang gelangt man ins *Museu Diocesa* im Kapitelsaal, das kirchliche Kunst präsentiert. Ebenfalls vom Kreuzgang führt ein besonders schönes romanisches Portal in die Kirche. Das Kircheninnere präsentiert sich weit, streng und düster, wichtigster Blickfang ist das große Retabel des Hauptaltars (1429). Am eindrucksvollsten wirkt er am Nachmittag, wenn der Altar durch die Rosette am Portal von der Sonne beleuchtet wird.
Öffnungszeiten Von Juni bis Mitte Oktober täglich 10-19 Uhr, an Sonn- und Feiertagen geschlossen; außerhalb dieser Zeit gestaffelte Öffnungszeiten, Mitte November bis Mitte März nur 10-14 Uhr. Eintritt 3,50 €, deutschsprachige Broschüre inbegriffen.

Museu Nacional Arqueològic: An der Plaça del Rei, am südöstlichen Altstadtrand. Klar, dass die Sammlung von Fundstücken der Römerzeit zu den bedeutendsten Spaniens zählt; stark vertreten sind vor allem Keramik und Münzen. Bemerkenswert auch mehrere Mosaiken, darunter eine fein gearbeitete Medusa.
Öffnungszeiten Von Juni bis September Di–Sa 9.30-20.30 Uhr, So 10-14 Uhr, sonst Di–Sa 9.30-18 Uhr, So 10-14 Uhr; Eintrittsgebühr 2,50 €, www.mnat.cat.

Pretori Romà: Neben dem Archäologischen Museum erhebt sich der so genannte „Turm des Prätoriums" aus dem 1. Jh. n. Chr., der damals Teil des Provinzforums war. Im 12. Jh. wurde er zu einer Königsresidenz umgebaut, ab dem 15. Jh. militärisch genutzt und diente später als Gefängnis. Heute ist hier auf mehreren Geschossen ein Museum untergebracht, das z. B. im ersten Stock einen Sarkophag ausstellt, der mit dem Mythos des Hippolytus verziert ist; vom Dach des Gebäudes (Lift) bietet sich eine fantastische Aussicht.

Circ Romà: Der römische Circus erstreckt sich zur Rambla Vella hin und ist mit derselben Eintrittskarte zugänglich wie der Prätoriums-Turm. Errichtet im ersten

244 Katalonien

Pretori Romà: Sarkophag des Hippolytus, Tod des Helden

Jahrhundert nach Christus, diente das ausgedehnte Areal bis zum fünften Jahrhundert als Schauplatz für Wagenrennen und andere Vergnügungen. Die teilweise unterirdischen Reste sind schon allein aufgrund ihrer Ausdehnung beeindruckend, manche Gänge erstrecken sich über fast hundert Meter.
Öffnungszeiten Von Ostern bis September Di–Sa 9-21 Uhr, So 9-15 Uhr; übrige Zeit Di–Sa 9-19 Uhr; So 10-15 Uhr; kombinierte Eintrittsgebühr für Pretori und Circ Romà 2,50 €.

Andere Stadtbezirke

Amfiteatre Romà: Im Parc del Miracle, unterhalb des meerseitigen Endes der Rambla Vella. Das 1952 ausgegrabene Amphitheater, einst Schauplatz blutiger Gladiatorenkämpfe, bot Platz für 12.000 Zuschauer und ist recht gut erhalten. Hier stehen auch die Reste einer romanischen Kirche des 12. Jh. und ihrer westgotischen Vorgängerin.
Öffnungszeiten Ostern bis September Di–Sa 9-21 Uhr, So 9-15 Uhr; im Winter Di–Sa 9-17 Uhr, So 10-15 Uhr. Eintritt 2,50 €.

Fòrum Romà: Unterhalb der Plaça Corsini, beidseitig des Carrer Soler Canyelles, einer Seitenstraße der Rambla Nova, liegt eines der beiden römischen Foren Tarragonas. Verblieben sind nur mehr Grundmauern und einige Säulen – immerhin mehr als an dem anderen Marktplatz, der Plaça del Fòrum südöstlich der Kathedrale.
Öffnungszeiten Wie das Amphitheater, Eintrittsgebühr 2,50 €.

Necròpolis Romana/Museu Paleocristià: Weit im Westen der Stadt, an der Avinguda Ramon y Cajal, einer Abzweigung der Rambla Nova; Eingang am Passeig de la Independencia. 1923 wurden hier ein ausgedehntes Feld von über 2000 Gräbern des dritten bis sechsten Jahrhunderts sowie das Fundament einer frühchristlichen Basilika freigelegt. Die Grabfunde sind im Museum zu sehen, das allein den etwas weiten Weg wert ist.
Öffnungszeiten Juni bis September Di–Sa 10-13.30, 16-20 Uhr, sonst Di–Sa 9.30-13.30, 15-17.30 Uhr; So jeweils 10-14 Uhr. Eintrittsgebühr 2,40 €.

Museu del Port de Tarragona: Das Hafenmuseum von Tarragona, ebenda gelegen, widmet sich nicht nur der Geschichte des uralten Anlegeplatzes, sondern auch dem modernen Hafen von heute, der Fischerei und dem Segelsport.
Öffnungszeiten Juni bis September Di–Sa 10-14, 17-20 Uhr, sonst Di–Sa 10-14, 16-19 Uhr; So jeweils 11-14 Uhr. Eintrittsgebühr 1,80 €.

Barri Marítim del Serrallo: Nicht unbedingt eine Schönheit, als Sehenswürdigkeit jedoch ein gewisses Kontrastprogramm ist das Fischerviertel Serrallo im westlichen Hafengebiet. Am meisten Betrieb herrscht am späten Nachmittag bei der Rückkehr der Boote; mit etwas Glück kann man dann einer Fischversteigerung zusehen.

Umgebung von Tarragona

Aqüeducte Romà/Pont de les Ferreres: Etwa fünf Kilometer nördlich, unweit der N 240 nach Lleida; Zugang nahe eines Restaurants. Der auch „Pont del Diable" (Teufelsbrücke) genannte Aquädukt aus dem 1./2. Jh. n. Chr. leitete das Wasser aus dem Riu Gaya nach Tarragona, überbrückte dabei eine Entfernung von über 35 Kilometern. Das hiesige, am besten erhaltene Teilstück ist mit 25 Bögen an der Oberseite 217 Meter lang und etwa 26 Meter hoch.

Mausoleu de Centcelles: Etwa sechs Kilometer nordwestlich, im Gebiet des Dörfchens Constantí, ab dort beschildert. Das frühchristliche Mausoleum, ursprünglich wohl als Villa für ein Mitglied der Kaiserfamilie oder den Herrscher selbst konzipiert, stammt aus dem 4. Jahrhundert. Die Mosaiken im Inneren der Kuppel zeigen Jagdszenen (in einer Gruppe möglicherweise das Porträt des Verstorbenen) und biblische Motive, sind aber leider vielfach zerstört.
Öffnungszeiten Juni bis September Di–Sa 10-13.30, 16-20, sonst Di–Sa 10-13.30, 15-17.30 Uhr; So jeweils 10-14 Uhr; Eintrittsgebühr 2,10 €.

Reus

Eine ausgedehnte Stadt von immerhin gut 100.000 Einwohnern, die trotz ihres Flughafens bislang relativ wenige Touristen sieht. Dabei zeigt sich die Altstadt mit ihren Fußgängerzonen durchaus von einer gefälligen Seite. Sehenswert in der Geburtsstadt von Antoni Gaudí ist vor allem eine Reihe von Modernisme-Häusern, darunter die 1902 errichtete *Casa Navàs* von Domènech i Montaner, die sich am Hauptplatz Plaça del Mercadal erhebt; besichtigt werden können sie auf einer „Ruta modernista"; eine entsprechende Broschüre ist beim hiesigen Fremdenverkehrsamt erhältlich. Seit 2007 beherbergt Reus eine weitere Modernisme-Attraktion: Ebenfalls direkt am Hauptplatz erinnert das *Gaudí Centre* (Juli-September Mo-Sa 9.30-20 Uhr, sonst Mo-Sa 9.30-14, 16-20 Uhr, So ganzjährig 10-14 Uhr; Eintrittsgebühr 6 €), ein interaktives, aufwendig konzipiertes Museum auf mehreren Etagen, an den größten Sohn der Stadt.

- *Information* **Oficina de Turisme**, Plaça del Mercadal 3, direkt im Gebäude des Gaudí Centre und geöffnet wie dieses; ✆ 902 360200, www.reus.cat.
- *Verbindungen* **Flug**: Der Flughafen Aeroport de Reus (✆ 977 779832) liegt östlich der Stadt und wird auch ab Deutschland angeflogen. Ein Taxi ins Zentrum kostet etwa 18 €. Busverbindung zum Bahnhof und Busbahnhof von Reus besteht mit Stadtbus Nr. 50, die Gesellschaft HISPANO IGUALADINA (www.igualadina.net) fährt nach Barcelona; die Abfahrtszeiten sind jeweils auf die Ankunft der Flüge abgestimmt. AUTOCARS PLANA bedient 4x täglich Salou und Cambrils; www.autocarsplana.com.
Zug: Bahnhof (Renfe-Info: ✆ 902 240202) am nordwestlichen Rand des Zentrums; Verbindungen u. a. nach Barcelona via Tarragona alle ein bis zwei Stunden, nach Lleida 6-mal tägl.
Bus: Busbahnhof im Süden des Zentrums an der Ausfallstraße Richtung Salou, Busse nach Tarragona und Salou tagsüber mindestens stündlich, nach Cambrils 6-mal (im

Sommer wesentlich häufiger) und nach Barcelona 8-mal täglich.

• *Übernachten* ***** Hotel Gaudí**, recht großes Hotel in zentraler Lage am Südrand der engeren Altstadt. Gute Ausstattung, Garage. DZ offiziell etwa 105–130 €, in der Praxis aber meist um die 80 €, an Wochenenden evtl. auch darunter. Raval Robuster 49, ✆ 977 345545, ✉ 977 342808, www.gargallo-hotels.com/gaudi.

* Hotel Ollé, an der Ringstraße am südwestlichen Zentrumsrand, die Altstadt noch in Fußentfernung. Geräumige, ordentliche Zimmer. Eine Tiefgarage liegt in der Nähe. DZ/Bad etwa 55 €. Passeig Prim 45, nahe der Plaça de la Pastoreta, ✆/✉ 977 323256.

▶ **Weiterreise**: Im Folgenden wird zunächst ein Inlandsabstecher Richtung Lleida beschrieben, eingeschlossen die Zisterzienserklöster Santes Creus und Poblet. Weiter an der Costa Daurada geht es dann mit Salou.

Landeinwärts nach Lleida

Von Tarragona führt die N 240 in die 95 Kilometer entfernte Hauptstadt der einzigen Inlandsprovinz Kataloniens. An der Strecke liegt das reizvolle Städtchen Montblanc, nahebei das viel besuchte Zisterzienserkloster Poblet. Etwas abseits der Hauptwege und damit vom Ausflugsbetrieb weitgehend verschont, findet sich mit Santes Creus ein weiteres Kloster des Ordens.

Monestir de Santes Creus: Das Kloster beim gleichnamigen Örtchen, knapp 30 Kilometer nordöstlich von Tarragona, ist am einfachsten über die Ausfahrt 11 der Autobahn A 2 zu erreichen. Santes Creus wurde 1158 gegründet und diente noch vor Poblet als Grabstätte der Könige Kataloniens und Aragóns. Glanzlichter sind die *Klosterkirche* aus dem 12./13. Jh., der *Gotische Kreuzgang* (14. Jh.) mit seinen fantasievollen Kapitellen und der riesige *Schlafsaal*, der noch von 1173 stammt und 48 Meter Länge misst. Im östlichen Teil des Klosters findet sich der schlichte *Alte Kreuzgang* (12. Jh.) mit den ältesten Bauresten des Klosters und der *Palau Reial*, der unter Pere III. begonnene Königspalast.

Öffnungszeiten Mitte März bis Mitte September Di–So 10-13.30, 15-19 Uhr, sonst je nach Jahreszeit 10-13.30, 15-17.30/18 Uhr; Eintrittsgebühr 3,60 €, Di gratis.

Montblanc: Das Städtchen am Riu Francolí liegt direkt an der N 240, nur ein paar Kilometer vor der Abzweigung nach Poblet. Im 12. Jh. gegründet, hat sich der Ort seine mittelalterliche Bausubstanz weitgehend bewahren können. Erstaunlich gut erhalten sind auch die Stadtmauern mit ihren zahlreichen Türmen. Die gotische Kirche *Santa María Major* steht direkt oberhalb der Plaça Major und entstand im 14. Jh., der Glanzzeit des Städtchens. Ihr barockes Portal entstammt dem 17. Jh., das feierliche Innere dagegen ist streng gotisch.

• *Information* **Oficina Municipal de Turisme**, Antiga Església de Sant Francesc, in einer ehemaligen Kirche knapp außerhalb der Stadtmauern gelegen; Öffnungszeiten: Mo–Sa 10–13.30, 15–18.30 Uhr, So 10–14 Uhr. ✆/✉ 977 861733, www.montblancmedieval.org.

• *Verbindungen* **Zug**: Bahnhof am östlichen Ortsrand. Längst nicht jeder Zug hält, Verbindungen nach/von Lleida 5-mal, Tarragona 3-mal täglich. **Bus**: Busse 6-mal täglich von und nach Tarragona sowie Lleida.

• *Übernachten/Essen* **Fonda Cal Blasi**, im östlichen Altstadtbereich. Untergebracht in einem restaurierten Steinhaus des 19. Jh. und deutlich besser, als es die Kategorie vermuten ließe. Nur neun Zimmer, DZ/F je nach Lage (innen/außen) etwa 80-90 €, gegen Aufpreis auch „Superior"- und „Spezial"-Zimmer. Freundliche Gastgeber, Parkmöglichkeit. Carrer Alenyà 11, ✆ 977 861336, ✉ 977 861329, www.fondacalblasi.com.

Fonda dels Àngels, ebenfalls in der Altstadt. Traditionsreiches Gasthaus mit prima Küche, Tagesmenüs etwa 16-22 €, à la carte legt man deutlich mehr an. Auch Zimmer, DZ/Bad etwa 40-45 €. Plaça dels Àngels 1, wenige Schritte östlich des Carrer Major, ✆ 977 860173.

Landeinwärts nach Lleida / Monestir de Poblet

Fast schon eine eigene trutzige Stadt: das Kloster Poblet

Monestir de Poblet

Siegessymbol, Grabstätte der Könige, mauerbewehrte Festung, eines der bedeutendsten Klöster Spaniens, von der Unesco mit dem Prädikat „Kulturerbe der Menschheit" geehrt: Poblet.

Schon die schiere Größe von Poblet beeindruckt: Über 1,5 Kilometer misst der äußere Mauerring, der den Komplex umgibt. Dahinter erstreckt sich ein wahres Labyrinth von Toren, Mauern, Plätzen und Gebäuden, eine ganze Klosterstadt. Gegründet wurde Poblet im Jahr 1150 durch Ramón Berenguer IV. und im Zeichen des Sieges über die Mauren. Im 14. Jh., der hohen Zeit Poblets, besaß das Kloster 60 Dörfer, seine Äbte übten kräftigen Einfluss auf die Politik aus. Poblet wird durch Mauern in drei Bereiche geteilt. Im ersten Bereich standen einst Wirtschaftsräume, Lagerstätten etc., der zweite Bereich erstreckt sich um die Plaça Major. Die *Klosterkirche* mit ihren drei Schiffen und der barocken Fassade wurde ab 1162 erbaut. Ihre erstaunliche Größe, immerhin misst sie 85 Meter Länge und besitzt eine Gewölbehöhe von 28 Metern, wird erst im strengen Inneren richtig deutlich. Das italienisch inspirierte Renaissance-Retabel zieht alle Blicke auf sich. Beiderseits der Vierung stützen flache Bögen die Grabmäler der Könige Aragóns und ihrer Ehefrauen. Die Liegefiguren waren stark zerstört und sind erst ab 1940 durch den Bildhauer Frederic Marés restauriert worden. Links neben der Kirchenfront markiert das festungsartige „Königstor" Porta Reial den Zugang in den innersten Bereich. Der Hauptkreuzgang zeigt an der Kirchenseite romanische, sonst gotische Stilelemente. Von hier gelangt man zu verschiedenen anderen Bauteilen, wie dem Kapitelsaal mit zahlreichen Gräbern, dem enormen Schlafsaal (87 Meter Länge!) oder dem Weinkeller.

● *Öffnungszeiten* Mo–Sa 10-12.45, 15-18 Uhr, So 10-12.30, 15-18 Uhr, im Winter jeweils nur bis 17.30 Uhr. Führungen, die alle 15-30 Minuten beginnen, sind obligatorisch; sie dauern etwa eine Stunde. Eintrittsgebühr 4,50 €.

- *Verbindungen* Zug: Der nächste Bahnhof liegt im Örtchen L'Espluga de Francolí, etwa drei Kilometer entfernt. Von dort verkehrt Juni bis August Di-So ein straßengebundener „Touristenzug". **Bus**: Busse jeweils 2- bis 3-mal täglich von/nach Tarragona und Lleida; siehe dort.
- *Übernachten* ** **Hotel Masia del Cadet**, im Weiler Les Masíes de Poblet, etwa einen Kilometer oberhalb des Klosters. Nur zwölf modern eingerichtete Zimmer, DZ etwa 110 €. Gutes Restaurant. Hotel und Restaurant sind im November geschlossen. Les Masíes s/n, ✆ 977 870869, ✉ 977 870496, www.masiadelcadet.com.
Jugendherberge, Alberg de Joventut Jaume I., ebenfalls in Les Masíes de Poblet, untergebracht in einem Gebäude des 19. Jh. Gelegentlich Gruppen, Reservierung ratsam. Les Masies s/n, ✆ 977 870356.

Lleida

Von ihrer alten Kathedrale abgesehen, glänzt die Hauptstadt der gleichnamigen Inlandsprovinz nicht mit besonderen Monumenten und wird deshalb auch verhältnismäßig wenig besucht.

Inmitten einer fruchtbaren Ebene am Riu Segre und am Kreuzungspunkt wichtiger Verkehrswege gelegen, blickt Lleida auf eine lange Vergangenheit zurück. Die hübsche, großteils als Fußgängerzone ausgewiesene Altstadt schmiegt sich um den Burgberg und beginnt hinter der breiten *Avinguda de Madrid*, die am Fluss entlang führt. Ihre Hauptstraße ist der *Carrer Major*, der parallel zur Avinguda de Madrid verläuft. Unterhalb des Burgbergs verbreitert er sich zum Hauptplatz *Plaça de Sant Joan*, der eine kuriose Mischung aus alt und neu darstellt.

Information/Verbindungen

- *Information* **Oficina d'Informació Turística de la Generalitat**, Plaça Ramón Berenguer IV, am Vorplatz des Bahnhofs. Das gut informierte Büro der katalanischen Regionalregierung, Öffnungszeiten: Mo–Fr 10-14, 15.30-19.30 Uhr, Sa 10-14 Uhr. ✆ 973 248840.
Turisme de Lleida, die Infostelle der Stadt. Carrer Major 31 bis, Öffnungszeiten Mo–Sa 10-14, 16-19 Uhr, So 10-13.30 Uhr. ✆ 902 250050, ✉ 973 700480, www.turismedelleida.com.
- *Verbindungen* **Zug**: Der Bahnhof liegt etwa 15 Fußminuten nordöstlich des Zentrums am Ende der Rambla de Ferrán und ist eine Station des AVE-Hochgeschwindigkeitszugs von Barcelona nach Madrid. Züge nach Barcelona alle ein bis zwei Stunden, Tarragona 6-mal täglich. Die Nebenlinie nach Pobla de Segur (Pyrenäen) wurde von der katalanischen Bahngesellschaft FGC renoviert, Anschlüsse 3-mal täglich.
Bus: Busbahnhof in Flussnähe knapp zehn Minuten südwestlich des Zentrums, zwischen Avinguda de Madrid und Avinguda de Blondel. Busse fahren unter anderem nach Barcelona via Autobahn 10-mal, via N II 4-mal täglich, nach Tarragona 6-mal, via Poblet 2- bis 3-mal täglich, in die Pyrenäenregion (Vall d'Aran, Aigüestortes, La Seu d'Urgell) je nach Ziel 1- bis 3-mal täglich.

Übernachten/Essen

- *Hotels* **** **Hotel Zenit Lleida**, in noch relativ zentraler Lage nicht weit vom Bahnhof. 2004 eröffnetes, sehr gut ausgestattetes Kettenhotel mit Parkmöglichkeit (wie üblich gegen Gebühr). DZ je nach Nachfrage etwa 55–125 €. Carrer General Brito 21, ✆ 973 229191, ✉ 973 229190, www.zenithoteles.com.
** **Hotel Ramón Berenguer IV.**, brauchbare und recht preisgünstige Mittelklasse direkt vor dem Bahnhof (Parkmöglichkeit). Die Zimmer zum Platz sind naturgemäß nicht ganz leise. DZ etwa 50 €. Plaça Ramón Berenguer IV 3, ✆ 973 237345, ✉ 973 239541.
* **Pensió Mundial**, direkt am Zentrumsplatz, einige Zimmer mit Blick auf selbigen. Etwas schlicht möbliert, aber engagiert geführt und insgesamt durchaus brauchbar. Ermäßigte Parkmöglichkeit in einer öffentlichen Tiefgarage etwa hundert Meter entfernt. DZ/Bad etwa 40 €, ältere Zimmer mit Du/ohne WC etwas günstiger. Plaça

Beherrschende Lage über der Altstadt: La Seu Vella, die alte Kathedrale

Sant Joan 4, ✆ 973 242700, ✆ 973 242602, www.hostalresidenciamundial.com.

• *Essen* **Rest. El Celler del Roser**, solides Lokal im Herzen der Stadt. Spezialität sind Gerichte aus Bacalao (Klippfisch) sowie die Schnecken Cargols. Das Mittagsmenü kommt auf vegleichsweise preisgünstige 12 €, à la carte legt man ab etwa 30 € an. Carrer Cavallers 24, ✆ 973 239070.

Cafetería-Rest. Galeó, nicht weit vom Bahnhof. In keiner besonders hübschen Gegend und optisch recht schlicht, die recht günstigen Festpreismenüs können sich jedoch schmecken lassen und werden auch abends serviert. Carrer Anselm Clavé 17.

Sehenswertes

La Suda: Die Ruinen des Kastells auf dem Burgberg sind entweder zu Fuß oder mit einem Aufzug oberhalb der Plaça Sant Joan zu erreichen. Innerhalb der Verteidigungswälle erhebt sich mit der alten Kathedrale *La Seu Vella* die bedeutendste Sehenswürdigkeit der Stadt. 1149, noch im Jahr der Rückeroberung Lleidas von den Mauren, wurde auf den Grundmauern einer früheren Moschee mit dem Bau einer Kirche begonnen. Die Anfänge der heutigen, dreischiffigen Kathedrale datieren vom Beginn des 13. Jh., erst im 16. Jh. waren die Arbeiten beendet. 1707 geriet die Kirche in die Hand der Militärs – bis 1940 wurde das Gotteshaus als Kaserne genutzt. Besonders bemerkenswert an der im Übergangsstil der Romanik zur Gotik errichteten Fassade ist das reich geschmückte Portal *Porta dels Fillols* an der dem Fluss zugewandten Südseite. Der gotische *Kreuzgang* im Westen ist einer der schönsten Kataloniens, ungewöhnlich der angeschlossene, fast 60 Meter hohe Glockenturm *Campanar*.

Öffnungszeiten Sofern der Aufzug oberhalb der Plaça Sant Joan fährt, ist in der Regel auch die Kathedrale geöffnet. Betriebszeiten von Juni bis September Di–So 10-13.30, 16-19.30 Uhr, sonst 10-13.30, 15-17.30; Eintrittsgebühr 3 €, Di gratis. Für die Lift-Auffahrt braucht man ein 20-Cent-Stück.

Museu de Lleida: Im Zentrum oberhalb des Carrer Major. Für das Stadtmuseum wurden mehrere früher eigenständige Kollektionen zusammengefasst, darunter eine archäologische Ausstellung sowie die früher im Palau Episcopal untergebrachte und gegen Ende des 19. Jh. von Bischof Messenguer begründete Sammlung, die ein reiches Spektrum an Exponaten umfasst, das von Skulpturen und Gemälden über Architekturfragmente bis hin zu antiken Möbeln reicht. Einen Kontrast zu dem modernen Gebäude bildet die benachbarte, ab dem 12. Jh. errichtete Kirche *Església Sant Llorenç*.

<u>Öffnungszeiten des Museums</u> Di–Sa 10-20 Uhr (Okt. bis Mai bis 19 Uhr); Eintrittsgebühr 3 €, Di gratis.

Weiter an der Costa Daurada

Hinter Tarragona bestimmen zunächst Industrieanlagen das Bild. Unvermittelt folgen zwei sehr unterschiedliche Ferienorte: Salou und Cambrils.

Salou

Von der offiziellen Einwohnerzahl her der kleinere der beiden Orte – zumindest im Hochsommer sieht die Realität anders aus. Salou ist eine gut geölte Urlaubsmaschinerie mit einem halben Hundert Hotels und unzähligen Ferienapartments: Hochhauskulisse am proppevollen Goldstrand. An Sommerabenden erweitert sich die Gästestruktur von Salou um schick aufgeputzte Jugend aus Tarragona, die besonders von den reichlich vertretenen Discos angezogen wird. Hauptattraktion ist jedoch *PortAventura*, ein Themenpark im nordamerikanischen Stil.

- *Information* **Patronat de Turisme**, Nähe Sporthafen, eigentlich in einem reizvollen Bau der Jahrhundertwende am Passeig Jaume I. 4, zuletzt jedoch provisorisch am Anfang des nahen Espigó del Moll s/n. Selbstverständlich deutschsprachig. Öffnungszeiten: Juli/August täglich 10-20.30 Uhr; sonst 10-13.30, 16-19.30 Uhr. ✆ 977 350102, www.isalou.info. Eine weitere, ebenfalls ganzjährig geöffnete Infostelle liegt bei der Plaça d´Europa, ein Stück landeinwärts der Strandpromenade.
- *Verbindungen* Zug und Bus stoppen jeweils ein paar Blocks von der Strandpromenade; beide Verkehrsmittel bieten häufige Anschlüsse nach Tarragona, die Busse der Gesellschaft PLANA auch nach Reus uind Cambrils.
- *Übernachten* Große Auswahl besonders in den höheren Kategorien, jedoch starke Konkurrenz durch Pauschalreisende.

*** **Hotel Caspel**, komfortables und gut ausgestattetes Ferienhotel unweit der Strände Platja de Llevant und Platja dels Capellans; mit Garage, Pool und Hallenbad. Ganzjährig geöffnet, DZ etwa 100–160 €. Avinguda d'Alfons V. El Magnànim 9, ✆ 977 380207, ✉ 977 350175, www.hotel-caspel.com.

- *Camping* **Parc de Vacances Sanguli**, 1. Kat., noch in Fußgängerentfernung vom Ortskern, zum Strand Platja de Ponent etwa 200 Meter. Ebenes, recht schattiges Gelände, gute Ausstattung inklusive zweier Swimmingpools und Tennisplätzen; breites Veranstaltungsprogramm. Ein Teil des Platzes leidet akustisch unter der nahen Bahnlinie. Zufahrt von der Küstenstraße Richtung Cambrils beschildert. Geöffnet etwa Mitte März bis Oktober; Parzelle inklusive Auto, Zelt ab rund 45 €, p.P. 6 €, zur NS jeweils deutlich ermäßigt. ✆ 977 381641, ✉ 977 384616, www.sanguli.es.

▶ **PortAventura**: 1995 empfing der 115 Hektar große und anfangs rund 150 Millionen Euro teure „Abenteuerhafen" PortAventura die ersten Besucher. Danach wechselte die Anlage mehrfach den Eigentümer. Seit 2004 hält die katalanische Bank La Caixa die Mehrheit an Port Aventura. Der Park gliedert sich in verschiedene Bereiche. Da ist einmal *PortAventura* selbst, der die Themengebiete Mittelmeer, Südsee, China, Mexiko und Wilder Westen umfasst und neben Restaurants, Theatern und

Costa Daurada / Cambrils

verschiedenen Shows natürlich auch eine ganze Reihe von Fahrgeschäften umfasst, darunter „Dragon Khan", die größte Achterbahn Europas, die eine Spitzengeschwindigkeit von rund 110 Stundenkilometer erreicht. Daneben gibt es auch den Wasserpark *Caribe Aquatic Park* mit einer Fläche von mehr als 30.000 Quadratmetern und diversen Rutschen, einem Wellenbad etc., außerdem mehrere so genannte *Themenhotels* (Caribe Resort, Port Aventura, El Paso). Das „Vergnügungsparadies unter spanischer Sonne" (Werbebroschüre) scheint also auf vollen Touren zu laufen ...

• *Lage und Öffnungszeiten* PortAventura liegt im Gebiet zwischen Salou und Vilaseca, zu erreichen über die Ausfahrt 35 der Autobahn AP 7 oder über die N 340; die Zufahrten sind üppig ausgeschildert. Der Park besitzt einen eigenen Bahnhof. Von vielen Orten bestehen zudem Buszubringer, ab Salou fährt auch ein „Straßen-Zug" (Tren turistic). Geöffnet ist von etwa Mitte März bis Anfang Januar, zur kühleren Jahreszeit allerdings nur der Indoorbereich und meist nur am Wochenende. Der Eintritt für Port Aventura beträgt inklusive aller Fahrgeschäfte 42 €, für Kinder und Senioren 34 €; Caribe Aquatic Park kostet 22 bzw. 18 €; zur NS jeweils ermäßigt. Es gibt auch Kombi- und Mehrtageskarten, zur Hochsaison sogar Nachttickets. Infos im Internet: www.portaventura.com.

Cambrils

Die erfreulichere Alternative zu Salou. Mit einem guten halben Dutzend Großhotels in der Umgebung ist Cambrils vom Tourismus zwar auch kräftig in Beschlag genommen, im Gegensatz zum Nachbarn aber allmählich gewachsen und nicht auf dem Reißbrett geplant. Das Ortsgebiet besteht aus zwei Teilen, dem kleinstädtisch wirkenden alten Kern landeinwärts der Bahnlinie und dem lebendigen Hafen. Cambrils zählt durchaus zu den angenehmeren Siedlungen der Costa Daurada, nicht zuletzt auch dank der kilometerlangen Sandstrände.

• *Information* **Patronat Municipal de Turisme**, Passeig de las Palmeras s/n, beim Park am westlichen, meerseitigen Rand des Hafenviertels, über die Straße Richtung Altort. Öffnungszeiten saisonal mehrfach wechselnd, im Juli und August täglich 9-21 Uhr, im Winter Mo–Fr 9-14, 16.30-18 Uhr, Sa 10-13.30, 16-18 Uhr, So 10-13.30 Uhr (in der „Zwischensaison" auch nachmittags). ✆ 977 792307, www.cambrils-fremdenverkehrsamt.com.

• *Verbindungen* **Zug**: Bahnhof am meerseitigen Rand des Altorts; Verbindungen Richtung Tarragona und Barcelona sowie Richtung Tortosa je 12-mal täglich. Achtung: nicht jeder Zug hält. **Bus**: Haltestellen jenseits vom Bahnhof und am Hafen gegenüber dem Hotel Rovira. Busse der Gesellschaft PLANA nach Reus 6-mal (HS häufiger), zum dortigen Airport 3-mal täglich. Nach Salou oder Tarragona im Sommer halbstündlich, außerhalb der Saison und am Wochenende eingeschränkter Betrieb.

• *Übernachten* ****** Hotel Mònica**, ein 100-Zimmer-Haus unweit der von Salou kommenden Uferstraße. Eine gepflegte Adresse mit Garage, Pool und Tennisplatz. DZ nach Saison und Ausstattung etwa 80–155 €, es gibt auch Superior-Ziommer und Suiten. Von Juli bis Mitte September ist Halbpension obligatorisch. Im Dezember ist für zwei Wochen geschlossen. Carrer Galceran Marquet 1-3, ✆ 977 360116, ✆ 977 793678, www.hotelmonica.com.

** Hotel Can Solé, kleineres Hotel im Ortskern der Hafensiedlung. Solide Mittelklasse, eigene Garage. Ganzjährig geöffnet mit Ausnahme der Zeit zwischen Weihnachten und Dreikönig. DZ nach Saison etwa 60–70 €. Carrer Ramón Llull 17-19, ✆ 977 360236, ✆ 977 361768, www.hotelcansole.com.

** Pensió Can Joanet, in guter, recht ruhiger Lage im Hafenviertel, ganz in der Nähe der Kirche. Ganzjährig geöffnet, DZ/Bad etwa 60-65 €. Carrer Lepanto 5, ✆ 977 361403, ✆ 977 366466.

• *Camping* Cambrils ist Camper-Hochburg, zählt insgesamt sieben Plätze.

La Llosa, 3. Kat, in der gleichnamigen Urbanisation westlich der Riera. Ortsnächster Platz, etwa eine Viertelstunde Fußweg vom Hafen und nicht weit vom Strand. Schattig, Sanitäres in Ordnung, der Pool ist nur zur HS in Betrieb. Ganzjährig geöffnet, Parzelle inkl. zwei Personen, Auto, Zelt ab 26 €, zur NS günstiger. ℡ 977 362615, ℡ 977 791180, www.camping-lallosa.com.

- *Essen* **Restaurant Casa Gatell**, eine der ersten Adressen der Costa Daurada. Das angenehme Ambiente, die hervorragende katalanische Fischküche und die exquisite Weinauswahl haben natürlich ihren Preis: Probiermenü rund 75 €, à la carte ähnliches Niveau. Passeig Miramar 26, ℡ 977 360057. Von Mitte Dezember bis Mitte Januar, in der ersten Maihälfte sowie So-Abend und Mo geschlossen.

Bar-Rest. Les Barques, ebenfalls an der Promenade. Teil einer kleinen örtlichen Kette (ein weiteres „Barques"-Lokal liegt ein Stück westlich am Pg. Miramar) und entgegen dem ersten Anschein keine Touristenfalle. Solides Preis-Leistungs-Verhältnis, z.B. Paella mixta (auch für nur eine Person im Angebot) 12 €, auch Tapas etc. Carrer Consolat de Mar 64.

- *Baden* Cambrils verfügt über insgesamt neun Kilometer Sandstrand, unterbrochen nur von kleinen Kaps, Flussmündungen und dem Fischer- und Sporthafen. Fast überall fällt der Grund relativ flach ab.

Südwestlich von Cambrils

Entlang der fast topfebenen Küste Richtung L'Hospitalet de l'Infant zieht sich eine Abfolge von Feriensiedlungen und Campingplätzen, begleitet von langen Sandstränden. Am stärksten verbaut ist das Gebiet im Bereich der Urbanisation „Miami Platja" kurz vor L'Hospitalet.

▸ **L'Hospitalet de l'Infant**: Ihren Namen verdankt die kleine, an einer weiten Strandbucht gelegene Siedlung (Bahnstation) einem mittelalterlichen Pilgerhospital. Heute besteht L'Hospitalet, vom bescheidenen Ortskern einmal abgesehen, überwiegend aus Apartmenthäusern.

- *Information* **Oficina Municipal de Turisme**, Alamanda 2, neben der Zufahrt von der Autobahn und der N 340 ins Zentrum. Öffnungszeiten zur Saison täglich 10-14, 16.30-19 Uhr, im Winter am Wochenende geschlossen. ℡ 977 823328, www.vandelloshospitalet.org/turisme.
- *Übernachten* ** **Hotel Sancho**, im östlichen Zentrumsbereich, nicht weit von der Infostelle. Von außen unscheinbar, innen jedoch recht schmuck und komfortabel. Nur 14 Zimmer, DZ nach Saison etwa 60-100 €. Im Haus das sehr gute Restaurant „La Mar Blava". Von etwa Weihnachten bis Mitte Januar ist geschlossen. Via Augusta 14, ℡ 977 823002, ℡ 977 820803, www.hotelsancho.net.

Hinter L'Hospitalet schlängelt sich die Straße etwas landeinwärts der Küste durch die Ausläufer der Serra de Esteve. Alle Zivilisationsschrecken scheinen vergessen, bis nach einer Bergabfahrt plötzlich die Atomkraftwerke *Vandellòs I* und *II* auftauchen, die 1989 durch einen „kleinen Zwischenfall" für unerwünschte Publicity sorgten. Seinerzeit ging die Sache noch mal gut aus …

▸ **L'Ametlla de Mar**: Da lange Sandstrände fehlen, fließt der Besucherstrom in L'Ametlla dünner als in anderen Küstenorten. Das Städtchen ist relativ klein, prägend und ungewöhnlich groß dafür sein Fischereihafen, zu dem man durch enge und steile Gassen absteigt.

- *Information* **Patronat Municipal de Turisme**, Carrer Sant Joan 55, im Ortskern neben dem Rathaus. Geöffnet Mo–Do 10-14, 17-19 Uhr, Fr 10-14 Uhr. ℡ 977 456477, www.ametlladamar.org.
- *Information* **Patronat Municipal de**
- *Verbindungen* **Zug**: Bahnhof am nördlichen Ortsrand, Regionalzüge nach Tarragona 12-mal, Tortosa 10-mal täglich.
- *Übernachten* *** **Hotel Bon Repos**, stilvolles Quartier im nördlichen Zentrumsbereich. Ansprechende Architektur, gut ausgestattet; Swimmingpool, Garage und großer, parkähnlicher Garten. Geöffnet Mitte März bis November; zur Saison Reservierung ratsam. DZ nach Saison etwa 65–95 €, von etwa Ende Juni bis August eigentlich nur mit Halbpension, für eine Nacht geht es aber auch mal ohne. Placa Catalunya

Costa Daurada / Tortosa

Reizvoll meerverbunden: L'Ametlla de Mar

49, ✆ 977 456025, ✉ 977 456582, www.hbonrepos.com.
• *Camping* **Naùtic**, 1. Kat., am nordöstlichen Ortsrand. Großer und gepflegter, gut ausgestatteter Platz mit kleiner Badebucht und hübschem Swimmingpool, zwei Tennisplätze. Schatten nur teilweise. Geöffnet Mitte März bis Mitte Oktober; Preise p.P., Auto, Zelt je etwa 6,50 €. ✆ 977 456110, ✉ 977 493031, www.campingnautic.com.

Tortosa

Die Region um Tortosa war 1938 im Spanischen Bürgerkrieg monatelang heftig umkämpft; Tortosa selbst wurde schwer zerstört. So zeigt sich die Kleinstadt heute eher reizlos, sehenswert sind einzig die Kathedrale und die Festung Castell de la Suda. Für Reisende mit öffentlichen Verkehrsmitteln allerdings ist Tortosa als Sprungbrett zum Delta des Ebre von Bedeutung.

• *Information* **Oficina Municipal de Turisme**, Plaça Carrilet 1, ✆ 977 449648, ✉ 977 510816. Geöffnet von April bis Mitte September Di-Sa 10-13.30, 16.30-19.30 Uhr, So 10-13.30 Uhr; im restlichen Jahr Mo-Sa 10.30-13.30, 15.30-18.30 Uhr (Di geschlossen), So 10-13.30 Uhr. www.turismetortosa.com.

• *Verbindungen* **Zug**: Bahnhof am südlichen Rand des Zentrums, Züge Richtung Tarragona und Barcelona 12-mal täglich.
Bus: Von Bedeutung besonders für den Lokalverkehr. Busse nach Deltebre 7-mal, nach Sant Carles de la Ràpita 12-mal, nach Tarragona 2-mal täglich.

• *Übernachten* ****** Parador Castell de la Suda**, in der alten Festung oberhalb der Stadt. Parador-üblicher Komfort inklusive Swimmingpool; Traumlage mit wunderschöner Fernsicht, hübscher Garten. Der Service im Restaurant allerdings fand nicht den Beifall aller Leser. Standard-DZ je nach Saison 130–140 €, auch Superiorzimmer. Castell de la Suda s/n, ✆ 977 444450, ✉ 977 444458, www.parador.es.

** Hotel Tortosa Park, großes, passabel ausgestattetes Mittelklassehotel in recht günstiger Lage südlich knapp außerhalb des Zentrums; Garage. DZ/F nach Saison etwa 60–65 €. Avinguda Comte de Bañuelos 10, unweit der Hauptzufahrt, ✆ 977 446112, ✉ 977 446153, www.hoteltortosaparc.com.

Katalonien

▶ **Pantà de la Riba-Roja**: Der abgeschiedene Stausee Pantà de la Riba-Roja erstreckt sich nahe des Städtchens Flix, westlich der N 230 nach Lleida und knapp 70 Kilometer nördlich von Tortosa. Von der Industriestadt Flix sind es noch etwa sieben Kilometer bis zum Dorf Riba-Roja d'Ebre, dem Ausgangspunkt der bislang noch bescheidenen touristischen Entwicklung. Der rund 40 Kilometer lange Stausee ist für seinen Fischreichtum berühmt, insbesondere für die gigantischen Welse; Angelscheine und auch das nötige Equipment sind problemlos vor Ort erhältlich. Die zweite Attraktion des Sees ist eine Flotte von gut ausgestatteten Hausbooten.

- *Verbindungen* Zug: Riba-Roja liegt an der Linie von Tarragona nach Zaragoza; nur Lokalzüge halten. Verbindungen ab Tarragona, Reus und Flix (Busanschluss von/nach Tortosa) je 3-mal täglich.
- *Camping* **Riba-Roja**, 3. Kat., das eigentliche Zentrum der Aktivitäten. In schöner Lage am See, besser ausgestattet, als die Klassifizierung erwarten ließe. Im Restaurant (für jedermann zugänglich) hängen zahlreiche Fotos von erfolgreichen Anglern mit ihrer Beute. Verleih und Verkauf von Camping- und Angelausrüstung, auf Wunsch werden auch die nötigen Dokumente besorgt. Mit Ausnahme des Monats Dezember ganzjährig geöffnet, p.P. Auto, Zelt je etwa 4 €. Knapp sechs Kilometer hinter Riba-Roja, Carretera TV-7411, km 6, ✆ 977 265083, ✉ 977 265140.
- *Hausboot-Vermietung* **Badia Tucana** besitzt eine Flotte von unterschiedlich großen, komplett für das Leben auf dem Wasser ausgestatteten Typen mit Längen zwischen 9,30 und 13,80 Metern und einer maximalen Kapazität von neun Personen. Wochenpreise für das kleinste Boot, gut geeignet für bis zu vier erwachsene Personen, nach Saison etwa 950–1300 €, Reinigung, Versicherung rund 200 € extra, zuzüglich Kraftstoff. Auch Wochenend- und Mehrtagespauschalen sind möglich. Angelscheine und die nötige Ausrüstung werden gern beschafft. Der Stützpunkt liegt etwa einen Kilometer hinter dem Campingplatz, von Mitte November bis Anfang Februar ist geschlossen. Buchungs- und Infoadresse: Badia Tucana, Ctra. de Faió, km 6,8; 43790 Riba-Roja d'Ebre, ✆ 977 265161, ✉ 977 265061, www.badiatucana.com.

Delta de l'Ebre (Ebro-Delta)

Das Delta des Riu Ebre bildet das größte Feuchtgebiet der spanischen Mittelmeerküste, eine ungewöhnliche und schöne Landschaft der Lagunen, Kanäle und Reisfelder. Es ist Lebensraum zahlreicher Vogelarten und seit 1983 in Teilen als Naturschutzgebiet ausgewiesen.

Der Riu Ebre, auf spanisch Río Ebro genannt, ist als *Iberus* der Römer der Namenspatron der Iberischen Halbinsel. In seinem Mündungsgebiet verzweigt er sich zu einem etwa 320 Quadratkilometer umfassenden Delta, das vom Hauptlauf in ein nördliches und ein südliches Gebiet geteilt wird. Lagunen, Sümpfe, Kanäle und die sogenannten *ullas*, kleine Süßwasserseen, beherrschen die Szenerie. Besonders ins Auge fallen die im Frühjahr überschwemmten, im Sommer knackig grünen und im Herbst abgeernteten Reisfelder, die 98 Prozent der katalanischen Reisernte hervorbringen. Die Dörfer hier, auch das mitten im Delta gelegene *Deltebre*, sind angenehm verschlafen, teilweise noch fast nostalgisch.

Parc Natural del Delta de l'Ebre: Die Naturschutzzonen des Deltas liegen alle in den Küstengebieten. Für sechs der insgesamt neun Zonen ist normalerweise der Zugang gesperrt, doch bleibt auch so noch mehr als genug zu entdecken. Im hiesigen Tierreich besonders stark vertreten sind die Vögel: Gut 250 Arten leben ständig hier, weitere 50 überwintern oder machen dann Station. Ein wunderschöner Anblick sind die fragil wirkenden Flamingo-Schwärme, die besonders auf der Halbinsel La Banya beobachtet werden können.

Costa Daurada / Delta de l'Ebre

Einmal sein eigener Kapitän sein: Hausboote auf dem Ebre-Stausee

- *Information* **Centre de Informació**, am Ortsrand von Deltebre rechter Hand der Straße von Amposta; ausgeschildert „Ecomuseu", ✆ 977 489679. Öffnungszeiten: Mo–Sa 10-14, 15-19 Uhr (Mai bis September) bzw. 18 Uhr; So 10-14 Uhr. Leider in der Regel nicht fremdsprachig, dennoch die beste Adresse fürs Delta, zudem auch wegen des Museums einen Besuch wert.

Casa de Fusta, eine weitere Dokumentationsstelle des Parks, in der Schutzzone Encanyissada bei Poblenou, im südlichen Bereich. Öffnungszeiten wie oben.

- *Verbindungen* Ohne eigenes Gefährt ist das Bereisen des Deltas problematisch.

Bus: 8-mal täglich mit HIFE von Tortosa nach Deltebre. Die Busse halten auch an der Bahnstation L'Aldea-Amposta, an der die meisten Durchgangszüge stoppen.

Auto: Die letzte Brücke über den Ebre liegt bei Amposta; weiter östlich bleibt nur die Fähre. Die Vielzahl kleiner Straßen lässt eine gute Karte ratsam erscheinen.

Fahrradverleih: Delta Loguer, Poligono Industrial Los Molines, nicht weit vom Centre de Informació, ✆ 977 489342. www.deltalloguer.cat.

Fähren: Preiswerte und originelle Autofähren („Transbordadores") verkehren von Deltebre/La Cava im nördlichen Bereich nach Sant Jaume d'Enveja im südlichen Bereich. Die Fähren fahren nur tagsüber!

Ausflugsschiffe zum Mündungsgebiet: Abfahrtsstelle kurz hinter der Abzweigung zur Urbanisation Riumar, gegenüber der Insel Illa de Buda (etwa acht Kilometer von Deltebre entfernt), beschildert „Desembocadura". Hier starten die Schiffe der Gesellschaft „Creuers Delta de l'Ebre" (✆ 977 480128) von einem kleinen Komplex aus Restaurants und Souvenirshops je nach Nachfrage bis zu 7-mal täglich, Fahrtdauer etwa 45 Minuten, Preis etwa 7 €. www.creuersdelta-ebre.com. Abfahrten ab Deltebre selbst sind seltener, etwas teurer und finden nur im Sommer und an manchen Wochenenden statt; Infos bei den Agenturen unter ✆ 977 489122 (Garriga) und ✆ 977 480548 (Olmos).

- *Übernachten* *** **Delta Hotel**, mit nur 24 Zimmern recht familiäres, „ökotouristisches" Hotel nordöstlich knapp außerhalb von Deltebre. Ordentliche Ausstattung, schlicht-hübsche Zimmer, Fahrradverleih und Organisation von diversen Aktivitäten wie Bogenschießen, Fischen, Kahnfahrten und Ausflügen in den Park. DZ/F etwa 80–110 €. Avinguda del Canal-Camí de l'Illeta s/n, ✆ 977 480046, 📠 977 480663, www.deltahotel.es.

Katalonien Karte S. 105

256 Katalonien

** Hotel Mediterrani Blau, beim Strand Platja dels Eucaliptus. Noch recht neues, relativ kleines Hotel mit gerade mal zwanzig Zimmern, alle mit Balkon und Meerblick. Geöffnet März bis Mitte Oktober. DZ/F 55–80 €. Urbanisation Eucaliptus, ℡ 977 479310, www.mediterraniblau.com.

Jugendherberge, (IYHF) Alberg de Joventut Mossén Antoni Batlle, von Amposta kommend am Ortseingang von Deltebre, bei der Rot-Kreuz-Station. Gelegentlich Gruppen, Reservierung ratsam! Ganzjährig geöffnet, außer über Weihnachten. Avinguda de les Goles de L'Ebre s/n, ℡ 977 480136.

• *Camping* **Eucaliptus**, 2. Kat., beim breiten Strand Platja de Eucaliptus. Der ehemalige Camping „Mediterrani Blau", ein kleines Stück versetzt, komplett modernisiert (Pool etc.) und erheblich vergrößert mit Platz für nunmehr über 600 Personen. Geöffnet etwa Mitte März bis Ende September, p.P. 6 €, Auto 5 €, Zelt 7,50 €, zur NS günstiger. ℡ 977 479046, www.campingeucaliptus.com.

• *Baden* ist im Mündungsbereich großer Flüsse so eine Sache – und der Ebre schleppt ganz besonders viel Dreck mit sich. Untersuchungen lieferten mal erschreckende, dann aber auch wieder ganz passable Resultate. Wer unbedingt baden will, sollte sich am besten in den Dokumentationszentren über den aktuellen Stand informieren, besonders klar ist das Wasser allerdings nirgends.

▸ **Nördlicher Bereich des Ebre-Deltas**: Von L'Ampolla an der N 340 gelangt man durch ausgedehnte Reisfelder entweder nach Deltebre, oder, unterwegs links abzweigend, zur Küste beim Dünenstrand Platja de la Marquesa, der von Deltebre aus auch direkt zu erreichen ist. Von hier führt ein Feldweg auf die naturgeschützte Landzunge Punta del Fangar.

Deltebre, ein sehr lang gestreckter Ort, ist mit etwa 10.000 Einwohnern die größte Siedlung im Delta, die Atmosphäre dennoch dörflich-entspannt. Deltebre besteht aus den Ortsteilen Jesús i Maria im Westen und La Cava im Osten, letzteres das eigentliche Zentrum. Das sehenswerte, *Ecomuseu* genannte Dokumentationszentrum des Parks hat neben einer Ausstellung im Gebäude (siehe „Information", Eintritt 1,50 €) auch eine Art Naturlehrpfad aufzuweisen. Die Flussinsel *Illa de Buda* östlich von Deltebre ist Heimat zahlreicher Vogelarten und mit Ausflugsbooten (siehe oben) zu erreichen.

▸ **Südlicher Bereich des Ebre-Deltas**: **Sant Jaume d'Enveja**, direkt gegenüber von Deltebre, ist noch eine Ecke verschlafener. Von hier geht es, zunächst Richtung Süden, dann links, zum ausgedehnten Strand der Platja dels Eucaliptus. Westlich liegen mehrere Schutzgebiete wie die Halbinsel *La Banya*, von deren Beobachtungsturm gelegentlich Flamingoschwärme zu sehen sind.

▸ **Sant Carles de la Ràpita**: Nach einigen Tagen in Deltebre wirkt das eher ruhige Städtchen südlich des Deltas fast schon wie eine Großstadt. Eine besondere Schönheit ist der Ort nicht, macht dabei jedoch einen durchaus sympathischen Eindruck. Das Zentrum liegt etwas landeinwärts, dem großen Fischer- und Sporthafen scheint die Stadt fast den Rücken zuzukehren. Nach Süden zu schließen sich bis zur Grenze zur Comunidad Valenciana Urbanisationen, Campingplätze und vereinzelte kleine Industrieanlagen an.

• *Information* **Oficina Municipal de Turisme**, im Rathausgebäude an der zentralen Plaça Carles III, 13; ℡ 977 740100 und 977 744624. Öffnungszeiten im Sommer Mo–Fr 9-14, 17-19 Uhr, Sa/So 10.30-13 Uhr.

• *Verbindungen* **Bus**: Anschlüsse anderem von/nach Tortosa 12-mal und von/nach Tarragona 1-mal täglich.

• *Übernachten* **** Hotel Llansola**, freundliches kleines Hotel in zentraler, aber nicht ruhiger Lage; mit Garage. Gutes Restaurant. DZ nach Saison und Ausstattung etwa 55–95 €, F inklusive. Carrer Sant Isidre 98, ℡ 977 740495, www.llansolahotel.com.

** Pensió Rocamar, recht große und ganz passable, zentral gelegene Pension mit Restaurant. DZ/Bad nach Saison etwa 30-40 €, ohne Bad noch etwas günstiger. Avinguda Constitució 8, ℡ 977 740458.

Valèncias Wahrzeichen des 21. Jahrhunderts: Ciutat de les Arts i les Ciències

Comunitat Valenciana

Die Region València gehört schon ganz dem Süden Spaniens. Auf vielen Gebieten wird der Unterschied zu Katalonien augenfällig.

Die *Comunitat Autónoma Valenciana* besteht aus den drei Provinzen Castelló, València und Alicante. Begrenzt wird sie von den Comunidades Katalonien, Aragón, Kastilien-La Mancha und Murcia. Mit fast fünf Millionen Einwohnern auf 23.305 Quadratkilometern Fläche zählt die Region zu den am dichtesten besiedelten Gebieten Spaniens. Ihre Hauptstadt ist València, die drittgrößte Stadt des Landes.

Historisch gesehen bildet València, zusammen mit dem südlichen Nachbarn Murcia, die Region der spanischen *Levante*, den „Osten". Die Mauren konnten sich hier länger halten als in Katalonien und wirkten bestimmender. Das Land verdankt ihnen viel: Die sattgrünen Gartenplantagen der *Huertas*, die im Tiefland der Küste drei bis vier Ernten im Jahr ermöglichen, wären ohne die von den Mauren eingeführten Bewässerungssysteme undenkbar; auch die für die Region so typischen Nutzpflanzen wie Orangenbäume, Reis oder Dattelbäume sind neben vielen anderen Erbe der Araber.

Anderer Herkunft ist die – neben dem Spanischen – vorherrschende Sprache der Region, das *valencià* (span.: valenciano), ein Dialekt des Katalanischen, der auf die Zeiten zurückgeht, als València zum Königreich von Katalonien und Aragón gehörte. Manche Einwohner verstehen das Valencià gar als eigenes Idiom, eine Sichtweise, die eher unter der Rubrik „Regionalpatriotismus" einzuordnen ist. Seit den 90er-Jahren hat sich der Einfluss des Valencianischen deutlich verstärkt.

Schreibweise von Orts- und Straßennamen: Bis hinunter zur Grenze nach Murcia tragen immer mehr Hinweis- und Ortsschilder valencianische Namen – ein Trend, der sich sicher fortsetzen wird. Wir geben deshalb an erster Stelle die valencianischen Bezeichnungen an, bei abweichender Schreibweise ergänzt durch ihr spanisches Pendant. Aus demselben Grund wird die Autonome Gemeinschaft als „Comunitat" benannt und nicht gesamtspanisch als „Comunidad". Eine durchgängig valencianische Benennung der einzelnen Straßennamen ist dagegen leider nicht möglich, da auf diesem Gebiet der Umstellungsprozess gerade erst in Gang gekommen ist – da finden sich auf einem Stadtplan von València schon mal valencianische und spanische Namen in bunter Mischung.

Geschichte Valèncias

Höhlenzeichnungen in nur schwer zugänglichen Gebieten der Region belegen menschliche Besiedelung ab etwa 6000 v. Christus. Die ersten Kolonisatoren waren um 1100 v. Chr. Handel treibende Phönizier. Ab 800 v. Chr. tauchten auch Griechen auf; Städte wie Alacant (Alicante) oder Sagunt gehen auf griechische Niederlassungen zurück. Ihr künstlerischer Einfluss auf die einheimische Bevölkerung der Iberer zeigt sich deutlich in der *Dama de Elche*, einer Büste, die bei der Stadt Elx (Elche) gefunden wurde und heute im Archäologischen Nationalmuseum Madrids ausgestellt ist. *Rom* griff im 2. Punischen Krieg (218–201 v. Chr.) in die Geschichte der Region ein und setzte sich schließlich gegen die nordafrikanischen Karthager durch; wichtigste Gründung der Römer ist die Stadt València. Ab dem 5. Jh. n. Chr. geriet die Levante in die Hände der Westgoten, im 8. Jh. übernahmen die Mauren geradezu blitzartig die Macht. Unter ihrer Herrschaft kamen Landwirtschaft, Kunst und Wissenschaft zu hoher Blüte. Die Aufsplittung in kleine Einzelreiche schwächte die Araber jedoch allmählich – die christliche Rückeroberung *Reconquista* setzte ein.

El Cid, Nationalheld Spaniens

Die wohl schillerndste Figur in der Geschichte des Landes València wurde 1043 in der Nähe des kastilischen Burgos geboren. *Rodrigo Díaz* verdiente sich unter zwei kastilischen Königen große Kampfesmeriten, was ihn nicht davon abhielt, nach einem Nachfolgestreit mit König *Alfons* flink zur maurischen Seite zu wechseln. Militärische Erfolge gegen die Christen (gegen die Heere des Königs selbst kämpfte er ehrenhalber nicht) brachten ihm den Beinamen *El Cid*, „der Herr", ein. König Alfons, klug genug, auf einen solchen Feldherrn nicht zu verzichten, reichte ihm die Hand der Versöhnung; El Cid schlug ein. 1094 eroberte er València von seinen einstigen Freunden und hielt die Stadt trotz vieler Angriffe bis zu seinem Tod 1099. Das wechselvolle Leben des Cid ist Thema des ältesten in Spanien überlieferten Heldenepos, des *Cantar de mio Cid*, das etwa aus dem 13./14. Jh. stammt.
www.caminodelcid.org beschreibt (leider nur auf Spanisch) zwei etwa parallel verlaufende, jeweils weit über tausend Kilometer lange Routen auf den Spuren des Cid, wahlweise mit Motorfahrzeug oder Fahrrad auf Nebenstraßen oder für Fußgänger und Mountainbikefahrer auf einem neuen, als GR 160 ausgewiesenen Fernwanderweg. Als Wegweiser dient jeweils ein gefiederter Pfeil.

▶ **Königreich València**: Obwohl nach dem Tod des Cid València wieder in die Hände der Mauren fiel, setzte sich langfristig doch die Reconquista durch. Das katalanisch-aragonische Heer unter *Jaime I.* eroberte ab 1213 die Levante zurück. Der Herrscher gründete das Königreich València, das jedoch „unter Aufsicht" von Katalonien und Aragón blieb und nur wenige Jahrhunderte Bestand hatte: 1492 wurde València dem Vereinigten Königreich Kastilien-Aragón angegliedert.

Geschichte Valencias 259

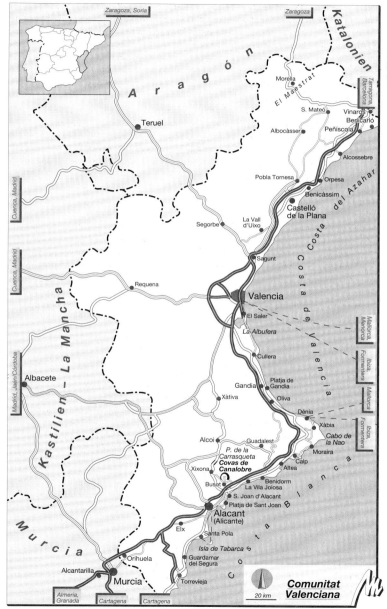

Comunitat Valenciana
Karte S. 259

Die endgültige Vertreibung der bis dahin noch als Siedler geduldeten Mauren im Jahr 1609 führte zu einem Niedergang der Wirtschaft. Die folgenden Jahrhunderte sahen die Region, die ja nie durch besonderes Unabhängigkeitsstreben auffiel, weiter im Gefolge der gesamtspanischen Geschichte. 1706 wurde das Gebiet im Spanischen Erbfolgekrieg von Engländern und Holländern, ab 1811 im Spanischen Unabhängigkeitskrieg von den Franzosen besetzt. In den Karlistenkriegen von 1833 bis 1839 stand València auf der Seite der unterlegenen Anhänger Karls V., im Spanischen Bürgerkrieg von 1936 bis 1939 auf der der Volksfront. Noch kurz vor dem endgültigen Zusammenbruch wurde València zur republikanischen Hauptstadt ausgerufen.

2005 reichte die (konservativ regierte) Comunitat Valenciana einen Entwurf für ein Autonomiestatut ein, der u.a. eine eigene, wenn auch den nationalen untergeordnete Steuerbehörde vorsah. Noch vor dem (durch einen Kompromiss abgemilderten) Statut Kataloniens erhielt diese „zahmere", von einem breiten politischen Spektrum getragene Variante von Madrid grünes Licht.

Reiseziel Comunitat Valenciana

Auf dem Gebiet des Fremdenverkehrs zählt das Land València zu den Spitzenreitern unter den spanischen Regionen. Einen vergleichsweise sehr hohen Anteil der Gäste stellen dabei inländische Besucher, die in der Provinz Castelló rund 80 Prozent der Übernachtungen ausmachen. Ohne Folgen blieb diese Entwicklung nicht, und so wurden die Küstenzonen vielfach mit Apartmenthäusern und Ferienanlagen verbaut. Besonders schön anzusehen ist das nie, doch gibt es Abstufungen. Aufgelockerte Villenkolonien wie an der Costa Blanca um Dénia sind optisch nun mal erträglicher als die Ballungen von Hochhäusern und einförmigen Urbanisationen der Costa del Azahar oder des berühmt-berüchtigten Benidorm.

Klimadaten am Beispiel València-Stadt
(Durchschnittswerte in Grad Celsius bzw. Tagen)

Monat	Luft		Wasser	Regentage*
	° max	° min		
Januar	15.0	5.7	13	5
Februar	16.1	6.2	13	5
März	18.1	8.1	13	6
April	19.8	10.0	15	7
Mai	22.6	13.1	17	7
Juni	26.3	16.7	20	5
Juli	28.6	19.8	24	2
August	29.4	19.8	25	3
September	27.4	17.9	23	6
Oktober	23.0	13.5	21	7
November	19.1	9.4	17	6
Dezember	15.9	6.6	15	5
Jahresmittel	21.8	12.2	18	64

*(Regentage: Tage mit mindestens 0,1 mm Niederschlag)

Reiseziel Comunitat Valenciana

Die **Küstenstriche** des Landes València bestehen überwiegend aus Sand- oder Kiesstränden. Sie gliedern sich in die Costa del Azahar und die Costa Blanca; gelegentlich wird auch von einer Costa de València im Gebiet um die Hauptstadt gesprochen. Die Fremdenverkehrsämter der Provinzen haben sich mittlerweile offensichtlich geeinigt, jeder Provinz „ihre" Costa zukommen zu lassen. Die *Costa del Azahar* reicht somit von Vinaròs bis zur Provinzgrenze von Castelló. Die „Küste der Orangenblüten" macht mit ausgedehnten Huertas ihrem Namen Ehre, leidet aber auch sehr unter den Folgen des Baubooms und der Industrialisierung. Gleiches gilt verstärkt noch für die *Costa de València*. Ab der Provinzgrenze von Alacant (Alicante) beginnt die *Costa Blanca*. Sie reicht bis hinunter nach Cartagena in der Comunidad Murcia und präsentiert sich landschaftlich vielfältiger als die flachen Costas im Norden.

Das **Hinterland** der Küste wird von ausländischen Gästen relativ wenig besucht. Es unterscheidet sich deutlich vom fruchtbaren Küstenstrich, zählt mit seinen felsigen Sierras und staubigen Hochebenen schon zu den endlosen Weiten Innerspaniens.

Mit hochrangigen **Sehenswürdigkeiten** ist València weniger reich gesegnet als das benachbarte Katalonien. Bis auf das Amphitheater bei *Sagunt* hinterließen die Römer kaum bauliche Spuren. Die architektonischen Relikte der Mauren wiederum reichen nicht entfernt an die Bedeutung derer von Andalusien heran. Die Romanik fiel der arabischen Besetzung wegen praktisch aus. Hauptsehenswürdigkeit der Comunitat bleibt die vielseitige Hauptstadt *València*.

• *Internet* www.comunitatvalenciana.com

• *Klima und Reisezeit* Der Süden macht sich bemerkbar, die durchschnittliche Sonnenscheindauer liegt in València noch im Oktober höher als in Barcelona im September. So verwundert es nicht, dass sich besonders die Costa Blanca durchaus als Ganzjahresziel eignet. Für Hitzeempfindliche liegen Einschränkungen eher im Hochsommer, wenn die Temperaturen schon mal die 40-Grad-Grenze überklettern können. Problematisch gestaltet sich im Sommer auch die Quartiersuche.

• *Verbindungen* **Zug**: Von Norden kommend, biegen die Fernzüge hinter València-Stadt ins Inland ab. Eine Nebenstrecke führt noch bis Gandia, dann ist an der Küste erstmal Schluss – was die Staatsbahn betrifft. Im etwa 30 Kilometer entfernten Dénia (Busverbindung) nämlich beginnt die Schmalspurbahn FGV mehrmals täglich ihre Fahrt bis Alacant (Alicante).
Bus: Gute Verbindungen entlang der gesamten Küste, besonders zwischen València und Alacant. València fungiert auch als Drehkreuz für das Landesinnere.
Schiff: Ab Alacant und Dénia Fährverbindungen auf die Balearen.
Auto: Auf der küstennahen N 340 teilweise extremer Schwerlastverkehr; nördlich von Castelló empfiehlt sich deshalb die Benutzung der gebührenpflichtigen Autobahn sehr. Der Ausbau von weiten Teilen der N 340 ist jedoch im Gange; in wenigen Jahren (Optimisten sprechen gar von Ende 2010) soll die Fernstraße zumindest südlich von Castelló bis Alicante komplett vierspurig befahrbar sein (und wird dann dort A 7 heißen), Teilstrecken sind es bereits jetzt. Die Hauptstadt besitzt eine gebührenfreie Autobahnumgehung. Südlich führen zwei Fernstraßen nach Alacant (Alicante): die viel befahrene N 332 in Küstennähe und die reizvolle Bergstraße A7/N 340 via Alcoi (Alcoy).

• *Übernachten* Die überwiegend von Spaniern besuchte und deshalb vor allem mit Apartments versehene Costa del Azahar besitzt geringere Hotelkapazitäten als die Costa Blanca. Ab Mitte Juli, besonders aber im spanischen Hauptreisemonat August, melden viele Küstenhoteliers „completo": Ratsam, vorab zu reservieren oder zumindest früh am Tag auf die Suche zu gehen. Campingplätze gibt es in gutem Angebot an beiden Küsten, im Landesinneren dagegen kaum. Viele der Plätze sind ganzjährig geöffnet.

• *Essen und Trinken* Reisgerichte in einer ganzen Reihe von Variationen sind die Klassiker der valencianischen Küche.
Paella, weltbekannt und fast überall in Spanien angeboten, sollte am besten in ihrer Heimat verkostet werden. Mit der traditionellen Mittagsspeise der Landarbeiter in den Huertas verhält es sich ähnlich wie mit der italienischen Pizza: Die Variationen sind unerschöpflich. Mit Valencianos lässt es

sich trefflich über die „einzig richtigen" Zutaten diskutieren. Nicht angebracht sind Diskussionen über das Gerät (die Pfanne, von der der Name stammt: rußgeschwärzt, zwei Griffe, rund, großer Durchmesser, flacher Rand), die Kochart (über offenem Feuer), den Reis (Rundkorn aus der Region), das Öl (Olivenöl, vom Feinsten), den Safran, der für die goldene Farbe sorgt, in manchen Restaurants aber leider durch Lebensmittelfarbe ersetzt wird, und die „Socarrat" genannte Kruste am Boden. Im Restaurant sollte die Paella frisch zubereitet sein, die meisten Betriebe bieten sie deshalb auch nur ab zwei Portionen aufwärts an. Mit etwa einer halben Stunde Wartezeit ist zu rechnen. Paella, obwohl am besten bekannt, ist aber nur eins von vielen Reisgerichten der Region València. Auf der Speisekarte kenntlich sind sie an der Bezeichnung **arròs a ...** (span.: arroz) bzw. **arròs amb ...** Unter zahllosen Variationen genannt seien **arròs negre**, mit Tintenfisch und schwarzgefärbt von dessen Tinte, oder **arròs a banda**, ein zweigängiges, getrennt serviertes „Menü" aus Reis und Meeresfrüchten. Eine Variation der Paella auf Basis von Fadennudeln ist die sog. **fideuà**, eine Spezialität der Gegend um Gandia.

An Süßspeisen hat die Region einiges von den Arabern geerbt. Viel gerühmt sind die **turrónes**, eine Art türkischer Honig, als deren Hochburg der Ort Xixona zwischen Alcoi und Alacant gilt. Ebenfalls eine sehr süße Sache ist die Mandelmilch **horchata de chufa**.

Wein: Im Weinbau nimmt die Region innerhalb Spaniens den mengenmäßig ersten Rang ein. Die **D.O. Utiel-Requena** ist sogar spanischer Spitzenreiter in der Produktion von Rotweinen überwiegend der Rubrik „trinkbarer Tischwein". Echte Klasse besitzen die **Muskateller-Weine** (Marina, Marquesat de Dénia) und die jungen, frischfruchtigen Weißweine von **Alto Turia** aus der D.O. València.

•*Feste und Veranstaltungen* **Fallas**, València-Stadt, 15.-19. März. Ein Fest des Feuers, bei dem Hunderte aufwändig hergestellte Pappmaché-Figuren in einer einzigen Nacht in Flammen aufgehen. Kleinere Fallas auch in anderen Orten wie Gandía und Dénia.
Moros y Cristianos, in vielen Orten, meist im April. Traditionsreiche Ritterspiele, die den Kampf der Christen gegen die Mauren nachvollziehen; oft von einer Art „Bruderschaften" vorgeführt, in der die Mitgliedschaft vom Vater auf den Sohn übergeht. Schon Tage vor dem eigentlichen Fest werden die in vielen Orten eigens aufgestellten Zelte zu abendlichen Treffpunkten farbenprächtig gewandeter „Mauren" und „Christen" und ihrer Familien. Die bekannteste dieser Fiestas ist **L'Alcoia** von Alcoi, um den 23. April. „Moros y Cristianos" finden von Januar bis September in vielen Provinzen Südspaniens statt, insgesamt weit über hundert.
La Nit del Foc, Alicante, Nacht des 23. Juni. Die aufwändigste Zelebrierung der viel gefeierten Johannisnacht Sant Joan. Umzüge, Feuerwerk und überall die Freudenfeuer „Fogueres".
Misteri d'Elx, Elx (Elche), 13.-15. August. Eine mittelalterliche Bühnenversion von Maria Himmelfahrt, seit dem 13. Jh. ununterbrochen aufgeführt.
La Tomatina, in Buñol in der Provinz València, nahe der N III nach Madrid, am letzten Mittwoch im August. Eine orgiastische Schlacht, deren Teilnehmer sich mit Tausenden vollreifer Tomaten bewerfen. Mehr als hundert Tonnen der roten Früchte werden dabei verbraucht. Das Fest geht bis ins Jahr 1944 zurück und wurde später von Franco verboten. Heute amüsiert sich ein internationales Publikum auf der kurzen, aber heftigen Veranstaltung, die um zwölf Uhr mittags beginnt und genau eine Stunde später endet. Das Fremdenverkehrsamt rät, leicht waschbare Kleidung zu tragen...

Costa del Azahar

Die „Küste der Orangenblüten" duftet im Frühjahr tatsächlich ihrem Namen entsprechend, wirkt aber sonst etwas monoton.

Landschaftlich zeigt sich die flache Küstenzone nämlich alles andere als spektakulär. Vielerorts wuchern einfallslose Urbanisationen. Wer baden möchte, ist mit dem nördlichen Bereich bis vor *Castelló de la Plana* auf jeden Fall besser bedient, denn die südliche Zone empfängt stark die „Segnungen" der Industrialisierung Castellós, des Hinterlands und Valèncias. Abwechslung zum Küstenbetrieb bieten Ausflüge in den Maestrat, ein aus mehreren Sierras bestehendes Bergland.

El Maestrat (El Maestrazgo)

Eine wilde Berglandschaft aus mehreren Gebirgszügen, die sich parallel zur Küste etwa im Bereich zwischen Vinaròs und Castelló erstrecken, Höhen bis über 1300 Meter erreichen und bei den Einwohnern Valèncias als Sommerfrische beliebt sind.

▸ **Morella**: Das mittelalterliche Bergstädtchen im nördlichen Maestrazgo liegt auf etwa tausend Meter Höhe an der N 232 von Vinaròs nach Zaragoza, knapp 70 Kilometer von der Küste entfernt. Morella war als Grenzstadt Valèncias zu Aragón häufig umkämpft. Seiner strategischen Lage verdankt der Ort eine alles beherrschende Burg und eine beeindruckende ringförmige Stadtmauer aus dem 14. Jh., die fast 2,5 Kilometer Umfang misst. Für motorisierte Reisende eignet sich das gemütliche und charaktervolle Städtchen gut für einen Tagesausflug von der Küste. Und wer schon einmal hier ist, kann zur (Winter-) Saison auch die Spezialität von Morella probieren: schwarze Trüffeln, trufas negras.

- *Information* Oficina Municipal de Turismo, Pl. San Miguel 3, im östlichen Altstadtbereich nahe des Haupttors; ☎ 964 173032. Öffnungszeiten: Mo–Sa 10–14, 16–18 Uhr, So 10–14 Uhr, zur HS erweitert. www.morella.net.
- *Verbindungen* Busse von/nach Castellò, Vinaròs und Alcañiz 1- bis 2-mal täglich.
- *Übernachten* Ein **Parador** im ehemaligen Kloster Convent de Sant Francesc (12. Jh.) ist in Bau und wohl demnächst fertig.
*** **Hotel Cardenal Ram**, stilvolles Haus in einem ehemaligen Adelspalast der Altstadt; gutes Restaurant angeschlossen. DZ etwa 75 €. Cuesta Suñer 1, ☎ 964 173085, ✉ 964 173218, www.cardenalram.com.

** **Hotel El Cid**, ein solides, auch von Lesern gelobtes Quartier mit ordentlichen Zimmern, Restaurant und Café. DZ/Bad etwa 65 €, Frühstück inklusive. Puerta San Mateo 2, im Süden der Altstadt, ☎ 964 160125, ✉ 964 160151, www.hotelelcidmorella.com.

* **Hostal La Muralla**, nicht weit entfernt und eine mögliche Alternative; DZ/Bad etwa 40 €. C. Muralla 12, ☎ 964 160243.

- *Veranstaltungen* **El Sexeni**, 22. August. Nur alle sechs Jahre (2012, 2018). Dann aber umso heftiger; in der Woche davor und in der Woche danach ist auch einiges los. Kern ist eine Marien-Prozession zur Erinnerung an die Errettung vor der Pest im 18. Jh.

Sehenswertes: Die gotische Kirche *Santa María la Mayor* (auch: Iglesia Arciprestal) an der Plaza Benedikto XV. unterhalb der Burg entstand im 13./14. Jh. Bemerkenswert sind besonders die beiden Portale, ebenso die ungewöhnliche Anordnung des Chors: Er steht auf Säulen und lässt so den Durchblick zum Altar frei. Unweit stehen die Reste des Franziskanerklosters *Convento de San Francisco* mit einem schönen Kreuzgang. Hier beginnt auch der Weg zur Burg *Castillo*, die zwar großteils in Trümmern liegt, jedoch einen weiten Rundblick bietet.

▸ **Weiterreise**: Auf dem Weg nach Zaragoza lohnt sich ein Stopp im historischen Städtchen *Alcañiz* in der Provinz Teruel, siehe im Kapitel zu Aragón.

Vinaròs (Vinaroz)

Wein und Reis, so der Ortsname, sind längst nicht mehr die einzigen Einnahmequellen des Küstenstädtchens.

Vor allem spanische Urlauberfamilien besuchen den eher schlichten Ort. Auf gastronomischem Gebiet genießt Vinaròs wegen der hiesigen Schalentiere, besonders der Langostinos, einen sehr guten Ruf. Die engen Strände in Vinaròs und Umgebung wirken allerdings nicht allzu einladend.

- *Verbindungen* **Zug**: Der Bahnhof liegt gut zwei Kilometer westlich des Zentrums, jenseits der N 232. Züge Richtung Tarragona und València verkehren je 8-mal täglich.
- *Camping* **Vinaròs**, 2. Kat., etwa drei Kilometer nördlich des Zentrums von Vinaròs, Zufahrt von der N 340. Gut ausgestatteter, wenn auch nicht ganz leiser Platz mit Pool, offiziell ganzjährig geöffnet. Parzelle ab 15 €, p.P. 6 €. ✆/✉ 964 402424, www.campingvinaros.com.

Benicarló

Das Hafenstädtchen zeigt sich ähnlich unspektakulär wie das benachbarte Vinaròs und wird ebenfalls bevorzugt von Spaniern besucht. Der Ortsstrand fällt eher schmal aus; südlich, etwa ab der Höhe des Paradors, erstrecken sich dafür fünf Kilometer Sand bis Peñíscola.

- *Verbindungen* **Zug**: Bahnhof Benicarló-Peñíscola etwa 1,5 Kilometer nordwestlich, jenseits der Nationalstraße N 340. Anschlüsse nach Tarragona 7-mal, nach València 9-mal täglich.
- *Übernachten* *** **Parador Costa del Azahar**, an der Küstenstraße etwa zwei Kilometer südlich des Zentrums. Neubau; Swimmingpool und Tennisplätze. Standard-DZ etwa 140–175 €. Avda. del Papa Luna 5, ✆ 964 470100, ✉ 964 470934, www.parador.es.
- *Camping* **La Alegría del Mar**, 2. Kat., etwas nördlich des Ortes. Kleinerer, ganzjährig geöffneter Platz; Pool. Preise p.P., Auto, Zelt je etwa 5,50 €. ✆ 964 470871. www.campingalegria.com.

Peñíscola

Ein Fischerhafen, eine bezaubernde kleine Altstadt, die auf einem Felskap hoch über der Küste schwebt, und unterhalb ein weiter Sandstrand: Traum jedes Fremdenverkehrsmanagers.

Dank dieser Attribute wurde Peñíscola zum touristischen Hauptort der Costa del Azahar, von internationalem Publikum bestens besucht. Kilometerlange Hochhausalleen flankieren den nördlichen Strand, die Bebauung reicht bis Benicarló. Wie dieser Strand 1961 aussah, zeigt eine seinerzeit hier gedrehte Szene im Historienepos „El Cid": kein Haus weit und breit. Heute machen sich auch auf den Hügeln im Hinterland Urbanisationen breit. Ansonsten mag man sich in Peñíscola schon wohl fühlen. Der mittelalterliche Ortskern, umgeben von meterdicken Festungsmauern, hat neben zahlreichen Souvenirgeschäften auch noch einige malerische Ecken vorzuweisen, Wasser und Strand sind in Ordnung. Die Hauptreisezeit im Juli und August allerdings sollte man vielleicht besser meiden, ebenso die Wintermonate, in denen vieles geschlossen hat.

Geschichte: Der weit ins Meer ragende Felsklotz bildet mit seinem schmalen Zugang und eigenen Süßwasserquellen eine natürliche Festung, genutzt von Phöniziern, Karthagern, Römern und Mauren. Im 14. Jh. geriet Peñíscola sogar zu einem Nebenschauplatz der Weltgeschichte. Der Katalane Pedro de Luna, „Papa Luna" genannt, war als *Benedikt XIII.* einer der aus der Kirchenspaltung im 14. Jh. hervorgegangenen Gegenpäpste. 1411 musste er seinen Hof von Avignon in das kleine Felsennest verlegen, in dem er mehrere Belagerungen überstand. Hier starb Papa Luna 1423 – im Alter von 95 Jahren und im festen Glauben, einzig rechtmäßiger Papst zu sein.

- *Information* **Oficina de Información Turística**, Paseo Maritimo s/n, an der Promenade am nördlichen Strand, kurz vor der Altstadt; ✆ 964 480208. Öffnungszeiten: Juli–September Mo–Fr 9–20 Uhr, Sa 10–13, 16–20 Uhr, So 10–13 Uhr; sonst Mo–Fr 9.30–13.30, 16–19 Uhr, Sa 10–13, 16–19 Uhr, So 10–13 Uhr. www.peniscola.es.

Wenn die Touristen noch schlafen: Peñíscola am Morgen

- *Verbindungen* **Zug/Bus**: Nächster Bahnhof in Benicarló; dorthin im Sommer recht häufige Busverbindung. Haltestelle nahe Touristinformation.
Ausflugsboote starten im Hafen (Südseite Altstadt) zu Rundfahrten um den Burgfelsen.
- *Übernachten* Gutes Angebot aller Klassen, im Sommer dennoch Engpässe. Luxushotels an der Küstenstraße nach Benicarló, preisgünstige Pensionen im Gebiet vor der Altstadt.
**** Hostería del Mar, seit 1966 der Paradorkette angeschlossen, Ambiente und Komfort entsprechend. DZ nach Saison etwa 75–145 €. Av. Papa Luna 18, ✆ 964 480600, ✉ 964 481363, www.hosteriadelmar.net.
** Hotel Playa, ziemlich zentral gelegenes Strandhotel der Mittelklasse. Zimmer etwas altmodisch, aber gut brauchbar. Ganzjährig geöffnet, DZ etwa 50 €, zur HS von Juli bis Mitte September ist jedoch in der Regel HP obligatorisch. C. Primo de Rivera 32, ✆ 964 480001, ✉ 964 482319. www.elhotelplaya.com. Im Umfeld weitere, in Preis und Ausstattung ähnliche Hotels.
* Hostal El Tórico, strand- und altstadtnah. Zimmer einfach, zur Straße hin manchmal laut, sonst in Ordnung. DZ um die 40 €. Av. José Antonio 18, ✆ 964 480202.

- *Camping* Um Peñíscola viele ganzjährig geöffnete Plätze der 1. Kategorie.
El Edén, 1. Kat., in Richtung Benicarló. Zum Strand 200 m, Altstadt in gestreckter Fußentfernung. Mit Swimmingpool, Schatten eher mager. Ganzjährig geöffnet; Stellplatz zur HS rund 50 €, p.P. etwa 10 €, in der NS deutlicher Rabatt. ✆ 964 480562. www.camping-eden.com.
Ferrer, 2. Kat., familiärer kleiner Platz in Zentrumsnähe; schattig und mit (winzigem) Pool. Sanitäres etwas ältlich, aber okay. Preise p. P. 6 €, Zelt 10 €, Auto 3 €, zur NS günstiger. Geöffnet etwa Ostern bis September; ✆ 964 481401. www.campingferrer.com.
- *Essen* **Restaurante Casa Jaime**, an der Strandstraße. Gute Meeresküche; festes Menü etwa 45 €, à la carte ähnliches Preisniveau. Im Winter mittwochs sowie So Abend geschlossen. Av. Papa Luna 5, ✆ 964 480030. Günstigere Restaurants im Viertel unterhalb der Altstadt, vor allem in der „Fressgasse" **Calle Calvo Sotelo**.
- *Veranstaltungen* **Virgen de la Ermitana**, in der ersten Septemberhälfte. Die Festwoche von Peñíscola, die sich über mindestens zwei Wochenenden und den Zeitraum dazwischen erstreckt, u.a. mit Stierhatz am Strand.

▸ **Sehenswertes**: Der gesamte Komplex der Altstadt mit seinen engen Gassen, den Verteidigungsschanzen, meterdicken Mauern und wuchtigen Torbauten. An der höchsten Stelle, 64 Meter über dem Meer, erhebt sich das von den Tempelrittern und später von „Papa Luna" ausgebaute, alles beherrschende *Castillo* (von Ostern bis Mitte Oktober tägl. 9.30-21.30 Uhr, sonst 9.30-13, 16.30-17.30 Uhr; 3,50 €), in dem gelegentlich auch Kunstausstellungen stattfinden. Am meerseitigen Rand der Altstadt liegt das Meeresmuseum *Museu de la Mar* (Sommer tägl. 10-14, 17-21 Uhr, sonst 10-14, 16.30-18/20 Uhr, Oktober bis März Mo geschlossen; gratis) das sich der maritimen Geschichte, der Tierwelt des Meeres und dem Fischfang widmet.

Richtung Castelló de la Plana

▶ **Las Fuentes/Alcossebre (Alcocéber):** Das ehemalige Fischerdörfchen Alcossebre, etwa 20 Kilometer südwestlich von Peñíscola, ist mit der Urbanisation Las Fuentes fast zusammengewachsen. An der kleinen Küstenstraße zur weiter südlich gelegenen Feriensiedlung *Torrenostra* liegen einige brauchbare Strände.

• *Camping* **Playa Tropicana**, 1. Kat., schöner Platz in ruhiger Lage, viel Grün, exzellente Sanitärs, Swimmingpool. Zum ausgedehnten Sandstrand über die Küstenstraße. Hundeverbot, im Juli/August auch Fernsehverbot. Ganzjährig geöffnet; Stellplatz nach Größe und Ausstattung zur HS ab 50 €, zwei Personen sind im Preis eingeschlossen. ✆ 964 412463, www.playatropicana.com.

▶ **Orpesa (Oropesa):** Auch Orpesa besitzt seine (allerdings verfallene) Burg samt engem altem Viertel. Den Großteil der Siedlungsfläche belegen Hochhäuser und Apartmentblocks, in denen spanische Familien ihren Urlaub verbringen. Camper finden eine ganze Reihe von Zeltplätzen.

▶ **Benicàssim** (Benicasim) setzt auf die Bausünden von Orpesa noch eins drauf: ein sehr ausgedehnter, überwiegend aus Hochhäusern errichteter Ort, umgeben von einem Kranz von Urbanisationen. Und am Horizont grüßen die qualmenden Schlote von Castelló ...

Castelló (Castellón) de la Plana

Die gut 170.000 Einwohner zählende Provinzhauptstadt ist überwiegend modern geprägt und lebt von Industrie und Handel.

Castelló liegt etwas landeinwärts. Links und rechts des Küsten-Ablegers *El Grao* („Hafen") finden sich zwar passable Strände, das Wasser dort war aber Messungen zufolge in der Vergangenheit häufig schwer belastet. Positiv anrechnen mag man Castelló den durch auswärtige Besucher nicht beeinträchtigten „typisch spanischen" Charakter. Wer schon mal da ist, sollte das *Museo de Bellas Artes* (Di-Sa 10-20 Uhr, So 10-14 Uhr; gratis) besuchen, in dem man die „Schönen Künste" nebst archäologischen Funden der Region bewundern kann. Es liegt an der Calle Caballeros (val.: Cavallers) 25, nahe der Plaza Mayor.

• *Information* **Oficina de Turismo**, Plaza María Agustina 5, am Ende der Hauptstraße Calle Mayor; ✆ 964 358688. Öffnungszeiten Mo–Fr 9–14, 16–19 Uhr, Sa 10–14 Uhr; im Juli/August erweitert. www.castellon-costaazahar.com.

• *Verbindungen* **Flug**: Ein (privat betriebener) Flughafen, der vor allem ausländische Gäste an die Costa del Azahar locken soll, war zuletzt noch in Bau, dürfte jedoch relativ bald eröffnen.

Zug: Gute Verbindungen besonders nach València, das mit den „Cercanías" bzw. „Rodalies" genannten Nahverkehrszügen halbstündlich bis stündlich bedient wird.

• *Übernachten* **** **Hotel Castelló Center**, am westlichen Zentrumsrand, unweit der Arena und etwas südlich des Park Ribalta. Großes, modernes und komfortables Hotel, zu dessen Kundschaft viele Geschäftsreisende zählen; Garage. Weite Preisspanne: DZ offiziell etwa 60-165 €. Ronda de Mijares 86, ✆ 964 342777, 📠 964 254929, www.hotelcastelloncenter.com.

** **Hotel Res. Doña Lola**, nicht weit entfernt, noch etwas stadtauswärts. In seiner Kategorie empfehlenswertes Quartier mit (recht teurer) Parkmöglichkeit und Restaurant. Ganzjährig geöffnet. 2008 komplett renoviert, DZ etwa 65-90 €. C. Lucena 3, ✆ 964 214011, ✉ 964 252235. www.hoteldonalola.com.

● *Essen* **Mesón Navarro**, im westlichen Zentrumsbereich. Ältestes Restaurant (gegründet 1972) einer kleinen lokalen Kette, die sich vor allem auf Fleischgerichte spezialisiert hat; es werden aber auch Tapas etc. angeboten. Menü à la carte ab etwa 25 € aufwärts. So-Abend und Mi geschlossen im Sommer auch So-Mittag. Plaza Tetuán 26. ✆ 964 213115.

Rest. La Judería, im Zentrum, ein Restaurant, das vor allem zur Mittagszeit beliebt ist. Das Tagesmenü kostet hier knapp 10 Euro. C. Caballeros (val.: Cavallers) 36, unweit der Plaza Mayor.

▶ **Südlich von Castellón** erstreckt sich eine Mischung aus fruchtbaren Huertas, wuchernden Siedlungen und Industriegebieten. Entlang der Küste trotz der mäßigen Wasserqualität dichte Bebauung aus Einzelhäusern und Apartmentblocks, Richtung València zunehmend Smog – keine Gegend, die zu einem Aufenthalt reizt.

Gruta de San José: Eine Höhle bei La Vall d'Uixo, etwa sechs Kilometer abseits der N 340. Der besondere Clou ist der schiffbare Fluss, der durch die Höhle führt; die Bootsfahrten führen über eine Strecke von knapp zwei Kilometern und dauern rund 40 Minuten.

Bootsfahrten je nach Jahreszeit 11-13.15 und 15.30-17/17.45/18.30 Uhr, im August bis 19.15 Uhr; Fahrpreis rund 9 €, www.riosubterraneo.com.

Sagunt (Sagunto)

Das Städtchen an der N 340/A 7, etwa 40 Kilometer südlich von Castellón und schon im Bereich der Provinz València gelegen, lohnt mit den steinernen Zeugen seiner langen Geschichte durchaus einen Zwischenstopp. 219 v. Chr. wurde die Eroberung der mit Rom verbündeten Stadt durch den Karthager Hannibal zum Auslöser für den *Zweiten Punischen Krieg*. Nach monatelanger Belagerung hatte die Bevölkerung die Stadt angezündet und kollektiven Selbstmord begangen, eine Verzweiflungstat, die in jedem spanischen Geschichtsbuch hoch gerühmt wird. 214 v. Chr. konnten die Römer Sagunt einnehmen. Aus den folgenden Jahrhunderten stammt das Amphitheater, in dem heute sommerliche Aufführungen stattfinden.

● *Information* **Oficina Municipal de Turismo**, Pl. Cronista Chabret s/n, ✆ 962 662213. Öffnungszeiten Mo-Fr 8-15, 16-19.30 Uhr, Sa 9-15 Uhr, So 9-14 Uhr. Im Sommer öffnet eine Filiale in der Strandsiedlung Port de Sagunt, Av. Mediterráneo 67, ✆ 962 600402.

● *Verbindungen* „Zug: Bahnhof am östlichen Ortsrand. „Cercanías" bzw. „Rodalies" genannte Lokalzüge nach Castelló und València fahren halbstündlich bis stündlich.

● *Übernachten* *** **Hotel Vent de Mar**, großes und gut ausgestattetes Hotel mit 86 Zimmern in der Strandsiedlung Port de Sagunt. Erst 2005 eröffnet, Einrichtung dementsprechend auf neuem Stand. DZ/F etwa 80-95 €. C. Isla de Córcega 61, ✆ 962 698084, ✉ 962 670535, www.hotelventdemar.com.

** **Hotel Azahar**, am Rand des Altorts und direkt an der Durchgangsstraße – die Schallschutzfenster sind also dringend nötig. Garage. DZ etwa 55-70 €. Av. País Valencia 8, ✆ 962 663368, ✉ 962 50175.

▶ **Sehenswertes**: Das Zentrum von Sagunt bildet die große *Plaza Cronista Chabret*. Etwas oberhalb liegt in der eigentlichen Altstadt die etwas ramponiert wirkende *Plaza Mayor* mit der ab 1334 errichteten, vorwiegend gotischen Kirche Santa María. Von hier gelangt man über die Calle del Teatro Romano hinauf zum Amphitheater.

Teatro Romano: Das römische Theater stammt aus dem 1./2. Jh. n. Chr. und bot mit etwa 50 Metern Durchmesser Platz für gut 6000 Menschen. Damals war der Ausblick aufs Meer sicher fantastisch. Durch die vor einigen Jahren erfolgte, vielleicht etwas derb geratene Restaurierung ist die Aussicht versperrt, doch würden

268 Comunitat Valenciana

heute ohnehin vornehmlich Industrieanlagen das Bild bestimmen. Im kleinen *Museo Arqueológico* sind römische Funde ausgestellt.

Öffnungszeiten Juni bis September Di–Sa 10–19/20 Uhr, So 10–14 Uhr, sonst Di–Sa 10–18 Uhr, So 10-14 Uhr; gratis.

Castillo: Die mächtigen, fast einen Kilometer langen Mauern der Festung (Öffnungszeiten wie oben) liegen über der Stadt; vom Amphitheater ist sie über einen Fahrweg zu erreichen. An ihrem Bau beteiligt waren alle Völker, die Sagunt in Besitz hatten, von den Iberern bis ins 19. Jahrhundert. Der Großteil der heutigen Anlage stammt von Mauren und Franzosen.

▶ **Umgebung von Sagunt**: *Segorbe*, etwa 30 Kilometer landeinwärts an der N 234 und der Bahnlinie nach Teruel, besitzt eine angenehme mittelalterliche Altstadt nebst Kathedrale. Die Umgebung des Städtchens ist beliebt als Sommerfrische der Einwohner Valèncias.

València

Ihre Umgebung ist nicht die sauberste und ihre Monumente sind insgesamt wohl nicht die bedeutendsten Spaniens. Links liegenlassen sollte man die lebendige, dynamische Stadt València jedoch keinesfalls.

Die Hauptstadt der Comunitat Valenciana ist mit etwa 800.000 Einwohnern die drittgrößte Stadt des Landes. Gerne zitiert man im Fremdenverkehrsamt das Heldenepos des Cid, in dem València (span.: „Valencia" geschrieben) als „Die Klare" gerühmt wird. Ebenso gerne verweist man auf die mediterran leichten Farben des heimischen Malers *Sorolla*, dessen Werke „natürlich" nur in València entstanden sein konnten. Ganz so heiter ist València freilich nicht immer und überall. Meist erlebt man tatsächlich eine lebensfrohe und lichte, ja sogar elegante Stadt des Südens, deren Charme sich aus dem Kontrast zwischen Nostalgie und Moderne speist. In weniger freundlichen Ecken drücken der unübersehbare Verfall in der eigentlich reizvollen Altstadt und die allgemeine Hektik einer Metropole schon mal aufs Gemüt. Bei der Anreise erschreckt zunächst der Ring stinkender Industrieanlagen um die Stadt, die oft genug unter einer dichten Smogglocke liegt. Im großzügig gestalteten, lebendigen Zentrum jedoch zeigt sich València von einer anderen Seite: weite Promenaden und Plätze, modisch gekleidete, wie ihre katalanischen Nachbarn im Ruf der Dynamik stehende Bewohner, auch das eine oder andere Monument aus der spätgotischen Hoch-Zeit Valèncias. Insgesamt sind bauliche Denkmäler von hohem Rang jedoch eher selten.

Wirtschaftlich steht València auf sehr gesunden Füßen, und das schon seit langer Zeit – nicht umsonst zählt die alte Seidenbörse La Lonja zu einer der Hauptsehenswürdigkeiten. Als Messe- und vor allem als Kongressstadt ist València im innerspanischen Vergleich führend. Eine Aufwertung auf den Feldern der Künste und Wissenschaften, nicht zuletzt auch der Architektur, hat die *Ciutat de les Arts i de les Ciències* gebracht, mit Museen, Veranstaltungszentren und einem riesigen Meerespark mittlerweile ein Besuchermagnet ersten Ranges. Einen weiteren Sprung nach vorn brachte der America´s Cup 2007 und der damit verbundene Ausbau des lange vernachlässigten Hafens, 2008 wiederum lockte der neue Stadtkurs von València erstmals die Formel 1 ins Hafengebiet. Nicht ganz unverständlich also, dass der Städtetourismus nach València mit Zuwachsraten boomt, auf die andere spanische Städte nur mit Neid blicken können.

Nachts besonders eindrucksvoll: Torres de Serrano

Orientierung: Das Zentrum Valèncias wird im Norden und Osten begrenzt vom seit Jahrzehnten trocken gelegten, parkähnlich herausgeputzten ehemaligen Flussbett des *Río Turia*, das wegen der zahlreichen, auf einer Länge von neun Kilometern bis hinab zur Ciutat de les Arts i de les Ciències angrenzenden Museen, Musikgebäude und Freizeitzentren von der Stadtverwaltung zum „Fluss der Kultur" (Río del Cultura) ausgerufen wurde. Den ehemaligen Flusslauf überspannt eine ganze Reihe von Brücken, darunter die Puente de la Exposición des valencianischen Star-Architekten Santiago Calatrava, im Volksmund wegen ihrer Form „la Peineta" genannt, der Kamm. Im Süden markieren der schöne Jugendstilbahnhof *Estación del Norte* und die nahe Stierkampfarena *Plaza de Toros* die Grenze des Zentrums. Vom Bahnhof gelangt man über die *Avenida Marqués de Sotelo* zum lang gestreckten Hauptplatz Valèncias, der *Plaza del Ayuntamiento*. Nördlich des Platzes erstrecken sich die älteren Viertel der Stadt, in denen auch die Mehrzahl der Sehenswürdigkeiten zu finden ist. Das älteste Gebiet Valèncias ist das *Barrio del Carmé* (Carmen), das etwa zwischen der *Calle Caballeros* und dem Flussbett liegt, eine recht belebte Kneipengegend auf dem Sprung vom „Glasscherbenviertel" zum Yuppie-Gebiet. *Platja de les Arenes* und nördlich angrenzend *La Malva-Rosa* (span.: *Malvarrosa*) sind die Strandzonen Valèncias und finden sich einige Kilometer östlich des Zentrums und nördlich des Hafens El Grao. Wenn im Sommer València abends wie ausgestorben wirkt, dann deshalb, weil eben fast die gesamte Einwohnerschaft zur Strandzeile von Les Arenes gepilgert ist, wo es jede Menge Bars und Paella-Restaurants gibt.

Geschichte

Zwar hatten vorher schon Griechen und Karthager am Río Turia gesiedelt, doch gilt València als Gründung der Römer aus dem Jahr 138 v. Chr., denen die Siedlung auch den Name *Valentia* verdankt. Im Jahr 714 eroberten die Mauren die Stadt von den Westgoten, die sie mehr als drei Jahrhunderte in Besitz gehabt hatten. 1094 konnte *El Cid* València für die Christen einnehmen; nach seinem Tod fiel die „Stadt der Freude" (so der maurische Name) zurück an die Araber. 1238 marschierte das Heer von *Jaime I.* in València ein. Die Blütezeit der Stadt begann. València war als mit Sonderrechten (*furs*) ausgestattetes Königreich Teil des katalanisch-aragonischen Gemeinwesens; Huertas und Handel sorgten für wirtschaftlichen Aufschwung. Im Spanischen Erbfolgekrieg stand València auf der Seite der Habsburg-Anhänger und verlor seine Sonderrechte. Auch spätere Aufstände sahen die Stadt stets auf der unterlegenen Seite. So auch im Spanischen Bürgerkrieg, in dem València als allerletzte Bastion der Republikaner schwere Verwüstungen hinnehmen musste. 1981 wurde València fast noch einmal Kriegsschauplatz, als beim missglückten Staatsstreich der Tejero-Kumpan General Milans del Bosch hier Panzer rollen ließ.

Information/Verbindungen

• *Information* **Tourist Info València-Plaza de la Reina**, Plaza de la Reina 19, ✆ 963 153931, ✉ 963 153920. Die Hauptstelle der Stadt, geöffnet Mo-Sa 9-19 Uhr, So 10-14 Uhr. **Zweigstellen** im Bahnhof (✆ 963 528573, geöffnet wie oben), im Rathaus Ayuntamiento (Mobil-✆ 618 183500, geöffnet wie oben), im Flughafen (✆ 961 530229, Mo-Fr 8.30-20.30 Uhr, Sa/So 9.30-17.30 Uhr) und in Strandnähe am Paseo de Neptuno beim gleichnamigen Hotel (Mo-Fr 10-19 Uhr, Sa/So 10-18 Uhr). www.turisvalència.es.
Tourist Info València-Diputación, C. Poeta Querol s/n, ✆ 963 514907, ✉ 963 519927. Zuständig für Stadt und Provinz, geöffnet Mo-Fr 9.30-19 Uhr, Sa 10-14 Uhr, So 11-14 Uhr.
Tourist Info València-Paz, Calle de la Paz 48, ✆ 963 986422, ✉ 963 986421. Die Infostelle der Comunitat, geöffnet Mo-Fr 9-20 Uhr, Sa 10-20 Uhr, So 10-14 Uhr.

• *Verbindungen* **Flug**: Flughafen Manises (✆ 961 530229) acht Kilometer westlich der Stadt. Ins Zentrum am besten mit den häufig verkehrenden Metro-Linien L3 oder L5, günstig gelegene Zielstationen für die Innenstadt Xàtiva beim Hauptbahnhof und Colón; benötigt wird ein Ticket über zwei Zonen (A/B), Preis zuletzt 1,80 €. Ein Taxi kostet etwa 15 €.
Zug: Der Hauptbahnhof Estación del Norte (Renfe-Info: ✆ 902 240202), im Fahrplan manchmal auch Valencia-Término genannt, ist einer der schönsten Bahnhöfe Spaniens und liegt zentraler als der Busbahnhof. Nach Madrid 12-mal, Barcelona 14-mal täglich, jeweils auch mit den Hochgeschwindigkeitszügen „Alaris" bzw. „Euromed". Nach Alacant (Alicante) via Inland 11-mal, darunter ebenfalls „Euromed"-Verbindungen, nach Zaragoza 2-mal täglich. Südwärts an der Küste mit der Linie C 1 der Nahverkehrszüge Cercanías (val. Rodalia) etwa halbstündlich bis Gandia, nach Norden ebenfalls halbstündlich mit der Linie C 6 bis Castelló.
Bus: Busbahnhof Estación Central de Autobuses an der Avda. Menéndez Pidal, nordwestlich des Zentrums und jenseits des Río Turia; ✆ 963 466266. Zum Rathausplatz Plaza Ayuntamiento derzeit Stadtbus Nr. 8. Mit ALSA gute Verbindungen nach Alacant (Alicante) via Autobahn und via Küste über Dénia und Xàbia. Zu größeren Städten Andalusiens 2- bis 9-mal täglich; Barcelona 14-mal, Murcia 10-mal täglich. AUTO RES nach Madrid 13-mal. Auch Direktbusse nach D und CH.
Schiff: Fähren bzw. Schnellfähren der ACCIONA TRASMEDITERRANEA nach Palma de Mallorca Mo–Sa 1-mal täglich, nach Ibiza und Menorca 1-mal wöchentlich, zur HS teilweise häufiger. Büros in der Estación Marítima am Hafen, Trasmed-Info ✆ 902 454645, www.trasmediterranea.es.
Mietwagen: Am Flughafen u. a. die Agenturen AVIS, ✆ 961 522162; EUROPCAR, ✆ 961 521872; HERTZ, ✆ 961 523791. Eine Reihe weiterer Stationen im Bahnhof, z.B. ATESA, ✆ 963 517145. Komplette Liste aller Vermieter bei den Info-Stellen.

Stadtverkehr

Bus: Die Gesellschaft EMT wechselt ihre Busnummern leider relativ häufig. Wichtig sind die Linien nach Les Arenes und Malva-Rosa, derzeit Nr. 1 ab Busbahnhof und Nr. 19 ab Rathausplatz Plaza Ayuntamiento. Fahrkarten auch an Kiosken und in Zigarettengeschäften, Zehnertickets „Bonobus" sind ermäßigt. www.emtvalencia.es.

Bus turístic: Oben offene Rundfahrtbusse mit (auch deutschsprachigen) Erläuterungen per Kopfhörer. Das Ticket (14 €) ist 24 Stunden gültig und erlaubt beliebig häufiges Ein- und Aussteigen an den einzelnen Stationen – leider sind es bislang nur fünf, besonders zentral liegt diejenige an der Plaza de la Reina. Die Gesellschaft veranstaltet auch Fahrten ins Gebiet von La Albufera. www.valenciabusturistic.com.

Metro/Tram: Nahzüge der Generalitat auf eigenem Streckennetz. Hauptsächlich Vorortverkehr, interessant jedoch für die Verbindungen zum Flughafen (siehe oben) und ins Strandviertel Les Arenes (Linie 5 Richtung Marítim-Serrería, dort in die Tram umsteigen). Zentrale Stationen sind Xàtiva beim Hauptbahnhof und etwas weiter nordöstlich Colón. www.metrovalencia.com.

Taxi: Funktaxis z.B. unter ✆ 963 703333 (Radio Taxi) oder ✆ 963 740202 (Cooperativa València Taxis).

Auto: Die üblichen Probleme, Einbruchgefahr und kaum Parkplätze. Eine sehr zentrale Tiefgarage liegt an der Plaza de la Reina vor der Kathedrale.

Fahrradverleih: Auch in València wird das Rad zunehmend populär. Die Zahl der Radwege wächst, der starke Autoverkehr bleibt jedoch ein Problem. Entspannt und autofrei radelt es sich im ehemaligen Flussbett des Río Turia, z.B. bis zur Ciutat de les Arts i Ciències; von dort ist es nicht mehr weit zum Hafen und Strand. Einige Vermieter: Orange Bikes (machen auch Reparaturen), C. Santa Teresa 8, in der Altstadt etwas nordwestlich des Mercado Central, ✆ 963 917551; www.orangebikes.net. Valencia Bikes, an mehreren Standorten im Stadtgebiet, z.B. am Paseo de la Pechina 8/32 bajo, knapp nordwestlich der Altstadt und unweit des Río Turia; eine weitere Station liegt an der Ciutat de les Arts i Ciències. Preisbeispiel: Kompletter Tag 15 €. ✆ 963 851740, www.valenciabikes.com. Valencia Bikes veranstaltet auch **geführte Radtouren**.

Scooterverleih: Mit Fahrpraxis (und nur dann) eine feine Sache. Cooltra verleiht 50er (ab 18 J.) und 125er (ab 21 J.), Autoführerschein ist ausreichend. Die Preise beginnen bei etwa 40 € pro Tag. Auch geführte Touren. Avenida del Puerto 47, an der Hauptstraße zum Hafen jenseits des Flussbetts, ✆ 963 394751, www.cooltra.com.

Adressen

Deutsches Konsulat: Avenida Marqués de Sotelo 3, nahe Pl. Ayuntamiento; ✆ 963 106253.

Österreichisches Konsulat: C. Convento Santa Clara 10, eine Seitenstraße der Av. Marqués de Sotelo; ✆ 963 522212.

Schweizer Konsulat: C. Cronista Carreres 9, am östlichen Altstadtrand nahe Pl. Porta del Mar; ✆ 963 518816.

Internet-Zugang: Ono, in zentraler Lage an der C. San Vicente Martír 22, geöffnet täglich bis 1 Uhr. ✆ 963 281902. Siehe auch unten unter Waschsalon.

Post: Hauptpost an der Plaza del Ayuntamiento 24; Öffnungszeiten Mo–Fr 8.30–20.30 Uhr, Sa 9.30–14 Uhr.

Waschsalon: The Laundry Shop, Waschsalon und Internetzugang in einem – sehr praktisch. C. Baja 17, im Barrio del Carmen nördlich der Plaza Tossal/Calle Caballeros; geöffnet täglich 9.30-22 Uhr.

Übernachten

València ist Messe- und Kongressstadt, besonders in den oberen Kategorien kann es schon mal zu Engpässen kommen. Von Juni bis Mitte September finden jedoch nur kleinere Messen statt, der August ist „messefrei". Freitags und samstags herrscht rege Nachfrage durch Wochenendbesucher. Bei Sonderterminen wie großen Konzerten oder Festen etc. können die Preise ein Vielfaches des Standards erreichen. Zu den *Fallas* ist Zimmersuche ohne Reservierung nahezu hoffnungslos!

Um die Plaza Ayuntamiento (siehe Karte S. 274/275)

Hier vor allem höherklassige Hotels, daneben auch einige nette Hostals.

**** Hotel Reina Victoria (27), eines der Spitzenhotels der Stadt, 2004 komplett renoviert. Nobles Ambiente, sehr variable Preise: DZ im Normalfall etwa 150 €, zu Messen etc. bis zu 300 €, am Wochenende 100 €. C. Barcas 4, ✆ 963 520487, ✉ 963 522721, www.husa.es.

*** Hotel Catalonia Excelsior (23), guter Dreisternekomfort in einer Seitenstraße, die im Norden der Plaza abzweigt. Öffentliches Parkhaus nur 50 m entfernt. Auch hier weite Preisspanne je nach Nachfrage, der Durchschnittspreis für ein DZ liegt bei etwa 150 €. C. Barcelonina 5, ✆ 963 514612, ✉ 963 523478, www.hoteles-catalonia.es.

** Hotel Res. Continental (29), in einer östlichen Seitenstraße der Plaza Ayuntamiento. Ordentliche Mittelklasse zu noch akzeptablem Preis: DZ etwa 80–120 €, am Wochenende 60 €; Frühstück jeweils inbegriffen. C. Correos 8, ✆ 963 535282, ✉ 963 531113, www.contitel.es.

** Hotel Res. Florida (28), im Gebiet westlich der Plaza Ayuntamiento; öffentliche Parkmöglichkeit in der Nähe. Etwas schlichter als das Hotel Continental, aber durchaus brauchbar, zudem für die Lage preisgünstig: DZ etwa 65 €, zu Spitzenzeiten 85 €. C. Padilla 4, ✆/✉ 963 511284, www.hotelfloridavalencia.com.

** Hostal Res. Venecia (24), nicht weit entfernt in einer westlichen Seitenstraße der Plaza Ayuntamiento. Eher Hotel als Hostal; solide möblierte Zimmer in breiter Auswahl. DZ nach Saison knapp 75–90 €, zu Spitzenzeiten 135 €. C. En Llop 5, ✆ 963 524267, ✉ 963 524421, www.hotelvenecia.com.

* Hostal Res. Moratin (25), in einer kleinen Straße nordöstlich der Plaza, Parkhaus nebenan. Schönes altes Gebäude, Zimmer eher karg möbliert, aber sehr sauber. Freundliche Leitung. DZ je nach Ausstattung (mit Du., aber ohne WC/komplettes Bad) etwa 55–60 €. Calle Moratin 15, ✆ 963 521220.

* Hostal Res. Alicante (30), in ruhiger Lage in einer Fußgängerzone südlich der Plaza. Familiäre Atmosphäre, unterschiedliche, generell aber brauchbare Zimmer. DZ nach Ausstattung etwa 35-45 €. Calle Ribera 8, ✆ 963 512296.

* Hostal Universal (26), praktisch um die Ecke vom Hostal Moratin. Ein Lesertipp von Caroline Zeches: „Sehr zentral, ziemlich laut, junges Publikum, sauber." DZ nach Ausstattung (Gemeinschaftsbad/mit Dusche) etwa 35-40 €. C. Barcas 5, ✆ 963 515384.

* Pensión Paris (22), in guter, relativ verkehrsruhiger Lage unweit der Plaza Universidad. Ausstattung und Preise (DZ ca. 35-40 €) ähnlich wie oben. C. Salvá 12, ✆ 963 526766.

Altstadt (siehe Karte S. 274/275)

Hier vor allem einfache, sehr preisgünstige Hostals, aber auch einige schöne kleine Hotels.

**** Hotel Jardín Botánico (13), westlich knapp außerhalb der Altstadtzone und nahe dem botanischen Garten. Kleines, modern gestyltes („Chill Art" laut Eigenwerbung) Designhotel mit gerade mal 16 komfortablen Zimmern; DZ etwa 120-130 €, zu Spitzenterminen jedoch weit mehr. Leider führt der Weg in die Altstadt durch nachts etwas unschöne Gebiete. C. Doctor Peset Cervera 6, ✆ 963 154012, ✉ 963 153408, www.hoteljardinbotanico.com.

*** Hotel Ad Hoc (6), heimeliges kleines Hotel in etwas versteckter Lage im Nordosten der Altstadt, untergebracht in einem renovierten Stadthaus des 19. Jh. Nur 28 Zimmer, die ihr Flair durch die freigelegten Ziegelwände erhalten; gutes Restaurant. DZ etwa 100-135, zu den Fallas etc. bis über 220 €. C. Boix 4, ✆ 963 919140, ✉ 963 913667. www.adhochoteles.com.

** Hostal El Cid (19), nahe der Plaza Redonda. Überwiegend hübsche Zimmer in dunklem Holz, die Räume im 3. Stock allerdings nicht so gut. DZ/Bad knapp 40 €, DZ/Dusche (teils auf dem Gang, aber „privat") und DZ/Waschbecken noch etwas günstiger. Nur zwölf Zimmer. Calle Cerrajeros 13, eine kleine Seitenstraße der Avda. San Vicente Mártir, ✆ 963 922323.

* Hostal Res. Antigua Morellana (15), im Gassengewirr hinter der Lonja. Freundlich geführtes Quartier mit rund um die Uhr besetzter Rezeption; Zimmer für die Kategorie sehr solide möbliert und ausgestattet, u.a. mit Klimaanlage. Die Räume zur Gasse können nachts laut sein. DZ/Bad 55-65 €, für das Gebotene ein guter Preis. Reservierung sehr ratsam. En Bou 2, ✆ 963 915773, ✉ 963 915979, www.hostalam.com.

* Hostal Res. El Rincón (11), nahe Mercado Central. Ältestes Quartier der Stadt, im 16. Jh. erstmals urkundlich erwähnt. Das lange Zeit heruntergekommene Haus wird Zug um Zug renoviert. Die neueren DZ/Bad (mit Klimaanlage) bieten für knapp 35 € ein prima Preis-Leistungs-Verhältnis; die älteren DZ ohne Bad sind noch günstiger, aber auch wesentlich schlichter. Eigene Garage,

València

gratis! C. Carda 11, Anfahrt über die C. San Vicente Martir, dann vorbei an der Lonja und dem Markt; ✆ 963 917998.

Hôme Youth Hostel (10), eine Art private Jugendherberge. Zentrale Lage, Internet-Zugang, Küche, Waschmöglichkeit, Fahrradverleih etc. Schlichte Zimmer, aber freundliche, angenehme und internationale Atmosphäre. Einzig die Preise scheinen etwas hoch: DZ ohne Bad rund 45-55 €, Bett im Mehrpersonenzimmer etwa 18-25 €. Calle La Lonja 4, ✆ 963 916229, www.likeathome.net.

Hôme Backpackers (7), eine Filiale mit weitaus mehr Betten, die sich auf Schlafräume für bis zu 16 Personen verteilen, preislich deshalb etwas günstiger als oben. Plaza Vicente Iborra s/n, im Gebäude einer Kirche; ✆ 963 913797. Eine weitere Filiale in der C. Cadirers 11 (✆ 963 924063) steht normalerweise nur für Langzeitmiete zur Verfügung.

Red Nest Hostel (20), farbenprächtig gestaltetes Hostel in zentraler Lage mit recht guter Ausstattung (Internet, Küche etc.). Ein Bett im Dorm kostet je nach Größe (4- bis 12-Bett) und Saison 14-25 €. Calle de la Paz 36, ✆ 963 427168. Nicht allzuweit entfernt liegt an der Plaza Tetuan 5 (✆ 963 532 561) die Filiale **Purple Nest Hostel (14)**. www.nesthostelsvalencia.com.

Alberg Juvenil Ciutat de València (18), die Jugendherberge der Stadt, leider in etwas „rotlichtiger" Nachbarschaft, deshalb am besten vom Gebiet des Mercado Central aus ansteuern. Calle Balmes 17, ✆ 963 925100. www.alberguedevalencia.com.

Les Arenes/Außerhalb/Camping

• *Les Arenes* **** **Hotel Neptuno (32)**, im Strandviertel und nur einen Katzensprung vom Hafen. Modernes, puristisches Design und prima Austattung, sehr gehobenes Restaurant „Tridente" angeschlossen; Parkmöglichkeit in der Nähe. Weite Preisspanne, Standard-DZ offiziell rund 100-300 €, im Normalfall um die 150 €; es gibt auch Suiten. Paseo de Neptuno 2, ✆ 963 567777, ✆ 963 560430, www.hotelneptunovalencia.com.

• *Außerhalb* **** **Parador de El Saler (38)**, am Ende des Strands von El Saler, rund 20 km südlich von València, nahe dem See La Albufera. Modernes, nach einer Neugestaltung Ende 2007 wiedereröffnetes Quartier mit dem paradorüblichen Komfort, einem Spa-Bereich und einem 18-Loch-Golfplatz, der zu den besten der Welt gerechnet wird. DZ etwa 225 €, im August nur mit Halbpension. Avda. de los Pinares 151, ✆ 961 611186, ✆ 961 627016, www.parador.es.

• *Camping* Beide Plätze sind zu erreichen mit den Bussen der Gesellschaft Herca in Richtung El Perelló, Haltestellen an der Gran Vía Germanias 27 (südlich Bahnhof) und der Plaza Canovas de Castillo (Gran Via Marqués del Turia); Änderung möglich, Anfragen bei den Infostellen ratsam. www.autocaresherca.com.

Devesa Gardens, 2. Kat., beim See La Albufera, einige Kilometer hinter El Saler, rund 16 km südlich von València. Viele Dauercamper; angeschlossen ein Freizeit- und Sportgelände. Pool. Preise p.P., Auto je etwa 6 €, kleines Zelt 5,50 €. Ganzjährig geöffnet. Carretera El Saler, km13; ✆ 961 611136, www.devesagardens.com.

Coll Vert, 2. Kat., stadtnäher gelegener Platz bei Pinedo, südlich der Mündung des Río Turia und nicht weit vom Meer. Mittlere Ausstattung, Pool. Geöffnet zuletzt etwa Mitte Februar bis Mitte Dezember, Änderungen möglich, Anruf ratsam. Preise p.P. und Auto je etwa 6,50 €, kleines Zelt 7,50 €. Carretera del Riu 486, Playa de Pinedo, ✆ 961 830036, ✆ 961 830040, www.collvertcamping.com.

Essen und Trinken (siehe Karte S. 274/275)

• *Innenstadt* Hauptrestaurantzone der Altstadt ist das Dreieck zwischen den Straßen Calle Caballeros, María Cristina und San Vicente Mártir. Viele der Lokale hier liegen an kleinen Plätzen.

Restaurante La Sucursal (3), ein örtlicher Vertreter der Michelinstern-Liga, untergebracht im Institut Moderner Kunst (IVAM) am Nordwestrand des Carmen-Viertels. Gediegen-puristisches Ambiente, beflissener Service, gehobene Küche zwischen Tradition und Moderne sowie ein entsprechendes Preisniveau: Probiermenü etwa 70 €. Sa-Mittag, So und für zwei Wochen im August geschlossen. C. Guillem de Castro 118, ✆ 963 746665.

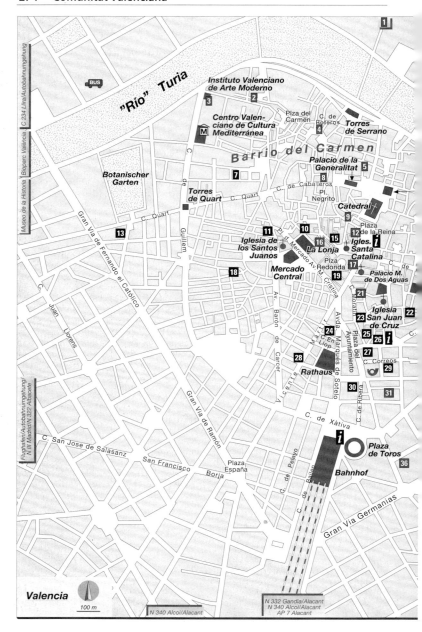

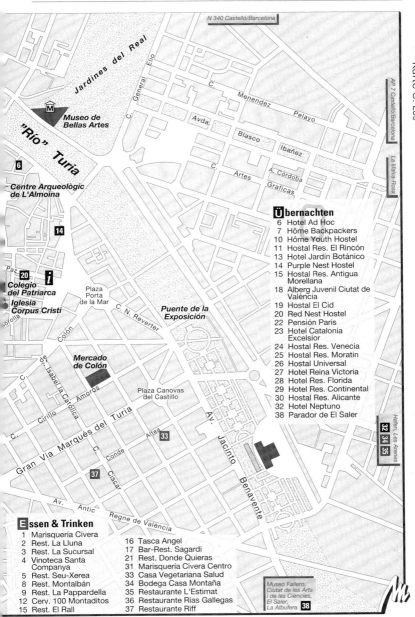

Restaurante Rías Gallegas (36), unweit östlich des Bahnhofs. Galicische Küche, seit Jahren eine der ersten Adressen der Stadt. Festes Menü etwa 65 €, à la carte liegt das Preisniveau ähnlich. So und Mo-Abend Ruhetage, in der Karwoche und im August ist geschlossen. Calle Cirilo Amorós, ✆ 963 512125.

Restaurante Riff (37), noch etwas weiter im Osten. Kreative mediterrane Küche ist das Markenzeichen des Deutschen Bernd Knöller, an Service und Weinauswahl (vom Badenser bis zum Galicier) gibt es ebenfalls nichts zu mäkeln. Festes Menü etwa 45 €, Probiermenü 65 €. Im August geschlossen, So-Abend und Mo Ruhetage. Calle Conde de Altea 18, ✆ 963 335353. www.restaurante-riff.com.

Marisquería Civera (1), schon knapp außerhalb des engeren Zentrums, nördlich des Río Turia. Hervorragende Meeresküche, preislich einen Tick günstiger als oben. Auch gute Tapas. So-Abend, Mo, während der Karwoche und im August geschlossen. Calle Lérida 11, ✆ 963 475911. Eine Innenstadt-Filiale liegt nahe der Plaza Ayuntamiento an der Calle Mosén Femades 10: **Marisquería Civera Centro (31)**.

Rest. Seu-Xerea (5), eines der zahlreichen Lokale im Umfeld der Kathedrale. Edles und modernes Interieur, die Küche offeriert eine hochrangige Fusion aus asiatischen und mediterranen Einflüssen. Gute Weinauswahl, Menü ab etwa 45 €. So und im August geschlossen. Calle Conde de Almodóvar 4, ✆ 963 924000.

Rest. Montalbán (8), ebenfalls unweit der Kathedrale. Zweigeschossiges, hübsch eingerichtetes Lokal mit solider Küche, wegen der relativ günstigen Mittagsmenüs (12 €) sehr beliebt bei den Angestellten der Umgebung. C. Caballeros 10.

Rest. El Rall (15), im Gassengewirr hinter der Lonja, mit Tischen im Freien, die hübsch an einem kleinen Platz liegen. Bekannt für verschiedene Reisgerichte (natürlich auch Paellas), Portion um die 12-15 €. Der Service scheint nicht immer über jeden Zweifel erhaben. Calle Tunbdidores 2, Reservierung ratsam: 963 922090.

Rest. La Pappardella (9), wiederum nicht weit von der Kathedrale. Nettes Dekor und italienische Küche zu günstigen Preisen, beim jungen Publikum höchst gefragt. Nudelgerichte um die 8-10 €. Calle Bordadores 5. Im Umfeld noch weitere viel besuchte Lokale.

Rest. Donde Quieras (21), etwas versteckt nahe dem Palacio Marqués de Dos Aguas. Nettes Konzept: Das „Menü" für etwa 15 € beinhaltet vier Tapas nach Wahl pro Tisch sowie ein Hauptgericht pro Person und er-

Im Mercado Central: Paella-Pfanne gefällig?

gibt ein prima Preis-Leistungs-Verhältnis. C. Embajador Vich 6.

Tasca Angel (16), in der Nähe. Winzig kleines, höchst lebendiges Stehlokal der Lonja, vor dem sich abends die Gäste auf der Straße drängen. Prima Sardinen, Montaditos und andere Tapas. C. Estameñería Vieja 2, nahe C. Tundidores.

Casa Vegetariana Salud (33), im Viertel um die Plaza Canovas. Vegetarische Gerichte aus Europa und Fernost, Mittagsmenü etwa 9 €. Calle Conde de Altea 44, Mo geschlossen. In der Nähe noch weitere gute Restaurants.

Rest. La Lluna (2), im Carmen-Viertel. Fast schon ein alternativer Klassiker ist dieses vegetarische Restaurant mit ordentlicher Küche und günstigen Menüs. C. San Ramón 23, eine abends manchmal etwas ungemütliche Gegend; So geschlossen.

Vinoteca Santa Compania (4), ebenfalls im Barrio del Carmen. Gute Weinauswahl per Glas, dazu Tapas und halbe oder ganze Raciones. Calle Roteros 21. Nachts ist auch hier im Umfeld etwas Vorsicht angesagt.

Bar-Rest. Sagardi (17), nahe der Plaza de la Reina. Das gemütliche Lokal ist Teil einer kleinen Kette baskischer Bar-Restaurants mit Schwerpunkt Barcelona. Zweigeschossig, unten die Bar mit preisgünstigen „pinchos" (Tapas auf Weißbrot, bezahlt wird nach Zahl der verbliebenen Zahnstocher) und Ausschank von Apfelwein (sidra), oben das teurere Restaurant. C. San Vicente Mártir 6.

Cervecería 100 Montaditos (12), ein weiteres, ebenfalls sehr populäres Kettenlokal, direkt an der Plaza de la Reina. Hiesige Spezialität sind kleine belegte Brötchen (montaditos) in breiter Auswahl, zu bestellen à la carte oder z.B. im Sechserpack („Tabla 6" für 6 €). Geordert wird per Bestellzettel. Plaza de la Reina 10.

● *Les Arenes und Umgebung* **Restaurante L'Estimat (35)**, an der herausgeputzten Strandpromenade von Les Arenes. Reisgerichte und Meeresküche, für ein Menü à la carte muss man ab etwa 30 € aufwärts rechnen. Mitte August bis Mitte September ist geschlossen, Di Ruhetag. Avenida de Neptuno 16; im Umfeld noch zahlreiche weitere Lokale, darunter viele alteingesessene Paella-Restaurants wie **La Rosa** auf Nr. 70 oder das bereits 1898 gegründete **La Pepica** auf Nr. 2, 6 und 8.

Bodega Casa Montaña (34), ein Stück weiter nördlich und einige Blocks landeinwärts der Küste, im Viertel El Canbanyal. Traditionsreiches Lokal, bereits im 19. Jh. gegründet, ein Klassiker des Gebiets. Zu empfehlen besonders wegen des Ambientes, der (teilweise nicht ganz billigen) Tapas und der Weinauswahl. Calle José Benlliure 69, im Web unter www.emilianobodega.com.

Kneipen/Nachtleben

Nützlich ist das Heftchen „Qué y Dónde" mit zahllosen Adressen, erhältlich an jedem Kiosk. Wie immer in Spanien geht es erst spät am Abend so richtig los. Eine alkoholische Spezialität der Stadt ist das berühmte „Agua de València", sozusagen die hiesige Sangría, die Cava, Orangensaft, Zucker und Spirituosen nach Gusto des Wirts (Cointreau, Wodka, Rum...) enthält.

● *Barrio del Carmen* Das Altstadtviertel ist eine gute Adresse speziell für Rock- und Jazzkneipen. Schwerpunkte sind die Plaza Tossal, die Calle Caballeros, die Plaza Fueros bei den Torres de Serrano und die abzweigende Calle Roteros. Die Sicherheitslage hat sich verbessert, dennoch sollte man abgelegene Zonen nachts besser meiden.

Café-Bar El Negrito, an der Plaza Negrito, unweit der Calle Caballeros. Hier treffen sich auch viele Nicht-Spanier; ab etwa ein, zwei Uhr morgens herrscht mächtig Betrieb.

Café Sant Jaume an der Plaza Tossal, dem westlichen Ende der Calle Caballeros. Ein hübsches Café vom Anfang des 20. Jahrhunderts; in der Nähe auch das **Café Bolsería** in der Calle Bolsería 41.

Johnny Maracas, Calle Caballeros 39, eine Bar, deren Besuch sich insbesondere für Salsa-Fans lohnt. Man(n) beachte die Toiletten ...

Jazz Bar Jimmy Glass, in der C. Baja 28. Wie der Name schon sagt; die Musik hier spielt oft live.

Radio City, eine sehr beliebte Mischung aus Bar, Infobörse und (Wochenend-)Disco. Calle Santa Teresa 19. Eine Art Filiale ist **Disco City** in der Calle Pintor Zariñena 16.

● *Calle Juan Llorens* In dieser Straße westlich der Altstadt, am besten zu erreichen über die Calle Quart, liegen ebenfalls zahlreiche Musiklokale.

Habana Valencia, auf Nr. 41, ein Tipp für Latin-Fans, bis weit in den Morgen geöffnet und oft rappelvoll.

Akuarela Pub auf Nr. 49. Diese Bar ist eine Schwester der Stranddisco **Akuarela Playa** (Juni-September) an der Calle Eugenia Viñes 152; gelegentlich gibt es einen Shuttlebus dorthin.

● *Avda. Blasco Ibañez* Jenseits des Río Turia und östlich des Jardines de Real; eine Nachtzone im Umfeld der Uni. Reichlich Studenten, relativ günstige Preise.

Rumbo 144, ausgedehnter Club, musikalisch eher Mainstream und vielleicht deshalb mit sehr gemischtem Publikum. Mittwochs trifft sich hier paraktisch die gesamte Erasmus-Studentenszene. Avenida Blasco Ibáñez 144.

Velvet Underground, große Disco-Bar mit Schwerpunkt auf Indie und Rock, gelegentlich Konzerte. C. Campoamor 58.

● *Plaza Canovas de Castillo* Das tagsüber unscheinbar wirkende Gebiet südöstlich des Zentrums, besonders um die **Calles Salamanca**, **Conde de Altea** und **Morales Serrano**, ist eine Kneipenzone der schickeren Jugend – fast fällt man hier von einer Bar in die nächste.

*E*inkaufen

● *Markthallen* **Mercado Central**, reizvolle Markthalle in der Altstadt; hier u.a. Lebensmittel wie Obst, Gemüse, Käse, Wurst in reicher Auswahl.

Mercado de Colón, an der Calle Cirillo Amorós. Hier lohnt vor allem das schöne, 2003 komplett renovierte Jugendstilgebäude selbst den Weg, zu kaufen gibt es kaum etwas von Belang.

● *Kaufhäuser* **El Corte Inglés** in den Innenstadtstraßen C. Pintor Sorolla 26 und C. Colón 27 sowie im Einkaufscenter „Nuevo Centro" direkt neben dem Busbahnhof.

● *Flohmarkt* Am Sonntagvormittag rund um die Plaza Redonda – prinzipiell, denn zuletzt war die Plaza in Renovierung und der Flohmarkt in die umliegenden Straßen verlegt.

*F*este und *V*eranstaltungen/*B*aden

● *Feste und Veranstaltungen* Weltbekannt sind die Fallas (siehe Kasten), doch finden rund ums Jahr noch weitere Feste statt.

Karwoche, mit Prozessionen am Hafen.

Les miracles de Sant Vicent Ferrer, am So und Mo nach Ostern. Theaterspiele, die ausschließlich von Kindern aufgeführt werden.

La Fiesta de la Virgen de los Desamparados, zweiter Sonntag im Mai, die Prozession der Schutzheiligen Valèncias.

Corpus Cristi, an Fronleichnam bzw. dem folgenden Sonntag. Große Prozessionen mit biblischen Gestalten, Karren („Roques") und Riesenfiguren, die vorher bei der Kathedrale ausgestellt werden. Tradition seit 1355!

Feria de Julio, zweite Julihälfte. Volksfest mit Stierkampf, Feuerwerken, kulturellen Veranstaltungen und der kuriosen Blumenschlacht „Batalla des Flores".

Mostra de València, im Oktober. Internationale Filmfestspiele.

Internationales Feuerwerksfestival, ebenfalls im Oktober.

Figur der Corpus-Cristi-Prozession

Die Fallas von València (12.–19. März)

Ein Spektakel, das auch in Spanien seinesgleichen sucht. Ein ganzes Jahr lang haben freiwillige und hauptberufliche „Falleros" über 350 bis zu 20 Meter hohe Figuren mit meist satirischen Motiven gebastelt, „Ninots" genannt – und in einer einzigen großartigen Nacht des Feuers, der *Nit del Foc*, gehen sie alle in Flammen auf. Nur die allerschönste Figur, „El Ninot Indultat", wird verschont und in ein eigens eingerichtetes Museum gebracht.

Die Fallas, abgeleitet vom lateinischen Wort für „Fackel", gehören zu den Freudenfesten am Winterende und gehen auf einen Brauch der Handwerker zurück, Holzabfälle und die dann nicht mehr benötigten Öllampen zu verbrennen. Mittlerweile lösen sich bei dem flammenden Inferno alljährlich Millionen von Euro in Rauch auf!

Am 12. März starten die Festivitäten. Sie werden begleitet von den ersten Corridas der spanischen Saison, von zahllosen Kapellen, von Miss-Wahlen der einzelnen Viertel, von allnächtlichen Feuerwerken und Salutschüssen am Morgen. Überall in den Straßen brutzeln Paellas und Fettgebäck. València tanzt rund um die Uhr. Ab dem 15. März beginnt die *Plantá*, die Aufstellung der Figuren, die spätestens am übernächsten Tag beendet sein muss. Begleitet von einem Riesenaufgebot an Feuerwehren beginnt die eigentliche Nacht des Feuers am 19. März gegen 22 Uhr, wenn die Ninots der einzelnen Stadtviertel abgefackelt werden. Kurz vor 24 Uhr schließlich trifft sich die Stadt an der Plaza del Ayuntamiento, wo die größte aller Figuren ihrem Flammentod *Cremá* ins Auge sieht. Punkt Mitternacht ein letztes Mal Feuerwerk, Böller und haushoch lodernde Flammen. Dann ist alles vorbei – bis zum nächsten Jahr ...

Sehenswertes

Die Mehrzahl der Monumente findet sich im Stadtzentrum und ist leicht zu Fuß zu erreichen. Ein Verzeichnis der zahlreichen Museen Valèncias gibt es bei den Informationsstellen. Spektakulär präsentiert sich die „Ciutat de les Arts i les Ciències" im Süden Valèncias.

Im Zentrum

▶ **Plaza del Ayuntamiento**: Der Hauptplatz gibt sich mit seinen Wasserspielen und eleganten Bauten fast weltstädtisch. Es lohnt sich, die Fassaden, den barocken Dachzierat und die für València typische Kacheldekoration der umliegenden Häuser näher anzusehen. An der Westseite des Platzes ist im Rathaus Ayuntamiento das Museum für Stadtgeschichte *Museo Histórico Municipal* (Mo-Fr 9-14 Uhr; gratis) untergebracht.

Südlich des Platzes führt die Avenida Marqués de Sotelo zum Jugendstilbahnhof Estación del Norte. Direkt nebenan liegt die Stierkampfarena *Plaza de Toros*, eine der größten Spaniens. Angeschlossen ist das Stierkampfmuseum *Museu Taurino* (Di-So 10–20 Uhr; Eintritt frei), gegründet 1929 und damit das älteste der Welt.

Nördlich des Platzes gabelt sich die Verlängerung der Plaza del Ayuntamiento in

Nymphen auf dem Dach: Herrschaftshaus in València

zwei Straßen. Rechts gelangt man über die Avda. San Vicente Mártir zur *Plaza de la Reina* mit der *Kathedrale*, links über die Avda. María Cristina zur *Plaza del Mercado*.

▶ **Plaza del Mercado**: Der besonders vormittags höchst belebte, längliche Platz, eigentlich eher eine Straße, wird von drei Gebäuden beherrscht. Mindestens genauso sehenswert sind jedoch die herrlich nostalgischen Kramläden der Plaza und ihrer Umgebung: Apotheken und Schmiedewerkstätten wie vor hundert Jahren.

Mercado Central: In reinem Jugendstil, kachelgeschmückt und mit wuchtiger Trägerkonstruktion lohnt der Hauptmarkt Valèncias (Mo-Sa 8-15 Uhr) einen Blick auch nach innen. Erbaut 1914-1928, zählt er mit einer Grundfläche von rund 8000 Quadratmetern zu den größten überdachten Märkten Europas. Nordwestlich neben dem Markt steht die Kirche *Iglesia de los Santos Juanos* aus dem 13. Jh., im 17. Jh. umgebaut.

La Lonja: Schräg gegenüber dem Markt beeindruckt das Gebäude der ehemaligen Seidenbörse Lonja de la Seda, auch Lonja de los Mercaderes genannt und 1996 von der Unesco zum „Kulturerbe der Menschheit" erklärt. Das spätgotische Bauwerk vom Ende des 15. Jh. zeigt den Wohlstand Valèncias zu seiner Blütezeit. Schöne Portale; im weiten Börsensaal spiralförmige Säulen, „hoch und schlank wie Palmen" (Casanova). Gelegentliche Ausstellungen, vor dem Beginn der Fallas werden hier die „Ninots"-Figuren gezeigt.
Öffnungszeiten Di–Sa 9.15–14, 16.30–20.30 Uhr, So 10–15 Uhr; Eintritt frei.

Plaza Redonda: Der kuriose runde Platz, versteckt im Gassengewirr hinter der Lonja, ist ein „Muss" für Nostalgiker; im Volksmund wird er „El Clot" (das Loch) genannt. In seiner Mitte steht ein 1850 errichteter Brunnen, im Umfeld reihen sich kachelverkleidete und überdachte Stände, die Arbeitskleidung, Nähzeug, Knöpfe etc. anbieten. In der Nähe einige urwüchsige Bars. Zuletzt war die Plaza in Renovierung.

Um den Palacio Marqués de dos Aguas

Etwa auf dem halben Weg zwischen Plaza del Ayuntamiento und Kathedrale. Von der Avda. Vicente Mártir zweigt vor der Kirche *San Martin* (14. Jh., Barockportal) rechts die Abadia de San Martin ab. Ein kleines Stück weiter steht rechter Hand der Palast.

Palacio Marqués de dos Aguas: Der Bau des 18. Jh. besitzt ein schönes Rokoko-Portal aus Alabaster und eine höchst ungewöhnliche Fassade – wie es heißt, soll ihr Schöpfer auch wirklich nicht ganz klar im Kopf gewesen sein... Im Erdgeschoss stehen alte Kutschen, im ersten Stock lassen sich die noblen Räumlichkeiten bewundern. Höhepunkt aber ist das *Museo Nacional de Cerámica* im zweiten Stock, in dem über 1200 Beispiele der Töpferkunst, von der iberischen Periode bis in unsere Tage, ausgestellt sind. Zu den reizvollsten Stücken zählen eine Reihe wunderschöner *azulejos* sowie exzellente Arbeiten der Maurenzeit. – Südlich des Palastes steht die Kirche *San Juan de la Cruz* aus dem 17. Jh., auch San Andrés genannt. Ihr Inneres birgt viele Gemälde valencianischer Künstler des 16.-18. Jh.

Öffnungszeiten Di–Sa 10–14, 16–20 Uhr, So 10–14 Uhr; von Juni bis September war zuletzt auch Sa 20-24 Uhr geöffnet. 2,40 €, Sa-Nachmittag und So gratis.

Colegio del Patriarca: Das Kolleg an der Plaza Patriarca östlich des Palastes wurde im 16. Jh. gegründet und besitzt einen schönen Kreuzgang. Im *Museum* des Renaissancebaus findet sich eine exquisite Kollektion alter Meister, darunter Werke von El Greco und Ribalta.

Öffnungszeiten tägl. 11–13.30 Uhr, Eintrittsgebühr 1,20 €.

Iglesia Corpus Cristi: Die Kirche, die sich an das Kolleg anschließt, enthält weitere Gemälde von Ribalta, darunter ein besonders sehenswertes Altarbild. Beim Miserere am Freitag gegen 10 Uhr macht es mehreren Vorhängen Platz, die sich wiederum vor einem beleuchteten Kruzifix öffnen; eine mystisch-eindrucksvolle Zeremonie. Direkt gegenüber dem Kolleg steht das aus dem 19. Jh. stammende Gebäude der Universität.

Um die Kathedrale

Über die Calle de la Paz gelangt man zur *Plaza de la Reina*. Zunächst stößt man auf die kleine gotische Kirche *Santa Catalina*, die fast nur aus dem hohen, sechseckigen Glockenturm des 18. Jh. zu bestehen scheint.

▶ **Catedral**: An der Stelle einer früheren Moschee begann man 1262 mit dem Bau von Valèncias Kathedrale „La Seo". Die Arbeiten zogen sich über mehrere Jahrhunderte hin, weshalb die Kirche überwiegend gotische Stilelemente aufweist.

Auffälliger Glockenturm: Kirche Santa Catalina

Romanischen Ursprungs ist noch das südöstliche Seitenportal *Puerta del Palau*, die Fassade samt dem durch schöne Schmiedegitter gezierten Hauptportal *Puerta de Hierros* zeigt sich dagegen barock. Vor wenigen Jahren wurde die Kathedrale aufwändig renoviert.

El Miguelete (val.: El Micalet) heißt der an die linke Seite des Hauptportals gewissermaßen „angeklebte", 70 Meter hohe Glockenturm, eines der Wahrzeichen Valèncias. Vom Inneren der Kathedrale aus kann er bis zu einer Aussichtsplattform in etwa 50 Meter Höhe bestiegen werden, von der sich ein guter Blick auf die Dachlandschaft und die vielen Türme Valèncias bietet.

Innenraum der Kathedrale: Im 18. Jh. barockisiert, später teilweise wieder in den gotischen „Urzustand" versetzt, stellt das Kircheninnere heute ein rechtes Stilgemisch dar. Die einzelnen Kapellen bergen hochrangige Kunstwerke, beachtenswert der Hochaltar (1509) in der *Capilla Mayor*, dessen Gemälde von Schülern Leonardo da Vincis stammen. Ganz vorne im rechten Seitenschiff enthält die *Capilla Santo Cáliz* in der Mitte des schönen Alabasteraltars einen edelsteinbesetzten „Heiligen Kelch", von dem es heißt, er sei der Kelch des letzten Abendmahls gewesen. Das *Museum* der Kathedrale ist von der Capilla Santo Cáliz aus zu erreichen und zeigt neben sakraler Kunst auch Werke aus Goyas schwärzesten Zeiten.

Öffnungszeiten Kathedrale tägl. 8–20.30 Uhr, Besuch mit Audioguide 3 €; El Miguelete Mo-Sa 10-19 Uhr, So 10-13.30, 17-19 Uhr; 2 €; Museum Mo–Sa 10–17.30 Uhr, So 14-17.30 Uhr; Eintritt (inkl. Kathedrale mit Audioguide) 3 €.

Puerta de los Apóstoles: Das nordwestliche, gotische Seitenportal ist seit dem Mittelalter wöchentlicher Schauplatz des Wassergerichts *Tribunal de las Aguas*, in dem Streitfragen der Bewässerung in den Huertas geklärt werden. Es findet jeden Donnerstag um 12 Uhr mittags immer noch statt, hat aber heute in erster Linie folkloristische Bedeutung. An der Nordseite der Kathedrale und mit dieser durch Bögen verbunden steht die Kirche *Nuestra Señora de los Desamparados*, die aus dem 17. Jh. stammt.

Centre Arqueològic de l'Almoina: Von außen eher unauffällig (sieht man einmal von den geschickt unter einer Wasserfläche präsentierten Grundmauern vor dem Gebäude ab), führt dieses erst Ende 2007 eröffnete Zentrum direkt hinab in die lange Vergangenheit Valèncias. Zwischen 1985 und 2005 erfolgten hier Ausgrabungen, die auf rund 2500 Quadratmetern Fläche nicht nur zahlreiche Münzen und Keramiken, sondern auch eine Fülle an Gebäuderesten zutage förderten, die von römischen Thermen über den islamischen Alcázar bis zur westgotischen Märtyrer-Krypta reichen. Erforscht werden sie auf einer rund einstündigen Führung, die wechselweise auf Englisch, Spanisch oder Italienisch stattfindet.

Öffnungszeiten Di-Sa 10-14, 16.30-20.30 Uhr, So 10-15 Uhr; Eintrittsgebühr 2 €.

▶ **Barrio del Carmen:** Jenseits der Plaza de la Virgen beginnt Valèncias ältestes Viertel. Es besitzt viele wunderbar romantische und reizvoll altertümliche Ecken, doch fallen die Spuren des Bürgerkriegs und der langsame Verfall mancherorts fast noch stärker ins Auge. Möglich deshalb, dass die allerdings langsam verlaufende Umwandlung des Barrio in ein Yuppie-Gebiet der Galerien, Boutiquen und Antiquitätengeschäfte auch ihr Gutes hat, wird auf diese Weise doch (hoffentlich) die Bausubstanz erhalten. Die *Calle de los Caballeros* bildet die Grenze des Barrio nach Süden, zum Zentrum Valèncias hin. Auffälligstes Gebäude in dieser Straße ist der Palacio de la Generalitat (15./16. Jh.), ein früheres Ratsgebäude des Königreichs Valèncía. Neben dem Palast gelangt man über die Calle de Serrano zum wuchtigen Stadttor

Drastisch: Graffiti-Protest gegen Spekulation im Barrio Carmen

der *Torres de Serrano* (Zugang Di-Sa 10-14, 16.30-20.30, So 10-15 Uhr; 2 €, So gratis). Die dicken Doppeltürme sind, neben den *Torres de Quart* am westlichen Zentrumsrand, der letzte Rest der im 19. Jh. aus Platzgründen abgerissenen Stadtmauern.

Randbereiche/Außerhalb des Zentrums

Bioparc València: Eine neue Attraktion Valèncias ist dieser topmoderne, erst im Frühjahr 2008 eröffnete Themenzoo im Cabecera-Park im Westen der Stadt, am Anfang des trockenen Turia-Flussbetts. „Zoo-Immersion" nennt sich das Konzept, das versucht, die Lebensräume der Tiere in bezug auf Pflanzenwelt und Landschaft möglichst exakt nachzubilden. Gegenwärtig widmet sich der Park mit etwa 4000 Tieren und den Ökosystemen der Savanne, Madagaskars und Äquatorialafrikas dem afrikanischen Kontinent, in einigen Jahren wird eine Erweiterung (in einem kleineren Umfang freilich) auch Habitate Südamerikas und Asiens nachbilden. Besucher sollten neben einem gut gefüllten Geldbeutel auch reichlich Zeit mitbringen, ein paar Stunden kann man hier nämlich leicht verbringen.

Öffnungszeiten Geöffnet ist täglich ab 10 Uhr, geschlossen wird je nach Jahreszeit zwischen 18 und 20 Uhr, im Juli/August erst um 21 Uhr. Eintrittsgebühr 21 €, Kinder 15,50 €. Zu erreichen ist der Park mit den Metro-Linien L3 und L5 (Station Nou d'Octubre, dann noch etwa zehn Gehminuten in nördliche Richtung), mit diversen Buslinien (z.B. 81 ab Plaza Ayuntamiento), oder auch auf einer Radtour oder einem gestreckten Spaziergang durch das Turia-Flussbett.

Museo de la Historia: Nur wenig südlich des Bioparc liegt dieses noch recht junge Museum, das in einem alten Wasserwerk untergebracht ist. Auf unterhaltsame und teilweise interaktive Weise (u.a. mit Hilfe einer „Zeitmaschine") widmet es sich der mehr als zweitausend Jahre zurückreichenden Geschichte der Stadt.

Öffnungszeiten Di-Sa 10-14, 16.30-20.30 Uhr, So 10-15 Uhr; Eintrittsgebühr 2 €. Zugang über C. València, zu erreichen z.B. mit Bus Nr. 81 ab Plaza del Ayuntamiento; Metro: L3 und L5 bis zur Station Nou d'Octubre.

Jardin Botánico: Ebenfalls nicht weit vom Flussbett des Río Turia. Der botanische Garten von València ist der älteste und einer der größten Spaniens. Unter den Zehntausenden von Pflanzen sind laut Prospekt „bemerkenswerte Fälle von Akklimatisierung" zu finden.
Öffnungszeiten Di–So 10–18/21 Uhr (jahreszeitabhängig); geringe Eintrittsgebühr.

Torres de Quart: Ein Stück östlich vom Botanischen Garten, an der Calle de Guillem, erbaut im 15. Jh. und zusammen mit den Torres de Serrano der einzige Rest der ehemals umfangreichen Stadtmauern.

Centro Valenciano de Cultura Mediterránea: Das Kulturzentrum an der Calle Corona, flussnah am nordwestlichen Rand des Carmen-Viertels gelegen, enthält unter anderem zwei Museen. Das Ethnologische Museum dokumentiert insbesondere das frühere Alltagsleben in den Huertas. Im selben Gebäude liegt auch das Museum für Vorgeschichte.
Öffnungszeiten Di–So 10–21 Uhr; Eintritt frei.

Instituto Valenciano de Arte Moderno (IVAM): Ein kleines Stück weiter nördlich, nicht mehr weit vom Bett des Ríu Turia. Neben zeitgenössischen Kunstwerken sind hier auch (oft sehr hochrangige) wechselnde Ausstellungen zu sehen. Mit dem „Sucursal" beherbergt das IVAM zudem eines der besten Restaurants der Stadt.
Öffnungszeiten Di–So 10–20 Uhr, im Juli/August bis 21 Uhr; Eintrittsgebühr 2 €, So gratis.

Museo de Bellas Artes: Eine der bedeutendsten Gemäldegalerien Spaniens, zu suchen nördlich des Trockenlaufs des Río Turia, an der Westseite der Gartenanlage Jardines de Real. In dem ehemaligen Kloster ist eine ganze Reihe hochrangiger spanischer Meister wie El Greco, Velázquez, Goya, Murillo und Ribera ausgestellt. Ausländische Größen wie Van Dyk und Hieronymus Bosch sind ebenfalls gut vertreten und auch valencianische Künstler fehlen nicht. Abwechslung und Erholung von Sightseeing und Sommerhitze bieten die gleich neben dem Museum gelegenen, täglich bis Sonnenuntergang geöffneten „königlichen Gärten" *Jardines de Real*.
Öffnungszeiten Di–So 10–20 Uhr; Eintritt frei.

Museo Fallero: Leider ebenfalls etwas abgelegen an der Plaza de Monteolivete 4, in Flussnähe kurz vor der Ciutat de les Arts i les Ciències. Das Museum bewahrt die *Ninots Indultats*, also die Fallas-Figuren, die als einzige des jeweiligen Jahrgangs nicht verbrannt wurden.
Öffnungszeiten Di–Sa 10–14, 16.30–20.30 Uhr, So 10-15 Uhr; Eintritt 2 €, Sa/So gratis. Bus Nr. 15 fährt ab C. Xàtiva Ecke Av. Marqués de Sotelo (gegenüber dem Bahnhof), Nr. 95 ab den Torres de Serrano.

Ciutat de les Arts i les Ciències

Die „Stadt der Künste und Wissenschaften" ist Valèncias Wahrzeichen des 21. Jh. und ein bedeutender Anziehungspunkt für den Städtetourismus.

Sie liegt südöstlich des Zentrums, unweit der Autobahn nach El Saler und im alten Flussbett des Río Turia. Der 350.000 Quadratmeter große, gut eine halbe Milliarde Euro teure Kultur- und Freizeitpark besteht aus einer Reihe spektakulärer Bauten, die von den bekannten valencianischen Architekten Santiago Calatrava und Félix Candela entworfen wurden. Das Gelände umfasst vier Hauptkomplexe unterschiedlicher Themenstellung, die in eine künstliche Seenlandschaft integriert sind und zum spielerischen Umgang mit Kunst und Wissenschaften verführen sollen. Wer sich auf den Weg hierher macht, sollte viel Zeit mitbringen: Die vom Besucher-

València

zentrum angegebenen „mindestens fünf Stunden, um auch nur alles im Oceanogràfic zu sehen", scheinen nicht einmal besonders übertrieben.

Palau de les Arts Reina Sofia: Ganz im Norden des Komplexes erhebt sich dieses 75 Meter hohe Werk von Santiago Calatrava. Der organisch wirkende Bau wurde als letztes Projekt der Ciutat im Oktober 2005 fertiggestellt und bietet in seinen vier Sälen Musik, Ballett und Theater eine Heimat, besitzt sogar ein eigenes Orchester; Spielplan unter www.lesarts.com.

L'Hemisfèric: Von Santiago Calatrava stammt auch dieser schwungvolle Bau in Form eines menschlichen Auges, der neben einem IMAX-Kino mit wechselnden Filmen auch ein Planetarium enthält.

Museo de las Cièncias Principe Felipe: Das 40.000 Quadratmeter große Wissenschaftsmuseum wurde ebenfalls von Santiago Calatrava entworfen. Die interaktive Ausstellung, die unter dem Motto „Nicht anfassen verboten" steht, vermittelt auf mehreren Stockwerken Wissenschaft der amüsanten Art. So kann der Besucher Küken beim Schlüpfen zusehen, anhand eines großen Pendels die Erddrehung erfahren, seine Körpergröße messen lassen und noch zahlreiche andere Experimente unternehmen. Vieles ist kindertauglich gestaltet, die meisten Erklärungen sind auch in englischer Sprache gehalten.

Parallel zu L´Hemisfèric und dem Wissenschaftsmuseum verläuft auf der anderen Seite des künstlichen Sees das Gewächshaus *L´Umbracle*. Seine von weißen Bögen überwölbte Palmenpromenade bietet eine schöne Aussicht auf das Gelände und beherbergt eine Tiefgarage.

L'Oceanogràfic: Noch vor dem Wissenschaftsmuseum die Hauptattraktion der Ciutat – immerhin handelt es sich um den größten Meerespark ganz Europas. Seine Gebäude wurden von Félix Candela gestaltet. Auf einer Fläche von 80.000 Quadratmetern beherbergt die Anlage zahlreiche Aquarien (auch mit zwei 30 und 70 Meter langen Unterwassertunnels) und Freibecken, die sich unterschiedlichen Ökosystemen wie dem Mittelmeer, den Feuchtgebieten, Tropen, Ozeanen etc. widmen. Zu den Stars unter den mehr als 500 maritimen Tier- und Pflanzenarten zählen die Seelöwen im Bereich „Inseln", die Kolonie von Humboldt-Pinguinen im Bereich „Antarktis" und die so freundlich und sympathisch aussehenden Belugawale im Bereich „Arktis", natürlich auch die dressierten Delfine, die im Delfinarium mehrmals täglich ihre Kunststücke vorführen. Das Unterwasser-Restaurant „Submarino" (✆ 961 975565) serviert nur auf Vorbestellung, doch gibt es selbstverständlich andere Verpflegungsmöglichkeiten genug.

• *Öffnungszeiten/Stadtverkehr* Die einzelnen Komplexe der Ciutat haben unterschiedliche Öffnungszeiten. Faustregel: Geöffnet ist täglich ab 10 Uhr, geschlossen wird je nach Objekt und Saison zwischen 18 und 24 Uhr. Generalticket („Entrada La Ciutat") 32 €, Kinder bis 12 J. und Pensionäre 24 €; daneben auch Einzeltickets und div. Kombikarten, z.B. Museo Ciències und Oceanogràfic etwa 26 € bzw. 20 €. Das Gelände an sich ist (wie es auch Calatrava gefordert hatte) rund um die einzelnen Komplexe frei zugänglich. Am besten zu erreichen mit Bus Nr. 15 ab C. Xàtiva, Ecke Av. Marqués de Sotelo (gegenüber Bhf.), Nr. 35 ab Av. Marqués de Sotelo (beim Rathausplatz Pl. del Ayuntamiento) und Bus Nr. 95 ab Torres de Serrano. Man kann aber auch einfach zu Fuß oder mit dem Fahrrad dem Flussbett nach Süden folgen. Infos im Internet unter ww.cac.es, Info-Telefon 902 100031.

Weiter in Richtung Hafen

Museo del Arroz: Im hafen- und strandnahen Viertel El Canyamelar steht an der C. Rosario 3 diese alte Reismühle aus den Anfängen des 20. Jh., die noch bis Mitte der

60er-Jahre in Betrieb war. Komplett restauriert, beherbergt sie heute ein Museum, das auf drei Etagen über die Geschichte des Reisanbaus und die Verarbeitung des für die Region Valencia ja so bedeutenden Grundnahrungsmittels informiert.

Öffnungszeiten Di-Sa 10-14, 16.30-20.30 Uhr, So 10-15 Uhr; Eintritt 2 €, Sa/So gratis. Zu erreichen z.B. mit der Metro L5 bis Marítim-Serrería, weiter per Straßenbahn bis zur Station Grau, dann noch knapp zehn Minuten zu Fuß.

Casa Museo Semana Santa Marinera: Ganz in der Nähe des Reismuseums beherbergt dieses „Museum der Fischerkarwoche" (Öffnungszeiten und Eintrittspreis wie oben) an der C. Rosario 1 allerlei Gegenstände, die bei der maritimen Semana Santa Verwendung finden, darunter Prozessionsgestelle für Heiligenfiguren, Bilder, Throne, Gewänder und vieles mehr.

Puerto America´s Cup/Marina Juan Carlos: Valèncias Nobelhafen erstreckt sich am Rand des Strandviertels Les Arenes rund um das markante Gebäude „Veles e Vents" (Segel und Winde) von David Chipperfield und Fermin Vázquez. Das lange Zeit nahezu vergammelte Gebiet wurde für den America´s Cup 2007 komplett umstrukturiert und beinhaltet auch den Stadtkurs der Formel 1. Abgesehen von Veranstaltungen und auch von Sommerwochenenden, wenn sich der Hafen sowohl tagsübers als auch nachts belebt, hält sich der Andrang sehr in Grenzen, das etwas steril wirkende Gelände ist dann – häufig ganz im Gegensatz zu den nahen Strandrestaurants von Les Arenes – nahezu menschenleer. Zu erreichen ist es per Metro L5 bis Marítim-Serrería, dann weiter per Straßenbahn.

• *Schiffsausflüge* An der Marina starten unweit des Gebäudes „Veles e Vents" Katamaran-Ausflüge, von der einstündigen Schnuppertour (Di-So mehrmals täglich 15 €) über die eineinhalbstündige Sonnenuntergangsfahrt (nur Sommer, Di-So 19.30/20 Uhr, 20 €) bis zum dreistündigen Badeausflug (nur Sommer, Sa/So 12 Uhr, 35 €). Die Daten können sich ändern, Infos unter ✆ 963 816066, www.mundomarino.es.

Umgebung von València

▶ **La Albufera**: Der küstennahe Süßwassersee, einer der größten natürlichen Seen Spaniens, liegt rund 15 Kilometer südlich von València, etwa drei Kilometer südlich des Örtchens El Saler. Er ist sehr flach und bietet mit Schilfgebieten und den kleinen Inselchen *matas* ein wichtiges Rückzugsgebiet für zahlreiche Vogelarten, wurde deshalb auch unter Naturschutz gestellt. Industrielle Abwässer und die Überdüngung der landwirtschaftlichen Umgebung machen La Albufera jedoch schwer zu schaffen; zudem ist der See, noch im Mittelalter fast zehnmal größer als heute, massiv von Verlandung bedroht. Für Feinschmecker bleibt La Albufera ein Dorado: Die zahlreichen Restaurants im Örtchen *El Palmar* sind berühmt für ihre Paellas und die lokale Spezialität *allipebre*, Aal mit Knoblauch und Pfeffer.

▶ **Manises**: Das Gebiet von València ist bekannt für die Herstellung von Keramik. Immer noch betrieben wird diese Kunst vor allem im westlich gelegenen Manises (Bus-, Bahnverbindung), das heute schon zum Vorortbereich von València gehört. Im Ort auch ein Keramikmuseum.

Die N 340 nach Alacant (Alicante)

Die Gebirgsroute nach Alacant ist landschaftlich besonders reizvoll. Bis zur Abzweigung der CV 40 hinter der Zufahrt nach *Xàtiva* durchquert die autobahnähnlich ausgebaute A 7/A 35 Richtung Albacete noch flache Huertas und dicht besiedelte Landstriche. Dann steigt die Strecke an, führt durch kahles, wenig bewohntes

Bergland. Höchster Punkt der Route ist der *Puerto de la Carasqueta* (1020 Meter) zwischen Alcoi (Alcoy) und Xixona (Jijona). Bei der Abfahrt bieten sich schöne Ausblicke auf die Küste und auf Alacant.

Xàtiva (Játiva)

Die geschichtsträchtige, von weiten Orangen- und Weingärten umgebene Kleinstadt am Fuß der Doppelgipfel des Monte Vernissa zählte einst zu den ganz Großen der Region. Zwei Päpste der sehr lebenslustigen Familie *Borgia* wurden hier geboren, ebenso der Maler *José Ribera* (1591–1652), genannt „El Españoleto".

- *Information* **Oficina Municipal de Turismo**, Paseo Alameda Jaume I. 50, ✆ 962 273346. Geöffnet Di–Fr 10–14.30, 17–19 Uhr (Winter 10–13.30, 16–18 Uhr), Sa/So 10–14 Uhr (Winter bis 13.30 Uhr).
- *Verbindungen* **Zug**: Bahnhof unterhalb der Altstadt, bedient auch von den Nahverkehrszügen Rodalia. Von/nach València halbstündlich, weitere Verbindungen nach Alacant, Madrid und Alcoy.
- *Übernachten* ** **Hostal La Hostería de Mont Sant**, auf halbem Weg zum Kastell. In einem schönen Landhaus mit großem Garten; komfortable und reizvoll dekorierte Zimmer. DZ etwa 110-130 €, auch „Cabañas" und Suiten. Subida al Castillo s/n, ✆ 962 275081, 962 281905, www.mont-sant.com

▶ **Sehenswertes**: Xàtiva teilt sich deutlich in eine moderne Neustadt und die unter Denkmalschutz gestellte Altstadt am Fuß des Festungshügels. Die Stiftskirche *La Colegiata* (tägl. 9.30–13.30 Uhr) wurde im 15. Jh. errichtet und im 16. Jh. umgebaut. Im Inneren beherbergt das dreischiffige Gotteshaus mehrere schöne Altäre. Im *Museo Municipal* (Mo geschlossen) in der ehemaligen Getreidebörse Almudín aus dem 16. Jh. ist allerlei Historisches ausgestellt, außerdem drei Gemälde von Ribera. *San Feliú* liegt auf dem Weg zum Kastell. Die Anfänge der romanisch-gotischen Kirche gehen bis ins 13. Jh. zurück; prachtvoll zeigt sich besonders der Hauptaltar mit zahlreichen schönen Bildtafeln. Etwas anstrengend ist der Weg zum *Castillo Mayor*, er lohnt sich aber wegen der weiten Aussicht bis zur Küste. Das Kastell ist römischen Ursprungs und wurde von den Mauren erweitert. Geöffnet ist im Sommer Di–So 10–19 Uhr, im Winter Di–So 10–18 Uhr, Eintritt knapp 2,50 €.

Weiter in Richtung Alacant

▶ **Alcoi (Alcoy)**: Zwar hübsch in der Berglandschaft gelegen, wird die für die Herstellung von Zigarettenpapier und ihre zahlreichen Brücken bekannte Stadt vornehmlich von Industrieanlagen geprägt. Wer um den 22. bis 24. April hier durchkommt, sollte jedoch auf jeden Fall einen Stopp einplanen: Um den Feiertag des Hl. Georg (San Jorge) finden dreitägige Ritterspiele der *Moros y Cristianos* statt, die zu den berühmtesten Spaniens zählen. In Alcoi gehen sie auf eine maurische Belagerung im Jahr 1276 zurück, die eben der Hl. Georg zugunsten der Christen entschieden haben soll.

▶ **La Font Roja (Fuente Roja)**: Eine wunderschöne, unter Naturschutz stehende Gebirgs- und Waldlandschaft in mehr als 1000 Meter Höhe; beliebtes Ausflugsgebiet um einige Villen aus den Zwanzigern und die namensgebende Quelle. Zu erreichen über eine westliche Abzweigung der N 340 wenige Kilometer südlich von Alcoi; ab der Kreuzung noch etwa neun Kilometer.

▶ **Xixona (Jijona)**: Die Kleinstadt liegt schon jenseits des Passes Puerto de la Carraqueta und ist spanienweit bekannt als Hauptstadt des *turrón*, einer Süßspeise aus Mandeln und Honig, ähnlich dem Türkischen Honig. Es gibt sie in zwei Variationen, nämlich der *blando* (weichen) und der *duro* (harten) Version. Hochsaison des süßen Genusses ist zu Weihnachten, doch selbstverständlich ist er in Xixona ganzjährig erhältlich. Einige der vielen Fabriken kann man besichtigen; Hintergründe der Turrón-Herstellung auch im privaten *Museo del Turrón*, Carretera de Busort, km 1; im Gewerbegebiet „Ciudad del Turrón".

▶ **Coves del Canelobre (Cuevas de Canalobre)**: Oberhalb des Dörfchens Busot liegt die bedeutendste Tropfsteinhöhle (10.30–19.50 Uhr, Winter 11-17.50 Uhr; Eintrittsgebühr ca. 5 €) der Levante-Region, innen in bunten Farben beleuchtet. Anfahrt über eine östliche Abzweigung der N 340, einige Kilometer meerwärts von Xixona; noch ein gutes Dutzend Kilometer auf kleinen Straßen. Im Sommer ist mit relativ viel Rummel zu rechnen, dann finden hier auch Konzerte statt.

Die Küste südlich von València

Südlich des Albufera-Sees liegen in der flachen Küstenebene zahlreiche Urbanisationen, „aufgelockert" durch Industrieanlagen. Nicht viel besser sieht es um *Cullera* aus, einem bei Spaniern recht beliebten Ferienzentrum mit entsprechender Architektur.

Gandia

Abseits des Verkehrsgetümmels der N 332 ist Gandia ein gar nicht unfreundliches Städtchen. Der *Carrer Major* der kleinen Altstadt und die engen Seitengassen sind lebendig, ohne vom Touristenrummel überrannt zu werden. Einige Gebäude erinnern noch an die einstige Bedeutung als Hauptstadt eines Herzogtums, darunter der Palast der Papstdynastie Borgia, spanisch Borja genannt. Baden kann man auch bei Gandia: An der etwa drei Kilometer entfernt liegenden Küste erstreckt sich nördlich des Hafens *El Grao* ein weiter Sandstrand, allerdings flankiert von einer ausgedehnten Siedlung vielstöckiger Apartmenthäuser.

• *Information* **Informació Turística**, Calle Marqués de Campo s/n, ein Ziegelhäuschen vor dem Bahnhof; ✆ 962 877788. Öffnungszeiten: Mo–Fr 9.30–13.30, 15.30–19.30 Uhr, Sa 9.30–13.30 Uhr. Im Sommer erweitert, dann öffnet auch eine Filiale am Strand, nördlich des Hafens. www.gandiaturismo.com.

• *Verbindungen* **Zug**: Bahnhof am nördlichen Altstadtrand, Endstation der halbstündlich bedienten Rodalia-Linie C 1 ab València. Nächster Küstenbahnhof (Privatbahn FGV nach Alacant) bei Dénia.
Bus: Haltestelle neben Bahnhof und Infostelle. Im Sommer mehrmals stündlich zum Hafen/Strand, mit ALSA gute Verbindungen nach Alacant und València, nach Dénia 10-mal täglich.

• *Übernachten* Im Ort einige Pensionen (Liste bei der Infostelle), am Strand die höherklassigen Hotels.
*** Hotel Borgia, im Ort selbst, im Gebiet südwestlich der Infostelle und nicht weit vom historischen Zentrum. Teil einer kleinen lokalen Kette, gut 70 Zimmer, solide Ausstattung; DZ etwa 80 €. Av. de la República Argentina 5, ✆ 962 878109, ℻ 962 878031, www.dchoteles.net.
** Hotel Res. Los Naranjos, ebenfalls im Ort, an der Einbahn-Durchgangsstraße zum Strandviertel. Ziemlich laut, sonst für eine Zwischenübernachtung angesichts des Preises ganz o.k.; Parkmöglichkeit. Ganzjährig, DZ etwa 45-55 €. Av. del Grau 67, ✆ 962 873143, ℻ 962 873144, www.losnaranjoshotel.com.

• *Jugendherberge* **Alberg Mar i Vent** (IYHF), sehr schöne Jugendherberge am Strand von Playa de Piles, acht Kilometer südöstlich; Busverbindung ab Bahnhof, zur NS nur bis zum etwas landeinwärts gelegenen Piles selbst. Viele Sportmöglichkeiten. Calle Doctor Fleming s/n, ✆ 962 831748. Im Dezember/Januar geschlossen.

• *Camping* **L'Alquería**, 2. Kat., ein großer Platz in teilweise etwas lauter Lage an der Zufahrt zum Hafen, sonst absolut in Ordnung. Zum Strand etwa ein Kilometer; Pool. Ganzjährig geöffnet, Parzelle inkl. Auto und K. Zelt 15 €, p.P. 6 €. ✆ 962 840470. www.lalqueria.com.

• *Essen* **Rest. Arrop**, in einer unscheinbaren Wohnstraße wenige Fußminuten nordöstlich der Infostelle. Gandias Michelinstern-Restaurant, kreative Küche und Preise, die dem Gebotenen entsprechen: Menü ab etwa 40 € aufwärts. So sowie Di-Abend geschlossen. C. Sant Joan de Ribera 20, ✆ 962 950768.

Sehenswertes: Die **Antigua Universität**, bahnhofsnah am Ende der Av. Marqués del Campo und an der Durchgangsstraße nach Alacant gelegen, markiert den nördlichen Beginn des Carrer Major und damit der Altstadt. Die Universität mit Barockfassade wurde im 17. Jh. von Francisco Borgia gegründet.

Palau Sant Duc: Zu erreichen über den Carrer Mayor, an dessen südlichem Ende dann links auf den breiten Passeig de les Germanies, der praktisch die Rambla von Gandia bildet, und wieder links in den Carrer Sant Duc. Der ausgedehnte Palast (Führungen Di-Sa 10-14, 16-20 Uhr, So 10-14 Uhr; 6 €) stammt aus dem 16./17. Jh. und war Geburtsort des später heiliggesprochenen *Francisco Borgia*. Als aufgeschlossener Förderer der Wissenschaften und Künste scheint Francisco ein gänzlich anderer Typ gewesen zu sein als sein Urgroßvater Papst Alexander VI., der durch wilde Orgien Berühmtheit erlangte. Im Palast ein kleines Museum, von Interesse ist aber auch der Komplex selbst in seiner Mischung aus Spätgotik und Renaissance.

Plaza Constitución: Der Hauptplatz der Altstadt liegt an der Verlängerung der Calle Sant Duc. Rechts das klassizistische Rathausgebäude, linker Hand die Stiftskirche *Colegiata* (La Seu). Die einzelnen Bauphasen, die die Kirche seit ihrer Gründung im 13. Jh. bis ins 16. Jh. durchmachte, sind ihr deutlich anzusehen.

Südlich von Gandia

Die N 332 verläuft weiterhin einige Kilometer landeinwärts der Küste. Um und hinter *Oliva* häufige Zufahrten zum Sandstrand, der mit Urbanisationen und reichlich Campingplätzen mittlerer und höherer Kategorie bestückt ist.

Weiterreise: In Oliva zweigt die CV 715 über den 780 Meter hohen *Coll de Rates* nach Benidorm ab. Manchem Kartenbild zum Trotz stellt sie ganz gewiss keine Abkürzung dar, beansprucht im Gegenteil viel mehr Zeit als die Küstenstraße, ist aber eine landschaftlich sehr schöne Bergroute.

Costa Blanca

Licht und Schatten wechseln sich ab an der Costa Blanca. Diese Küste bietet Sand- und Kiesstrände ebenso wie steile Felsklippen, gewachsene Feriendörfer ebenso wie horrible Hochhausstädte am Meer.

Eigentlich beginnt die „Weiße Küste" aus geographischer Sicht erst südlich des *Capo de la Nao*. Der Trend, jeder Provinz „ihre" Küste zu sichern, hat dem Gebiet um Dénia, das eben schon zu Alacant (Alicante) gehört, dennoch zum Anschluss verholfen. In jedem Fall reicht die Costa Blanca provinzübergreifend bis hinunter zum *Capo de Palos* bei Cartagena. Den Streifen jenseits des Kaps reklamiert die Provinz Murcia mittlerweile als „Costa Cálida" („Warme Küste") für sich. Doch ist auch das Klima der Costa Blanca im Winter ausgesprochen mild, erreicht selbst im Januar Durchschnittswerte um die elf Grad.

Im Gegensatz zur Costa del Azahar ist der Ausländeranteil unter den Gästen an der Costa Blanca ziemlich hoch. Einen nicht geringen Teil stellen besonders um das Cabo de la Nao die so genannten Residenten, vornehmlich gut betuchte Mitteleuropäer, die sich hier häuslich niedergelassen haben. Satellitenschüsseln zeugen vom Wunsch, das heimische Fernsehprogramm in möglichst vielen Kanälen zu empfangen, der deutsche Metzger ums Eck und der niederländische Hundefriseur sorgen für das Wohl von Mensch und Haustier. Als Reiseziel hat das Residentenland durchaus seine Vorzüge, läuft die Saison aufgrund der starken Nachfrage doch ausgesprochen lang, und auch im Winter hat vieles geöffnet.

Die Landschaft der Costa Blanca ändert sich Richtung Süden. Auf der Halbinsel des *Cabo de la Nao* drängen die Berge noch bis ans Meer, Sand- und Felsküste wechseln sich ab. Dann wird die fruchtbare Küstenebene ein wenig breiter und bietet Platz für ausgedehnte Obstgärten; am Meer überwiegen ab jetzt lange Sandstrände. Hinter der Provinzhauptstadt Alacant (Alicante) weichen die Berge weit ins Innere zurück und machen Platz für eine völlig flache, monoton wirkende Ebene. Ganz im Süden der Costa trennt eine Landzunge das *Mar Menor* fast völlig vom Mittelmeer.

Auch die Küstenorte zeigen unterschiedlichen Charakter. Um das Cabo de la Nao, im „Resident-County" zwischen *Dénia* und *Altea*, überwiegen die Villenbezirke. Die Städtchen hier sind überschaubar und haben sich, bei allen Zugeständnissen an den Fremdenverkehr, ihr Ortsbild weitgehend erhalten. Anders das Touristenzentrum *Benidorm*, die Stadt mit der dichtesten Hochhausbebauung des Mittelmeers. Die Provinzhauptstadt *Alacant* (Alicante) dagegen bietet zwar nichts Spektakuläres, lässt aber immerhin wieder ahnen, dass man sich in Spanien befindet. Am Meer südlich von Alacant und weiter um das Mar Menor finden sich dann wieder großflächige Urbanisationen.

• *Verbindungen* **Zug**: Von Dénia Richtung Alacant (Alicante) fahren die auch als „Trenet" bezeichneten Schmalspurzüge der FGV, die nicht zum Renfe-Netz gehören. Ab der derzeitigen Umsteigestation Benidorm geht es weiter per Schnell-Straßenbahn (TRAM), weshalb die Linie auch als „Tram" bzw. im Zugabschnitt als „Tren-Tram" firmiert. Südlich von Alacant bleibt entlang der Küste nur der Bus. www.fgvalicante.com und www.tram-alicante.com.

Bus: Die üblichen guten Verbindungen bis in kleine Orte. Ausgangspunkt von Überlandrouten sind Alacant und Benidorm.

Schiff: Ab Dénia verkehren Fähren nach Ibiza und Mallorca.

Dénia

Der nördliche Einstieg in die Costa Blanca macht Appetit auf mehr. Zwar grüßen gleich nach der Abfahrt von der Nationalstraße schon die ersten Urbanisationen, verdichten sich zum Ort hin sogar – und dennoch, Dénia ist so übel nicht.

Das Städtchen besitzt Charme. Tourismus ist natürlich allgegenwärtig, doch sorgen auch die Fischerei und das fruchtbare Hinterland für Einkommen, so dass man durchaus noch von „Lokalkolorit" sprechen kann. Im gemütlichen Zentrum findet sich eine mit Platanen bestandene Rambla, oberhalb eine mächtige Festung, beim großen Hafen jede Menge Bars.

Dénia, das heute gut 40.000 Einwohner zählt, ist ein Städtchen mit Vergangenheit. Von den Römern stammt der Name *Dianium*, der wohl auf ein Heiligtum der Göttin Diana zurückgeht. Die Westgoten machten Dénia zum Bischofssitz, die Mauren zur Provinzhauptstadt, die eine Zeitlang sogar Mallorca mitregierte. Erst 1998 wurden hier bei Bauarbeiten die Reste von Spaniens ältestem Gasthaus der maurischen Epoche entdeckt; eines Tages soll die Ruine des 11. Jh. eventuell Teil eines neuen Museums werden. Ab dem 17. Jh. war Dénia Sitz eines Herzogtums.

• *Information* **Oficina Municipal de Turismo**, Plaza del Oculista Buigues 9, nahe der Einfahrt zum Fährhafen; ✆ 966 422367, Öffnungszeiten im Sommer täglich 9.30–14, 16.30–20 Uhr; außerhalb der Saison etwas eingeschränkt. www.denia.net.

Dénia

- *Verbindungen* **Zug**: FGV-Bhf. zentral in der Nähe der Infostelle. Tagsüber etwa stündlich nach Alacant (Alicante). Umsteigestation war zuletzt Benidorm; Fahrzeit etwa 2,5 Stunden, www.fgvalicante.com.
Bus: Busbahnhof an der Plaza Archiduque Carlos 4, ein paar hundert Meter landeinwärts der Infostelle. ALSA-Busse unter anderem nach València 13-mal, Alacant 11-mal täglich.
Schiff: Schnellfähren und Fähren nach Ibiza und Mallorca. Agenturen am Hafen, BALEÀRIA (✆ 902 160180) und ISCOMAR (in der Regel preisgünstiger, aber etwas dezentral gelegen, ✆ 902 119128), www.balearia.com bzw. www.iscomarferrys.com.
Bootsausflüge: „Mundomarino" startet ab dem Hafen zu Touren u.a. nach Xàbia (Jávea), Fahrpreis hin und zurück 15 €. www.mundomarino.es.
- *Übernachten* Insgesamt nur etwa zwei Dutzend Quartiere, im Sommer Engpässe.
**** Hotel Posada del Mar, charmantes kleines Hotel in einem stattlichen Bau an der Uferstraße (Zimmer dorthin nachts nicht unbedingt ruhig), direkt bei der Restaurantzone. Parkmöglichkeit. Komfortable Ausstattung, entsprechende Preise: DZ etwa 130-185 €, F inkl.; es gibt auch Suiten. Plaça Drassanes 2, ✆ 966 432966, www.laposadadelmar.com.
*** Hotel El Raset, ganz in der Nähe und Teil der gleichnamigen Gruppe, zu der noch eine Reihe guter Restaurants gehört. 2006 eröffnet. Auch hier sind Schallschutzfenster nötig, die Zimmer – wie das gesamte Hotel – jedoch modern und gut ausgestattet. Parkmöglichkeit. DZ etwa 85-140 €, F. inkl., es gibt auch Superior-Zimmer. C. Bellavista 1, ✆ 965 786564, www.hotelelraset.com.
*** Hotel Rosa, in der westlichen Urbanisation Marines, strandnahe Lage, zur Stadt etwa 1,5 Kilometer. Angenehmes, kleineres Ferienhotel in hübscher Architektur; mit Terrasse, Garten und Swimmingpool. Geöffnet etwa März bis Mitte Oktober; DZ nach Saison und Ausstattung etwa 65–105 €, F inkl. Es gibt auch Bungalows. Calle Congre s/n, ✆ 965 781573, ✆ 966 424774. www.hotelrosadenia.com
* Hotel El Castillo, im Gebiet westlich unterhalb der Burg. Neubau, der Umgebung jedoch architektonisch durchaus angepasst. Nur sieben Zimmer, ordentlich ausgestattet. DZ nach Saison etwa 50-85 €. Avda. del Cid s/n, ✆/✆ 966 421320, ✆ 965 787188. www.suhotelendenia.com

* Hostal El Comercio, in einer Fußgängerzone am südlichen Altstadtrand; Tiefgarage in der Nähe. Großer, nüchterner Betonbau, die Zimmer etwas hellhörig, aber geräumig und brauchbar möbliert. Freundliche Leitung. DZ/Bad nach Saison etwa 45–60 €; Calle de la Vía 43, ✆ 965 780071, ✆ 965 782300.
* Hostal Res. L'Anfora, ein Tipp in hafennaher und zentraler Lage. Insgesamt 20 Zimmer, alle zweckmäßig und solide eingerichtet, mit Klimaanlage, TV und kleinem „Balkon". Prima Preis-Leistungs-Verhältnis, DZ nach Saison etwa 45-60 €. Explanada Cervantes 8, ✆ 966 430101, ✆ 966 421690, www.hostallanfora.com.
- *Camping* Insgesamt sechs Plätze um Dénia, keiner jedoch besonders stadtnah.
Tolosa, 2. Kat., knapp drei Kilometer in Richtung Xàbia, zu Fuß etwa 40 min. die Küste entlang. In der Villengegend „Las Rotas", schattig, unterhalb ein kleiner Kiesstrand. Geöffnet April–September; p. P. 6 €, Zelt 7 €, Auto 5 €. ✆ 965 787294. www.campingtolosa.com
Los Pinos, 2. Kat., etwa 1,5 Kilometer hinter dem Camping Tolosa, ähnliches bis etwas günstigeres Preisniveau als dieser. Ganzjährig geöffnet; ✆ 965 782698.
- *Essen* Restaurantzone nordwestlich des Hafens, zu den Sandstränden hin: auf Fußballfeldlänge ein Restaurant neben dem anderen, viele mit Tischen im Freien.
Rest. El Raset, am Anfang dieser Zone, Teil einer kleinen lokalen Kette guter Restaurants, zu der auch das gleichnamige Hotel gehört. Kreative Küche. Abendmenü knapp 35 €, à la carte legt man mehr an. Calle Bellavista 7, außerhalb der Saison Di Ruhetag.
Rest. Sal de Mar, im Hotel Posada del Mar. Auch hier gibt es gehobene Küche zu ebensolchen Preisen, Spezialitäten sind Reis- und Fischgerichte. Das „Reismenü" Menú Arroz kommt auf knapp 25 €, à la carte ist man ab etwa 30 € dabei. Di Ruhetag.
La Casa de L'Arrós, im Ortskern. Namensgemäß sind Reisgerichte die Spezialität des Hauses, Preisbereich überwiegend etwa 12-15 €, man kann aber auch mehr ausgeben. Plaza Glorieta del País Valencia, am oberen Ende der Rambla Marqués de Campo.
Sidrería Txista, in der Nähe. Baskische Küche und gemütliches Ambiente, für Hauptgerichte sind etwa 15-18 € zu rechnen. Plaza Glorieta del País Valencia 5.
Cervecería Sal i Sucre, in der Restaurantzone und Teil des kleinen „Raset"-Imperiums. Schlicht-modernes Ambiente, Tapas

Comunitat Valenciana Karte S. 259

In Reih und Glied: Fischkutter in Dénia

und Menüs (ca. 10 €) zu günstigen Preisen. C. Bellavista 12.

• *Feste* **Fallas de San Jose**, 16.-20. März. Wie in València, wenn auch natürlich in viel kleinerem Maßstab.
Fiestas patronales en honor a la Santissima Sangre, in der ersten Julihälfte. „Blumenschlachten", Feuerwerk, Konzerte und die „Toros en el Mar", eine unblutige Hatz mit Jungstieren am Strand.
Fiestas patronales en honor a San Roque, vom 14. bis 17. August; mit „Moros y Cristianos", Feuerwerk etc.

• *Baden* Die **Playa Marina**, der kilometerlange, streckenweise mit der „Blauen Umweltflagge" prämierte Hauptstrand, erstreckt sich im Nordwesten der Stadt, Richtung Oliva. Platz bleibt genug, außerhalb der spanischen Urlaubssaison sogar reichlich. Im Südosten, Richtung Xàbia, vereinzelte kleine Buchten mit Kiesstrand.

▶ **Sehenswertes**: Dénias Altstadt erstreckt sich südlich des Burgbergs. Ihre Grenze nach Süden markiert die Rambla *Marqués de Campo*. Je weiter man hochsteigt, desto gelassener die Atmosphäre: fußballspielende Kinder, Pensionäre beim abendlichen Schwatz ...

Castillo: In ihrer heutigen Form stammt die schon von den Römern errichtete Festung hauptsächlich aus dem 18. Jh. Der Weg lohnt sich besonders wegen der schönen Aussicht auf Stadt und Umgebung. Innerhalb der dicken Mauern schattige Pinienwälder, Picknickmöglichkeiten und das *Museo Arqueológico* (Do geschlossen), in dem Funde aus der Region ausgestellt sind.
Öffnungszeiten 10–13/13.30 Uhr, nachmittags je nach Saison variierend (15–18 Uhr bis 17-20.30 Uhr), Eintritt inklusive Ticket für das Archäologische Museum 3 €.

Museo Etnológico: Einen Rückblick auf die „guten alten Zeiten" der Costa Blanca und auf die Lebensverhältnisse der im Rosinenhandel zu Geld gelangten Familien bietet dieses Museum, das sich über drei Etagen eines Stadthauses erstreckt. Carrer dels Cavallers 4, nahe Rathaus und Kirche.
Öffnungszeiten Di–Sa 10.30–13, 16–19 Uhr, So 10.30–13 Uhr; Eintritt frei.

Museu dels Joguets: Das Spielzeugmuseum in der „Estació de València" an der C. Calderón, südlich der Altstadt und nicht weit entfernt von der Infostelle, erinnert an die goldenen Zeiten ab den Anfängen des 20. Jh., als sich in Dénia eine bedeutende Spielzeugindustrie etablierte, die bis in die 60er-Jahre florierte und dem halben Städtchen Arbeit gab. Die putzigen, ebenso liebevoll hergestellten wie präsentierten Exponate sind nicht nur für Kinder interessant.
Öffnungszeiten Täglich 10-13, 16-20 Uhr; gratis.

▶ **Richtung Xàbia (Jávea):** Die direkte Verbindung zum Nachbarort führt über den gewaltigen Klotz der bis 751 Meter hohen, als Naturpark ausgewiesenen *Sierra del Montgó*, ein enges, kurvenreiches Sträßchen mit Blick. Schon im Gemeindegebiet von Xàbia zweigt bei einer ehemaligen Einsiedelei links ein Fahrsträßchen zum *Cabo San Antonio* ab, von dessen Leuchtturm die Aussicht auf das Tal von Xàbia und – bei klarem Wetter – bis Ibiza reicht.

Xàbia (Jávea)

Xàbia liegt in einem fruchtbaren Tal, das nach Norden und Süden von Bergketten begrenzt wird; am Meer eine Mischung aus Sand- und Kiesstränden und Steilküste, etwas landeinwärts das historische Städtchen.

Eine Ferienlandschaft par excellence also. Kein Wunder, dass sich das Gebiet von Xàbia zu einer beliebten Heimat mitteleuropäischer „Kolonisatoren" entwickelt hat. Die Villenkolonien und kleineren Urbanisationen bleiben dank des üppig grünen Umfelds dem Auge aber erträglich, am Hafen und im Altort finden sich noch romantische Winkel. Mit offiziell 30.000 Einwohnern kleiner als Dénia, beansprucht Xàbia doch mindestens genausoviel Fläche. Grund ist die Gliederung des Städtchens in drei voneinander getrennte Bereiche: Der alte *Ortskern* erhebt sich auf einem flachen, fünfzig Meter hohen Hügel knapp drei Kilometer vom Meer. Mit ihm durch eine schnurgerade Straße verbunden ist der Hafenbereich *Aduanas de Mar*, der sich aus einem kleinen Küstendorf entwickelt hat. Gut drei Kilometer südlich liegt die nach Bebauungsplan hochgezogene Badesiedlung *El Arenal*, auch als Xàbia Platja bekannt.

● *Information* **Oficina Municipal de Turismo**, im Hafenviertel Aduanas de Mar, Plaza Almirante Bastarreche 11; ℡ 965 790736, www.xabia.org. Geöffnet Mo–Sa 9–13.30 Uhr (Sa erst ab 10 Uhr), 16.30–20 Uhr, So 10–13.30 Uhr; außerhalb der Saison eingeschränkt. Zweigstellen im Ortskern an der Plaza Iglesia 4, ℡ 965 794356 und an der Ctra. Cabo La Nao, Urb. La Plaza, s/℡ 966 460605.

● *Verbindungen* **Zug:** Nächste FGV-Bahnhöfe in Dénia und Gata de Gorgos, bessere Busverbindung aber ab Calp.
Bus: Haltestelle im Altort an der Av. de Ondara; ALSA nach Alacant (Alicante) 6-mal, València 7-mal täglich; Verbindungen nach Dénia bestehen 7-mal täglich, seltener auch nach Moraira und Gata. Busse Altort-Hafen etwa stündlich, mit einem „Loch" über Mittag, im Sommer häufiger.

● *Übernachten* Die relativ wenigen Quartiere sind zur Saison oft belegt. Höherklassige Hotels entlang der Küste, einfachere Pensionen im Altort.
**** Parador de Jávea, moderner Küstenparador in landschaftlich bevorzugter Lage, mit Swimmingpool etc. DZ nach Saison etwa 195–205 €, F inkl., zur Höchstsaison im Hochsommer nur mit Halbpension. El Arenal, ℡ 965 790200, ℻ 965 790308, www.parador.es.
** Hotel Res. Miramar, an der Uferpromenade im Hafenviertel. Vor einigen Jahren renoviert, Zimmer z. T. mit Balkon und Meerblick. DZ nach Saison und Lage (ohne/mit Meerblick) etwa 55–85 €. Plaza Almirante Bastarreche 12, ℡/℻ 965 790102.
** Hotel Costamar, ebenfalls im Hafenviertel, etwas oberhalb des Hafens selbst, viele Zimmer deshalb mit Blick. Weite Preis-

spanne, DZ/Bad etwa 50-100 €. C. Caleta 4, ℅ 965 790644, 🖷 966 462993, www.costamar.eu.

* **Hostal Carrió**, oben im Altort. Nur fünf Zimmer, für die Kategorie ordentlich ausgestattet, u.a. mit Klimaanlage. Preisgünstiges Restaurant angeschlossen. DZ nach Saison ca. 40-55 €, Frühstück inbegriffen. C. Virgen de los Angeles 31, ℅ 965 791219, www. hostalcarrioxabia.com.

• *Camping* **Jávea**, 2. Kat., etwa im Gebiet zwischen Altort und Hafen. Gut ausgestattet, Schatten, großes Schwimmbad. Ganzjährig geöffnet, p.P etwa 6,50 €, Parzelle zur HS nach Größe ab etwa 15 €. ℅ 965 791070, www.camping-javea.com.

• *Essen* **Rest. Pòsit**, im Hafenviertel beim Hotel Miramar, bekannt für kreative mediterrane Küche und gute Fischgerichte; Terrasse zum Meer. Menü ab etwa 30 € aufwärts. Plaza Almirante Bastarreche 11, von Dezember bis Februar geschlossen. ℅ 965 793063.

Rest. Oggi Doppo, Lokal mit italienisch inspirierter Küche im Hafenviertel, eines von mehreren Restaurants in dieser Fußgängerzone. Feste Menüs gibt es hier ab etwa 10 €. Rätselhaft, auch für die Bedienungen, bleibt der Name. Calle Andrés Lambert 8.

Café-Rest. Jubama, gleich gegenüber dem Hotel Miramar und ein beliebter Treffpunkt. Tapas-Menü 13 €.

• *Feste* **Fiestas patronales en honor a Jesús Nazareno**, 28. April bis 3. Mai, das Patronatsfest mit Prozessionen.

Les Foguères de San Juan, 15. bis 24. Juni, das Hauptfest der Stadt. Stierhatz durch die Straßen, in der Nacht vom 23. zum 24. große Johannisfeuer.

Moros y Cristianos, in der ersten Julihälfte.

Fiestas patronales en honor a la Virgen de Loreto, 1. bis 8. September, das Hauptfest des Hafenviertels.

• *Baden* Schöner als am schmalen Kiesstrand südlich des Hafens badet es sich am breiten, etwa 300 Meter langen Sandstrand von **El Arenal**, der zur Saison allerdings auch recht voll wird. Weiter südlich findet sich Richtung Cabo de la Nao auber Steilküste nur die kleine Kiesbucht **Playa la Barraca**. Schon jenseits des Kaps liegen noch zwei hübsche Kies- bzw. Sandstrände, von Felsabstürzen umgeben: **Playa del Ambolo** (FKK) und **Playa la Granadella**.

Sehenswertes

Die küstenabgeschiedene Lage des Altorts und seine wehrhaften Stadtmauern erklären sich aus der im Mittelalter stets präsenten Gefahr von Überfällen marodierender Berber aus Nordafrika.

Fortaleza San Bartolomé: Die ganz oben in der Altstadt gelegene, vom 14. bis 16. Jh. in vorwiegend gotisch-isabellinischem Stil errichtete Kirche ist als nationales Denkmal ausgewiesen. Ihre Besonderheit ist die festungsartige Anlage mit Zinnen und Schießscharten.

Museu Arqueològic i Ethnogràfic Soler Blasco: Untergebracht in einem Palast im Herzen der Altstadt, Calle Primicies 1. Prunkstück der archäologischen Abteilung ist der sog. „Schatz von Xàbia", eine im Ortsgebiet entdeckte Kollektion von Schmuckstücken der Iberer. Es handelt sich allerdings um eine Kopie, das Original ist im Archäologischen Museum von Madrid zu sehen. Die Keramik-Abteilung zeigt Tönernes vom 14.-17. Jh., die ethnographische Abteilung vorwiegend urtümliche Maschinen.

Öffnungszeiten Di-So 10–13 Uhr, Di-Fr auch 18-21 Uhr bzw. 17–20 Uhr (Winter); Eintritt frei.

Umgebung

La Plana, die zur Sierra de Montgó gehörende Hochebene, ist zu Fuß vom Hafen aus über die Urbanisation „Balcó de Xàbia" erreichbar. Den etwas mühevollen Aufstieg in das Naturschutzgebiet belohnen mehrere Aussichtspunkte auf das Tal von Xàbia.

Cabo de la Nao: An den Steilküsten Richtung Kap locken vorgelagerte Inselchen und mehrere Höhlen, die nur vom Wasser aus zu erreichen sind. Am Kap selbst steht der obligate Leuchtturm („Faro") mit der obligaten Aussicht, die in diesem Fall bei gutem Wetter bis Ibiza reicht.

Gata de Gorgos: Das Inlandsörtchen an der N 332 und der FGV-Linie ist ein Zentrum der Korbflechterei. Nicht nur an der Durchgangsstraße finden sich reichlich Geschäfte, die sich auf Geflochtenes spezialisiert haben.

Moraira

„Ein bezauberndes kleines Fischerdörfchen, am Strand ein romantischer Wehrturm ..." – so ähnlich könnte es in älteren Publikationen heißen.

Der Turm steht noch. Moraira, südlich des Cabo de la Nao in der Gemeinde Teulada gelegen, hat schon vor vielen Jahren seinen Yachthafen erhalten. Mit ihm kamen die Urbanisationen. Bereits weit vor dem Ort kriechen sie jeden verfügbaren Hügel hoch und wirken der Landschaft aufgedrängt, passen sich nicht so ein wie die Mehrzahl der Siedlungen um Xàbia. Der Strand ist entsprechend belagert. In der Nebensaison mag man es dennoch aushalten können in Moraira: Der Ortskern wirkt recht gemütlich, kein Vergleich mit der Hochhausbebauung z.B. von Calpe.

- *Information* **Oficina Municipal de Turismo**, Ctra. Moraira-Teulada 51, ✆ 965 745168; am Ortsrand an der Straße nach Teulada. Öffnungszeiten: Mo–Fr 9.30–13.30, 16–19 Uhr, Sa 10.30–13 Uhr, zur HS erweitert.
- *Übernachten* *** **Hotel La Sort**, komfortables Quartier in küstennaher Lage unweit des Wehrturms; Parkplatz. DZ bzw. Junior-Suite nach Saison etwa 105-135 €, im Dachgeschoss bis 190 €. Nicht weit entfernt liegt das zugehörige, noble und ebenfalls „La Sort" benannte Restaurant. Avenida de la Paz 24, ✆ 966 491949, ✆ 966 491950, www.lasort-hotel.com.
- *Camping* **Moraira**, 1. Kat., küstennah etwa 1,5 Kilometer Richtung Calpe. Sehr gut ausgestatteter, schattiger Platz, ganzjährig geöffnet. Tauchbasis. Stellplatz rund 16 €, p.P. 6,50 €. Camino de Paellero s/n, ✆ 965 745249. www.campingmoraira.com.

Calp (Calpe)

Wahrzeichen der Siedlung ist der Penyal d´Ifach (Peñón de Ifach), ein 325 Meter hoher, majestätisch von der Küste aufragender und unter Naturschutz gestellter Felsklotz, dessen Umgebung schon zu Zeiten der Iberer besiedelt war.

An wohl keinem anderen Ort der Costa Blanca wurde in den Achtzigern so eilig gebaut wie in Calp. Es fällt deshalb gar nicht leicht, inmitten all der weitflächig angelegten Urbanisationen und Apartmentanlagen die Ursprünge der Siedlung zu entdecken. Calp-„Stadt", vergleichsweise winzig, versteckt sich unterhalb des vierspurigen Zubringers von der Nationalstraße zum Peñon de Ifach; direkt am Felsen liegt um den Hafen ein weiteres kleines Zentrum. Ein Kurisoum bilden die Salinen zwischen den beiden Ortsteilen, in denen Flamingos brüten. Grund für die Erschließungswut in und um Calp sind die langen Sandstrände *Playa Levante* nördlich und *El Arenal* südlich des Felsens, beide selbstverständlich ebenfalls flankiert von Neubauten.

- *Information* **Oficina Municipal de Turismo**, Av. Ejércitos Españoles 44, am Zubringer zwischen Altort und Felsen, bei den Salinen rechter Hand; ✆ 965 836920. Öffnungszeiten: Sommer Mo–Sa 9–21 Uhr, So 10–14 Uhr; Winter Mo–Fr 9–15, 16–19.30 Uhr, Sa 10–13.30 Uhr. Zweigstellen im Altport (Pl. del Mosquit s/n), am Busbahnhof und am Hafen.
- *Verbindungen* **Zug:** FGV-Bhf. landeinwärts der Nationalstraße; in Fußentfernung vom Altort, es gibt jedoch auch eine Busverbindung zum Felsen. Züge nach Alacant (Alicante) und Dénia tagsüber etwa stündlich. **Bus:** Busbahnhof an der Av. Generalitat Valenciana, der nördlich vom Altort zur N 332 Calpe Nord. ALSA nach Alacant (Alicante) 9-mal, Dénia 8-mal, València 5-mal und Xàbia 7-mal täglich.
- *Übernachten* ** **Hotel Porto Calpe**, am Hafen. Ordentliches Mittelklassehotel mit

296 Comunitat Valenciana

Wuchtig: Penyal d´Ifach

knapp 70 Zimmern und weiter Aussicht über Hafen und Meer. DZ nach Saison etwa 55–80 €, von etwa Ende Juli bis Ende August 95 €. Avda. Puerto 7, ✆ 965 837322, 🖅 965 837311. www.portocalpe.com.

* **Pensión Centrica**, im Altort, bei der Post. Schlichtes, ganzjährig geöffnetes Quartier, DZ ohne Bad ganzjährig knapp 30 €. Plaza Ifach 5, ✆ 965 835528.

* **Pensión Le Vieux Bruxelles**, wiederum in der Hafensiedlung. Einfach, aber in Ordnung. Preisniveau fürs DZ ohne Bad um die 40 €, zur NS auch schon mal günstiger. Avda. Isla de Formentera 18, ✆ 965 832435.

Jugendherberge Albergue Juvenil Abargues, ein ganzes Stück vom Ort in Richtung Campingplätze, etwa zwei Kilometer hinter der Haupt-Infostelle. Avda. Juan Carlos I. s/n, ✆ 965 832435.

● *Camping* **Camping Calpe Mar**, 1. Kat., trotz des Namens nicht direkt am Meer, sondern landeinwärts der Zufahrtstraße vom Altort zum Hafen. Gute Ausstattung, Pool, ganzjährig geöffnet. Kleine Parzelle inkl. Auto und Zelt 32 €, p.P. 6 €, zur NS günstiger. C. Eslovenia 3, ✆ 965 875576, www.campingcalpemar.com.

Camping Levante, 2. Kat., im Hinterland der Playa Levante, landeinwärts der Küstenstraße Richtung Moraira. Ein Lesertipp von Sandra Müller: „Schöne schattige Plätze, Supermärkte in der Nähe, ca. 400 Meter bis zum Strand." Parzelle inkl. Auto, Zelt und zwei Personen 27 €. Av. Juan Carlos I., ✆ 965 832277, www.campinglevantecalpe.com.

● *Essen* An der Hafenfront Explanada del Puerto ein Restaurant neben dem anderen, Spezialität sind überall Fisch und Meeresfrüchte. Unterschiede sind kaum auszumachen, teilweise wird fast schon aggressiv um Gäste geworben – nach Sympathie auswählen.

▶ **Auf den Penyal d´Ifach**: Der Felsen ist Naturschutzgebiet, aber frei zugänglich. Die Routen über der Meerseite sind Kletterfreaks mit entsprechender Ausrüstung vorbehalten. Durch einen oft etwas glitschigen Tunnel oberhalb des Hafens gelangt man zu einem vergleichsweise leichteren Aufstieg, bei dem dennoch festes Schuhwerk (!) und Umsicht geboten sind: Alljährlich müssen Urlauber vom Berg gerettet werden; mehrfach gab es auch schon Tote.

Altea

Kontrastprogramm zu Calp und dem nahen Benidorm: Ein kirchturmbewehrter Hügel voll kleiner, weißer Häuser, Treppenwege, Torbögen, überall Blumen ... Fast zu schön, um wahr zu sein.

Altea ist die gepflegte Idylle derer, die es sich leisten können. Viele der hübschen Häuschen sind im Besitz wohlhabender Künstler, Schriftsteller oder einfach gut situierter spanischer Familien. Doch auch wenn man Altea nicht unbedingt als „ursprüngliches Dorf" bezeichnen mag, Atmosphäre hat der Ort auf jeden Fall. Altea teilt sich in zwei Zonen: das eigentliche Dorf auf dem Hügel und die zugehörige Strand- und Hafensiedlung. Zum Schutz vor Raum greifender Bebauung hat lange Zeit sicher auch der Kiesstrand beigetragen, auf dem es sich eben nicht so komfortabel liegt wie auf den Sandstränden von Benidorm oder Calp. Doch ist schleichende Änderung in Sicht: Ein Sandstrand wurde aufgeschüttet, und im Flusstal des Río Algar sind ein Golfplatz und Tausende von Häusern geplant.

- *Information* **Oficina de Turismo**, Paseo San Pedro 9, an der Uferstraße, ℡ 965 844114. Öffnungszeiten: Mo–Fr 10–14, 17–21 Uhr (Winter bis 19.30 Uhr), Sa 10–13 Uhr.

- *Verbindungen* **Zug:** FGV-Bahnhof an der Nationalstraße N 332, Richtung Alacant (Alicante) und Dénia tagsüber etwa stündliche Verbindungen.
Bus: Haltestelle an der N 332, vom Bahnhof etwa 200 Meter Richtung Benidorm, beim Restaurant „Granada". ALSA nach Benidorm 10-mal, Alacant (Alicante) 8-mal, València 5-mal täglich.

- *Übernachten* Zur Hochsaison kommt es regelmäßig zu Engpässen.
** Hotel Altaya, strandnahe und vor einigen Jahren renovierte Mittelklasse unweit der Infostelle. Ganzjährig geöffnet, DZ nach Saison und Ausstattung etwa 65–100 €, Superior-Zimmer gegen Aufpreis. Calle Sant Pere 28, ℡ 965 840800, ℻ 965 840659. www.hotelaltaya.com.
* Hotel San Miguel, ebenfalls in diesem Gebiet und eine schlichtere, aber auch preisgünstigere Alternative; DZ etwa 45–55 €. Zu suchen in der Calle La Mar 65, ℡ 965 840400.
* Pensión Hostal Fornet, im Altort an der Calle Porrat, vom Kirchplatz die Calle San Miguel entlang bis ans Ende. „Hier sollte man bei der Buchung ein Zimmer mit Meerblick verlangen" (Leserbrief von Helmut Scharbert). DZ/Bad etwa 40-50 €, ohne Bad 30-40 €. Calle Beniardá 1, ℡ 965 843005.

- *Camping* **Cap Blanch**, 1. Kat., an der Küstenstraße etwa 2,5 Kilometer südlich von Altea, Anfahrt vorbei am Hafen; nicht über die N 332. Zum Meer nur über die Straße. Ganzjährig; Parzelle etwa 28 €, p.P. 6 €, zur NS deutlich günstiger. ℡ 965 845946. www.camping-capblanch.com.

- *Essen/Kneipen* **Rest. El Racó de Toni**, unten im Hafenviertel, in einer schmalen Querstraße unweit des Hotels Altaya. Spezialität sind Reisgerichte, Menü um die 30-35 €. Calle de la Mar 127, ℡ 965841763.
Rest. Oustau de Altea, oben im Altort. Angenehmes Ambiente, solide Küche; Menü à la carte ab etwa 25 € aufwärts. Calle Mayor 5, außerhalb der Saison Mo Ruhetag. ℡ 965 842078.
Pizzeria Sandro, am Kirchplatz und mit die preisgünstigste Möglichkeit, die Atmosphäre des Altorts beim Essen zu genießen – Fensterplätze bevorzugt. Mi geschlossen. Plaza Iglesia 10. Nicht weit entfernt (C. Mayor 6) und von Lesern ebenfalls gelobt: **Pizzeria Stromboli**.
Café del Mar, ein Franchise-Ableger des berühmten Chillout-Cafés von Ibiza. Av. Playa Albir, unten in der Strandsiedlung, Richtung Camping Cap Blanch. Zuletzt wegen Ärger mit den Nachbarn geschlossen, könnte aber wieder öffnen.

- *Feste* **Santísimo Cristo**, mehrere Tage um den vierten Sonntag im September. Das Hauptfest der Stadt, unter anderem auch mit „Moros y Cristianos".

Sehenswertes im klassischen Sinne gibt es nicht in Altea. Die Pfarrkirche ganz oben auf dem Hügel ist hübsch mit blauen Kacheln gedeckt, auch ein gemütlicher abendlicher Treffpunkt, aber als Baudenkmal nicht weiter erwähnenswert. Wem die angenehme Dorfatmosphäre nicht ausreicht, der kann sich in einer der vielen Galerien ergehen.

Benidorm

„Benidorm is different" (Slogan des Casinos Benidorm)

Wie wahr: Benidorm *ist* anders. Keine Stadt am Mittelmeer, nicht Lloret de Mar, nicht einmal Torremolinos, kann sich mit Benidorm vergleichen. Benidorm kennt keine Konkurrenz. Den offiziell etwa 70.000 Einwohnern (1961 waren es übrigens noch kaum über 6000) stehen 10,9 Millionen jährliche Hotelübernachtungen gegenüber. Benidorms Hotelkapazität ist die größte Spaniens und des gesamten Mittelmeers, nimmt europaweit den dritten Rang ein. Alljährlich beherbergt die Stadt etwa fünf Prozent aller Touristen Spaniens und verbucht rund drei Viertel der Übernachtungen an der Costa Blanca. Untergebracht ist dieses Ferienparadies der besonderen Art auf vergleichsweise geringer Fläche: Man hat sich in die Höhe orientiert. Die Skyline Benidorms, oft mit der von Manhattan oder Hongkong verglichen, ist tatsächlich beeindruckend. In jedem Gebäude wohnen durchschnittlich mehr als 200 Menschen. Eine gewisse Faszination übt ein solcher Moloch allemal aus. Das Unterhaltungsangebot Benidorms ist, wenn auch gewiss nicht das originellste, doch sicher der Hauptanziehungspunkt der Stadt, die dementsprechend vor allem von jungen Pauschalgästen besucht wird. Fast jeder zweite Gast kommt übrigens aus dem Inland, dicht gefolgt von den Briten, die etwa 30 Prozent der Besucher Benidorms stellen. Deutsche Urlauber fallen mit nicht einmal zwei Prozent der Benidorm-Fans im Vergleich unter „ferner liefen".

- *Information* **Oficina de Turismo**, Avda. de Martinez Alejos 16, nahe der Playa de Levante und den kleinen Kaps, die die beiden Strände trennt; ℡ 965 851311 oder 965 853224. Öffnungszeiten im Sommer täglich 9–21 Uhr, im Winter Mo-Fr 9-20 Uhr, Sa 10-13.30 Uhr. www.benidorm.org.
- *Verbindungen* **Zug**: FGV-Bahnhof nördlich des Zentrums, in die Stadt Bus Nr. 1 und 4. Zuletzt war hier die Umsteigstation zwischen den Zügen von/nach Dénia (etwa stündlich) und der Tram von/nach Alicante (halbstündlich); die Tram wird jedoch weiter in Richtung Dénia ausgebaut.

Bus: Neuer Busbahnhof ebenfalls nördlich des Zentrums, Partida Salto del Agua s/n. ALSA fährt etwa stündlich Richtung Alacant (Alicante), alle ein bis zwei Stunden nach València und in viele weitere Regionen des Landes; daneben bestehen mit EUROLINES Verbindungen bis nach Mitteleuropa.
- *Hotels* Angesichts der rund 140 Hotels und Hostals und der etwa 6000 Apartments von Benidorm erübrigt sich jede Beschreibung. Wir raten zum Gang zur Infostelle, deren Computer über wirklich alles Bescheid wissen – freie Betten jeder Preisklasse, ein Hotel mit salzloser Diät, ein Hostal, in das der Hund mitdarf: Die Angestellten machen's möglich. Apartments, außerhalb der Hochsaison recht günstig, werden ebenfalls vermittelt.
- *Camping* **Villasol** (1. Kat.), wohl der beste Platz der Stadt, zudem relativ zentrums- und strandnah, nämlich jeweils etwa 1,5 Kilometer entfernt. Alles geboten außer natürlichem Schatten (Mattendächer), im Winter sogar ein Hallenbad. Ganzjährig; p.P., Auto, jeweils rund 7,50 €, kleines Zelt 8 €. Beschilderter Abzweig von der N 332, Richtung „Playa Levante". ℡ 965 850422, ℻ 966 806420, www.camping-villasol.com.
- *Essen* „Die **Calle Santo Domingo** ist eine wirklich gute Tapa-Gasse, alles Wirte aus Nordspanien. In der Sidrería Aurrera im Keller gibt es Sidra vom Fass, original asturianisch" (Lesertipp von Annemarie Böhm).
- *Nachtleben* Die Disco **Pénélope** an der Av. de la Comunitat Valenciana ist die älteste der Stadt, seit rund drei Jahrzehnten in Betrieb und geradezu ein Symbol von Benidorm; mittlerweile gibt es an der Av. de Alcoi auch den zentralen Ableger **Pénélope Beach Club**. Darüber hinaus scheint es sinnlos, einzelne Discos zu beschreiben, da die „In-Plätze" jedes Jahr wechseln. Die

Benidorm

Immer noch gut besucht: Benidorm Anfang November

Eintrittsgebühren inklusive einem Drink liegen je nach Nachfrage bei etwa 6–18 €, im Sommer ist die Obergrenze fast die Regel. Wer gut aussieht und Glück hat, bekommt vielleicht eine Freikarte von den Animateuren, die am frühen Abend entlang der Strandpromenaden unterwegs sind.

• *Baden* Die **Playa de Levante** im Osten und die **Playa de Poniente** im Westen sind durch das kleine Kap mit der „Altstadt" voneinander getrennt. Beide werden täglich gereinigt und einmal pro Woche mit Spezialmaschinen umgegraben – man weiß ja, was man den Gästen schuldig ist.

▶ **Terra Mítica & Terra Natura**: Zwei jener groß angelegten Themenparks, wie es sie in mehreren Regionen Spaniens gibt; in Benidorm besitzen sie sogar eine eigene FGV-Bahnstation. Die „Mythische Erde" *Terra Mítica* ist den alten Kulturen des Mittelmeerraums gewidmet. Diverse spektakuläre Fahrgeschäfte wie die rund hundert Stundenkilometer schnelle Achterbahn „Magnus Colossus", aber auch Shows wie „Gladiatorenkämpfe" und „Sklavenmärkte" sollen die Gebräuche und Mythen Roms, Griechenlands, Ägyptens, des alten Spanien und der mediterranen Inselwelt lebendig werden lassen; ein neues Feature ist der „Atalaya Adventure Park". Jüngeren Datums als Terra Mítica ist die nahe, 2005 eröffnete und als „Abenteuer-Tierpark" konzipierte *Terra Natura* mit rund 1500 Tieren, die trotz der Namensähnlichkeit zumindest offiziell von einer anderen Gesellschaft betrieben wird; der (eher kleine) Wasserpark „Aqua Natura" ist angeschlossen. Und damit kein Besucher verhungert, aber jeder mehr als nur die (happigen) Eintrittsgebühren hier lässt, gibt es in beiden „Terras" natürlich auch reichlich Restaurants und Bars...

• *Terra Mítica* Geöffnet ist täglich von Anfang Juni bis etwa Mitte September, sonst je nach Monat unterschiedlich (nur Wochenenden, Do-So oder Mi-So); von etwa November bis Mitte März ist geschlossen. Eintrittsgebühren saisonal gestaffelt, Tageskarte zur HS rund 34 €, Kinder 26 €; es gibt auch Abend- und Mehrtageskarten. Infos im Internet unter www.terramiticapark.com.

• *Terra Natura* Rund ums Jahr täglich geöffnet, der Wasserpark nur von Mitte Mai bis September. Tageskarte 23 €, Kinder 18 €, der Wasserpark kostet 5-6 € extra. www.terranatura.com.

Umgebung

▶ **Guadalest**: Einer der Standardausflüge von Benidorm. Zur Saison und an Wochenenden drängen sich in dem kleinen Örtchen die Belegschaften der Reisebusse. Wer Guadalest dagegen antizyklisch besucht, kann die ungewöhnliche Lage des Festungsdorfs – es ist nur durch einen Tunnel erreichbar – ebenso genießen wie die Aussicht. Anzufahren ist Guadalest über die schöne, aber sehr kurvige Bergstraße CV 70 nach Oliva; nach etwa 15 Kilometern geht es in Callosa links ab Richtung Alcoi.

• *Übernachten* **Alojamiento Rural Cases Noves**, ein Lesertipp von Edith Schlaich: „Nigel-nagel-neu ist dieses geschmackvolle Quartier. Alles mit Liebe und auf das Feinste eingerichtet. Die Zimmer nicht groß, dafür nachts absolut ruhig und mit grandioser Aussicht. Gerade recht für „Benidormflüchtige". Sofi und Toni sprechen ordentlich Englisch." Wandertipps etc. gibt es auch. DZ etwa 70-85 €. El Castell de Guadalest, Calle Achova 2, ✆ 966 112064, Mobil-✆ 676 010171, ✆ 965 885309, www.casesnoves.es.

▶ **La Vila Joiosa (Villajoyosa)**: Etwa zehn Küstenkilometer südlich von Benidorm zeigt sich das kleine Städtchen an der FGV-Linie relativ unberührt von nahen Rummelplatz. Die Strände sind allerdings nicht unbedingt die besten. Eine Stippvisite lohnt sich besonders in der letzten Juliwoche zum weithin bekannten Fest der *Moros y Cristianos*, bei dem die „Mauren" vom Meer her mit Booten angreifen. In einigen Jahren wird Vila Joiosa wohl eine weitere bedeutende Attraktion besitzen: Ein großes Archäologisches Museum ist geplant.

Alacant (Alicante)

Die lebendige Stadt ist ein angenehmer Spanien-Einstieg für die vielen Reisenden, die per Charterflug hier ankommen.

Nach Benidorm erweist sich Alacant als echte Erholung. Da es kaum Sehenswürdigkeiten gibt, hält sich der Touristenstrom in Grenzen, fließt vor allem in die Strandgebiete außerhalb. Die zweitgrößte Stadt der Comunitat Valenciana gehört fast ganz ihren gut 320.000 Einwohnern. Und die halten Alacant für „la millior terra del mon", für „das beste Stück Land der Welt", und übertreiben damit natürlich maßlos. Die Provinzhauptstadt verfügt über eine schöne Palmenpromenade, ein erfreulich ungeschminktes Altstadtviertel und, als Hauptsehenswürdigkeit, über eine Festung mit weiter Aussicht. Mit der vor einigen Jahren neu bebauten Hafenmole hat die Stadt zudem an Attraktivität gewonnen. Davon abgesehen ist Alacant eine moderne Hafen-, Industrie- und Handelsstadt, die als größten Vorzug wohl ihren „typisch spanischen" Lebensstil ins Feld führen kann.

Orientierung: Der für den Reisenden relevante Bereich ist eng begrenzt. Orientierungspunkt ist die *Plaza Puerta del Mar*. Meerwärts verläuft der neu gestaltete Bereich des *Yachthafens*, parallel zur Wasserfront erstreckt sich die schöne Palmenpromenade *Explanada de España*. Direkt hinter diesem Wahrzeichen von Alacant liegt die Altstadt. Quer hindurch verläuft die von der Explanada abzweigende *Rambla Méndez Núñez*, eine belebte Geschäftsstraße. Einige Kilometer außerhalb Richtung Benidorm liegt Alacants Strandzone *Playa San Juan*.

Geschichte: Ob Alacant nun schon von den Griechen oder erst von den Karthagern gegründet wurde, ist umstritten. Die Römer gaben der Stadt wegen ihres besonderen Lichts den Namen *Lucentum*, „die Leuchtende". 711 kamen die Mauren, Lucentum hieß fortan *Al-Lucant*. Erst 1291 fiel die Stadt endgültig wieder in christliche Hände.

Alacant (Alicante)

Kontraste: Blick über den neuen Sporthafen und den Festungsberg

Information/Verbindungen/Adressen

• *Information* **Tourist Info**, Rambla Méndez Núñez 23, ✆ 965 200000. Gut organisiertes Büro, zuständig für Stadt und Provinz; Öffnungszeiten Mo–Sa 10–20 Uhr. Eine **Zweigstelle** liegt am Flughafen im Ankunftsterminal, ✆ 966 919367.
Oficina Municipal de Turismo, im Busbahnhof, geöffnet Mo-Sa 9-14, 16-18 Uhr; ✆ 965 929802. Zentrale, aber kleine **Zweigstelle** an der Explanada de España 1, kein Telefon; geöffnet Mo-Fr 10-19 Uhr, Sa 10-14 Uhr. www.alicanteturismo.com

• *Verbindungen* **Flug**: Flughafen El Altet (Info: ✆ 966 919000) etwa 10 km südwestlich, zu erreichen über die A 7 und N 332. Flughafenbusse „C 6" starten alle 40 min. von und zur Plaza Puerta del Mar und zur Calle Pintor Lorenzo Casanova (Busbahnhof). Ein Taxi ins Zentrum kostet tagsüber etwa 15 €. www.aena.es.
Zug: RENFE-Bahnhof (Renfe-Info: ✆ 902 240202) am Ende der Avenida Estación, der westlichen Verlängerung der Avda. Alfonso El Sabio. Für die fernere Zukunft geplant ist hier ein „Multimodal", das auch Tramstation und Busbahnhof integrieren soll. Verbindungen nach València 11-mal tägl., z. T. mit dem Hochgeschwindigkeitszug Euromed; weitere Anschlüsse nach Barcelona (auch Euromed-Züge), Port Bou, Bilbao/Irún und Madrid. Nach Murcia mit den Nahverkehrzügen der Cercanías-Linie C1 etwa stündlich, mit anderen Zügen 5-mal täglich.
TRAM/FGV: Entlang der Küste verkehrt in Richtung Norden via Benidorm und bis Dénia eine auch als „Trenet" bezeichnete Kombination aus Schnell-Straßenbahn (TRAM, Linie L1) und den Schmalspurzügen („Tren-Tram", Linie L9) der FGV. Umsteigestation zwischen beiden ist momentan Benidorm, doch soll die Tram noch weiter in Richtung Norden ausgebaut werden. In Alacant beginnt die Linie L1 derzeit unterirdisch an der Station Mercado unweit des städtischen Marktes; eine Alternative wäre, die Fahrt in Meeresnähe an der Plaza Puerta del Mar zu beginnen (Linie L4) und an der Station La Isleta in die L1 umzusteigen. Abfahrten der L1 Richtung Benidorm tagsüber halbstündlich, weiter nach Dénia stündlich. www.tramalicante.com, www.fgvalicante.com.
Bus: Busbahnhof an der Calle Portugal, südwestlich des Zentrums (Info: ✆ 965 130700). Verschiedene Gesellschaften für Fernbusse, führend aber ALSA: nach Murcia und València (teils via Autobahn, teils

302 Comunitat Valenciana

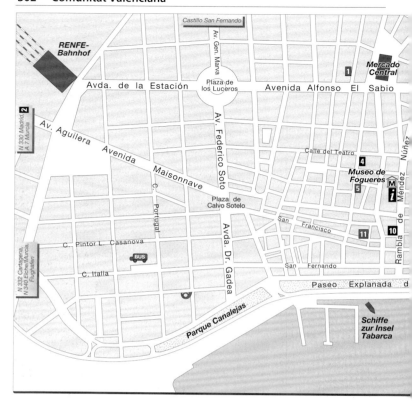

via Küste) tagsüber etwa stündlich, nach Almería 6-mal, Barcelona 9-mal, nach Granada, Malaga und Madrid je 5-mal täglich. Innerhalb der Provinz Alacant ebenfalls gute Verbindungen.

Fähre: Je nach Saison ein- bis mehrmals wöchentlich Fähren nach Oran in Algerien.

Mietwagen: Stadtbüros unter anderem von Avis, im Bahnhof, ✆ 965 144466, und Europ- car, im Hotel Meliá Alicante, ✆ 965 210227; am Flughafen z. B. Atesa, ✆ 965 682526, und Hertz, ✆ 965 682760. Liste weiterer Büros bei den Infostellen.

Adressen **Post**: Calle Arzobispo Loaces, nicht weit vom Busbahnhof. Öffnungszeiten Mo–Fr 8.30–20.30 Uhr, Sa 9.30–14 Uhr.

Deutsches Konsulat: Plaza Calvo Sotelo 1, ✆ 965 217060.

Übernachten/Camping

Gute und gleichzeitig preisgünstige Hostals sind selten; in den unteren Klassen vielfach sehr heruntergekommene Häuser. Die höheren Preise gelten meist für die Monate Juli–September.

• *Übernachten* ***** **Hotel Hospes Amérigo (12)**, neues Designhotel im Zentrum, das in einem ehemaligen Dominikaner-Kloster untergebracht ist. Die Dachterrasse mit Pool bietet eine großartige Aussicht auf das Kastell Santa Bárbara. Parkmöglichkeit. Standard-DZ rund 120-210 €, auch Suiten. C. Rafael Altamira 7, ✆ 965 146570, ✉ 965 146571, www.hospes.es.

**** **Hotel Meliá Alicante (14)**, solider Ket-

Alacant (Alicante)

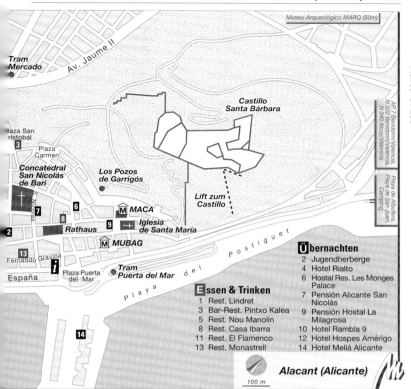

Essen & Trinken
1. Rest. Lindret
3. Bar-Rest. Pintxo Kalea
5. Rest. Nou Manolín
8. Rest. Casa Ibarra
11. Rest. El Flamenco
13. Rest. Monastrell

Übernachten
2. Jugendherberge
4. Hotel Rialto
6. Hostal Res. Les Monges Palace
7. Pensión Alicante San Nicolás
9. Pensión Hostal La Milagrosa
10. Hotel Rambla 9
12. Hotel Hospes Amérigo
14. Hotel Meliá Alicante

tenkomfort in bestechender Lage auf der Hafenmole; Parkgarage, Pool, Meerblick etc. 545 Zimmer! DZ offiziell rund 90-260 €, meist bewegt sich der Preis für ein Standard-DZ jedoch je nach Nachfrage zwischen 110 und 170 €. Recht günstig sind oft Internet- und Wochenendangebote. Playa Postiguet s/n, ✆ 965 205000, ✆ 965 204756. www.solmelia.com.

** **Hotel Rambla 9 (10)**, zentral gelegen und für die Klasse recht komfortabel, 2006 renoviert. Alle Zimmer mit Klimaanlage, TV und Schallschutzfenstern. DZ etwa 60-75 €. Rambla Méndez Núñez 9, ✆ 965 144580, ✆ 965 144684, www.hotelrambla.com.

* **Hotel Rialto (4)**, in einer Fußgängerzone, ebenfalls recht ordentlich ausgestattet und freundlich geführt. DZ nach Saison etwa 55-70 €. Calle Castaños 30, westlich der Rambla, ✆ 965 206433, ✆ 965 141367.

* **Hostal Res. Les Monges Palace (6)**, ein echter Tipp in der Altstadt, vor einigen Jahren renoviert und von mehreren Lesern gelobt. Schönes älteres Haus, sehr gutes Preis-Leistungsverhältnis. Parkmöglichkeit (Gebühr 10 €). Rund 20 Zimmer, Reservierung dennoch ratsam. DZ/Bad etwa 50-60 €. Calle Las Monjas 2, ✆ 965 215046. www.lesmonges.es.

* **Pensión Hostal La Milagrosa (9)**, nicht weit entfernt bei der Kirche Santa María. Recht großes, gut in Schuss gehaltenes Travellerquartier, das sich über zwei Etagen erstreckt (eine weitere ist geplant). In der Pensionsetage liegen die Zimmer ohne Bad, die Hostaletage bietet modernere Zimmer mit Bad. DZ/Bad 40-50 €, ohne Bad 30-40 €; es gibt auch 4-Bett-Zimmer und sogar Apartments. C. Villavieja 8, ✆ 965 216918, www.hostallamilagrosa.com.

Comunitat Valenciana

* **Pensión Alicante San Nicolás (7)**, in der Altstadt bei der Konkathedrale. Noch recht junge, familiäre Pension mit nur sieben schmucken Zimmern, in denen strenges Rauchverbot herrscht. DZ/Bad kosten je nach Saison 45-50 €, ohne Bad 35-45 €. Calle San Nicolás 14, ✆/✉ 965 217039, www.alicantesanicolas.com.

Jugendherberge Albergue Juvenil La Florida (2); weit abgelegen ein ganzes Stück hinter dem Bahnhof, von dort und vom Busbahnhof Bus Nr. 2 oder 3. Komfortabel, aber nur im Sommer in Betrieb. Reservierung ratsam. Avenida Orihuela 59, ✆ 965 113044.

* *Camping* **Camping Costa Blanca**, 2. Kat., im Gebiet von El Campello rund zehn Kilometer nordöstlich der Stadt. Ordentliche Ausstattung, Pool. Anfahrt meerwärts der N 332 bei km 120,5; Bus Nr. 20/21 ab Bahnhof oder per Tram. Offiziell ganzjährig geöffnet, Parzellen kosten zur HS je nach Größe ab etwa 14 €, p.P. 6 €. ✆ 965 630670, www.campingcostablanca.com.

Essen (s. Karte S. 302/303)

Reisgerichte sind die Spezialität der Stadt, beliebt vor allem „Paella a la marinera" mit Meeresfrüchten. Eine besonders zur Mittagszeit gut besuchte Restaurantstraße ist die Calle Mayor.

Restaurante Monastrell (13), mitten in der Altstadt. Eines der Toplokale von Alacant, weithin gerühmt für seine kreative Küche. Modernes, edles Ambiente, gute Weinauswahl. Menü à la carte ab etwa 50 € aufwärts. So/Mo geschlossen. Calle San Fernando 10, ✆ 965 200363.

Restaurante Nou Manolín (5), jenseits der Rambla. Ein Klassiker, seit mehr als 35 Jahren bekannt für marktabhängige Lokalküche. Beliebte Bar mit feinen Tapas. Menü à la carte ab etwa 25-30 € aufwärts, es gibt auch recht günstige Tagesgerichte. Oft voll besetzt. Calle Villegas 3, ✆ 965 200368., mittleres Preisniveau. C. García Morato 4.

Bar-Rest. Pintxo Kalea (3), an einem kleinen Platz am Altstadtrand. Spezialität sind dem Namen gemäß Tapas bzw. Pintxos nach baskischer Art. Mittagsmenü mit Pintxo-Auswahl als Vorspeise etwa 15 €, Bacalao-Gerichte 17 €. Plaza San Cristóbal 11.

Rest. Lindret (1), etwas abgelegen im Gebiet um die Markthalle. Vegetarisches Restaurant mit festem Menü für etwa 11 €. Nur mittags geöffnet, So geschlossen. Calle García Morato 5.

Rest. El Flamenco (11), die ehemalige Mesón Don Claudio im Gebiet jenseits der Rambla. Feste Menüs (auch abends) 12 €, gute Paella (Spezialität des Hauses) eingeschlossen. Calle San Francisco 12.

Rest. Casa Ibarra (8), Beispiel für die Lokale an diesem kleinen Altstadtplatz, auf dem es sich bereits an warmen Abenden wunderschön sitzt, im Umfeld Palmen und die Rückfront des historischen Rathauses. Ordentliches Mirtagsmenü 9 €. Pl. de la Santissima Faz, Ecke Calle Mayor.

Nachtleben

Im „**Barrio**", dem Viertel zwischen Kathedrale, der Plaza San Cristobál und der Plaza Carmen, haben die vielen Kneipen von Jazz bis Rotlicht bis etwa 4 Uhr morgens geöffnet. Eine teils etwas düstere, aber spannende Ecke – nicht verzagen, aber aufpassen! Vor Mitternacht ist wenig los. Bei den Einheimischen ebenfalls beliebt ist das Gebiet hinter dem **Mercado Central**.

Sommerliche Alternative: raus nach **Platja Sant Joan**, genauer gesagt in die sog. „Zona El Golf" beim Golfplatz. Im Juli und August ist die Fahrt nach Sant Joan auch mit den die ganze Nacht verkehrenden, „Trensnochador" genannten Disco-Zügen der Tram-Bahn-Linie nach Benidorm möglich. In einigen der Discos – es gibt sogar eine Haltestelle „Disco Benidorm" – erhält man mit der Fahrkarte freien Eintritt oder ein Gratisgetränk.

Einkaufen/Feste/Baden

* *Einkaufen* **Lebensmittel**: Großer „Mercado Central" mit beeindruckendem Angebot an der Avenida Alfonso El Sabio.

Kaufhäuser: Zwei Filialen der Kette „Corte Inglés" an der Avenida Maisonnave, nahe RENFE-Bahnhof.

* *Feste* **Pilgerzug** zum etwa fünf Kilometer entfernten Kloster Santa Faz, am Donners-

Alacant (Alicante)

tag nach der Osterwoche. Zehntausende versammeln sich hier, wobei die leiblichen Genüsse nicht zu kurz kommen.

Hogueras (Fogueres) de Sant Joan, 15.-29. Juni. Das Hauptfest der Stadt. In kleinerem Maßstab, aber ähnlich den Fallas von València. Die Papp- und Holzfiguren heißen hier „Hogueras", aufgestellt werden sie am 21.6. In den folgenden Tagen Tanz, Prozessionen etc. Am 24. abends Riesenfeuerwerk, anschließend die „Cremá", das Verbrennen der Figuren. Bis zum 29. jede Nacht Feuerwerk.

Moros y Cristianos, etwa Mitte August im etwas abgelegenen Altozano-Viertel sowie im Zentrum während der ersten Dezemberwoche.

• *Baden* Der Stadtstrand **Playa del Postiguet** unterhalb des Kastells mag mit feinem Sand zum Sonnen einladen, zum Baden liegt er etwas arg stadt- und hafennah. Nordöstlich der Stadt liegen die **Platja Albufereta** und die **Platja de Sant Joan**, beides „Hochhausstrände", in der Saison sehr voll, aber mit wohl sauberem Wasser, da mit der „Blauen Flagge" prämiert. Alternative: übersetzen zum Inselchen Tabarca, siehe „Umgebung".

Sehenswertes

Explanada de España: Die Palmenpromenade mit dem wellenförmig gemusterten Pflaster ist das Wahrzeichen Alacants. Am meisten Betrieb herrscht am frühen Abend, wenn sich hier die halbe Stadt versammelt zu haben scheint. Hinter der Explanada beginnt die Altstadt Alacants.

Museo de Fogueres: Unweit der zentralen Infostelle gelegen, widmet sich dieses 2003 eröffnete Museum an der Rambla Méndez Núñez 29 auf unterhaltsame Weise dem feurigen Hauptfest der Stadt seit seinen Anfängen im Jahr 1928. Zu sehen sind Fotografien, Plakate, Kostüme und die vom Feuer verschonten „Ninots indultats"; daneben werden auch Filme von der Fiesta gezeigt.
Öffnungszeiten Di-Sa 10-14, 18-21 (Winter 17-20) Uhr, So 10-14 Uhr; Eintritt frei.

Concatedral San Nicolás de Bari: Im Herzen der Altstadt. Die im 17. Jh. errichtete Konkathedrale macht einen ungewöhnlich strengen Eindruck; verantwortlich dafür ist der sog. *Herrera*-Stil, benannt nach einem der beiden Architekten des Escorial. Ihr Inneres brannte im Bürgerkrieg aus, wurde aber restauriert. Oberhalb der Kathedrale erstreckt sich das älteste Viertel der Altstadt, dessen Charme mittlerweile ziemlich morbider Natur ist.

Ayuntamiento: Das Rathaus (17./18. Jh.) mit Barockfassade und blau gekachelter Kuppel steht zwei Parallelstraßen hinter der Explanada auf Höhe Plaza Puerta del Mar. Innen ist an der Zugangstreppe eine Markierung angebracht, die die Meereshöhe „Null" bezeichnet: An ihr orientieren sich alle Höhenangaben Spaniens.

Iglesia de Santa María: Nordöstlich vom Rathaus, von dort zu erreichen über die Calle Jorge Juan. Im 14./15. Jh. errichtet und mehrfach umgebaut, ist ihr Schiff noch gotisch, das aufwändige Rokoko-Portal dagegen ebenso späteren Datums wie das barocke Innere, in dem ein riesiges Taufbecken aus weißem Carrara-Marmor steht.

Museo Bellas Artes Mubag: Quasi um die Ecke von Santa María liegt an der C. Gravina 13-15 das Museum der Schönen Künste. Noch vor der Ausstellung an sich, die Arbeiten alicantinischer Künstler des 16.-20. Jh. zeigt, beeindruckt die Architektur des Gebäudes: Der Palacio Gravina, im 18. Jh. für den Fürsten von Lumiares errichtet, ist einer der schönsten Paläste der Stadt.
Öffnungszeiten Di-Sa 10-14, 17-21 (Winter 16-20) Uhr, So 10-14 Uhr; Eintritt frei.

Museo de Arte Contemporáneo de Alicante (MACA): In der Nähe von Santa María liegt dieses (zuletzt noch wegen Arbeiten geschlossene) Museum, das künftig die

Ausstellung seines Vorgängers übernehmen wird, des geschlossenen Museo La Assegurada. Es handelt sich um eine Sammlung von Kunstwerken des 20. Jh., darunter Arbeiten von Dalí, Picasso, Miró, César Manrique und anderen Meistern der Moderne; ein hochrangiger Fundus, der noch erweitert werden soll.

Los Pozos de Garrigós: Im Gebiet oberhalb des Museums, praktisch zu Füßen des Festungsberges und nicht ganz leicht zu finden, wurden drei unterirdische Zisternen restauriert; sie stammen aus dem 19. Jh. und konnten rund 800.000 Liter Wasser speichern. Innen ist die interessante Ausstellung „Keramik und Wasser" (Erklärungen leider nur in Spanisch) untergebracht.

Öffnungszeiten Wegen Bauarbeiten im Umfeld waren die Zisternen seit Jahren geschlossen, sollen aber bald wieder öffnen; aktuelle Auskünfte bei den Infostellen.

Castillo Santa Bárbara: Das Kastell, bedeutendstes Monument Alacants, ist entweder über eine Fahrstraße zu erreichen oder mit dem *Lift*, dessen unterer Eingang oberhalb des Strandes Playa del Postiguet liegt. Die erste Festung auf dem Berg *Benacantil* wird den Karthagern zugeschrieben, doch setzten alle Herren der Stadt jeweils beträchtlichen Ehrgeiz darein, sie auszubauen und zu erweitern. Die heutige Anlage stammt überwiegend aus dem 16. bis 18. Jh., Faustregel: je höher am Berg, desto älter. In der Festung untergebracht ist die *Colección Capa*, eine Sammlung von rund 250 zeitgenössischen Skulpturen; Hauptargument für einen Besuch bleibt allerdings die weite Aussicht.

Öffnungszeiten April bis Oktober 10–22 Uhr, sonst 10–20 Uhr. Eintritt frei, die Fahrt per Lift kostet 2,40 € hin und zurück (Münzautomat).

Castillo San Fernando: Die zweite Festung Alacants, landeinwärts der Plaza de los Luceros gelegen, ist mehr wegen ihrer Parkanlagen denn als Gebäude interessant.

Museo Arqueológico de Alicante (MARQ): Im Gebiet hinter dem Castillo Santa Bárbara steht an der Plaza Doctor Gómez Ulla das Archäologische Museum von Alicant, untergebracht in einem ehemaligen Hospital. Die Funde hier stammen aus der gesamten Provinz. Auf einer Fläche von 9000 Quadratmetern verteilen sich fünf Säle, gewidmet der Vorgeschichte, der iberischen und der römischen Periode, dem Mittelalter und der Moderne. Eine Besonderheit sind die drei Säle, die archäologische Arbeitsweisen auf dem Land, in der Stadt und unter Wasser präsentieren. 2004 wurde das superbe Konzept der Ausstellung mit dem Preis „Bestes Europäisches Museum des Jahres" belohnt.

Öffnungszeiten Di–Sa 10–19 Uhr, So 10–14 Uhr; im Juli/August Di–Sa 11-14, 18-24 Uhr, So 10-14 Uhr; Eintritt 3 €, So 1,50 €; es gibt auch Kombitickets (4 €) mit den Ausgrabungsstätten Tossal de Manises Lucentum und Illeta dels Banyets (s. u.). Das Museum besitzt eine eigene Tramstation (MARQ) der Linien L1 und L3.

Umgebung von Alacant

Tossal de Manises Lucentum: Alacants römische Vorgängerin entstand etwas nordöstlich der heutigen Stadt, auf einem Hügel oberhalb des Strands Playa Albufereta (Tram L1/L3, Station Lucentum). Die Ruinen der Römerstadt, darunter die Stadtmauer, das Straßennetz und Forum sind zu einem Freilichtmuseum umgewandelt worden; ein Dokumentationszentrum ist angeschlossen.

Öffnungszeiten Juni bis Mitte September Di–Sa 9–12, 19–22 Uhr, sonst Di–Sa 10–14, 16–18 Uhr, So jeweils 10–14 Uhr. Eintritt 2 €, Kombiticket mit dem Archäologischen Museum 4 €.

La Illeta dels Banyets: Noch etwas weiter nordöstlich, bereits im Gemeindegebiet von El Campello (Tram L1/L3, Station Poble Espanyol), findet sich diese felsige kleine Halbinsel, die zwischen dem Strand und dem Sporthafen von La Almadrava ins Meer ragt. Wie Ausgrabungen des Archäologischen Museums von Alacant zeigten, bestand hier bereits im zweiten Jahrtausend v. Chr. eine Siedlung, die noch zu Römerzeiten Bestand hatte; ans Licht kamen u.a. die Reste von Thermen, Tempeln, einer Zisterne und einer Fischfabrik.

Öffnungszeiten Juni bis Mitte September Di–Sa 9–12, 19–22 Uhr, sonst Di–Sa 10–14, 15.30–17.30 Uhr, So jeweils 10–14 Uhr. Eintritt 2 €, Kombiticket mit dem MARQ 4 €.

Isla de Tabarca: Die kleine Insel südlich von Alacant, etwa auf der Höhe von Santa Pola, wurde unter Naturschutz gestellt. Nur etwa 1,8 Kilometer lang und maximal 400 Meter breit, gibt sie einen netten Tagesausflug ab. Es locken Schnorchelmöglichkeiten, (teure) Paella-Restaurants, Reste einer Festung und ein kleines Fischerdorf. Einst war Tabarca eine Hochburg der Piraten, bis König Karl III. 1770 die Seeräuber vertreiben und die Insel wieder besiedeln ließ. Zu den neuen Bewohnern zählten neben 69 Familien auch 40 Männer, die von Jesuiten aus der Sklaverei im tunesischen Tabarca freigekauft worden waren und ihre neue Heimat nun ebenso benannten.

- *Verbindungen* **Cruceros Kon-Tiki** fährt von Alacants Hafen in der Karwoche sowie von Juni bis September 3- bis 4-mal täglich, sonst nur Do/Sa/So jeweils 1-mal täglich. Fahrpreis etwa 17 € hin und zurück. Weitere Schiffsverbindungen ab Santa Pola, Guardamar und Torrevieja.
- *Übernachten* Das Hotel Casa del Gobernador in der früheren Residenz des Inselgouverneurs war zuletzt geschlossen.

* **Hostal Masín**, mit nur sieben Zimmern. Relativ schlichtes Quartier, das „Inselpreise" nimmt: DZ/Bad etwa 80-100 €. Von Mitte Oktober bis Februar geschlossen. C. d´En Mig 22, ✆/℡ 965 960509. Zugehörig die Dependance Nuevo Masín.

* **Hostal El Chiqui**, mit nur sechs Zimmern noch etwas kleiner, Preisniveau wie oben. C. d´En Mig 8, ✆ 965 970143.

Die Küste südlich von Alacant

Die Abstände zwischen den Orten werden weiter, die Landschaft wird flach wie ein Brett. An der lange Zeit kaum erschlossenen Küste haben sich mehrere Feriensiedlungen etabliert, die in dem kargen, vielfach von Salinen geprägten Gelände besonders unschön wirken. Die Strände allerdings sind weit und feinsandig.

Santa Pola

Hübsch ist das 30.000 Einwohner zählende Städtchen mit seinen Wohnkästen bestimmt nicht, die Sandstrände werden vorwiegend von spanischen Gästen besucht. Ab Santa Pola läuft eine der größten Fangflotten der spanischen Mittelmeerküste aus, die den Fisch frisch auf den hiesigen Tisch bringt; für Gourmets mag der Ort deshalb einen Abstecher wert sein. Santa Polas Verbundenheit mit der See dokumentieren zwei Museen (geöffnet jeweils Di-Sa 11-13, 17-20 bzw. im Winter 16-19 Uhr, So 11-13.30 Uhr) im alten Kastell, das sich mitten im Ortskern erhebt: das Fischereimuseum *Museo de la Pesca* und das Meeresmuseum *Museo del Mar*. In den Salinen südlich der Stadt stehen häufig Flamingos.

- *Information* **Oficina de Turismo**, Plaza Diputación s/n, am Zentrumsrand bei der Hauptzufahrt, ✆ 966 692276. Öffnungszeiten Mo-Sa 10-14, 17.30-19.30 bzw. im Winter 16-19 Uhr. Zweigstelle am Hafen in der Calle Astilleros 4.
- *Verbindungen* **Busse** von und nach Alacant etwa stündlich, Elx (Elche) halbstündlich), Richtung Torrevieja und Cartagena 8-

mal täglich. **Schiffe** (15 €) verkehren zur Insel Tabarca.

- *Übernachten* *** **Hotel Polamar**, zentral, hafen- und strandnah an der Playa de Levante gelegen. Parkplatz, ordentliches Restaurant. DZ nach Saison etwa 80-100 €, F inklusive. C. Astilleros 12, ✆ 965 413200, ℡ 965 413183, www.polamar.com.

Guardamar de Segura

Beiderseits des Ortes erstreckt sich reichlich Dünenstrand, doch ragen auch hier schon längst die Baukräne in den Himmel. Vom wirklich feinen Strand abgesehen, ist in der überwiegend von spanischen Urlaubsfamilien besuchten Siedlung wenig geboten. Beim Baden sollte man von der Mündung des kräftig verschmutzten *Río Segura* weiten Abstand wahren.

- *Verbindungen* **Busse** nach Alacant und Torrevieja etwa stündlich, nach Cartagena 8-mal täglich.
- *Übernachten* ***** Hotel Meridional**, in erster Reihe am Strand, gut ausgestattete Zimmer mit Balkon zum Meer. Das angeschlossene Restaurant El Jardín gehört zu den besten im Ort. DZ nach Saison 85-140 €, es gibt auch Juniorsuiten. Av. de la Libertad 64, ℡ 965 728340, ℻ 965 728306, www.hotelmeridional.es.
- *Camping* **Palm Mar**, 2. Kat., familiärer Platz am westlichen Ortsrand, ein paar hundert Meter vom Strand. Geöffnet Juni bis September; Parzelle inkl. Auto, Zelt 16 €, p.P. 6,50 €. ℡ 965 728856, www.campingpalmmar.es.

Torrevieja

Mit rund 95.000 Einwohnern ist Torrevieja der größte Küstenort im südlichen Teil der Provinz Alacant. Nördlich erstrecken sich Sandstrände, begleitet von Urbanisationen. Im Süden vorwiegend Felsküste, begleitet von Urbanisationen. Der Ortskern am netten Hafen ist da eine richtige Erholung.

In der Vergangenheit lebte Torrevieja von Fischerei, Landwirtschaft und vor allem vom Abbau von Salz in den Salinen, das von hier direkt verschifft wurde. Ein *Museo del Mar y de la Sal* (C. Patricio Pérez, Di-Sa 10-13.30, 17-21 Uhr, So 10-13.30 Uhr; gratis), das irgendwann in das Salzlager „Eras de la Sal" am Hafen verlegt werden soll, erinnert noch an die alten Zeiten. Heute ist der Fremdenverkehr eindeutig Erwerbsquelle Nummer eins, der Ort dadurch unglaublich angewachsen. Die stadtnahen, unter Naturschutz gestellten Salzseen *Laguna de la Mata* (hier auch Spazierwege und ein Infozentrum) und *Laguna de Torrevieja*, beide Rückzugsstätten für seltene Vogelarten, wirken da trotz ihrer Ausdehnung fast schon wie Fremdkörper. Bleibt die jüngste Sehenswürdigkeit von Torrevieja zu erwähnen: Die sog. „Museos Flotantes" (schwimmende Museen) im östlichen Hafenbereich, nämlich das ausgemusterte Patrouillenboot „Albatros III" und das ebenfalls in den 70ern außer Dienst gestellte U-Boot „S-61 Delfín" aus dem Bestand der spanischen Kriegsmarine; beide sind gratis zu besichtigen.

- *Information* **Oficina de Información Turística**, C. Caballero de Roda 27, im Ortskern hinter dem Club Naútico; ℡ 965 709023. Mo-Fr 8-20 Uhr, Sa 9-14 Uhr, zur HS erweitert. Eine hafennahe Zweigstelle liegt an der Plaza Capdepont, ℡ 965 5703433.
- *Verbindungen* **Busse** der Gesellschaft COSTA AZUL nach Guardamar und Alacant etwa stündlich, nach Cartagena 8-mal, nach Murcia 6-mal täglich. **Ausflugsschiffe** zur Insel Tabarca, hin & zurück p.P. 21 €.
- *Übernachten* ***** Hotel Masa Internacional**, mittelgroßes, gut ausgestattetes Quartier in schöner Aussichtslage am Küstenstreifen nordöstlich des Zentrums; kleiner Pool. DZ nach Saison etwa 90-175 €. Calle Alfredo Nobel 150, ℡ 966 921537, ℻ 966 922172. www.hotelmasa.com.
* Hotel Cano, am Nordostrand des Zentrums. Freundlich geführt, guter Standard, sogar eine kleine Garage (moderate Gebühr). Wie alle Quartiere im Zentrum leider nicht ganz leise. Prima Preis-Leistungs-Verhältnis: DZ etwa 40-60 €. C. Zoa 53, ℡ 966 700958, ℻ 965 719126, www.hotelcano.com.
- *Essen* **Rest. Miramar**, direkt an der südwestlichen Hafenpromenade. Schöner Blick über den Sporthafen, feine Küche mit Schwerpunkt auf Reis- sowie Fischspezialitäten und gehobene Preise: Menü à la carte ab etwa 35 €, in der zugehörigen Trattoria geht´s auch etwas günstiger. Paseo

Vista Alegre s/n, ☏ 965 713415.
Rest. El Rincón de Capi´s, in ebenfalls recht zentraler Lage ein paar Straßen hinter dem östlichen Hafenbereich. Traditionelle Küche mit modernen Akzenten, preislich etwa wie oben; auch gute Tapas. C. San Gabriel 5, zur NS Di Ruhetag.

Rest.-Pizzeria El Muelle, im östlichen Promenadenbereich. Günstiger als die oben genannten Lckale, wenn auch nicht wirklich billig (Pizza um die 10 €), dabei ungemein beliebt – oft muss man sich etwas anstellen, um auf einen Platz zu warten. Paseo Marítimo Juan Aparicio s/n.

Südlich von Torrevieja folgen erneut Urbanisationen, die sich mehr oder weniger bis zum Mar Menor in der Comunidad Murcia fortsetzen.

Auf der A 7 nach Murcia

Richtung Andalusien ist die A 7, die frühere N 340, die beliebtere Route, da deutlich kürzer als die Küstenstrecke. Bis hinter Elx begleitet sie erst ziemlich langweilige, flache Landschaft, dann folgen fruchtbare Huertas und kahle Felsberge im reizvollen Kontrast.

Elx (Elche)

Eine wohlhabende Industriestadt von etwa 220.000 Einwohnern, Standort zahlreicher Schuhfabriken. Trotz des modernen Erscheinungsbilds ist die drittgrößte Siedlung der Comunitat Valenciana uralt.

Die ersten Siedler waren wohl Iberer, denen die Stadt eine Berühmtheit verdankt: Die *Dama de Elche*, eine Frauenbüste, die in einem nahen Ausgrabungsgelände gefunden wurde, ist eine iberische Arbeit; ihr Kopfputz allerdings zeigt griechische Einflüsse. Das Original ist im Archäologischen Nationalmuseum in Madrid zu sehen, Kopien im *Museu Arqueològic* (Di-Sa 10-13.30, 16.30-20 Uhr, So 10.30-13.30 Uhr; 3 €) unweit der Infostelle sowie im *Hort (Huerto) del Cura* (tgl. 9–19 bzw. im Hochsommer bis 21 Uhr, im Winter 9–18 Uhr; 5 €), dem berühmtesten der Palmengärten von Elx. Neben der legendären Büste kann sich Elx nämlich auch des größten Palmenwalds Europas rühmen: *El Palmerar*, auf Kastilisch El Palmeral genannt und in die Unesco-Liste des Welterbes aufgenommen, besteht aus mehr als 200.00 Palmen, die sich in Gärten über die Stadt verteilen und komplett unter Naturschutz gestellt wurden. Im Hort de San Plácido, ganz in der Nähe des Hort del Cura, widmet sich das Palmenwald-Museum *Museu del Palmerar* (Mo-Sa 10-13.30, 16.30-20 Uhr, So 10.30-13.30 Uhr, 1 €, So gratis) der Geschichte der Palmenhaine, die wohl bereits von den Phöniziern angelegt und im 10. Jh. von

Lokalberühmtheit: Kopie der Dama de Elche

den Arabern erweitert wurden. Ihre im Winter gesammelten Datteln (ein Baum kann bis zu 50 Kilogramm tragen) und die am Palmsonntag nach ganz Spanien verkauften Palmblätter sind immer noch ein wichtiger Wirtschaftszweig. Das an sich herrliche Bild leidet jedoch an der Einkesselung durch Fernstraßen und Industriegebiete.

• *Information* **Oficina Municipal de Turismo**, Plaça del Parc s/n, am nördlichen Altstadtrand beim Stadtpark; ℡ 966 658195. Geöffnet Mo–Fr 9–19 Uhr, Sa 10-19 Uhr, So 10–14 Uhr. www.turismedelx.com.

• *Verbindungen* Zug: Bahnhof Elx-Parc (Elche-Parque) an der Av. del Ferrocarril nördlich des Zentrums, zur Innenstadt über die Av. Estación. Cercanía-Nahverkehrszüge nach Alacant und Murcia etwa stündlich.

Bus: Busbahnhof ebenfalls an der Av. del Ferrocarril, etwas östlich vom Bahnhof; häufige Verbindungen nach Alacant, nach Murcia etwa alle ein bis zwei Stunden.

• *Übernachten* **** **Hotel Huerto del Cura**, der Parador-Kette angeschlossen und mit entsprechendem Komfort inkl. beheiztem Schwimmbad. Natürlich im Palmenwald, nahe Huerto del Cura. DZ rund 120-155 €, am Wochenende etwas günstiger. Porta de la Morera 14, ℡ 965 458040, ℻ 965 421910, www.huertodelcura.com.

• *Feste* **Misteri d'Elx**, 13.-15. August. Das mittelalterliche liturgische Drama rund um Mariä Himmelfahrt ist weltbekannt. Es geht auf das 13. Jh. zurück und überlebte als einziges seiner Art das päpstliche Verbot der Mysterienspiele im 17. Jh. Die verwendeten Texte sind ebenfalls uralt, die Darsteller ausschließlich Männer aus Elx, die die Melodien und Texte mündlich vom Vater auf den Sohn überliefern. Seit 2001 ist das Mysterienspiel als „Mündliches Weltkulturerbe" ausgewiesen. Ausladendes Beiprogramm, darunter ein spektakuläres Feuerwerk am 13. August, das in der leuchtenden Riesenpalme „Palmera Mayor" gipfelt.

▶ **Orihuela (Oriola)**: Das provinziell-verschlafene Städtchen liegt schon kurz vor der Grenze zur Comunidad Murcia, beiderseits des Río Segura. Umgeben ist es von ausgesprochen fruchtbaren Niederungen, in denen neben Feldfrüchten auch ein ausgedehnter Palmenwald wächst. Orihuela besitzt eine nette Altstadt mit einer Vielzahl an Baudenkmälern, die leider nicht alle im besten Zustand sind.

• *Verbindungen* **Zug**: Bahnhof an der etwa stündlich bedienten Cercanía-Linie Alacant-Murcia, allerdings ungünstig weit im Süden der Stadt gelegen.

Bus: Praktischer, da Halt im Zentrum. Gute Verbindungen von Alacant wie von Murcia.

• *Übernachten* **** **Hotel Meliá Boutique Palacio de Tudemir**, reizvolles und komfortables 50-Zimmer-Hotel in einem restaurierten Altstadtpalast. DZ etwa 70-110 €, via Internet auch schon mal günstiger. C. Alfonso XIII. 1, ℡ 966 738010, ℻ 966 738070, www.solmelia.com.

** **Hostal Rey Teodomiro**, auf der Neustadtseite, recht sauberes und empfehlenswertes Quartier. DZ/Bad im Bereich um die 55 €. Avenida Teodomiro 10, vom Bahnhof immer geradeaus, ℡ 965 3000349, ℻ 966 743348.

Der größe Palmenwald Europas: El Palmeral

Produkt der Erosion: die „verzauberte Stadt" bei Puerto de Mazarrón

Región de Murcia

Mit einer Fläche von 11.317 Quadratkilometern gehört Murcia zu den kleineren Autonomen Gemeinschaften Spaniens und besteht nur aus einer einzigen Provinz gleichen Namens.

Zusammen mit València zählt Murcia zum historischen Gebiet der *Levante*. Von der Nachbarregion unterscheidet sich Murcia jedoch durch einen bedeutsamen Aspekt seiner Geschichte: Nach der Maurenzeit geriet das Land direkt unter die Herrschaft des Königreichs Kastilien. Als Folge wird in Murcia ausschließlich Spanisch gesprochen.

Die **Landschaft** Murcias wird geprägt vom Gegensatz kahler Gebirgszüge mit überaus fruchtbaren Huertas, die denen von València noch den Rang ablaufen. Auch in Murcia waren es die Mauren, die jene Bewässerungssysteme einführten, ohne die solch grüne Gartenlandschaften wie die *Vega* von Murcia-Stadt nie hätten entstehen können: Obwohl Murcia zu den trockensten Regionen Spaniens zählt, fahren die hiesigen Landwirte drei bis vier Ernten im Jahr ein. Angewiesen ist man dabei freilich auf Wasser aus anderen Regionen Spaniens, insbesondere aus dem Río Tajo. Die Folge sind häufige Konflikten mit der Nachbargemeinschaft Kastilien-La Mancha, die immer wieder damit droht, den Hahn zuzudrehen; „Agua para todos" (Wasser für alle) heißt der Slogan, mit dem Murcia sein vermeintliches Recht auf Zuleitung einfordert. Neben den allgegenwärtigen Orangen- und Zitronenplantagen und den üblichen Feldfrüchten werden auch Baumwolle und die für die Seidenraupenzucht erforderlichen Maulbeerbäume kultiviert. Im Kontrast zu den bewässerten Ebenen wirken die wüstenähnlichen Gebirgszüge lebensfeindlich und unnahbar, sind dabei von wilder Schönheit.

Región de Murcia

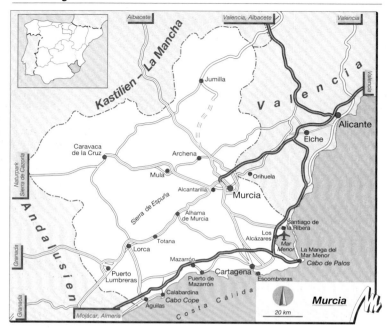

Die einzigen bedeutenden **Städte** der Comunidad, die Hauptstadt *Murcia* und die Hafenstadt *Cartagena*, liegen weit im Osten der Region. Mit einem Überangebot an Sehenswürdigkeiten glänzen sie beide nicht unbedingt, werden auch eher selten besucht. Ohnehin ist der typische Murcia-Reisende meist nur auf dem Durchmarsch nach Andalusien.

Auch an der Küste Murcias ist ein gewisses „Ost-West-Gefälle" festzustellen. Das *Mar Menor*, vom Mittelmeer durch die Landzunge La Manga fast völlig abgeschnitten, ist aufgrund seiner Nähe zu den Siedlungszentren von Urbanisationen geradezu umzingelt. Weiter westlich weist die *Costa Cálida* dagegen noch freie, unbebaute Küstenabschnitte auf. Wo Straßenverbindungen ans Meer bestehen, sind zwar auch hier Feriensiedlungen entstanden, nur wenig abseits gibt es aber noch vergleichsweise ruhige Strände.

Ob das noch lange so bleibt, ist allerdings fraglich. Die öffentliche Hand und private Investoren realisieren gerade eine ganze Reihe von Verkehrs-Infrastrukturprojekten. Und natürlich steht dabei auch der Tourismus im Fokus des Interesses. Der ehemalige Militärflugplatz San Javier am Mar Menor wurde bereits für den Urlauberverkehr ausgebaut, dennoch entsteht nur 30 Kilometer weiter bei Corvera südlich von Murcia-Stadt ein völlig neuer Airport. Einen Umbruch (und erhöhten Siedlungsdruck) speziell für die Costa Cálida brachte auch die neue, gebührenpflichtige Küstenautobahn, die Cartagena und das andalusische Vera verbindet.

- *Internet-Infos* www.murciaturistica.es
- *Verbindungen* **Zug**: Richtung Andalusien keine durchgehende Schienenverbindung; die Linie nach Südwesten endet in Lorca. An der Küste sind nur Cartagena und Águilas über Nebenlinien zu erreichen. Ände-

rung ist in Sicht, soll es eines Tages doch eine AVE-Schnellverbindung Murcia-Almería geben; allerdings rechnen selbst Optimisten nicht mit einer Einweihung vor dem Jahr 2014.

Bus: Auch eingeschworene Zugfans sollten sich überlegen, einmal auf den Bus zu wechseln: Von und nach Andalusien bietet er derzeit noch eine sehr deutliche Zeitersparnis. Ein Nachteil für Umsteiger ist es, dass Busbahnhof und RENFE-Station in Murcia-Stadt weit voneinander entfernt liegen – am besten, man kommt schon per Bus hier an.

Murcia

Die Hauptstadt der Comunidad ist dank ihrer Universität durchaus lebendig, macht aber manchmal, insbesondere im Hochsommer, einen etwas provinziellen Eindruck.

Der fruchtbaren, bewässerten Gartenlandschaft *Vega* verdankte die Stadt Murcia früher ihren ganzen Reichtum. Heute ist auch die damit verbundene Industrie, also vor allem die Produktion von Konserven und Tiefkühlware, eine wichtige Einkommensquelle geworden – und die Vega scheint verschwunden zu sein. Sie existiert aber noch, versteckt zwischen den Fabrikanlagen und Wohnhäusern des Großraums, der die Stadt weitflächig umgibt.

Die eigentliche Stadt Murcia, die man nach endlosen Vororten schließlich erreicht, erweckt auf den ersten Blick nicht allzuviel Freude. Der *Río Segura*, im Sommer mehr eine schaumige Brühe denn ein Fluss, teilt die Stadt. Südlich liegen die neueren Stadtviertel, nördlich das von ebenfalls modernen Bezirken umgebene *Zentrum*, eine Mischung aus Neubauten und historischen Einsprengseln. Ein Orientierungspunkt ist die Kathedrale in Flussnähe. An der nördlichen, dem Río Segura abgewandten Seite der Kirche beginnt die Fußgängerzone *Calle Trapería*, das Herz der Einkaufsgegend Murcias. Trotz der Größe der Stadt, immerhin mehr als 420.000 Einwohner, macht Murcia gelegentlich einen merkwürdig provinziellen Eindruck. Lebendig ist die Provinzhauptstadt dabei schon, wohl auch dank ihrer Universität. Im Sommer, wenn viele der Studenten abgezogen sind, geht es ruhiger zu, im Juli und vor allem im August wirkt Murcia manchmal sogar geradezu verwaist.

Geschichte: Murcia-Stadt ist als maurische Gründung des 9. Jh. vergleichsweise jung. Im 13. Jh. war die Siedlung für knapp 20 Jahre Hauptstadt eines maurischen Königreichs, bevor unter Ferdinand III. die Reconquista zuschlug. Unter Kastilien war Murcia von keiner großen Bedeutung. Im Spanischen Bürgerkrieg 1936–39 erlitt die Stadt schwere Zerstörungen, die ihr bis heute anzumerken sind.

Information/Verbindungen

• *Information* **Oficina de Turismo**, in zentraler Lage bei der Kathedrale, Pl. Cardenal Belluga s/n, ✆ 968 358749. Geöffnet Mo-Sa 10-14, 17-21 Uhr (November bis März 16.30-20.30 Uhr), So 10-14 Uhr.
www.murciaciudad.com.

Punto de Información, ein Kiosk an der Calle Santa Clara hinter dem Theater, ✆ 968 220659. Öffnungszeiten wie oben.

• *Verbindungen* **Flug**: Der Airport Murcia II, etwa 20 km südlich bei Corvera, soll in wenigen Jahren (Optimisten sprechen gar von 2010) fertig gestellt sein. Bis dahin bleibt der Flughafen bei San Javier am Mar Menor der einzige Airport der Comunidad.

Zug: Bahnhof (Renfe-Info: ✆ 902 240202) im Süden der Stadt, weit jenseits des Río Segura, Busverbindung ins Zentrum. Rodalies- bzw. Cercanía-Nahverkehrszüge der Linie C1 nach Alacant (Alicante) stündlich, mit der Linie C2 ebenfalls etwa stündlich nach Lorca und 3-mal (im Sommer 5-mal) täglich nach Águilas. Züge nach Madrid 5-mal, nach Cartagena 12-mal täglich.

314   Región de Murcia

Bus: Busbahnhof an der Calle Sierra de la Pila, auf der Altstadtseite, jedoch weit im Westen, nahe der Schnellstraße nach Cartagena; Info: ℡ 968 292211. Etwa stündlich nach Cartagena und Lorca, nach Alacant etwa alle zwei Stunden; zu großen andalusischen Städten 1- bis 3-mal täglich.

Übernachten

• *Hotels* Gute, preiswerte und dabei zentral gelegene Pensionen sind rar, die Hotellerie richtet sich vorwiegend an Geschäftsleute.

**** Hotel NH Rincón de Pepe (6), großes, komfortabel ausgestattetes Kettenhotel in zentraler Lage, mit Garage. Ein exquisites Restaurant ist angeschlossen. Standard-DZ nach Saison und Auslastung etwa 75-135 €, an Wochenenden oft günstige Spezialangebote. Calle Apóstoles 34, ℡ 968 212239, 968 221744, www.nh-hoteles.es.

*** Hotel Hispano II (3), Mittelklassehotel in gleichfalls zentraler, dabei recht ruhiger Lage, mit Garage und gutem Restaurant. DZ etwa 60–70 €, Frühstück inklusive. Calle Radio Murcia 3, ℡ 968 216152, 968 216859. www.hotelhispano.net.

* Hotel Universal Pacoche (10), angenehmes Haus, ebenfalls mit gutem Restaurant und Garage. Auf der Neustadtseite, unweit des Zentrums, nahe dem Park Floridablanca. DZ/Bad etwa 40-50 €. Calle González Cebrián 9, ℡/968 217605. www.pacoche.es.

** Pensión Hispano I (4), fast schon eher Hotel als Pension. Absolut zentral gelegen, gut ausgestattete Zimmer, Garage. Häufig belegt, ein vorheriger Anruf ist deshalb ratsam. DZ/Bad etwa 45 €. Calle Trapería 8, ℡ 968 216152.

* Hostal Segura (9), einfaches Quartier, das nicht gerade ruhig, jedoch immerhin halbwegs zentral liegt. Preisniveau etwas unter dem der Pensión Hispano I. Plaza Camachos 19, ℡ 968 211281.

• *Camping* **La Paz**, 1. Kat., bei Sangonera la Seca, rund 20 Kilometer außerhalb und trotzdem der stadtnächste Camping. Durchreiseplatz an der Autovía nach Andalusien, Ausfahrt 647. Ganzjährig geöffnet, p.P., Auto, Zelt je etwa 4 €. ℡ 968 893929. www.hotelpaz.com.

Essen und Trinken

Die Spezialitäten der Region fußen auf dem Reichtum der Huertas, Gemüse spielt deshalb eine wichtige Rolle. „Arroz Caldero", ein mehrgängiger Fischreis, ist dem nahen Mar Menor zu verdanken.

Restaurante Rincón de Pepe (6), im gleichnamigen Hotel und eine der ersten Adressen der Stadt. Feine Regionalküche, gute Weinauswahl. Probiermenü etwa 55 €, à la carte geht es auch etwas günstiger. Plaza Apóstoles 34, So-Abend geschlossen. ℡ 968 212239.

Restaurante La Gran Taberna (1), schon etwas außerhalb der Innenstadt, mittags beliebt bei den Angestellten der Umgebung. Menü à la carte ab etwa 35 €, meist ist auch ein günstiges Mittagsmenü im Angebot. Die offizielle Adresse (Av. Libertat 6) führt etwas in die Irre: Zugang zu dem kleinen Platz, an dem das Lokal liegt, über die C. Dr. Marañon gegenüber der Corte-Inglés-Filiale an der Avenida Libertat. So und in der zweiten Augusthälfte geschlossen. ℡ 968 244522.

Restaurante Las Cadenas (7), trotz der Lage bei der Kathedrale keineswegs touristisch, sondern ein Lokal mit prima Preis-Leistungs-Verhältnis; Menü à la carte ab etwa 30 €. Vielseitige Karte. So und im August geschlossen. C. Apóstoles 10, ℡ 968 220924.

Bar-Rest. Pura Cepa (8), an einem kleinen Platz etwas östlich des engeren Zentrums. Modern designete Bar mit sehr guten Tapas und guter Weinauswahl, im Umfeld noch zahlreiche weitere Lokale. So und in der zweiten Augusthälfte geschlossen. Plaza Cristo del Rescate 8.

Restaurante El Girasol (2), noch etwas weiter östlich. Freundliches vegetarisches Restaurant mit einem relativ günstigen Mittagsmenü (12 €); Produkte überwiegend aus ökologischer Erzeugung. Mo-Mi nur mittags, Do-Sa auch abends geöffnet; So geschlossen. C. San José 22.

Bar Mesón Murcia (5), knapp jenseits der Gran Vía und eine von mehreren beliebten Bars in dieser Haupt-Tapazone von Murcia, die sich zur benachbarten Plaza Santa Catalina erstreckt und vor allem an Wochenenden viele Besucher anzieht. Plaza de las Flores 6.

Murcia

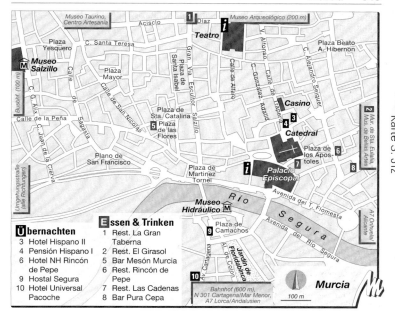

Feste

Semana Santa, die Karwoche, wird in der ganzen Region ausführlich gefeiert; besonders interessant sind dabei die Kostüm-Prozessionen. „Cofradías", verschiedene Bruderschaften, stellen die Akteure der mitunter recht archaisch anmutenden Umzüge.
Las Fiestas de Primavera, ein farbenprächtiges Frühlingsfest in der Woche nach Ostern.
Moros y Cristianos, erste Septemberhälfte. In den großen Zelten am Río Segura geht's bei Sherry und Tanz bis in den Morgen rund; viele Murcianer nehmen sich extra frei. Außerdem Trachtenumzüge, Gratiskonzerte und Ähnliches.

Sehenswertes

Im Juli und August haben viele Museen Murcias am Wochenende geschlossen oder sind nur mit eingeschränkten Zeiten geöffnet.

Catedral Santa María: Im 14. Jh. begonnen und erst im 18. Jh. fertig gestellt, präsentiert sich die Kathedrale als ein bunter Cocktail verschiedener Stile. Besonders gut erkennen lassen sich die einzelnen Bauphasen des über 90 Meter hohen Turms: Renaissance, strenger Herrera-Stil und Barock. Die prächtige Barockfassade entstand erst Mitte des 18. Jh. In Kreuzgang und Kapitelsaal ist ein *Museum* untergebracht, das unter anderem einen aufwändig skulpturierten römischen Sarkophag zeigt.

Öffnungszeiten Kathedrale täglich 7–13, 17–20 Uhr, im Sommer erst ab 18 Uhr. Museum Di-Sa 10-12.30, 17-19.30 (Sommer 18-20) Uhr, So 10-13 Uhr, Eintrittsgebühr 3 €.

Casino: Calle Trapería 18. Kein Spielcasino, eher eine Begegnungsstätte der örtlichen Honoratioren und ihrer Familien. Der rund 150 Jahre alte Bau ist eine sehenswerte Mischung aus Bahnhofshalle und Grand Hotel. Früher nur für Mitglieder ge-

öffnet, jetzt jedoch frei zugänglich, auch zum Restaurantbesuch. Krawattenzwang besteht nicht, dezente Kleidung ist erwünscht.
Öffnungszeiten Zuletzt wegen Renovierung geschlossen. www.casinodemurcia.com.

Centro de Visitantes Muralla De Santa Eulalia: Östlich der Innenstadt liegt dieses modern konzipierte archäologische Besucherzentrum, das in einem Rest der ehemaligen Stadtmauer untergebracht ist. Diverse Monitore und Videos führen den Besucher – leider fast nur auf Spanisch, bestenfalls mit englischen Untertiteln – auf eine Zeitreise in das mittelalterliche Murcia.
Öffnungszeiten Mo-Sa 10-14, 16.30-20.30 Uhr, So 10-14 Uhr; Eintritt frei.

Museo de Bellas Artes: Murcias Museum der Schönen Künste, unweit der Stierkampfarena an der Calle Obispo Frutos 8 gelegen, war lange Zeit geschlossen, wurde aber vor wenigen Jahren wieder eröffnet. Die Sammlung zeigt in repräsentativen Räumlichkeiten Werke spanischer Künstler des 16.-20. Jh. (Murillo, Ribera, Zurbarán...) daneben auch Bilder ausländischer Meister.
Öffnungszeiten Di-Sa 10-14, 17-20.30 Uhr, So 10-14 Uhr; Eintritt frei.

Museo Arqueológico: An der Gran Via Alfonso el Sabio, der nördlichen Verlängerung der Calle Trapería. Bemerkenswert besonders die vor- und frühgeschichtlichen Stücke, darunter viele Funde aus iberischen Gräbern; gut vertreten auch die Römer- und die Maurenzeit.
Öffnungszeiten Mai bis September Di-Sa 10-21 Uhr (sonst bis 20.30 Uhr), So 10-14 Uhr; Eintritt frei.

Museo Salzillo, Plaza San Agustín, nahe Busbahnhof. Der 1707 in Murcia geborene Bildhauer und Holzschnitzer *Francisco Salzillo* schuf in seiner offenbar sehr arbeitsträchtigen Laufbahn eine gewaltige Zahl ausdrucksstarker Skulpturen und Figurengruppen. Die *Pasos* (Passionsfiguren), die bei den Prozessionen an Ostern getragen werden, sind in der angeschlossenen Kapelle der Jesús-Kirche zu sehen.
Öffnungszeiten Di–Sa 10–14, 17–20 Uhr, So 11–13 Uhr. Im Juli/August ist So geschlossen. Eintritt zuletzt wegen Umbauten frei, künftig aber wohl wieder 3 €.

Museu Taurino: Ein Stück nördlich, im Park Jardín de la Pólvora. Das Stierkampfmuseum, bereits 1919 gegründet, zeigt originelle Plakate, die Köpfe berühmter Kampfstiere, alte Fotos und vieles mehr.
Öffnungszeiten Di–Sa 10–14, 17–20 Uhr, So 10–14 Uhr; im Juli/August Mo–Fr 10–14, 17–20 Uhr. Eintritt frei.

Centro para la Artesanía de Murcia: Gegenüber dem Stierkampfmuseum, jedoch außerhalb des Parks, bietet das Zentrum des örtlichen Kunsthandwerks die Gelegenheit, Textilien, Holz- und Flechtarbeiten, Keramik und andere Produkte der Region Murcia zu erwerben.
Öffnungszeiten Mo–Fr 11–13.30, 18–21 (Winter 17-20) Uhr, Sa 11–13.30, 19–21 (Winter 16-20) Uhr, So 12–14 Uhr. Eintritt frei.

*Stilgemisch:
die Kathedrale von Murcia*

Museo Hidráulico Los Molinos del Río: Auf der der Altstadt gegenüber liegenden Seite des Río Segura steht dieses Museum, das in einer 1808 errichteten Getreidemühle untergebracht ist. Es zeigt Mühlsteine aus ehemaligen Wassermühlen der Huerta und andere Utensilien zum Mahlen von Korn.
Öffnungszeiten Mo–Sa 10-14, 17-20 Uhr; im Juli/August ist auch Sa geschlossen. Gratis.

Umgebung

Museo Etnológico de la Huerta: In Alcantarilla, etwa zehn Kilometer westlich. Ein ethnographisches Museum, das die früheren Lebens- und Arbeitsbedingungen in den Huertas dokumentiert. Direkt beim Museum ein Exemplar der mittlerweile seltenen Wasserräder „Norias". Geöffnet ist Di–Fr 10.30–18 Uhr, Sa/So 10.30–13, 16–18 Uhr; Eintritt frei.

Parque Natural El Valle: Direkt südlich des Großraums Murcia schließt sich dieser kleine Naturpark an, gleichzeitig ein Naherholungsgebiet der Murcianer. Er ist Teil der östlichen Ausläufer der *Sierra de Carascoy*, die hier bis 609 Meter Höhe ansteigen. Im Park steht das Heiligtum Santuario de Fuensanta, am 11. September Ziel einer großen Wallfahrt.

Richtung Andalusien

Parque Natural Sierra Espuña: Nördlich der A 7 verläuft parallel der Gebirgszug der bis weit über 1500 Meter ansteigenden Sierra Espuña, der sich etwa auf der Höhe zwischen Alhama de Murcia und Totana erstreckt. Ein Teil des schon in der Vorgeschichte besiedelten Gebietes steht seit 1987 unter Naturschutz. Im Park leben neben Wildschweinen und Adlern auch die aus dem Atlas hier eingebürgerten Mufflons („Aruí"). Die wieder aufgeforsteten Pinienwälder bieten schöne Wandermöglichkeiten.

- *Praktisches* Zufahrt entweder von Alhama de Murcia Richtung Mula, nach 3 km links ab, oder von Totana via Aledo. Im Park mehrere Refugios (Berghütten).
Camping Sierra Espuña, 2. Kat., beim Örtchen El Berro am Ostrand der Sierra; Zufahrt über die Straße Alhama-Mula, nach etwa acht Kilometern links ab. Gut ausgestattet, Preise p.P., Auto, Zelt jeweils etwa 4,50 €. Ganzjährig geöffnet, zur NS besser gegenchecken: ℡ 968 668038. www.campingsierraespuna.com

Lorca

In den Außenbezirken von Lorca drängen sich zwar Hochhäuser und Industrie, doch dieser erste Eindruck täuscht.

Lorca liegt etwas abseits der A 7, rund 70 Kilometer südwestlich von Murcia. Die lange Geschichte der Stadt am Río Guadalentín manifestiert sich in den vielen Renaissance- und Barockbauten der Unterstadt ebenso wie in dem erhöht gelegenen maurischen Kastell. Lorca war als *Ilurco* bereits von den Römern besiedelt und unter den Westgoten Bischofssitz; während der Reconquista tobten heftige Kämpfe um das *Lurka* der Mauren. Heute kontrastieren die zahlreichen Monumente mit einem modernen Zentrum.

- *Information* **Oficina Municipal de Turismo**, Calle López Gisbert 12, im Zentrum bei der Casa de Guevara; ℡ 968 441914. Öffnungszeiten: Mo–Sa 9.30–14.30, 17–20 Uhr, So 10–14.30 Uhr. Nebenan ein „Centro de Artesanía", eine Verkaufsausstellung traditionellen Kunsthandwerks.
Centro de Recepción, in Flussnähe am nördlichen Altstadtrand. Modern gestaltetes Besucherzentrum mit interessanter Geschichtsausstellung (leider nur auf Spanisch; 3 €). Geöffnet Di-So 9.30-14, 16-19 Uhr. Hier startet zur Saison Di-So mehrmals täglich ein „Touristenzug" Tren turístico (eine

Art Straßenbahn auf Gummireifen; 3 €, Kombi mit Festung 12 €), der den mühevollen Aufstieg zur Festung erspart. In der Nähe beginnt auch die Autostraße hinauf zum Kastell.

• *Verbindungen* **Zug**: Der zentrale Bahnhof Lorca Sutullera liegt an der Nebenlinie Murcia-Águilas; Cercanía-Nahverkehrszüge nach Murcia stündlich, nach Águilas 3-mal (Sommer: 5-mal) täglich.

Bus: Station vor dem Bahnhof, nach Murcia etwa stündlich, Águilas mehrmals täglich, im Sommer bis zu 11-mal.

• *Feste* **Semana Santa**, die Karwoche, ebenso berühmt wie die von Murcia.

• *Übernachten* Ein Parador im Kastell ist in Bau, Eröffnung voraussichtlich Ende 2009.

*** **Parador de Puerto Lumbreras**, im 17 Kilometer südwestlich gelegenen Puerto Lumbreras. Typischer Etappenparador, modernes Gebäude, Schwimmbad und Garten. DZ nach Saison etwa 105-130 €. Avenida Juan Carlos I. 77, ✆ 968 402025, 968 402836, www.parador.es.

* **Hotel Félix**, in Lorca, Richtung Murcia, jenseits des Flusses nahe der Brücke. 2007 renoviert, für die Kategorie durchaus komfortabel, jedoch nicht immer leise. DZ etwa 45-55 €. Avda. Fuerzas Armadas 146, ✆ 968 467654. www.hotelfelix.com.

** **Pensión del Carmen**, auch bekannt als Pensión Rincón de los Valientes. Zentral nahe der Plaza Colón (Tiefgarage). Ordentliche Zimmer, leider etwas hellhörig; gutes und recht preiswertes Restaurant. DZ/Bad knapp 40 €, zur Semana Santa grundsätzlich ausgebucht. Rincón de los Valientes 3, ✆ 968 466459.

• *Camping* **La Torrecilla**, 2. Kat., etwa acht Kilometer südwestlich in Richtung Andalusien, zu erreichen über die N 340. Kleiner Platz mit Pool, p.P., Auto, Zelt je knapp 4 €. Offiziell ganzjährig geöffnet, zur NS Kontrollanruf ratsam. Ctra. Granada-Lorca, ✆ 968 442196.

▸ **Sehenswertes**: Zahlreiche Kirchen und Bürgerpaläste der Renaissance und des Barock, trotz fortschreitender Restaurierung des Stadtbilds manche leider immer noch in recht schlechtem Zustand. Eine der Ausnahmen ist die *Casa de Guevara*. Der Barockpalast des 17. Jh. besitzt eine sehr schöne Fassade mit gewundenen Säulen nebst aufwändigem Portal.

Plaza España: Richtung Kastell. Der ehemalige, heute recht ruhige Hauptplatz Lorcas glänzt mit einigen Barockbauten, darunter das Rathaus *Casa Consistorial*, einst ein Gefängnis. Die Fassade der Stiftskirche *Colegiata de San Patricio* (16./17. Jh.) liegt zwischen Renaissance und Barock; auch ein Blick ins überwiegend barocke, nur vormittags zugängliche Innere mit seinen reich geschmückten Kapellen lohnt sich.

Castillo „Fortaleza del Sol": Der steile Weg hinauf ist schweißtreibend (in Lorca lohnt es sich deshalb vielleicht tatsächlich, einen Tren turístico zu benutzen, siehe „Information") und führt durch die ältesten, teilweise ziemlich heruntergekommenen Viertel des Städtchens. Die Festungsanlage geht großteils auf die Zeit der Kämpfe zwischen Mauren und Christen im 13. Jh. zurück. Einer der beiden reich verzierten Türme soll noch von den Arabern stammen, der andere von dem christlichen Eroberer *Alfons der Weise* in Auftrag gegeben worden sein. Das Innere der Festung wurde mit diversen Ausstellungen etc. besuchertauglich hergerichtet und wird bald auch einen Parador beherbergen; bei den Arbeiten kamen auch die Reste einer Synagoge zutage. In der Nähe liegen mehrere alte Kirchen, alle im spanischen Bürgerkrieg schwer beschädigt.

Öffnungszeiten Sommer täglich 10-18 Uhr, sonst nur Sa/So 10-18 Uhr; Eintritt 10 € (Tatsache), Mo 7 €, allerdings sind dann nicht alle Bereiche zugänglich.

Caravaca de la Cruz

Weit im Nordwesten der Comunidad Murcia liegt dieses kleine Städtchen, von Murcia-Stadt über eine neue Schnellstraße zu erreichen, von Lorca über die C 3211. Es gibt auch einen Wander- und Radweg ab Murcia, die sogenannte „Via Verde", die auf einer ehemaligen Bahnstrecke angelegt ist. Durch die gute Anbindung an Murcia entstanden zahlreiche Neubauten, die der Silhouette des Städtchens nicht gerade förderlich waren. Hinter dieser kleinen „Skyline" jedoch besitzt Caravaca, lange im Besitz des Ordens der Tempelritter und von einem mittelalterlichen Kastell überragt, eine verschlafene Altstadt mit einer stattlichen Reihe von Renaissance- und Barockkirchen. Vor allem aber verfügt das Städtchen über ein ganz besonderes Privileg: 1998 erwies der Vatikan der Stadt die Ehre, ab dem Jahr 2003 alle sieben Jahre (2010 usw.) das „Heilige Jahr" zu feiern. Caravaca ist damit die fünfte Heilige Stadt des Christentums, steht in einer Reihe mit Jerusalem, Rom, Santiago de Compostela und Santo Toribio de Liébana bei Potes. Zu verdanken hat Caravaca diese Gunst einem Splitter des Kreuzes Christi, der dem Städtchen auch zu seinem Beinamen „de la Cruz" verhalf und 1231 wohl durch einen Bischof von Jerusalem nach Caravaca gebracht wurde – der Legende nach waren es freilich zwei Engel, die dadurch einem Priester bei der Bekehrung eines Maurenherrschers halfen.

- *Information* Oficina Municipal de Turismo, in der Altstadtgasse Calle de las Monjas 17, ✆ 968 702424. Öffnungszeiten Mo-Fr 10-14, 17-20 Uhr, Sa/So 10-13.30 Uhr. www.caravaca.org.
- *Verbindungen* Busse von und nach Murcia etwa stündlich, Jaén via Ubeda/Baeza 2-mal, von/nach Lorca nur 1-mal/Tag.
- *Übernachten* *** Hotel Central, einziges Hotel im Ort, in erster Linie auf Geschäftsreisende eingestellt. Architektonisch etwas gewöhnungsbedürftiger Neubau kurz vor der Hauptzufahrt zur Altstadt; solide und sehr geräumige, wenn auch etwas nüchterne Zimmer mit Klimaanlage; Garage. DZ nach Saison etwa 70–105 €. Etwas zurückversetzt an der Gran Vía 18, der Hauptstraße der Neustadt; ✆ 968 707055, ✆ 968 707369. www.hotelcentralcaravaca.com.
- *Feste* Fiestas de Mayo, etwa vom 1.-5. Mai, mit Umzügen und nachgespielten Schlachten zur Erinnerung an die Kämpfe zwischen Mauren und Tempelrittern. Am 2. Mai um vier Uhr morgens findet das Rennen der „Weinpferde" Caballos del Vino statt.

▶ **Weiterreise**: Über Puebla de Don Fadrique und Pontones ist auf reizvoller Strecke der Einstieg in den Naturpark *Parque Natural Sierras de Cazorla, Segura y Las Villas* möglich, siehe im Andalusienkapitel „Provinz Jaén".

Cartagena

Der klingende Name täuscht ein wenig. Ganz so prachtvoll, wie in ihrer Blütezeit – Cartagena ist an die 2000 Jahre alt – präsentiert sich die Stadt unserer Tage nicht mehr.

Cartagena erweist sich in weiten Teilen als neuzeitliche Siedlung der breiten Avenidas und der Hochhausbauten. In Teilen des Altstadtkerns wiederum erschrecken heruntergekommene Straßenzüge mit fast bedrohlicher Atmosphäre. Doch ist die gut 200.000 Einwohner zählende Stadt dabei, sich Schritt für Schritt herauszuputzen. Die Uferpromenade wurde bereits aufgehübscht, ebenso einige der schönen Jugendstilhäuser Cartagenas; das Militär, im größten Kriegshafen Spaniens einst prägend, hat sich aus der Stadt weitgehend zurückgezogen. Vor allem aber macht sich Cartagena daran, sein lange verschüttetes Erbe zu nutzen: Unter dem Signet „Puerto de Culturas" wurden die bedeutendsten historischen Bauten der Stadt als Anziehungspunkte für den Fremdenverkehr hergerichtet.

Orientierung: Die Altstadt liegt zwischen dem weiten *Paseo de Alfonso XIII.*, auf den jeder Autofahrer irgendwann stößt, und dem Hafen mit dem Hügel des Castillo. Zentrum ist die *Plaza del Ayuntamiento*; von ihr verläuft die Haupteinkaufsstraße *Calle Mayor* landeinwärts zur *Plaza San Sebastián*.

Geschichte: Karthager unter dem Feldherrn Hasdrubal waren es, die an Stelle einer früheren Iberersiedlung mit *Nova Carthago* das heutige Cartagena begründeten.

Zum Aufstieg zu einer der bedeutendsten Städte der Iberischen Halbinsel trugen besonders die reichen Erzvorkommen in den umliegenden Sierras bei. Unter den Römern, die im 2. Punischen Krieg an die Macht gerieten, den Mauren und auch nach der christlichen Rückeroberung 1242 stand Cartagena gleichermaßen in Blüte. Der rapide Abschwung kam mit der Plünderung Cartagenas durch Sir Francis Drake 1588. Im Spanischen Bürgerkrieg wurde die Stadt schwer zerstört. Jahrzehnte später brachte der Niedergang der Minenindustrie einen deutlichen wirtschaftlichen Abschwung mit sich.

- *Information* **Oficina Municipal de Turismo**, Plaza Almirante Bastareche s/n, am nordöstlichen Altstadtrand; nahe FGV-Bhf. und Busbahnhof; ✆ 968 506483. Geöffnet Mo–Fr 10–14, 17–19 Uhr (Winter 16-18 Uhr), Sa 10–13 Uhr. www.ayto-cartagena.es.
- *Verbindungen* **Zug**: RENFE-Bahnhof an der Plaza de Mejico am nordöstlichen Altstadtrand. Alle Wege führen über Murcia, Züge 12-mal täglich.
FGV-Bahnhof (Schmalspur, kein Interrail) an der Plaza Bastareche, ein kleines Stück stadteinwärts von RENFE; häufige Züge zur Station Los Nietos am Mar Menor.
Bus: Busbahnhof unweit FGV. Anschlüsse u.a. nach Murcia etwa halbstündlich, nach Alicante 7-mal, Lorca 6-mal, Puerto Mazarrón 4-mal, Aguilas und Almería 2-mal täglich.
- *Übernachten* In den unteren Kategorien gibt es leider wenig Auswahl.
**** Best Western Hotel Alfonso XIII., optisch dem Stadtcharakter entsprechendes, aber gut ausgestattetes Großhotel. Am lauten Boulevard landeinwärts der Altstadt; Garage. DZ offiziell etwa 70-170 €, bei Internetbuchung liegen die Preise meist um die 70-100 €. Paseo Alfonso XIII. 30, ✆ 968 520000, ✆ 968 500502. www.hotelalfonsoxiii.com.
** Hotel Los Habaneros, gleich bei der Infostelle. Solides, traditionsreiches Mittelklassehotel, das nach abgeschlossenem Umbau und Erweiterung in die Dreisterne-Klasse aufgerückt ist; Parkplatz. DZ-Normalpreis um die 80 €, Aufschlag bei Festen etc. C. San Diego 60, ✆ 968 505250, ✆ 968 509104, www.hotelhabaneros.com.
- *Camping* **El Portús**, 2. Kat., reiner FKK-Campingplatz an einer schönen Badebucht etwa zehn Kilometer westlich von Cartagena, Anfahrt über den Ort Canteras. Gute Ausstattung, viele Sportmöglichkeiten, ganzjährig geöffnet. Parzelle inkl. Auto, Zelt zur HS ab knapp 20 €, p.P. 8 €. ✆ 968 553052, www.elportus.com.
- *Essen* **Rest. La Cocina de Alfonso**, im Gebäude des Hotel Alfonso XIII., jedoch unabhängig geführt. Eine der ersten Adressen der Stadt; Menü à la carte ab etwa 40 €. So und im August geschlossen, ✆ 968 320036.
Rest. Azafrán, etwas zentraler in einer nordöstlichen Parallelstraße zur Fußgängerzone C. Carmen gelegen. Unscheinbares Äußeres, kreative Küche. Degustationsmenü etwa 25 €, Mittagsmenü 12 €. Calle Palma 3-5, So-Abend und Mo geschlossen.
Rest. La Marquesita, ganz in der Nähe, an einem kleinen Platz beim oberen Ende der Calle Palma. Hübsche Terrasse zum Draußensitzen, Preisniveau etwa wie oben. Plaza Alcolea 6.
- *Feste* **Semana Santa**, die Karwoche. Berühmte Prozessionen, deren Bruderschaften, teils in Kapuzengewänder gekleidet, riesige Monstranzen schleppen.
La Mar de Músicas, im Juli, das „Meer der Klänge", ein Festival für Neue Musik.
Cante de las Minas, in der ersten Augusthälfte in der nahen Minenstadt La Unión. Berühmtes, bereits 1960 gegründetes Flamencofestival, auf dem echte Größen der Szene zu erleben sind, 2005 z.B. war es u.a. Paco de Lucía.
Fiesta de Cartagineses y Romanos, an zehn Tagen der zweiten Septemberhälfte. Höchst aufwändiges Kostümfest, an dem sich die halbe Einwohnerschaft beteiligt. Es erinnert an die karthagisch-römischen Kämpfe um Cartagena – natürlich verlieren die Karthager alljährlich.

Sehenswertes

Puerto de Culturas: Der „Hafen der Kulturen" umfasst eine ganze Reihe von Monumenten aus Cartagenas Vergangenheit, von karthagischen (punischen) und römischen Relikten bis hin zu Luftschutzbunkern des spanischen Bürgerkriegs; auch ein „Bus turístico" und das Rundfahrtschiff „Barco Turístico" zählen zum Angebot. Montags ist fast überall geschlossen, sonst wechseln alle Sehenswürdigkeiten ihre

Öffnungszeiten praktisch im Monatsturnus. Vor Beginn der Tour empfiehlt sich deshalb ein Besuch in der Infostelle oder im gegenüberliegenden Interpretationszentrum *Centro de Interpretación de la Muralla Púnica* (Einzelticket 3,50 €), das über einer karthagischen Mauer errichtet wurde. Hier kann man auch diverse Kombipässe für den Besuch der Monumente erwerben.

Castillo de la Concepción: Oberhalb des Hafens gelegen, ist die Festung leicht zu Fuß zu erreichen. Es gibt aber auch einen Lift (1 €, Kombi mit dem Interpretationszentrum im Kastell 4 €) ab der Calle Gisbert an der Nordseite, vom dem aus sich ein guter Blick auf die halb verfallene Stierkampfarena von Cartagena bietet. Im Inneren des Kastells liegen eine Art Park und das Besucherzentrum *Centro de Interpretación de la História de Cartagena* (Einzelticket 3,50 €), das auf unterhaltsame Weise mit der langen Stadtgeschichte vertraut macht. Die Aussicht vom Kastell reicht weit; auffallend die vielen weiteren Festungen in der Umgebung, davon allein zwei an der Hafeneinfahrt. Sehr gut zu sehen ist auch das direkt unterhalb des Kastells gelegene und vor einigen Jahren restaurierte römische Theater *Teatro Romano* (gratis) aus dem 1. Jh. v. Chr., das über den Altstadtplatz Plaza Condesa Peralta zu erreichen ist.

Gründer von Cartagena: Hasdrubal-Büste am Castillo

Hafen: Die Hafenpromenade wurde als eine der Visitenkarten Cartagenas neu gestaltet und wirkt deshalb vielleicht ein wenig steril; ein großer Kongresspalast war zuletzt in Bau. Originellstes Stück der Promenade ist das kleine *U-Boot*, das hier ausgestellt ist. Es handelt sich um das erste elektrische Unterseeboot überhaupt und wurde 1888 vom hiesigen Ingenieur *Isaac Peral* konstruiert – leider ohne durchschlagenden Erfolg, denn Perals Erfindung wurde von der spanischen Marine zwar getestet, dann aber doch nicht übernommen.

Museo Nacional de Arqueología Subacuática (ARQUA): Ein neues Glanzstück von Cartagena ist dieses Museum für Meeresarchäologie an der Hafenpromenade, das Ende 2008 von der Königstochter Doña Cristina persönlich eröffnet wurde. Schon die ungewöhnliche Architektur beeindruckt; herausragend unter den Exponaten sind u.a. die umfangreiche Amphorensammlung wie auch die Kollektion von Elefantenstoßzähnen. Auch wechselnde Ausstellungen finden statt.
<u>Öffnungszeiten</u> Di–Sa 10.30-19.30 Uhr, So 10–15 Uhr; Eintrittsgebühr 3 €.

Museo Arqueológico: An der Calle Ramon y Cajal 45, weit in der Neustadt Cartagenas, steht das Archäologische Museum. Schwerpunkt der Sammlung sind iberische, karthagische und römische Funde aus dem Stadtgebiet, das Gebäude selbst steht auf einer spätrömischen Nekropolis.
<u>Öffnungszeiten</u> Di–Fr 10–14, 17–20 Uhr, Sa/So 11–14 Uhr, Eintritt frei.

Mar Menor

Eine etwa 20 Kilometer lange und bis zu zehn Kilometer breite Lagune, vom offenen Meer abgetrennt durch den durchschnittlich nur hundert Meter schmalen Landstreifen La Manga del Mar Menor.

Was auf der Karte so reizvoll aussieht, erweist sich in der Wirklichkeit als weniger begeisternd. Wer nicht gerade ein Liebhaber von Hochhausarchitektur ist, kann sich den Besuch wohl eher sparen – das Mar Menor („Kleineres Meer") ist weitgehend zugebaut. Eine besonders aparte Siedlung ist die Ferienstadt La Manga auf dem Landstreifen: Kilometerlang, gezwungenermaßen sehr schmal (dafür hoch), kaum ständige Bewohner. Wer in einer Nacht außerhalb der Saison hierher kommt, den kann angesichts der unbeleuchteten Apartmentklötze und gottverlassenen Plätze schon das Gruseln packen ... Im Sommer dafür Jubel, Trubel, Heiterkeit in den Straßenschluchten. Bleibt pflichtgemäß anzumerken, dass das Wasser des Mar Menor sehr flach, stark salz- und jodhaltig, nicht gerade sauber und gelegentlich stark von Quallen verseucht ist, dennoch aber als Dorado der Wassersportler gilt.

- *Verbindungen* **Flug**: Aeropuerto Murcia-San Javier (Info-✆ 968 172 000), beim Ort San Javier im Norden des Mar Menor. Ein ehemaliger, vor einigen Jahren erweiterter Militärflugplatz, gelegentlich auch von Deutschland aus bedient; www.aena.es.
- *Camping* **Los Alcázares-Cartagonova**, 2. Kat., an der Inlandsseite des Mar Menor, strandnah beim Ort Los Alcázares. Ganzjährig geöffnet; Pool. Preise p.P. und Auto je etwa 4 €, Zelt 4,5 €. ✆ 968 575100.

Costa Cálida

Die „Warme Küste", eine der jüngeren Namensschöpfungen der Tourismusstrategen, glänzt mit einer Reihe schöner Strände. Die Urlaubsorte hier haben sich im letzten Jahrzehnt allerdings deutlich ausgedehnt und werden durch die neue Küstenautobahn wohl noch weiter wachsen.

Bislang blieb dennoch eine Reihe von Stränden von der Urbanisierung weitgehend verschont. Interessant ist besonders das Gebiet zwischen *Puerto de Mazarrón* und *Águilas*. Die N 332 und die gebührenpflichtige AP 7 verlaufen hier weit im Hinterland, kahle Berge reichen bis an die Küste, und zwischen den wenigen Ansiedlungen ist noch viel Platz.

Puerto de Mazarrón

Eine jüngere Strandsiedlung, der eigentliche Ort Mazarrón liegt einige Kilometer landeinwärts. Dass Puerto de Mazarrón direkt an der N 332 liegt, ist ihm nicht allzu gut bekommen, die Bebauung vor allem in den Außenbezirken sehr ausgedehnt. Die Villenviertel reichen praktisch bereits bis zur kleinen Siedlung *Bolnuevo* einige Kilometer südlich, in der auch schon unerfreuliche Ansätze zu bemerken sind. Der Ortskern hingegen ist zwar keine Idylle, kann aber mit seinem Sporthafen und der Palmenpromenade durchaus gefallen. Richtung Bolnuevo und weiter südwestlich findet sich eine Reihe unterschiedlicher, nicht überfüllter Strände: dunkler Sand, Kies, Fels – wie gewünscht, sogar Nudistenstrände gibt es. Die markanten Erosionsformen hier, zu bewundern hinter einem riesigen Staubparkplatz landeinwärts der Küstenstraße bei Bolnuevo, heißen übrigens *Ciudad encantada*, „verzauberte Stadt".

- *Information* **Oficina Municipal de Turismo**, beim zentralen Kreisverkehr an der Plaza Toneleros s/n, ✆ 968 594426. Geöffnet Mo-Fr 9-14, 17-20 Uhr, Sa 9.30-13.30, 16.30-19 Uhr, im Sommer auch sonntags. www.mazarron.es.

- *Verbindungen* **Busse** nach Cartagena 5-mal täglich, nach Murcia 7-mal, Águilas und Almería 2-mal täglich.
- *Übernachten* ***** Hotel Bahía**, Puerto de Mazarrón. Eines der preiswerteren unter den typischen Ferienhotels des Orts. Eher einfach und keine architektonische Perle, jedoch in schöner Lage praktisch direkt am Strand, die Zimmer dorthin natürlich vorzuziehen. DZ etwa 60-75 €, Av. José Alarcón, ✆ 968 594000, ✆ 968 154023, www.hotelbahia.net.
- *Camping* **Playa de Mazarrón**, 2. Kat., bei Bolnuevo, etwa vier Kilometer westlich von Puerto de Mazarrón (Stadtbusverbindung). Recht großes Gelände, mittlerer Schatten durch Bäume bzw. Mattendächer. Sandstrand direkt vor der Tür, im Südwesten noch weitere Strände. Ganzjährig geöffnet, Parzelle inkl. Auto, Zelt und zwei Personen etwa 20 €, ohne Auto 15 €. ✆ 968 150660. www.playamazarron.com.

▶ **Calabardina**: Besonders die Anfahrt aus Richtung Norden ist ein Erlebnis. Knapp 20 km hinter Mazarrón zweigt von der N 332 links ein kleines Sträßchen ab, das über die *Sierra de Cantar* an die Küste führt und tolle Ausblicke auf Meer, Gebirge und das Cabo Cope bietet. Die Urbanisation Calabardina selbst gehört schon zu den Außenposten von Águilas und dient praktisch ausschließlich dem Ferienbetrieb. Die Strände hier sind während der Sommersaison nicht völlig leer, bieten aber noch genug Platz. Ganz einsam wird es nordöstlich des Kaps, weitere Strände südwestlich Richtung Águilas.

Águilas

Neben Puerto de Mazarrón die einzige größere Siedlung in diesem Küstenabschnitt, für „öffentlich" Reisende auch die zweite mögliche Anlaufstelle. Die frühere Erzgrubenstadt, heute in erster Linie ein Ferienort, erstreckt sich beiderseits eines kastellgekrönten Hügels und ist nicht allzu attraktiv, zumal sie sich im letzten Jahrzehnt stark ausgedehnt hat und in Küstennähe immer noch weiter wächst – nicht umsonst wurde die Zufahrt von Lorca vierspurig ausgebaut. Was reizt, sind die Strände der Umgebung: Sowohl Richtung Calabardina als auch im Südwesten Richtung Cuevas de Almanzora findet sich eine ganze Reihe davon. Zu voll wird es nirgends; ein besonders reizvoller Strand ist die nicht ganz leicht zu erreichende *Playa Amarilla*, etwa drei Kilometer östlich von Águilas.

- *Information* **Oficina Municipal de Turismo**, Plaza Antonio Cortijo s/n, hafenwärts der zentralen Plaza España; ✆ 968 493285. Geöffnet Mo-Sa 9-14, 17-19/20/21 Uhr (je nach Monat), Sa erst ab 10 Uhr, So 10-14 Uhr; im Juli und August erweitert. www.aguilas.org.
- *Verbindungen* **Zug**: Águilas ist der Endpunkt der 3-mal (Sommer: 5-mal) täglich bedienten Cercanías-Linie C2, die von Murcia via Lorca führt.
Bus: Beim Bahnhof; bis zu 12-mal täglich Busse nach Lorca; Richtung Cartagena 2-mal, Murcia 6-mal und Almería 2-mal täglich.
- *Übernachten* Breites Angebot von der Pension bis zum Viersterne-Hotel. In der spanischen Urlaubszeit hohe Nachfrage.
**** Hotel Cala Real, unweit des Sporthafens Puerto Deportivo. 2003 eröffnetes, in einem recht eleganten und komfortablen Quartier mit rund 90 Zimmern. DZ/F je nach Saison 75-110 €, in der Karwoche und im August 135 €. C. Aire 99, ✆ 968 414562, www.hotel-calareal.com.
* Pensión Ramonetero, schlichte und preiswerte Pension in relativ zentraler Lage, ein Restaurant mit günstigem Mittagsmenü gehört dazu. DZ/Bad je nach Saison etwa 30-40 €. Calle Ancha 13, ✆ 968 446006, www.ramonetero.com.
- *Camping* **Bellavista**, 2. Kat., etwa drei Kilometer südwestlich in Richtung Cuevas de Almanzorra. Kleiner Platz, in der Umgebung Sand- und auch Felsstrand. Bar-Restaurant, keine Einkaufsmöglichkeit. Ganzjährig; p.P., Auto, Zelt jeweils um die 5 €. ✆ 968 449151. www.campingbellavista.com.
- *Baden* Ein Nachteil der schönen Strände hier sind die häufigen Tanganschwemmungen. In der Saison allerdings werden die meisten täglich gereinigt.

Wildschöne Bucht im Naturpark: Cala del Plomo am Cabo de Gata

Andalusien

Keine andere Gegend Spaniens ist so reich an Kontrasten. Küstensonne und fast ewiger Schnee liegen eine Autostunde voneinander entfernt, steinreich und bitterarm oft nur ein paar Schritte. Abwechslung ist in der vielleicht reizvollsten Reiseregion Spaniens garantiert.

Die *Comunidad Autónoma Andalucía* ist mit einer Fläche von 87.260 Quadratkilometern nach Kastilien-Leon die zweitgrößte Autonome Gemeinschaft Spaniens, größer als z. B. Österreich. Von der Bevölkerungszahl her nimmt sie mit mehr als acht Millionen Einwohnern landesweit sogar den ersten Rang ein. Acht Provinzen umfasst die Autonome Gemeinschaft, von Ost nach West: Almería, Granada, Jaén, Málaga, Córdoba, Sevilla, Cádiz und Huelva.

Andalusien hat das Spanienbild im Ausland geprägt. Vieles, das als „typisch spanisch" angesehen wurde und wird, ist tatsächlich „typisch andalusisch" (und auch das nicht mehr unbedingt). Andalusien ist die Heimat des Flamenco, des Sherry und des Stierkampfs; Carmen und Don Juan sind Andalusier. Andalusien, um nur einige der gängigen Vorstellungen aufzugreifen, bedeutet alte Männer auf Maulseln und heißblütige Zigeuner, bedeutet Gitarren und Kastagnetten, bedeutet bitterarme Tagelöhner und kraftstrotzende Kampfstiere auf hitzeflirrenden Feldern. Diese Klischees, so oft sie bemüht werden, treffen zumindest teilweise noch zu. Doch sagen sie nicht einmal die halbe Wahrheit. Andalusien ist in sich so herrlich gegensätzlich, wie eine Region nur sein kann. Dass die Sierras der Provinz Almería die trockenste Region Europas sind, passt ins Bild. Dass aber gleichzeitig in der Sierra de Grazalema, keine 50 Kilometer von der Costa del Sol entfernt, alljährlich die höchste Niederschlagsmenge Spaniens gemessen wird, scheint kaum glaublich. Wenn an der Küste noch oder schon wieder gebadet werden kann, wedeln Skiläufer die Hänge der Sierra Nevada hinunter. Verschlafene „Weiße Dörfer" hier, Touristenmoloch Torremolinos da – alles Andalusien. Und von der wundervollen Moschee Mezquita in Córdoba oder der großartigen Burg Alhambra in Granada war noch gar nicht die Rede...

Geschichte Andalusiens

Die Ansiedelung des Menschen in Andalusien ist ab der Jungsteinzeit belegt, unter anderem durch die megalithischen Steingräber von Antequera und die Felszeichnungen in den Höhlen von Nerja und Pileta. Als erste Bevölkerungsgruppe geschichtlich erwähnt werden die Iberer, auf die vielleicht auch die sagenumwobene, bis heute verschollene Stadt *Tartessos* zurückgeht, die vermutlich an der Guadalquivir-Mündung gelegen war. Möglicherweise war Tartessos aber auch eine Gründung der Phönizier. Die Seefahrernation hatte um etwa 1100 v. Chr. im Gebiet um die Meerenge von Gibraltar Niederlassungen angelegt. Eine dieser frühen Siedlungen, die dem Handel mit den reichen Erzvorkommen des Hinterlands dienten, war *Gadir*, das heutige Cádiz: die älteste Stadt Spaniens. Verdrängt wurden die Phönizier ausgerechnet von ihrer Tochterkolonie Karthago. Die Nordafrikaner, im westlichen Mittelmeer eine Großmacht, bekamen bald Konkurrenz durch Rom. Der Zweite Punische Krieg (218–201 v. Chr.) brachte die Entscheidung zugunsten der Römer. Die Iberische Halbinsel wurde römisch, Andalusien zunächst Teil der Provinz Hispania Ulterior, ab 27 v. Chr. zur eigenen Provinz *Baetica*. Mit dem Zusammenbruch des Römischen Reichs und der einsetzenden Völkerwanderung kamen zunächst die Vandalen nach Andalusien. Ihnen folgten die geschichtlich kaum in Erscheinung getretenen Sueben und ab dem Anfang des 5. Jh. die Westgoten, die Sevilla für eine Zeit lang zu ihrer Hauptstadt machten.

▶ **Maurische Blütezeit**: Zu Beginn des 8. Jh. war das Reich der Westgoten durch innere Zerwürfnisse geschwächt. 711 setzte der arabische Feldherr *Tarik* über die Meerenge von Gibraltar und nahm Spanien fast im Handstreich. Binnen weniger Jahre hatten die islamischen Heere, darunter viele *Mauren* genannte Berberstämme, fast das ganze Land erobert. Ihre Herrschaft über *Al-Andalus*, abgeleitet vielleicht aus „Land der Vandalen", sollte acht Jahrhunderte dauern. Al-Andalus war zunächst dem Kalifat der *Omaijaden* aus Damaskus unterstellt. Ein blutiger Glaubenskrieg mit den Abbasiden aus Bagdad brachte 749/50 der Dynastie das Ende und den Abbasiden die Kalifatswürde. Einzig dem Omaijaden *Abd ar-Rahman I.* gelang die Flucht. Das von ihm in Córdoba gegründete Emirat umfasste das gesamte islamische Spanien. Einer seiner Nachfolger, *Abd ar-Rahman III.*, rief 929 gar ein Kalifat Córdoba aus – für die Abbasiden eine Lästerung, die etwa der Aufstellung eines Gegenpapstes gleichzusetzen wäre.

Es war die Blütezeit Andalusiens, zunächst besonders Córdobas. Die maurischen Herren regierten meist weise und tolerant. Sie garantierten Glaubensfreiheit, förderten die Wissenschaften. Gelehrte und Dichter des Morgenlandes wurden an den Hof geholt, Schulen und Krankenhäuser erbaut, Bewässerungsanlagen erweitert, Nutzpflanzen eingeführt. In Córdoba, einer der glänzendsten Städte der damaligen Welt, lebten eine halbe Million, vielleicht gar eine Million Menschen. Es gab Dutzende von Bibliotheken und Hochschulen, Hunderte öffentlicher Bäder, sogar Straßenbeleuchtung. Die Lebensart der islamischen Herrscher manifestierte sich in wundervollen Palästen und in Moscheen, von deren Pracht heute nur noch die *Mezquita* zeugen kann.

326 Andalusien

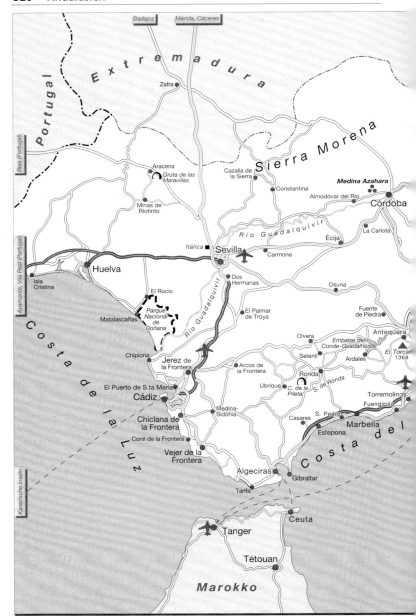

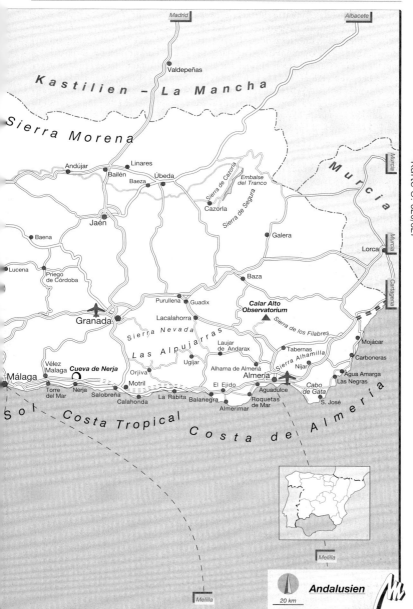

Ab 1031 zerfiel das Kalifat in kleinere Einzelkönigreiche, die *Taifas*. Den von Norden herandrängenden Heeren der christlichen Rückeroberung *Reconquista* hatten die einzelnen, auch untereinander oft zerstrittenen Königreiche nichts entgegenzusetzen. Mit geschicktem Taktieren am längsten halten konnte sich die Dynastie der Nasriden, die Granada noch einmal zur Blüte und zu einem der schönsten Bauwerke der Welt verhalf. 1492 zog der letzte der Nasriden, König *Boabdil*, kampflos aus Granada ab und rettete damit seinen Palast Alhambra vor der wahrscheinlichen Zerstörung. Weit länger als irgendwo sonst in Spanien hatten die Mauren in Andalusien ausgehalten und damit die Region nachhaltig geprägt.

Los Reyes Católicos, die „Katholischen Könige" *Isabella* von Kastilien und *Ferdinand II.* von Aragón übernahmen das Ruder. Sie und ihre Nachfolger legten weit weniger Toleranz an den Tag als die Moslems. Juden und später die Mauren wurden vertrieben, während in Sevilla und Cádiz die goldbeladenen Galeeren aus Amerika landeten. Die weitflächige Verteilung des eroberten Landes an Feudalherren führte zu der bis heute andauernden Misere der Großgrundbewirtschaftung mit all ihren Folgen.

Reiseziel Andalusien

Geboten ist so ziemlich alles: Landschaft, Sehenswürdigkeiten, Badefreuden. Und fast alles ist vom Feinsten Spaniens, auch wenn einige Küstengebiete, vielleicht zu Recht, häufig geschmäht werden.

Geographisch gliedert sich Andalusien in zwei Gebirgszüge und das zwischen ihnen liegende Tal des Río Guadalquivir, das im Westen als ebenes Marschland zum Atlantik hin ausläuft. Die *Sierra Morena*, der nördliche und sanftere der beiden Gebirgszüge Andalusiens, verläuft von der Provinz Jaén im Osten über die Provinzen Córdoba und Sevilla bis zur Provinz Huelva im Westen. Sie bildet den Rand der Kastilischen Hochebene Meseta und fällt steil zum Tal des Río Guadalquivir hin ab. Obwohl ihre größte Höhe nur 1323 Meter erreicht, markiert sie die natürliche nördliche Grenze Andalusiens. Das *Tal des Río Guadalquivir* und seiner Seitenflüsse, vom Winterregen bewässert und mit äußerst fruchtbaren Sand- und Lehmböden gesegnet, ist die Lebensader der Region. Hier lebt ein großer Teil der Bevölkerung, werden die höchsten landwirtschaftlichen Erträge eingefahren, erstrecken sich ausgedehnte Olivenhaine und riesige Baumwoll-, Reis- und Getreidefelder. Die Betische Kordillere *Cordillera Bética* bildet den südlichen, deutlich ausgedehnteren und weit höheren der beiden Hauptgebirgszüge Andalusiens. Ihre größte Höhe erreicht sie südlich von Granada im „Schneegebirge" der Sierra Nevada: Mulhacén (3481 m) und Pico de Veleta (3392 m) sind die höchsten Berge der Iberischen Halbinsel.

Andalusiens **Küsten** machen nur etwa zehn Prozent der Gesamtfläche aus, verteilen sich aber auf zwei Meere. Hier lebt fast ein Drittel der Bevölkerung, konzentrieren sich drei Viertel des Fremdenverkehrs.

Am **Mittelmeer** zeigt sich der Küstenstreifen vorwiegend steil und klippenartig, unterbrochen von Stränden an Flussmündungen und trockenen Flussbetten. Die *Costa de Almería* bildet die östlichste Küste Andalusiens. An ihr liegt mit dem Cabo de Gata zwar ein landschaftlicher Leckerbissen, doch erstrecken sich westlich der Provinzhauptstadt auch großflächige Urbanisationen. Weiter westlich folgt die *Costa Tropical* der Provinz Granada, ein nur kurzer, üppig bewachsener Küstenstreifen. Die *Costa del Sol*, die sich am Mittelmeer in der Provinz Málaga bis hinunter nach Gibraltar erstreckt, ist weithin bekannt. Die „Sonnenküste" gilt als Paradebeispiel für die rücksichtslose und dümmliche Übererschließung eines Urlaubsgebiets. Die späte (1987) Erkenntnis des Bürgermeisters von Málaga, „Wir müssen bremsen, bremsen und nochmals bremsen", kam da vielleicht zu spät.

Die **Atlantikküste** wird gekennzeichnet durch weite Küstenebenen mit langen Sandstränden und vielen Dünen, außerdem durch ausgedehnte Feuchtgebiete, die Heimat zahlreicher selten gewordener Tierarten sind. *Costa de la Luz* genannt, ist sie auf weiten Strecken von der Urbanisierung verschont geblieben. Vor allem im Westen der Provinz Huelva sind in den letzten Jahren allerdings auch einige großräumige Erschließungsprojekte entstanden. Ebenfalls unerquicklich zeigen sich die industriellen Großräume um Cádiz und Huelva.

Die **Städte** des andalusischen Hinterlands sind weit interessanter als die der Küste. Namen wie *Sevilla* und *Córdoba* klingen nicht nur im Ohr, auch in der Seele. Und da ist dann noch *Granada*, „Granada, dessen bloßer Name den behäbigsten Bürger in Begeisterung ausbrechen und auf einem Bein tanzen lässt" (Théophile Gautier). Alle warten sie nicht nur mit in Europa einzigartigen Monumenten maurischen Erbes auf, sondern auch mit einer geballten Ladung Atmosphäre. Ähnlich reizvoll zeigen sich die „Weißen Dörfer" *Pueblos Blancos*, die mit ihren engen Gassen und den blumengeschmückten Innenhöfen *patios* ein wahres Fest für Ästheten darstellen.

Klimadaten am Beispiel Málaga

(Durchschnittswerte in Grad Celsius bzw. Tagen)

Monat	Luft		Wasser	Regentage *
	° max	° min		
Jan.	16.5	8.2	15	7
Feb.	16.8	8.7	14	6
März	18.5	10.8	14	8
April	20.4	12.8	15	6
Mai	23.3	15.0	17	4
Juni	26.5	18.9	18	1
Juli	29.3	21.4	21	1
Aug.	29.7	21.7	22	1
Sept.	27.2	19.5	21	2
Okt.	23.3	15.8	19	6
Nov.	19.8	12.2	17	7
Dez.	17.4	9.5	16	8
Jahresmittel	22.4	14.5	17.4	57

* Regentage: Tage mit mindestens 0,1 mm Niederschlag

- *Internet-Info* www.andalucia.org
- *Klima und Reisezeit* So gegensätzlich die Landschaft, so unterschiedlich das Klima. Das Klischee vom ewig warmen Andalusien trifft auf die Küsten sicher voll zu – eine durchschnittliche Tageshöchsttemperatur im Januar von 16.5 Grad in Málaga spricht für sich. Am Atlantik herrschen ähnlich traumhafte Verhältnisse. Auch der Ruf des Tieflands als Hitzeloch Spaniens ist berechtigt. In Sevilla sind sommerliche Tagestemperaturen um die 40 Grad keine Seltenheit, ebensowenig 28 Grad um zwei Uhr nachts im September. Granada, knapp 700 Meter hoch gelegen, kennt dagegen durchaus Frost, und die Sierra Nevada trägt bis in den Juni und ab Anfang Oktober ein weißes Kleid. Günstige Reisezeiten sind vom Klima her das Frühjahr und der Herbst; Kenner, die aufs Baden verzichten können, kommen auch gern im Winter. Im Sommer bleibt es an den Küsten dank eines meist wehenden Lüftchens noch erträglich, das Tiefland aber wird zum Backofen. Die Sommermonate

sind auch der Zeitraum mit dem stärksten Andrang auf Hotelbetten und Strände; „Kulturziele" wie Granada allerdings werden das ganze Jahr über mehr als gut besucht.

• *Verbindungen* **Zug:** Alle großen Küstenstädte sind Sackbahnhöfe. Eine durchgehende Linie entlang der Küste existiert nicht – von Almería nach Málaga beispielsweise ist der Umweg über Granada unvermeidlich.

Bus: Die bessere Wahl. Entlang der Küste wie im Landesinneren gut bedientes Verkehrsnetz bis in kleine Ortschaften.

Schiff: Nordafrika-Fähren zu den spanischen Exklaven Melilla und Ceuta sowie zum marokkanischen Tanger ab Almería, Málaga, Tarifa und, am kürzesten und preisgünstigsten, ab Algeciras; Details in den Ortskapiteln.

• *Übernachten/Camping* In den Großstädten des Landesinneren, besonders in Córdoba und Sevilla, findet sich eine ganze Reihe von Hotels und Pensionen, die über die andalusische Errungenschaft der Patios verfügen. In den meist liebevoll gepflegten, wunderschön begrünten Innenhöfen kann man trefflich frühstücken oder die heißen Mittagsstunden verträumen.

Camper kommen an den Küsten ganz gut über die Runden; wo es interessant ist, findet sich meist auch ein Platz. Schlechter stellt sich die Situation im Inland dar. Die Touristenzentren Córdoba, Sevilla und Granada sind zwar versorgt; abseits sieht es aber oft mager aus. Immerhin halten viele Plätze ganzjährig geöffnet.

• *Essen und Trinken* Angesichts der Größe und Vielfalt Andalusiens kann man von einer einheitlichen Küche eigentlich nicht sprechen: Jede Region besitzt ihre eigenen Spezialitäten. Generell werden zumindest im Sommer keine schweren Gerichte und Riesenportionen aufgetragen; es ist schlicht zu heiß für Völlerei. Statt dessen lieber ein Häppchen hier, eins dort – Andalusien gilt als Heimat der **tapas**. Ganz vorzüglich ist z. B. der luftgetrocknete Bergschinken **jamón serrano**; die Schinken aus Jabugo in der Sierra Morena und aus Trevélez in der Sierra Nevada werden zu den besten Spaniens gezählt. Auch Fischfans kommen auf ihre Kosten: **pescaíto frito** (auch: Fritura mixta oder Frito variado) heißt das Zauberwort, Fisch und Meeresfrüchte auf leichte Weise frittiert. Zu erstehen sind sie auf Riesenplatten im Restaurant oder, besonders in Cádiz, in die Tüte abgepackt in der „Freiduría". Bleibt noch das Gericht zu erwähnen, das als wirklich typisch andalusisch gilt: Der **gazpacho**, eine erfrischende, eiskalt aufgetragene Gemüsekaltschale, die ähnlich der Paella viele Varianten kennt.

Unter den **Weinen** ist natürlich an erster Stelle der **Sherry** zu nennen, mehr dazu im Kapitel über seine Heimatstadt Jerez. Weniger bekannt, dabei durchaus gleichwertig sind der **Manzanilla** aus Sanlúcar de Barrameda sowie **Moriles** und **Montilla** aus der Provinz Córdoba. Eine andere, eher süße Spezialität ist der Dessertwein **Málaga**. Andalusien ist auch das Land der **Brandys**, die fälschlich, qualitativ aber relativ treffend auch **Coñacs** genannt werden.

• *Feste und Veranstaltungen* Andalusien ist berühmt für seine Fiestas und Ferias. Schwerpunkt der Veranstaltungen ist das Frühjahr.

Semana Santa, die Karwoche, zählt zu den buntesten Festen Andalusiens, prächtige Prozessionen allerorten. Vielgepriesen ist die Semana Santa von Sevilla, herausragend ist aber auch die Feiern in Arcos de la Frontera (Provinz Cádiz), Alhaurín el Grande (Almería), Baeza (Jaen) und in Baena (Córdoba), wo beim Trommelwettbewerb „Tamborada" alle Ohren aufs Äußerste strapaziert werden.

Feria de Abril, in Sevilla, an wechselnden Terminen Ende April, Anfang Mai. Ein Riesen-Frühlingsfest mit Hektolitern von Sherry, festlich gewandeten Reitern und üppig geschmückten Familienzelten.

Cruces de Mayo und **Fiesta de Patios**, erste Maihälfte in Córdoba. Wettbewerbe der schönsten Blumenkreuze und der schönsten Innenhöfe.

Feria del Caballo, zweite Maiwoche in Jerez de la Frontera. Das Fest des Pferdes ist für Reiter natürlich ein „Muss", aber auch sonst sehr farbenprächtig.

Feria de Mayo, in der letzten Maiwoche in Córdoba, das etwas kleinere Pendant zur Aprilferia von Sevilla.

Romería del Rocío, Wallfahrt an Pfingsten zum kleinen Dörfchen El Rocío in der Provinz Huelva. Eines der berühmtesten Feste Andalusiens.

Corpus Cristi, Fronleichnam, der zweite Höhepunkt im kirchlichen Festkalender. Zentren der Prozessionen sind Córdoba, Granada und Sevilla.

La Virgen de la Asunción, Mariä Himmelfahrt, 15. August. Überall in Andalusien ebenso gefeiert wie im Rest Spaniens.

Fiestas de Pedro Romero, Anfang September in Ronda, Provinz Málaga. Stierkampffest in und um die älteste Arena Spaniens; Corridas in historischen Kostümen, Flamencofestival.

Mojácar: ein herausgeputztes Städtchen

Provinz Almería

Die Gebirgszüge im Osten der Provinz Almería sind die trockenste Region ganz Europas. In der Sierra de los Filabres, der Sierra de Alhamilla und der Sierra de Gata liegt die Niederschlagsmenge pro Jahr um die 180 Millimeter.

Zum Vergleich: Im Allgäu sind es jährlich bis zu 2600 mm. Ergebnis des extremen Klimas sind regelrechte Halbwüsten, nur vereinzelt bewachsen von widerstandsfähigsten Pflanzenarten wie Agave oder Zwergpalme. Die staubtrockene Landschaft wird geprägt von gelben, braunen, roten und grauen Sand- und Erdtönen und von den *barrancos* oder auch auch *ramblas* genannten trockenen Flussbetten. Die landschaftliche Ähnlichkeit mit dem Westen Nordamerikas entdeckten auch Regisseure wie Sergio Leone: Die Canyons, Schotterhänge und Agavenfelder der Provinz dienten als perfekte Kulisse für zahllose „Spaghetti-Western". In der Gegend von Tabernas finden sich deshalb mehrere künstliche Westernstädte, teils halb verfallen, teils als Publikumsattraktion bewahrt.

Costa de Almería (Östlicher Teil)

Die Küste östlich der Provinzhauptstadt glänzt mit einigen echten Perlen, insbesondere dem Naturpark Cabo de Gata.

Mojácar

Der beliebte Urlaubsort gliedert sich in die Küstensiedlung Mojácar-Playa und den alten Siedlungskern hoch über dem Meer. Dort oben wird die Anziehungskraft Mojácars klar: Das Städtchen ist ein zur Ferienbühne umgewandeltes ehemaliges

„Weißes Dorf", voll kleiner Häuser, romantischer Winkel, Treppengassen und Blumenschmuck – und voll von „English Pubs" und Souvenirgeschäften. Optisch ist Mojácar ein Genuss, den man sich zur Saison allerdings mit Heerscharen teilen muss. Im Frühjahr und Herbst gehört das Städtchen sicherlich nicht zu den schlechtesten Ferienplätzen der Küste.

- *Information* **Oficina Municipal de Turismo**, Calle Glorieta 1, im Altort. In einer Passage unterhalb vom Hauptplatz, in der sich auch die Post befindet; ✆ 950 615025. Öffnungszeiten (Sommer): Mo–Fr 9–14, 16–20.30 Uhr, Sa 10–13.30 Uhr, 17–20.30 Uhr. www.mojacar.es.
- *Verbindungen* **Bus**: Haltestellen in der Avenida Andalucía unterhalb des Altorts. Busse von/nach Garrucha und Vera etwa stündlich, Almería 4- bis 5-mal und Murcia 6-mal täglich. Strandbusse verkehren zur Saison etwa halbstündlich.
- *Übernachten* **** **Parador de Mojácar**, in der Strandsiedlung. Modernes Gebäude, 2008 komplett renoviert. Garten, Swimmingpool, Tennisplätze und Wassersportmöglichkeiten; Restaurant mit guter Küche. DZ nach Saison etwa 130–140 €, im August nur mit HP. Playa s/n, ✆ 950 478250, ✉ 950 478183, www.parador.es.
- * **Pension Arco Plaza**, im Altort nahe der Hauptplaza, Eingang hinter dem Tor. Sehr ordentliches, 1997 eröffnetes Quartier mit hotelähnlichem Komfort; hübsche Zimmer mit TV, Telefon, Heizung und Aircondition. Die Zimmer zum Platz sind allerdings im Sommer nicht ganz leise. DZ/Bad etwa 40– 55 €. Edificio Plaza, Plaza Nueva s/n, ✆ 950 472777, ✉ 950 472717.
- *Camping* **Cantal de Mojácar**, 2. Kat, in der Strandsiedlung. In mehreren Etagen angelegtes, durch Bäume gut schattiges Gelände. Bei viel Betrieb können die ansonsten brauchbaren Sanitärs schon mal überfordert sein. Zum Strand über die Küstenstraße. Einkauf, Bar, Restaurant nur zur Hochsaison. Ganzjährig geöffnet. P.P. etwa 4,50 €, Auto und Zelt je etwa 5 €. Avenida Mediterráneo 299, ✆ 950 478204, ✉ 950 478284.
- *Essen* **Rest. Casa Juana**, recht nobles Restaurant im Ortskern. Interessante Küche mit französischem Touch und Schwerpunkt auf Fleischgerichten; Menü ab etwa 20–25 €. Nur abends geöffnet. Calle Enmedio 27, im Gebiet hinter der Kirche. Ganz in der Nähe auf Hausr. 29, ebenfalls gut und mit einem preisgünstigen Festmenü: **Rest. El Antler**.
- *Baden* Der Strand von Mojácar-Playa gliedert sich in mehrere Abschnitte. Überwiegend zeigt er sich eher schmal und grobsandig, ist aber insgesamt so übel nicht. Im Sommer sind eine ganze Reihe teilweise recht origineller Strandbars in Betrieb.

Südlich von Mojácar

Carboneras: Ein Badeort, der vor allem bei spanischen Besuchern beliebt ist. Unterkünfte und Restaurants sind preisgünstiger als in Mojácar, der Strand breiter und feinsandiger. Der Haken? Ganz einfach: Richtung Süden, nur ein Stück hinter dem Ortsausgang, verschandelt eine gigantische Industrieanlage Strand und Landschaft.

Parque Natural Cabo de Gata-Níjar

Fast ein letztes Stück Paradies an der spanischen Mittelmeerküste. Wunderschöne Strände, herbe Felsabstürze ins Meer, im Landesinneren Halbwüste, an der Küste kleine Dörfer. Gerade noch rechtzeitig zum Naturpark erklärt. Sehr schmale Unterkunftsmöglichkeiten.

Bis zum Beginn der 80er-Jahre lag das Cabo de Gata praktisch am Ende der Welt. Kaum Straßen, die wenigen Bewohner nährten sich vom Fischfang oder schürften in Minen nach Erz. Dann ersetzte langsam Asphalt die bisherigen Staubpisten; von Almería schoben sich erste Urbanisationen vor. Gerettet hat das Gebiet damals wohl, dass es so weit abseits liegt und dass die Erschließung, auch des Wassermangels wegen, recht teuer ausgefallen wäre. Heute ist das Bauen am Kap nur mehr im Ortsbereich gestattet, diverse Beispiele zeigen schon, dass auch das besser hätte eingeschränkt werden sollen.

Provinz Almería / San José 333

Wie einigen Felsformationen der Küste anzusehen, ist das Cabo de Gata vulkanischen Ursprungs. Vulkane waren es auch, die Metalle aus tieferen Erdschichten nach oben drückten – bis vor einigen Jahrzehnten wurde in den Stollen um den Weiler Rodalquilar, zwischen Las Negras und La Isleta, noch nach Eisenerz und sogar Gold geschürft. Im Hinterland des Kaps steigt die *Sierra de Gata* bis knapp 500 Meter Höhe an. Von tiefen Trockentälern durchzogen, reichen ihre Ausläufer bis an die Küste. Wo sie nicht steil ins Meer abstürzen, umrahmen sie Sandstrände, die zu den schönsten Spaniens zählen. Auffallend in der graubraunen Steppe des Hinterlands sind die Agavenkolonien mit ihren meterhohen Fruchtständen und die kaum bis zum Knie reichende Zwergpalme Palma Enana, liebevoll auch „Palmito" (Pälmchen) genannt. An Plätzen, an denen genügend Grundwasser vorhanden ist, finden sich kleine Kolonien von Dattelpalmen, die die Illusion von Afrika perfekt machen. Unter den achtzig Vogelarten, die ständig oder zeitweilig hier leben, kann man in den Salinen beim Ort Cabo de Gata auch Flamingos beobachten. Die ebenfalls geschützte, artenreiche Unterwasserwelt zeigt sich als ein Paradies für Schnorchler.

Touristische Infrastruktur: Sehr bescheiden – gut so, denn dadurch wird der Zustrom einigermaßen abgebremst. Öffentliche Verkehrsmittel fahren eher selten und nicht zu allen Ortschaften, Unterkünfte sind rar, relativ teuer und zur spanischen Saison belegt. Dann kommen auch die Ausflügler aus Almería und den dortigen Urbanisationen.

• *Information* **Centro de Visitantes Las Amoladeras**, Dokumentationszentrum an der Straße von Almería zum Ort Cabo de Gata und nach San José, noch vor der Kreuzung beim Dörfchen Ruescas; ✆ 950 160435. Öffnungszeiten: im Sommer täglich 10–14, 17.30–21 Uhr, im Winter Di–So 10–15 Uhr. Auf dem Parkplatz Vorsicht vor Autoknackern!

• *Verbindungen* **Bus**: Alle Wege ab Almería. Ganzjährig von/nach Cabo de Gata 6-mal täglich, zur HS noch häufiger. Nach Rodalquilar/Las Negras 1-mal, San José 3-mal täglich, La Isleta nur 2-mal pro Woche; im Sommer z. T. häufigere Verbindungen.

San José

Anfang der 80er-Jahre noch eine winzige Fischersiedlung, bildet San José heute den touristischen „Hauptort" am Cabo de Gata.

Die Kehrseite der Entwicklung ist die rege, seit Jahren anhaltende Bautätigkeit innerhalb der Siedlungsgrenzen – an wirklich jeder denkbaren Ecke werden Apartmentanlagen hoch gezogen. Dennoch ist die Siedlung immer noch ein Dorf geblieben. San Josés großes Plus sind neben den relativ zahlreichen Übernachtungsmöglichkeiten vor allem die ausgedehnten Traumstrände im Südwesten hinter der Urbanisation: *Playa de los Genoveses, Playa de Mónsul* und, fast noch eine Steigerung, *Playa de Media Luna*. Zu erreichen sind sie über die Piste Richtung Leuchtturm am Kap; die Weiterfahrt vom Ort Cabo de Gata ist wegen einer Sperrung nicht möglich.

• *Information* **Oficina de Información**, an der Hauptstraße Calle Correo, ✆/≋ 950 380299. Halbprivate Park-Infostelle, die auch Landrovertouren etc. offeriert und gutes Kartenmaterial verkauft. Öffnungszeiten zur Hochsaison täglich 9.30–21.30 Uhr, sonst 10–14, 17–20 Uhr. Hier auch Internetzugang. www.cabodegata-nijar.com.

• *Übernachten* **** **Hotel Doña Pakyta**, im südwestlichen Ortsbereich. Das ehemalige

Hotel San José, ein viel gelobtes Quartier der Marke „klein, aber fein und nicht ganz billig" und 2002 komplett umgebaut. Direktzugang zum Strand, edles Restaurant angeschlossen. Nur 13 Zimmer. DZ/F nach Lage und Saison 120–175 €, auch Junior Suiten und Suiten. Calle del Correo s/n, ✆ 950 611175, ≋ 950 611062, www.hotelpakyta.es.

** **Pensión Las Gaviotas**, an der Hauptstraße beim Ortseingang. Die Lage ist wirk-

334 Andalusien

Anklänge an Afrika: Halbwüsten und Strände im Naturpark

lich nicht die beste, sonst jedoch ein recht komfortables, hotelähnliches Quartier mit ordentlichem Preis-Leistungs-Verhältnis. DZ/Bad nach Saison und Ausstattung 45–65, im August bis 80 €. C. Córdoba s/n, ✆ 950 380010, ✆ 950 380013www.hlasgaviotas.com.
* **Pensión Hostal Bahia**, im „Ortszentrum" an der Hauptstraße. Zimmer mit hotelähnlichem Komfort (Aircondition, Heizung, TV). Zugehörig ist das nahe „Bahía Plaza". DZ/Bad nach Saison etwa 45–75 €. Calle Correo s/n, ✆ 950 380114, ✆ 950 380307 www.complejosolbahia.com.

Albergue Juvenil de San José, gemeindeeigene Jugendherberge, bisher keine Ausweispflicht. Ansprechender, moderner Bau in ruhiger, aber nicht allzu abgeschiedener Lage. Den Schildern Richtung „Camping" bzw. „Albergue" folgen. Zimmer mit Etagenbetten für 2–8 Personen, Gemeinschaftsraum mit TV etc. Geöffnet April bis September sowie über Weihnachten, Ostern und an langen Wochenenden. Manchmal von Jugendgruppen belegt, besser vorher anrufen. Übernachtung pro Person etwa 10 €. Cerro Enmedio s/n, ✆ 950 380353.

• *Camping* **Tau**, 3. Kat., im östlichen Ortsbereich, jenseits des trockenen Flussbettes, der Ortsstrand liegt in lässiger Fußentfernung. Mittlerer Schatten durch Eukalyptusbäume, Bar/Restaurant, ansonsten relativ einfach ausgestattet. Geöffnet April bis Ende September, Anfang Oktober; im August meist bis auf den letzten Platz belegt. Buntes Publikum, vorwiegend kleine Zelte, gemütliche, aber nicht ganz billige Bar. Preise p.P., Auto, Zelt je etwa 5 €. ✆/✆ 950 380166, www.parquenatural.com/tau.

▶ **Cabo de Gata**: Eigentlich heißt das Dorf, das von allen Siedlungen im Park Almería am nächsten liegt, offiziell ja *San Miguel de Cabo de Gata*, doch hat sich die Kurzform längst eingebürgert. Trotz einer Reihe von Apartmenthäusern ist Cabo de Gata ein freundliches, unaufgeregtes Fischerdorf geblieben. Der fantastische Strand besitzt im Siedlungsbereich Duschen und reicht kilometerlang, feinsandig und mit kristallklarem Wasser fast bis zum Kap.

• *Übernachten* ** **Hotel Blanca Brisa**, neben der Hauptstraße, fast direkt am Ortseingang. Nicht die beste Lage also, sonst jedoch in Ordnung. 33 Zimmer. DZ/Bad nach Ausstattung und Saison rund 55–70 €, von Juli bis September bis zu 80 €. Las Joricas 49, ✆/✆ 950 370001, www.blancabrisa.com.

• *Camping* **Cabo de Gata**, 2. Kat., nicht beim Ort selbst, sondern in einer landwirtschaftlich genutzten Zone in der Nähe der Dörfchen Pujaire und Ruescas, von Almería kommend also vor Cabo de Gata. Zum Strand ist es etwa ein Kilometer, nach Cabo de Gata auf der Straße etwa sechs Kilometer, über Fußwege oder den Strand entlang deutlich kürzer. Ein guter Platz mit Swimmingpool und gepflegten Sanitärs. Schatten nur durch Mattendächer. Ganzjährig geöffnet. Parzelle inkl. Auto, Zelt je nach Größe ab etwa 11 €, p.P. etwa 6 €. Cortijo Ferrón, ✆ 950 160443, ✆ 950 520003, www.campingcabodegata.com.

Richtung Kap: Bis zur kleinen Siedlung La Almadraba reicht der Dünenstrand, der auch an Ausflugswochenenden nie voll wird. Im Hinterland liegen Salinentümpel, in denen oft ganze Flamingoschwärme stehen. Etwa auf halbem Weg nach La Almadraba wurde ein Beobachtungspfad eingerichtet. Hinter der Siedlung steigt die Straße zum Leuchtturm *Faro* steil und vor allem schmal (Achtung auf Gegenverkehr!) an. Vom Leuchtturm setzt sich eine verwegene Straße noch einige Kilometer in Richtung San José fort. An der Sperre unweit des Turms Torre de Vela Blanca ist allerdings für Fahrzeuge Schluss. Für Wanderer steht der Weg zu den schönen Stränden Richtung San José dagegen offen.

Níjar: Im Hinterland des Cabo de Gata erstreckt sich das „Weiße Dorf" Níjar an den Ausläufern der Sierra de Alhamilla. Bekannt ist der 10.000-Seelen-Ort vor allem durch seine Keramikwerkstätten und Teppichwebereien, deren bunte Produkte besonders in Mojácar so begeistert gekauft werden.

Almería

Die recht moderne Provinzhauptstadt (180.000 Einwohner) zählt nicht zu den Höhepunkten Andalusiens und wird deshalb relativ selten besucht.

Dabei ist Almería durchaus lebendig, im Charakter vielleicht mit Alicante zu vergleichen. Erinnerung an die maurische Glanzzeit, gleichzeitig Hauptsehenswürdigkeit der Stadt, ist die mächtige Festung *Alcazaba* hoch über dem Zentrum. Bedeutung sichern dem heutigen Almería vor allem sein Flughafen, die Treibhauskulturen des Umlands und der große Hafen. Das bis zum Hafengebiet reichende, parkähnlich umgestaltete Trockenbett der *Rambla de Belén* teilt Almería in zwei Bereiche. Westlich dieser Rambla liegt der ältere Ortsbereich. Ein paar Blocks landeinwärts der Küste zweigt von der Rambla der *Paseo de Almería* ab, die geschäftige Hauptstraße der Stadt; an ihrem oberen Ende markiert die große Kreuzung *Puerta de Purchena* das Zentrum Almerías. Östlich und südöstlich, Richtung Alcazaba, erstreckt sich die verwinkelte Altstadt.

Geschichte: Im Golf von Almería gaben sich Handel treibende Phönizier, Griechen und Römer die Klinke in die Hand. Zu Zeiten der Westgoten war die Siedlung untergegangen. Der Aufschwung zu einer der mächtigsten Städte Spaniens kam erst mit den Mauren: *Abd ar-Rahman III.*, Kalif von Córdoba, ließ Hafen und Siedlung neu anlegen. Im 11. Jh. errang Almería noch vor Sevilla eine Ausnahmestellung, war kurzzeitig die reichste Handelsstadt Spaniens. Der Niedergang kam 1091 mit der Eroberung durch die Almoraviden. 1522 wurde Almería durch ein verheerendes Erdbeben nahezu völlig zerstört.

Information/Verbindungen/Adressen

● *Information* **Oficina de Turismo de la Junta de Andalucía**, Parque Nicolás Salmerón, Ecke Calle Martínez Campos, an der hafennahen Promenade; ✆ 950 175220, ✆ 950 175221, otalmeria@andalucia.org. Freundliches Personal, z. T. sogar deutsch-

Neomaurisch verspielt: der Bahnhof von Almería

sprachig. Öffnungszeiten: Mo–Fr 9–20 Uhr (Winter bis 19.30 Uhr), Sa/So 10–14 Uhr.
Oficina Municipal de Turismo, direkt auf der Rambla de Belén, ✆ 950 280748. Öffnungszeiten: Mo–Fr 9–19 Uhr, Sa 9–14 Uhr.

• *Verbindungen* **Flug**: Flughafen Aeropuerto Alquian (✆ 950 213700) etwa acht Kilometer östlich der Stadt, nahe der AL 12 Richtung Nijar. Halbstündliche Busverbindung mit Bussen der Linie 20, Haltestelle unter anderem an der Avenida Estación, Endhaltestelle an der Calle del Dr. Gregorio Marañon, Ecke Rambla. Ein Taxi vom oder ins Zentrum sollte tagsüber nicht mehr als 15 € kosten.

Bahn: Almerías alter (erbaut 1893) und schöner, aber nur spärlich bedienter Bahnhof amüsiert durch sein herrliches Stilgemisch mit Schwerpunkt auf Neo-Mudéjar. Er liegt östlich der Rambla Belén, in Fußgängerentfernung zur Innenstadt. Züge (Renfe-Info: ✆ 902 240202) nach Granada und Sevilla ebenfalls 4-mal täglich; 2- bis 3mal täglich zur Umsteigestation Linares-Baeza mit Anschlüssen nach Córdoba, Sevilla und Cádiz. Busse zu diesen Zielen sind in aller Regel direkter und schneller. Keine Küstenverbindung, nach Málaga nur über Granada. Renfe-Stadtbüro in der Calle Alcalde Muñoz s/n, ✆ 950 231822.

Bus: Busbahnhof (Info: ✆ 950 262098) im „Intermodal"-Gebäude, mit dem Bahnhof verbunden. Zu Großstädten innerhalb Andalusiens ist vor allem die Gesellschaft ALSINA GRAELLS zuständig: Granada „Di Directo" 6-mal, „Ruta" (mit Zwischenstopps: langsamer und teurer) 5-mal täglich. Málaga 9-mal, Sevilla 3-mal, Cádiz und Córdoba je 1-mal täglich. Zum Cabo de Gata siehe dort; nach Mojácar 4- bis 5-mal, Murcia 8-mal, Madrid 4- bis 5-mal, Barcelona 4-mal täglich. Auch Fernbusse nach Mitteleuropa; Abfahrtszeiten etc. bei den Touristeninformationen erhältlich.

Mietwagen: Mehrere Reservierungsstellen am Flughafen (z. B. EUROPCAR, ✆ 950 292934), die größere Auswahl jedoch in der Stadt. Hier zwei zentrale Vermieter, eine komplette Liste gibt es bei der Infostelle. ALVA, Rambla Alfareros 11, ✆ 950 237747, Nähe Plaza Echegaray/Puerta de Purchena. ALMERIA RENT A CAR, Avenida de la Estación 20, ✆ 950 261533, nicht weit von den Bahnhöfen.

• *Adressen* **Deutsches Honorarkonsulat**: Centro Comercial Neptuno, Avenida Carlos III. 401, in der westlich außerhalb gelegenen Strandsiedlung Aguadulce; ✆ 950 340555, ✉ 950 341813.

Post: Plaza del Educador, am Paseo de Almería, Öffnungszeiten: Mo–Fr 8.30–20.30 Uhr, Sa 9.30–14 Uhr.

Provinz Almería / Almería

Übernachten

Eine ganze Reihe Hotels und Pensionen um die Puerta de Purchena. Die Übernachtungspreise in Almería liegen ziemlich hoch. In den unteren Klassen ist es zudem nicht leicht, passable Qualität zu finden.

**** Hotel Catedral, ein „Boutiquehotel" mit nur zwanzig Zimmern, untergebracht in einem Stadtpalast von 1850, der gleich neben der Kathedrale steht. Komfortable Ausstattung, hübsche Zimmer mit modernem Touch, Restaurant in einem alten Gewölbe. DZ etwa 90 €, „Spezial"-DZ 120 €; Aufpreise zu lokalen Festen etc. Plaza de la Catedral 8, ✆ 950 278178, ✉ 950 278117, www.hotelcatedral.net.

**** Hotel AM Torreluz IV, *** Hotel Torreluz III, ** Hotel Torreluz II, drei Hotels, alle an einem kleinen zentralen Platz: nach Anspruch und Geldbeutel auswählen. Preise fürs DZ/Bad je nach Hotel von 70 € bis etwa 160 €. Garage. Besten Ruf genießt das dem Torreluz III angeschlossene Restaurant „Torreluz Mediterráneo", geleitet von Tantris-Schüler und Chefkoch Stephan Streifinger, früher tätig im Rest. La Chumbera in Agua Amarga. Plaza Flores, westlich unweit des Paseo de Almería, ✆ 950 234999, www.torreluz.com.

* Hotel Sevilla, nordöstlich der Puerta de Purchena. In seiner Kategorie ganz ordentlich, brauchbar möbliert und gut ausgestattete Zimmer, zur Straße nicht ganz leise, nach hinten deutlich ruhiger. Fremdgarage einige hundert Meter entfernt. DZ etwa 45–55 €. Calle Granada 25, ✆ 950 230009, ✉ 950 230209.

* Pensión Hostal Delfín Verde, direkt an der Strandpromenade von Almería, vom Zentrum etwa 25 Minuten Fußweg entfernt. Zu Recht empfohlen von Leser Josef Lütkehaus: Zimmer guter Qualität mit Klimaanlage, besonders begehrt natürlich die vier Räume mit Meerblick. Cafeteria-Restaurant angeschlossen. DZ/Bad 45–60 €. C. García Cañas 2, ✆ 950 267927.

Jugendherberge Albergue Juvenil, etwa 15 Fußminuten jenseits des Bahnhofs, hinter dem Stadion, private Herberge, allerdings recht teuer und weit abgelegen im Osten der Stadt. Calle Isla Fuerteventura, ✆ 950 175136, ✉ 950 175140.

● *Camping* **La Garrofa**, 2. Kat., etwa vier Kilometer westlich, unterhalb der Küstenstraße nach Aguadulce, ein kleiner, schön begrünter Platz, Einkaufsmöglichkeit, Baden am hübschen Kiesstrand. Sanitäres recht gut, freundliches Bar-Restaurant. Viele Dauercamper; insgesamt dennoch ein empfehlenswerter Platz. „Öffentlich" zu erreichen mit den recht häufigen Bussen nach Aguadulce; dem Fahrer Bescheid sagen, wo man aussteigen will. Offiziell ganzjährig geöffnet (zur NS Anruf ratsam). Preise p.P., Auto je 5 €, Zelt 5,50 €. ✆ 950 235770. www.lagarrofa.com.

Essen/Feste

● *Essen* Abends ist man in Almería mit einem Tapa-Bummel oft besser bedient als mit einem Restaurantbesuch: In praktisch jeder Bar wird zum Glas Wein oder Bier eine Gratis-Tapa angeboten.

Club de Mar, im Sporthafen östlich der Rambla. Geräumiges, traditionsreiches Nobelrestaurant, das in Ambiente und Küche seinem Namen alle Ehre macht und exquisite Fischgerichte fangfrisch serviert. Etwa 30 € muss man für ein Menü à la carte schon anlegen, das Mittagsmenü fällt deutlich günstiger aus. Di Ruhetag. Muelle de las Almadrabillas, ✆ 950 235048.

Bar-Restaurante Casa Puga, unser Tipp in Almeria. Über hundertjährige Tradition, schönes Interieur, als Tapa-Bar wohl die beste Adresse der Stadt: mehr als 70 verschiedene Tapas, die in einer separaten Tapa-Karte aufgeführt sind; gute Auswahl auch an Weinen, Sherry etc. Im hinteren Bereich liegt der Comedor des Restaurants. Sowohl vom Publikum als auch von den Preisen her zeigt die Casa Puga eine deutliche Tendenz in Richtung „gehoben". Calle Jovellanos 7, meerwärts der Calle de las Tiendas.

Casa Joaquin, am meerseitigen Rand des Zentrums, Nähe Parque de Nicolás Salmerón; ebenfalls ein langjähriger Klassiker in Sachen Tapas. Calle Real 118.

Bar El Ajoli, eine von mehreren Bars in dieser kleinen Gasse. Hübsch sitzt man hier besonders im Freien, Tapa-Spezialität sind Ofenkartoffeln. Calle Pedro Alonso Torres, ein Stück westlich des Paseo de Almería. Weitere gute und lebendige Bars liegen unweit meerwärts von hier in der Calle Trajano.

- *Feste* **Feria de la Virgen del Mar**, das Hauptfest der Stadt. Es beginnt an einem Freitag eine Woche vor dem letzten Samstag im August und endet am Sonntag danach. Festgelände der „nächtlichen" Feria de la Noche in der Avda. Mediterranea weit im Osten der Stadt; immer wichtiger wird die „Tagesferia" Feria de Mediodía, die sich am Paseo de Almería und im westlich angrenzenden Gebiet abspielt. Im Beiprogramm dreitägige Flamencoaufführungen in der Alcazaba, die etwa in der Mitte der Festzeit stattfinden.

Sehenswertes

Plaza Vieja: Der Hauptplatz der Altstadt ist von der Puerta de Purchena über die *Calle de las Tiendas*, die „Straße der Geschäfte" zu erreichen. Einst machte sie mit noblen Läden und eleganter Atmosphäre ihrem Namen alle Ehre, heute steht sie etwas im Abseits. Der nostalgisch wirkende Platz selbst besitzt schöne Arkadengänge.

Refugios de Almería: In den Anfängen des Spanischen Bürgerkriegs war Almería in Händen der Republikaner und wurde 1937 als „Vergeltungsmaßnahme" auch von der deutschen Reichsflotte beschossen. Zum Schutz vor den Bombardierungen ließ die Stadtverwaltung rund 4,5 Kilometer unterirdische Gänge anlegen. 1944 wurden die mehr als sechzig Zugänge des Luftschutzsystem geschlossen und, quasi als Camouflage zum Teil mit Kiosken überbaut – so auch der Kiosco Oasis an der Plaza Manuel Peréz García, in dessen Gebäudestruktur der Eingang zu den Galerien integriert wurde. Wer unter Klaustrophobie leitet, sollte auf den Ausflug in die Unterwelt, der über fast einen Kilometer vom Kiosco Oasis bis zum Ausgang an der Plaza Pablo Cazard unweit des Paseo de Almería führt, natürlich besser verzichten; für alle anderen wird die Tour jedoch zu einem spannenden und lehrreichen Ausflug in ein dunkles Kapitel der Landesgeschichte.

Führungen Mi–So 9.30–13 Uhr, Reservierung nötig; man spricht etwas Englisch. Eintritt 5 €, ℡ 950 268696.

Alcazaba: Die Hauptsehenswürdigkeit Almerías, eine der größten und eindrucksvollsten maurischen Burgen, besetzt ein Felsplateau knapp hundert Meter über der Stadt. Das von einem dreifachen Mauerring geschützte Gelände konnte auf über 35.000 Quadratmetern bis zu 20.000 Personen aufnehmen. Erster Bauherr der Alcazaba war Stadtgründer Abd Ar-Rahman III., seine Nachfolger und auch die Christen erweiterten die Anlage noch. Doch war die maurische Alcazaba nicht nur eine Festung, sondern auch kunstvoll konstruierte Wohnstatt der Herrscher von Almería. Im Laufe der Jahrhunderte immer wieder zerstört, ist heute dank aufwändiger Restaurierungsarbeiten die einstige Schönheit teilweise zurückgekehrt. Die Alcazaba gliedert sich in drei Abschnitte. Das Herz der Festung bildet der zweite Abschnitt (*segundo recinto*), in dem rekonstruierte maurische Häuser und Badeanlagen, eine Mudéjar-Kapelle sowie die Ruinen des ehemaligen Palastes des Taifa-Herrschers Al Mutasim (11. Jh.) zu sehen sind. Am besten steuert man die Alcazaba von der Calle Almanzor aus an, die nahe der Plaza Vieja beginnt; der Zugang ist gut beschildert. Der Aufstieg von der Meerseite durch die Höhlenwohnungen des *Barrio de la Chanca* ist ungemütlich bis gefährlich.

Öffnungszeiten Geöffnet ist April bis Oktober Di–Sa 9–20.30 Uhr, in der übrigen Zeit bis 18.30 Uhr. Eintritt für EU-Bürger (Ausweis) frei, sonst 1,50 €.

Catedral: Von der Plaza Vieja über die Calle Cervantes zu erreichen. Das mächtige, kurz nach dem Erdbeben von 1522 an Stelle einer Moschee errichtete Gebäude war als Festung geplant, um der Bedrohung durch Piratenüberfälle zu begegnen, und es heißt auch so: *Catedral Fortaleza*. Ganz im Gegensatz zum kriegerischen Erschei-

Heute teilweise eingestürzt: verlassenes Westerndorf in den 80er-Jahren

nungsbild der Kathedrale steht der Anblick, der sich hier am 14. Februar bietet. Dann strömen reichlich vor allem junge Menschen in die Kirche, um einem ganz besonderen Heiligen zu huldigen: Hier liegt der Hl. Valentin begraben, Schutzpatron aller Liebenden ...

Öffnungszeiten Mo–Fr 10–16.30 Uhr, Sa 10–13 Uhr. Eintrittsgebühr 3 €.

Museo Arqueológico: Das frühere Archäologische Museum Almerías musste schon vor langer Zeit wegen Baufälligkeit abgebrochen werden. Nach vielen Jahren wurde der Nachfolger an der Carretera de Ronda, nördlich unweit der Bahnhöfe, endlich eröffnet. Highlight der reichhaltigen Sammlung, die Exponate von der Vorgeschichte bis zur Zeit der Mauren enthält, sind die Funde aus der Necrópolis de los Millares in der Alpujarra almeriense.

Öffnungszeiten Di 14.30–20.30 Uhr, Mi–Sa 9–20.30 Uhr, So 9–14.30 Uhr; Eintritt für EU-Bürger frei, für alle anderen 1,50 €.

Die Westerndörfer im Hinterland von Almeria

Die Zahl der Western, die im Hinterland der Provinzhauptstadt gedreht wurden, geht in die Dutzende, wenn nicht in die Hunderte. Einige der ehemaligen Kulissendörfer ließ man nicht verfallen, sondern rüstete sie zur Touristenattraktion auf. Für Kinder sind diese Westerndörfer sicher ein Erlebnis. So manchem Erwachsenen wird der Rummel allerdings schnell zu viel werden...

▶ **Oasys:** Das ehemalige „Mini-Hollywood", auch bekannt als „Parque Temático del Desierto de Tabernas", liegt an der A 340 unweit der Kreuzung mit der A 92, von Almería kommend etwa sechs Kilometer vor Tabernas. In diesem Westerndorf entstand unter anderem „Für eine Handvoll Dollar" mit Clint Eastwood. Ein Whisky im Saloon, ein Pferderitt? Für eine Handvoll Euro ist der Spaß allerdings nicht zu haben, die Preise fallen ziemlich deftig aus. Dafür wird zur Saison auch einmal täglich ein Banküberfall inklusive Schießerei inszeniert, schwingen Can-Can-Tänzerinnen die Beine ... Vor einigen Jahren wurde das Angebot erweitert: Jetzt ist hier auch ein Tierpark zu besuchen.

• *Öffnungszeiten* Im Sommer täglich 10 Uhr bis etwa Sonnenuntergang, im Winter nur am Wochenende. Die Preise sind stets gleich hoch, für viele zu hoch: „Das Ganze kam mir vor wie ein schlechter Scherz" (Leser Jan Drewitz über das ehemalige Mini-Hollywood). Eintrittsgebühr rund 18 €, Kinder 9 €. ✆ 950 365236.

Fort Bravo: Ein Stück hinter Oasys gelegen, in der Nähe von Tabernas, und doch ein ganzes Stück kleiner als die Konkurrenz, was sich allerdings kaum auf die Eintrittspreise (hier: p.P. etwa 15 €) auswirkt.

Durch die Alpujarra almeriense

Die Gebirgsregion der Alpujarra granadina ist im Kapitel über die Provinz Granada beschrieben. Nur wenig befahren ist folgende Anreiseroute durch die Alpujarra almeriense, den zur Provinz Almería zählenden, weit trockeneren und abgeschiedeneren Teil dieser großartigen Landschaft, die zum letzten Refugium der aus Granada vertriebenen Mauren wurde. Von Almería geht es zunächst Richtung Granada, dann links ab nach Gádor und zum Städtchen Alhama de Almería, das seinen Namen seit maurischen Zeiten den Thermalquellen verdankt, die hier entspringen. Von Alhama folgt die A 348 dem Flusstal des *Rio Andarax*, teils im Tal selbst, meist aber oberhalb. Wer auf dieser Route an einem Tag bis hinüber nach Granada fahren will, sollte früh am Morgen starten, denn die kurvenreichen Straßen senken die gewohnte Reisegeschwindigkeit erheblich.

Trockenes Land: in der Alpujarra almeriense

Laujar de Andarax: „Hauptstadt der Alpujarra" nennt sich Laujar stolz, meint damit aber wohl nur die Alpujarra der Provinz Almería. Reizvoll zeigt sich die Plaza Mayor des kleinen Landstädtchens, dem man seine maurischen Wurzeln da und dort noch anzusehen meint.

• *Übernachten* **** Hotel Almirez**, kleineres Hotel mit zwanzig schlicht möblierten, insgesamt aber ordentlich ausgestatteten Zimmern mit Terrasse oder Balkon, Restaurant angeschlossen. DZ/Bad etwa 50 €. Etwa 1,5 Kilometer außerhalb von Laujar in Richtung Ugíjar, Carretera Laujar-Berja, ✆ 950 513514, ✆ 950 513561, www.hotelalmirez.com.

• *Camping* **Municipal Puente Colgante**, 2. Kat, bei Fondón, aus Richtung Almería kommend etwa fünf Kilometer vor Laujár. Gepflegter gemeindeeigener Platz, der leider fast völlig mit Dauercampern belegt ist; Besitzer kleiner Zelte finden immerhin Unterschlupf in einem Wäldchen. Bar-Restaurant und ein öffentlicher, aber nur im Hochsommer gepflegter Pool sind angeschlossen. Nachts wird´s kühl. Ganzjährig geöffnet, niedriges Preisniveau. ✆ 950 514291.

Alternativstrecke nach Granada: Von Laujar führt die schmale A 337 als enge, landschaftlich großartige Pass-Straße über den 1993 Meter hohen *Puerta de la Ragua* und trifft unweit des Städtchens Lacalahorra auf die schnelle A 92 nach Granada.

Costa de Almería (Westlicher Teil)

Hier zeigt sich die Küste von der urbanisierten Seite. Ästhetisch empfindsame Naturen bleiben deshalb besser auf der schnurgeraden A 7.

Aguadulce ist die Almería am nächsten gelegene der Strandsiedlungen. Der Yachthafen ist wohl das „Zentrum" dieser Hochhausstadt am Meer; im Sommer sind die hiesigen Bars und Discos bevorzugter Treff der Jugend Almerías.

Roquetas de Mar besteht aus dem eigentlichen Ort, der sich rasant vom Fischerhafen zur Badeanstalt entwickelt hat, und den dazugehörigen, noch um einiges ausgedehnteren Urbanisationen. Sie sind das Hauptziel des mitteleuropäischen Sonnentourismus zur Costa de Almería: gepflegte, täglich gesäuberte Sandstrände und mit dem Lineal angelegte Hochhausalleen.

Almerimar: Die autobahnähnliche Zufahrt ab *El Ejido* an der A 7 führt durch von Müllhalden „aufgelockertes" Ödland, bis urplötzlich eine Palmenallee nebst Wärterhäuschen und Schlagbaum auftaucht: Zur Saison darf nicht jeder hinein nach Almerimar. Ausschließlich als Urlaubsstadt geplant, soll die aus einer vertrockneten Wüstenei aufragende Anlage auch Golfer anziehen, ein Sport, der seine Faszination doch eigentlich aus dem Landschaftserlebnis heraus bezieht ...

Plasticultura

Westlich von Almería sind sie nicht zu übersehen: flächendeckend aufgestellte, durchsichtige bis leicht grünlich schimmernde Plastik-Treibhäuser. In der klimatisch begünstigten Region wird ein Großteil der bei uns angebotenen Frühgemüse gezogen. Was den südländisch inspirierten Koch freuen mag – Auberginen, Zucchini, Paprika zu jeder Jahreszeit – ist, vom Landschaftsverbrauch ganz abgesehen, nicht ohne ökologische Probleme. Die intensiv bewirtschafteten Monokulturen sind besonders stark auf den Einsatz von Dünge- und Schädlingsbekämpfungsmitteln angewiesen, zudem laugt die künstliche Bewässerung der Treibhäuser die Grundwasservorräte aus. Bestellt werden die Felder überwiegend von miserabel bezahlten Immigranten, die meist aus Nordafrika kommen und sich zunehmender Fremdenfeindlichkeit erwehren müssen – im Jahr 2000 explodierte die Stadt El Ejido, das in wenigen Jahren rasant gewachsene Zentrum der „Plasticultura", in einer Serie rassistischer Übergriffe.

Adra: In erster Linie eine Fischerei- und Hafenstadt. Als attraktiv kann man weder die überwiegend aus heruntergekommenen Mietskasernen bestehende Siedlung noch die schmalen und von Schilf und Gewächshäusern hart bedrängten Strände bezeichnen. Westlich von Adra verläuft die A 7 küstennah durch eine schnelle Abfolge kleinerer Siedlungen. Tourismus findet hier mangels Übernachtungsmöglichkeiten wie auch attraktiver Strände kaum statt.

Provinz Granada

Nicht nur die Alhambra und die schöne Stadt Granada haben die Provinz zu einem Reiseziel erster Güte werden lassen. Auch die herrliche, sehr vielfältige Landschaft trägt ihren Teil bei.

Das „Schneegebirge" *Sierra Nevada* ist als Naturpark, in seiner Kernzone sogar als Nationalpark ausgewiesen und bietet fantastische Ausflugsmöglichkeiten wie die Tour auf den Pico de Veleta (3392 m). Lieblicher als diese rauen Höhen gibt sich *La Alpujarra granadina*, eine unglaublich fruchtbare Tälerlandschaft an den südlichen Ausläufern der Sierra. Die Küste kann da an Attraktivität nicht ganz mithalten. Dennoch zählt der zur Provinz Granada gehörende, seit einiger Zeit „*Costa Tropical*" benannte Bereich noch zu den erfreulicheren Abschnitten der andalusischen Mittelmeerküste. Zwar wurde auch hier schon zuviel gebaut, für ein paar Badetage liegt man aber dennoch nicht falsch.

Costa Tropical

Die Costa Tropical beginnt, wie die Costa de Almería endet: küstennahe Durchgangsstraße, kurz aufeinanderfolgende kleine Ortschaften, viele Treibhäuser. Hinter *La Rabita* wird es landschaftlich interessanter. In weiten Bögen schwingt sich die N 340 über die bis an die Küste reichenden Ausläufer der Sierra Nevada, steil ins leuchtende Meer abstürzende Felsen sorgen für atemberaubende „Augen-Blicke". Gelegentlich finden sich Wege oder Schotterpisten hinab zu kleinen Stränden, die außerhalb der Höchstsaison praktisch leer sind.

Castell de Ferro: Ein langgezogenes Straßendorf der angenehmeren Sorte, überragt von der kleinen Burgruine, die ihm den Namen gab. Sieht man von der etwas außerhalb gelegenen Urbanisation im Nordosten einmal ab, dann besteht Castell de Ferro aus zwei Ortsteilen. Das winzige „Zentrum" liegt um die Plaza de España, südwestlich erstreckt sich die Strandsiedlung.

- *Übernachten* *** Pensión Costa del Sol**, am bescheidenen „Hauptplatz" der eigentlichen Siedlung. Freundliche Führung. Vor einigen Jahren ausgebaut und erweitert, von Lesern gelobt. Ganzjährig geöffnet, 38 Zimmer, Restaurant mit günstigem Tagesmenü angeschlossen. DZ/Bad rund 40 €, mit Klimaanlage 50 €. Plaza de España 2, ℡ 958 656054.
- *Camping* **Huerta Romero**, 2. Kat., relativ schattig und strandnah gelegen. Viele Dauercamper. Offiziell ganzjährig geöffnet. P.P., Auto, Zelt je etwa 4,50 €. Paseo Marítimo 18, ℡ 958 656001, www.castellderro.org.

Calahonda: Der zwischen Felsen und Apartmentanlagen eingezwängte Kern des Ortes lässt das einstige Fischerdörfchen noch erahnen. Calahondas Hauptattraktion sind die langen Sand- und Kiesstrände.

- *Camping* **Don Cactus** (1. Kat.), drei Kilometer westlich des Ortskerns, etwa auf Höhe des landeinwärts liegenden Örtchens Carchuna. Am breiten Sandstrand, jenseits der Küstenstraße. Recht schattiges, ebenes Gelände, von Treibhäusern umgeben; gut ausgestattet, Tennisplatz. Ganzjährig geöffnet. Stellplatz inkl. Auto, Zelt 12 €, p.P. 5,50 €. ℡ 958 623109, ℡ 958 624294, www.doncactus.com.

Westlich von Calahonda langer Sand- bis Kiesstrand, an den sich ausgedehnte Treibhauskolonien anschließen. *Torrenueva*, überwiegend aus Hochhausbauten bestehend, und die Inlandsstadt *Motril* muss man nicht gesehen haben. In der Umgebung erstreckt sich bis ans Meer eine weite, fruchtbare Ebene, in der vorwiegend Zuckerrohr angebaut wird.

Salobreña

Salobreña ist der beliebteste Badeort der Einwohner Granadas. An Wochenenden und im Juli/August herrscht entsprechender Andrang.

Zu anderen Zeiten kann man in dem hübsch gelegenen Städtchen durchaus einige angenehme Tage am Meer verbringen. Umgeben von sehr fruchtbarer Landschaft, gruppieren sich die engen Gassen und weiß gekalkten Häuser des Ortskerns auf einem etwa einen Kilometer landeinwärts der Küste liegenden Felsklotz, der von einem maurischen Kastell gekrönt wird. Unterhalb des Hügels ist aus Wohnblocks eine Art Neustadt entstanden, die naturgemäß keine Schönheit darstellt. Gleiches gilt für die in den letzten Jahren sehr gewachsene Urbanisation am Strand, die sich inmitten saftig grüner Felder breitmacht.

• *Information* **Oficina Municipal de Turismo**, Plaza de Goya s/n, zu erreichen über die nördliche Zufahrt von der N 340; Öffnungszeiten Di–Sa 9.30–13.30, 16.30–19 Uhr (Winter 15–18 Uhr). Kleines Häuschen mitten auf dem Platz, vielsprachig, freundlich und engagiert geleitet. Hier auch Verkauf eines Wanderführers in Englisch und Spanisch. ✆/📧 958 610314, www.ayto-salobrena.org.

• *Verbindungen* **Bus**: Haltestelle der Agentur ALSINA GRAELLS an der Avenida Garcia Lorca, unweit der Infostelle. Busse nach Almería 2-mal, Granada 9-mal, Málaga 6-mal täglich, nach Almuñecar etwa stündlich.

• *Übernachten* Vorwiegend preiswerte kleine Pensionen, zur spanischen Urlaubssaison häufig belegt.

*** **Hotel Best Western Salobreña**, in toller Aussichtslage etwas außerhalb, zu erreichen über die Umgehungsstraße. Üblicher Dreisterne-Komfort nebst Parkplätzen, Schwimmbad, Tennis. Ganzjährig geöffnet. DZ nach Saison und Austattung etwa 60–105 €. Carretera N 340, km 323, ✆ 958 610261, 📧 958 610101, www.hotelsalobrena.com.

** **Hostal Jayma**, im Gebiet westlich der Infostelle, mit etwas Glück finden sich Parkplätze vor der Tür. Sehr gut geführtes, freundliches Haus, das für die Kategorie hohen Komfort bietet; Zimmer mit Klimaanlage und TV, Dachterrasse. DZ nach Saison 45–60 €, es gibt auch Familienzimmer. C. Cristo 24, ✆/📧 958 610231, www.hostaljayma.com.

* **Pensión Mari Carmen**, in einer Gasse am Osthang des Altorts. Angenehmes Quartier; moderne Zimmer im Stil zwischen altdeutsch und neuschwedisch. Ganzjährig. DZ ohne Bad nach Saison etwa 25–35 €, auch drei Zimmer mit Bad und Terrasse mit Aussicht à etwa 30–45 €. Calle Nueva 30, ✆ 958 610906. Ebenfalls okay ist die nahe * **Pensión Castellmar**, ✆ 958 610227.

• *Essen* Am Strand eine Reihe netter Bars und Restaurants, die außerhalb der Saison allerdings oft geschlossen sind.

Mesón de la Villa, an einem hübschen kleinen Palmenplatz in einem Wohngebiet, linker Hand der Hauptstraße zum Strand. Fleisch- und Fischgerichte kosten um/unter 12 €, es gibt auch Raciones etc. Plaza Ramirez de Madrid s/n.

Bar-Rest. Porteria, an einem kleinen Platz unweit der Infostelle, Tische auch im Freien. Mittags eine beliebte Adresse – kein Wunder, das Tagesmenü kostet hier keine 9 € und bietet dafür wirklich soliden Gegenwert. Plaza Pontanilla s/n.

Treppengasse in Salobreña

344 Andalusien

- *Baden* Vom Ortskern zum Strand etwa 1,5 km. Der Felsen „Peñón" trennt zwei Strände, östlich ein langer und breiter Sand- und Kiesstrand. Der Bach, der hier mündet, soll dank einer Kläranlage sauber sein – etwas Abstand kann wohl dennoch nicht schaden.

▶ **Sehenswertes**: Die Burg **Castillo Arabe** oberhalb des Orts geht auf maurische Zeiten zurück, wurde jedoch stark restauriert. Ein gepflegter Park im Inneren lädt zu schattiger Rast; weiter Blick in alle Richtungen, über Zuckerrohrfelder aufs Meer und in der Gegenrichtung bis zur Sierra Nevada. Der Zugang ist am leichtesten, wenn man sich an der Kirche orientiert.
Öffnungszeiten Täglich 10–13, 18–21 Uhr (Sommer) bzw. 16–19 Uhr (Winter), Eintrittsgebühr etwa 2,50 €.

Almuñécar

Vor ein paar Jahrzehnten muss der ausgedehnteste Küstenort der Provinz Granada noch einen sehr erfreulichen Anblick geboten haben: der von engen Treppengassen durchzogene Altstadthügel inmitten fruchtbarer Obstgärten, ein wuchtiges Kastell und lange Kiesstrände, die von dem weit ins Meer reichenden, markanten Felsklotz *Peñón del Santo* getrennt werden. Leider wurde in und um Almuñécar so hemmungslos gebaut, dass der enge Ortskern heute von Hochhäusern regelrecht umzingelt ist. Positiv muss man dem Städtchen anrechnen, dass Grünanlagen für eine optische Auflockerung sorgen und auch, dass Almuñecar gewissen Eigencharakter besitzt. Die Siedlung ernährt sich nicht nur vom Tourismus, sondern immer noch auch von der Fischerei und der Landwirtschaft der Umgebung.

- *Information* **Oficina Municipal de Turismo**, Palacete la Najarra, Avenida de Europa s/n; ✆ 958 631125. Untergebracht in einem sehr schönen „neomaurischen" Palast in einer Neubaugegend westlich der Altstadt und des Peñón, nahe des Strands Playa San Cristóbal. Täglich geöffnet, im Normalfall 10–14, 17–20 Uhr, zur HS 10–14, 18–21 Uhr, im Winter 10–14, 16–19 Uhr. www.almunecar.info.
- *Verbindungen* **Bus**: Busbahnhof nordöstlich der Altstadt an der Avenida Juan Carlos I., unweit der Staatsstraße N 340. ALSINA GRAELLS fährt uno/nach Almería 6-mal, Granada 9-mal, Málaga 7-mal, Nerja 12-mal täglich, nach Salobreña etwa stündlich.
- *Übernachten* **** Hotel Casablanca**, im Neubauviertel unweit westlich des Peñón, mit Garage. Komfortables, in der Architektur orientalisch angehauchtes Haus, zum ausgedehnten Strand über die Straße. Ganzjährig geöffnet. DZ rund 75–90 €, häufig aber „ofertas" (Sonderangebote). Plaza San Cristóbal 4, ✆ 958 635575, hotelcasablanca@terra.es.
- **** Hostal Altamar**, mitten in der Altstadt, nur ein kleines Stück landeinwärts der zentralen Uferpromenade. Geöffnet von Ostern bis Mitte Oktober, 16 ordentliche Zimmer mit Klimaanlage und TV. DZ/Bad etwa 50–60 €. C. Alta del Mar 13, ✆/≈ 958 630346, www.hostalaltamar.com.
- *Camping* **Nuevo Camping La Herradura**, 2. Kat., kleiner Platz im Westen der Bucht von La Herradura, etwa vier Kilometer westlich von Almuñécar. Einfache Sanitärs, jedoch strandnah gelegen und sehr schön und vielfältig eingegrünt. Ganzjährig geöffnet. P.P. und Zelt je etwa 6 €, Auto 5,50 €. Bitter für Einzelreisende: Der „Mindestumsatz" pro Tag beträgt satte 20 €. Paseo Andrés Segovia, ✆ 958 640634. Paseo Andrés Segovia, ✆ 958 640634.
- *Baden* Links und rechts des Peñón Kiesstrände. Im Osten der Altstadt vorgelagert die **Playa Puerta del Mar**; nach Westen wesentlich länger und breiter die **Playa San Cristóbal**.

▶ **Sehenswertes**: Die renovierte Burg **Castillo de San Miguel** auf dem Altstadthügel besaß vielleicht schon unter den Phöniziern, sicher aber bereits unter den Römern eine Vorgängerin. 1489 von den Katholischen Königen eingenommen, erhielt die Festung ihre jetzige Form in der Zeit Karls V. Das Gebäude des *Pabellon Militar* im Inneren beherbergt das Stadtmuseum.
Öffnungszeiten Di–Sa 10–13.30, nachmittags variabel je nach Saison 16/18.30–18.30/21 Uhr, So 10–14 Uhr. Eintritt 2,50 €.

Die Alhambra im Blick: Maler am Mirador San Nicolás (Albaicín)

Granada

Von Dichtern gefeiert, nicht zu Unrecht oft in eine Reihe mit Florenz oder Venedig gestellt – Granada, sicher eine der berühmtesten Städte Spaniens, vielleicht die schönste.

Die Lage Granadas ist einzigartig. Am Rand der fruchtbaren Flussebene *Vega* liegt die Stadt zu Füßen der fast immer schneebedeckten Sierra Nevada. Vor dieser gewaltigen Kulisse erheben sich zwei Hügel. Der südliche von beiden trägt die unvergleichliche *Alhambra*, einen Märchentraum aus tausendundeiner Nacht, die einzige im Ganzen erhaltene maurische Palastanlage der Welt. Auf dem nördlichen Hügel breitet sich der *Albaicín* aus, das älteste Viertel der Stadt, ein Labyrinth weiß verputzter Häuser, von Blumen überquellender Gärtchen und engster Treppengassen. Bei Sonnenuntergang auf dem Albaicín zu stehen, im Angesicht der Alhambra und der Sierra Nevada, das ist ein Fest für die Sinne, ein „Anblick, von dem Menschen aus dem Norden sich keine Vorstellung machen können" (Théophile Gautier).

Alle Lobpreisungen, alle Erwartungen werden grausam in Frage gestellt, kommt man zum ersten Mal in Granada an. Die Unterstadt, in der sich das Alltagsleben abspielt, scheint auf den ersten Blick ein Hexenkessel. Dröhnender Verkehr und Hektik sind allgegenwärtig. Mehrere Millionen Touristen hat die Stadt alljährlich zu verkraften, an Sommertagen über 20.000 Besucher. Mit der Zeit lernt man jedoch auch die Reize des Granada der Gegenwart zu schätzen. So besitzt die drittgrößte Universitätsstadt Spaniens (jeder sechste der insgesamt 240.000 Einwohner ist Student) eine ausgesprochen rege Kneipenszene, das Kulturangebot ist überwältigend. Doch was sind all diese Annehmlichkeiten gegen einen einzigen Nachmittag in den schattigen, wasserkühlen Gärten der Alhambra ...

Andalusien

Stadtaufbau/Orientierung: Das Zentrum Granadas erstreckt sich nahe der Kathedrale um die Kreuzung der Hauptstraßen *Gran Vía de Colón* und *Calle Reyes Católicos*. Im Südwesten endet die Calle Reyes Católicos am Verkehrsknotenpunkt *Puerta Real* und im Nordosten an der *Plaza Nueva*. Letztere, ein beliebter Treffpunkt, ist gewissermaßen die Ouvertüre zu Alhambra und Albaicín, die beide von hier aus angesteuert werden können.

Geschichte: Der Albaicín war schon zu Zeiten der Iberer besiedelt, denen Römer und Westgoten folgten; besondere Bedeutung hatte die Siedlung damals aber nicht. Das änderte sich mit der Eroberung durch die Araber im Jahre 711. Mächtige Verteidigungsanlagen entstanden, Bewässerungsanlagen wurden ausgebaut und verbessert, Paläste, Schulen und Moscheen errichtet. Mit dem Zerfall des Kalifats von Córdoba 1031 rief dessen Statthalter Granada zum eigenständigen Teilkönigreich (Taifa) aus. Ab 1090 kam die Dynastie der Almoraviden, später die der Almohaden an die Macht. Währenddessen nahm die Reconquista ihren Gang; 1236 fiel das gleichfalls von den Almohaden regierte Córdoba an die christlichen Heere. *Mohammed Al-ahmar*, ein echtes Schlitzohr, nutzte die Probleme der Almohaden auf seine Weise, erhob sich zum König Granadas und gründete so die Dynastie der *Nasriden*. Als gewiefter Taktiker verbündete er sich mit den Spaniern, beteiligte sich auf Seiten Kastiliens sogar aktiv an der Eroberung Sevillas 1248. Seine Nachfolger agierten politisch nicht weniger geschickt, zahlten Tribut an Kastilien und hielten so Granada als letzte maurische Bastion bis ins Jahr 1492. Unter den Nasriden erlebte Granada seine Blüte, eine Zeit verfeinerter Kunst und Kultur, deren kostbarstes Zeugnis die Alhambra ist. Erst die Reyes Católicos Isabella und Ferdinand II. beendeten das maurische Kapitel Andalusiens endgültig. Die strategischen Befestigungen Alhama de Granada und Málaga wurden 1482/85 erobert, dem letzten König *Boabdil „el Chico"* („der Junge") blieb nur mehr seine Hauptstadt. Am 2. Januar 1492 musste er auch sie aufgeben. Er tat es kampflos; wie es heißt, um die Alhambra nicht zerstören zu lassen. Auf seinem Abzug in die Alpujarras soll er sich ein letztes Mal umgesehen und den Verlust tief beklagt haben – der Ort der Handlung, ein Pass an der heutigen N 323, heißt seitdem *Suspiro del Moro*: „Seufzer des Mauren".

Infos

- *Information* **Oficina de Turismo de la Junta de Andalucía** (Turismo Andaluz), Plaza Santa Ana s/n, unweit der großen Plaza Nueva und etwas oberhalb der Plaza Santa Ana selbst. Neben dem üblichen Material gibt es auch eine Veranstaltungsliste „Cultura en Granada". Öffnungszeiten: Mo-Sa 9-20 Uhr, So 10-14 Uhr ✆ 958 575202, ✉ 958 575203, otgranada@andalucia.org.

Oficina de Turismo del Patronato Provincial, Plaza de Mariana Pineda 10. Zuständig für die Stadt und Provinz Granada. Zur Hochsaison herrscht hier meist weniger Betrieb als im zentraler gelegenen Büro der Junta. Zu erreichen von der Puerta Real über die Calle Angel Ganivet, vorbei an der Post. Öffnungszeiten: Mo-Fr 9-20 Uhr; Sa 10-19 Uhr, So 10-14 Uhr. ✆ 958 247128, ✉ 958 247127, www.turismodegranada.org.

Centro Municipal de Recepción Turística, außerhalb der Innenstadt, zu erreichen über die Ausfahrt 129 der Circunvalación. Geöffnet Mo-Fr 9-18 Uhr. C. Virgen Blanca 9, ✆ 902 405045.

Verbindungen

Flug: Granadas Flughafen Federico García Lorca (✆ 958 245200) liegt 17 km westlich der Stadt, nahe der A 92 Richtung Málaga. Busverbindung besteht etwa stündlich mit der Gesellschaft GONZALEZ, Haltestellen unter anderem an der Gran Vía de Colón, nahe

Provinz Granada / Granada 347

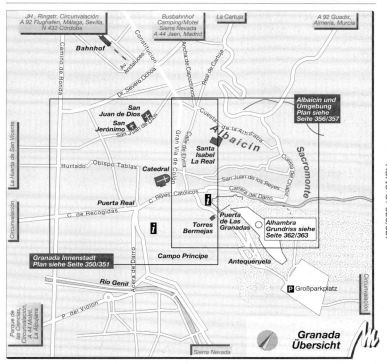

Bahnhof und beim Busbahnhof. Ein Taxi ins Zentrum kostet etwa 18 €.

Zug: Der nicht sehr bedeutende Bahnhof (Renfe-Info: ✆ 902 240202) liegt nordwestlich der Innenstadt an der Avda. Andaluces, einer Seitenstraße der Avenida Constitución. Ins Zentrum ein sehr gestreckter Fußmarsch oder ab der Avda. Constitución per Bus z. B. mit den Nummern 3, 4, 6, 9 und 11. Züge nach Madrid fahren 2-mal (häufiger zum Umsteigebahnhof Moreda), Barcelona 1- bis 2-mal täglich. Nach Algeciras 3-mal, Almería 4-mal, Guadix 4-mal, Ronda 3-mal, Sevilla 4-mal täglich.

Bus: Granadas moderner Busbahnhof (✆ 958 185480) liegt im Norden der Stadt an der Straße N 323 nach Jaén und Madrid, praktisch in der Nachbarschaft des Campings Sierra Nevada und mithin ein ganzes Stück von der Innenstadt entfernt; ins Zentrum mit Stadtbus Nr. 3 und 33. Achtung, die hiesige „Información Turística" ist privat und lotst (auch schon mal unter Vorspiegelung falscher Tatsachen) nur zu Quartieren, die ihr Provision zahlen: besser meiden. ALSINA GRAELLS bietet gute Verbindungen zu fast allen Städten Andalusiens, zur Küste und in die Alpujarra granadina. Anschlüsse u. a. nach Algeciras 6-mal, Almería 11-mal, Cádiz 4-mal, Córdoba 9-mal, Jaén stündlich und Sevilla 10-mal täglich; nach Málaga tagsüber stündlich. BACOMA/ALSA fährt im Fernverkehr nach Barcelona und Alicante 6-mal, Valencia 7-mal täglich. AUTEDIA bedient Baza 8-mal, Guadix 14-mal, Mojácar 2-mal täglich. BONAL fährt in die Sierra Nevada zur Skistation Pradollano, je nach Wetterverhältnissen auch bis zum Albergue Universitario unweit der Sperrung an der Straße zum Veleta. Abfahrten zur Sommersaison 1-mal täglich um 9 Uhr, Rückfahrt gegen 16.30/17 Uhr, Preis 7 € hin und zurück; zur Skisaison etwas häufigere Verbindungen.

Stadtbus: Dichtes Netz, eine Übersichtskarte ist bei den Infostellen erhältlich. Nützlich sind insbesondere die Kleinbuslinien

348 Andalusien

von der Plaza Nueva zur Alhambra (Nr. 30), zum Albaicín (Nr. 31) sowie zum Sacromonte (Nr. 34); bei letzterem aufpassen, dass man nicht die falsche Richtung „Barranco del Abogado" erwischt. Bus Nummer 32 bedient ab der Plaza Nueva sowohl die Alhambra als auch den Albaicín, hier deshalb ebenfalls auf die Richtung achten.

Stadtrundfahrten per Bus: „City Sightseeing Granada" offeriert auf zwei Routen Stadtrundfahrten mit Doppeldeckerbussen (Unterstadt und Alhambra) und Kleinbussen (Alhambra und Albaicín). Informationen unterwegs gibt es per Kopfhörer auch in Deutsch, an den Haltestellen kann nach Belieben ein- und ausgestiegen werden. Ein Kreuzungspunkt beider Linien ist die Kathedrale. Tickets im Bus, Preis p. P. etwa 15 €, das Ticket ist 48 Stunden gültig.

Taxis: Funktaxis unter ✆ 958 280654. Ein zentraler Standplatz liegt an der Plaza Nueva.

Auto: Für Autofahrer ist Granada ein echter Alptraum – zahllose Einbahnstraßen und die Sperrung weiter Teile der Innenstadt können Ortsunkundige zur Verzweiflung treiben. Wer nur einen Tagesbesuch plant, folgt am besten der Autobahnumgehung Circunvalación und der abzweigenden Ronda Sur zur gut ausgeschilderten Alhambra und lässt seinen Wagen dort auf dem (allerdings nicht ganz billigen) gebührenpflichtigen Großparkplatz. Von der Alhambra zur Plaza Nueva besteht Kleinbusverbindung (Nr. 30), ebenso zum Albaicín (Nr. 32). In der Stadt sind freie Parkplätze Mangelware. Wer Glück hatte: Auf keinen Fall irgendetwas im Auto lassen! Granada ist zwar noch nicht ganz so schlimm betroffen wie Sevilla oder Málaga, von der Seuche der Autoeinbrüche aber dennoch nicht verschont geblieben. Gebührenpflichtige Parkgaragen im Zentrum sind unter anderem an der Gran Vía Nähe Kathedrale (Parking San Agustín, nur von Norden anzufahren), an der Puerta Real, der Calle de Recogidas (die Verlängerung der Calle Reyes Cátolicos) und der Carrera del Genil zu finden.

Autovermietung: Reizvoll besonders für Ausflüge in die Sierra Nevada und die Alpujarra. Zwei zentral gelegene Vermieter: ATA S.A., Plaza de Cuchilleros 1, bei der Plaza Nueva, ✆ 958 224004; relativ preiswert. ATESA, Avenida Andaluces (Renfe-Bhf.), ✆ 958 288755. Komplette Liste bei den Info-Stellen.

Adressen

Post: Puerta Real, Ecke Calle Angel Ganivet; Öffnungszeiten: Mo–Fr 8.30–20.30 Uhr, Sa 9.30–14 Uhr.

Internet-Zugang: Breite Auswahl, jedoch häufige Wechsel. *N@veg@web*, eine Filiale der Telefónica-Kette, liegt an der Calle Reyes Cátolicos 55; viel Platz, günstige Preise. *Velocitynet* liegt in der Calle San Jeronimo 17, nicht weit von der Kathedrale.

Waschsalon: Calle de la Paz 19, von der Plaza Trinidad über die Calle Alhóndiga, dann rechts.

Infos zu Bergtouren, Reservierung von Berghütten: *Federación Andaluza de Montañismo*, Camino de Ronda 101, Edificio Atalaya; ✆/✉ 958 291340. Nur in Spanisch. www.fedamon.com.

Infos zu Sprachkursen: Granada ist, zusammen mit Málaga, die andalusische Stadt, in der die meisten Spanischkurse angeboten werden. Die Infostellen besitzen eine Liste der Schulen, die meist auch Unterkünfte vermitteln. *Centro de Lenguas Modernas de la Universidad de Granada*, die Sprachschule der hiesigen Uni. Placeta Hospicio Viejo, 18010 Granada; ✆ 958 215660, ✉ 958 220844, www.clm-granada.com.

Arabische Bäder: *Hammam*, eine stilvolle Badeanlage im arabischen Stil, jedoch kein Dampfbad. Das Bad in den unterschiedlich temperierten Becken ist ein wirklich wunderbar entspannendes Erlebnis – und eine ausgesprochen erfolgreiche Geschäftsidee, weshalb eine Filiale u. a. in Córdoba eröffnet hat; Nachahmer gibt es auch in vielen anderen Städten. Geöffnet ist täglich ab 10 Uhr, Einlass im Zweistunden-Turnus bis 24 Uhr. Zwei Stunden kosten etwa 17 €, mit einer zehnminütigen Massage mit Aromatherapie 26 €. Badekleidung ist erforderlich, Handtücher müssen nicht mitgebracht werden. Angeschlossen eine Tetería (Teestube) mit breiter Teeauswahl. Calle Santa Ana 16, nahe Pl. Nueva und Cuesta de Gomérez. Reservierung ratsam, ✆ 958 229978, www.hammamspain.com. Weitere arabische Bäder: *Aljibe Baños Árabes*, in der Unterstadt, weitläufiger und mit größerer Kapazität; Calle San Miguel Alta 41, ✆ 958 522867, www.aljibesanmiguel.es. *Baños de Elvira*, C. Arteaga 3, zwischen Gran Via und Calle Elvira, Eingang durch das Hostal Arteaga, ✆ 958 208841, www.banoselvira.com.

Provinz Granada / Granada

Übernachten (siehe Karten S. 350/351, S. 356/357 und S. 362/363)

Viele Besucher, viele Quartiere – außer zur Karwoche wohl keine Probleme.

• *Auf der Alhambrahöhe (Karte S. 362/363)* Natürlich die schönste Wohngegend, wenn auch abends etwas weitab vom Schuss. Ein gut gefüllter Geldbeutel ist Voraussetzung. Anfahrt über die Ronda Sur der autobahnähnlichen Umgehungsstraße Circunvalación, beschildert.

*** **Parador de Granada (2)**, in der Alhambra, in dem ehemaligen Kloster des 15. Jahrhunderts. Natürlich traumhaft, aber ellenlange Reservierungslisten und preislich eher ein Alptraum. DZ ganzjährig rund 315 €. Real de la Alhambra, ☏ 958 221440, ℻ 958 222264, www.parador.es.

*** **Hotel Guadalupe (3)**, unweit vom Großparkplatz und leicht zu finden, ein gepflegtes Quartier mit komfortablen Zimmern. DZ etwa 105 €, im Winter deutlich günstiger. Paseo de la Sabica s/n, ☏ 958 223423, ℻ 958 223798, www.hotelguadalupe.es.

*** **Hotel Los Alixares (4)**, Nähe Haupteingang und Großparkplatz. Großes Hotel mit rund 200 gut ausgestatteten Zimmern; Swimmingpool. DZ etwa 100–170 €. Paseo de la Sabica 27, ☏ 958 225506, ℻ 958 224102, www.hotelesporcel.com.

* **Hotel América (1)**, direkt in der Alhambra, für Gäste Zufahrt zum Be- und Entladen möglich. Mit Antiquitäten und Nippes eingerichtete Gesellschaftsräume, die Zimmer geschmackvoll-nüchtern und eher schlicht. Nur März bis Anfang November geöffnet; Reservierung sehr ratsam. DZ rund 100–115 €, Superiorzimmer 140 €. Real de la Alhambra, ☏ 958 227471, ℻ 958 227470, www.hotelamericagranada.com.

• *Cuesta de Gomérez/Plaza Nueva (Karte S. 350/351)* Die Cuesta de Gomérez ist die Zufahrtsstraße von der Plaza Nueva zur Alhambra. Mithin eine für Fußgänger (nicht für Autofahrer!) recht günstige, aber leider sehr laute Lage – mögliche Zimmer nach hinten nehmen. Viele preiswerte Pensionen.

** **Hotel Maciá Plaza (26)**, direkt an der Plaza Nueva gelegen. Solide, komfortabel eingerichtete Zimmer mit TV und Klimaanlage. DZ etwa 90 €, mit den gelegentlichen „ofertas" (Sonderangebote) deutlich günstiger. Plaza Nueva 4, ☏ 958 227536, ℻ 958 227535, www.maciahoteles.com.

** **Pensión Britz (30)**, ein ebenfalls recht angenehmes Quartier an der Plaza Nueva. Geräumige Zimmer. DZ/Bad etwa 45 €, ohne Bad günstiger. Cuesta de Gomérez 1, ☏ 958 223652.

** **Pensión Landázuri (35)**, ein Stück hügelwärts. Nach hinten eine Sonnenterrasse mit Blick ins Grüne. Einige Leser waren angetan, andere bemängelten jedoch gewisse Nachlässigkeiten im Führungsstil. DZ/Bad 40 €, im Winter günstiger; auch einige preiswerte Zimmer ohne Bad. Cuesta de Gomérez 24, ☏ 958 221406.

* **Pensión Navarro Ramos (34)**, vor allem wegen des exzellenten Preis-Leistungs-Verhältnisses sehr empfehlenswert. Große, helle und gut eingerichtete Zimmer mit Kachelboden, viele davon weit nach hinten und deshalb ruhiger. Nächtlicher Zugang laut einer Leserzuschrift nur bis drei Uhr morgens möglich. DZ/Bad rund 35 €, ohne Bad deutlich günstiger. Cuesta de Gomérez 21, ☏ 958 250555.

• *Zwischen Plaza del Carmen und Plaza Campos (Karte S. 350/351)* Ein ruhigeres, recht ursprüngliches und zentrales Viertel mit vielen interessanten Bars, unweit der zweiten Infostelle. An der Plaza Campos eine Parkgarage.

*** **Hotel Best Western Dauro II (43)**, ein Lesertipp von Petra Verrer und Claus Roth: „Zentrale Lage, durch Schallschutzfenster dennoch ruhig. Garage. Wir waren sehr zufrieden." DZ etwa 65–130 €. Calle Navas 5, ☏ 958 221581, www.hotelesdauro.com.

* **Hotel Niza (41)**, in der selben Straße. Eher einfaches Hotel, aber freundliche Vermieter. DZ/Bad etwa 50 €, auch Mehrbettzimmer für drei bis fünf Personen. Calle Las Navas 16, ☏ 958 225430, ℻ 958 225427, www.hniza.com.

** **Pensión Lisboa (39)**, direkt an der Plaza del Carmen. Langjährig eingeführtes, solides und gepflegtes Quartier, Zimmer zum Platz morgens etwas laut. Ventilatoren spenden Kühlung. DZ/Bad etwa 50 €, ohne Bad rund 35 €. Plaza del Carmen 27, ☏ 958 221413, ℻ 958 221487.

• *Um die Plaza Bib-Rambla und die Plaza Trinidad (Karte S. 350/351)* Das Viertel südwestlich der Kathedrale, ein angenehmes Wohnquartier: tagsüber lebhaft, nachts ruhig; gute Auswahl preisgünstiger Pensionen besonders um die Plaza Trinidad. Große Teile des Gebiets sind Fußgängerzone, Autofahrer sollten das Viertel möglichst von

Übernachten

1. Pensión Eurosol
2. Jugendherberge
5. Pensión Hostal Londres
7. Pensión Lima
9. Pensión Hostal Meridiano
10. Pensión Hostal Sevilla
12. Pensión Rodri
15. Pensión Zurita
21. Hotel Inglaterra
23. Pensión Mesones
26. Hotel Maciá
28. Hotel Anacapri
29. Pensión Zacatín
30. Pensión Britz
31. Hotel Sacromonte
32. Hotel Los Tilos
34. Pensión Navarro Ramos
35. Pensión Landázuri
37. Hotel Hospes Palacio de los Patos
39. Pensión Lisboa
41. Hotel Niza
43. Hotel Best Western Dauro II
45. Hotel Villa Oniria
49. Pensión Hostal La Ninfa

Essen & Trinken

3. Bodega Puerta de la Alpujarra
4. Mesón La Pataleta
6. Bar de Enrique
8. Café Botánico
11. Bar Mesón La Romana
13. Bodega Jabugo
14. Café-Bar Sancho
16. Bar Reca
17. Restaurante Arrayanes
18. Rest. Cepillo
19. Restaurante Cunini
20. Restaurante Samarkanda
22. Bar Lax
24. Bodega de Antonio
25. Bodegas La Mancha
27. Bodegas Castañeda
33. La Gran Taberna
36. Rest. Las Tinajas
38. Bar Los Diamantes
40. Casa Enrique
42. Café-Rest. Hicuri
44. Rest. Albahaca
46. Cantina Mejicana
47. Bar Los Diamantes II
48. Restaurante Chikito

Granada Innenstadt

100 m

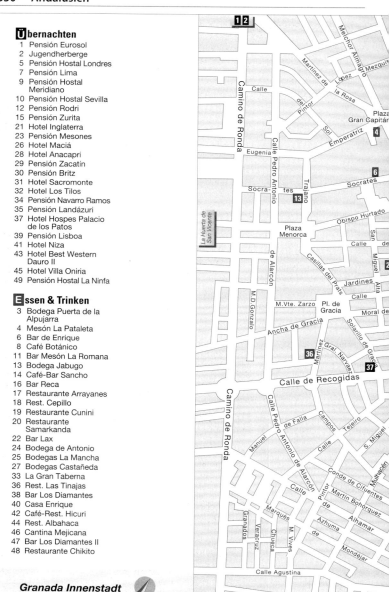

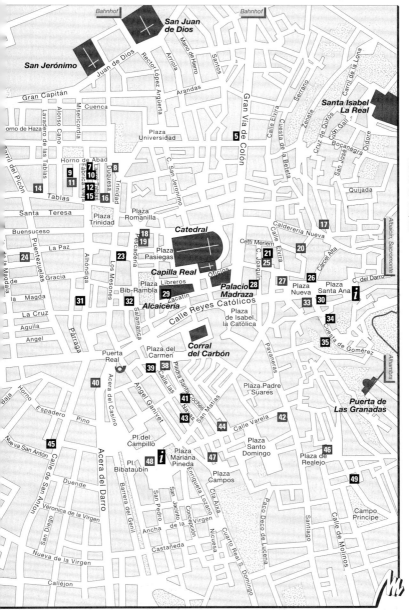

Südwesten anfahren: entweder vom Camino de Ronda über die Calles Socrates, Carril del Picón und Tablas, oder von der Umgehungsstraße Circunvalación über Ausfahrt 128 und die Straßen Mendéz Núñez, Melchor Almagro, Carril del Picón und Tablas. Leider ist die Calle Tablas nur abends ab etwa 21 Uhr, zur Siesta (14–16 Uhr) und Sa nachmittags sowie So ganztags zugänglich. Wer außerhalb dieser Zeiten kommt, sollte sich unbedingt vorab telefonisch mit seinem Wirt in Verbindung setzen. Hilfreich beim Anruf: Viele Pensionsbesitzer gerade dieses Viertels haben früher in Deutschland gearbeitet und dort oft erstaunlich gut die Sprache gelernt.

*** Hotel Sacromonte (31), mitten in der Einkaufszone. Von außen keine Schönheit, die Zimmer sind jedoch angenehm und komfortabel. Kein Restaurant. DZ etwa 65–120 €. Plaza del Lino 1, Ecke C. Alhóndiga, ✆ 958 266411, ✉ 958 266707, hotelsacromonte.com.

** Hotel Los Tilos (32), Mittelklassehotel in optimaler Lage direkt an der Plaza Bib-Rambla. Nicht direkt mit dem Auto anzufahren, ohne die letzten hundert Meter Fußweg geht es nicht. Ein Teil der ordentlich eingerichteten Zimmer besitzt Balkone auf den Platz. Insgesamt ein sehr empfehlenswertes Quartier. DZ/Bad etwa 60–75 €. Plaza Bib-Rambla 4, ✆ 958 266712, ✉ 958 266801, www.hotellostilos.com.

** Pensión Mesones (23), in einer ruhigen Fußgängerzone nicht weit von der Plaza Trinidad. Die familiäre kleine Pension wurde erst 2007 teilrenoviert und besitzt zehn nicht gerade große, aber freundliche und mit Klimaanlage ausgestattete Zimmer, die Mehrzahl davon mit Bad. Der nette, hilfsbereite Besitzer Rafael und seine Frau sprechen gut Deutsch; in akzeptabler Entfernung steht eine Parkgarage zu relativ günstigem Preis zur Verfügung. DZ/Bad etwa 45 €, ohne Bad 35 €; wer diesen Führer vorzeigt, erhält 10 % Prozent Rabatt. Calle Mesones 44, ✆/✉ 958 263244, www.hostalmesones.com.

** Pensión Hostal Meridiano (9), ebenfalls ganz in der Nähe der Plaza Trinidad. Die freundlichen Vermieter Vicente und Regina sprechen perfekt Deutsch und halten ihr Haus engagiert in Schuss. 17 geschmackvolle Zimmer mit guten Betten und Klimaanlage, kleiner Patio. Kostenfreier Internet-Zugang, gute Infos zur Stadt, relativ preisgünstige Parkmöglichkeit in der Nähe. DZ/Bad 40 €, ohne Bad 30 €; auch hier gibt es für Leser 10 % Rabatt. Calle Angulo 9, ✆ 958 250544, www.hostalpensionmeridiano.com.

** Pensión Lima (7), in einer parallel verlaufenden Seitengasse der Plaza Trinidad, dem familiären kleinen „Rodri"-Imperium zugehörig. Der Hausherr spricht fließend Deutsch. Garage vorhanden. Gepflegte Zimmer mit Balkon, die Leser Johanna und Thomas Baehr empfahlen die etwas teurere „Suite" im Dachgeschoss. Gleich nebenan gibt es seit kurzem die Dependance Lima II mit weiteren sehr komfortablen, aufwändig und etwas eigenwillig dekorierten „Suiten". DZ/Bad 40 €, die „Suiten" im Lima II 65–75 €. Calle Laurel de las Tablas 17, ✆ 958 295029.

* Pensión Rodri (12), in der gleichen Gasse. Sehr gepflegtes Haus; als zusätzliches Plus auch hier eine Garage zu moderatem Preis. Motorrad- und Fahrradfahrer finden einen separaten Abstellraum. Der ehemalige Besitzer Manolo lebte 20 Jahre bei Gummersbach, hat das Geschäft aber mittlerweile an einen seiner Söhne abgetreten. Nach einer Komplettrenovierung (zuletzt in Arbeit) soll das Haus in neuem Glanz erstrahlen. Calle Laurel de las Tablas 9, ✆ 958 288043.

* Pensión Hostal Zurita (15), von einem weiteren Mitglied der „Rodri"-Familie geleitet und von Lesern gelobt. Auch hier gibt es eine Parkmöglichkeit. Hübsches Haus; freundliche Zimmer mit Schallschutzfenstern. DZ/Bad 45 €, ohne Bad 35 €. Plaza Trinidad 7, ✆ 958 275020, www.pensionzurita.com.

* Pensión Hostal Sevilla (10), ebenfalls in diesem Gebiet. Familiäres Quartier mit funktionalen Zimmern, die netten Besitzer sprechen etwas Englisch. Parkgarage assoziiert. DZ/Bad 40 €, ohne Bad 30 €. Calle Fábrica Vieja 18, ✆ 958 278513, hostalsevilla@telefonica.net.

* Pensión Zacatín (29), direkt in der Alcaicería, dem ehemaligen maurischen Seidenmarkt. Etwas schwer zu finden, weshalb hier auch zur Hochsaison Chancen auf ein freies Bett bestehen. Vor wenigen Jahren in arabisch inspiriertem Stil renoviert. Achtung, manche Räume besitzen nur Fenster auf den Patio. DZ/Bad 45 €, ohne Bad 35 €, auch Drei- und Vierbettzimmer. Zu suchen ist in der Calle Ermita 11, einem der schmalen Durchgänge von der Plaza Bib-Rambla, ✆ 958 221155.

• *Auf dem Albaicín und dem Sacromonte (Karte S. 356/357)* Bis in die späten Neun-

Provinz Granada / Granada

ziger gab es auf dem Albaicín und dem Sacromonte überhaupt keine Quartiere. Heute wohnt man hier sehr schön und originell (wenn auch nicht billig), sofern man darauf verzichten kann, mit dem Auto vorzufahren. Tipp: Taxi.

*** Hotel Casa de los Migueletes (20), unweit der Plaza Santa Ana gelegen und 2003 eröffnet. Untergebracht in einem Haus des 17. Jh. mit schönem Patio. 25 Zimmer unterschiedlicher Komfortabstufungen bis hin zur Suite, allesamt Nichtraucherräume. Standard-DZ etwa 120–140 €, die „Alhambra-Suite" kommt auf rund 280–380 €. Calle Benalúa 11, ℡ 958 210700, ℻ 958 210702, www.room-matehotels.com.

*** Hotel Casa Morisca (24), im unteren Bereich des Albaicín. Der Stadtpalast des späten 15. Jh. wurde liebevoll restauriert und beherbergt neben Patio und kleiner Gartenterrasse jetzt 14 Zimmer, eine Suite und ein Turmzimmer (Torreón) mit schönem Blick. DZ je nach Lage 130–160 €, „Torreón" oder Suite 215 €. Cuesta de la Victoria 9, ℡ 958 221100, ℻ 958 215796, www.hotelcasamorisca.com.

*** Hotel Palacio de Santa Inés (22), in einer Seitenstraße der Carrera del Darro. 1512 erbauter Palast mit vielen reizvollen Details, darunter ein schöner Patio, eine herrliche Mudéjar-Decke und Reste von Fresken. Reservierung ratsam. Individuell eingerichtete DZ etwa 85–120 €, für höhere Ansprüche Superior-DZ à etwa 105–175 €; es gibt auch eine Suite. Cuesta de Santa Inés 9, ℡ 958 222362, ℻ 958 222465, www.palaciosantaines.com.

*** Hotel Carmen de Santa Inés (18), etwas hügelwärts gelegener Schwesterbetrieb in einem ehemals maurischen Haus, das im 16. und 17. Jh. ausgebaut wurde. Ebenfalls ein feines Ambiente also, kleiner Garten, Privatkapelle. Reservierung geraten. Nicht allzu geräumige DZ für 85–105 €, schöne Superior-, Salon- und Deluxe-DZ à etwa 95–225 €. Placeta de Porras 7, bei der Calle San Juan de los Reyes, ℡ 958 226380, ℻ 958 224404, www.carmensantaines.com.

*** Hotel El Ladrón de Agua (21), direkt an der Straße entlang des Río Darro gelegen. 2004 in einem alten Palacio des 16. Jh. eröffnet, mischt das Interieur des „Wasserdiebs" (benannt nach einem Roman von Juan Ramón Jimenez) auf raffinierte Weise Klassik und Moderne. DZ nach Ausstattung und Lage (ohne/mit Aussicht) etwa 115–180 €, das „Generalife" genannte Turmzimmer 225 €. Carrera del Darro 13, ℡ 958 215040, ℻ 958 224345, www.ladrondeagua.com.

*** Hotel Casa del Capitel Nazarí (19), ganz in der Nähe, in einem im Zeichen der Renaissance errichteten Stadtpalast des 16. Jh. Die 17 komfortabel ausgestatteten Zimmer sind vielleicht nicht besonders groß, die Preise erscheinen angesichts des Ambientes aber recht günstig. DZ nach Saison und Lage (ohne/mit Blick) etwa 80–120 €. Cuesta Aceituneros 6, ℡ 958 215260, ℻ 958 215806, www.hotelcasacapitel.com.

*** Hotel Zaguan (23), ebenfalls nicht weit entfernt, wieder an der Flussuferstraße. Auch in diesem Quartier liegen die Preise vergleichsweise niedrig. DZ 85–110 €, Suite 140 €. Carrera del Darro 23, ℡ 958 215730, ℻ 958 215731, www.hotelzaguan.com.

** Pensión Casa del Aljarife (16), 1998 eröffnetes Quartier mit viel Flair. Die restaurierte Villa stammt aus dem 17. Jh., im großen Innenhof sitzt es sich sehr hübsch. Spanischdeutsche Leitung, die beste Tipps auf Lager hat. Nur vier Zimmer, sehr geräumig und schön möbliert. Reservierung ratsam. DZ/Bad 100 €. Placeta de la Cruz Verde 2, von der Calle Calderería Nueva bergwärts über die Cuesta de San Gregorio; die Besitzer holen aber auch gerne ab, ℡/℻ 958 222425, www.casadelaljarife.com.

Casas-Cueva El Abanico (17), etwas ganz Besonderes: Höhlenwohnungen auf dem Sacromonte, komplett als Apartments eingerichtet – ein Konzept, das mit dem Touristikpreis der Stadt Granada ausgezeichnet wurde. Angenehmes Raumklima. Die Anfahrt sollte man sich vorab am Telefon (Englisch, Französisch, Spanisch) erklären lassen. Ganzjährig geöffnet, Heizung vorhanden. Mindestaufenthalt zwei Nächte, über Ostern und Weihnachten eine Woche. Die vier gemütlichen Apartments mit einem Schlafraum kosten für zwei Personen je etwa 65 €, das Apartment mit zwei Schlafräumen für 4 Personen etwa 100 €, wochenweise günstiger. Barranco de los Naranjos, ℡ 958 226199, mobil 608 848497, ℻ 958 226199, www.el-abanico.com.

Oasis-Backpackers Hostel (15), nicht weit von der Calderería Nueva. Nettes, privat geführtes Hostel mit Dachterrasse und freiem Internetzugang. Oft belegt, Reservierung sehr ratsam. Schlafplatz im Mehrbettzimmer 15 €, DZ 36 €; Frühstück jeweils inklusive. Placeta Correo Viejo 3, ℡ 958 215848, www.oasisgranada.com.

354 Andalusien

• *Sonstige Stadtbereiche (Karte S. 350/351)*

***** **Hotel Palacio de los Patos (37)**, knapp abseits der belebten Calle de Recogidas. 2005 eröffnetes Luxushotel, das sich auf zwei Gebäude verteilt: Prunkstück ist ein renovierter Palast des 19. Jh., den Kontrast bildet eine moderne Dependance. Nur 20 Zimmer, mit der entsprechenden Ausstattung dieser Klasse. Spa. Standard-DZ 205–300 €, Superior-DZ 260–390 €; natürlich gibt es auch Suiten. C. Solarillo de Granada 1, ✆ 958 535790, ℻ 958 536968, www.hospes.es.

**** **Villa Oniria (45)**, etwas weiter südöstlich, aber immer noch zentral gelegen. Ein weiteres Boutiquehotel, untergebracht in einem Stadtpalast des 19. Jahrhunderts. 31 elegante und gut ausgestattete Zimmer, gutes Restaurant, Spa. DZ etwa im Bereich 140–250 €. C. San Antón 28, ✆ 958 535358, ℻ 958 535517, www.villaoniria.com.

*** **Hotel Inglaterra (21)**, in zentraler Lage unweit der Gran Vía und der Kathedrale. Komfortables, architektonisch recht ansprechendes Hotel der Kette „NH"; Garage vorhanden. DZ rund 75–140 €. Calle Cetti Marien 4, ✆ 958 221559, ℻ 958 227100, www.nh-hoteles.es.

*** **Hotel Anacapri (28)**, ein paar Schritte weiter, ein Lesertipp von Bärbel Frommann: „Gepflegtes Dreisterne-Hotel in zentraler Lage, Zimmer mit TV und Telefon, Parkmöglichkeit in der nahen Tiefgarage San Agustín". DZ etwa 65–100 €, zu den Festen 120 €. Calle Joaquin Costa 7, ✆ 958 227447, ℻ 958 228909, www.hotelanacapri.com.

** **Motel Sierra Nevada**, für Autofahrer eine Überlegung wert. Etwas außerhalb des Zentrums beim gleichnamigen Campingplatz. Genügend Parkplätze, Busverbindung in die Stadt. DZ/Bad etwa 55 €. Avenida Madrid 79, an der N 323, ✆ 958 150062, ℻ 958 150954, www.campingsierranevada.com.

** **Pensión Hostal La Ninfa (49)**, ums Eck vom Campo del Principe, abends deshalb schon mal etwas lauter. Sehr hübsches Haus; freundliches Café angeschlossen. Die Zimmer sind nicht allzu groß, auf originelle Weise rustikal dekoriert und allesamt gut ausgestattet (Klimaanlage, Heizung, TV etc.), haben allerdings auch ihren Preis. DZ/Bad mit Doppelbett etwa 55 €, mit zwei Betten 70 €. Cocheras de San Cecilio 9, ✆/℻ 958 222661, www.hostallaninfa.net.

** **Pensión Eurosol (1)**, südwestlich des Zentrums am breiten Camino de Ronda, ein Lesertipp von Marie-Luise und Erik Geisler: „Ca. 15 Gehminuten von der Kathedrale, leicht mit dem Pkw zu finden. Unser Zimmer war sauber und lag zu einer Seitenstraße hinaus. Sehr gute, kostenlose Parkmöglichkeiten hinter dem Hostal in einer Parallelstraße zum Camino de Ronda". DZ/Bad etwa 50 €, mit Du/ohne WC etwas günstiger. Paseo de Ronda 166 (Zentrumsseite), ✆ 958 279900, ℻ 958 207226.

* **Pensión Hostal Londres (5)**, direkt an der zentralen Gran Vía, dennoch nicht besonders laut, da hoch über der Straße. Von mehreren Lesern empfohlen – zu Recht: alle Zimmer in fröhlichen Farben und mit Klimaanlage; Aussichtsterrasse; freundliche Leitung, die auch bei der Parkplatzsuche hilft. Die Dame des Hauses spricht Deutsch. DZ/Bad 40–45 €, ohne Bad 30–40 €; auch Vierbettzimmer. Gran Vía de Colón 29, Anfahrt nur von Süden, dann via Calle Elvira und Calle Marqués de Falces „wenden", ✆ 958 278034, www.pensionlondres.com.

Jugendherberge Granada (2), Residencia Juvenil (IYHF), in ziemlich dezentraler Lage südwestlich unweit des Bahnhofs, in der Nähe des Camino de Ronda, ab Busbahnhof mit Stadtbus Nr. 10, ab der Gran Via mit Nr. 11. Renovierter Bau, oft belegt, Reservierung ratsam. Calle Ramón y Cajal 2, ✆ 958 002900, ℻ 958 002908.

Camping

Reichlich Plätze um Granada. Im Frühjahr/Herbst kann es nachts frisch werden.

Sierra Nevada, 1. Kat., stadtnächster Platz, durch den neuen Busbahnhof auch für Busreisende besonders günstig gelegen. Ebenes Gelände, durch Mauern unterteilt. Gut gepflegte Sanitäranlagen, Bar-Restaurant, im Sommer Swimmingpool (Extrazahlung; laut Leserzuschrift nicht immer geöffnet) und Fahrradverleih. Direkt gegenüber ein riesiges Einkaufszentrum. Geöffnet März bis Oktober. P.P. und Zelt je 5,50 €, Parzelle inkl. Auto und Zelt 13 €. Auf der N 323 nach Jaén/Madrid, etwa drei Kilometer vom Zentrum, von der Circunvalación über Ausfahrt 123. Busverbindung ab Zentrum mit Nr. 3 und 33, ✆ 958 150062, ℻ 958 150954, www.campingsierranevada.com.

Granada, 1. Kat., gut ausgestatteter Platz auf einem Hügel beim Ort Peligros. Eher für

Provinz Granada / Granada

Wohnmobile und Caravans geeignet als für Zelte. Schöne, ruhige Lage inmitten von Olivenhainen, tolle Aussicht auf die Stadt (nachts ein Traum), sehr gute Sanitärs, nettes Restaurant, Swimmingpool; freundliches, englischsprachiges Management. Halbstündlich Busverbindung nach Granada, Haltestelle etwa einen Kilometer entfernt. Geöffnet Mitte März bis Mitte Oktober. P.P. 5,50 €, Stellplatz 11,50 €. Etwa sechs Kilometer nördlich des Zentrums, Anfahrt über die N 323 nach Jaén/Madrid, Ausfahrt 121, ✆/≋ 958 340548, www.campinggranada.es.

Reina Isabel, 2. Kat., etwa vier Kilometer südlich, vom Zentrum über die Avda. Cervantes in Richtung Sierra Nevada, sonst auch über die Ronda Sur (Ausfahrt 2) der Umgehungsstraße Circunvalación. Kleinerer Platz, gut begrünt, mit Schatten, Swimmingpool, von Lesern gelobtem Restaurant und Einkauf; Sanitäres ganz gut in Schuss, Busverbindung nach Granada. Ganzjährig geöffnet. Pro Person, Auto, Zelt je etwa 5 €. Ctra. Granada-La Zubia, km 4, ✆ 958 590041, www.reinaisabelcamping.com.

Essen und Trinken (siehe Karten S. 350/351 und S. 356/357)

Erfreulich: In Granada ist die alte Tradition noch lebendig, zum Glas Wein oder Bier eine Gratis-Tapa zu reichen – ein Bummel durch die zahlreichen Bars kann deshalb ohne weiteres ein komplettes Mahl ersetzen. Wer nicht ständig Alkohol trinken mag, kann „cerveza sin alcohol" bestellen, denn auch zum alkoholfreien Bier gibt es eine Tapa.

• *Restaurants im Zentrum (Karte S. 350/351)*
Um die Kathedrale liegen viele folkloristisch aufgeputzte Lokale, die vorwiegend auf Tagesbesucher abzielen.

Restaurante Las Tinajas (36), wohl eines der besten Restaurants der Stadt, geführt von Starkoch Diego Morales. Traditionelle Küche mit modernen Anklängen, superbe Weinauswahl. Verschiedene Degustationsmenüs ab etwa 35 €, Menü à la carte ebenfalls ab 35 €. Calle Martínez Campos 17, von Mitte Juli bis Mitte August geschlossen. Reservierung: ✆ 958 254393.

Restaurante Chikito (48), ebenfalls ein Klassiker Granadas, seinerzeit als „Café Alameda" schon von Federico García Lorca und seinem Freund Manuel de Falla besucht. Feine andalusische Küche mit dem gewissen Extra, auch sehr gute warme Tapas. Tagesmenü 20 €, à la carte ab etwa 30 € aufwärts. Plaza del Campillo 9, um die Ecke von der städtischen Touristinformation, Mi Ruhetag. Reservierung ratsam: ✆ 958 223364.

Restaurante Cunini (19), zwischen den Plazas Bib-Rambla und Trinidad. Traditionsreicher Spezialist für Fisch und Meeresgetier, beliebt bei der High Society Granadas. Recht exklusive Preisgestaltung: 30 € pro Kopf sind das Minimum. Calle Pescadería 6, Mo Ruhetag. Reservierung ratsam: ✆ 958 250777.

Restaurante Albahaca (44), nicht weit von der städtischen Infostelle. Kleines Restaurant mit sehr ordentlicher, frischer Küche (der Chef kocht selbst) und einer Auswahl auch vegetarischer Gerichte. Menü um die 25 €. C. Varela 17.

Restaurante Cepillo (18), besonders mittags beliebtes und auch von Lesern gelobtes Nachbarschaftslokal nahe der Plaza Bib-Rambla. Solide Hausmannskost, das Tagesmenü für knapp 9 € ist sein Geld wert. Calle Pescadería 18, neben dem Restaurant Cunini.

Café Botánico (8), um die Ecke von der Plaza Trinidad und gegenüber vom Botanischen Garten der Universität. „Postmodernes" Café mit guter Auswahl, mittags mehrere preisgünstige Menüs, es gibt auch (spätes) Frühstück. Der Service freilich wurde in einem Leserbrief nicht gerade gelobt. Calle Málaga 3.

Restaurante Samarkanda (20), libanesisches Restaurant in der „multikulturellen Zone" Granadas, nahe der Calderería Nueva. Gute Küche, Falafel, Couscous und andere Spezialitäten, Menü ab etwa 15 €. Die Leser Jochen A. Stein und Martina Kuperjans empfehlen besonders die „Mese Samarkanda" für zwei Personen. Calderería Vieja 3.

Restaurantes Arrayanes (17), um die Ecke, in einem Seitengässchen der Calderería Nueva. Marokkanisch sowohl in der Ausrichtung der Küche als auch im gemütlichen, sehr gepflegten Ambiente. Spezialität sind diverse Couscous-Gerichte, es gibt sowohl Fleisch und Fisch als auch vegetarische Speisen; feine Desserts. Menü ab etwa 20 €. Kein Ausschank von Alkohol, gut selbstgemachte Limonade und Minztee.

Mesón La Pataleta (4), etwas westlich des engeren Zentrums. Für Liebhaber deftiger Fleischgerichte lohnt sich der Weg, Portionen im Dreh von 15 €. Guten Schinken gibt es auch. Gemütliches Interieur. Vor den spanischen Essenszeiten ist kaum etwas los. Plaza Gran Capitán 1.

Café-Rest. Hicuri (42), etwas abseits der Rennstrecken, aber einen kleinen Abstecher wert. Hübsches Interieur, freundlicher Service, günstige Preise: Das auch abends servierte Menü (12 €) bietet eine dreigängige Auswahl aus der regulären Karte, die auch Vegetarier glücklich macht. Hausgemachte Desserts. Calle Santa Escolástica, Ecke Plaza Girones.

Cantina Mejicana (46), ebenfalls in diesem Gebiet. Wie „der Mexikaner" bei uns. Entspannte Atmosphäre; Burritos, Fajitas etc., Dos-Equis-Bier und Margaritas ... Hauptgerichte um die 10 €. Cuesta del Realejo 1.

• *Tapabars im Zentrum (Karte S. 350/351)*
Bodegas Castañeda (27), nahe Plaza Nueva. Leider wurde die urige, uralte Bodega in den Neunzigern geteilt und in zwei verschiedene Lokale verwandelt. In der hinteren der beiden Bars (Bodegas Castañeda, Eingang Calle Almireceros 1 u. 3) hat jedoch die Dekoration und Atmosphäre einer der bekanntesten Bars der Stadt überlebt: dichtes Gedränge, fixe Kellner, gute Tapas (Gratis-Tapas gibt es freilich nur nach Laune der Bedienungen) und Bocadillos, außerdem das interessante Hausgetränk Calicasas ... Ganz anders das vordere Lokal, die Antigua Bodega Castañeda in der Calle Elvira 5, das seit dem Umbau viel Flair verloren hat.

Bodegas La Mancha (25), in der Nähe. Auch dieser früher düstere, gewölbeartige Raum mit seinen gigantischen Weinfässern wurde einer zum Glück nicht allzu heftigen Modernisierung unterzogen. Die Riesenauswahl an Tapas (leider nicht gratis) und Bocadillos lohnt den Abstecher dennoch. Calle Joaquín Costa 10–12.

La Gran Taberna (33), Lesertipp von Margot Gerhard: „Unten Bar, oben Restaurant, nicht ganz billig, aber gut. Schräg gegenüber sehr gutes Frühstückscafé, auch nicht ganz billig, doch hervorragende Bocadillos und Kuchen". Die Tapas im Gran Taberna sind in der Tat exzellent, die Montaditos geradezu berühmt. Direkt an der Pl. Nueva, Ecke Cuesta de Gomérez.

Bar Los Diamantes (38), in der auch sonst mit Tapa-Bars gut bestückten Calle Navas. Spezialität sind Fisch-Tapas, die in guter Qualität und ordentlichen Portionen auf den Tresen kommen – ist der Fisch verkauft, wird die Bar geschlossen. Calle Navas 28.

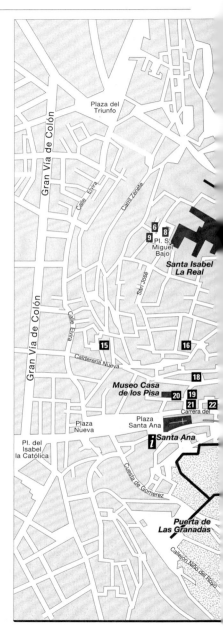

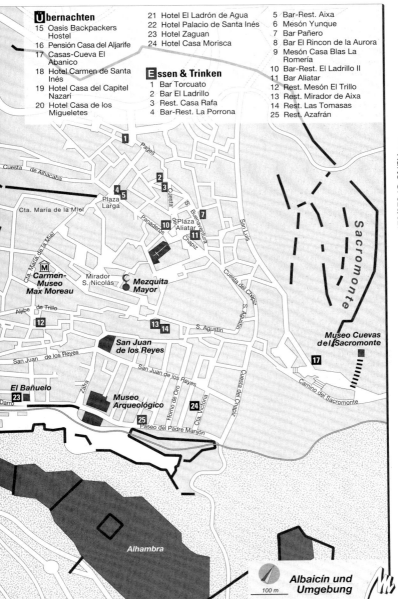

Eine jüngere (und nach Meinung Einheimischer inzwischen besser funktionierende) Filiale liegt in der Calle Rosario 12, der Verlängerung der Calle Navas: **Los Diamantes II (47)**.

Casa Enrique (40), unweit der Puerta Real gelegen, eine kleine und feine Bar, die besonders durch ihre guten Schinken und Würste besticht. Acera del Darro 8.

Bar Mesón La Romana (11), nahe der Plaza Trinidad, direkt neben der Pensión Meridiano. Gemischtes Publikum, fast immer gestopft voll. Tapas zum Auswählen, pro Besuchergruppe allerdings maximal zwei Sorten. Calle Angulo 11.

Bar Reca (16), direkt an der Plaza Trinidad. Äußerst beliebte Bar, die ihre Dekoration fast im Monatsturnus wechselt. Das junge Publikum drängt sich innen und außen; auch die Gay-Community trifft sich hier gerne – schwer, überhaupt einen Stehplatz zu bekommen ...

Café-Bar Sancho (14), ein Stück weiter. Modernes, helles Lokal mit sehr guten Tapas und einer prima Weinauswahl; im hinteren Bereich ein Restaurant, das auch ordentliche Mittagsmenüs anbietet. Calle Tablas 15.

Bodega Puerta de la Alpujarra (3), großes Lokal, dessen Spezialitäten Schinken und Wurstwaren sind, auch im Direktverkauf zu erstehen. Es gibt auch Plätze im Freien. C. Carril del Picón 26, nahe Plaza Gran Capitán.

Bar de Enrique (6), ebenfalls in dieser Ecke. Bekannt insbesondere für seine guten Weine; neben im Angebot sind Tapas, hausgemachte Eintöpfe und sogar ein werktägliches Mittagsmenü. C. Socrates 4.

Bodega Jabugo (13), in derselben Straße. Eine kleine Bar, Ziel vor allem für Liebhaber exquisiter Wurstwaren. Der Name ist Programm, denn aus Jabugo stammt der vielleicht beste Schinken Spaniens. Tipp: Mal Lomo de Orza probieren, Schweinelende im Ölkrug gelagert – nicht ganz billig, aber hauchzart. So Ruhetag. Calle Trajano, Ecke Calle Sócrates.

Bar Lax (22), ein Stück südlich der Plaza Trinidad, eine Empfehlung von Leserin Birgit Hollenbach: "Ehemals von Schweden eröffnet; gemischtes Publikum, gute Tapas zum Auswählen. Calle Verónica de la Magdalena 31, südlich parallel zur Calle Puentezuelas." Im Umfeld weitere Bars.

Bodega de Antonio (24), nicht weit entfernt. Hauptsächlich von Einheimischen besucht, die die hervorragenden Tapas (es gibt aber auch komplette Gerichte, insbes. Fisch) zu schätzen wissen. Freundlicher Service, recht günstige Preise; kein Wunder, dass es hier zu den spanischen Essenszeiten mehr als eng wird. C. Jardines 4.

• *Albaicín* Ein oft unterschätzter und gar nicht so „touristischer" Tipp. Zur Lage der einzelnen Restaurants siehe den Übersichtsplan des Albaicín auf Seite *356/357*.

Rest. Mirador de Aixa (13), eines der gehobenen Restaurants auf dem Albaicín, untergebracht in einem der typischen Landhäuser „Cármenes". Sehr romantische Atmosphäre, toller Alhambra-Blick, feine Küche und gehobene Preise: 35 € pro Kopf muss man mindestens anlegen. Carril de San Agustín 2, am Eingang klingeln. So/Mo Ruhetag. Direkt daneben und im Charakter recht ähnlich sowie So/Mo ebenfalls geschlossen: **Rest. Las Tomasas (14)**.

Rest. Azafrán (25), unten an der Flussuferstraße. Noch jung, aber schon mit gutem Ruf; schlicht-elegantes Interieur, moderne und variantenreiche Küche, Terrasse mit Alhambrablick. Menü ab ca. 30 €. Paseo del Padre Manjón, Ecke C. Monte de Piedad.

Rest. Mesón El Trillo (12), in einem Granadiner Carmen mit Garten. Baskische Küche (die beste Spaniens!), alles frisch zubereitet. Hausgemachtes Eis. Von Lesern gelobt, prima Preis-Leistungs-Verhältnis: komplettes Menü ab etwa 25 €. Callejón Aljibe de Trillo 3, unterhalb der Cuesta Aljibe de Trillo. Nur abends, Di Ruhetag.

Mesón Casa Blas La Romería (9), an einem romantischen kleinen Platz auf etwa halber Höhe des Albaicín, unterhalb des Klosters Santa Isabel la Real. Nicht teuer, es gibt z. B. gute Lammgerichte oder Auberginengratin. Placeta de San Miguel Bajo 3, Di Ruhetag. Benachbart und ebenfalls recht ordentlich: **Mesón Yunque (6)**.

Bar El Rincon de la Aurora (8), ein paar Häuser weiter. Eine Leserin empfahl das Lokal wegen des freundlichen, humorvollen Wirts und der großen Portionen.

Bar-Rest. La Porrona (4), urwüchsige Kneipe an der baumbestandenen Plaza Larga im Zentrum des Albaicín, die entgegen ihres Namens „Langer Platz" eher klein und sehr gemütlich ist. Sonntagmittag treffen sich hier die Großfamilien der Umgebung. Günstiges Mittagsmenü (8,50 €); auch einige vegetarische Gerichte.

Bar-Rest. Aixa (5), direkt nebenan gelegen, ist dem „Porrona" in Atmosphäre und Preisen sehr ähnlich.

Provinz Granada / Granada

Bar Torcuato (1), etwa am westlichen Rand des Albaicín und fast ausschließlich von Einheimischen besucht. Großer, nüchterner und mittags oft voll besetzter Speisesaal, im Sommer auch Plätze im Freien. Gute Küche, ausgesprochen preisgünstige Menüs. Zur Zeit der Recherche wegen Restaurierung umgezogen in die Calle Agua de Albaicín, sollte aber mittlerweile an den alten Standort zurückgekehrt sein: Calle Carniceros 4.

Bar Freiduría El Ladrillo (2), ein traditionsreiches, mehrere Jahrzehnte altes Lokal. Tische nur im Freien auf einem kleinen Platz, serviert werden ausschließlich frittierter Fisch und Meeresfrüchte. Im Angebot sind die gemischten Platten „Canoa" (1–2 Personen, 7,50 €), „Barco" (2–3 Personen, 12 €) und „Transatlantico" (Großfamilie, 20 €). Dazu empfiehlt sich Salat. Leider scheint der „Ziegelstein" jedoch nicht immer Glück mit dem Personal zu haben. Mehrere Leser übten Kritik an Essen und Service, und auch die Rechnung sollte man sich genau ansehen. Placeta Fátima, am besten zu finden von der Plaza Nueva/Plaza Santa Ana über die Carrera del Darro, am Ende dem Knick bergauf und der Cuesta del Chapiz folgen, bis oben linker Hand der kleine Platz mit dem winzigen Brunnen auftaucht.

Bar-Rest. El Ladrillo II (10), eine später eröffnete Filiale und vielleicht die bessere Adresse. Zunächst auf dem gleichen Weg zu erreichen, jedoch noch vor der Anhöhe links abbiegen, beschildert. Im Charakter etwas anders als der Ur-Ladrillo; umfangreichere Karte, neben frittiertem Fisch auch diverse Fleischgerichte und Menüs. Mehrere Leser waren zufrieden. Innen nett eingerichtet, sehr solide Portionen, relativ günstige Preise. Calle Panaderos 13.

Bar Aliatar (11), an der gleichnamigen Plaza. Tische auch im Freien, Spezialität sind Schnecken (caracoles), köstlich als Tapa oder als Ración. Plaza Aliatar, an der Cuesta del Chapiz, ein paar hundert Meter vor der Bar Ladrillo.

Café-Bar Pañero (7), etwas weiter hinten an derselben Plaza, ein Lesertipp von Dominique Kühn: „Netter, zuvorkommender Service, schmackhafte und gut präsentierte Portionen. Die halben Raciones wären anderswo ganze, man bekommt also viel fürs Geld." Auch von anderen Lesern gelobt.

Rest. Casa Rafa (3), ein Lesertipp von Yvonne Fox und Thomas Volz: „Von außen unscheinbares Lokal mit hervorragendem Mittagsmenü (günstig!), besonders von Spaniern des Viertels besucht. Calle Pages 15."

Treffpunkte/Kneipen/Nachtleben

Während des Semesters Highlife, zur Ferienzeit geht es etwas ruhiger zu. Generell sind Kneipen beliebter als Discos. Am meisten Betrieb ist zwischen Mittwoch und Samstag, freitags ist praktisch die ganze Stadt auf der Piste.

Eine gute Informationsquelle zum Thema Ausgehen und Nachtleben ist das Heftchen „Guía del Ocio", für wenig Geld an jedem Kiosk erhältlich.

Paseo del Padre Manjon, mehrere Lokale an der Verlängerung der Carrera del Darro. Angenehme Rast tagsüber und am frühen Abend. Man sitzt im Freien auf einem lang gezogenen Platz über dem Fluss und mit Blick auf die oberhalb liegende Alhambra.

Plaza Nueva und Umgebung, zusammen mit den benachbarten Straßen Carrera del Darro und Calle Elvira derzeit die Nummer eins unter den Nachtzonen Granadas. An Bars wie der beliebten „Bar El Espejo" (Calle Elvira 40) herrscht kein Mangel; wo es zu voll wird, drängt man sich bis auf die Straße.

Calle Caldereria Nueva, eine Seitenstraße bergwärts der Calle Elvira. Hier ist der Treffpunkt der „Müslis" und „Ethno-Freaks" von Granada. Viele arabische Restaurants. Besonders reizvoll sind die „Teterías" genannten Teestuben; alle sind sie eng, oft voll und sehr gemütlich. Einzelne Teterías herauszuheben, macht angesichts der Fülle des hiesigen Angebots wenig Sinn.

Granada 10, konventioneller, aber gut besuchter Disco-Klassiker in einem umgebauten alten Kino. Gemäßigte Eintrittsgebühr, Drink inklusive. Carcel Baja 10, zwischen Gran Vía und Calle Elvira.

Planta Baja, eine ebenfalls recht beliebte Disco mit Schwerpunkt auf elektronischer Musik. Zu suchen in der Calle Horno de Abad 15, nahe der Plaza Trinidad.

El Granero, nicht wirklich ein ehemaliger Getreidespeicher, aber eine hübsche und gemütliche, dabei recht große Musicbar in angenehm zentraler Lage an der Plaza Poeta Luis Rosales, um die Ecke von der Plaza Isabel la Católica.

El Camborio, auf dem Sacromonte. Verwinkelter Club, der sich auf mehrere Höhlen verteilt, Garten mit Alhambrablick. Musikalisch eher Mainstream. Betrieb herrscht erst spät in der Nacht und insbesondere am Wochenende (Sa) während des Semesters. Camino de Sacromonte 47, Taxi empfohlen.

Flamenco

Ein eher trauriges Kapitel: In Granada, ehemals berühmt für Flamenco, ist dieser heute oft zur Touristenattraktion degeneriert, wird nur im privaten Kreis noch richtig gefeiert.

Sala Albaicín, an der Straße nach Múrcia. Hierher kann man sich, zum Beispiel vom Hotel, auch per Bus bringen lassen. Shows um 22 Uhr, Preis mit Transport und einem Getränk knapp 30 €, ohne Bus 25 €. Carretera Múrcia s/n, Mirador San Cristóbal, ℡ 958 804646.

Cuevas del Sacromonte: Auch in einer Reihe von Höhlen auf dem Sacromonte-Hügel oberhalb des Albaicín finden Flamenco-Aufführungen statt. Die Mehrzahl liegt entlang des Camino del Sacromonte, oberhalb der Cuesta del Chapiz. Allerdings kann man beim Besuch mancher dieser Höhlen auch ganz schön geneppt werden. In den letzten Jahren hat sich das Image jedoch wieder etwas gebessert. Einen recht guten Ruf genießen z. B. die „Venta El Gallo" (Shows um 22 Uhr; Barranco de los Negros 5, ℡ 958 220591 o. 958 223094) und die Tänzer der „Cueva Los Tarantos" (Shows um 21.30 und 23 Uhr; Camino del Sacromonte 9, ℡ 958 224525); Preisniveau jeweils etwas niedriger als oben, Bustransport ist ebenfalls möglich.

Sala Vimaambi, auf dem Albaicín. Noch recht neu und mit bislang gutem Ruf. Nur Fr/Sa abends um 21.30 und 23 Uhr, 15 €. Cuesta de San Gregorio 30–38, zu erreichen über die Calderería Nueva; ℡ 958 227334, www.vimaambi.com.

Einkaufen

Albaicín: Eine gute Adresse für authentisches Kunsthandwerk. Eines der bedeutendsten Geschäfte für Keramik ist hier „Cerámica Fajalauza" an der Calle Fajalauza 2 (Westrand des Albaicín). Laternen und Glas gibt es bei „Hermanos López", Plaza de las Castillas 7, Arbeiten aus Kupfer bei Manuel Maretín Alvarez in der Calle Pardo 4.

Lebensmittel gibt es im Mercado de San Agustín an der gleichnamigen Plaza, nordwestlich nahe der Kathedrale, geöffnet Mo–Sa vormittags.

Kaufhäuser: „El Corte Inglés" an der Acera del Darro, nicht weit von der Puerta Real, und an der Calle Méndez Núñez, beim Camino de Ronda.

Veranstaltungen

Semana Santa, die Karwoche. Nicht so berühmt wie die von Sevilla, dennoch ein Riesenfest.

Festival Internacional de Tango, Ende April. Mittlerweile über zehnjährige Tradition hat dieses Tangofestival, das weltweit zu den wichtigsten seiner Art zählt.

Cruces de Mayo, 3. Mai, Fest der geschmückten Kreuze. Den größten Ehrgeiz in der Dekoration entwickeln die Bewohner des Albaicín.

Corpus Cristi, Fronleichnam. Das größte Fest Granadas dauert eine Woche. Das älteste Flamencofestival Andalusiens, täglich Stierkampf etc.

Festival Internacional de Música y Danza, etwa Mitte Juni bis erste Juliwoche. Internationales Musik- und Tanzspektakel; Aufführungen auch im Freilichttheater des Generalife. Reservierungen mit Kreditkarte unter ℡ 958 221844 bzw. ℡ 958 220691; www.granadafestival.org.

Nuestra Señora de las Angustias, am letzten Sonntag im September, das Fest der Schutzpatronin Granadas.

Verbena de Albaicín, etwa in der letzten Septemberwoche. Volksfest des Viertels rund um die Plaza Larga; mit guten Chancen, authentischen Flamenco zu sehen.

Festival Internacional de Jazz, großes Jazzfestival im November. Infos unter ℡ 958 222907 oder www.jazzgranada.net.

Maurisches Märchenschloss: die Alhambra

Sehenswertes

*Gib ihm ein Almosen, Frau,
denn nichts in der Welt,
nichts, ist schlimmer als
blind zu sein in Granada.*

(Sprichwort – gemeint ist ein blinder Bettler)

Klar, dass die *Alhambra* mit weitem Abstand an erster Stelle steht. Auch der zweite Rang ist unstrittig: Die *Kathedrale* und die Capilla Mayor mit den Gräbern der Katholischen Könige wäre in vielen anderen Städten die Hauptattraktion. Unbedingt erlebenswert sind auch die prachtvollen Gärten des *Generalife* oberhalb der Alhambra und das Viertel *Albaicín*.

Alhambra

Zunächst eine Bemerkung, um Enttäuschungen zu vermeiden: Die Alhambra *ist* wunderschön, oft tut man sich jedoch vor lauter Besuchern schwer, dies auch zu würdigen.

Einen ganzen Tag Zeit sollte man Alhambra und Generalife mindestens gönnen. Etwas vereinfacht lässt sich der Alhambrakomplex in folgende Bereiche gliedern: Innerhalb des Mauergürtels die Verteidigungsanlage *Alcazaba* im Westen, den wundervollen Nasridenpalast *Palacio Real* (auch: Palacios Nazaries) im Osten und den *Palacio Carlos V.*, der der arabischen Anlage durch den christlichen König Karl V. aufgezwungen wurde. Die Sommerresidenz *Generalife* liegt mit prachtvollen Gärten oberhalb der Alhambra und ist über einen eigenen Zugang zu erreichen.

362 Andalusien

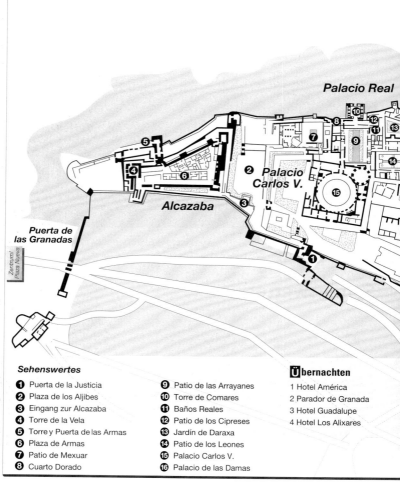

Sehenswertes

1. Puerta de la Justicia
2. Plaza de los Aljibes
3. Eingang zur Alcazaba
4. Torre de la Vela
5. Torre y Puerta de las Armas
6. Plaza de Armas
7. Patio de Mexuar
8. Cuarto Dorado
9. Patio de las Arrayanes
10. Torre de Comares
11. Baños Reales
12. Patio de los Cipreses
13. Jardín de Daraxa
14. Patio de los Leones
15. Palacio Carlos V.
16. Palacio de las Damas

Übernachten

1. Hotel América
2. Parador de Granada
3. Hotel Guadalupe
4. Hotel Los Alixares

Die bevorzugte Lage der Alhambra macht sich sofort hinter der Puerta de las Granadas bemerkbar. Man taucht in einen schattigen Park alter Bäume ein, in dem es gleich merklich kühler wird. Überall plätschert und gurgelt Wasser in einem Reichtum, der den Söhnen der Wüste als großmütiges Geschenk Allahs erscheinen musste.

• *Öffnungszeiten* Von März bis Oktober täglich 8.30–20 Uhr; Mi–Sa auch 22–23.30 Uhr. Von November bis Februar täglich 8.30–18 Uhr, Fr/Sa auch 20–21.30 Uhr. Am 25. Dezember und am 1. Januar ist geschlossen. Die Nachttermine in der beleuchteten Alhambra sind besonders märchenhaft, auch wenn dann nur die Palasträume bis zum Löwenhof zugänglich sind. Reguläre Eintrittsgebühr für Alcazaba, Nasridenpalast und Generalife 12 €, Tag-und-Nacht-Kombi an zwei aufeinander folgenden Ta-

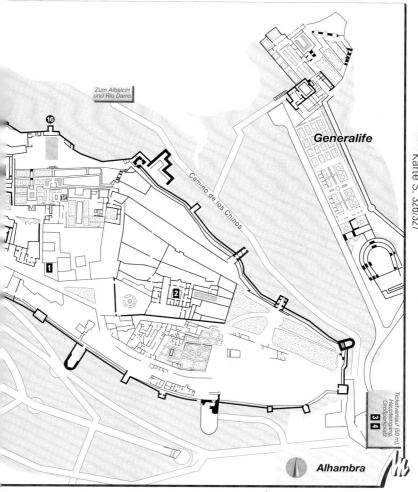

gen („Circular Azul") 20 €. Wer kein Komplett-Ticket ergattert: Die „Visita Jardines" umfasst neben den verschiedenen Gartenanlagen auch die Alcazaba und den Generalife, Eintrittsgebühr 6 €.

Achtung: Die Eintrittskarten für den Gesamt-Komplex sind, übrigens ebenso wie die Tickets nur für die Gärten, entweder für den Morgen ab 8.30 Uhr oder für den Nachmittag (ab 14 Uhr) gültig. Auf den Karten ist ein Zeitraum von einer halben Stunde (ein sog. „time-slot", z. B. 12.00–12.30 Uhr) aufgedruckt. Innerhalb dieses Zeitraums muss (!) der Eingang zum Kern der Anlage, dem Nasridenpalast Palacio Real, unbedingt passiert werden, andernfalls verfällt die Karte. Der „time-slot" kann theoretisch frei gewählt werden, in der Praxis wird er jedoch meist nach Reihenfolge des Verkaufs vergeben. Für den Rest der Alhambra inklusive Alcazaba, Palacio Carlos V. und Generalife gilt diese strenge Zeitvorgabe nicht, weshalb es sich bei Wartezeiten eventuell empfiehlt, diese vorher zu besuchen; an die Zeitenregelung des jeweiligen Morgen- oder Nachmittagstickets muss man sich jedoch auch dabei halten. Übrigens ist die Alhambra mittlerweile fast rund ums Jahr so gut gebucht, dass es „gute" oder „schlechte" Zeiten für einen Besuch kaum noch gibt – dadurch, dass die Tickets im Kontingentsystem vergeben werden, ist die Zahl der Besucher zu jeder Tageszeit und an jedem Wochentag praktisch gleich.

• *Ticketkauf* Die Zahl der täglichen Eintrittskarten ist auf 6600 im Sommer und auf 5400 im Winter begrenzt, eine Zahl, die längst nicht immer für alle Interessenten ausreicht. Mittlerweile wird der weit überwiegende Teil der Eintrittskarten bereits im Vorverkauf abgegeben, auf Tickets an der Kasse zu hoffen ist deshalb – erst recht im Sommer, an Ostern und anderen Festen sowie an langen Wochenden – ein riskantes Unterfangen. **Wir raten dringend zum Vorverkauf bzw. zur Reservierung!** Siehe hierzu weiter unten. Die genauen Modalitäten der Reservierung haben sich in den letzten Jahren übrigens mehrfach verändert, es kann deshalb nicht schaden, sich rechtzeitig vor Ort zu erkundigen – alle andalusischen Infostellen sollten über das aktuelle Procedere Bescheid wissen. In manchen Hotels und engagierten Pensionen, laut einer Leserzuschrift auch an einer Reihe von Campingplätzen, wird einem die Mühe sogar abgenommen.

Ticketkauf an der Kasse: Tagestickets gibt es nur noch an der Kasse beim Großparkplatz – wer zu Fuß aus der Stadt kommt, muss deshalb erst am gesamten Komplex vorbeimarschieren oder den Bus nehmen, siehe hierzu weiter unten. Außer eventuell (!) im tiefsten Winter steht meist eine lange Schlange an, die sich zur Saison sogar oft schon weit vor der eigentlichen Öffnungszeit bildet (Tipp: Im Gebiet rechts dieses Zugangspavillons gibt es ein kleineres Gebäude mit gelben Ticketautomaten der Servicaixa, beschildert „Pago con Tarjeta", das eventuell nicht ganz so stark frequentiert ist; man braucht natürlich eine Kreditkarte). Um realistische Chancen auf ein Ticket zu haben, raten die Fremdenverkehrsämter beispielsweise für den Monat September, morgens um 7.30 Uhr da zu sein... Nach langer Wartezeit glücklich an ein Ticket gelangt, stellt man dann vielleicht fest, dass der „time-slot" für den Nasridenpalast sechs Stunden später liegt ... Sobald die Eintrittskarten für den jeweiligen Tag verkauft sind, schließt die Kasse – wer später kommt, hat Pech gehabt, auch wenn er (vielleicht sogar stundenlang) in der Schlange gewartet hat. Vorverkauf ist hier nicht möglich.

Reservierung per Telefon: Zuständig ist das Vorverkaufsunternehmen Servicaixa, eine Tochter der katalanischen Bank La Caixa. Ohne Kreditkarte geht nichts. Telefonische Reservierung ist täglich von 9–18 Uhr möglich, innerhalb Spaniens unter ✆ 902 888001, aus dem Ausland unter ✆ 0034 934 923750. Man spricht Englisch. Zahlung per Kreditkartennummer, Aufpreis 1 €, nur Visa und Mastercard werden akzeptiert. Man erhält eine Reservierungsnummer, mit der die Karten am Reservierungsschalter (linke Schalterseite) der Alhambra-Kasse oder (mit der benutzten Kreditkarte) an den oben erwähnten Servicaixa-Automaten abgeholt werden können. Zur Hochsaison ist eine Reservierung mindestens eine Woche vorab sehr ratsam.

Reservierung im Internet: www.alhambra-tickets.es. Ablauf prinzipiell wie oben, auch hier via Servicaixa. Englischsprachig. Eine bestimmte Zeit für den Zugang zum Nasridenpalast zu wählen, lässt die Site nicht zu, man kann sich nur zwischen einem Vormittags- und einem Nachmittagstermin entscheiden. Falls das vorgegebene Zeitfenster ungünstig erscheint, einfach den Wahlvorgang wiederholen – meist wird nun eine andere Zeit angezeigt.

Ticketkauf am Automaten: Seit neuestem kann man auch in ganz Spanien die Alhambra-Tickets (mind. 1 Tag im voraus) direkt an den über 4000 Bankautomaten von La Caixa kaufen. Es sind echte Eintrittskarten, mit denen man direkt (ohne den Umweg über den Reservierungsschalter) auf das Gelände gelangt. Testen konnten wir dieses Verfahren bislang jedoch leider nicht.

Bono Turístico Granada: Da auch für die Besitzer dieses 30 € teuren Sammeltickets (siehe dazu den Kasten weiter unten im Anschluss an den Alhambra-Text) ein gewisses Kontingent bereitgehalten wird, könnte es sich im Notfall eigentlich als Rettungsanker erweisen, doch noch in den Nasridenpalast zu kommen. Leider war der Bono genau hier an der Alhambra jedoch zuletzt nicht mehr erhältlich, man muss sich also vorher entscheiden oder hinab in die Stadt bemühen.

Internet-Info: www.alhambra-patronato.es, aktuelle Information über Öffnungszeiten, Eintrittspreise etc. Spanisch und Englisch.

• *Zugang* Im Südosten des Komplexes liegt unweit des Generalife der große, kräftig gebührenpflichtige Besucherparkplatz, an den sich der einzige Ticketschalter „Pabellón de Acceso" der Anlage (hier auch Vermietung von Audioguides, mit denen Leser recht zufrieden waren) und der Haupteingang anschließen.

Auto: Anfahrt über die Ronda Sur der Umgehungsstraße Circunvalación, gut beschildert.

Bus: Von der Plaza Nueva verkehren häufige Kleinbusse (1 €) der Nr. 30 zum Haupteingang, mit Nr. 32 besteht auch eine Verbindung via Plaza Nueva zum Albaicín.

Zu Fuß: Mehrere Möglichkeiten, immer aber ein ganzes Eck zu laufen. Die Standardroute führt ab der Plaza Nueva über die Cuesta de Goméraz und vorbei an der gesamten Burg zum Haupteingang. Romantischer, auch beschwerlicher, ist der Camino de los Chinos: Von den Plazas Nueva und Santa Ana entlang des Darro aufwärts; wo die Straße links zum Albaicín hinauf abbiegt, geht es rechts über den Fluss und dann unter Granat- und Nussbäumen den Berg hoch zum Großparkplatz und zum Ticketschalter.

Wer aus der Stadt kommt, trifft zunächst auf die *Puerta de la Justicia*. Eher Turm als Tor, hat sie ihren Namen von den Gerichtsverhandlungen, die hier abgehalten wurden. Für das Symbol der ausgestreckten Hand am Hufeisenbogen gibt es mehrere Deutungen; mancher sieht sie als Symbol der fünf Gebote des Islam (Bekennen der Einheit Gottes, Gebet, Fasten, Almosen, Wallfahrt nach Mekka), andere als Abwehr des „bösen Blicks" der Verurteilten. Das zweite Symbol, der Schlüssel, steht für den Eintritt ins Paradies. Durch einen Torgang gelangt man zum Zisternenplatz *Plaza de los Aljibes* zwischen Alcazaba und Nasridenpalast.

Wer schon sein Ticket hat, kann durch dieses Tor den Komplex betreten, alle anderen müssen noch gut einen halben Kilometer weiter zum Haupteingang beim Großparkplatz. Von dort geht es, nunmehr innerhalb des Mauerrings, quer durch das gesamte Gelände zur Festung Alcazaba. Ein mehrfach abknickender Torgang führt zur *Plaza de los Aljibes*, dem Zisternenplatz zwischen Alcazaba und Nasridenpalast und zum Königspalast. Man ist eine Weile unterwegs und muss vor dem Nasridenpalast zudem mit einer Warteschlange rechnen; wenn der „time-slot" unmittelbar bevorsteht, sollte man also nicht bummeln.

Alcazaba

Die Festung Alcazaba, schon vor der Nasridenzeit entstanden, ist der älteste Bereich der Alhambra und auch für ihren Namen verantwortlich: *Al-Hamra*, „Die Rote", wurde sie von den Mauren genannt, nach der rötlichen Farbe ihrer Tontürme. Der am weitesten zur Stadt vorgeschobene, 26 Meter hohe Turm *Torre de la Vela* kann bestiegen werden, was man sich nicht entgehen lassen sollte – der Blick auf die Stadt und die fruchtbare Flussebene Vega ist besonders in der Abenddämmerung superb.

Palacio Carlos V.

Der gewaltige Palast, den König Karl V. ab 1527 in die Alhambra setzen ließ, ruft unterschiedliche Reaktionen hervor. Verständliches Befremden einerseits, passt er doch so gar nicht in diesen islamischen Mikrokosmos; Nachsicht andererseits, da er die vor allem nach innen gekehrte Architektur der Nasriden nicht allzusehr stört und gleichzeitig als bedeutendstes Bauwerk der Hochrenaissance in Spanien gilt. Der quadratische Palast auf einem Grundriss von 63 Meter Seitenlänge blieb unvollendet; fertig gestellt wurde jedoch der kreisrunde Innenhof mit umlaufenden

Säulengalerien in jedem der beiden Stockwerke. Er wird oft mit einer Stierkampfarena verglichen, und genau so sieht er auch wirklich aus. Im *Museo de la Alhambra* (Di–Sa 9–14.30 Uhr, So/Mo geschlossen; gratis) ist eine beachtliche Ausstellung maurischen Kunsthandwerks zu sehen, das Museum der Schönen Künste *Museo de Bellas Artes* zeigt Skulpturen und Gemälde von Meistern wie Diego de Siloé und Alonso Cano.

Palacio Real

Der Höhepunkt der Alhambra. Der Königspalast der Nasriden, gelegentlich als „Achtes Weltwunder" bezeichnet, stammt in seinen Anfängen aus der Zeit von *Mohammed Al-Ahmar*, dem Begründer der Dynastie. Die prächtigsten Abschnitte entstanden jedoch unter Jussuf I. (1333–54) und Mohammed V. (1354–91). Von außen wirkt der Palast unscheinbar, aller Prunk konzentriert sich im Inneren. Verblüffend: Die Dekoration dieses himmlischen Traums besteht in weiten Teilen aus den gewöhnlichen Materialien Holz und Gips. Die verschlungenen Wandornamente, die filigranen arabischen Schriftzüge, die „Spinnweben Gottes" genannt wurden – schlichter Gips, der früher bunt bemalt war. Der Palacio Real gliedert sich in drei Bereiche, die räumlich streng getrennt sind: Der *Mexuar* diente Versammlungen und der Gerichtsbarkeit, *El Serrallo* war der eigentliche Palast. Der sich anschließende *Harem* war als „Allerheiligstes" nur den Herrschern, ihren Familien und Dienstboten zugänglich. Mittelpunkt jedes Traktes ist nach orientalischer Tradition ein Innenhof, auf den alle Räume münden.

Mexuar: Der Gerichts- und Empfangssaal der arabischen Herrscher ist mit farbigen Kacheln ausgekleidet, sogenannten Azulejos. In christlicher Zeit diente er als Kapelle. Der anschließende Innenhof *Patio de Mexuar* stellt die Verbindung zum eigentlichen Palast her. Ein Zugang führt zum *Cuatro Dorado*, dem „Goldenen Zimmer", dessen Mudéjar-Dekoration hauptsächlich aus der Zeit der Katholischen Könige stammt.

El Serrallo: Ein weiterer Raum leitet vom Mexuar zum *Patio de los Arrayanes* („Myrtenhof", auch: Patio de Comares) über, dem zentralen Innenhof des Serrallo. Zauber des Orients: Schlanke Säulen, hauchfeine Ornamente, ein wassergefülltes Zierbecken – alles atmet Leichtigkeit, ist von schwereloser Eleganz.

Im Norden des Myrtenhofs beherbergt der Turm *Torre de Comares* den gleichnamigen Saal, zu dem man durch einen schmaleren Vorraum gelangt. In dem auch als *Sala de los Embajadores* („Saal der Gesandten") bezeichneten Prunkraum empfing der Herrscher ausländische Diplomaten und hohe Gäste, hier stand sein Thron. Die Koransuren, Inschriften („Ich bin das Herz dieses Palastes"), geometrischen und pflanzlichen Ausschmückungen waren ein besonderes Steckenpferd von Jussuf I. Lange währte seine Freude daran nicht: 1354, kurz nach Fertigstellung der Dekoration, wurde er in der Moschee der Alhambra ermordet.

Harem: So großartig schon der Myrtenhof – der absolute Höhepunkt der Alhambra wird erst hier, im *Patio de los Leones*, erreicht. Der berühmte „Löwenhof", Glanzstück islamischer Architektur, ist das Herz des Harems. Dieser Trakt war das absolute Privatreich Mohammeds V., zugänglich nur für ihn, seine Frauen, Konkubinen und Kinder (Diener zählten nicht). Den Mittelpunkt des von fast schwerelosen Arkaden gesäumten und von drei Sälen umgebenen Hofs bildet der Brunnen mit zwölf wasserspeienden, gedrungenen Löwen, von dem vier kreuzförmig verlaufende Wasserrinnen ausgehen. Die *Sala de los Abencerrajes* an der Südseite des Hofs besitzt eine wunderbare, träumerisch beleuchtete Kuppeldecke in der Art von Honigwaben, die sich im Brunnen des Saals spiegelt. Herb ist der Kontrast zur schaurigen Metzelei an 36 Mitgliedern der Abencerrajes-Familie, die hier stattgefunden haben soll – die rostfarbenen Flecken im Brunnen und auf dem Fußboden, so die Legende, stammen von ihrem Blut.

In der *Sala de los Reyes*, an der Ostseite des Patios und ebenfalls prachtvoll mit Stalaktitenkuppeln geschmückt, ist ein Verstoß gegen den Koran zu sehen: ein Deckenfresko mit der Darstellung von zehn Männern, die man als Könige interpretierte (daher der Name „Saal der Könige") – der islamische Glaube verbietet jedoch figürliche Darstellungen. Die *Sala de las Dos Hermanas* („Saal der zwei Schwestern") hat ihren Namen von den zwei großen Marmorplatten am Boden; ihre Stalaktitenkuppel und die gesamte Ausstattung übertrifft noch die des „blutigen" Saals gegenüber. Von hier gelangt man zu einem kleineren Raum, dessen Balkon als *Mirador de Daraxa* (etwa: „Blick der Sultanin") bekannt ist.

Danach führt der Weg durch eine Reihe von Räumen, die der christliche König Karl V. während seiner Flitterwochen und auch danach noch gelegentlich bewohnte. In diesen *Habitaciones de Carlos V.* lebte und arbeitete 1829 der amerikanische Schriftsteller Washington

Der „Löwenhof": nur selten so leer

Irving; seine damals verfassten „Erzählungen aus der Alhambra" machten den allmählich verfallenden Palast weithin bekannt und verhinderten so dessen fortschreitende Zerstörung. *Los Baños Reales*, die „königlichen Bäder", erreicht man über Treppen und den *Patio de los Cipreses* („Zypressenhof"); sie bestehen aus mehreren Räumen (Ruheraum, Baderäume, Dampfbad) und wurden mehrfach umgebaut.

Jardines de Partal/Torres: Aus den Baderäumen gelangt man in die wunderbaren Gärten der Alhambra. Von hier aus kann man einen Rundgang entlang des guten Dutzends Türme (*Torres*) unternehmen, die den östlichen Bereich der Alhambra absicherten.

Generalife

„*Ein Paradies, für viele verschlossen,
Gärten, für wenige geöffnet*"

(Soto de Rojas über Granada, zitiert von Lorca)

Die Gärten des Generalife sind (den Besitz einer Eintrittskarte natürlich vorausgesetzt) für alle geöffnet, und sie kommen der Vorstellung des Korans bezüglich des Paradieses schon recht nahe – so nicht gerade mehrere Reisegruppen über sie herfallen. Am Morgen, wenn sich alles auf die Alhambra stürzt, und am Abend kann man dieses kleine Wunder aus Wasser, Blüten und Licht am schönsten genießen. Einst diente der Generalife als Sommersitz der Nasriden-Könige, die sich hier auch einen später mehrfach umgebauten Palast errichten ließen.

> **Bono turístico: Sammelticket für die wichtigsten Monumente**
>
> Das City-Ticket „Bono turístico Granada" gewährt freien Eintritt zur Alhambra mit Generalife, der Kathedrale, Capilla Real, Monasterio de la Cartuja, Monasterio de San Jeronimo, zum Archäologischen Museum und zum Museum des Parque de las Ciencias, enthält außerdem 9 Freifahrten für Busse und Kleinbusse sowie ein Tagesticket für den Rundfahrtbus von „City Sightseeing Granada". Für den Besuch der Alhambra muss beim Kauf festgelegt werden, ob man einen Morgen- oder einen Nachmittagstermin möchte, alle übrigen Monumente können frei besucht werden. Das Ticket ist fünf Tage lang gültig. Erhältlich ist die mit einem Magnetstreifen bestückte Sammelkarte bei dem „Audioguías"-Kiosk an der Plaza Nueva gleich neben der Abfahrtsstelle der Kleinbusse und im Museo Parque de las Ciencias, im Vorverkauf auch bei der Bank Caja Granada an der Plaza Isabel la Católica sowie in der Infostelle Centro Municipal de Recepción Turística nahe der Autobahnumgehung Circunvalación. Der Preis betrug zuletzt 30 €. Unter ✆ 902 100095 oder unter www.cajagranada.es kann der „Bono" zu einem Aufpreis von 2,50 € auch bei der genannten Bank reserviert werden, man spricht Englisch. Weitere Infos z. B. unter www.granadatur.com.

La Antequeruela

Eine weitere Möglichkeit des Abstiegs von der Alhambra zur Innenstadt, beziehungsweise des Aufstiegs in umgekehrter Richtung, bietet der Weg durch das Viertel Antequeruela.

Benannt ist das Gebiet nach den Mauren, die einst aus der Stadt Antequera vertrieben und dann hier angesiedelt wurden. Das ruhige Viertel mit seinen schönen, großzügigen Häusern erstreckt sich zwischen dem Campo Principe und dem großen, im 16. Jh. angelegten Park des Alhambrahügels. Verehrer des Komponisten Manuel de Falla können in der Straße Antequeruela Alta sein Wohnhaus besichtigen, in dem das Museum *Casa Museo Manuel de Falla* (Di-Sa 10-13.30 Uhr, Führungen 2 €) untergebracht ist. Ganz in der Nähe sind im modernen *Centro Cultural Manuel de Falla* gelegentlich die Werke des Meisters zu hören. Wiederum nicht weit entfernt liegen am „Märtyrerfeld" Campo de los Mártires die romantischen, jüngst restaurierten Gartenanlagen *Carmen de los Mártires* (Mo-Fr 11-14, 17-19 bzw. im Winter 16-18 Uhr, Sa/So 10-18 Uhr; im August geschlossen; gratis), die überwiegend aus dem 19. Jahrhundert stammen. Als Abschluss, oder im Fall eines Aufstiegs als Auftakt, empfiehlt sich eine Rast in einer der Terrassenbars am Platz *Campo Príncipe*.

Albaicín

Der älteste Ortsteil der Stadt ist noch sehr ursprünglich geblieben und scheint sich seit Jahrhunderten kaum verändert zu haben.

Nicht umsonst wurde der Albaicín von der Unesco zum Weltkulturerbe ernannt. Zwar schließen viele der Besichtigungsfahrten zur Alhambra einen Besuch des Albaicín mit ein; am Abend gehört er jedoch wieder dem Alltagsleben seiner Bewohner. Dann ist auch die beste Zeit, an der *Plaza Larga* ein paar Tapas zu nehmen und sich an der maurisch beeinflussten Architektur der weißen Häuser zu erfreuen.

Provinz Granada / Granada

Wasserspiele und Blütenpracht: die Gärten des Generalife

- *Busverbindungen zum Albaicín* Alle Abfahrten ab der Plaza Nueva. Hinauf zum Albaicín fahren die Kleinbuslinien Nr. 31 und 32 (letztere auch von und zur Alhambra), die Verbindung zum Sacromonte bildet die Nr. 34. Bei Nr. 32 und 34 darauf achten, die richtige Fahrtrichtung zu erwischen. Günstige Preise – zuletzt kostete die Fahrt gerade mal 1 €.

El Bañuelo: Eine außerordentlich gut erhaltene arabische Badeanlage, gelegen an der Uferstraße des Darro auf Nr. 34. Der Bau des 11. Jh. weist mehrere Räume auf, die ihr Licht durch sternförmige Deckenfenster erhalten. Auch die Säulen lohnen nähere Betrachtung, gehen manche Kapitele doch bis auf westgotische oder gar römische Zeiten zurück.
Öffnungszeiten Di–Sa 10–14 Uhr; Eintritt frei.

Museo Arqueológico: Nur einige Meter weiter sind im Renaissancepalast *Casa de Castril* Fundstücke aus der langen Vergangenheit Granadas und seiner Provinz ausgestellt. Die zeitliche Skala reicht von der Vorgeschichte über die römische und westgotische Periode bis hin zur Maurenzeit. Carrera del Darro 41.
Öffnungszeiten Mi–Sa 9–20.30 Uhr, Di 14.30–20 Uhr, So 9–14.30 Uhr, Mo geschlossen; der Eintritt für EU-Bürger ist frei, sonst 1,50 €.

Mirador de San Nicolás: Im Gassengewirr des oberen Albaicín, bei der gleichnamigen Kirche. Die Terrasse bietet einen wahren Postkartenblick auf die Alhambra, am eindrucksvollsten am späten Nachmittag. Gleich neben dem Mirador wurde 2003 die erste Moschee Granadas seit mehr als 500 Jahren eröffnet, die *Mezquita Mayor*, finanziert unter anderem von Marokko und den Vereinigten Arabischen Emiraten. Granada, in einer Broschüre die „Islamische Hauptstadt Europas" genannt, besitzt eine recht bedeutende moslemische Gemeinde: Rund 15.000 Einwohner sollen sich heute zum Islam bekennen, ein Zehntel davon sind zum islamischen Glauben übergetretene Spanier. Die Gärten, die einen schönen Alhambrablick bieten, können besichtigt werden (11-14, 18-20 Uhr); die Gebetsräume freilich sind nur für Moslems zugänglich.

- **Sacromonte:** Der „heilige Berg" steigt östlich oberhalb des Albaicín an und ist durchlöchert von zahllosen Höhlen, in denen teilweise noch Gitanos leben. Der Sacromonte gilt zwar als das „Flamenco-Viertel" Granadas, genießt jedoch auch in punkto Nepp und Schlepp einen gewissen Ruf. An Wochenenden während der Vorlesungszeit werden manche der Flamencohöhlen zu Discos umfunktioniert. Der Camino del Sacromonte, quasi die „Hauptstraße" des Viertels, führt schließlich zur *Abadía del Sacromonte*, einer im 17. Jh. errichteten Abtei, die auf Führungen (Di–Sa von 11–13, 16–18 Uhr; So 16-18 Uhr, im Winter auch 11–12 Uhr; 3 €); besichtigt werden kann.

  Centro de Interpretación Sacromonte: Bereits weit vor der Abadía gelangt man linker Hand des Camino del Sacromonte zu diesem privat geführten Völkerkundemuseum des „Heiligen Bergs". Neben einem Naturlehrpfad sowie einem Aussichtspunkt mit Alhambra-Blick interessieren vor allem die in den Fels gegrabenen Höhlen; eine wurde als Wohnhöhle eingerichtet, andere als Küche, Kräuterapotheke oder als Stall. Höhlen-Werkstätten veranschaulichen verschiedene traditionelle Handwerke der Gitanos wie die heute fast ausgestorbene Korbflechterei, die Weberei (ein arabisches Erbe) oder die Schmiedekunst, eine besondere Spezialität der Gitanos.
  Öffnungszeiten Im Sommer Di–So 10–14, 17–21 Uhr; im Winter Di–So 10–14, 16–19 Uhr; Eintritt zum Gesamtkomplex 4 €, nur zum Naturlehrpfad und Aussichtspunkt 1 €. www.sacromontegranada.com.

Unterstadt

Hier sind mit der Kathedrale und der Capilla Mayor die bedeutendsten Sehenswürdigkeiten des christlichen Granada zu bewundern, doch finden sich auch maurische Reminiszenzen.

- **Capilla Real und Catedral:** Die Kathedrale, errichtet auf einer Moschee, bildet mit der Grabkapelle der Katholischen Könige eine bauliche Einheit. Gegenüber der Capilla Real fällt der Palacio de la Madraza ins Auge, die ehemalige maurische Universität (arab.: Madrasa), zugänglich leider nur bei Ausstellungen.

  • *Öffnungszeiten* Kathedrale Mo–Sa 10.45-13.30, 16–20 Uhr (Winter 19 Uhr), So 16–20 Uhr, morgens zur Messe geöffnet. Eintrittsgebühr 3,50 €, Eingang an der Gran Via de Colón. Capilla Real 10.30–13, 16–19 Uhr (Winter 15.30–18.30 Uhr), So erst ab 11 Uhr; Eintritt weitere 3,50 €. Zusammengenommen wird man beim Besuch von Kathedrale und Capilla Real also deftige sieben Euro los, was mancher Leser überzogen fand. Zugang über die Calle Oficios, eine Seitengasse der Gran Via. Die Gitanas, die hier Nelken oder Rosmarinsträußchen scheinbar zum Geschenk anbieten, ignoriert man besser: Wer zugreift, hat schon verloren und muss löhnen – und sollte dabei gut auf seine Barschaft aufpassen.

  Capilla Real: Die Eroberung der letzten maurischen Bastion war für die Katholischen Könige *Isabella* und *Ferdinand II.* von solcher Bedeutung, dass sie Granada zu ihrer Begräbnisstätte wählten. Die als solche in Auftrag gegebene Capilla Real wurde erst nach dem Tod der beiden fertig gestellt; 1521 überführte man ihre Särge hierher von der Alhambra hierher. Im Inneren auffallend zunächst das kunstvoll gearbeitete, vergoldete Ziergitter *Reja* als Abschluss des Grabraums. Das von dem italienischen Bildhauer *Fancelli* gefertigte *Grabmal der Katholischen Könige* (rechts) ist von eindrucksvollem Realismus. Das ähnliche, künstlerisch aber weniger bedeutende Grabmal links daneben ist Johanna der Wahnsinnigen, der Tochter der Katholischen Könige, und ihrem habsburgischen Mann Phillip dem Schönen gewidmet. Das kleine *Museum* neben dem Grabraum enthält Krone und Zepter Isabellas und das Schwert Ferdinands; daneben zahlreiche Gemälde vor allem flämischer Meister aus dem Privatbesitz der Königin.

Catedral Santa María de la Encarnación: Eingang an der Gran Via de Colón. Die als Siegesmonument gedachte Kathedrale wurde 1523, also relativ spät, begonnen, 1561 unfertig geweiht und erst 1707 endgültig beendet. Trotz der langen Bauzeit gilt die fünfschiffige Kirche als eines der Hauptwerke der spanischen Renaissance. Beteiligt waren architektonische Größen wie *Diego de Siloé* und *Alonso Cano*.

▸ **Alcaicería/Plaza Bib-Rambla:** Etwa zwischen den Gassen Calle Oficios/Libreras und Calle Zacatín erstreckt sich im Süden der Kathedrale das Gässchengewirr des früheren maurischen Basars *Alcaicería*. Obwohl durch einen Brand des 19. Jh. zerstört, wird ein Teil der ehemaligen Ladengeschäfte heute wieder genutzt. Die *Plaza Bib-Rambla*, südwestlich der Alcaicería, ist das nostalgische Herz dieses Stadtbezirks.

San Jerónimo: Das Kloster *San Jerónimo* (täglich 10–14.30, 16–19.30 Uhr bzw. im Winter 15–18.30 Uhr, Eintritt 3 €) liegt einige hundert Meter nordwestlich der Plaza Bib-Rambla. 1496 als erstes Gotteshaus nach der Rückeroberung Granadas geweiht, besitzt die Klosterkirche einen beachtenswerten Renaissance-Altar und einen wunderhübschen, lauschigen Kreuzgang.

▸ **Corral de Carbón:** Oft übersehen wird dieses älteste Relikt der Maurenzeit, das sich in einer kleinen Seitenstraße jenseits der Calle Reyes Católicos befindet und über die Calle Rubio zu erreichen ist. Es handelt sich um eine ehemalige *Karawanserei*, eine Mischung aus Herberge und Marktplatz: Im Innenhof waren zu ebener Erde Stallungen für Reit- und Tragetiere sowie die Verkaufsräume untergebracht, im oberen Stock logierten die Händler.

▸ **Monasterio de la Cartuja:** Das Kartäuserkloster am Paseo de Cartuja, weit im Norden der Stadt, lohnt den Weg insbesondere für Liebhaber überladener Kirchenausstattungen: Die Dekoration der Sakristei gilt als bestes Beispiel des *Churrigueresco*-Stils, des äußerst üppigen spanischen Barock.
Öffnungszeiten Täglich 10–13 Uhr, 16–20 Uhr (Winter 15.30–18 Uhr); Eintrittsgebühr 3,50 €.

▸ **Parque de las Ciencias:** Weit im Süden der Stadt, schon jenseits des Río Genil, steht dieses Museum besonderer Art. Die Naturwissenschaften werden hier nicht trocken erklärt, sondern interaktiv vermittelt: „Se puede tocar" – Anfassen und Ausprobieren sind angesagt. Angeschlossen ist ein Planetarium.
● *Lage und Öffnungszeiten* An der Avenida Mediterráneo s/n, jenseits des Camino de Ronda, am besten zu erreichen mit Bus Nr. 1 ab der Gran Vía. Geöffnet ist Di–Sa 10–19 Uhr, So 10–15 Uhr; in der zweiten Septemberhälfte war in den letzten Jahren regelmäßig geschlossen. Eintrittsgebühr 5 €, Planetarium 2 €; Kinder und Jugendliche bis 18 Jahre ermäßigt.
www.parqueciencias.com.

▸ **La Huerta de San Vicente:** Die *Casa-Museo de Lorca*, der frühere Sommersitz der Familie des großen andalusischen Dich-

Grabstätte der Könige: Capilla Real

ters Federico García Lorca, ist erst seit wenigen Jahren der Öffentlichkeit zugänglich. Das komplett renovierte Haus liegt am Rand eines Parks und verfügt teilweise noch über die Originaleinrichtung, darunter auch der Schreibtisch Lorcas.

• *Lage und Öffnungszeiten* Das Gelände liegt südwestlich des Zentrums, schon jenseits des Camino de Ronda, zu erreichen z.B. mit Bus Nr. 11, Haltestellen Camino Ronda 4 oder 5. Geöffnet ist Di–So 10–12.30, 17–19.30 Uhr (Winter 16–18.30 Uhr), im Juli/August zuletzt nur 10-14.30 Uhr. Führungen alle 30 Minuten, Eintritt 3 €, Mi gratis.

Umgebung von Granada

Auf den Spuren von Federico García Lorca

▶ **Fuentevaqueros**: Lorcas Geburtsort liegt westlich von Granada, etwa auf der Höhe des Flughafens. Im Haus, in dem der Dichter 1898 das Licht der Welt erblickte, ist heute ein kleines Museum untergebracht.

• *Verbindungen/Öffnungszeiten* Ureña-Busse etwa stündlich ab Granada, Haltestelle in der Avda. Andaluces beim Bahnhof. Zuletzt war wegen Renovierung geschlossen; geplante Öffnungszeiten: Di–Sa 10–13, 17–19 Uhr (letzter Zugang 18 Uhr). Führungen beginnen jeweils zur vollen Stunde, Dauer etwa 20 Minuten. Die Eintrittspreise standen noch nicht fest, dürften aber niedrig ausfallen.

> ### Federico García Lorca
>
> Federico García Lorca (1898–1936) war der wohl bedeutendste spanische Lyriker des 20. Jahrhunderts. Seinen meist den Zigeunern Andalusiens gewidmeten Werken („Romancero Gitano", „Poema del Cante Jondo"), wurde oft ein Hang zur „Volkstümelei" nachgesagt, das Zeichnen eines folkloristischen Spanienbilds vorgeworfen. Sprachgewalt und immenses Rhythmusgefühl Lorcas dürften aber außerhalb jeden Zweifels stehen. Lorca war auch Dramatiker, seine „Bluthochzeit", verfilmt von Carlos Saura, läuft gelegentlich in den Programmkinos.

▶ **Viznar**: Das kleine Dorf nördlich der A 92, noch vor dem Pass Puerta de la Mora, ist auf tragische Weise mit dem Namen des Poeten verknüpft. 1936 wurde Lorca, der sich stets als völlig unpolitischen Menschen bezeichnet hatte, in der Umgebung von Viznar von Franco-Anhängern erschossen. Zur Erinnerung hat man im Gebiet den *Parque Federico García Lorca* eingerichtet.

Parque Nacional de la Sierra Nevada

Die Gebirgskette südlich Granadas bildet die höchste Erhebung des spanischen Festlands. Seit 1989 unter Naturschutz gestellt, ist der Kern des Gebiets seit 1999 sogar als Nationalpark ausgewiesen.

Die hohe, wenn auch reichlich spät erfolgte Aufmerksamkeit der staatlichen Naturschützer verdiente sich das „Schneegebirge" mit seinem reichen Reservoir an seltenen Tier- und Pflanzenarten. Die Sperrung der bis dahin „höchsten befahrbaren Straße Europas", die nahe des Veleta über den Hauptkamm der Sierra führt, war deshalb nur konsequent. Wanderer freilich können auf dieser Straße mittels der Busse der Parkverwaltung (siehe unten) den Gipfelsturm auf den 3396 Meter hohen Veleta unternehmen. Auch als Skigebiet ist die Sierra Nevada beliebt.

Von Granada in die Sierra (und auf den Veleta)

Die A 395, eine etwa 50 Kilometer lange und gut ausgebaute Asphaltstraße, beginnt in Granada nahe des Paseo del Salon. Schneller zu erreichen ist sie über eine Ausfahrt der Ronda Sur, des südlichen Abschnitts der Umgehungsstraße Circunvalación. Zunächst verläuft die Strecke flach im Tal des Río Genil, doch dann folgen gute 20 Kilometer Serpentinen mit Steigungen bis 12 Prozent. Unterwegs bieten sich immer wieder fantastische Ausblicke auf die Ebene von Granada. Ein Stopp lohnt sich beim Infozentrum El Dornajo, den architektonisch wenig erfreulichen Wintersportort Pradollano kann man als Nichtskifahrer eher rechts liegenlassen. Auf etwa 2550 Metern ist dann der Albergue Universitario, einem Parkplatz, einer Bar und mehreren Verkaufsständen Schluss: Am Informations- und Kontrollpunkt *Control Hoya de la Mora* wird Normalsterblichen die Durchfahrt verwehrt. Weiter kommt man nur noch zu Fuß oder mit den Kleinbussen der Parkverwaltung.

• *Information* Recht gute Auskünfte vorab gibt es bei den Infostellen in Granada.
Centro de Visitantes El Dornajo, an der Straßengabelung bei km 23. Das Hauptbesucherzentrum des Nationalparks, geöffnet im Sommer 10–14.30, 16.30–19.30, im Winter 10–14, 16–18 Uhr. ✆ 958 340625.
Servicio de Interpretación, im Albergue Universitario, ✆ 630 959739 (mobil).
• *Verbindungen* **Bus**: Bonal-Busse fahren im Sommer 1-mal täglich von und zum Busbahnhof Granada, siehe auch dort. Die Endhaltestelle in der Sierra Nevada liegt beim Albergue Universitario, unweit des Kontrollpunkts Hoya de la Mora. Abfahrt in Granada zuletzt gegen 9 Uhr, Ankunft gegen 10 Uhr, Rückfahrt um 16.30 Uhr, diese Zeiten können sich aber natürlich ändern, deshalb vorher abklären.
Kleinbusse der Parkverwaltung: Die genauen Modalitäten ändern sich fast jährlich, prinzipiell besteht diese Verbindung jetzt jedoch schon seit einigen Jahren. Vom Kontrollpunkt Hoya de la Mora bzw. zuletzt direkt vom Albergue Universitario verkehren „Microbus" genannte Kleinbusse bis ins Gebiet von Posiciones del Veleta auf rund 3000 Meter Höhe unterhalb des Veleta. Abfahrten je nach Wetterlage etwa von Anfang Juli bis Ende September, Anfang Oktober; zu Beginn und Ende der Verkehrsperiode kann es vorkommen, dass die Busse nur am Wochenende fahren. Recht häufige Frequenzen, jedoch Pause zur Siesta. Fahrpreis etwa 8 € hin und zurück, der Zeitpunkt der Rückfahrt muss beim Ticketkauf fest reserviert und unbedingt auch eingehalten werden – sofern Platz ist, nehmen einen die Busse zwar auch zu einem anderen Zeitpunkt mit, falls sie voll sind, bleibt

man jedoch stehen. Info- und Reservierungstelefon: 630 959739 (mobil).
Auto: Bis Pradollano, eventuell auch bis zur Sperre, wird geräumt. Gut in Schuss (Bremsen!) muss der Wagen schon sein.
• *Übernachten/Camping* In Pradollano (siehe unten) eine ganze Reihe höherklassiger Hotels, die aber großteils nur zur Skisaison geöffnet sind.
Albergue Universitario, ganz oben am Ende der befahrbaren Straße. Langjährig in Betrieb, unter Leitung des auf Bergtouren spezialisierten Reiseunternehmens Nevadensis aus den Alpujarras. Übernachtung (Stockbetten, es gibt aber auch EZ und DZ) mit Halbpension pro Person 33 €; dies gilt zur Nebensaison im Sommer – zur Skisaison im Winter herrscht hier wesentlich mehr Betrieb. Carretera de Sierra Nevada, km 38, ✆ 958 480122, ✉ 958 763301, www.nevadensis.com.
Camping Ruta del Purche, 2. Kat., etwas abseits der Hauptstraße von Granada in die Sierra. Zwei Zufahrten, etwa bei km 16 (eng und steil) und km 18 (etwas besser, vorzuziehen). Reizvoll und ruhig gelegener Platz, sehr gute Sanitärs, kleiner Pool. Freundliche Leute, der Besitzer hat sieben Jahre in Stuttgart gearbeitet. Es gibt einen Laden und ein gutes und günstiges Restaurant, in dem auch einfache Zimmer vermietet werden, sowie einen Veranstalter des „turismo activo", der u. a. Wander- und Mountainbiketouren offeriert. Ganzjährig geöffnet. P.P., Auto, Zelt je etwa 5 €. ✆ 958 340408, ✉ 958 340407, www.rutadelpurche.com.
• *Bergtouren, Schutzhütten, Camping im Park* Informationen über Bergtouren und Schutzhütten gibt es beim Bergclub Federación Andaluza de Montañismo in Grana-

Andalusien

da, siehe dort unter „Adressen", aber auch im Besucherzentrum El Dornajo. Es existieren etwa ein halbes Dutzend Berghütten „Refugios de Montaña". Biwakieren und Camping über Nacht (kein „wildes" Zelten) ist nach Anmeldung in bestimmten Gebieten oberhalb von 1600 Meter Höhe gestattet, Infos in El Dornajo.

• *Wanderkarten* **Editorial Penibética**, Parque Nacional Sierra Nevada/La Alpujarra, 1:50.000, mit Begleitheft und Wandervorschlägen, sogar auf Deutsch.
Editorial Alpina, Sierra Nevada/La Alpujarra, 1:40.000, ebenfalls mit Begleitheft, das es zumindest auf Englisch gibt.

Auf den Veleta: Vom Kontrollpunkt Hoyo de la Mora bis hinauf zum Veleta und zurück sind es knapp sechs Stunden reine Gehzeit, insgesamt nicht allzu steil, da es sich großteils ja um eine ehemalige Fahrstraße handelt; erst später geht es dann in Serpentinen links hoch zum Gipfel. Nutzt man die Kleinbusse der Parkverwaltung bis hinauf zum rund 3000 Meter hoch gelegenen Gebiet von Posiciones del Veleta, so verkürzt sich der Weg erheblich: Auf- und Abstieg zum Gipfel dauern hin wie auf demselben Weg wie oben nur noch etwa zweieinhalb Stunden. Generell gilt: Gehen Sie nur bei besten Wetterverhältnissen und vermeiden Sie auch sonst jegliche Risiken, Sie bewegen sich in hochalpinem Gebiet! Ausreichenden Wasservorrat, festes Schuhwerk, warme Kleidung und Sonnenschutz nicht vergessen! Die Aussicht vom zweithöchsten Berg des Festlands ist natürlich superb: Im Norden reicht der Blick weit über die Vega von Granada, im Süden bei klarem Wetter über die Alpujarra bis zur Küste, mit besonderem Glück sieht man gar die Berge Afrikas. Überragt wird der Veleta nur noch vom weiter östlich gelegenen *Mulhacén*, mit 3482 Metern der höchste Berg der iberischen Halbinsel und benannt nach Mulay Hacén, dem Vater des letzten Maurenherrschers, der hier auf dem Gipfel begraben worden sein soll.

▶ **Pradollano – Skifahren in der Sierra Nevada**: Solange Schnee liegt, wird im ehemaligen WM-Ort über mangelnde Nachfrage nicht geklagt. Doch so gut besucht das südlichste Skigebiet Europas im Winter ist, so ruhig geht es hier außerhalb der weißen Saison zu. Mit günstigen Übernachtungsstarifen und verschiedenen Sportmöglichkeiten versucht Pradollano nun, auch Sommergäste zu locken. Außerhalb der spanischen Hauptreisezeit im August macht die Siedlung aber immer noch häufig einen fast verlassenen Eindruck.

• *Übernachten* Knapp zwei Dutzend Unterkünfte, im Sommer viele geschlossen. Die HS läuft meist von Dezember bis April, die Preise liegen alles andere als niedrig. Am besten fährt man mit Pauschalangeboten und Packages, die man direkt bei der Station buchen kann: Info- und Reservierungstelefon 902 708090, www.sierranevadaski.com.
**** **Meliá Sierra Nevada**, im Zentrum von Pradollano, nicht weit von den Liften. Eines von drei Hotels der bekannten Kette hier oben. Großer, komfortabler Bau mit über 220 Zimmern; Disco, Geschäfte, Hallenbad – alles da. DZ/F etwa 130–260 €. Pradollano s/n, ✆ 958 480400, ✆ 958 480458, www.solmelia.es.
Jugendherberge Albergue Juvenil, etwas oberhalb des Zentrums von Pradollano; Skiverleih, Sauna. Mehr als 300 Betten, im Winter dennoch oft belegt. Offiziell ganzjährig geöffnet, aber unbedingt telefonisch gegenchecken. Peñones 22, ✆ 958 480305, ✆ 958 481377.
• *Skifahren* Je nach Schneelage dauert die Saison etwa von Mitte November bis in den Mai. Zwischen Pradollano und dem Veleta liegen insgesamt 23 Lifte und 79 markierte Abfahrten mit einer Gesamtlänge von fast 60 Kilometern. Die hiesigen Pisten sind überwiegend leicht bis mittelschwer, es gibt aber auch einige „schwarze" Abfahrten. Der Tageskartenpreis liegt etwa auf Alpenniveau (zur HS zuletzt etwa 35 €), Leihausrüstungen in Pradollano erhältlich.

Letztes Refugium der Mauren: die Alpujarras

La Alpujarra granadina

Die Alpujarra granadina bildet den zur Provinz Granada zählenden Teil einer von tiefen Tälern durchschnittenen Gebirgslandschaft südlich des Hauptkamms der Sierra Nevada.

Von der Provinzhauptstadt aus erreicht man sie am schnellsten über die A 44 Richtung Küste, dann weiter auf der A 348 Richtung Lanjarón/Orjiva. Die Gebirgsregion der Alpujarras teilt sich in die Alpujarra almeriense in der Provinz Almería und die Alpujarra granadina, die zur Provinz Granada gehört. Schon zu Zeiten der Keltiberer besiedelt, waren beide Alpujarras vergessenes Land, als sich Berber, die aus dem Gebiet um Sevilla geflohen waren, im 12. Jh. hier niederließen. Nach der christlichen Eroberung Granadas zogen sich auch viele der dortigen Mauren in die unwegsame Region zurück. 1570 wurden sie auch hier vertrieben, statt ihrer Galicier und Asturier angesiedelt. Das maurische Erbe ist jedoch heute noch präsent. So sind die komplizierten Bewässerungsanlagen, wenn auch erneuert und angepasst, ebenso maurischen Ursprungs wie die kunstvolle Terrassierung der Hänge, die vielerorts das Landschaftsbild prägt. Mittlerweile regt sich in den Bergdörfern eine moderate Form des Fremdenverkehrs. Mancherorts gibt es sogar schon Veranstalter des „Turismo activo", die Mountainbiking, geführte Touren oder Reitausflüge anbieten.

Die Alpujarra granadina gliedert sich in die höher und zur Sierra Nevada hin gelegene *Alpujarra alta* im Norden und die wesentlich tiefer liegende *Alpujarra baja* im Süden, die die Hänge der Sierra de la Contraviesa besetzt. In den üppig grünen Tälern gedeihen Orangen, Zitronen und Feigen, wird exzellenter Rotwein angebaut; in höheren Lagen bestimmen Wiesen und ausgedehnte Laubwälder das Bild.

Autofahrern bietet sich eine Rundtour an, die sowohl die hohe als auch die tiefere Alpujarra granadina einschließt. Östliche „Wendepunkte" liegen beim Dorf *Cádiar* (von Granada und zurück insgesamt etwa 220 Kilometer) oder erst in *Ugíjar* (etwa 260 Kilometer). Zudem sind eine ganze Reihe von Kombinationen denkbar, z. B. auf der A 337 über den 1993 Meter hohen Pass Puerta de la Ragua nach *Guadix* oder über die A 348 weiter in die Alpujarra almeriense in der Provinz Almería (siehe auch dort). Zeit sollte man genug einplanen, denn die kurvenreichen Sträßchen senken den Reiseschnitt enorm.

> ### Volkstümliche Architektur in der Alpujarra granadina
> Auch in der Architektur der Alpujarra-Dörfer zeigt sich der maurische Einfluss noch heute. Die kubenförmigen, niedrigen Häuser mit ihren oft fast meterdicken Mauern entsprechen einem Baustil, dem man auch im Hohen Atlas in Marokko begegnen kann. Innen wie außen weiß verputzt, sind sie aus den Materialien der Region errichtet: Stein, Lehm und Kastanienholz, seltener wird auch Kiefer benutzt. Wohl das auffälligste Charakteristikum der Alpujarra-Architektur sind die Flachdächer *terraos*, auf denen nicht nur Wäsche aufgehängt wird, sondern auch Mais und Kartoffeln gelagert, Tomaten und Pfefferschoten getrocknet werden. Abgedichtet werden diese Dächer durch die wasserundurchlässige sogenannte *launa*, eine schieferartige Magnesiumtonerde.

- *Information* In Granada, siehe dort; in Lanjarón ein kleines Büro an der Hauptstraße.
- *Verbindungen* **Bus**: ALSINA GRAELLS bedient die Strecke von Granada über Lanjarón und weiter durch die Alpujarra alta über Trevélez bis Berchules und Alcultar; Busse bis zum Endpunkt 2-mal, bis Trevélez 3-mal täglich. Häufigere Busse zwischen Granada und Lanjarón/Orjiva (Orgiva).

In die Alpujarra alta

Landschaftlich auf jeden Fall die reizvollste Region der Alpujarra von Granada, zudem in punkto Unterkunftsmöglichkeiten und Restaurants besser auf Reisende eingestellt.

▶ **Lanjarón**: Die der Hauptstraße Granada–Motril am nächsten gelegene Siedlung sieht auch die meisten Gäste. Der Grund dafür ist nicht nur in der leichten Erreichbarkeit Lanjaróns, sondern auch in seinem Status als Kurort zu suchen: Das Dorf ist bekannt für die Qualität seines in ganz Spanien erhältlichen Mineralwassers.

- *Übernachten* Im Winter hat Lanjarón praktisch durchgehend geschlossen.
*** Hotel Miramar, erste Adresse in Lanjarón; mit Swimmingpool und Garage. Wie die meisten Hotels an der Hauptstraße gelegen. Geöffnet Mitte März bis Ende Oktober, DZ etwa 70 €. Avenida Andalucía 10, 958 770161, www.elhotelmiramar.com.
** Hotel Central, eine gute und relativ preisgünstige Adresse. Ausgesprochen geräumige Zimmer, Garage vorhanden, freundliche Leitung. DZ/Bad nach Saison etwa 45-50 €. Avenida Andalucía 21, 958 770108, www.galeon.com/hotelcentral.

▶ **Orjiva** (auch: Orgiva): Mit gut 5000 Einwohnern der Hauptort der Alpujarra granadina, Marktstädtchen und Versorgungszentrum, außerdem bescheidener Verkehrsknotenpunkt: Hier trennen sich die Wege in die Alpujarra alta und die Alpujarra baja.

- *Übernachten* ***** Hotel Taray Botánico**, etwas außerhalb an der Landstraße nach Süden. Komfortabel und gut ausgestattet, hübscher Swimmingpool, Garten, Reitmöglichkeit. Ganzjährig geöffnet. DZ etwa 80 €, es gibt auch Suiten. Carretera Tablate-Albu-

Provinz Granada / La Alpujarra alta

ñol, km 18,5, ☎ 958 784525, ℻ 958 784531, www.hoteltaray.com.

* Hotel Mirasol, im Ort nahe der Brücke. Ein passables Quartier in dieser Klasse, mit Heizung und Lift. DZ/Bad 45 €, in der angeschlossenen Einsterpension noch günstiger. Avenida González Robles 5, ☎ 958 785108, ℻ 958 785159.

• *Camping* **Puerta de la Alpujarra**, 2. Kat., ein 2003 eröffneter Platz, der etwa 1,5 km außerhalb des Ortes neben der Straße in Richtung Lanjarón liegt. Gestuftes Hanggelände mit Aussicht, Schatten mäßig bis mittel, Pool. Gute Ausstattung inklusive Bar-Restaurant, Einkauf etc. An Wochenenden gelegentliche Musikveranstaltungen. Ganzjährig geöffnet, p.P. etwa 4,50 €, Parzelle 9 €. ☎/℻ 958 784450, www.campingpuertadelaalpujarra.com.

▸ **Pampaneira**: Das heimelige Dorf liegt schon im tiefen Einschnitt des *Valle de Poqueira*, das mit einem dichten Netz allerdings nicht markierter Wege ein beliebtes Wandergebiet darstellt; die Nebenstraße in dieses Hochtal zweigt aber erst einige Kilometer außerhalb ab. Zusammmen mit Bubión und Capileira zählt Pampaneira zu den touristisch am weitesten entwickelten Siedlungen der Alpujarra.

• *Information* **Centro de Visitantes Pampaneira**, am Hauptplatz Plaza de la Libertad s/n, ☎ 958 763127. Halbprivate Initiative, Öffnungszeiten: So/Mo 10–15 Uhr, Di–Sa 10–14, 17–19 Uhr bzw. im Winter 16–18 Uhr.

• *Übernachten* *** Pensión Pampaneira**, nicht weit vom Parkplatz am Ortseingang. Geräumige Zimmer und gute Bäder. Ganzjährig geöffnet. Eine Bar ist angeschlossen, dort fragen. DZ etwa 40 €. Avenida de la Alpujarra 1, ☎ 958 763002.

Bubión, oberhalb im Tal an der Straße nach Capileira, liegt schon auf rund 1300 m Höhe. Wie in den Nachbarorten gibt es auch hier Werkstätten, die Keramik und Teppiche produzieren und verkaufen. Entlang der Hauptstraße findet sich eine Reihe von Bars und Restaurants, die teilweise sehr schöne Aussicht auf das Tal bieten. Der eigentliche Ortskern erstreckt sich unterhalb der Straße, ein Labyrinth enger Gassen, weißer Häuser und sprudelnder Brunnen.

Architektonisch reizvoll: Pampaneira

• *Übernachten* **** Pensión Las Terrazas**, unterhalb der Hauptstraße. Freundliche Pension in einer Lage, die dem Namen Ehre macht. Nette Besitzer. Schlichte, aber hübsche und gepflegte Zimmer; ruhige Lage. Gemütlicher Aufenthaltsraum mit TV, Frühstücksterrasse, Internet-Zugang. Ganzjährig geöffnet. DZ/Bad ca. 35 €; auch Apartments. Placeta del Sol s/n, ☎ 958 733217 o. 958 763034, ℻ 958 763252, www.terrazasalpujarra.com.

▸ **Capileira** ist auf 1436 m das höchstgelegene der Dörfer im Poqueira-Tal. Wanderern bieten sich gute Möglichkeiten, vor allem in der Schlucht des Valle del Poqueira. Dank einer Kleinbuslinie der Parkverwaltung ist jetzt auch die alpine Bergwelt der Sierra Nevada bequem zu erreichen. Sogar die Besteigung des Mulhacén, des höchsten Bergs der Iberischen Halbinsel, macht die Kleinbusverbindung als Tagestour möglich.

378 Andalusien

- *Information* **Servicio de Interpretación de Altas Cumbres**, eine Infostelle der Parkverwaltung, gleich bei der Bushaltestelle. Im Sommer (etwa Juli–September) täglich 9–14, 17–20 Uhr geöffnet, sonst wechselnd. Hier auch Reservierung der Kleinbusse der Parkverwaltung. ✆ 958 763486, Mobil-✆ 686 414576.

- *Verbindungen* **Kleinbusse der Parkverwaltung**: Ab der Bushaltestelle verkehren auch Kleinbusse der Parkverwaltung hinauf in den Nationalpark der Sierra Nevada. Die genauen Modalitäten ändern sich leider praktisch jährlich. Ungefähre Anhaltspunkte: Betriebsbeginn etwa Mitte Juni, dann nur am Wochenende, etwa von Juli bis Mitte/Ende September täglich, bis Betriebsschluss Mitte Oktober wieder nur am Wochenende; in jedem Fall abhängig von der Wetterlage. Die einstündige Fahrt führte zuletzt zum Mirador de Trevélez (Alto del Chorillo) auf knapp 2700 Meter Höhe. Beim Ticketkauf (Fahrpreis hin und zurück 8 €) im Büro des oben erwähnten Servicio de Interpretación de Altas Cumbres muss der Zeitpunkt der Rückfahrt fest reserviert und auch eingehalten werden – sofern Platz ist, nehmen einen die Busse zwar auch zu anderen Zeiten mit, wenn sie voll sind (was häufig vorkommt), bleibt man jedoch stehen. Oben bietet sich eine ganze Reihe von Wandermöglichkeiten, darunter der Aufstieg zum Mulhacén, für den man allerdings Bergerfahrung haben sollte.

- *Übernachten* *** Hotel El Cascapeñas**, im alten Ortskern, oberhalb der Kirche. Erst wenige Jahre junges Quartier mit hübschen Zimmern. Die Besitzer betreiben auch eine etwas günstigere Pension an der Hauptstraße. DZ etwa 50 €. ✆ 958 763011, 🖷 958 763076, www.elcascapenas.com.
** Pensión Mesón Poqueira, im Ort. Recht gut eingerichtete Zimmer, alles blitzblank, angeschlossen ein ebenfalls empfehlenswertes Restaurant. Geführt wird die Pension seit langen Jahren von den Zwillingsbrüdern Pepe und Paco. Ganzjährig geöffnet, DZ/Bad etwa 40–50 €. Die Familie vermietet auch Apartments mit Kamin. Calle Dr. Castilla 11, ✆ 958 763048, www.hotelpoqueira.com.

▶ **Pitres** liegt wieder an der Hauptstraße durch die Alpujarra alta, etwa sechs Kilometer hinter Pampaneira und auf knapp 1300 m Höhe. Auch hier scharen sich weiße Häuser um Kirche und Hauptplatz, die oberhalb der Hauptstraße liegen. Pitres ist sicher nicht weniger reizvoll als die Dörfer im Poqueira-Tal, der Tourismus jedoch schwächer ausgeprägt.

- *Übernachten* **** Hotel Albergue de Mecina**, im Örtchen Mecina Fondales, aus Richtung Granada noch vor Pitres talwärts abbiegen. Solides, vor einigen Jahren renoviertes Quartier, die Zimmer sind schon eher Studios und besitzen einen eigenen Kühlschrank; ein Restaurant ist angeschlossen. Pool vorhanden. Ganzjährig geöffnet, DZ etwa 90 €. Calle La Fuente s/n, ✆ 958 766254, 🖷 958 766255, www.hoteldemecina.com.es.

- *Camping* **Balcón de Pitres**, 2. Kat., von Pampaneira kommend kurz vor dem Ort, oberhalb der Hauptstraße. Terrassierter, gut ausgestatteter Platz mit einer Aussicht, die dem Namen alle Ehre macht. Viele Wanderer. Zu der Anlage gehören auch ein Pool (Extrazahlung) sowie eine Reihe von Bungalows und Holzhütten, angeschlossen ein empfehlenswertes Restaurant. Geöffnet März bis Oktober; p.P. und Zelt je rund 5,50 €, Auto 5 €. Carretera Órgiva-Ugíjar, km 51, ✆/🖷 958 766111, www.balcondepitres.com.

▶ **Trevélez** beansprucht auf einer Höhe von 1470 Metern, das höchstgelegene Dorf Spaniens zu sein. Exzellent sind die luftgetrockneten Schinken von Trevélez, die allerdings auch ihren Preis haben. Am Hauptplatz nahe der Brücke offeriert eine ganze Reihe von Bars und Geschäften die geschätzte Räucherware. Für Alpinisten ist der Ort Ausgangspunkt für Touren durch die Sierra Nevada, weshalb Trevélez auf Reisende gut eingestellt ist.

- *Übernachten* *** Hotel La Fragua**, in ruhiger Lage mitten im Barrio Medio, Nähe Rathaus. Hübsches, gut geführtes Hotel mit soliden Zimmern; das nahe Restaurant (Spezialität: Lamm aus dem Ofen) gleichen Namens wurde von Lesern gelobt. Mittlerweile hat auch eine nur wenig teurere Dependance (**** La Fragua II**) eröffnet. Ganzjährig geöffnet; DZ etwa 40 €. Calle San Antonio 4, ✆ 958 858626, 🖷 958 858614, www.hotellafragua.com.
* Pensión González, direkt beim Hauptplatz, Anfragen im gleichnamigen Geschäft oder der Bar. Einfache, aber gepflegte Zim-

Von höchster Qualität: Schinken aus Trevélez

mer in einem etwas zurückversetzten Haus. Ganzjährig geöffnet, DZ ohne Bad 30 €. ℡ 958 858531.

- *Camping* **Trevélez**, 2. Kat., etwa einen Kilometer außerhalb in Richtung Busquístar und laut Eigenwerbung „der höchstgelegene Campingplatz Spaniens"; für offiziell klassifizierte Plätze könnte das sehr wohl stimmen. Steiles, terrassiertes Hanggelände, mäßiger bis mittlerer Schatten. Vor wenigen Jahren unter neuen engagierten Besitzern renoviert. Pool, gutes Bar-Rest. und Einkauf vorhanden. Ganzjährig geöffnet (man bedenke die Höhenlage ...), p.P. 4,50 €, Auto 3,50 €, kleines Zelt 4 €. Auch Hütten. ℡/Fax 958 858735, www.campingtrevelez.net.

▶ **Cádiar** liegt etwas abseits der Hauptstraße durch die Alpujarra alta und wird deshalb eher selten besucht, zeigt sich aber als lokales Zentrum durchaus lebendig. Für die meisten Autofahrer ist Cádiar der Wendepunkt einer Alpujarra-Tour; in umgekehrter Richtung lässt sich die Fahrt durch die Alpujarra baja via Torvioscón fortsetzen.

- *Übernachten/Essen* **** Hotel Apartamentos Alquería de Morayma**, fast ein kleines Dorf, im traditionellen Stil aus einem Bauerngut (alquería) aufgebaut. Schöne Lage, weiter Blick, kleiner Pool, gutes Restaurant. Sieben individuell ausgestattete, rustikal-komfortable DZ/Bad à rund 60 € (eines originell in einer ehemaligen Kapelle gelegen für 65 €), außerdem Zweier- bis Vierer-Apartments in „Dorfhäusern", zwei Personen etwa 70 €. ℡ 958 343221, Fax 948 343221, www.alqueriamorayma.com.

▶ **Ugíjar**: Das nur mehr knapp 560 Meter hoch gelegene Städtchen markiert die östliche Grenze der Alpujarra-Region Granadas und ist die größte Siedlung in diesem entlegenen Teil des Gebiets.

- *Übernachten* *** Pensión Vidaña**, an der Straße nach Almería, angeschlossen ein recht preiswertes Restaurant. Ganzjährig geöffnet und selten voll belegt; DZ/Bad etwa 35 €. Carretera de Almería s/n, ℡/Fax 958 767010.

- *Feste* **Fiesta de la Virgen del Martirio**, etwa vom 10.-14. Oktober. Zum Fest der Jungfrau von Ugíjar finden sich Besucher aus der gesamten Alpujarra-Region ein.

▶ **Weiterreise**: Wer durch Ugíjar kommt, ist meist auf dem Weg von oder nach Almería beziehungsweise Guadix. Zur Strecke nach Almería siehe im dortigen Kapitel „Durch die Alpujarra almeriense".

Richtung Guadix

Das Städtchen liegt knapp 60 Kilometer östlich von Granada und ist von dort auf der A 92 über den Pass Puerto de la Mora (1390 m) zu erreichen. Die langgezogene Ortschaft *Purullena*, wie Guadix bekannt für ihre Höhlenwohnungen, ist ein einziger Andenkenladen insbesondere für Keramik.

Guadix

Ein freundliches Landstädtchen, bekannt für seine Kathedrale, mehr aber noch für das Barrio de las Cuevas, eine Ansammlung von tief in den weichen Löß gegrabenen Höhlenwohnungen.

Die Orientierung in Guadix ist einfach. Das Zentrum liegt beim großen Kreisverkehr; wenige hundert Meter Richtung Almería markiert bei einem Park der weiße Torbau *Puerta de San Torcuato* den Zugang zur Altstadt um die *Plaza Mayor*. Ganz oben auf dem Hügel liegen die Reste der maurischen Festung *Alcazaba*, von denen man einen guten Ausblick auf das Höhlenviertel im Südwesten der Stadt genießt.

- *Verbindungen* **Zug**: Bahnhof in ungünstiger Lage etwa zwei Kilometer außerhalb in Richtung Murcia, Busverbindung. Züge Richtung Granada 4-mal, Almería 6- bis 7-mal täglich; selten auch Fernzüge nach Barcelona und Madrid.
Bus: Busbahnhof am südöstlichen Ortsrand, vom Zentrum etwa 800 m Richtung Almería, dann linker Hand etwas abseits der Hauptstraße. MAESTRA bzw. ALSINA GRAELLS nach Granada 12-mal, nach Almería 4-mal, Jaén 2-mal, Baza 7-mal täglich.
- *Übernachten* ****** Hotel Comercio**, solides, gut in Schuss gehaltenes Quartier direkt im Zentrum, nahe der Puerta de San Torcuato. Hübsche Zimmer; ein Spa und ein bekannt gutes Restaurant sind angeschlossen. Ganzjährig geöffnet; DZ/F etwa 75 €. Mira de Amezcua 3, ✆ 958 660500, ✉ 958 665072, www.hotelcomercio.com.
** Hotel Mulhacén, an der Straße nach Múrcia, neben einer Tankstelle. Ein Lesertipp von Othmar Karrer: „Gepflegtes Hotel. Der Juniorchef spricht Deutsch." Die Zimmer nach hinten sind ruhiger und wurden auch von anderen Lesern gelobt. Parkplätze vor der Tür. DZ etwa 45–50 €. Avenida Buenos Aires 43, vom Zentrum Richtung Múrcia, ✆ 958 660750, ✉ 958 660661, www.hotelmulhacen.com.
- *Feste* **Cascamorras**, 6. September. Ein komischer Wettstreit zwischen den Einwohnern von Guadix und denen des Städtchens Baza, etwa 40 km nordöstlich, wo sich auch die Hauptattraktion des Festes abspielt: Ein Einwohner aus Guadix, der „Cascamorras" eben, hat die Aufgabe, sich sauber und fleckenlos nach Baza durchzuschlagen, woraufhin die dortige Statue der Jungfrau La Piedad an Guadix abzugeben wäre. Die Einwohner aus Baza leisten entsprechenden Widerstand, der für den Cascamorras und seine Begleitung zu einem erstklassigen Schmutzbad wird.

Sehenswertes

Die **Kathedrale** oberhalb des Kreisverkehrs ist nicht zu übersehen. Die im 16. Jh. errichtete, im 18. Jh. umgebaute Kirche besitzt eine eindrucksvolle Fassade und ein Chorgestühl in aufwändigstem Churrigueresco-Stil.
Barrio de las Cuevas: Das Höhlenviertel von Guadix hat sich zu einer Art Touristenattraktion entwickelt. Die an den Hauptrouten lebenden Bewohner haben sich deshalb an Fremde gewöhnt; abseits fühlt man sich schnell als unerwünschter Eindringling. Mit weißen Vorbauten ebenso versehen wie mit den Errungenschaften der Zivilisation, sind die Höhlen eine durchaus komfortable Wohnstatt. Bei freundlichen Einladungen zur Besichtigung sollte man allerdings Skepsis walten lassen, denn hinterher werden gelegentlich saftige finanzielle Forderungen gestellt. Preisgünstiger ist ein Besuch im kleinen *Cueva Museo* (Mo–Sa 10–14, 17–19 Uhr bzw. im Winter 16–18 Uhr, So 10–14 Uhr; Eintritt 1,60 €), das tatsächlich in einer Höhle untergebracht ist und das Leben der Höhlenbewohner früherer Jahrzehnte dokumentiert.

Provinz Jaén

So ein bisschen das Stiefkind der Comunidad Andalucía ist die Provinz Jaén, zumindest, was die Zahl der ausländischen Besucher angeht.

Nicht allzuviele verirren sich in diese Nordostecke Andalusiens, die keine Küste und nur in wenigen Orten echte Sehnswürdigkeiten besitzt. Selbst die Renaissance-Städtchen *Baeza* und *Úbeda* empfangen nur wenige Touristen, von der wenig glanzvollen Hauptstadt *Jaén* ganz zu schweigen. Dabei verfügt die Provinz über einen Schatz, der bisher fast nur von inländischen Besuchern gewürdigt wird: Der Naturpark *Sierras de Cazorla, Segura y Las Villas* am Oberlauf des jungen Guadalquivir ist eine traumhafte Gebirgslandschaft mit herrlichen Wandermöglichkeiten, außerhalb der spanischen Urlaubssaison fast menschenleer. Überhaupt ist die Provinz Jaén nur sehr dünn besiedelt. Man kann Kilometer um Kilometer durchs Land fahren, ohne eine Menschenseele anzutreffen – kein Wunder, zählt die gesamte Provinz doch weniger Einwohner als die Stadt Sevilla.

- *Verbindungen* **Zug**: Ungünstig angelegtes Schienennetz; selbst Jaén-Stadt liegt nur an einer Nebenlinie, die Umsteigebahnhöfe Linares-Baeza und Espeluy in der Mitte von Nirgendwo. **Bus**: Wieder einmal die bessere Wahl; direkt, flott und zuverlässig.

Über den Ölbaum

Oliven, Oliven, Oliven ... Sie sind der nirgends zu übersehende Reichtum der Region. Jaén ist der größte Produzent Spaniens, die silbrigen Haine wellen sich hügelauf, hügelab. Olivenbäume, die mehrere hundert Jahre alt werden können, vertragen nur wenige Frosttage. Die Sommer müssen warm und trocken sein, im Herbst und Winter jedoch brauchen die Kulturen einige kräftige Regengüsse. Im Mai und Juni zeigen sich die kleinen gelb-weißen Blüten, Reifezeit ist zwischen September und November. Der Anbau verlangt Geduld: Je nachdem, ob aus Stecklingen oder Samen gezogen, trägt ein Baum erst nach fünf bis zehn Jahren die ersten Früchte. Den höchsten Ertrag erzielt er mit durchschnittlich 20 Kilogramm Oliven aber erst nach ebensovielen Jahren. Die Ernte gestaltet sich sehr arbeitsintensiv, da sorgfältig vorgegangen werden muss: Wenn die zarte Haut der Früchte verletzt wird, sinkt die Qualität des Öls drastisch. Und schnell muss es auch gehen – zwischen Ernte und Pressung dürfen nicht mehr als zwei oder drei Tage liegen.

Jaén

Eine provinzielle Provinzhauptstadt. Aus der Ferne ein kastellgekrönter Hügel, von nahem besehen eine Mischung von Moderne und Nostalgie.

Jaén, kaum über 100.000 Einwohner und doch Hauptstadt. Die breit ausgebauten Zufahrten von den Hauptstraßen im Tal schwingen sich den Hügel hoch und mitten hinein in ausgedehnte Wohnblocks. Abseits der Rennstrecken, die das Zentrum nur streifen, präsentiert sich Jaén je nach Tageszeit und Stadtteil als verschlafen bis gemäßigt betriebsam. In manchen Vierteln scheint ein Spanien des 19. Jh. überlebt zu haben, andere wirken, als hätten sie gerade den Anschluss an die 70er-Jahre gefunden. Unsympathisch ist das alles nicht, besonders aufregend ebensowenig.

Orientierung/Stadtaufbau: Zentrum Jaéns und Mittelpunkt des Geschäftsviertels ist die *Plaza de la Constitución*. Hier treffen sich die fast parallel verlaufenden Hauptstraßen *Avenida de Madrid* und *Paseo de la Estación*, beide von Norden kommend und letzterer die Schlagader des städtischen Lebens. Westlich oberhalb des Paseo verlaufen die schmaleren Gassen der Altstadt, den Festungshang hoch und im Bogen bis zum Gebiet um die wuchtige *Kathedrale* hinter der Plaza de la Constitución.

Information/Verbindungen

- *Information* **Oficina de Turismo de Jaén**, Calle Ramón y Cajal, Ecke C. Hurtado, unweit östlich der Kathedrale, ✆ 953 190455, ℡ 953 313283, otjaen@andalucia.org. Freundliches Personal, das nicht gerade viele Fremde zu Gesicht bekommt. Öffnungszeiten: Mo–Fr 10–20 Uhr, im Winter bis 19 Uhr, Sa/So 10–13 Uhr.
- *Verbindungen* **Zug:** Bahnhof (Renfe-Info: ✆ 902 240202) am nördlichen Ende des Paseo de la Estación; in die Stadt etwa 1,5 Kilometer bergauf; es besteht auch eine Busverbindung. Eher mäßig bedient: Córdoba 4-mal, Sevilla 3-mal täglich.

Bus: Zentraler Busbahnhof an der Plaza Coca de la Piñera, zwischen den beiden Hauptstraßen und nahe Parque la Victoria; ein interimsmäßiger, etwa einjähriger Umzug an den Stadtrand (dann: Stadtbusverbindung ins Zentrum) ist seit Jahren geplant. Mit ALSINA GRAELLS nach Baeza/Úbeda und nach Granada je etwa stündlich, Cazorla 3-mal, Malaga via Granada 3-mal, via Antequera 1-mal täglich; UREÑA nach Córdoba 8-mal, Sevilla 4-mal täglich; AUTEDIA nach Almería via Guadix 2-mal täglich. www.epassa.es.

Übernachten/Essen

**** **Parador Castillo de Santa Catalina**, wunderschön, wenn auch etwas abgeschieden im Kastell oberhalb der Stadt gelegen; Swimmingpool. DZ kosten je nach Saison rund 150–160 €. Castillo de Santa Catalina, ✆ 953 230000, ℡ 953 230930, www.parador.es.

*** **Hotel Xauen**, solide Mittelklasse in guter, zentraler Lage. Ordentlich ausgestattete Zimmer, Parkplatz. DZ/F rund 90 €. Plaza de Deán Mazas 3, unweit der Plaza de la Constitución, ✆ 953 240789, ℡ 953 190312, www.hotelxauenjaen.com.

* **Pensión Cristóbal Colón**, erst wenige Jahre alte und freundlich geführte Etagenpension in einer Fußgängerzone des Zentrums. Nur wenige Zimmer, gut ausgestattet, fast alle mit Klimaanlage. DZ/Bad etwa 45 €. C. Doctor Civera 5, 2. Stock, ✆ 953 872696.

- *Essen* **Calle Nueva**, eine Verbindungsgasse zwischen dem Paseo de la Estación und der Avda. de Madrid, nahe der Plaza Constitución. Die Restaurantgasse der Stadt, gute Auswahl verschiedener Preisklassen.

Bar La Manchega, urige Bar unweit der Kathedrale, ein gemütlicher Platz für Tapas, ausgesprochen günstig. Calle Arco de Consuelo, ein winziges Seitensträßchen der Calle La Parra. In derselben Gasse noch weitere empfehlenswerte Kneipen wie **Casa Gorrión** und **Taberna Alcocer**.

Sehenswertes

Catedral Santa María: Schon ein gewaltiges Gotteshaus, die dreischiffige Kathedrale mit den 62 Meter hohen Zwillingstürmen. Maßgeblicher Architekt war *Andrés de Vandelvira*, ein einheimischer Baumeister, dessen Werke auch in anderen Städten der Provinz anzutreffen sind. 1512 begonnen, wurde die Kathedrale erst Ende des 17. Jh. fertiggestellt. Die Kapelle *Santo Rostro* hinter dem Hauptaltar birgt den

Provinzielle Ruhe, bewacht vom Kastell: Jaén

Stolz Jaéns: ein Schweißtuch der Hl. Veronika, das den Gesichtsabdruck Jesu zeigen soll. Das *Museum* zeigt unter anderem aufwändige Schmiedegitter (*rejas*) des lokalen Meisters Bartolomé.
Öffnungszeiten Kathedrale täglich 8.30–13, 17–20 Uhr. Museum Di–Sa 10.30–13, 17–20 Uhr, So 10.30–13 Uhr; Eintrittsgebühr 1,80 €, mit Sala Capitular 3 €.

Palacio de Villardombardo: Der Renaissancepalast an der Plaza Luisa de Marrillac beherbergt sehenswerte Glanzstücke. Die arabischen Bäder *Baños Arabes* direkt unter dem Palast werden auf etwa das 11. Jh. datiert und gelten mit 470 Quadratmetern Fläche als die größten Spaniens. Das *Museo de Artes y Costumbres Populares* präsentiert ländliches Handwerk en detail, von der komplett aufgebauten Schmiedewerkstatt bis zum Modell einer Olivenölmühle. Im *Museo Internacional de Arte Naif* werden naive Gemälde und Plastiken des 19./20. Jh. gezeigt.
Öffnungszeiten Di–Sa 8.45–21.30 Uhr (Winter bis 19 Uhr); So 9.30–14.30 Uhr. Eintritt für EU-Bürger mit Ausweis gratis.

Museo Provincial: Am Paseo de la Estación 29, unweit des Victoria-Parks, ist neben einer Gemäldegalerie eine hochrangige archäologische Sammlung untergebracht, deren Fundstücke von den Iberern („Stier von Poruna") über die Römer („Sarkophag von Martos") bis in die Zeit der Mauren datieren.
Öffnungszeiten Di 14.30–20.30 Uhr, Mi–Sa 9–20.30 Uhr, So 9-14.30 Uhr; für EU-Bürger gratis.

Castillo de Santa Catalina: In beherrschender Lage oberhalb der Stadt. Die 1246 von Ferdinand III. eroberte Festung gliedert sich in einen maurischen und einen christlichen Abschnitt. Das Innere wurde mit allerlei audiovisuellen Gimmicks aufgepeppt. Vom Zentrum sind es knapp fünf Kilometer, ein weiter Weg, der durch großartige Aussicht belohnt wird und den man sich am besten durch eine Rast in der Bar des Paradors versüßt.
Öffnungszeiten Di–So 10–14, 17-21 Uhr (Sommer), Eintrittsgebühr 3 €. Mo (Änderung möglich) geschlossen.

Baeza

Eine winzige Landstadt und doch eine Sehenswürdigkeit ersten Ranges, von der Unesco als Weltkulturewrbe ausgewiesen.

Baeza, ein in Goldtönen glänzendes Museumsstädtchen, steht ganz im Zeichen der Renaissance: Über 50 Paläste werden hier gezählt. Trotz dieses Kapitals schläft Baeza einen tiefen Dornröschenschlaf. Wer von Jaén kommt, gelangt automatisch direkt ins Ortszentrum, das aus einer Abfolge von Plätzen besteht: Zunächst die kleine *Plaza del Pópulo*, anschließend ein länglicher Platz um den *Paseo de la Constitución*, der schließlich in der *Plaza de España* endet.

- *Information* **Oficina de Turismo de la Junta de Andalucía**, in prominenter Lage an der Plaza del Pópulo, ℡ 953 740444. Öffnungszeiten: Mo–Fr 8.30–15, 17–20 Uhr (Winter 16–19 Uhr), Sa/So 10–14 Uhr.

- *Verbindungen* **Zug**: Estación Linares-Baeza, einer der Knotenpunkte Andalusiens, in 14 Kilometer Entfernung, Busse 3-mal täglich. Bessere Busverbindung (Linie Jaén-Baeza) zu der von den Zügen selbst jedoch seltener bedienten Estación de Begijar.
Bus: Busbahnhof am nordöstlichen Altstadtrand in Richtung Úbeda. Busse nach Jaén und Úbeda tagsüber etwa stündlich. Weitere Verbindungen nach Granada via Jaén 10-mal, nach Cazorla 3-mal täglich.

- *Übernachten* In vielen Hotels von Baeza liegen die Preise an Werktagen deutlich niedriger als am Wochenende.
*** Hotel Palacio de los Salcedo, nur wenige Schritte nördlich vom Hauptplatz, im Lesertipp von Christa und Hans-Werner Kraemer: „Ein einzigartiges antikes Schmuckkästchen in der Fußgängerzone". DZ/F etwa 95–140 €, es gibt auch Superiorzimmer und Suiten. Calle San Pablo 18, ℡ 953 747200, www.palaciodelossalcedo.com.
*** Hotel Fuentenueva, ein paar Straßenzüge östlich. Ein gut geführtes und ungewöhnliches Quartier, das durch seinen interessanten Mix besticht: Untergebracht in einem Renaissance-Palast des 16. Jh., ist das Interieur des Hotels bewusst puristisch-modern gehalten. Nur 13 Zimmer, winziger „Pool", Internet-Lounge. DZ/F etwa 80–90 €, an langen Wochenenden (puentes) 15 € Aufpreis. Calle del Carmen 15, ℡ 953 743100, www.fuentenueva.com.
*** Hotel Juanito, an der Straße nach Úbeda, am Stadtrand bei der Tankstelle. Ordentliche Zimmer, jedoch recht laut gelegen; vielleicht entschädigt das angeschlossene Restaurant, das für seine sehr gute, ortstypische Küche bekannt ist. DZ etwa 50 €. Avenida Alcalde Puche Pardo s/n, ℡ 953 740040, ℡ 953 742324, www.juanitobaeza.com.

Sehenswertes

Plaza del Pópulo: An drei Seiten von Renaissancebauten umgeben; in der Mitte der viel fotografierte „Löwenbrunnen", nach dem der Platz auch *Plaza de los Leones* heißt. Die Löwen wie die Frauenfigur in der Mitte des Brunnens sind römischen Ursprungs; die Dame stellt der Legende zufolge *Imilce* dar, die in der hiesigen Gegend geborene Gattin des Karthagers Hannibal.

Plaza Santa Cruz: Von der Plaza del Pópulo über die anschließende Calle Romanones. Bedeutendstes Bauwerk des kleinen Renaissance-Platzes ist der *Palacio Jabalquinto* mit seiner ungewöhnlichen Fassade aus „Diamantspitzen".

Plaza Santa Maria: Nur wenige Meter oberhalb. Hinter dem ehrwürdigen Brunnen Fuente de Santa María beherrscht die *Catedral Santa María* (13./16. Jh.) den luftigen Platz. Im Innenraum besonders reizvoll die sechseckige, schmiedeeiserne Kanzel, der zweistöckige Hauptaltar und in der Capilla del Sagrario eine sehr schöne Reja von Meister Bartolomé aus Jaen. – Weitere Paläste und Kirchen der Renaissance sind in den Calles San Pablo und San Francisco zu bewundern, die beide von der Plaza España ausgehen.

Wüstenhaft: Cabo de Gata
Karg: Hochebene in der Sierra Nevada

▲▲ Trutzige Mauern: Burg bei Cazorla
▲ Abendstimmung: Strandbar bei Nerja

Viel Platz: Strand bei Bolonia ▲▲
Maurisch: Türme der Alcazaba von Málaga ▲

Herz des Harems: Löwenhof in Granadas Alhambra

Úbeda

Ein weiteres, ebenfalls kaum besuchtes Schatzkästlein, gern gepriesen als „Freilichtmuseum der Renaissance" oder „andalusisches Salamanca".

Das 34.000-Seelen-Städtchen, ebenfalls als Weltkulturerbe ausgewiesen, ist nicht gar so verschlafen wie Baeza. Von Jaén oder Linares kommend, stößt man zunächst auf modernere Viertel, oft im Schachbrettstil angelegt. Hier, um das Dreieck *Avenida Ramón y Cajal, Calle Obispo Cobos Mesones* und *Calle Trinidad*, spielt sich auch das Alltagsleben ab. Weiter östlich erstreckt sich der tiefer liegende alte Ortskern, die *Zona Monumental*.

• *Information* **Oficina de Turismo**, Calle Baja del Marqués 4, ✆ 953 750897, ✎ 953 792670. Geöffnet Mo–Fr 9–20 Uhr (Winter bis 19.30 Uhr), Sa/So 10–14 Uhr.

• *Verbindungen* **Zug**: Günstigster Bahnhof ist die Estación Linares-Baeza, als wichtiger Knotenpunkt oft angefahren. 30 Kilometer entfernt, Busse mehrmals täglich.

Bus: Busbahnhof westlich des Zentrums; zur Plaza de Andalucía etwa 15 Minuten Fußweg. ALSINA GRAELLS nach Baeza/Jaén etwa stündlich, Cazorla 4-mal, Granada 10-mal, ALSA/BACOMA nach Córdoba und Sevilla 4-mal täglich.

• *Übernachten* ****** Parador Condestable Dávalos**, untergebracht in nobelstem Rahmen, nämlich einem Renaissancepalast des 16. Jh. in der Zona Monumental; Parkplätze sind vorhanden. DZ 160–175 €. Plaza Vázquez de Molina 1, ✆ 953 750345, ✎ 953 751259, www.parador.es

*** Hotel Rosaleda de Don Pedro, in einem architektonisch angepassten Neubau untergebrachtes Quartier der „Husa"-Kette. Mit 30 Zimmern relativ groß, gut ausgestattet unter anderem mit eigener. Garage und einem kleinen Pool. Sehr geräumige Zimmer. DZ 85–115 €. Calle Obispo Toral 2, ✆ 953 796111, ✎ 953 795149, www.rosaledadedonpedro.com.

** Hotel La Paz, ordentliche, relativ preisgünstige Mittelklasse (Aircondition, Heizung) in zentraler Neustadtlage. Viele Zimmer nach innen, diejenigen zur Straße sind laut. DZ etwa 65 €. Calle Andalucía 1, ganz oben an der Avda. Ramón y Cajal, ✆ 953 752140, ✎ 953 750848, www.hotel-lapaz.com.

** Pensión Sevilla, mit recht brauchbaren Zimmern, die allerdings teilweise nicht gerade leise liegen. Einige Leser waren dennoch zufrieden. DZ/Bad nach Saison und Ausstattung um die 40–45 €, ohne Bad etwas günstiger. Avenida Ramón y Cajal 9, ✆ 953 750612.

Sehenswertes

Von ihrer goldglänzenden Seite zeigt sich die Zona Monumental in der Abendsonne. Nur wenig später kehrt hier fast Totenstille ein.

Plaza de Vázquéz de Molina: Der Hauptplatz der Unterstadt ist umgeben von einer ganzen Reihe prächtiger Renaissancebauten. Die leicht erhöht stehende Erlöserkirche *Sacra Capilla de Salvador* beherrscht den weiten Platz noch von der Schmalseite aus. Sehr eigenwillig zeigt sich die Fassade mit niedrigen Rundtürmen, die an Pagoden erinnern, und einem großformatigen Relief des San Salvador über dem Portal. Der Turm im Süden lässt maurische Anklänge erkennen.

Plaza del Primero de Mayo: Zu erreichen über die Calle Horno Contado, die zwischen San Salvador und dem Parador beginnt. Die Mitte des Platzes markiert ein Denkmal, in der Südostecke steht das alte Rathaus. Das bedeutendste Bauwerk des Platzes erhebt sich an dessen Nordseite: Die schon bald nach der Reconquista begonnene Kirche *San Pablo* benötigte bis zu ihrer Fertigstellung mehrere Jahrhunderte. Von der romanischen Westseite über die gotisch geprägte Nordseite bis zur Fassade, die Renaissance in Verbindung mit Gotik zeigt, ist deshalb fast jeder Baustil vertreten, der Turm präsentiert sich plateresk.

Parque Natural Sierras de Cazorla, Segura y Las Villas

Mit weitem Abstand der größte Naturpark Spaniens: über 214.000 Hektar Karstgebirge, Talschluchten, Bäche und Wälder. Außerhalb der spanischen Saison kaum besucht; schöne Zeltplätze, wunderbare Wandermöglichkeiten.

Nebenstraße im Naturpark

Der ausgedehnte Park liegt im äußersten Nordosten der Provinz Jaén. Im Norden reicht er etwas über die Höhe des Dörfchens *Siles*, im Westen bis *Cazorla* und im Süden bis kurz vor *Pozo Alcón*; seine Grenze nach Osten ist gleichzeitig die der Provinz Jaén. Mit Höhen zwischen 650 und 2107 Metern besteht der Park aus mehreren von Südwesten nach Nordosten etwa parallel verlaufenden Gebirgszügen. Die beiden größeren, *Sierra de Cazorla* und *Sierra de Segura*, werden getrennt vom Tal des hier entspringenden Río Guadalquivir, der Lebensader Niederandalusiens. Anfangs noch ein schmaler Bach, wird der Guadalquivir beim Örtchen Tranco zum See *Embalse de Tranco* aufgestaut. An Oberlauf und Stausee entlang führt auch die Hauptstraße des Parks *Carretera del Tranco*, an der sich die Mehrzahl der Einrichtungen befindet. Weniger spektakulär, aber auch weniger besucht, sind die Gebiete weiter nördlich um Hornos und Siles.

Der Reichtum an Wildblumen und Gräsern entspricht den günstigen klimatischen Bedingungen. Luftige Wälder, neben Kiefernarten auch Eichen, Eschen und Pappeln, bedecken Täler und Hänge; die Vielzahl an Laubbäumen macht den farbensprühenden Herbst zu einer herrlichen Reisezeit im Park. Wer Glück hat, sichtet Adler oder einen Schmutzgeier. Häufig vertreten sind Hirsche und Wildschweine; in den höheren Lagen leben kleinere Bestände des spanischen Steinbocks.

• *Information* **Centro de Interpretación Torre del Vinagre**, an der Talstraße Carretera del Tranco, km 18; ✆ 953 713017. Gehört mit primär wirtschaftlichem Interesse der Vereinigung „Turisnat" an, arbeitet jedoch mit der Parkverwaltung zusammen. Geöffnet Di-So 11–14, 17–20 Uhr (Winter 16–18/19 Uhr).

• *Verbindungen* Busse bis Coto Ríos von Cazorla, siehe dort.

• *Hotels* ***** Parador de Cazorla**, 27 Kilometer von Cazorla, ziemlich abgelegen am Ende einer fünf Kilometer langen Stichstraße vom Talgrund. Großer Garten mit Pool. DZ kosten je nach Saison etwa 105–140 €. Carretera de la Sierra 27, ✆ 953 727075, ✉ 953 727077, www.parador.es.

** Pensión Hostal Mirasierra, an der Straße zwischen Torre del Vinagre und Coto Ríos.

Provinz Jaén / Cazorla

In einem renovierten alten Landgasthaus, mit Restaurant. Ganzjährig geöffnet (Januar Betriebsferien), DZ/Bad etwa 45–50 €. Carretera del Tranco, km 20, im Gemeindegebiet von Santiago-Pontones, ℡ 953 713044, www.turismoencazorla.com/mirasierra.html.

• *Camping* Alle drei Plätze liegen bei Coto Ríos, einer kleinen Siedlung etwa vier Kilometer hinter dem Infozentrum Torre del Vinagre. Sie bieten eher einfache Ausstattung, aber viel Platz in schattiger Flusslage unterhalb der Talstraße.

Camping Chopera de Coto Ríos, 3. Kat., ist der ortsnächste Platz und offiziell ganzjährig geöffnet; im Winter ist ein Anruf aber vielleicht ratsam. Richtwerte zur HS p.P. 4,50 €, kl. Zelt 3,50 €, Auto 2,50 €. Carretera del Tranco, km 21, ℡ 953 713005, www.turismoencazorla.com/chopera.html.

Camping Fuente de la Pascuala, 3. Kat., mit Pool. Geöffnet Ende Februar bis Anfang Dezember. P.P. und Zelt je 4 €, Auto 2,50 €. Carretera del Tranco, km 23, ℡ 953 713028, www.campinglapascuala.com.

Camping Llanos de Arance, 3. Kat., ein Stück weiter, ebenfalls mit Pool. Ganzjährig geöffnet. Ein wenig teurer als die anderen: p.P. gut 5 €, kl. Zelt 4 €, Auto gut 3 €. Carretera del Tranco, km 22, ℡ 953 713139, ℡ 953 713036, www.llanosdearance.com.

Cazorla

Der Hauptort des Naturparks liegt gar nicht im eigentlichen Schutzgebiet, sondern etwas außerhalb am westlichen Rand. Cazorla eignet sich dennoch gut als Stützpunkt. Das Bergstädtchen auf über 800 Meter Höhe erweist sich als reizende Mischung aus alten Steinhäusern, engen Gassen und malerischen Plätzen, überragt von den kahlen Zacken der gleichnamigen Sierra. Aus allen Richtungen kommend, landet man zuerst an der *Plaza Constitución*, die zusammen mit der zentralen *Plaza Corredera* den Ortskern markiert. Weiter hinten im Städtchen wird's wildromantisch: Ein Bergbach und ein Brunnen plätschern neben den Ruinen einer Kirche, darüber reckt sich ein Kastell der Reconquista (heute Volkskundemuseum) in den Himmel. Von hier sind ohne großen Aufwand schöne Spaziergänge möglich.

Das Wahrzeichen von Cazorla: Castillo de la Yedra

Andalusien

- *Information* **Oficina Municipal de Turismo**, Paseo de Santo Cristo 17, in der Casa de Cultura am Stadtpark; ℡ 953 710102. Geöffnet tägl. 10–13, 17.30–20 Uhr (Winter 17–19.30 Uhr). www.cazorla.es.
- *Verbindungen* **Busse** halten an der Calle Hilario Marco, etwa fünf Fußminuten unterhalb der Plaza de la Constitución. ALSINA GRAELLS fährt nach Granada 4-mal, Baeza/Jaén 4-mal, Úbeda 5-mal täglich. In den Park 2-mal täglich bis Coto Ríos (Campingplätze), Hin- und Rückfahrt jeweils frühmorgens und am Nachmittag; Abfahrten Ri. Park zuletzt 7.15 und 14.15 Uhr, Rückkehr 9 und 16.15 Uhr. Leider sind die Zeiten nicht auf die Fernbusse abgestimmt – wer z. B. aus Granada kommt, muss mit hoher Wahrscheinlichkeit in Cazorla übernachten.
- *Übernachten* *** **Hotel R. L. Ciudad de Cazorla**, Neubau mitten im Zentrum, der 1999 eröffnete Nachfolger des abgerissenen Uralthotels „Cazorla". Modern und komfortabel, kleiner Pool. DZ etwa 65–80 €. Plaza Corredera 9, ℡ 953 721700, ℡ 953 710420, www.hotelciudaddecazorla.com.

** **Hotel Parque**, gepflegtes kleines Hotel an der Zufahrt zum Ortskern, von mehreren Lesern empfohlen. Ganzjährig geöffnet. DZ je nach Saison etwa 40–45 €. Calle Hilario Marco 62, ℡/℡ 953 721806.

** **Hotel Limas**, noch etwas ortsauswärts des Hotels Parque; zu Fuß ein zwar steiler, aber recht kurzer Aufstieg zum Zentrum. In seiner Klasse ein Tipp, Zimmer mit TV, Steinboden und hellem Holz, freundlicher Besitzer und angenehme Atmosphäre. Ein solides Restaurant ist angeschlossen. DZ etwa 45 €. Avenida Guadalquivir 101, ℡ 953 720909, ℡ 953 721909, www.hotel-limas.com.

Jugendherberge Cazorla, recht zentral im Gebiet oberhalb der Plaza Constitución gelegen. Oft Gruppen, Reservierung ratsam. Plaza Mauricio Martínez 6, ℡ 953 711301.

- *Camping* **Camping Cortijo**, südlich des Ortes. Jeanne und Jo Driessen aus Holland leben seit über 20 Jahren hier und haben das weitgehend naturbelassene Hanggelände selbst kultiviert. Wanderer dürfen auf beste Tipps hoffen. Einfache, aber gepflegte Ausstattung, immerhin mit Warmduschen und einem kleinen Pool. Geöffnet ist März bis November, bei gutem Wetter auch außerhalb dieser Zeit. Preise p.P. etwa 4 €, Auto 3 €, kleines Zelt 3,50 €. Autozufahrt: Von Úbeda kommend noch vor Cazorla rechts ab Richtung Quesada, dann links (beschildert) in ein schmales Sträßchen, nach ein paar hundert Metern rechts hoch; für Caravans und Wohnmobile nur mittels Schlepphilfe zugänglich. Zu Fuß durch den Ort bis zur Pl. de Santa María, hier rechts in ein schmales Gässchen, nach einer Brücke links hoch; vom Zentrum etwa zwei Kilometer. Camino de San Isicio s/n, ℡ 953 721280.
- *Essen* **Restaurante La Sarga**, sozusagen eine Etage unterhalb des Zentrums. Eher vornehmes Ambiente und gute Küche, Menü à la carte etwa 25-30 €. Meist ist auch ein relativ preisgünstiges Tagesmenü im Angebot, das viel Gegenwert bietet; auch an der Qualität des Weins wird nicht gespart. Zusätzlich bestellte Getränke (Wasser, Kaffee) sind allerdings nicht ganz billig. Plaza del Mercado s/n. Im September sowie Di geschlossen.

Was haben Sie entdeckt?

Haben Sie d i e Bar mit wundervollen Tapas gefunden, das freundliche Hostal, den günstigen Campingplatz, einen schönen Wanderweg? Und welcher Tipp war nicht mehr so toll? Wenn Sie Ergänzungen, Verbesserungen oder neue Informationen zum Spanienbuch haben, lassen Sie es mich bitte wissen!

Ich freue mich über jede Zuschrift!

Thomas Schröder
Stichwort „Spanien"
c/o Michael Müller Verlag
Gerberei 19
91054 Erlangen
thomas.schroeder@michael-mueller-verlag.de

Ein wahrer Säulenwald: die Mezquita von Córdoba

Provinz Córdoba

In Córdoba erreichte die Macht des Islam in Europa, noch völlig unangefochten durch christliche Herrscher, ihren Höhepunkt – mehr als ein halbes Jahrtausend vor dem Fall Granadas.

Den Mauren verdankt es die Stadt Córdoba auch, heute eines der meistbesuchten Ziele Andalusiens zu sein. Hauptanziehungspunkt ist die wunderbare „Moschee-Kathedrale" Mezquita; von außen schmucklos, im Inneren aber ein wahrer Wald von Säulen. Der Rest der Provinz sieht dagegen deutlich weniger Besucher. Lebensader der Region ist der hier schon sehr breite Guadalquivir, dessen Wasser der Landwirtschaft reiche Erträge sichert.

Córdoba

Der Besucherverkehr in der 320.000-Einwohner-Stadt konzentriert sich auf einen einzigen Stadtteil. Die Judería um die Mezquita scheint deshalb nur aus Souvenirgeschäften zu bestehen. Doch der erste Eindruck täuscht.

Die *Judería*, das ehemals jüdisch-maurische Viertel, ist zweifellos das Glanzstück Córdobas, doch besteht sie eben nicht nur aus den paar Straßenzügen um die Mezquita – nur wenige Schritte abseits spielt sich fast ungestört das Alltagsleben ab. Ein Bummel durch die winkligen Gässchen, vorbei an weiß gekalkten Mauern, ist ein Genuss fürs Auge: Córdoba ist die Stadt der *patios*, der vor Blütenpracht strotzenden Innenhöfe. Doch liegen, wie oft im Süden, Romantik und Armut dicht beieinander. Besonders in den weniger herausgeputzten Randzonen der Judería kann man durch ein halbverfallenes Haus, ein paar eingeschlagene Fenster schnell aus allen Träumereien gerissen werden.

Andalusien

Derzeit rüstet sich Córdoba für das große Ziel, zur „Europäischen Kulturhauptstadt 2016" ernannt zu werden. Zwar wird dieser prestigeträchtige und die Besucherzahlen fördernde Titel erst in einigen Jahren vergeben, Restaurierungsarbeiten am historischen Erbe und verstärkte Investitionen in Kulturprojekte sind aber bereits angelaufen. Doch steht Córdoba natürlich nicht alleine. Mehrere spanische Städte haben Interesse angemeldet; Konkurrent innerhalb Andalusiens ist die Hafenstadt Málaga.

Orientierung: Die Altstadt Córdobas liegt auf der Außenseite einer Schleife des Río Guadalquivir; die Grenze zu neueren Stadtvierteln markiert die *Plaza de las Tendillas*. Sie ist gleichzeitig das Herz des Stadtzentrums, das nach Westen vom breiten *Paseo de la Victoria* und nach Norden ebenso deutlich von der *Avenida Ronda de los Tejares* begrenzt wird; gen Osten verläuft der Übergang zu den Außenbezirken fließender.

Geschichte

Schon in der Vorgeschichte besiedelt, geriet Córdoba in die historischen Schlagzeilen, als seine Bewohner sich dem Feldzug des Karthagers Hannibal gegen Rom anschlossen – und mit ihm scheiterten. 206 v. Chr. wurde die Stadt von den Römern erobert. Als *Colonia Patricia* wurde sie zeitweilig zur Provinzhauptstadt und war Geburtsort der römischen Dichter Seneca und Lucanus. Jahrhunderte später kamen die Mauren. 711 hatten sie ihren Eroberungszug begonnen; kaum ein Jahr später war Córdoba Teil des riesigen arabischen Reichs. Zunächst dem Kalifat in Damaskus unterstellt, wurde *Corthoba* 756 durch den Omaijaden *Abd ar-Rahman* zum unabhängigen Emirat ausgerufen: Beginn einer Karriere. 929 erklärte sich *Abd-ar-Rahman III.* zum Kalifen und stellte Córdoba somit in Konkurrenz zum damaligen Kalifat Bagdad. Zu jener Zeit zählte die Stadt eine halbe bis eine Million Einwohner, war Rivalin von Damaskus und Konstantinopel. Über 80.000 Geschäfte, 900 öffentliche Bäder, 300 Moscheen und 50 Krankenhäuser besaß die islamische Metropole. Der politische Abstieg kam 1031 mit dem Zerfall des Kalifats. Der Ruf Córdobas als Zentrum der Kultur und Wissenschaften blieb vorerst bestehen, mit der christlichen Eroberung 1236 begann jedoch der Niedergang. Die neuen Herrscher duldeten keine Zweifel an ihrer Weltlehre, Inquisition und die Vertreibung der Mauren und Juden taten ein Übriges – Córdobas strahlender Stern erlosch, die Geistesmetropole verblasste zur Provinzstadt.

Information/Verbindungen/Diverses

- *Information* **Oficina de Turismo de la Junta de Andalucía**, Calle Torrijos 10, ✆ 957 355179, ✆ 957 355180, otcordoba@andalucia.org. Gegenüber der Mezquita im Palacio de Congresos y Exposiciones. Zuständig für die Stadt und ganz Andalusien. Öffnungszeiten: Mo–Fr 9–19.30 Uhr, Sa 10–19 Uhr, So 10–14 Uhr.

Infokioske der Stadt Córdoba an der Plaza Tendillas, dem Campo Santos Mártires nahe Alcázar und im Bahnhof; ein weiteres Büro soll in der Posada del Potro eröffnen. Die Öffnungszeiten variieren nach Standort und Saison. Info-✆ 902 201774, www.turismodecordoba.org.

Recepción de Visitantes, geplantes Besucherzentrum bei der Brücke Puente Romano, zuletzt noch in Bau.

- *Verbindungen* **Zug**. Córdobas Bahnhof (Renfe-Info: ✆ 902 240202), ein gigantischer Bau aus Beton, Marmor und Edelstahl, liegt nördlich des Zentrums, am Ende der Avenida de los Mozarabes linker Hand. Züge nach Algeciras und Cádiz je 3-mal, Málaga alle ein bis zwei Stunden. Nach Sevilla etwa stündlich, aber Achtung, die superschnellen AVE-Züge kosten das Mehrfache der Normalverbindung. Richtung Granada empfiehlt sich die Route über Bobadilla, die wesentlich schneller ist als diejenige über

Linares–Baeza; flotter noch ist man allerdings per Bus. Direktzüge auch nach Madrid (stündlich, überwiegend AVE) und Barcelona (4-mal täglich). RENFE-Stadtbüro an der Ronda de los Tejares 10.
Bus: Moderner Busbahnhof (✆ 957 404040) an der Plaza de las Tres Culturas, von der Stadt aus gesehen direkt hinter dem Bahnhof. ALSINA GRAELLS fährt nach Granada 9-mal, Málaga 7-mal, Cádiz 2-mal und Almería 1-mal täglich (morgens), nach Sevilla 8-mal täglich. UREÑA nach Jaén 7-mal, BACOMA nach Úbeda 4-mal täglich. SECORBUS nach Madrid 6-mal täglich.
Auto: Das Gebiet zwischen Mezquita und Plaza Tendilla ist für den Individualverkehr gesperrt, die Hotelanfahrt jedoch freigegeben. Generell sollte man die engen Einbahngässchen der Judería möglichst meiden und den Wagen lieber etwas abseits parken. Gebührenpflichtige Parkmöglichkeiten an der Calle Gran Capitán und in der Nähe der Mezquita. Unbewacht das Fahrzeug grundsätzlich nur leer stehenlassen: viele Autoknacker!

Autoverleih: EUROPCAR (✆ 957 403480) und HERTZ (✆ 957 402061), beide im Bahnhof.
Taxi: Funktaxis unter ✆ 957 764444.
- *Post* Calle José Cruz Conde 15, eine Seitenstraße der Plaza Tendillas, geöffnet Mo–Fr 8.30–20.30 Uhr, Sa 9.30–14 Uhr.
- *Internet-Zugang* **Salón Internet**, Calle Lucano 12, im Gebäude des Hostals El Pilar del Potro unweit der Plaza del Potro. **Ch@tls**, C. Claudio Marcelo 15, nicht weit von der Plaza Tendillas.
- *Arabische Bäder* **Baños Árabes**, mehrere Becken mit unterschiedlich temperiertem Wasser zwischen 16 und 40 Grad. Geöffnet täglich ab 10 Uhr, Einlass im Zweistunden-Turnus bis 24 Uhr. Zwei Stunden kosten etwa 22 €, eine zehnminütige Massage mit Aromatherapie zusätzlich 7 €. Badekleidung ist erforderlich, Handtücher sind vorhanden. Tetería (Teestube) angeschlossen. Calle Corregidor Luis de la Cerda 51, nordöstlich unweit der Mezquita. Reservierung sehr ratsam, ✆ 957 484746; www.hammamspain.com.

Übernachten (siehe Karte S. 393)

Die Saison in Córdoba reicht von Ostern bis Oktober, wobei die Nachfrage im Frühjahr und Herbst oft noch stärker ist als in den glühend heißen Sommermonaten. Grundsätzlich es ratsam, möglichst früh am Tag auf die Suche zu gehen.

- *Judería und Umgebung* Autofahrer sollten das Fahrzeug vorher besser auf einem bewachten Parkplatz abstellen und die Lage zu Fuß erkunden. Manchmal kennt der Hotelier eine Parkmöglichkeit.

***** **Hospes Palacio del Bailío (6)**, ganz im Norden der Altstadt unweit der Plaza de los Capuchinos gelegen. Untergebracht in einem feinfühlig restaurierten Palast des 16.–18. Jh., beherbergt das neue Tophotel von Córdoba 53 exklusiv ausgestattete Zimmer und Suiten nebst mehreren Bars und Restaurants sowie ein Spa. Parkplatz. Superior-DZ etwa 200–270 €, es gibt auch Deluxe-Zimmer und diverse Suiten. C. Ramírez de las Casas Deza 10–12, ✆ 957 498993, ✆ 957 498994, www.hospes.es.

**** **Hotel El Conquistador (37)**, direkt gegenüber der Mezquita gelegen. Sehr schöner Patio, eigene Garage, jeder Komfort ist selbstverständlich. Geräumige, allerdings etwas hellhörige Zimmer, die Mehrzahl mit Blick auf die Mezquita. Sehr weite Preisspanne: DZ rund 90–195 €, während der Karwoche noch um einiges mehr. Calle Magistral González Francés 15, ✆ 957 481102, ✆ 957 474677, www.hotelconquistadorcordoba.com.

**** **Hotel Macià Alfaros (8)**, ein Stück nördlich der Plaza Corredera. Recht hübsch gemachtes, auf „maurisch" getrimmtes Quartier der gehobenen Mittelklasse. Ein Plus ist die große (!), eigene Garage. DZ offiziell etwa 160 €, zur Nebensaison aber oft „ofertas" (Sonderangebote). C. Alfaros 18, ✆ 957 491920, ✆ 957 492210, www.maciahoteles.com.

*** **Hotel Casa de los Azulejos (14)**, ein charmantes und stilvolles Quartier nahe der Plaza Corredera, beliebt auch beim Szenepublikum. Kolonialstil-Ambiente in einem ausgedehnten Haus, dessen Struktur teilweise bis ins 17. Jh. zurückgeht; schöner Patio. Nur acht Zimmer, alle ganz unterschiedlich im Charakter, Bibliothek. Auch das angeschlossene Lokal, die originelle „La Guadalupana Cantina" (siehe Kapitel Essen), prägt ein gewisser lateinamerikanischer Touch – kein Wunder, der Chef lebte lange in Mexiko. DZ nach Saison und Ausstattung etwa 95–135 €, zu den Festterminen bis 150 €; es gibt auch eine Suite. Calle

Fernado Colón 5, ☎ 957 470000, 📠 957 475496, www.casadelosazulejos.com.

**** Hotel Albucasis (17)**, in optimaler Lage nahe der Mezquita, aber etwas abseits der Touristenzone. Hübscher Patio, auf den die meisten der sehr ansprechend möblierten Zimmer hinausgehen, Fremdgarage in der Nähe, ruhige Lage – empfehlenswert. Ratsam jedoch, zunächst erst einmal zu Fuß vorbeizuschauen, bevor man sich mit dem Wagen ins Gassengewirr begibt. DZ etwa 80 €. Calle Buen Pastor 11, oberhalb der Mezquita, ☎/📠 957 478625, www.hotelalbucasis.com.

**** Hotel González (29)**, ebenfalls nur ein paar Schritte abseits der Mezquita. Tagsüber vielleicht etwas viel Rummel im Innenhof, der als Restaurant allgemein zugänglich ist. Sonst sehr nett in einem alten, vielseitig dekorierten Gemäuer; viele Zimmer auf den Patio. DZ nach Saison etwa 50–80 €. Calle Manriquez 3, nahe der Plaza Judá Leví, ☎ 957 479819, 📠 957 486187.

**** Hotel Los Omeyas (26)**, ebenfalls keine fünf Minuten von der Mezquita entfernt, dabei recht ruhig gelegen. Die Zimmer liegen um einen schönen kühlen Patio, sind sehr sauber und hübsch eingerichtet. Klimaanlage. Parkgarage, wie üblich gegen Gebühr. Mehrere Leser waren sehr zufrieden. DZ etwa 55–65 €. Calle Encarnación 17, ☎ 957 492267, 📠 957 491659, www.hotel-losomeyas.com.

**** Hotel Riviera (5)**, in einem neueren Stadtbereich, aber immer noch zentral, ein Lesertipp von Silvia & Alvaro Fernandez: „Sauber, leise, große Zimmer; zehn Minuten zur Mezquita zu Fuß. Großes Parkhaus in der Nähe, für Kunden mit Rabatt." DZ etwa 65–70 €. Plaza Aladreros 5, ☎ 957 473000, 📠 957 476018, www.hotelrivieracordoba.com.

*** Hotel Maestre (32)**, unser Tipp in dieser Klasse. Neubau im Gebiet östlich der Mezquita, nahe der schönen Plaza del Potro gelegen. Ein Ableger der bewährten Pension Maestre (siehe unten). Mehrere Patios, nüchtern-komfortable Zimmer mit TV, Telefon und Tresor. Besonders ruhig sind die Räume um den hinteren Patio. Engagierte Leitung, hoteleigene Garage (oft voll – wer zuerst kommt …). Hervorragendes Preis-Leistungs-Verhältnis, Reservierung dringend geraten. Auch Apartments. DZ etwa 55 €. Calle Romero Barros 4, ☎ 957 472410, 📠 957 475395, www.hotelmaestre.com.

*** Hotel Boston (9)**, praktisch direkt an der Plaza Tendillas, nur ein Katzensprung von der Altstadt. Funktionales Hotel mit ordentlichen Zimmern (die Innenzimmer sind, wie immer, nicht sehr luftig), etwas kompliziert anzufahrende Vertragsgarage in der Nähe. Bleibt anzumerken, dass mehrere Leser mit dem Hotel zwar zufrieden, von der gleichnamigen Cafeteria im selben Haus jedoch sehr enttäuscht waren. DZ 50–65 €. Calle Málaga 2, nahe Plaza Tendillas, ☎ 957 474176, 📠 957 478523, www.hotel-boston.com.

**** Pensión El Triunfo (41)**, in unmittelbarer Nachbarschaft der Mezquita, Garage in der Nähe. Sehr solides, gepflegtes Haus, manchmal mit Gruppen belegt. Die Lage zahlt man mit: DZ/Bad etwa 50–75 €. Calle Corregidor Luis de la Cerda 79, an der Flussseite der Mezquita, ☎ 957 475500, 📠 957 486850, www.htriunfo.com.

**** Pensión Hostal Osio (27)**, in recht ruhiger, dabei jedoch zentraler Lage unweit der Mezquita, eine 2001 eröffnete, sehr freundlich, engagiert und deutschsprachig geführte Pension mit exzellentem Preis-Leistungs-Verhältnis. Die zwölf klimatisierten, geräumigen Zimmer (allesamt Nichtraucherzimmer) erstrecken sich um zwei Patios. DZ/Bad 40–45 €, im April/Mai 55 €. Calle Osio 6, eine Seitenstraße der Calle Rey Heredia, ☎/📠 957 485165, www.hostalosio.com.

****/* Pensión Hostal Alcázar (34)**, westlich etwas außerhalb der Judería. Eine Zweistern- und eine Einsternpension, die einander gegenüberliegen. Ruhige Lage in einer kleinen Straße nahe des Campo Santo de los Mártires. Mit Patio, die Zimmer in der Einsternpension relativ eng. Die Zweisternpension ist jünger; hier gibt es auch Familienzimmer. Freundlicher und lustiger Vermieter, der gute Tipps zur Stadt hat und auch weiterhilft, falls belegt ist. Parkmöglichkeit (vorbestellen). Gutes Frühstück. DZ/Bad etwa 35–45 €. Calle San Basilio 2, ☎ 957 202561, www.hostalalcazar.com.

*** Pensión Hostal Maestre (33)**, wie auch das Hotel eine gute Adresse. In ruhiger Lage etwas abseits der Touristenströme, mit vielen Antiquitäten und Nippes eingerichtet. Gleich zwei begrünte Patios. Gelegentlich Jugendgruppen, nicht immer ganz leise. Ratsam, sich das Zimmer vorher zeigen zu lassen, es gibt auch einige wenige fensterlose Räume. Je nach Gästeaufkommen ist Parken in der Garage des nahen Hotels Maestre möglich. Reservierung sehr empfehlenswert. DZ/Bad 40 €. Calle Romero Barros 16, nahe der Plaza Potres, ☎/📠 957 475395, www.hotelmaestre.com.

Provinz Córdoba / Córdoba 393

Übernachten
1. Parador de Córdoba
2. Pensión Granada
3. Hotel Colón
5. Hotel Riviera
6. Hotel Hospes Palacio del Bailío
8. Hotel Macià Alfaros
9. Hotel Boston
14. Hotel Casa de los Azulejos
17. Hotel Albucasis
22. Pensión Hostal Séneca
23. Jugendherberge
25. Pensión La Milagrosa
26. Hotel Los Omeyas
27. Pensión Hostal Osio
28. Pensión El Portillo
29. Hotel Gonzáles
31. Pensión Los Arcos
32. Hotel Maestre
33. Pensión Maestre
34. Pensión Hostal Alcázar
37. Hotel El Conquistador
38. Pensión Almanzor
41. Pensión El Triunfo

Essen & Trinken
4. Rest. Círculo Taurino
7. Taberna San Miguel
10. Bar Sociedad de Plateros
11. Casa Salinas
12. Bodega Guzman
13. Taberna Salinas
15. La Guadalupana Cantina
16. La Paloma
18. Rest. Churrasco
19. Salón de Té
20. Casa Pepe de la Judería
21. Taberna Rafaé
24. Rest. El Caballo Rojo
30. Taberna Sociedad de Plateros
35. Rest. Almudaina
36. Bodegas Campos
39. Mesón San Basilio
40. Museo de la Tapa y el Vino

Andalusien
Karte S. 326/327

Córdoba
200 m

Andalusien

* **Pensión Hostal Séneca (22)**, hübsch dekoriert, gepflegt und mit äußerst lauschigem Innenhof, in dem auch das meist obligatorische Frühstück genossen wird. DZ ohne Bad etwa 35–45 €. Calle Conde y Luque 7, nördlich nahe der Mezquita, ✆/☏ 957 473234.
* **Pensión La Milagrosa (25)**, östlich der Mezquita. Freundliche Besitzer, hübscher, wenn auch winziger Patio. Empfehlenswert, ein ruhiges Zimmer zu verlangen, manche leiden unter dem Lärm von Mopeds aus der Nachbarschaft. DZ/Bad etwa 40–45 €. Calle Rey Heredia 12, ✆ 957 473317.
* **Pensión Los Arcos (31)**, zwischen dem Hotel und der Pension Maestre. Schöner Patio, in einer Parallelstraße ein bewachter Parkplatz. Einfach möbliert, hellhörige Zimmer, laut einiger Leserbriefe hat der Service seit der Übernahme des Betriebs durch die nächste Generation zudem leider nachgelassen. DZ/Bad um die 35–40 €. Calle Romero Barros 14, ✆ 957 485643.
* **Pensión Hostal Almanzor (38)**, von mehreren Lesern empfohlen. In zentraler, wenn auch nicht immer ganz ruhiger Lage, Sauberkeit wird sehr groß geschrieben; Parkmöglichkeit. DZ/Bad kosten etwa 40 €. Calle Corregidor Luis de la Cerda 10, ✆ 957 485400.
* **Pensión Hostal El Portillo (28)**, im Gassengewirr knapp westlich der Calle de San Fernando, Richtung Mezquita. Ruhige Lage, einige der einfachen Zimmer auf den kleinen Patio. Netter Besitzer, der etwas Englisch spricht. DZ/Bad etwa 30–35 €. Calle Cabeza 2, ✆ 957 472091.

Jugendherberge Córdoba (23), Residencia Juvenil (IYHF), ausnahmsweise wunderbar zentral gelegen, ein paar Schritte von der Mezquita. Frisch renoviert, moderne Einrichtungen, angenehme Zimmer, etwas hellhörig. Die Zimmer im zweiten Stock sind schöner, besitzen eigenes Bad und Terrasse. Oft belegt – reservieren! Plaza Judá Leví s/n, ✆/☏ 957 355040, www.hostal-almanzor.es.
* *Im Bereich des Bahnhofs* Etwas für Spätankömmlinge mit Bahn oder Bus, die zur Saison froh sein können, überhaupt ein Bett zu bekommen. Am Anfang der Avda. Cervantes liegen mehrere preisgünstige Casas Huéspedes, die Straße ist aber äußerst laut.
** **Hotel Colón (3)**, Mittelklasse im Hochhaus, ordentlich möblierte Allerweltszimmer. DZ um die 60–70 €. Calle Alhaken II. 4, ✆ 957 470017, ☏ 957 480958, www.hotelresidenciacolon.com.
** **Pensión Granada (2)**, etwas altmodisch, aber noch brauchbar, die Zimmer auf die Straße allerdings furchtbar laut und auch sonst recht hellhörig. DZ/Bad 40–50 €, ohne Bad um die 30 €. Avda. de América 17, ✆ 957 477000.
* *Außerhalb* **** **Parador de Córdoba (1)**, etwa vier Kilometer nördlich des Zentrums. Neueres Gebäude, immerhin mit Blick und schönem Garten – das Hotel Conquistador im Zentrum ist bei entsprechendem Kleingeld vielleicht dennoch vorzuziehen. DZ rund 145–155 €. Avenida Arruzafa s/n, ✆ 957 275900, ☏ 957 280409, www.parador.es.

Camping

El Brillante, 1. Kat., etwa drei Kilometer nördlich des Zentrums. Zur HS manchmal überfüllt. Busverbindung ab Bahnhof oder der Ronda de los Tejares mit Bus Nr. 10 oder 11; auch Taxis von und zur Stadt sind nicht teuer. Autofahrer folgen am besten der Beschilderung zum Parador. Sehr schattiger Platz neben dem öffentlichen Schwimmbad (Eintrittsgebühr); sehr harter Boden. Bar vorhanden, Einkaufsmöglichkeit; Sanitäres ausreichend. Ganzjährig, keine Kreditkarten! P.P., Auto, Zelt je etwa 5 €. Avenida del Brillante 50, ✆ 957 403836, ☏ 957 282165, www.campingelbrillante.com.

Essen und Trinken (siehe Karte S. 393)

Spezialitäten Córdobas sind *gazpacho*, die ähnlich zubereitete Gemüsekaltschale *salmorejo* und der Stierschwanz *rabo de toro*, exzellent die sherryähnlichen Weine aus den nahen Städten Moriles und Montilla.

* *Restaurants* Um die Mezquita sind die meisten Restaurants auf Ex-und-hopp-Kundschaft eingestellt.
Bodegas Campos (36), derzeit die vielleicht erste Adresse der Stadt, untergebracht in einer ausgedehnten, authentischen Bodega mit mehreren Sälen und Patios. Marktabhängige, traditionelle Cordobeser Küche hoher Qualität, exzellente Weinauswahl. Degustationsmenü etwa 50 €, Menü

Provinz Córdoba / Córdoba

Kaffeepause neben der Mezquita: Plaza Judá Leví

à la carte ebenfalls in dieser Preisregion. Calle Lineros 32, nicht weit von der Plaza del Potro, eigener Parkplatz. ℡ 957 497500. So-Abend geschlossen.

El Caballo Rojo (24), darf als bekanntestes der Nobelrestaurants Córdobas nicht fehlen. „Antigua Cocina Mozárabe" steht auf dem Programm, der experimentierfreudige Chef ist immer auf der Suche nach überlieferten alten Rezepten, die oft arabisch beeinflusst sind. Menü à la carte ab etwa 35 € aufwärts. Calle Cardenal Herrero 26, neben der Mezquita, ℡ 957 475375.

Restaurante Almudaina (35), hinter dem Alcázar. Schon optisch ist das historische Gebäude ein Genuss erster Ordnung. Variationsreiche, regional gefärbte Küche. Die Preise liegen etwa auf dem Niveau von denen im „Caballo Rojo". Campo Santo de los Mártires 1, im Sommer So ganztags, sonst nur Sonntagabend geschlossen; ℡ 957 474342.

Restaurante Churrasco (18), ebenfalls eine erstklassige Adresse in der Nähe der Mezquita. In den stoffüberdachten Innenhöfen sitzt es sich sehr angenehm, die Küche genießt besten Ruf. Spezialität sind Fleischgerichte, wie der Name schon ahnen lässt; es gibt aber auch Fisch. Berühmt ist der riesige Weinkeller, der eine entsprechende Auswahl bietet, doch zählt auch schon der „einfache" Hauswein zu den erleseneren Gewächsen. Menü à la carte ab etwa 30 €. Calle Romero 16, nordwestlich der Mezquita; ℡ 957 290819. Während der Karwoche und im August geschlossen.

Restaurante Círculo Taurino (4), ein Stück nördlich der Plaza Tendillas gelegen. Schon seit langem besteht dieses gutbürgerliche Lokal mit Stierkampfambiente, im Angebot ist vor allem ordentliche örtliche Küche mit gutem Preis-Leistungsverhältnis bei mittlerem Preisniveau. Auch die hiesigen Tapas können sich durchaus schmecken lassen. Im Sommer wird nur mittags geöffnet. Calle Osario, Ecke Ancria.

La Guadalupana Cantina (15), das rustikale Restaurant des Hotels Casa de los Azulejos, das über einen eigenen Eingang zu erreichen ist. Der hübsche Patio und mehrere Säle mit bunter Dekoration locken ein meist junges, ganz überwiegend einheimisches Publikum. Traditionelle mexikanische Küche (nicht etwa Tex Mex), mit etwa 15 € ist man gut dabei. Der Zugang erfolgt von der Calle Rodríguez Marín (ganz nahe der Plaza Corredera, beim Schild „Andalusi") durch ein winzigkleines Gässchen.

Mesón San Basilio (39), etwas abseits der touristischen Rennstrecken in einem volkstümlichen Viertel knapp außerhalb der Altstadt und unweit westlich der Mezquita gelegen. Ein großer, überdachter Patio samt Nebenräumen, der zur Mittagszeit fast immer prallvoll mit Einheimischen besetzt ist – kein Wunder, denn das sehr ordentliche Tagesmenü kostet keine zehn Euro. Am Wochenende allerdings liegen die Preise deutlich höher. Calle San Basilio 19, hinter der Pensión Hostal Alcázar; die Straße setzt sich um die Ecke herum fort.

• *Tabernas* Córdoba besitzt eine Reihe traditioneller Tabernas, der beste Platz für eine Tapa und ein Gläschen Montilla.

Taberna Sociedad de Plateros (30), die erste und größte der Bar-Kette. Kachelgeschmückte, lichte Räumlichkeiten, mit Glas überdachter Patio und natürlich gute halbe und ganze Raciones in breiter Auswahl. Dazu vielleicht einen Montilla ... Ein prima Laden, altmodisch im besten Sinn. Calle Romero Barros 3, nahe Plaza del Potro.

Bar Sociedad de Plateros (10), ebenfalls eine gute Adresse. In einem wenig besuchten Gebiet im östlichen Zentrumsbereich und deshalb fast nur von Einheimischen frequentiert. Stockfisch ist die Spezialität des Hauses, das denn auch „La Posada de Bacalao" genannt wird. Calle Maria Auxiliadora 25, in der Verlängerung der Calle Santa María de Gracia.

Taberna Salinas (13), ein Prachtstück nostalgischer Kneipenkultur, 1879 gegründet. Im Barbereich huldigt eine Reihe von Fotos dem legendären Matador Manolete, dessen Eleganz auch auf den alten Abbildungen gut zu erkennen ist. Neben Tapas auch komplette Mahlzeiten. Calle Tundidores 3, oberhalb der Plaza Corredera.

Taberna San Miguel (7), auch „Casa El Pisto" genannt und ebenfalls unweit der zentralen Plaza Tendillas gelegen. „Fundada en 1880", über ein Jahrhundert Tradition. Die köstlichen Stierschwanz-Tapas hier sind berühmt in Córdoba, nicht zu verachten aber auch die anderen Häppchen und der Salmorejo. Plaza San Miguel 1.

Taberna Rafaé (21), eine echte Lokalberühmtheit direkt in der Judería. Sehr gute Auswahl an Raciones. Calle Deanes, Ecke Calle Buen Pastor.

Casa Pepe de la Judería (20), weit über die Stadtgrenzen bekannt für seine exquisite Tapa-Theke. Hier gibt es auch feinen Fino und Oloroso vom Fass, auch zum Mitnehmen. Gleichzeitig Restaurant mit gehobenen Preisen. Calle Deanes, Ecke Calle Romero.

Bodega Guzmán (12), noch etwas weiter nördlich, im Gebiet des Zoco und Museo Taurino; ebenfalls ein gemütlicher Platz für ein Gläschen Montilla. Calle Judíos 9.

Casa Salinas (11), um die Ecke. Beliebt bei Einheimischen, auch hier gute und von Lesern gelobte Tapas. Puerto de Almodóvar 2. Schräg gegenüber und ebenfalls eine Empfehlung: **Casa Rubio**.

Museo de la Tapa y el Vino (40), nahe der Plaza del Potro, in einem Gebiet, in dem sich sonst eher touristisch gefärbte Lokale bündeln. Feine, frisch gemachte Tapas (vielleicht nichts für den großen Hunger) und Raciones, prima Weinauswahl. C. Enrique Romero de Torres 3.

La Paloma (16), ein Beispiel für die zahlreichen Openair-Bars an der Plaza Corredera. Im Angebot halbe und ganze Raciones sowie komplette Gerichte, nicht teuer. Plaza de la Corredera 4.

Salón de Té (19), eine maurisch inspirierte Teestube mit hübschen Patios und dicken Kissen – für Córdoba das absolut passende Ambiente. Gute Auswahl an Tees, Säften und arabischen Süßigkeiten, nicht ganz billig, aber das Geld wert. In der Judería, Calle Buen Pastor 13, nahe Hotel Albucasis.

Nachtleben/Flamenco

• *Nachtleben* In der Judería geht es nachts eher verschlafen zu – alles spielt sich in den neueren Stadtteilen ab. Generell ist Córdoba jedoch ein ruhigeres Pflaster als Sevilla oder Granada.

Plaza Corredera: Der komplett in sich geschlossene Platz unweit östlich der Judería hat sich nach seiner Restaurierung zu einem im Sommer sehr beliebten Treffpunkt mit zahlreichen Bars entwickelt.

Ciudad Jardín: Eine vor allem im Winter besuchte Nachtzone in den schachbrettartig aufgebauten Straßenzügen südlich der Plaza Costa del Sol. Reichlich Musikkneipen, Bars etc., viel junges und studentisches Publikum.

Avenida de la Libertad: Córdobas jüngste Nightlife-Zone, zuletzt sehr beliebt bei der Jugend, liegt an einer Parallelstraße stadtauswärts der Avenida de América, im Gebiet von Bahnhof und Busbahnhof.

• *Flamenco* **El Cardenal** in der Calle Torrijos 8 (Nähe Mezquita und Infostelle) ist bestens organisiert, genießt dank seines hochkarätig besetzten Ensembles guten Ruf und fand auch den Beifall mehrerer Leser.

Provinz Córdoba / Córdoba 397

Shows finden Mo–Sa 22.30 Uhr statt, Eintritt inklusive eines Getränks etwa 20 €. www.tablaocardenal.com.
• *Kino* **Filmoteca de Andalucia**, Programmkino, das viele Filme im Original zeigt. C. Medina y Corella 5, um die Ecke von der Infostelle der Junta, 957 355655, www.filmotecadeandalucia.com.

Feste/Einkaufen

• *Feste* Am meisten los ist im Mai, ein Höhepunkt der „Concurso Nacional de Flamenco", ein Wettbewerb der besten Flamenco-Ensembles Spaniens. Er findet jedoch nur alle drei Jahre statt, das nächste Mal 2007, in der Regel in der zweiten Maiwoche.
Semana Santa, die Karwoche mit fast 30 Prozessionen; Höhepunkt ist die Nacht von Gründonnerstag auf Karfreitag.
Cruces de Mayo, Anfang Mai. Fest der blumengeschmückten Maikreuze.
Fiesta de Patios, an das Fest der Maikreuze anschließend, also in der ersten Maihälfte (wechselnd). Wettbewerb der schönsten Innenhöfe, von denen die meisten dann frei zugänglich sind.

Feria de Mayo, letzte Maiwoche; das Hauptfest der Stadt. Riesiges Festgelände, täglich Tanz bis in den Morgen.
Corpus Cristi, Fronleichnam, ein weiterer Höhepunkt im kirchlichen Festkalender.
• *Einkaufen* Córdoba ist bekannt für schönen Filigranschmuck aus Silber und für seine „Korduan"-Lederwaren, feines, weiches Ziegen- und Schafsleder in arabischer Tradition.
Flohmärkte: Dienstag und Freitag an der Gran Via Parque, noch ein Stück westlich der Plaza Costa del Sol.
Kaufhaus „El Corte Inglés" mit dem üblichen breiten und gut sortierten Angebot an der Ronda de los Tejares.

Andalusien Karte S. 326/327

Sehenswertes

Wie praktisch: Fast alle hochrangigen Sehenswürdigkeiten Córdobas liegen im Bereich in und um die Judería. Absolutes Glanzstück ist natürlich die Mezquita. Doch gibt es noch viel mehr zu entdecken.

Torre La Calahorra/Museo vivo de Al-Andalus: Das Museum im Festungsturm am jenseitigen Ufer des Guadalquivir vermag in engagierter, wenn auch unkritischer Weise (Leserstimme: „historischer Kitsch") die mittelalterliche Geisteswelt der Mauren, Juden und Christen zu vermitteln. Am Eingang erhält man einen Infrarot-Kopfhörer und wählt die Sprache, in der man die Erklärungen hören möchte. Zu sehen ist auch ein ungewöhnliches Modell der Alhambra, eines der Mezquita von vor 500 Jahren und vieles mehr. Umstritten ist der Gründer der Ausstellung: Der französische Polit-Philosoph Roger Garaudy (* 1913), ein zum Islam übergetretener ehemaliger Marxist, wurde 1998 in Frankreich wegen der Leugnung des Holocaust verurteilt.

• *Öffnungszeiten* Mai–September: 10–14, 16.30–20.30 Uhr; Multimediashow 10.30, 11.30, 12.30, 17, 18, 19 Uhr. Oktober–April: 10–18 Uhr; Multimediashow 10.30, 11.30, 12.30, 17 Uhr. Eintrittsgebühr für das Museum 4,50 €, Multimediashow gegen kleinen Aufpreis. Achtung, laut Leserbriefen sind im Umfeld des Turms Autoknacker besonders aktiv, die selbst ernannten „Parkwächter" bieten keinen Schutz.

La Mezquita

Nach der Alhambra das bedeutendste maurische Bauwerk Andalusiens, auf gewisse Weise sogar einmalig: Moschee und Kathedrale im gleichen Gebäude – das findet sich sonst wohl nirgends auf der Welt.

Nach außen umgibt eine schmucklose, nur zwölf Meter hohe Mauer das 175 x 134 Meter messende Areal, verschwenderisch verziert sind einzig die *Portale*. Die Moschee selbst nimmt ein Quadrat von 134 Meter Seitenlänge ein, den Rest bean-

398 Andalusien

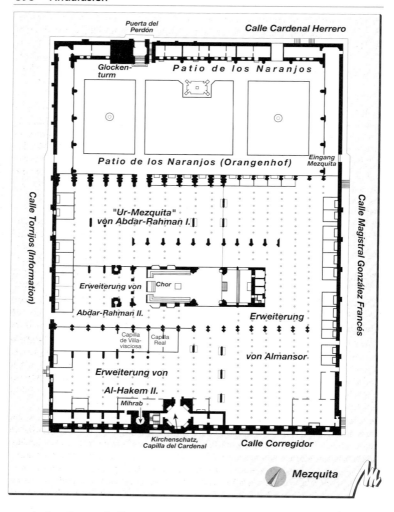

sprucht der „Orangenhof" *Patio de los Naranjos*. So wie sie heute zu sehen ist, entstand die Mezquita zwischen 785 und 1009 in vier deutlich erkennbaren Bauphasen.

• *Öffnungszeiten* Mo–Sa 10–19 Uhr (Winter 10–17.30 bzw. 18.30 Uhr), So 14–19 Uhr, Eintrittsgebühr 8 €. Soweit die offiziellen Öffnungszeiten. In der Regel ist die Mezquita jedoch morgens bereits ab 8.30 Uhr geöffnet, der Eintritt dann gratis. Ausnahme ist der Sonntag, wenn bereits von 8.30–10.15 Uhr kassiert wird. Dann ist auch von 10.15 bis 14 Uhr nur für Messen geöffnet; man bittet darum, dass in dieser Zeit wirklich nur echte Kirchgänger kommen.

Geschichte: Die Mezquita steht auf uraltem heiligen Boden. Zur Römerzeit erhob sich hier ein Tempel des doppelgesichtigen Gottes Janus, unter den Westgoten eine dem Märtyrer Vizenz geweihte Basilika. Als die Mauren Córdoba einnahmen, bewiesen sie die ganze Toleranz des damaligen Islam, teilten die Kirche und überließen den Christen eine der beiden Hälften. *Abd ar-Rahman I.* kaufte (bemerkenswert) 785 den Christen ihren Teil ab, ließ die Kirche abreißen und die erste „Ur-Mezquita" errichten, damals die größte Moschee der Welt. Seine Nachfolger erweiterten den Bau Zug um Zug. Die Kathedrale inmitten der Moschee entstand während und nach der Regierungszeit von *Karl V.* (1519–1556).

Besichtigung: Man betritt den *Patio de los Naranjos*, einen mit Orangenbäumen und Brunnen geschmückten Hof, von Norden. Der Eingang erfolgt von der Calle de Cardenal Herrero und durch das „Büßertor" *Puerta del Perdón* – es heißt, der dem Koran untreue Philosoph Averroës hätte sich hier den Beschimpfungen der Gläubigen aussetzen müssen. Rechts des Eingangs erhebt sich der besteigbare *Glockenturm* an der Stelle, an der einst das Minarett stand. Der Anblick des Inneren der Moschee ist, hat man sich erst einmal an das Halbdunkel gewöhnt, einfach märchenhaft. Über 900 Säulen waren es einst, 856 sind verblieben. Die am Boden stehenden runden Säulen werden überspannt von Hufeisenbögen, zwischen denen weitere, diesmal viereckige Säulen aufragen und die Basis für eine weitere Bogenreihe bieten – vielleicht angelehnt an römische Aquädukte, in jedem Fall aber eine geniale Idee, um größere Höhe des Raums zu erreichen. Die symmetrische Anordnung schafft im Zusammenspiel mit den rot-weiß gestreiften Bögen ein unglaubliches Gefühl von Rhythmus, Schwerelosigkeit und schier endloser Weite. Es lohnt sich, die einzelnen, aus antiken Bauten stammenden Säulen genauer zu betrachten: Alle haben eine Geschichte hinter sich, die älter ist als die Mezquita, und ihre Kapitelle variieren je nach Herkunft.

Die *Kathedrale* im Zentrum der Mezquita kann nur als Akt der Barbarei bezeichnet werden. Hatten die christlichen Rückeroberer die Mezquita noch kaum angetastet, so war im Spanien des 16. Jh. massive Machtdemonstration angesagt. In *Karl V. (Carlos V)*, ab 1519 Kaiser von Spanien, fanden die Domherren den geeigneten, weil noch unsicheren Mann, ihr Vorhaben durchzusetzen. Zu seiner Ehrenrettung muss gesagt werden, dass er das Ergebnis später als Fehler erkannte: „Was ihr tatet, hätte man überall tun können, was ihr zerstörtet, war einmalig auf der Welt".

Der *Erweiterungsbau von Al-Hakem II.* ist der großartigste Abschnitt der Mezquita. Südlich des Chors birgt die christianisierte *Capilla Villaviciosa* die Gebetsnische der zweiten Erweiterung der Moschee; nach Osten schließen sich zwei Kapellen christlicher Zeit an. Der absolute Höhepunkt der Mezquita, vielleicht der maurischen Kunst in Spanien überhaupt, wartet jedoch an der Südmauer, neben der Sakristei: Der *Mihrab* von Al-Hakem II. Schon der Vorraum der Gebetsnische glänzt mit fantastischer Kuppeldecke und ist üppig mit byzantinischen Mosaiken ausgeschmückt. Der Mihrab selbst überbietet ihn noch, im Glanz der goldenen Mosaiken ebenso wie in der hinreißenden Muschelkuppel, die aus einem einzigen Marmorblock gehauen ist. Am Boden zu sehen sind noch die Spuren, die die auf Knien rutschenden Gläubigen hinterlassen haben.

Westlich der Mezquita

Alcázar: Die im 14. Jh. errichtete einstige Residenz der kastilischen Könige steht in der Nähe des Guadalquivir. Ab 1490 bis 1821 (!) führte hier die Inquisition ihr Schreckensregiment. Das Kastell wurde einige Male umgestaltet und vor wenigen Jahren im Inneren restauriert. In einem Museum sind Mosaike und Sarkophage der

400 Andalusien

Denkmal eines Denkers: Moses Maimonides

Römerzeit zu sehen; mindestens ebenso anziehend sind jedoch die ausgedehnten Gartenanlagen, die den Alcázar umgeben.
Öffnungszeiten Di–Fr 8.30-19.30 Uhr, Sa/So 9.30–14.30 Uhr; ob die bislang im Sommer (Mitte Juni bis Mitte September) auch werktags auf 14.30 Uhr reduzierten Öffnungszeiten beibehalten werden, stand zuletzt noch nicht fest. Eintrittsgebühr 4 €, Mi gratis.

Baños Califales: Gegenüber des Alcázar und zu den denselben Zeiten zu besuchen, liegen am Campo de los Mártires die Reste bedeutender maurischer Bäder. Nach Jahrhunderten der Vergessenheit erst 1903 wiederentdeckt und dann viele Jahrzehnte lang völlig vernachlässigt, geht die Anlage aus unterschiedlich temperierten Becken bis ins 10. Jh. zurück und war wohl ein Teil der verschwundenen Palastburg der Omaijaden.

Barrio San Basilio und Jardín Botánico: Südwestlich des Alcázar und des Campo de los Mártires erstreckt sich das ruhige Viertel *San Basilio,* zeitgleich mit dem Alcázar im 14. Jh. von König Alfonso XI. gegründet. Noch ein ganzes Stück weiter südwestlich und schon jenseits der breiten Avenida del Corregidor liegt in Flussnähe der botanische Garten *Jardín Botánico* (Di–Sa je nach Jahreszeit 10–18.30/21 Uhr, im Hochsommer 10–15, 19–24 Uhr, So jeweils nur vormittags; 2 €) mit zwei zur Siesta geschlossenen paläo- und ethnobotanischen Museen.

Calle Judíos: Vom Alcázar zu erreichen über die weite Plaza del Campo Santo und die Calle Tomás Conde, verläuft sie parallel zu den Resten der alten Stadtmauer und mitten durch die „echte" Judería, also das eigentliche Judenviertel. Im Sprachgebrauch wird heute jedoch das gesamte Gebiet um die Mezquita als Judería bezeichnet.

Museo Taurino: Das Stierkampfmuseum enthält die üblichen Exponate wie alte Fotografien von Matadoren, Degen und Kostüme; ungewöhnlich sind die ausgestopften Stiere sowie die Nachbildung des Grabs von Manolete, des berühmtesten Stierkämpfers Córdobas, 1947 gestorben an einer *cornada* (Hornwunde). Angeschlossen ist eine kunsthandwerkliche Ausstellung.
Öffnungszeiten Zuletzt (und seit Jahren) wegen Restaurierung geschlossen.

Denkmal des Maimonides: Schräg gegenüber des Museums erinnert an der kleinen *Plaza de Tiberiades* eine Sitzskulptur an den jüdischen Denker, Theologen und Arzt *Moses Maimonides* (1135–1204), der mit den herrschenden Moslems in Konflikt geriet und seine letzten Jahre am Hof des Sultans Saladin in Kairo beschloss.

Zoco: An der Rückseite des Museo Taurino; ein ehemaliger kleiner Basar, heute in Werkstätten und Verkaufsräume für Kunstgewerbe verwandelt (Eintritt frei).

Sinagoga (Synagoge): Zu erreichen über einen Innenhof der C. Maimonides, linker Hand der Calle Judíos. Die einzig erhaltene von über 300 Synagogen im Stadtgebiet wurde erst 1315 erbaut und ist im maurisch inspirierten Mudéjarstil gehalten. Im Inneren schöne Stuckwände und eine erhöhte Galerie, auf der die Frauen ihren Platz hatten.
Öffnungszeiten Di–Sa 9.30–14, 15.30–17.30 Uhr, So 9.30–13.30 Uhr. Eintritt für EU-Bürger gratis, für alle anderen gegen geringe Gebühr.

Casa de Sefarad: Gegenüber der Synagoge möchte diese noch recht junge Ausstellung die Erinnerung an das Leben der sephardischen (spanischen) Juden bewahren. Neben einer ständigen Ausstellung, die auf Führungen erkundet werden kann, gibt es hier oft auch Konzerte, Lesungen etc.
Öffnungszeiten Mo–Sa 11–19 Uhr, So 11–14 Uhr, Eintrittsgebühr 4 €.

Casa Andalusí: Nur wenige Schritte von der Synagoge entfernt ließ Roger Garaudy, der Gründer des „Museo vivo de Al-Andalus" (Torre de la Calahorra, siehe dort), ein altes Stadthaus im Stil des 12. Jh. restaurieren und zu einem kleinen Privatmuseum ausstaffieren.
Öffnungszeiten Täglich ab 10.30 Uhr, geschlossen wird je nach Jahreszeit 19.30–20.30 Uhr, Eintrittsgebühr 2,50 €.

Östlich der Mezquita

Je weiter man sich nach Osten oder Nordosten von der Moschee entfernt, desto leiser werden die Sirenenklänge der Souvenirgeschäfte. Der beste Fotoblick auf den Glockenturm der Mezquita bietet sich von dem winzigen, mit Blumen herausgeputzten Sackgässchen *Calleja de las Flores*; zu suchen von der Calle Velázquez Bosco aus, nördlich der Mezquita.

Museo Arqueológico: Im Renaissancepalast Palacio Páez an der gleichnamigen Plaza, ein Stück östlich des Calleja de las Flores. Gut ausgestattete archäologische Sammlung, deren Fundus von der Vorgeschichte über die iberische bis zur islamischen Epoche reicht.
Öffnungszeiten Mi-Sa 9–20.30 Uhr, So 9–14.30 Uhr, Di 14.30–20.30 Uhr; Mo geschlossen. Eintritt für EU-Bürger frei, für alle anderen 1,50 €.

Plaza del Potro: Der hübsche „Platz des Fohlens", schon jenseits der Calle San Fernando, verdankt seinen Namen einem Brunnen, auf dem eben solch ein Pferdchen zu sehen ist. Umgeben ist er von historischen Gebäuden, darunter eine von Cervantes im „Don Quijote" erwähnte und vor wenigen Jahren renovierte Posada (Gasthaus) des 14. Jh. Zuletzt wurde die Posada umgebaut und soll künftig die *Casa del Flamenco y Museo Fosforito* mit Filmothek, Ausstellungssaal, Bibliothek etc. beherbergen, natürlich auch eine Sammlung des als „Fosforito" berühmten Flamencosängers Antonio Fernández Díaz.

Museo Provincial de Bellas Artes: Ebenfalls am Platz, in einem Hospital des 16. Jh. Schöne Umgebung also, hochrangig auch die vertretenen Künstler: Murillo, Zurba-

Wo ein Wille, da ein Weg: jugendliche Fußballspieler in der Altstadt

rán, Ribera und Morales; den Höhepunkt bilden drei Werke von Goya. Ein eigener Saal ist der „Schule von Córdoba" gewidmet.
Öffnungszeiten Mi–Sa 9–20.30 Uhr, So 9–14.30 Uhr, Di 14.30–20.30 Uhr; Mo geschlossen. Eintritt für EU-Bürger frei, sonst 1,50 €.

Museo Julio Romero de Torres: In einem Nebengebäude. Die Werke des örtlichen Malers de Torres (1880–1930) lösten bei Kunstsachverständigen Befremden aus, Begeisterung jedoch bei der Bevölkerung von Córdoba. Der „Maler der dunkelhäutigen Frauen", wie er in einem Volkslied genannt wird, spezialisierte sich auf erotische Frauengemälde; eine etwas ländliche Erotik, spaßig anzusehen allemal.
Öffnungszeiten Di–Fr 8.30-19.30 Uhr, Sa/So 9.30–14.30 Uhr; ob die bislang im Sommer (Mitte Juni bis Mitte September) auch werktags auf 14.30 Uhr reduzierten Öffnungszeiten beibehalten werden, stand zuletzt noch nicht fest. Eintrittsgebühr 4 €, Mi gratis.

Plaza de la Corredera: Nördlich der Plaza del Potro erstreckt sich ein sehr volkstümliches Viertel Córdobas. Seinen Mittelpunkt bildet die beeindruckende Plaza de la Corredera, ein an allen Seiten von Gebäuden umschlossenes Rechteck im Stil der Plazas Mayores von Madrid oder Salamanca. Lange Zeit heruntergekommen, wurde der Platz vor einigen Jahren einer grundlegenden (Über-)Restaurierung unterzogen und wirkt jetzt fast ein wenig „glatt", hat sich mit seinen zahlreichen Bars aber zu einem beliebten abendlichen Treffpunkt der Cordobeser Jugend entwickelt.

Templo Romano: Unweit der Plaza de la Corredera erinnern die Reste eines Tempels aus der Zeit des Claudius (41–54 n. Chr.) an die römische Vergangenheit Córdobas. Das Heiligtum war wahrscheinlich dem Kaiserkult gewidmet.

Museo Regina: Ein Stück nordöstlich der Plaza de la Corredera erinnert dieses Museum an die lange Tradition der Schmuckproduktion in Córdoba. Gezeigt werden Gerätschaften zur Herstellung und natürlich eine ganze Reihe von Pretiosen, die teilweise auch käuflich zu erwerben sind.
Lage und Öffnungszeiten Plaza D. Luis de Venegas 1. Täglich geöffnet, im Sommer 10–14, 18.30–21 Uhr, im Winter 10–15, 17–20 Uhr; Eintrittsgebühr 3 €.

Außerhalb der Altstadt

Palacio de los Marqueses de Viana: Ein ganzes Stück nördlich der Plaza de la Corredera, an der Plaza D. Gome. Der von außen schlichte Palast gilt als schönster der Stadt; er beherbergt nicht weniger als zwölf lauschige Patios, antike Möbel und Kunstgegenstände sowie Gemälde von Goya und Zurbarán.

Öffnungszeiten Mo–Sa 9–14 Uhr, Eintritt 6 €, nur zu den Patios 3 €. Achtung, die Öffnungszeiten ändern sich häufig, außerdem ist die Zahl der täglichen Besucher limitiert. Zur HS deshalb rechtzeitig erscheinen oder vorher anrufen: ✆ 957 496741.

Plaza de los Dolores (auch: de los Capuchinos): Etwas westlich, unterhalb des Parks Parque del Colón. Ein abendlicher Lieblingsplatz vieler Einwohner, zurückzuführen auf das Kruzifix *Cristo de los Faroles*. Besonders romantisch ist die Atmosphäre am Abend, wenn der Gekreuzigte von acht Laternen, den Faroles eben, beleuchtet wird.

Medina Azahara

Etwa neun Kilometer westlich von Córdoba, zu erreichen über die Straße nach Almodóvar del Río, liegen am Fuß der Sierra de Córdoba die Ruinen einer ehemals prachtvollen maurischen Palaststadt, der größten Residenz, die es in Spanien je gab. Die Ausgrabungen und Rekonstruktionen begannen Anfang des 20. Jh. und sind bis heute nicht abgeschlossen; einen gewisser Eindruck des einstigen Glanzes lässt sich aber schon gewinnen. *Abd ar-Rahman III.*, erster Kalif von Córdoba, hatte 936 mit dem Bau beginnen lassen. Chronisten rühmten die verschwenderische Pracht der Paläste und Pavillons, der Gärten und der Wasserspiele. Nur die allerfeinsten Materialien wurden verwendet; einer der Empfangsräume soll komplett mit Kristall ausgekleidet gewesen sein, in einem anderen habe ein Quecksilberteich das Sonnenlicht zu gleißender Helligkeit gesteigert. Mit dem Untergang des Kalifats kam auch das Ende für die Palaststadt: Fanatische Berberheere, „Fundamentalisten des Mittelalters" sozusagen, empfanden den Prunk als Gotteslästerung und zerstörten Medina Azahara im Jahr 1010 mit äußerster Gründlichkeit. Das etwa 1500 x 700 Meter große Gelände erstreckt sich über drei Terrassen, deren höchste dem Kalifen vorbehalten war. Rekonstruiert oder zumindest teilweise wiederhergestellt sind ein eindrucksvoller Empfangsraum, eine Moschee und die Gärten; ein kleines Museum ist angeschlossen.

• *Öffnungszeiten* Mai bis Mitte September Di–Sa 10–20.30 Uhr, sonst 10–18.30 Uhr; So ganzjährig 10–14 Uhr. Eintritt für EU-Bürger gratis, für andere 1,50 €.

• *Verbindungen* Mit dem **Auto** über die A 431 Richtung Almodóvar del Río, nach 6 km rechts ab (beschildert), noch 3 km.

Autobús turístico: Ein Direktbus nach Medina Azahara (neue Führung), Abfahrten an der Bushaltestelle Avenida de Alcázar am Fluss hinter dem Alcázar sowie am Paseo de la Victoria (Ostseite, ungefähr auf halber Höhe der Jardines Duque de Rivas). Start ist Di–Sa 11 Uhr und 18 Uhr (Sommer) bzw. 16.30 Uhr (Winter), Sa zusätzlich um 10 Uhr; So 10 und 11 Uhr; Dauer der Tour etwa 2½ Stunden, Fahrpreis 6 €. Details in allen Infokiosken der Stadt (z. B. Plaza Tendillas) und unter ✆ 902 201774.

Stadtbusse Nr. O-1 sind preiswerter, doch wiegt die Ersparnis den zusätzlichen Aufwand nicht auf. Sie fahren ab der Avenida República Argentina 6-mal mit dem Abzweig, den Fahrer nach „Cruce Medina Azahara" fragen; noch 3 km zu Fuß bergauf. Bei der Rückfahrt sollte man sich durch Winken bemerkbar machen, sonst rauscht der Bus durch.

• *Geführte Besichtigungen* **Vision** fährt Di–Sa um 10.30 Uhr ab der Flussuferstraße Avenida de Alcázar, Höhe Alcázar; Preis 13 €. Führungen erfolgen in Spanisch und Englisch. Zur Nebensaison empfiehlt es sich vielleicht, telefonisch (✆ 957 760241) oder im Fremdenverkehrsamt zu klären, ob die Fahrt auch wirklich stattfindet.

Von Córdoba Richtung Sevilla

Zwei Wege bieten sich von Córdoba nach Sevilla an: Zum einen auf der gut ausgebauten A 4 über die bereits in der Provinz Sevilla gelegenen Städtchen *Écija* und *Carmona*, zum anderen auf der A 431 über *Medina Azahara* und *Almodóvar del Río*. Mögliche Verbindung beider Routen ist die A 431 bis *Palma del Río*, weiter auf der A 453 nach Écija. Die Reise führt durch die landwirtschaftlich intensiv genutzte Guadalquivirebene, im Herbst sieht man die Baumwollfelder blühen.

▸ **Almodóvar del Río**: Das unbedeutende kleine Landstädtchen wird völlig beherrscht von dem trutzigen Kastell, das auf einem steilen Hügel über der Flussebene thront. Es ist in Privatbesitz und wurde für Besucher mit Cafeteria und mittelalterlich ausstaffierten Puppenfiguren etc. hergerichtet – Geschmackssache.
Öffnungszeiten Täglich 11-14.30, 16-20 Uhr (Winter bis 19 Uhr); Eintritt deftige 5 €.

Von Córdoba Richtung Granada

Landschaftlich ist die Fahrt auf der N 432 von Córdoba nach Granada ein Genuss. Zunächst durch das sanfte Hügelland der *Campiña*, dann durch die rauere *Sierra Subbética* führt sie vorbei an kleinen Dörfern, die sich fast immer unter die Ruinen einer maurischen Burg ducken.

▸ **Priego de Córdoba**: Das Barockstädtchen liegt etwa 20 Kilometer südlich der N 432 und abseits der touristischen Rennstrecken. Dabei hat der schmucke Ort einiges zu bieten. „Todo un descubrimiento" verspricht der Stadtprospekt zu Recht: „Alles eine Entdeckung".

• *Information* **Oficina Municipal de Información Turística**, Calle Carrera de las Monjas 1, im Zentrum, ℡ 957 700625. Sehr engagiert geführt von Leiter José Mateo Aguilera, Öffnungszeiten: Mo–Sa 10–14, 16.30–19 Uhr, So 10–14 Uhr; Mo manchmal geschlossen. www.turismodepriego.com.
• *Verbindungen* Busbahnhof etwa ein Kilometer westlich des Zentrums an der C. Nuestra Señora de los Remedios; CARRERA 11x täglich nach Córdoba, ALSINA GRAELLS 4-mal täglich nach Granada.
• *Übernachten* ****** Hotel Huerta de las Palomas**, etwa drei Kilometer außerhalb in Richtung Zagrilla, nördlich der Straße nach Cabra, ein Lesertipp von Hans Strässle: „Ruhig, komfortabel, riesige Zimmer, es lohnt sich, die Zimmer anzusehen und seinen Favoriten auszuwählen. Pool, Whirlpool, gutes und vielseitiges Frühstück." DZ/F etwa 90–100 €. Carretera Priego-Zagrilla, km 3, ℡ 957 720305, ℻ 957 720007, www.zercahoteles.com.
** Pensión Rafi, in einem engen Gässchen östlich unweit der Plaza Constitución gelegen. Gepflegter, empfehlenswerter und auch von mehreren Lesern gelobter Familienbetrieb mit gutem und preiswertem Restaurant. DZ/Bad etwa 45 €. Calle Isabel la Católica 4, ℡ 957 540749, ℻ 957 547269, www.hostalrafi.net.

Sehenswertes: Das alte Stadtviertel *Barrio de la Villa*, nur ein paar Schritte nordöstlich der zentralen Plaza Constitución, ist wohl eines der reizvollsten in Andalusien. Die Pflastergassen sind oft kaum einen Meter breit, die blendendweiß gekalkten Häuser leuchten in üppiger Blumenzier. Da und dort öffnen sich die Gassen zu winzigen Plätzen, deren schönster wohl die *Plazuela de San Antonio* ist. Am nördlichen und östlichen Rand des Viertels trifft man unvermittelt auf den *Adarve*, einen steil abfallenden Felsbalkon, der eine weite Aussicht bietet.
Fuente del Rey: Der große „Brunnen des Königs" liegt am südlichen Zentrumsrand, gut zu erreichen über die Calle del Río, die vorbei am Fremdenverkehrsamt führt. Mit dem Bau der Anlage wurde bereits im 15. Jh. begonnen, fertig war sie jedoch erst zu Anfang des 19. Jh. Zentrale Figur ist Neptun, der mit dem Dreizack bewaffnete römische Gott des Wassers. Hinter der Fuente del Rey liegt ein weiterer, weniger wasserreicher Brunnen, die *Fuente de la Salud*, im 16. Jh. in manieristischem Stil errichtet.

Kurioses Produkt der Erosion: Paraje Natural El Torcal

Provinz Málaga

Die meistbesuchte der andalusischen Provinzen verdankt ihre Anziehungskraft den Stränden der Costa del Sol. Gesegnet mit ganzjährig mildem Klima, lockte die „Sonnenküste" schon in den Dreißigern, verstärkt ab den Fünfzigern, Adel und Geldadel zu Erholung und Investition.

Als ein Jahrzehnt später der Pauschaltourismus damit begann, den Spuren der Reichen und Schönen zu folgen, verzinste sich das eingesetzte Kapital schnell und in immenser Höhe. Heute gilt die Costa del Sol geradezu als Inbegriff pauschalen Ferienrummels. Erschreckend deutlich werden die Folgen besonders im Gebiet südwestlich von Málaga. Das dicht an dicht von Hochhäusern und Urbanisationen genutzte Gebiet erstreckt sich von Málaga über *Torremolinos*, dem Sinnbild genormten Ferienvergnügens, bis hinter *Fuengirola*. Immerhin haben sich einige Küstenstädte, bei allen Zugeständnissen an den Fremdenverkehr, ihr Ortsbild wenigstens im Zentrum bewahren können. *Nerja* ist sicher an erster Stelle zu nennen, aber auch das schicke *Marbella* und, mit Abstrichen, *Estepona*. Die Hauptstadt *Málaga* selbst, mit ihrem großen Flughafen lange Zeit vor allem als Drehscheibe für die Ferienzentren der Küste von Interesse, putzt sich seit einigen Jahren mit einem groß angelegten Modernisierungsprogramm heraus und wird, auch mit ihren zahlreichen Museen wie dem Picasso-Museum, künftig sicher mehr und mehr Besucher anziehen.

Im bergigen Hinterland glänzt die Provinz Málaga mit einer Reihe bemerkenswerter Ziele, die trotz ihrer Nähe zu den Ferienzentren nicht übermäßig frequentiert werden. Camper können es sich an den Stauseen *Embalses del Conde y de Guadalhorce* im Nordwesten wohl sein lassen, Entdecker die Schlucht *El Chorro*, den bizarren Naturpark *El Torcal*, die Steinzeitgräber bei *Antequera* oder die Höhlenmalereien der *Cueva de la Pileta* erforschen. Letztere liegt bei *Ronda*, einem Städtchen, das schon wegen seiner Lage Pflichtziel (auch für Reisebusse …) ist.

Costa del Sol (östlich von Málaga)

Im Gebiet der östlichen Provinzgrenze entspricht die Costa del Sol ihrem angekratzten Ruf zunächst kaum: Die Ausläufer der *Sierra de Almijara* drängen bis ans Meer, Steilufer verhindern exzessive Bebauung.

Nerja

Die erste größere Siedlung im Osten der Provinz Málaga zählt zu den angenehmsten Orten des Küstenbereichs der Region.

Zwar ist auch Nerja von dem unvermeidlichen Kranz aus Urbanisationen umgeben, doch die Altstadt auf einem Hügel über dem Meer besitzt Kolorit und erinnert noch an das „Weiße Dorf", das Nerja einmal war. Während der Hauptreisezeit wird Nerja mehr als gut besucht, präsentiert sich sonst jedoch – so man keine generelle Abneigung gegen Ferienorte hegt – als rundweg sympathisches Städtchen. Sein Zentrum erstreckt sich um die kurze Panoramapromenade *Balcón de Europa*, die sich mit Aussicht auf eine malerische Steilküste ins Meer hinein schiebt. Hügelaufwärts teilt sich die *Puerta del Mar* in die Calles *Pintada* und *Cristo*, die beide fast parallel zur Durchgangsstraße führen.

- *Information* **Oficina de Turismo**, Puerta del Mar 2, unweit des Balcón de Europa, freundlich und fremdsprachig. Es gibt sogar eine Broschüre mit Tipps für Wanderungen in der Umgebung. Im Sommer geöffnet Mo–Sa 10–14, 17–20 Uhr, So 10–13 Uhr; zur Nebensaison leicht abweichende Zeiten. ℡ 952 521531, www.nerja.org.
- *Verbindungen* **Busse** halten an der Durchgangsstraße Avenida de Pescia, nahe der Kreuzung mit der meerwärts führenden Calle Pintada. Busse zur Cueva de Nerja etwa stündlich, ebenso von/nach Málaga. Nach Maro 8-mal (HS häufiger), Almuñecar 12-mal, Granada 6-mal tägl., Almería 6-mal, Córdoba 1-mal, Sevilla 3-mal täglich.
- *Übernachten* Hohe Preise, zur Saison auch starke Nachfrage.

**** Parador de Nerja, am östlichen Ortsrand nahe der Playa Burriana. Moderner Bau, keine Schönheit, reizvoll vor allem durch seine Lage. DZ nach Saison etwa 150–175 €. Calle Almuñecar 8, ℡ 952 520050, ℡ 952 521997, www.parador.es.

** Pensión Hostal Lorca, im oberen Zentrumsbereich an einer relativ ruhigen Straße. Hübsches Haus, nette niederländische Leitung, solide Zimmer mit Ventilator, kleiner Garten, sogar ein Pool zur Abkühlung. DZ/Bad nach Saison um die 35–50 €, auch Dreibett-Zimmer. Reservierung ratsam. Calle Méndez Núñez 20, ℡ 952 523426. www.hostallorca.com.

** Pensión Nerjasol, mitten im Ort, sehr gepflegt und gut geführt. Hübsche Dachterrasse, Zimmer nach hinten ruhiger. Die Preise liegen etwa wie oben. Calle Pintada 54, ℡ 952 522121, ℡ 952 523696.

** Pensión Hostal Dianes, ein kleines Stück oberhalb in derselben Straße. In Ausstattung, Preisen und Ambiente eine durchaus akzeptable Alternative zum „Nerjasol". Viele der recht geräumigen Zimmer gehen auf den Innenhof und sind somit relativ ruhig. „Rezeption" im Immobilienbüro im Haus. DZ/Bad 35–55 €. Calle Pintada 67, ℡ 952 528116.

- *Camping* **Nerja Camping**, 2. Kat., noch hinter Maro, etwa 5 Kilometer östlich von Nerja und landeinwärts der alten Straße von Almería. Kleiner Platz, ebenso kleiner Swimmingpool, Schatten durch Mattendächer. Die neue Autovía führt recht nahe vorbei. Motorisiert sollte man schon sein: Auch zum nächsten Strand ist es eine ganze Ecke. Ganzjährig geöffnet. P.P., Auto, kleines Zelt je gut 5 €. ℡ 952 529714, ℡ 952 529696, nerjacamping@hotmail.com.
- *Essen* **Rest. Casa Luque**, eines der Top-Restaurants von Nerja, bereits 1983 gegründet. Schöne Terrasse, bodenständige Küche, die dennoch gewisse kreative Momente aufweist. Menü à la carte ab etwa 40 €, es gibt auch eine große Auswahl an Tapas. So-Mittag und Mi geschlossen. Plaza Cavana 2, bei der Kirche, ℡ 952 521004.

Fischerhäuschen am kleinen Strand unterhalb des Balcón de Europa

Bar-Cervecería El Pulguilla, an der Fressgasse von Nerja. Großer, kahler Raum, nach hinten eine riesige Terrasse. Spezialität sind Meeresfrüchte, serviert als Tapa (nur an der Bar) oder Ración; nicht teuer. Zum Bier gibt´s meistens eine kleine Gratis-Tapa. Calle Almirante Ferrandíz 26.

Bar-Restaurante Puntilla, das Stammhaus der oben genannten Bar-Cervecería, gelegen in einer touristisch weniger frequentierten Zone. Im Erdgeschoss eine bei Einheimischen beliebte Bar, dahinter ein Speisesaal; im ersten Stock eine luftige, strohgedeckte und mit Grünpflanzen geschmückte Terrasse. Sehr günstige Hauptgerichte. Calle Bolivia 1, eine der kleinen Gassen oberhalb der Calle San Juan. Gut auch die nahe **Bar Los Cuñaos**.

• *Baden* Im östlichen Ortsbereich eine ganze Reihe kleinerer und schmaler Buchten. Sie endet an der **Playa Burriana**, einem grobkörnigen, recht reizvollen Sandstrand von knapp einem Kilometer Länge. Weitere Strände (Playa La Torrecilla, Playa El Playazo) liegen westlich des Ortskerns.

▶ **Cuevas de Nerja**: Die Tropfsteinhöhlen vier Kilometer östlich der Stadt waren ab etwa dem 4. Jahrtausend vor Christus besiedelt, wie einige ausgestellte Funde belegen. Die meisten der zahlreichen Besucher, rund eine halbe Million sind es jährlich, interessieren sich jedoch mehr für die großartigen Tropfsteine.
Öffnungszeiten Täglich 10–14, 16–18.30 Uhr, Juli/Agust bis 20 Uhr; Eintrittsgebühr 7 €.

Richtung Málaga

Westlich von Nerja gehen die einzelnen Orte fast ineinander über, doch werden immer noch hastig billige Häuserkästen hochgezogen.
Torrox-Costa und **Torre del Mar** sind zwei der Zentren dieses fragwürdigen Ferienvergnügens, die alle vom Mythos der Costa del Sol leben. Viel mehr haben sie mit ihrem wild durcheinander gebauten Chaos aus Urbanisationen, Hochhäusern und Campingplätzen auch nicht zu bieten.

- **Vélez-Málaga**: Nur vier Kilometer landeinwärts von Torre del Mar, und doch eine andere Welt. Ein maurisches Kastell überragt das kleine Städtchen, im winkligen Ortskern steht eine Reihe sehenswerter Kirchen. Urige Schänken statt Neon-Bars, weiße Häuser statt Stahlbeton – angenehmes Kontrastprogramm zum Wahnsinn der Küste.

Verbindungen **Bus**: Busbahnhof an der Avenida Vivar Téllez, der Hauptstraße Richtung Torre del Mar. Halbstündig Busse von/nach Málaga; nach Torre del Mar besteht eine Straßenbahnlinie, die in den nächsten Jahren bis Rincón de la Victoria (Endstation der künftigen U-Bahnlinie 3 von Málaga) verlängert werden soll.

Übernachten ** **Hotel Res. Dila**, ebenfalls an dieser Straße, Ecke Plaza de San Roque. Ein ganz ordentliches Quartier, Zimmer schlicht, aber gepflegt. DZ/Bad nach Saison etwa 50–70 €. Avenida Vivar Téllez 3, ✆ 952 503900, ✉ 952 503908, hoteldila.com.

Málaga

Lange fungierte die größte Küstenstadt Andalusiens vor allem als Verteilstation für die Ferienorte der Costa del Sol. Doch ist Änderung in Sicht: Málaga putzt sich gerade nach Kräften heraus, will künftig auch selbst weit mehr Besucher anziehen.

Als mögliche Vorbilder der Rundumerneuerung dürfen Städte wie Barcelona und Bilbao gelten, die mit neuen Museen und mit Stadtumbauten im ganz großen Stil ihre touristische Attraktivität gewaltig steigerten. Málagas Schritte in diese Richtung sind im armen Süden Spaniens naturgemäß ein wenig kürzer, dabei jedoch durchaus selbstbewusst. Ein wichtiges Etappenziel war sicher die Eröffnung des Picasso-Museums, das es endlich ermöglicht, des Meisters Werke auch in seiner Geburtsstadt zu erleben. Der Hafenstadt mehr Attraktivität verliehen haben auch die fast völlige Verkehrsberuhigung des Zentrums, die Gestaltung einer Uferpromenade, die bis nach Torremolinos reicht, der Bau zahlreicher neuer Hotels vorwiegend gehobener Kategorien sowie die Errichtung eines Messezentrums. Weitere Pläne für die nähere bis fernere Zukunft sind der Ausbau des bislang vernachlässigten Hafengebiets zu einer Ausgehmeile, die Aufwertung des Stadthügels Gibralfaro durch Wiederaufforstung und ein neues Netz von Fußwegen, die Eröffnung eines Themenparks für Kinder, die Schaffung einer Bahnlinie nach Nerja und und und... Auf kulturellem Gebiet engagiert sich Málaga ganz besonders und hofft, mit der Restaurierung mehrerer Theater, dem Bau eines Musikpalasts und langfristigen Plänen für mehr als ein halbes Dutzend neue Museen, seine Bewerbung zur Europäischen Kulturhauptstadt des Jahres 2016 zu unterstützen.

Doch auch jetzt lohnt sich bereits ein Besuch. Schon allein der Name der Stadt weckt sonnige Vorstellungen von Orangen und Süßwein, und zumindest das bereits weitgehend restaurierte Zentrum besitzt auch tatsächlich seine gute Portion südspanisches Flair. Mit mehr als einer halben Million Einwohnern, Malagueños genannt, steht die Stadt innerhalb Andalusiens heute an zweiter Stelle, überflügelt nur noch von Sevilla. Als Vorzüge ins Feld führen kann Málaga auch die Vitalität, die Dynamik und das rege Alltagsleben einer bedeutenden Hafenstadt, in der Touristen, ganz gleich wie groß ihre Zahl auch sein mag, immer nur eine Nebenrolle spielen werden. Für einen ein- oder zweitägigen Ausflug bietet sich Pablo Picassos Geburtsstadt deshalb durchaus an. Dass man in einer Großstadt dieser Kategorie ein Auge auf seine Wertsachen haben sollte, muss wohl eigentlich nicht besonders erwähnt werden ...

Sinnträchtiger Kontrast: Arena von Málaga

Orientierung: Málagas Altstadt wird nach Westen zu durch das Flussbett des *Río Guadalmedina*, gen Osten durch den Hügel der Festung *Gibralfaro* begrenzt. Zum großen, aber wenig belebten Hafen hin markiert die Parkanlage *Paseo de Parque* und deren westliche Verlängerung *Alameda Principal* die Grenze der Altstadt. Autofahrer aus Richtung Almería oder Algeciras kommen automatisch hier vorbei; bewachte Parkplätze gibt es auch. Vom Beginn der Alameda führt die Haupteinkaufsstraße *Marqués de Larios* zum Herz der Altstadt, der *Plaza de la Constitución*.

Geschichte: Málaga geht auf eine Gründung der Phönizier zurück; zur Zeit der Mauren wurde der damals schon bedeutende Hafen zur wichtigsten Verbindung nach Nordafrika. Als 1487 den Katholischen Königen die Rückeroberung Málagas glückte, war damit der Untergang des Nasridenreichs besiegelt.

Information

- *Information* **Oficina de Turismo de la Junta de Andalucía**, Pasaje Chinitas 4, ☏ 951 308911, ✆ 951 308912. Zu erreichen von der Plaza de la Constitución über das östlich abzweigende Gässchen Pasaje Chinitas, dann in das Seitengässchen rechts. Öffnungszeiten: Mo–Fr 9–20 Uhr, Sa 10–19 Uhr, So 10–14 Uhr. otmalaga@andalucia.org
  Zweigstelle im Internationalen Flughafen, Ankunftsbereich, ☏ 951 294003. Öffnungszeiten wie oben.
  Oficina Municipal de Turismo, Plaza Marina 11, in zentraler Lage unweit der Alameda Principal, ☏ 952 122021. Geöffnet ist täglich von 9–19 Uhr, im Winter bis 18 Uhr. www.malagaturismo.com.
  Zweigstelle im Busbahnhof; ☏ 952 350061. Geöffnet täglich 11–14 Uhr.
  Zweigstelle Casa del Jardinero, in einem kleinen Häuschen an der Avda. del Cervantes 1, gleich nördlich des Paseo del Parque. Geöffnet Mo–Fr 9–19 Uhr, Sa/So 10–19 Uhr. ☏ 952 134730, ✆ 952 214120.
  Puntos de Información, oft in kleinen Kiosken untergebracht, verteilen sich über die Stadt; es gibt sie z.B. an der Placa de la Merced oder bei der Kathedrale.

Andalusien

Verbindungen

Flug: Aeropuerto Pablo Ruíz Picasso (☎ 952 048844) etwa acht Kilometer südwestlich, Richtung Torremolinos. Zuletzt in Ausbau. Verbindungen vom und ins Zentrum alle 30 Minuten mit Bus Nr. 19 ab Paseo del Parque, Haltestelle auch am Busbahnhof. Ähnlich häufig, zudem schneller mit den Zügen der Cercanías-Linie C1, siehe auch unten; Zugang am günstigsten vom Obergeschoss (Abflüge = Salidas) des EU-Terminals T2, aus dem Terminal kommend rechts halten und am Ende des Gebäudes dem Zugsymbol nach links über die Brücke folgen. Vom Nicht-EU-Terminal T1 geht es geradeaus über den Parkplatz zur Brücke.

Zug: *Hauptbahnhof Málaga-Renfe* (Renfe-Info: ☎ 902 240202) in Fußgängerentfernung westlich der Altstadt an der Calle Cuarteles; zu erreichen z. B. mit Bus Nr. 3 ab Paseo del Parque. Ein großer Umbau zu einem „Intermodal" mit Dutzenden Geschäften, Kinos, einem Barceló-Großhotel etc. hat den nun auch „Vialia Estación María Zambrano" genannten Bahnhof fit gemacht für den neuen AVE-Anschluss nach Córdoba und Madrid (Züge alle ein bis zwei Stunden), der die Fahrzeit von zwei Stunden auf teilweise unter eine Stunde verkürzt. Verbindungen nach Barcelona 2-mal täglich, Sevilla 5-mal täglich; häufigere Verbindungen und andere Destinationen über den 7-mal täglich bedienten Umsteigebahnhof Bobadilla. Cercanías-Nahverkehrszüge der Linie C1 zum Flughafen und nach Torremolinos sowie Fuengirola fahren etwa halbstündlich, die Linie C2 nach Álora 11-mal täglich. Künftig soll der Schienenstrang im Südwesten bis Estepona verlängert und gleichzeitig im Osten eine neue Linie nach Nerja eingerichtet werden, womit weite Teile der Costa del Sol für die Bahn erschlossen wären und eine Fahrt von Nerja nach Estepona in eineinhalb Stunden möglich wäre; bis dahin werden jedoch noch einige Jahre ins Land gehen.

Bahnhof Málaga-Centro, der Start- bzw. Endpunkt der beiden Cercanías-Nahverkehrslinien, liegt an der Alameda Principal (Zugang beiderseits des Flussbettes) und damit näher am Zentrum, ist z. B. für Ankömmlinge vom Flughafen deshalb günstiger.

Bus: *Estación de Autobuses*, ein riesiges Busterminal am Paseo de los Tilos (Info: ☎ 952 350061) gleich nördlich des Hauptbahnhofs. Ähnlich wie auch am Bahnhof sind reichlich Schnorrer unterwegs, die sich ihren Aufenthalt mit der Masche „in Not geratener Landsmann" finanzieren. ALSINA-GRAELLS ist zuständig für die meisten Ziele innerhalb Andalusiens, unter anderem Almería 8-mal, Córdoba 5-mal, Sevilla 12-mal, nach Nerja und Granada etwa stündlich. PORTILLO bedient die Südwestküste, Torremolinos viertelstündlich, Fuengirola–Marbella etwa halbstündlich bis stündlich, Algeciras 16-mal, Conil (Casa de Postas) 3-mal und Cádiz 6-mal täglich. Nach Ronda mit verschiedenen Agenturen 20-mal täglich. Mit AMARILLOS nach Ubrique 2-mal täglich, CASADO fährt 14-mal täglich nach Antequera. Außerdem starten Fernbusse zu allen denkbaren Zielen Spaniens und bis nach Deutschland. Fahrpläne, auch auf Englisch, unter www.estabus.emtsam.es.

Estación Suburbana de Autobuses, zentraler an der Avenida Manuel Agustín Heredia gelegen. Nahverkehrshaltestelle, unter anderem häufige Busse nach Torremolinos und Fuengirola, in der Gegenrichtung nach Nerja.

Schiff: Fähren zur spanischen Exklave Melilla (Ostmarokko) mehrmals wöchentlich; Tickets bei ACCIONA-TRASMEDITERRANEA im Hafengebäude Estación Marítima, Info-☎ 902 454645.

Fahrzeugvermietung: Am Flughafen neben lokalen Vermietern, die vor Ort gebucht oft preiswerter sind, auch die internationalen Firmen wie AVIS, EUROPCAR und HERTZ; von Lesern als freundlich und preiswert gelobt wurden AUTOS LIDO, ☎ 952 231222 und TONY´S, ☎ 952 236689. Einige Anbieter in der Stadt (komplette Liste bei den Infostellen), alle im Hauptbahnhof: AVIS, ☎ 952 336881; HERTZ, ☎ 952 355040; NATIONAL ATESA, ☎ 952 356550. LARIOS, C. Maestro Guerrero 6, vermietet neben Autos auch Fahrräder, Scooter und Motorräder; ☎ 951 092069, www.larioscarhire.com.

● *Stadtverkehr* **Auto:** Das Zentrum mit seinen Fußgängerzonen ist zu meiden; eine (teure) Tiefgarage liegt direkt unterhalb der Plaza Marina, eine weitere bei der Plaza de La Merced. Wer wundersamerweise, z.B. am Sonntag, einen Gratis-Parkplatz findet: Nichts im Auto lassen!!

Metro: Drei Linien sind geplant. Die Linien 1 und 2 werden u.a. eine Verbindung vom Hauptbahnhof zur Plaza Marina herstellen,

Provinz Málaga / Málaga

bis zur Fertigstellung dürfte es aber noch eine Weile dauern. Die Linie 3, gegenwärtig noch in der Projektphase, soll im Osten bis Rincón de la Victoria führen.

Bus: Gutes Busnetz; Plan an den Kiosken am Knotenpunkt Paseo del Parque. Dort für Vielfahrer auch die deutlich preiswerteren Zehnertickets. Praktisch sind die Linien C (Circular) 1 und C 2, die einen Rundkurs ums Zentrum fahren, Haltestellen z.B. an der Alameda Principal und beim RENFE-Bahnhof. Linie C 3 beschreibt einen größeren Rundkurs.

Bus Turístico (Stadtrundfahrt per Bus): „Málaga Tour" betreibt oben offene Doppeldeckerbusse, die auf zwei Routen auch schwerer zu erreichende Ziele (Gibralfaro, Jardín de la Concepción) ansteuern. Informationen unterwegs gibt es per Kopfhörer auch in Deutsch, an den Haltestellen darf nach Belieben ein- und ausgestiegen werden. Haltestellen z. B. am Busbahnhof und am Paseo del Parque, Abfahrten auf der Hauptroute im Schnitt alle 30 Minuten. Tickets im Bus, Preis p.P. etwa 15 €. Das Ticket ist 24 Stunden lang gültig. www.malaga-tour.com.

Taxi: Radio-Taxi ✆ 952 320000 und ✆ 952 333333.

Adressen

Deutsches Konsulat: Calle Mauricio Moro Pareto 2, Edificio Eurocom, nördlich des Busbahnhofs, ✆ 952 363591.

Österreichisches Konsulat: Alameda Colón 26/2 Izqu., ✆ 952 600267.

Schweizer Konsulat: Apartado de Correos 7, 29080 Malaga (eine reine Postanschrift), Mobil-✆ 645 010303.

Post: Avenida Andalucía, von der Alameda Principal kommend direkt hinter der Brücke. Öffnungszeiten: Mo–Fr 8.30–20.30 Uhr, Sa 9.30–14 Uhr.

Internetzugang: Internet Meeting Point, Plaza de la Merced 20, einer von mehreren Anbietern in diesem Gebiet.

Sprachkurse: Málaga ist eine der andalusischen Hauptstädte in Sachen Spanischkurse, die erste Schule hier eröffnete bereits 1947. Die Infostellen halten einen Prospekt derjenigen Schulen bereit, die unter dem Signet ACEM (Asociación de Centros de Español de Málaga) zusammengeschlossen sind. Infos über die beliebten Sprachkurse an der Universität Málaga: Universidad de Málaga, Cursos de Español para Extranjeros, Avenida Andalucía 24, ✆ 952 278211, ✆ 952 279712, cursoext@uma.es.

Arabische Bäder: Baños Árabes El Hammam, ein Schwitzbad mit unterschiedlich temperierten Sälen. Keine Badekleidung erforderlich, da ein entsprechendes Wickeltuch (Pestemal) gestellt wird. Reservierung ratsam, für die ebenfalls angebotenen Massagen obligatorisch. Geöffnet 10–22 Uhr, Preis p.P. 24 €, mit Massage ab 40 €. Calle Tomás de Cozár 13, Zugang am besten über die Calle Beatas, ✆ 952 212327, www.elhammam.com.

Übernachten (siehe Karte auf S. 412/413)

• **Zentrum** **** **Parador Málaga-Gibralfaro (29)**, auf dem Stadthügel Gibralfaro. Vor einigen Jahren renoviert, mit Pool, dem paradorüblichen Komfort und einer fantastischen Aussicht auf die Stadt. DZ etwa 160–175 €. Gibralfaro s/n, ✆ 952 221902, ✆ 952 221904, www.parador.es.

**** **Hotel Larios (3)**, vergleichsweise kleines Hotel in einem ansehnlichen Gebäude, absolut zentrale Lage fast direkt an der Plaza Constitución. Sehr gute Ausstattung, reizvolles modernes Dekor, schöne Dachterrasse mit Blick. DZ etwa 90–185 €. Calle Marqués de Larios 2, ✆ 952 222200, ✆ 952 222407, www.hotel-larios.com.

**** **Hotel Molina Lario (21)**, eines der neuen Luxusquartiere, die in der Altstadt momentan wie die Pilze aus dem Boden schießen (weitere Nobelhotels bis hin zur Fünfsternklasse sind geplant). Zentrale Lage, mehr als hundert freundlich-modern gestaltete Zimmer. DZ 85–210 €. C. Molina Lario 22, ✆ 952 062002, ✆ 952 062001, hotelmolinalario.com.

*** **Hotel Don Curro (19)**, mit fast 120 Zimmern ausgesprochen großes, komfortabel ausgestattetes und alteingeführtes Stadthotel im Zentrum, mit Garage. DZ nach Saison etwa 110–125 €, an den Wochenenden oft günstiger; es gibt auch „Spezial"- und Salonzimmer. Calle Sancha de Lara 7, ✆ 952 227200, ✆ 952 215946, www.hoteldoncurro.com.

412 Andalusien

Übernachten
1. Jugendherberge
3. Hotel Larios
14. Pensión Hostal Juanita
15. Pensión Hostal La Palma
18. Pensión Hostal Larios
19. Hotel Don Curro
21. Hotel Molina Lario
22. Pensión Hostal Victoria
23. Hotel Carlos V.
24. Hotel Las Américas
25. Hotel Sur
26. Hotel Castilla
27. Pensión Hostal El Cenachero
28. Hotel Don Paco
29. Parador Málaga-Gibralfaro
30. Hotel Cohíba
31. Pensión Hostal Pedregalejo
32. Hotel California

Provinz Málaga / Málaga

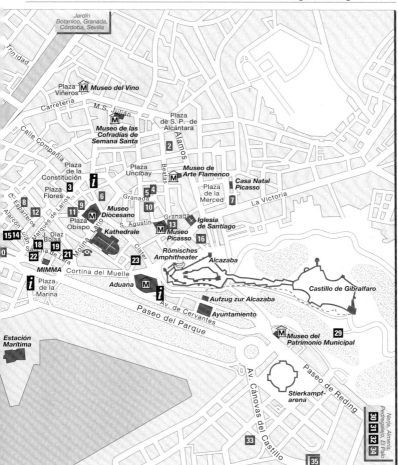

Essen & Trinken
- 2 Bar El Beato
- 4 Bar-Rest. Clandestino
- 5 Rest. La Posada de Antonio
- 6 Bodegas Quitapenas
- 7 Rest. Vegetariano Cañadu
- 8 Bodegas Quitapenas (Filiale)
- 9 Bar Orellana
- 10 Casa del Piyayo
- 11 Rest. Chinitas
- 12 Bar Mesón Lo Güeno
- 13 Bar Las Papas
- 16 Rest. El Vegetariano de la Alcazabilla
- 17 Antigua Casa de Guardia
- 20 Marisquerias Freidurias Calle Comisario
- 33 Rest. Café de Paris
- 34 Rest. El Tintero II
- 35 Rest. Adolfo

Málaga

100 m

Andalusien

Hotel Sur (25), in seiner Klasse eine gute Wahl. Zentrale Lage nur ein paar Schritte von der Alameda Principal, ordentliche Zimmer. Hoteleigene Garage (Direktzugang) in der südlichen Parallelstraße Calle Vendeja, anzufahren über die Calle Córdoba. Vernünftiges Preis-Leistungs-Verhältnis: DZ 65–75 €. Calle Trinidad Grund 13, ℡ 952 224803, 🖷 952 212416, www.hotel-sur.com.

Hotel Carlos V (23), in sehr zentraler Lage zwischen Kathedrale und Alcazaba. Die Zimmer allerdings könnten allmählich nun wirklich eine Renovierung vertragen. Wie fast alle Stadthotels in Málaga nicht ganz leise. Autofahrer können vielleicht dennoch ruhig schlafen: Garage vorhanden. DZ nach Saison etwa 65–70 €. Calle Císter 6, ℡ 952 215120, 🖷 952 215129.

* **Hotel Castilla (26)**, nur ein paar Schritte von der Alameda, mit Cafetería. Wie alle Quartiere in diesem Gebiet nicht ganz leise, dafür sehr gut in Schuss (Klimaanlage etc.) und mit exzellentem Preis-Leistungs-Verhältnis. Nachts parken Gäste in der Tiefgarage an der Plaza Marina verbilligt. DZ 55 €, an Ostern, im August und im Dezember 65 €. Calle Córdoba 7, ℡/🖷 952 218635, www.hotelcastillaguerrero.com.

Pensión Hostal Victoria (22), ein Lesertipp von André Joho, auch von anderen Lesern gelobt: „Im Zentrum; Zimmer klein, aber mit Du/WC, außerdem mit Fernseher und Telefon". DZ/Bad etwa 55–75 €, im August und zur Karwoche 110 €. Calle Sancha de Lara 3, ℡ 952 224223, 🖷 952 224224, pq@hostalvictoria.net.

Pensión Hostal Larios (18), ganz in der Nähe. Ordentliche Zimmer (TV, Klima) und Bäder, diejenigen mit Bad sind größer und liegen zur Fußgängerzone hin, die ohne Bad nach innen. Nachts parken Gäste in der Tiefgarage an der Plaza Marina verbilligt. DZ/Bad etwa 55–65 €, ohne Bad 40–55 €; die höheren Preise gelten jeweils an Ostern und im August. C. Marqués de Larios 9, ℡ 952 225490, www.hostallarios.com.

Pensión Hostal El Cenachero (27), meerwärts der Alameda. Zwar schlicht, aber freundlich, sauber und gepflegt sowie einigermaßen ruhig gelegen. DZ/Bad etwa 55 €. Calle Barroso 5, in einer Seitenstraße der Calle Córdoba, ℡ 952 224088.

* **Pensión Hostal Juanita (14)**, zentral und relativ ruhig gelegen, eine ausgezeichnete in Schuss gehaltene und auch von Lesern gelobte Pension, die sich über zwei Stockwerke erstreckt. DZ/Bad etwa 45–55 €, ohne Bad 35–45 €; bei längerem Aufenthalt kann es sich lohnen zu verhandeln. Auch Drei- und Vierbettzimmer. Calle Alarcón Luján 8, ℡ 952 213586.

* **Pension Hostal La Palma (15)**, gleich um die Ecke, mit soliden Zimmern auf drei Stockwerken, die Zug um Zug renoviert werden. Die Räume im dritten Stock sind die jüngsten und besten, besitzen eigenes Bad und sogar Klimaanlage. DZ kosten je nach Ausstattung und Saison um die 40–60 €. Calle Martínez 7, 1.Stock, ℡ 952 226772.

• *Nähe Bahnhof und Busbahnhof* **Hotel Don Paco (28)**, nur ein kleines Stück südlich vom Bahnhof. Komfortable Zimmer mit TV und großen Bädern, Klimaanlage, nettes Personal. Schallschutzfenster sorgen für relative Ruhe. DZ etwa 60–90 €, in Spitzenzeiten bis 110 €. Calle Salitre 53, ℡ 952 319008, 🖷 952 319062, www.hotel-donpaco.com.

* **Hotel Las Américas (24)**, direkt gegenüber dem Bahnhof. Relativ kleine Zimmer mit (nur sporadisch aktiver) Klimaanlage, TV und Telefon; Cafeteria mit Sonnenterrasse. Freundliches Management. DZ etwa 50–60 €. Calle Cuarteles 62, ℡ 952 319374.

• *Richtung Pedregalejo* **Hotel Cohíba (30)**, hübsches, 2001 eröffnetes kleines Hotel im östlichen Strandvorort Pedregalejo. In erster Reihe direkt an der Promenade gelegen, vor allem die Zimmer zum Meer hin sind an Wochenenden und im Sommer deshalb nicht gerade ruhig. Nur 10 Zimmer, dem Namen gemäß mit kubanischem Touch eingerichtet, Dachterrasse mit Whirlpool. Eine beliebte Szene-Bar ist angeschlossen. DZ etwa 85–115 €; es gibt auch Suiten. Paseo Marítimo El Pedregal 64, ℡ 952 206900, 🖷 952 207188, www.cohibahotel.com.

Hotel California (32), nur ein kleines Stück außerhalb des Zentrums in Richtung Pedregalejo, nicht weit hinter der Stierkampfarena. Ein Lesertipp von Christiane Spiegelhalder: „Sehr hübsches und freundliches Hotel. Man läuft ca. zehn Minuten zum Meer, ca. 20–25 Minuten zur Kathedrale." DZ etwa 70–80 €. Paseo de Sancha 17, ℡ 952 215164, 🖷 952 226886, info@hotel-california.net.

Pensión Hostal Pedregalejo (31), in Pedregalejo, noch jenseits der Avenida Juan Sebastián Elcano, ein Stück landeinwärts der Küste beim Flussbett Arroyo Jaboneros. 1999 eröffnete, recht hübsche Pension. Gut ausgestattete Zimmer mit TV, diejenigen zur Straße aber nicht ganz leise. DZ/Bad etwa 40–75 €. Calle Conce de las Navas 9, ℡ 952 293218, www.hoteleshijano.com.

- *Jugendherberge* **Albergue Juvenil Málaga (1)**, (IYHF), ziemlich weitab vom Schuss; nordwestlich des Zentrums, oberhalb der Avenida Andalucia. Zu erreichen mit Bus Nr. 14 ab Paseo del Parque. Ganzjährig geöffnet. Plaza Pio XII. 6, ✆ 952 308500.
- *Außerhalb der Stadt* Interessant vor allem als erste oder letzte Übernachtung für Mietwagenfahrer, die ihr Auto am Airport übernehmen oder abgeben. Eine Alternative zu den genannten Hotels können auch die Quartiere von Antequera sein, das ebenfalls recht verkehrsgünstig liegt, siehe dort.

**** **Hotel Tryp Guadalmar**, ein Lesertipp von Diane und Horst Hohn: „Nur 5 Autominuten vom Flugplatz, direkt am Strand, mit Pool und Restaurant. Teures Hotelrestaurant, in der Nähe eine Pizzeria." Andere Leser empfahlen die Strandbar direkt vor dem Haus. Komfortables Kettenhotel, der Gruppe Sol Meliá angeschlossen, Busverbindung nach Málaga. Gelegentlich Fluglärm. DZ etwa 150 €. Urbanización Guadalmar, Carretera Cádiz km 238, Moby Dick 2, etwa acht Kilometer südwestlich von Málaga, noch vor dem Parador de Golf, ✆ 952 231703, ✉ 952 240385, www.solmelia.com.

** **Hotel Club El Mirador**, in der Umgebung des Städtchens Alhaurín el Grande, rund 20 km westlich des Flughafens, Anfahrt über die A 366. Für Sportler dank zahlreicher Einrichtungen (großer Pool, Sauna, Tennisplätze, Fitnessraum etc.) vielleicht sogar einen längeren Aufenthalt wert. DZ etwa 80–90 €. Carretera Málaga–Alhaurín, km 73,8, ✆ 952 490789, ✉ 952 595029, www.hotelelmirador.net.

- *Camping* Die stadtnächsten Campingplätze liegen weit entfernt bei Torremolinos und im Gebiet von Almayate Bajo und Torre del Mar, wobei die beiden ganzjährig geöffneten Plätze von Torre del Mar (Laguna Playa, 1. Kat., ✆ 952 540631 und Torre del Mar, 2. Kat., ✆ 952 540224) keine schlechte Wahl sind.

Essen und Trinken (siehe Karte auf S. 412/413)

Málagas Hauptspezialität ist *pescaito frito*, Fisch und Meeresfrüchte frittiert. Als Vorspeise vielleicht ein *ajoblanco*, die kalte Suppe aus Knoblauch, Mandeln und Trauben, als Abschluss ein Gläschen des berühmten *Málaga-Weins*, ein süßer und recht kräftiger Dessertwein.

- *Zentrum* **Restaurante Chinitas (11)**, ein Klassiker der Innenstadt, unweit der Plaza Constitución. Traditionsreiches Restaurant mit feiner lokaler Küche und guten Tapas. Menü à la carte etwa 30 €. Calle Moreno Moroy 4, Reservierung ratsam: ✆ 952 210972.

Restaurante La Posada de Antonio (5), nicht weit von der Plaza Constitución. Lang gestreckter, dunkler Raum mit Empore, gemütliche Atmosphäre mit Betonung auf „Mittelalter", oft propvevoll. Solides Angebot, Hausspezialitäten sind Fleisch und Wurst vom Holzkohlengrill, es gibt auch Tapas. Mittlere Preise. Restaurantgründer „Antonio" war übrigens kein Geringerer als Hollywoodstar Antonio Banderas, seines Zeichens gebürtiger Malagueño. Calle Granada 33.

Casa del Piyayo (10), genau gegenüber und ein deutliches Kontrastprogramm, nämlich inklusive eines kompletten Fischerboots sehr maritim eingerichtet und tatsächlich auch mit Schwerpunkt auf (allerdings nicht ganz billigem) Meeresgetier. Zuletzt in Umbau; mal abwarten, ob´s bleibt. Calle Granada 36.

Bar-Rest. Clandestino (4), ebenfalls in diesem Gebiet, wenn auch etwas versteckt. Ein nettes, dunkles und gemütliches Lokal mit jungem und kosmopolitischem Publikum; die international geprägte Küche (Salate, Nudelgerichte etc.) arbeitet von Mittag bis nach Mitternacht. Mittlere Preise, günstiges Mittagsmenü à 9 €. Calle Niño de Guevarava 3.

Bar-Rest. Mesón Lo Güeno (12), ein Dauerbrenner Málagas, gegründet 1967 und bekannt für seine hervorragenden Tapas. Gehobenes Preisniveau (Combinado de Tapas etwa 11 €), aber dank ungewöhnlicher Kreationen das Geld wert. Calle Marín García 9.

Bar Orellana (9), ebenfalls eine berühmte und beliebte Tapa-Adresse, mit einer Tradition, die bis 1937 zurückreicht. Gefragteste Tapas hier sind die mit Fleisch und Geräuchertem belegten „Ligeritos". Calle Moreno Monroy 5.

Bodegas Quitapenas (6), unweit der Plaza Constitución. Sehr beliebte Bar der gleichnamigen Weinkellerei. Durchs Fenster werden feine Fischtapas serviert, aufgestellte Fässer dienen als Theke. Calle Sánchez Pastor 2. Westlich der Plaza Constitución liegt in der Calle Marín García 4 eine in Angebot und Servierweise identische **Filiale (8)**.

Bar El Beato (2), in der Nightlife-Gasse Calle Beatas. Beim „Seligen" gibt es recht preiswerte Tapas an Tischen im Freien.

Junges Publikum, oft sehr gut besucht. Calle Beatas 3.

Restaurante Vegetariano Cañadu (7), ein gemütliches vegetarisches Restaurant unweit von Picassos Geburtshaus, von Lesern gelobt und nicht teuer; günstiges Mittagsmenü. Gleichzeitig Teestube. Nichtraucher. Plaza de la Merced 21.

Rest. El Vegetariano de la Alcazabilla (16), ein weiteres vegetarisches Restaurant. Tische im Freien in einer kleinen Seitengasse der Fußgängerzone Calle Alcazabilla, in der es auch einige nette Bars gibt. Mittagsmenü etwa 7–9 €, Hauptgerichte 8–11 €. Calle Pozo del Rey s/n.

Bar Las Papas (13), noch ein Tipp für Vegetarier. Große Ofenkartoffeln mit verschiedenen Beilagen, im Self-Service-Verfahren zu erstehen. Calle Granada, Nähe Kreuzung mit der Calle San Agustín.

Marisquerías Freidurías Calle Comisario (20): In der engen Calle Comisario, einem kurzen Seitengässchen der Alameda Principal, liegen gleich drei bodenständige Lokale, die auf Meeresgetier spezialisiert sind. Dabei ist es völlig einerlei, ob man nun bei der Casa Vicente, El del Medio oder El Puerto Platz nimmt, denn alle drei gehören zusammen. Mittleres Preisniveau.

Antigua Casa de Guardia (17), ganz in der Nähe, beliebt bei alt und jung und dank ihrer nostalgischen Einrichtung eine Sehenswürdigkeit für sich – nicht versäumen! Die älteste Bar der Stadt, gegründet 1840 und der Legende zufolge schon von Königin Isabel II. besucht. Mittags herrscht viel Betrieb. Muschel-Tapas, vor allem aber günstiger Málaga-Wein vom Fass in vielen Variationen. Alameda Principal 18, Ecke Calle Pastora.

• *La Malagueta* Auch das Viertel zwischen der Stierkampfarena und dem Meer besitzt zahlreiche Lokale, beliebt besonders am Wochenende.

Restaurante Café de Paris (33), derzeit unwidersprochen das Top-Restaurant Málagas, geschmückt mit einem Michelinstern. Der junge Chef José Carlos García interpretiert die lokale und regionale Küche in der phantasievollen Art der (sonst meist weiter nördlich beheimateten) neuen spanischen Küche; viel gerühmt zum Beispiel sein „ajoblanco". Degustationsmenü etwa 75 €, à la carte ab etwa 50 €. Calle Vélez–Málaga 8, ✆ 952 225043. So und Mo-Abend, über Ostern sowie in der zweiten Julihälfte geschlossen.

Restaurante Adolfo (35), nicht ganz dieselbe Liga, aber trotzdem eines der gehobeneren Restaurants Málagas. Für ein komplettes Menü à la carte muss man ab etwa 30 € rechnen, erhält dann aber wirklich etwas für sein Geld. Paseo Marítimo Pablo Picasso 12, ✆ 952 601914. Sonntags sowie in den ersten drei Juniwochen geschlossen.

• *Pedregalejo/El Palo* Der östliche Vorortbereich Pedregalejo, etwa drei Kilometer vom Zentrum entfernt, ist die beliebteste Adresse für maritime Genüsse, seien sie nun frittiert, gegrillt oder am Spieß („espeto", speziell für Sardinen) über der Glut gebraten. Entlang der kilometerlangen, auch für Spaziergänge netten Strandpromenade locken Dutzende preisgünstige bis noble Lokale. Die Zone reicht bis zum nächsten Vorortviertel El Palo, zu erreichen jeweils mit Bus Nr. 11. Einzelne Restaurants herauszugreifen (von Lesern gelobt: „Rocamar"), ist angesichts der Auswahl eigentlich unnötig, siehe aber unten die vielleicht bekannteste Adresse. Wichtig in jedem Fall, dass nur im Sommer echtes Leben herrscht, sonst allenfalls am Wochenende.

Restaurante El Tintero II (34), ein großes Fischrestaurant ganz hinten in El Palo. Am schönsten bei vollem Betrieb, wenn die Kellner mit Platten voll frischer Ware herumgehen und ihr Angebot ausrufen – wer etwas bestimmtes möchte, meldet sich ebenso lautstark. El Palo s/n, mit Bus Nr. 11 solange fahren, bis er landeinwärts abbiegt, dann der Küste nach Osten folgen.

Kneipen/Nachtleben

Im Sommer zieht es die Jugend hinaus zum Sporthafen von Benalmádena Costa, im Gebiet zwischen Torremolinos und Fuengirola. Ebenso beliebt sind Pedregalejo und das Gebiet von Malagueta nahe der Arena. Aber auch Málagas Innenstadt ist wieder aktuell. Treffpunkte vor allem Music-Pubs, Discos eher selten. Wichtigstes Viertel ist das Gebiet nördlich der Kathedrale, etwa zwischen der Calle Granada und der Plaza San Pedro de Alcántara, Schwerpunkte die Calle Beatas und die Plaza Uncibay.

ZZ Pub, Studenten-Hangout in einer westlichen Parallelstraße zur oberen Calle Beatas. Klassische Rockmusik, häufig live, feste Termine dafür sind Mo und Do. Calle Tejón y Rodríguez 6.

Zeppelin, ebenfalls eine gute Adresse für Rock, auch hier oft Konzerte. Ganz oben in der Calle Beatas auf Nummer 3.

Level, auch in diesem Gebiet, ein kleiner Club, der mit moderner elektronischer Musik seit Jahren eine feste Größe im Nachtleben Málagas ist. Calle Beatas 12.

Trifásico, in der Nachbarschaft, eine schicke Cocktailbar mit Livekonzerten und DJs. Calle Beatas 9.

El Pimpi, nahe Museo Picasso. Sympathische und traditionsreiche Bar mit jungem Publikum. Labyrinthisches Inneres, viele kleine Räume und zahlreiche Fotos der Berühmtheiten, die hier schon zu Besuch waren. Ein angenehmes Plätzchen für ein, zwei Gläschen Málaga. Calle Granada 62.

Teterías, arabische Teestuben, finden sich z. B. in der Calle San Agustín („La Tetería" auf Hausnummer 9) oder der Calle Andrés Pérez („El Harén" auf Nummer 3).

Café con Libros, wie der Name schon sagt: Ein gemütliches „Café mit Büchern" (und Zeitschriften). Früher in der Calle Granada, jetzt an der Plaza de la Merced 19.

El Jardín, Cafeteria mit Jugendstilanklängen und gemischtem Publikum, günstig für die Pause auf Besichtigungstour. Das Essen ist einer Leserzuschrift zufolge weniger zu empfehlen. Calle Cister, bei der Kathedrale.

Café Central, an der Plaza Constitución. Historisch interessante Ausstattung, viele alte Fotos von Málaga und vom Café selbst. Sitzplätze auch im Freien, nett besonders am Abend.

*1840 gegründet:
Bar Antigua Casa de Guardia*

*E*inkaufen/*V*eranstaltungen/*B*aden

• *Einkaufen* **Calle Marqués de Lários**, die Haupteinkaufsstraße und das Herz des Shopping-Bezirks von Málaga. Hier und in den Seitenstraßen finden sich vor allem Modeboutiquen.

Lebensmittel in Riesenauswahl in der auch architektonisch sehr reizvollen „neomaurischen" Markthalle des 19. Jh., wenige Blocks nördlich der Alameda Principal an der Calle Atarazanas gelegen, nur vormittags von Mo–Sa geöffnet. Restaurierung vorgesehen, provisorische Ersatzhalle in der benachbarten Calle Camas.

Kaufhaus Corte Inglés an der Avenida Andalucía, von der Alameda Principal jenseits der Flussbrücke.

Centro Comercial Málaga Plaza, großes Shopping-Center mit rund 50 Geschäften, die vorwiegend Edelmarken vertreiben. Armengual de la Mota 12, oberhalb der Avenida Andalucía.

Centro Comercial Larios, noch ein Einkaufszentrum mit gleich 125 Geschäften, Kinos, Bars etc. Plaza de la Solidaridad, nicht weit vom Busbahnhof. Wer schon in der Ecke ist: Der neue Hauptbahnhof besitzt ein großes „Vialia"-Einkaufszentrum.

Landkarten: Mapas y Compañía, ein Spezialgeschäft mit guter Auswahl an Landkarten und Reiseliteratur. Calle Compañía 33, im Gebiet westlich der Plaza Constitución, www.mapasycia.es.

Flamenco: Flamenca, CDs, Bücher sowie Ausstellungen und Infos über aktuelle Aufführungen zum Thema. Calle Pasillo Santa Isabel 5, am westlichen Altstadtrand, Ecke C. Cisneros; www.flamenka.com.

- *Feste und Veranstaltungen* **Carnaval**, Karneval oder Fasching; kräftig gefeiert.
Semana Santa, die Karwoche; berühmte Umzüge mit den Standbildern „tronos", den größten ganz Spaniens.
Feria de Málaga, zweiter Samstag bis dritter Sonntag im August. Das Hauptfest der Stadt, viele Kneipen rund um die Uhr geöffnet, Riesenprogramm.

- *Baden* Im Stadtbereich wegen Wasserverschmutzung schlicht nicht zu empfehlen. Die **Playa Acacias** des Vororts Pedregalejo, zu erreichen mit Bus Nr.11, war zuletzt jedoch mit der Blauen Umweltflagge prämiert, die Wasserqualität sollte hier mithin in Ordnung sein.

Sehenswertes

Trotz der neuen Museen liegt der Reiz Málagas eher in der südländischen Vitalität der Stadt. Glanzlichter sind auf jeden Fall das Picasso-Museum und die maurische Palastburg Alcazaba.

Alameda Principal: Die baumbestandene, stets belebte Hauptschlagader Malagas erstickt fast im Straßenverkehr und ist Haltestelle zahlloser Busse. Von hier führt die breite Einkaufsstraße Calle Marqués de Larios ins Zentrum.

Museo Interactivo de la Música (MIMMA): Leicht zu übersehen ist dieses interaktive Museum der Musikgeschichte, liegt sein Eingang doch unterirdisch im Norden der Plaza Marina, die die Alameda Principal mit dem Paseo del Parque verbindet; der Zugang ist identisch mit einem der Eingänge zur Tiefgarage. Rund 300 Blas-, Saiten- und Schlaginstrumente aus fünf Kontinenten und allen Epochen umfasst die private Ausstellung. Viele dürfen unter dem Motto „Bitte anfassen" gespielt werden.
Öffnungszeiten Mo–Fr 10–14, 16–20 Uhr, Sa/So 11–13, 16.30–20.30 Uhr; Eintrittsgebühr 3 €.

Paseo del Parque: Der langgezogene Palmenboulevard, der das Stadtzentrum vom Hafen trennt, wurde Anfang des 20. Jh. angelegt. Mit seinem üppig wuchernden Grün ist er ein idealer Platz für einen geruhsamen Spaziergang.

Aduana (Museo Arqueológico/Exposición de Bellas Artes): Am Paseo del Parque steht unweit des städtischen Fremdenverkehrsamts auch das neoklassizistische Zollgebäude *Aduana* aus dem 18. Jh., heute Sitz der Provinzregierung. Künftig soll es das Archäologische Museum der Stadt beherbergen, dessen maurische Sammlung jedoch ausgegliedert und weiterhin in der Alcazaba zu sehen sein wird. Bereits heute ist hier eine Ausstellung der Schönen Künste untergebracht, deren Fundus Arbeiten von Alonso Cano, Murillo, Ribera, Zurbarán, Picassos Lehrer Muñoz Degrain und des Meisters selbst umfasst.
Öffnungszeiten Di 15–20 Uhr, Mi–Fr 9–20 Uhr, Sa/So 9–15 Uhr; Eintritt frei.

Catedral: Errichtet an Stelle einer maurischen Moschee, prunkt Málagas Kathedrale mehr mit schierer Größe – 117 Meter Länge, 72 Meter Breite, 48 Meter Innenhöhe – als mit raffinierter Architektur. Vom 16. bis ins 18. Jh. wurde an der gewaltigen Renaissancekirche mit gotischen und barocken Einsprengseln gebaut; fertig gestellt ist sie bis heute nicht, der südliche Turm blieb unvollendet. Der Volksmund nennt sie deshalb auch *La Manquita*, „Die, der etwas fehlt". Im Inneren ein schön geschnitzter Chor und viele Seitenkapellen; ein Kreuzgang führt zur benachbarten *Iglesia del Sagrario*. Gegenüber, im ehemaligen Bischofspalast, das *Museo Diocesano* mit kirchlicher Kunst.
Öffnungszeiten Mo–Fr 10–18 Uhr, Sa 10–17.45 Uhr; Eintrittsgebühr 3,50 €.

Alcazaba: Eingang von der Calle Alcazabilla, meerwärts der Plaza de la Merced (es gibt jedoch auch einen Aufzug, siehe unten). Die Residenz der maurischen Könige soll von ähnlichem Glanz wie die Alhambra gewesen sein, verfiel aber in späterer

Zeit erheblich. 1931 wurde die Alcazaba zum Nationalmonument erklärt. Anfang der 90er-Jahre begann man mit einer weiteren Restaurierungsphase, die ein rundes Jahrzehnt in Anspruch nahm und nun weitgehend beendet ist. Der Aufstieg führt vorbei an den Ruinen eines *Römischen Amphitheaters*, an Brunnen, Wasserrinnen und üppigen Parkanlagen. Durch mehrere Tore und Mauergürtel gelangt man bis zum Kern der Residenz. Der ehemalige Königspalast *El Palacio* bestand aus drei aufeinander folgenden Patios und soll künftig ein Museum beherbergen, das sich als „Museo Nazarí" der Nasridenkunst widmen wird.

Öffnungszeiten April bis Oktober Di–So 9.30–20 Uhr, sonst Di–So 8.30–19 Uhr. Eintrittsgebühr etwa 2 €, Kombiticket mit Gibralfaro 3,20 €; So ab 14 Uhr Eintritt frei. Der Aufzug nahe Rathaus Ayuntamiento ist gratis.

Castillo del Gibralfaro: Die mächtige Festung (9–19 Uhr; Eintritt frei, Änderung möglich) geht in ihren Ursprüngen auf die Mauren zurück. Die Aussicht von den wuchtigen Mauern und Türmen, die mit der Alcazaba durch einen Mauerring verbunden sind, ist grandios, die Gebäude jedoch sind teilweise zerstört. Der verbliebene Rest wurde erst kürzlich restauriert und beherbergt im ehemaligen Pulvermagazin ein *Interpretationszentrum*, das sich der Militärgeschichte des Kastells der Jahre 1487 bis 1925 widmet. Anfahrt mit dem Auto von Norden über die Calle Victoria oder Microbus Nr. 35 ab Paseo del Parque. Eine Alternative ist der Aufstieg über einen Fußpfad (siehe aber unten), indem man die Alcazaba hart links liegenlässt; von hier hat man auch den berühmten Fotoblick auf die von Hochhäusern umzingelte Stierkampfarena *Plaza de Toros* aus dem Jahr 1874.

Klein, aber üppig: Gärten hinter der Kathedrale

• *Öffnungszeiten* Täglich, von April bis Oktober 9–19.45 Uhr, sonst 9–17.45 Uhr; im Interpretationszentrum findet zu jeder vollen Stunde eine zehnminütige Multimedia-Schau statt. Eintritt etwa 2 €, Kombiticket mit Alcazaba 3,20 €.

Achtung, leider kommt es auf dem Fußweg zum Gibralfaro auch tagsüber immer wieder zu räuberischen Überfällen auf Urlauber! Nicht ganz so gefährlich, aber ebenfalls unangenehm war das Erlebnis einer Leserin, die sich hier einem Exhibitionisten gegenüber sah. Solange sich diese Situation nicht ändert, sollte man den Aufstieg vorsichtshalber nur in der Gruppe antreten.

Museo Picasso: Die Eröffnung des lange projektierten Museums am 27. Oktober 2003 war ein besonderer Tag für Málaga. „Picasso kehrt in seine Geburtsstadt zurück", so der Tenor der Zeitungen. Sitz des nach Paris und Barcelona dritten großen Picasso-Museums ist der ab 1530 erbaute Grafenpalast Palacio Buenavista in der Calle San Agustín 6, am Rand des ehemaligen Judenviertels von Málaga. Insgesamt 204 Werke, die jedoch nicht alle gleichzeitig gezeigt werden können, umfasst der Fundus der ständigen Ausstellung: Ölgemälde, Zeichnungen, Skulpturen, Stiche, Keramiken... Obwohl Werke aus früher Jugend eher rar sind (Barcelona hat da weitaus mehr zu bieten), gibt die mehr oder weniger chronologisch angeordnete Ausstellung einen guten Überblick über die verschiedenen Stilrichtungen, Techniken und Materialien, mit denen das Genie arbeitete. Auch die wechselnden Ausstellungen befassen sich mit Picasso, zeigen in der Regel Leihgaben aus Paris, Barcelona und aus dem Familienbesitz. Nicht übersehen werden sollten die archäologischen Funde im Tiefgeschoss: Phönizische Stadtmauern und die Reste einer römischen Fischfabrik zeigen, auf welch uraltem Siedlungsboden der Palast steht. Erwähnung verdient schließlich auch die hübsche Cafeteria.

Öffnungszeiten Di–Do/So 10–20 Uhr, Fr/Sa 10–21 Uhr; Eintritt zur permanenten Ausstellung 6 €, zu Wechselausstellungen 4,50 €, kombiniert 8 €. An der Kasse ist gratis eine umfangreiche, deutschsprachige Broschüre erhältlich. www.museopicassomalagaorg.

Málagas großer Sohn: Pablo Picasso

Pablo Ruíz Picasso, 1881 in Málaga als Sohn des Malers und Zeichenlehrers Don José Ruíz Blasco und seiner Frau Doña Maria Picasso y Lopez geboren, war wohl der berühmteste Künstler des 20. Jahrhunderts. Sein überragendes Talent zeigte sich schon in sehr früher Jugend. Nach dem Umzug der Familie ins galicische A Coruña 1891 besuchte Picasso bereits im Alter von zehn Jahren eine Kunstschule. 1895 wurde er an der Kunstakademie von Barcelona aufgenommen und durfte gleich die ersten Klassen überspringen. Ein Jahr später erhielt er als 15-jähriger sein erstes eigenes Atelier. 1901 begann die düster-pessimistische „Blaue Periode", 1905 (nachdem Picasso sich nach mehreren Reisen dorthin dauerhaft in Paris niedergelassen hatte) die fröhlichere „Rosa Periode". 1907 markierte das Bild „Demoiselles d`Avignon" die revolutionäre Wende in den Kubismus. Im Spanischen Bürgerkrieg ergriff Picasso die Partei der Republikaner, 1937 entstand das weltberühmte Monumentalbild „Guernica". Nach dem Aufstieg Francos schwor Picasso, das Land zu dessen Lebzeiten nicht mehr zu betreten – ein Schwur, an den er sich bis zu seinem Tod hielt, auch wenn spanische Motive wie der Stierkampf oder auch Velázquez´ Hofdamen viele seiner Werke prägen. Picasso, zeitlebens ein großer Liebhaber nicht nur der Kunst, sondern auch der Frauenwelt, starb am 8. April 1973.

Casa Natal Picasso: An der Plaza de la Merced 15 steht das Haus, in dem am 25. 10. 1881 Pablo Picasso geboren wurde. Das Gebäude, heute Sitz des Büros der Fundación Picasso, ist seit einigen Jahren der Öffentlichkeit zugänglich. Besucher werden freundlich empfangen und durch die Räume geführt, in denen einige Skulpturen Picassos, Fotografien des Meisters und auch Arbeiten befreundeter Künstler wie Marc Chagall zu sehen sind. Angeschlossen ist ein Raum, in dem audiovisuelle Vorführungen stattfinden, es gibt auch eine Verkaufsstelle für Poster, Postkarten etc.

Öffnungszeiten Täglich 9.30–20.30 Uhr, an Feiertagen geschlossen, Eintrittsgebühr 1 €.

Museo de Arte Flamenco „Juan Breva": In der Calle Ramón Franquelo 4, einer kleinen Querstraße jenseits der Calle Álamos, liegt dieses ganz neue Flamencomuseum, das erst im Herbst 2008 eröffnete. Außergewöhnlich umfangreich ist sein Fundus, der aus der Sammlung der traditionsreichen, bereits 1958 gegründeten Flamencovereinigung Peña Juan Breva stammt und beispielsweise mehr als 2500 Schallplatten, über 40 Gitarren (manche gut 200 Jahre alt) sowie Plakate, Fotografien, Kostüme und Dokumente umfasst.
Vorläufige Öffnungszeiten (Änderung sehr wahrscheinlich): Di-Sa 10-14 Uhr, Eintritt frei.

Museo de las Cofradías de Semana Santa: Noch ein neues, bei der letzten Recherche noch gar nicht eröffnetes Museum; es liegt an der Calle Muro de San Julián 2, unweit der parallel verlaufenden Calle Carretería. Untergebracht im ehemaligen Hospital de San Julián, wird es in insgesamt acht Sälen u.a. die Exponate des früheren Museo de Semana Santa zeigen, die die einzelnen Bruderschaften über einen langen Zeitraum hinweg gesammelt haben, darunter natürlich auch die Prozessionsfiguren, die während der Karwoche durch die Stadt getragen werden.

Museo del Vino: Ein weiteres brandneues Museum, das seine Pforten im Sommer 2008 öffnete. Sein Standort ist der barocke, aus dem 18. Jh. stammende, aber kräftig restaurierte Palacio de Biedmas an der Plaza de los Viñeros (Ex-Plaza Biedmas) jenseits der Calle Carretería. Auf 800 Quadtratmetern dreht sich hier alles um die Weinproduktion, insbesondere um die Tröpfchen der beiden Herkunftsgebiete „Málaga" und „Sierras de Málaga". Eine Verkaufsstelle ist angeschlossen.
Öffnungszeiten April bis September Mo-Sa 12-21 Uhr, Oktober bis März Di-So 11.30-19.30 Uhr, Eintrittsgebühr 5 €.

Museo de Artes y Costumbres Populares: Das Museum volkstümlicher Künste und Gebräuche liegt in Flussnähe am westlichen Zentrumsrand. Die interessante Sammlung besetzt zwei Etagen in dem schönen ehemaligen Wirtshaus Mesón de la Vitoria, das noch aus dem 17. Jh. stammt. Sie erinnert an das Alltagsleben der Malagueños vergangener Zeiten, zeigt unter anderem alte Möbel, Gebrauchsgegenstände und Kunsthandwerk.
Öffnungszeiten Mo–Fr 10–13.30, 17–20 Uhr (Winter 16–19 Uhr), Sa 10–13.30 Uhr. Eintritt 2 €.

Centro del Arte Contemporáneo de Málaga (CACMA): Fast ebenso stolz wie auf das Picasso-Museum ist man in Málaga auch auf dieses Zentrum zeitgenössischer Kunst. Untergebracht ist in einem ehemaligen Großmarkt an der Calle Alemania, hafennah auf der Ostseite des Flussbetts gelegen und 1939 konzipiert vom seinerzeit viel beschäftigten Rationalismus-Architekten Luis Gutiérrez Soto, der beispielsweise auch den Flughafen von Madrid plante. Die großzügigen Räumlichkeiten bieten auf einer Fläche von immerhin 2400 Quadratmetern Platz sowohl für wechselnde Ausstellungen und Installationen als auch für eine rotierende permanente Sammlung. Letztere besteht aus rund 400 Werken, zu denen unter anderem Arbeiten von Antoni Tàpies, Eduardo Chillida, Santiago Sierra, Miquel Barceló und Susana Solana zählen. Parallel zu den Ausstellungen veranstaltet das engagierte Zentrum eine Vielzahl weiterer Aktivitäten wie Seminare, Konferenzen und Kurse zum Verständnis moderner Kunst. Zum Haus gehören auch eine Bibliothek, eine Kunstbuchhandlung und ein Café mit netter, lebendiger Atmosphäre.
Öffnungszeiten Di–So 10–14, 17–20 Uhr. Eintritt frei. www.cacmalaga.org.

Acuario Museo Aula del Mar: Málagas Aquarium-Museum liegt in Hafennähe unweit des Flussbetts an der Avenida Manuel Agustín Heredia 35. Für Freunde der Unterwasserwelt ist die Ausstellung durchaus interessant, spektakuläre Attraktio-

nen sollte man sich jedoch nicht erwarten. Neben einer Reihe kleinerer Aquarien, den Skeletten und Zahnreihen von Haien und einem Raum zum Thema „Mensch und Meer" sieht man auch einige traurig in Becken herumdümpelnde Schildkröten, die sich hier „in Erholung" befinden, wie der deutschsprachige Text der Museumsbroschüre aufklärt. Angeschlossen ist ein Saal, in dem regelmäßig Unterwasserfilme vorgeführt werden.
Öffnungszeiten Mo–Fr 10–14 Uhr, Eintrittsgebühr 3 €.

Jardín Botánico-Histórico La Concepción: Der im Besitz der Stadt befindliche botanische Garten, ortsnächster von mehreren ähnlichen Gärten bei Málaga, liegt einige Kilometer außerhalb des Zentrums unweit der nordwärts führenden A 45, die leider in deutlicher Hörweite verläuft. Vor rund 150 Jahren angelegt, zeigt er eine geradezu urwaldartige Fülle von Pflanzen und Bäumen aus allen warmen Zonen der Erde. Dazwischen stehen römische Statuen, sprudeln Quellen und kleine Wasserfälle.

• *Lage und Öffnungszeiten* An der A 45; Zufahrt kurz hinter dem Schnellstraßenkreuz mit der A 7, nach einer Tankstelle. Sa/So besteht Busverbindung mit Bus Nr. 61 ab der Alameda Principal, auch der Bus turístico bedient auf einer Linie den Garten. Geöffnet ist Di–So ab 9.30 Uhr, geschlossen wird je nach Jahreszeit zwischen 16 und 20.30 Uhr; letzter Einlass zwei Stunden vorher. Führungen (Dauer gut eine Stunde) sind obligatorisch. Eintrittsgebühr etwa 3,50 €, Di ab vier Stunden vor Schluss gratis.

Das Hinterland von Málaga

Paraje Natural El Torcal

Etwa 40 Kilometer nördlich von Málaga, Anfahrt auf der schmalen und kurvigen C 3310 über Villanueva de la Concepción; einige Kilometer hinter dem Ort zweigt links eine vier Kilometer lange Bergstraße ab, die an einem *Informationszentrum* (täglich 10–17 Uhr, ✆ 952 031389) endet. El Torcal ist ein mächtiges, in Höhen zwischen 1100 und 1370 Meter aufragendes Massiv und ein geologisches Kuriosum: Aus dem weichen Kalkstein formte die Erosion bizarre Formen und Figuren, Felstürme, Plattenschichten und Wackelsteine, die Namen wie „El Sombrero" oder „El Egipto" tragen. Wenn allerdings feuchte Mittelmeerwolken am Massiv hängenbleiben, liegt El Torcal im dichten, kühlen Nebel. Am Parkplatz beginnen mehrere Wege, die das Felslabyrinth erschließen; morgens und am Abend sind hier mit etwas Glück Bergziegen zu sehen. Der einfachste ist der „grüne" Weg, für dessen rund 1,5 Kilometer man etwa eine halbe bis eine dreiviertel Stunde benötigt, gutes Schuhwerk ist bereits auf dieser Route dringend nötig. Länger und anspruchsvoller ist der „gelbe" Weg, auf dessen drei Kilometern man etwa eine bis eineinhalb Stunden unterwegs ist. Der „rote" Weg darf wegen der Gefahr, sich zu verirren, nur mit Führer begangen werden (zu bestellen unter Tel. 649 472688; etwa 90 € sind zu rechnen; Auskunft auch im Infozentrum oder im Fremdenverkehrsamt von Antequera).
Verbindungen Mit öffentlichen Verkehrsmitteln lässt sich das Gebiet nur schwer erreichen; eine Taxifahrt von Antequera kostet inklusive einer Stunde Wartezeit den Festpreis von 30 €, bei beliebiger längerer Wartezeit 36 €.

Antequera

Das reizvolle Landstädtchen liegt etwa 50 km nördlich von Málaga; wer El Torcal auslassen will, was bei schlechtem Wetter sinnvoll ist, erreicht es schneller über die autobahnähnlich ausgebaute Autovía A 45. Antequeras hübsche Altstadt ist recht

Provinz Málaga / Antequera 423

Im Hintergrund der „Fels der Verliebten": Ansicht von Antequera

kompakt und lädt mit weißen Häusern, engen Gassen und begrünten Plätzen zum Bummel ein. Die lange Geschichte des Ortes beweisen die Ruinen des Kastells auf dem Stadthügel. Noch weit älter, nämlich aus der Jungsteinzeit, datieren die Höhlengräber *Cuevas* um Antequera, die die Hauptattraktion des Städtchens darstellen.

• *Information* **Oficina Municipal de Turismo**, Plaza San Sebastián 7, am Ende der Hauptstraße Calle Infante Don Fernando, ✆/✉ 952 702505. Kundiges und hilfreiches Personal. Geöffnet Mo–Sa 11–14, 17–20 Uhr, im Winter 10.30–13.30, 16–19 Uhr; So jeweils 10–14 Uhr. www.antequera.es.

• *Verbindungen* **Zug**: Stadtbahnhof einsam im Norden, am Ende der Avenida de Estación, etwa einen Kilometer außerhalb der Stadt, Busverbindung. Züge nach Granada 8-mal, nach Sevilla 4-mal täglich; in andere Ecken Andalusiens ab dem 3-mal täglich bedienten Knotenpunkt Bobadilla. Etwa 18 Kilometer westlich außerhalb der Stadt liegt der neue AVE-Bahnhof Antequera-Santa Ana, der u.a. häufige Anschlüsse nach Córdoba und Madrid besitzt.

Bus: Busbahnhof auf dem Paradorhügel am nordwestlichen Stadtrand. Mit CASADO nach Málaga 12-mal, zum Bahnknotenpunkt Bobadilla 2-mal täglich. ALSINA GRAELLS fährt nach Sevilla 5-mal, Granada 4-mal, Córdoba 2-mal, Almería 2-mal und Málaga 3x täglich.

Taxi: Warteplatz an der Calle Calzada, Nähe Markt, ✆ 952 845530. Festpreisfahrten nach El Torcal (30–36 €) vermittelt auch die Infostelle.

• *Übernachten/Essen* *** **Parador de Antequera**, moderner Bau mit Schwimmbad, in ruhiger Lage auf einem Hügel im Nordwesten der Stadt, etwa einen Kilometer vom Zentrum entfernt. DZ nach Saison etwa 130–140 €. Calle García del Olmo s/n, ✆ 952 840261, ✉ 952 841312, www.parador.es.

** **Hotel Plaza San Sebastián**, am zentralen Platz von Antequera. Gute Ausstattung, komfortable Zimmer, Parkmöglichkeit. Leider sind die Räume zum Platz nachts (besonders am Wochenende) nicht gerade leise; ratsam deshalb, auf die Aussicht zu verzichten und eins der ruhigeren Zimmer nach hinten zu wählen. DZ etwa 40–45 €, an Ostern 55 €. Plaza de San Sebastián 4, ✆/✉ 952 844239, www.hotelplazasansebastian.com.

** **Pensión Hospedería Coso San Francisco**, am nordöstlichen Altstadtrand, nahe der Plaza Abastos und nur einen Sprung vom Palacio Nájera. Ordentliches Quartier, mehrere Leser waren zufrieden; in einem Fall gab es zuletzt jedoch Kritik an der Zimmerqualität. Gutes Restaurant. DZ/Bad etwa 40 €. C. Calzada 31, ✆ 952 840014, www.cososanfrancisco.com.

Restaurante La Espuela Centro, bekannt für gute Regionalküche, aber auch für italienische Gerichte. Besondere Spezialität ist Stierschwanz „Rabo de toro", die meisten Hauptgerichte kosten etwa 12–15 €. Calle San Agustín 1, um die Ecke von der Hauptstraße Calle Infante Don Fernando.

La Tapería de Reina, um die Ecke an der Hauptstraße, architektonisch mit La Espuela Centro verbunden; auch die Eigentümer sind dieselben. Hier in der Tapería sind allerdings natürlich Tapas die Spezialität.

• *Camping* **Complejo Rural El Torcal de Antequera**, erst vor einigen Jahren eröffnetes Gelände etwa sechs Kilometer südlich der Stadt in Richtung El Torcal und Villanueva, gut ausgestattet mit Pool etc. Zahlreiche Bungalows. Zur Nebensaison oft weitgehend leer. Ganzjährig geöffnet. Preise p.P. 4,50 €, Zelt 3,50 €, Auto rund 3 €. ✆ 952 111608, www.torcalrural.com.

Sehenswertes

Museo Municipal: Im Herzen der Altstadt, untergebracht im Palacio de Nájera, einem Adelspalast des frühen 18. Jh. Bedeutendstes Stück ist der *Ephebe von Antequera*, eine römische Bronzestatue aus dem 1. Jh., Kopie eines griechischen Vorbilds.
Öffnungszeiten Di–Fr 10–13.30, 16.30–18.30 Uhr, Sa 10–13.30 Uhr, So 11–13.30 Uhr; Mo geschlossen. Im Sommer erweiterte Zeiten, manchmal sogar 21–23 Uhr. Eintritt gut 3 €.

Castillo: Ganztägig geöffnet, zu erreichen durch den *Arco de los Gigantes*, einen manieristischen Torbogen von 1585. Vom Kastell blieben nicht mehr als zwei Türme und Verbindungsmauern; Gärten und weite Aussicht lohnen den Weg vielleicht dennoch.

Cuevas de Menga y Viera: Die drei prähistorischen Höhlengräber von Antequera, auch Dolmen genannt und ebenso ausgeschildert, gelten als die besterhaltenen Spaniens; errichtet wurden sie ab etwa 2500 v. Chr. Die wenigen Gegenstände, die Grabräuber zurückließen, sind im Archäologischen Museum von Málaga untergebracht, doch sind auch die leeren Gräber beeindruckend genug.
Lage und Öffnungszeiten Bei einer Tankstelle, etwa einen Kilometer vom Zentrum am nordöstlichen Stadtrand, links der Straße nach Granada und zur Autobahn nach Málaga. Zugänglich Di 9–Sa 9–18 Uhr, So 9–14.30 Uhr, im Sommer erweitert. Eintritt frei.

Cueva de Romeral: Das jüngste der drei Gräber stammt etwa aus dem Jahre 1800 v. Chr. und liegt ein Stück außerhalb der Stadt. Der Hauptraum besitzt ein falsches Gewölbe, ähnlich dem Schatzhaus des Ateus (Mykene/Peloponnes), errichtet aus sich horizontal überlagernden Steinplatten, weshalb über Einflüsse aus dem griechischen Raum spekuliert wird.
Lage und Öffnungszeiten Von Antequera Richtung Granada/Málaga, an der Kreuzung dann links Richtung Sevilla, nach der Eisenbahnbrücke erneut links (beschildert). Geöffnet ist wie oben; Eintritt frei.

Embalses del Conde y de Guadalhorce / Garganta del Chorro

Das etwa 50 Kilometer nordwestlich von Málaga gelegene Gebiet ist neben El Torcal die zweite landschaftliche Attraktion des Hinterlands der Provinzhauptstadt. Genau genommen handelt es sich um ein ganzes System von Stauseen des Río Guadalhorce, zu dem auch der *Embalse de Guadalteba* im Norden sowie der kleine *Embalse de Gaitanejo* zählen. Zu erreichen sind die Seen durch das fruchtbar grüne Tal um das Städtchen *Alora*. Die Stauseen und ihre Umgebung sind bestens geeignet zum Schwimmen, Wandern und Faulenzen. Abseits der Wochenenden und der spanischen Urlaubssaison trifft man noch kaum auf Besucher. Strände sind allerdings Mangelware; die besten Möglichkeiten, ins Wasser zu gelangen, bietet das weit ausgedehnte Gelände des Campings (siehe jedoch unten), das auch Nicht-Campern gegen geringe Gebühr zur Verfügung steht.

Provinz Málaga / Costa del Sol

▶ **Ardales**, unweit der Südspitze des Embalse del Conde, ist die den Seen am nächsten gelegene Ortschaft, ein von schroffen Felsen und einer Burg überragtes „Weißes Dorf".

• *Verbindungen* **Zug**: Nächste Bahnstation ist der kleine Weiler El Chorro, der auch einige wenige Übernachtungsmöglichkeiten und einen Campingplatz besitzt; Züge von Málaga 1-mal und in der Gegenrichtung vom Knotenpunkt Bobadilla 2-mal täglich. Zu den Stauseen sind es von dort knapp acht Kilometer. **Bus**: LOS AMARILLOS 8-mal täglich von Málaga via Carratracam, nach Ronda 10-mal täglich..

• *Übernachten* ** **Pensión El Cruce**, solides Quartier an der Kreuzung unterhalb des Dorfes, zur Plaza etwa 500 Meter; mit recht passablem Restaurant, von Lesern gelobt. DZ/Bad etwa 40 €. Carretera Álora–Campillos, ✆ 952 459012.
Apartamentos Ardales, oben im Ort, nicht weit vom Hauptplatz. Recht große Anlage mit hübsch eingerichteten und gut ausgestatteten Apartments für bis zu acht Personen; Parkmöglichkeit und Fahrradverleih. Ganzjährig geöffnet. Zwei Personen zahlen nach Saison etwa 75–95 €. Calle El Burgo 7, ✆ 952 459466, ✉ 952 459467, www.apartamentosardales.com.

• *Camping* Wildcamping ist verboten.
Parque Ardales, 2.Kat., etwa sieben Kilometer nordöstlich des Ortes. Riesiges, „halbwildes" Campinggelände an der Südostseite des Embalse del Conde. Mehrere, allesamt völlig schattige Zonen entlang einiger Buchten, besonders schön gelegen die Zona III auf einer Landzunge. Zuletzt war der Platz allerdings geschlossen, doch soll er nach einer Renovierung (evtl. zunächst als reine Bungalowsiedlung und erst später auch als Zeltplatz) künftig wieder öffnen. ✆ 952 112401 (vor der Schließung).

▶ **Garganta del Chorro**: Die mehrere Kilometer lange Schlucht, die sich der Río Guadalhorce über Jahrmillionen durch das Gebirge gegraben hat, wird auch *Desfiladero de los Gaitanes* genannt. Sie liegt etwa zwischen dem Südostufer des Stausees Embalse del Conde und der Bahnstation El Chorro.
Caminito del Rey: Der legendäre „Kleine Königsweg", oft auch Camino del Rey genannt, ist ein schmaler, künstlich angelegter und abgestützter Pfad, der abenteuerlich hoch über dem Fluss durch die Schlucht El Chorro führt – oder besser gesagt führte: Seit einer Weile ist auch das vom Stausee her zugängliche Stück des schon lange baufälligen Steigs soweit weggebrochen, dass der Zugang jetzt höchstens noch für Extremkletterer möglich ist. Bis zur geplanten Restaurierung wird es sicher noch Jahre dauern.

• *Wanderung zum Beginn der Schlucht* Zwar ist der Caminito nicht mehr begehbar, der Weg zum Anfang der Schlucht aber auch durchaus reizvoll. Von Ardales oder der Straße von der Bahnstation El Chorro kommend, geht es vorbei am Campingplatz Parque Ardales bis zum einzigen Straßentunnel (Parkplätze). Vor dem Tunnel, über dem die Bar El Mirador liegt, dann rechts aufwärts auf einen Fahrweg bis zu einer Gabelung. Der linke Weg führt zu einer Aussichtsplattform über das Seengebiet, der rechte, für Fahrzeuge gesperrte Schotterweg als „Sendero de Gaitanejo" zum Beginn der Schlucht und am Fluss entlang zurück, Gesamtdistanz etwa 5 Kilometer.

Costa del Sol (südwestlich von Málaga)

Südwestlich der Provinzhauptstadt macht die Costa del Sol ihrem Ruf als Ferienghetto der Stahlbetonklasse nun wirklich alle Ehre.

Bis hinter Fuengirola ist die Landschaft auf einer Strecke von mehr als 30 Kilometern praktisch durchgehend verbaut, das folgende Stück bis zur Provinzgrenze nach Cádiz zeigt sich nur wenig aufgelockerter. Autofahrer seien gewarnt: Auf den vierbis sechsspurigen, autobahnähnlich ausgebauten Schnellstraßen wird schnell und rücksichtslos gefahren. Immerhin erhielt die stark frequentierte Route vor wenigen

Jahren eine dringend notwendige Entlastung: Von Torremolinos bis weit hinter Estepona verläuft landeinwärts etwa parallel zur A 7 (Ex-N 340) die kräftig gebührenpflichtige, durch privates Kapital finanzierte *Autopista del Sol AP 7*.

Torremolinos

Was soll man von einer Stadt halten, in der ein Straßencafé allen Ernstes mit „Hablamos Español" („Wir sprechen Spanisch") wirbt?
Torremolinos ist bekanntermaßen nicht mehr das kleine Fischerdorf aus James A. Micheners Roman „Die Kinder von Torremolinos". Die Reste der früheren Siedlung sind mit bloßem Auge kaum mehr zu erkennen. Das winzige Strandviertel *El Bajondillo* ist von Hochhäusern umzingelt, seine weißen Häuser sind nur noch Fassade für Souvenirläden, English-Pubs und Sangriaschänken. Ähnlich erging es auch dem weiter südwestlich gelegenen, ausgedehnteren Gebiet von *La Carihuela*, das insgesamt aber der wohl sympathischere Ortsteil mit der vielfältigeren Auswahl an Lokalen ist. Verbunden sind beide durch eine lange und insbesondere im Bereich von La Carihuela recht hübsche Strandpromenade. Das Zentrum, so man es als solches bezeichnen mag, liegt beiderseits der Durchgangsstraße um die Plaza *Costa del Sol*; Hauptflanierzone ist die nahe, Richtung Meer abzweigende *Calle San Miguel*. An gepflegtem Strand herrscht in Torremolinos kein Mangel, doch ist der Andrang im Sommer natürlich riesig.

• *Information* **Oficina Municipal de Turismo**, im alten Rathaus an der Plaza Independencia oberhalb der Plaza Costa del Sol, ✆ 952 374231. Zu suchen in dem niedrigen weißen Gebäude, Öffnungszeiten: Mo–Fr 9.30–13.30 Uhr. Man spricht Deutsch. Internet: www.ayto-torremolinos.org.
Zweigstellen an der Plaza de las Comunidades Autónomas, beim Strand Playamar, nordöstlich unweit des Bajondillo-Viertels, ✆ 952 371909, und an der Plaza del Remo (Calle de Nerja), beim Strand Playa de la Carihuela, ✆ 952 371892. Öffnungszeiten: April bis September täglich 10–14, 17–20 Uhr, sonst 9.30–16.30 Uhr. Leider werden die Zeiten nicht immer eingehalten.
• *Verbindungen* **Zug**: Bahnhof an der Avenida Estación, östlich der C. San Miguel. Zwischen etwa 6/7 und 23.30 Uhr halbstündlich Züge nach Fuengirola und Málaga.
Bus: PORTILLO hat fast das Monopol. Busbahnhof an der Calle Hoyo s/n, nordöstlich unweit der Plaza Costa del Sol; einige Buslinien starten jedoch an der Avenida Palma de Mallorca, Nähe Bahnhof. Busse nach Fuengirola halbstündlich, nach Málaga viertelstündlich, nach Marbella halbstündlich bis stündlich; Ronda 4-mal, Granada 4-mal täglich. Weiter in den Süden nach Estepona etwa stündlich, Algeciras 10-mal, La Línea gegenüber von Gibraltar 4-mal täglich.
• *Übernachten* **** Hotel Res. El Pozo**, eine durchaus angenehme und zudem recht preiswerte Alternative zu den großen Bettenbunkern. Mittelklasse, ordentliche Zimmer, zentrale Lage nur 200 Meter meerwärts des Bahnhofs. Ganzjährig geöffnet. DZ etwa 45–70 €. Calle Casablanca 2, ✆ 952 380602, ✎ 952 387117, www.hotelelpozo.com.
** Hotel El Tiburón, im Strandviertel Carihuela, etwas landeinwärts, aber nicht weit vom Meer. Der „Hai" ist ein solides, familiengeführtes Haus mit 40 Zimmern und kleinem Pool. DZ etwa 50–70 €, im August 80 €. Calle Los Nidos 7, ✆ 952 381320, ✎ 952 382244, www.hoteltiburon.com.
• *Camping* **Torremolinos**, 2. Kat., etwa drei Kilometer außerhalb in Richtung Málaga, nahe Autovía und Airport, deshalb nicht gerade leise. Zum Strand etwa 500 Meter. Ganzjährig geöffnet. Satte Preise: p.P. 5,50 €, kleines Zelt etwa 7,50 €, Auto 5,50 €. Ctra. Cádiz–Barcelona, km 228, ✆ 952 382602.

▶ **Mijas**: Ein „Weißes Dorf" in den Bergen, unheilvoll nah zu Torremolinos und Fuengirola gelegen. Klar, was sich da entwickelt hat: die engen Gassen Kulisse für Ramschläden, Käuferscharen busladungsweise.
Verbindungen Busse von/nach Torremolinos etwa stündlich, Fuengirola halbstündlich.

Weißes Dorf nahe der Küste: Mijas

Fuengirola

Natürlich ist Fuengirola ein fast hundertprozentiger Ferienort, natürlich flankieren Hotelriesen die langen Sandstrände und ragen auch in der Stadt überall auf. Doch leben hier mehr ständige Einwohner (rund 60.000) als im flächenmäßig weit größeren Torremolinos: Indiz für ein zumindest rudimentär vorhandenes Alltagsleben. Tatsächlich gibt es in Fuengirola einige Viertel, die noch ein bisschen an Spanien erinnern. Das Vergnügungsangebot allerdings ist international breit gefächert. Mittelpunkt des lang gestreckten Ortes ist die *Plaza de la Constitución*, der kleine Hauptplatz.

Turismo, Av. Jesús Santos Rein 6, im Zentrum unweit des Busbahnhofs. Öffnungszeiten: Mo–Fr 9.30–14, 17–19 Uhr, Sa 10–13 Uhr. ✆ 952 467457; www.fuengirola.org.

• *Verbindungen* **Zug**: Bahnhof zentral landeinwärts des Busbahnhofs. Fuengirola ist der Endbahnhof der im halbstündigen Turnus bedienten FFCC-Strecke von Málaga via Torremolinos. Künftig soll die Linie bis Estepona verlängert werden, was freilich noch viele Jahre dauern wird.

Bus: Terminal an der Avenida Tejada, einen Block strandwärts des Bahnhofs. PORTILLO fährt etwa halbstündlich Richtung Málaga und Marbella; nach Ronda 4-mal, Algeciras 10-mal, Cádiz 2-mal, Granada 4-mal, Sevilla 2-mal, Jerez je 1-mal und nach La Línea gegenüber von Gibraltar 4-mal täglich.

• *Übernachten* **** Hotel Agur**, im Gebiet hinter dem Sporthafen und etwa auf Höhe der Infostelle gelegen. Solides Quartier mit ordentlicher Ausstattung und vernünftigen Preisen. DZ/Bad nach Saison etwa 40–45 €, im August um die 70 €. Calle Tostón 4, ✆ 952 476666, ✆ 952 664066.

** Pensión Hostal Italia, ebenfalls sehr zentral im Strand- und Restaurantviertel unweit der Plaza Constitución. Empfehlenswerter, freundlicher Familienbetrieb, moderne Zimmer mit TV und Klimaanlage; gute Bäder. Im Umfeld liegen weitere Hostales. DZ/Bad etwa 50–55 €, im August 70 €. Calle de la Cruz 1, ✆ 952 474193, ✆ 952 461909, www.hostal-italia.com.

• *Camping* **Fuengirola**, 2. Kat., der einzig verbliebene Camping um Fuengirola, nachdem die beiden anderen Plätze geschlossen und überbaut wurden. Südwestlich etwas außerhalb des Ortes und landeinwärts der autobahnähnlich ausgebauten Straße

Richtung Marbella gelegen; ganzjährig geöffnet. Parzelle inkl. zwei Personen, Auto und Zelt etwa 25 €. Ctra N-340, Km 207, ✆ 952 474108.

• *Baden* Ausreichend Strandlänge mit den nötigen Einrichtungen vorhanden. Der Strand Boliches-Gaviotas prunkt mit der „Blauen Umweltflagge"; zumindest dort sollte die Wasserqualität mithin in Ordnung sein.

Marbella

Der viel beschworene Mythos Marbellas als Stadt der Reichen und Schönen stimme nicht mehr, hört man immer wieder mal. Dem ist dann regelmäßig doch nicht so – die Hohenlohes und Bismarcks dieser Welt können ohne ihr Marbella wohl nicht sein. Die Party geht weiter.

In der Vergangenheit kam es zwar durchaus gelegentlich zu Absetzbewegungen von Adel und Geldadel. Auslöser der Flucht waren, neben dem zunehmenden Pauschaltourismus, insbesondere diverse Skandale, an denen Marbellas jüngere Vergangenheit wahrlich nicht arm ist. Zeichnete bis 2002 vornehmlich der berühmt-berüchtigte, nach seiner Amtsenthebung wegen Bilanzfälschung zu mehrjähriger Haft verurteilte und mittlerweile verstorbene Baulöwe und Bürgermeister Jesús Gil für negative Schlagzeilen verantwortlich, so trieben es seine Nachfolger noch toller. 2006 wurde von der Regierung in Madrid gar der gesamte Stadtrat aufgelöst, ein großer Teil seiner Mitglieder samt Bürgermeisterin, Vizebürgermeisterin und Polizeichef wegen Korruption in Haft genommen, Konten und Güter im Wert von mehr als 2,4 Milliarden Euro (!) beschlagnahmt. Doch auch wenn sie der Stadt zunächst den Rücken kehren, so kommen doch fast alle illustren Marbella-Flüchtlinge irgendwann (so lehrt es zumindest die Vergangenheit) wieder reumütig zurück. – Die üppig vorhandenen Finanzmittel zeigen in Marbella auch ihre guten Seiten. Den entsprechenden Kreisen gelang es, „ihre" malerische Altstadt vor dem Zugriff von Bauspekulanten zu schützen. Auf durchaus geschmackvolle Art herausgeputzt, erfreut sie das Auge und ist die Hauptattraktion Marbellas.

Orientierung: Die Hauptstraße führt durch eine Hochhausschlucht, wie sie entlang der gesamten Costa stehen könnte. Landeinwärts liegt die Altstadt um den lauschigen „Orangenplatz" *Plaza de los Naranjos*, meerwärts verlaufen bis zum Sporthafen *Puerto Deportivo* moderne Viertel der üblichen Art.

• *Information* **Oficina Muncipal de Turismo**, Hauptstelle in der Calle Glorieta de la Fontanilla s/n, recht strandnah, aber nicht unbedingt zentral westlich des Sporthafens gelegen. Öffnungszeiten Mo–Fr 9–21 Uhr, Sa/So 9.30–14 Uhr. ✆ 952 771442, ✎ 952 779457, www.marbella.es.
Oficina Municipal de Turismo, Filiale am Hauptplatz Plaza de los Naranjos s/n, ✆ 952 823550, ✎ 952 773621. Öffnungszeiten wie oben. Weitere Filialen in den „Triumphbögen" Arco de Marbella und Arco de San Pedro an den Zufahrten der A 7. Lange Öffnungszeiten, zur Hochsaison teilweise sogar bis Mitternacht.
• *Verbindungen* **Zug**: Nächster Bahnhof in Fuengirola, dorthin häufige Busverbindung. In (fernerer) Zukunft wird diese Linie über Marbella hinaus bis nach Estepona reichen.

Bus: Großes Busterminal (✆ 952 764400) nördlich des Zentrums am Ende der Avda. Trapiche; von und zum Ortskern mit Stadtbus Nr. 7. PORTILLO fährt nach Fuengirola/Torremolinos und Málaga halbstündlich bis stündlich, nach Ronda 7-mal täglich, zum Airport Málaga 10x täglich, im Sommer deutlich häufiger. Nach Algeciras mit verschiedenen Gesellschaften 19-mal täglich, davon neun Direktbusse. Nach Cádiz 6-mal, Granada 7-mal, Sevilla 2-mal, Almería und Jerez je 1-mal täglich, zur Grenzstadt La Línea gegenüber von Gibraltar 4-mal täglich. Zum Yachthafen Puerto Banús alle 45 Minuten.
• *Übernachten* Nobelhotels liegen meist außerhalb, Pensionen in der Altstadt.
**** Hotel Marbella Club, das berühmteste Quartier der Stadt: Erst mit der Gründung dieses Hotels durch Prinz Alfonso von Ho-

henlohe begann 1953 der Aufstieg Marbellas. Seitdem ist das Haus Schauplatz zahlreicher Skandale und Skandälchen. DZ 270-460 €. Boulevard Príncipe de Hohenlohe, an der nicht umsonst so benannten „Goldmeile" (Milla de Oro) etwa vier Kilometer westlich des Zentrums, ✆ 952 771300, ℻ 952 829884, www.marbellaclub.com.

** **Hotel La Morada Más Hermosa**, sehr hübsches kleines Hotel (der Name bedeutet „die schönste Wohnung") in einer viel fotografierten Altstadtgasse. Nur fünf Zimmer, keines wie das andere, alle jedoch komfortabel ausgestattet und mit Klimaanlage etc. Zwei Zimmer besitzen eigene Terrassen, eines ist zweigeschossig. DZ nach Saison etwa 70-100 €. In der Nähe ist auch ein komplettes Häuschen für 4-5 Personen zu vermieten. Calle Moteneberos 16, ✆ 952 924467, ℻ 952 821473, www.lamoradamashermosa.com.

** **Pensión The Town House**, in der gleichen Liga. Ein 2004 eröffnetes Designer-Quartier in der Altstadt, von der Klassifizierung her sehr tief gestapelt. Neun Zimmer verteilen sich über mehrere Etagen, ganz oben liegt eine schöne kleine Dachterrasse mit Bar. Helle, gemütliche Zimmer (nett: Nr. 9 mit kleinem Balkon), wie das ganze Hotel in einem ungewöhnlichen Stilmix eingerichtet. Besitzer und Personal sind aus Schweden. DZ 110-130 €, Frühstück inklusive. Calle Alderete 7, bei der Plaza Tetuan, ✆/℻ 952 901791, www.townhouse.nu.

** **Pensión Hostal Enriqueta**, in der Nähe vom Hauptplatz. An einem kleinen Sträßchen, geräumige und fast klinisch saubere Zimmer, besonders hübsch zum Patio hin. Die Tiefgarage an der Plaza Victoria liegt ganz in der Nähe. DZ/Bad etwa 45–65 €. Calle Los Caballeros 18, die erste Straße nördlich der Plaza de los Naranjos; ✆ 952 827552.

** **Pensión El Castillo**, ebenfalls ein solides Quartier in dieser Klasse – sofern man keinen der wenigen fensterlosen Räume erwischt, also vorher ansehen. Altes Haus, große und stilvoll eingerichtete Zimmer, Dachterrasse; im zweiten Stock ein überdachter Innenhof. DZ/Bad nach Saison 40-55 €. Plaza San Bernabé 2, östlich oberhalb der Plaza de los Naranjos, ✆ 952 771739. www.hotelelcastillo.com.

Jugendherberge Albergue Juventud Africa (IYHF), ein kleines Stück landeinwärts der Altstadt, in einem Park an der Verlängerung der Calle Ancha. Einlass laut Leserbriefen rund um die Uhr. Ganzjährig, Reservierung

Marbella, abseits des Trubels

ratsam. Calle Trapiche 2, Richtung Busbahnhof, ✆ 951 270301.

• *Camping* Insgesamt drei Plätze, alle ein ganzes Stück vom Ort.

Marbella Playa, 1. Kat., etwa zehn Kilometer außerhalb in Richtung Fuengirola und damit der vom Zentrum am weitesten entfernte Platz. Zum Strand aber günstiger gelegen als sein gleichklassiges Pendant, nämlich meerwärts der stark befahrenen „Küstenautobahn". Relativ ruhig, gute Ausstattung incl. Swimmingpool, Schatten eher wenig. Ganzjährig geöffnet; zu erreichen mit Bussen von/nach Fuengirola; letzter Bus ab Marbella allerdings schon deutlich vor Mitternacht. P.P. und Auto etwa 5,50 €, Zelt rund 9,50 €; Minimumpreis zur HS 25 €, zur NS 15–19 €. Ctra. N 340, km. 192,8, ✆ 952 833998, ℻ 952 833999, www.campingmarbella.com.

• *Essen* **Restaurante Santiago**, an der Uferpromenade unweit der zentralen Avenida del Mar. Edles, lange eingeführtes Lokal, Spezialität Fisch und Meeresfrüchte, auch gute Tapas. Nicht billig, das Degustationsmenü kommt schon auf über 50 €. Avenida Duque de Ahumada 5, Reservierung ratsam: ✆ 952 770078.

Bar-Rest. Altamirano, unser Tipp in der Altstadt, auch wegen des reizvollen Ambientes. Innen typisch spanisch mit Kacheln, Stahlrohr, Neonlicht und flinken Kellnern, außen ein stimmungsvoller kleiner Platz mit Gaslaternen und Blumentöpfen an weißen Wänden. Im Angebot Raciones und halbe Raciones, vornehmlich Meeresgetier und Salat; die Preise bleiben im Rahmen. Plaza Altamirano, im südöstlichen Altstadtbereich; sehr beliebt, früh da sein. Mi geschlossen.

• *Nachtleben* Die Mehrzahl der Discos liegt außerhalb des Zentrums, oft in Edelhotels. Ein bekannter Name ist der Jet-Set-Treff **La Notte**, etwa auf halbem Weg zwischen Marbella und Puerto Banús. **Puerto Banús**, der etwa 6 km westlich gelegene Millionärshafen, ist eine besonders teure Nachtadresse. In der nahen Urbanisation Nueva Andalucía liegt das **Casino** von Marbella, Eintrittsgebühr und Ausweispflicht, die Spielautomatenhalle fürs Volk gratis.

• *Feste* **Feria de San Bernabé**, 1. Junihälfte; das Hauptfest der Stadt.

• *Baden* Der Stadtstrand glänzt nicht mit allzu sauberem Wasser. Besser, man weicht ein paar Kilometer in die Umgebung aus. Sandig ist es überall, im Osten die Bebauung weniger intensiv. Society wird man nicht antreffen, die bleibt lieber am Pool – Strand ist out.

▶ **Puerto Banús**: Marbellas Yachthafen, etwa sechs Kilometer westlich der Stadt, entstammt der Retorte. Einförmig im „neomaurischen" Stil errichtet, wirkt die Anlage ziemlich steril, doch steht die Architektur auch nicht im Mittelpunkt des Interesses. Tagesausflügler besuchen Puerto Banús, um ausgiebig Nobelschlitten, Luxusyachten und deren Eigentümer zu inspizieren. Im Hafenbereich zahlreiche Restaurants und teils ganz amüsante Bars mit Preisen, die der Lage entsprechen.

Estepona

Von der ehemaligen Durchgangsstraße aus, die mittlerweile durch eine Umgehung halbwegs entlastet ist, wirkt Estepona wie jeder x-beliebige Ort der Costa del Sol: Strandpromenade und Hochhäuser. Doch schon eine Parallelstraße landeinwärts wird klar, dass Estepona sich nicht völlig dem Tourismus ausgeliefert hat. Im Zentrum liegen rund um die hübsche *Plaza de las Flores* nur ein paar Bars und Cafés. In der Nebensaison verlaufen sich nur noch wenige Fremde in das Städtchen, dessen Ortskern zwar keine echte Schönheit darstellt, sich mit weißen Häusern und viel Grün aber von einer durchaus angenehmen Seite zeigt.

• *Information* **Oficina Municipal de Turismo**, Avenida San Lorenzo 1, mitten auf der Promenade am westlichen Rand der Altstadt, ein Häuschen in der Nähe des großen Brunnens; deutschsprachig und sehr kenntnisreich. Öffnungszeiten: Mo–Fr 9–20 Uhr, Sa 10–13.30 Uhr. ✆ 952 802002, 📠 952 792181, www.estepona.es.

• *Verbindungen* **Bus**: Busbahnhof an der Durchgangsstraße, ein paar hundert Meter südwestlich des Zentrums. PORTILLO nach Marbella etwa halbstündlich, Málaga 12-mal täglich. Nach Algeciras 10-mal, Cádiz 2-mal, Córdoba 2-mal, Granada 4-mal täglich, zur Grenzstadt La Línea gegenüber von Gibraltar 11-mal täglich.

• *Übernachten* Die Hotels an der Hauptstraße sind meist nicht gerade ruhig.

** **Hotel Altamarina**, nicht weit von der Infostelle. Baulich keine Schönheit, aber recht komfortabel, zentral gelegen und mit ordentlichem Preis-Leistungsverhältnis. DZ/F nach Saison etwa 65–85 €, in den ersten drei Augustwochen nur mit Halbpension, zwei Personen 110 €. Avenida San Lorenzo 32, ✆ 952 806155, 📠 952 804598, www.hotelaltamarina.com.

** **Pensión Hostal La Malagueña**, in der Altstadt. Sehr zentrale und recht ruhige Lage in einer Fußgängerzone, praktisch direkt an der Plaza de las Flores. Schmucklos gute, wenn auch nicht allzu große Zimmer; moderne Bäder. Parkmöglichkeit. DZ/Bad rund 30–50 €. Calle Raphael 1, ✆ 952 800011, 📠 952 795591, www.hlmestepona.com.

* **Pensión El Pilar**, ganz in der Nähe. In verkehrsruhiger Lage direkt an der Plaza de las Flores, viele der passabel eingerichteten

Spektakulär gelegen: die Altstadt von Casares

Zimmer mit Blick auf den Platz, fast alle mit Balkon. DZ/Bad rund 40–50 €. Plaza de las Flores 22, ✆/✉ 952 800018, www.ainte.net/hostalelpilar.

• *Camping* **Parque Tropical**, 2. Kat, ortsnächster Platz knapp sieben Kilometer außerhalb in Richtung Marbella. Leider nur wenig oberhalb der viel befahrenen Straße, ein paar hundert Meter vom Strand. Gut ausgestattet, unter anderem mit Pool; tropische Pflanzen und Bäume. Parzelle inkl. zwei Personen, Auto, Zelt etwa 25 €, zur NS deutlich günstigere Preise. A 7, km 162, ✆/✉ 952 793618.

• *Essen* **Restaurante El Facon**, eines der feineren Lokale von Estepona. Argentinische Küche, im Angebot deshalb insbesondere Fleisch vom Grill; hübsches Interieur und Innenterrasse. Hauptgerichte kosten etwa 10–15 €. In der Kneipenstraße Calle Caridad 95, zu suchen im westlichen Zentrumsbereich, drei Blocks hinter der Uferstraße Avenida España; ✆ 952 800029.

Mesón Cordobés, ein Klassiker direkt an der Plaza de las Flores. Auch hier zählen Fischgerichte (Ración um die 8 €, Hauptgerichte 12–15 €) zu den Favoriten. Gleich nebenan und seit langem ein Tipp für Tapas: **La Sureña**.

• *Baden* Lange Sandstrände vor der Tür, im typischen Grau der Costa del Sol, aufgrund der Ausdehnung aber nicht so proppevoll wie in anderen Orten. Der Stadtstrand **La Rada** ist sogar mit der Blauen Umweltflagge ausgezeichnet.

▶ **Parque de la Naturaleza Selwo**: Einige Kilometer außerhalb des Zentrums liegt dieser ausgedehnte, 1999 eröffnete Tierpark, größter seiner Art in ganz Europa. Das rund 100 Hektar große Gelände erstreckt sich über vier Täler und ist in mehrere Zonen unterteilt, die mit umgebauten Allrad-Lkws im Safaristil durchquert werden. Rund 2500 Tiere sind hier in relativer Freiheit zu sehen, außerdem etwa 250 verschiedene Pflanzenarten.

• *Lage und Öffnungszeiten* Zufahrt etwa sieben Kilometer östlich des Zentrums von Estepona. Der Park liegt ca. zwei Kilometer landeinwärts der Fernstraße. Geöffnet ist täglich 10–18 Uhr, von Juni bis September bis 20 Uhr; Eintrittsgebühr rund 23 €, Kinder von 4–12 Jahren 16 €. Info-Telefon 902 190482, www.selwo.es.

▶ **Casares**: Richtung Algeciras beziehungsweise zur Provinzgrenze von Cádiz folgen keine größeren Ortschaften mehr, dafür eine ganze Reihe von Urbanisationen. Casares hingegen mag in der Nebensaison einen Abstecher eventuell wert sein. Das

"Weißes Dorf" in den Bergen bietet ein maurisches Kastell, kleine Häuser, enge Gassen – allerdings auch Souvenirgeschäfte und (gemäßigten) Ausflugsrummel.
Verbindungen PORTILLO-Busse ab Estepona 2-mal täglich.

Ronda

Rainer Maria Rilke feierte Ronda als „unvergleichliche Erscheinung der auf zwei steile Felsmassen hinaufgehäuften Stadt." Und Ernest Hemingway empfahl den „wunderbaren Ort" gar als Ziel für die Hochzeitsreise: „Die ganze Stadt, und so weit Sie in jeder Richtung sehen können, ist romantischer Hintergrund."

Lobpreisungen, die auch heute noch verständlich sind. Den Reiz des uralten Städtchens macht in erster Linie seine einmalige Position aus. Ronda liegt auf einem Felsplateau, das von den nahezu senkrecht abfallenden Wänden einer über hundert Meter tiefen Schlucht in zwei Teile gespalten wird. Kühne Brückenkonstruktionen verbinden die beiden Seiten der Stadt; Häuser und Gärten drängen sich bis an den Rand des Abgrunds. Dichterische Huldigungen und ungewöhnliche Lage haben Ronda zum Ausflugsziel Nummer eins ab der Costa del Sol werden lassen. Im Sommer befahren täglich Dutzende von Reisebussen die 50 Kilometer lange, gut ausgebaute Straße durch die imposante Berglandschaft der Serrania de Ronda. Ab dem späten Nachmittag jedoch kehrt wieder kleinstädtische Ruhe ein. Wer das Städtchen wirklich genießen will, sollte deshalb eine Übernachtung ins Kalkül ziehen.

Orientierung: Die Schlucht Tajo ist nicht mit dem Fluss in Zentralspanien zu verwechseln; das hiesige Gewässer heißt Río Guadalevín. Auf der südlichen Seite liegt die Altstadt *La Ciudad*, auf der nördlichen der schachbrettartige neuere Ortsteil *El Mercadillo* um die belebte *Carrera Espinel*.

Geschichte: Das Gebiet der Altstadt war schon zu Zeiten der Iberer besiedelt; ihnen folgten Phönizier und Römer, die ihre Siedlung *Arunda* nannten. Zur maurischen Zeit war Ronda als *Medinat Runda* Sitz eines kleinen Teilkönigreichs (Taifa). Die neueren Stadtteile jenseits der Schlucht entstanden erst in der Zeit nach der Rückeroberung von 1485.

• *Information* **Oficina de Turismo de la Junta de Andalucía**, Plaza España 1, auf der Neustadtseite gleich beim Puente Nuevo; ✆/✉ 952 871272. Büro der andalusischen Regionalregierung, geöffnet im Sommer Mo–Fr 9–20 Uhr, Sa/So 10–14 Uhr, sonst Mo–Fr 9–19.30 Uhr, Sa/So wie oben.
Oficina Municipal de Turismo, Paseo Blas Infante s/n, ganz in der Nähe der Arena. Städtisches Büro, geöffnet (Sommer) Mo–Fr 10–19.15, Sa/So 10–14, 15.30–18.30 Uhr. ✆ 952 187119. www.turismoderonda.es.
• *Verbindungen* **Zug**: Bahnhof im Norden der Neustadt, an der Avenida Andalucía. Die landschaftlich großartige Route nach Algeciras wird 7-mal täglich bedient; zum Knotenpunkt Bobadilla (Anschlüsse nach Granada, Málaga und Sevilla) 4-mal täglich.

RENFE-Büro in der Neustadtstraße Calle Infantes 20, ✆ 952 871662.
Bus: Station in der Neustadt an der Plaza Concepción, am Anfang der Avenida Andalucía. PORTILLO fährt auf der Linie Marbella-Torremolinos-Málaga 4-mal (Teilstrecken häufiger), AMARILLOS nach Málaga 10-mal, Sevilla 5-mal täglich, COMES nach Arcos und Jerez de la Frontera 4-mal, weiter nach Cádiz 3-mal täglich. AMARILLOS und COMES bedienen auch die meisten Dörfer der Umgebung, Abfahrten in der Regel nur Mo–Fr 1- bis 2-mal täglich.
• *Übernachten* Zur Fiesta Anfang September ist Reservierung unumgänglich.
**** Parador de Ronda, direkt an der Plaza España, hinter der Fassade des alten Rathauses. Absolute Toplage mit schöner Aussicht

Dramatische Lage über der Schlucht: Ronda

Andalusien

in die Tajoschlucht; Garten, Garage und Schwimmbad. DZ kosten etwa 160–175 €. Plaza España s/n, ✆ 952 877500, ℻ 952 878188, www.parador.es.

**** Hotel Montelirio, in traumhafter Lage auf der Altstadtseite, 2003 eröffnet und in einem ehemaligen Grafenpalast untergebracht. Terrassen mit fantastischer Aussicht direkt über dem Tajo, auch die Hälfte der DZ und alle Junior Suiten liegen zur Schlucht. Mobiliar in antikem Stil, kleiner Pool und Restaurant, ebenfalls mit Blick; im Januar/Februar gibt es Spezialangebote, zu Weihnachten, zur Semana Santa und zur Feria steigen dafür die Preise. DZ 165 €, Junior Suite 225 €. Calle Tenorio 8, ✆ 952 873855, ℻ 952 161185, www.hotelmontelirio.com.

*** Hotel San Gabriel, ein familiäres kleines Hotel mit nur 16 Zimmern in einem schönen Haus der Altstadtseite. Der geschmackvollen Einrichtung ist anzumerken, dass der Vater des Besitzers Antiquitätensammler war. Ein liebevoll gestalteter kleiner Kinosaal (DVD) steht den Gästen ebenso zur Verfügung wie die Bodega im Keller. Sehr geräumige Zimmer, Parkservice. Prima Preis-Leistungsverhältnis. DZ nach Saison etwa 90–120 €, es gibt auch Superiorzimmer und Suiten. Calle José M. Holgado 19, ✆ 952 190392, ℻ 952 190117, hotelsangabriel.com.

** Hotel Royal, ein solides Mittelklassehotel, das baulich keine Schönheit ist, aber relativ zentral gelegen, ordentlich eingerichtet und komfortabel, zudem recht günstig. DZ kosten etwa 50 €, im Winter liegen die Preise noch etwas niedriger. Calle Virgen de la Paz 42, an der Zufahrt zur Plaza España, ✆ 952 871141, ℻ 952 878132, hroyal@ronda.net.

* Hotel Virgen de los Reyes, preiswertes Einsternhotel mit prinzipiell ordentlichem Standard. Geräumige Zimmer mit Klimaanlage, TV und auch Heizung, bei entsprechenden Klimaverhältnissen darauf achten, dass sie auch funktioniert. Achtung, manche Räume gehen nur auf einen Lichtschacht. Leider gab es zuletzt auch Leserkritik an der Sauberkeit, vielleicht ein Ausrutscher. DZ etwa 45 €. Calle Lorenzo Borrego 13, eine nördliche Parallelstraße zur Carrera Espinel, ✆ 952 871140.

* Pensión Hostal Rondasol, für seinen Preis eine ordentliche Adresse – allzuviel Komfort sollte man jedoch nicht erwarten. Zimmer in hellem Holz und mit Steinboden – darauf achten, dass sie Fenster haben, es gibt auch einige ohne Fenster. In der Umgebung noch mehrere Pensionen, alle jedoch einen Tick teurer oder wie das zugehörige „Biarritz" nicht so gut. DZ, leider nur ohne Bad, 20 €. Calle Almendra 11, ✆ 952 874497.

• *Camping* **El Sur**, 1. Kat., ortsnächster Platz, an der Straße nach Algeciras etwa zweieinhalb Kilometer südlich des Zentrums, also noch in gestreckter Fußentfernung zur Stadt. Gut ausgestattetes Hanggelände mit Pool, sehr gepflegten Sanitärs, hübschem Restaurant. Einkaufsmöglichkeit und Verleih guter Fahrräder; auch Bungalows gibt es zu mieten. Wenig Schatten, jedoch schöner Blick auf die Stadt. Die Besitzerfamilie spricht Deutsch. Ganzjährig geöffnet. P.P. etwa 4,50 €, Auto, Zelt jeweils etwa 4 €. Carretera de Algeciras, km 1,5, ✆ 952 875939, ℻ 952 877054, www.campingelsur.com.

• *Essen* **Rest. Tragabuches**, benannt nach einem Stierkämpfer und späteren Banditen. Feines Ambiente, kreative und verspielte andalusische Küche, die mit einem Michelinstern prämiert ist; exquisite Weinauswahl und angemessene Preise: Die beiden hervorragenden Degustationsmenüs kommen auf etwa 80–90 €. Calle José Aparicio 1, nahe der Plaza España, So-Abend und Mo geschlossen. Reservierung ratsam: ✆ 952 190291.

Restaurante del Escudero, das Schwester-Restaurant des Tragabuches, mit schönem Ausblick in die Sierra ganz in der Nähe gelegen. Etwas günstiger, aber nicht schlechter; Menü à la carte um die 40 €. Paseo Blas Infante 1, So-Abend geschlossen. Reservierung: ✆ 952 434545.

Pizzeria Michel Angelo, klein, preiswert und gut. Pizza ab etwa 5 €, Pasta ab rund 6 €; es gibt aber auch spanische Gerichte. Von Lesern gelobt. Calle Lorenzo Borrego 5, nahe Hotel Virgen de los Reyes.

Bar Faustino, fast nur von Einheimischen besuchte, lebhafte Bar, die mit gutem Wein, prima Tapas und günstigen Preisen glänzt. Mehrere Leserbriefschreiber waren sehr zufrieden. Calle Santa Cecilia 4, unweit der Plaza de Carmen Abela.

Cervecería-Bodega Patatin-Patatan, ebenfalls eine gute Adresse mit preisgünstigen Tapas und Copas. Angenehm lockere Atmosphäre. Calle Lorenzo Borrego 7, nahe dem Hotel Virgen de los Reyes.

• *Feste* **Feria de Mayo**, 20.-23. Mai. Stadtfest zur Erinnerung an die Reconquista; Viehmarkt, viel Trubel.

Romería Nuestra Señora de la Cabeza, zweiter Junisonntag, Wallfahrt mit Reitern und Kutschen.

Fiestas de Pedro Romero, Anfang September. Fest zur Erinnerung an den größten Matador der Stadt, „Corridas goyescas" (Stierkampf in historischen Kostümen) und Flamencofestival.

Sehenswertes

Puente Nuevo: Die „Neue Brücke", im 18. Jh. entstanden, ist eine technische Meisterleistung. Der mittlere Bogen der Brücke beherbergt einen Raum, der einst als Gefängnis diente; an einen Ausbruch war angesichts der Lage wohl kaum zu denken. Vor einigen Jahren ist hier ein Interpretationszentrum „Centro de Interpretación" (Mo–Fr 10–19 Uhr, Sa 10–13.45, 15–18 Uhr, So 10–15 Uhr; 2 €) eingerichtet worden. Vom Puento Nuevo aus sieht man im Osten zwei weitere Brücken: *Puente Viejo* und dahinter der *Puente Arabe* aus dem 17. Jh.

Altstadt – La Ciudad

Zwar nach der Rückeroberung schwer zerstört, erinnert ihre Anlage trotzdem noch an die Maurenzeit. Abends wirkt sie fast ausgestorben.

Schönes Motiv: das Tor Philipps V.

Casa del Rey Moro: In der Calle Santo Domingo, gleich hinter der Brücke links, nach wenigen Metern linker Hand. Das „Haus des Maurenkönigs" entstand zwar erst im 18. Jh., Vorläufer war aber vielleicht wirklich der Palast eines maurischen Herrschers. Zugänglich sind die Gärten und vor allem die *Mina de Agua*, ein im Zickzack in den Fels geschlagener Tunnel des 14. Jh., der im Belagerungsfall die Wasserversorgung sichern sollte.

Öffnungszeiten Täglich 10–20 Uhr, im Winter bis 19 Uhr, Eintritt satte 4 €.

Palacio de Marqués de Salvatierra: Etwas unterhalb, am Ende der C. San Domingo. Der Renaissancepalast besitzt eine ungewöhnliche Fassade mit vier seltsamen, südamerikanisch wirkenden Figuren. Sein Inneres konnte früher besichtigt werden, ist aber bis auf Weiteres nicht mehr zugänglich. In der Nähe erhebt sich vor dem Puente Viejo das „Tor Philipps V.", errichtet 1742.

Baños Arabes: Maurische Bäder des 13./14. Jh, zu erreichen über Stufen unweit des Puente Viejo. Sie zählen zu den besterhaltenen des Landes.

Öffnungszeiten Mo–Fr 10–19 Uhr, Sa 10–13.45, 15–18 Uhr, So 10–15 Uhr; Eintrittsgebühr 3 €.

Kathedrale Santa María la Mayor: An der *Plaza de la Duquesa de Parcent*, dem weit im Süden und rechts der Hauptstraße gelegenen Hauptplatz der Altstadt. Die im 15. Jh. gleich nach der Rückeroberung begonnene Kirche war ursprünglich eine Moschee; im Vorraum ist noch der *Mihrab*, die arabische Gebetsnische, zu sehen.

Öffnungszeiten Täglich 10–20 Uhr (Winter bis 18 Uhr, So über Mittag geschlossen), Eintrittsgebühr 3 €.

Museo Histórico Popular de Bandolero: In der Calle Armiñan 65, nur ein paar Schritte östlich der Kathedrale, liegt dieses Museum (tägl. 10.30–19/20 Uhr, 3 €), das sich dem „Bandolerismo" widmet. Vom 18. Jh. bis in die Anfänge des 20. Jh. hinein war Ronda eine Hochburg der legendären *Bandoleros*, der Banditen und Wegelagerer, die in den Schluchten der umliegenden Sierras ideale Verstecke fanden. Seine Wurzeln hatte das Räuberunwesen in den krassen sozialen Gegensätzen, und tatsächlich gehörte es für manche Bandoleros zum Ehrenkodex, nur die Reichen zu berauben und den Armen einen Teil der Beute zu überlassen. Die 1847 durch den Herzog von Ahumada gegründete Landpolizei Guardia Civil, mehr noch die Einführung der Telegrafie, bedeuteten das Ende der Bandoleros.

Palacio de Mondragón: Zu erreichen über eine Gasse links neben der Kathedralenfront. In dem Renaissancepalast wohnten zeitweilig die Katholischen Könige Ferdinand und Isabella. Sein reizvolles Inneres beherbergt nach abgeschlossener Renovierung das *Stadtmuseum* von Ronda, sehenswert sind auch die Gärten, von denen man eine schöne Aussicht genießt.

Öffnungszeiten Mo–Fr 10–19 Uhr, Sa 10–13.45, 15–18 Uhr, So 10–15 Uhr; Eintrittsgebühr 3 €.

Camino de los Molinos: Vom südlich der Kathedrale gelegenen, alten Viertel Barrio San Francisco führt ein gepflasterter Weg hinunter zum Fluss; zu erreichen auch über einen Treppenweg nahe der Casa de Mondragón. Zu sehen sind Reste alter Mühlen und ein kleines maurisches Tor, vor allem aber die Tajo-Schlucht aus ungewohnter Perspektive.

Neustadt – El Mercadillo

Plaza de Toros: Trotz des hohen Eintrittspreises wohl ein echter Pflichtbesuch in Ronda, handelt es sich bei der 1785 errichteten Arena doch um die älteste des Landes. Da hier mit Pedro Romero auch noch einer der bedeutendsten Matadore Spaniens wirkte, gilt die Plaza de Toros von Ronda geradezu als Wallfahrtsstätte der *aficionados*.

> **Ronda, Wiege des modernen Stierkampfs**
>
> Bis zum Anfang des 18. Jh. war Stierkampf ein schlichtes Abstechen der Tiere, mit einer Lanze und relativ ungefährlich vom Pferd aus.
> **Francisco Romero**, Großvater Pedro Romeros und Ahnherr der Dynastie von Matadores, soll um 1720 der erste gewesen sein, der den Stier zu Fuß bekämpfte, gleichzeitig Begründer der ersten Stierkampfschule.
> **Pedro Romero** (1754–1839), sein Enkel, gab dem modernen Stierkampf einen Großteil der noch heute gültigen Regeln. Es heißt, während seiner Laufbahn habe er über 5000 Stiere getötet, den letzten im Alter von weit jenseits der Siebzig ...

Das Rund der Arena, deren zweigeschossige Zuschauertribünen von eleganten Säulen gestützt werden, kann betreten werden. Im Arenagebäude präsentiert das *Museo Taurino* nostalgische Plakate, Eintrittskarten, Kostüme etc., und spart auch Fotos von den Todessekunden mancher Toreros nicht aus.

Öffnungszeiten Täglich 10–20 Uhr, im Winter bis 18 Uhr; Eintritt (Arena & Museum) 6 €.

Pueblos Blancos um Ronda

In den Gebirgszügen der Umgebung bieten sich einige „Weiße Dörfer", vom Tourismus noch wenig berührt, zu Ausflügen an. Zwar liegen sie alle schon in der nahen Provinz Cádiz, doch werden sie der Nähe zu Ronda wegen hier aufgeführt. Zu den meisten besteht (seltene) Busverbindung.

Setenil, etwa 18 Straßenkilometer nördlich von Ronda, ist eine Kuriosität für sich. Das Dorf lehnt sich unter einen großen, einem Gewölbe ähnelnden Felsen, der den einzelnen Häusern als Dach dient. Überragt wird diese ungewöhnliche Kombination von einer gotischen Kirche.

Olvera liegt nochmals elf Kilometer nördlich, an der N 342 Málaga-Sevilla. Das fotogene Ortsbild des Städtchens wird gleichermaßen geprägt von einer maurischen Burg und der fast festungsartigen Kirche, die einander gegenüber jeweils eine Kuppe über dem Ort besetzen – ein sinnträchtiger Kontrast. Olvera ist Ausgangspunkt einer „Via verde", eines Wandern- und Radwegs, der auf einer ehemaligen Bahntrasse westwärts bis ins 36 Kilometer entfernte Puerto Serrano führt.

• *Übernachten* **** Hotel Sierra y Cal**, erste Adresse vor Ort. Komfortabel, vielleicht etwas nüchtern ausgestattet, großes Restaurant mit Tischen auch im Freien. DZ/Bad etwa 65 €. Avenida de Nuestra Señora de los Remedios 2, östlicher Ortsbereich, ✆ 956 130303, ✉ 956 130583, www.tugasa.com.
** Pensión Estación Verde, etwa 800 Meter nordöstlich unterhalb des Orts, Zufahrt Nähe Busbahnhof. Das Gebäude hätte eigentlich als Bahnhof dienen sollen und markiert heute den Beginn der „Via Verde de la Sierra" (siehe oben). Sieben ordentliche Zimmer, Fahrradverleih und Restaurant; ein Pool und Bungalows sind geplant. Wer von hier aus auf der Via Verde startet, kann sich von der Rezeption weitere Übernachtungen entlang der Route buchen lassen. DZ/Bad etwa 50 €. Mobil-✆ 661 463207.

Zahara de la Sierra, etwas abseits der C 339 und 36 Kilometer nordwestlich von Ronda, schmiegt sich an einen Felskotz, der ein Kastell trägt. Die Kirche wirkt winzig dagegen. Das Dorf besitzt einen sehr reizvollen, als Nationalmonument unter Denkmalschutz gestellten Ortskern mit alten Adelshäusern und der Kirche Santa María de la Meza.

• *Übernachten* **** Hotel Arco de la Villa**, mit weiter Aussicht am Ortsrand gelegen. Komfortable Zimmer, am Wochenende oft belegt. DZ etwa 65 €. Calle El Fuerte s/n, ✆ 956 123230, ✉ 956 123244, www.tugasa.com.
* Pensión Los Tadeos, knapp außerhalb des Ortes Richtung Schwimmbad. Freundliche Wirtsleute, Parken problemlos, gutes Restaurant. Ordentliche und sehr saubere DZ/Bad à etwa 45 €. Paseo de la Fuente s/n, ✆ 956 123086.

Grazalema, 30 Straßenkilometer westlich von Ronda und Zentrum der gleichnamigen, landschaftlich sehr reizvollen Sierra, liegt unterhalb der Straße und wird von zwei Parallelstraßen durchzogen, an denen die typischen Häuser der „Weißen Dörfer" stehen: Schmiedeeisen, Schirmdächer und viel Blumenschmuck. In Grazalema werden Schals, Ponchos und die typischen handgewebten Decken *Mantas* hergestellt, alles aus Schafswolle gewebt.

• *Information/Wanderführer* **Información Turística**, am Hauptplatz Plaza de España 11, ✆ 956 132073. Verkaufsausstellung angeschlossen. Öffnungszeiten Di–So 10–14, 17–19 Uhr.
• *Übernachten* **** Hotel Peñón Grande**, mitten im Ort. 2001 eröffnetes Hotel mit guter Ausstattung und zwölf hübschen, modernen und komfortablen Zimmern, die auch Klimaanlage besitzen. Freundliche Leitung. Gutes Preis-Leistungsverhältnis, DZ etwa 60 €. Plaza Pequeña 7, ✆ 956 132434, ✉ 956 132435, www.hotelgrazalema.com.
** Pensión Hostal Casa de las Piedras, ebenfalls zentral gelegen, von der Plaza de España aus hinter der Kirche San Juan. Ein schönes, altes und verwinkelt gebautes

438 Andalusien

Prachtvolle Ausblicke: Panoramastraße A 369

Haus mit einer erstaunlich großen Zahl an Zimmern. Gemütlicher Aufenthaltsraum, Patio, angenehmes Restaurant. Gute DZ/Bad etwa 50 €, der ältere Trakt mit (weniger schönen) DZ ohne Bad soll ausgebaut werden. Man spricht Deutsch und hält Infos zu Ausflügen etc. bereit. Calle Las Piedras 32, ✆ 956 132014, ✉ 956 132238, www.casadelaspiedras.org.

• *Camping* **Tajo Rodillo**, 2. Kat., etwas außerhalb an der Straße nach El Bosque, der Ort noch in Fußentfernung. Kleiner Platz auf hübsch terrassiertem Gelände, gut für Zelte, schlecht für Wohnmobile – separater Parkplatz. Wie auch bei dem Platz im nahen Benamahoma wechseln die Öffnungszeiten unvorhersehbar, im September war in den letzten Jahren häufig geschlossen; zur NS lohnt sich generell ein Anruf vorab. Preise p.P., Zelt jeweils 5,50 €, Auto 4,50 €. Carretera Comarcal 344, ✆ 956 132418, ✉ 956 716525, www.campingtajorodillo.com.

Ubrique liegt etwas abseits der Route nach Arcos. Der relativ große Ort beiderseits des gleichnamigen Flüsschens ist vor allem für die hier hergestellten Arbeiten aus Saffianleder bekannt, die man hier in breiter Auswahl kaufen kann.

A 405/369: Die gut ausgebaute Nebenstraße führt von Ronda durch fantastische Gebirgslandschaften nach San Roque bei Algeciras. An der Strecke oder nur knapp abseits liegen weitere reizvolle „Weiße Dörfer" wie *Gaucín*, *Jimena de la Frontera* und *Castellar de la Frontera*.

Cueva de la Pileta

Knapp 30 Kilometer südwestlich von Ronda lockt eine Tropfsteinhöhle zu einem nicht alltäglichen Ausflug: Die Felszeichnungen der Cueva de la Pileta sind mit einem geschätzten Alter von bis zu 25.000 Jahren älter als die der berühmten Höhlen von Altamira in Kantabrien. Die etwa einstündige „Expedition" im Schein von Karbidlampen, vorbei an bizarren Tropfsteinen und kleinen Seen, ist ein Abenteuer für sich.

• *Öffnungszeiten* Täglich 10–13, 16–18 Uhr; sie wechseln jedoch oft, man erkundigt sich besser in den Fremdenverkehrsämtern von Ronda. Vor dem Eingang warten. Pro Person etwa 6,50 €, mindestens 4 Personen bzw. entsprechende Bezahlung. Die Besucherzahl ist auf 25 limitiert, zur Saison heißt es deshalb manchmal, bis zur nächsten Führung zu warten. Gruppen werden gelegentlich vorgezogen, was natürlich für Ärger sorgt. Reservierung gern gesehen: ✆ 952 167343. Die Innentemperatur der Höhle beträgt ganzjährig 15 Grad.

• *Verbindungen* Mit dem Auto über das Örtchen Benaoján, etwa fünf Kilometer weiter ist die Höhle beschildert. Schöne Weiterfahrt zur Küste über das Dörfchen Jimera de Líbar und anschließend über die A 369 möglich. Mit öffentlichen Verkehrsmitteln ist die Anreise kompliziert: Per Bus nach Benaoján oder per Zug zur kleinen Station Jimera de Líbar (Linie nach Algeciras, am besten den Frühzug nehmen), dann noch jeweils über eine Stunde zu Fuß auf steilen Bergstraßen; vorher Anschlüsse für die Rück- oder Weiterfahrt klären.

Gibraltar

Der steil aus dem Meer aufragende Felsklotz war im Altertum bekannt als eine der beiden mythischen „Säulen des Herkules". Als sein Gegenstück galt der Djebel Musa in Marokko. Jenseits dieser beiden Landmarken vermutete man damals das Ende der Welt.

Die 6,5 Quadratkilometer große und bis 450 Meter hohe Halbinsel ist seit Beginn des 18. Jh. britische Kronkolonie. Heute kann man problemlos mit dem Personalausweis einreisen. Vom spanischen Städtchen *La Línea de la Concepción* (siehe Provinz Cádiz) kommend, nach der Grenzkontrolle und dem Überqueren der Landebahn des Flughafens, ist man in England, schlagartig und unübersehbar: Bobbys, Fish and Chips, rote Telefonzellen und Schulkinder in Uniform. Die Einwohner von „Gib", so die geläufige Kurzform, scheinen den britischen Lebensstil geradezu verzweifelt verteidigen zu wollen. Ebenso auffällig ist jedoch der multikulturelle Charakter der Kolonie, in der Menschen aller Hautfarben wohnen und die neben christlichen Kirchen auch Synagogen, Moscheen und sogar einen hinduistischen Tempel besitzt. Gibraltar lebt gut von seinem Status als Steueroase und ebenso gut vom Tourismus, der sich seit der Grenzöffnung rasant entwickelt hat – auf den ersten Blick scheint die Stadt ein einziger riesiger Duty-Free-Shop zu sein. Außer dem amüsanten Kontrast zu Spanien, der exponierten Lage und den berühmten Affen hat „The Rock" sonst auch nicht viel zu bieten. Wer sich Gibraltar ansehen will, sollte dies möglichst nicht an einem Sonntag tun, da dann fast alle Geschäfte geschlossen haben.

Orientierung: Über das Rollfeld des Flughafens auf der Landenge, das bei Bedarf geschlossen wird, gelangt man in die Stadt. Sie zwängt sich schmal an die Westseite des gewaltigen Felsens und wird auf ganzer Länge von der Hauptstraße *Main Street* durchzogen.

Geschichte: 711 von den Mauren besetzt, blieb Gibraltar mehr als 700 Jahre in islamischer Hand. Aus dieser Zeit stammt auch der Name: *Djebel Tarik*, „Berg des Tarik" hieß der Fels nach einem Feldherrn der Mauren. 1462 gelang den Spaniern die Rückeroberung. Im Spanischen Erbfolgekrieg besetzten die Engländer 1704 den Felsen, im *Vertrag von Utrecht* 1713 ließen sie sich ihr Recht auf Gibraltar festschreiben. Jahrhundertelang scheiterten alle Versuche der Spanier, Gibraltar dennoch zurückzuerobern – England hatte den Felsen zur waffenstarrenden Festung ausgebaut. 1967 ergab eine Volksabstimmung, dass gerade mal 0,4 % der Bewohner zu Spanien wechseln wollten. Franco ließ daraufhin die Grenze schließen, Fährverbindungen unterbrechen, die Telefonleitungen kappen. Bis 1977 war Gibraltar vom Festland völlig abgeschnitten. Nach Francos Tod begann eine allmähliche Annäherung beider Seiten, doch erst 1985 wurde die Grenze völlig geöffnet. Seitdem wird von der spanischen Regierung immer wieder mal die Entkolonialisierung des Felsens gefordert. Die Briten selbst sind nicht einmal abgeneigt, Gibraltar wieder an Spanien zu übergeben – ginge es nach ihnen, dann könnte es schon morgen so weit sein. Die Einwohner Gibraltars sehen das mit weit überwiegender Mehrheit (Volksabstimmung 2002: 98,97 %!) und schon aus rein wirtschaftlichen Gründen jedoch ganz anders.

- *Information* **Tourist Information**, Casemates Square, ✆ 74982. Am Hauptplatz, an dem die Main Street beginnt, geöffnet Mo–Fr 9–17.30 Uhr, Sa 10–15 Uhr, So 10–13 Uhr. Erhältlich ein Stadtplan, eine Hotelliste und die Broschüre „Gibraltar Visitor Guide". Zweigstellen im Duke of Kent House am Cathedral Square sowie direkt an der Grenze.

- *Telefonvorwahl* 00350, dann die komplette Teilnehmernummer wählen.

- *Verbindungen* **Zug**: Nächster Bahnhof ist die Estación San Roque, sieben Kilometer außerhalb der zugehörigen Stadt; Busse nach La Línea 3-mal täglich. Bessere Verbindungen ab Bahnhof Algeciras.

Bus: Häufige Verbindungen zum spanischen La Línea, fünf Fußminuten von der Grenze entfernt: von/nach Algeciras halbstündlich (Sa/So stündlich), Cádiz 4-mal, Sevilla 4-mal täglich; Estepona 8-mal, Málaga 4-mal, Granada 2-mal täglich.

Stadtbus: Nummer 9 fährt von der Grenze zum Casemates Square, Nr. 3 zur Station der Cable Car und weiter zum Europa Point; Ticket einfach 1 €, retour 1,50 €. Auch die Doppeldecker-Linie 10 („Euro Hoppa", Tagesticket 2 €) fährt ins Stadtzentrum.

Auto: Rechtsverkehr; Einreise mit grüner Versicherungskarte unproblematisch, oft jedoch schwierig, einen der meist gebührenpflichtigen Parkplätze zu finden. Die früher fast grundsätzlich langen, teilweise mehrstündigen Staus bei der Ausreise gab es zuletzt zwar nicht mehr, doch könnte sich dies von heute auf morgen auch wieder ändern. Diesbezüglich auf der sicheren Seite ist, wer in La Línea parkt, möglichst in einer Tiefgarage, da dort viele Autoknacker unterwegs sind. Andererseits ist man mit dem Auto vor Ort weit flexibler und bleibt zur Besichtigung des „Top of the Rock" nicht auf öffentliche Verkehrsmittel angewiesen. Zuletzt sei noch auf die Betrüger hingewiesen, die an der Grenze falsche „Eintrittskarten" nach Gibraltar verkaufen.

- *Zoll* Grenze rund um die Uhr geöffnet. Bei Ein- und Ausreise Freimengen wie Nicht-EU-Land, also 1 l Spirituosen, 200 Zigaretten etc.

- *Währung* Offizielle Zahlungsmittel sind Gibraltar pounds und British pounds sterling (1:1); Rücktausch von Gibraltar pounds außerhalb von Gibraltar schwierig. Der Euro wird zu etwas schlechterem Kurs überall akzeptiert.

- *Übernachten* Teuer, teuer ... Die meisten Reisenden kommen nur als Tagesbesucher.
Cannon Hotel, das preisgünstigste Haus der Hotelklasse in Gibraltar, zudem sehr zentral gelegen. Die Zimmer fallen relativ schlicht aus, sind aber für den Preis durchaus okay. DZ/Bad etwa 65 €, ohne Bad 55 €. Frühstück ist inklusive. Cannon Lane 9, ✆ 51711, ✎ 51789, www.cannonhotel.gi.
Emile Youth Hostel, private Jugendherberge in zentraler Lage unweit des Casemates Square. Übernachtung inkl. Frühstück 21 €, gegen geringen Aufpreis auch EZ und DZ. Montagu Bastion, Line Wall Road, ✆ 51106, ✎ 78581.

- *Essen und Trinken* Internationale Auswahl. Die Preise sind hoch, selbst für englischen Imbiss wie Fish and Chips.

Sehenswertes

Die Eintrittspreise für Gibraltars Monumente sind beträchtlich und in stetem Anstieg begriffen. Mittlerweile wird zudem auch Gebühr für Bereiche verlangt, die früher gratis zu besichtigen waren. Da es den Anschein hat, dass dieser Trend sich fortsetzt, empfiehlt sich vor einem Besuch des „Upper Rock" eine genaue Anfrage bei einem der Fremdenverkehrsämter.

Gibraltar Museum: In der Bombhouse Lane, westlich der Main Street. Viel Militärhistorisches, naturgeschichtliche Abteilung und ein Riesenmodell des Felsens aus dem 19. Jh.; angeschlossen die restaurierte Anlage maurischer Bäder aus dem 15. Jh. *Öffnungszeiten* Mo–Fr 10–18 Uhr, Sa 10–14 Uhr; Eintritt etwa 3 €.

Top of the Rock: Der als Naturschutzgebiet ausgewiesene Gipfel des Felsens ist am bequemsten mit der Seilbahn *Cable Car* zu erreichen, deren Talstation am südlichen Ende der Main Street liegt; eine Mittelstation beim Affenfelsen Apes Den eingerichtet. Die Aussicht von ganz oben reicht über Stadt und Strände, bei gutem Wetter sogar bis zum marokkanischen Atlasgebirge.

- *Betriebszeiten/Preise* Die Seilbahn fährt Mo–Sa 9.30–17.15 Uhr (letzte Bergfahrt); zuletzt war sie auch sonntags in Betrieb, was sich jedoch wieder ändern könnte. Preis hin + zurück etwa 12 € (einfache Auffahrt kaum günstiger), Kinder 6,50 €; das Ticket beinhaltet nicht die Eintrittsgebühr zu den verschiedenen, unten aufgeführten Monumenten.

- *Mit dem Auto/Zu Fuß* Die Auffahrt mit dem eigenen Fahrzeug über die sehr engen und steilen Straßen lohnt sich finanziell nicht, denn auch Autofahrer werden tagsüber kräftig zur Kasse gebeten: Eintrittsge-

Gibraltar

„The Rock": Gibraltar

bühr zur „Nature Reserve Upper Rock" inklusive Monumente („attractions") p.P. 12 €, pro Fahrzeug zusätzlich etwa 2 €. Fußgänger, die die Monumente besichtigen wollen, zahlen denselben Preis. Und auch wer auf die Besichtigung der Monumente verzichtet und vielleicht nur den Affenfelsen besuchen will, muss an der Straße zum Naturreservat noch eine gewisse Eintrittsgebühr berappen. Eine Möglichkeit des unkontrollierten Gratis-Aufstiegs zu den Affen gab es bis zuletzt aber doch: Von der Main Street hinter der Cathedral of Saint Mary the Crowned links hoch, der Bishop Rapallo Ramp und der anschließenden Prince Edwards Road folgen, dann auf den breiten Treppenweg linker Hand. Über eine anschließende, schmalere Treppe und einen Felsweg gelangt man auf eine Asphaltstraße, hier links und um die Kurve herum bis zur Mittelstation der Seilbahn am Affenfelsen Apes Den. Vom Stadtzentrum dauert der Weg etwa 20 Minuten – bleibt abzuwarten, wann auch auf diesem in jeder Hinsicht vernachlässigten Pfad ein Kassenhäuschen eingerichtet wird... In einer weiteren, anstrengenden Viertelstunde kann man vom Apes Den entlang einer alten maurischen Mauer auf einem sehr steilen Treppenweg (Achtung, das Geländer fehlt teilweise) bis zur Bergstation aufsteigen, bei der eine weitere Affenkolonie lebt.

Sant Michael's Cave steuert man am besten über einen Fußweg in südlicher Richtung von der Bergstation aus an. Die riesige Tropfsteinhöhle war schon in der Vorzeit besiedelt. Beleuchtete Nachbildungen bemühen sich redlich, einen Eindruck vom Leben der damaligen Bewohner zu vermitteln, im oberen Teil finden etwas kitschige Ton- und Lichtspiele statt.

Apes Den: Der Affenfelsen, von St. Michael's Cave über die Queen's Road in nördlicher Richtung bergab zu erreichen, ist wohl die Hauptattraktion Gibraltars. Die schwanzlosen Berberaffen, die einzigen in Europa frei lebenden Vertreter ihrer Art, wurden schon im 18. Jh. von britischen Soldaten importiert. Es heißt, wenn die Affen verschwänden, wäre die britische Zeit in Gibraltar zu Ende. Als im 2. Weltkrieg der Bestand deutlich abnahm, ließ Churchill deshalb „frische" Affen aus Marokko importieren. Die Affen sind possierlich, friedlich, solange man sie in Ruhe lässt, neugierig und flink: Auf Kameras, Brillen, Handtaschen etc. sollte man gut aufpassen.

Moorish Castle/Upper Galeries: Im Norden, vom Apes Den etwa einen Kilometer entfernt und über die Queen's Road zu erreichen. Das Maurische Kastell über der Stadt stammt aus dem 14. Jh., doch soll hier schon im 8. Jh. eine erste Burg des Feldherrn und Namenspatrons Tarik gestanden haben. Die *Upper Galeries*, ein Tunnelsystem von Gängen und Schießscharten hoch oben an der Nordseite des Felsens, wurden während der „Großen Belagerung" 1779–83 aus dem Gestein gesprengt.

Im Hintergrund Trafalgar: Strand bei Caños de Meca

Provinz Cádiz

Die Provinz Cádiz ist die Afrika am nächsten gelegene Region des europäischen Festlands. Schon seit den Anfängen der Geschichte war die an ihrer schmalsten Stelle nur 14 km breite Straße von Gibraltar mehr verbindendes als trennendes Element zwischen den Kontinenten.

Hier setzten die Iberer von Nordafrika über, um Spanien zu besiedeln, Jahrtausende später taten es ihnen die Mauren nach. Mythisch ist die Vergangenheit der Region. Das legendäre *Tartessos*, durch antike Geographen bezeugt, soll im Gebiet der „Säulen des Herkules" gelegen haben, vermutlich im Mündungsbereich des Río Guadalquivir. Trotz der langen Geschichte – *Cádiz* ist die älteste Stadt Westeuropas – besitzt die Provinz jedoch nicht viele großartige Baudenkmäler, dafür wunderschöne „Weiße Dörfer" wie *Arcos* und *Vejer* oder die Sherrystadt *Jerez*. Der Zusatz „de la Frontera", den diese und andere Orte tragen, verweist auf die damaligen Grenzlinien im jahrhundertelangen Kampf der Christen gegen die Mauren.

Gleich an zwei Meeren liegt die Provinz Cádiz, doch wird sich das Interesse auf die Atlantikküste konzentrieren: *Sotogrande*, der einzig bemerkenswerte Ort vor La Línea, ist eine ausgedehnte Feriensiedlung, das Mittelmeer in der Bucht der Industrie- und Hafenstadt *Algeciras* verdreckt und die Stadt selbst nur als Fährhafen von Bedeutung. Ganz anders geartet ist die atlantische *Costa de la Luz*, die überwiegend sauberes Wasser, lange Strände und auch manch reizvolles Städtchen aufzuweisen hat.

▶ **La Línea de la Concepción**: Die Stadt gegenüber der Halbinsel von Gibraltar ist in erster Linie als Sprungbrett für einen Besuch der britischen Kronkolonie interessant. Vom Festland kommend, führt eine breite Avenida am Meer entlang zur Grenze. Zweigt man hier links ab, gelangt man vorbei an einem Park zur etwas wüst wirkenden *Plaza de la Constitución*. Linker Hand erstreckt sich das Zentrum.

Provinz Cádiz / Algeciras

- *Information* Oficina de Turismo de la **Junta de Andalucía**, Avda. 20. de April s/n, an der zur Stadt weisenden Seite des Parks; ✆ 956 784137. Geöffnet Mo–Fr 9–20 Uhr, Sa 9–14 Uhr, So 10–14 Uhr.
Oficina Municipal de Turismo, die städtische Auskunftsstelle an der Gibraltar-Seite des Parks, hat kürzere Öffnungszeiten, ✆ 956 769950.

- *Verbindungen* **Zug**: Nächster Bahnhof ist die weit entfernte Estación de San Roque, die Busanbindung jedoch miserabel.
Bus: Busbahnhof im Hochhausviertel östlich des Parks. PORTILLO-Busse nach Estepona 8-mal, Málaga 4-mal tägl.; COMES nach Algeciras halbstündlich, (Sa/So stündlich), Málaga 4-mal, Cádiz 4-mal, Jerez 1-mal, Sevilla 4-mal, Granada 2-mal täglich.

- *Übernachten* In den unteren Kategorien sind die Quartiere oft wenig erfreulich.
*** **Hotel AC La Línea**, komfortables Quartier jüngeren Datums, unweit der Grenze zu Gibraltar. Gute Ausstattung, Pool und Garage vorhanden. DZ rund 60–90 €. Calle Los Caireles 2, ✆ 956 175566, ✉ 956 171563, www.ac-hotels.com.
* **Pensión La Esteponera**, ein Lesertipp von Dietrich Scheiter: „Im Zentrum, sehr sauber, preisgünstig und empfehlenswert." DZ/Bad etwa 30 €, ohne Bad noch günstiger. Calle Carteya 10, ✆ 956 176668.

Bed & Breakfast Casa Julio Verne, etwas landeinwärts im Städtchen San Roque. Ein Lesertipp von Robert Fechner: „Nicht nur die Unterkunft und der Ausblick auf die Meerenge von Gibraltar von der Dachterrasse sind erstklassig, auch die superfreundlichen „Landlords" Rose & Zagy (englisch-, deutsch- und spanischsprachig) sind ein Highlight." Nur drei Zimmer bzw. Suiten, zwei Personen zahlen inkl. Frühstück 85–110 €. Für kleine Kinder nicht geeignet. Plaza de las Viudas 9, ✆ 956 782623, www.casajulioverne.com.

- *Camping* **Sureuropa**, 3. Kat., küstennah in den nordöstlichen Ausläufern von La Línea, etwa fünf Kilometer vom Zentrum und noch hinter dem Hafen Puerto de Poniente, dennoch der zum Ort und zu Gibraltar am nächsten gelegene Camping; Busverbindung mit Nr. 1 ab der Pl. Constitución bis zur Iglesia El Carmen, dann immer noch ein gutes Stück zu laufen. Kleinerer Platz, dem Sportgelände „Club Deportivo y de Ocio Sureuropa" angeschlossen. Gut eingegrünt und parzelliert, Sanitäres in Ordnung. Ganzjährig geöffnet, außer vom 21. Dezember bis 8. Januar. P.P. 3,50 €, kleines Zelt 3 €, Auto 2,50 €. Camino de Sobrevela s/n, ✆ 956 643587, ✉ 956 643059, www.campingsureuropa.com.

Algeciras

Keine Stadt, die man unbedingt gesehen haben muss: Hochhaussilhouette, petrochemische Industrie, weit ausufernde Wohnviertel und ein überwiegend modernes Zentrum.

Wer nach Algeciras kommt, tut dies in aller Regel, um nach Marokko überzusetzen, denn die Stadt ist der Hauptfährhafen für Ceuta und Tanger. Die Nähe zu Nordafrika bestimmt auch die Atmosphäre, Emigrantenelend und Kleindealer sind allgegenwärtig. Vor allem im Hafenviertel wird geklaut wie in keiner anderen spanischen Stadt. Dabei gibt es auch angenehmere Gebiete in Algeciras: Rund um die brunnengeschmückte *Plaza Alta* scheint die Welt noch in Ordnung, erst recht im kleinen, weiter landeinwärts gelegenen *Barrio San Isidro* mit seinen hübschen Häuschen und viel Blumenschmuck.

Orientierung: Der Hafen ist aus allen Richtungen gut ausgeschildert. Die Einfahrt liegt an der *Avda. La Marina*, an der auch zahllose Agenturen zu finden sind. Im Umkreis die wichtigsten Busgesellschaften, der Bahnhof und das Hostalviertel. Die Plaza Alta liegt etwa 400 Meter Richtung Málaga, links oberhalb der Hafenstraße.

- *Information* Oficina de Turismo de la **Junta de Andalucía**, Calle Juan de la Cierva s/n, ✆ 956 784131, ✉ 956 784134. Von Málaga kommend am Hafen vorbei, dann rechts. Öffnungszeiten: Mo–Fr 9–20 Uhr, Sa/So 10–14 Uhr.

- *Verbindungen* **Zug**: Bahnhof an der Calle San Bernardo, zu erreichen über die Informationsstelle, noch 200 Meter weiter. Züge 7-mal täglich nach Ronda; weitere Anschlüsse ab Knotenpunkt Bobadilla.

Bus: Busbahnhof „Terminal Bus" in der Calle San Bernardo, zwischen Infostelle und Bahnhof, im weithin sichtbaren Gebäude des Hotels Octavio. Je nach Ziel gibt es unterschiedliche Gesellschaften. COMES ist für den Großteil der Provinz zuständig, PORTILLO für die Costa del Sol, teilweise überschneiden sich die Routen aber auch. Anschlüsse nach La Línea an der Grenze zu Gibraltar halbstündlich bzw. Sa/So stündlich; nach Jimena 2-mal, Tarifa 10-mal, Cádiz 10-mal, Conil 3-mal täglich. LINESUR bedient 11-mal täglich Jerez und Sevilla.

Auto: Freie Parkplätze entlang der Hafenstraße; am besten, jemanden beim Auto zu lassen, sonst nur völlig leere Fahrzeuge (Fenster offen...) abstellen! Bewachte Plätze und Parkhäuser im Hafen.

Fähren: Details zu den Marokko-Fähren im anschließenden Kapitel.

● *Übernachten* Einfache Pensionen in den Blocks hinter der Hafeneinfahrt, einer Gegend nicht ohne exotisch-morbiden Reiz.

** **Hotel Don Manuel**, solide, von den Eigentümern selbst geführte Mittelklasse, stadtwärts praktisch gegenüber der Infostelle gelegen. Nur 15 Zimmer. DZ etwa 45–50 €. C. Segismundo Moret 4, ✆ 956 634606, ✆ 956 634716.

** **Pensión González**, in besagtem Viertel hinter der Hafenfront. Ordentliche, angesichts der Umgebung verständlicherweise manchmal etwas misstrauische Besitzer, sehr saubere Zimmer, teilweise mit Balkon. DZ je nach Saison und Ausstattung etwa 30–45 €. Calle José Santacana 7, die zweite Parallelstraße zur Hafenfront, ✆ 956 652843.

Jugendherberge Albergue Juvenil Algeciras, etwa sieben Kilometer außerhalb in Richtung Tarifa, die Busse dorthin halten auf Wunsch vor der Tür. Schöne Lage mit Blick aufs Meer. Unbedingt vorher anrufen. Carretera N 340, km 95,6, ✆ 956 784035.

● *Essen* **Rest. Casa María**, ein freundliches, familiäres Restaurant. Große Auswahl an Fisch wie auch an Weinen. Relativ preiswert, auch feste Menüs für etwa 9 €. Calle Emilio Castellar 41, in der Einkaufszone etwas landeinwärts der Plaza Mercado.

Abstecher nach Marokko

Zauber des Orients, Moscheen und bunte Märkte – der Ausflug nach Nordafrika kann Spaß bereiten. Mancher unvorbereitete Reisende jedoch setzt sich entnervt in die nächste Fähre zurück.

Ziel für Kurztrips ist meist die Stadt Tanger. Wer eine kurze Rundreise unternehmen will, kann nach Ceuta übersetzen, sich mit Sammeltaxi/Bus nach Tétouan durchschlagen und über Tanger zurückkehren.

Fähren/Papiere/Telefonvorwahl

● *Fähren* Mehrere Gesellschaften, darunter ACCIONA-TRASMEDITERRANEA (✆ 902 454645) und EUROFERRYS (✆ 956 652324) fahren ab Algeciras nach Tanger (Fähren/Schnellfähren) oder in die spanische Exklave Ceuta (nur Schnellfähren, Autotransport möglich). Abfahrten im Sommer nahezu stündlich, auch im Winter noch häufig. Fahrzeit nach Tanger per Fähre 2,5 Stunden, per Schnellfähre 1 Stunde, nach Ceuta per Schnellfähre 35 Minuten. Ungefähre Preise nach Tanger p.P. knapp 35 €, Pkw bis 6 Meter 90 €, Motorräder über 500 Kubik kosten etwa den Personentarif; die Preise nach Ceuta liegen ähnlich. Aufpreise werden für hohe Dachlasten, Anhänger, Kleinbusse etc. erhoben. Eine Alternative sind organisierte Ausflüge, siehe Tarifa.

Tickets im Hafen oder bei den zahlreichen Agenturen, kein Preisunterschied. An der Einfahrt zum Hafen warten oft Ticketschlepper, die große Hektik à la „letztes Schiff in fünf Minuten" verbreiten und sich erbieten, schnell noch Karten zu besorgen – meiden, denn auch Trickdiebe darunter. Bei der Rückfahrt auf die saisonal variierenden **Zeitunterschiede** (Sommer: zwei Stunden, Winter: eine Stunde) zwischen Marokko und Spanien achten!

● *Papiere* Ohne **Reisepass** geht (fast) nichts! Wer bloß einen Personalausweis dabei hat, kann nur organisierte Ein- bis Dreitages-Ausflüge unternehmen, zu buchen bei den zahlreichen Agenturen. Autofahrer benötigen die Grüne Versicherungskarte, Einreise mit Mietwagen ist problematisch. Bei israelischen/algerischen Stempeln im Pass kann evtl. die Einreise verweigert werden (Zweitpass!), ebenso bei nichtkonformem Äußeren (lange Haare bei Männern etc.) Auf der Fähre muss die Einreisekarte „Carte d'Embarcacion" ausgefüllt werden.

- *Telefonvorwahl* 00212

T*IPPS*/D*ROGEN*/F*otografieren*

- *Marokko-Stress* So reizvoll der Kontakt mit dem fremden Kulturkreis ist, er hat auch seine Schattenseiten – Marokko ist berüchtigt als Land der Nepper und Schlepper. Vorsicht vor scheinbar freundlichen Kontakten: Fast immer steckt der Wunsch dahinter, an die ausländische Barschaft zu gelangen; mit Tricks, Drohungen, selten auch Gewalt. Seien Sie **grundsätzlich** sehr skeptisch, wenn Sie angesprochen werden, sei es von einem selbsternannten „Mitarbeiter der Tourismusbehörde", einem „Sprachstudenten" oder wem auch immer; betreten Sie in unbekannter Gesellschaft keinen abgeschlossenen Raum. Wer sich irgendwohin durchfragen will, wende sich am besten an Leute, die einen nicht angesprochen haben. In jedem Fall günstig ist es, sich bereits auf der Fähre zu einer Gruppe zusammenzutun.
- *Drogen* Haschisch und Marihuana sind bekanntermaßen verbreitet und werden normalerweise bei der Bevölkerung toleriert. Bei Touristen nicht! Besitz schon weniger Gramm bedeutet Gefängnis, die Verkäufer arbeiten vielfach mit der oft korrupten Polizei zusammen. Bei der Wiedereinreise nach Spanien extrem scharfe Kontrollen, auch mit Hunden. Aufpassen, dass nichts an oder ins Auto bugsiert wird, keine „Päckchen für spanische Freunde" mitnehmen.
- *Fotografieren* Menschen abzulichten, wird aus Glaubensgründen nicht gern gesehen, professionelle Motive wie Wasserträger wollen Bakschisch – Preis vorher klären.

Fluchtziel Spanien: Tod auf dem Weg ins „Gelobte Land"

Die geringe Distanz zwischen Afrika und Europa in der Meerenge von Gibraltar bildet für viele arme Afrikaner eine große Versuchung. Schlepperbanden kassieren bis zu 1500 € pro Kopf für eine nächtliche Überfahrt in völlig überfüllten kleinen Booten, für afrikanische Verhältnisse ein wahres Vermögen. Doch nicht alle der maroden Kähne überstehen die Reise durch die gefährlichen Strömungen der viel befahrenen Meerenge. Von bis zu tausend Ertrunkenen pro Jahr spricht der Verband marokkanischer Gastarbeiter in Spanien, offizielle spanische Stellen von 400 bis 500 Toten. Wer das rettende Ufer erreicht hat, wird meist schnell von der Guardia Civil geschnappt; die wenigen, denen es gelingt, illegal in Spanien einzureisen, bilden den Nachschub für miserabel bezahlte Hilfsarbeiterjobs.

Costa de la Luz (Provinz Cádiz)

Die „Küste des Lichts" reicht von Tarifa nach Nordwesten bis zur portugiesischen Grenze und umfasst die Provinzen Cádiz und Huelva. Von allen Küsten des spanischen Südens blieb sie noch am ehesten von den üblen Auswirkungen touristischer Bautätigkeit verschont.

Gerade in den letzten Jahren entstanden zwar auch hier mehrere brutal in unberührte Landschaft geklotzte Urbanisationen wie die von Zahara de los Atunes oder Islantilla, die zehn Monate im Jahr verlassenen Geisterstädten gleichen. Gottlob sind solche Scheußlichkeiten bislang aber immer noch eher selten. Die wirklich großen Komplexe von Ferienapartments, allesamt für den innerspanischen Badetourismus ausgerichtet, beschränken sich weitgehend auf die Großräume Cádiz und Huelva. Noch ist deshalb viel Platz an den kilometerlangen Stränden der Costa de la Luz. Nervend allerdings kann der Wind werden, der an ungeschützten Stränden gelegentlich wahre Sandstürme entfacht, Faustregel: je südlicher, desto mehr pfeift es. Der Gipfel wird bei Tarifa erreicht, das sich eben deshalb zum Dorado der Surfer entwickelt hat. Wichtig zu wissen: Die Costa de la Luz wird vom Nationalpark *Coto de Doñana* (siehe Provinz Huelva) in zwei Abschnitte getrennt – zwischen den beiden Provinzen Cádiz und Huelva ist deshalb ein Umweg landeinwärts über Sevilla nötig.

Tarifa

Die südlichste Stadt des europäischen Festlands, gelegen an der engsten Stelle der Straße von Gibraltar: Afrika, dessen sonnenverbrannte Hügel oft deutlich zu sehen sind, liegt nur noch 14 Kilometer entfernt.

Tarifa ist „High Wind Area" und deshalb eines der Topziele für Surfcracks und Kiter. Die Betonung liegt auf „Cracks" – Anfänger werden an den hiesigen Windstärken keine Freude haben. Wer Glück mit dem Wind hat oder mal aufs Baden verzichtet, kann sich auch als Nichtsurfer in Tarifa wohlfühlen, lässt es sich in den engen Gässchen der Altstadt doch trefflich herumstreifen. Künftig wird dem Städtchen auch eine wichtige Rolle als Verkehrsknotenpunkt zukommen: Nur wenige Kilometer nordwestlich soll bei Punta Paloma, am Ende der langen Sandstrände, der Eisenbahntunnel zwischen Spanien und Marokko entstehen. Den Hauptzugang zur Altstadt bildet das Stadttor *Puerta de Jerez*. Es liegt genau am Knick der Durchgangsstraße, die Richtung Algeciras *Amador de los Ríos* heißt, Richtung Cádiz *Calle Batalla Salado*.

Geschichte: Tarifas Name stammt von dem maurischen Feldherrn *Tarif Ben Malik*, der hier im Jahre 710 landete, um den Eroberungszug durch Spanien vorzubereiten. 1292 gelang den Christen die Rückeroberung, doch mussten sie sich zwei Jahre später einer erneuten maurischen Offensive erwehren. Während der Belagerung geriet der Sohn des Stadtkommandanten *Alonso Peréz de Guzmán* in die Hände der Mauren, die damit drohten, den Jungen umzubringen, falls sein Vater nicht die Festung übergeben würde. Guzmán zögerte keine Sekunde – und warf ihnen aus dem Fenster seiner Burg ein Schwert zu ...

- *Information* **Oficina Municipal de Turismo**, Paseo Alameda s/n, am nördlichen Ende der Promenade im Westen der Altstadt; ✆ und ✆ 956 680993. Öffnungszeiten von Juni bis September tgl. 10–14, 18–20 Uhr, sonst Mo–Fr 10–14, 17–19 Uhr, Sa/So 10–14 Uhr.

- *Verbindungen* **Busbahnhof** (Terminal Bus) etwas abseits vom Zentrum an der Calle Batalla del Salado, hinter der Tankstelle. Mit COMES nach Algeciras 11-mal, weiter nach Málaga 2-mal; nach Conil 8-mal, Cádiz 7-mal, Zahara/Barbate und Caños de Meca 1-mal, Jerez 2-mal, Sevilla 4-mal und Huelva 1-mal täglich. Stadtbusse bedienen zur Saison 10-mal täglich das Gebiet entlang der N 340 Richtung Cádiz bis zu den Campingplätzen Paloma und Las Dunas und damit auch die meisten anderen Campings, deutlich seltener wird auch Bolonia angefahren.

Schiff: Schnellboote („Jets") der FRS nach Tanger alle zwei Stunden. Fahrtdauer 35–40 Minuten, Hin- und Rückfahrt p.P. etwa 60 €. Reisepasspflicht! Autos bis sechs Meter Länge kosten 85 € (Dachlasten gegen Aufpreis), Motorräder knapp 35 €, Fahrräder fast 30 €. Tickets direkt im Hafengebäude, ✆ 956 681830, oder in Reiseagenturen; www.frs.es. Lesertipp von Rainer Koch: „Wichtig für Individualreisende: Vor der Rückfahrt muss man sich den Stempel für den Pass im Hafenbüro (großer Rundbau) holen, sonst wird man am Boot zurückgeschickt und muss einen 1-km-Dauerlauf machen, um das Schiff nicht zu verpassen."

Organisierte Touren nach Marokko: Mit Besichtigungen, Mittagessen und obligatorischem und ausgedehntem Aufenthalt in mindestens einem Souvenirladen und einer „Kräuterapotheke" sind sie für etwa 60 €

Maurische Reminiszenzen: Puerta de Jerez

(ein Tag) bis 110 € (zwei Tage) bzw. 120 € (drei Tage) fast überall zu buchen, auch direkt im Hafengebäude. Personalausweis reicht. Abfahrten normalerweise 3-mal tgl.

• *Übernachten* Generell recht hohe Preise. Die besseren Hotels, viele auf Surfer eingestellt, liegen alle in Strandnähe unweit der N 340 Richtung Cádiz, einige Kilometer außerhalb von Tarifa.

*** Hotel Dos Mares, am Strand gut 5 km in Richtung Cádiz. Hübsche, angenehme Anlage, Swimmingpool, Tennis, gutes Restaurant und, natürlich, Surf-Center mit Schule und Verleih. DZ/F nach Saison etwa 110–170 €, es gibt auch Bungalows etc. Carretera de Cádiz km 79,5, ✆ 956 684035, 🖷 956 681078, www.dosmareshotel.com.

* Hotel Misiana, direkt an der Hauptgasse im Herzen der Altstadt, leider kein eigener Parkplatz. Hübsch gestylt, das angeschlossene Lounge-Restaurant ist ebenfalls ein Designerstück. DZ je nach Saison etwa 90–150 €. C. San Joaquin 2, bei der C. Sancho IV. el Bravo, ✆ 956 627083, 🖷 956 627055, www.misiana.com.

* Pensión África, herzige Altstadtpension mit kleinem Patio und Dachterrasse. Relativ ruhige Lage, die freundlichen Zimmer sind einfach ausgestattet, aber nett möbliert und in fröhlichen Farben gestrichen. Abstellmöglichkeit für Fahrräder und Boards. DZ/Bad nach Saison 35–65 €, ohne Bad günstiger. C. María Antonia Toledo 12, ✆ 956 680220, hostal_africa@hotmail.com.

• *Camping* Insgesamt sieben Plätze um Tarifa, alle einige Kilometer außerhalb Richtung Cádiz. Achtung, wir hörten von Fällen, in denen sich örtliche Campings bei der Abrechnung sowohl eine Parzelle als auch zusätzlich noch Auto und Zelt bezahlen ließen. Besser, man klärt dies vorab.

La Paloma, 2. Kat., mit am weitesten von Tarifa entfernt, nämlich 12 km. Zum Meer 500 Meter, dort jedoch ein echter Traumstrand mit einer hohen Düne. Gut ausgestattet, ganzjährig geöffnet. Preise p.P. 6 €, Auto 3,50 €, Zelt 4,50 €. Carretera de Cádiz km 74, ✆ 956 684203, 🖷 956 681880, www.campingpaloma.com.

Río Jara, 2. Kat., stadtnächster Camping, etwa 5 km von Tarifa entfernt und laut Werbung „der südlichste Platz Europas". Gepflegtes Gelände, durch Hecken unterteilt. Sanitäres prinzipiell in Ordnung, zur Hochsaison manchmal überlastet, Schatten mittel. Vom Sandstrand durch einen Flussarm getrennt. Ganzjährig. Preis p.P. 8 €, Parzelle, Auto und Zelt 12 €. Carretera de Cádiz km 80, ✆ 956643570, camping riojara@terra.es.

• *Essen* Tarifas Spezialität ist „La Urta", eine Zahnbrassenart.

Rest. Mandrágora, in der östlichen Altstadt. Gute, marokkanisch inspirierte Küche; optisch eher schlicht, aber angenehm. Menü ab etwa 25 €, nur abends geöffnet. Calle Independencia 3.

Pizzeria La Tabla, im Gebiet westlich der Alameda. Meist proppevoll mit Einheimischen, die hier riesige Pizzas zu ausgesprochen günstigen Preisen verdrücken. Als „Besteck" dient eine Schere, gegessen wird mit der Hand. Zu suchen in der Fußgängerzone Calle Huerta del Rey.

• *Nachtleben* Sehr auf die Surfer zugeschnitten, die ja einen guten Teil des Publikums ausmachen. Im Sommer öffnen viele Kneipen am Strand, in denen dann in Permanenz Surfvideos laufen. Treffpunkt in der Altstadt ist das Gebiet der Calle Santísima Trinidad, entlang der westlichen Mauer, und ihrer Seitenstraßen.

Pub La Ruina, ebenda. Seit vielen Jahren aktuelle Open-Air-Bar direkt auf der alten Stadtmauer, im Sommer jeden Abend knüppelvoll. Calle Santísima Trinidad 3.

• *Baden/Surfen* **Los Lances de Tarifa** heißt der fast zehn Kilometer lange Sandstrand, der nordwestlich des Hafens beginnt und bis zur Dünenbucht Valldevaqueros bei Punta Paloma reicht. Miet-Material gibt es unter anderem in den Surfstationen beim Hotel Dos Mares und etwa drei Kilometer weiter beim Hotel Hurricane, außerdem bei lokalen Vermietern, die häufig wechseln.

El Castillo del Guzmán: Die Burg des einstigen Stadtkommandanten Guzmán erhebt sich küstennah in der Altstadt. Nach jahrelanger Renovierung ist das Kastell (Di-Sa 11-14, 16-18 Uhr, 2 €, Tickets im Laden gegenüber dem Eingang), in seinen Grundzügen eine bereits im 10. Jh. an Stelle einer römischen Festung erbaute Maurenburg, jetzt wieder zugänglich. Viele Hinweistafeln informieren auf Englisch und Spanisch.

Bolonia und Baelo Claudia

Etwa 15 Kilometer von Tarifa in Richtung Cádiz zweigt von der N 340 ein kleines Sträßchen ab, das nach sieben Kilometern in dem Dörfchen endet. Der geschwungene Sandstrand hier, dessen Dünen sich am Ende der Bucht noch einen Hügel hochziehen, ist ein wahrer Traum. Einige Bars haben sich an ihm etabliert, sonst herrscht eher wenig Betrieb. Am Ortsrand von Bolonia liegen die Ruinen der römischen Siedlung *Baelo Claudia* (Di–Sa nach Saison 10–18/19/20 Uhr, So 10–14 Uhr; Eintritt für EU-Bürger frei), die ihren Wohlstand einer Art Fischfabrik verdankte, in der Thunfisch zu der lange haltbaren, „Garum" genannten Paste verarbeitet wurde. Stärker ins Auge als die Ruinen fällt mittlerweile jedoch das (sehr umstrittene, da mitten im Naturpark Estrecho erstellte, gleichwohl aber sehenswerte) Besucherzentrum *Centro de Visitantes*.

• *Übernachten* *** Pensión La Posada de Lola**, in dieser Klasse ein Tipp. Sympathische Leitung; Zimmer einfach, aber charmant eingerichtet und in freundlichen Farben gestrichen. Ganzjährig geöffnet, „aber im Winter kommt ja keiner", so die Besitzerin. DZ/Bad etwa 55 €, ohne Bad 45 €. Bolonia-El Lentiscal 26, von der ostwärts führenden Straße beim bunt bemalten Surfboard abbiegen, ℅ 956 688536, ℅ 956 688558, www.hostallola.com.

▶ **Zahara de los Atunes:** Zu erreichen über einen anderen Abzweig der N 340, ein optisch wenig aufregendes Fischerdorf, das auch am Tourismus partizipiert. In der Umgebung wurden und werden mehrere sehr große Urbanisationen errichtet, der riesige Strand wird jedoch nie voll. Seinen Namen „Zahara der Thunfische" trägt der Ort zu Recht: Im Frühjahr findet hier das blutige Schauspiel der *Almadraba* statt: Die Tiere werden von Booten aus mit Netzen eingekesselt, mit Harpunen abgestochen und dann an Bord gehievt; eine wahre Knochenarbeit, denn so mancher Atún bringt es auf acht Zentner und mehr.

• *Übernachten* ***** Hotel Doña Lola**, kleineres Hotel gleich bei der Brücke an der Zufahrt zum Ortskern. Angenehme Bauweise, recht geräumige, komfortabel ausgestattete Zimmer, Pool. Ganzjährig geöffnet. DZ nach Saison etwa 65–130 €. Plaza Thompson 1, ☎ 956 439009, ℡ 956 439200, www.donalolazahara.com, endacabodeplata.com.

• *Camping* **Bahía de la Plata**, 2. Kat., südöstlich außerhalb des Ortes in Richtung der Urbanisation Atlanterra. Fast direkt am Strand gelegener Platz, der ältere Abschnitt hübsch eingegrünt. Ganzjährig geöffnet. Deftige Preise: Parzelle etwa 12 €, p.P. 7 €, Zelt (zusätzlich zur Parzellengebühr zu zahlen) 8 €, Auto (dito) 4,50 €, es gibt auch Bungalows für vier Personen zu mieten. Carretera de Atlanterra s/n, ☎ 956 439040, ℡ 956 439087, www.campingbahiadelaplata.com.

▸ **Barbate**: Zwischen Zahara und Barbate ist der Strand eingezäuntes Militärsperrgebiet. Das 20.000-Einwohner-Städtchen selbst lebt mit seinem großen Hafen in erster Linie vom Fischfang; Reisende machen sich rar. Wie oft bei solchen Städten kann man Barbate deshalb immerhin eine gewisse, vom Fremdenverkehr nicht beeinträchtigte Ursprünglichkeit attestieren.

Cabo de Trafalgar

Das Kap liegt von Barbate aus jenseits eines bewaldeten Hügelgebiets, Anfahrt ab Barbate-Hafen. Aus dem Schulunterricht ist Trafalgar bekannt als Schauplatz der berühmten *Seeschlacht* am 21.Oktober 1805, bei der England der spanisch-französischen Flotte eine verheerende Niederlage beibrachte und Admiral Lord Nelson sein Leben ließ. Die Strände um den Leuchtturm und das Kap sind lang, sandig, kaum verbaut und außerhalb der Saison fast völlig leer; es gibt mehrere Campingplätze.

Spaziergang vor der Riesendüne: am Strand von Bolonia

▸ **Los Caños de Meca**: Die kleine Siedlung östlich des Kaps und in schöner Lage an die bewaldete Hügelkette gelehnt, ging den Weg vieler Geheimtipps: Zuerst kamen die Individualreisenden, dann entstanden Villen, später Urbanisationen. Die Bebauung hält es bislang jedoch im Rahmen und die schönen Strände werden wohl noch längere Zeit nicht überfüllt sein.

• *Übernachten* **Hotel La Breña**, am östlichen Ortsrand. Kleines Hotel mit sieben hübsch gestalteten Zimmern, Parkplatz (in diesem Gebiet nicht unwichtig) und sehr gutem Restaurant. Einer der Chefs spricht Deutsch. Geöffnet März bis Oktober. DZ etwa 60–110 €. Avenida Trafalgar 4, ☎/℡ 956 437368, www.hotelbrena.com.

• **Pensión Miramar**, an der Hauptstraße, mit Parkplatz, einem nach hinten liegenden Garten und einem kleinen Pool. DZ/Bad nach Saison und Ausstattung (ohne/mit Terrasse) etwa 40–80 €. Es gibt auch Studios. Av. Trafalgar 112, ☎/℡ 956 437024.

• *Camping* **El Faro de Trafalgar**, 2. Kat., nahe der Abzweigung zum Cabo de Trafalgar, nicht weit vom Strand. Mittlere Aus-

stattung, mit Bar-Restaurant und Einkauf. Geöffnet Anfang April bis Mitte September. P.P., Auto, Zelt je etwa 6 €. ✆ 956 437017, 🖷 956 437380.
Camaleón, 2. Kat., am westlichen Ortsrand, Strand in kurzer Fußentfernung. Ganz gut schattig; einfache Ausstattung. Ein Platz vor allem für junge Leute, im Sommer Partyatmosphäre und viel Trubel bis in den Morgen. Zur NS wirkt die Anlage dagegen manchmal etwas vernachlässigt. Geöffnet Ostern bis September. P.P. und Auto je etwa 6,50 €, Zelt 6 €. ✆/🖷 956437154.

Vejer de la Frontera

Ein „Weißes Dorf" par excellence, in beherrschender Höhe auf einer durch einen Taleinschnitt geteilten Hügelkuppe gelegen: Pflastergassen, Palmen und blumenübersäte Hinterhöfe in reizvollem Kontrast zu den weißgekalkten Hauswänden.

• *Information* **Oficina Municipal de Turismo**, Av. los Remedios 2, bei der Bushaltestelle an der Hauptzufahrt aus Richtung Conil, ✆ 956 451736. Öffnungszeiten im Sommer Mo–Sa 9–14, 18–20 Uhr, So 11–14 Uhr; im Winter Mo–Sa 10–14, 16–20 Uhr. Hier auch Infos zu geführten Rundgängen durch Vejer.

• *Verbindungen* **Bus**: Vejer besitzt zwei Busstationen bzw. Bushaltestellen: „Barca de Vejer" unten im Tal, „Los Remedios" auf dem Hügel am Rand des Ortes selbst; vorher klären, wo der Bus hält, die 2 km vom Tal bergauf können zu Fuß kräftig schweißtreibend sein. Verbindung zwischen beiden Haltestellen mit den Bussen von und nach Barbate 7-mal täglich. COMES-Busse von und nach Tarifa und Algeciras nur ab Barca de Vejer, 9-mal tgl.; nach Conil und Cádiz auch von oben, 6-mal täglich.
Auto: Mehrere Zufahrtsmöglichkeiten, am günstigsten ab der N 340/A 48. Besser, nicht in den Altort hinein zu fahren, sondern an den Zufahrtsstraßen zu parken. Achtung, auf dem Parkplatz bei der Infostelle wird oft eingebrochen!

• *Feste und Veranstaltungen* **Toro Embolao**, Ostersonntag. 2-mal tägl. Stierhatz in den Straßen, jeweils um 12 Uhr und 16 Uhr.
Candelá de San Juan, 23./24. Juni. In der Johannisnacht, große Freudenfeuer, in denen die Puppen „Juanas" verbrannt werden.

• *Übernachten/Essen* ***** Hotel Hospedería del Convento de San Francisco**, nostalgischer Charme in einem ehemaligen Franziskanerkloster aus dem 17. Jh., direkt am „Hauptplätzchen" der Stadt. Gut eingeführtes Haus, das zugehörige Restaurant „El Refectorio" genießt besten Ruf. DZ ca. 70 €. Plazuela s/n, ✆ 956 451001, 🖷 956 451004, www.tugasa.com.
** Hotel La Casa del Califa, ein Hotel mit sehr angenehmem Charakter. Jahrhundertealtes Haus, schlicht-schöne Zimmer im Landhausstil, alle etwas unterschiedlich in marokkanisch-arabischem Stil eingerichtet. Die Terrasse bietet eine weite Aussicht. Mehrere Patios, Garten, Restaurant in einer ehemaligen Zisterne. DZ/F etwa 75–95 €, als etwas kleineres „Matrimonio" mit Ehebett etwa 65–85 €. In der Dependance „Tripería" liegen die Preise im Schnitt etwas höher. Pl. de España 16, ✆ 956 447730, 🖷 956 447577, www.lacasadelcalifa.com.
Casa Rural Leonor, mitten in der Altstadt und in seiner Preiskategorie ein Tipp. Sechs rustikal eingerichtete, ansprechende Zimmern unterschiedlicher Größe; weiter Blick von der Dachterrasse. DZ/Bad etwa 40–60 €. C. Rosario 25, ✆/🖷 956 451085, www.casaleonor.com.
** Pensión La Janda, westlich etwas oberhalb der Altstadt; an der Zufahrtsstraße beschildert. Freundliche Besitzer, Zimmer unterschiedlicher Größe, alle gut und geschmackvoll eingerichtet. DZ/Bad nach Saison 40–50 €. C. Hermanos Machado 16, Ecke Av. Andalucía, ✆ 956 450142.
** Pensión Buenavista, ganz in der Nähe, ebenfalls sehr gepflegt und mit freundlicher Leitung. Von den meisten Zimmern und der Dachterrasse herrlicher Blick auf die Stadt. Parken im Umfeld geht relativ problemlos. DZ/Bad 40–60 €, das große Zimmer im August bis 70 €. C. Manuel Machado 4, ✆ 956 450956.

• *Camping* **Los Molinos**, 2. Kat., zu erreichen über ein schmales Seitensträßchen der Fernstraße im Tal, das zwischen den beiden Zufahrten nach Vejer abzweigt, etwa drei Kilometer von der Hauptstraße entfernt; Achtung, Abbiegen ist nur aus Richtung Tarifa möglich. Wegen der schlechten Zufahrt nicht für Wohnwagen und größere Wohnmobile geeignet. Pool. Ganzjährig. Preise p.P. 5,50 €, Auto 4 €, Zelt 5,50 €. Pago de Santa Lucía s/n, Ctra. Nacional 340, Km 34, ✆ 956 450988, 🖷 956 447163.

Reizvolles Städtchen: Conil de la Frontera

Conil de la Frontera

Dem 20.000-Einwohner-Städtchen wird schon lange der Sprung vom individuellen Badeort zum Pauschaltouristenziel prophezeit.

Die Voraussetzungen hat Conil sicher: Kilometerlange Sandstrände und eine gewachsene kleine Altstadt mit netten Bars. Bislang ist die erwartete weiträumige Urbanisierung jedoch weitgehend ausgeblieben. Zwar sind, meist etwas außerhalb des Ortes, schon einige Apartmentanlagen und größere Hotels sowie neue Wohnquartiere für die Einheimischen entstanden, doch sind Verhältnisse, wie sie in selbst kleineren Orten der Costa del Sol herrschen, noch längst nicht erreicht. Auffällig ist die ungewöhnlich große Zahl junger Urlaubsgäste aus Deutschland; des Rätsels Lösung sind zwei beliebte Sprachschulen, die hier Kurse abhalten.

• *Information* **Oficina Municipal de Turismo**, Carretera 1, beim Kreisverkehr an der Zufahrtsstraße, etwa 300 Meter vor der Altstadt. Öffnungszeiten zur HS Mo–Fr 9–14, 18–21 Uhr, Sa 10–14 Uhr, z. T. sogar Sa-Nachmittag und So; zur NS täglich 9.30–14 Uhr. ✆ 956 440501, ✉ 956 440500, www.conil.org.

• *Verbindungen* **Bus**: Zwei Busbahnhöfe bzw. Haltestellen der Gesellschaft COMES, Busse stoppen jeweils nur an einem von beiden. Besser, man achtet vorher darauf, in der Estación Central anzukommen.
Terminal Casa de Postas (Cruce Conil), nahe der Fernstraße etwa drei Kilometer vom Zentrum entfernt: Busse nach Málaga 2-mal, Tarifa und Algeciras 5-mal, Vejer/Barbate 2-mal, Jerez 2-mal, Sevilla 4-mal tgl., zur HS jeweils häufiger.
Estación Central, im Ort an der Carretera 17, nahe der Infostelle: Nach Cádiz alle ein bis zwei Stunden, Sevilla und Tarifa je 1-mal, Barbate 12-mal tgl., zur HS teilweise häufiger. Nach Vejer 8-mal, El Palmar und Caños de Meca 2- bis 3-mal tgl., im Sommer zusätzliche Abfahrten ab der strandnahen Av. del Río.

• *Übernachten* Zur Sommersaison hohes Preisniveau und wenig Chancen auf ein Bett, sonst deutlich niedrigere Preise und problemlose Unterkunft.
**** **Hotel Fuerte Conil**, eine ausgedehnte,

relativ zentrumsnah oberhalb der Playa Fontanilla gelegene Anlage. Vielleicht etwas überstylte, aber doch recht hübsche Architektur. Von November bis Anfang Februar geschlossen. DZ/F nach Lage und Saison etwa 110–230 €, im August bis 260 €; es gibt auch Suiten. Playa de la Fontanilla s/n, ℅ 956 443344, ℅ 956442300, www.hotelfuerteconil.com.

*** Hotel Almadraba Conil, zentral gelegenes Hotel in gefälliger andalusischer Architektur. Obwohl das Haus nur 17 Zimmer umfasst, wirkt es größer. Funktional-komfortable DZ/F etwa 60-110 €, auch Familienzimmer mit Salon. Parkmöglichkeit (wie üblich gegen Gebühr) vorhanden. Von November bis Januar geschlossen. Funktional-komfortable DZ/F etwa 65–115 €, auch Familienzimmer mit Salon. C. Señores Curas 4, ℅ 956 456037, ℅ 956 444519, www.hotelalmadrabaconil.com.

* Pensión Hostal El Yunque, nahe Busstation und Infostelle. Neuere Pension, gute Zimmer mit TV, dunklen Holzmöbeln und Lärmschutzfenstern, die angesichts der Lage auch dringend nötig sind; Klimaanlage. Ein gutes Grillrestaurant ist angeschlossen. DZ/Bad nach Saison etwa 40–70 €. Carretera 5, ℅ 956 442855, www.hostalelyunque.com.

* Pensión Torre de Guzmán, mitten in der Altstadt. Sehr freundliche Besitzer. Kürzlich erweitert, gut möblierte und saubere Zimmer mit Klimaanlage, anständige Bäder, zentrale und ruhige Lage. DZ/Bad nach Saison etwa 40-50 €, im Juli/August bis 80 €, gegen geringen Aufpreis gibt es im gleichen Haus sowie in einem strandnahen Ableger auch Apartments. Ein recht ordentliches Frühstück ist jeweils inbegriffen. C. Hospital 5, ℅ 956 443061, www.hostaltorredeguzman.com.

* Hostal Al-Andalus, östlich knapp außerhalb der Altstadt, mit etwas Glück findet man Parkplätze vor der Tür. Erst 2006 eröffnet. Gut ausgestattete Zimmer mit Klimaanlage und TV, die sich um einen zentralen Patio gruppieren. DZ/Bad nach Saison etwa 40–70 €. C. Pascual Junquera 65, ℅ 956 4525 31, ℅ 956 443101, www.alandalus-conil.com.

* Pensión Hermanos Zara, ganz in der Nähe. Die etwas engen, gelegentlich hellhörigen Zimmer und die Bäder sind gut gepflegt. Ganzjährig geöffnet, DZ/Bad nach Saison etwa 20–40 €. In derselben Straße noch einige weitere Pensionen. C. Pascual Junquera 69, ℅ 956 440466.

• *Camping* **La Rosaleda**, 1. Kat., etwa 2,5 km nordwestlich des Zentrums. Gepflegtes Wiesengelände mit sehr guter Ausstattung und großem Pool; Schatten ist Mangelware. Ganzjährig. Parzellen je nach Größe ab 14 €, p.P. (Minimum: zwei Erwachsene) 7,50 €. Anfahrt vom Kreisel bei der Infostelle Richtung Hafen, ℅ 956 443327, ℅ 956 443385, www.campinglarosaleda.com.

Los Eucaliptos, 2. Kat., ortsnächster Platz, etwa 1,5 km vom Zentrum (nicht am Meer) und damit noch in gestreckter Fußentfernung gelegen. Schatten und Sanitärs gut. Pool. Geöffnet Ostern bis September, Anfahrt wie oben. P.P. 6 €, Zelt 5 €, Auto 4 €. Anders als bei den anderen Plätzen wird hier auch zur HS kein „Mindestumsatz" verlangt, für Einzelreisende dann der mit Abstand preisgünstigste Platz. Carretera de El Pradillo, km. 0,200, ℅/℅ 956 441272, www.campingloseucaliptos.com.

• *Essen* **Restaurantes Fontanilla**, am gleichnamigen Strand westlich des Ortskerns. Zwei einander direkt benachbarte Restaurants; beide besitzen schöne Terrassen zum Meer und sind spezialisiert auf Fisch und Meeresfrüchte. Mittleres Preisniveau.

Rest. Blanco y Verde, in der Neustadt Nähe Infostelle. Mit zwei hübschen Patios innen viel größer, als es von außen den Anschein hat. Prima Küche, gut besonders Fleisch vom Grill. Immer wieder von Lesern gelobt. Menü à la carte ab etwa 20 €, das Tagesmenü kommt auf rund 10 €. Auch die Bar ist beliebt. C. Rosa de los Vientes, Ecke C. Cerrillo. Schräg gegenüber und ebenfalls gut: **Pizzeria Da Pietro**.

Pizzeria Paolo, ein strandnahes Pendant, geführt von einem ehemaligen Koch von „Da Pietro". Einige Tische im Freien, mehr Platz ist innen. Ordentliche Pizza um die 7–8 €, Nudelgerichte gibt es natürlich auch. Calle Almadraba 2.

Bar Los Hermanos, knapp außerhalb des Stadttors. Optisch schlicht, aber Conils erste Adresse für Fischtapas: täglich frisches Öl, bestes Mehl. Die Preise sind dennoch ausgesprochen günstig, es gibt Tapas sowie halbe und ganze Raciones. Calle Virgen 2.

• *Baden* Kilometerlange und breite Strände, nach Südosten bis zum Cabo de Trafalgar durchgehend Sand, im Nordwesten auch Steilküste aus rotem Fels mit eingelagerten Sandbuchten.

Chiclana de la Frontera: Das Städtchen, rund sechs Kilometer von der Küste entfernt, ist bekannt für seine Bodegas, in denen feine, dem Sherry sehr ähnliche Weine von hoher Qualität gekeltert werden. Gleichzeitig ist Chiclana Gemeindesitz von zwei recht unterschiedlichen Küstensiedlungen: *La Barrosa*, ein lang gestreckter Strandort mit eher „einheimischem" Charakter, und *Novo Sancti Petri*, eine sich südlich anschließende und auch bei deutschen Urlaubern sehr beliebte Hotelsiedlung mit Golfplatz.

Cádiz

Cádiz: ein fast magischer Klang nach Seeschlachten und goldbeladenen Galeonen. Bis heute hat sich die Stadt eine eigene, fast mystische anmutende Stimmung bewahrt.

Wer Cádiz anfährt, muss vorbei an gigantischen Werften und Raffinerieschlöten, dann über mehrere schnurgerade Kilometer durch die Wohnblocks der Neustadt, die sich auf einer schmalen Halbinsel erstreckt. Erst ganz am Ende dieser Landzunge liegen die auf drei Seiten vom Atlantik umgebenen Ursprünge von Cádiz – der ältesten Stadt Westeuropas, besiedelt seit dreitausend Jahren! Die Jahrtausende sieht man der Altstadt nicht an, wurde sie doch zu oft und zu gründlich zerstört. Doch obwohl keine nennenswerte Baudenkmäler fehlen, ist *La Tacita de Plata*, das „Silbertässchen", dank seiner ganz eigenen Atmosphäre einen Aufenthalt allemal wert. Wenige Städte sind so dem Meer verhaftet wie das „glänzende Cádiz" (Lord Byron), das sich wehmütig und stolz der Kolonialzeit zu erinnern scheint. Cádiz wirkt weltoffen, in manchen Gegenden etwas zwielichtig, aber immer von seltsam fremd erscheinendem Reiz.

Orientierung: Das Stadttor *Puerta de Tierra* markiert am Ende der kilometerlangen Zufahrtsstraße den Zugang zur fast völlig von Mauern umschlossenen Altstadt. Rechts gelangt man, vorbei am Bahnhof und großen Hafenanlagen, zur *Plaza San Juan de Dios*, dem heiteren Hauptplatz der 130.000-Einwohner-Stadt.

Geschichte

Schon gegen 1100 v. Chr. gründeten Phönizier die Siedlung *Gadir*, die damals noch auf einer Insel lag. Im Zweiten Punischen Krieg taten die Römer sich schwer mit der gut zu verteidigenden „schwimmenden Festung", doch als sie schließlich erobert war, wurde *Gades* zur ersten spanischen Stadt, die Sprache und Recht Roms annahm. 711 nahmen die Mauren Cádiz ein, 1263 gelang die christliche Rückeroberung. Die Entdeckung Amerikas brachte der Stadt einen gewaltigen Aufschwung, Cádiz entwickelte sich neben Sevilla zum Haupthandelshafen für die überseeischen Kolonien. Doch kaum ein Jahrhundert später, die Seemacht Spanien war im Kampf gegen England geschwächt, brachen stürmische Zeiten an. Immer wieder wurden Hafen und Stadt angegriffen, historische Gebäude und ganze Flottenverbände zerstört: 1587 durch Sir Francis Drake und 1596 durch Graf Essex; 1805 richtete Lord Nelson seine Kanonen auf Cádiz. Im *Unabhängigkeitskrieg* gegen Napoleon belagerten die Franzosen 1808–1813 Cádiz und schossen die Stadt in Brand, ohne sie jedoch einnehmen zu können. Während ihnen sozusagen die Kugeln um die Ohren flogen, verabschiedeten die Mitglieder der Ständeversammlung *Cortes* die *Constitución de 1812*: Die erste Verfassung Spaniens war für die damalige Zeit geradezu revolutionär und wurde eben deshalb von König Ferdinand VII. zwei Jahre später wieder aufgehoben.

Andalusien

Information/Verbindungen/Diverses

- *Information* **Oficina de Turismo de la Junta de Andalucía**, Av. Ramón de Carranza s/n, nahe der Plaza San Juan de Dios. Das Büro der Regionalregierung, geöffnet Mo–Fr 9–20 Uhr (im Winter bis 19.30 Uhr), Sa/So 10–14 Uhr. ✆ 956 203191, ✉ 956 203192, otcadiz@andalucia.org.
Delegación Municipal de Turismo, ein Häuschen direkt auf dem Paseo de Canalejas. Städtisches Büro, geöffnet Mo–Fr 9.30–19, Sa/So 9–17 Uhr. ✆ 956 241001. Es existiert auch ein „Ableger" in Form eines Infokiosks auf dem Hauptplatz San Juan de Díos. www.cadizayto.es.

- *Verbindungen* **Zug**: Bahnhof (Renfe-Info: ✆ 902 240202) an der Plaza de Sevilla am östlichen Altstadtrand, Nähe Hafen. Züge nach Jerez und Sevilla alle ein bis zwei Stunden; Córdoba 3-mal, Madrid 2-mal tgl.; Huelva nur via Sevilla.
Bus: Zwei Gesellschaften und mehrere Haltestellen. Estación COMES an der Plaza de la Hispanidad (✆ 956 807059), nahe der Westseite des Fährhafens: Busse nach Chiclana halbstündlich bis stündlich, El Puerto de Santa María und Jerez etwa stündlich, nach Rota 9-mal, Conil de la Frontera 11-mal, Arcos 5-mal, Vejer 6-mal; Algeciras 10-mal, Tarifa 5-mal täglich. Nach Sevilla 11-mal, Málaga 6-mal, Granada 4-mal, Ronda 3-mal täglich. Parada AMARILLOS (✆ 956 290800), eine Haltestelle an der Av. Ramón de Carranza 31, unweit der Plaza San Juan de Dios und der Infostelle der Junta. Nach El Puerto de Santa María, Chipiona und Sanlúcar de Barrameda 12-mal tgl., via Arcos bis Ubrique 4x täglich.
Auto: Parkplätze sind in der Altstadt Mangelware, zudem besteht hohe Einbruchsgefahr. Eine zentrale Tiefgarage findet sich an der Av. Ramón de Carranza.

- *Schiffsverkehr* **Motorschiff Adriano III.**, liebevoll „Vapor" oder „Vaporcito", das „Dampferchen" genannt, fährt 5- bis 6-mal täglich nach El Puerto de Santa María. Eine Verbindung, die seit 1929 besteht! Das Schiff selbst, 1957 in Dienst gestellt, erhielt die Auszeichnung, „von hohem kulturellem Interesse" zu sein. Gemütliche, bei hohem Wellengang auch mal schaukelige Fahrt. Anleger an der Estación Marítima, Zugang durch den Comes-Busbahnhof. Fahrtdauer etwa 45 min., Preis 3 €, hin und zurück 4 €; Mo (außer im Sommer) kein Betrieb. www.vapordeelpuerto.com.
Katamarane („Buques de las Líneas Marítimas") des Consorcio de Transportes Bahía de Cádiz nach El Puerto de Santa María etwa stündlich, nach Rota 7-mal täglich; schneller und preisgünstiger (El Puerto knapp zwei Euro), aber weniger atmosphärisch als die Adriano III. Station an der dem Bahnhof zugewandten Seite des Fährhafens, www.cmtbc.es.
Autofähren zu den Kanarischen Inseln je nach Saison 1- bis 3-mal wöchentlich. Tickets bei TRASMEDITERRANEA, in der Estación Marítima, Muelle Alfonso XIIII, Info-Telefon 902 454645, www.trasmediterranea.es.

- *Post* Plaza Topete, genannt Plaza de las Flores (Altstadt), Öffnungszeiten: Mo–Fr 8.30–20.30 Uhr, Sa 9.30–14 Uhr.

- *Telefon & Internet-Zugang* Teléfonos Públicos Gaditanos, Callejón de los Negros 1, Ecke Calle Lazaro Pou, östlich der Pl. San Juan de Dios. Geöffnet täglich 10-24 Uhr.

Übernachten (siehe Karte S. 456/457)

**** Parador Hotel Atlántico (24), bereits 1929 eröffneter Bau am Altstadtrand mit schöner Aussicht auf die Bucht; Parkplätze, Garage, Swimmingpool. DZ nach Saison etwa 130–140 €. Av. Duque de Nájera, beim Parque Genovés ganz im Nordwesten der Altstadt, ✆ 956 226905, ✉ 956 214582, www.parador.es.

**** Hotel Playa Victoria (16), in der Neustadt. Modernes, ausgesprochen komfortables Oberklassehotel in unmittelbarer Strandlage; Pool und Garage vorhanden. Zwei Buslinien in die Altstadt. DZ nach Saison etwa 135–185 €, Superior- und Salonzimmer gegen Aufpreis. Glorieta Ingeniero La Cierva 4, ✆ 956275411, ✉ 956263300, www.palafoxhoteles.com.

*** Hotel Hospedería Las Cortes de Cádiz (11), ein charmantes, 2004 im Gebäude des ehemaligen Hotels „Imares" eröffnetes Quartier mit einer Halle bis unters Dach. 36 hübsche Zimmer, aber Achtung, ein Drittel sind „Interiores" mit Fenster nur zur Halle; in dieser Kategorie nicht jedermanns Geschmack. Parkmöglichkeit. DZ/F nach Saison etwa 105–145 €, im Winter 85 €. C. San

Provinz Cádiz / Cádiz

Francisco 9, ✆/≋ 956212668, www.hotel lascortes.com.

*** Hotel Francia y París (10), ordentliche Mittelklasse in zentraler Lage an einem hübschen kleinen Platz im Herzen der Altstadt. Nicht gerade topmodernes, aber gepflegtes Haus. DZ nach Saison etwa 80–90 €. Pl. San Francisco 2, ✆ 956 222348, ≋ 956 222431, www.hotelfrancia.com.

** Hotel Argantonio (2), 2006 eröffnetes Quartier, das in einem schönen Altstadthaus des 19. Jh. untergebracht ist. 15 gemütliche Zimmer, alle im Charakter etwas unterschiedlich; die Mehrzahl geht zur Straße, der Rest auf den Patio. DZ/F etwa 90–105 €, im Winter knapp 85 €. C. Argantonio 3, ✆ 956 211640, ≋ 956 214802, www.hotelargantonio.com.

** Pensión Hostal Bahía (9), nur einen Sprung von der Plaza San Juan de Dios. Günstige Lage, hotelähnliche Ausstattung. Komfortable Zimmer mit TV, Telefon und Klimaanlage. DZ/Bad etwa 55–70 €. C. Plocia 5, ✆ 956 259061, hostalbahia@terra.es.

** Pensión Hostal Centro Sol (17), sympathisches Altstadtquartier, das um einen zentralen Patio aufgebaut ist. Nicht ganz so komfortabel wie die Pension Bahía, jedoch durchaus gepflegt. DZ/Bad etwa 50–70 €. C. Manzanares 7, ✆/≋ 956 283103, www.hostalcentrosolcadiz.com.

* Pensión Fantoni (14), in einem Altstadthaus des 18. Jh. In seiner Klasse eine Empfehlung: engagierte Leitung, solide eingerichtete Zimmer mit Klimaanlage und TV, Dachterrasse mit Blick. Im Januar/Februar geschlossen. DZ/Bad nach Saison 45–70 €, ohne Bad 35–45 €. C. Flamenco 5, ✆/≋ 956 282704, www.hostalfantoni.net.

* Pensión Marqués (15), in der Nähe der Pensión Fantoni, ebenfalls nur einen Katzensprung von der Plaza San Juan de Díos entfernt. Ordentliche Zimmer auf mehreren Stockwerken in einem großen alten Haus. DZ ohne Bad etwas deftige 40–50 €. C. Mar-

Cádiz, Stadt der „Miradores"-Türme

qués de Cádiz 1, ✆ 956 285854.

Casa Caracol (8), sehr schlichte Travellerunterkunft, ein Lesertipp von Kathrin Hackl: „Zentral gelegenes Backpacker-Hostel, nicht besonders luxuriös (etwas eng), nicht besonders leise, aber entspannte internationale Atmosphäre. Küche für Selbstversorger, Dachterrasse." Übernachtung im Schlaf-„Saal" 15–20 € p.P. C. Suárez de Salazar 4, die blaue Tür beim „AT"-Schild, ✆ 956 261166, www.caracolcasa.com.

● *Camping* In Cádiz selbst gibt es keinen Platz, der nächste liegt in El Puerto de Santa María (siehe unten); beste „öffentliche" Anreise per Katamaran.

Essen *(siehe Karte S. 456/457)*

Spezialitäten der Stadt sind natürlich Fisch und Meeresfrüchte.

● *Restaurants* **Restaurante El Faro (25)**, weithin gelobtes Nobellokal von Cádiz, Meeresküche in einfallsreichen Variationen. Unter 30 € fürs Menü geht kaum etwas, mehr kann man dagegen leicht ausgeben. Calle San Félix 15, im äußersten Westen der Altstadt, drei Blocks landeinwärts der Verbindung zum Kastell; ✆ 956 211068.

Restaurante Casa Antonio (20), an der Plaza San Antonio, ein paar Tische auch im Freien. Edles Restaurant mit guter Lokalküche in umfangreicher Auswahl, gleichzeitig der örtliche Spezialist für Reisgerichte (Arroces). Menü ab etwa 25 €, dafür gibt es aber auch ordentliche Portionen. Pl. San Antonio 9.

Restaurante Grimaldi (23), ein Lesertipp von Andrea Lange: „Es hat etwas ursprünglich Andalusisches und ist nicht dem Tourismus angepasst. Das Essen ist sehr gut und frisch". Spezialität ist Fisch, der direkt vom nahen Markt stammt, Menü ab etwa 25–30 €. Plaza Libertad 9.

Restaurante Achuri (5), unweit der Plaza San Juan de Dios. Traditionsreiches Lokal mit nostalgischem Ambiente. Gute baskische Küche, Menü etwa 20–25 €. Beliebte Bar angeschlossen. Im Umfeld noch einige weitere Lokale. Calle Plocia 15.

• *Tapa-Bars und Kneipen* **Bar-Cervecería El Bogavante (1)**, meerwärts der Plaza de la Mina. Tische im Freien, oft eine angenehm frische Brise vom Meer. Im Angebot Raciones Fisch und Meeresfrüchte (auch die namensgebenden Hummer, sofern vorrätig) sowie diverse Cazuelitas (kleine Kasserolen). Alameda Apodaca, Ecke Calle Zorilla.

Almacén Diaz Sepúlveda (12), an einer der Hauptgassen der Altstadt. Eine kleine Kuriosität: Diese Mischung aus Laden und Bar war einst für Cádiz ganz typisch, heute gibt es nicht mehr viele davon. C. Rosario, Ecke Calle Zapata.

Cervecería Aurelio (3), in der Kneipengasse Calle Zorilla. Sehr urig, großer gekachelter Raum, viele Einheimische. Prima Tapas und Raciones, Spezialität gekochte Meeresfrüchte. Calle Zorilla 1.

Bar Cruz Blanco/Cumbres Mayores (7), gleich gegenüber. Dunkles, hübsch gemachtes Lokal, in dem der Schwerpunkt auf Fleisch-Tapas und Raciones liegt. Calle Zorilla 4.

La Montanera/El Fogón de Mariana (21), unweit der Torre Tavira. Das gemütliche Bar-Restaurant ist Teil einer kleinen Kette, die sich auf Schinken und Fleisch vom Grill spezialisiert hat. Mittleres Preisniveau. Calle Sacramento 39. Eine Filiale liegt in der C. Lazaro Dou 17 nahe Hauptplatz: **Jamones de Montañera (4)**.

Taberna La Manzanilla (13), in der Nähe, eine wunderbare Kneipe, die über hundert Jahre auf dem Buckel hat. Aus den riesigen Fässern wird ausschließlich Manzanilla aus Sanlúcar gezapft (auch zum Mitnehmen), das Hinterzimmer ist ein wahres Weinmuseum. Calle Feduchy 19.

Bar La Terraza (18), am Vorplatz der Kathedrale. Ein hübsches Plätzchen im Freien mit schönem Blick, guten Tapas und Raciones. Die Kellner sind gelegentlich etwas mürrisch. Plaza Catedral.

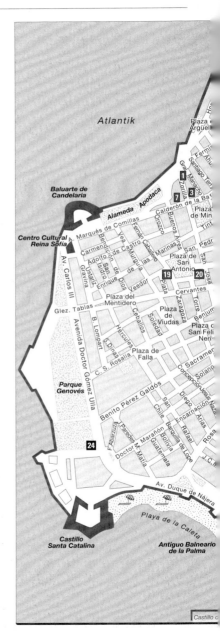

458 Andalusien

- *Freidurías* Cádiz wird weithin gerühmt für frittierten Fisch und ebensolche Meeresfrüchte. In der Tüte zum Mitnehmen muss man fürs Viertelkilo Gambas mit 5 € rechnen, für Chocos (Tintenfische) mit etwa 4 €. Fisch kostet je nach Sorte oft noch etwas weniger. Sehr lecker: Cazón en Adobo, marinierter und mit Kreuzkümmel gewürzter Dornhai.

Freiduría Las Flores I (22), an der Plaza Topete, nicht weit von der Post. Traditionsreiche Freiduría in prominenter Lage. Tische innen und außen, Essen gibt es entweder im Self-Service-Verfahren aus der Papiertüte oder à la carte beim Kellner, der in jedem Fall auch die Getränke bringt. Mittags bestens besucht.

Freiduría Veedor (19), Calle Veedor 2, nahe der Plaza San Antonio, westlich der Plaza de la Mina. Mit benachbarter Bar, die ebenfalls „Veedor" heißt (von Lesern wegen der Tapas gelobt) und in die man seinen Fang mitbringen darf.

Freiduría Joselito (6), unweit der Plaza San Juan de Dios. Hier auch einige Tische im Freien. Avenida Ramón de Carranza s/n, in der Nähe der Infostelle der Junta.

Calle Zorrilla: In der beliebten Kneipengasse nahe der Plaza de la Mina werden gekochte Meeresfrüchte oft von fliegenden Händlern angeboten.

Nachtleben/Veranstaltungen/Einkaufen/Baden

- *Nachtleben* **Plaza Glorieta und Umgebung**, in der Neustadt, zwar überwiegend nur im Sommer aktuell, dann aber etwa ab Mitternacht der wichtigste Treffpunkt.

Calle Zorrilla, am Altstadtplatz Plaza de la Mina: Hier herrscht ab etwa 22 bis 23 Uhr viel Betrieb, insbesondere am Wochenende. Einen Besuch wert sind die Tapa-Bars und Bierkneipen aber auch schon früher.

Plaza San Francisco/Calle Rosario: Eine weitere, vorwiegend winterliche Kneipenzone, nur wenige Schritte östlich der Plaza de la Mina selbst.

Punta San Felipe, die Halbinsel nördlich der Plaza España, ist eine noch recht junge Nachtzone, in der es besonders in den Morgenstunden am Wochenende hoch hergeht.

- *Veranstaltungen* **Carnaval**, Karneval, Fasching, spanienweit berühmt. Höhepunkt ist das erste Wochenende bis einschließlich Dienstag; am Sonntag findet ein vierstündiger Umzug statt, der oft von mehr als 100.000 Menschen begleitet wird.

Semana Santa, die Karwoche; Zentren der Prozessionen sind die Plaza de la Mina und natürlich die Kathedrale, die alle Pasos durchqueren müssen.

Corpus Cristi, Fronleichnam. Unter anderem Prozessionen mit den riesigen, vor lauter Edelmetall und Diamanten nur so funkelnden Monstranzen, die sonst im Museum der Kathedrale ausgestellt sind.

Festival Internacional de Folclore Ciudad de Cádiz, ein großes Folk-Festival in der ersten Julihälfte. Musik unter freiem Himmel im Parque Genovés.

- *Einkaufen* Shoppingzone ist vor allem das Gebiet zwischen der Plaza de las Flores und der Calle San Francisco, insbesondere die Calle Columela samt Seitenstraßen.

Markt Mercado Central an der Calle Libertad, unweit der Plaza Topete.

- *Baden* Die **Playa de la Caleta** im nostalgischen Seebad-Stil findet sich am westlichen Altstadtende. Auf sieben Kilometer Länge praktisch ein einziger Strand ist die Südwestseite der Neustadthalbinsel.

Sehenswertes

Puerta de Tierra: Die wuchtige Wehranlage am Zugang zur Altstadt geht in ihren Grundzügen auf das 15. Jh. zurück, wurde aber später immer wieder umgebaut. Heute enthält sie eine Art Museum, das sich dem Cádiz des 18. Jh. widmet. Die zweigeteilte Visite beinhaltet einen „virtuellen" Besuch, bei dem der Besucher (mittels Helm und Joystick) vor einer Art Monitor Streifzüge durch die Stadtgeschichte unternehmen kann, sowie eine 3D-Filmvorführung („Audiovisual") mit speziellen Brillen, ergänzt durch einen Besuch auf den alten Stadtmauern.
Öffnungszeiten Täglich 10–18 Uhr; Eintrittsgebühr für das Gesamtpaket 6 €, nur für Audiovisual und Besuch der Stadtmauer 4 €.

Rundgang um die Altstadt: Sehr schön ist ein Spaziergang entlang der Mauern aus dem 18. Jh., die fast rundum noch Stadt und Meer trennen. Viel Wehrhaftes wird

Schöne Aussichten: Blick von der Torre Tavira

man hier entdecken, darunter den nur zu Ausstellungen geöffneten Baluarte de Candelaria, außerdem die Barockkirche *Iglesia del Carmen* mit ihren beiden churrigueresk dekorierten Türmen. Reizvolle Abschnitte des Rundgangs sind auch die parkähnlich gestaltete *Alameda Apodaca* auf Höhe der Plaza de Mina und weiter südlich der *Parque Genovés*. Beide wirken fast wie botanische Gärten.

Centro Cultural Reína Sofia: Im ehemaligen Gebäude der Militärregierung von Cadíz, einem neoklassizistischen Bau des 18. Jh., ist seit 2006 ein Kulturzentrum untergebracht. Seine wichtigste Attraktion ist eine große Sammlung von Werken des aus Cádiz stammenden Künstlers Juan Luis Vassallo Parodi (1908–1986), der zu den bedeutendsten spanischen Bildhauern des 20. Jh. gerechnet wird. Gestiftet wurden die rund 165 Arbeiten von seiner Familie.
Öffnungszeiten Mo–Sa 9–21 Uhr, So 9–15 Uhr; Eintritt frei.

Castillo de Santa Catalina: Die fünfeckige Festung im Westen der Altstadt grenzt an den Stadtstrand Playa de la Caleta und wurde ab 1598 auf Anordnung Philipps II. als Konsequenz aus den Angriffen der Engländer errichtet. Nach einer Renovierung ist die Anlage nun wieder täglich 10–20.45 Uhr geöffnet, Eintritt frei.

Castillo de San Sebastián: Dieses Kastell, ab dem Ende des 16. Jh. auf einer Felseninsel im Süden der Playa de la Caleta errichtet und bis heute in Militärbesitz, ist nur an Wochenenden von Juli bis Mitte September zugänglich, und auch dann nur mit einer schriftlichen Erlaubnis der städtischen Infostelle. Der Spaziergang über den Kai hinüber bis zum Tor macht jedoch immer Laune und öffnet einen schönen Blick auf die Stadt.

Plaza San Juan de Dios: Der weite, freundliche Hauptplatz der Stadt empfängt Besucher mit Palmen, einer Reihe von beliebten Cáfes und Restaurants und dem im 18. Jh. errichteten, klassizistischen Rathaus.

Catedral Nueva: Einige Straßen westlich des Barrio, in Meeresnähe. 1720 begonnen und erst 1838 fertiggestellt, beeindruckt der Bau mit der großen gelben Kuppel weniger mit seiner Mixtur aus Barock und Klassizismus, eher schon mit seinen Dimensionen: Der Innenraum misst 85 Meter Länge, 60 Meter Breite und stolze 52 Meter Höhe. Im Inneren wird aber leider auch deutlich, dass die Kathedrale in einem verheerenden Zustand ist, da die Meeresluft das Gestein versalzen ließ. In der Krypta, die auch wegen ihrer ungewöhnlichen Akustik berühmt ist, liegt das Grab des Komponisten Manuel de Falla (1876–1946), der zu den größten Söhnen der Stadt zählt.
Öffnungszeiten Mo 10–13 Uhr, Di–Fr 10–13.30, 16.30–19 Uhr; Sa 10–13 Uhr, ein Besuch schließt die Besichtigung des Kathedralenmuseums (s. u.) mit ein; Eintrittsgebühr 4 €. Freier Eintritt (ohne Museum) Di–Fr 19–20 Uhr sowie zur Messe am So 11–13 Uhr.

Mirador Torre de Poniente de la Catedral: Im Inneren des Westturms der Kathedrale geht es über eine Rampe nach oben zu einer Aussichtsplattform, von der sich ein guter Blick auf das Gotteshaus ebenso bietet wie ein weites Panorama der Stadt. „Der höchste Turm von Cádiz" werben die Betreiber übrigens korrekt, doch steht man wegen der Kuppel eben nicht ganz oben und deshalb auf der Dachterrasse der Torre Tavira ähnlich hoch.
Öffnungszeiten Täglich 10–20 Uhr, im Winter bis 18 Uhr, Eintrittsgebühr 4 €.

Casa del Obispo: Zwischen Kathedrale und Kathedralenmuseum liegt diese Ausgrabungsstätte, die den Besucher fast drei Jahrtausende in die Vergangenheit bringt – der hiesige Bischofspalast (daher der Name) wurde über uralten Bauten errichtet, die bis ins 8. Jh. v. Chr. zurückgehen. Ein eher kurzer, aber gut gemachter Rundgang durch das unterirdische Gelände führt zu den Resten einer phönizischen Grabstätte des 6. Jh. v. Chr., die später von den Römern als Tempel genutzt wurde; Vitrinen präsentieren kleinere Funde, die bei den Ausgrabungen ans Licht kamen.
Öffnungszeiten Täglich 10–20 Uhr, von Mitte September bis Mitte Juni bis 18 Uhr, Eintrittsgebühr 4 €.

Museo de la Catedral: Höhepunkt des Museums sind gleich drei riesige, mit Gold, Silber, Perlen und Edelsteinen opulent geschmückte Monstranzen, von denen eine mit einer Höhe von sechs Metern (!) die größte der Welt sein soll. Weiterhin gibt es einige Gemälde der Sevillaner Schule zu sehen, darunter Arbeiten von Zurbarán und Murillo. Geöffnet ist wie die Kathedrale, sonntags jedoch geschlossen.

Neben dem Museum steht der der teilweise zerstörte Vorläuferbau der Kathedrale, die *Iglesia de Santa Cruz*. Ein Stück weiter östlich liegt das unspektakuläre *Teatro Romano* (Mo sowie Mi–So 10–14.30 Uhr; gratis) aus dem ersten nachchristlichen Jahrhundert.

Plaza Topete: Der tagsüber stets belebte Mittelpunkt der Altstadt, wegen der vielen Blumenverkäufer auch „Plaza de las Flores" genannt.

Factoría Romana de Salazones: Nicht weit von der Plaza Topete führt ein unscheinbarer Eingang an der Calle Sacramento hinab zu den Resten einer römischen Fischfabrik des 1. Jh. v. Chr., in denen die Meeresbeute zur Konservierung eingesalzen wurde. Entdeckt wurde sie beim Abriss eines alten Theaters, das einem Wohnblock Platz machen sollte.
Öffnungszeiten Mo sowie Mi–So 10–14.30 Uhr; Eintritt frei.

Torre Tavira: Der dreistöckige, im Barockstil des 18. Jh. errichtete Turm steht auf dem höchsten Punkt der Altstadt. Fast einzigartig ist die *Camera Obscura* (lat.: „Dunkle Kammer") im Inneren, ein altes Projektionsverfahren, das mit Hilfe eines Spiegels und einer Linse „lebende Bilder" der Umgebung liefert: Wäsche flattert auf

den Dächern, man sieht Menschen durch die Straßen laufen, Vögel fliegen und Schiffe vorbeifahren. Im Anschluss lässt sich das Gesehene auf der Dachterrasse nachvollziehen, die eine fantastische Aussicht bietet.
Öffnungszeiten 15. Juni bis 15. September tägl. 10–20 Uhr, sonst 10–18 Uhr; Eintritt 4 €, Studenten etwas ermäßigt. Ein Besuch lohnt sich vor allem bei schönem Wetter. Für Rollstuhlfahrer besteht leider keine Zugangsmöglichkeit. www.torretavira.com.

Museo de las Cortes de Cádiz: Das Museum an der Calle Santa Inés 9 erinnert an die Verfassung, die nebenan (s.u.) von den Cortes verabschiedet wurde, bewahrt dazu eine Reihe von Exponaten jener Zeit. Interessant besonders das große Modell der Stadt des 18. Jh., das damals originalgetreu angefertigt wurde.
Öffnungszeiten Di–Fr 9–13, 17–19 Uhr, Sa/So 9–13 Uhr; Eintritt frei.

Oratorio de San Felipe Neri: Ganz in der Nähe des Museo de las Cortes de Cádiz. Ein Platz, der Geschichte schrieb: Hier verabschiedeten 1812 die Cortes die erste Verfassung Spaniens, der Barockbau aus dem 17./18. Jh. wurde deshalb zum Nationalmonument erklärt. Im Inneren ist am Altar eine *Inmaculada* (Unbefleckte Empfängnis) von Murillo zu sehen.
Öffnungszeiten Mo–Sa 10–13.30 Uhr; Eintrittsgebühr 2,50 €.

Plaza de Mina: Rechter Hand am nordöstlichen Ende der Calle San José. Ein schöner, dank des atlantischen Klimas herrlich dicht begrünter Platz, an dem tagsüber Vögel und abends Kinder und Mopeds lärmen.

Museo Provincial: Direkt am Platz. Das frühere Museo de Bellas Artes y Arqueológico gliedert sich in mehrere Sektionen und zählt zu den bedeutendsten Sehenswürdigkeiten der Stadt. *Sección de Arqueología*: Das Archäologische Museum im Untergeschoss präsentiert in vorbildlicher Manier Funde aus der langen Vergangenheit der Stadt und ihrer Umgebung, darunter aus einer großen phönizischen Nekropole. Obwohl auch maurische Exponate zu sehen sind, stammen die hochrangigsten Stücke der Stadtgeschichte entsprechend aus früherer Zeit. Der Höhepunkt der Archäologischen Sektion sind zwei Marmorsarkophage in Menschenform, die wahrscheinlich aus dem 4. Jh. v. Christus stammen. Die Körper sind nur angedeutet, die idealisierten Gesichter des Mannes und der Frau jedoch fein herausgearbeitet, um ihre Unsterblichkeit zu gewährleisten. Geschaffen wurden sie wohl von griechischen Künstlern nach Vorbildern aus Ägypten; Auftraggeber dürften jedoch Phönizier gewesen sein. *Sección de Bellas Artes*: Die große und hervorragend bestückte Gemäldesammlung ist nach derjenigen von Sevilla die bedeutendste Andalusiens. Ausgestellt sind unter anderem Werke von Rubens, Morales, Cano und Ribera; der zeitliche Rahmen reicht bis zu Sorolla und Miró. Murillo ist mit seinem letzten, 1682 entstandenen Gemälde vertreten – während der Arbeiten an den „Desposorios de Santa Catalina" war der sevillanische Künstler gestürzt und hatte sich dabei tödlich verletzt. Das Glanzstück der Ausstellung jedoch bildet eine umfangreiche Sammlung von Werken des asketischen Zurbarán. *Sección de Etnografía*: Im zweiten Stock zeigt die völkerkundliche Abteilung unter anderem alte Marionettentheater aus dem 19. und 20. Jh., die in früheren Zeiten so beliebt waren wie heute das Kino.
Öffnungszeiten Mi–Sa 9–20.30 Uhr, Di 14.30–20.30 Uhr, So 9.30–14.30 Uhr; Mo geschlossen. Eintritt für EU-Bürger gratis, sonst 1,50 €.

Oratorio de Santa Cueva: In der Calle Rosario, die von der Plaza de Mina etwa in östlicher Richtung abzweigt. Das Oratorium der Barockkirche *Iglesia del Rosario* besteht aus zwei übereinander liegenden Kapellen. Die untere ist der Passion gewidmet und fällt sehr schlicht aus; die obere birgt eine Reihe von Gemälden, dar-

unter drei feine Arbeiten von Meister Goya, der sonst mit religiöser Thematik nicht viel am Hut hatte. Joseph Haydn schrieb eigens für dieses Gotteshaus das Musikstück „Die sieben letzten Worte unseres Erlösers am Kreuze", uraufgeführt am Karfreitag 1783 und seitdem fester Bestandteil der Karwoche von Cádiz.
Öffnungszeiten Di–Fr 10–13, 17–20 Uhr (Winter 16.30–19.30 Uhr), Sa/So 10–13 Uhr, Eintrittsgebühr 3 €.

El Puerto de Santa María

Das Städtchen an der Mündung des Río Guadalete in die Bucht von Cádiz war Ausgangspunkt für die zweite Amerikaexpedition von Kolumbus und stieg bald zum großen Handelshafen auf. Heute ist El Puerto de Santa María für seine Sherry-Bodegas bekannt, mehr noch für die guten Meeresfrüchte-Restaurants im Gebiet der *Ribera del Marisco* unweit des Flussufers.

- *Information* **Oficina Municipal de Turismo**, Calle Luna 22, im Gebiet zwischen der Flussuferstraße Avenida de la Bajamar und der Plaza España. Öffnungszeiten von Mai bis September täglich 10–14 Uhr, 18–20 Uhr, im restlichen Jahr täglich 10–14, 17.30–19.30 Uhr. ✆ 956 542413, ✆ 956 542246, www.turismoelpuerto.com.

- *Verbindungen* **Zug**: Bahnhof am nordöstlichen Ortsrand; Neubau nebenan geplant. Züge Richtung Cádiz etwa stündlich, Jerez und Sevilla alle ein bis zwei Stunden.
Bus: Sobald der neue Bahnhof fertig ist, soll der alte zum Busbahnhof umgebaut werden. Bis dahin besitzt El Puerto mehrere Abfahrtsstellen; die wichtigste Haltestelle liegt gegenüber der großen Stierkampfarena Plaza de Toros, etwas südlich des Zentrums; manche Busse fahren jedoch am Bahnhof ab. Nach Cádiz ab der Arena etwa halbstündlich, ab Bahnhof 12-mal tgl.; Rota ab Arena 11x, ab Bahnhof 15x, Chipiona und Sanlúcar ab Arena 12-mal tgl., Jerez ab Arena 6-mal, ab Bahnhof 17-mal, Flughafen Jerez ab Bahnhof 4-mal, Arcos/Ronda ab Bahnhof 5-mal, Sevilla ab Bahnhof 3-mal täglich.

- *Schiffsverkehr* **Motorschiff Adriano III** (genannt „Vapor" oder liebevoll „Vaporcito", das „Dampferchen") 5- bis 6-mal tgl. nach Cádiz, siehe auch dort. Abfahrt am Fluss bei der Fuente de las Galeras, Mo (außer im Sommer) kein Betrieb. Im Juli/August 3-mal wöchentlich (zuletzt: Di, Do, Sa) auch nächtliche Vergnügungsfahrten, die sog. „Paseos Nocturnos", p.P. 6 €.
www.vapordeelpuerto.com.
Katamarane („Buques de las Líneas Marítimas") fahren etwa stündlich nach Cádiz, siehe auch dort. Station am Fluss etwa auf Höhe des Hotel Santa María, www.cmtbc.es.

- *Übernachten* Zum Gran Premio de España in Jerez Anfang Mai gelten Sondertarife; El Puerto ist dann in aller Regel komplett ausgebucht.
*** Hotel Santa María, gut ausgestattetes Mittelklassehotel in zentraler Lage an der Flussuferstraße, mit Garage und Pool. Die Abfahrtsstelle der Katamarane nach Cádiz liegt ganz in der Nähe. DZ nach Saison etwa 70–115 €, gegen Aufpreis auch DZ mit Salon. Av. Bajamar s/n, ✆/✆ 956 873211, www.hotelsantamaria.es.

*** Hotel Los Cántaros, kleineres Hotel im Mittelpunkt des nächtlichen Geschehens von El Puerto. Sehr hübsch dekoriert, Vertragsgarage in der Nähe. DZ etwa 80–125 €. C. Curva 6, nahe der Ribera de Marisco, kenntlich an der dunkelroten Fassade, ✆ 956 540240, ✆ 956 541121,
www.hotelloscantaros.com.

** Hostal Costa Luz, unweit der Stierkampfarena. Eine freundliche Unterkunft mit angenehmen, nett eingerichteten und für die Preisklasse auch sehr komfortablen Zimmern. DZ/Bad kosten etwa 45–65 €, zur Höchstsaison bis 85 €. C. Niño del Matadero 2, ✆ 956 054701, ✆ 956 054701, www.hostalcostaluz.com.

- *Camping* **Playa las Dunas**, 1. Kat., ein Riesengelände, fast völlig schattig und – Naturschutzgebiet! Sogar Chamäleons sollen hier leben. Exquisit ausgestattete Sanitärs, Waschmaschinen, Swimmingpool (Eintritt), Bar/Rest./Einkauf. Am Strand, zum Ortszentrum ist wegen wegen der weiträumigen Umzäunung leider ein Fußmarsch von etwa zwei Kilometern nötig. Die Bushaltestelle an der Plaza de Toros und der Anleger der Katamarane nach Cádiz liegen jeweils etwa 20 Fußminuten entfernt, der Bahnhof ist weit. Ganzjährig, p.P., Zelt je

Provinz Cádiz / El Puerto de Santa María

Kirche mit Meerblick: Nuestra Señora de la Regla in Chipiona

etwa 5 €, Auto 4 €. ℡/≋ 956 872210, www.lasdunascamping.com.

• *Essen* **Romerijo**, eine der beliebtesten Adressen an der Ribera del Marisco. Zwei unterschiedliche Räumlichkeiten beiderseits einer Querstraße: auf der einen Seite der „Freidor" mit frittierter Ware, auf der anderen Seite der „Cocedero", in dem die Meeresfrüchte gekocht angeboten werden, die eigentliche Spezialität des Ortes. In beiden kann man die Köstlichkeiten an einer Verkaufstheke für wenig Geld nach Gewicht auswählen, in eine Papiertüte packen lassen und auf den Terrassen verzehren, nur das Bier wird von Kellnern serviert. Plaza de la Herreria s/n.

• *Baden* Nordwestlich des Städtchens erstreckt sich eine Abfolge langer Strände mit mehreren Urbanisationen. An der **Playa La Puntilla** und der südlich von El Puerto gelegenen **Playa Valdelagrana** wehen die „Blauen Flaggen" – erstaunlich, angesichts der massiven Industrieanlagen in der Bucht von Cádiz.

▸ **Rota**: Ein vor allem bei Spaniern beliebtes Ferienstädtchen knapp nördlich der Bucht von Cádiz. Der historische Ortskern wirkt durchaus ansehnlich, Hauptattraktion sind allerdings die langen, feinsandigen Strände. An ihnen freuen sich auch die Amerikaner der nahen US-Basis, einer der größten Europas. Im Stadtbild fallen die Boys jedoch wenig auf.

• *Information* **Oficina de Turismo**, Calle Cuna 2, im Rathausgebäude, das in einem Anbau des Castillo de la Luna untergebracht ist. Engagiert und deutschsprachig geführt. Täglich geöffnet, im Juli/August 9–14, 18–21 Uhr, sonst 9–14, 18–20 Uhr, Sa/So jeweils erst ab 10 Uhr. ℡ 956 846345, ≋ 956 846346, www.turismorota.com.
Zweigstelle am Ortsstrand Playa de la Costilla, Nähe Pensión Macavi, jedoch nur im Sommer geöffnet.

• *Verbindungen* **Bus**: Busse der Gesellschaft COMES ab Busbahnhof, Plaza del Triunfo, eine Viertelstunde nördlich der Altstadt; Stadtbusverbindung. Nach Cádiz 10x, El Puerto de Santa María 12-mal, Jerez und Sevilla je 8-mal täglich. Nach Chipiona mit AMARILLOS nur 2-mal täglich.
Schiff: Katamarane („Buques de las Líneas Marítimas") des Consorcio de Transportes Bahía de Cádiz fahren 8-mal täglich nach Cádiz, p.P.ca. 4 €. www.cmtbc.es.

- *Übernachten* ****** Hotel Duque de Nájera**, am meerseitigen Rand der Altstadt. Pool, Garage etc. Viele der komfortablen Zimmer mit Meerblick, DZ nach Saison und Lage etwa 135–220 €, auch Superior-Zimmer und Suiten. Calle Gravina 2, ℅ 956 846020, ℅ 956 812472, www.hotelduquedenajera.com.

** Pensión Hostal El Torito, in der Altstadt. Ein Hauch Barcelona: 2004 eröffnete „Designer-Pension" mit nur sechs Zimmern bzw. Apartments für bis zu vier Personen, individuell, topmodern in Glas, Metall und Stein und mit viel Liebe zum Detail eingerichtet. Zwei Personen zahlen je nach Saison und Zimmer (Tipp: Nr. 5 mit privater Terrasse) 60-80 €. Rezeption im Design-Geschäft im Erdgeschoss; falls nicht besetzt, in der zugehörigen, nahen Tapa-Bar gleichen Namens in der Calle Italia 2 (Seitengasse der Pl. España) fragen. Calle Constitución 1, ℅ 956 813369, in der Tapa-Bar ℅ 956 816273, www.eltoritoderota.com.

** Pensión Hostal La Giralda, solide Pension an einer der Hauptstraßen, nicht weit von Altstadt und Strand. Besser, ein ruhiges Zimmer zu verlangen, die Straße ist viel befahren. DZ/Bad nach Saison etwa 40–65 €. Av. San Fernando 34, ℅ 956 816208. www.hostallagiralda.com.

▶ **Chipiona**: Ebenfalls ein vorwiegend von Spaniern besuchtes Strandstädtchen – im Sommer proppevoll, den Rest des Jahres allerdings weit verschlafener als Rota. Der schachbrettartige Altort um die Kirche *Iglesia Nuestra Señora de la O* zeigt sich mit niedrigen Häusern, Palmen und vielen Blumen ganz hübsch. Eine bemerkenswerte Lage besitzt das *Kloster Nuestra Señora de la Regla* im südlichen Ortsbereich: Seine wuchtige Kirche ist fast ins Meer hinein gebaut.

- *Information* **Oficina Municipal de Turismo**, Pl. Juan Carlos I., im Zentrum bei der Kirche; ℅ 956 377263. Öffnungszeiten Mo–Fr 10–14, 17–20 Uhr (Winter bis 19 Uhr), Sa/So 10–14 Uhr. www.chipiona.es.

- *Verbindungen* **Bus**: Busbahnhof an der Avenida Andalucía in der Neustadt. AMARILLOS-Busse nach Rota 2-mal, Cádiz via El Puerto de Santa María 11-mal tgl., nach Sevilla via Sanlúcar 10-mal täglich, daneben noch viele Direktanschlüsse nach Sevilla. LINESUR 8-mal tgl. nach Jerez.

- *Übernachten* Viele Unterkünfte, die aber meist nur im Sommerhalbjahr geöffnet sind.

** Hotel La Española, zentral und in Strandnähe. Hübscher Bau, komfortable Zimmer, ordentliches Restaurant. Ganzjährig geöffnet. DZ/Bad nach Saison etwa 55–65 €. Calle Isaac Peral 3, ℅ 956 373771. www.hotellaespanola.com.

** Pensión Gran Capitán, gepflegtes Häuschen in einer Fußgängerzone im Zentrum, nahe dem Kirchplatz und der Hauptstraße Isaac Peral. Nette Dekoration, freundliche Leitung, reizvoll-rustikal möbliert Zimmer. Geöffnet Mai bis Oktober, DZ/Bad rund 40-60 €. Calle Fray Baldomero González 7, ℅ 956 370929.

- *Camping* **Municipal Pinar de Chipiona**, 2. Kat., gemeindeeigener Platz etwa drei Kilometer außerhalb des Ortes in Richtung Rota, zum Meer etwa einen Kilometer. Schattig, viele Dauercamper. Ganzjährig geöffnet. P.P. und Zelt je etwa 4 €, Auto 3,50 €. Zur HS von Mitte Juni bis Mitte September wird allerdings (wie es in der Provinz Cádiz häufig der Fall ist) immer ein Mindest-Parzellenpreis verlangt, hier rund 23 €. ℅ 956 372321.

Sanlúcar de Barrameda

Das 60.000-Einwohner-Städtchen am Ostufer der Mündung des Guadalquivir hat Vergangenheit: Kolumbus startete hier zur dritten Amerikafahrt ebenso wie Magellan zu seiner Weltumsegelung. Reizvoll machen einen Besuch in Sanlúcar der etwas angestaubte Kleinstadtcharme, die wechselnden Stimmungen am Flussufer, die berühmten Hummerkrabben *langostinos* und der nicht minder berühmte *manzanilla*, eine vor Ort gereifte, trockene Sherrysorte; außerdem starten hier auch Ausflugsboote ins Gebiet des Nationalparks Coto de Doñana. Sanlúcar teilt sich in das tiefer gelegene Viertel *Barrio Bajo* und das etwas erhöhte *Barrio Alto*. Hauptstraße ist die einige hundert Meter landeinwärts parallel zum Meer verlaufende *Calle San Juan*, das Zentrum erstreckt sich um die hübsche *Plaza del Cabildo*. Von hier führt die breite *Calzada de Ejército* schnurgerade hinab zum Río Guadalquivir. An ihrem Ende rechter Hand noch etwas flussaufwärts liegt das Fischer- und Restaurantviertel *Bajo de Guía*.

Schiffsausflüge von Sanlúcar in den Coto de Doñana
Die *„Real Fernando"* startet rund ums Jahr zu Ausflügen auf dem Fluss. Am Westufer streifen sie den Rand des Nationalparks Parque Nacional Coto de Doñana, der im Kapitel zur Provinz Huelva näher beschrieben ist. Mehr als eine Schnuppertour können die etwa vierstündigen Fahrten zwar nicht sein, doch vermitteln sie mit zwei Landspaziergängen im Gebiet des Vorparks immerhin einen ersten Eindruck von der Landschaft, mit etwas Glück auch von der Tierwelt des Coto de Doñana. Tägliche Abfahrten im Flussviertel Bajo de Guía, von Juni bis September Mo–Sa 10 Uhr und 17 Uhr, im März, April, Mai und Oktober 10 Uhr und 16 Uhr, übrige Monate 10 Uhr. In der Zeit um Pfingsten finden wegen der Wallfahrt nach El Rocío keine Touren statt. Ein Mückenschutzmittel kann nützlich sein. Etwa eine Viertelstunde vor Abfahrt sollte man an Bord sein, Tickets im Dokumentationszentrum „Fábrica de Hielo". Fahrpreis etwa 17 €, Reservierung unter ✆ 956 363813 ratsam. www.visitasdonana.com.

- *Information* **Oficina Municipal de Turismo**, Calzada del Ejercito s/n, ✆ 956 366110. An der breiten Avenida, die vom Zentrum flusswärts verläuft; Öffnungszeiten im Sommer Mo–Fr 10–14, 18–20 Uhr (Winter 17–19 Uhr), Sa 10–12.45 Uhr, So 10–14 Uhr. www.aytosanlucar.org.
- *Verbindungen* **Busbahnhof** an der Av. de la Estación, einer Seitenstraße der Calzada del Ejercito unweit der Infostelle. LINESUR fährt stündlich nach Jerez, AMARILLOS bedient Chipiona 10x, Cádiz via El Puerto de Sta. María 9-mal und Sevilla 12-mal täglich.

- *Übernachten* ***** Hotel Tartaneros**, zentral am oberen Ende der Avenida und in der Nähe der Plaza Cabildo gelegen. Netter Bau im spanischen Jugendstil mit Erkerchen und Säulen. Hübsche Dekoration, Innenhof mit Café. Ganzjährig. DZ nach Saison etwa 85–120 €. Calle Tartaneros 8, ✆ 956 362044, ✆ 956 385394.

** Hotel Posada del Palacio, im herrschaftlichen Herzen der Altstadt. Untergebracht in einem Palast des 18. Jh. samt Nebengebäuden, kein Zimmer wie das andere. Bar, kleines Restaurant in ehemaligen Stallungen, Dachterrasse. Man spricht Deutsch. DZ nach Ausstattung ab etwa 80 bis 100 €. Calle Caballeros 11, ℘ 956 364840, ℘ 956 365060, www.posadadepalacio.com.

** Pensión Bohemia, in einer Seitengasse der Calle Santo Domingo, der nordöstlichen Verlängerung der Hauptstraße Calle Ancha. In seiner Klasse ein sehr ordentliches Quartier. DZ/Bad um die 40 €. Calle Don Claudio 5, ℘ 956 369599.

• *Essen* **Bajo de Guía**, das Fischer- und Restaurantviertel am Flussstrand, ist mit zahlreichen Lokalen (z.B. „Casa Bigote" oder „Casa Juan") für jeden Liebhaber maritimer Genüsse natürlich ein Fest.

Bar Casa Balbino, in der südwestlichen Ecke der zentralen Plaza Cabildo. Tische auch im Freien auf dem Platz, sehr gute Tapas in breiter Auswahl, die man sich innen im Self-Service-Verfahren besorgt. Am Platz noch weitere gute Tapas-Bars.

• *Feste* **Feria del Manzanilla**, Fest des Manzanilla-Weins, mehrere Tage etwa Mitte bis Ende Mai. Festzelte, Tänze...
Festival de Cante Flamenco, etwa Mitte Juli stattfindendes Flamencofestival.
Carreras de Caballo, Pferderennen am Strand, ein großes, wild gefeiertes Spektakel. Wechselnde Termine im August, jeweils mehrere Tage in der zweiten und vierten Augustwoche.

▶ **Weiterreise**: Ab Sanlúcar ist entlang der Costa de la Luz in westlicher Richtung kein Weiterkommen möglich – der Nationalpark Coto de Doñana auf der anderen Seite des Guadalquivir ist bis auf weiteres Sperrgebiet. Die Küste der Provinz Huelva lässt sich, wie auch der Park selbst, deshalb nur über einen Umweg landeinwärts erreichen, am günstigsten gleich via Jerez/Sevilla.

Das Binnenland der Provinz Cádiz

Ein Gebiet der ausgedehnten Kampfstierweiden, der „Weißen Dörfer" und der Weingärten, in denen der zukünftige Sherry wächst. Hauptziele sind folgerichtig die Sherrystadt *Jerez* und das „Weiße Dorf" *Arcos de la Frontera*.

Jerez de la Frontera

Jerez hat viel zu bieten. Die meisten Besucher kommen der Bodegas wegen, in denen der berühmte Wein reift.

Pferdefreunde hingegen werden die ebenfalls weithin bekannte Königliche Reitschule besuchen, Motorsportfans zu einer der Rennveranstaltungen auf dem hiesigen Kurs anreisen und Flamencoliebhaber die „Fundación de Flamenco" aufsuchen wollen. Mittelpunkt der Stadt ist die *Alameda Cristina*, eine Mischung aus Platz und kleiner Parkanlage, ein weiterer Fixpunkt die südlich gelegenene *Plaza Arenal*. Die Verbindung zwischen beiden bilden die *Calle Puerto de Sevilla* und ihre südliche Verlängerung *Calle Larga*. Westlich dieser Linie erstreckt sich die Altstadt, östlich liegen die Geschäftsviertel, in denen auch die Mehrzahl der Unterkünfte zu finden ist. Nachts allerdings wirkt das Zentrum häufig wie ausgestorben – viele Wohnungen hier stehen leer, der Großteil der Bevölkerung lebt in den neueren Vierteln außerhalb.

• *Information* **Oficina Municipal de Turismo**, Alameda Cristina s/n. Geöffnet im Sommer Mo–Fr 10–15, 17–19 Uhr, Sa/So 10–14.30 Uhr, im Winter Mo–Fr 9.30–15, 16.30–18.30 Uhr, Sa/So 9.30–14.30 Uhr. ℘/℘ 956 341711, www.turismojerez.com.

• *Verbindungen* **Flug**: Flughafen „La Parra" (Info: ℘ 956 150000) etwa 7 km nordöstlich der Stadt. In bzw. vor der Ankunftshalle saisonale Infostände, außerdem eine Reihe von Autovermietern. Busse in die Stadt (Busbahnhof) alle ein bis zwei Stunden, weiter nach El Puerto 5-mal, Cádiz 9-mal täglich; Fahrplan unter www.cmtbc.es. Ein Taxi ins Zentrum sollte etwa 12 € kosten.

Zug: Architektonisch reizvoller Bahnhof (Renfe-Info: ℘ 902 240202) am südöstlichen Zentrumsrand. Nach Cádiz und Sevilla alle

Bodega an Bodega: Sherry-Stadt Jerez

ein bis zwei Stunden, Madrid 2-mal täglich.

Bus: Busbahnhof beim Bahnhof. COMES nach Cádiz etwa stündlich, El Puerto de Santa María 18-mal, Sevilla 5-mal, Rota 9-mal, Arcos 7-mal, Ronda 4-mal, Málaga und Granada je 1-mal täglich. Nach Conil 4-mal tgl., aber Achtung: Der letzte Bus am Abend kommt aus Sevilla und ist oft voll belegt. LINESUR nach Sanlúcar etwa stündlich, Chipiona 8-mal, Sevilla 10-mal, Algeciras 9-mal täglich. AMARILLOS nach Arcos de la Frontera etwa stündlich.

Auto: Das gesamte Zentrum ist gebührenpflichtige „Blaue Zone" mit limitierter Parkzeit. Tiefgaragen z.B. an der Plaza Mamelón nördlich der Alameda Cristina, der Plaza del Arenal und nahe Alcázar.

Mietwagen: ATESA, am Flughafen, ✆ 956 186811. AVIS, am Flughafen, ✆ 956 150005; Alameda Cristina 13 (Hotel Tryp Jerez), ✆ 956 314120. EUROPCAR, am Flughafen, ✆ 956 150098. HERTZ, am Flughafen, ✆ 956 313308. BUDGET-ROMECAR, Calle Puerto 5 (südlich des Alcázar), ✆ 956 338054.

• *Deutsches Konsulat* Av. Duque de Abrantes 44, ✆ 956 306917, ✉ 956 314054.

• *Post* Calle Cerrón s/n, am südlichen Ende der Calle Honda, einer Parallelstraße zur Calle Larga; Öffnungszeiten: Mo–Fr 8.30–20.30 Uhr, Sa 9–14 Uhr.

• *Arabisches Bad* Hammam Andalusí, Badeanlage in arabischem Stil, untergebracht in einem Stadthaus des 18. Jh. Ein Bad (1,5 h) kostet 15 €, Badekleidung erforderlich; Einlass alle zwei Stunden von 10-22 Uhr. Massagen etc. werden ebenfalls angeboten. C. Salvador 6, hinter dem Hotel Bellas Artes, ✆ 956 349066, www.hammamandalusi.com.

• *Übernachten* Unterkunftsprobleme gibt es nur zu den Veranstaltungen.

*** **Hotel Casa Grande**, 2004 eröffnetes, charmantes Hotel in zentraler Lage, untergebracht in einem restaurierten, denkmalgeschützten Bau der Zwanzigerjahre. Freundliche, hilfsbereite und serviceorientierte deutsche Leitung durch Monika Schröder (mit dem Autor dieses Führers weder verwandt noch verschwägert...). 15 komfortable, hübsch eingerichtete Zimmer mit Klimaanlage, gruppiert um einen zentralen Patio; große Dachterrasse. Parkscheine für die blaue Zone vor dem Hotel kosten 4 € für 48 Stunden. DZ 85–90 €, zu Sonderterminen bis 165 €, es gibt auch Superiorzimmer. Pl. de las Angustias 3, ✆ 956 345070, ✉ 956 336148, www.casagrande.com.es.

*** **Hotel Res. Serit**, ein freundlicher und gepflegter, recht zentral gelegener Familienbetrieb. Gute Zimmer mit TV, Garage; DZ und Ausstattung etwa 60–90 €, zur „Temporada Especial" von Ende April bis Mitte Mai bis zu 150 €. Calle Higueras 7, ✆ 956 340700, ℻ 956 340716, www.hotelserit.com.

* Hotel San Andrés II, ein ebenfalls sehr empfehlenswerter Ableger der benachbarten, gemütlichen Pensión gleichen Namens. DZ etwa 40 €, für die gebotene Ausstattung nicht zuviel. Calle Morenos 14, ✆ 956 340983, ℻ 956 343196. www.hotelsanandres.es.

* Pensión San Andrés, preiswert und gut. Schöner Patio, freundliche Leitung. DZ/Bad etwa 35 €, ohne Bad etwas günstiger. Calle Morenos 12, eine nördliche Seitengasse der Straße nach Arcos, ✆ 956 340983. Ganz in der Nähe die ebenso gute **Pensión Sanví**, ✆ 956 345624.

Jugendherberge Albergue Juvenil (IYHF), ganzjährig geöffnet. Hässliche Umgebung, komfortables Quartier. Av. Carrero Blanco 30, etwa 20 Minuten südwestlich der Plaza Arenal, von dort mit Bus Nr. 1; ✆ 956 143901.

● *Essen* Leider merkt man es manchen Restaurants in Jerez an, dass die Stadt häufig von Tagesausflüglern besucht wird: Nicht immer entspricht die Qualität den Preisen.

Rest. Carboná , knapp östlich des engeren Zentrums. Spezialität des großen, in einer schönen ehemaligen Bodega untergebrachten Restaurants sind Fleischgerichte vom Grill. Hauptspeisen überwiegend um die 12 €, Schweinernes günstiger. Calle San Francisco de Paula 2, Di und im Juli geschlossen.

Bar-Rest. Mesón Alcazaba, in der Nähe und ein Tipp für den preisgünstigen Mittagstisch: Das umfangreiche Mittagsmenü kostet hier gerade einmal 8 €. C. San Francisco de Paula 6.

Bar-Rest. El Gallo Azul, direkt in der Fußgängerzone, untergebracht in einem auffälligen halbrunden Gebäude mit Tischen im Freien. Die Bar im Erdgeschoss serviert preisgekrönte und innovative, dabei recht günstige Tapas in breiter Auswahl; das teurere Restaurant im ersten Stock ist nicht immer geöffnet. Calle Larga 2.

● *Flamenco* **Centro Andaluz de Flamenco**, das Mekka für Interessierte. Riesiges Archiv, Ausstellungen, Schule, stündliche Filmvorführung etc. Im schönen Palacio Pemartín, Plaza de San Juan 1, 300 Meter westlich der Alameda Cristina, Öffnungszeiten: Mo–Fr 9–14 Uhr; gratis. ✆ 956 349265, www.centroandaluzdeflamenco.es.

Ciudad de Flamenco: Nicht wirklich eine ganze „Flamenco-Stadt", aber doch einen (maurisch inspirierten) Komplex mit Turm und großem Garten soll das bekannte schweizerische Architektenbüro Herzog und De Meuron an der Altstadt-Plaza Belén errichten. Weit war das Projekt trotz langen Vorlaufs zuletzt jedoch nicht gediehen.

● *Feste* **Semana Santa**, die Karwoche; „Saeta"-Gesang und über 30 Prozessionen, von Donnerstag auf Karfreitag sogar bis Sonnenaufgang.

Feria del Caballo, an wechselnden Terminen etwa Anfang bis Mitte Mai. Der Pferdemarkt mit zahlreichen Wettbewerben, Riesenstimmung, Stierkampf und Musik.

Fiestas de Otoño, etwa Mitte September. Das zweiwöchige Herbstfest fällt mit der Weinlese zusammen und glänzt mit einem üppigen Beiprogramm ganz ähnlich dem der Feria de Caballo.

Sehenswertes

Catedral La Colegiata: Westlich der Plaza del Arenal. Die mächtige Kirche wurde auf den Grundmauern einer Moschee errichtet, im 17./18. Jh. jedoch fast völlig umgestaltet. Im Inneren (Mo–Sa 11.30–13, 18.30–20 Uhr, So 11–14 Uhr; gratis) lohnt ein Blick auf das Gemälde „Maria als Kind" von Zurbarán.

Alcázar: Direkt südlich der Kathedrale. Die Festung geht noch auf die Maurenzeit des 11. Jh. zurück. Innen blieben Reste maurischer Bäder und einer zur Kapelle umgebauten Moschee erhalten. Seit einigen Jahren gibt es im Alcázar auch eine *Camera Obscura* ganz ähnlich derjenigen im Torre Tavira von Cádiz.
Öffnungszeiten 1. Mai bis 15. September 10–19.30 Uhr, So von Mitte Mai bis Mitte September nur 10–15 Uhr; 15. September bis 30. April tgl. 10–18 Uhr. Eintritt Alcázar 3 €, mit Camera Obscura (spanisch: Cámara Oscura) 5,50 €, Studenten ermäßigt.

Museos de la Atalaya: So nennt sich ein Komplex an der Calle Lealas, etwas nördlich des engeren Zentrums. Untergebracht in einer früheren Bodega, besteht er im Prinzip aus zwei ganz unterschiedlichen Ausstellungen. *El Misterio de Jerez* widmet sich mit einem Museum und einer Hightech-Multimediashow den Weinen von Jerez. *El Palacio del Tiempo* ist ein Uhrenmuseum in einem alten Palast, in dem auch Silberwaren und eine Sammlung von Spazierstöcken zu sehen sind.

Öffnungszeiten Shows im El Misterio (5 €) Di–So um 10 und 12 Uhr, von März bis Oktober auch Di–Sa 18 Uhr; Führungen durch den Palacio del Tiempo (6 €) Di–Sa 10–14 Uhr, März bis Oktober auch Di–Sa 17–18.15 Uhr. Kombiticket 9 €.

Real Escuela Andaluza de Arte Ecuestre: Die „Königliche Andalusische Schule der Reitkunst", eine noble, palastartige Anlage, befindet sich in einem Park an der Avenida Duque de Abrantes s/n, in Fußentfernung nördlich des Zentrums. Wer donnerstags oder (von Frühjahr bis Herbst) dienstags kommt, kann die Dressurvorführung *Como Bailan los Caballos Andaluces* sehen, den „Tanz der Andalusischen Pferde". An den übrigen Wochentagen muss man sich mit dem kaum weniger interessanten Training begnügen. Seit 2002 gibt es auch ein teilweise interaktiv ausgestattetes Kutschenmuseum (Museo del Enganche).

• *Zeiten/Preise* Dressur-Vorführungen donnerstags, von März bis Oktober auch dienstags (besser, weil nicht so voll) sowie im August auch freitags, jeweils um 12 Uhr, Eintrittsgebühr 17–23 €; Training an den übrigen Tagen von Mo–Fr 11–13 Uhr, Eintritt rund 9 €, Studenten, Rentner und Kinder jeweils ermäßigt. Reservierung (Aufpreis zum normalen Ticket) geraten, möglich unter ✆ 956 318008 oder in jedem Reisebüro. Das Kutschenmuseum öffnet Mo–Sa 11–15 Uhr; 3 €. www.realescuela.org.

Museo Arqueológico: In einem Palast an der Plaza del Mercado im Westen des Zentrums. Erst wenige Jahre alt, zeigt die chronologisch geordnete Ausstellung auf drei Stockwerken Fundstücke aus Jerez und Umgebung.

Öffnungszeiten Zuletzt in Renovierung.

Sherry in Jerez

Die Wasser speichernden Kalkböden und das ideale Klima um Jerez nutzten schon die Phönizier und nach ihnen die Römer zum Weinbau; auch unter maurischer Herrschaft wurde die Tradition fortgesetzt, trotz des Verbots von Alkohol durch den Koran. Zu seinem internationalen Namen kam der Sherry durch den Überfall von Sir Francis Drake auf Cádiz 1587. Der Engländer griff sich 3000 Fässer Wein und ließ sie in seine Heimat bringen. Großbritannien war begeistert, doch konnte man dort den Namen Jerez nicht aussprechen, also: Sherry. Übrigens ist Jerez nicht nur die Stadt der Sherrys, sondern auch der Brandys – die besten Sorten reifen in alten Sherryfässern.

> **Herstellung**: Zwei Eigentümlichkeiten sind ursächlich für den besonderen Geschmack der Sherry-Weine. Zum einen die Methode der Gärung, bei der eine „Flor" genannte Hefedecke den Wein vor Oxidation schützt. Zum anderen das *Solera*-Verfahren: Vom jungen Wein wird eine gewisse Menge abgezapft und durch Sherry des vorherigen Jahrgangs ersetzt, die Fehlmenge dieses Fasses wieder durch einen Vorjahrgang und so fort; was aus dem ältesten Fass entnommen wurde, wird mit neuem Wein aufgefüllt. Sherry ist also kein Jahrgangswein, sondern besitzt stets gleichbleibende Qualität.
>
> **Hauptsorten**: *Fino* ist der trockenste Sherry, von heller, fast blasser Farbe und einem Alkoholgehalt um 15 %, ideal als Aperitif. *Amontillado* ist etwas dunkler, einen Hauch süßer und kräftiger: 16–18 %. *Oloroso*, noch dunkler und schwerer, erreicht gar 18–20 %. *Cream* ist meist ein Oloroso, der mit speziellen Süßweinen verschnitten wird. Er ist süß und etwa 20 % stark.

Andalusien

Bodega-Führungen: Meist nur von Montag bis Freitag, teilweise ist Voranmeldung nötig. Im August kann es schwierig werden, eine offene Bodega zu finden, viele haben auch Betriebsferien. Unten nur eine Auswahl der bekanntesten Adressen; es gibt noch viele Bodegas mehr. Die angegebenen Zeiten können sich ändern, deshalb vorher das Fremdenverkehrsamt kontaktieren. Die Führungen dauern etwa eine Stunde und werden natürlich mit einigen Probiergläschen abgeschlossen.

Tío Pepe (González-Byass): González-Byass ist Hersteller der bekannten Marke Tío Pepe, benannt nach dem Onkel (Tío) des Firmengründers, der seinen Neffen anfangs finanziell unterstützt hatte. Auf den Führungen zu sehen sind unter anderem Fässer, die von Berühmtheiten wie Winston Churchill, El Cordobés, Paco de Lucía, Steven Spielberg und Ayrton Senna signiert wurden; ausgestellt ist leider auch ein Fass mit der Unterschrift Francos (früher von einer Panzerglasplatte geschützt!). Führungen per Minizug nach Sprachen getrennt, Zeiten (Sommer) auf Deutsch zuletzt Mo–Sa 12.15 Uhr, 14 Uhr (mit Tapas) und 17.15 Uhr, auf Englisch stündlich 11.30–13.30 Uhr und 16.30–18.30 Uhr, auf Spanisch stündlich 11–14 Uhr und 17–19 Uhr, am So nur die Vormittagstermine; Änderungen der Uhrzeiten sind leider nicht selten. C. Manuel María Gonzalez s/n, nahe Kathedrale. Gebühr 9 €, mit Tapas 13 €. ☏ 956 357016, www.bodegastiopepe.com.

Fundador Pedro Domecq: Führungen stündlich Mo–Fr 10–13 Uhr, 7 €; Di, Do und Sa um 14 Uhr mit Tapas; 12 €. Nachmittags und am Wochenende nur nach Anmeldung. C. San Ildefonso 3, ebenfalls nicht weit von der Kathedrale. ☏ 956 151500. www.bodegasfundadorpedrodomecq.es.

Sandeman: Etwa stündliche Führungen Mo–Fr 10.30–15.30 Uhr, teilweise auch auf Deutsch; Gebühr 6 € (mit Tapas 12 €), Sa und nachmittags nur nach Voranmeldung. Ein Leser fand die Führung etwas „langweilig". C. Pizarro 10, nahe der Königlichen Reitschule, ☏ 956 151700, www.sandeman.com.

Artistisch: Sherry-Spezialist beim Einschenken

Arcos de la Frontera

Grandios ist schon die Lage des „Weißen Dorfs" auf einem steilen Felsrücken, der sich in eine Schleife des Rio Guadalete zwängt.

Arcos, mit fast 30.000 Einwohnern eher schon eine Kleinstadt, liegt an der *Ruta de los Pueblos Blancos*, der vom andalusischen Fremdenverkehrsamt ausgewiesenen „Route der Weißen Dörfer", und wurde dennoch vom Tourismus nicht völlig vereinnahmt: kaum Souvenirgeschäfte, aber steile Gassen, eben mal so breit, dass ein bepackter Maulesel durchpasst, schmucke Kirchen und weite Ausblicke. Die Zufahrt zur Altstadt erfolgt über die von Westen kommende *Calle Corredera*. Autos sollte man besser vor dem Gewirr der engen Gassen parken. Der Hauptplatz des Ortskerns ist die *Plaza del Cabildo* (auch: Plaza de España), der dortige Parador ausgeschildert.

Provinz Cádiz / Arcos de la Frontera

- *Information* **Oficina Municipal de Turismo**, direkt an der Plaza del Cabildo s/n. Öffnungszeiten Mo–Fr 10.30–14.30, 17–20 Uhr (Winter 16–19 Uhr), Sa 10.30–13.30, 17–19 Uhr (Winter 16–18 Uhr), So 10.30–13.30 Uhr. Auch Infos zu Stadtspaziergängen. ✆ 956 702264, ℻ 956 702226.
www.ayuntamientoarcos.org.
Infokiosk an dem der Altstadt vorgelagerten Paseo Andalucía, geöffnet Mo–Fr 10.30–13.30, 17–19 Uhr, Sa 10–14 Uhr.
- *Verbindungen* **Bus**: Busbahnhof an der Calle Corregidores, etwa eine Viertelstunde südwestlich unterhalb der Altstadt; etwa halbstündlich verkehrt ein Verbindungsbus. AMARILLOS nach Jerez etwa stündlich, Sevilla 2-mal, Cádiz 5-mal, El Bosque und Ubrique 7-mal täglich. COMES nach Cádiz 5-mal, Jerez 7-mal, Olvera und Setenil 1-mal, Ronda 4-mal und Málaga via Marbella 1-mal täglich.
- *Übernachten* *** **Parador de Arcos**, mitten in der Altstadt. Traumhafte Lage, von vielen Zimmern und auch der Terrasse öffnet sich ein überwältigendes Panorama. Parkmöglichkeit am Platz. DZ etwa 145-155 €. Plaza del Cabildo s/n, ✆ 956 700500, ℻ 956 701116, www.parador.es.
* **Hotel Mesón La Fonda**, westlich nahe der Altstadt. In einem hundertjährigen Haus, dicke Mauern, Deckenbalken. Freundliche Besitzerin. Viel Stil für relativ wenig Geld: DZ etwa 50–60 €. Ein gutes Restaurant ist im Haus. Debajo del Corral s/n, am Anfang der Corredera, ✆/℻ 956 700057.
* **Pensión Callejón de las Monjas** in der Nähe der Plaza del Cabildo, direkt neben der Kirche Santa María und jenseits einer engen Durchfahrt. Nur wenige Zimmer, modern möbliert. DZ/Bad mit Klimaanlage 35 €, mit Terrasse 40 €; DZ ohne Bad 30 €. Auch Apartments, eine Bar ist angeschlossen. Calle Deán Espinosa 4, ✆ 956 702302.
- *Camping* **Arcos de la Frontera**, 1. Kat., unweit des Stausees Embalse de Arcos im Nordosten der Stadt, Urbanisation Santiscal. Prinzipiell recht ordentlicher Platz mit Pool, der jedoch, ebenso wie die angeschlossene Bar, nur im Sommer in Betrieb ist. Ganzjährig geöffnet. P.P. 4 €, Zelt und Auto 3,50 €. Stadtbusse Richtung El Santiscal ab Plaza España zwischen Busbahnhof und Altstadt, Verbindungen 5-mal tgl., im Sommer häufiger. Beste Autozufahrt über die A 372 nach Grazalema/Ubrique, ✆ 956 708333, ℻ 956 708000,
www.campinglagodearcos.com.
- *Essen* **Rest. Mesón de la Fonda**, im gleichnamigen Hotel, jedoch unabhängig betrieben. Altes Gemäuer mit hübscher Atmosphäre, die Küche wurde von Lesern gelobt. Tagesmenü 10 €, Hauptgerichte um die 12-14 €. Debajo del Corral s/n.
Rest. Mesón Los Murales, an der Hauptroute durch die Altstadt. Beliebt und oft gut besucht vor allem wegen der schönen Lage an den alten Mauern. Das Tagesmenü für etwa 9 € bietet jedoch keine originelle Auswahl, à la carte speist man laut einer Leserzuschrift besser. Plaza Boticas.
- *Feste* **Encierro de Aleluya**, Ostersonntag. Stierlauf durch die Gassen à la Pamplona, jedoch ohne Corrida.

Iglesia de Santa María de la Asunción, an der Plaza del Cabildo. Die im 16. Jh. errichtete Kirche birgt eine Orgel des 18. Jh., die unter Denkmalschutz steht, und einen schönen dreiteiligen Renaissance-Altar, an dem mehrere Künstler rund 20 Jahre lang arbeiteten. Ganz in der Nähe bietet der Aussichtspunkt „Balcón de Arcos" einen weiten Blick auf den Fluss und die wellige Hügellandschaft dahinter. Die wehrhaft erscheinende Pfarrkirche *Iglesia San Pedro* steht ein Stück weiter östlich fast am Abgrund und vereint Stilelemente der Gotik, Renaissance und des Barock.

▸ **Weiterreise: Richtung Ronda** führt die A 382 über das hübsche Bornos am gleichnamigen Stausee und weiter durch die Gebirgszüge verschiedener Sierras. Die Alternativstrecke A 372 ist ebenfalls reizvoll, bietet zudem die Möglichkeit eines Stopps im „Weißen Dorf" *Grazalema*, das im Kapitel zu Ronda näher beschrieben ist.

Richtung Küste, durch ausgedehnte Großgrundbesitze mit Stierweiden, kann man einen Abstecher nach *Medina Sidonia* ins Auge fassen: ein weißes Dorf in ähnlich beherrschender Hügellage wie Arcos, jedoch viel weniger von Fremden besucht, früher Sitz des gleichnamigen Herzogtums.

*„So groß, dass jeder, der sie sieht, uns für verrückt hält":
Sevillas Kathedrale mit der Giralda*

Provinz Sevilla

Wer Sevilla sagt, meint die Stadt Sevilla. Die Hauptstadt Andalusiens dominiert ihre Provinz, alle größeren Straßen sind auf sie ausgerichtet.

Zusammen mit dem sie umgebenden Kranz weiterer Städte bildet die Metropole den weitaus größten Siedlungsraum und das wichtigste Wirtschaftszentrum Südspaniens. Abseits der Hauptstadt ist die Provinz Sevilla dagegen noch absolut ländlich strukturiert. Das Bild bestimmen die ausgedehnten, fruchtbaren Ebenen im Tal des Guadalquivir und seiner Nebenflüsse, die Landwirtschaft in wirklich großem Stil erlauben. Die Dörfer und kleinen Städtchen, die wie *Carmona*, *Écija* und *Osuna* hier in der Hitze dösen, bewahren manch architektonische Perle.

Sevilla

Mit über 700.000 Einwohnern ist Sevilla die viertgrößte Stadt Spaniens. Die Metropole Andalusiens hat viele Gesichter. Wer nur die folkloristischen Klischees sucht, wird den vielen Facetten Sevillas nicht gerecht.

Als Heimat des Don Juan, der Carmen und des berühmten Barbiers prägt Sevilla das gängige Andalusienbild wie keine andere Stadt. Das weckt Erwartungen. Mancher Besucher ist deshalb enttäuscht, wenn er nicht an jeder Ecke Flamenco hört. Sevilla ist eine zukunftsorientierte Stadt, die in den letzten Jahrzehnten gewaltigen wirtschaftlichen Aufschwung genommen hat und weiterhin wächst. Die Zuwanderung ist enorm. Da der ökonomische Erfolg vor allem den höheren Schichten zugute kam, erreichen Arbeitslosen- und Kriminalitätsrate spanische Spitzenwerte.

Das andere, das charmante Bilderbuchsevilla, findet parallel trotzdem statt. Während der berühmten Fiestas wird rund um die Uhr gefeiert. Die Abende und Nächte am Ufer des Guadalquivir und im Barrio de Santa Cruz sind immer noch romantisch. Und die wahrhaft glänzenden Monumente aus der langen Geschichte einer Stadt, die einst die reichste Spaniens war, sind ohnehin prächtig genug, um einen Besuch in Andalusiens Hauptstadt zum Pflichtprogramm zu machen. Vielleicht ist ja doch etwas dran am selbstbewussten Spruch der Einwohner: *Qien no ha visto Sevilla, no ha visto maravilla* – „Wer Sevilla nicht gesehen hat, der hat noch kein Wunder gesehen".

Orientierung: Sevillas Zentrum liegt östlich des Río Guadalquivir, der die Stadt etwa in Nord-Süd-Richtung durchfließt. Hauptstraße ist die *Avenida de la Constitución*. In ihrer unmittelbaren Umgebung warten mit Kathedrale, Giralda und dem Alcázar die bedeutendsten Sehenswürdigkeiten. Östlich schließt sich das *Barrio de Santa Cruz* an, Sevillas lauschiges Vorzeigeviertel. Die Grenzen der Avda. de la Constitución bilden im Süden der Verkehrsknotenpunkt *Puerta de Jerez* und im Norden der Doppelplatz *Plaza San Francisco/Plaza Nueva*, an dem das Geschäftsviertel um die Haupteinkaufsstraße *Calle Sierpes* beginnt. Südlich des engeren Zentrums liegen der Park *Parque de María Luisa* und das Gelände der Iberisch-Amerikanischen Ausstellung von 1929, die *Plaza España*. Jenseits des Guadalquivir sind zwei ehemals selbstständige Siedlungen zu abendlichen und nächtlichen Anlaufadressen avanciert: das volkstümliche *Barrio de Triana* auf Höhe des Zentrums und, südlich anschließend, das moderne *Barrio de los Remedios* auf Höhe des Parque de Maria Luísa.

Geschichte

Wohl eine Gründung der Iberer, später von Phöniziern und Karthagern besiedelt, wurde das damalige *Hispalis* 205 v. Chr. von den Römern erobert und in *Colonia Julia Romula* umbenannt. Julius Cäsar machte die Siedlung zur Hauptstadt der Südprovinz Baetica. Ab 441 geriet Sevilla in die Hand der Westgoten und fungierte auch unter deren Herrschaft zeitweise als Hauptstadt. 712 wurde Sevilla von den Mauren erobert und hieß fortan *Ichbiliya*. Zunächst eigenständig, dann von den Omaijaden aus Córdoba regiert, später Sitz eines Teilkönigreichs, erlebte die Stadt einen solchen Aufschwung, überflügelte Córdoba nach dem Zerfall der Omaijadenherrschaft sogar. Fast alle heute bestehenden maurischen Bauwerke entstanden unter der fundamentalistischen Almohaden-Dynastie, die ab 1146 herrschte. 1248 wurde Sevilla von den Christen unter Ferdinand III. zurückerobert. Die Entdeckung Amerikas brachte Sevilla eine neue Blütezeit. Die Stadt besaß als Sitz der für den Warenverkehr mit Amerika zuständigen Behörde *Casa de Contratación* das Handelsmonopol für die überseeischen Kolonien. Unermessliche Reichtümer flossen aus den Gold- und Silbergaleonen, erneut entstanden prächtige Bauten. Der Segen hatte ein Ende, als im 17. Jh. eine Pestepidemie wütete, der Guadalquivir versandete und die Casa de Contratación nach Cádiz verlegt wurde.

Information

● *Fremdenverkehrsämter* **Oficina de Turismo de la Junta de Andalucía**, Avenida de la Constitución 21 b, zuständig für Stadt, Provinz und ganz Andalusien. Häufig großer Andrang. Öffnungszeiten: Mo–Fr 9– 20 Uhr, Sa 10–14, 15–19 Uhr, So 10–14 Uhr. ✆ 954 787578, ✉ 954 787579, otsevilla@anda lucia.org. Zweigstellen im Airport (✆ 954 449128) und im Bahnhof (✆ 954 782002).
Turismo de la Provincia, Plaza del Triunfo 1-3, beim Alcázar. Das Büro der Provinz Sevilla, geöffnet Mo–Sa 10.30–14.30, 15.30– 19.30 Uhr, So 10–14 Uhr. ✆ 954 210005.

Andalusien

Sevillas elegante Seite: die Plaza de España

Turismo de Sevilla, Calle Arjona 28, in Flussnähe unweit der Plaza de Toros. Sehr informatives Büro der Stadt, geöffnet Mo–Fr 8.15–20.45 Uhr, von September bis Juni auch Sa/So 9–13.45 Uhr. ℡ 954 221714. Filiale im Zentrum an der Plaza San Francisco 19, nahe der Calle Sierpes; Mo–Fr 8–20 Uhr, im Sommer nur 8–15 Uhr. ℡ 954 595288.

- *Internet-Info* **www.turismo.sevilla.org**, die Site des städtischen Touristik-Konsortiums. Auch auf Deutsch.
www.exploreseville.com, Super-Seite auf Englisch, gedacht für Besucher, Studenten und ausländische Dauerbewohner Sevillas. Sehr viel Information.

Verbindungen/Adressen

- *Verbindungen* **Flug**: Flughafen San Pablo (Info: ℡ 954 449000) zwölf Kilometer außerhalb nahe der A 4 nach Córdoba. Halbstündliche Busverbindung mit der Linie EA ab der Calle José María Osborn (Busbahnhof Prado San Sebastián) via Bahnhof, p.P. etwa 2 €. Taxis kosten etwa 18–20 €.

Zug: Estación de Santa Justa (Renfe-Info: ℡ 902 240202) östlich außerhalb des Zentrums an der Avenida Kansas City s/n; Telefonzentrale, Gepäckaufbewahrung und kleine Infostelle. Bus Nr. 32 fährt zur Plaza de la Encarnación im nördlichen Zentrumsbereich, die Busse C1 und C2 („Circular exterior") fahren in gegenläufiger Richtung einen Rundkurs um das erweiterte Zentrum und kommen dabei auch in der Nähe des Busbahnhofs Prado San Sebastián (kürzere Route: C1) vorbei. Züge nach Almería 4-mal, Jerez und Cádiz alle ein bis zwei Stunden, Granada 4-mal, Huelva 3-mal, Málaga 5- bis 6-mal täglich. Nach Córdoba etwa stündlich, darunter allerdings auch viele teure AVE-Verbindungen. Nach Barcelona 3-mal täglich, Madrid etwa stündlich, ganz überwiegend mit dem teuren Hochgeschwindigkeitszug AVE.

Bus: Sevilla besitzt zwei Busbahnhöfe, im Zweifel besser die Infostellen kontaktieren. Die Stadtbuslinien C3 und C4 („Circular Interior") umrunden gegenläufig das innere Zentrum und verbinden dabei auch die beiden Busbahnhöfe.

Estación Prado San Sebastián (Info: ℡ 954 417111), der ältere der beiden Busbahnhöfe, liegt einige Blocks nördlich des Parks Parque de María Luisa und unweit der ebenfalls Prado San Sebastián genannten Haltestelle der neuen Straßenbahn Tranvía; auch die Metro L1 besitzt hier eine Station, siehe jeweils auch „Stadtverkehr". Hier starten Busse zu den meisten Zielen Andalusiens,

Provinz Sevilla / Sevilla

speziell nach Süden und Osten: AMARILLOS nach Arcos 2-mal, Fuengirola/Marbella 2-mal, Ronda 7-mal täglich; COMES nach Jerez 5-mal, Cadiz 9-mal, Chiclana 6-mal, Tarifa 4-mal, Algeciras 3-mal täglich; LINESUR/STARCLASS nach Écija 7-mal, Jerez 11-mal, Algeciras 10-mal täglich; ALSINA-GRAELLS nach Almería 3-mal, Córdoba 8-mal, Granada 8-mal und Málaga 10-mal täglich. CASAL nach Carmona etwa stündlich.

Estación Plaza de Armas (✆ 954 908040), der neuere Busbahnhof in Flussnähe, ist für die meisten Fernbusse (Extremadura, Kastilien, Madrid) und für die Provinz Huelva zuständig: DAMAS fährt unter anderem nach Matalascañas je nach Saison 5- bis 10-mal täglich, nach Huelva halbstündlich bis stündlich, Ayamonte 6-mal täglich, CASAL nach Aracena 2-mal täglich.

• *Stadtverkehr* **Auto**: Auf die oft anzutreffenden selbst ernannten Parkwächter („Gorillas") sollte man sich nicht verlassen. Unbedingt Parkhäuser bzw. bewachte Parkplätze ansteuern, trotzdem besser nichts im Auto lassen. Viele Plätze im Freien an der Avenida de Carlos IV., nördlich der Plaza España, allerdings kaum bewacht. Parkhäuser sind im Zentrum beschildert, z. B. beim Busbahnhof Plaza de Armas und am Paseo de Cristobal Colón.

Mietwagen: Die internationalen Anbieter (EUROPCAR etc.) sind z. T. auch am Flughafen vertreten. Einige Vermieter im Zentrum: AVIS, im Bahnhof, ✆ 954 537861; ATESA, Av. Kansas City 32 (Nähe Bahnhof), ✆ 954 573131; CROWN, Avda. Kansas City 32, ✆ 954 980214.

Stadtbusse: Normalerweise unnötig, da die meisten Sehenswürdigkeiten im Zentrum liegen. Dichtes Netz, häufig bediente Plätze in der Innenstadt sind Plaza Nueva und Plaza de la Encarnación. Tickets gibt es im Bus, deutlich preisgünstigere Zehnertickets („Bonobus") am Kiosk, einen Faltplan der Linien bei den Infostellen.

Straßenbahn T1: Die noch recht neue „Tranvía" (oder „Metro Centro", wie sie auch genannt wird) führt auf einer bislang relativ kurzen Wegstrecke von der Plaza Nueva über die Avenida de la Constitución zur Puerta de Jerez und weiter zum Park Prado San Sebastián unweit der gleichnamigen Busstation; in der Verlängerung soll sie künftig bis zum Renfe-„Vorortbahnhof" San Bernardo reichen.

Metro: Insgesamt vier U-Bahn-Linien sind für Sevilla geplant. Nach langer Verzögerung jetzt zumindest teilweise fertiggestellt ist die Linie L1, die, vom Ausstellungsgelände Ciudad Expo kommend, an der Puerta de Jerez das Stadtzentrum streift und über den Prado San Sebastián weiter in die südöstlichen Vororte führt.

Flussfahrten auf dem Guadalquivir veranstaltet die Gesellschaft „Cruceros Torre del Oro". **Flussfahrten** auf dem Guadalquivir veranstaltet die Gesellschaft „Cruceros Torre del Oro". Tägliche Abfahrten bei der Torre del Oro, zur Saison halbstündlich ab 11 Uhr bis 23 Uhr, im Winter etwas eingeschränkter; Dauer etwa eine Stunde, Preis p.P. etwa 15 €. Aktuelle Daten bei den Infostellen oder unter ✆ 954 561692, www.crucerostorredeloro.com.

• *Adressen* **Deutsches Konsulat**: Calle Fernández y González 2/2 (nahe Plaza San Francisco); ✆ 954 230204, ✉ 954 239552.

Österreichisches Konsulat: Calle Cardenal Ilundáin 18, Portal 1-5 F (stadtauswärts ein gutes Stück hinter dem Parque de María Luisa); ✆/✉ 954 987476.

Fundbüro (Objetos Perdidos): Calle Manuel Vazquez Sagastizabal 3 bajo, beim Busbahnhof Prado San Sebastián, ✆ 954 420703. Auch nach Diebstahl kontaktieren: Meist ist nur das Geld interessant, Pass, Schlüssel etc. werden weggeworfen.

Internet-Zugang: Kostenfrei ist die Internet-Nutzung in der städtischen Infostelle an der Plaza San Francisco 19.

Cibercenter, C. Julio César 8, eine Seitenstraße der C. Reyes Católicos, ✆ 954 228899. Internet Multimedia Center, Calle Adriano 7, nahe Arena, ✆ 954 502543.

Cyber Alcázar, C. San Fernado 23/2. A, nahe Puerta de Jerez, ✆ 954 501485.

Post: Avenida de la Constitución 32, Höhe Kathedrale. Öffnungszeiten: Mo–Fr 10–20.30 Uhr, Sa 9.30–14 Uhr.

Waschsalon: Lavasol an der Calle Angostillos 2, Pasaje Los Azahares, nicht weit von der Plaza Duque de la Victoria.

Arabische Bäder: Baños Árabes Aire de Sevilla, eine maurische Badeanlage, wie es sie inzwischen in fast jeder andalusischen Großstadt gibt. Hier ist sie in einem ehemaligen Palast untergebracht, dessen Untergeschoss tatsächlich noch einen alten Hammam beherbergt. Einlass im Zweistunden-Turnus zwischen 10 und 24 Uhr, Bad (Badekleidung erforderlich) 20 €. Eine Teestube (tetería) ist angeschlossen. Calle Aire 15 im Barrio Santa Cruz, etwa zwischen Calle Mateos Gago und Calle San José, ✆ 955 010024, www.airedesevilla.com.

Andalusien

Sprachkurse: Sevilla ist eine sehr beliebte Destination ausländischer Sprachschüler. Private Sprachschulen gibt es in breiter Auswahl, die Fremdenverkehrsämter halten eine Liste bereit. Das Spracheninstitut der Universität Sevilla offeriert mehrere Kurse „Spanisch für Ausländer", die sich sowohl an Anfänger als auch an Fortgeschrittene wenden. Anfragen an: Instituto de Idiomas, Universidad de Sevilla, Cursos de Español; Avenida Reina Mercedes s/n, 41012 Sevilla; ✆ 954 551156, www.centro.us.es/idi.

Übernachten (siehe Karte S. 478/479)

Satte Preise, die dem Gebotenen nur selten entsprechen. Zu Großveranstaltungen (Semana Santa, Feria de Abril) ist Sevilla voll belegt. Reservierungen mehrere Monate vorab sind dann unumgänglich, zudem erreichen die Preise ungeahnte Höhen. Viele Pensionen setzen ihre offiziellen Preisangaben sehr hoch an, räumen außerhalb der Saison jedoch deutliche Rabatte ein – oft lohnt es sich, ein wenig zu verhandeln. Generell ist es deshalb schwierig, für Quartiere in Sevilla exakte Preise zu nennen.

Barrio de Santa Cruz und Umgebung

Eine romantische Adresse, viele Quartiere mit Patio. Autofahrer müssen in der Regel eine ganze Ecke entfernt parken; bewachte Parkmöglichkeiten an der Plaza Encarnacíon und der Calle María Recardeo.

***** **Hotel Casa Imperial (29)**, nahe der Plaza de Pilatos. Exklusives Quartier in einem bildschönen Adelspalast des 16. Jh. errichtet rund um einen Patio mit doppelstöckigem Arkadenumgang. Deutscher Eigentümer, auch das Personal spricht Deutsch. Junior-Suite für zwei Personen je nach Saison 215–270 €, Suite 270–340 €, zu den Hauptfesten 370 € bzw. 440 €. Calle Imperial 29, ✆ 954 500300, ✆ 954 500330, www.casaimperial.com.

**** **Hotel Las Casas del Rey de Baeza (25)**, in der Nähe und eine ebenso edle Alternative. Die modernen Installationen bilden einen reizvollen Kontrast zum Charakter des historischen, im 18. Jh. errichteten Gebäudes, das einst der Adelsfamilie Medinaceli gehörte. Schöne Dekoration, jeder Komfort, eigene Tiefgarage, Swimmingpool auf dem Dach. DZ nach Saison und Ausstattung 175–255 €. Plaza Cristo de la Redención 2, ✆ 954 651496, ✆ 954 561441, www.hospes.es.

**** **Hotel Husa Los Seises (45)**, nur einen Katzensprung von der Kathedrale. Auch dieser Palast des 16. Jh. wurde zum Hotel umgebaut; bei den Arbeiten kam eine Reihe archäologischer Funde zutage. Elegantes Interieur, komfortable Zimmer, der Clou ist jedoch der Dachterrassenpool mit Giralda-Blick. Gutes Restaurant. DZ nach Saison etwa 175–220 €. Calle Segovias 6, ✆ 954 229495, ✆ 954 224394, www.hotellosseises.com.

**** **Hotel Rey Alfonso X. (49)**, in guter Lage an einem kleinen Platz der Judería. Zwei historische Gebäude des 19. Jh. wurden 2002 in dieses Hotel umgebaut, das innen erstaunlich modern konzipiert ist. Eigene Garage. DZ etwa 150 €, zu bestimmten Terminen (z.B. im Hochsommer) mit „ofertas" deutlich günstiger. Calle Ximenez de Enciso 35, ✆ 954 210070, ✆ 954 564278, www.reyalfonsox.com.

**** **Hotel High Tech Petit Palace (43)**, ein Lesertipp von Dr. Ute Waffenschmidt: „Einst Teil der alten Uni und eines Klosters. Viele alte Bauelemente sind erhalten, aber die Innenausstattung ist supermodern, auf den Zimmern Trimmrad, Flatscreenbildschirm, Whirlpoolwanne etc." DZ etwa 150–175 €, zur NS mit Internetangeboten auch mal deutlich günstiger. C. Muñoz y Pavón 18, ✆/✆ 954 221032, www.hotelpetitpalacesantacruz.com.

*** **Hotel Las Casas de la Judería (50)**, ebenda und gleichfalls eine charmante Adresse. Auf mehrere historische Gebäude und Innenhöfe verteiltes Quartier, das insgesamt 95 Zimmer zählt, unterschiedlich ausgestattet und dekoriert, z. T. mit eigenen Patios oder Balkonen. Garage. DZ nach Saison und Ausstattung etwa 150–190 €, DZ mit „Salón" und Suiten gegen Aufpreis. Plaza Santa María La Blanca, Callejon de Dos Hermanas 7, ✆ 954 415150, ✆ 954 422170, www.intergrouphoteles.com.

*** **Hotel Las Casas de los Mercaderes (36)**, ein Schwesterhotel der Casas de la Judería, gelegen in einer Fußgängerzone unweit der Plaza Salvador. Knapp 50 kom-

Provinz Sevilla / Sevilla

fortable Zimmer, hübscher Patio, Garage. DZ nach Saison etwa 120–150 €. Calle Álvarez Quintero 3, ☎ 954 225858, ℻ 954 229884, www.intergrouphotelescom.

** Hotel Hostería del Laurel (71), an einem winzigen Platz im Barrio, praktisch nur zu Fuß zu erreichen. Hübsches historisches Gebäude mit funktionellen, gut ausgestatteten Zimmern mit TV und vor allem mit Klimaanlage – ein in Sevilla nicht zu unterschätzender Vorteil. Beliebtes Bar-Restaurant mit prima Tapas angeschlossen. DZ/F 95–110 €, zu Spitzenzeiten ein relativ moderater Aufschlag von 16 € pro Zimmer. Plaza de los Venerables 5, ☎ 954 220295, ℻ 954 210450, www.hosteriadellaurel.com.

** Hotel Amadeus Sevilla (46), in einer engen, ruhigen Gasse. Ein ungewöhnliches, musikalisch und künstlerisch inspiriertes Hotel, in dem gelegentlich auch Konzerte oder Ausstellungen stattfinden. Nur 14 Zimmer unterschiedlicher Ausstattung, Lage und Dekoration, allesamt jedoch komfortabel und hübsch eingerichtet; Dachterrasse. DZ nach Ausstattung etwa 95–115 €, gegen Aufpreis gibt es auch Junior Suiten bzw. Dachzimmer. Calle Farnesio 6, ☎ 954 501443, ℻ 954 500019, www.hotelamadeussevilla.com.

** Hotel Un Patio en Santa Cruz (60), hübsches und noch recht junges, gut geführtes kleines Hotel unweit der Calle Santa María La Blanca, die Tiefgarage an der dortigen Puerta de la Carne ist nicht weit entfernt. Moderne Zimmer, Dachterrasse. DZ etwa 75–95 €. C. Doncellas 15, ☎ 954 539413, ℻ 954 539461, www.patiosantacruz.com.

** Hotel Murillo (67), ein alter Stadtpalast, der vor Antiquitäten und Nippes fast überquillt. Die Zimmer sind vergleichsweise eher funktional. Um die Ecke eine gleichnamige Dependance mit etwas teureren Apartments. DZ etwa 65–85 €. Calle Lope de Rueda 7, von der Calle Santa María la Blanca über die Calle Ximénez de Enciso, ☎ 954 216095, ℻ 954 219616, www.hotelmurillo.com.

** Hotel Zurbarán (76), unweit des Alcázar und der Kathedrale. Teil einer kleinen Kette, die in der Nähe noch einige Pensionen betreibt. Deren Preis allerdings liegt nicht unter dem des Hotels, das die größeren Zimmer bietet. Freundlich und mit Charme dekoriert, komfortabel ausgestattete Zimmer mit TV und Klimaanlage, die im Winter auch heizt. DZ/Bad etwa 60–70 €. C. Mariana de Pineda 10, ☎ 954 210646, www.grupo-piramide.com.

** Pensión Hostal Van Gogh (73), eine der besagten weiteren Pensionen der „Piramide"-Gruppe. 2001 eröffnet und prinzipiell freundlich und mit Charme dekoriert; Zimmer mit TV und Klimaanlage, die im Winter auch heizt. Das Zimmer gegenüber der Rezeption sollte man meiden; Achtung zudem, es gibt auch fensterlose Räume nach innen. DZ/Bad etwa 60–70 €. Calle Miguel de Mañara 1, ☎/℻ 954 563727, www.grupo-piramide.com.

* Pensión Hostal Picasso (75), noch eine der „Piramide"-Pensionen, ums Eck vom Hotel Zurbarán und 1999 eröffnet. DZ/Bad etwa 60–70 €, auch günstigere Zimmer ohne Bad. Calle San Gregorio 1, ☎ 954 210864, www.grupo-piramide.com.

** Pensión Hostal Sierpes (39), mit dem Vorteil einer eigenen Garage; die Anfahrt durch die engen Gassen des Barrio gestaltet sich allerdings sehr haarig. Als Gebäude stilvoll, die Zimmer nüchtern, teilweise ziemlich dunkel, aber sauber und, speziell die zur Innenseite gelegenen, erfreulich ruhig. Insgesamt durchaus ordentlich. DZ/Bad 55–65 €; die Garage gibt wie üblich extra. C. Corral del Rey 22, von der Kathedrale über die Calle Argote Molina, ☎ 954 224948, ℻ 954 212107, www.hsierpes.com.

** Pensión Córdoba (47), beim Hotel Amadeus Sevilla. Geräumige Zimmer mit Klimaanlage und Heizung, gute Bäder. Insgesamt empfehlenswert und auch von Lesern gelobt. DZ/Bad etwa 55–60 €, ohne Bad 45–55 €. Calle Farnesio 12, ☎ 954 227498.

** Pensión Hostal Puerta Carmona (31), knapp außerhalb des Barrio Santa Cruz selbst, unweit der Casa de Pilatos. Die 2002 eröffnete Pension ist ein Ableger des bewährten Hotels Maestre in Córdoba und bietet zu vernünftigen Preisen hotelähnlichen Komfort; die 14 Zimmer sind zwar nicht sehr groß, aber mit TV und Klimaanlage ausgestattet. DZ/Bad 50 €. Plaza de San Agustín 5, ☎ 954 988310, ℻ 954 533986, hostalpuertacarmona@yahoo.es.

* Pensión Hostal Callejón del Água (42), nahe dem Hostal Sierpes, ein hübsches Quartier mit Preisen, die etwas über dem Standard dieser Kategorie liegen. Die ordentlich ausgestatteten Zimmer tragen die Namen der Bruderschaften der Semana Santa. 2006 komplett renoviert, blitzsauberer Innenhof. DZ/Bad 60–100 €. Calle Corral del Rey 23, ☎ 954 219189, ℻ 954 224792, www.callejondelagua.es.

Andalusien Karte S. 326/327

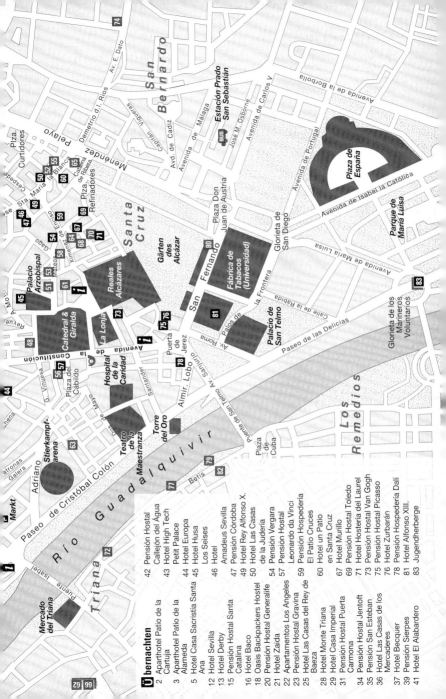

Andalusien

*** Pensión Hostal Toledo (69)**, in recht günstiger Lage, aber nichts für Nachtschwärmer: Neuankömmlinge werden zunächst belehrt, wann die Haustür geschlossen wird, nämlich außer zu den Hauptfesten um ein Uhr morgens. Sonst recht ordentlich. DZ/Bad etwa 55 €, zur Fiestazeit rund das Doppelte. Calle Santa Teresa 15, von der Calle Sta. María la Blanca über die Calle Ximénez de Enciso, ℡ 954 215335.

* Pensión San Esteban (35), ein Lesertipp von Monika und Uwe Meier: „Sehr zentral gelegen. Es gibt Zimmer mit Einzelbad und Gemeinschaftsbäder. Alles sauber, ordentlich und sicher (Empfang war ständig besetzt). Man kann sich mitunter auch auf Englisch verständigen." DZ/Bad 45–75 €, ohne Bad 35–60 €. Calle San Esteban 6, ℡ 954 222549, www.hostal-sevilla.com.

* Pensión Hospedería El Patio Cruces (59), unweit der Calle Santa María la Blanca, ein Lesertipp von Margit und Helmut Mertens: „Die Zimmer sind einfach, aber zweckmäßig eingerichtet. Die meisten liegen nach innen und daher sehr ruhig. In dem gemütlichen Patio gibt es einen Kaffee- und Getränkeautomat und einen Gemeinschaftskühlschrank". DZ/Bad 40–50 €, ohne Bad 35–40 €. Pl. Cruces 10, ℡ 954 226041, www.pensionelpatiocruces.com.

* Pensión Vergara (54), mitten im Barrio de Santa Cruz gelegen, untergebracht in einem stilvoll renovierten Haus des 15. Jh. Die Zimmer (es gibt auch Innenzimmer auf den Patio) sind schlicht, aber hübsch dekoriert. Internetzugang. Alle Zimmer ohne eigenes Bad, neben DZ auch Drei- und Vierbettzimmer. Preis pro Person 20 €. C. Ximénez de Enciso 11, ℡ 954 215668, www.pensionvergara.com.

Zentrum/Triana

Quartiere ohne Romantikzuschlag, Preisniveau aber immer noch beträchtlich.

● *Hotels im Zentrum* ****** Hotel Alfonso XIII. (81)**, das Tophotel von Sevilla. Schöner Bau im Stil des Neo-Mudéjar, ausgedehnter Park, Swimmingpool. Parkplätze eine Selbstverständlichkeit. Schön, wenn man es sich leisten kann: DZ im Preisniveau von rund 300–500 €, man kann aber auch noch mehr ausgeben. Calle San Fernando 2, neben der Universität, ℡ 954 222850, ℻ 954 216033, www.alfonsoxiii.com.

**** Hotel El Alabardero (41), in einem Palast des 19. Jh., der auch das gleichnamige Restaurant (siehe unten) beherbergt. Nur sieben Zimmer, allesamt bestens ausgestattet und schön dekoriert; Garage. DZ etwa 165 €, Reservierung sehr ratsam. Calle Zaragoza 20, ℡ 954 502721, ℻ 954 563666, hotel.alabardero@esh.es.

**** Hotel Becquer (37), Großhotel an einer der Hauptstraßen des Zentrums, 2003 renoviert. Ein Vorteil ist die eigene Garage, ein Nachteil die von Lesern bemängelte Hellhörigkeit des Gebäudes. DZ etwa 85–160 €. Calle Reyes Católicos 4, etwa zwischen Arena und Museo de Bellas Artes, ℡ 954 228900, ℻ 954 214400, www.hotelbecquer.com.

*** Hotel Derby (13), großes Mittelklassehotel in zentraler Lage; der Shoppingbezirk liegt direkt vor der Tür. Die Zimmer zum Platz sind allerdings wohl nur für hartgesottene Stadtbewohner geeignet, die innenliegenden Räume deutlich ruhiger. Viele Geschäftsreisende. Parkhaus in der Nähe, Rabatt für Hotelgäste. DZ offiziell etwa 130–195 €, mit Sonderangeboten oder via Hotelportale aber oft günstiger. Plaza Duque de la Victoria 13, ℡ 954 561088, ℻ 954 213391, www.hotelderbysevilla.com.

*** Hotel Casa Sacristía Santa Ana (5), direkt an der Alameda de Hercúles, einem abends und nachts sehr beliebten Treffpunkt. 2007 eröffnetes Haus, das in einer ehemaligen Sakristei des 18. Jh. untergebracht ist. Hübscher Patio, reizvolle Zimmer mit nostalgischem Touch und modernem Komfort. DZ etwa 100–185 €. Alameda de Hércules 22, ℡ 954 915722, ℻ 954 905316, www.sacristiadesantaana.com.

*** Aparthotel Patio de la Alameda (3), am westlichen Rand der Alameda de Hércules. Hübsche und charmante Anlage mit guter Ausstattung, die Apartments mit Küche, Wohnzimmer mit Schlafcouch, Schlafzimmer und Bad können bis zu vier Personen beherbergen, sind für zwei aber bequemer. Eigene Garage, TV, Klimaanlage. Zweier-Apartment pro Tag 100–115 €. Alameda de Hércules 56, ℡ 954 904999, ℻ 954 900226, www.patiodelaalameda.com.

*** Aparthotel Patio de la Cartuja (2), das Schwesterquartier, ein paar Schritte Richtung Fluss. Etwas einfacher ausgestattet, die Preise niedriger. Apartment für zwei Personen etwa 85–105 €. Calle Lumbreras 8–10, ℡ 954 900200, ℻ 954 902056, www.patiodelacartuja.com.

Provinz Sevilla / Sevilla

** Hotel Baco (16), im Gebiet nördlich unweit der Casa de Pilatos. Kleineres, hübsch dekoriertes Hotel; komfortable Zimmer mit Klimaanlage und TV, zur Straße hin nicht ganz ruhig. Das angeschlossene Restaurant ist berühmt für seine Gerichte aus Stockfisch (Bacalao), den es im Laden auch zu kaufen gibt. DZ etwa 85 €. Plaza Ponce de León 15, ✆ 954 565050, ℻ 954 563654, www.hotelbaco.es.

** Hotel Sevilla (12), an einem ruhigen kleinen Platz unweit der Plaza de la Encarnación. Imposantes Foyer, die Zimmer selbst sind schlicht und ohne Schnickschnack eingerichtet, aber mit Klimaanlage. Einige Leser waren recht zufrieden, Doris und Hans Strässle aber übten deutliche Kritik: „Zimmer dunkel, lärmig in der Nacht, einfachster Standard". DZ etwa 60 €, zu den Festterminen wird das Doppelte fällig. Calle Daóiz 5, ✆ 954 384161, ℻ 954 902160, www.hotel-sevilla.com.

* Hotel Europa (44), in guter Lage gleich südlich der Plaza Nueva, nicht weit von der Kathedrale. Ordentliche Zimmer mit Klimaanlage, Heizung und TV. Die Preise allerdings liegen nicht unbedingt niedrig: DZ etwa 75–85 €, mit „ofertas" im Internet auch mal darunter. Calle Jimios 5, ✆ 954 214305, ℻ 954 210016, www.hoteleuropasevilla.com.

* Hotel Zaida (21), in einer Seitenstraße der Calle San Eloy, mit maurisch inspiriertem Patio. Ein Lesertipp von Andrea Heck: „Gut-und-billig-Tipp. Das Hotel wirkt sehr neu, die Rezeption ist freundlich." DZ etwa 60 €. C. San Roque 26, ✆ 954 211138, ℻ 954 218810, www.hotelzaida.com.

** Pensión Hostal Santa Catalina (15), nördlich der Casa de Pilatos, direkt bei der kleinen Kirche Santa Catalina. Noch recht junge, komfortable Pension, allerdings sind auch hier nicht alle Zimmer hundertprozentig ruhig. DZ/Bad etwa 55–60 €. Calle Alhóndiga 10–12, ✆ 954 227192, ℻ 954 563442, www.hostalsantacatalina.com.

** Pensión Hospedería Dalí (78), eine Pension der „Piramide"-Gruppe. Hübsch dekorierte und komfortable Zimmer, viele mit Balkon; die Lage ist zentral, aber natürlich nicht unbedingt ruhig. DZ/Bad etwa 60–70 €. Puerta Jerez 3, ✆ 954 229505, www.grupo-piramide.com.

** Pensión Hostal Leonardo da Vinci (57), ein weiteres Quartier dieser Gruppe. Prima Lage direkt gegenüber der Kathedrale; die Zimmer sind etwas klein, aber sonst in Ordnung. DZ etwa 60–70 €. Av. de la Constitución 20, ✆ 954 226141, www.grupo-piramide.com.

** Pensión Hostal Jentoft (34), in Flussnähe, nicht weit vom Busbahnhof Plaza de Armas. Sehr großes Hostal mit fast 60 Zimmern; große Parkgarage gleich gegenüber. Die Zimmer sind schlicht, aber sauber und vor kurzem renoviert, besitzen TV und Klimaanlage; die nach innen gelegenen fallen deutlich ruhiger aus als diejenigen zur Straße. DZ/Bad etwa 40–45 €. Calle Benidorm 2, ✆/℻ 954 220981, www.hostaljentoft.com.

* Pensión Hostal Generalife (20), in der Einkaufszone, trotzdem ruhig, da in einer Seitengasse gelegen. Zimmer teilweise etwas dunkel. DZ ohne Bad etwa 40 €; die beiden Zimmer mit Bad liegen ungünstig nahe der Rezeption. Calle Fernán Caballero 4, ein Seitengässchen der Calle San Eloy, ✆ 954 224639.

* Pensión Hostal Gravina (23), stellvertretend für die Ex-Bahnhofspensionen in diesem Gebiet. Ordentliche Zimmer, funktionell eingerichtet, zum Innenhof hin ruhig. Gemeinschaftsbäder etwas altmodisch, aber sauber. Laut einer Leserzuschrift vermieten die Besitzer in derselben Straße auf Nachfrage auch Zimmer in einer großen Wohnung mit mehreren Schlafzimmern, Küche und zwei Bädern. DZ ohne Bad rund 35–40 €. Calle Gravina 46, zwischen der Calle Reyes Católicos und der Calle Alfonso XIII., ✆ 95 4216414.

Oasis Backpackers Hostel (18), privat geführtes Hostel mit vielen Features, darunter freier Internetzugang, Dachterrasse mit Blick, Kochmöglichkeit etc. Oft belegt, Reservierung ratsam. Schlafplatz im Mehrbettzimmer 18 €, DZ 40 €; Frühstück jeweils inklusive. Plaza de la Encarnación 29 1/2, ✆ 954 293777, www.oasissevilla.com.

● *Hotels in Triana* ***** Hotel Monte Triana (28)**, komfortables Quartier, etwa 20 Fußminuten vom Zentrum entfernt; Autofahrer sparen sich dafür das Umherirren in den Altstadtgassen und der Parkplatzsuche: bewachte Garage. DZ offiziell etwa 135–190 €, zur NS geht es mit Internetangeboten aber oft günstiger. C. Clara de Jesús Montero 24, zu erreichen über die Ausfahrt 14 der A 66, dann über die Ctra. Muro de Defensa, ✆ 954 343111, ℻ 954 343328, www.hotelesmonte.com.

● *Apartments im Zentrum* Siehe auch oben die „Patio"-Aparthotels. **www.casa-andaluza.de** vermittelt Apartments in Sevilla, ebenso z.B. **www.citysiesta.com**.

Apartamentos Los Angeles (22), in der Einkaufszone, ein Lesertipp von Michael Müller: „Zentral in der schmalen Fußgängergasse San Eloy 37. Hübsche, verglaste Erker zur Straße, nachts ist es hier ziemlich ruhig." Einfach ausgestattete Zweizimmer-Apartments mit Kühlschrank und Kochnische für vier Personen ca. 80–95 € pro Nacht; Klimaanlage vorhanden. ✆ 954 228049, ℻ 954 561990.

• *Jugendherberge* **Residencia Juvenil (83)**, (IYHF), weit außerhalb des Zentrums gelegen, Bus Nr. 34 ab Prado San Sebastián. Modern, groß und komfortabel, aber nicht billig: p.P. 13–15 €, über 26 Jahre etwa 18–20 €, Frühstück inklusive. Calle Isaac Peral 2, ✆ 955 056500, ℻ 955 056508.

Camping

Club de Campo, 2. Kat., bei Dos Hermanas, etwa zwölf Kilometer südlich des Zentrums, dem gleichnamigen Motel angeschlossen. Relativ kleiner und nicht sehr ruhig gelegener Platz, eher wenig Schatten, Sanitärs gut; Swimmingpool. Ganzjährig geöffnet; p.P., Zelt, Auto je etwa 4,50 €. Avenida de la Libertad 13, die alte Straße nach Sevilla; Busverbindung mit den Bussen M 131 nach Dos Hermanas (Directo) ab Calle de la Rábida, hinter der Fábrica de Tabacos und nahe Glorieta de San Diego, ✆ 954 720250.

Villsom, 2. Kat., der wohl beste Platz um Sevilla, trotz der nahen Hauptstraße recht ruhig. Vielfältige Bepflanzung, dennoch nur mittlerer Schatten, dafür ein hübscher und sehr gepflegter Gratis-Swimmingpool mit Liegewiese. Der rote Staubboden könnte reinliche Zeltler etwas stören. Kleine Bar mit Einkaufsmöglichkeit, gute Sanitärs, Waschmaschine. Am Westrand von Dos Hermanas, etwa zwölf Kilometer südlich des Zentrums, Anfahrt über die schnellstraßenähnlich ausgebaute A 4 Richtung Cádiz, noch vorbei an der Ausfahrt „Dos Hermanas Centro" und dem riesigen Einkaufszentrum; die zweite mit „Ctra. Isla Menor" beschilderte Ausfahrt nehmen. Häufige Busverbindung ab der Calle de la Rábida (wie Camping Club de Campo) mit den Bussen M 132 Richtung Dos Hermanas/Barriada. Ganzjährig geöffnet; p.P., Auto, Zelt je etwa 4,50 €. A 4, km 554,8, ✆/℻ 954 720828.

Essen und Trinken (siehe Karte S. 478/479)

Die *Tapa-Kultur* wird ganz hoch gehalten – es heißt, dass sich die Einwohner während der glühendheißen Sommer von kaum etwas anderem ernähren.

Restaurants & Co.

• *Restaurants* **Rest. Taberna del Alabardero (41)**, in zentraler Lage flusswärts der Plaza Nueva. Teil eines kleinen Restaurantimperiums, zu dem noch Lokale in Madrid und Washington zählen – eine der ersten Adressen Sevillas. Untergebracht im ersten Stock eines schönen Palasts, in dem auch das noble Hotel gleichen Namens residiert; das angeschlossene Lokal im Erdgeschoss ist preisgünstiger, aber auch in Ordnung. Menü à la carte ab etwa 50 € aufwärts. Im August geschlossen. Calle Zaragoza 20, ✆ 954 502721.

Rest. Egaña Oriza (80), hinter den Gärten des Alcázar. Noch eins der Top-Restaurants der Stadt, mit innovativer Küche, die baskische und andalusische Einflüsse mischt. Elegantes Ambiente, Preisniveau etwa wie oben. Calle San Fernado 41, Reservierung sehr ratsam: ✆ 954 227254. Sa-Mittag und So geschlossen.

Casa Robles (48), direkt bei der Kathedrale. Lange Tradition als eines der berühmtesten Restaurants der Stadt, auch als Tapa-Bar wohlbekannt und vielgerühmt. Ortstypische Küche hoher Qualität, prima Desserts. Menü à la carte ab etwa 35 €. Calle Alvarez Quintero 58, ✆ 954 563272.

Rest. Az-Zait (8), am hübschen Hauptplatz des Viertels San Lorenzo, also etwas abgelegen, jedoch den Weg wert. Neue andalusische Küche mit dem gewissen Extra, aufmerksamer Service. Menü ab etwa 30 €. Plaza San Lorenzo 1, ✆ 954 906475. So und im August geschlossen.

Rest. Eslava (6), um die Ecke und mit seiner guten Lokalküche eine mögliche Alternative; das Preisniveau liegt allerdings noch etwas höher als bei Az-Zait. Zum Haus gehört auch eine sehr beliebte Tapa-Bar. Calle Eslava 3, ✆ 954 906568. So-Abend, Mo und im August geschlossen.

Provinz Sevilla / Sevilla

Rest. La Judería (55), Teil der kleinen Kette von „Modesto"-Restaurants, die in derselben Straße, aber jenseits der Calle Santa María la Blanca, noch weitere Lokale besitzt, darunter bei Nr. 5 das renommierte Bar-Rest. Modesto. Hier im Restaurant La Judería gibt es ein ordentliches Tagesmenü für etwa 20 €, à la carte legt man etwas mehr an. Calle Cano y Cuto 13.

Rest. El Rey Moro (68), in der Judería. Auf den ersten Blick etwas touristisch, mehrere Leser waren von Küche, Service und Umfeld jedoch sehr angetan. Wechselnde Tagesmenüs für etwa 13 €, Menü à la carte ab etwa 25 €; auch Tapas und Raciones. Calle Reinoso 8.

Rest.-Pizzeria San Marco (58), Teil einer kleinen Kette italienischer Restaurants. Diese Filiale lockt mit sehr ungewöhnlichem Ambiente: Das Lokal ist in einer maurischen Badeanstalt des 12. Jh. untergebracht. Immer wieder von Lesern gelobt; angenehme Atmosphäre, ordentliches Essen, recht günstige Pizza und Pasta für je etwa 7–8 €. Calle Mesón del Moro 6–10, im Viertel Santa Cruz. Im Viertel Triana, an der Flussuferstraße Calle Betis 68, liegt eine **Filiale (82)**.

Rest.-Pizzeria Mario (52), ein weiteres italienisches Restaurant in der Judería, diesmal in eher unprätentiösem, schlichtmodernem Dekor. Gute Pizza und Pasta für jeweils etwa 7–8 €; auch die Salate können sich sehen (und schmecken) lassen. Calle Santa María la Blanca 15.

Rest. La Mandrágora (38), vegetarisches Restaurant in der Umgebung des Busbahnhofs Plaza de Armas; gute Desserts. Nur von Donnerstag bis Samstag geöffnet. Calle Albuera 11, eine Seitenstraße flusswärts der Calle Marqués de Paradas.

Rest.-Bar Habanita (26), mit vegetarischer und kubanischer Küche. Zur Küchenleistung gab es sehr unterschiedliche Leserstimmen – mancher war zufrieden, andere bemängelten die Portionen: „Klein, geschmacklich nicht immer überzeugend. An erstaunlich vielen Tischen überraschte und frustrierte Blicke" (Leserbrief von Silke und Holger Baldus). Recht zentrale Lage am Ende eines schmalen Gässchens westlich der Plaza Alfalfa. Calle Golfo s/n.

Bar-Rest. Rincón San Eloy (19), im Geschäftsviertel, fürs komplette Mittagsmahl. Lang gestreckter, schmaler Saal voller Stierkampffotos und bunter Kacheln; preiswerte Mittagsmenüs (7,50 €), auch Tapas und Raciones. Calle San Eloy 24, am Ende der Calle Sierpes links, nach 50 Metern an der Gabelung wieder links.

• *Cocederos und Freidurías* Auch die Freunde von gekochten und frittierten Meeresfrüchten müssen in Sevilla nicht zu kurz kommen ...

Cocedero Romerijo (74), zwar etwas abseits östlich des Barrio Santa Cruz gelegen, für Fans des Original-Romerijo aus Puerto de Santa María den Fußweg aber sicher wert: Auch diese Filiale ist ein prima Platz, um in gekochten Gambas (gekauft im Inneren nach Gewicht) zu schwelgen. Avenida Eduardo Dato 23, jenseits der Brücke.

Freiduría Puerta de la Carne (65), am Ostrand des Barrio Santa Cruz gelegen. Die traditionsreiche Frittierstube, 1928 gegründet, wurde vor einigen Jahren renoviert und besitzt seitdem auch Tischchen im Freien. Auch hier holt man sich Fisch und Meeresfrüchte innen in Papiertüten nach Gewicht, die Getränke serviert der Kellner eines nahen Restaurants. Calle Santa María la Blanca 36 a.

Tapabars

Bar El Rinconcillo (14), Tapaspezialist und Traditionslokal: die älteste Tapa-Bar Sevillas, gegründet 1670. Herrliches Kacheldekor, uralte Weinregale, hervorragende „Espinacas con Garbanzos", „Pavías" und andere Köstlichkeiten, berühmte Schinken und Käse. Allerdings nicht ganz billig. Calle Gerona 40, eine Verlängerung der Calle San Juan de la Palma, östlich der Plaza de la Encarnación; mittwochs geschlossen.

Cervecería Giralda (51), Barrio de Santa Cruz. Nostalgischer Kneipen-Klassiker nahe der Kathedrale, mit Gewölben und Säulen, die noch auf eine maurische Badeanstalt zurückgehen sollen. Auswahl unter manchmal mehr als 60 Tapas. Buntes Publikum, gehobene Preise. Calle Mateos Gago 3, östlich der Kathedrale.

Bar Campanario (61), gleich schräg gegenüber, ein Lesertipp von Alexandru Sandbrand: „Kneipe im europäischen Stil zum Quatschen. Leckere Drinks und Tapas, darunter auch viele vegetarische Sachen." Calle Mateos Gago 8.

Bar Patánchon & Patánchon (53), ein paar Schritte weiter. Sehr beliebt und belebt (auch mit Jugend aus Übersee); hübsches Dekor, gute Tapas und breite Weinaus-

wahl. Calle Mateos Gago, Ecke Ángeles.
Casa Román (70), ebenfalls im Barrio Santa Cruz, im Gebiet östlich des Alcázar. Seit Jahrzehnten populär, ebenso langjährige Spezialität sind Schinken- und Käsetapas. Nicht ganz billig. Plaza de los Venerables, So-Abend geschlossen.
Café-Bar Las Teresas (64), mitten im Barrio. Rustikale Dekoration, an der Decke reichlich Schinken, die neben anderen Wurstwaren und Manchegokäse auch zu den Tapa-Spezialitäten zählen. Nur sonntags gibt es den Reis „Arroz dominical". Calle Santa Teresa 2.
Bar-Rest. Los Caracoles (27), auch Casa Antonio genannt, ebenfalls in der Tapazone um die Plaza de la Alfalfa. Tische zum Draußensitzen, innen Kacheln und kühle Atmosphäre; freundliche Wirtsfamilie. Die namensgebenden Schnecken sind ein Geheimrezept, auch die Tapas üppig, preiswert und sehr lecker. Calle Guardarmino, eine winzige Seitengasse der Plaza de la Alfalfa. Zuletzt war das Haus in Renovierung, hoffentlich bleibt das Lokal erhalten. Im Umfeld noch andere, ähnlich angenehme Adressen, Leser empfahlen z.B. die Bar „La Bodega" an der Plaza de la Alfalfa 4.
Bar Bodega Donaire (30), nicht weit entfernt und eine mögliche Alternative: Große, gute Tapas in breiter Auswahl zu soliden Preisen. C. Jesús de las tres Caidas 2.
Bar Estrella (40), ein Lesertipp von Nicolette Brause und Dr. Rainer Knirsch: „Hervorragende Tapas in einem guten Preis-Leistungs-Verhältnis, zahlreiche einheimische Gäste, stilvolles Ambiente, Sitzmöglichkeiten auch außerhalb der Bar. Calle Estrella 3". Dem Tipp kann man nur zustimmen, die Tapas (Spezialitäten z. B. Pavías oder „Crepes Especiales") sind exzellent.
La Bodega Extremeña (32), nördlich der Casa de Pilatos. Spezialitäten aus der Extremadura, in erster Linie Fleischgerichte und die berühmten Schinken und Käse der nördlichen Nachbarregion Westandalusiens, außerdem die guten und günstigen Extremadura-Weine. Calle San Esteban 17.
Bar Bodega Morales (56), gleich gegenüber der Kathedrale, ein Lesertipp von Natascha Möller: „Sehr authentisch; hier genießt der Einheimische seine Tapas zur Mittagszeit im Dunkeln und Kühlen." In der Tat ein altehrwürdiges Lokal. Calle García de Vinuesa 11.
Patio de San Eloy (17), im Einkaufsviertel. Eine weitere der alteingesessenen Kneipen Sevillas, mittags Treffpunkt eines sehr bunten Völkchens. Man drängt sich an den Tischen auf zwei Etagen oder sitzt auf den kachelverkleideten Stufen im hinteren Bereich. Berühmte Sandwichs, sättigende Gemüsetorte „Tarta vegetal" und Raciones. Preiswert. Calle San Eloy 9.
Bar El Portón (33), Beispiel für die zahlreichen Tapa-Bars dieser Fußgängerzone, die vor allem mittags sehr belebt sind; viele Möglichkeiten zum Draußensitzen, deshalb auch ein wenig touristisch geworden. Mittlere Preiskategorie. Calle General Polavieja 20, nördlich der Plaza San Francisco.
Bar Lizarrán (11), in Richtung der Alameda de Hércules, Teil einer fast landesweit aktiven Kette baskischer Bars. Lecker mundet der frische baskische Weißwein „Txakolí", zu essen gibt es vor allem die baskische Variante der Tapas („Pintxos"), eine mit einem Zahnstocher zusammengehaltene Kombination aus Tapa und Weißbrot. Calle Trajano, Ecke Calle Javier Lasso.
Bar Dos de Mayo (10), am Rand der Einkaufszone. Sehr gute Auswahl an feinen Tapas, die Preise bewegen sich im Rahmen. Mittags und nach Geschäftsschluss oft gesteckt voll. Plaza de la Gavidia 6, Ecke C. Cardenal Spinola.
Bar Alcoy 10 (9), noch etwas weiter nördlich. Der Wirt spricht Deutsch und lebte lange in Deutschland; wohl deshalb gibt es hier auch sehr üppige „Schnitzel-Tapas". Das Publikum freilich sind Spanier. Der Name ist auch die Adresse: C. Alcoy 10.
Bar Casa Paco (4), direkt an der Alameda, die sich zu einem beliebten Treffpunkt gemausert hat. Hier in dieser Bar gibt es exquisite „Designertapas"; sie ist dabei gar nicht einmal teuer und so gefragt, dass nur selten Platz zu bekommen ist – am besten etwas vor den üblichen Zeiten kommen. Alameda de Hércules 23.
Bar Las Columnas (7), wenige Schritte stadtwärts. Ebenfalls eine beliebte, alteingesessene Bar, deren Tapas eher traditioneller Natur sind. Ein Klassiker des Gebiets. Alameda de Hércules 19.
Bar Cafetería Badulaque (1), am Ende der Alameda. Hierher geht man vor allem wegen der Pizzas, der mexikanischen und vegetarischen Tapas; sehr gut ist auch das hausgemachte Eis. Alameda de Hércules, Ecke Calle Calatrava.
Bar La Fábrica (24), in und vor dem schönen ehemaligen Bahnhof Antigua Estación Plaza de Armas, der in ein Shopping-Center

(→ Einkaufen) verwandelt wurde. Besonderer Gag hier ist die hauseigene Brauerei, Tapas etc. gibt es aber auch, ebenso ein günstiges Tagesmenü.

Bar Mesón Serranito (63), im Viertel Arenal nahe der Arena, der Stierkampf bestimmt auch das Ambiente. Hiesige Tapa-Spezialität sind dem Namen gemäß „Serranitos", eigentlich ein Bocadillo mit Schinken, gebratener Paprika und Rinderfilet, das schon fast eine komplette Mahlzeit abgibt. Angeschlossen ein Restaurant. Calle Antonia Díaz 11.

Bar La Primera del Puente (79), am Rand des Triana-Viertels. Am Flussufer, im Sommer Tische im Freien, dort allerdings nur Raciones und halbe Raciones. Spezialitäten sind „Pavías" (sehr salzig), „Pepitos de Gambas", eine Art Garnelentoast, und die Spieße „Pinchitos". Mittlere Preiskategorie, Mi geschlossen. Calle Betis 66.

Nuevo Kiosco de las Flores (77), ganz in der Nähe. Der traditionsreiche Kiosk an der Puente Isabel II., bereits 1930 gegründet, musste seinen Standort leider aufgeben und ist im Jahr 2000 hierher umgezogen. Seitdem lockt die Aussicht auf die andere Flussseite mehr Touristen an, was der Qualität laut einem Leserbrief nicht unbedingt gutgetan haben soll. Spezialitäten sind frittierter Fisch, Gazpacho und verschiedene Aliños. Calle Betis s/n, Mo geschlossen.

Kiosco Los Chorritos (72), gleiche Straße, gegenüber Hausnummer 28. Tatsächlich „nur" eine Art Kiosk, aber ... Spezialität sind gegrillte Sardinen. Preiswert und urig. Im Winter geschlossen.

Casa Cuesta (62), ebenfalls im Barrio Triana. Einer der Klassiker des Viertels, berühmt besonders für seine Stierschwanz-Raciones „Rabo de Toro". Nicht teuer. Di geschlossen. Plaza Callao, unweit der Brücke Puente Isabel II.

Bar Sol y Sombra (66), weiter nördlich im Triana-Viertel, etwas ab vom Schuss. Stierkampfambiente, Tapa-Spezialitäten sind hier „Almejas" (Venusmuscheln) und „Gambas" (Garnelen); gehobenes Preisniveau. Calle Castilla 151.

Nachtleben

Das Nachtleben Sevillas tobt längst nicht immer so intensiv, wie man meinen sollte. Am meisten Betrieb herrscht naturgemäß am Wochenende.

Barrio de Santa Cruz und Umgebung Am meisten Betrieb etwa ab 22 Uhr bis nach Mitternacht. Hiesige Kneipengebiete sind bei der Kathedrale die Calle Mateos Gago und Calle Argote Molina.

La Carbonería ist schon eine richtige Institution. Großer, üppig begrünter Innenhof mit Bananenstauden und Jasminduft, innen mehrere Räume. Oft Ausstellungen und Musikveranstaltungen, darunter Jazz, Blues, Flamenco und dergleichen. Normalerweise keine Eintrittsgebühr, dafür gemäßigt angehobene Getränkepreise. Calle Levies 18 (kein Schild!), in einer Seitenstraße der Calle Santa María la Blanca.

Antigüedades, Calle Argote Molina 10; hier gibt es vor allem am Wochenende oft Live-Musik in kurios-künstlerischem Ambiente.

Plaza del Salvador Ein Platz, auf dem sich das Jungvolk oft nur so drängt. Beliebt besonders im „Winter", Betrieb herrscht an Wochenenden bis in den Morgen.

La Catedral, beliebter und zentral gelegener Club mit topaktueller elektronischer Musik. An der Tür hilft schickes Outfit. Eintrittsgebühr, für Frauen auch mal gratis. Calle Cuesta del Rosario 12, östlich der Plaza del Salvador.

Calle Betis An der Uferstraße des Triana-Viertels, vor allem im Winter aktuell.

Boss, der größte Club nicht nur an dieser Straße, sondern in ganz Sevilla, mit mehreren Bars und großen Weltkarten an der Wand. Tagsüber Cafeteria. Musikalisch eher Mainstream. Calle Betis 67.

Alambique auf Nr. 56 und **Big Ben** auf Nr. 54 sind zwei der vielen Bars hier, die auch bei der Ausländergemeinde Sevillas beliebt sind.

Costa del Guadalquivir Die Promenade am Fluss, besonders im Gebiet um die Brücke Puente Isabel II. und weiter nördlich um die Pasarela La Cartuja, ist eine im Sommer beliebte Nachtzone mit Dutzenden von Open-Air-Bars, den so genannten „Terrazas".

Terraza Bar Capote: Hübsche Open-Air-Bar am Fluss, direkt nördlich der Puente Isabel II. Oft Live-Musik, bis in den Morgen geöffnet.

Alameda de Hércules Eine sehr beliebte Nachtzone mit zahlreichen Bars. Atmosphärisch in Richtung Hippie- und Alternativszene, viele Gays. Östlich in Richtung der Calle Feria sollte man etwas aufpassen.

Fun Club, traditionsreicher, alternativer Rock-Club, der 2007 sein 20jähriges Jubiläum feier-

486 Andalusien

te. Konzerte mehrmals wöchentlich. Vernünftige Preispolitik. Alameda de Hércules 86.

Habanilla Café, Treffpunkt der kosmopolitischen Alternativszene, belebt vom Mittag bis in den frühen Morgen. Alameda de Hércules 63.

Café Central, ein weiterer Hangout der Alternativszene und vieler junger ausländischer Besucher der Stadt. Alameda de Hércules 64.

Bulebar, noch ein vielbesuchter Klassiker. Alameda de Hércules 83.

Café Jazz Naima, ein kleines Stück südlich der Alameda selbst. Jazzcafé, gelegentlich auch Konzerte. Calle Conde de Barajas 2, Ecke Calle Trajano.

Galería y Taberna Anima, ein paar Straßenzüge südwestlich der Alameda. Verschachteltes, gemütliches Lokal mit österreichischem Wirt, ein Treffpunkt vor allem junggebliebener spanischer Intellektueller. C. Miguel Cid 80, eine Parallelstraße der Calle San Vicente.

*F*lamenco

Eigentlich müsste die Überschrift „Sevillana" lauten, ist Sevilla doch die Heimat dieses fröhlichen Tanzes. Die hiesigen Tablaos zeigen jedoch meist den „echten" Flamenco.

Los Gallos: Genießt den Ruf, beste Flamencoadresse der Stadt zu sein. Eintrittsgebühr inklusive einem Getränk 27 €, zwei Shows pro Nacht, jeweils zwei Stunden volles Programm. Plaza de Santa Cruz, im Barrio Santa Cruz und unweit den Gärten des Alcázar gelegen; ✆ 954 216981. www.tablaolosgallos.com.

El Arenal, im gleichnamigen Viertel, unweit der Stierkampfarena Plaza de Toros. Auch hier finden zwei Shows pro Nacht statt, Eintritt inklusive Getränk 35 €. Calle Rodó 7, ✆ 954 216492. www.tablaoelarenal.com.

Casa de la Memoria de Al-Andalus, ein Tipp im Barrio Santa Cruz, eine Art Kulturzentrum in einem sehr schön renovierten Patio (9–14, 18–20 Uhr für 1 € zu besichtigen). Flamenco-Veranstaltungen mit hohem Niveau, aber auch Konzerte mit andalusischer Musik, Tanz und Poesie. Im Winter sollte man sich warm anziehen, der Patio ist nur notdürftig beheizt. Täglich geöffnet, relativ günstige Eintrittsgebühren um die 13 €. C. Ximénez de Enciso 28, ✆ 954 560670.

*E*inkaufen

Haupteinkaufsstraße ist die Calle Sierpes. Damit der Einkaufsbummel auch in der Sommerhitze nicht zur Tortur wird, ist sie mit Planen überspannt.

Kaufhaus: „El Corte Inglés", Plaza Duque de la Victoria, in der Nähe der Calle Sierpes.

Markt: Lebensmittel aller Art in der Markthalle an der Calle Pastor y Leandro, zwischen Calle Adriano und Calle Reyes Católicos, nahe der Stierkampfarena. Geöffnet Mo–Sa jeweils bis mittags.

Flohmärkte: Donnerstag in der Calle Feria nahe der Alameda de Hércules im Norden des Zentrums, Sonntagvormittag Briefmarkenmarkt an der Plaza del Cabildo.

Flamenco: „Compas Sur", mit reicher Auswahl an CDs und DVDs, Büchern etc. zu Flamenco und anderer andalusischer Musik; auch Schuhe und Kleidung. Cuesta del Rosario 7 e, zwischen den Plazas Alfalfa und San Salvador, www.compas-sur.com.

*F*este und *V*eranstaltungen

Auch außerhalb Spaniens weithin gerühmt sind die Feierlichkeiten der Semana Santa und der Feria de Abril. Hotelzimmer für diese Zeiten unbedingt längerfristig reservieren und mit dem Doppelten bis Dreifachen des üblichen Preises rechnen.

Corpus Cristi, Fronleichnam. Morgens große Prozession mit einer riesigen Monstranz.

Velas, im Sommer, Patronatsfeste der Stadtteile; erlebenswert besonders „Señora Santa Ana" im Viertel Triana, Ende Juli.

Virgen de los Reyes, 15. August; das Fest der Stadtheiligen Sevillas.

Corridas: Sevilla gilt neben Madrid als die Hauptstadt des Stierkampfs; die hiesigen Kämpfe, besonders berühmt die der Feria de Abril, zählen zu den besten des Landes. Außer zur Feria und manchen anderen Festen im Sommer finden Corridas vornehmlich an Sonntagen im Juni und im September bis Anfang Oktober statt. Karten sind in der Arena „La Maestranza" selbst am günstigsten erhältlich, die Verkaufsstellen im Zentrum nehmen Aufschlag.

Semana Santa und Feria de Abril

Semana Santa: Die bis ins 16. Jh. zurückgehende Semana Santa von Sevilla wird in einer irritierenden Mischung aus tiefem Ernst und lautstarker Fröhlichkeit zelebriert. Zwischen Palmsonntag und Ostersonntag finden jeden Nachmittag und Abend Prozessionen statt, begleitet von Saetas, vom Flamenco beeinflussten, inbrünstigen und stoßgebetartigen Gesängen. Hauptakteure sind die teilweise schon seit Jahrhunderten bestehenden religiösen Bruderschaften *cofradías*. Im Mittelpunkt der Umzüge stehen die oft uralten und teilweise künstlerisch wertvollen *pasos*, kostbar geschmückte Jesus- und auch Mariendarstellungen, die der ganze Stolz der Bruderschaften sind. Getragen werden die zentnerschweren Podeste von den dafür angeheuerten *costaleros*, die beim zentimetergenauen Passieren der engen Gassen Schwerstarbeit leisten; oft dauert es schier endlos, bis sie die mächtigen Pasos um eine Straßenecke gewuchtet haben. In anonymen Kutten mit Spitzhauben à la Inquisition oder Ku-Klux-Klan begleiten die *nazarenos* und *penitentes* („Büßer") den Zug. Einige tragen als Buße ein schweres Kreuz, andere gehen barfuß. Den Höhepunkt der Semana Santa bildet die Nacht zum Karfreitag, wenn ab Mitternacht die bedeutendsten Cofradías der Stadt unterwegs sind. Programmhefte mit dem genauen Ablauf der einzelnen Prozessionen sind von fliegenden Händlern in der Innenstadt erhältlich. *Termine der Semana Santa*: 2009 vom 5. bis 12. April, 2010 vom 28. März bis 4. April, 2011 vom 17. bis 24. April.

Feria de Abril: Das fröhliche weltliche Gegenstück zur Semana Santa. Die auf das 19. Jh. zurückgehende Feria, ursprünglich ein landwirtschaftlicher Markt, beginnt zu wechselnden Terminen im April, sie kann aber durchaus auch bis in den Mai reichen. Das Festgelände, eine ganze Stadt aus Zelten und Pavillons, den *Casetas*, liegt im Süden des Viertels Los Remedios. Viele der Casetas sind von reichen Familien gemietet, andere von Organisationen, wieder andere als Bars frei zugänglich. Höhepunkte der Feria sind die vom Morgen bis zum frühen Nachmittag dauernden Umzüge der Kutschen und Reiter; Caballeros, Señoras und Señoritas der Gesellschaft in festlicher Tracht. Nachts ist das Gelände taghell beleuchtet, der Sherry fließt in Strömen, überall werden Sevillanas getanzt – ein Fest für die Sinne. *Termine der Feria de Abril*: 2009 vom 28. April bis 3. Mai; 2010 vom 20. bis 25. April. Für 2011 lagen noch keine Daten vor; möglich, dass sie dann erstmals in ihrer Geschichte erst im Mai beginnt.

Sehenswertes

Catedral Santa María

"Lasst uns eine Kathedrale bauen, so groß, dass jeder, der sie sieht, uns für verrückt hält", sollen die Domherren im Jahr 1401 beschlossen haben. Und so kam es auch. Sevillas Kathedrale wurde, nach St. Peter in Rom und St. Paul's in London, die drittgrößte der Welt: 116 Meter lang, 76 Meter breit, die Kuppel 56 Meter hoch. Schon zu Zeiten der Westgoten stand hier, vielleicht auf den Grundmauern eines römischen Tempels, eine Kirche. Die fundamentalistische Dynastie der Almohaviden ließ sie durch eine Moschee ersetzen, die den christlichen Rückeroberern eine Weile auch als Kirche diente. 1401 entschied man sich, die Moschee abzureißen, das Minarett jedoch zu erhalten: *La Giralda* genannt, ist es heute das Wahrzeichen der Stadt. 1420 wurde mit dem Bau der Kathedrale begonnen, doch erst ein Jahrhundert später waren die Arbeiten abgeschlossen.

Das **Innere** der Kathedrale wirkt auf den ersten Blick recht düster; die gewaltigen Ausmaße erkennt man erst, nachdem sich die Augen ans Dämmerlicht gewöhnt haben. Der *Chor* ist, wie so oft in spanischen Kirchen, frei stehend in den Raum gesetzt und stört das Raumgefühl daher etwas. Er beeindruckt durch aufwändige Schnitzereien, entstanden im 15./16. Jh. in einer Mischung aus Mudéjar, Gotik und Plateresco. Die *Capilla Mayor* steht, dem Chor gegenüber, mitten in der Kirche. Ein vergoldetes Schmuckgitter (Reja) umgibt sie an gleich drei Seiten, die wahre Attraktion jedoch erhebt sich innerhalb: Der aus Holz geschnitzte Hauptaltar *Retablo Mayor* ist ein Wunder an Detailreichtum wie auch an schierer Größe – mit 23 Meter Breite und 20 Meter Höhe ist er der größte gotische Altar der Welt. Die *Sacristía de los Cálices* liegt, von der Capilla Mayor aus gesehen, linker Hand des *Grabmals des Kolumbus*, dessen Sarkophag (seit 2006 ist per DNA-Analyse nachgewiesen, dass er wirklich einen Teil der Gebeine des Entdeckers enthält) von vier allegorischen Figuren der damaligen Königreiche Kastilien, León, Aragón und Navarra getragen wird. Die „Kelch-Sakristei" birgt wertvolle Gemälde, u. a. von Murillo und Zurbarán. Die schöne Darstellung der hl. Justina und Rufina vor dem Hintergrund der Kathedrale stammt von Goya, die Seitenkapelle San Andrés bewahrt die naturalistische Christusfigur „Cristo de la Clemencia" von Martínez Montañés. Die Hauptsakristei *Sacristía Mayor* liegt direkt links neben der Kelch-Sakristei und wurde erst 1543 fertig gestellt. Drei große Gemälde beherrschen den plateresken Raum: „Das Martyrium des Hl. Lorenz" von Lucas Jordán, eine „Kreuzabnahme Christi" von Pedro de Campaña und eine „Heilige Teresa", wahrscheinlich von Zurbarán. Sie müssen sich die Aufmerksamkeit des Besuchers jedoch mit anderen Kunstwerken noch gewaltigerer Dimensionen teilen, darunter eine über drei Meter hohe Silbermonstranz von Juan de Arfe. Der Kapitelsaal *Sala Capitular*, links neben der Hauptsakristei und in der Südostecke der Kathedrale gelegen, erstaunt durch seine ungewöhnliche Ellipsenform; in der Kuppel ist eine berühmte „Unbefleckte Empfängnis" (Inmaculada) von Meister Murillo zu sehen. Die platereske *Capilla Real* ist erst nachträglich in die Ostseite der Kathedrale eingefügt worden. Über dem Altar thront die Statue der Virgen de los Reyes, der Schutzpatronin Sevillas. Davor ist die silberne Urne von König Ferdinand III., bedeutender Befehlshaber der Reconquista, zu sehen. Links und rechts die Grabmäler von Beatrix von Schwaben und ihres Sohns König Alfons X. des Weisen (Alfonso el Sabio). Der „Orangenhof" *Patio de los Naranjos* an der Nordseite der Kathedrale geht noch auf die maurische

Zeit zurück; das achteckige Brunnenbecken soll sogar aus der Kirche der Westgoten stammen und wäre damit das mit Abstand älteste Stück der Kathedrale.

La Giralda, das Wahrzeichen Sevillas, wurde als Minarett der damaligen Moschee ab 1184 unter der Almohaden-Dynastie erbaut. Sein ungewöhnlicher quadratischer Grundriss ähnelt dem von Minaretten in Rabat und Marrakesch – auch dort herrschten damals die Almohaden. Nach der Rückeroberung ließen die Christen den Turm stehen, konnten jedoch offensichtlich nicht umhin, ihm ein katholisches Häubchen überzustülpen und vergrößerten so die Höhe von 70 auf 92 Meter. Im Inneren kann man über eine Rampe bis zur maurischen Plattform emporsteigen – der Blick über Sevilla ist sagenhaft.

• *Öffnungszeiten* Kathedrale und Giralda Juli/August Mo–Sa 9.30–16 Uhr, So 14.30–18 Uhr, im restlichen Jahr Mo–Sa 11–17 Uhr, So 14.30–18 Uhr. Eintrittsgebühr 7,50 €, Studenten und Senioren ermäßigt. Zu den Gottesdiensten, die bis 10.30 Uhr stattfinden, ist der Eintritt frei, die Seitenkapellen sind dann jedoch nicht zugänglich und es herrscht Fotografierverbot. www.catedralsevilla.org.

Zwei Sevillaner Wahrzeichen: Torre del Oro und Giralda

Casa de la Lonja: Das Gebäude der im späten 16. Jh. errichteten Börse Sevillas liegt gegenüber der Südfront der Kathedrale. Baumeister war *Juan de Herrera*, Architekt des Escorial. Die Lonja beherbergt seit dem 18. Jh. das *Archivo de Indias*, das Archiv der überseeischen Kolonien.

Reales Alcázares

Ein orientalischer Festungspalast, so scheint es – die Grundzüge der Anlage gehen auch tatsächlich noch auf die maurische Burg der Almohadenherrscher zurück. Doch, und das ist das eigentlich Verblüffende, stammt der Palast an sich erst aus christlicher Zeit: Pedro III. „der Grausame", ein Liebhaber islamischer Kunst, ließ ihn ab 1364 für sich erbauen. Die Handwerker stammten vom Hof des befreundeten Nasridenherrschers Mohammed V. aus Granada; eine gewisse miniaturisierte Ähnlichkeit mit der Alhambra ist deshalb unverkennbar. Den Eingang zum Alcázar bildet die *Puerta del León*; über den Hof Patio de la Monteria gelangt man zum *Patio de los Leones*. Rechter Hand liegt der *Cuarto del Almirante*, das „Zimmer des Admirals", in dem Königin Isabella Christoph Columbus und den Weltumsegler Magellan empfing.

Der **Palast Pedros** schließt sich direkt an den „Löwenhof" an. Schon die Fassade mit dem prächtigen Mittelstück ist hohe maurische Kunst. Mittelpunkt des Palastes ist der *Patio de las Doncellas*, der „Innenhof der Zofen". Unter den sich an-

Ein Meer von Dächern: Blick von der Giralda auf Sevilla

schließenden Räumen bildet die *Sala de los Embajadores* den Höhepunkt: Jeder Quadratzentimeter des „Saals der Botschafter" ist mit Kacheln, Friesen und filigranen Ornamenten ausgeschmückt, die ganze Pracht überwölbt von einer vergoldeten Stalaktitenkuppel. Von hier gelangt man in den *Salón del Techo*, der seinen Namen der aufwändig geschnitzten Decke verdankt, und in die Räume, die von Pedros Lieblingsmätresse *María de Padilla* bewohnt worden sein sollen. Hinter einem Nebenraum des Botschaftersaals liegt der *Patio de las Muñecas*. Der „Innenhof der Puppen" ist nach einigen Puppengesichtern in einer Ecke benannt.

Der **Palast Karls V.** ist an die Seite des Baus von Pedro gesetzt und über den Patio de los Leones und einen weiteren Innenhof zu erreichen. Interessant sind hier besonders die flämischen Wandteppiche, die unter anderem den Feldzug Karls V. gegen Tunis dokumentieren.

Die **Gärten des Alcázar** sind der richtige Platz, um die heißen Mittagsstunden zu verträumen: Wasserspiele, Fischteiche, Blütenzauber und fremdartige Bäume beweisen einmal mehr die glückliche Hand der Mauren bei der Anlage von Parks. Ein Teil der Gärten stammt, deutlich zu erkennen, aus späteren Zeiten wie der Renaissance.

Öffnungszeiten April bis September Di–Sa 9.30–19 Uhr, So 9.30–17 Uhr; sonst Di–Sa 9.30–17 Uhr, So 9.30–13.30 Uhr. Eintritt 7 €, mit Studentenausweis gratis. „Audioguía" in deutscher Sprache erhältlich. Schöne Cafeteria.

Barrio de Santa Cruz und Umgebung

Das eigentliche Viertel Santa Cruz erstreckt sich etwa im Dreieck Kathedrale-Alcázar-Calle Santa María La Blanca, ist also relativ klein. Die sich nach Norden anschließenden Gebiete sind jedoch ähnlich reizvoll wie das lauschige, auch Judería genannte Vorzeigeviertel selbst.

Casa de Pilatos: Ein Stück nördlich der Calle Sta. María La Blanca, also außerhalb des eigentlichen Barrio. Der im 15./16. Jh. entstandene prachtvolle Privatpalast gilt nach dem Alcázar als das bedeutendste maurisch inspirierte Bauwerk der Stadt. In ihm vereinigen sich Elemente der Gotik, der Renaissance und des Mudéjarstils. Der Palast soll nach dem Vorbild des Amtsgebäudes von Pontius Pilatus in Jerusalem errichtet worden sein, daher der Name – eine Annahme, die jedoch ins Reich der Legenden gehört. Tatsächlich verweist der Name auf die Funktion des Palastes als erste Station an einem Kreuzweg.

Öffnungszeiten März bis September täglich 9–19 Uhr, Obergeschoss 10–14, 16–18.30 Uhr; im restlichen Jahr 10–18 Uhr, Obergeschoss 10–14, 16–17.30 Uhr. Eintrittsgebühr 8 €; wer auf den Besuch des oberen Stockwerks verzichtet, kommt mit 5 € davon; Di 13–17 Uhr Eintritt für EU-Bürger frei.

Museo del Baile Flamenco: Etwa auf halbem Weg zwischen der Casa de Pilatos und der Kathedrale liegt an der Calle Manuel Rojas Marcos 3 das im Jahr 2006 eröffnete Museum des Flamenco-Tanzes. Gegründet wurde es von der Flamencolegende Cristina Hoyos. Vom Kellergeschoss bis in den zweiten Stock des im 18. Jh. errichteten Hauses dreht sich in fünf Sälen alles um den Flamenco und seine Geheimnisse. Teilweise interaktiv und technisch hochmodern, vermittelt das private Museum viel Wissenswertes zu Ursprung, Geschichte, Stilen, Techniken und großen Persönlichkeiten des Tanzes. Seminare und Ausstellungen finden hier ebenfalls statt, eine Flamencoschule (auch für Anfänger) und ein Shop sind angeschlossen.

Öffnungszeiten Täglich 9–19 Uhr, Eintrittsgebühr 10 €, www.museoflamenco.com.

Plaza Afalfa/Plaza San Salvador: Die beiden Plätze liegen westlich flussabwärts der Casa de Pilatos und sind zusammen mit den sie verbindenden Straßen Heimat eines recht bodenständigen Stückchens Sevilla: Tapabars und Straßencafés im Wechsel mit altertümlich wirkenden Geschäften und Handwerksläden, mittlerweile aber auch schon der einen und anderen Boutique.

Calle Sierpes: Boutiquen und andere edle Geschäfte finden sich auch an der gewunden „Schlangenstraße" flussabwärts der Plaza San Salvador. Wer zur Mittagszeit hier vorbeikommt, ist mitten in einem Zentrum der Tapakultur Sevillas.

Entlang des Guadalquivir

Museo de Bellas Artes: Das Museum der schönen Künste ist in einem ehemaligen Kloster an der Plaza del Museo untergebracht, im Osten des Zentrums und unweit der Calle Alfonso XII. Besonders gut bestückt ist das um drei Patios gruppierte Museum mit Malern der Sevillaner Schule des 17. Jahrhunderts, die restlichen Ausstellungsstücke fallen dagegen etwas ab. Aus der Fülle herauszugreifen sind besonders die Werke des asketischen *Francisco de Zurbarán* und des stets etwas süßlichen *Bartolomé Esteban Murillo*. Spezielle Beachtung verdient der sinistre *Juan de Valdés Leal*, Maler des Todes und der Verwesung, von dessen Bildern Murillo einmal sagte, er müsse sich bei ihrem Anblick „die Nase zuhalten". Unter den Bildhauern bedeutsam ist *Juan Martínez Montañés*, dessen Arbeiten in vielen Kirchen Sevillas und der Umgebung zu sehen sind.

Öffnungszeiten Mi–Sa 9–20.30 Uhr, So 9–14.30 Uhr, Di 14.30–20.30 Uhr; Mo geschlossen. Eintritt für EU-Bürger gratis, sonst 1,50 €.

Plaza de Toros „La Maestranza": Die Stierkampfarena am Paseo de Colón wurde schon im 18. Jh. errichtet und gilt als eine der schönsten Spaniens; mit 14.000 Plätzen ist sie gleichzeitig auch eine der größten. Die hiesigen *corridas* genießen allerbesten Ruf, doch kann man die Arena auch besuchen, ohne einen Stierkampf zu sehen.

Öffnungszeiten Mai bis Oktober täglich 9.30–20.30 Uhr, sonst bis 19.30 Uhr, an Stierkampftagen (Saison etwa von der Feria de Abril bis Mitte Oktober) nur 9.30–15 Uhr. Führung alle 20 min., Eintritt 5 €.

Hospital de la Caridad: Ein Stück abseits des Guadalquivir in der Calle Temprado. Das im 17. Jh. gegründete „Hospital der Nächstenliebe" dient noch immer als Krankenhaus, doch sind in der zugehörigen Kirche die Werke einiger großer Sevillaner Meister zu sehen: *Murillo*, vor allem aber der herbe *Juan de Valdés Leal* mit einigen seiner drastischsten Darstellungen.
Öffnungszeiten Mo–Sa 9–13.30, 15.30–20 Uhr (Okober bis März nur bis 19.30 Uhr), So 9–13 Uhr; Eintrittsgebühr 5 €.

Torre del Oro: Ein Sevillaner Wahrzeichen fast im Rang der Giralda ist der zwölfeckige Turm mit dem minarettähnlichen Aufsatz. Um 1220 unter den Almohaden direkt am Guadalquivir errichtet, diente er zur Überwachung des Stroms; der Name „Goldturm" stammt von früherem Schmuck aus vergoldeten Ziegeln. Im Inneren ist heute ein *Marinemuseum* untergebracht. Vor dem Turm starten Ausflugsschiffe zu kleinen „Kreuzfahrten" auf dem Guadalquivir.
Öffnungszeiten Di–Fr 10–14, Sa/So 11–14 Uhr; im August geschlossen. Eintritt 2 €.

Parque de María Luisa

Die Ibero-Amerikanische Ausstellung 1929 geriet durch die Weltwirtschaftskrise zum Flop, verschaffte Sevilla jedoch einen großzügigen Park.

Fábrica de Tabacos: Das riesige Gelände der ehemaligen Tabakfabrik und heutigen Universität liegt auf dem Weg zum Park, zwischen den Calles San Fernando und La Frontera. Mérimées *Carmen*, besungen in der Oper von Bizet, soll hier gearbeitet haben.

Plaza España: Nicht nur ein Platz, sondern auch ein Gebäude – und was für eins. Der in elegantem Halbkreis für die Ausstellung 1929 angelegte *Palacio Español* vereint ein Sammelsurium aller spanischen Stilelemente und wirkt dennoch gar nicht so uneinheitlich. Die an den Bau gesetzten bunten Kachelbänke sind geschichtlichen Höhepunkten jeweils einer spanischen Provinz gewidmet.

Museo Arqueológico: Am zweiten großen Platz des Parks, der *Plaza de America*. Das Archäologische Museum birgt eine Reihe hochklassiger Ausstellungsstücke, die vom Frühpaläolithikum bis zur maurischen Epoche reicht. Das gesamte Untergeschoss ist der Vorgeschichte gewidmet. Der Schwerpunkt des Museums liegt auf Funden der Römerzeit, darunter eine besonders schöne Skulptur der Venus aus dem nahen Itálica.

Museo de Artes y Costumbres Populares: Ebenfalls an der Plaza de America. Das Volkskundemuseum präsentiert Werkzeug, Möbel, Kleidung, Instrumente und Spielzeug aus dem Sevilla vergangener Tage.
Öffnungszeiten beider Museen Mi–Sa 9–20.30 Uhr, So 9–14.30 Uhr, Di 14.30–20 Uhr. Der Eintritt ist für EU-Bürger frei, sonst jeweils 1,50 €.

Isla de la Cartuja

Die Insel – genau genommen nur eine Halbinsel – im Fluss war Standort der Weltausstellung 1992, geriet seitdem jedoch wieder etwas ins Abseits. Für intensivere Nutzung soll ein großer Themenpark sorgen, der viel beworbene „Isla Mágica". Vom Zentrum aus ist die Isla de la Cartuja am einfachsten über die Brücke Puente del Cachorro zu erreichen. In der Nähe liegen ein *Omnimax-Kino* mit großer Leinwand und der Nachbau von Magellans Schiff Victoria, mit dem die erste Weltumsegelung gelang, außerdem ein Aussichtsturm.

Monasterio de la Cartuja: Etwas weiter nördlich gelegen. Das Kloster, dem die Halbinsel ihren Namen verdankt, wurde um 1400 nach einer Marienerscheinung

Harmonischer Stil-Mix: Brücke an der Plaza España

als „Monasterio de Santa María de las Cuevas" gegründet. Auf seinen Reisen nach Sevilla diente das Kloster Kolumbus mehrfach als Unterkunft, und nach seinem Tod lag er von 1509 bis 1536 hier aufgebahrt. Für die Expo aufwändig restauriert, birgt das Kloster unter anderem mehrere Kapellen, von denen einige hübsch mit Kacheln verziert sind; das ehemalige Grab von Kolumbus liegt in der Kapelle Santa Ana. Dem Kloster angeschlossen ist das *Centro Andaluz de Arte Contemporáneo* mit Gemälden und Skulpturen von Künstlern des 20. Jh.

Öffnungszeiten April bis September Di–Fr 10–21 Uhr (Winter 20 Uhr), Sa 11–21 Uhr (Winter 20 Uhr), So 10–15 Uhr, Mo geschlossen. Eintrittsgebühr 3 €, Ausstellungen 1,80 €; Di ist der Eintritt für EU-Bürger gratis.

Parque Temático de Isla Mágica: Die „Magische Insel", Ziel vieler Busausflüge von den Touristenorten der Küsten, ist ein Themenpark nach amerikanischem Vorbild. Die 300.000 Quadratmeter umfassende Spielwiese für kleine und große Kinder widmet sich dem Zeitalter der Eroberung Amerikas im 16. Jh. Zu erleben sind Abenteuer in „Amazonia" und „El Dorado", Überfälle von Piraten, eine Fahrt mit der Achterbahn „El Jaguar" oder der nassen „Anaconda", eine Rafting-Tour auf den „Stromschnellen des Orinoco" etc.

• *Öffnungszeiten* Betrieb etwa von April bis Ende Oktober, Anfang November. Geöffnet wird täglich um 11 Uhr, geschlossen je nach Jahreszeit und Wochentag zwischen 21 und 23 Uhr. Eintritt p.P. 25 €, Kinder bis 12 J. und Senioren 17,50 €. Ermäßigter Eintritt am Abend, je nach Schließzeit ab 16, 17 oder 19 Uhr: Erwachsene 17,50 €, Kinder und Senioren 13 €. Zur NS liegen die Eintrittspreise einen Tick niedriger. www.islamagica.es.

Barrios Triana und La Macarena

El Barrio de Triana liegt auf der jenseitigen, westlichen Flussseite, etwa zwischen den Brücken Puente de San Telmo und Puente Isabel II. Früher ein Vorort der Seeleute, Zigeuner und Töpfer, ist Triana heute noch für seine Keramikwerkstätten bekannt.

La Macarena im Norden des Zentrums wirkt fast noch eine Ecke bodenständiger. Die große Zeit des Barrio liegt schon einige Jahrhunderte zurück, jetzt leuchten nur noch einige Kirchen und Klöster im matten Glanz vergangener Größe. Interessant ist das Viertel jedoch wegen seiner wehmütig-nostalgischen Atmosphäre.

Itálica

Etwa neun Kilometer nordwestlich von Sevilla, gut zu erreichen über die N 630 Richtung Cáceres, liegt bei Santiponce die Ausgrabungsstätte der ersten bedeutenden römischen Siedlung Spaniens.

Itálica ist eine Gründung des Feldherrn *Publius Cornelius Scipio des Jüngeren*. Ab dem Jahr 206 v. Chr. wurden hier verdiente Veteranen des Zweiten Punischen Kriegs angesiedelt, die sich im Lauf der Jahre mit der einheimischen Bevölkerung vermischten. Itálica nahm einen raschen Aufschwung zur bedeutenden Stadt, die sogar die römischen Kaiser Trajan und Hadrian hervorbrachte. In westgotischer Zeit ging die Bedeutung des Ortes zurück, nach der maurischen Eroberung verfiel Itálica. Das Ausgrabungsgelände teilt sich in die eigentliche Siedlung und das riesige Amphitheater. Die *Römerstadt* ist nach üblichem Muster mit zwei sich rechtwinklig kreuzenden Hauptstraßen aufgebaut; in einigen der Häuser sind Mosaiken erhalten geblieben. Beeindruckender ist jedoch das *Amphitheater*, eines der größten der römischen Welt: 160 Meter Länge, Sitzplätze für 30.000 Zuschauer. Dem Ausgrabungsgelände angeschlossen ist ein kleines *Museum*, doch ist die Mehrzahl der Funde ins Archäologische Museum in Sevilla gebracht worden.

- *Öffnungszeiten* April bis September Di–Sa 8.30–20.30 Uhr, So 9–15 Uhr, im restlichen Jahr Di–Sa 9–17.30 Uhr, So 10–16 Uhr. Eintritt für EU-Bürger und Studenten gratis, sonst 1,50 €.
- *Verbindungen* CASAL-Busse nach Santiponce/Itálica ab Busbahnhof Plaza de Armas Mo–Sa halbstündlich, So stündlich.

Richtung Córdoba

▶ **Carmona**: Inmitten der fruchtbaren, welligen Landschaft *Campiña* östlich von Sevilla besetzt Carmona einen der höheren Hügel. Im romantischen, noch teilweise von der alten Stadtmauer umgebenen Ortskern steht eine ganze Reihe an Palästen, von denen einer das Stadtmuseum *Museo de Historia* (Sommer 10–14, 18.30–20.30 Uhr, So und Di jeweils nachmittags geschlossen; sonst täglich 11–19 Uhr, Di-Nachmittag geschlossen. Eintritt 2 €, Di gratis) birgt. Die wichtigste Sehenswürdigkeit ist jedoch die *Necrópolis Romana*, die bedeutendste Gräberstadt Spaniens.

- *Information* **Oficina Municipal de Turismo**, Arco de la Puerta de Sevilla, ☎ 954 190955. Im Turm des Haupttors zum Städtchen, der von hier aus auch bestiegen werden kann, s. u. Freundlich und informativ. Öffnungszeiten: Mo–Sa 10–18 Uhr, So 10–15 Uhr. www.turismo.carmona.org.
- *Verbindungen* **Bus**: CASAL-Busse fahren stündlich von/nach Sevilla; Haltestelle für diese Linie westlich etwas außerhalb des Mauerrings am Paseo del Estatuto, an der Straße von Sevilla. Verbindungen nach Écija mit LINESUR 2-mal, nach Córdoba mit ALSINA GRAELLS ebenfalls 2-mal täglich, Abfahrt gleich außerhalb der Puerta de Sevilla.
- *Übernachten* Preiswerte kleine Pensionen sind leider selten vertreten.
- ****** Parador Alcázar del Rey Don Pedro**, einer der schönsten Paradore weit und breit, einem Palast des 14. Jh. nachempfunden; Pool. DZ etwa 160–175 €. ☎ 954 141010, ✉ 954 141712, www.parador.es.
- *** Pensión Hostal Comercio**, direkt in die Altstadt-Mauern gebaut. Gepflegtes Haus mit einfachen Zimmern, hübschem Innenhof und einem guten und recht preisgünstigen Restaurant. DZ/Bad rund 50–70 €, ohne Bad etwas günstiger. Calle Torre del Oro 56, ☎ 954 140018.

Provinz Sevilla / Richtung Córdoba

Blick über die Dächer von Carmona: Alcázar Puerta de Sevilla

Hospedería Palacio Marqués de las Torres, in einem schönen Palast im Gebiet hinter dem Stadtmuseum. Ungewöhnliche Mischung aus Hotel und privater Jugendherberge. Die Hotelzimmer sind relativ klein, aber hübsch und gut eingerichtet; die sog. „Modulos" der Herberge (Gemeinschaftsbad) hingegen, durch Holzwände abgeteilt, schon etwas arg eng. Wirklich Klasse hat der reizvolle Innenhof mit Pool. DZ/Bad/F nach Saison und Wochentag (Mo–Do ist's billiger) 45–65 €, ein Superiorzimmer gibt es auch. Bett im „Modulo" 23 €. Zur Semana Santa und Feria von Sevilla gelten deutlich höhere Preise. C. Fermín Molpeceres 2, ℡ 954 196248, 📠 954 196182, www.hospederiamarquesdelastorres.com.

Necrópolis Romana: Vom Zentrum Richtung Sevilla, am westlichen Ortsrand. Insgesamt an die tausend Gräber wurden hier vom 2. Jh. v. Chr. bis ins 4. Jh. n. Chr. angelegt; etwa ein Viertel ist zugänglich. Zu den Höhepunkten zählt die *Tumba del Elefante* mit der Figur eines Elefanten und die *Tumba de Servilia*, ein tempelähnliches Grab in der Mitte des Gräberfelds. Das kleine Museum zeigt Funde aus der Nekropole; das Amphitheater ist nicht zu besichtigen.
Öffnungszeiten Im Sommer Di–Fr 8.30–14 Uhr, Sa 10–14 Uhr; sonst Di–Fr 9–18 Uhr, Sa/So 9.30–14.30 Uhr. Eintritt für EU-Bürger frei.

▶ **Écija**: Écija blickt auf eine ebenso lange Vergangenheit zurück wie Carmona. Das Städtchen um die hübsche Plaza España ist berühmt für seine vielen, oft bunt geschmückten spitzen Kirchtürme und rühmt sich deshalb des Beinamens „Ciudad de las Torres". Ein anderes Attribut wird dem Besucher, der im Sommer kommt, ebenso schnell verständlich werden: „Sartén de Andalucía", die Bratpfanne Andalusiens.

• *Information* **Oficina de Turismo**, im Rathaus an der Plaza España 1, ℡ 955 902933. Geöffnet Mo–Sa 9-15 Uhr, teilweise auch am Sonntag. Man spricht Deutsch und Englisch. Hier auch Infos über die Besichtigung des Saals „Sala Capitular" und der „Cámara oscura (Führungen Mo–Sa 12 Uhr; 2,50 €), beide ebenfalls im Rathaus.

• *Verbindungen* **Bus**: Busbahnhof an der Avenida Genil am Südrand des Ortskerns. Nach Sevilla mit LINESUR und ALSINA GRAELLS alle ein bis eineinhalb Stunden, ALSINA GRAELLS nach Córdoba 2-mal täglich.

• *Übernachten* **** **Hotel Palacio de los Granados**, wenig östlich der Plaza España. In einem alten Barockpalast, Pool im Innen-

hof. Nur zehn Zimmer und drei Suiten, DZ etwa 155 €, die Suiten natürlich etwas mehr. Calle Emilio Castelar 42, ℅ 955 905344, 📠 955 901412. www.palaciogranados.com.
** Hotel Platería, nur einen Katzensprung vom Hauptplatz, dabei relativ ruhig. Noch recht neu und gut eingerichtet, mit Aircondition. Restaurant angeschlossen. DZ etwa 70 €. Calle Garcilópez 1a, ℅/📠 955 835010. www.hotelplateria.net.

Richtung Málaga

▶ **Osuna**: Vom 16. bis ins 18. Jh. hinein war Osuna Hauptstadt des gleichnamigen Herzogtums und Universitätssitz. Aus dieser Zeit stammen mehrere schöne Kirchen und eine ganze Reihe herrschaftlicher Adelspaläste mit oft aufwändig geschmückten Portalen. Reizvoll zeigen sich auch die auffällig große Plaza Mayor, die engen Pflastergassen und die weißen Hausfassaden mit ihren schmiedeeisernen Minibalkonen.

• *Information* **Oficina de Turismo**, Calle Carrera 82, im alten Hospital, ℅ 954 815732. Geöffnet Mo–Sa 9–14 Uhr.
Asociación Turístico Cultural, am Hauptplatz, engagiert geleitet von Frau Rosario Moreno Ortega. Hier auch Infos zu geführten Touren durch die Stadt. Geöffnet Mo–Fr 10–14, 18–20 Uhr, Sa/So 10–14 Uhr. Plaza Mayor s/n, Mobil-℅ 678 419092.
• *Verbindungen* **Zug**: Bahnhof relativ ortsnah, etwa eine Viertelstunde Fußweg südwestlich der Plaza Mayor; Züge nach Sevilla 10-mal, Málaga 5- bis 6-mal, zum Knotenpunkt Bobadilla ebenfalls 5- bis 6-mal täglich.
Bus: Busbahnhof an der Avda. Constitución, etwa zehn Minuten südöstlich der Plaza Mayor. LINESUR-Busse nach Sevilla 11-mal täglich; weitere Anschlüsse nach Antequera 4-mal, Málaga 2-mal und Granada 2-mal täglich.
• *Übernachten* ****** Hotel Palacio Marqués de la Gomera**, nordwestlich nahe der Plaza Mayor. Untergebracht in einem der edlen Paläste von Osuna; gutes Restaurant und Garage. DZ 110-120 €, Superior-Zimmer und Suiten gegen Aufpreis. Calle San Pedro 20, ℅ 95 812223, 📠 954 810200, www.hotelpalaciodelmarques.com.
** Pensión Hostal Caballo Blanco, an der Hauptstraße nordwestlich unweit der Plaza Mayor. Eine renovierte ehemalige Postkutschenstation; die Kutschen von heute finden Parkplätze im Hof. Gute Zimmer und Bäder; modern, wenn auch schlicht möbliert. Mit Aircondition. DZ/Bad etwa 55 €. Calle Granada 1; ℅ 95 4810184.

Skurriler Fassadenschmuck: Palacio de los Cepeda in Osuna

Westernstimmung: El Rocío

Provinz Huelva

Viele Reisende sehen die Provinz Huelva nur auf der Durchfahrt nach Portugal. Ganz unverständlich ist das nicht. Die Hauptstadt ist von sehr gebremstem Reiz, bar aller Baudenkmäler und von einem ausgedehnten Ring stinkender Petrochemie umgeben.

Andererseits darf sich die Provinz auch einiger der interessantesten und ungewöhnlichsten Glanzlichter Andalusiens rühmen. So sind die Küsten abseits des Industriegürtels um die Hauptstadt auf weiten Strecken bislang noch nahezu unbebaut, weshalb es dort natürlich auch an Unterkunftsmöglichkeiten mangelt. Wo dennoch Betten zu finden sind, handelt es sich meist um aus dem Boden gestampfte Feriensiedlungen: *Matalascañas*, komplett am Reißbrett geplant, ist das deutlichste Beispiel. Camper hingegen können eine Reihe von Plätzen an herrlichen und fast einsamen Stränden entdecken. Auch Naturfreunde werden sich in der Provinz Huelva näher umsehen wollen. Charakteristisch für die küstennahen Zonen des Gebiets sind die Überschwemmungsgebiete Marismas, wertvolle ökologische Rückzugsgebiete, die auch einen Teil des größten Nationalparks Spaniens ausmachen: Der *Parque Nacional Coto de Doñana*, im äußersten Südosten der Region, bildet eines der bedeutendsten Vogelreservate des Kontinents. Einen Termin im Kalender der Provinz kennt jeder Liebhaber spanischer Feste: Die *Romería del Rocío* an Pfingsten, wenn Hunderttausende von Wallfahrern zur Madonna des winzigen Dörfchens *El Rocío* pilgern.

▸ **El Rocío**: Ein verstaubtes Nest mit Westernatmosphäre – die ungewöhnlich breiten Straßen und riesigen Plätze der Siedlung ertrinken im Sand, lassen Fußgänger geradezu winzig erscheinen. El Rocío liegt am Rand des Nationalparks Coto de Doñana und gilt als einer der besten Plätze Europas zur Beobachtung von Vögeln. Weit berühmter noch ist der Weiler durch die Romería del Rocío. Vor und nach der berühmten Wallfahrt allerdings schläft das Dorf seinen Dornröschenschlaf.

- *Information* **Oficina de Turismo**, eine Außenstelle von Almonte, untergebracht in einem Kiosk an der Promenade am Rand der Marismas. Öffnungszeiten Mo–Sa 10–14, 18–20 Uhr (Winter 16–18 Uhr). Paseo Marismeño s/n, kein Telefon.

- *Verbindungen* **Busse** der Gesellschaft DAMAS von und nach Matalascañas und Almonte 8- bis 9-mal täglich. Nach Sevilla 3-mal, in der Gegenrichtung 5-mal täglich, im Sommer häufiger. Von und nach Huelva nur im Sommer (sonst via Almonte), dann 2-mal täglich. Zur Romería kräftig verstärktes Angebot, jeder Bus dennoch mehr als voll.

- *Übernachten* Während der Romería ist in weitem Umkreis jede Badewanne ausgebucht. Es ist dann üblich, im Wagen zu schlafen oder irgendwo das Zelt aufzubauen.

** **Hotel Toruño**, 1995 eröffneter, recht hübscher Bau direkt am Rand des Feuchtgebiets. Freundlich eingerichtete Zimmer mit TV und Klimaanlage. DZ etwa 85-160 €, zur Romería 360 €. Plaza Acebuchal 22, ℡ 959 442626, ℻ 959 442338.

El Central, eigentlich eine rustikale Bar, die im Nachbarhaus acht Zimmer vermietet, alle im ersten Stock um einen schönen Patio gelegen. Modern und gepflegt, alles sehr sauber, freundliche und zuvorkommende Besitzer – was man nicht von allen Pensionen im Ort behaupten kann. DZ/Bad rund 40 €, zur Romería chancenlos. Plaza del Comercio 4, beim Supermarkt und nicht weit von der riesigen Plaza Doñana; ℡ 959 442050. Ebenfalls empfehlenswert ist die gegenüberliegende **Pensión Punto de Encuentro**, ℡ 959 442205.

La Romería del Rocío

Im 13. Jh. war es, als ein Jäger in der Umgebung des Dorfs die heute so hoch verehrte Statue der *Nuestra Señora del Rocío* („Unsere Liebe Frau vom Morgentau") fand. Schon bald begannen Wallfahrten zur Madonna. Im 17. Jh. gründeten Wallfahrer die ersten religiösen Bruderschaften, die Cofradías. Der heutige Ablauf des Festes geht auf 1758 zurück. Bis zu einer Million Menschen vor allem aus den Provinzen Huelva, Sevilla und Cádiz pilgern an Pfingsten nach El Rocío. Die Mehrzahl kommt mit modernen Verkehrsmitteln, doch die wahren Bruderschaften legen den Weg auf kleinen Pfaden zu Fuß, mit dem Pferd oder dem Ochsenkarren zurück und sind dabei teilweise eine ganze Woche unterwegs. Das eigentliche Fest, eine Mischung aus religiöser Inbrunst und sherryseligem Jahrmarkt, beginnt am Pfingstsamstag mit der Ankunft der verschiedenen Cofradías; die echten Caballeros zu Pferd, im Damensitz hinter sich ihre traditionell im Rüschenkleid gewandeten Schönheiten. Am Pfingstsonntag findet die Messe statt. Danach wird nahtlos weitergefeiert, bis im Morgengrauen des Montags der stundenlange Umzug der Madonna beginnt.

Parque Nacional Coto de Doñana

Das ausgedehnte Areal westlich der Guadalquivirmündung diente schon ab dem 13. Jh. den spanischen Königen als exklusives Jagdgebiet und blieb bis in unser Jahrhundert nahezu unberührt.

Als in den Sechzigern riesige Trockenlegungen drohten, kaufte die Stiftung „Alonso de Herrera" zusammen mit dem „WWF" 7500 Hektar Land auf. 1969 wurde ein erweitertes Gebiet zum Nationalpark erklärt, der mit den Randzonen der Vorparks heute über 770 Quadratkilometer einnimmt. Der Park besteht aus drei deutlich ge-

Bedrohtes Vogelparadies: Nationalpark Coto de Doñana

trennten Ökosystemen. Zur Küste hin bilden hohe *Wanderdünen* eine natürliche Barriere. In ihrem Windschatten wachsen Büsche und Bäume auf einem jahrtausendealten, früheren Dünenstreifen, dessen dadurch *gefestigte Sandflächen* heute den flächenmäßig größten Teil des Parks ausmachen. Landeinwärts erstreckt sich das Feuchtgebiet der *marismas*, das nach den Winterregen weitgehend überschwemmt wird und im Sommer großteils austrocknet. Den eigentlichen Reichtum des Coto bilden die Vögel, die nach der Trockenlegung vieler spanischer Feuchtgebiete hier eins ihrer letzten Refugien finden. Mit etwas Glück zu beobachten sind eine ganze Reihe von Greifvögeln, Reiher- und Entenarten, das seltene Purpurhuhn, Flamingos, der afrikanische Löffler aus der Gattung der Ibisse und viele Arten mehr.

Leider ist der Coto de Doñana massiven Gefahren ausgesetzt. Die industrielle Belastung des Guadalquivir und besonders die Verseuchung der Feuchtgebiete durch Düngemittel und Pestizide der angrenzenden Landwirtschaft führten 1973 und 1986 zu großen Vogelsterben. Schlimmer noch war der Dammbruch am Río Guadiamar im April 1998. Damals barst ein Auffangbecken des schwedischen Bergbaukonzerns Boliden. Fünf Millionen Kubikmeter hoch giftiger, stark säurehaltiger Schlämme ergossen sich in den Fluss und vernichteten alles Leben. Auf einer mehrere hundert Meter breiten Todesschneise wälzte sich die Giftflut 40 Kilometer flussabwärts, direkt auf den Nationalpark zu. Mit eilig errichteten Deichen konnte das Eindringen der kontaminierten Schlammfracht in das Reservat zwar gerade noch verhindert werden. Dennoch wurden mitlerweile bei verschiedenen Vogelarten erhebliche Erbgut-Schäden sowie eine signifikante Belastung mit Schwermetallen festgestellt.

▶ **Touren im Park**: Beste Besuchszeit ist das Frühjahr; im Sommer sind viele Gebiete ausgetrocknet, in der Tierwelt ist wenig los, der Andrang von spanischen Besuchern dafür immens. Das zentrale Schutzgebiet des Parks, östlich der Straße El Rocío-Matalascañas, darf auf eigene Faust nicht betreten werden. Eine gute und umweltverträgliche Alternative zu den Landrovertouren stellen die Rundwege mit Beobachtungsständen dar, die in den Vorparks um die Infozentren angelegt sind.

- *Information* **Centro de Información La Rocina**, an der Straße von El Rocío nach Matalascañas. Hier beginnt der 2,5 km lange Wanderpfad „Charco de la Boca", der durch Pinienwald zu einer Lagune führt, die meist ganzjährig Wasser führt und an der drei Beobachtungshütten installiert sind. Das Zentrum öffnet täglich um 9 Uhr, geschlossen wird je nach Jahreszeit zwischen 19 und 21 Uhr. ✆ 959 442340.
Centro de Recepción El Acebuche, das Haupt-Dokumentationszentrum, ebenfalls westlich der Straße El Rocío-Matalascañas. Abzweigung etwa 3-4 km vor Matalascañas, noch 2 km; Bushaltestelle an der Kreuzung. Permanente naturkundliche Ausstellung, Bar/Souvenirgeschäft, 4-mal täglich audiovisuelle Vorführungen, Wanderpfad (1,5 km) zur „Laguna del Acebuche" mit acht Aussichtspunkten. Geöffnet täglich ab 10 Uhr, im Winter bis 19 Uhr, im Sommer bis 20 Uhr, So nur bis 15 Uhr. ✆ 959 448711.
- *Verbindungen* **Bus**: DAMAS-Busse 5-mal täglich von Sevilla nach Matalascañas, in der Gegenrichtung 3-mal täglich; jeweils dem Fahrer Bescheid sagen, wo man aussteigen will. Häufigere Busse auch auf der Linie Matalascañas–Almonte bzw. umgekehrt.
- *Landrovertouren* **„Visitas Todoterreno"** finden ab El Acebuche statt, Fahrten von etwa Mai bis Mitte September täglich außer So um 8.30 und 17 Uhr, im restlichen Jahr täglich außer Mo um 8.30 und 15 Uhr; wegen der Wallfahrt nach El Rocío finden in der Woche vor Pfingsten keine Touren statt. Dauer jeweils etwa vier Stunden, Preis etwa 24 € pro Person. Für Gruppen ab 8 Personen sind auch Ganztagesfahrten möglich. Voranmeldung dringend geraten, mindestens einen Tag, zur Hauptsaison mehrere Wochen vorher: Cooperativa Marismas del Rocío, Centro de Recepción El Acebuche, 21750 El Rocío; ✆ 959 430432, ✉ 959 430451. Falls Platz ist, kommt man zwar auch so mit, Chancen dafür bestehen jedoch höchstens außerhalb der Saison. www.donanavisitas.es.

Costa de la Luz (Provinz Huelva)

Die Küste der Provinz Huelva bewahrt vor allem in ihrem östlichen Teil noch kilometerlange Abschnitte ohne jede Bebauung.

Eine unschöne Ausnahme in diesem Gebiet ist die Reißbrettsiedlung Matalascañas. Westlich der Provinzhauptstadt haben sich gleich mehrere ausgedehnte Ferienorte etabliert, die in erster Linie auf spanische Besucher zugeschnitten sind.

Matalascañas

Eine Feriensiedlung aus der Retorte, der besseren Übersichtlichkeit wegen in so genannte „Sektoren" (A, B, C, usw.) aufgeteilt. Im Juli und August ist die Urlaubshölle los, den Rest des Jahres ähnelt der Ort einer Geisterstadt. Der Strand hier ist allerdings wirklich vom Feinsten. Abwechslung vom Sonnenbad bieten ein 18-Loch-Golfplatz, diverse andere Sportmöglichkeiten und der noch recht neue, durch hölzerne Spazierwege erschlossene *Parque Dunar* in der Dünenlandschaft im Westen der Siedlung, in dem es auch das interessante Meeresmuseum *Museo del Mundo Marino* (Sommer Di-Sa 11-14.30, 18-21.30 Uhr, So 11-14.30 Uhr; Winter Di-Sa 10-14, 15.30-18 Uhr, So 10-14 Uhr; 5 €) gibt.

- *Information* **Oficina Municipal de Turismo**, im runden Besucherzentrum „Centro de Acogida al Visitante" am Rand des Parque Dunar und unweit der Kreuzung der Straßen von Huelva und El Rocío; ✆ 959 430086. Öffnungszeiten zur HS Mo–Sa 10–14, 18–20 Uhr, So 10–14 Uhr, zur NS stark eingeschränkt.
- *Verbindungen* **Busse** der Gesellschaft DAMAS stoppen am Rand von Sektor A nahe der Infostelle. Verbindungen nach Sevilla bestehen 3-mal, in der Gegenrichtung 5-

Provinz Huelva / Zwischen Matalascañas und Huelva

mal täglich, via El Rocío nach Almonte 9-mal, Huelva 2-mal; zur Hochsaison teilweise deutlich häufigere Abfahrten. Dann existiert auch eine innerörtliche Buslinie, die angesichts der Ausdehnung der Siedlung auch nötig ist.

• *Übernachten* Zu Pfingsten sowie im Juli und August ist es fast unmöglich, ein Bett zu finden. Hohes Preisniveau.

*** **Hotel Cortijo Golf**, ganz im Norden der Siedlung, zwar nah zum Golfplatz, vom Strand aber ein ganzes Stück entfernt. Kein Bauernhof (Cortijo), wie der Name nahelegt, aber eine für hiesige Verhältnisse architektonisch erfreulich angenehme und auch recht komfortable Anlage; Pool und Fahrradverleih. DZ offiziell etwa 135–155 €, in der Praxis werden die Preise jedoch nachfrageabhängig festgelegt. Sector E, Parcela 15, ✆ 902 383099 oder 959 448700, ✉ 959 448375.

* **Pensión Hostal Tamarindo**, eine der wenigen preisgünstigeren Möglichkeiten in Matalascañas, zudem in relativ „zentraler" Lage am Westrand von Sektor A, meerwärts der Infostelle. Ein Teil der Zimmer geht allerdings nach hinten auf eine Kneipenzone, ist deshalb zur HS nicht ganz ruhig. DZ/Bad nach Saison etwa 45 bis 70 €, zur Nebensaison schon mal mit Verhandlungsspielraum. Avenida de las Adelfas 1, ✆ 959 430119.

• *Camping* **El Rocío Playa**, 2. Kat., mit dem Auto etwa 3 km vom Ort (zunächst Richtung Huelva), da die Zufahrt den Parque Dunar umgeht; zu Fuß parallel zur Küste und vorbei am Leuchtturm ist der Weg deutlich kürzer. Einer der größten Plätze Spaniens; unten am Strand und auf den fast schattenlosen Hügeln im Hinterland finden 4000 Personen Platz. Eine ganze Zeltstadt also, komplett eingezäunt, viele Dauercamper. Der Strand allerdings ist prima, die Ausstattung okay. Ganzjährig geöffnet, zur NS aber oft nahezu verwaist; auch Bungalowvermietung. P.P., Auto, Zelt je 5,50 €. ✆ 959 430240.

Zwischen Matalascañas und Huelva

Bis zur Feriensiedlung *Mazagón* trennt auf fast 30 Kilometer Länge eine teilweise mit Pinien bewachsene Dünenkette die Straße vom schier unendlichen Strand. Das Gebiet ist nahezu unbebaut – nur Bäume, Sand und dahinter das Meer. Einige

Der Weg ist das Ziel: Dünenpark „Parque Dunar" in Matalascañas

Kilometerlange Strände wie hier bei Matalascañas sind das Markenzeichen der Provinz

Kilometer sind als *Zona Militar* ausgewiesen; die Schilder *No Pasar* („Betreten verboten") sollte man ernst nehmen!

• *Übernachten* **** **Parador de Mazagón**, etwa 22 Kilometer von Matalascañas und gut 5 Kilometer von Mazagón entfernt. Modernes Gebäude, Traumlage am Pinienwald und oberhalb des grandiosen Sandstrands; Schwimmbad, Tennis, Fahrradverleih. Ganzjährig geöffnet, DZ etwa 150–175 €. ✆ 959 536300, ✉ 959 536228, www.parador.es.

• *Camping* **Doñana Playa**, 1. Kat., einer von mehreren Plätzen östlich von Mazagón. Noch größer als Rocío Playa, Kapazität 6000 Personen. Ein Vorteil ist die überwiegend schattige Lage. Gute Ausstattung, mehrere Schwimmbäder, sehr viele Dauercamper, die aber meist nur im Juli, August und am Wochenende anwesend sind. Dann wird es eng, sonst ist Platz satt – auch am nahen Strand der Extraklasse. Geöffnet Mitte Januar bis Mitte Dezember. Miete einer kompletten Parzelle normalerweise obligatorisch: Rund 26 € sind zu rechnen. Von Matalascañas kommend ein Stück vor dem Parador, ✆ 959 5362281, ✉ 959 536313, www.campingdonana.com.

▶ **Mazagón**: Wie Matalascañas eine in Sektoren eingeteilte reine Feriensiedlung, allerdings eine Ecke kleiner. Der Strand jedoch verlockt wenig, wenn man weiß, dass direkt vor Mazagón der aus Huelva kommende Doppelfluss *Río Tinto/Río Odiel* mündet: Wer die dortigen Dreckschleudern von Raffinerien gesehen hat, wird hier kaum den Zeh ins Wasser halten wollen.

Huelva

Huelva, am Ufer des hier sehr breiten Río Odiel gelegen, ist nicht gerade die reizvollste Provinzhauptstadt Andalusiens. In der Umgebung verpestet Industrie Wasser und Luft. Die schachbrettartig aufgebaute Innenstadt präsentiert sich mit neutralen Fußgängerzonen in einer Mischung aus modern und leicht verwahrlost. Huelva musste nach einem verheerenden Erdbeben des 18. Jh. völlig neu aufgebaut werden, Baudenkmäler fehlen deshalb fast völlig.

Provinz Huelva / Huelva

- *Information* Oficina de Turismo de la Junta de Andalucía, Pl. Alcalde Coto Mora 2, im Zentrum. Öffnungszeiten: Mo–Fr 9–19.30 Uhr, Sa/So 10–14 Uhr. ✆ 959 650200, ✉ 959 650200, othuelva@andalucia.org.
- *Verbindungen* Zug: Bahnhof an der Avenida Italia (Renfe-Info: ✆ 902 240202), am südöstlichen Rand des Zentrums. Eine Verlegung ist geplant, möglicherweise an die Plaza del Punto. Nach Sevilla 3-mal täglich, 1-mal täglich auch ein schneller Direktzug nach Córdoba/ Madrid.
Bus: DAMAS-Busstation an der Calle Dr. Rubio (Info: ✆ 959 256900) im südwestlichen Zentrumsbereich. Häufige Busse in die nähere Umgebung der Stadt, im Sommer stündlich nach Punta Umbría. Nach Matalascañas 2-mal (im Sommer 5-mal), El Rocío (nur im Sommer) 1-mal, Almonte 6-mal täglich; nach Palos und Moguer mindestens stündlich, El Rompido und Isla Cristina etwa stündlich, Ayamonte 11-mal, Aracena 2-mal, Riotinto 6-mal täglich. Nach Sevilla (Umsteigestation für den Rest Andalusiens), mindestens stündlich, nach Cádiz und Málaga je 1-mal täglich. Faro in Portugal wird 4-mal täglich bedient.
- *Übernachten* *** Hotel Eurostar Tartessos, großer Bau an der Hauptstraße der Innenstadt, eine öffentliche Parkgarage liegt fast um die Ecke. DZ etwa 90-110 €, zu Spitzenzeiten bis 220 €. Av. Martín Alonso Pinzón 13, ✆ 959 282711, ✉ 959 250617, www.eurostarshotels.com.

** Hotel Costa de la Luz, zentral im Gebiet zwischen Haupt-Infostelle und Busbahnhof gelegen. Für seine Kategorie relativ preiswert, dabei mit einem durchaus passablen Standard. DZ etwa 60 €. C. José María Amo 8, ✆ 959 256422, ✉ 959 151029.
- *Jugendherberge* Albergue Juvenil, in gestreckter Fußentfernung nördlich des Zentrums gelegen. Avenida Marchena Colombo 14, ✆ 959 650010.
- *Essen* Rest. Portichuelo, nahe der Infostelle. Eine gepflegte Adresse, sowohl für Tapas wie auch als Restaurant. Das Degustationsmenü kommt auf rund 45 €. Calle Vázquez López 15, ✆ 959 245768.
Taberna El Condado, in einer Fußgängerzone nicht weit vom Hotel Eurostars Tartessos. Auf rustikal gemachte Bar mit guten Tapas und Raciones, einige Tische auch im Freien. C. Santa Ángela de la Cruz 3.
Bar Cafetería Agmanir, ein kleines Stück weiter, mit Tischen in der Hauptfußgängerzone. Kein besonderes Ambiente, jedoch ein Klassiker der Stadt, beliebter Treffpunkt am Mittag für Tapas, Montaditos, Fritos und Mariscos. C. Arquitecto Pérez Carasa 9.
- *Feste* Fiestas Colombinas, einwöchiges Fest um den 3. August, zur Erinnerung an den Tag, an dem Kolumbus 1492 von Palos in See stach. Mit Musik, Tanz, Sport- und Kulturereignissen, Stierkampf und einigem mehr.

Umgebung von Huelva

▶ **Punta Umbría**: Eine Art moderne „Strandvorstadt", gut zehn Kilometer südlich von Huelva, auf dem Landweg jedoch über 20 Straßenkilometer entfernt. Im Sommer, etwa von Mitte Juni bis Mitte September, verkehren Ausflugsboote ab dem Hafen von Huelva, die aber nur Fußgänger transportieren.

▶ **Monasterio de la Rábida**: Auf einem Hügel jenseits des Río Tinto, etwa acht Kilometer südöstlich von Huelva. In dem aus dem 14. Jh. stammenden Kloster (Di–Sa 10–13, 16–19 Uhr, So 10.45–13, 16–19 Uhr; Nachmittagstermine im August erst ab 16.45 Uhr; Führungen etwa alle 45 Minuten, 3 €) plante Kolumbus seine Amerikafahrt. Außer Kolumbus-Devotionalien sind zwei Kreuzgänge und einige bemerkenswerte Kunstschätze zu sehen. Unterhalb der Anlage zeigt das Dokumentationszentrum *Muelle de las Carabellas* (Di–Fr 10–14, 17–21 Uhr, Sa/So 11–20 Uhr; 3,50 €) Seekarten und nautische Geräte des 15. Jahrhunderts; Hauptattraktion sind jedoch die Nachbauten der „Pinta", „Niña" und „Santa María", die in Originalgröße vor dem Museumsbau schwimmen.

▶ **Palos de la Frontera**: Das Städtchen am Río Tinto war früher ein bedeutender Hafen und rühmt sich, Abfahrtsort von Kolumbus' erster Amerikafahrt gewesen zu sein. Heute ist der Hafen versandet und Palos schläft den gerechten Schlaf einer ländlichen Kleinstadt.

Provinz Huelva

▶ **Niebla**: Etwa 30 Kilometer Richtung Sevilla, am tiefroten Río Tinto. Die hübsche Kleinstadt glänzt mit einer römischen Brücke, einem restaurierten Kastell (täglich 10–18 Uhr, im Sommer bis 22 Uhr; 4 €) sowie einem komplett erhaltenen mittelalterlichen Mauerring, an dem sich im 13. Jh. die christlichen Rückeroberer neun Monate lang die Zähne ausbissen.

Richtung Portugal

▶ **Isla Cristina**: Keine Insel, sondern ein Fischereistädtchen, das sich allmählich auch als Badeziel etabliert. Das schachbrettartig aufgebaute Zentrum erstreckt sich um die Kirche und eine Palmenallee und macht einen angenehm entspannten Eindruck. Unerfreulicher präsentiert sich die neue Urbanisation ein paar Kilometer östlich. Der Strand, der sich bis weit über die Feriensiedlung hinaus erstreckt, hat jedoch wirklich Klasse.

- *Information* **Oficina de Turismo**, Calle San Francisco 12, in einer Fußgängerzone Nähe Hafen; ℡ 959 332694. Engagiertes Personal; im ersten Stock eine farbenprächtige Ausstellung zum hiesigen Karneval. Öffnungszeiten im März bis Oktober Mo–Fr 10–14, 17.30–19.30 Uhr (Juli/August 18–20 Uhr), Sa/So 10–14 Uhr; sonst täglich 10–14 Uhr.
- *Verbindungen* **Bus**: DAMAS-Busse von/nach Huelva 15-mal, Ayamonte 5-mal täglich.
- *Übernachten* ** **Hotel Paraíso Playa**, eines von insgesamt drei kleineren Hotels in der Strandsiedlung an der Playa Central, vom Ortskern also eine ganze Ecke entfernt. Angenehmes, familiäres Haus mit 34 Zimmern, recht hübsch gelegen, kleiner Pool. DZ nach Saison etwa 55–120 €. Von etwa Mitte Dezember bis Mitte Januar ist geschlossen. Avenida de la Playa s/n, ℡ 959 331873, ℡ 959 343745. www.hotelparaisoplaya.com.
** **Hotel Sol y Mar**, ebenfalls an der Playa Central und sogar in der ersten Reihe, viele Zimmer deshalb mit Meerblick. Ausstattung etwas einfacher als im Paraíso Playa. Parkplatz. DZ nach Saison etwa 45–85 €, im August 115 €. Playa Central s/n, ℡ 959 332050, www.hotelsolymar.org.
- *Camping* **La Giralda**, 1. Kat., unweit vom östlichen Ortsrand, ins Zentrum gut 2 km, zum Strand nur ein paar Minuten. Sehr großer Platz mit einer Kapazität von mehr als 2000 Personen, schattig und gut ausgestattet, unter anderem mit Pool. Ganzjährig geöffnet, Cafeteria und Supermarkt sind jedoch nur zur HS in Betrieb. P.P., Zelt jeweils um die 6,50 €, Auto 5,50 €. Carretera Isla Cristina–La Antilla, km 1,5, ℡/℡ 959 343318, www.campinggiralda.com.

▶ **Ayamonte**: Das Grenzstädtchen am Río Guadiana lebte mangels Stränden und anderer Attraktionen vor allem vom Fährverkehr von und nach Portugal. Dann wurde einige Kilometer nördlich der Straßenverbindung nach Portugal fertiggestellt, die über eine spektakuläre Brücke führt. Für durchreisende Autofahrer fällt die zeitraubende Einschiffungsprozedur seitdem weg – und Ayamonte vermisst schmerzlich einen Teil der bisherigen Kurzzeitgäste.

- *Information* **Oficina de Turismo**, C. Huelva 27, im Gebiet hinter dem Paseo de la Rivera, ℡ 959 320737. Öffnungszeiten im Sommer Mo–Fr 10–14, 19–21 Uhr, Sa/So 10–14 Uhr; sonst Mo–Fr 10–14, 17.30–19.30 Uhr, Sa 10–14 Uhr.
- *Verbindungen* **Busstation** der Gesellschaft DAMAS etwas außerhalb des Zentrums an der Straße nach Huelva; Busse von und nach Huelva 10-mal, Isla Cristina und Sevilla je 5-mal täglich; es gibt auch Verbindungen nach Portugal.
Fähren nach Vila Real de Santo Antonio in Portugal verkehren im Sommer halbstündlich, im Winter alle 40 Minuten; Preis pro Person 1,40 €. Gelegentlich veranstaltet die Fährgesellschaft auch Ausflugsfahrten auf dem Río Guadiana.
- *Übernachten* *** **Parador de Ayamonte**, in fantastischer Aussichtslage oberhalb der Stadt. Modernes Gebäude mit den üblichen Komfort inklusive Schwimmbad, DZ nach Saison etwa 105–140 €. El Castillito s/n, am nördlichen Ortsrand hinter dem Viertel La Villa; ℡ 959 320700, ℡ 959 022020, www.parador.es.

Maurisches Erbe: Gasse in Vejer de la Frontera ▲▲
Hübscher Platz: Plaza España in Vejer ▲▲
Schmuck: Bergdörfchen Gaucín ▲

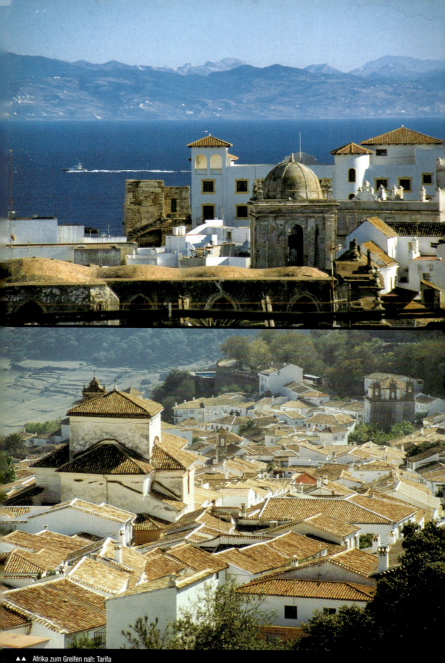

▲▲ Afrika zum Greifen nah: Tarifa
▲ Weißes Dorf in den Bergen: Grazalema

Älteste Stadt Westeuropas: Cádiz ▲▲
Nostalgischer Seebad-Stil: Playa Caleta von Cádiz ▲

▲▲ Weiße Kuben: Häuser in Vejer de la Frontera
▲ Rote Ziegel: Dächer in Zahara de la Sierra

Provinz Huelva / Der Norden

* **Hotel Res. Marqués de Ayamonte**, älteres Haus im Zentrum. Recht groß, geräumige Zimmer, Mobiliar nicht das jüngste, aber in Ordnung. Nur von Juni bis Oktober geöffnet. DZ/Bad etwa 50 €. C. Trajano 14, nahe Paseo del Ribera, ✆ 959 320125.

Der Norden der Provinz Huelva

Die bewaldeten Hügel der Sierra Morena werden von Ausländern nur selten besucht, Unterkünfte und andere Einrichtungen sind rar.

▶ **Minas de Riotinto**: Das Städtchen bildet den Hauptort der Minenregion von Riotinto, etwa 70 Kilometer nordöstlich von Huelva gelegen und benannt nach dem „roten Fluss" Río Tinto. Die Region, in der schon zur Kupferzeit nach Metallen geschürft wurde, galt bis in die späten 90er als ältestes noch in Betrieb befindliches Bergbaugebiet der Welt, doch wurde die Produktion mittlerweile eingestellt. Die Arbeitslosigkeit ist immens.

• *Verbindungen* **Bus**: CASAL fährt ab Sevilla 2-mal, DAMAS ab Huelva 6-mal täglich; Tagestrips sind möglich, doch sollte man sich vorher über die Rückfahrtzeiten erkundigen. Viele Hotels der Küste von Huelva offerieren auch Ausflugsfahrten.

• *Übernachten* ***** Hotel Santa Barbara Golf**, in schöner Lage hoch über dem Ort. Längere Zeit geschlossen, eröffnete es Ende 2006 wieder als Golfhotel, ein recht komfortables Quartier mit eigenem Restaurant. DZ etwa 65 €. C. Cerro de los Embusteros s/n, Zufahrt vorbei am Rathaus, ✆ 959 590430, ✉ 959 590423, www.hotelsantabarbaragolf.com.

** Pensión Galán, ein Ziegelbau direkt neben dem Museum, mit angeschlossenem, ganz passablem Bar-Restaurant. Zuletzt war wegen einer länger andauernden Renovierung geschlossen. Die zukünftigen Preise standen noch nicht fest. Romero de Villa s/n, Bda. Los Carlos, ✆ 959 590840, ✉ 959 590639

Museo Minero de la Comarca de Ríotinto: Das hochinteressante Bergbaumuseum, eingerichtet von der engagierten Stiftung „Fundación de Riotinto", dokumentiert mit Funden aus keltischer, römischer und maurischer Zeit die lange Geschichte der

1200 m lang, 900 m breit, 300 m tief: Abbaustätte Corta Atalaya in Riotinto

hiesigen Minen, ist aber auch für Liebhaber der Industriearchäologie den Besuch wert. Das Museum organisiert zudem auch Fahrten mit dem ehemaligen Minenzug „Ferrocarril Turístico-Minero".
Öffnungszeiten Täglich 10.30–15, 16–19 Uhr, zur HS bis 20 Uhr; Eintrittsgebühr 4 €. Auch Kombi-Tickets u.a. mit dem Minenzug, der Mitte Juli bis Mitte September täglich fährt, sonst nur am Wochenende.

▶ **Aracena**: Weit im Norden der Provinz, an der N 433 und nahe der Grenze zur Extremadura, schmiegt sich Aracena in die waldreiche Hügellandschaft der gleichnamigen Sierra, eines Ausläufers der Sierra Morena. Das kleine Landstädtchen, überragt von einer maurischen Festungsruine samt Templerkirche, zeigt sich von ruhigem Charme. Seine Hauptattraktion ist die Gruta de las Maravillas, die „Höhle der Wunder", eine der beeindruckendsten Tropfsteinhöhlen Spaniens.

• *Information* Oficina de Turismo, Plaza San Pedro s/n, ✆ 959 128206. Bei der Höhle, Öffnungszeiten täglich 10–14, 16–18.30 Uhr.
• *Verbindungen* **Busse** halten an der Avenida Sevilla. DAMAS fährt 2-mal täglich von und nach Huelva, CASAL 2-mal täglich von und nach Sevilla.
• *Übernachten* ** **Hotel Los Castaños**, empfehlenswertes Quartier an der Hauptstraße unweit der Höhlen, mit Garage. Angeschlossen ein gutes Restaurant mit hübscher Aussicht. DZ etwa 65 €. Avenida de Huelva 5, ✆ 959 126300, ✆ 959 126287. www.loscastanoshotel.com.

** **Hotel Sierra de Aracena**, in zentraler Lage unweit vom Hauptplatz. Ebenfalls ein angenehmes Haus mit Garage, jedoch ohne Restaurant. DZ rund 55–70 €. Gran Vía 21, ✆ 959 126175, ✆ 959 126218. www.hsierraaracena.es.
• *Camping* Sierra Aracena, 1. Kat., etwas abseits der Straße von Sevilla, etwa vier Kilometer vor dem Ort. Gut ausgestattet, unter anderem mit Swimmingpool. Ganzjährig, pro Person, Auto, Zelt jeweils etwa 5 €. Carretera Sevilla–Lisboa, km 83, ✆ 959 501005.

Gruta de las Maravillas: In der 1,2 Kilometer langen „Höhle der Wunder" erwarten den Besucher eine Reihe von bis zu 40 Meter hohen Sälen und mehrere Seen, in denen sich die farbig beleuchteten Tropfsteine spiegeln.
Führungen Täglich 10.30–13.30 Uhr, 15.30–18 Uhr, Minimum 25 Personen, Maximum 35 Personen pro Gruppe, zur HS und an Wochenenden deshalb eventuell Engpässe kommen. Eintritt etwa 8 €. Warme Kleidung und festes Schuhwerk sind ratsam.

Kastell mit Blick auf Aracena

Das „spanische Rom": Mérida

Extremadura

Die vom Tourismus wenig berührte Comunidad Extremadura besteht aus gerade mal zwei Provinzen, die allerdings die beiden größten des Landes sind: Die Provinz Badajoz zählt 21.657 Quadratkilometer, die Provinz Cáceres immerhin noch 19.945 Quadratkilometer.

Hauptstadt der Comunidad, deren Fläche etwa der der Schweiz entspricht, ist *Mérida* in der Provinz Badajoz. Die Extremadura grenzt an die Autonomen Gemeinschaften Andalusien, Kastilien-La Mancha und Kastilien-León sowie im Westen an Portugal.

Wie Andalusien ist die Extremadura eine arme Region des Großgrundbesitzes, der Tagelöhner und der Arbeitslosigkeit. Nicht umsonst lässt sich Extremadura mit „äußerst hart" übersetzen; eine andere Deutung leitet den Namen aus „jenseits des Duero" ab. Die Emigrationsrate ist enorm. Diese Abwanderung hat Tradition: Vor allen anderen waren es Emigranten aus der Extremadura, die auf blutige Weise Mittel- und Südamerika der spanischen Krone sicherten. Unter vielen Namen genannt seien die Conquistadores Hernán Cortés, Eroberer Mexikos, und Francisco Pizarro, der Peru einnahm.

Obwohl sich die Extremadura in den letzten Jahren über eine der höchsten Steigerungsraten im spanischen Fremdenverkehr freuen konnte, sind die Besucherzahlen insgesamt noch recht gering. Gesteigerte Attraktivität erhofft sich die Comunidad durch den touristischen Ausbau der *Ruta Vía de la Plata* („Silberstraße"). Diese römische Trasse verband einst die Erzminen Kastiliens und Galiciens mit den Römerstädten Astorga, Mérida und Itálica bei Sevilla sowie mit dem wichtigen nordspanischen Hafen Gijón; Näheres unter www.rutadelaplata.com. Entlang des durch die Extremadura führenden Teils der Route, die ungefähr dem Verlauf der A 66 entspricht, wurden Informationszentren geschaffen und alte Gebäude restauriert.

Die reizvolle **Landschaft** der Extremadura wird von Weite und Trockenheit geprägt. Die Region ist Teil der *Meseta Meridional*, der südlichen der beiden Hochflächen Zentralspaniens. Geteilt wird die Hochebene der Extremadura durch die Gebirgszüge der Sierra de Guadalupe und ihrer westlichen Fortsetzung, der Sierra de San Pedro. Der südliche Teil, die *Extremadura Baja* um den Lauf des Río Guadiana, entspricht ungefähr der Provinz Badajoz; die kargere *Extremadura Alta*, das nördliche Gegenstück um den Río Tajo, ist in etwa mit den Grenzen der Provinz Cáceres identisch. Einen Kontrast zu der oft trockenen, dabei wunderschönen Landschaft bilden die vielen Stauseen beider großer Flüsse, die der Elektrizitätsgewinnung und als Wasserspeicher dienen.

Die **Städte** der Extremadura bewahren das Erbe ihrer langen Geschichte. *Mérida* besitzt die bedeutendsten römischen Bauten Spaniens, die Altstadt von *Cáceres* ist als „Kulturerbe der Menschheit" unter Denkmalschutz gestellt. Auch viele kleinere Städtchen wie *Zafra*, *Alcántara* oder *Trujillo* glänzen mit reizvollen architektonischen Ensembles. Nicht unbedingt sehenswert dagegen ist *Badajoz* an der Grenze zu Portugal.

* *Internet* www.turismoextremadura.com, www.turismoextremadura.de
* *Klima* Nicht so extrem, wie man vielleicht annehmen könnte: Im Sommer werden zwar Rekordtemperaturen gemessen, die fast an andalusische Verhältnisse heranreichen, die Winter jedoch sind längst nicht so kalt wie die Kastiliens.
* *Verbindungen* Zug: Zwar sind die wichtigsten Städte an die Schiene angeschlossen, Verbindungen jedoch eher selten. Relativ häufig bedient wird einzig die Linie Cáceres-Madrid. **Bus**: Wie so oft in Spanien ist der Bus die bessere Alternative, weil schneller und häufiger verkehrend.
* *Küche* Die rustikale Küche der Region ist besonders bekannt für die hervorragende Qualität und den speziellen Geschmack des Fleisches der schwarzen Schweine, die frei in den Korkeichenwäldern des Nordens leben; die allerbesten Schinken und Würste kommen aus Montánchez bei Cáceres. Auch Zicklein und Lamm finden sich häufig auf dem Speisezettel. Eine besondere Spezialität der Extremadura sind **mijas**, gebratene Brotstücke mit Paprika, Knoblauch und Speck oder Wurst.
* *Feste* Unter den Festen der Extremadura hervorzuheben sind vor allem die **Ferias** von Cáceres Anfang/Mitte Mai, (wechselnd) und von Trujillo Anfang September, außerdem die **Fiestas** in Guadalupe am 8. September und 12. Oktober.

Zafra

Das kleine Städtchen nahe der Kreuzungen wichtiger Fernstraßen birst nicht gerade vor Sehenswürdigkeiten, doch hat der enge Ortskern mit seinen Pflastergassen und weißen Häusern durchaus Ambiente – schließlich wird Zafra auch „Klein-Sevilla" genannt. Das Zentrum bilden die von Palmen umstandene *Plaza Grande* und die arkadengesäumte *Plaza Chica*, beides hübsche kleine Plätze. Der bedeutendste Bau von Zafra, der wuchtige *Alcázar* der Herzöge von Fería, ist als Parador nur teilweise zu besichtigen. Freunde des „Mönchsmalers" Zurbarán finden in der nahen Kirche *La Candelaría* ein Retabel mit neun Gemälden des in der Extremadura geborenen Künstlers.

* *Information* **Oficina Municipal de Turismo**, Plaza de España 8 b, von der Plaza Grande über die Calle Sevilla; ✆ 924 551036. Öffnungszeiten Mo–Fr 9.30–14, 17–20 Uhr, Sa /So 10–13.30, 18-20 Uhr.
* *Verbindungen* Zug: Bahnhof etwa 20 Fußminuten außerhalb des Zentrums, Anschlüsse nach Sevilla 1-mal, Mérida 3-mal täglich. **Bus**: Verbindungen nach Badajoz 7-mal, Mérida 5-mal, Madrid 2-mal täglich.

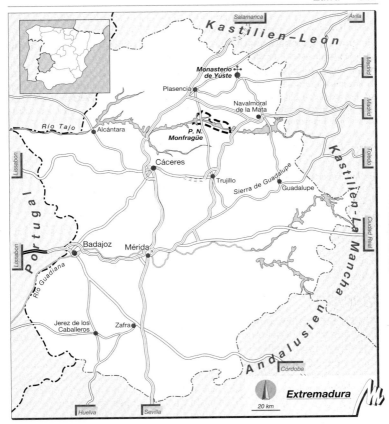

- *Übernachten* ***** Parador de Zafra**, zentral in erwähnter Burg, von deren Turm (Schlüssel an der Rezeption) sich eine herrliche Aussicht bietet. Wunderschönes Quartier mit Pool, Standard-DZ etwa 155 €. Plaza Corazón de María, ✆ 924 554540, ℻ 924 551018, www.parador.es.

* **Hotel Las Palmeras**, preiswerte Mitelklasse direkt an der Plaza Grande. DZ etwa 55-75 €, ab Ende September zur Feria weitaus mehr. Plaza Grande 14, ✆ 924 552208, www.hotellaspalmeras.net.

- *Feste* **Feria de San Miguel**, großes Fest Anfang Oktober, mit Stierkämpfen, Tänzen und einem der ältesten Viehmärkte Spaniens.

▶ **Jerez de los Caballeros**: Das hübsche Städtchen, etwa 40 Kilometer westlich von Zafra gelegen, war Geburtsort des Seefahrers Vasco Nuñez de Balboa, der als erster den Pazifik erreichte, wie auch des Entdeckers von Florida, Hernando de Soto. Im Ort steht ein Kastell des Templerordens, dem die Stadt ihren Beinamen verdankt. Als die Templer gegen die geplante Auflösung ihres Ordens rebellierten, wurden sie kurzerhand enthauptet – der Schauplatz des Massakers heißt noch heute *Torre Sangrienta*, „blutender Turm". Sehenswert sind die schönen Kirchen von Jerez, deren Türme oft die Giralda von Sevilla imitieren; einen besonders reizvollen Schmuck aus buntem Glas und Keramik besitzt die *Parroquia de San Bartolomé*.

Extremadura

Badajoz

Die Provinzhauptstadt am Ufer des Río Guadiana bildet die größte Siedlung und das bedeutendste Wirtschaftszentrum der Extremadura.

Knapp sieben Kilometer von der portugiesischen Grenze entfernt, ist sie vor allem als Durchgangsstation ins Nachbarland von Bedeutung. Die Altstadt erstreckt sich auf der südlichen Flussseite um die zentrale *Plaza España* mit der Kathedrale. Hinüber in die neueren Stadtteile führt die mehr als einen halben Kilometer lange Brücke *Puente de Palmas* aus dem 16. Jahrhundert.

- *Information* **Oficina Municipal de Turismo**, Pasaje de San Juan s/n, im Zentrum; ✆ 924 224981. Öffnungszeiten: Mo-Fr 10-14, 18-20 Uhr (Winter 16-18 Uhr), Sa 10-14 Uhr. **Oficina Regional de Turismo**, Plaza de la Libertad 3, ✆ 924 013658. Geöffnet Mo–Fr 9–14, 17–19 Uhr, Sa 10–14 Uhr.
- *Verbindungen* **Zug**: Bahnhof in der nördlichen Neustadt, etwa eine halbe Stunde vom Zentrum, Busverbindung. Nach Mérida 6-mal, Cáceres 3-mal, Madrid 3-mal täglich. **Bus**: Die bessere Wahl. Busbahnhof etwa 20 min. südlich des Zentrums, Busverbindung. Anschlüsse nach Mérida 9-mal, Madrid 7-mal, Cáceres 6-mal und Sevilla 6-mal täglich.
- *Übernachten* ****** Hotel Husa Zurbarán**, im Zentrum, nicht weit vom Puente de Palmas. Solide ausgestattet, Garage, Schwimmbad; Restaurant. DZ offiziell etwa 55-190 €, im Normalfall jedoch schon um die 65 €. Paseo de Castelar s/n, ✆ 924 001400, ✉ 924 220142, www.husa.es.
** Hotel Res. Condedu, sehr zentrale Mittelklasse, Zimmer mit Aircondition, Garage. DZ etwa 45–65 €. Calle Muñoz Torrero 27, eine Seitenstraße der Plaza España; ✆/✉ 924 207247. www.condedu.com.

Mérida

Méridas Schätze entstammen der Vergangenheit: Die Stadt am Río Guadiana besitzt die bedeutendsten römischen Bauwerke Spaniens und wurde deshalb auch zum Weltkulturerbe erklärt.

Um 25 v. Chr. gründeten die Römer *Augusta Emerita* als Siedlung für verdiente Veteranen. An wichtigen Handels- und Militärstraßen gelegen, wurde das „spanische Rom" nach schnellem Aufschwung bald Hauptstadt Lusitaniens und größte römische Kolonie Spaniens, stand im gesamten römischen Imperium an zehnter Stelle. Heute ist Mérida zwar die Hauptstadt der Extremadura, zählt dabei jedoch kaum über 50.000 Einwohner. Sein Zentrum, überwiegend als Fußgängerzone ausgewiesen, bilden die hübsche *Plaza España*, nur ein kleines Stück nordwestlich des Río Guadiana, und die abzweigende Calle Santa Eulalia. Das archäologische Hauptgebiet um das römische Theater liegt gut beschildert am östlichen Rand der Altstadt; die Anfahrt erfolgt von der Umgehungsstraße Madrid-Badajoz, die in diesem Bereich Av. de Reina Sofia heißt.

Information/Verbindungen

- *Information* **Oficina Municipal de Turismo**, Paseo José Alvarez Saénz de Buruaga s/n, beim Teatro Romano, ✆ 924 315353, Öffnungszeiten: Täglich 9.30–14, 17-19.30/20 Uhr. www.merida.es. Eine nicht besonders gut ausgestattete Zweigstelle liegt im Museo Abierto de Mérida.
- *Verbindungen* **Zug**: Bahnhof (Renfe-Info: ✆ 902 240202) am nördlichen Zentrumsrand; Züge nach Badajoz 7-mal, Cáceres 6-mal, Madrid 5-mal, Sevilla 1-mal täglich. **Bus**: Busbahnhof an der Avenida Libertad auf der dem Zentrum gegenüber liegenden Flussseite; zur Plaza España etwa ein Kilometer. Nach Badajoz 9-mal, Cáceres 4-mal, Madrid 5-mal, Sevilla 8-mal täglich. **Auto**: Für eine Stippvisite am besten beim gut ausgeschilderten Teatro/Museo parken, ins Zentrum zehn Fußminuten.

Ein Römer-Tempel mitten im Stadtzentrum: Templo de Diana

Übernachten (s. Karte S. 512/513)

• *Hotels* ***** **Hotel Mérida Palace (7)**, ein elegantes Luxusquartier direkt an der Plaza España, untergebracht im noblen Stadtpalast Palacio de los Mendoza, der aus dem 16./17. Jh. stammt. Dachterrasse mit kleinem Pool. DZ etwa 185 €. Plaza España 19, ✆ 924 383800, ✆ 924 383801. www.hotelmeridapalace.com.

**** **Parador de Mérida (2)**, in einem barocken Konvent des 18. Jh.; zentral, aber ruhig nahe der Plaza España gelegen; Pool. Standard-DZ kosten etwa 155 €. Plaza Constitución 3, ✆ 924 313800, ✆ 924 319208, www.parador.es.

** **Hotel Cervantes (1)**, ordentliche Mittelklasse im nördlichen Zentrumsbereich, eigener Parkplatz; Zimmer nicht besonders groß, aber okay. DZ etwa 65–75 €. Calle Camilo José Cela, ✆ 924 314961, ✆ 924 3211342. www.hotelcervantes.com.

* **Hostal El Alfarero (6)**, in zentraler Lage, von der Infostelle in Richtung Teatro Romano. Der „Töpfer" ist ein für die Klasse gut ausgestattetes und hübsch dekoriertes Quartier, auch von Lesern gelobt („toller Service, ein kleiner Geheimtipp"). DZ etwa 45-50 €. C. Sagasta 40, ✆ 924 303183.

• *Camping* **Mérida**, 2. Kat., im Osten der Stadt an der Umgehungsstraße nach Madrid. Recht lautes Wiesengelände, teilweise Schatten, gute Sanitärs, Schwimmbad. Ganzjährig geöffnet, p.P., Auto, Zelt je knapp 5 €. ✆ 924 303453, ✆ 924 300398.

Essen/Veranstaltungen (s. Karte S. 512/513)

• *Essen* **Restaurante Nicolás (4)**, so etwas wie der Treffpunkt der „besseren Gesellschaft" von Mérida. Extremadura-Küche mit Schwerpunkt auf Kaninchen, Zicklein, Wild; Menü à la carte ab etwa 25-30 €. Calle Felix Valverde Lillo 9, eine Seitenstraße der Plaza España, gegenüber dem Marktgebäude. So-Abend und in der ersten Julihälfte geschlossen; ✆ 924 319610.

Casa Benito (3), nicht weit entfernt und mit Terrasse beim Markt. Auch hier stehen Fleischgerichte im Fokus, die Bar ähnelt schon fast einem Stierkampfmuseum und offeriert Tapas in breiter Auswahl. Menü à la carte ab etwa 25-30 €. C. San Francisco 3.

Casa de Comidas Tabula Calda (8), ein kleines Stück südlich, jenseits der Calle Santa Eulalia. Reizvolles altes Haus mit

512 Extremadura

„römischem" Dekor, aber guter Regionalküche. Preislage etwa wie oben, auch feste, etwas günstigere Menüs. Calle Romero Leal 11.

Bar-Rest. Briz (5), nur ein paar Schritte vom Restaurante Nicolás. Schlichtes Lokal, gegründet 1949; Extremadura-Spezialitäten, insbesondere Fleischgerichte, zu recht gemäßigten Preisen, Menü à la carte ab etwa 18-20 €. Calle Félix Valverde Lillo 5.

• *Veranstaltungen* **Festival de Teatro Clásico de Mérida,** im Juli und August. Bereits 1954 begründet und vor den historischen Kulissen des Teatro Romano und Anfiteatro in Szene gesetzt.

Sehenswertes

Teatro Romano/Anfiteatro: Die bedeutendste Ausgrabungsstätte Méridas. Das *Teatro Romano*, ein Geschenk des Feldherrn Agrippa, entstand etwa 15 v. Chr. und bot 6000 Zuschauern Platz. Mit schlanken Säulen auf zwei Etagen besonders eindrucksvoll ist die Bühne des Theaters, auf der von Juni bis August klassische Aufführungen stattfinden. Das *Anfiteatro Romano* liegt nördlich gleich nebenan. Es wurde um das Jahr 8 v. Chr. für 15.000 Zuschauer gebaut und konnte geflutet werden, um außer Gladiatorenkämpfen auch nachgespielte Seeschlachten im Miniformat zu ermöglichen. Weiter nördlich sind in einer Grünanlage die Reste der *Casa del Anfiteatro* zu sehen, eines typischen Herrschaftshauses aus den Anfängen von Augusta Emerita: Peristyl (Innenhof), Thermen und einige Mosaiken und Wandgemälde. Ein ganzes Stück weit im Süden steht in der Nähe der Stierkampfarena die *Casa del Mitreo*, ein weiteres Römerhaus.

E ssen & Trinken
3 Casa Benito
4 Rest. Nicolás
5 Bar-Rest. Briz
8 Casa de Comidas Tabula Calda

Ü bernachten
1 Hotel Cervantes
2 Parador de Mérida
6 Hostal El Alfarero
7 Hotel Mérida Palace

> *Öffnungszeiten der Römerbauten Méridas* Mo–Sa 9.50–13.45, 17–19.15 Uhr (Winter 16–18.15 Uhr), Teatro/Anfiteatro bereits ab 9.30 Uhr und im Hochsommer durchgehend. Eintrittsgebühr nur für Teatro/Anfiteatro 7,50 €, als Sammelticket inkl. der meisten unten genannten Bauten (Alcazaba, Circo Romano etc.) 10 €.

Museo Nacional de Arte Romano: Nordwestlich nahe der Ausgrabungsstätte. Die Architektur des Baus, die römische Formen zitiert, ist ebenso gelungen wie die Präsentation der Funde aus den römischen Stätten der Umgebung. Das Museum ist auf römischen Fundamenten errichtet, die nach Voranmeldung im Untergeschoss besichtigt werden können. Im Stadtzentrum nahe der Plaza España zeigt die Zweigstelle *Colección de Arte Visogido* (Zeiten wie unten; gratis) westgotische Kunst.

Öffnungszeiten Di–Sa 10–14, 16–21 Uhr, So 10–14 Uhr; Eintritt 2,50 €, Sa-Nachmittag und So gratis.

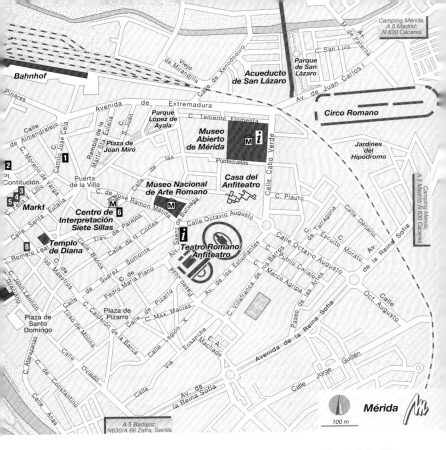

Centro de Interpretación Siete Sillas (9.30-14, 17-19.30 Uhr): An der Calle José Ramón Mélida, vom Museo Nacional ein Stück Richtung Zentrum. Über römischen Resten errichtet, zeigt dieses Interpretationszentrum u.a. dreidimensionale Projektionen der wichtigsten römischen Bauten der Stadt.

Alcazaba/Puente Romano: Die maurische Festung *Alcazaba* liegt am Westrand der Altstadt am Rio Guadiana und gründet sich, wie könnte es in Mérida anders sein, auf eine römische Vorgängerin. Nach den Mauern übernahm ein Ritterorden sie als Kloster. An der Westseite überspannt die fast 800 Meter lange Brücke *Puente Romano* den Fluss; sie geht noch auf Kaiser Augustus zurück, wurde jedoch einige Male restauriert.

Morería: Von einem großen Verwaltungsgebäude überragt wird diese archäologische Fundstätte etwas nördlich der Alcazaba, ebenfalls in Flussnähe. Die Morería umfasst die Reste eines Wohn- und Geschäftsviertels, das von der römischen über die westgotische und maurische Zeit bis ins 16./17. Jh. bewohnt war; während des 12./13. Jh. war hier ein Friedhof untergebracht. Den Archäologen gab die Morería wertvolle Einblicke in die Stadtentwicklung und den historischen Alltag Méridas.

Acueducto de los Milagros, am Schienenstrang ein paar hundert Meter westlich des Bahnhofs. Der gut erhaltene Aquädukt transportierte das Wasser vom etwa sechs Kilometer entfernten, ebenfalls von den Römern angelegten Stausee *Lago de Proserpina*. Seinen Namen „Aquädukt der Wunder" verdankt er der heiklen Balance einiger Bauteile. Weitere, hier nicht gesondert aufgeführte römische Reminiszenzen Méridas sind die Reste des *Acueducto de San Lázaro* ein paar hundert Meter östlich des Bahnhofs, außerdem der *Templo de Diana* und der Torbogen *Arco de Trajano*, die im Zentrum nahe der Plaza España stehen.

Museo Abierto de Mérida: Auf einem alten Militärgelände nordöstlich des Zentrums entstand vor wenigen Jahren dieses kurz MAM genannte Museum, das den Reisenden auf moderne Weise mit der Stadt und ihrer Geschichte vertraut machen soll und auch ein Besucherzentrum enthält. Zuletzt war hier außer einigen Videoprojektionen noch nicht viel zu entdecken, ein Ausbau ist vorgesehen.

Circo Romano: Jenseits der Bahnlinie und unweit östlich des neuen Museums erstreckt sich das Gelände des römischen Zirkus, einer Pferderennbahn für Zwei- und Vierspänner, die im 1. Jh. n. Chr. jenseits der Grenzen der antiken Stadt errichtet und im 4. Jh. renoviert worden war. Sie bot rund 30.000 Zuschauern Platz. Obwohl seine Existenz bereits im 15. Jh. bekannt war, begannen die Ausgrabungen an dem ausgedehnten Gelände erst in den Zwanzigern des letzten Jahrhunderts. 2003 wurde an der Avenida Juan Carlos I. ein Dokuzentrum samt Aussichtspunkt eingerichtet, das auch eine kurze, computeranimierte Projektion zeigt.

Cáceres

Mérida liegt direkt an der Strecke Madrid-Sevilla, wer Cáceres besuchen will, muss einen Umweg in Kauf nehmen. Die Besucherzahlen dieser schönen alten Stadt gestalten sich deshalb relativ gering.

Wäre sie nicht gerade so abseits in der Extremadura gelegen, könnte die Stadt sich vor Tagestouristen wohl kaum retten: Cáceres besitzt eine in sich geschlossene mittelalterliche Altstadt, die zu den besterhaltenen Spaniens zählt und sich des stets verlässlichen Unesco-Gütesiegels „Kulturerbe der Menschheit" rühmen kann. Ein spanisches Rothenburg gewissermaßen, jedoch fast ohne Reisebusse und Souvenirstände. Die Spanier freilich beginnen allmählich, Cáceres als Ziel für Kurztrips zu entdecken: Zumindest an langen Wochenenden sind die Hotels der Stadt gut gebucht.

Orientierung: Die ausgedehnten äußeren Stadtbereiche bieten nichts Besonderes. Hauptplatz des Zentrums ist die mittelalterliche, endlich autofrei gestaltete *Plaza Mayor*. Oberhalb beginnt das von der alten Stadtmauer umgebene, historische Viertel *Barrio Monumental*.

Information/Verbindungen

- *Information* **Oficina Regional de Turismo**, Plaza Mayor s/n, zwischen den Türmen; ✆ 927 010874. Öffnungszeiten: Mo–Fr 8-15 Uhr, Sa/So 10–14 Uhr.
Oficina de Información Turística, C. Ancha 7, ✆ 927 247172. Direkt im Barrio Monumental, ein Umzug in die nahe Calle Olmos war im Gespräch. Geöffnet Di-So 10-14, 17.30-20.30 Uhr bzw. im Winter 16.30-19.30 Uhr.

- *Verbindungen* Von Bahnhof und Busbhf. fahren Zubringerbusse in die Altstadt.
Zug: Bahnhof etwa 2,5 km südlich der Altstadt (Stadtbusverbindung), an der Hauptstraße nach Badajoz und Mérida. Nach Mérida 6-mal, Badajoz 3-mal, Madrid 5-mal täglich.
Bus: Busbahnhof an der Calle de Tunez, nahe Bahnhof. Anschlüsse nach Trujillo

Cáceres

wechselnd (zuletzt 8-mal), nach Mérida 4-mal, Badajoz 3-mal, Guadalupe 1-mal, Madrid 9-mal, Salamanca 4-mal, Zafra/Sevilla 6-mal täglich.

Auto: Eine große und relativ günstige Parkgarage liegt an der Plaza Obispo Galarza, westlich der Plaza Mayor; bei der Anfahrt am besten auch der Beschilderung („Parking Galarza") zu dieser Garage folgen, da das Zentrum selbst nur schlecht ausgeschildert ist.

Übernachten

• *Hotels* ****** Parador de Cáceres**, historischer Palast des 14. Jh. im Barrio Monumental – insofern für Autofahrer etwas problematisch, auch wenn einige wenige Parkplätze vorhanden sind. DZ etwa 155 €; Calle Ancha 6, ✆ 927 211759, ✉ 927 211729, www.parador.es.

*** Hotel Casa Don Fernando, direkt an der Plaza Mayor. Erst 2008 eröffnet, modernes Design und guter Komfort; eine „Cafetería-Tapería" ist angeschlossen. Weite Preisspanne, zwei Personen zahlen etwa 60-140 €. Plaza Mayor 30, ✆ 927 214279, www.casadonfernando.com.

** Hotel Don Carlos, in einer Fußgängerzone etwas südlich der Plaza Mayor. Historischer Touch und geschmackvolle Zimmer, DZ etwa 95 €. Calle Donoso Cortés 15 (C. Pizarro), ✆ 927 225527, ✉ 927 225356, www.hoteldoncarloscaceres.net.

* Hotel Iberia Plaza Mayor, in der Südwestecke der Plaza Mayor, ein kleineres Hotel in prima Lage. Hübsche Dekoration und gut eingerichtete, moderne Zimmer; DZ rund 65 €. Calle Pintores 2, ✆ 927 247634, ✉ 927 248200. www.iberiahotel.com.

** Hostal Alameda, direkt an der Plaza Mayor. Zimmer gepflegt, nett dekoriert, anständig möbliert und mit Aircondition; die Mehrzahl auf die Plaza gelegen, nur ein Innenzimmer. Die Preise liegen allerdings für die Kategorie vielleicht etwas hoch: DZ/Bad etwa 65–70 €, Frühstück inklusive; Plaza Mayor 33, ✆ 927 211262, www.alamedaplazamayor.com

** Hostal Plaza Italia, freundlicher Familienbetrieb in einer ruhigen Wohngegend westlich der Plaza Mayor und der Plaza Obispo Galarza. Bäder vielleicht etwas eng, die Zimmer jedoch recht hübsch; DZ/Bad etwa 40 €. C. Constancia 12, ✆ 927 627294. www.hostalplazadeitalia.com

* Pensión Carretero, einfaches Quartier an der Plaza Mayor. Schlichte, aber brauchbare Zimmer, allerdings: „laut und heiß" (Leserbrief). DZ ohne Bad etwa 30 €, zur NS auch mal darunter. Plaza Mayor 22, ✆ 927 247482.

• *Camping* **Camping Cáceres**, 1. Kat., einige Kilometer außerhalb des Zentrums, beim Stadion und nahe der N 630 Richtung Plasencia und Salamanca. Der ehemalige Platz „Ciudad de Cáceres", 2006 nach einer kompletten Restrukturierung wieder eröffnet. Gute Ausstattung, zwei Pools, Restaurant. „Professionell geführt, mit baño privado für jeden Stellplatz" (Leserbrief von Mechtild Frey). Ganzjährig geöffnet. Preise p.P. 4,50 €, Parzelle inkl. Auto und Zelt 13 €. Ctra. N 630, km 549,5; ✆ 927 233100, ✉ 927 107911, www.campingcaceres.com.

Essen und Trinken

Restaurante Atrio, erste Adresse der Stadt, mit zwei Michelinsternen geschmückt. Entsprechende Preise: Menü à la carte ab etwa 70 € weit aufwärts. Avenida de España 30, etwas versteckt in einer Passage der Neustadt südwestlich des Barrio Monumental; ✆ 927 242928, So-Abend geschlossen.

Rest. El Figón de Eustaquio, südöstlich unweit der Plaza Mayor. Gute Küche mit Schwerpunkt auf Extremadura-Spezialitäten, gehobenes Preisniveau: Menü à la carte ab etwa 25-30 €. Plaza de San Juan 12.

Mesón El Asador, nicht weit vom Hotel Iberia, empfehlenswert als Bar wie als Restaurant. Spezialität sind Grill- und Ofengerichte (u.a. Wild), es gibt zwei feste Menüs ab etwa 15 €, Preisniveau à la carte etwa wie oben. Calle Moret 36, von der Plaza Mayor in die Calle Pintores, dann rechts.

Cafeteria-Rest. Centro, nicht weit entfernt an der Calle Pintores, die sich hier zu einem kleinen Platz verbreitert. Freundlicher Service, verschiedene Festpreismenüs (auch abends angeboten) ab etwa 9 €. Calle Pintores 34.

Bar-Rest. El Puchero, eines der vielen Lokale direkt an der Plaza Mayor, Hausnummer 33. Stühle im Freien, festes Menü für etwa 13 €.

▶ **Sehenswertes**: So schön das Barrio Monumental ist, so verlassen wirkt es auch im Gegensatz zur trubeligen Plaza Mayor. Sein Reiz liegt weniger in einzelnen herausragenden Bauten, vielmehr beeindruckt das einheitliche Ensemble wappengeschmückter Paläste, Kirchen, Türme und Tore, in dem alle Perioden der Stadtgeschichte, von den Römern bis ins Mittelalter, ihre Spuren hinterlassen haben. Bei einem Rundgang fallen die vielen Storchennester auf: Die Extremadura und ganz besonders Cáceres gelten als spanisches Lieblingsgebiet der Langschnäbler.

Plaza Santa María: Eine erste Gruppierung reizvoller Adelspaläste; zu erreichen über den Durchgang zwischen den beiden Türmen an der Plaza Mayor. Beherrschend ist die Kathedrale *Santa María*, die zwischen dem 14. und dem 16. Jh. errichtet wurde und stilistisch von der Gotik bis zur Renaissance reicht.

Plaza San Jorge: Südwestlich nahe der Plaza Santa María. Bedeutendstes Bauwerk ist die im 16. Jh. errichtete *Casa de los Golfines de Abajo*, der Palast einer Adelsfamilie, die offensichtlich eine bewegte Vergangenheit hatte: Golfines ist etwa mit „Wegelagerer" oder „Räuber" zu übersetzen. Aus diesen bescheidenen Anfängen entwickelte sich eine Dynastie, die immerhin die „Katholischen Könige" zu ihren Gönnern zählen durfte, wie deren Wappen am Palast beweist. Die Fassade zeigt ein reizvolles Stilgemisch aus gotischen, mudéjaren und platereskern Elementen. Weiter westlich erhebt sich hinter einer Freitreppe die imposante Barockkirche *San Francisco Javier*.

Plaza de San Mateo: Zu erreichen über die Gasse rechts der Kirchenfront. Die gotische Kirche *San Mateo*, errichtet im 15. Jh., markiert den höchsten Punkt der Altstadt. Ihr platereskes Portal wurde erst im 16. Jh. gefertigt.

Museo de Cáceres: Das Provinzmuseum (Öffnungszeiten: Di–Sa 9–14.30 sowie 17–20.15 Uhr (Sommer), Sa. 16-19.15 Uhr (Winter), So 10.15–14.30 Uhr; EU-Bürger gratis) ist in der *Casa de las Veletas* im Süden der Plaza untergebracht. Außer archäologischen und volkskundlichen Exponaten ist besonders die maurische Zisterne „Aljibe" von Interesse.

Außerhalb der Stadtmauern besonders lohnend sind die Kirche *Iglesia de Santiago* (16. Jh.) mit schönem Altaraufsatz und die Fassade des gegenüberliegenden *Palacio de Godoy*, beide an der Plaza de Santiago.

Umgebung von Cáceres

Museo Vostell Malpartida (MVM): Das originellste Museum der Extremadura, einen Umweg allemal wert. Malpartida de Cacéres, an der N 521 westlich der Provinzhauptstadt gelegen, war die Wahlheimat des 1998 verstorbenen deutschen Fluxus- und Happening-Künstlers Wolf Vostell. In seinem Museum, untergebracht in einer ehemaligen Wollwaschanlage etwa drei Kilometer südlich des Ortes, sind nicht nur fantasievolle eigene Installationen zu sehen, die z. B. aus Autos, Motorrädern oder Fernsehern bestehen. Seit 1996 beherbergt die Ausstellung auch über zweihundert Werke verschiedener anderer Fluxus-Künstler, eine Stiftung des Italieners Gino di Maggio.

• *Öffnungszeiten* Ganzjährig Di–So, im Frühjahr 10–13.30 Uhr, 17–19.30 Uhr, im Sommer 10.30–13.30, 17–20 Uhr, im Winter 10–13.30, 16–18.30 Uhr. Von Juni bis August sowie November bis Januar wird So bereits um 14.30 Uhr geschlossen. Eintrittsgebühr 2 €, Mi gratis. ℅ 927 276492, www.museovostell.com.

• *Übernachten* **Casa Rural El Doncel**, angenehmes und stilvolles Quartier des ländlichen Fremdenverkehrs, untergebracht in einem hübschen Dorfhaus von Malpartida. DZ/Bad, z. T. sogar mit Aufenthaltsraum, etwa 50 €. Calle Pintores 18, ℅ 927 275109. www.casaeldoncel.com.

Alcántara: Die mauerumwehrte Kleinstadt, in reizvoller, einsamer Landschaft rund 65 Kilometer nordwestlich von Cacéres hoch über dem Río Tajo und nicht mehr weit von der portugiesischen Grenze gelegen, sieht nicht viele Besucher. Dabei glänzt das freundliche Städtchen neben seinem ansprechenden Ortsbild auch mit der imposanten Römerbrücke *Puente Romano*. Der sechsbogige Bau etwas außerhalb der Siedlung stammt aus der Zeit um 100 n. Chr., misst 61 Meter Höhe, 194 Meter Länge und acht Meter Breite und wird in der Mitte von einem Triumphbogen überragt.

- *Camping* **Puente de Alcántara**, 1. Kat., einige Kilometer außerhalb, mit Pool, Restaurant, Sportmöglichkeiten etc. Ein Lesertipp von Volkhard und Lydia Kather: „Wunderschöner Platz, tolle Lage, nette deutschsprechende Leitung." Geöffnet ist Mitte März bis Ende September, p.P., Auto, Zelt je etwa 4,50 €. Finca Los Cabezos, Carretera EX-117, km 36, ✆ 927 390934, www.campingalcantara.com.

Trujillo

Das schöne Städtchen an der A 4 nach Madrid nennt sich stolz „Wiege der Konquistadoren", wurden hier doch zahlreiche Eroberer geboren.

An erster Stelle unter vielen steht dabei *Francisco Pizarro*, der mit Feuer und Schwert Peru plünderte. Die mit Reichtümern heimgekehrten Konquistadoren und Hidalgos (niederer Adel) bescherten Trujillo eine ganze Reihe reizvoller Paläste und Kirchen. Die historische Altstadt ist noch völlig von einer Verteidigungsmauer umgeben. In diesen Mauerwall einbezogen ist auch die maurische Festung, von der sich ein unglaublich weiter Blick bietet. Im Herzen der Altstadt erinnert die *Casa-Museo Pizarro* (tägl. 11–14, 16–20 Uhr; 1,50 €) an den Eroberer. Am Rand, aber etwas außerhalb der Mauern, liegt die weite *Plaza Mayor* mit zentralem Brunnen, Bars und einer neuzeitlichen, in den 20er-Jahren von einem Amerikaner gestifteten Reiterstatue Pizarros – ihr bronzenes Gegenstück steht in Lima.

- *Information* **Oficina Municipal de Turismo**, Plaza Mayor s/n, ✆ 927 322677. Geöffnet täglich 10–14 Uhr sowie 16.30–19.30 Uhr (Sommer) bzw. 16-19 Uhr (Winter).
- *Verbindungen* **Bus**: Busbahnhof unterhalb des Altstadthügels, in einer Seitenstraße der Durchgangsstraße nach Madrid. Nach Cáceres häufig wechselnde Verbindungen (zuletzt 8-mal), Mérida 4-mal, Madrid 8-mal täglich.
- *Übernachten/Essen* Mehrere Fondas, Hostals und Restaurants um die Plaza Mayor.
**** **Parador de Trujillo**, im Zentrumsbereich östlich der Plaza Mayor. Reizvoller Konvent des 16. Jh. mit zwei schönen Kreuzgängen; Schwimmbad. DZ etwa 155 €; Plaza Santa Clara s/n, ✆ 927 321350, ℻ 927 321366, www.parador.es.'

* **Hostal Trujillo**, Nähe Busbahnhof. Angenehmes Haus mit Hotelcharakter und komfortablen Zimmern; Parkplatz. DZ/Bad etwa 40 €. Calle Francisco Pizarro, ✆ 927 322661, www.hostaltrujillo.com.

Rest. Mesón La Troya, an der oberen Seite der Plaza Mayor. Gemütliches Ambiente und hervorragende Regionalküche in üppigen Portionen und zu soliden Preisen. Menü à la carte ab etwa 20-25 €, das mehr als üppige Tagesmenü deutlich darunter. Plaza Mayor 10. Wegen der schöneren Atmosphäre im Freien („ein unvergleichliches Erlebnis, mit Blick auf die Plaza Mayor und Auge in Auge mit Pizarro zu tafeln") empfiehlt Leser Dr. Reinhard Müller-Matthesius das benachbarte Restaurant **La Cadena**.

Guadalupe

Das Bergstädtchen in der gleichnamigen Sierra, gut 70 Straßenkilometer östlich von Trujillo, verdankt seinen steten Besucherstrom dem Kloster Real Monasterio de Santa María de Guadalupe.

Im 14. Jh. soll ein Schäfer hier nach einer Erscheinung die bis heute hoch verehrte Marienstatue gefunden haben. König Alfons XI., überzeugt von der Hilfe der Madonna bei der siegreichen *Schlacht von Salado* gegen die Mauren, stiftete 1340 das

Kloster. Später benannte Kolumbus die Karibikinsel Guadalupe nach der Madonna, und in der Folge wurde sie zur Schutzpatronin der Konquistadoren, die die Jungfrau traditionell vor ihrer Abreise aufsuchten. Das Kloster (Führungen 9.30–13, 15.30–18.30 Uhr; 3 €), ein wuchtiger, festungsartiger Bau, wurde vom 14. bis ins 18. Jh. mehrfach erweitert und umgebaut. Sehenswert sind vor allem die Klosterkirche, in deren Sakristei mehrere Gemälde von Zurbarán hängen, der angeschlossene zweistöckige Kreuzgang im Mudéjarstil und das dortige Museum, das unter anderem eine Reihe kostbarer Bücher ausstellt. Ein Besuch lohnt sich ganz besonders zu den Feierlichkeiten am 8. September und 12. Oktober.

- *Information* **Oficina Municipal de Turismo**, Plaza Mayor s/n, ✆ 927 154128, geöffnet Di–Fr 10–14 sowie 17–19 Uhr (Sommer) bzw. 16-18 Uhr (Winter), Sa/So 10-14 Uhr.
- *Verbindungen* Busse nach Madrid 1-mal, nach Cáceres 2-mal täglich.
- *Übernachten/Essen* ***** Parador de Guadalupe**, unweit des Klosters, in einem Gebäude des 15. Jh. Mit Schwimmbad und einem sehr guten Restaurant. Standard-DZ etwa 140 €; C. Marqués de la Romana 10, ✆ 927 367075, ✉ 927 367076, www.parador.es.

** **Hotel Hospedería del Real Monasterio**, dem Kloster angeschlossen. Reizvolle Atmosphäre, das Restaurant glänzt mit schmackhafter Regionalküche. DZ etwa 70 €. Pl. Juan Carlos I, ✆ 927 367000, ✉ 927 367177. www.monasterioguadalupe.com

* **Hostal Cerezo**, unweit des Hauptplatzes Plaza Mayor. Saubere, ansprechende Zimmer, preiswertes und gutes Restaurant angeschlossen. DZ/Bad rund 55 €, zur NS auch schon mal günstiger; Calle Gregorio López 21, ✆ 927 367379, ✉ 927 367531.

Plasencia

Eine weitere mittelalterliche Kleinstadt, zum Teil noch von einer Stadtmauer umgeben. Plasencia liegt an den Ausläufern der Sierra de Gredos und wird an drei Seiten vom Río Jerte umflossen.

Herz des immerhin fast 40.000 Einwohner zählenden, recht lebendigen Städtchens ist seine ansehnliche, von Arkaden gesäumte Plaza Mayor, auf der seit über acht Jahrhunderten jeden Dienstagvormittag ein Bauernmarkt stattfindet. Von hier sind es nur ein paar Schritte zur größten Sehenswürdigkeit von Plasencia, der Kathedrale. Eigentlich handelt es sich dabei um zwei Gotteshäuser, die romanische *Catedral Vieja* (14. Jh.) und die jüngere, aber unvollendete *Catedral Nueva* (16. Jh.) im Stil der Renaissance, an deren Errichtung mehrere bedeutende Baumeister wie Diego de Siloé und der Kölner Francisco de Colonia beteiligt waren. In ihrem weiten Inneren beachtenswert sind insbesondere der Hochaltar und das geschnitzte Chorgestühl.

- *Information* **Oficina Municipal de Turismo**, Calle Santa Clara 2, ✆ 927 423843. Öffnungszeiten Mo–Fr 9–14, 16–21 Uhr, Sa/So 10-14, 16-20 Uhr.
- *Verbindungen* **Bus**: Busbahnhof etwa eine Viertelstunde Fußweg östlich des Zentrums, immer noch zentraler als der weit abgelegene Bahnhof. Verbindungen von/nach Cáceres und Salamanca je 5-mal täglich.
- *Übernachten/Essen* Tapa-Bars an der Plaza Mayor, Restaurants in der nördlich abzweigenden Calle Vidrieras.
***** **Parador de Plasencia**, neuerer Parador in einem ehemaligen Kloster des 15.-17. Jh.

Standard-DZ kosten etwa 175 €. Plaza de San Vicente Ferrer s/n, mitten in der Altstadt; ✆ 927 425870, ✉ 927 425872, www.parador.es.

* **Hotel Rincón Extremeño**, zentrales und recht komfortables Quartier nur einen Katzensprung von der Plaza Mayor; gutes und günstiges Restaurant. DZ etwa 45 €. Calle Vidrieras 6, ✆ 927 411150, ✉ 927 420627. www.hotelrincon.com

* **Hostal La Muralla**, nordwestlich unweit der Plaza Mayor, dem Namen gemäß nahe der Stadtmauer. DZ/Bad etwa 35 €, ohne Bad nur wenig günstiger. Calle Berozana 6, ✆ 927 413874.

Plasencia

- *Camping* **La Chopera**, 2. Kat., einige Kilometer außerhalb, zu erreichen über die N 110 in Richtung Valle de Jerte. Geöffnet März bis September, p.P. und Auto etwa 4,50 €, Zelt etwa 5 €. ℡ 927 416660. www.campinglachopera.com.

Umgebung von Plasencia

▶ **Parque Nacional de Monfragüe**: Etwa 25 Kilometer südlich von Plasencia, zu erreichen über die EX 208 nach Trujillo, erstreckt sich beiderseits des hier aufgestauten Río Tajo der bedeutendste Naturpark der Extremadura, seit 2007 offiziell zum Nationalpark hochgestuft. In der kaum 180 Quadratkilometer messenden Schutzzone leben Wölfe, Pardelluchse und viele Vogelarten. Berühmt ist Monfragüe für seine *Dehesas*, ausgedehnte Steineichenwälder, die nur extensiv wirtschaftlich genutzt werden. Die einzige Ortschaft im Park ist *Villarreal de San Carlos*. Hier gibt es ein Informationszentrum, bislang aber nur sehr spärliche Unterkunftsmöglichkeiten; auch die Busverbindungen sind rar gesät.

- *Information* **Centro de Información y Interpretación**, Infostelle der Parkverwaltung in Villarreal, ℡ 927 199134. Geöffnet täglich 9 bis 19.30 Uhr bzw. im Winter bis 18.30 Uhr. Hier auch Tipps zu Wanderungen auf den markierten Wegen des Parks.
- *Übernachten/Camping* ****** Hospedería Parque de Monfragüe**, etwas außerhalb des Ortes Torrejón el Rubio, in dem sich noch weitere Unterküfte finden. Recht große, aus örtlichen Baumaterialien errichtete und 2006 renovierte Anlage mit 60 gut ausgestatteten Zimmern, Restaurant, Cafeteria etc. DZ etwa 110 €. Carretera Plasencia-Trujillo, km 39,1; ℡ 927 455278, 927 455280, www.hospederiasdeextremadura.es.
Casa Rural El Cabrerín, Quartier des ländlichen Fremdenverkehrs in Villarreal de San Carlos. Nur vier Zimmer, Reservierung sehr ratsam; DZ etwa 55 €. C. Villarreal 3, ℡ 927 199002, www.elcabrerin.com.
Camping Monfragüe, 1. Kat., etwa 15 Kilometer nördlich von Villarreal, Anfahrt über die Straße von Plasencia. Komfortabler Platz mit Pool und Restaurant. Ganzjährig geöffnet; p.P., Zelt je etwa 4,50 €, Auto 4 €. Carretera EX 208, ℡ 927 459233. www.campingmonfrague.com.

▶ **Monasterio de Yuste**: Das abgeschiedene Kloster, knapp 45 Kilometer östlich von Plasencia, liegt unweit der EX 203 in der Region *La Vera*, einem fruchtbaren und wasserreichen Gebiet an den von tiefen Schluchttälern (gargantas) durchzogenen Südhängen der Sierra de Gredos. Das Kloster war die letzte Wohnstatt von Kaiser Karl V. Nachdem Karl 1556 zugunsten seines Sohns Phillip II. abgedankt hatte, zog sich der erkrankte Monarch, bis dato Herrscher über das riesige „Reich, in dem die Sonne nicht untergeht", in die Einsamkeit von Yuste zurück, wo er 1558 starb. Die Räume können auf Führungen (Mo-Sa 9.30-12.30, 15-18 Uhr, So 9.30-11.15, 15-18 Uhr; 2,50 €) besichtigt werden.

- *Übernachten* ****** Parador de Jarandilla**, schöner Burgparador in Jarandilla de la Vera, etwa zwölf Kilometer vom Kloster entfernt. In diesem Kastell wohnte schon Kaiser Karl, bevor er endgültig ins Kloster Yuste zog. Gutes Restaurant; Pool. DZ etwa 140–155 €. Ctra. Plasencia, ℡ 927 560117, 927 560088, www.parador.es.
- *Camping* **Carlos I.**, 1. Kat., bei Cuacos de Yuste, einem Örtchen an der EX 203, nicht weit vom Kloster. Schön auf Terrassen gelegener, schattiger und komfortabler Platz; relativ viele Dauercamper. Geöffnet etwa Ostern bis Mitte September, p.P., Auto, Zelt je etwa 4,50 €. Avenida del Ceralejo s/n, ℡ 927 172092. www.campingcarlosprimero.es.

▶ **Valle del Jerte**: Nordöstlich von Plasencia durchquert die N 110 nach Ávila das schöne Flusstal des Río Jerte. Das fruchtbare Valle del Jerte ist Spaniens Kirschgarten: Im Frühjahr blühen hier über eine Million Kirschbäume, ein traumhafter Anblick. Am Ende des Tals schraubt sich die Straße hoch zum *Puerto de Tornavacas*. Der Pass, an dem „die Kühe umdrehen", bildet die Grenze zu Kastilien.

Kastilien-La Mancha: Land der Windmühlen

Kastilien

Das Herz Spaniens: Seit dem Mittelalter bestimmte Kastilien die Geschichte des Landes wie keine andere Region. Castellano, die kastilische Sprache, wurde zum eigentlichen Spanisch.

Das heutige Kastilien besteht aus den drei Autonomen Gemeinschaften *Castilla-La Mancha*, *Madrid* und *Castilla-León*. Zusammen bilden sie die größte und auch bevölkerungsreichste Region Spaniens. Die historische Landschaft Kastilien gliedert sich dagegen ein wenig anders. Im Norden reicht *Altkastilien* bis an den Atlantik, umfasst auch die heutigen Comunidades Cantabria und La Rioja. *León*, in der Vergangenheit mehrfach ein eigenständiges Königreich mit den heutigen Provinzen León, Zamora und Salamanca, wird geschichtlich nicht zu Altkastilien gerechnet. *Neukastilien*, nämlich die erst relativ spät von den Mauren zurückeroberten Gebiete, entspricht ziemlich genau den heutigen Gemeinschaften Madrid und Kastilien-La Mancha. Trennungslinie zwischen diesen beiden historischen Regionen ist das *Kastilische Scheidegebirge* mit der Sierra de Gredos und der Sierra de Guadarrama, das aus der zentralspanischen Hochebene der *Meseta* zu Höhen von deutlich über 2000 Metern ansteigt.

Wie Andalusien das Klischee der Flamenco-Folklore vertritt, so stellt Kastilien das der „typisch spanischen" Mentalität. Seine Bewohner gelten traditionell als selbstbewusst, um nicht zu sagen hochmütig: Die Redensart „stolz wie ein Spanier" bezieht sich eigentlich auf den Kastilier.

Geschichte Kastiliens

Noch zur Zeit der römischen Herrschaft spielte die Region keine entscheidende Rolle. Das änderte sich erst mit den Westgoten, die ab dem 6. Jh. Toledo zu ihrer Hauptstadt machten.

Anfänge Kastiliens – die Reconquista: Ab 711 überrollten die Mauren fast ganz Spanien. Das Gebiet des späteren Kastilien sollte in den folgenden Jahrhunderten zum Hauptkampfgebiet der christlichen Rückeroberung werden. Ausgangspunkt war das kleine Königreich Asturien, das sich schon 722 die Unabhängigkeit erkämpfte. Ab 750 kamen Kantabrien, Galicien und die Region Altkastilien hinzu; unter Alfons III. (866–909) wurde León zur Hauptstadt. Etwa zeitgleich tauchte für das östliche Gebiet erstmals der Begriff „Kastilien" auf, benannt nach den vielen Kastellen (*castillos*), die die Grenzlinien schützten. 930 entstand aus mehreren kleineren Grafschaften die *Großgrafschaft Kastilien*, die ab dem Jahr 1000 zum ausgedehnten Königreich Sanchos III. von Navarra kam. Nach dem Tod Sanchos wurde dessen Großreich unter den drei Nachfolgern aufgeteilt. Sein Sohn Ferdinand I. rief 1035 das *Königreich Kastilien* aus, dem sich bald auch León zugesellte. Ein gutes Jahrhundert später, 1157, spaltete eine Erbfolge das Reich vorläufig noch einmal in Kastilien und León. Währenddessen ging die Reconquista weiter. 1085 konnte mit Toledo (Neukastilien) die Tajo-Linie erobert werden, doch dann kam die Expansion für mehr als ein Jahrhundert ins Stocken. Den Durchbruch im Kampf gegen die Mauren brachte 1212 die Schlacht bei *Navas de Tolosa* (Jaén), die die vereinigten Heere Kastiliens, Navarras und Aragóns für sich entscheiden konnten. Unter *Ferdinand III.* (1217–1252) ging dann alles ganz schnell: 1230 vereinigte er Kastilien und León erneut und endgültig; 1236 konnte Córdoba, 1243 Murcia und 1248 Sevilla zurückerobert werden. In maurischer Hand war nur noch das Königreich Granada.

Kastilischer Aufschwung: Die Heirat von *Isabella* von Kastilien und *Ferdinand II.* von Aragón führte 1479 zur Vereinigung der beiden Kronen. Es war das bedeutendste Ereignis für die Zukunft Spaniens. 1492 eroberten die „Katholischen Könige" *Reyes Católicos* Granada; im gleichen Jahr entdeckte Christoph Kolumbus Amerika. 1512 kam auch Navarra zum jungen Königreich, in dem Kastilien fortan die bestimmende Rolle spielte: Unter kastilischer Herrschaft begann Spaniens Aufstieg zur Weltmacht.

Reiseziel Kastilien

Die **Landschaft** Kastiliens wird geprägt von schier endlosen Ebenen und sanft geschwungenen Hügeln. Die Abstände zwischen den einzelnen Siedlungen sind enorm, bis zum Horizont erstrecken sich die riesigen Getreide- und Sonnenblumenfelder. Eine monotone Landschaft, die aber auch ihre großartigen Seiten hat: Kastilische Sonnenuntergänge sind in Farben von zartgelb bis tiefblau ein Fest fürs Auge.

Fast alle **Städte** Kastiliens, Oasen in der Weite der Landschaft, bewahren das Erbe ihrer großen Geschichte. Hier stehen die bedeutendsten Kathedralen des Landes, gigantische Manifeste des Glaubens wie auch der Macht der Kirche. Burgen und wehrhafte Stadtmauern gemahnen an die kriegerische Vergangenheit. Städte wie *Toledo, Segovia, Ávila, Salamanca, León* und *Burgos* gehören zu den klassischen Zielen jeder Spanienfahrt; *Madrid* zählt als Hauptstadt des Landes und Sitz der fantastischen Gemäldegalerie Prado ohnehin zum Pflichtprogramm.

Klimadaten am Beispiel Madrid
(Durchschnittswerte in Grad Celsius bzw. Tagen)

Monat	Luft		Regentage
	° max	° min	
Januar	8.6	1.4	8
Februar	11.0	2.1	7
März	14.8	5.1	10
April	18.4	7.4	9
Mai	21.2	10.0	10
Juni	27.0	14.6	5
Juli	30.9	17.5	2
August	29.6	17.3	3
September	25.1	14.1	6
Oktober	18.4	9.5	8
November	12.0	5.3	9
Dezember	8.7	2.2	10
Jahresmittel	18.8	8.9	87

(Regentage: Tage mit mindestens 0,1 mm Niederschlag)

• *Klima und Reisezeit* „Drei Monate Winter, neun Monate Hölle" sagt ein gängiges Sprichwort über das kastilische Wetter. Die Temperaturgegensätze sind in der Tat gewaltig. Ein ausgeprägtes Kontinentalklima quält die Region mit glutheißen Sommern und eiskalten Wintern. Beste Reisezeit ist mithin der Frühling (April und Mai), gefolgt vom Herbst (September und Oktober).

• *Verbindungen* Zug: Alle wichtigen Städte sind ans Schienennetz angeschlossen; die meisten Frequenzen liegen für spanische Verhältnisse relativ hoch. Zentrale Umsteigestation ist natürlich Madrid.
Bus: Günstig für direkte Verbindungen zwischen den Städten abseits von Madrid, obwohl auch die Buslinien vielfach auf die Hauptstadt zugeschnitten sind.

• *Übernachten* Ausreichendes Angebot an Hotels und Hostals in den wichtigen Städten. Auf dem flachen Land finden sich Quartiere für die Zwischenübernachtung häufig im Umfeld wichtiger Kreuzungen der Fernstraßen. Campingplätze beschränken sich eher auf die Hauptziele, doch gibt es auch einige Plätze in den Naherholungsgebieten von Madrid, z. B. in der Sierra de Guadarrama.

• *Küche und Keller* Auf kulinarischem Gebiet trennen Kastilien noch seine historischen Grenzen, und so besitzt jede Region ihre eigenen Spezialitäten; Näheres deshalb in den Kapiteln über die einzelnen Comunidades.

• *Feste und Veranstaltungen* Kastiliens Festkalender ist nicht so dicht gedrängt und so spektakulär wie der Andalusiens, doch wird auch in den Weiten Zentralspaniens hingebungsvoll gefeiert. Zu den Festen in Madrid siehe dort.
La Endiablada, erstes Wochenende im Februar in Almonacid del Marquesado (Cuenca). Die Jugend des Städtchens paradiert als Teufel verkleidet.
Semana Santa, die Karwoche, vielerorts mit der Verbrennung eines „Judas" aus Stroh. Bekannte Prozessionen in Cuenca, Valladolid, León, Salamanca und Zamora.
„Mayos", Maifeste zu Beginn des Monats, meist mit Schmücken der Maikreuze ähnlich wie in Andalusien. Populär sind sie besonders in Kastilien-La Mancha.
Pentecostés, Pfingsten, ausgelassene einwöchige „Feria Chica" in Palencia.
Corpus Cristi, Christi Himmelfahrt, mit aufwändigen Prozessionen besonders in Toledo, Ávila, Burgos und Valladolid. In Benavente (Zamora) Stierhatz in den Straßen, in Castrillo de Murcia (Burgos) springt der Teufel „El Golacho" über große Matratzen voller Kinder.
Día de San Juan de Sahagún, 12. Juni, gefeiert in Salamanca und Sahagún (León).
Día de San Juan, Nacht des 23./24. Juni und 24. Juni tagsüber, überall gefeiert. In León, Segovia und Soria Beginn großer

Fiestas, spektakulärer noch das Barfußlaufen über glühende Kohlen in San Pedro de Manrique (Soria).
Día de San Pedro, 29. Juni, an vielen Orten; Beginn der Fiesta von Burgos.
Fiestas de Verano, etwa 15.–25.7., das große Sommerfest von Ávila.
La Virgen de la Asunción, Mariä Himmelfahrt, 15. August. In Kastilien besonders bunt in Coca (Segovia), Alberca (Salamanca) und Chinchón (Madrid).

Fiesta de la Virgen del Sagrario, etwa 3. Augustwoche; das Hauptfest von Toledo.
Vendimia, Anfang September; Fest der Weinernte, speziell in Valdepeñas.
8. Septiembre, vielerorts Feiern zu Ehren der lokalen Schutzheiligen; Beginn der zweiwöchigen Fiesta von Salamanca, Stiertreiben in Tordesillas (Valladolid).
Fiesta de Santa Teresa, etwa die Woche bis zum 15. Oktober; das zweite große Fest von Ávila.

Kastilien-La Mancha

Ein weites, sehr dünn besiedeltes Land. Die Heimat des Don Quijote ist für viele nur eine Durchgangsstation zwischen Madrid und Andalusien.

Städte sind in der Comunidad *Castilla-La Mancha* selten und verlocken nicht immer zum Aufenthalt: Albacete oder Ciudad Real sind beides überwiegend modern geprägte Siedlungen ohne besondere Sehenswürdigkeiten; Guadalajara ist fast schon ein Vorort von Madrid. Anders das weit im Osten der Comunidad gelegene Städtchen *Cuenca* mit seinen berühmten „hängenden Häusern". *Toledo* schließlich, nur 70 Kilometer von Madrid entfernt, ist aufgrund seiner geschichtlichen Bedeutung und seiner zahlreichen Baudenkmäler zu Recht eine der meistbesuchten Städte Spaniens. Wer auf den Spuren des überspannten Ritters *Don Quijote* und seines Knappen *Sancho Panza* wandeln möchte, findet viele der Schauplätze des Romans im Gebiet der N 420 um *Alcázar de San Juan*.

Reben, Reben, Reben ... und Safran

Die Mancha ist der größte Weinproduzent des Landes – fast die Hälfte des spanischen Rebensafts stammt aus der riesigen Anbaufläche von über 500.000 Hektar. Nur ein Bruchteil der Produktion wird in Flaschen abgefüllt, das meiste fließt in Fässer und wird zum Billigtarif verscherbelt oder nach Frankreich exportiert; auch die berüchtigten „Tetrapacks" stammen überwiegend aus der Mancha. Doch sind längst nicht alle Weine der Mancha billige Massenware, immer mehr Genossenschaften suchen ihr Heil in der Qualität.

Safran, das Gewürz, das die Paellas so schön gelb färbt, ist ebenfalls eine Spezialität der Mancha. Spanien liefert immerhin fast drei Viertel der Welternte und die Mancha wiederum den Großteil der spanischen Produktion. Im Herbst beginnt die Ernte der lilafarbenen Krokusblüten, von denen – Erklärung für den extrem hohen Preis – nur die Staubgefäße verwertbar sind.

- *Internet-Infos*
www.turismocastillalamancha.com
- *Küchenspezialitäten* La Mancha ist die Heimat der **gazpachos**, die mit ihren andalusischen Namensvettern nicht allzuviel gemeinsam haben. Auch als „Galianos" bekannt, bestehen sie aus zwei Gängen: einer Brühe von Geflügel- und Kaninchenfleisch, mit der Stückchen eines speziellen Brotfladens (torta de ceceño) getränkt werden; als zweiter Gang wird das Fleisch selbst aufgetragen. Der **pisto manchego** ist ein Eintopfgericht aus Auberginen, Tomaten, Kürbissen, Zwiebeln, Paprikaschoten, manchmal auch mit Zugabe von Schinken, Eiern oder Thunfisch. Nicht vergessen werden darf der berühmteste Käse Spaniens: **queso manchego**, ein reiner Schafskäse, je nach Lagerzeit mild (**manchego fresco**) bis spröde-scharf (**manchego añejo**).

Valdepeñas

Das vom Ortsbild her eher wenig reizvolle Städtchen nahe der A 4 von Madrid nach Córdoba ist Zentrum des bekannten gleichnamigen Weinbaugebiets. Obwohl geografisch zur Mancha gehörig, ist das Anbaugebiet von Valdepeñas durch eine eigene D.O. (Herkunftsbezeichnung) geschützt. An die frühere Tradition, den Wein in tönernen „Tinajas" reifen zu lassen, erinnert noch die *Avenida del Vino*, an der eine ganze Reihe dieser amphorenähnlichen Behälter aufgestellt wurde.

- *Information* Oficina Municipal de Turismo, Plaza de España 3, ☏ 926 312552. Öffnungszeiten Mo–Sa 11–13.30, 16–18.30 Uhr, So 10–14 Uhr. www.valdepenas.es.
- *Übernachten* **** Hotel Veracruz Plaza, modernes, teils recht frech designetes und bestens ausgestattetes (große Parkgarage, Spa) Quartier im Zentrum der Stadt. DZ etwa 120 €. Plaza Veracruz s/n, ☏ 926 313000, www.hotelveracruzplaza.com.

Umgebung von Valdepeñas

▸ **Alcaraz**: Ein freundliches kleines Renaissancestädtchen mit Kastell, gelegen auf einem Hügel am Fuß der gleichnamigen Sierra, knapp 90 km östlich in Richtung Albacete und unweit der Kreuzung der CM 412 mit der N 322. Größter Sohn des Ortes war der Baumeister Andrés de Vandelvira (1509–1575), der vor allem in der nahen andalusischen Provinz Jaén wirkte, aber auch hier in Alcaraz (z.B. an einem Portal des Rathauses an der reizvollen, im 16. Jh. entstandenen Plaza Mayor) seine Spuren hinterließ. Mit einer ganz ordentlichen Auswahl an Hostals und Restaurants eignet sich das überschaubare kleine Städtchen gut als unkomplizierte Übernachtungsstation.

- *Übernachten/Essen* ** Hostal Los Rosales, weit oben im Ort, unweit der Plaza Mayor. Ansprechende und komfortable Zimmer mit Balkon und weitem Blick. Falls niemand anwesend ist (was schon mal vorkommen kann), findet sich eine Mobilnum-

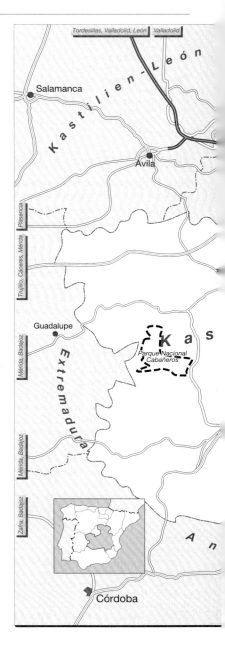

Valdepeñas 525

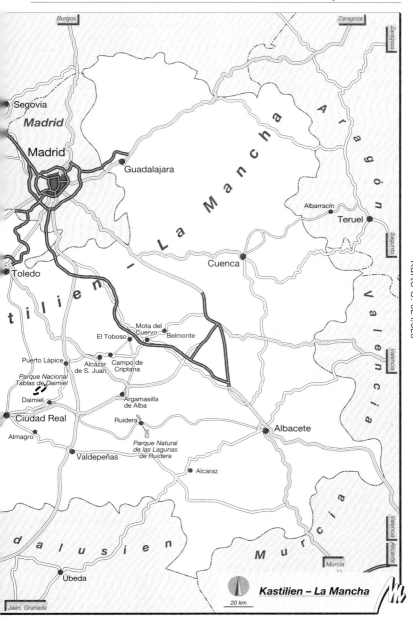

Kastilien–La Mancha
Karte S. 524/525

mer am Eingang. DZ etwa 55 €. Calle Granada 19, ☏ 967 380128.
Rest. Alfonso VIII, nicht weit entfernt und einem weiteren Hostal angeschlossen. Großes, nüchtern eingerichtetes Grillrestaurant, das vor allem an Wochenenden und Festterminen zu voller Fahrt aufläuft. Nicht teuer. Calle Padre Pareja 1, ☏ 967 380152.
• *Veranstaltungen* **Virgen de Cortes**, vom 4. bis 9. September. Das Fest der Stadtpatronin, mit einer Wallfahrt am 8. September.

▶ **Almagro**: Etwa 36 Kilometer westlich von Valdepeñas an der Straße nach Ciudad Real gelegen, lohnt das hübsche Städtchen für Theaterfreunde einen Abstecher: Der *Corral de Comedias* („Komödienhof"), direkt an der schönen und großen *Plaza Mayor*, stammt aus dem 16. Jh. und ist damit eine der ältesten Bühnen Spaniens. Eine Art Freilufttheater, um genau zu sein: Es handelt sich um einen Innenhof, Zuschauerplätze gibt es auch auf mehreren Balkonen.

• *Information* **Oficina Municipal de Turismo**, Plaza Mayor 1, ☏ 926 860717; Öffnungszeiten: Mo–Fr 10–14, 16–19 Uhr, Sa 11–14 Uhr.
• *Übernachten* ****** Parador de Almagro**, in einem umgebauten Franziskanerkloster, mit Schwimmbad. Standard-DZ etwa 155 €. Ronda de San Francisco s/n, ☏ 926 860100, ✆ 926 860150, www.parador.es.

** Hostal Hospedería Almagro Convento de la Asunción, gemeindeeigene Herberge in einem historischen Gebäude. DZ nach Saison und Ausstattung etwa 40–50 €. Sonntags keine Aufnahme! Ejido de Calatrava s/n, ☏ 926 882087, ✆ 926 882122.
• *Veranstaltungen* **Theaterfestival** im „Komödienhof", während der letzten drei Juliwochen. Almagro ist dann ausgebucht.

Feuchtgebiete der Mancha

In der sonst so knochentrockenen Mancha liegen zwei Feuchtgebiete, die fast wie Oasen erscheinen: die Lagunenseen von Ruidera und die Sumpflandschaft der Tablas de Daimiel.

▶ **Parque Natural de las Lagunas de Ruidera**: Nordwestlich und südöstlich des Städtchens *Ruidera*, das an der N 430 Ciudad Real-Albacete liegt, erstrecken sich mehrere miteinander verbundene Stauseen und Lagunen, die dank unterirdischer Quellen sogar im Hochsommer stets genügend kühles Wasser führen – was nicht nur Ausflügler, sondern auch zahlreiche Vogelarten zu schätzen wissen. Das schönere und beliebtere Gebiet liegt im Südosten von Ruidera.

• *Information* **Centro de Información del Parque**, in Ruidera bei der Abzweigung zu den südöstlichen Seen. Geöffnet Mi–Sa 10–14, 16–18 Uhr, So 10–14 Uhr, im Juli/August täglich 10–21 Uhr. Avenida de Castilla-La Mancha s/n, ☏ 926 528116.
• *Übernachten* ***** Hotel Apts. Albamanjón**, rund neun Kilometer südöstlich von Ruidera, im Bereich der Gemeinde Ossa de Montiel, die zur Provinz Albacete gehört; in der Nähe des Campings Los Batanes der zweiten, ufernahen Abzweigung dorthin folgen. Gute Ausstattung, Restaurant etc. Ganzjährig geöffnet, DZ etwa 100–130 €. Laguna San Pedro, ☏ 926 699048, ✆ 926 699120, www.albamanjon.net.

Zahlreiche Lagunen und Seen prägen...

...den Parque Natural de las Lagunas de Ruidera

● *Camping* **Los Batanes**, 2. Kat., gut acht Kilometer südöstlich von Ruidera. Ausgedehntes Gelände. Bar, Einkauf, Restaurant nur im Sommer und an Wochenenden in Betrieb. Ganzjährig geöffnet, über Weihnachten/Neujahr Betriebsferien. Parzelle inkl. Auto, Zelt nach Größe zur HS ab etwa 22 €. Ossa de Montiel, Ctra. Lagunas de Ruidera, km 8; ✆ 926 699076. www.losbatanes.com.

▶ **Parque Nacional Tablas de Daimiel:** Etwa 30 Kilometer nordöstlich von Ciudad Real und etwa elf Kilometer nordwestlich des Städtchens *Daimiel* findet sich der kleinste Nationalpark des Landes, gleichzeitig eines der bedeutenden Feuchtgebiete Spaniens. „Tablas" sind kleine, flache Seen, die sich aus Fluss- und Tiefenwasser bilden und im Sommer weitgehend austrocknen. Da der Río Cigüela brackiges Wasser mit sich führt, sind die Tablas und auch die Böden des Parks leicht salzhaltig; an Bäumen gedeiht deshalb nur die salzunempfindliche Tamariske. Das Ökosystem aus Inseln, Tablas und Kanälen („Venedig der Mancha") ist Heimat, Überwinterungs- und Brutplatz zahlreicher Vögel, darunter Reiher und besonders viele Entenarten. Zu beobachten sind sie (Fernglas!) von mehreren Wanderwegen aus, die am Informationszentrum des Parks beginnen.

● *Information* **Centro de Visitantes**, Informationszentrum bei Casa de la Duquesa am Rand des Parks, Zufahrt von Daimiel. Täglich geöffnet, im Sommer 9–21 Uhr, sonst 8.30–18.30 Uhr. ✆ 926 693118.

Parque Nacional de Cabañeros

Ein 1995 ausgewiesener Nationalpark, abgeschieden im Westen von Kastilien-La Mancha und unweit der Grenze zur Extremadura gelegen.

Das Gebiet von Cabañeros erstreckt sich über mehr als 40.000 Hektar und verteilt sich auf die Provinzen Ciudad Real und Toledo. Landschaftliche Kennzeichen des Parks sind ausgedehnte, fast savannenartige Weidegebiete und mit Wald und Macchia bewachsene Gebirgsstöcke, die im Gipfel des Machero bis auf 1012 Meter Höhe aufragen. Zur sehr artenreichen Fauna des Gebiets zählen mehr als 200 Vogelarten, darunter Mönchsgeier, Steinadler und Schwarzstörche. Für den Park besteht strenge Zugangsbeschränkung, ein Besuch im Informationszentrum ist deshalb unabdinglich.

• *Information* **Centro de Visitantes Casa Palillos**, das Haupt-Informationszentrum des Parks, etwa fünf Kilometer außerhalb von Pueblo Nuevo de Bullaque (CM 403) in Richtung Santa Quiteria, ✆ 926 783297. Öffnungszeiten: im Sommer täglich 9–21 Uhr, im Winter täglich 9–19 Uhr.

Auf den Spuren von Don Quijote

Die Region östlich der heutigen A 4 ist Don-Quijote-Land. So schmückt sich jedes von Cervantes erwähnte Dorf mit dem edlen Streiter gegen Windmühlen, tragen Bars und Restaurants den Namen seines Knappen Sancho Panza, seines Kleppers Rosinante oder seiner Geliebten Dulcinea.

Die Regierung von Kastilien-La Mancha hat deshalb schon vor vielen Jahren eine „Ruta de Don Quijote" ausgeschildert, der unsere Kurzbeschreibung in etwa folgt. Zum 400-jährigen Jubiläum des Romans im Jahr 2005 wurde das Routennetz deutlich ausgeweitet, siehe www.donquijotedelamancha2005.com.

Argamasilla de Alba: In dem Städtchen an der A 43 nordöstlich von Manzanares soll Cervantes den Roman begonnen haben, im hiesigen Gefängnis, um genauer zu sein – wahrlich kein ungewöhnlicher Aufenthaltsort für den stets in Geldnöten steckenden Schriftsteller.

Puerto Lápice, nahe der A 4, streitet sich mit anderen Konkurrenten um die Ehre, das Gasthaus besessen zu haben, in dem der Wirt Don Quijote zum Ritter schlug.

Alcázar de San Juan (Bahnstation), an der N 420, kann sich auf keine Erwähnung im Roman stützen, hat aber dennoch ein Denkmal des „Ritters von der traurigen Gestalt" und seines realistischer gestimmten Knappen aufgestellt.

Campo de Criptana, an der N 420 einige Kilometer östlich von Alcázar, will Austragungsort des legendären Kampfes gegen die Windmühlen gewesen sein. Windmühlen gibt es auch tatsächlich, fein herausgeputzt oberhalb des Dorfes. Eine von ihnen beherbergt einen Infostand, eine andere kann von innen komplett besichtigt werden.

• *Übernachten* ** **Hospedería Casa de la Torrecilla**, in einem hübschen Haus aus den Anfängen des 20.Jh., unweit der Plaza Mayor. Ein Lesertipp von Edith Schlaich, die von einem „entzückenden Hotelchen mit moderaten Preisen" schwärmt. Restaurant mit regionaler Küche angeschlossen. DZ nach Wochentag knapp 60 € (So–Do) bis 70 € (Fr/Sa). Calle Cardenal Monescillo 15, ✆ 926 589130, ✆ 926 563993, www.casadelatorrecilla.com.

El Toboso, ein Dörfchen 18 Kilometer nordöstlich von Campo de Criptana, ist als Heimat von Dulcinea bekannt geworden. Ein „Geburtshaus" (Museo-Casa de Dulcinea) darf da nicht fehlen.

„Venta de Don Quijote", ein traditionelles Gasthaus an der N 301 und fünf Kilometer von El Toboso entfernt, reklamiert wie Puerto Lápice jenen Wirt für sich, der Don Quijote zum Ritter schlug.

Mota del Cuervo, neun Kilometer südöstlich bei der Kreuzung der N 301 mit der N 420, ist ebenfalls im Roman erwähnt, ein Standort von Windmühlen und als solcher ein natürlicher Konkurrent von Campo de Criptana.

Belmonte, an der N 420 Richtung Cuenca, hat es nicht nötig, mit solchen Don-Quijoterien Gäste anzulocken: Die gesamte mauerumgebene Altstadt steht unter Denkmalschutz, darüber erhebt sich ein wuchtiges Kastell.

Hoch über dem Río Huécar: die Altstadt von Cuenca

Cuenca

Weit im Osten der Comunidad, an der N 400/420 nach Teruel. In einzigartiger Lage erhebt sich der malerische Ortskern der als Weltkulturerbe ausgewiesenen Provinzhauptstadt, trutzig platziert über den Schluchten zweier Flüsse.

An den steilen Felsabstürzen über dem Río Huécar thronen die berühmten „hängenden Häuser" von Cuenca, die *Casas Colgadas*: ein wahrhaft wildromantisches Kontrastprogramm zu den eintönigen Ebenen der Mancha. Das Zentrum der Altstadt *Ciudad Vieja* bildet die *Plaza Mayor* mit der Kathedrale. Südwestlich unterhalb des alten Ortskerns, durch steile Treppe verbunden, erstreckt sich die Neustadt *Ciudad Nueva* mit allen wichtigen Einrichtungen.

- *Information* **Oficina Municipal de Turismo**, Plaza Mayor 1, knapp unterhalb der Plaza selbst, ℡ 969 ℡ 969 241051. Die offiziellen Öffnungszeiten (im Sommer tägl. 9–21 Uhr, im Winter Mo–Sa 10–14, 16–18.30 Uhr, So 10–14 Uhr) werden leider nicht immer eingehalten.
Oficina de Turismo, an der Plaza de la Hispanidad in der Unterstadt, geöffnet Mo–Do 10–14, 17–20 Uhr, Fr–So 10–20 Uhr. ℡ 902 100131.
- *Verbindungen* **Zug**: Bahnhof der Linie Madrid-Valencia in der Neustadt; Busverbindung (Linien 1 und 2) zur Altstadt. Nach Aranjuez und Madrid 5-mal, Valencia (tolle Streckenführung durch die Sierra de Cuenca!) 4-mal täglich.

Bus: Busbahnhof unweit vom Bahnhof; Verbindungen nach Madrid 8-mal, Toledo nur 2-mal täglich; nach Valencia 3-mal und Barcelona via Teruel 1-mal täglich.
- *Übernachten* **** **Parador de Cuenca**, jenseits des Río Huécar, zur Altstadt über die Eisenbrücke. Untergebracht in einem historischen Konvent, mit gutem Komfort und schöner Aussicht. Standard-DZ etwa 160 €. Paseo Hoz del Huécar s/n, ℡ 969 232 320, ✉ 969 232534, www.parador.es.
*** **Hotel Leonor de Aquitania**, geschmackvolles Quartier in einem alten Palast hoch oben in der Altstadt, Mitglied der renommierten Vereinigung „Estancias de España". DZ etwa 115–130 €; es gibt auch Sui-

ten. Calle San Pedro 60, ℡ 969 231000, www.hotelleonordeaquitania.com.

*** **Hotel Alfonso VIII.**, ein Lesertipp von Dr. Reinhard Müller-Matthesius: „In ruhiger Lage des Zentrums der Unterstadt, am Rand des Parque San Julián. Im obersten Stock liegt das mit viel Glas etwas eigenwillig gestaltete Restaurant La Terraza mit Blick auf die (abends erleuchtete) Stadt; hier gab es das beste Abendessen der ganzen Reise." Weite Preisspanne, DZ nach Saison etwa 60–130 €. Parque de San Julián 3, ℡ 969 214325, www.hotel-alfonsoviii.com.

** **Hostal Res. Posada de San José**, wiederum in der Oberstadt. Stilvolles Gebäude, die Lage und die Aussicht bezahlt man mit. DZ/Bad nach Saison und Ausstattung 75–100 €, daneben auch Superiorzimmer und ältere, günstigere Zimmer ohne Bad. Gutes Restaurant. Reservierung ratsam. Calle Julián Romero 4, nahe der Plaza Mayor, ℡ 969 231300, ℡ 969 230365, www.posadasanjose.com.

** **Hostal Canovas**, in der Unterstadt nahe der zentralen Plaza España. Solides, freundlich geführtes Quartier mit gewissem Stil, DZ/Bad etwa 60 €, zur Karwoche 75 €. Calle Fray Luis de León 38, ℡ 969 213973. www.hostalcanovas.com.

* **Pensión Central**, ein Lesertipp von Annina Müller: „Mitten im Stadtzentrum, zentral und sauber." DZ ohne Bad kosten etwa 25 €, zur NS noch darunter. Calle Alonso Chirino 7, in der Unterstadt unweit des Parque San Julián, ℡ 969 211511.

• *Camping* **Caravaning Cuenca**, 1. Kat., etwa acht Kilometer nördlich an der Straße nach Ciudad Encantada (siehe unten). Gute Ausstattung, zur Saison mit Swimmingpool. Geöffnet Mitte März bis Mitte Oktober, pro Person, kl. Zelt je knapp 6 €, Auto 5 €. Ctra. Cuenca-Tragacete, km 8, ℡ 969 231656. www.campingcuenca.com.

• *Essen* An der **Calle San Francisco**, einer kleinen Fußgängerzone der Unterstadt neben dem Parque de la Diputación, reiht sich ein Bar-Restaurant an das nächste.

Rest. Figón del Huecar, in der Altstadt oberhalb der Plaza Mayor. Hübsches Ambiente, toller Blick, vorwiegend lokale Küche. Menü à la carte ab etwa 30 €. Julián Romero 6, ℡ 969 240062. So-Abend und Mo geschlossen.

Mesón Casas Colgadas, ebenfalls in der Oberstadt und eins der bekanntesten Restaurants von Cuenca. Schöne Aussicht aus einem der „hängenden Häuser", solide Weinauswahl und ordentliche Lokalküche. Preise etwa wie oben. Calle Cañonigos s/n, Mo-Abend und Di geschlossen.

Bar Tabanqueta, schlichtes Lokal weit oben in der Altstadt, noch oberhalb des Hotels Leonor de Aquitania. Schöne Aussicht auf das Tal des Río Júcar; im Angebot einfache, preisgünstige Gerichte. Pension angeschlossen. Calle del Trabuco 13, bei der gleichnamigen Plaza.

• *Feste* **Semana Santa**, die Karwoche von Cuenca, landesweit berühmt.

Sehenswertes

Vom höchsten Punkt der Altstadt, von der Plaza Mayor über die Ronda de Romero (auch: Ronda de Huécar) zu erreichen und früher durch ein Kastell besetzt, bietet sich ein weites Panorama der Schluchten des Río Huécar wie auch des Río Júcar. Reizvoll ist die Stadtansicht auch aus einer anderen Position, nämlich von der Eisenbrücke Puente de San Pablo aus, die über den Río Huécar hinüber zum Parador führt und einen sehr schönen Blick auf die Casas Colgadas bietet.

Catedral: An der Plaza Mayor. Die gotische Kathedrale (täglich 10.30–13, 16–18 Uhr; 2,50 €) aus dem 12./13. Jh. erstrahlt zwar nicht mehr im einstigen Glanz. Das Innere mit schönem Hochaltar lohnt dennoch einen Blick. Im angeschlossenen Diözesan-Museum (Mo geschlossen, So nur vormittags geöffnet, 2 €) sind zwei El Grecos zu sehen.

Casas Colgadas: Die berühmten „Hängenden Häuser" sind von der Plaza Mayor über die Calle Obispo zu erreichen, am schönsten jedoch von der oben erwähnten Brücke San Pablo aus zu betrachten. Es handelt sich um ehemals königliche Residenzen aus dem 14. Jh., in späterer Zeit renoviert.

Las Casas Colgadas: die „hängenden Häuser" von Cuenca

Museo Abstracto: In einem der hängenden Häuser ist ein ausgezeichnetes Museum untergebracht, das in beispielhafter Art eine ganze Reihe abstrakter spanischer Kunstwerke ab den 50er-Jahren präsentiert.
Öffnungszeiten Di–Fr 11–14, 16–18 Uhr, Sa 11–14, 16–20 Uhr; So 11–14.30 Uhr; Eintritt 3 €.

Museo de las Ciencias de Castilla-La Mancha: Das Wissenschaftsmuseum, unweit der Plaza Mayor an dem kleinen Platz La Merced gelegen, besetzt ein ehemaliges Kloster sowie einen Neubau. Die gut konzipierte Austellung dreht sich in erster Linie um verschiedene Aspekte des Phänomens „Zeit", stellt daneben auch die Region La Mancha näher vor. Ein Planetarium ist angeschlossen.
Öffnungszeiten Di–Sa 10–14, 16–19/20 Uhr, So 10–14 Uhr. Eintrittsgebühr 1,20 €.

Umgebung

Ciudad Encantada: Die „Verzauberte Stadt", im Gebirgszug der *Serranía de Cuenca* etwa 37 Kilometer nordöstlich der Stadt, ist keine Siedlung, sondern Ergebnis der Naturkräfte. Erosion hat aus dem weichen Kalkstein fantastische Felsformen gefräst, die mit etwas Phantasie an Amphitheater oder Gesichter erinnern. Das 20 Quadratkilometer große, z. T. umzäunte Gebiet (geöffnet bis Sonnenuntergang, 3 €) eignet sich sehr gut zum Wandern, ein Rundweg ist ausgeschildert.

Toledo

Eine sehr kastilische Stadt der Könige und der Inquisition. Stolz bis zum Hochmut, Stein gewordene Arroganz. Aber auch die Stadt der drei Kulturen und die Stadt El Grecos. Einer der Höhepunkte Spaniens. Weltkulturerbe.

Allein die Silhouette der Stadt, auf einem Granitfelsen hoch über einer Schleife des Río Tajo und dominiert von den mächtigen Bauten der Kathedrale und der Festung Alcázar, ist frappierend. Nicht umsonst wurde Toledo von der Unesco mit dem Prädikat „Kulturerbe der Menschheit" geadelt. Über Jahrhunderte war Toledo die Hauptstadt Kastiliens und das religiöse Zentrum von ganz Spanien. Seine Gassen und zahlreichen Baudenkmäler atmen Geschichte und Tragik. Toledo ist keine heitere Stadt wie die Kapitalen Andalusiens, es ist ernst und mysteriös. Angesichts der Touristenströme, die sich durch die dicht zusammengedrängte Altstadt zwängen, angesichts der Souvenirgeschäfte, die leider die alte Tradition der Schwertschmiedekunst zu Ramschware pervertieren, mag das schwer zu glauben sein. Wer aber die Stadt im eiskalten Winter besucht oder in später Nacht erkundet, wird die Jahrhunderte spüren.

Orientierung: Toledo lässt sich ganz bequem erkunden – eine riesige, überdachte Rolltreppe trägt die Besucher von außerhalb der Stadtmauer mitten in die Altstadt. Das verwinkelte, noch auf maurische Ursprünge zurückgehende Gassenlabyrinth der Altstadt selbst verweigert sich jeder Systematisierung. Der Hauptplatz Toledos ist die *Plaza de Zocodover* im nordöstlichen Altstadtbereich.

Geschichte

Toledo ist uralt. Anfang des 2. Jh. v. Chr. eroberten die Römer die schon zu Zeiten der Keltiberer bedeutende Siedlung *Toletum*, die an der Kreuzung wichtiger Handelsstraßen schnellen Aufstieg nahm. Unter den Westgoten war Toledo von 554 bis 711 Hauptstadt ihres Königreichs. 711 konnten die Mauren Toledo einnehmen. *Tolaitola* war der wichtigste Vorposten im Norden des maurischen Reichs. Mehr als dreieinhalb Jahrhunderte islamischer Herrschaft prägten die Stadt. Nach der christlichen

Toledo

Rückeroberung 1085 durch Alfonso VI. und den legendären Cid wurde Toledo bis ins 16. Jh. Hauptstadt Kastiliens und religiöses Zentrum Spaniens. Christen, Juden und Mauren lebten jahrhundertelang tolerant zusammen, ermutigt von Königen wie Alfonso X. „El Sabio", der seinen Beinamen „der Weise" wirklich verdiente. Die Kenntnisse der drei Kulturen ergänzten sich vortrefflich. Eine bedeutende Übersetzerschule entstand, Kultur und Wissenschaften blühten. Noch heute zeigen Stadttore und Kirchenbauten im Mudéjarstil die Kunst der maurischen Architekten.

Juden in Toledo

Im Mittelalter besaß Toledo die größte jüdische Gemeinde des Landes, weshalb die Stadt auch „Spanisches Jerusalem" genannt wurde. Die *Sephardim*, die spanischen Juden, stellten einen guten Teil der Beamtenschaft, der Ärzte und der Dolmetscher der Übersetzerschule. In den beiden Judenvierteln *Aljamas* standen mindestens zehn Synagogen, denen fünf Schulen angeschlossen waren. Völlig unangefochten freilich konnten die Juden auch damals schon nicht leben. Ab dem 13./14. Jh. begann der jüdische Wohlstand und Status verstärkt den Neid der Christen zu erregen. 1391 plünderte und brandschatzte der Pöbel Toledos die Judenviertel, fast alle Synagogen wurden zerstört. Ein gutes Jahrhundert später zwang das Verdikt der Katholischen Könige alle Juden Spaniens zur Taufe oder zur Auswanderung. Viele verließen die Stadt und nahmen als Symbol der erhofften Rückkehr ihre Hausschlüssel mit, die bis heute im Familienbesitz weitergegeben werden. Wer als „Converso", als Getaufter, blieb, bekam die Geißel der Inquisition unter ihrem in Toledo wütenden Oberhenker Tomás Torquemada zu spüren. Bis heute sind kaum Juden nach Toledo zurückgekehrt. Der Versuch eines jüdischen Restaurants scheiterte mangels Kundschaft. Auch das Projekt, die Übersetzerschule wieder aufleben zu lassen, liegt derzeit auf Eis.

Der Abstieg Toledos zur Provinzhauptstadt begann mit der Verlegung der königlichen Residenz nach Madrid unter Philipp II. Einmal noch geriet die Stadt in den Blickpunkt der Welt: Während des spanischen Bürgerkriegs wurde der von den Frankisten besetzte Alcázar monatelang belagert und gilt den Falangisten seitdem als Symbol.

Information/Verbindungen/Diverses

- *Information* **Oficina de Turismo**, Puerta de Bisagra 1, ℡ 925220843, ℻ 925252648. Infostelle der Comunidad, nördlich außerhalb der Stadtmauer, jenseits der Ringstraße; an einem kleinen Park und unweit der Kreuzung der großen Fernstraßen. Geöffnet Mo–Sa 9–19 Uhr, So 9–15 Uhr.
Oficina Municipal de Turismo, städtisches Büro unweit der Kathedrale, Plaza del Consistorio 1, ℡ 925 254030, geöffnet 10-18 Uhr. www.toledo-turismo.com.
- *Verbindungen* **Zug**: Schöner Bahnhof im Neomudéjarstil etwa 20 Fußminuten nordöstlich außerhalb der Altstadt, jenseits des Río Tajo; Busverbindung ins Zentrum. Züge nach Madrid 11-mal täglich.

Bus: Busbahnhof an der Avda. Castilla-La Mancha, 20 Fußminuten nördlich der Altstadt; Busverbindung ins Zentrum. Alle 30 Minuten ein Bus nach Madrid, nach Cuenca mit AISA 3-mal täglich. Keine Verbindungen nach Ávila oder Cáceres!
Auto: Besser gar nicht erst in die Altstadt hineinfahren! Beschilderte Parkmöglichkeiten an der Ringstraße. Wer dennoch zentrumsnah parken möchte, findet ein Parkhaus hinter dem Alcázar.

- *Post* Calle de la Plata 1, von der Plaza Zocodover westlich über die Calle Toledo de Ohio. Öffnungszeiten: Mo–Fr 8–21 Uhr, Sa 9–14 Uhr.

Übernachten

Toledo ist eines der populärsten Reiseziele in Kastilien. Deshalb kann es im Frühjahr und Herbst, speziell an den Wochenenden, zu Engpässen kommen. Zur Karwoche gelten vielfach sogar erhöhte Sonderpreise. In den sehr heißen Monaten Juli und August herrscht dagegen geringere Nachfrage.

• *Hotels* **** **Hotel AC Ciudad de Toledo (16)**, außerhalb der Altstadt am Hochufer des Tajo gelegen, der Beschilderung zum Parador folgen. Geschmackvolles Ambiente, Restaurant mit Aussicht, netter Service. Zimmer zur Panoramastraße jedoch vermeiden. DZ etwa 175–200 €, mit Sonderangeboten auch mal günstiger. Carretera de Circunvalación 15, ☎ 925 285125, ✆ 925284700, www.ac-hoteles.com.

**** **Parador Conde de Orgaz (17)**, südlich jenseits des Río Tajo, Zufahrt von der Umgehungsstraße. Traditioneller Baustil, oft überlaufen und schon etwas in die Jahre gekommen. Die tolle Aussicht hilft vielleicht über den mangelhaften Service hinweg. Mäßiges Restaurant. Standard-DZ rund 160–175 €. Cerro del Emperador s/n, ☎ 925 221850, ✆ 925 225166. www.parador.es.

*** **Hotel Pintor El Greco (13)**, mitten im jüdischen Viertel, an einem ruhigen Platz. Malerisches Mittelklassehotel, das zweifellos zu den schönsten der Stadt gehört. Die 33 Zimmer sind schnell ausgebucht, man sollte frühzeitig reservieren, besonders an Ostern und im Frühsommer. Das typisch toledanische Haus aus dem 17. Jh. – eine frühere Bäckerei – wurde mit viel Liebe zum Detail ausgestattet. DZ ab 120 €, mit „ofertas" (Sonderangeboten) günstiger. Alamillos del Tránsito 13, ☎ 925 285191, ✆ 925 215819, www.hotelpintorelgreco.com.

*** **Hotel Res. Cardenal (2)**, in dieser Klasse eine echte Empfehlung. Sehr schönes Gebäude aus dem 18. Jh., zwei Höfe, viele Antiquitäten; Parkgarage. Innerhalb der Stadtmauern, nahe Puertas de Bisagra (nördliche Altstadt). Gutes Restaurant, Spezialität Braten. Oft ausgebucht, Reservierung ratsam. DZ etwa 100–130 €; Paseo de Recaredo 24, ☎ 925 224900, ✆ 925 222991, www.hostaldelcardenal.com.

** **Hotel La Posada de Manolo (11)**, in einer ruhigen Seitenstraße hinter der Kathedrale. Nur 14 Zimmer auf drei Stockwerken, die den drei Kulturen Toledos gewidmet sind:

Übernachten
2 Hotel Res. Cardenal
3 Hotel Res. Sol
4 Jugendherberge
5 Hostal Centro
6 Hotel Imperio
9 Hostal Nuevo Labrador
11 La Posada de Manolo
13 Hotel Pintor El Greco
15 Pensión Hostal Descalzos
16 Hotel AC Ciudad de Toledo
17 Parador Conde de Orgaz

Es gibt eine „christliche", eine „jüdische" und eine „arabische" Etage; die eher schlichten (und teilweise nicht besonders großen), aber mit toledanischen Antiquitäten möblierten Zimmer sind nach alten Handwerkszünften benannt. Schöne Dachterrasse mit Panoramablick. DZ/F etwa 80 €; auch Superiorzimmer. Calle Sixto Ramón Parro 8, ☎ 925 282250, ✆ 925 282251, www.laposademanolo.com.

** Hotel Res. Sol (3), in guter Lage im nördlichen Altstadtbereich, innerhalb der Stadtmauern, freundlich und mit eigener Garage. 2004 renoviert. DZ etwa 60–85 €. Calle de Azacanes 15, etwas kompliziert zu erreichen über eine Abzweigung der Calle Real de Arrabal, der nördlichen Hauptzufahrt durch die Stadttore Puertas de Bisagra. Ein etwas preisgünstigeres Hostal gehört dazu. ✆ 925 213650, ✉ 925 216159. www.hotelyhostalsol.com.

* Hotel Imperio (6), zentral in der Nähe der Polizeistation gelegener Einsterner mit sehr gutem Preis-Leistungs-Verhältnis, angeschlossen eine ebenfalls günstige Cafeteria. Nur 21 Zimmer. DZ etwa 45 €. Calle Cadenas 7, ✆ 925 227650, ✉ 925 253183. www.terra.es/personal/himperio.

** **Hostal Nuevo Labrador (9)**, in der Altstadt westlich des Alcázar. 1995 eröffnetes Haus, komfortable Zimmer mit geschmackvollen Holzmöbeln, TV und Aircondition. Prima Restaurant. DZ/Bad etwa 60–65 €. Auch Drei- und Vierbettzimmer. Calle Juan Labrador 10, zu erreichen über eine Seitengasse der Cuesta de Carlos Carlos V. (vor dem Alcázar); ✆ 925 222620. www.nuevolabrador.com.

** **Hostal Centro (5)**, der Name ist Programm, die moderne Herberge liegt unweit des Alcázar am Eingang der Fußgängerzone an der zentralen Plaza Zocodover. Zimmer mit Klimaanlage und Bad, teilweise etwas dunkel. DZ im Bereich 50–60 €. Calle Nueva 13, ✆ 925 257091, ✉ 925 257848, www.hostalcentro.com.

* **Pensión Hostal Descalzos (15)**, im Südwesten der Altstadt. Gute DZ/Bad, teilweise renoviert und mit schöner Aussicht, nach Saison etwa 55–60 €, zur Karwoche mit Aufpreis. Garage (Anfahrt, z.B. via Paseos Recaredo und Transito, aus der Website gut ersichtlich). Der Besitzer spricht Englisch. Calle de los Descalzos 30, ✆/✉ 925 222888, www.hostaldescalzos.com.

• *Jugendherberge* **Residencia Juvenil „San Servando" (4)**, im gleichnamigen Kastell auf einem Hügel nordöstlich der Altstadt, jenseits des Río Tajo, günstig zum Bahnhof gelegen. Gut ausgestattet (Schwimmbad), schöne Lage, oft voll – früh kommen oder längerfristig reservieren. ✆ 925 224554.

• *Camping* **El Greco**, 1. Kat., knapp 3 km südwestlich, an der C 502 Richtung La Puebla de Montalbán. Gepflegter, gut ausgestatteter Platz, anständige Sanitärs, Swimmingpool gegen Extrazahlung. Etwa stündlich Bus Nr. 7 ab Plaza Zocodover. Ganzjährig, Preise p.P., Zelt und Auto jeweils um die 6 €. Ctra. Toledo-Talavera, Cigarral El Angel, ✆ 925 220090, ✉ 925 220090. www.campingelgreco.es.

Essen

Lokale Spezialität ist Rebhuhn („perdiz toledana"), nicht zu vergessen Mazapán (Marzipan), dessen Herstellung in Toledo eine große Tradition hat. Preise und Qualität sind vielfach dem Ausflugsbetrieb angepasst.

La Perdiz (10), beliebtes Restaurant im jüdischen Viertel, eines der wenigen Lokale in Toledo mit durchgehender Küche. Schön eingerichtet, bietet das Restaurant nicht nur leckere Fleisch-, sondern auch gute Fischgerichte an. Für ein Menü à la carte sollte man ab rund 35 € rechnen. Calle Reyes Católicos 7 (zwischen der Sinagoga del Transito und Santa Maria La Blanca); ✆ 925 252919. So-Abend, Mo und in der ersten Augusthälfte geschlossen.

Venta de Aires (1), in einer wenig attraktiven Gegend außerhalb der Altstadt, jedoch zu Fuß in zehn Minuten zu erreichen. Das vielleicht berühmteste Restaurant der Stadt, bereits 1891 gegründet! Viele Berühmtheiten speisten hier schon, beispielsweise die Poeten Federico Garcia Lorca und Rafael Alberti, der Maler Salvador Dalí und sogar der spanische König Juan Carlos I. Große Terrasse, feine Toledo-Küche. Spezialität des Hauses Rebhuhn, die Weinauswahl sehr gut. Mittleres bis gehobenes Preisniveau. Circo Romano 35, ✆ 925 220545. So-Abend ist geschlossen.

Casa Aurelio (8), in einer kleinen Gasse der Altstadt gelegen und bekannt für seine hervorragenden Schinken und die exquisiten Grillgerichte. Nicht ganz billig. Calle Sinagoga 1, Filialen liegen an der C. Sinagoga 6 und Plaza de Ayuntamiento 4 **(12)**. Di und im August geschlossen.

Restaurante Palacios (7), im Gebiet nordwestlich unweit der Kathedrale. Ein preiswertes, auch bei den Einheimischen beliebtes Lokal, das auch eine Auswahl unter zwei sehr günstigen Menüs bietet. Calle Alfonso X El Sabio 3.

Bar Enebro (14), ein lauschiges Straßencafé, das abseits der großen Touristenrouten unter Akazienbäumen an einer romantischen Plaza liegt – ein ideales Plätzchen für warme Sommerabende. Hell und modern eingerichtet, gutes Angebot an Tapas. Zu suchen an der Plaza Santiago de los Cabelleros 1.

Nachtleben/Einkaufen/Feste

• *Kneipen, Nachtleben* Der Bär ist nicht gerade los in Toledo. Einige gut besuchte Musikbars nördlich nahe der Plaza Zocodover um die Calle Sillería, ebenso östlich in der parallelen Calle Santa Fe, Richtung Tajo.

• *Einkaufen* Die berühmten Toledo-Schwerter mit Eisenkern und die Gold-Einlegearbeiten „Damasquino" sind heute überwiegend industriell hergestellte Massenware – schwer, gute Stücke aufzutreiben. Alternatives Souvenir für Süßmäuler: Mazapán (Marzipan) hat lange Tradition in Toledo.

Markt vormittags an der Plaza Mayor, nahe Kathedrale; **Flohmarkt** jeden Di-Vormittag hinter dem Convento Conceptionistas, flusswärts (östlich) der Plaza Zocodover.

● *Feste* **Corpus Christi**, Fronleichnam, große Prozession mit berühmter Monstranz, Beginn gegen 11.30 Uhr an der Kathedrale, gleichzeitig Hauptsaison für Stierkämpfe. **Fiesta de la Virgen de Sagrario,** etwa 10.–15.8.; jährlich wechselnd, letzter Tag Sonntag. Riesenfest mit Feuerwerk, Umzügen etc.; traditionell wird ein Schluck Wasser aus den Krügen „botijos" genommen, die im Kreuzgang der Kathedrale stehen.

El Greco: Woher kommt bloß das Licht auf der Leinwand?

Auf den „Griechen" wird man in Toledo immer wieder stoßen. Domenikos Theotokopoulos, 1541 auf Kreta geboren, ist mit dem Namen Toledo verbunden wie kein anderer Maler vor oder nach ihm. Die Kastilier nannten den Künstler schlicht El Greco, „der Grieche". Bereits im Alter von 25 Jahren hatte er seine Heimat Kreta verlassen und war über Venedig und Rom nach Spanien gekommen – Griechenland sollte er nie wieder sehen. El Greco ist ein europäischer Maler im besten Sinne des Wortes, gleichermaßen beeinflusst von der Kunst Griechenlands, Italiens und Spaniens. Sein größter Wunsch, in Spanien unter König Felipe II. Hofmaler zu werden und an der Ausschmückung des Klosterpalastes El Escorial nördlich von Madrid mitwirken zu dürfen, erfüllte sich freilich nicht. Von 1577 bis zu seinem Tod 1614 lebte El Greco in Toledo. Hier unterhielt er eine gutgehende Künstlerwerkstatt, wurde von der Kirche, aber auch vom Adel mit Aufträgen überschüttet. Jahrhundertelang blieb El Greco verkannt. Und noch heute streiten sich die Kunstgelehrten, ob es sich bei ihm um einen Maler des Spätbyzantinismus, der Renaissance oder der spanischen Mystik handelt. Auf alle Fälle verblüfft El Greco bis auf den heutigen Tag mit der Behandlung des Lichts: Seine Bilder lassen den Betrachter im Unklaren, aus welcher Quelle das Licht auf der Leinwand stammt. Mit dem damals verbreiteten Realismus hatte der Künstler wenig im Sinn, nach einem Modell oder der Natur zu malen, war nicht seine Sache. In seinen Bilder zog er Gesichter, Gliedmaßen und Körper in die Länge, was von manchen Experten als Ausdruck der Vergeistigung interpretiert wird; prosaischere Wissenschaftler vermuten dagegen einen Sehfehler.

Sehenswertes

An dieser Stelle alle Sehenswürdigkeiten Toledos zu beschreiben, würde den Rahmen bei weitem sprengen. Ohnehin ist man allein mit den Hauptattraktionen gut zwei Tage beschäftigt. Bloßes Abhaken wäre schade, verdienen doch auch die kleinen Details Beachtung, wie z. B. die eingemauerten hebräischen Ecksteine, die an manchen Häusern zu sehen sind.

Puertas de Bisagra: Zwei Tore markieren den nördlichen Hauptzugang zur Altstadt. Die *Puerta Nueva* gegenüber der Informationsstelle wurde 1550 errichtet, ihr Gegenstück *Puerta Vieja* stammt aus der Maurenzeit des 10. Jh. Etwas weiter stadtwärts steht die *Puerta del Sol* in reinem Mudéjar-Stil des 14. Jh., gleich dahinter die Kirche *Cristo de la Luz*, eine ehemalige Moschee. Hält man sich stattdessen links, gelangt man zur Plaza de Zocodover.

Plaza de Zocodover: Hauptplatz Toledos, Ausgangs- und Endpunkt des abendlichen Bummels. Nicht immer war es hier so friedlich. Früher diente der Platz als öffentliche Hinrichtungsstätte – nicht umsonst heißt der Durchgang an der Ostseite *Arco de Sangre*: „Blutbogen".

Hospital y Museo de Santa Cruz: Der platereske Bau des frühen 16. Jh., zu erreichen durch eben diesen Durchgang, birgt heute ein bunt gemischtes Sammelsurium. Hauptattraktion ist die Gemäldegalerie, in der neben Ribera und Goya vor allem El Greco vertreten ist. Das Spätwerk „Mariä Himmelfahrt" gilt als eine seiner besten Arbeiten.
Öffnungszeiten Mo–Sa 10–18.30 Uhr, So 10–14 Uhr. Eintritt gratis.

Alcázar

Der Palast, der die Silhouette Toledos dominiert, erhebt sich auf geschichtsträchtigem Boden: Seit Römerzeiten stand hier unter all den wechselnden Herren stets eine Festung. Seine heutige strenge Form erhielt der Alcázar unter Karl V. und Phillip II. Das Gebäude ist jedoch nicht mehr original, sondern nach den schweren Zerstörungen des Bürgerkriegs fast komplett wieder aufgebaut worden. Damals war der Alcázar, in den sich am 20. Juli 1936 etwa tausend Franco-Anhänger mit Hunderten von Frauen und Kindern geflüchtet hatten, von den Republikanern wochenlang ohne Erfolg belagert worden. Bomben und Sprengungen ließen die Fassaden mit Ausnahme der heute noch originalen Südseite einstürzen, doch die Struktur des Gebäudes hielt stand. Am 27. September schließlich nahm Francos Armee die Stadt ein, befreite die im Alcázar eingeschlossenen Falangisten und verursachte unter der Bevölkerung Toledos ein Blutbad. Der Slogan „Der Alcázar ergibt sich nicht" wurde zum frankistischen Symbol. Bis 2002, mehr als zwei Jahrzehnte nach Francos Tod, wurde die Geschichte des Bürgerkriegs hier denn auch sehr verfälscht und einseitig dargestellt. Damit ist für immer Schluss: Das bizarre Militärmuseum mit seinen verstaubten Uniformen, Orden und Waffen, das die militärischen Erfolge über die spanische Republik in den 30er Jahren hemmungslos glorifiziert hatte, ist nun Vergangenheit.

Mittlerweile befindet sich im Alcázar die neue Bibliothek der Region Castilla-La Mancha. Dass eine der größten öffentlichen Büchereien in den historischen Mauern des Alcázar Platz gefunden hat, löste jahrelang erbitterten Streit aus. Manche rechtskonservative Politiker wollten die Festung ausschließlich dem bisherigen Heeresmuseum vorbehalten und keine kulturelle Institution dulden. Doch dieser Streit ist mittlerweile zugunsten der Kultur entschieden. Die heutige Bibliothek umfasst beinahe 300.000 Bände, darunter auch zahlreiche neue Medien. Der wertvollste Bestand ist der Bücherschatz der Erzbischöfe Borbón und Lorenzana aus dem 18. Jh. Interessant ist auch die Architektur der Festungsanlage. Im Untergeschoss ist sogar noch ein arabisches Tor aus dem 10. Jh. erhalten. Zuletzt (und schon seit Jahren) wurde der Alcázar umgebaut und war deshalb geschlossen.

Catedral Primada

Etwa in der Mitte der Altstadt erhebt sich mit fünf Schiffen eine der bedeutendsten Kirchen Spaniens, an einer Stelle, die vor ihr schon die maurische Hauptmoschee und eine westgotische Basilika innehatten. Aufgrund der langen Bauzeit (1227–1493) ist ihr Stil nicht einheitlich, reicht von der Frühgotik über Mudéjar bis zur Renaissance, was jedoch den Gesamteindruck in keiner Weise beeinträchtigt. Den heutigen Eingang bildet die *Puerta de Mollete* zum Kreuzgang, links neben dem schönen Hauptportal *Puerta del Perdón*.

Wie zu Zeiten El Grecos: das Stadtbild von Toledo

Kircheninneres: Von überwältigender Weite – 112 Meter Länge, 56 Meter Breite, 44 Meter Höhe. Direkt neben dem Eingang ist der Kirchenschatz *Tesoro* zu sehen, dessen Monstranz mit über 170 Kilogramm Gold und Silber die wertvollste Spaniens ist. Den Raum überspannt eine Decke im Mudéjarstil. Der *Chor* in der Mitte des Hauptschiffs illustriert im unteren Teil des Gestühls in 54 Szenen prachtvoller Holzschnitzerei die Eroberung Granadas. Nicht minder prächtig ist die obere Etage mit biblischen Motiven. Die reich mit Gold geschmückte Hauptkapelle *Capilla Mayor* direkt hinter dem Chor wird dominiert von einer ungemein großen Altarwand, die vor lebensgroßen biblischen Motiven fast überquillt. An der Rückseite der Capilla steht der *Transparente*, ein vielleicht etwas arg überladener Churrigueresco-Altar. Der Kapitelsaal *Sala Kapitular*, ganz hinten rechts, enthält Bildnisse der Erzbischöfe von Toledo, davon zwei von Goya. Die *Sakristei* im linken Anbau wäre allein den Weg in die Kathedrale wert: Sie ist eine echte Gemäldegalerie. Werke von Ribera, Raffael, van Dyk und vielen anderen berühmten Namen hängen hier. Unter dem guten Dutzend Gemälden von El Greco ist besonders die „Entkleidung Christi" auf dem Altar herauszuheben. Rechts davon lohnt sich ebenfalls ein längerer Blick: Erschrockene, aber auch sehr boshafte Gesichter begleiten die „Gefangennahme Christi" – Goya, wer sonst.
Öffnungszeiten Täglich 10–18.30 Uhr (im Winter 10.30–12 und 16–18 Uhr), So 14–18 Uhr. Das Museum ist täglich zwischen 10.30 und 18 Uhr offen. Eintritt 7 €.

Westlich der Kathedrale

Museo de los Concilios y de la Cultura Visigótica: In der Mudéjar-Kirche *San Román* (13. Jh.), an der Calle San Clemente und umgeben von weiteren historischen Gebäuden. Die Kirche selbst, auf uralten Fundamenten stehend, ist vielleicht sogar interessanter als die relativ mager ausfallenden Funde der westgotischen Zeit. Beachtenswert die Säulen und Kapitelle arabischen, westgotischen und byzantinischen Stils, ebenso die romanischen Fresken, die wahrscheinlich noch aus dem frühen 13. Jh. stammen.
Öffnungszeiten Di–Sa 10–14, 16–18.30 Uhr, So 10–14 Uhr. Eintritt frei.

540 Kastilien-La Mancha

Iglesia de Santo Tomé: An der gleichnamigen Straße, ein Stück südlich des Museums. Im Inneren wird das mit 4,80 x 3,60 Metern größte Gemälde von El Greco gezeigt: *El Entierro del Conde de Orgaz*, „Begräbnis des Grafen von Orgaz", von 1568. Schade, dass der Andrang meist keine ruhigere Betrachtung zulässt, die Gesichter (Philipp II., Freunde Grecos) und die Details wären es wert.
Öffnungszeiten Di–So 10–18 Uhr (Sommer bis 19 Uhr), Eintritt 2,30 €.

El Taller del Moro, nahe Santo Tomé, Eingang in Calle Taller de Moro. Die aus dem 14. Jh. stammende Werkstatt gehörte einem der am Bau der Kathedrale mitarbeitenden Mudéjar-Künstler. Auch das Gebäude selbst ist in diesem Stil gehalten.
Öffnungszeiten Di–Sa 10–14 und 16–18.30 Uhr, So 10–14 Uhr, zuletzt jedoch wegen Renovierungsarbeiten geschlossen.

Casa y Museo del Greco: Ein kleines Stück flusswärts (südwestlich) der Kirche Santo Tomé, zu erreichen über die Calle de los Amarillos. Das in einem der ehemaligen Judenviertel gelegene Haus war wahrscheinlich nie Wohnsitz des Künstlers, steht aber exemplarisch für die toledanischen Stadthäuser des 16. Jh. Im angeschlossenen Museum Studien und komplette Arbeiten El Grecos, bemerkenswert die Apostelgemälde. Interessant auch das Werk „Ansicht und Plan von Toledo": Viel hat sich an der Stadtsilhouette nicht geändert.
Öffnungszeiten Di–Sa 10–14, 16–18 Uhr, So 10–14 Uhr. Auch hier war zuletzt jedoch wegen Renovierung geschlossen.

Sinagoga El Tránsito: Direkt hinter der Casa del Greco. Samuel Levi, jüdischer Berater Pedros des Grausamen und später von diesem ermordet, ließ die Synagoge Mitte des 14. Jh. erbauen. Schöner Mudéjar-Stil mit Artesonado-Decke; die Frauengalerie ist typisch für Synagogen. Angeschlossen ist ein kleines Museum jüdischer Kultur.
Öffnungszeiten Di–Sa 10–21 Uhr (Winter bis 18 Uhr), So 10–14 Uhr. Eintritt 2,40 €, Samstagnachmittag und So Eintritt frei.

Sinagoga Santa María la Blanca: Wie El Tránsito (daher der Name) wurde auch diese Synagoge des 12./13. Jh. später in eine Kirche umgewandelt. Auch ihr Inneres erinnert mit Mudéjar-Dekoration eher an eine Moschee.
Öffnungszeiten Täglich 10–18 Uhr (im Sommer bis 19 Uhr). Eintritt 2,30 €.

Museo Victorio Macho: Das ehemalige Haus und die einstige Werkstatt des Bildhauers Victorio Macho (1887–1966), an der Plaza Victorio Macho gelegen, bilden eines der schönsten Museen Toledos. Es gehört einer Stiftung, deren Ehrenpräsident König Juan Carlos I. ist. Ein Besuch lohnt sich nicht nur wegen der 88 Plastiken, der vielen Zeichnungen und des malerischen Skulpturengartens, sondern auch wegen der tollen Aussicht über das Tajo-Tal.
Öffnungszeiten Mo–Sa 10–19 Uhr, So 10–15 Uhr. Eintrittsgebühr 3 €.

Monasterio de San Juan de los Reyes: Mit diesem Bau gedachten die *Reyes Católicos* Isabella und Ferdinand ihren strategisch wichtigen Sieg gegen Portugal in der Schlacht von Toro 1476 zu dokumentieren und sich gleichzeitig hier ihre Grabstätte legen zu lassen – Granada schien später dann aber doch passender. In der Kirche und auch im schönen, doppelstöckigen Kreuzgang sind an mehreren Stellen ihre Wappen und Initialen zu sehen. Die Ketten an den Außenwänden der Kirche sollen von aus maurischer Gefangenschaft befreiten Christen stammen, unter anderem von den bemitleidenswerten Wasserträgern aus Ronda.
Öffnungszeiten Täglich 10–18 Uhr (im Sommer bis 19 Uhr). Eintritt 2,30 €.

Rundfahrt um Toledo: An vielen Stellen der Carretera Circunvalación, die sich um die Stadt zieht, bieten sich herrliche Panoramen.

Gran Vía: Madrids berühmter Boulevard

Comunidad Madrid

Die boomende Hauptstadt Madrid bildet mit ihrer Umgebung eine eigene Autonome Gemeinschaft, die von der Bevölkerungszahl her mit rund sechs Millionen Einwohnern landesweit die dritte Stelle einnimmt.

Mit 7995 Quadratkilometern Fläche ist die Comunidad Madrid immerhin auch größer als z. B. Kantabrien. Die Bevölkerungsdichte von 760 Einwohnern pro Quadratkilometer ist gar spanischer Rekord. Madrid selbst stellt natürlich die Hauptattraktion der Comunidad dar, doch finden sich im Umland eine ganze Reihe reizvoller Ausflugsziele. An erster Stelle steht wohl der riesige Komplex des Klosters *El Escorial*, doch sind auch *Aranjuez* oder das Naherholungsgebiet der *Sierra de Guadarrama* einen Abstecher wert.

Madrid

+++ Das pulsierende Herz Spaniens +++ Mulitkulti, Moda, Marcha +++ Prado, Rastro und Retiro +++

Madrid sitzt im Zentrum Spaniens wie die Spinne im Netz. Strahlenförmig laufen die wichtigsten Fernstraßen und Bahnlinien auf die Landeshauptstadt zu. Die Metropole strotzt vor Kraft und schläft fast nie.

In 655 Metern Höhe besetzt die höchstgelegene Hauptstadt Europas den geografischen Mittelpunkt des Landes. Madrid besitzt eine Anziehungskraft, die nicht jahrtausendelanger Geschichte, prächtigen Baudenkmälern oder überwältigendem Charme entspringt. Madrid ist wild, ungebärdig, aufgeregt und aufregend. Früher war sie die Hauptstadt der Movida, heute ist sie das kulturelle Tor nach Lateinamerika: Eine Insider-Stadt, die seit mehr als zwei Jahrzehnten eine beeindruckende Sogwirkung auf Künstler, Intellektuelle, Bonvivants und Neugierige aus aller Welt ausübt. Schon nach Francos Tod schüttelte Madrid den provinziellen Mief der Diktatur mit aller Macht ab. Die Movida zeigte in den 80er-Jahren den neuen Weg, führte Spanien mit frischen Ideen und enormem künstlerischem Potenzial voran. Madrid kam in Mode. Heute ist die kulturelle Movida tot. Das Wort dient lediglich noch als Synonym für das unbändige Nachtleben. Dann nämlich, gegen Mitternacht, erwacht die Stadt, bei Tag ein Hexenkessel, zu eigenartiger Schönheit. Überall locken Lichter zum Amüsement bis in den Morgen. Zuerst in den Straßencafés um die Castellana, in den Bars der Kneipenviertel, später in den Swimming-Pool-Discos in den Außenbezirken: Nachts ist die Stadt unwiderstehlich. Im hellen Licht des Tages dagegen zeigt sich Madrid als moderne, arbeitsame Metropole. Seit den 60er-Jahren rasant gewachsen, überbieten sich in der Hauptstadt heute Bankenpaläste und Verwaltungs-Prunkbauten, tost der Verkehr, wimmeln die Massen: Gut 3,1 Millionen Menschen leben in der größten Stadt des Landes.

Madrids Schätze drängen sich nicht auf – man muss sie suchen, nicht nur im *Prado*, sicher eine der bedeutendsten Gemäldegalerien der Welt. Keinesfalls übersehen werden sollten der kunterbunte Flohmarkt *Rastro*, die grünen Oasen des *Retiro-Parks* und der *Casa de Campo*, der luftige, kühle Velázquez-Himmel klarer Herbsttage und, und, und... Aus dem „Dorf in der Mancha" (Ortega y Gasset) ist eine kontrastreiche, vielschichtige, vibrierende Metropole geworden: Genau das macht den Reiz Madrids aus. Wenn auch die Einwohner, nach langen Nächten, im proppevollen Kaufhaus oder lärmumtost auf einer Verkehrsinsel, oft ihren berühmten Seufzer loslassen, „Madrid me mata", Madrid bringt mich um – missen wollen sie das Spiel der Gegensätze nicht.

Glanz und Elend liegen in Madrid nahe beieinander. Eifrige Geschäftswelt und horrende Arbeitslosigkeit, sattes Bürgertum neben Bettlern und Taschendieben, junge Yuppies neben noch jüngeren Drogensüchtigen. Im Herzen der Stadt verbinden sich Lust und Leid: An der abendlichen Puerta del Sol treffen sich geschäftige Menschen, drei Schritte weiter, neben dem noblen Kaufhaus Corte Inglés, lassen Fixer in den dunklen Ecken der Calle de la Montera die Zeit verstreichen. An ihrem Ende spuckt die Straße die Heimatlosen auf die Bänke an der lärmenden Gran Vía aus. Ein Stückchen weiter dann die Uralt-Bar Museu Chicote, in der schon Hemingway seine Nächte verbrachte. Die sanft schmatzende Drehtür verschluckt den Lärm der Straße. Alte Barkeeper gehen mit ruhiger Würde ihrer Arbeit nach. Draußen ist es Nacht, und Madrid wird schön.

> **Den August meiden**: Wer die Stadt in voller Aktivität erleben möchte, sollte möglichst nicht im August kommen. Madrid ist dann in Urlaub, viele Museen, Kneipen und Geschäfte haben geschlossen. Von den zahlreichen Sonderangeboten der Hotels darf man sich nicht verlocken lassen.

Stadtaufbau

Die **Plaza Puerta del Sol** ist der Mittelpunkt nicht nur Madrids, sondern ganz Spaniens: An der Südseite des Platzes steht der Kilometerstein „0", von dem aus alle Straßenentfernungen des Landes gemessen werden. Die Grenzen der Innenstadt

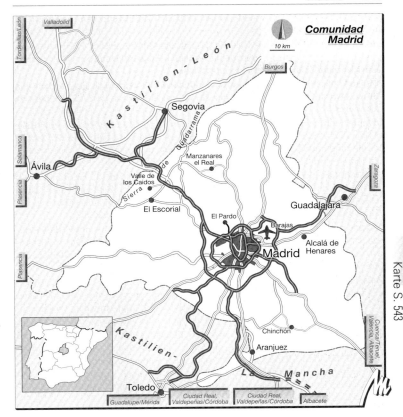

bilden im Osten der *Park Retiro* und im Westen der Park *Campo del Moro* am schmalen *Río Manazanares*. Nach Norden und Süden lässt sich das Zentrum kaum genau abgrenzen.

▸ **Stadtviertel des Zentrums: Paseo de Prado, Paseo de Recoletos** und **Paseo de la Castellana** sind keine eigentlichen Viertel, sondern die breite Hauptachse, die Madrid in Süd-Nord-Richtung durchzieht – als Paseo de Prado in Nachbarschaft der legendären Gemäldegalerie, als Paseo de Recoletos ein Boulevard der schicken und teuren Freiluftcáfes und als Paseo de la Castellana (kurz „Castellana") eine Protzstraße der Bankgebäude.

„Madrid de los Austrias", das Madrid der Habsburger. Von der Puerta del Sol Richtung Westen, entlang der *Calle Mayor* und über die schöne *Plaza Mayor* hinaus. Kein offizielles Viertel, aber eine Konzentration der meisten historischen Gebäude der an solchen recht armen Stadt. Beliebes Ausgehviertel für Einheimische und Touristen.

Huertas, nördlich der Calle Atocha und um die *Plaza Santa Ana*, gilt mit seinen legendären Nachlokalen, einigen bekannten Theatern und vielen antiquarischen

Buchhandlungen als „Kulturviertel". Hier trifft sich die Jugend zum Feiern bis in die Morgenstunden.

Latina, südlich unterhalb der Calle Segovia an das habsburgische Madrid anschließend, ist ein ursprüngliches und wenig besuchtes Areal, in dem noch einige wenige Reste der maurischen „Morería" überlebt haben.

El Rastro, das Viertel des berühmten sonntäglichen Flohmarkts, liegt östlich von Latina, etwa im Gebiet zwischen den Straßen Calle Toledo und Calle Ribera de Curtidores.

Lavapiés erstreckt sich östlich der Calle Ribera de Curtidores bis etwa zur Calle Atocha und wurde als eine der bodenständigeren Adressen Madrids in den letzten Jahren zunehmend „entdeckt", leider mittlerweile auch von harter Drogenszene. Seit Jahren wird das Armenviertel renoviert.

Die **Gran Vía** ist die Hauptstraße der Innenstadt, eine erst im 20. Jahrhundert mit mächtigem Aufwand etwa in Ost-West-Richtung durchs Zentrum geschlagene Schneise. Breit und verkehrsgeplagt, entwickelte sie sich zum Allerweltsreich der Kinos und Fast-Foods, besitzt aber auch noch einige feine Adressen.

Chueca, nördlich der Gran Vía und zwischen Paseo de Recoletos und Calle Hortaleza, ist ein Nachtviertel, in dem vor allem Gays den Ton angeben. Die in düstereren Ecken hier früher zahlreiche Fixer-Szene hat sich mittlerweile großteils in andere Stadtviertel verlagert.

Malasaña schließlich, ebenfalls nördlich der Gran Vía und westlich der C. Hortaleza an Chueca anschließend, gilt als Ausgangspunkt der „Movida" der Siebziger. Ein tagsüber ruhiges, nachts lebendig-schräges Viertel, zwar ein wenig im schlechten Ruf des Fixertreffs, gleichzeitig aber ein spannendes Kneipengebiet.

Nördlich des Zentrums erstreckt sich das jüngere Madrid mit Geschäfts- und Wohnvierteln wie dem eleganten, als feine Einkaufszone beliebten *Salamanca* oberhalb des Retiro-Parks, *Chamberí* und, noch weiter nördlich, *Chamartín*. Im Nordwesten bildet die *Ciudad Universitaria* ihrem Namen gemäß tatsächlich fast eine Universitäts-Stadt in sich. Das in Richtung Zentrum angrenzende Viertel *Moncloa* zeigt sich nachts von der studentisch-lebendigen Seite.

Die **Casa de Campo**, westlich des Zentrums und jenseits des Río Manzanares, ist Madrids größte Grünfläche, Picknick- und Naherholungsgebiet, doch hat die einstige Attraktivität durch den Straßenstrich in den letzten Jahren sehr gelitten – nach Einbruch der Dunkelheit ist der weitläufige Park fest in den Händen der Prostitution.

Geschichte

Obwohl dank einiger Funde über eine Römersiedlung spekuliert werden darf, reichen gesicherte Erkenntnisse über den Bestand einer Ortschaft nur bis zur Maurenzeit zurück. Das islamische *Mayrit* hatte die Funktion eines militärischen Vorpostens gegen die von Norden vorrückende Reconquista, politisch aber keinerlei Bedeutung. Nach der christlichen Eroberung 1083 begann Madrid langsam zu wachsen, war ab dem 13./14. Jh. auch gelegentlich Residenz der Könige, verglichen mit mächtigen Städten wie Toledo oder Burgos aber immer noch ein besseres Dorf: Als *Philipp II.* 1561 Madrid zur Hauptstadt machte, lebten dort gerade mal 25.000 Menschen. Die Gründe des Habsburgers, Madrid den Vorzug zu geben, sind nicht genau geklärt. Ein Argument war sicher die zentrale Lage, ein anderes vielleicht gerade die geschichtliche Bedeutungslosigkeit, die als Symbol eines Neuanfangs gelten mochte.

El Escorial: der Monumentalbau Philipps II. in den Bergen Madrids

Madrid erlebte die Blütezeit der spanischen Literatur, doch hatte das damalige Stadtbild offenbar nicht allzuviel Glanz: Nuntius Camillo Borghese, der spätere Papst *Paul V.*, bemerkte, dass „Madrid außerordentlich arm und hässlich ist und alle Abfälle einfach auf die Straße gekippt werden". Änderung erfolgte erst im 18. Jh. mit König *Karl III.*, der nicht nur eine Reihe repräsentativer Bauten wie den Prado errichten ließ, sondern seinen Untertanen auch zivilisatorische Wohltaten wie Müllabfuhr und Straßenbeleuchtung gönnte. Am 2. Mai 1808 wagte Madrid einen Volksaufstand gegen die französischen Besatzer unter Napoleons Bruder *Joseph Bonaparte*; Goyas „Erschießungen des 3. Mai" im Prado dokumentieren die Reaktion. In den sechs Jahren Herrschaft, die ihnen verblieben, krempelten die Franzosen Madrid gründlich um, rissen eine ganze Reihe von Klöstern und Kirchen im Stadtkern ab und schufen so neue Plätze. Die Zentralisierung des Eisenbahnnetzes und die einsetzende Industrialisierung des späten 19. Jahrhunderts sorgten für eine stete Zunahme der Einwohnerzahl. Im *Spanischen Bürgerkrieg* konnte sich die Hauptstadt lange den Ansprüchen Francos verwehren, kapitulierte trotz verheerender Bombardements durch italienische und deutsche Staffeln erst kurz vor Kriegsende am 28. 3. 1939. Nach dem Krieg wuchs Madrid stetig an, griffen seine Vororte besonders ab den 60er-Jahren weit ins Umland. Der Tod Francos 1975 war Signal für den kulturellen Aufbruch Spaniens in die Gegenwart. Madrid wurde zur Hauptstadt der legendären *Movida*, ein Begriff, der sich heute freilich nur mehr auf das Nachtleben bezieht.

Information/Diverses

• *Information* **Oficina Municipal de Turismo**, Plaza Mayor 27, ✆ 915 881636, Metro: Sol. Städtische Infostelle, oft überfüllt, trotzdem freundlich und geduldig. Geöffnet täglich 9.30–20.30 Uhr. **Zweigstelle** an der Plaza de Colón (unterirdisch). www.es.madrid.com.
Oficina de Turismo de la Comunidad, Calle Duque de Medinaceli 2, ✆ 914 294951. Nahe Plaza Canovas del Castillo und Paseo del

Prado; Metro: Sevilla oder Banco de España. Für Stadt und Comunidad, weniger Betrieb. Öffnungszeiten: Mo–Sa 8–20 Uhr, So 9–15 Uhr. www.turismomadrid.es.
Zweigstelle im Bahnhof Chamartín, ✆ 913 159976. Öffnungszeiten wie oben.

Zweigstelle Bahnhof Atocha, ✆ 902 100 007. Öffnungszeiten wie oben.
Zweigstelle im Flughafen Barajas, Terminal T1, Untergeschoss; ✆ 913 058656, und Terminal T4, ✆ 913 338248. Öffnungszeiten täglich 8–20 Uhr.

Hilfe in der Not: Wer individuell eine Betreuung aus psychologischen, sprachlichen oder rechtlichen Gründen braucht, dem hilft der „Servicio de Atención al Turista Extranjero (SATE)". Untergebracht ist das SATE-Büro im Polizeirevier in der Calle Leganitos 19 (ganz in der Nähe der Plaza de España), ✆ 915 488537.

- *Info-Magazine* **Guía del Ocio**: Wöchentliches Adressen- und Terminblättchen, für wenig Geld an jedem Kiosk erhältlich. Tipps zu Veranstaltungen, Nightlife, Restaurants etc. Nur in (leicht verständlichem) Spanisch, auch für Sprachunkundige lohnend.

Es Madrid erscheint zweisprachig und umsonst. Das Heftchen informiert zuverlässig über alle wichtigen Ausstellungen und Theatervorstellungen. Erhältlich in den Tourist-Infos und in vielen Hotels.

Kriminalität

Madrid genießt in punkto Kleinkriminalität nicht den besten Ruf. Üblere Gebiete sind Lavapiés und Malasaña, spät abends auch die Gran Vía, Huertas und Chueca, also genau die Viertel, in denen das Nachtleben tobt – weshalb man sich den Spaß auch nicht vermiesen, Vorsicht jedoch schon walten lassen sollte. Geradezu eine Aufforderung zum Raub wäre ein nächtlicher Spaziergang in den Parks (Retiro, Casa del Campo etc.). Wertsachen lässt man möglichst im Safe des Hotels oder trägt sie wenigstens am Körper, also nicht in der Handtasche. Offen präsentierte Fotoapparate weisen den Touristen aus. Autofahrer sollten unbedingt in bewachten Garagen parken, dennoch nichts im Wagen lassen; wenn es denn doch sein muss, ist der Kofferraum einzige Wahl. Die Metro ist gut bewacht, allein reisende Frauen sollten bei Metrofahrten dennoch immer in gut besetzte Wagen einsteigen: Zwischen den Stationen kann es auch tagsüber, z. B. zur verkehrsarmen Siesta-Zeit, zu Überfällen kommen.

Verbindungen von und nach Madrid

Flug

Der Aeropuerto Internacional Madrid-Barajas, 13 Kilometer außerhalb, ist bequem über eine Abzweigung von der Stadtautobahn A 2 Richtung Zaragoza zu erreichen. Auch die Anbindung mit öffentlichen Verkehrsmitteln ist gut.

- *Flughafeninformation* ✆ 902 404704, www.aena.es.Der Airport Barajas besteht aus den vier Terminals T1 bis T4, die auch auf dem Ticket jeweils vermerkt sind. In den Terminals T1 und T4 gibt es Zweigstellen des Fremdenverkehrsamts, siehe oben unter „Information".
- *Verbindungen von und zum Flughafen*
Metro: Die einfachste, bequemste und oft sogar schnellste Möglichkeit. Die U-Bahn-Linie 8 verbindet den Flughafen (Aeropuerto) mit der Station Mar de Cristal. Dort umsteigen auf die Linie 4, die in ca. 25 min bis ins Zentrum Madrids (Colón/Serrano) fährt. Darüberhinaus gibt es eine Direktverbindung mit dem Metrobahnhof Nuevos Ministerios. Wichtig: Für die Metrofahrt wird ein Flughafenzuschlag („suplemento", zuletzt 1 €) fällig.
Taxi: Aktuelle Taxi-Preise vor Abfahrt bei der Informationsstelle erfragen. Immer wieder werden ausländische Fahrgäste – besonders, wenn sie kein Spanisch können – übers Ohr gehauen. Für eine Fahrt in die Innenstadt sollte man etwa 25–35 € rechnen, sofern es keine Staus gibt.

Madrid

Bus: Eine Alternative zum Taxi sind die Flughafenbusse der Gesellschaft EMT, die von den Terminals T1-3 (Bus-Nr. 200) sowie vom Terminal 4 (Bus-Nr. 204) zur Avenida de América fahren, wo Metro-Anschluss besteht. Die Busse verkehren etwa alle zwölf Minuten, Sa/So etwas seltener.

Mietwagen

Für den Verkehr innerhalb Madrids sind Mietwagen sicher nicht zu empfehlen, wohl aber für Ausflüge und längere Touren. Große Auswahl, die Preisvergleiche ratsam erscheinen lässt.

- *Autoverleih* Eine Liste von Vermietern gibt es bei den Fremdenverkehrsämtern. Gute Auswahl am Flughafen, Terminal 1, 2 und 4, z. B. Europcar, ATESA und AVIS. Ein zentraler Anbieter ist AVIS, Gran Vía 60, ✆ 915 484204. HERTZ ist im Bahnhof Atocha, ✆ 902 023932.

Zug

Madrid besitzt gleich zwei Hauptbahnhöfe, je nach Herkunfts- bzw. Zielort. Etwas kompliziertes System, vor dem Fahrkartenkauf nach dem richtigen Bahnhof erkundigen. Beide besitzen sie Metroanschluss, schnelle Verbindung zwischen den Bahnhöfen auch mit den Nahverkehrszügen Cercanías.

- *Zugauskunft* ✆ 902 240202, www.renfe.es.
- *Bahnhöfe* **Estación Chamartín**, Avda. Pío XII. weit im Norden der Stadt; Metro: Chamartín. Wichtigster Bahnhof, an dem die meisten Linien starten, enden oder vorbeikommen. Alles Nötige ist geboten: Infostelle, Geldwechsel, Post, Telefon, Autovermietung, Schließfächer... Am Abend ist der Bahnhof nicht ganz ungefährlich.

Estación Atocha, Plaza del Emperador Carlos V., nahe Südwestecke Retiro-Park; Metro: Atocha-RENFE, nicht Atocha! Faustregel: Zu vielen Zügen, die hier halten oder abfahren, kann man auch in Chamartín zusteigen, jedoch nicht umgekehrt! Richtung Toledo, La Mancha, Extremadura jedoch häufigere Anschlüsse. Hier auch Abfahrt der superschnellen AVE-Züge z.B. nach Barcelona und via Córdoba nach Sevilla. Ein Genuss sind Wartezeiten in Atocha: Eine riesige Halle mit botanischem Garten wartet auf den Fahrgast. Traurige Berühmtheit erlangte der Bahnhof durch den von islamistischen Terroristen verübten Anschlag vom 11. März 2004.

Cercanías: Die Nahverkehrszüge (S-Bahn) sind interessant für Ausflüge nach El Escorial (Linie C8 a) und nach Aranjuez (Linie C3). Hauptabfahrtsbahnhof ist Atocha, Richtung Norden Haltestellen am Paseo Recoletos (Plaza Colón), Nuevos Ministerios und Bahnhof Chamartín. Als Verbindung zwischen den Bahnhöfen ist die Benutzung mit gültigem Ticket zu einem Ziel außerhalb von Madrid kostenlos.

Bus

Madrids Haupt-Busbahnhof ist die *Estación Sur de Autobuses*, an der auch die internationalen Verbindungen starten, ein zweiter großer Verteiler vor allem Richtung Norden die *Estación Avenida de América*. Die Abfahrtsstellen einiger kleinerer Gesellschaften liegen über die Stadt verstreut – vor größeren Anstrengungen besser die Informationsstellen kontaktieren.

Estación Sur: Der weitläufige Bahnhof liegt im Süden an der Calle Méndez Álvaro 83, stadtauswärts der gleichnamigen Metrostation und ungefähr einen Kilometer ebenfalls stadtauswärts vom Bahnhof Atocha. Hier starten die Busse nach Aranjuez und Toledo, außerdem Fernbusse Richtung Kastilien-León, Extremadura, Andalusien, Múrcia und zu vielen Städten Galiciens. www.estacionautobusesmadrid.com.

Estación Avenida de América, im Nordosten bei der gleichnamigen Metro-Station. Zahlreiche innerstädtische Busse, außerdem Fernbusse nach Kantabrien, La Rioja, Navarra, ins Baskenland und nach Katalonien.

Weitere Destinationen: *La Veloz*, Av. Mediterraneo 49 (Metro: Conde de Casal) betreibt Busse nach Chinchón. *La Sepuledana*, Paseo de la Florida 11, wenige Meter vom Metro- und S-Bahnhof Principe Pío

Comunidad Madrid

entfernt, fährt nach Segovia und La Granja de San Ildefonso; *Herranz*, Calle de la Princesa, Abfahrt in der Metrostation Moncloa, bedient El Escorial und andere Ziele im Gebiet der Sierra Guadarrama.

Stadtverkehr

Auto: Die häufigen Staus und der permanente Parkplatzmangel machen Autofahren nicht gerade zum Vergnügen. Die beste Idee ist es wohl, den Wagen in eine Garage zu stellen und bis zur Abreise zu vergessen. **Parken** im Zentrum: Seit 2003 gibt es Parkuhren (solarbetrieben!). Große Parkhäuser unter anderem an der Plaza del Colón (Paseos Recoletos/Castellana), Plaza de España (Ende Gran Vía) und Plaza Mayor. Gleich mehrere finden sich an der Calle Velázquez nördlich des Retiro-Parks.

Metro: Schnell, effektiv und preisgünstig, ist die U-Bahn das optimale öffentliche Verkehrsmittel. Zwölf Linien erschließen Madrid; Fahrzeiten 6 Uhr bis 1.30 Uhr. Zehnertickets („Métrobus", auch für Stadtbusse gültig, 7,40 €) bringen gegenüber der Einzelfahrt (1 €) eine deutliche Ersparnis! Tickets und kostenlose Pläne („Plano de Metro") sind an den Schaltern vor den Sperren erhältlich.

> **Abono Transportes Turístico**: Das Angebot speziell für Madrid-Besucher umfasst die unbegrenzte Nutzung der U-Bahn in Madrid (Zone A): ein Tag 5,20 €, drei Tage 11,60 €, eine Woche 23,60 €. Die Zona T schließt auch Städte wie El Escorial oder Toledo mit ein: ein Tag 10,40 €, drei Tage 23,20 €, eine Woche 47,20 €.

Stadtbus: Das Liniengeflecht der Stadtbusgesellschaft EMT ist auf den ersten Blick ein wenig verwirrend, nach einer Eingewöhnungsphase kommt man aber gut zurecht. Informationskioske mit Fahrkartenverkauf an Puerta del Sol, Plaza Callao, Plaza Cibeles. Die Busse und „Microbusse" verkehren 6–24 Uhr, einige Nachtbusse („Búho") ab Puerta del Sol und Plaza Cibeles die ganze Nacht über. Die „Circular"-Linie fährt im Kreis ums Zentrum; Haltestellen sind unter anderen Atocha und Plaza España. Einzeltickets gibt es beim Fahrer und Zehnertickets am Zeitungskiosk; gültig jeweils in beiden Bustypen.

Madrid Vision betreibt Sightseeingbusse, die auf zwei Routen das „Madrid Histórico" und das „Madrid Moderno" abfahren. An den diversen Haltepunkten (z. B. Puerta del Sol, Museo del Prado oder Plaza Cibeles) kann beliebig oft ein- und ausgestiegen werden. Tagesticket etwa 17 €, Personen bis 16 Jahre und über 65 Jahre 8,50 €; es gibt auch Zweitagestickets. Weitere Infos bei den Fremdenverkehrsämtern, beim „Punto de Información" an der Calle Felipe IV (nahe Prado, östlich Pl. Canovas de Castillo), unter ✆ 917 791888 oder auf www.madridvision.es.

Taxi: Taxifahren in Madrid ist ein relativ preiswertes Vergnügen. Den ungefähren Fahrpreis sollte man vorher erfragen. Es kommt selten, aber manchmal dennoch zu „bedauerlichen Irrtümern" gerade gegenüber Ausländern. Wer mit dem Fahrpreis nicht einverstanden ist, sollte sich daher die Taxinummer, die an jedem Fahrzeug befestigt ist, notieren und auch den Weg zur Polizei nicht scheuen.

Teleférico: Ein Spaß für sich ist die Fahrt mit dieser Schwebebahn hinüber in den Park Casa de Campo. Abfahrt an „Estación Salida Teleférico", Paseo Pintor Rosales; Metro: Argüelles.

> **Museumstour mit der Madrid Card**
> Wer Madrid intensiv erleben will, für den lohnt sich eventuell die Madrid Card. Sie erlaubt den freien Zugang zu den 40 wichtigsten Museen der Stadt, die Teilnahme an Führungen der Fremdenverkehrsämter („Programa Descubre Madrid") sowie freie Fahrt mit den Doppeldecker-Bussen von „Madrid Vision", siehe oben. Außerdem gewähren einige Läden und Restaurants Preisnachlässe. Die Madrid Card kostet für einen Tag 45 €, für zwei Tage 58 € und für drei Tage 72 €. Erhältlich ist sie bei allen Touristen-Informationsstellen, in den „Madrid Vision"-Bussen und online unter www.madridcard.com.

Madrid

Adressen

Deutsche Botschaft: Calle Fortuny 8, ℡ 915 579000, www.madrid.diplo.de. Parteiverkehr wie in allen erwähnten Botschaften nur Mo-Fr vormittags.

Österreichische Botschaft: Paseo de la Castellana 91, ℡ 915 565315, www.aussenministerium.at/madrid

Schweizer Botschaft: Calle Nuñez de Balboa 35, ℡ 914 363960.

Polizei/Notfälle: ℡ 112

Policia Municipal (Städt. Polizei): ℡ 092

Guardia Civil (Verkehrspolizei): ℡ 914 577700

Ambulanz: ℡ 092 oder ℡ 901 222222 (Rotes Kreuz)

Notfallklinik: Ciudad Sanitaria La Paz, Paseo Castellana 261, ℡ 917 277000.

Notfallapotheken: Info-Tel. 098.

Ärzte: Krankenhaus La Paz, Paseo Castellana 261 (Metro: Virgen de Begona), ℡ 917 277000. Krankenhaus Gregorio Maranon, Doctor Esquerdo 46 (Metro: O'Donnell), ℡ 915 868000.

Feuerwehr: ℡ 080

Fundbüro („Objetos Perdidos"): Im Rathaus, Plaza Legazpi 7, ℡ 915884346. Auch bei Diebstahl hier mal nachfragen: „Anständige" Diebe werfen Pass, Schlüssel etc. in den nächsten Briefkasten. Weitere Fundbüros separat für die jeweiligen Nahverkehrsmittel, Adressen bei den Infostellen.

Post: Hauptpost im Palacio de Comunicaciones, Plaza Cibeles. Geöffnet 9–21 Uhr.

Internet-Zugang: Viele kleine „Locutorios" im Zentrum offerieren Internet-Zugang. N@veg@web, Gran Via 30, bietet recht günstige Preise, ist aber zur Siesta und am Sonntag geschlossen.

Übernachten

Nützlich ist das Unterkunftsverzeichnis „Hoteles, Campings, Apartamentos" der Comunidad, erhältlich bei allen Infostellen. Im Winter sollte man vielleicht eine Klasse höher logieren als üblich: die einfachen Hostales besitzen nur selten die dann nötige Heizung.

Zentrum/Bereich Puerta del Sol – Plaza Mayor (siehe Karte S. 552/553)

Zentraler geht's nicht mehr ... Tiefgarage an der Plaza Mayor.

**** Hotel Liabeny (20), in einer relativ ruhigen Straße zwischen Puerta del Sol und Gran Vía. Über 200 komfortable Zimmer mit Aircondition; Garage. Fragen Sie nach Discountangeboten, regulärer Preis 135–215 € pro DZ, im Internet auch mal günstiger. Calle Salud 3, ℡ 915 319000, ℻ 915 314609, www.liabeny.es.

**** Hotel Santo Domingo (16), nobler, der Kette Best Western angeschlossener und aus zwei Teilen bestehender Stadtpalast mitten in der Altstadt, nur wenige Schritte von der Oper. Auch wenn die Straße nicht zu den schönsten zählt, das Hotel selbst genügt überdurchschnittlichen Ansprüchen und ist mit echten Antiquitäten und Gemälden aus dem 19. Jh. ausgestattet. Viel Stammpublikum, auch Tenor Placido Domingo nächtigt bisweilen hier. Gutes Restaurant, Wintergarten als Bar. 119 Zimmer. DZ ab etwa 160 €, man kann aber auch deutlich mehr ausgeben. Plaza de Santo Domingo 13 (Metro: Santo Domingo oder Opera), ℡ 915 479800, ℻ 915 475995, www.hotelsantodomingo.net.

*** Hotel Carlos V. (19), gleichfalls nahe der Puerta del Sol. Klassisches, stilvolles Haus in einer Fußgängerzone, ebenfalls Mitglied der Kette Best Western. Zimmer nüchternkomfortabel, Parkgaragen in der Nähe. DZ etwa 100–150 €. Calle Maestro Vitoria 5, ℡ 915 314100, ℻ 915 313761, www.hotelcarlosv.com.

** Hotel Plaza Mayor (33), angenehmes und komfortables, 1998 eröffnetes Haus. Nicht nur die Lage (einen Katzensprung von der Plaza Mayor entfernt), sondern auch die Ausstattung besticht. Die 20 Zimmer sind zwar nicht groß, aber mit Geschmack eingerichtet. Bad, TV und Klimaanlage vorhanden. Rustikale Cafeteria. DZ je nach Nachfrage und Ausstattung im Dreh 100–180 €. Calle Atocha 2 (Metro: Sol; Tirso de Molina), ℡ 913 600606, ℻ 913 600610, www.h-plazamayor.com.

Comunidad Madrid Karte S. 543

** **Hostal Perla Asturiana (30)**, an einem kleinen Platz nur wenig östlich der Plaza Mayor. Nostalgisch-schöne Herberge im 1. Stock mit 30 Zimmern (im EG Touristenladen); vor wenigen Jahren renoviert. Gepflegte DZ/Bad etwa 45–60 €. Plaza Santa Cruz 3, ✆ 913 664600, ✆ 913 664608, www.perlaasturiana.com.

* **Hostal Cruz Sol (29)**, beliebte Unterkunft im 2. und 3. Stock eines renovierten Altstadthauses mit überdurchschnittlichem Ambiente. Zimmer sehr gut möbliert, der Kachelboden spendet Kühle, freundlicher Aufenthaltsraum. Die Eckzimmer haben sogar zwei bodentiefe Fenster. Alle 17 Zimmer verfügen über Klimaanlage, Fernseher und Zentralheizung. DZ/Bad etwa 60 €. Plaza Santa Cruz 6 (Metro: Sol oder Tirso de Molina), ✆ 915 327197, www.hostalcruzsol.com.

Hostal Los Amigos Opera (18), der Name ist Programm: hier herrscht eine lockere, unkomplizierte Atmosphäre. Viele junge Gäste aus der ganzen Welt. Das von jungen Frauen geführte Hostal gleicht eher einer Jugendherberge als einem Hotel. Die Zimmer mit Parkettboden haben zweistöckige, gelb lackierte Metallbetten. In den Mehrbettzimmern kostet die Übernachtung/F je nach Saison 15–19 €; wer lieber zu zweit schlafen möchte, findet auch Doppelzimmer. Alle Räume sind hell und sehr sauber. Das für Madrid exzellente Preis-Leistungs-Verhältnis macht das Hostal im 4. Stock eines klassizistischen Gebäudes (nur 50 Meter von der Oper) zu einer begehrten Adresse vor allem für Rucksacktouristen. Campomanes 6 (Metro: Opera), ✆ 915 471707, ✆ 915 599745. Es gibt auch eine Filiale an der Calle Arenal 26: „Los Amigos Sol". www.losamigoshostel.com.

Zentrum/Huertas (siehe Karte S. 552/553)

Mittelpunkt des Viertels ist die Plaza Santa Ana (Tiefgarage!). Ein sehr empfehlenswertes Wohngebiet mit Riesenauswahl an Hostals, Kneipen und Ambiente vor der Tür. Die Lärmbelästigung in der Nacht ist allerdings gewaltig. Immerhin ist die Calle Huertas als Fußgängerzone deklariert, weshalb sich zumindest der Straßenverkehr in Grenzen hält.

**** **ME Madrid (32)**, direkt an der Plaza. Das ehemalige „Gran Hotel Reina Victoria", von der Kette Sol Meliá übernommen und im Inneren schick und modern aufgepeppt. Äußerlich eines der schönsten Hotels der Altstadt, ein unter Denkmalschutz gestellter, schneeweißer Klassiker mit Türmchen und Säulen. Früher logierten hier gerne die Toreros, heute sind es vor allem ausländische Touristen. DZ/Bad allerdings auch rund 180–280 €. Nach Angeboten fragen. Plaza Santa Ana 14 (Metro: Sol), ✆ 917 016000, ✆ 915 220307. www.memadrid.com.

*** **Hotel El Prado (31)**, kleines, stilvolles Hotel der gehobenen Mittelklasse in einer Seitenstraße der Plaza Santa Ana, neben dem Teatro Español; die 50 Zimmer sind hell und freundlich eingerichtet, Aircondition und Garage. Beliebt auch bei Geschäftsreisenden. DZ offiziell etwa 215 €, außerhalb der Hoch-Zeiten im Internet oft deutlich günstiger. Calle del Prado 11, ✆ 913 690234, ✆ 914 292829; www.hotelelpradomadrid.com.

** **Hostal Persal (36)**, mitten im Ausgehviertel an der Plaza del Ángel. Eine solch großzügige Rezeption mit Sitzecke erwartet der Gast bei einem solch preiswerten Hostal nicht. Die Zimmer sind allerdings meist klein, dafür sauber und funktional. Die Stammgäste loben die Freundlichkeit des Personals. Das 77-Zimmer-Hotel verfügt auch über eine Cafeteria. DZ etwa 65–80 €. Plaza de Ángel 12 (Metro: Sol), ✆ 913 694643, ✆ 913 691952, www.hostalpersal.com.

* **Hostal Plaza D'Ort (36)**, neben dem Persal, ein einfaches, sehr beliebtes Hostal (drei Stockwerke) mit sauberen Zimmern, die alle über Bad und TV verfügen. Manche Zimmer sind allerdings sehr klein. Es werden auch Apartments für bis zu sechs Personen vermietet. Die Lage an der Plaza del Ángel ist ideal für alle, die ihre Nächte lieber in den benachbarten Bars oder Musik-Cafés verbringen als im Hotelzimmer. DZ etwa 50–65 €. Plaza del Ángel 13 (Metro: Sol), ✆ 914 299041, ✆ 914 201297, www.plazadort.com.

** **Hostal Cervantes (38)**, moderne Pension in der gleichnamigen Straße beim Museo Lope de Vega). Lisardo López Alonso vermietet sehr saubere Zimmer mit kleinen Fernsehern. Auch Wohnzimmer für Gäste vorhanden. Sehr ruhig, jedoch wenig Licht. Zimmer mit Du etwa 50–60 €. Cervantes 34 (Metro: Antón Martín), ✆ 914 292745. www.hostal-cervantes.com.

Gran Vía und Umgebung (siehe Karte S. 552/553)

An der Gran Vía große Auswahl, die Quartiere oft jedoch recht laut.

**** Hotel Arosa (17), nobel, charmant und in zentraler Lage. Best-Western-Hotel, mit Garage. DZ offiziell 200–250 €, im Internet oft erheblich günstiger. Calle de la Salud 21, eine Seitenstraße der Gran Vía Richtung Puerta del Sol; ✆ 915 321600, ℻ 915 313127, www.hotelarosa.com.

*** Hotel Tryp Washington (12), ordentliche Mittelklasse direkt an der Gran Vía, bequem und gepflegt, Parkgarage um die Ecke. Auch Familienzimmer mit Stockbetten für die Kleinen. DZ etwa 70–115 €. Gran Vía 72, ✆ 915 417227, ℻ 915 475199; www.solmelia.com.

Apartamentos Gran Vía 65 (13), 1996 eröffnetes Aparthotel, zweifellos eines der bequemsten Häuser an der Gran Vía, unweit der Plaza de España. Schon der marmorne Eingang verrät, dass man auf Stil Wert legt. Die kleinen Apartments sind mit schönen blauen Möbeln ausgestattet, moderne Bäder. In der Bar werden Frühstück und Snacks von 7.30 bis 23 Uhr serviert. Studio etwa 70–110 €. Gran Vía 65 (Metro: Plaza de España), ✆ 915413170, ℻ 915417370, www.espahotel.es.

** Hostal Delfina (15), im alten Stil, mit großen und gepflegten Räumen, auch Dreibettzimmer. DZ/Bad etwa 55 €. Gran Vía 12, ✆ 915 226423.

Die Gran Vía: beliebte Hoteladresse trotz des Verkehrslärms

Malasaña (siehe Karte S. 552/553)

Das schrägste Nachtviertel Madrids, in immer noch recht zentraler Lage. Für sehr vorsichtige oder ruhebedürftige Gemüter vielleicht nicht ganz das richtige Gebiet. Viele Hostals in der recht lauten Calle Fuencarral, einer Seitenstraße der Gran Vía.

*** Aparthotel Tribunal (10), eine ideale Unterkunft für alle, die in unmittelbarer Nähe zu den Ausgehvierteln Malasaña und Chueca wohnen möchten. Das gegenüber dem Stadtmuseum bei der Metro-Station Tribunal gelegene moderne Backsteinhaus bietet in seinen 96 Apartments viel Komfort. Schon die blitzblanke Rezeption ist einladend. Die Zimmer (Schlaf- und Wohnzimmer) sind ein wenig ältlich im Stil der 80er Jahre eingerichtet, aber mit Parkettboden ausgestattet. Eine Kitchenette ermöglicht die Selbstversorgung. Die Apartments sind zwischen 25 und 50 Quadratmetern groß, besitzen Aircondition, Telefon und TV. Ruhig gelegen. Parkmöglichkeit (beschränkte Kapazität, reservieren!). DZ etwa 70–110 €, im Hochsommer und am Wochenende nach Angeboten fragen. San Vicente Ferrer 1, ✆ 915 221455, ℻ 915 234230. www.hotel-tribunal.com.

* Hostal Los Perales (8), eines von einer ganzen Reihe von 1-Sterne-Hostals unter dieser Adresse. „Gay-Friendly". Die Zimmer sind schlicht, aber passabel eingerichtet. DZ mit Bad ab etwa 40 €. Calle Palma 61 (1. Stock, links), ✆ 915 227191. www.hostalperales.com.

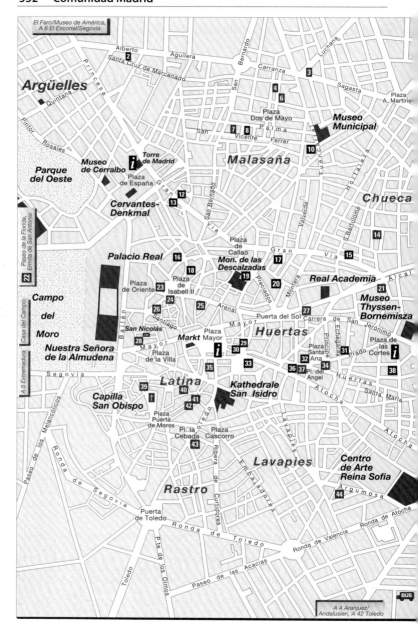

Madrid

Übernachten

- 2 Albergue Juvenil "Santa Cruz de Marcenado"
- 8 Hostal Los Perales
- 10 Aparthotel Tribunal
- 12 Hotel Tryp Washington
- 13 Apartamentos Gran Vía 65
- 15 Hostal Delfina
- 16 Hotel Santo Domingo
- 17 Hotel Arosa
- 18 Hostal Los Amigos Opera
- 19 Hotel Carlos V.
- 20 Hotel Liabeny
- 29 Hostal Cruz Sol
- 30 Hostal Perla Asturiana
- 31 Hotel El Prado
- 32 Hotel ME Madrid
- 33 Hotel Plaza Mayor
- 36 Hostal Persal und Hostal Plaza D'Ort
- 38 Hostal Cervantes

Essen & Trinken / Tapa-Bars

- 1 Rest. Zalacaín
- 3 Café Comercial
- 4 Rest. Monteprincipe
- 5 Rest. Jockey
- 6 Café Ruiz
- 7 Rest. Gumbo Ya-Ya
- 9 Hard Rock Café
- 11 Cafe Gijón
- 14 Rest. Ottocento
- 21 Café Circulo de Bellas Artes
- 22 Rest. Casa Mingo
- 23 Taberna del Alabardero
- 24 Café de Oriente
- 25 Fresc Co
- 26 Café Vergara
- 27 Museo de Jamón
- 28 Casa Ciriaco
- 34 Cervecería Alemana
- 35 Rest. El Botín
- 37 Café Central
- 39 El Estragón
- 40 Juana La Loca
- 41 El Schotis
- 42 Rest. Casa Lucio
- 43 Rest. Malacatín
- 44 Rest. El Granero de Lavapiés

Madrid

200 m

Comunidad Madrid
Karte S. 543

Jugendherbergen (siehe Karte S. 552/553)

Albergue Juvenil „Santa Cruz de Marcenado" (2), nördlicher Zentrumsbereich, südlich parallel zur Calle Alberto Aguilera; Metro: Argüelles. Modern und halbwegs zentral gelegen, bei Individualreisenden sehr beliebt. Calle Santa Cruz de Marcenado 28. Reservierung dringend geraten, ✆ 915 474-532, ✆ 915 481196.

Albergue Juvenil „San Fermín", in etwas ungünstiger Lage im gleichnamigen Viertel weit im Süden Madrids. Aus der Ferne sieht die Jugendherberge wie eine Pyramide aus; Bus Nr. 23 ab Calle Toledo, Nähe Plaza Mayor, Fahrtzeit etwa 25 Minuten. Avda. de los Fueros 36, Fuenlabrada, ✆ 917 920897, www.san-fermin.org.

Camping

Der einzige Campingplatz der Hauptstadt liegt nordöstlich außerhalb des Zentrums, unweit der Autobahn in Richtung Barcelona und 13 km vom Flughafen.

Osuna, 1. Kat., schattiges Gelände nahe des 20 Quadratkilometer großen Parks Parque Juan Carlos I. Manchmal laut durch Flughafen, Eisenbahn und Straße. Für die Kategorie recht schlichte Ausstattung, kleine Bar, Einkaufsmöglichkeit, Geschäfte auch im relativ nahen Vorort Canillejas. Ganzjährig geöffnet; p.P., Auto, Zelt je etwa 7 €. Zu erreichen z.B. mit Metro L5 nach Canillejas, dann auf der Fußgängerbrücke über die Autobahn, später rechts, noch 800 Meter bis zum rechter Hand liegenden Platz. Per Pkw kompliziert zu finden, da in dem Gebiet viele neue Straßen gebaut wurden: auf der Stadtautobahn A2 Richtung Madrid-Barajas, Ausfahrt etwa bei km 8, Richtung Barajas-Pueblo, der Platz liegt nördlich der Autobahn. ✆ 917 410510, ✆ 913 206 365. Ganzjährig geöffnet.

Essen und Trinken

Die Küche Madrids entspricht der kräftigen Kost Kastiliens. Zu den Spezialitäten zählen der Eintopf *cocido madrileño* und *callos madrileño*, Kutteln auf Madrider Art. Sonntags haben die meisten Restaurants geschlossen. Eine Institution sind die Cafés von Madrid.

Cafés (siehe Karte S. 552/553)

Fast alle berühmten Kaffeehäuser Madrids sind im Zentrum zu finden. Auch wenn die Kultur der *tertulias*, der Intellektuellen-Diskutierclubs, vorüber ist, führt man im Circulo de Bellas Artes oder im Café de Oriente immer noch politische und gesellschaftliche Debatten.

• *Zentrum* **Café Circulo de Bellas Artes (21)**, im gleichnamigen Kulturpalast, Treffpunkt der Künstler, Schriftsteller, Musiker und Journalisten. Herrliche Jugendstiloptik. Im Foyer wird eine geringe Eintrittsgebühr erhoben. Tapas sind übrigens nicht gerade die Stärke des Künstlercafés. Internationales Publikum. Calle Acalá 42.

Café de Oriente (24), das schönste Straßencafé im Zentrum. Im Winter lassen sich in den Belle-Epoque-Räumen die Gäste mit heißen Getränken aufwärmen, im Sommer füllt sich die Terrasse, von der man einen schönen Blick auf den Königspalast genießt. Gute Weine aus Kastilien, Preise niedriger, als man vielleicht annehmen würde. Plaza de Oriente 2.

Café Vergara (26), an der viel befahrenen Calle Vergara. Heiße Schokolade in historischem Ambiente: Hinter dem holzvertafelten Eingang verbirgt sich ein angenehmes Café. Nicht ganz billig. Calle Vergara 1.

Café Central (37), im Viertel Huertas, ums Eck von der Plaza Santa Ana. Beliebter Intellektuellentreff, abends oft Live-Jazz von teilweise prominenten Musikern, dann Aufschlag fürs erste Getränk. Auch Essen. Offen bis 2.30 Uhr, am Wochenende bis 3.30 Uhr. Plaza del Ángel.

• *Malasaña* **Café Ruiz (6)**, altmodisches Café mitten in Malasaña, seit vielen Jahren Treffpunkt für Künstler, Autoren, Müßiggänger und Studenten. Ein guter, relaxter Platz, um am Abend einen Aperitif zu nehmen oder ganz einfach bei einem Kaffee die Zeitung zu lesen. Man sitzt gemütlich auf kleinen Sofas, umsorgt vom netten Service. Nachts bis 3 Uhr, am Wochenende bis 4 Uhr offen. Calle Ruíz 11, bei der Plaza Dos de Mayo.

Café Comercial (3), an der hektischen Glorieta de Bilbao. Traditionsreiches, mit großen Spiegeln eingerichtetes Café, das freilich seine besten Zeiten schon gesehen hat. Vor allem Stammkunden halten ihm nach wie vor die Stange. Glorieta de Bilbao 7.

• *Sonst* **Café Gijón (11)**, eine Madrider Institution, 1888 eröffnet. Seit Jahrzehnten ist die schlichte Einrichtung fast unverändert. Der nette Service, die relativ preiswerten Menüs (auf der vor allem von Touristen geschätzten Terrasse ist das Essen im Sommer allerdings ziemlich teuer) und der kleine Zigarettenladen am Eingang machen das Gijón für viele Madrileños zu einem zweiten Wohnzimmer. Die Spezialität des Hauses ist Seehecht (Merluza) in Cidre-Sauce. Täglich geöffnet von 8 Uhr bis 2 Uhr, Sa bis 3 Uhr. Paseo de Recoletos 21, nahe Plaza Colón.

Restaurants und Tapa-Bars im Zentrum (siehe Karte S. 552/553)

Die meisten Restaurants im Zentrum, vor allem rund um die die Gourmetgasse Cava Baja, offerieren die traditionelle Küche der Region.

Casa Lucio (42), ein berühmtes Restaurant der Cava Baja, das bereits seit Jahrzehnten (gegründet 1974) die madrilenische Küche pflegt. Hier haben schon viele Berühmtheiten gespeist. Tischreservierung empfehlenswert, am besten schon einige Tage vorab. Leckere Gemüseplatten, Spanferkel, frischer Fisch... An der Tapa-Bar hervorragender Service. Mittleres Preisniveau. Samstag-Mittag und August geschlossen. Cava Baja 35, ℡ 913 6532528.

El Schotis (41), noch ein positives Beispiel dafür, dass die Cava Baja nach wie vor eine der interessanten Altstadtstraßen für Liebhaber mediterraner Küche ist. Gute Produkte zu reellen Preisen; berühmt sind der Cocido, aber auch die Fleischgerichte. Gute Weine vom Duero. Mo geschlossen. Cava Baja 11.

Cervecería Alemana (34), an der Plaza Santa Ana von Huertas. Das Traditionslokal – 1904 von einem Deutschen eröffnet – begeistert Spanier und Ausländer gleichermaßen. Ernest Hemingway soll hier seinen Bürgerkriegs-Roman „Wem die Stunde schlägt" verfasst haben. Heutzutage sitzen vor allem Schauspieler, Musiker und Journalisten an den weißen Marmortischen und genießen die Delikatessen. Die Tapa-Spezialität sind Tortillas de patatas, nicht ganz billig, dafür aber von exzellenter Qualität.

Restaurante El Botín (35), mit über hundertjähriger Tradition. Auch Mitglieder des spanischen Königshauses sollen es sich hier gelegentlich schmecken lassen. Schon Hemingway war sehr angetan von der Hausspezialität Spanferkel („Cochinillo"), sehr gut auch das Lamm. Nicht billig. Calle Cuchilleros 17, in der Südwestecke der Plaza Mayor; ℡ 913 664217.

Taberna del Alabardero (23), berühmte Tapa-Bar bei der Oper, viele Prominentenfotos an den Wänden. Im zugehörigen Restaurant sehr gutes Essen, aufmerksamer Service, die gehobenen Preise sind durchaus angemessen. Im Sommer gibt es auch ein Straßencafé. Calle Felipe V. 6 (Metro: Opera).

Casa Ciriaco (28), 1906 gegründet, eine der traditionellsten Adressen des Zentrums. Einst war das Restaurant bekannt für seine Gäste aus dem Kulturleben und dem Showbusiness, doch diese Zeiten sind vorbei. Geblieben ist das gute Essen zu vernünftigem Preis. Mi geschlossen. Calle Mayor 84 (Metro: Sol).

Restaurante Malacatín (43), nahe der Plaza Cascorro. Berühmt für Cocido madrileño. Reservierung ratsam. Sa-Abend und So geschlossen. Keine Kreditkarten. Calle Ruda 5.

El Estragón (39), der Fluchtpunkt für Vegetarier. Klassische fleischlose Küche mit vielen kastilischen Gerichten zu erstaunlich niedrigen Preisen. Beliebt sind auch die Crêpes. Plaza de la Paja 10.

Fresc Co (25), hier wird jeder satt. Für etwa 10 € kann sich jeder Gast am Buffet so viel holen, wie er möchte. Vor allem die Pasta ist beliebt. Junges Publikum. Calle de las Fuentes 12 (Metro: Opera); insgesamt gibt es ein gutes Dutzend Filialen in Madrid, z. B. C. Caballero de Gracia 8 (Metro: Gran Via).

Juana La Loca (40), ein Paradies für Tapa-Fans. Das Lokal, untergebracht in einem sorgfältig restaurierten Altstadthaus, ist berühmt für seine „Pinchos de Tortilla de Patata" und andere hervorragende Häppchen. Junges Publikum, nette Atmosphäre. Mo geschlossen. Calle Nuncio 17 (Metro: La Latina).

Museo de Jamón (27), das „Schinken-Museum", bei Einheimischen und Touristen gleichermaßen beliebt. Schinken unterschiedlicher Qualität, als Tapa, als Bocadillo ... preiswert und gut. Calle San Jerónimo 6, weitere Filialen z. B. an der Calle Mayor 7 und dem Paseo del Prado 44.

Restaurants in Malasaña/Chueca (siehe Karte S. 552/553)

Malasaña und Chueca sind immer in Bewegung. Was gestern noch in war, ist morgen vielleicht schon vergessen. Wer offen ist für experimentelle Küche und gerne eine kulinarische Entdeckungsreise macht, ist an der richtigen Adresse.

Rest. Gumbo Ya-Ya (7), mal etwas anderes ist dieses Lokal im Bistro-Stil insbesondere wegen seiner kreolischen Spezialitäten. Küchenchef und Besitzer Matthew Scott stammt aus Louisiana und exportierte die Küche von New Orleans nach Madrid. Berühmt sind die gebratenen grünen Tomaten, ebenso die Süßspeisen. Um die 30–35 € sind zu rechnen. So-Abend und Mo geschlossen. La Palma 63 (Metro: Noviciado), ℅ 915 325441.

Rest. Monteprincipe (4), hinter der holzverkleideten Fassade verbirgt sich ein beliebtes Restaurant mit traditioneller Küche zu vernünftigen Preisen. Berühmt sind die Kroketten mit iberischem Schinken – oder waren es zumindest, denn laut einem kurz vor Redaktionsschluss eingetroffenen Leserbrief hatte das Lokal zuletzt (vorläufig?) geschlossen. San Andrés 31 (Metro: Bilbao).

Restaurante Ottocento (14), die ehemalige, 1830 gegründete „Taberna Carmencita", deren Struktur beim Umbau weitgehend bewahrt wurde. Heute ist hier ein italoargentinisches Restaurant untergebracht – diese Ländermischung ist nicht so kurios, wie sie klingen mag, hat ein guter Teil der Einwohner von Buenos Aires doch italienische Vorfahren. Die Preise allerdings (um die 35–40 € pro Person für ein Menü à la carte) sind vielleicht etwas deftig. Calle Libertad 16 (Metro: Chueca), zwei Querstraßen östlich der Calle Pelayo.

Restaurants anderswo (siehe Karte S.552/553)

Restaurante Zalacaín (1), eines der besten Restaurants der Stadt. Klassisch spanische Küche aus erlesenen Rohstoffen, raffiniert zubereitet, perfekt serviert im vornehmen Ambiente; Sommerterrasse. Der Weinkeller zählt zu den besten der Stadt. Von den Gästen wird elegante Kleidung erwartet. Spezialität ist Hummersalat. Für ein Degustationsmenü sollte man mit ca. 100 € rechnen. Mittags ab 13.30 Uhr, abends ab 21 Uhr geöffnet. Reservierung erforderlich. Geschlossen Sa-Mittag, So, im August und an Ostern. Calle Alvarez de Baena 4, ℅ 915 614840.

Restaurante Jockey (5), ebenfalls eines der absoluten Toplokale Madrids, Tradition seit über 40 Jahren, spanisch-internationale Küche. Da das Innen- und Verteidigungsministerium in der Nähe liegt, speisen hier an Werktagen gerne Politiker und Diplomaten. Hauptgerichte liegen um die 30-35 €. So und im August geschlossen. Calle Amador de los Ríos 6, eine Parallelstraße stadtwärts zum Anfang des Paseo Castellana; ℅ 914 192435.

Casa Mingo (22), stadtbekannter Dauerbrenner der Art, die man in Madrid als „castizo" (etwa: authentisch) würdigt, eine rustikale Bar mit kleinen Holztischen. Viele Gäste halten den asturianischen Apfelwein Sidra, der hier ausgeschenkt wird, für den besten der Stadt. Dazu gibt es gegrillte Hähnchen und herzhafte Tapas wie Chorizo in Sidra oder den asturischen Schimmelkäse Cabrales. Täglich geöffnet, preiswert. Paseo de la Florida 34 (Metro: Principe Pio).

Hard Rock Café (9), Filiale der bekannten Kette, unter jungen Madrileños sehr beliebt. Die Terrasse ist im Sommer Treffpunkt für Modebewusste, im Untergeschoss treten gelegentlich Nachwuchsbands auf. Echte amerikanische Hamburger zu mittleren Preisen. Paseo de la Castellana 2, praktisch direkt an der Plaza Colón.

El Granero de Lavapiés (44), vegetarisches Restaurant im Viertel Lavapiés, nicht weit vom Centro de Arte Reina Sofía und gut besucht. Makrobiotische Küche, günstige Preise. Calle Argumosa 10, Metro Lavapiés.

Nachtleben

Vor Mitternacht ist nur in den Tapa-Bars etwas Betrieb, das Discoleben beginnt keinesfalls vor ein Uhr. Montags ist die Mehrzahl der Lokalitäten geschlossen. Fast alle Discos arbeiten mit Türsteher; Styling ist oft obligatorisch. Vielfach wird Eintrittsgebühr verlangt; oft ist dann ein Getränk inbegriffen.

Zentrum

Das Zentrum ist immer noch ein beliebtes Ausgehviertel. Vor allem im ehemaligen Dichterviertel Huertas um die Plaza Santa Ana gibt es am Wochenende ab Mitternacht kein Durchkommen mehr.

Viva Madrid, prominentes Altstadtlokal in Huertas. Keine Touristenattraktion, sondern ein populärer Treffpunkt der Nachtszene, laute Musik und viele schöne Menschen. Nicht vor 23 Uhr kommen. Wenn im sparsam eingerichteten Inneren kein Platz zu finden ist, wird der Cocktail eben auf der Straße getrunken. Calle Manuel Fernandez González 7.

Los Gabrieles, in einer Nachbargasse. Bar im andalusischen Stil, buntes Publikum und skurrile Dekoration; Kachelbilder vom Stierkämpfer bis zum Gitarre spielenden Skelett – nicht versäumen, dort einen Sherry „fino" zu trinken. Offen bis 2.30 Uhr. Calle Echegaray 17. Gleich nebenan auf Nr. 15 die ebenso beliebte Flamenco-Kneipe **Cardamomo**.

Cuevas de Sésamo, eine Taberna, die schon zu Hemingway-Zeiten berühmt war, auch Truman Capote war Stammgast. Linksintellektuelles Publikum. Bis 2.30 Uhr. Calle Principe 7, eine Seitenstraße der Plaza Santa Ana.

Palacio Gaviria, der alte Palast von 1846 ist ein Klassiker unter den Diskotheken der Hauptstadt, noch heute dominiert das his-

Schwatz am Tresen: Abends in einer der unzähligen Kneipen

torische Interieur mit großen Spiegeln und einer wunderschönen Decke. Musikalisch geben hier Salsa, Disco und Dancefloor den Ton an. Täglich ab 23 bis 5.30 Uhr. Sonntag ist Gay-Tag. Eintritt 10 €, am Wochenende 15 €. Arenal 9 (Metro: Sol).

Joy Madrid, *die* Diskothek im Zentrum (neben Palacio Gaviria). Seine besten Zeiten hat das Joy aber bereits gesehen. Heute wird das verwinkelte Tanzlokal von älteren Semestern besucht, und zwar ab Mitternacht. Tägl. bis 5.30 Uhr. Arenal 11 (Metro: Sol).

Andere Stadtviertel

• *Malasaña* Schrillstes Nachtviertel Madrids, wenn auch teilweise immer noch durch harte Drogenszene beeinträchtigt, also aufpassen, sich aber nicht die Laune verderben lassen. In den Straßen rund um die Plaza Dos de Mayo herrscht erst nach Mitternacht echter Betrieb.

Honky Tonk, ein Klassiker, nicht zu früh kommen, Cocktailbar mit Konzerten, täglich bis 5.30 Uhr (!) morgens geöffnet. Covarrubias 24 (in der Nähe der Metro Alonso Martinez).

La Via Lactea: Hier soll die Movida ihren Anfang genommen haben. In den 80er-Jahren war dieses Lokal ein Treffpunkt der schrillen Pop-, Theater-, Design- und Autorenszene. Täglich ab 19.30 Uhr geöffnet. Calle de Velarde 18.

Clamores, in einem Untergeschoss bei der Metro-Station Bilbao. Eine feste Größe in der Madrider Jazz-Szene. Exzellentes Musikprogramm, Konzerte von Dienstag bis Samstag jeweils ab 22.30 Uhr. Kein Eintritt, stattdessen Getränke-Aufschlag. Calle Albuquerque 14.

Pacha, ein ehemaliges Theater. Für alle Liebhaber der Techno-Musik ist diese Discothek, seit vielen Jahren Bestandteil der Szene, ein Muss. Manchmal sind hier auch Promis zu sehen (eigener VIP-Raum), Platz für mehrere tausend Tanzwütige. Am besten nach 2 Uhr morgens kommen (offen bis 5 Uhr). Der relativ hohe Eintritt beinhaltet ein Getränk. Barceló 11 (bei der Metro Tribunal).

• *Chueca* Treffpunkt vor allem der Gays, nahe der Gran Vía aber auch mehrere gute Cocktailbars mit gemischtem Publikum.

Museo Chicote, geradezu ein Mythos. Als die Art-Déco-Bar 1931 ihre Pforten öffnete, war sie schnell der Treffpunkt der Reichen, Schönen und Klugen: Zu den Gästen zählten Luís Buñuel, Sophia Loren, Orson Welles, Frank Sinatra und Ernest Hemingway. Mittlerweile ist die Bar in die Jahre gekommen. Die (teuren) Cocktails zählen jedoch noch immer zu den besten der Stadt. Nicht vor Mitternacht kommen. Täglich bis 3 Uhr, am Wochenende bis 4 Uhr geöffnet. Sonntag geschlossen. Gran Via 12.

El Cock, einst über eine Geheimtür mit dem Chicote verbunden. Heute ist das Cock eine etwas elitäre, aber bei der intellektuellen Szene sehr beliebte Cocktail-Bar. Ab Mitternacht wird's hier richtig voll. Bis 3 Uhr, am Wochenende bis 3.30 Uhr geöffnet. Calle Reina 16, eine Parallelstraße zur Gran Vía.

Del Diego, in der Nachbarschaft des Cock. Die Cocktails von Fernando del Diego gehören zu den besten der Stadt. Hier treffen sich nach Mitternacht bekannte Schauspieler, Schriftsteller und Journalisten. Lässigfreundliche Atmosphäre, originelle Toiletten. Täglich bis 3 Uhr geöffnet, sonntags geschlossen. Calle Reina 12.

• *Salamanca* Ein sehr edles Viertel nördlich des Retiro-Parks.

Teatriz, ein ehemaliges Theater, gestylt von Design-Papst Philippe Starck. Bar, Café und Restaurant, nicht ganz billig. Calle Hermosilla 15, geöffnet bis 3 Uhr. So und im August geschlossen.

• *Terrazas de Verano* Open-Air-Cafés an den Paseos Recoletos und Castellana. Im Sommer werden sie ab dem späten Abend zur Freiluftbühne; Eisstände, fliegende Händler und leicht bekleidete Mädchen schaffen an der „Costa Castellana", der „Castellana-Küste", ein Strand-Ambiente. Viele Bars vermitteln mit Palmen und Dekoration einen Hauch Ibiza. In den heißen Nächten im Juli und August sind die eiskalten Cocktails der Costa Castellana eine willkommene Erfrischung. Und gefeiert wird bis zum Morgengrauen.

Einkaufen/Märkte

Das Viertel **Salamanca** nördlich des Retiro-Parks ist mit den Calles Serrano und Velázquez Madrids eindeutig erste und teuerste Einkaufsadresse. Besonders im Gebiet um die Calles Serrano, Goya und Velázquez finden sich Galerias mit vielen kleinen Läden, die Designerkleidung, Schuhe, Schmuck etc. in breiter Auswahl offerieren. Um die **Gran Vía** und in den zur Puerta del Sol führenden Calles Preciados und Carmen gibt es vor allem Waren des täglichen Bedarfs. Für ausgeflippte Boutiquen ist das Viertel **Chueca** die richtige Adresse, insbesondere die Calle Almirante beim Paseo Recoletos.

Märkte

• *Lebensmittelmärkte* **Mercado de San Miguel**, Plaza San Miguel. Schön renovierter Hauptmarkt der Stadt, direkt im habsburgischen Madrid, nur ein paar Schritte von der Plaza Mayor. Mo–Fr auch nachmittags, Sa nur bis mittags geöffnet.

Mercado de la Cebada, Plaza Cebada (Latina), westlich der Calle Toledo. Öffnungszeiten wie Mercado San Miguel.

• *Supermärkte* in den Kaufhäusern der Corte Inglés.

• *Andere Märkte* **Briefmarken und Münzen** jeden Sonntag auf der Plaza Mayor. **Kunsthandwerk** jeden Samstagabend an der Plaza Santa Ana.

El Rastro, berühmtester Flohmarkt Spaniens

Wer in Madrid ist, darf den Rastro nicht versäumen. Zwar findet der eigentliche Markt nur am Sonntagvormittag bis etwa 14 Uhr statt, doch erweitert sich das Angebot langsam auf Freitag und Samstag. Der eigentliche Sonntags-Rastro wird etwa begrenzt durch die Plaza Gascoro, die Calles Toledo und Ribera de Curtidores und durch die Ronda de Toledo. Ein unglaubliches Gedränge (Taschendiebe!) entlang an Ständen, die Mögliches und Unmögliches offerieren: Großpapas Taschenuhr, ausgediente Getriebe, Vögel oder alte Filmplakate. Die legendären Zeiten, als hier unerkannte Rembrandts für ein Butterbrot erworben werden konnten, sind schon lange vorbei, wenn es sie denn jemals gegeben hat. Eine günstige Lederjacke oder kuriose Nachttischlampe lässt sich jedoch allemal finden – eventuell auch das eigene Autoradio, das nachts zuvor aus dem Wagen verschwunden ist ...

Kaufhäuser/Diverses

- *Kaufhäuser* **El Corte Inglés**, Calle Preciados 3, an der Puerta del Sol. Filiale z. B. an der Calle Princesa 56, der Verlängerung der Gran Vía.
- *Mode* Alle folgenden Adressen im Einkaufsviertel Salamanca.
Loewe: Die spanische Nobelmarke Nummer eins, berühmt für ihre Seidenschals, Handtaschen und Krawatten. Natürlich wird auch klassisch-elegante Oberbekleidung angeboten. Loewe hat freilich seinen (sehr hohen) Preis. Calle Serrano 26.
Adolfo Domínguez: In den 80er-Jahren war der junge Modedesigner aus Galicien ein Lieblingskind der progressiv-asketischen Kundschaft. Heute sind seine schlicht-eleganten Kollektionen bereits Klassiker. Überraschend preiswert. Calle Serrano 18 und 96, Calle Ortega y Gasset 4.
Boch, alles rund um Leder. Topmarken aus Spanien und aus aller Welt: Lotusse, Armani, Lladró, Fendi, Mandarina Duck, Longchamp. Im ABC-Einkaufszentrum, Calle Serrano 61.
Camper, die wohl innovativste und witzigste Schuhmarke Spaniens, vor allem von Studenten und jungen Managern geschätzt. Preiswert. Calle Ayala 13, Filiale z. B. an Gran Vía 54.

- *Diverses* **Deutsche Zeitungen**: am Kiosk an der Südseite der Plaza de Isabel II. (Metro: Opera); ab etwa 18 Uhr die aktuellen Ausgaben vom Tag.
Bücher: „Casa del Libro" – über Jahrzehnte war dies das größte Buch-Kaufhaus der Stadt. Auf vier Stockwerken wird die spanische Literatur von Miguel de Cervantes bis Miguel Delibes präsentiert. Hier gibt es auch englischsprachige Literatur. Gran Vía 29. Eine gute Auswahl an Reiseführern und Bildbänden zu Madrid und Umgebung (auch in Englisch und Deutsch) bietet die nahe Dependance in der Calle Maestro Victoria 3, Metro: Callao.
Flamenco: „El Flamenco Vive", in der Calle Conde de Lemos 7, zwischen Opera und Plaza Mayor. Alles für den Flamenco-Liebhaber: natürlich Gitarren, aber auch Schuhe, Kleidung, Noten, Videos, Fotos und jede Menge Flamenco-Musik (Metro: Opera).
- *Spät einkaufen* Lebensmittel, Getränke etc. zu später Nachtzeit oder am Sonntag. **Vip's**, auch Zeitungen, Bücher etc., Fast-Food-Restaurants angeschlossen. Bis 3 Uhr morgens. Filialen z. B. an Calle Princesa 5 (Plaza España), Gran Vía 43, Calle Serrano 41.

Comunidad Madrid Karte S. 543

Feste und Veranstaltungen

Das breit gefächerte Kulturangebot Madrids auch nur zu umreißen, würde den Rahmen sprengen. Veranstaltungstipps im Blättchen „Guía de Ocio", dem ausführlichen Kalender der Donnerstagsausgabe der Zeitung „El País" sowie in den Fremdenverkehrsämtern. Theaterfreunde können in einem der staatlichen Theater

(z. B. Teatro Español, Calle Principe 25, Metro: Sevilla) einen exzellenten Aufführungsplan erhalten.

Eintrittskarten **Galicia**, Plaza del Carmen 1, zwischen Puerta del Sol und Gran Vía); Tickets für Fußball, Stierkampf, Theater etc. ✆ 915 312732.

Fiestas (Feste)

Von Juni bis September viele erlebenswerte Feste der einzelnen Viertel. Über genaue Termine informieren die Verkehrsämter.

Dos de Mayo, in der Woche bis zum 2. Mai. Zur Erinnerung an den Volksaufstand gegen die napoleonische Besetzung. Zentrum ist logischerweise die Plaza Dos de Mayo in Malasaña; interessant die buntskurrile Atmosphäre.

San Isidro, Woche um den 15. Mai. Das Hauptfest der Stadt für ihren Schutzheiligen; Riesenprogramm mit Prozessionen, Gratiskonzerten, Theater, den besten Stierkämpfen der Saison etc. Details auch in den Sonderbeilagen des „Guía del Ocio".

Los Veranos de la Villa, Juli/August, sommerliches Kulturfestival mit vielen Schwerpunkten, unter anderem Gratis-Freiluftkino im Retiro-Park.

Festival de Otoño, Ende September bis Ende November, herbstliches Gegenstück zu den Veranos de la Villa.

Flamenco

Zwar aus Andalusien stammend, in Madrid aber dennoch in teils exzellenter Qualität zu sehen. Allerdings: Guter Flamenco hat seinen Preis.

Café de Chinitas, eine der ältesten und traditionsreichsten Adressen der Stadt. Seit 1850 existierte hier bereits ein Gesangscafé, das heutige Lokal wurde aber erst 1969 gegründet. Vorstellungen um 20.30 Uhr und 22.30 Uhr, Richtwert für Eintrittskarte mit Getränk rund 40 €, Preis jedoch stark abhängig von der Prominenz der Gruppen. So geschlossen. Torija 7 (Metro: Santo Domingo oder Plaza de España), ✆ 915 595135.

La Soleá, in der Restaurantgasse Cava Baja, ein Lesertipp von Barbara Schröder: „Dicht gedrängte Flamenco-Kneipe mit Amateursängern im Wettstreit. Betrieb erst ab 23 Uhr, zivile Getränkepreise. Cava Baja 34, geöffnet Di–Sa 22.30–6 Uhr; Eintritt frei."

Corridas/Fútbol

Corridas: Madrids Arena „Plaza de las Ventas" (Metro: Ventas) ist die größte des Landes. Die hiesigen Kämpfe zählen neben denen von Sevilla zum Besten, was man zu sehen bekommen kann. Eintrittskarten bei Galicia (siehe oben) oder bei der Arena selbst. Saison vom Frühjahr bis Herbst; die berühmtesten Kämpfe finden jedoch zum Fest San Isidro statt, gefolgt vom Festival de Otoño. An stierkampffreien Tagen bietet die Arena auch Führungen an: Di–So 10.30–13.30 Uhr, Dauer ca. 40 min., p.P. 7 €. Calle Alcalá 237, ✆ 913 562200, www.las-ventas.com

Fútbol: Wer Stierkampf zu blutig findet und die Madrileños dennoch einmal toben sehen möchte, der gehe zu einem der Heimspiele der lokalen Fußballklubs Real Madrid („Die Königlichen") oder Atletico Madrid. Tickets z. B. bei Galicia, siehe oben.

Sehenswertes

In Madrid gilt ganz besonders die Devise, sich nicht allein auf das Abhaken der Monumente zu beschränken. Wer keine Tapa-Tour durch Huertas gemacht hat, nicht auf dem Rastro und im Retiro-Park war, hat Spaniens Hauptstadt nicht kennen gelernt.

▶ **Museen** sind im Text vielfach beschrieben, existieren aber in solcher Anzahl, dass sie unmöglich alle aufgeführt werden können. Eine komplette Liste ist bei den

Der Nabel Spaniens: die Puerta del Sol

Informationsstellen erhältlich; speziell Interessierte seien auf den Führer „Museos de Madrid" hingewiesen, der in vielen Buchhandlungen zu erwerben ist. Für Studenten ist der Eintritt zu vielen Museen und Monumenten ermäßigt, ebenso für Rentner, die manchmal sogar völlig gratis in den Kunstgenuss kommen.

Museo Municipal: Madrids Stadtmuseum gibt eine gute Ouvertüre zu einer Besichtigungstour ab. Im Barockbau des Hospicio de San Fernando ist eine Menge Material über die Stadtgeschichte zusammengetragen, darunter auch viele Gemälde und Fotos, die alte Ansichten Madrids zeigen. Es liegt im Viertel Malasaña, Calle Fuencarral 78, gleich bei der Metro-Station Tribunal und wenig östlich der Plaza Dos de Mayo.

Öffnungszeiten Zuletzt wegen Renovierung geschlossen, Öffnungszeiten bis dato: Di–Fr 9.30–20 Uhr, Sa/So 10–14 Uhr. Eintritt gratis.

Puerta del Sol/Plaza Mayor

Stadtverkehr: Metro L1/L2/L3, Station: Sol.

Das alte Madrid: Westlich der Puerta del Sol stehen zahlreiche Gebäude, die noch aus den Zeiten der Habsburger stammen.

Puerta del Sol und Umgebung

Der Platz des „Sonnentors", das bereits im 16. Jh. abgerissen wurde, wird von den Madrileños kurzerhand „Sol" genannt. Er ist das Zentrum der Stadt und vom Morgen bis in die Nacht belebt. Wenn auch geographisch nicht hundertprozentig korrekt, gilt Sol als der Mittelpunkt Spaniens: Hier beginnen die sechs größten Fernstraßen, die in alle Landesteile führen – der Kilometerstein „0" an der Südseite des Platzes symbolisiert ihren Ausgangspunkt. An der Einmündung der Calle Carmen steht eine Skulptur des Stadtwappens: *Oso y Madroño*, ein Bär, der von einem Erdbeerbaum frisst.

Real Academia de Bellas Artes de San Fernando: An der Calle de Alcalá 13, ein kleines Stück östlich der Puerta del Sol. Die königliche Madrider Kunstakademie, 1774 gegründet, ist ein Ort mit großer Vergangenheit: Zu ihren Direktoren gehörte Francisco de Goya, zu ihren Schülern Pablo Picasso und Salvator Dalí. Neben wechselnden Ausstellungen präsentiert die Akademie eine Reihe von Zeichnungen und Gemälden des 16.–19. Jh., mit Schwerpunkt auf dem 18./19. Jh. Besonders gut vertreten ist Goya. Sein *El Entierro de la Sardina* („Das Begräbnis der Sardine") darf im Kontrast der unheimlichen Atmosphäre zur oberflächlichen Heiterkeit schon als ein Vorläufer der „Schwarzen Bilder" gelten. Aber auch an anderen großen Namen der spanischen Malerei wie Zurbarán, Murillo, El Greco oder Velázquez mangelt es nicht.
Öffnungszeiten Di–Sa 9–19 Uhr (Winter bis 17 Uhr), So und Mo 9–14.30 Uhr, Eintritt 3 €, mittwochs gratis.

Monasterio de las Descalzas Reales: An der gleichnamigen Plaza nördlich der Puerta del Sol in Richtung Gran Vía. Das „Kloster der königlichen Barfüßerinnen" wurde im 16. Jh. für Töchter aus Adelsfamilien gegründet, die nicht immer ganz freiwillig das Nonnendasein aufnahmen. Aus Spenden ihrer Verwandten stammen eine hochrangige Gemäldesammlung im früheren Schlafsaal, prächtige Gobelins und Skulpturen.
Öffnungszeiten Das Kloster ist Di, Mi, Do und Sa von 10.30 bis 12.45 und 16–17.45 Uhr zu besichtigen, Fr 10.30–12.45 Uhr und So 11–13.45 Uhr. Eintrittsgebühr 5 €.

Plaza Mayor und Umgebung

Als Hauptplatz Madrids ist die Plaza Mayor heute durch die Puerta del Sol abgelöst. Das mächtige, in sich geschlossene Geviert mit seinen Ausmaßen von 120 mal 90 Metern geht auf Pläne des Escorial-Architekten Juan Herrera zurück und wurde Anfang des 17. Jh. fertig gestellt. Auch das auffälligste Gebäude, die *Casa de la Panedería*, ein ehemaliges Backhaus an der Nordseite, stammt von Herrera. Nach den Bränden von 1631, 1672 und 1790 erhielt der Platz seine heutige Gestalt. In ihrer langen Geschichte sah die Plaza Mayor die Ausrufung von Königen, Turniere und Stierkämpfe, aber auch Schnelltribunale der Inquisition und öffentliche Hinrichtungen. Heute geht es friedlicher zu, sind die Plaza Mayor und ihre nostalgischen Läden fein herausgeputzt. Man trifft sich in den Cáfes unter den Arkaden und am *Reiterstandbild* von Philipp III., oder sieht den Porträtisten und Hobbymalern bei ihrer Arbeit zu. Zu Fiestazeiten finden auf der Plaza oft Gratiskonzerte statt.

Plaza de la Villa

An der Calle Mayor gelegen, ist die Plaza de la Villa der älteste Platz der Stadt. Das ehemalige, wuchtige *Rathaus* im Herrera-Stil entstand zwischen 1586 und 1696; es ist verbunden mit der plateresken *Casa de Cisnero*, dem Amtssitz des Bürgermeisters. Im Gebiet nördlich der Plaza de la Villa steht jenseits der Calle Mayor die kleine Kirche *San Nicolás* aus dem 11. Jh., die älteste der Stadt; ihr Backsteinturm ist noch im Mudéjar-Stil gehalten.

Die Plaza de Oriente: ein idealer Platz zum Flanieren

Palacio Real

Stadtverkehr: Metro L2/L5, Station Opera.

Das königliche Madrid: Der Herrscherpalast Palacio Real, an der Plaza Oriente im Westen des Zentrums gelegen, entstand ab 1735.

Errichtet wurde der Palast, nachdem der alte Alcázar abgebrannt war. Auch der Nachfolger, erstellt von zwei italienischen Architekten im Auftrag Philipps V., hat in seiner strengen Formgebung etwas Festungsartiges. Er ist von riesigen Ausmaßen, zählt rund 2000 Zimmer. Das Innere quillt vor Luxus und Schätzen geradezu über. Zu den Höhepunkten zählen die prunkvollen Räume Karls III., die riesige Sammlung prächtiger Gobelins und die zahlreichen Gemälde von Hieronymus Bosch bis Goya. Die königliche Bibliothek *Biblioteca Real*, eine der größten der Welt, ist im Erdgeschoss zu finden, ebenso die nostalgische Apotheke *Real Oficina de Farmacía*. Die königliche Waffenkammer *Armería Real* ist in einem Anbau untergebracht. Seit 1950 ist der Palast der Öffentlichkeit zugänglich, wenn auch nur in Teilbereichen – schließlich wird der Barockbau auch bei wichtigen Anlässen von der Regierung und der Königsfamilie genutzt, z. B. bei der Unterzeichung der Beitrittsverträge Spaniens zur Europäischen Union 1986.

• *Öffnungszeiten* Besichtigungen sind sowohl individuell als auch mit einem Führer möglich. Geöffnet Mo–Sa 9–18 Uhr, So 9–15 Uhr, im Winter Mo–Sa 9.30–17 Uhr und So 9–14 Uhr; bei Staatsakten ist geschlossen. Eintritt 8 €.

Umgebung des Palacio Real

Plaza de Oriente: Östlich des Palastes, daher auch der Name. An dem eleganten, halbrunden Platz um das Reiterstandbild Philipps steht das Opernhaus, außerdem eine ganze Reihe von Statuen spanischer Herrscher. Heute ist die Plaza de Oriente, nachdem sie vor ein paar Jahren für den Autoverkehr gesperrt wurde, ein populärer Treffpunkt der Madrileños.

Teatro de la Opera: Das Madrider Opernhaus, das im November 1850 erstmals seine Pforten öffnete, diente zunächst als Theater, noch vor Jahren als Konzerthaus und mittlerweile wieder als prachtvolle Oper.

Nuestra Señora de la Almudena: Der „Waffenkammerplatz" *Plaza de Armería* trennt den Königspalast vom weiter südlich gelegenen Komplex der Kathedrale Almudena. Die klassizistische Kathedrale wurde 1883 begonnen, nach verschiedenen Verzögerungen jedoch erst 1993 geweiht.

Plaza España

Stadtverkehr: Metro L3/L5, Station: Plaza de España

Vom königlichen ins moderne Madrid: Die Plaza España am nordwestlichen Ende der Gran Vía steht ganz im Zeichen der Wolkenkratzer, übrigens der ältesten und bis in die 80er auch höchsten des Landes.

Der 1953 erbaute *Edificio España* ist 117 Meter hoch, die 1957 errichtete *Torre de Madrid* sogar 142 Meter. Geradezu winzig im Vergleich wirkt das eigentlich recht große *Cervantes-Denkmal* samt den Romanfiguren Don Quijote und Sancho Panza, rührenderweise von Olivenbäumen umgeben und eines der beliebtesten Fotomotive der Stadt.

Umgebung der Plaza España

Museo de Cerralbo: Aus einer Privatsammlung hervorgegangen ist dieses Museum an der Calle Ventura Rodriguez 17. In der eleganten Atmosphäre eines ehemaligen Adelshauses präsentiert es Werke bekannter Meister wie Zurbarán, Goya, El Greco, Tizian und Tintoretto, aber auch Waffen, Möbel, archäologische Funde etc. Einer der kuriosesten Räume der pompösen Stadtvilla ist der arabische Salon im zweiten Stock, der Exponate zum Thema Opium-Rauchen beherbergt.

Öffnungszeiten Zuletzt wegen Renovierung geschlossen, davor war Di–Sa 9.30–15 Uhr, So 10–14 Uhr geöffnet. Eintritt 2,40 €; Mi/So gratis.

Parque del Oeste: Im Nordwesten der Plaza, Richtung Bahnhof Norte. Ein Park mit breiten Spazierwegen und reizvollen Ausblicke auf die Madrider Berge, besonders schön in der Abendsonne. Die Terrassencafés mit den kleinen Kiosken entlang des Paseo del Pintor Rosales sind an heißen Sommernächten bis auf den letzten Platz gefüllt. Hauptattraktion des Parks ist der *Templo de Debod*: Der ägyptische Tempel aus dem 4. Jh. v. Chr. hatte in den 60er-Jahren dem Assuan-Staudamm weichen müssen, wurde Steinquader für Steinquader hierher transportiert und wieder aufgebaut. Im ersten Stock informiert eine kleine Ausstellung über die die ägyptische Kultur; von der Terrasse genießt man zudem einen großartigen Blick zum Königspalast, der Casa del Campo und der Sierra de Guadarrama.

Öffnungszeiten des Templo de Debod Di–Fr 10–14, 16–18 Uhr (Winter 9.45–13.45, 16.15–18.15), Sa/So 10–14 Uhr; Eintritt frei.

Ermita de San Antonio de la Florida: Die Grabkapelle Goyas, deshalb auch Panteón de Goya genannt und von diesem selbst ausgestaltet, liegt jenseits des Parque del Oeste am Ende des Paseo de la Florida, nicht zu verwechseln mit ihrer Nachbarin, die als Kopie für kirchliche Messen gebaut wurde. In der Kuppel der Kapelle

schildert Goya eindringlich das „Wunder des Heiligen Antonius". Die Gesichter der Menge zeigen z. T. Goyas Bekanntenkreis und Personen des damaligen Königshofs; unglaublich ausdrucksstark vermitteln sie die Reaktion der Zuschauer. – In sechzehnjähriger Kleinarbeit wurden die fast schon expressionistischen Wandmalereien restauriert. Seit 2005 erstrahlen der Heilige Antonius, der den Mittelpunkt der Kuppel bildet, und eine bunte Schar von *majas señoritos* und Kindern wieder im frischen Glanz. Die Arbeiten, die auch gerne als „Sixtinische Kapelle" der spanischen Hauptstadt bezeichnet werden, gelten als Meisterwerk der Freskenmalerei.
Öffnungszeiten Di–Fr 9.30–20 Uhr, Sa/So 10–14 Uhr, Eintritt frei.

El Faro de Moncloa: Der silbern glänzende, 1992 errichtete „Leuchtturm" (Eintritt: 1,50 €), am südlichen Ende der Ciudad Universitaria und nördlich des Parque del Oeste gelegen, ist eine Art Wahrzeichen des Studentenviertels Moncloa. Von seinen 92 Metern Höhe kann man vorzüglich die Millionenmetropole überblicken.
Casa de América: Unweit des Faro widmet sich dieses vor wenigen Jahren renovierte ethnografische Museum den Kulturen und der Kunst Mittel- und Südamerikas, insbesondere Mexikos und Perus.
Lage, Öffnungszeiten Av. Reyes Católicos 6, Di–Sa 9.30–15 Uhr, So 10–15 Uhr. Eintritt 3 €.

Casa del Campo

Das grüne Madrid der Freizeit: Jenseits des Río Manzanares erstreckt sich der ausgedehnte Park, ehemals ein königliches Jagdrevier.

In dem ziemlich wild wuchernden Parkgelände liegen eine ganze Reihe von Sportanlagen, ein Schwimmbad, der Zoo von Madrid und der Vergnügungspark „Parque de Attracciones", in dem im Sommer oft Open-Air-Konzerte stattfinden; am künstlichen See *Lago* kann man Ruderboote mieten. Nachts sollte man allerdings auf einen Spaziergang durch die Casa de Campo verzichten, denn dann ist der Park in der Hand von Straßenprostitution und Drogenszene.

• *Stadtverkehr* Die Schwebebahn **Teleférico** startet am Paseo Pintor Rosales und endet mitten im Park; Abfahrten von 12 bis 18.30/21.30 Uhr (je nach Jahreszeit und Wochentag), im Winter nur Sa/So 13–19.30 Uhr. Werktags zwischen 13.45 und 15 Uhr „Siesta". Fahrpreis einfach 3,50 €, Rückfahrkarte 5,10 €. Die Fahrtzeit beträgt rund zehn Minuten. Die **Metro** L10 ist preisgünstiger; Station Lago für See und Schwimmbad, Station Batán für Vergnügungspark und Zoo.

Paseo Castellana/Paseo del Prado

Das weltstädtische Madrid im Osten des Zentrums: An den breiten, bis zu sechsspurigen Fahrstraßen steht eine ganze Reihe von Prunkbauten.

Wie eine Arterie führt die Castellana von Norden her ins Herz der spanischen Hauptstadt. Die bis zu 120 Meter breite und rund sechs Kilometer lange Verkehrsader, in ihrer Verlängerung Paseo de Recoletos und Paseo del Prado genannt, ist das Zentrum des neuen Madrid: Hier pulsiert das Business. Im Norden beginnt auch die Beschreibung, die den Paseos südwärts folgt.

Paseo de la Castellana

Puerta de Europa: Weit im Norden der Castellana (Metro: Plaza Castilla) stehen die beiden um fast 15 Grad geneigten, 113 Meter hohen Wolkenkratzer des „Tors von Europa", die wohl die Rückkehr Madrids in das wirtschaftliche und politische Leben des Kontinents symbolisieren sollen. Bei den Madrileños ist die schwarze, einfallslose Stahlkonstruktion, die 1996 fertig gestellt wurde, nicht gerade beliebt.

Estadio Bernabéu: Ebenfalls noch weit im Norden der Castellana, dabei jedoch inmitten des Trubels der Stadt (Metro: Santiago Bernabéu), liegt das Stadion der „Königlichen" von Real Madrid, benannt nach dem langjährigen (1943–1978) Präsidenten des Vereins, Santiago Bernabéu. Als einer der größten und berühmtesten Vereine der Welt (so ist Real noch nie aus der ersten spanischen Liga abgestiegen, gewann über 30 Mal die spanische Meisterschaft und neun Mal den Pokal der Landesmeister bzw. die Champions League) gönnt man sich natürlich ein entsprechendes Sportgelände. Schon bei seiner Eröffnung 1947 besaß das Stadion 75.000 Plätze, zwischenzeitlich waren es gar 125.000. Nach diversen Umbauten und Anpassungen an Bestimmungen der UEFA sind es heute immerhin noch über 80.000. Die Spielstätte, auf ihrer Homepage als „bestes Stadion der Welt" gefeiert, kann inklusive der Trophäensammlung auf Führungen besichtigt werden.

Besichtigungen Mo–Sa 10–19 Uhr, So 10.30–18.30 Uhr; an Spieltagen nur bis fünf Stunden vor Anpfiff und mit verkürztem Programm. Eintrittsgebühr 15 €, Tickets an Schalter 10 nahe Tor 7, Eingang an Tor 20 (Avda. de Concha Espina). www. santiagobernabeu.com.

Torre Picasso: Wenn es ein architektonisches Symbol des neuen Spanien gibt, dann ist es die Torre Picasso an der Plaza Pablo Ruíz Picasso (Metro: Lima). Der elegante Wolkenkratzer wurde von Minoru Yamasaki entworfen und ist mit 155 Metern das höchste Gebäude Madrids. Yamasaki, der die Fertigstellung des weißen Turmes im Jahr 1988 nicht mehr erlebte, wäre sicher begeistert gewesen: Der 43-stöckige Komplex prägt nicht nur die Skyline Madrids, sondern ist auch ein ästhetischer Genuss. Insgesamt arbeiten rund 6000 Menschen in dem Hochhaus, das auch einen Helikopterlandeplatz besitzt.

Museo Nacional de Ciencias Naturales: In der Calle José Gutiérrez Abascal 2, östlich nahe der Castellana (Metro: Nuevos Ministerios oder República Argentina), auf Höhe der Calle Ríos Rosas. Der monumentale, auf einer Anhöhe gelegene Bau wurde im 19. Jh. in typisch kastilischer Backsteinarchitektur errichtet und 1990 attraktiv umgestaltet. Das Museum gliedert sich in die Abteilungen „Geschichte der Erde und des Lebens", „Rhythmus der Natur" (audiovisuelle Präsentation über Prozesse in der Natur) und das „Königliche Kabinett" El Real Cabinete, das im 18. Jh. von Carlos III. gegründet wurde.

Öffnungszeiten Di–Fr 10–18 Uhr, Sa 10–20 Uhr, So 10–14.30 Uhr, Eintrittsgebühr 5 €.

Museo Lázaro Galdiano: Die ehemalige Privatsammlung birgt unter anderem Werke von Leonardo Da Vinci, Hieronymus Bosch, Rembrandt und mehreren spanischen Malern, daneben auch schönes Kunstgewerbe von der griechischen Periode bis zur Neuzeit. Der eigentliche Besuchermagnet des Museums sind die Bilder Goyas. In der Villa sind mehr als ein Dutzend Werke des großen Meisters versammelt – die größte Goya-Sammlung außerhalb des Prado, auch wenn die Herkunft der Bilder nicht ganz unumstritten ist. Das Museum liegt an der Calle Serrano 122, unweit südöstlich des Naturwissenschaftlichen Museums.

Öffnungszeiten Mo–So 10–16.30 Uhr, Di geschlossen; Eintrittsgebühr 4 €. So gratis.

Museo Sorolla: Dem in Valencia geborenen Impressionisten Joaquín de Sorolla y Bastida (1863–1923), der in Spanien einst die Freiluftmalerei einführte, ist in seiner Heimatstadt unverständlicherweise kein eigenes Museum gewidmet. Am Paseo del General Martínez Campos 37, der an der Plaza Emilio Castellar westwärts vom Pa-

seo Castellana abzweigt (Metro: Ruben Dario), hat man die Gelegenheit, in Sorollas einstiger, teilweise mit Originalmöbeln eingerichteter Villa die schönsten der heiteren, luftigen Werke des „Malers des Lichts" zu betrachten.
Öffnungszeiten Di–Sa 9.30–20 Uhr, So 10–15 Uhr, Mo geschlossen; Eintrittsgebühr 3 €.

Plaza del Colón

Der „Kolumbusplatz" (Metro: Colón) mit der entsprechenden Statue markiert den Übergang des Paseo Castellana in den Paseo Recoletos.

Museo Arqueológico Nacional: Das Archäologische Nationalmuseum an der Calle Serrano 13, südöstlich der Plaza de Colón, ist eine der bedeutendsten Ausstellungen der Stadt. Das Museum wurde zuletzt gerade komplett umstrukturiert, weshalb der folgende Überblick kurz gehalten ist – sicher jedoch, dass sich ein Besuch auf alle Fälle lohnt. Im *Garten* ist von deutschen Technikern eine unterirdische künstliche Höhle nachgebaut worden, in der Reproduktionen der Wandgemälde von Altamira zu sehen sind. Das *Untergeschoss* präsentierte zumindest bislang Exponate aus prähistorischer Zeit und aus den Hochkulturen Ägyptens und Griechenlands. Das *Erdgeschoss* befasste sich mit dem iberischen und römischen Spanien und der Zeit des islamischen Andalusien bis zur Gotik. Höhepunkte sind hier die iberischen Originalbüsten der „Dama de Elche", „Dama de Baza" und „Dama del Cerro de los Santos", die Sammlung römischer Mosaiken und die westgotischen Votivkronen. Das *Obergeschoss* war Exponaten des 16.–19. Jh. gewidmet.
Öffnungszeiten Zuletzt nur für die Sonderausstellung „Tesoros del Museo" geöffnet, Di–Sa 9.30–20 Uhr, So 9.30–15 Uhr; Eintritt frei.

Plaza de Cibeles: Das Zentrum des von einer Reihe monumentaler Bauten des 18. bis frühen 20. Jh. umgebenen Platzes bildet der aus dem 18. Jh. stammende *Cibeles-Brunnen*, eines der Wahrzeichen Madrids. Der Brunnen zeigt die Göttin Kybele, die Beschützerin der Städte, und ist nach siegreichen Spielen ein beliebter Treffpunkt der Fans von Real Madrid. Bei der Weltmeisterschaft 1994 trieben es einige allerdings zu weit, als sie im Anschluss an das 3:0 der Spanier gegen die Schweiz die Statue bestiegen, der Göttin einen Arm abbrachen und mit der Trophäe die Flucht ergriffen ... Übrigens hat auch Atlético Madrid einen Treffpunkt: Seine Fans feiern am Brunnen Fuente de Neptuno, nicht weit von der Plaza Cibeles.

Puerta de Alcalá: Das berühmteste Stadttor der spanischen Hauptstadt ist ein durchaus bescheidenes klassizistisches Bauwerk, 1764–1778 mit fünf Bögen aus silbergrauem Granit errichtet und tagsüber vom Verkehr umzingelt, nachts eindrucksvoll illuminiert. Hier endete zu Zeiten Carlos III. die spanische Metropole.

Paseo del Prado

Der älteste und schönste der drei Paseos (Metro: Banco de España bzw. Atocha). Unter den schattigen Bäumen lässt es sich trefflich promenieren, Terrassencafés laden zur Pause. Am Paseo selbst und in unmittelbarer Nähe liegen eine ganze Reihe sehenswerter Museen, darunter die Hauptattraktion Madrids, der Prado, und die spektakuläre Thyssen-Sammlung. Beide bilden zusammen mit dem Centro de Arte Reina Sofía den sogenannten *Paseo del Arte*, das inzwischen fast schon legendäre Kunst-Dreieck Madrids.
Palacio de Comunicaciones: Das ehemalige Hauptpostamt, erbaut ab 1905, beherbergt seit 2007 das Rathaus von Madrid. Zu diesem Zweck wurde das monumentale Gebäude umgestaltet und erhielt dabei auch ein großes Glasdach über dem Innenhof.

Museo Nacional de Artes Decorativas: Nur ein paar Schritte weiter in der Calle Montalbán 12. Hier sind insbesondere Kunsthandwerk, Keramik und Möbel zu sehen.
Öffnungszeiten Di–Sa 9.30–15 Uhr, So 10–15 Uhr; Eintritt 3 €, So gratis.

Museo Naval: Zurück am Paseo de Prado, Nummer 5. Das Marinemuseum gibt einen Einblick in die große Geschichte Spaniens als Seemacht. Es zeigt Modelle, Schiffskarten, Navigationsinstrumente etc. vom 16. bis ins 19. Jh.
Öffnungszeiten Di–So 10–14 Uhr; Eintritt frei.

Museo Thyssen-Bornemisza

Eines der Highlights des *Paseo del Arte*, des „Spazierwegs der Kunst", ist die Sammlung der Industriellenfamilie Thyssen-Bornemisza.

1993 kaufte Spanien für den stolzen Preis von 350 Millionen Dollar die rund 800 Werke der legendären Privatsammlung des im April 2002 verstorbenen Barons Heinrich von Thyssen-Bornemisza. Die spektakuläre Sammlung, untergebracht im neoklassizistischen Palacio Villahermosa am Paseo del Prado 8, erstreckt sich über drei Etagen und, seit der Errichtung eines modernen Erweiterungsbaus im Jahr 2004, über eine Gesamtfläche von 84.000 Quadratmeter. In den neuen 16 Sälen werden nun die rund 220 Bilder aus der Sammlung der Thyssen-Witwe Carmen gezeigt. Zu den wertvollsten Bildern der Sammlung der einstigen spanischen Schönheitskönigin zählen Arbeiten von Alfred Sisley, Salomon van Ruysdael, Paul Gauguin und Edgar Degas. Im ersten Stock des Erweiterungsbaus sind Meisterwerke vom Postimpressionismus über den deutschen Expressionismus bis hin zu früher abstrakter Kunst zu sehen.

Für Spanien scheint sich die millionenschwere Investition gelohnt zu haben: Das Thyssen-Museum erweist sich als ein wahrer Besuchermagnet; nicht nur die Sammlung, sondern auch außergewöhnliche Wechselausstellungen locken das internationale Publikum.

Vielleicht sollte man die Besichtigung, chronologisch korrekt, im *Zweiten Stock* des Altbaus beginnen: Hier sind Werke ausgestellt, die in den 20er- und 30er-Jahren vom Vater des Barons zusammengetragen wurden, einem Freund alter Meister. Die zeitliche Skala reicht vom 14. bis ins 18. Jh. Vorbei an Arbeiten von Jan van Eyk gelangt man zu Renaissancekünstlern wie Ghirlandaio („Porträt der Giovanna Tornabuoni" von 1488) und Raffael, findet eine herausragende Sammlung an Werken von Dürer, Cranach, Tizian und Tintoretto, daneben auch einige Gemälde von El Greco. Ein Highlight des Frühbarocks ist Caravaggios „Heilige Katharina von Alexandrien", entstanden um 1597.

Der *Erste Stock* glänzt mit niederländischen Künstlern des 17. Jh. und Amerikanern des 19. Jh. Danach werden Arbeiten von Goya und ein Spätwerk des deutschen Romantikers Caspar David Friedrich („Ostermorgen", 1833) präsentiert. Als wahre Publikumsmagneten erweisen sich die impressionistischen und spätimpressionistischen Gemälde von Manet, Renoir, Dégas, Van Gogh, Gauguin und Cézanne. Hervorragend die Sammlung der Expressionisten: Egon Schiele, Edvard Munch, Schmidt-Rotluff, Heckel, Pechstein, Kirchner, Nolde, Marc, Kandinsky, Beckmann, Groß, Dix, Schad – kaum ein großer Name fehlt.

Im *Erdgeschoss* ist Kunst des 20. Jh. ausgestellt, angefangen von der Jahrhundertwende bis in die 60er-Jahre. Die Liste der Berühmtheiten reicht hier von Chagall über Dalí, Klee und Miró bis hin zu Hopper. Besonders gut vertreten sind die Ku-

Eleganter Erweiterungsbau des Thyssen-Museums

bisten um Picasso, Braque und Mondrian, aber auch andere berühmte Namen der experimentellen Avantgarde wie der Bauhaus-Künstler László Moholy-Nagy oder Kurt Schwitters.

• *Öffnungszeiten* Di–So 10–19 Uhr; Eintritt 6 €; zusammen mit der jeweiligen Wechselausstellung kostet das Ticket 9 €. Es gibt Audio-Guiás, die per Kopfhörer auch auf Deutsch über die Sammlung informieren. Für den „Abono Paseo del Arte", ein Kombiticket, das auch den Prado und das Centro de Arte Reina Sofía einschließt, zahlt man 14,40 € (Gültigkeit ein Jahr).

www.museothyssen.org.

Essen im Thyssen: Seit 2004 lässt es sich im Thyssen zu annehmbaren Preisen speisen. Das im schicken Neubau beheimatete postmoderne Restaurant serviert einfache Gerichte und Menüs. In dem muschelförmigen Lokal kann es allerdings zur Mittagszeit ziemlich laut werden.

Der Prado

Spaniens berühmteste und mit Abstand bestbestückte Gemäldegalerie braucht weltweit nicht viele Konkurrenten zu fürchten. Den Prado muss man einfach gesehen haben, sollte aber selbst für einen kleinen Rundgang auf alle Fälle einen halben Tag einkalkulieren.

Schon die Habsburger trugen sich mit dem Gedanken an eine Pinakothek, sammelten ebenso wie ihre bourbonischen Nachfolger auch eifrig Gemälde, doch erst 1819 wurde der Prado als „Königliches Museum der Gemälde und Skulpturen" eröffnet. Das von Architekt Juan de Villanueva errichtete Gebäude gilt als bestes Beispiel des spanischen Neoklassizismus. Interessanter ist aber natürlich das Innenleben. Über 10.000 Kunstwerke umfasst die Sammlung, längst nicht alle können gleichzeitig ausgestellt werden. Doch schon allein diese Zahl macht deutlich, dass der Versuch, mehr als einen groben Überblick zu geben, schnell zum Scheitern verurteilt wäre.

Seit 2007 hat sich das Erscheinungsbild der Galerie geändert wie nie zuvor in der rund 200-jährigen Geschichte des Musentempels: Unter Leitung des berühmten Architekten Rafael Moneo wurde der Prado auf die benachbarte Klosterruine Los Jerónimos ausgedehnt; außerdem erhielt das Haus erstmals ein großzügiges Restaurant und ein modernes Auditorium. Zwei Jahre später als vorgesehen wurde der „Prado des 21. Jahrhunderts" mit seiner um mehr als die Hälfte erweiterten Fläche am 30. Oktober 2007 durch König Juan Carlos persönlich eröffnet.

• *Öffnungszeiten* Di–So 9–20 Uhr, Eintritt 6 €; ermäßigt 3 €; Studenten (Ausweis!) unter 25 J., unter 18- und über 65-Jährige gratis. Zugang zur permanenten Ausstellung Di–Sa ab 18 Uhr, So ab 17 Uhr frei. Es gibt auch den „Abono Paseo del Arte", ein Kombiticket mit Thyssen-Sammlung und Centro de Arte Reina Sofía; Preis 14,40 €, Gültigkeit ein Jahr. Im Museum sowie an den Verkaufskiosken an den Eingängen kann man detaillierte Führer erstehen, die allerdings nicht immer auf dem neuesten Stand sind.

Empfehlenswert daher die kostenlosen Faltblätter (an der Kasse), die zumindest den aktuellen Aufbau des Museums und den Sammlungsschwerpunkt der jeweiligen Säle aufzeigen. Am besten ist man mit den Audio-Guiás bedient: Per Kopfhörer kann sich der Besucher über die wichtigsten Bilder auch auf Deutsch informieren. Der Prado ist behindertengerecht ausgestattet, alle Stockwerke sind auch per Aufzug zu erreichen. ✆ 913 302800, ✆ 913 302 856, www.museodelprado.es.

Mit Muße durch den Musentempel

Der Prado ist ein Museum der Superlative. Sowohl der Umfang der Sammlung als auch die Zahl der täglichen Besucher übertreffen jedes andere Museum der spanischen Hauptstadt. Nach dem Motto „Weniger ist mehr" empfiehlt es sich deshalb, Schwerpunkte zu setzen, beispielsweise nur die spanische Malerei oder ausschließlich die italienischen Meister ins Visier zu nehmen. Kalkulieren Sie durchaus einen halben Tag für eine Teilbesichtigung ein. Ratsam ist ein Besuch zur Siesta ab 14 Uhr. Das hat zwei Vorteile: Erstens entgeht man in den klimatisierten Sälen der Nachmittagshitze, zweitens sind die Spanier und die meisten Touristen beim Mittagessen. Wer nur wenig Zeit mitbringt, sollte sich auf den ersten Stock konzentrieren: Hier hängen die wohl berühmtesten Gemälde des Hauses, die kostbaren Werke von Velázquez und Goya.

Erstes Obergeschoss: Die meisten Besucher des Prado konzentrieren sich bei einem Kurzbesuch auf das Obergeschoss mit den grandiosen Werken von Velázquez (Säle 12–16) und Goya (Säle 32–39). Doch gibt es noch einiges mehr zu sehen… In den Sälen 7 bis 11 präsentiert sich das Erbe der spanischen Besitzungen in den Niederlanden, die flämische und holländische Malerei des 17. Jahrhundert mit Meisterwerken von Rembrandt, Peter Paul Rubens, Jan Brueghel und Anton von Dyck. Faszinierend sind die zwölf Gemälde der Apostel sowie das 1628 entstandene Porträt des spanischen Königs Felipe II. In den Sälen 9a und 10a sind Gemälde von El Greco ausgestellt; als Ausdruck des spezifisch Spanischen gilt das „Bildnis eines Edelmannes mit der Hand auf der Brust" in 10a. Weitere Räume präsentieren Werke großer spanischer Meister wie des asketischen Francisco de Zurbarán, des Barockmalers Claudio Coello, von Alonso Cano und Antonia de Pereda, José de Ribera (Saal 25, 26) und des Malers großer Frömmigkeit, Bartolomé Esteban Murillo (Saal 28, 29).

Velazquez: Ausgestellt ist gut die Hälfte seines Gesamtwerks. Eines der berühmten Beispiele des spanischen Barocks bildet das großformatige Gemälde „Die Lanzen oder die Übergabe von Breda" (Saal 16). Velázquez, Hofmaler Felipes IV., fertigte dieses Bild für den Saal der Könige im Palast Buen Retiro. Das Meisterwerk stellt die Übergabe der holländischen Stadt Breda an die Spanier dar; es zeigt zwei Gruppen, die Sieger und Besiegten.

Rätselhaft: Las Meninas, Meisterwerk des Goldenen Zeitalters

Das 3,18 mal 2,76 Meter große, 1656 entstandene Gemälde in Saal 12 ist stets von Menschentrauben umlagert. Las Meninas zählt zweifellos zu den berühmtesten Bilderélazquez' und des Prados, ist gleichzeitig wohl das rätselhafteste. Im Mittelpunkt steht Margarita, Tochter Felipes IV., mit ihren Meninas, wie im 17. Jh. die jungen Hofdamen von Königskindern bezeichnet wurden. Im Hintergrund links hat sich Velázquez vor einer Staffelei selbst verewigt. Doch auf was blickt der Maler, der dem Betrachter direkt ins Gesicht zu sehen scheint? Auf das mächtige Königspaar Felipe IV. und Maria Anna von Österreich, das in einem Rahmen an der Rückwand auf geradezu miniaturhafte Weise gespiegelt wird? Malte sich Velázquez also selbst beim Malen? Und degradierte der Künstler damit nicht die Herrscher zu Statisten und stellte sich so über die Krone? Oder sollte wirklich nur die kleine Königstochter porträtiert, die Eltern nur am Rande gezeigt werden? Was sieht der Hofmarschall an der Tür im Hintergrund tatsächlich? Rätsel über Rätsel, bis heute ungeklärt und von Théophile Gautier in einer raffinierten Frage zusammengefasst: „Wo ist das Gemälde?"

Ein weiteres prominentes Bild sind „Die Spinnerinnen" (auch Fabel der Arachne genannt). Es erzählt die Geschichte der Arachne, die von Athena in eine Spinne verwandelt wurde, nachdem sie die Göttin in einem Wettkampf der Webkunst provoziert hatte. Kunsthistoriker zählen die „Spinnerinnen" zu einem Vorläufer des Impressionismus des späten 19. Jh.

Francisco de Goya: Keinem anderen Künstler ist im Prado so viel Platz gewidmet wie Francisco de Goya (1746–1828). Zu Recht. Goya „glaubte an das, was er gesehen, gefühlt, berührt, gehandhabt, gerochen, genossen, (...) beobachtet, geliebt, gehasst, begehrt, gefürchtet, missbilligt, bewundert, verabscheut und zerstört hatte. Natürlich hat kein Maler je all das malen können, aber er hat es versucht" (Hemingway). In den südlichen Räumen des ersten Obergeschosses sind seine besten Arbeiten zu bewundern. Goya, der in der europäischen Kunstgeschichte als Wegbereiter der Moderne gilt, wurde 1800 zum Hofmaler ernannt. Das hinderte ihn freilich nicht daran, ein schonungsloses Gruppenporträt der Familie des Königs Carlos IV. zu malen. Es war sein letztes Gemälde eines spanischen Monarchen und zeigt unverhohlen, wie wenig Sympathie er für die dekadente spanische Monarchie empfand. Ein zentrales Werk ist auch das symbolische Gemälde „3. Mai 1808 in Madrid: Die Erschießungen in Moncloa" – nicht nur ein Sinnbild für den spanischen Freiheitswillen, sondern ganz allgemein ein Appell gegen Krieg und Unterdrückung. Kunsthistoriker betrachten dieses Werk bereits als Vorläufer des Expressionismus. Eine reizende Idee sind die beiden nebeneinander gehängten Gemälde „Bekleidete Maja" und „Nackte Maja". „Majas" wurden Madrider Frauen sozial nie-

Damals höchst gewagt: Goyas „Nackte Maya" im Prado

derer Herkunft genannt, die sich durch eine gewisse Freizügigkeit und Ungezwungenheit auszeichneten. Doch wie immens die Spannweite Goyas war, zeigen erst die „Pinturas negras" (Schwarze Gemälde), die sein Spätwerk ausmachen. Vom alten Goya an die Wände seines Landhauses Quinta del Sordo gemalt, ließ sie der spätere Besitzer des Anwesens aufgrund ihres schlechten Zustands auf Leinwand übertragen und schenkte sie dem spanischen Staat. Albtraumhaft, Illustrationen für Poe oder Lovecraft, sind die *pinturas negras* ihrer Zeit um Welten voraus, und, bei allen Schrecken, nicht einmal ohne Optimismus.

Zweites Obergeschoss (Gemälde von 1700 bis 1850): Auch die Räume 90 bis 94 zeigen Arbeiten von Goya. Hier hängen die großen, lebensfrohen Vorlagen für die Wandteppiche der königlichen Familie, beispielsweise für das Ankleidezimmer des Prinzen von Asturien und das Arbeitszimmer von König Carlos IV.

Erdgeschoss: Einige Räume des Erdgeschosses gehören den Gemälden früher flämischer Meister des 14.–16. Jh. Darunter befindet sich das skurril-schreckliche Triptychon „Garten der Lüste" (Saal 56a) von Hieronymus Bosch: Das bekannteste und zugleich geheimnisvollste Bild des außergewöhnlichen Künstlers stellt auf der linken Seite die Schaffung des Menschen dar, in der Mitte die Freuden und Sünden der Welt und auf der rechten Seite die Höllenstrafen für Sünder. Im selben Saal thematisiert der nicht minder makabre „Triumph des Todes" von Pieter Brueghel dem Älteren im Renaissance-Stil den Sieg des Todes über alles Weltliche. Berühmtestes Exponat in Saal 55b ist das „Selbstbildnis" des Nürnberger Künstlers Albrecht Dürer. Die beiden großen Säle des Erdgeschosses (49 und 75) sowie eine Reihe weiterer kleinerer Säle sind der italienischen Malerei gewidmet. Darunter befinden sich berühmte Werke von Sandro Botticelli, Raffael und Tizian.

Untergeschoss: In den Sälen 100 bis 102 befindet sich der sogenannte Tesoro del Delfín, eine Sammlung von Gläsern, Karaffen, Kelchen, Tassen, Tabletts etc., die dem Grand Dauphin Louis, Vater von Felipe V., dem ersten bourbonischen König Spaniens, gehörten. Das repräsentativste Stück aus der Sammlung ist der Salzstreuer aus Onyx mit einer Seejungfrau aus Gold.

Edificio de Los Jerónimos: In der ehemaligen Klosterruine sind wechselnde Ausstellungen aus dem reichen Fundus gelagerter Kunstwerke (der sog. „verborgene Prado") zu sehen. Dabei hatte das 50 Millionen Euro teure Vorhaben im Vorfeld noch für jede Menge Ärger gesorgt. Vor allem die Nachbarn im großbürgerlichen Viertel Retiro befürchteten einen wuchtigen Erweiterungsbau auf dem Klostergelände, der den Charakter des Belle-Époque-Stadtteils zerstören hätte können, doch scheiterten sie mit ihrer Denkmalschutz-Klage vor Gericht. Das bauliche Ergebnis gibt dem Richter Recht, zeigen sich die Experten doch einhellig zufrieden mit der Architektur Rafael Moneos.

Umgebung des Prado

Real Jardín Botánico: Der Botanische Garten ganz unten am Paseo del Prado wurde im 18. Jh. gegründet und zeigt Zier- und Nutzpflanzen Spaniens, Amerikas und der Philippinen. Die sorgsam gepflegte Oase ist täglich 10–21 Uhr geöffnet, im Winter bis 18 Uhr; Eintritt 2 €.

Centro de Arte Reina Sofía

Ein weiterer Höhepunkt unter Madrids Gemäldegalerien, gleichzeitig südlicher Eckpunkt des „Paseo del Arte".

Die Ausstellung für Zeitgenössische Kunst an der Calle Santa Isabel 20 (Metro: Atocha) ist ein Geschenk, das sich das demokratische Spanien selbst gemacht hat. Endlich sollte die unter Franco über Jahrzehnte verschmähte Avantgarde Zuhause und Bühne zugleich erhalten: Das „Museo Nacional Reina Sofía", 1992 eröffnet und nach der spanischen Königin benannt, ist ist ein Kunstzentrum im besten Sinne des Wortes und 2005 noch einmal mit Millionenaufwand nach Plänen des Stararchitekten Jean Nouvel erweitert worden. Von den fünf Stockwerken sind nur der zweite und der vierte Stock für die permanente Sammlung reserviert, auf die übrigen Etagen verteilen sich Werkstätten, Kunstläden, Bibliotheken, Lokale etc., im dritten Stock finden auch Sonderausstellungen statt. Der Innenhof beherbergt eine Plastik von Alexander Calder in den Nationalfarben Spaniens. Erreichbar ist die Sammlung am leichtesten und am schönsten über den transparenten Aufzug, der an der Nordseite des Reina Sofía errichtet wurde.

Die ständige Ausstellung – 2. Stock: Insgesamt 17 Säle rund um den Skulpturen-Innenhof widmen sich der historischen Avantgarde-Bewegung. Ausgestellt sind Arbeiten beispielsweise von Ignacio Zuloaga, des Kubisten Juan Gris, des Bildhauers Pablo Gargallo und der großen und bekannten Katalanen Joan Miró und Salvador Dalí. Auch das Schaffen des surrealistischen Filmregisseurs Luis Buñuel wird gewürdigt. Im gleichen Saal werden auch die verschiedenen Schaffensperioden Picassos vorgestellt. Ein Beispiel der blauen Periode (1901–1904) ist das Ölbild „Mujer en azul" von 1901, eines der kubistischen Zeit (1908–1916) „Naturaleza muerta" von 1912.

> ### „Guernica": Fanal gegen den Krieg
> „Guernica" zählt zu den berühmtesten Werken der Malerei des 20. Jahrhunderts. Das riesige Gemälde von Pablo Picasso (1881–1973) entstand unter dem Eindruck der vielen Todesopfer, die die Bombardierung des friedlichen Baskenstädtchens Guernica durch die deutsche Fliegerstaffel „Legion Condor" am 26. April 1937 gefordert hatte. Picasso schuf es nur wenig später, zwischen dem 1. Mai und dem 4. Juni 1937 – seit Goya hat kein anderer Künstler Spaniens Unmenschlichkeit und Wahnsinn des Krieges so bedrückend-intensiv auf die Leinwand gebracht. Das 3,5 Meter hohe und fast acht Meter lange Gemälde hatte eine lange Reise hinter sich, bevor es in Picassos Heimatland gezeigt werden konnte. Bis 1981 nämlich hing „Guernica" im New Yorker Museum of Modern Art: Picasso, engagierter Gegner des Faschismus und insbesondere der Frankisten, hatte gefordert, das Bild erst einem demokratischen Spanien zurückzugeben. Im Juli 1992 erfolgte der nicht unumstrittene Umzug vom Casón del Buen Retiro (beim Prado) in die zweite Etage des Centro Reina Sofía. Auch hier wird das weltberühmte Werk gegen Krieg und Barbarei aus Angst vor rechtsextremen Anschlägen durch Panzerglas geschützt.

Die ständige Ausstellung – 4. Stock: Die vierte Etage gehört der spanischen Nachkriegskunst. Ausgestellt sind Arbeiten von Antonio Saura, Eduardo Chillida, Antoni Tàpies und ausländischer, aber in Bezug zu Spanien stehender Künstler. Manche Besucher verzichten auf eine Besichtigung dieses Stockwerkes, da die international prominenten Namen mit wenigen Ausnahmen fehlen. Doch gerade die Möglichkeit der Neuentdeckung macht den Reiz dieser Sammlung aus.

• *Öffnungszeiten* Mo–Sa 10–21 Uhr, So 10–14.30 Uhr; Di. geschlossen. Eintritt 6 €, Stud. 1,50 €, Arbeitslose, Jugendliche unter 18 Jahren und Rentner über 65 Jahren gratis, Sa ab 14.30 Uhr und So ebenfalls gratis. Der „Abono Paseo del Arte", ein Kombiticket mit Prado und Thyssen-Sammlung, kostet 14,40 €, Gültigkeit ein Jahr. Ausstellungshinweise: www.museoreinasofia.es.

Jenseits des Bahnhofs Atocha

Museo Nacional Ferroviario: Für Eisenbahnfans Pflicht – in einem ehemaligen Bahnhof am Paseo de las Delicias 61 präsentiert dieses Museum alles rund um die Schiene. Und auch die 1880 errichtete *Estación de las Delicias* selbst ist eine Sehenswürdigkeit, gilt als eines der bedeutendsten Beispiele für die Stahlarchitektur des 19. Jahrhunderts.
Öffnungszeiten Di–So 10–15 Uhr; im August geschlossen. Eintritt 4,50 €.

Parque Retiro

Näher an den Hauptattraktionen Madrids und leichter zu erreichen als sein westliches, viel größeres Pendant Casa del Campo, drängt sich der Stadtpark Retiro, eine Freiluftbühne für Jogger, Inline-Skater, Schauspieler, Zauberer, Poeten und Straßenmusiker, für Pausen abseits der Straßenschluchten geradezu auf. Im 17. Jh. als königlicher Park angelegt, erfreut der Retiro besonders mit dem künstlichen See *Estanque*, auf dem man täglich bis zum Sonnenuntergang mit gemieteten Ruderbooten herumschippern kann. In abgelegenen Ecken des Parks kam es in der Vergangenheit abends allerdings gelegentlich zu Überfällen, obwohl die Polizei hoch zu Ross Streife reitet.

Das spanische Versailles: Aranjuez

Umgebung von Madrid

Im Umkreis der Metropole bietet sich eine ganze Reihe von Ausflügen kultureller wie landschaftlicher Natur an. Zu den leicht zu erreichenden Standardzielen zählen neben Aranjuez und El Escorial auch Toledo in Kastilien-La Mancha sowie Segovia und Ávila in Kastilien-León.

Aranjuez

Das Städtchen, knapp 50 Straßenkilometer südlich von Madrid gelegen, verdankt seine Parkanlagen, Obsthaine und Gemüsefelder dem Río Tajo.

Unter den Habsburgern und Bourbonen war Aranjuez die Sommerresidenz der Könige, das „spanische Versailles" (Alexandre Dumas). Seine Schlösser und deren Gärten, seit 2002 zum Weltkulturerbe erklärt, sind die Hauptanziehungspunkte des 50.000 Einwohner zählenden Städtchens, das im 18. Jh. planmäßig um die Palastbauten angelegt wurde. Im Frühjahr pilgern die Madrileños wegen der hiesigen Erdbeeren und des berühmten Spargels nach Aranjuez. Den Besuch sollte man möglichst nicht auf einen Montag legen: Dann hat der Königspalast und mit ihm das halbe Städtchen geschlossen.

- *Information* **Oficina de Turismo**, Plaza de San Antonio 9, ✆ 918 910427. Geöffnet täglich 10–18 Uhr, im Winter 9–17.30 Uhr. www.aranjuez.net.
- *Verbindungen* **Zug**: Schöner Art-Deco-Bahnhof an der Hauptlinie nach Andalusien, etwa einen Kilometer westlich des Zentrums (Busverbindung). Mehrmals stündlich Cercanía-Nahverkehrszüge der Linie C-3 von Madrid-Atocha. „Tren de Fresas": Von Mai bis Mitte Juli fährt jeweils am Samstag und Sonntag der Nachbau des legendären „Erdbeerzugs" von 1851; Start am Bhf. Madrid-Atocha morgens, Rückkehr am Abend. Infos unter ✆ 902 228822.

Bus: Busstation an der Calle Infantas (Zentrum), mit AISA von/nach Madrid 7-mal, Toledo 2-mal täglich.

- *Übernachten* ****** Hotel NH Principe de la Paz**, gegenüber dem königlichen Schloss und seinen Gärten. Das modern gestylte Haus der NH-Gruppe ist die vornehmste Herberge, die Aranjuez bieten kann. DZ offiziell etwa 110–225 €; am Wochenende und im Sommer gibt es häufig Sonderangebote. San Antonia 22, ✆ 918 099222, 918 925999. www.nh-hoteles.es.
**Hostal Infantas, zentrale und gepflegte Pension, DZ/Dusche etwa 60 €. Die Cafeteria im Erdgeschoss serviert guten Fisch. Calle Infantas 4, ✆ 918 911341, 918 916643.
- *Camping* **Internacional Aranjuez** (1. Kat.), angenehmer Platz, zentrumsnah auf der anderen Tajo-Seite. Gut begrünt, komfortabel und mit Gratis-Swimmingpool. Ganzjährig geöffnet; p.P. etwa 6 €, Parzelle inkl. Auto, Zelt nach Größe ab 15 €. C. Soto del Rebollo s/n (Ctra. antigua N IV, km 46,8), ✆ 918 911395. www.campingaranjuez.com.
- *Essen* **La Rana Verde**, zwischen Schloss und Park gelegen. Das Restaurant „Zum grünen Frosch" zählt seit über einem Jahrhundert zu den beliebtesten Ausflugszielen: gegründet 1902. Auch Hochzeiten werden gerne hier gefeiert. Die meisten Besucher jedoch nehmen nur einen Aperitif und genießen den Blick von der Terrasse. Tolle Gerichte mit Früchten.
- *Feste* **Ferias de Motín**, das Hauptfest der Stadt Anfang September, Konzerte in den Parks etc.

Sehenswertes

Palacio Real: Der westlich nahe des Zentrums gelegene Königspalast entstand ab 1560 unter Philipp II.; Baumeister waren die späteren Escorial-Architekten Juan Bautista de Toledo und Juan de Herrera. Die verschwenderisch ausgestatteten Innenräume, darunter als Höhepunkt das „Porzellanzimmer", können besichtigt werden.
Öffnungszeiten Di–So 10–18.15 Uhr (Winter bis 17.15 Uhr); Eintritt 4,50 € (mit Führung 5 €), Mi für EU-Bürger gratis.

Gärten: An heißen Sommertagen eine Lust – man versteht gut, warum die Könige Aranjuez wählten. Das Städtchen besitzt eine ganze Reihe von Anlagen: Östlich des Königsschlosses der mit Statuen geschmückte Garten *Parterre*, auf einer Insel im Tajo der bereits 1560 unter Felipe II. entstandene *Jardín de la Isla* und südlich der Plaza de San Rusiñol der *Jardín de Isabel II.*, Favorit der „Katholischen Königin".

Jardín El Principe: Der größte und prächtigste der Gärten. Hier stehen das Lustschlösschen *Casa del Labrador* (nur auf Voranmeldung, ✆ 918910305) und das *Museo de Falúas*, in der einige königliche Barken ausgestellt sind.
Öffnungszeiten Gärten (gratis) etwa bis Sonnenuntergang, Museo de Falúas 10–18.15 Uhr, im Winter bis 17.15 Uhr; Eintritt 3,50 €, Mi für EU-Bürger gratis.

Chinchón

Chinchóns Glanzstück ist die Plaza Mayor. Der Hauptplatz, umringt von Häusern mit Balkonen, dient bei Festen noch als Stierkampfarena.

Das historische, gemütliche Städtchen, 20 Kilometer nordöstlich von Aranjuez und von Madrid am günstigsten über Arganda an der A 3 zu erreichen, wirkt im Kontrast zur Hauptstadt wie eine Oase der Ruhe. Liebhaber von Anisschnäpsen und -likören wird der Name Chinchón bekannt vorkommen: Von hier stammt die bekannteste Sorte Spaniens. Am Wochenende herrscht Hochbetrieb, denn dann kommen die Ausflügler aus dem nahen Madrid.

- *Information* **Oficina de Turismo**, Plaza Mayor 6 (neben dem Rathaus), geöffnet täglich 10–19 Uhr. ✆ 918 935323, www.ciudad-chinchon.com.
- *Verbindungen* **Busse** der privaten Gesellschaft La Veloz ab Madrids Avenida del Mediterraneo 49 (Metro: Conde de Casal), Abfahrten tagsüber jeweils zur vollen oder zur halben Stunde.

Der Nabel Spaniens: Madrids Puerta del Sol ▲▲
Oase in der Hauptstadt: Parque Retiro ▲

▲▲ Wuchtig: Stadtmauern von Ávila
▲ Gigantisch: El Escorial

Elegant: Alcázar von Segovia ▲▲
Solide: Aquädukt von Segovia ▲

Platereskstil in Hochform: Salamancas Neue Kathedrale

In Alcalá de Henares studierten viele berühmte Köpfe.

- *Übernachten* ****** Parador de Chinchón**, in einem früheren Augustinerkloster des 17. Jh., nur ein paar Schritte von der Plaza Mayor; schöner Innenhof, origineller Pool. Gutes Restaurant mit kastilischer Küche. Standard-DZ etwa 150–160 €. Avda. Generalísimo 1, ✆ 918 940836, ✆ 918 940908, www.parador.es.
** Hostal Chinchón, bei der Plaza Mayor, von der renovierungsbedürftigen Fassade nicht abschrecken lassen. Hübsche Rezeption, zehn Zimmer mit Aircondition, im Sommer sogar ein Swimmingpool. DZ/Bad kosten etwa 50 €. Calle José Antonio 12, ✆ 918 935398, ✆ 918 949108. www.hostalchinchon.com.

- *Essen* Viele gute Restaurants um die Plaza Mayor.
Café de la Ibéria, traditionsreiches Restaurant, bereits 1879 gegründet. Schöner Innenhof mit Arkaden, Veranda. Kastilische Fleischgerichte, netter Service, mittleres Preisniveau. Hier wird auch der leckere lokale Rotwein Jesús del Nero serviert. Plaza Mayor 17, ✆ 918 940998.
Weitere gute Adressen an der Plaza Mayor: La Balconada (ein Klassiker, viel besucht) und La Mesón de la Virreina (Feinschmeckerküche).

Alcalá de Henares

Der Geburtsort von Cervantes liegt gut 30 Kilometer östlich von Madrid und ist heute eine moderne Stadt von fast 200.000 Einwohnern.

Nur wenige Touristen unternehmen einen Ausflug nach Alcalá de Henares, vollkommen zu Unrecht. Die als Weltkulturerbe unter Schutz gestellte Stadt beherbergt eine der traditionsreichsten Universitäten Europas: In der bereits 1498 gegründeten Hochschule studierten so berühmte Köpfe wie Lope de Vega, Tirso de Molina oder Ignatius von Loyola.

- *Information* **Oficina de Turismo**, Callejón de Santa María 1, bei der zentralen Plaza Cervantes, ✆ 918 892694. Geöffnet tgl. 10–14, 17–19.30 Uhr. www.turismoalcala.com.
- *Verbindungen* **Zug**: Laufend Cercanía-Nahverkehrszüge verschiedener Linien

von/nach Madrid-Atocha und Madrid-Chamartín.

• *Übernachten* Aufgrund der sehr guten Verkehrsverbindungen eignet sich das Städtchen auch als Standort für Madrid-Besuche.

**** Parador de Alcalá, erst im Jahr 2008 eröffnetes Quartier, das im ehemaligen Dominikanerkloster Santo Tomás de Aquino untergebracht ist. Restaurant im Kreuzgang, im Sommer geht ein Pool in Betrieb. Standard-DZ etwa 225 €. Calle Colegios 8, ✆ 918 880330, 918 880527, www.parador.es.

** Hostal Miguel de Cervantes, in einer Seitengasse der Calle Mayor. Eines der stimmungsvollsten Quartiere der Stadt; rustikal eingerichtete Zimmer, gutes Restaurant. DZ/Bad rund 85–100 €. Calle Imagen 12, ✆ 918 831277, 918 830502.

Hospederia La Tercia, mitten in der Altstadt. Der Preis der nur 14 Zimmer des historischen Gebäudes aus dem Goldenen Zeitalter ist für Ausstattung und Lage angemessen. Jeder Raum ist unterschiedlich eingerichtet. DZ 100–110 €, Suite ab 120 €, Calle la Tercia 8, ✆ 918 796800. www.latercia.com.

* Hostal Jacinto, kleine, einfache Pension im 1. Stock, in der Nähe des Bahnhofs. DZ/Bad etwa 45 €, ohne Bad etwa 35 €. Ganzjährig geöffnet. Paseo de la Estación 2, ✆ 918 891432.

• *Essen* **Miguel de Cervantes**, das Restaurant der gleichnamigen Pension. Bekannt für Fisch und Fleischgerichte vom heißen Stein, ordentliche Portionen. Menü à la carte ab etwa 30 €. Calle Imagen 12, Reservierung ratsam: ✆ 918 831277.

▶ **Sehenswertes**: Es lohnt sich, durch das relativ kleine Stadtzentrum mit seinen vielen Colegios und schönen Innenhöfen zu schlendern.

Universidad/Colegio de San Ildefonso: Schon die prächtig ausgestattete Hauptfassade unterstreicht die Bedeutung, die die Universität von Alcalá im 16. Jahrhundert besaß. Dahinter verbergen sich drei Innenhöfe und die Kirche San Ildefonso mit dem marmornen Grabmal des 1517 gestorbenen Kardinals Cisneros, des Gründers der Universität. Das Kollegialgebäude, noch heute von der Uni genutzt, ist gratis zu besichtigen, die Cafeteria im Innenhof bei Studenten beliebt.
Führungen an Werktagen 5-mal, Samstag und Sonntag 10-mal täglich, genaue Zeiten an der Pforte oder in der Tourist-Information. Eintritt 3 €.

Museo Casa Natal de Cervantes: Die Calle Mayor mit ihren malerischen Arkaden ist seit Jahrhunderten die wichtigste Straße des Zentrums. Das 1997 renovierte Museum steht auf Hausnummer 48. Im Stil des 16. Jahrhunderts wurde es genau an der Stelle errichtet, an der man das Geburtshaus des großen Dichters vermutet – Alcalá ist sehr stolz darauf, Geburtsstadt von Cervantes zu sein. Dabei ist das genaue Geburtsdatum von Miguel de Cervantes Saavedra nicht einmal bekannt, vielleicht war es der 29. September 1547. Beurkundet ist auf alle Fälle der Tag der Taufe: 9. Oktober 1547.
Öffnungszeiten Di–So 10–13, 17–20 Uhr; Eintritt frei.

El Pardo

Nur etwa 15 Kilometer nördlich des Zentrums von Madrid liegt ein weiterer früherer Sommerpalast der spanischen Könige.

Die Residenz und das gleichnamige Städtchen sind umgeben vom früheren königlichen Wildpark, der noch in weiten Teilen mit Steineichen bewachsen ist. Der im 16. Jh. errichtete Palast selbst war auch Wohnsitz Francos und wurde nach dessen Tod der Öffentlichkeit zugänglich gemacht. Von außen wenig beeindruckend, birgt er im Inneren kostbare Wandteppiche, auch nach Entwürfen Goyas. In der Nähe stehen das von Prado-Architekt Villanueva errichtete Lustschlösschen *Casita del Príncipe* und die heutige Residenz des Königspaars, *La Zarazuela*.

• *Verbindungen/Öffnungszeiten* Bus Nr. 601 ab dem „Intercambiador" der Metro Moncloa. Geöffnet ist der Pardo April bis September Di–Sa 10.30–17.30 Uhr, So 10– 13.30 Uhr, Oktober bis März Di–Sa 10.30– 16.45 Uhr, So 10–13.30 Uhr. Eintritt (Führungen) 4 €, mittwochs für EU-Bürger kostenlos.

Sierra de Guadarrama

Der in Nord-West-Richtung verlaufende Gebirgszug erreicht stolze Höhen von bis zu 2430 Metern und bildet auf weiten Strecken die Grenze zur Comunidad Castilla-León.

Mit vielen Stauseen, duftigen Pinienwäldern und einem sommerfrischen Klima ist die Sierra de Guadarrama eines der beliebtesten Naherholungsziele der Hauptstädter und fungiert um den Pass Puerto de Navacerrada (Richtung Segovia, 1860 Meter Höhe) auch als Skigebiet.

▶ **Manzanares el Real**, gut 30 Kilometer nördlich von Madrid am Stausee Embalse de Santillana gelegen, besitzt mit dem *Castillo de los Mendoza* (Di–So 10–14, 15– 18 Uhr, im Winter Di–So 10–17 Uhr; 2 €) eines der schönsten Schlösser Spaniens. Von außen einer Burg ähnlich, stammt es aus dem 15. Jh. und ist in gotisch-mudéjarem Stil gehalten. Der *Naturpark Cuenca Alta* nördlich des Orts ist im Gebiet besser bekannt als Pedriza de Manzanares, als „Steinbruch von Manzanares". Die zu spektakulären Formen erodierte Felslandschaft gibt ein sehr schönes Wandergebiet ab; an Wochenenden besteht Zugangsbeschränkung.

• *Übernachten* ** **Hotel Parque Real**, bei der Burg, komfortable Mittelklasse mit Garage und Restaurant. DZ/Bad etwa 60–65 €. Calle Damián 4, ✆ 918 539912, ✆ 918 539960.

• *Camping* **El Ortigal** (2. Kat.), in Seenähe östlich des Ortes, geöffnet von Mitte Juni bis Ende August, ansonsten nur während der Schulferien in Spanien. Preise p.P. und Auto je 7 €, kl. Zelt 6 €; ✆ 918 530120.

El Escorial

Neben Aranjuez das meistbesuchte Ziel der Region um Madrid. Anziehungspunkt ist der monumentale Klosterkomplex Monasterio de San Lorenzo de El Escorial, etwa 60 Kilometer nordwestlich der Hauptstadt in über tausend Meter Höhe gelegen.

Das zugehörige Städtchen besteht aus den Ortsteilen *San Lorenzo de El Escorial* neben dem Kloster und *El Escorial* etwa zwei Kilometer unterhalb. Besonders San Lorenzo ist mit seinen alten Häusern und gepflasterten Gassen nicht ohne Charme. Montags hat das Kloster und mit ihm der halbe Ort geschlossen.

• *Information* **Oficina de Turismo**, Calle Grimaldi 2, nahe dem Kloster, ✆ 918905313. Geöffnet Di–Sa 10–14, 15–18 Uhr, So 10– 14 Uhr. www.sanlorenzoturismo.org.

• *Verbindungen* **Zug:** Bahnhof im Ortsteil El Escorial (Busverbindung nach San Lorenzo) an der Linie Madrid-Ávila-Salamanca. Züge mindestens stündlich auf der Cercanía-Linie C 8a ab Madrid-Atocha via Chamartín, nach Ávila 7-mal täglich.

Bus: HERRANZ-Busse der Linie 661 etwa alle 30 Min. nach Madrid, in der Gegenrichtung noch häufiger, recht gute Anschlüsse auch nach Ávila. Abfahrt an der Haupt-Plaza Virgen de Gracia, Tickets um die Ecke in der Bar Casino an der Calle Rey, Abfahrt in Madrid am Bus-„Intercambiador" Moncloa in der gleichnamigen Metro-Station.

• *Übernachten* Im Sommer häufig ausgebucht, was angesichts der guten Verbindungen nach Madrid jedoch kein Problem darstellen sollte.

*** **Hotel Botánico**, geschmackvoll-gemütliches Hotel in einer Villa fünf Minuten vom Zentrum. Altes Mobiliar und netter Service, schöner Garten. Restaurant vorhanden. DZ 90–125 €. Calle Timotea Padros 16, ✆ 918 907879, ✆ 918 908 158.

*** Hotel Miranda Suizo, traditionelles, gepflegtes Haus in einer vornehmen Kastanien-Allee. DZ/Bad etwa 95–110 €. Hier lohnt sich wegen der traditionellen kastilischen Küche auch Halbpension. Sehr beliebte Terrasse. Floridablanca 18, ✆ 918 904711, ✉ 918 904358. www.hotelmirandasuizo.com.

** Hostal Christina, einfache Pension in einer dreistöckigen, rosa getünchten Villa, zentral und leicht zu finden. Nur 16 Zimmer, die im Sommer schnell ausgebucht sind; gutes Preis-Leistungs-Verhältnis, familiäre Atmosphäre. DZ etwa 50–55 €. Juan de Toledo 6, ✆ 918 901961, ✉ 918 901204. www.hostalcristina.es.

• *Jugendherberge* Die **Residencia Juvenil El Escorial** ist ein schmuckloses Gebäude am Stadtrand, im oberen Teil von San Lorenzo. Ganzjährig geöffnet, außer Mitte August bis Anfang September, Weihnachten und Neujahr. Calle Residencia 14, ✆ 918 905924, ✉ 918 900620.

• *Camping* **Caravaning El Escorial**, 1. Kat., sechs Kilometer außerhalb, Richtung Valle de los Caidos und Autobahn (Salida 2). Riesenplatz mit einer Kapazität von knapp 5000 Personen, bestens ausgestattet und mit großem Schwimmbad. Stellplatz inkl. Auto und Zelt 20 €, pro Person 7 €. Ganzjährig, ✆ 918 902412. www.campingelescorial.com.

• *Feste* **Fiesta de San Lorenzo**, 10.–20. August. Fest des Stadt- und Klosterpatrons. **Romería La Virgen de Gracía**, zweiter Sonntag im September. Wallfahrt.

Monasterio de San Lorenzo de El Escorial

Ein Bau von titanischen Ausmaßen. Der Escorial bedeckt eine Fläche von 204 mal 161 Metern. Seine wuchtigen Granitmauern umschließen 1860 Räume, 16 Höfe, 86 Treppen und 16 Kilometer Gänge.

Entstanden ist der Koloss auf Anweisung von *Philipp (Felipe) II.*, zum einen als Triumphzeichen einer siegreichen Schlacht gegen den Franzosen Heinrich II., vor allem aber als Manifestation der Größe des spanischen Weltreichs. Letzteres erwies sich als vergebliche Mühe, denn schon vier Jahre nach Abschluss der Arbeiten versank die „Unbesiegbare Armada" im Ärmelkanal.

Gedacht war die riesige Anlage als Kloster, Kirche, Palast und Grabstätte der Könige in einem. Die Bauarbeiten, von Philipp persönlich kontrolliert, begannen im April 1563 und waren im September 1584 beendet, eine beachtliche Leistung für die damalige Zeit und die Ausmaße des Escorial. Als Architekten verantwortlich zeichneten *Juan Bautista de Toledo*, der schon 1567 starb, und *Juan de Herrera*, dessen strenger, klarer Stil dem Escorial deutlich anzusehen ist.

• *Öffnungszeiten* April bis September Di–So 10–19 Uhr, sonst 10–18 Uhr, letzter Einlass bis eine Stunde vor Schließung. Zugang zur Basilika gratis, restliche Räume 8 €, mit Führung 10 €; Mi Eintritt für EU-Bürger frei.

Basílica: Unter ihrer 90 Meter hohen Kuppel zeigt sie deutlich die kühle Handschrift Herreras. Der Architekt entwarf auch den 30 Meter hohen Altaraufsatz aus edlen Materialien; links und rechts sind Skulpturen Karl V. und Philipp II. zu sehen, jeweils mit ihren Familien. Das *Panteón de los Reyes* unterhalb der Kirche wurde ebenfalls von Herrera gestaltet, aber später verändert; fast alle spanischen Könige seit Karl V. liegen hier begraben. Im *Panteón de los Infantes* ruhen die weniger bedeutenden Mitglieder der Königsfamilien. Zu diesen zählte man auch die Königinnen, die keine späteren Herrscher geboren hatten.

Palacio Real: Der Königspalast erstreckt sich über zwei Flügel im Norden und Osten der Kirche. Der weitaus größere bourbonische Bereich im Norden ist höchst üppig ausgestattet und enthält Hunderte beeindruckender Wandteppiche, z. T. gefertigt nach Motiven von Goya, El Greco und Rubens. Den Übergang zu den Räumen

Monasterio de San Lorenzo de El Escorial

Phillips II. bildet die *Sala de Batallas*: Im „Saal der Schlachten" sind die für das damalige Spanien wichtigsten Schlachten als Wandgemälde dargestellt, darunter die von Saint-Quentin, in der Philipp II. gelobte, den Escorial zu bauen. Sie fand am 10. August 1557 statt, dem Tag des Heiligen Laurentius (San Lorenzo), weshalb ihm auch das Kloster geweiht ist – wie es heißt, soll der Grundriss des Baus an den Rost erinnern, auf dem der Heilige das Martyrium erlitt. Die anschließenden Räume Philipps II. fallen erstaunlich schlicht aus.

Nuevos Museos: Die „Neuen Museen" sind auf die Untergeschosse des Königspalasts verteilt. Sie gliedern sich in ein Architekturmuseum, das eine Ausstellung zur Entstehungsgeschichte des Escorial zeigt, und eine hervorragend bestückte Gemäldegalerie: Zu sehen sind Werke von Bosch bis Dürer, von Tizian bis Velázquez; in anderen Räumen finden sich Bilder von El Greco.

Salas Capitulares: Die Kapitelsäle, in denen Deckenfresken und zahlreiche Gemälde zu bewundern sind, liegen am Ende des Patio de las Evangelistas südlich der Kirche. Die *Bibliothek* im Obergeschoss des Klostergebäudes lohnt ebenfalls den Weg: Sie beherbergt Zehntausende wertvoller Exponate, darunter uralte Handschriften Arabiens.

Casita del Príncipe: Das Prinzenschloss in den gleichnamigen Gärten, etwa 15 Fußminuten südöstlich des Escorial, wurde im 18. Jh. für den späteren König Karl IV. errichtet; die opulente Einrichtung stammt noch aus der damaligen Zeit.

Öffnungszeiten Im Sommer und in der Osterwoche täglich, Rest des Jahres nur Samstag und Sonntag; Eintritt etwa 4 €.

Casita del Infante: Ein kleineres und weniger üppig ausgestattes Schloss, etwa drei Kilometer Richtung Ávila; hier lebte der Bruder Karls IV. Geöffnet nur an den Osterfeiertagen und im August, jeweils 10–19 Uhr, Eintritt 3,40 €.

Silla de Felipe II.: Vom „Sessel Philips II.", einem Felsblock auf einem Hügel einige Kilometer südlich des Escorial, soll der Herrscher den Bau der Anlage beobachtet haben – die Aussicht ist immer noch beeindruckend.

Valle de los Caídos

Das „Tal der Gefallenen" liegt in den Bergen nördlich des Escorial; Abzweigung etwa acht Kilometer hinter San Lorenzo in Richtung Guadarrama, kurz vor der Autobahn; noch fünf Kilometer. In das bis dahin unberührte Tal ließ Franco ab 1940 für „seine" Toten eine Gedenkstätte des Bürgerkriegs bauen, die bis heute ein Wallfahrtsort der Frankisten geblieben ist. Alles an der Anlage ist übergroß: Das 150 Meter hohe Kreuz ebenso wie die unterirdisch in den Fels gesprengte Basilika, deren Hauptschiff eine Länge von schier unglaublichen 262 Metern besitzt. Vor dem Altar liegt Franco begraben, ebenso Primo de Rivera, Gründer der rechtsradikalen Falange-Partei. – Nach vielen Jahrzehnten will nun die Regierung unter José Luis Rodríguez Zapatero (dessen Großvater 1936 von Franco-Schergen erschossen worden war) die Vergangenheit aufarbeiten. Einige Minister sprechen sich dafür aus, das größenwahnsinnige Denkmal in eine Gedenkstätte nach dem Vorbild von Auschwitz oder Mauthausen umzugestalten.

Öffnungszeiten/Verbindungen April bis September Di–So 9.30–19 Uhr, sonst nur bis 18 Uhr; Eintritt 5,30 €. Busse der Agentur HERRANZ ab San Lorenzo Di–So 1-mal täglich, Preis inkl. Eintritt etwa 8,50 €.

Kastilien, Land der Kastelle: hier die Burg von Peñafiel

Kastilien-León

Eine verwaltungspolitische, historisch jedoch nicht ganz gerechtfertigte Einteilung: Altkastilien und das weiter westlich gelegene León mit den heutigen Provinzen Salamanca, Zamora und León waren lange Jahrhunderte eigenständige Länder, zeitweise verbündet, dann wieder im Zwist.

Die **Comunidad Autónoma Castilla-León** ist mit einer Gesamtfläche von 94.147 Quadratkilometern die größte der Gemeinschaften Spaniens. Sie reicht vom *Kastilischen Scheidegebirge* der Sierra de Gredos und Sierra de Guadarrama im Süden bis zum *Kantabrischen Gebirge* im Norden. Zwischen beiden Gebirgszügen erstreckt sich die Hochfläche der nördlichen *Meseta*, die mit Lagen um die 800 bis 900 Meter um einiges höher ausfällt als ihr Pendant in Neukastilien. Mitten durch diese monotonen Ebenen voll riesiger Getreidefelder wälzt sich in einem breiten Becken der *Río Duero*, der von Ost nach West das ganze Gebiet durchquert und in Portugal in den Atlantik mündet. Als Keimzelle Kastiliens hat die Comunidad weit mehr reizvolle Städte aufzuweisen als Neukastilien. *Salamanca*, *León* und *Burgos* erinnern mit prächtigen Kathedralen an glanzvolle Zeiten des Mittelalters, und auch die kleineren Städte *Segovia* und *Ávila*, leicht von Madrid aus zu erreichen, bewahren sich historischen Reiz.

- *Internet* www.turismocastillayleon.com
- *Küchenspezialitäten* Auf kulinarischem Gebiet ist die unterschiedliche Vergangenheit der Gebiete Altkastilien und León noch teilweise spürbar. Altkastilien ist die Region der Braten, vorzugsweise Spanferkel (**cochinillo**) und Milchlamm (**cordero lechal**); bei richtiger Zubereitung wird das Fleisch so zart, dass es sich mit einer Tellerkante zerteilen lässt. Charakteristisch für Altkastilien sind auch die deftigen Eintöpfe **cocidos**, oft mit Kichererbsen (garbanzos) oder anderen Hülsenfrüchten.

Die Küche Leóns ist regional sehr unterschiedlich gefärbt. In der Provinz Zamora stark an Altkastilien orientiert, macht sich im Westteil der Provinz León der Einfluss des nahen Galicien bemerkbar; hier gehören gepökelte Schweineschulter mit Steckrübenblättern (**lacón con grelos**) und Krake (**pulpo**) zu den Favoriten. Die Provinz Salamanca wiederum ist bekannt für ihre Fleischgerichte, besonders den geschmorten Kalbsschwanz (**rabo de ternera**) und für ihre exzellenten Wurstwaren, wie z. B. die mit Anis gewürzten **farinatos**. Forellen schließlich, truchas, sind in ganz León auf vielen Speisekarten zu finden.

● *Weine* Unter den Weinen der Comunidad verdienen besonders die Rotweine der **D.O. Ribera del Duero** Beachtung. Wer Weißwein bevorzugt, ist mit den Erzeugnissen aus **Rueda** gut bedient.

Segovia

Malerisch gelegen, mit einem mittelalterlichen Ortskern, dem berühmten römischen Aquädukt und zahlreichen anderen Baudenkmälern geschmückt, sieht Segovia zahlreiche Tagesbesucher.

In immerhin 1000 Metern Höhe besetzt die Altstadt von Segovia einen zwischen zwei Flusstälern aufragenden Hügel. Dass die etwa 55.000 Einwohner zählende Provinzhauptstadt ein beliebtes Ziel der Reisebusse ist, lässt sich kaum übersehen: Fast schon etwas zu sehr herausgeputzt wirken die Pflastergassen und kleinen Plätze. Auslassen sollte man dieses heitere mittelalterliche Schatzkästlein voller Kirchen, Klöster und Paläste dennoch keinesfalls, schließlich wurde Segovia nicht umsonst von der Unesco als „Kulturerbe der Menschheit" ausgezeichnet.

Orientierung: Den Hauptzugang zur Altstadt markiert an der Plaza del Azoguejo der gigantische Bau der römischen Wasserleitung *Acueducto*. Von ihm gelangt man über die Fußgängerzone der aufeinander folgenden Calles Cervantes, Juan Bravo und Isabella la Católica zum Stadtzentrum um die *Plaza Mayor*. Ganz in der Nähe erhebt sich auf dem höchsten Punkt des Hügels die *Kathedrale*. An der nordwestlichen Spitze des Felsens steht, hoch über dem Schnittpunkt der beiden Täler, die dritte große Attraktion Segovias, die Burg *Alcázar*.

Geschichte: Bereits von den Iberern besiedelt, erlebte Segovia mehrere Blütezeiten. Die erste begann unter den Römern, die zweite nach der Reconquista, als Segovia sogar Königsresidenz war; Isabella von Kastilien wurde 1474 hier zur Herrscherin ausgerufen. Im 16. Jh. war Segovia ein Zentrum der „Comuneros"-Aufstände gegen Karl V. und fiel in kaiserliche Ungnade. Nach dem Machtwechsel zu den Bourbonen folgte ab 1721 durch den Bau des Königspalastes La Granja de San Ildefonso ein neuer Aufschwung.

Information/Verbindungen

● *Information* **Oficina de Turismo de la Comunidad**, Plaza Mayor 10, ✆ 921 460334. Für Stadt und Provinz; Öffnungszeiten: Mo–Fr 9–20 Uhr, außerhalb der HS von 14–17 Uhr Siesta. www.segovia.es.
Oficina de Turismo, Plaza Azoguejo s/n, ✆ 921 460334. Unten beim Aquädukt, geöffnet 10–20 Uhr, Sa bis 21 Uhr. Im Sommer starten hier auch mehrmals täglich Gratis-Führungen durch Segovia.

● *Verbindungen* **Zug**: Bahnhof am Paseo Obispo Quesada, gut zwei Kilometer südlich des Zentrums. Halbstündliche Busverbindung; Züge von/nach Madrid 6-mal täglich. Weitere Verbindungen, auch Richtung Norden (u.a Valladolid, Bilbao, Santander) bestehen ab der AVE-Station Segovia-Guiomar (Busverbindung), die etwa sechs Kilometer südlich der Stadt beim Gewerbegebiet Hontoria liegt.

Bus: Busbahnhof am Paseo de Ezequiel González, südwestlich des Zentrums, ca. fünf Minuten vom Aquädukt. Von/nach Madrid mit Ausnahme der Siesta etwa halbstündlich, nach Ávila, Valladolid und Salamanca je 4-mal täglich; nach La Granja de San Ildefonso 15-mal täglich.

Übernachten (s. Karte S. 586/587)

Generell sehr hohes Preisniveau. Obwohl die meisten Besucher nur als Tagesausflügler kommen, kann Segovia schon mal ausgebucht sein, besonders an Wochenenden, wenn viele Madrileños anreisen.

• *Hotels* ****** Parador de Segovia (1)**, etwas außerhalb an der CL 601 Richtung Valladolid. Modernes Gebäude, schöne Aussicht, gutes Restaurant, Schwimmbad. Standard-DZ etwa 150–160 €. Carretera de Valladolid, ✆ 921 443737, ℻ 921 437362, ww.parador.es.

*** Hotel Infanta Isabel (7), ein empfehlenswertes Haus der Mittelklasse an der Plaza Mayor, geschmackvolles Ambiente, Zimmer mit hohen Decken, teilweise schöne Aussicht auf die Kathedrale, feines Restaurant. DZ kosten je nach Saison und Größe offiziell etwa 65–150 €, oft recht günstige Internetangebote. ✆ 921461300, ℻ 921462217, www.hotelinfantaisabel.com.

** Hotel Res. Las Sirenas (10), schönes, teilweise mit Stilmöbeln ausgestattetes Quartier in der Fußgängerzone, Zimmer mit Fernseher und Aircondition. Großer Salon mit offenem Kamin, Parkettboden und Flügel. DZ/Bad etwa 70–80 €, gegen Aufpreis auch größere DZ mit „Salón". Calle Juan Bravo 30, ✆ 921 462663, ℻ 921 462657. www.hotelsirenas.com.

** Hostal Hidalgo (8), in einem alten Palast des 13. Jh. Elf Zimmer, teilweise sehr hübsch mit Säulen; andere Räume in einem Seitentrakt fallen deutlich ab. DZ/Bad etwa 50 €, allerdings verfügen nicht alle Zimmer über ein eigenes Bad. Calle José Canalejas 5; von der Calle Juan Bravo über die Calle Melitón Martín. ✆ 921 462663.

** Hostal Fornos (6), vergleichsweise junges Quartier in der Altstadt, ein Lesertipp von Renate Salmen: „Das schönste Hostal meiner Kastilien-Rundreise." In der Tat eine Empfehlung. DZ/Bad etwa 50–55 €. Calle Infanta Isabel 13, ✆ 921 460198.

* Hostal Don Jaime (13), beliebtes Hostal in einem historischen Haus ganz in der Nähe des Aquädukts. Hübsche Zimmer, angenehme Atmosphäre. DZ/Bad ca. 45–50 €, €, ohne Bad günstiger. Calle Ochoa Ondategui 8, ✆ 921 444787, www.viasegovia.com/hostaldonjaime.

* Hostal Plaza (4), sehr zentral gelegen, nicht immer ganz ruhig, aber besser, als die Einstufung verrät; Parkmöglichkeit. DZ/Bad etwa 50 €. Calle Cronista Lecea 11, bei der Plaza Mayor, ✆ 921 460303.

* Hostal Juan Bravo (9), direkt in der Fußgängerzone. Familiäre Pension mit ordentlichen Zimmern; DZ nach Ausstattung und Saison rund 35–45 €. Calle Juan Bravo 12, ✆ 921 463413.

Segovia

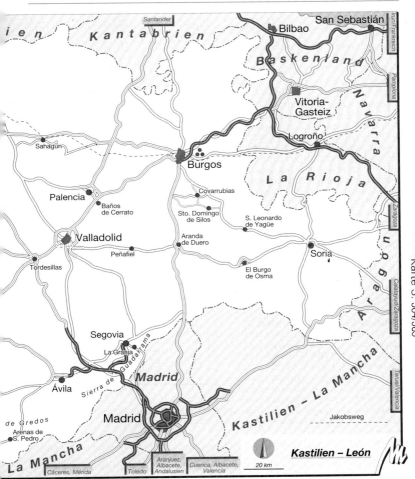

- *Jugendherberge* **Albergue Juvenil (14)** „Emperador Teodosio", nur von Juli bis Mitte September geöffnet und sehr oft belegt: reservieren! Paseo del Conde Sepúlveda 2, an der Hauptstraße vom Bahnhof ins Zentrum, ✆ 921 441111, ✉ 921 438027.
- *Camping* **Acueducto**, 2. Kat., rund drei Kilometer außerhalb an der CL 601 Richtung La Granja de San Ildefonso; etwa halbstündlich Busverbindung ab Plaza Mayor und Plaza Artilleria beim Aquädukt. Grasplatz, Swimmingpool, exzellente Sanitärs; allerdings wenig Schatten, Einkauf nur in HS, das nahe Restaurant (außerhalb) ziemlich teuer. Nachts kann es in 1000 Meter Höhe kalt werden! Geöffnet April bis September, p.P., Auto, Zelt je etwa 6 €. ✆ 921 425000, www.campingacueducto.com.

Kastilien-León

Essen und Trinken

Segovias weithin gerühmte Spezialität ist gebratenes Spanferkel, „cochinillo asado". Leider hält die Qualität nicht immer, was Ruf und Preise versprechen.

Restaurant Casa Duque (11), berühmt für seine Spanferkel, eine Institution seit 1895. In der Fußgängerzone, gehobenes Preisniveau (auch Menüs), aber sehr gut. Allerdings gab es auch eine Leserkritik: „Geschäftstüchtiger, aber unfreundlicher Service und lieblose Gerichte" (Dietmar Adolf). Calle Cervantes 12.

Mesón de Candido (12), viel gelobtes Haus am Aquädukt, fast eine Art gastronomisches Museum. Stilvoller Rahmen, Spezialität ebenfalls Spanferkel, Menü à la carte ab etwa 30 € – für Qualität und Ambiente erstaunlich preiswert. Plaza Azoguejo 5.

Bar-Rest. La Concepción (5), nostalgisches Lokal neben dem Rathaus an der Plaza Mayor. Eine Institution, Treffpunkt hoher Beamter, Anwälte, Politiker ... Die Terrasse wird selbst im Spätherbst noch von der Sonne verwöhnt. Gutes, aber teures Essen. Plaza Mayor 15.

Mesón La Cueva de San Esteban (2), nur ein paar Schritte von der Kirche San Esteban entfernt. Ein relativ preiswertes Haus mit solider Küche, das vor allem von jungen Gästen geschätzt wird. C. Valdeláguila 15.

Café Juan Bravo (3), gegründet 1928 – hier trank bereits der berühmte spanische Schriftsteller Antonio Machado seinen Milchkaffee. Vor einigen Jahren wurde das Café mit einem stilvoll-modernen Mobiliar versehen. Beliebter Treffpunkt für Einheimische. Plaza Mayor 9.

Übernachten
1 Parador de Segovia
4 Hostal Plaza
6 Hostal Fornos
7 Hotel Infanta Isabel
8 Hostal Hidalgo
9 Hostal Juan Bravo
10 Hotel Res. Las Sirenas
13 Hostal Don Jaime
14 Jugendherberge

Essen & Trinken
2 Mesón La Cueva de S. Esteban
3 Café Juan Bravo
5 Bar-Rest. La Concepción
11 Rest. Casa Duque
12 Mesón de Candido

Nachtleben/Feste und Veranstaltungen

• *Nachtleben* Segovia ist nicht gerade berühmt für nächtliche Aktivitäten, doch muss man auch hier nicht schon um zehn Uhr abends in die Federn: In den Disco-Bars der Calles **Isabel la Católica**, **Infanta Isabel** und **Escuderos**, alle rund um die Plaza Mayor, läuft der Betrieb bis etwa zwei, drei Uhr morgens.

• *Feste und Veranstaltungen* **Fiestas de Santa Agueda**, am Sonntag nach dem 5. Februar, im drei Kilometer entfernten Zamarramala. An diesem Tag übernehmen die dortigen Frauen, gekleidet in historische Kostüme, die Herrschaft über das Örtchen.

Fiestas de San Juan y San Pedro, vom 24.6. bis etwa 29.6.; das große Hauptfest mit Stierkampf, Feuerwerk etc.

Festival de Segovia, letzte Juli- bis erste Augustwoche. Kammermusik und Ballett.

Sehenswertes

Acueducto: Die Ouvertüre zur Altstadt. Die gewaltige römische Wasserleitung, 728 Meter lang, teilweise zweistöckig und bis zu 29 Meter hoch, ist eine technische

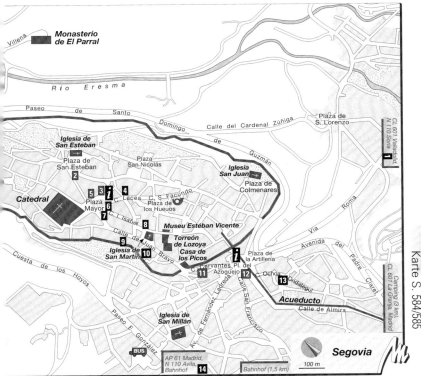

Meisterleistung und war bis ins 20. Jh. in Betrieb. Im 1./2. Jh. n. Chr. unter dem Kaiser Trajan errichtet, kommen ihre Granitquader völlig ohne Klammern oder Mörtel aus.

▶ **Romanische Kirchen**: Segovia besitzt eine ganze Reihe romanischer Kirchen, die leider nur zu Gottesdiensten geöffnet haben. Oft sind ihnen eine oder mehrere Säulenhallen angebaut, die als Versammlungsort der Bruderschaften und Zünfte dienten. Die im 12. Jh. errichtete *Iglesia San Millán* steht nicht weit vom Busbahnhof und glänzt mit besonders detaillierten Kapitellen an den beiden Säulenhallen.

Iglesia San Juan de los Caballeros/Museo Zuloaga: An der Plaza de Colmenares, nahe der Stadtmauer. Auch dieser mit wuchtigem Turm versehenen Kirche (11. Jh.) ist eine Säulenhalle vorgelagert. Das hier untergebrachte „Museo Zuloaga" (Di–Sa 11–14, 16–19 Uhr, So 10–14 Uhr; 1,20 €, Sa/So gratis) ist dem Keramiker Daniel Zuloaga gewidmet, Onkel des berühmten Malers Ignacio Zuloaga, der ebenfalls zeitweilig hier wohnte.

Iglesia San Martín: Am gleichnamigen reizvollen Platz nahe der Fußgängerzone. Gleich an drei Seiten umgibt eine Säulenhalle das wahrscheinlich im 12. Jh. errichtete Gebäude. Ihre Kapitelle zeigen eindrucksvolle figürliche und pflanzliche Motive.

Iglesia San Esteban: An der gleichnamigen Plaza. An der Kirche des 13. Jh. fällt besonders der hohe, raffiniert in sechs Etagen gegliederte Turm auf.

▶ **Paläste:** Der königskritische Adel bevorzugte wehrhafte Bauten mit hohen Türmen. Ein schönes Beispiel ist der *Torreón de Lozoya* (geöffnet 19–21.30 Uhr, feiertags 12–14, 19–21 Uhr) nahe der Kirche San Martín. Von der Plaza San Martín aus sieht man auch das Haus von *Juan Bravo*, einem der später hingerichteten Anführer des „Comunero"-Aufstands gegen Karl V.; es ist an der Säulengalerie im Obergeschoss kenntlich. Die *Casa de los Picos* (Mo–Fr 12–14, 18–20 Uhr; gratis) an der Calle Juan Bravo, vom Aquädukt kommend noch vor der Plaza San Martín, wurde im 15. Jh. errichtet. Das „Haus der Spitzen" verdankt seinen Namen der repräsentativen Diamantschnittfassade.

Catedral: Das im 16./17. Jh. erbaute Gotteshaus trat die Nachfolge der beim „Comunero"-Aufstand 1520 zerstörten alten Kathedrale an. Es ist die am spätesten entstandene gotische Kathedrale Spaniens. Das Äußere beeindruckt durch seine elegante und lebhafte Form; die Kuppeln im Herrera-Stil über der Vierung und dem gut 100 Meter hohen Turm wurden erst im späten 17. Jh. aufgesetzt. Der helle und weite *Innenraum* mit den schönen Glasfenstern bewahrt noch manche Ausstattung der alten Kathedrale, ist sonst aber weitgehend barockisiert. Der *Kreuzgang* wurde von der alten, nahe dem Alcázar gelegenen Kathedrale Stück für Stück hierher transportiert; Juan Guas entwarf ihn im 15. Jh. im Flamboyantstil. Aus der reichen Sammlung des *Museums* ragen besonders die prächtigen Wandteppiche aus Brüssel heraus.
Öffnungszeiten Museum Di–So 9.30–18.30 Uhr, im Winter bis 17.30 Uhr. Eintrittsgebühr 3 €, Sonntag während der Gottesdienste gratis.

Alcázar: Auf einem nach drei Seiten steil abfallenden Felsen beherrscht die von vielen Fotos vertraute Burg den Schnittpunkt der beiden Täler um Segovia. Von dieser oft mit einem Schiffsbug verglichenen natürlichen Festung verteidigten schon die Mauren Segovia. Nach der Reconquista ließen die christlichen Herrscher ab Ende des 11. Jh. eine Burg anlegen, die in den folgenden Jahrhunderten stetig erweitert wurde. Seine Silhouette im Stil eines trutzigen Märchenschlosses erhielt der Alcázar jedoch erst im 17. Jh. Die nach einem Brand 1862 fast völlig zerstörte Inneneinrichtung wurde nach der Restaurierung ersetzt, ergibt aber einen guten Eindruck vom Reichtum des Adels im 15./16. Jh. Am schönsten am Alcázar aber ist der Blick vom Bergfried *Torre de Juan II.* (zuletzt Di geschlossen), den man sich mit mühevollem Aufstieg erst erarbeiten muss.
Öffnungszeiten Tägl. 10–19 Uhr, Winter nur bis 18 Uhr; Eintritt 5 €, am dritten Di-Nachmittag für EU-Bürger gratis.

Abstrakter Expressionismus: Museo Esteban Vicente

Mitten in der Altstadt beherbergt ein Palast des 15. Jh. das Lebenswerk des abstrakten Expressionisten Esteban Vicente (1903–2001). Der aus Turegano bei Segovia stammende Künstler emigrierte bereits 1936 nach New York. Er gehörte dort in den 50er-Jahren zu den Begründern des „Action Painting" und spielte eine wichtige Rolle in der abstrakten Kunst des 20. Jh. Im Obergeschoss des renovierten Palasts von König Enrique IV. sind Bilder und Plastiken von Vicente ausgestellt, im Garten des Museums hat er seine letzte Ruhestätte gefunden.
Plazuela de las Bellas Artes, Di–Fr 11–14 und 16 bis 19 Uhr, Sa 11–19 Uhr, So 11–14 Uhr. Eintritt 2,50 €, Studenten und Renter die Hälfte. Do Eintritt frei. Mehr Infos unter www.museoestebanvicente.es

Umgebung von Segovia

Fahrt um die Stadt: Autofahrer sollten nicht versäumen, den Altstadthügel auf der Ringstraße zu umrunden, von der sich wunderschöne Ausblicke ergeben. Fast direkt an der Straße liegen zudem eine ganze Reihe historischer Bauten, wie das *Monasterio de El Parral* mit einer der ersten isabellinischen Kirchen und die romanische Templerkirche *Iglesia de la Vera Cruz*.

Ríofrío: Der etwa elf Kilometer südwestlich von Segovia in schöner Landschaft gelegene Palast wurde auf Veranlassung von Isabel Farnese, der Gemahlin Philipps V. errichtet, die nach dem Tod ihres Mannes befürchtete, von seinem Nachfolger aus dem Schloss La Granja hinausgeworfen zu werden. Heute ist hier ein Jagdmuseum untergebracht.

Öffnungszeiten. Tägl. 10–18 Uhr, Eintritt 5 €, Mi für EU-Bürger gratis. Keine Busverbindung.

▸ **La Granja de San Ildefonso:** Das Städtchen und der gleichnamige Palast liegen elf Kilometer südöstlich von Segovia an der Cl 601, die über den Navacerrada-Pass nach Madrid führt; Autofahrer können einen Besuch also bequem mit der Fahrt von oder zu der Landeshauptstadt verbinden. *Philipp (Felipe) V.*, der Strenge des Escorial überdrüssig geworden, hatte ab 1721 das Schloss im Stil eines „spanischen Versailles" errichten lassen. Die Rokoko-Räumlichkeiten können auf einer Führung besichtigt werden; mancher wird jedoch die ausgedehnten *Gärten* voller Statuen und Fontänen reizvoller finden. Die prächtigen Wasserspiele *Cascades Nuevas* von La Granja sind leider nicht immer angestellt; Information über Betriebszeiten (häufig wechselnd) beim Fremdenverkehrsamt von Segovia. Amüsant auch für Erwachsene ist das über 27.000 Quadratmeter große Labyrinth am Rand des Schlossparks, das 1993 fertiggestellt wurde. Auch andere Teile des Gartens wurden restauriert, so z. B. die „Partida de la Reina", ein geometrisch angelegter Obstgarten einige hundert Meter rechts vom Eingang.

- *Verbindungen* 12-mal täglich Busse ab Segovia, seltener auch ab Madrid.
- *Öffnungszeiten* Schloss Di–Sa 10–13.30, 15–17 Uhr, So 10–14 Uhr, vom 1. Juni bis 30. September tägl. 10–18 Uhr. Eintritt 5 € mit Führung, 4,50 € ohne Führung. Mittwochs ist für alle EU-Bürger der Eintritt frei. Der Garten ist von 10–20 Uhr geöffnet. Für die Cascadas fällt separate Eintrittsgebühr an.
- *Übernachten* **** **Parador La Granja**, stilvolles Palastquartier, als Haus der Infanten im 18. Jh. errichtet und erst 2007 als Parador eröffnet. Immerhin 127 Zimmer, DZ etwa 160–175 €. Calle de los Infantes 3, ℡ 921 010750, ℻ 921 010751, www.parador.es.
- ** **Hotel Roma**, apricotfarbenes Haus links vom Eingang zum Königsschloss. Die Zimmer sind groß und die Bäder in gutem Zustand. Große Terrasse. Ganzjährig geöffnet. Das Roma verfügt auch über ein beliebtes, relativ preiswertes Restaurant. DZ etwa 65–70 €. ℡ 921470752, ℻ 921470278, www.hotelroma.org.
- *Essen* **Restaurant Casa Hilaria**, im Nachbarort Valsaín, in den viele Einheimische zum Essen fahren. Spezialität des rustikalen Lokals sind die berühmten Judiones de la Granja (Riesenbohnen mit Chorizo). Im Sommer sitzt man auf der überdachten Terrasse, die leider an der Durchgangsstraße liegt. Mo und teilweise auch im Juni geschlossen.

Real Fábrica de Cristales de la Granja/Museo del Vidrio: Bereits 1736 gründete Philipp V. diese königliche Glasfabrik, die etwa zehn Minuten vom Schloss entfernt liegt. Seit einigen Jahren kann man sich hier auf die Spuren der anspruchsvollen Handwerkskunst begeben. Schon die alten Fabrikationsanlagen sind einen Besuch wert, daneben verfügt das Museum auch über eine exzellente Sammlung europäischer Glaskunst.

Öffnungszeiten 15. Juni bis 15. September Di–So 10–18 Uhr, Sa/So bis 19 Uhr. Sonst wechselnd, Di–So zwischen 10 und 15 Uhr jedoch immer offen. Eintritt 4 €,

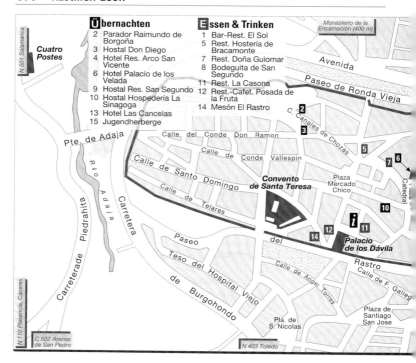

▶ **Weiterreise** ab Segovia: Richtung *Valladolid* bietet sich für Autofahrer ein kleiner Abstecher zu dem etwa 50 Kilometer nordwestlich gelegenen Städtchen Coca an, das mit dem „Castillo de Fonseca" eine faszinierende Backsteinburg (15. Jh.) im Mudéjarstil besitzt. Richtung *Burgos* lohnt sich für Burgenfans ebenfalls ein Umweg über kleinere Straßen: In Turégano wie auch in den netten Städtchen Sepúlveda und Pedraza stehen weitere schöne Beispiele kastilischer Kastelle.

Ávila

Eine Stadt aus Granit, gebaut auf einen Granitfelsen. Raues Klima, ernste Stimmung: In Ávila, so heißt es, wachsen Steine und Heilige. Dass hier die fromme Mystikerin Santa Teresa geboren wurde, passt ins Bild.

Ávila ist auf 1128 Meter Höhe die höchstgelegene Stadt Spaniens und die vierthöchste Europas. Diese Lage und die auf drei Seiten umgebenden Gebirge sorgen für harsche Klimaverhältnisse: Selbst im Sommer sind Nachtfröste möglich. Schon von weitem fallen die wuchtigen Granitmauern auf, die den Kern der Provinzhauptstadt völlig einschließen. Auf etwa viereckigem Grundriss messen sie über 2,5 Kilometer im Umfang, bei durchschnittlich zwölf Meter Höhe und drei Meter Dicke. Neben seinen zahlreichen mittelalterlichen Monumenten verdankt Ávila vor

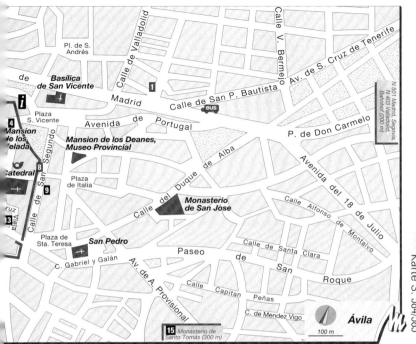

allem dieser besterhaltenen Stadtmauer Spaniens die Unesco-Ehrung als „Kulturerbe der Menschheit". So lohnend ein Besuch ist, so provinziell zeigt sich das Städtchen von kaum über 50.000 Einwohnern allerdings am Abend.

Orientierung: Ávila ist recht kompakt. Die Altstadt liegt im Westen der Siedlungsfläche, oberhalb des Río Adaja. Die neueren Viertel mit Bahnhof und Busbahnhof schließen sich nach Osten an. Schnittpunkte sind die direkt außerhalb der Stadtmauern gelegenen Plätze *Plaza San Vicente* und *Plaza de Santa Teresa*, letzterer einer der Hauptplätze Ávilas. Zentrum der Altstadt ist die *Plaza Victoria*. Das Auto lässt man besser außerhalb der Mauern.

Geschichte: Von der keltiberischen, später als *Avela* römischen Siedlung ist nichts verblieben; ebensowenig von den Bauten der Mauren, die sich vom 8. bis ins 11. Jh. mit den Christen immer wieder heftige Kämpfe um die Stadt lieferten. 1085 konnte *Alfons VI.* Ávila endgültig zurückerobern, das in der Folge als einer der Hauptstützpunkte der Reconquista seiner kämpferischen Ritter wegen bekannt wurde. Im 15. Jh. zitterte die Stadt unter dem Großinquisitor Tomás de Torquemada, der hier zeitweise Quartier genommen hatte. Im 16. Jahrhundert stand Ávila auf dem Höhepunkt seiner Blüte, doch schon 1607 leitete die Vertreibung der verbliebenen Mauren den wirtschaftlichen Niedergang ein.

592   Kastilien-León

Information/Verbindungen

- *Information* **Oficina de Turismo**, Plaza Pedro Dávila 4, beim gleichnamigen Palast, ✆ 920 211387. Öffnungszeiten: Juli bis Mitte September tägl. 9–20 Uhr (Fr/Sa bis 21 Uhr), sonst tägl. 9–14, 17–20 Uhr. **Centro de Recepción de Visitantes**, Av. de Madrid 39, nordöstlich knapp außerhalb der Altstadt, ✆ 920225969. Öffnungszeiten: Mitte April bis Mitte Oktober 9–20 Uhr, sonst 9–18 Uhr. Hier gab es zuletzt auch einen **Fahrradverleih**.
- *Verbindungen* **Zug**: Bahnhof (Info-✆ der Renfe: 902 240202) im Osten an der Avda. José Antonio, Fußgängerentfernung ins Zentrum. Nach Madrid (via El Escorial, nur Lokalzüge halten) etwa stündlich, nach Valladolid und teilweise weiter nach León, Santander etc. 12-mal, nach Salamanca 8-mal täglich.
Bus: Busbahnhof (Info: ✆ 920 229520) an Avda. de Madrid, etwas zentrumsnäher als der Bahnhof. Busse unter anderem nach Madrid 8-mal, Salamanca 4-mal und Segovia 5-mal täglich.

Übernachten (siehe Karte S. 590/591)

In der Altstadt wohnt es sich schöner, wenn auch etwas teurer als in den kleinen Hostals in Bahnhofsnähe.

- *Hotels* ****** Parador Raimundo de Borgoña (2)**, in einem Palast des 15. Jh. in der Altstadt, nahe der nördlichen Stadtmauer; Garage. Standard-DZ etwa 140 €. Calle Marqués de Canales y Chozas 16, ✆ 920 211340, ✆ 920 226166, www.parador.es.

**** Hotel Palacio de los Velada (6), ebenfalls in einem herrschaftlichen Palast untergebracht. Direkt bei der Kathedrale gelegen, Tiefgarage. Immerhin 145 Zimmer, DZ offiziell bis zu 300 €, in der Regel aber im Bereich von 115–165 €, im Netz auch schon mal günstiger. Plaza de la Catedral 10, ✆ 920 255100, ✆ 920 254900, www.veladahoteles.com.

** Hotel Las Cancelas (13), im Hauptberuf mehr ein gut besuchtes, jedoch nicht billiges Restaurant. 14 rustikale Zimmer; DZ/Bad etwa 80 €. Calle Cruz Vieja 6, ein sehr ruhiges Gässchen etwa zwischen Kathedrale und Plaza Santa Teresa; ✆ 920 212249, www.lascancelas.com.

** Hotel Res. Arco San Vicente (4), im Nordosten der Altstadt, beim Kreisel durchs Tor. Hübsches, gut in Schuss gehaltenes Quartier mit freundlichen Zimmern; Garage. Prima Preis-Leistungs-Verhältnis. DZ etwa 50–70 €. Calle López Nuñez 6, ✆ 920 222498, www.arcosanvicente.com.

** Hostal Hospedería La Sinagoga (10), in der Fußgängerzone, keine Autoanfahrt möglich. Stilvolles Quartier, das tatsächlich in einer ehemaligen Synagoge des 15. Jh. untergebracht ist; ein Teil der Originalstruktur blieb erhalten. Geräumige Zimmer, DZ/Bad etwa 70–90 €. C. Reyes Católicos 22, ✆ 920 352321, ✆ 920 353474, www.lasinagoga.com.

** Hostal Res. San Segundo (9), solides Hostal mit dem Charakter eines Mittelklassehotels, in nicht ganz ruhiger, aber zentraler Lage direkt außerhalb der östlichen Stadtmauer. DZ/Bad nach Saison etwa 50–75 €. C. San Segundo 16, ✆ 920 252590, www.hsansegundo.com.

** Hostal Don Diego (3), eine Empfehlung in guter Lage unweit des Paradors, Parkmöglichkeit in der Nähe. Zimmer teilweise etwas eng, aber angenehm möbliert und sehr gepflegt. DZ/Bad nach Saison und Ausstattung etwa 50–60 €; auch Familienzimmer. Calle Marques de Canales y Chozas 5, ✆ 920 255475.

- *Jugendherberge* Residencia Juvenil „**Professor Duperier**" **(15)**, Avda. de la Juventud s/n. In der südöstlichen Neustadt, nahe Monasterio Santo Tomás. Nur Juli und August geöffnet und auch dann für einige Tage geschlossen, zudem klein und oft von Gruppen belegt, deshalb unbedingt reservieren: ✆ 920 221716.

Essen und Trinken (siehe Karte S. 590/591)

Zu den Spezialitäten zählen Braten aller Art, besonders Spanferkel, Zicklein und Rebhuhn, als Nachspeise „Yemas de Santa Teresa" aus Eigelb und Honig. Der lokale Wein „De Cebreros" genießt guten Ruf.

Rest. Doña Guiomar (7), zum Hostal Hospedería La Sinagoga gehörig, jedoch zwei Parallelstraßen entfernt. Gehobene Küche; umfangreiche Speiseauswahl von klassisch bis modern. Tagesmenü knapp 30 €, à la carte kann man auch mehr anlegen. Calle Tomás Luis de Victoria 3, So-Abend geschlossen. ✆ 920 253709.

Mesón El Rastro (14), an der südlichen Stadtmauer. Gute kastilische Küche; Menü à la carte ab etwa 25–30 € aufwärts. Plaza del Rastro 1, in einem historischen Bau, der auch ein gleichnamiges Hostal beherbergt.

Rest. La Casona (11), ganz in der Nähe und vielleicht einen Tick preisgünstiger, deswegen jedoch nicht schlechter. Schmackhafte Küche, großzügige Portionen. Calle Cuchillería, Ecke Plaza Pedro Dávila.

Rest. Hostería de Bracamonte (5), nicht weit entfernt und mit eindeutiger Ausrichtung auf die klassische kastilische Fleischküche. Preisniveau etwa wie oben. Calle Bracamonte 6.

Rest.-Cafetería Posada de la Fruta (12), ganz in der Nähe des Palacio de los Dávila. Großes Lokal mit Terrasse, Innenhof und verschiedenen Abteilungen. Das Restaurant offeriert Menüs à la carte ab etwa 25 €; die schlichtere Cafeteria einfachere Gerichte wie Spaghetti, Bocadillos etc. und ist bei den Einheimischen auch fürs Frühstück beliebt. Plaza Pedro Dávila 8.

Bar-Rest. El Sol (1), außerhalb der Altstadt, Nähe Busbahnhof. Preiswert und gut, wegen der günstigen Tagesmenüs besonders mittags beliebt. Calle Vasco de Quiroga, nur ein paar Schritte von der Avda. de Madrid.

Bodeguita de San Segundo (8), ein Fest für Weinliebhaber: Mehrere hundert verschiedene Tröpfchen werden in dieser gemütlichen Bodega glasweise ausgeschenkt (und auch in Flaschen verkauft); dazu gibt es feine Tapas. Calle San Segundo 19. Im Umfeld diverse weitere Lokale.

Einkaufen/Feste und Veranstaltungen

- *Märkte* **Markthalle** an der Calle Comuneros, nordöstlich nahe Plaza Victoria. Freitags **Wochenmarkt** an der Plaza Victoria.
- *Feste und Veranstaltungen* **Fiestas de Verano**, etwa vom 15. bis 25. Juli, mit Folk- und Rockkonzerten, Theater und Stierkampf.

Fiesta de Santa Teresa, etwa in der Woche bis zum 15. Oktober. Straßenprozessionen, aber auch weltliche Feiern.

Sehenswertes

Altstadt

Stadtmauer: Schon 1090, kurz nach der Rückeroberung Ávilas, ließ Alfons VI. mit dem Bau der trutzigen Verteidigungsanlage beginnen. 2500 Zinnen und 88 Türme zählt die Mauer, in die auch die Kathedrale einbezogen ist. Von den neun Toren sind die nach Osten gelegenen *Puerta de San Vicente* und *Puerta de Alcázar* am wuchtigsten ausgefallen; beide bilden die Hauptzugänge zur Altstadt. Die beste Aussicht auf die Stadtmauer genießt man vom *Cruz de los Cuatro Postes*, markiert durch ein kleines, tempelähnliches Gebäude an der Straße nach Salamanca. Ein Aufstieg auf die Mauern (4 €, außerhalb der HS Mo geschlossen) lohnt sich und ist beispielsweise an der Puerta Alcázar (nahe Plaza Santa Teresa) und an der Puerta del Carmen (nördlicher Mauerbereich) möglich, von Juni bis in den September sogar nachts.

Convento de Santa Teresa: Das im 17. Jh. an der südlichen Stadtmauer errichtete Kloster steht an Stelle des Geburtshauses der Hl. Teresa; ihr Geburtszimmer wurde zu einer Kapelle umgestaltet.

Öffnungszeiten 9.30–13 Uhr, 15.30–20 Uhr (Winter bis 19 Uhr); Eintritt frei. Das angeschlossene Museum öffnet Di–So 10–14, 16–19 Uhr (Winter: 10–13.30, 15.30–17.30 Uhr); Eintrittsgebühr 2 €.

> **Mystische Teresa von Ávila**
> Am 28. 3. 1515 als eines von zwölf Geschwistern geboren, zeigte schon die kleine Teresa religiöse Begeisterung: Der Legende zufolge soll sie bereits im zarten Alter von sieben Jahren versucht haben, zu den Mauren zu gelangen, um dort als Märtyrerin zu sterben, wurde aber beim Cruz de los Cuatro Postes noch rechtzeitig wieder eingefangen. 1535 trat sie dem Karmeliterorden bei. Visionen und religiöse Glückszustände – von Spöttern als sublimierte Sexualität gedeutet – veranlassten Teresa ab 1560 zur völligen Abkehr von weltlichen Dingen, eine für die damalige Kirche ziemlich unübliche Haltung. Mittlerweile Priorin, reformierte sie ihren Orden und gründete mehrere Klöster in ganz Spanien. Am 4. 10. 1582 gestorben, wurde sie 40 Jahre später heilig gesprochen und ist heute die Nationalheilige Spaniens. Gleichzeitig gilt sie ihrer religiösen Schriften wegen als Klassikerin der spanischen Sprache.

Catedral San Salvador: Eine Kirche als Festung – die Apsis der Kathedrale ist das mächtigste Element der Stadtmauer. Bereits im 12. Jh. begonnen, wurde die Kirche erst im 14. Jh. fertiggestellt. Im dunklen Inneren sind die unterschiedlichen Bauphasen noch deutlich erkennbar: Ältere Abschnitte sind aus rot-weißem, spätere aus grauem Granit errichtet. Der große, platresk geschmückte Chor in der Mitte nimmt jedes Raumgefühl. Das angeschlossene *Museum*, zu dem auch die eindrucksvolle Sakristei gehört, präsentiert kirchliche Kunst des 13.–18. Jh. Ein eigener Raum ist der *Custodia* gewidmet, einem mannshohen und kostbar verzierten Hostienbehälter.
Öffnungszeiten Im Sommer Mo–Fr 10–19.30 Uhr, Sa 10–20 Uhr, So 12–18 Uhr; außerhalb der HS ist z.T. nur bis 17 oder 18 Uhr geöffnet. Eintrittsgebühr 4 €.

Stadtpaläste: Die sogenannten *Mansiones* der Adelsfamilien stehen meist in der Altstadt. Schöne Beispiele unter vielen sind die *Mansion de los Veiada* am Kathedralenplatz und die festungsartige *Mansion de los Dávila* an der südlichen Stadtmauer.
Plaza de la Victoria: Mit dem Rathaus, der Kirche San Juan und einigen Café-Bars bildet sie das arkadengeschmückte Zentrum der Altstadt und ist am Freitag Schauplatz eines lebendigen, recht ländlichen Markts.

Außerhalb der Stadtmauern

Basílica de San Vicente: Die bedeutende Kirche steht nahe des gleichnamigen Tors, an der Nordostecke der Stadtmauer und an der Stelle, an der der Hl. Vicente mit seinen beiden Schwestern Sabina und Cristeta den Märtyrertod erlitten haben soll. Im frühen 12. Jh. begonnen, wurde sie nie vollendet, zeigt aber am Süd- und Westportal sehr schöne Statuengruppen. Im Innenraum dominiert der detailliert reliefgeschmückte Schrein der drei Heiligen.
Öffnungszeiten Mo–Sa 10–18.30 Uhr; So 16–18.30 Uhr; Eintritt 1,80 €, So gratis.

Mansion de los Deanes/Museo Provincial: Der im 16. Jh. errichtete Palast, nur wenig südöstlich von San Vicente, beherbergt heute eine Ausstellung vorwiegend archäologisch-völkerkundlicher Exponate.
Öffnungszeiten Di–Sa 10–14, 16–19 Uhr, So 10–14 Uhr; Eintritt 1,20 €, Sa/So gratis.

Monasterio San José: Ein Stück östlich des Provinzmuseums, an der Calle del Duque de Alba, steht dieses auch „Las Madres" genannte Kloster, erste Gründung der Hl. Teresa. Angeschlossen ist ein kleines Museum.
Öffnungszeiten 10–13.30, 16–19 Uhr; Eintrittsgebühr 1,20 €.

Plaza Santa Teresa: Mit einer Reihe von Bars und Cafés einer der Hauptplätze von Ávila. *San Pedro*, die romanische Kirche des 12. Jh. an der Stirnseite des Platzes, prunkt mit großer Rosette; im Inneren ein Barockaltar.

Monasterio de Santo Tomás: Ein gutes Stück südöstlich unterhalb der Altstadt, am Ende der Calle Jesús del Gran Poder. 1482 von Großinquisitor Tomás Torquemada gegründet und finanziert mit Mitteln, die er von seinen Opfern konfiszierte, ist es bis heute Dominikanerkloster geblieben. Zeitweise war das Kloster Residenz der „Katholischen Könige" Isabella und Ferdinand, deren einziger, früh gestorbener Sohn Juan hier in einem prächtigen Grabmal ruht. Die düstere Kirche war auch Schauplatz der Inquisition; freundlicher sind die gleich drei Kreuzgänge, von denen einer ein *Museo Oriental* beherbergt.

Öffnungszeiten 10–13, 16–20 Uhr; Eintrittsgebühr für Kreuzgänge und Chor 3 €.

Monasterio de la Encarnación: In dem nördlich der Stadtmauern gelegenen Kloster verbrachte die heilige Teresa 30 Jahre; kaum verwunderlich, dass es heute Hauptziel des Wallfahrtstourismus ist. Auf den Führungen wird auch der Holzklotz gezeigt, den die Heilige als Kopfkissen benutzte...

Öffnungszeiten Mo–Fr 9.30–13, 16–19 Uhr, Sa/So 10–13, 16–19 Uhr; Eintrittsgebühr 1,70 €.

Sierra de Gredos

Im Süden und Südwesten von Ávila erheben sich zwei Höhenzüge der Sierra de Gredos. Das Gebirge, das im Pico de Almanzor auf 2592 Meter Höhe ansteigt, ist ein beliebtes Naherholungsgebiet der Madrileños. Auffällig bei einer Durchquerung, selbst per Pkw auf der Hauptroute N 502 über den Pass *Puerto del Pico* (1352 m), ist der unterschiedliche Charakter beider Seiten: im Norden langsam ansteigend und mit fast alpiner Flora, im Süden steil abfallend und von mediterraner Pflanzenwelt geprägt.

Coto Nacional de Gredos heißt das zentrale Schutzgebiet um die höchsten Gipfel der Sierra. Autofahrer können über Hoyos del Espino, an der AV 941 und nicht weit von Navarredonda gelegen, zur sogenannten *Plataforma* am Nordrand des Coto hochfahren, die Ausgangspunkt zur Besteigung des Pico de Almanzor ist.

- *Übernachten* ***** Parador de Gredos**, an der AV 941 östlich von Navarredonda. Das allererste Haus der Kette, 1928 eröffnet, ein großer Natursteinbau mit schöner Aussicht. Standard-DZ etwa 130 €. Carretera Barraco-Béjar, km 43; ✆ 920 348048, ✉ 920 348205, www.parador.es.

▶ **Arenas de San Pedro** an der N 502 ist als „Hauptstädtchen" der Sierra de Gredos auch mit öffentlichen Verkehrsmitteln zu erreichen, die allerdings nur sehr sparsam verkehren. Das Dorf *Guisando*, fünf Kilometer nordwestlich am Rand des Coto Nacional gelegen, ist ein Treffpunkt der Kletterfans. Freunde der Unterwelt sollten sich die Höhle *Grutas del Águila* (täglich 10.30–13, 15–18/19 Uhr, 6 €) ansehen, die rund zehn Kilometer südlich von Arenas liegt und eine rund 19.000 Quadratmeter große Halle mit zahlreichen Tropfsteinen besitzt.

- *Verbindungen* **Bus**: Verbindungen ab Ávila 2-mal täglich (mittags/nachmittags).
- *Übernachten* ***** Hotel Hostería Los Galayos**, erste Adresse vor Ort, ein zentral gelegenes Mittelklassehotel. DZ knapp 55 €. Plaza Condestable Dávalos 2, ✆ 920 371379. www.losgalayos.com.

* Hostal El Castillo, einfaches, aber für den Preis ordentliches Quartier. DZ/Bad kosten etwa 35 €. Carretera de Candeleda 2, ✆ 920 370091.

- *Camping* **Los Galayos**, 2. Kat., bei Guisando. Mittleres Preisniveau, p. P., Auto, Zelt je etwa 4,50 €. Offiziell ganzjährig geöffnet, in der NS besser anrufen: ✆ 920 374021.

Weiter Blick von den Torres Medievales

Salamanca

Schon aufgrund ihrer zahlreichen Baudenkmäler wäre die Provinzhauptstadt am Río Tormes den Besuch unbedingt wert. Vor allem aber ist es die angenehme Atmosphäre, die Salamanca so anziehend macht. Und dann ist da noch die schönste Plaza Spaniens ...

Im Vergleich zu Ávila erweist sich Salamanca als die weitaus freundlicher und lebendiger wirkende Stadt. Für kosmopolitisches Flair und anregendes Nachtleben sorgen die zahlreichen ausländischen Gaststudenten und Sprachschüler der berühmten Universität. Auch das Stadtbild, in dem alle Baustile von der Romanik bis zum Barock vertreten sind, erfreut – immerhin wurde Salamanca von der Unesco mit der Ernennung zum „Kulturerbe der Menschheit" geadelt. Die *Plaza Mayor* gilt zu Recht als schönster Platz Spaniens; an Sommerabenden wird das große, in sich geschlossene Viereck zum öffentlichen Wohnzimmer Salamancas. Voller Harmonie ist auch die übrige Altstadt, die einheitlich aus honiggelbem Sandstein erbaut wurde. Leicht zu bearbeiten, gab er den perfekten Werkstoff für den platteresken Stil ab, der an den hiesigen Fassaden seinen Höhepunkt erreichte.

Salamanca liegt in einer weiten, für ihre Kampfstierweiden bekannten Ebene auf über 800 Meter Höhe, etwas abseits der innerspanischen Hauptrouten und wird deshalb von Rundfahrtbussen weniger stark besucht als Segovia oder Ávila. Wenn in den Abendstunden die Fassaden in sanften Goldtönen schimmern, Störche über die Flussbrücken segeln und die Plaza Mayor vom Stimmengewirr Hunderter von Menschen wie ein Bienenhaus summt, dann hat sich jeder Umweg gelohnt.

Orientierung: Trotz seiner Größe (etwa 160.000 Einwohner) bleibt Salamanca leicht überschaubar. Von einigen neuen Wohnvierteln abgesehen, liegt die eigentli-

Salamanca

che Stadt am Nordufer des Río Tormes. Herz des von einer Ringstraße umgebenen Zentrums ist natürlich die *Plaza Mayor*. Die Mehrzahl der Monumente ist flusswärts zu finden, nördlich und östlich der Plaza Mayor dagegen erstrecken sich eher neuzeitlichere Viertel. Hauptstraße des Zentrums ist die *Calle de España*, auch *Gran Vía* genannt.

Geschichte

Schon von Keltiberern besiedelt, erlangte das damalige *Salamantica* unter den Römern gewisse Bedeutung als Handelsstation. Salamancas Blütezeit begann im späten 11. Jh. mit der Rückeroberung durch *Alfons VI*. und der folgenden Ansiedlung neuer Bewohner. Die bereits 1218 erfolgte Gründung der Universität markiert einen ersten Höhepunkt der Prosperität, die für Jahrhunderte anhielt. Erst mit der Vertreibung der noch verbliebenen Mauren ab 1610 begann ein langsamer wirtschaftlicher Niedergang. Seit dem Beginn des 20. Jh. erfolgte ein erneuter Aufschwung, in dessen Verlauf die Einwohnerzahl rapide anstieg. Im Jahr 2002 war Salamanca „Europäische Kulturhauptstadt", Anlass für die Errichtung mehrerer neuer Museen und Kulturzentren.

Information/Diverses

- *Information* **Oficina de Turismo de la Comunidad**, in der Casa de las Conchas (siehe auch „Sehenswertes"), Rúa Mayor 70, ✆ 923 268571. Zuständig für Stadt und Region, Öffnungszeiten von Juli bis Mitte September täglich 9–20 Uhr, sonst Mo–Sa 9.30–14, 16–19 Uhr, So 9.30–17 Uhr.
Oficina Municipal de Turismo, Plaza Mayor 32; geöffnet Mo–Fr 9–14, 16.30–20 Uhr, Sa 10–20 Uhr, So 10–14 Uhr. ✆ 902 302002, 🖷 923 218342; www.salamanca.es.
- *Post* Calle de España (Gran Vía) 25; Öffnungszeiten: Mo–Fr 8.30–20.30 Uhr, Sa 9.30–14 Uhr.
- *Internet-Zugang* **Ciber Palominos**, einer von vielen Anbietern; Calle Palominos 8 bajo, in einer Seitenstraße der Rúa Mayor.
- *Sprachkurse* Salamanca ist eine der Hauptstädte des Sprachtourismus, entsprechend groß die Auswahl an Privatschulen (Liste bei der Infostelle). Sehr renommiert sind die Kurse der Universität; Informationen: Cursos Internacionales de la Universidad de Salamanca, Patio de Escuelas Menores, 37008 Salamanca; ✆ 923 294418, http://cursos.usal.es.

Verbindungen

Zug: Bahnhof (Info-✆ der Renfe: 902 240202) am Paseo de la Estación, etwa eine Viertelstunde nordöstlich des Zentrums. Nach Ávila 8-mal, Madrid 7-mal, Valladolid 6-mal täglich, 1- bis 2-mal täglich auch Fernzüge nach Portugal, León, San Sebastian und Barcelona.

Bus: Busbahnhof (Info: ✆ 923 236717) an der Avda. Filiberto Villalobos, etwa eine Viertelstunde nordwestlich des Zentrums. Gute Verbindungen in alle Richtungen, nach Madrid, Ciudad Rodrigo und Zamora jeweils etwa stündlich, Ávila 6-mal, León 3-mal, Valladolid via Tordesillas 6-mal, Cáceres 5-mal, Santander 2-mal und Santiago 3-mal täglich.

Übernachten (siehe Karte S. 599)

Große Auswahl besonders in den unteren Kategorien. Viele preiswerte Hostals sind allerdings fast rund ums Jahr durch Langzeitbewohner belegt.

- *Hotels* ***** **Hotel AC Palacio de San Esteban (18)**, 2005 eröffnetes Luxusquartier, untergebracht in einem umgebauten Kloster des 16. Jh. Fantastisches Ambiente also, die Zimmerausstattung und auch das Restaurant (untergebracht im ehemaligen Refektorium) stehen da nicht nach. DZ offiziell etwa 200 €, in der Regel aber um die 110–180 €. Arroyo de Santo Domingo 3, ✆ 923 262296, www.ac-hotels.com.

Kastilien-León

**** Parador de Salamanca (21), außerhalb der Stadt auf der südlichen Seite des Río Tormes. Ein modernes Gebäude mit schönem Blick auf die Stadt, jedoch in fragwürdiger Architektur. Standard-DZ etwa 160 €. Calle Teso de la Feria 2, ✆ 923 192082, ℻ 923 192087, www.parador.es.

**** Hotel Res. Rector (19), sehr angenehme Alternative am südlichen Altstadtrand. Schönes altes Haus mit reizvoller Dekoration und viel Komfort; Parkmöglichkeit. Nur zwölf Zimmer, Reservierung sehr ratsam. DZ etwa 150–190 €. Paseo Rector Esperabe 10, ✆ 923 218482, ℻ 923 214008. www.hotelrector.com.

** RA Toboso (4), Aparthotel in sehr zentraler Lage, nur hundert Meter von der Plaza Mayor. 2001 komplett renoviert. Geräumige Zimmer, Marmorbäder, Lärmschutzfenster. DZ etwa 50–60 €, Apartment für 3 Personen rund 85–90 €. Calle Clavel 7, ✆ 923 271462, ℻ 923 271464. www.hoteltoboso.com.

** Hotel Res. Don Juan (8), kleineres, freundliches und gut ausgestattetes Hotel, ebenfalls nur ein paar Schritte von der Plaza Mayor; Garage. Nur 16 Zimmer, DZ etwa 65–80 €. Calle Quintana 6, ✆ 923 261473, ℻ 923 262475. www.hoteldonjuan-salamanca.com.

** Hotel La Perla Salmantina (11), flusswärts unweit der Plaza Mayor. Familienbetrieb mit geräumigen und gepflegten Zimmern, 2002 nach Komplettrenovierung vom Hostal zum Hotel hochgestuft; Parking. DZ/Bad etwa 60–75 €. Calle Sánchez Barbero 7, eine Seitengasse der Rúa Mayor; ✆ 923 217656. www.laperlasalmantina.com.

** Hotel Res. Emperatriz II (12), ein Ableger des Hotels Emperatriz. Gute Lage in einer Fußgängerzone südlich der Plaza Mayor; schlichte, für den Preis aber durchaus ordentliche Zimmer. DZ/Bad kommen auf etwa 55 €. Rúa Mayor 18, ✆/℻ 923 219156. www.emperatrizhotel.com.

** Hotel Emperatriz (7), mitten in Salamancas Vorzeigeviertel. Garage vorhanden. Auch hier fallen die Zimmer recht schlicht (und etwas hellhörig) aus. DZ/Bad etwa 50 €, an Ostern 55 €. Calle Compañía 44, südwestlich unweit der Plaza Mayor, ✆ 923 219200. www.emperatrizhotel.com.

* Hotel Res. Reyes Católicos (2), recht großes, ordentlich ausgestattetes Hotel knapp außerhalb der Altstadt in Richtung Bahnhof. Beliebt und oft belegt, Reservierung ratsam. DZ/Bad etwa 65 €. Paseo de la Estación 32–38, ✆/℻ 923 241064.

** Hostal Sara (13), im Herzen der Altstadt. Nicht nur die Lage ist top, auch die Ausstattung dieses hotelähnlichen, 2006 komplett renovierten Quartiers kann sich absolut sehen lassen. DZ/Bad angemessene 60 €. Calle Meléndez 11, ✆ 923 281140, ℻ 923 281142, www.hostalsara.org.

** Hostal Res. Los Hidalgos (3), am nordöstlichen Rand der Altstadt. Ziemlich laute Lage, dafür relativ viel Komfort fürs Geld; Parkgarage. Geräumige Zimmer, nach hinten natürlich ruhiger. DZ/Bad etwa 40–45 €, ohne Bad noch etwas günstiger. Paseo de Canalejas 14–16 (Altstadtring), ✆ 923 261036. www.hostalhidalgos.com.

* Pensión Fonda Lisboa (10), Beispiel für die Reihe preisgünstiger Pensionen in dieser zentralen Straße. DZ/Du etwa 35 €, ohne Dusche un die 25 €. Calle Meléndez 1, ✆ 923 214333.

* Pensión Barez (14), ein Lesertipp von Anne Tornow: „Sehr zentral, ausgesprochen nette Besitzer, alles sehr gepflegt." DZ ohne Bad knapp 30 €. Calle Melendez 19, ✆ 923 217495. Im Umfeld noch weitere preiswerte Pensionen.

● *Jugendherbergen* **Albergue Juvenil Salamanca (16)**, in günstiger Lage am südöstlichen Rand des Zentrums. Calle Escoto 13–15, ✆ 923 269141, www.alberguesalamanca.com.

Albergue Juvenil Municipal Lazarillo de Tormes (20), städtische JH, etwa 15 Busminuten vom Zentrum. Calle Lagar s/n, Bus Nr. 1, 5 und 8 ab der oberen Calle San Pablo (nahe Plaza Mayor), ✆ 923 194249, www.alberguemunicipalsalamanca.com.

Camping

Insgesamt vier Plätze um Salamanca.

Regio, 1. Kat., beim gleichnamigen Hotel an der alten Straße von Madrid, etwa vier Kilometer vor dem Zentrum. Zufahrt von der neuen N 501 über die Ausfahrt Santa Marta de Tormes; stündliche Busverbindung ab Calle de España bzw. Gran Vía, Nummer 41. Bester Platz um Salamanca, mittlerer Schatten, gute Sanitärs, Schwimmbad öffentlich, Ermäßigung für Camper. Ganzjährig geöffnet: p.P., Auto, Zelt je etwa 4,50 €, zur NS günst ger. ✆ 923 138888, www.campingregic.com.

Salamanca

Essen & Trinken
1. Zona Van Dyk
5. Rest. Chez Victor
6. Mesón El Grillo Azul
9. Rest. Casa Paca
13. Bar-Rest. El Patio Chico
14. Café-Rest. Delicatessen
15. Bar-Rest. El Bardo
17. Rest. Victor Gutiérrez

Übernachten
2. Hotel Res. Reyes Católicos
3. Hostal Res. Los Hidalgos
4. RA Toboso
7. Hotel Emperatriz
8. Hotel Res. Don Juan
10. Pensión Fonda Lisboa
11. Hotel La Perla Salmantina
12. Hotel Res. Emperatriz II
13. Hostal Sara
14. Pensión Barez
16. Albergue Juvenil Salamanca
18. Hotel AC Palacio de San Esteban
19. Hotel Res. Rector
20. Albergue Juvenil Municipal Lazarillo de Tormes
21. Parador de Salamanca

Salamanca

100 m

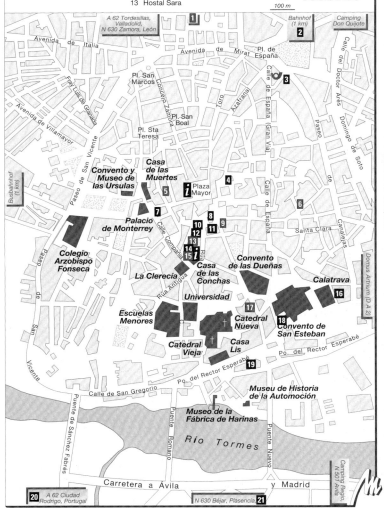

Don Quijote, 2. Kat., vier Kilometer östlich der Stadt bei Cabrerizos. Am Río Tormes, Schatten nur teilweise, kleine Bar und Einkauf. In der NS ist der Platz oft völlig verwaist, dann ist Camping Regio auf jeden Fall vorzuziehen. Preise ähnlich wie oben, geöffnet März bis Oktober, ✆ 923 209052.

Essen und Trinken (siehe Karte S. 599)

Salamancas Gastronomie ist studentenorientiert, die Preise sind entsprechend erträglich. Eine ganze Reihe von Restaurants mit preiswerten Mittagsmenüs findet sich im Gebiet um den Markt, in den Calles Aguilera und Clavel.

Rest. Victor Gutiérrez (17), eines der Top-Restaurants der Stadt, mit einem Michelinstern prämiert und mit hervorragender Küche. Auch die Weinauswahl und -präsentation sind vom Feinsten. Menü ab etwa 45 €. Zwei Wochen Mitte Januar, zwei Wochen Mitte Juli sowie So und z.T. auch Di-Abend geschlossen. Calle San Pablo 66, ✆ 923 262973.

Rest. Casa Paca (9), unweit der Plaza Mayor und ein Klassiker Salamancas, 1982 gegründet. Rustikales Ambiente, gute Lokalküche und eine sehr beliebte Tapa-Bar. Menü à la carte ab etwa 35–40 €. Calle San Pablo, Ecke Plaza del Peso.

Restaurante Chez Victor (5), ebenfalls eine der edleren Lokalitäten; preislich etwa wie oben. Calle Espoz y Mina 26, westlich der Plaza Mayor, ✆ 923 213123. So-Abend, Mo und im August geschlossen.

Bar-Rest. El Patio Chico (13), schick-rustikale, von der studentischen Klientel gern besuchte Kneipe mit angeschlossenem Restaurant, Spezialität Fleisch vom Grill. Üppiges Menü (auch abends) für etwa 14 €. Calle Meléndez 13.

Café-Rest. Delicatessen (14), ganz in der Nähe, vom Charakter und Ambiente her jedoch weit nobler. Auch beliebt zum Frühstück. Mittagsmenü 12 €, abends à la carte etwa 25–30 €. Calle Meléndez 25.

Bar-Rest. El Bardo (15), ums Eck von der Casa de las Conchas. Unten gemütliche Bar, oben Restaurant. Im Angebot zwei recht preiswerte Menüs, davon eines vegetarisch. Calle Compañía 8.

Mesón El Grillo Azul (6), etwas abseits gelegenes, aber dennoch beliebtes vegetarisches Restaurant. Nicht teuer. So-Abend, Mo und im Agust geschlossen. Calle Grillo 1.

Studentische Tradition: Tunas auf der Plaza Mayor

Zona Van Dyk (1), die gefragteste Tapazone der Stadt, in und um die Calle van Dyk nördlich des Zentrums. Besonders viel Betrieb herrscht hier am Sonntag, bevor das studentische Publikum das gleichnamige Kino besucht. Eine weitere Zone liegt nahe der Plaza Mayor um die Calle Ventura Ruiz Aguilera und östlich fast angrenzend um die **Calle Clavel**.

Nachtleben

Die **Plaza Mayor** ist mit ihren zahlreichen Cafés und Bars der Ausgangspunkt jeder Tour. Auch Richtung Westen herrscht in vielen Straßen reger Betrieb.

Um die Calle Bordadores: Westlich der Plaza Mayor. Im „Café Caravan", Compañía 12, geht es bei Jazz und Schach eher ruhig zu. Lauter und optisch recht reizvoll ist das „Camelot", Bordadores 3, eine zum Disco-Pub umgebaute historische Kapelle, innen zweistöckig, Musik von Klassik bis Rock.

Calle de España (Gran Vía): Mit zahlreichen Kneipen in den Seitenstraßen ein weiterer Fixpunkt des studentischen Nachtlebens. Einen Besuch wert sind z. B. das „Gran Café Moderno" auf Nr. 77 oder „El Callejón" auf Nr. 66.

La Posada de las Almas, herrlich kitschige Kneipe mit üppigem Dekor: Kuhfelle, Puppenstuben, pausbäckige Engel... Plaza San Boal 5, nördlich der Plaza Mayor.

Klimt Gallery, das ehemalige, sehr beliebte Morgana, wird von der Camelot-Mannschaft betrieben und hat mit am längsten geöffnet. Calle Iscar Peyra 34, etwa im Gebiet zwischen Plaza Mayor und Plaza Santa Teresa.

Einkaufen/Feste und Veranstaltungen

• *Markt/Kulinarisches* **Plaza del Mercado**, direkt südöstlich der Plaza Mayor, gutes Angebot an Kulinarischem aller Art.
Jamón y Embutidos de Guijuelo, Schinken und Wurstwaren aus der durch eine Herkunftsbezeichnung (D.O.) geschützten Region südlich der Stadt, werden in vielen Geschäften z.B. der Rúa Mayor verkauft.

• *Feste und Veranstaltungen* **Tunas**, von Studenten für ihre Liebste gesungene Ständchen, sind eine mittelalterliche Tradition und heute häufig – allerdings eher zum studentischen Broterwerb – auf der Plaza Mayor zu hören.
San Juan de Sahagún, 12. Juni. Folklore und Konzerte auf der Plaza Mayor.
Ferias de Salamanca, etwa eine Woche lang, Beginn immer am 7. September abends. Das Hauptfest der Stadt mit Feuerwerk, Stierkämpfen und vielem mehr. Bereits etwas früher beginnt die „Tagesferia" **Feria de Día**.

Sehenswertes

Plaza Mayor: Der zentrale Treffpunkt Salamancas entstand ab 1729, als Jahr der Fertigstellung gilt allerdings erst 1755; ein Datum, das beim 250-jährigen Jubiläum im Jahr 2005 gebührend gefeiert wurde. Die Pläne für die Plaza Mayor entwarf unter anderem Alberto de Churriguera, Mitglied der bekannten Architektenfamilie. An allen vier Seiten ist der Platz von den gleichen dreistöckigen Hausfronten mit Arkaden umgeben; Ausnahmen sind nur das Rathaus mit Glockenstuhl und der Königliche Pavillon gegenüber.

Südlich der Plaza Mayor

Casa de las Conchas: An der Rúa Mayor, Ecke C. Compañía. Der Stadtpalast des frühen 16. Jh., heute Sitz eines der beiden Fremdenverkehrsämter, ist an der Fassade mit Jakobsmuscheln geschmückt: Der adlige Besitzer wollte so seine Zugehörigkeit zum Orden von Santiago demonstrieren. Im Inneren eine öffentliche Bibliothek; falls geöffnet, lohnt sich ein Blick auf den Kreuzgang mit seinen skurrilen Kapitellen.

Der schönste Platz Spaniens am Abend: Plaza Mayor

La Clerecía: Die große Barockkirche des 17. Jh. war Sitz der Päpstlichen Universität. Reizvoll sind besonders die schönen Türme, das Innere besitzt gleich mehrere üppig churriguereske Altäre.
Führungen Di–Fr 10.30–12.45, 17–18.45 Uhr, Sa 10–13.15, 17–19.15 Uhr, So 10–13.15 Uhr; 2,50 €.

▶ **Um den Patio de las Escuelas**: Der in sich geschlossene und von einer Reihe historischer Bauten umgebene Platz, Zentrum des früheren Universitätsbetriebs, liegt flusswärts der Clerecía an der Calle Libreros.

Universität: Bereits 1218 gegründet, zählte sie im Mittelalter zu den ganz großen Hochschulen Europas; heute ist sie Spaniens älteste bestehende Universität. Das Gebäude selbst stammt aus dem frühen 15. Jh., die exquisite platereske Fassade, wohl die schönste ihrer Art überhaupt, dagegen erst aus dem 16. Jh. Vor ihr verrenken sich meist ganze Besuchergruppen den Hals: Sie suchen nach dem Frosch („Rana"), der im überreichen Schmuck versteckt ist – ihn ohne fremde Hilfe zu finden, soll Glück bringen. Falls Sie dennoch etwas Unterstützung in Anspruch nehmen wollen: Das Tier sitzt auf einem menschlichen Schädel an der rechten Hauptsäule, schräg rechts oberhalb des zentralen Medaillons der Katholischen Könige. Im Inneren der Universität interessiert, neben der mit Wandteppichen und Gemälden geschmückten großen Aula *Paraninfo* und der Kapelle, besonders der fast originale, spartanische Hörsaal, in dem im 16. Jh. Fray Luis de León lehrte, ein offensichtlich durch nichts zu erschütternder Mann: Fünf Jahre im Kerker der Inquisition eingesperrt, begann er die erste Vorlesung nach seiner Entlassung mit den Worten „Wie wir schon gestern sagten...". Ähnlich aufrecht zeigte sich im 20. Jahrhundert der Rektor und Philosoph Miguel de Unamuno, der sich noch kurz vor seinem Tod 1936 in einer berühmt gewordenen Rede mit den Faschisten anlegte.

Escuelas Menores: Das Gebäude gegenüber der Universität glänzt neben dem platteresken Portal und einem schönen Kreuzgang besonders mit dem Universitätsmu-

Salamanca

seum (Mo geschlossen). Hier ist der *Cielo de Salamanca*, der „Himmel von Salamanca" zu sehen, ein aus dem 15. Jh. stammendes und leider teilweise zerstörtes Fresko, das unter anderem die Tierkreiszeichen darstellt.

Öffnungszeiten Mo–Fr 9.30–13.30, 16–19 Uhr, Sa 9.30–13.30, 16–18.30 Uhr, So 10–13.30 Uhr; Eintritt für Universität und Museum 4 €, Mo-Vormittag gratis.

▸ **Catedral Nueva/Catedral Vieja**: Salamanca besitzt gleich zwei Kathedralen, deren Baukörper auf zunächst etwas schwer zu durchschauende Weise miteinander verbunden sind.

Catedral Nueva: Die neue Kathedrale überragt ihre Vorgängerin bei weitem. 1513 im Zeichen der Spätgotik begonnen, wurde sie erst über zwei Jahrhunderte später fertig gestellt und weist deshalb eine Vielzahl an Stilelementen auf. Besonders eindrucksvoll sind die platereskenen Portale im Norden und Westen. Am westlichen der beiden Nordportale ist im üppigen Schmuck auf etwa 2,5 Meter Höhe ein Astronaut versteckt – nicht etwa Beweis für einen Jahrhunderte zurückliegenden Besuch Außerirdischer, sondern von einem verspielten Steinmetz bei der letzten Restaurierung 1992 eingefügt. Im Inneren enthält die *Capilla del Cristo de las Batallas* ein Kruzifix aus dem 11. Jh., das den Volksheld El Cid auf seinen Schlachten begleitet haben soll.

Catedral Vieja: Die alte Kathedrale (12./13. Jh.) wird über einen Zugang im rechten Seitenschiff der neuen Kathedrale erreicht. Prächtigstes Prunkstück ist der riesige, in die Hauptapsis geschmiegte Retabel (15. Jh.) mit 53 Darstellungen, der von einem großen Deckenfresko abgeschlossen wird. Der *Kreuzgang* südlich der alten Kathedrale stammt aus dem 12. Jh., musste aber nach den beim Erdbeben von Lissabon (1755) entstandenen Schäden weitgehend erneuert werden. Unter den original verbliebenen Kapellen sind besonders die maurisch inspirierte *Capilla de Talavera* und die *Capilla de Santa Bárbara* einen Blick wert – in letzterer mussten die Doktoranden früherer Jahrhunderte vor ihrem Abschluss die Nacht verbringen und auch das Examen ablegen. Vom Kreuzgang zu erreichen ist das *Diözesanmuseum*.

Torres Medievales: Ein Glanzlicht der Besichtigung ist der Aufstieg zu den mittelalterlichen Türmen der Kathedrale. Neben der fantastischen Fernsicht, dem Blick auf die steinerne Pracht architektonischer Details und einer Reihe museumsähnlich hergerichteter Räume lohnt besonders der Blick von einer Empore ins Innere der neuen Kathedrale. Der Zugang erfolgt von der Plaza Juan XXIII. beim Schild „Ieronimus".

Öffnungszeiten: Neue Kathedrale täglich 9–20 Uhr, Alte Kathedrale 10–19.30 Uhr (Winter 17.30 Uhr); Eintritt zur neuen Kathedrale frei, zur alten Kathedrale etwa 4,50 €. Die Torres Medievales öffnen täglich 10–19.30 Uhr, Eintrittsgebühr ca. 3,50 €; www.ieronimus.com.

Kurioses Detail: Astronaut am Nordportal der Neuen Kathedrale

Aussichtspunkt: im Innern der neuen Kathedrale

Casa Lis: Unweit des Río Tormes und oberhalb des Paseo Rector Esperabé gelegen, steht dieses Museum ganz im Zeichen von Art Nouveau und Art Déco. In seinen Anfangsjahren war es das meistbesuchte Museum in ganz Kastilien-León. Zu sehen sind Gemälde, Schmuck, Gebrauchsgegenstände, Statuen und viele Schätze mehr, doch ist auch das an der Wende des 19. zum 20. Jahrhundert errichtete Gebäude an sich ein wahrer Traum.
Öffnungszeiten April bis Mitte Oktober Di–Fr 11–14, 17–21 Uhr, Sa/So 10–21 Uhr; restliche Zeit Di–Fr 11–14, 16–19 Uhr, Sa/So 11–20 Uhr; Eintrittsgebühr 3 €.

Museo de la Fábrica de Harinas: Am bzw. über dem Río Tormes steht diese alte Getreidemühle, ein schön restauriertes Industriedenkmal des 19. Jh., dessen Maschinenraum perfekt erhalten und als Museum zu besichtigen ist. Der Bau beherbergt auch ein Casino nebst Restaurant und Cafetería.
Öffnungszeiten Täglich 12 Uhr bis Mitternacht; Eintritt frei.

Museo de Historia de la Automoción: Das Museum für Automobilgeschichte eröffnete im Herbst 2002, eingeweiht vom spanischen König höchstpersönlich. Herz der Ausstellung, die sich über fünf Säle erstreckt, ist die so genannte „Colección Gómez-Planche", die aus mehr als hundert Oldtimern besteht und deren zeitlicher Rahmen von der automobilen „Vorgeschichte" des 18. Jh. bis zur zweiten Hälfte des 20. Jh. reicht.
Öffnungszeiten Di–So 10–14, 17–20 Uhr; Eintrittsgebühr 3 €, am ersten Di im Monat gratis.

Puente Romano: Die „römische Brücke", die südwestlich der Kathedralen den Río Tormes überspannt, ist in den ersten 15 Bögen wirklich noch römischen Ursprungs, stammt vielleicht aus der Zeit Kaiser Vespasians (69–79 n. Chr.).

Convento de las Dueñas: Östlich der beiden Kathedralen findet sich um das Südende der Calle de España (Gran Vía) ein weiterer Komplex sehenswerter Bauten. Das ab 1533 errichtete Dominikanerinnenkloster Convento de las Dueñas besitzt den schönsten Kreuzgang der Stadt: Die aus der Renaissance stammenden phantastischen Groteskfiguren im oberen Geschoss sollte man sich nicht entgehen lassen; manche

Schatzkästchen für Art Nouveau und Art Déco: Casa Lis

Kunsthistoriker vermuten Dante („Inferno" oder „Göttliche Komödie") als Vorbild. Im ersten Stock ist eine Verkaufsstelle für selbst hergestellte Süßwaren untergebracht.
Öffnungszeiten Mo–Sa 10.30–12.45 Uhr, 16.30–18.45 Uhr (Winter 17.30 Uhr); 1,50 €.

Convento de San Esteban: Schräg gegenüber des Convento de las Dueñas glänzt die Kirche dieses ab 1523 erbauten Dominikanerklosters mit aufwändig platereskem Portal. Im Innenraum wird die gesamte Apsis durch einen Retabel von *José Churriguera* völlig in Beschlag genommen – viertausend Pinien sollen für den riesigen Altar gefällt worden sein. Nähere Beachtung verdienen auch die Skulpturen des platereskem Kreuzgangs von 1544.
Öffnungszeiten Täglich 10–14, 16–20 Uhr (Winter 17–18.30 Uhr); Eintrittsgebühr 3 €.

Calatrava: Der große, 1717 von Joaquín Churriguera errichtete Stadtpalast steht östlich nahe San Esteban, ist allerdings nur von außen zu besichtigen.

Domus Artrium 2002 (DA2): Bereits jenseits des Paseo de Canalejas steht an der Avenida de la Aldehuela dieses 2002 eröffnete Zentrum für zeitgenössische Kunst (Di–Fr 12–14.30, 16.30–21 Uhr, Sa/So 10–21 Uhr; gratis), das in einem ehemaligen Gefängnis untergebracht ist und auf rund 1400 Quadratmetern Ausstellungen wechselnder Künstler zeigt. Ganz in der Nähe liegt das ebenfalls zum Festjahr angelegte Theaterzentrum **Centro de Artes Escénicas**.

Westlich der Plaza Mayor

Palacio de Monterrey: Von zwei Ecktürmen überragt, erhebt sich der Renaissancepalast (16. Jh.) an der gleichnamigen Plaza. Am Hauptaltar der gegenüberliegenden Klosterkirche *La Purísima* ist eine „Inmaculata" von *José Ribera* zu sehen, die als eines seiner Hauptwerke gilt.

Colegio Mayor Arzobispo Fonseca: In der Kapelle des um 1520 von Erzbischof Alonso de Fonseca gestifteten und von Diego de Siloé errichteten Konvents steht ein großer Retabel des Meisters *Alonso Berruguete*, der die Renaissance von Italien nach Spanien brachte.
Öffnungszeiten Di–Sa 10–14, 16–19 Uhr, So 10–14 Uhr; Eintritt frei.

Convento y Museo de las Ursulas: In der Kirche des 1512 ebenfalls durch Fonseca gegründeten Klosters liegt der Stifter in einem schönen Alabastergrab auch beerdigt; angeschlossen ist ein kleines Museum.
Öffnungszeiten Di–So 11–13, 16.30–18 Uhr, am letzten So im Monat geschlossen; 2 €.

Casa de los Muertes: Das „Haus der Toten", östlich der Ursulinenkirche, ist ein weiteres schönes Beispiel der Plateresk-Architektur des 16. Jh.; leider ist es nur von außen zu besichtigen.

Richtung Portugal

▶ **Ciudad Rodrigo:** Portugalfahrer sollten einen Stopp in dem historischen, etwa 90 Kilometer südöstlich von Salamanca (häufige Busverbindung) gelegenen Städtchen nicht versäumen. Neben dem malerischen, denkmalgeschützten Ortskern und einer über zwei Kilometer langen, begehbaren Stadtmauer glänzt Ciudad Rodrigo besonders mit seiner bereits 1165 gegründeten *Catedral de Santa María*, die trotz späterer Umbauten noch eine Reihe romanischer Details bewahrt hat; sehenswert auch der besinnliche Kreuzgang.

• *Information* **Oficina de Turismo**, Plaza Amayuelas 5, ℡ 923 460561. Unweit der Kathedrale, geöffnet Mo–Fr 9–14, 17–19 Uhr, Sa/So 10–14, 17–20 Uhr.

• *Übernachten* Im Zentrum und beim Busbahnhof finden sich einige einfache, preiswerte Pensionen. An der Durchgangsstraße liegen mehrere Hotels.

*** **Parador de Ciudad Rodrigo**, in einer Burg des 14. Jh., mit schönem Blick über der Altstadt gelegen. DZ etwa 140–150 €. Plaza del Castillo 1, ℡ 923 460150, ℻ 923 460404, www.parador.es.

*** **Hotel Conde Rodrigo**, solide Mittelklasse in der Altstadt, großes Restaurant angeschlossen. DZ etwa 60–80 €. Plaza San Salvador 9, ℡ 923 461408.

Sierra de la Peña de Francia

Auch der westliche Ausläufer des Kastilischen Scheidegebirges steigt noch bis auf immerhin 1732 Meter Höhe an. Die schönste Aussicht auf diesen reizvollen Gebirgszug bietet sich vom Kloster *Monasterio Peña de Francia*, das auf dem höchsten Gipfel der Sierra steht und von der Nebenstraße El Cabaco-La Alberca aus angefahren werden kann; im Sommer ist eine Gaststätte geöffnet. Auch das zehn Kilometer östlich von La Alberca gelegene Dorf *Miranda del Castañar* lohnt mit seinem historischen Ortskern einen Umweg.

▶ **La Alberca:** Der bereits 1940 als erstes aller spanischen Dörfer zum „Historischen Monument" erklärte Ort liegt unterhalb des in die Extremadura führenden Passes *Puerto de Portillo* (1240 m) und wird schon relativ häufig besucht. Besonders zum farbenfrohen Hauptfest am 15. August kommen die Fremden in Scharen.

• *Verbindungen* **Busse** fahren 1- bis 2-mal täglich ab Salamanca.

• *Übernachten* **** **Hotel Doña Teresa**, ungewöhnlich gut ausgestattetes Quartier, das z. B. über Sauna und türkisches Bad verfügt, auch Wanderungen, Reitausflüge, „Mittelalter-Essen" und andere Aktivitäten organisiert. Gutes Restaurant. DZ etwa 80–115 €, auch Pauschal- und Sonderangebote. Ctra. Mogarraz s/n, ℡ 923 415308, ℻ 923 415309, www.hoteldeteresa.com.

** **Hotel París**, angenehmes Mittelklassehotel im örtlichen Baustil. DZ etwa 65 €. San Antonio 2, ℡ 923 415131, ℻ 923 415140.

** **Hostal Res. La Alberca**, trotz des günstigen Preises ebenfalls recht komfortabel. DZ/Bad etwa 35 €. Plaza Padre Arsenio s/n, ℡ 923 415116.

• *Camping* **Al-Bereka**, 2. Kat., einige Kilometer nördlich. Geöffnet März–Oktober; p.P. etwa 4,50 €, Auto und Zelt je etwa 4 €. Ctra. Salamanca-La Alberca, km 75,6; ℡ 923 415195. www. albereka.com.

Das „Museum der Romanik": Zamora

Zamora

Wohl ihrer abgeschiedenen Lage wegen sieht die Provinzhauptstadt am Río Duero nur relativ wenige Besucher. Dabei hat sich das schon seit der Römerzeit bestehende Städtchen trotz seines überwiegend modernen Zentrums doch einiges an historischer Bausubstanz bewahren können. Die altehrwürdigen Gebäude stammen vor allem aus dem 12./13. Jh. und haben der Stadt den Beinamen „Museum der Romanik" eingetragen. Zumindest in Teilen sogar noch älter sind die Stadtmauern. Quer durch die Altstadt, die an der nördlichen Seite des Río Duero angesiedelt ist, ziehen sich die Hauptstraße *Calle Ramos Carrión* und ihre Verlängerung *Calle Santa Clara*; Zentrum von Zamora ist die *Plaza Mayor*.

• *Information* **Oficina de Turismo**, Plaza de Arias Gonzalo s/n, nicht weit von der Kathedrale; ✆ 980 533694. Geöffnet täglich 10-14, 17-20 Uhr bzw. im Winter 16-19 Uhr.

• *Verbindungen* **Zug**: Bahnhof (Info-✆ der Renfe: 902 240202) nordöstlich unweit des Zentrums. Züge nach Madrid 2-mal, La Coruña ebenfalls 2-mal täglich; Richtung Valladolid/León/Burgos in Medina del Campo umsteigen, Richtung Santiago de Compostela in Orense-Empalme.

Bus: Busbahnhof (Info: ✆ 980 521281) kaum 100 Meter vom Bahnhof entfernt. Nach Salamanca etwa stündlich, Valladolid 7-mal, Madrid 6-mal, León 7-mal, La Coruña 3-mal täglich.

• *Übernachten* **** **Parador de Zamora**, in einem Renaissancepalast südwestlich nahe der Plaza Mayor; Schwimmbad. Standard-DZ etwa 155–175 €; Plaza de Viriato 5, ✆ 980 514497, 📠 980 530063, www.parador.es.

*** **Hotel Doña Urraca**, nordwestlich knapp außerhalb der Altstadt. Solider Mittelklassekomfort, rund dreißig Zimmer; Cafeteria. DZ/Bad etwa 60 €. Plaza La Puebla 8, ✆ 980 168800, 📠 980 16801, www.hoteldonaurraca.com.

* **Hostal La Reina**, praktisch direkt an der Plaza Mayor. Einfache, aber passable und geräumige Zimmer. DZ/Bad um die 35 €, ohne Bad noch etwas günstiger. Calle La Reina 1, ✆ 980 533939. In der Nähe einige weitere preiswerte Pensionen.

- *Camping* **Ciudad de Zamora**, 2. Kat., etwa 2,5 km südlich der Stadt. Gute Ausstattung, Pool. Geöffnet Ostern bis Mitte September; Zelt etwa 7 €, p.P. etwa 6,50 €. Ctra. Zamora-Fuentesauco km 2,5 (zunächst Ri. Salamanca, dann links ab), ✆ 980 537295. www.campingzamora.com.
- *Essen* Restaurantzonen sind die Plaza Mayor sowie die Calle Santa Clara und ihre Seitengasse Calle Benavente.

Rest. Serafin, unweit der Plaza Mayor. Einer der Klassiker der Stadt, solide Regionalküche zu akzeptablem Preis, gute Weinauswahl. Probiermenü etwa 25 €, à la carte ähnliches Preisniveau. Plaza Maestro Haedo 10, von der Plaza Mayor Richtung Calle Santa Clara. Do geschlossen. ✆ 980 531422.

Rest. El Rincón de Antonio, ein Lesertipp von Prof. Dr. Klaus Hasemann: „Sehr gutes Restaurant in unmittelbarer Nähe des Paradors. Rúa de los Francos 6." Michelinbesternt, die Preise liegen dementsprechend auf gehobenem Niveau. ✆ 980 535370.

- *Feste und Veranstaltungen* **Semana Santa**, die Karwoche mit insgesamt 17 schwermütigen Umzügen, die zu den eindrucksvollsten des ganzen Landes zählen.

Internationales Keramik-Festival, an wechselnden Terminen im Juni, einem Monat, in dem auch sonst einiges geboten ist.

Sehenswertes

Catedral: Am südwestlichen Ende der Altstadt erhebt sich in der Nachbarschaft des Kastells die im 12. Jh. errichtete Kathedrale Zamoras. Durch maurischen Einfluss ist ihre Kuppel byzantinisch geprägt; am Südportal reiche Skulpturierung. Im Inneren fällt neben dem von zwei mudéjaren Kanzeln flankierten Hochaltar (18. Jh.) besonders das sehr fein geschnitzte Chorgestühl (16. Jh.) auf. Im kleinen *Museum*, untergebracht in dem aus dem 17. Jh. stammenden Kreuzgang, sind neben kirchlicher Kunst eine Reihe sehr detailliert ausgeführter flämischer Wandteppiche des 15./16. Jh. zu sehen. Ihre Motive sind oft antike Themen (unter anderem der Trojanische Krieg), die Kleidung der Personen jedoch ist mittelalterlich.

Öffnungszeiten Kathedrale Di–So 10–14, 17–20 Uhr; Museum Di–So 11–13, 17–20 Uhr (Winter 16.30–18.30 Uhr); Eintrittsgebühr 3 €.

Museo de la Semana Santa: Das Museum der Karwoche, westlich nahe der Plaza Mayor bei der Kirche Santa María la Nueva, zeigt die berühmten Figurengruppen „Pasos", die bei den Umzügen der Semana Santa durch die Straßen der Stadt getragen werden.

Öffnungszeiten Mo–Sa 10–14, 17–20 Uhr (Winter 16–19 Uhr), So 10–14 Uhr; Eintritt 3 €.

Umgebung von Zamora

▶ **Toro**: Etwa 30 Kilometer östlich von Zamora am Río Duero inmitten fruchtbarer Felder gelegen, markiert Toro ein wichtiges Datum der spanischen Geschichte: In der „Schlacht von Toro" konnte 1476 das Heer von *Isabella II.* einen Nachfolgestreit um die kastilische Krone gegen die Truppen *Alfonsos V.* von Portugal für die „Katholische Königin" entscheiden – ohne diesen Sieg würde die Weltkarte heute vielleicht anders aussehen. Am Karfreitag findet in Toro einer der längsten Umzüge Spaniens statt, er dauert von Mitternacht bis Mittag.

▶ **San Pedro de la Nave**: Etwa 17 Kilometer nordwestlich von Zamora steht eine uralte Kirche, wahrscheinlich bereits um 680 erbaut. Bei der Anlage des Stausees Ricobayo musste San Pedro mit seinen bemerkenswerten Säulenkapitellen Stein für Stein an den heutigen Standort versetzt werden. Zu erreichen ist die Kirche über die N 122 Richtung Portugal; nach etwa elf Kilometern Abzweigung rechts Richtung Campillo, nach etwa acht Kilometern erneuter Abzweig rechts.

▶ **Parque Natural Lago de Sanabria**: Der relativ kleine, wasserreiche Gebirgspark liegt im äußersten Nordwesten der Provinz Zamora, nördlich von *Puebla de Sa-*

nabria an der A52/N 525 Richtung Orense und Santiago de Compostela. Der See gibt mit Campingplätzen und einigen Hostals einen guten Übernachtungsstopp auf dem Weg nach Galicien ab, weitere Unterkünfte finden sich in Puebla de Sanabria.

- *Übernachten* ***** Parador Puebla de Sanabria**, moderner Parador in ruhiger Lage; Standard-DZ etwa 130 €. Avenida Lago de Sanabria 18, ✆ 980 620001, ✆ 980 620351, www.parador.es.

- *Camping* **El Folgoso**, 2. Kat., hat unter den Plätzen im Umfeld des Sees am längsten geöffnet, nämlich von Ostern bis Ende Oktober. Großes, recht gut ausgestattetes Gelände; p.P. 5,50 €, Auto 4 €, Zelt etwa 5 €, ✆ 980 626774, www.sanabriaturismorural.com.

Tordesillas

Wie das nahe Toro hat auch dieses kleine, bereits in der Provinz Valladolid gelegene Städtchen eine bedeutende Vergangenheit, schrieb einst sogar Weltgeschichte.

- *Übernachten* ***** Parador de Tordesillas**, modernes Gebäude an der Straße nach Salamanca; Schwimmbad. Standard-DZ etwa 140–160 €; Carretera de Salamanca 5, ✆ 983 770051, ✆ 983 771013, www.parador.es.
- *Camping* **El Astral** (1. Kat.), etwa einen Kilometer südlich der Stadt. Günstiger Übernachtungsplatz, großes Gelände mit mittlerem Schatten; Schwimmbad (gratis). Geöffnet April bis September; p.P. und Zelt je etwa 6,50 €, Auto etwa 5,50 €. ✆ 983 770953. www.campingelastral.com.

Real Monasterio de Santa Clara: Die Hauptsehenswürdigkeit von Tordesillas, ursprünglich ein Palast von Alfonso XI., den Pedro III. „Der Grausame" im Mudéjarstil für sich umbauen ließ. In dem späteren Klarissinenkloster wurde Johanna die Wahnsinnige, Tochter der Reyes Católicos, bis zu ihrem Tod praktisch gefangenhalten. Besonders schön ist die Kassettendecke der Capilla Mayor in der Kirche.
Öffnungszeiten Di–Sa 10–13, 16–18.30 Uhr (Winter: 17.45 Uhr), So 10.30–13.30, 15.30–17.30 Uhr; Führungen; Eintrittsgebühr 3,60 €.

> ### Spanien und Portugal teilen sich die Welt
> Tordesillas, den 7. Juni 1494. Vor knapp zwei Jahren hatte Kolumbus Amerika „entdeckt", sechs Jahre zuvor ein Trupp von Portugiesen das afrikanische Kap der Guten Hoffnung umschifft. Nun galt es beiden Nationen, sich die goldenen Schätze, die jenseits des großen Ozeans winkten, auch zu sichern. Und so einigten sich Spanien und Portugal ganz unverfroren auf die Aufteilung der damals in ihren Ausmaßen noch gar nicht genau bekannten Erde. In Nord-Süd-Richtung wurde eine Linie gezogen, die etwa 2000 Kilometer westlich der Kapverdischen Inseln verlief. Die westlich gelegenen Gebiete sollten den „Katholischen Königen" Spaniens gehören, die östlichen dem Rivalen Portugal. Andere Staaten fragte man erst gar nicht um ihre Meinung. Schließlich genoss man die Billigung allerhöchster Stelle: Papst Alexander VI. spielte den Schiedsrichter bei der Teilung der Welt.

Valladolid

Ihrem klangvollen Namen wird die Kapitale von Kastilien-Léon, gleichzeitig Bischofs- und Universitätsstadt, heute zwar nicht mehr ganz gerecht, doch besitzt Valladolid durchaus seine Vorzüge.

In den letzten Jahrzehnten rasch gewachsen, hat sich die Siedlung am Río Pisuerga zu einer lebhaften Industriestadt von etwa 320.000 Einwohnern entwickelt. Trotz

610 Kastilien-León

des überwiegend modernen Charakters wird mancher der vielen Durchreisenden auch einen Stopp einlegen wollen: Im alten, aufwändig renovierten Kern sind immer noch eine Reihe von Kostbarkeiten zu finden, darunter das bedeutendste *Skulpturenmuseum* Spaniens. Gleichzeitig zeigt sich die Stadt dank ihrer großen Studentengemeinde auch von einer sehr lebendigen Seite. Valladolids Altstadt liegt an der Ostseite des Río Pisuerga. Wichtigster Platz ist auch hier die *Plaza Mayor*; das Zentrum allerdings markiert die etwas weiter östlich gelegene *Kathedrale*. Einen weiteren Fixpunkt bildet die *Plaza de Zorilla*, am südwestlichen Altstadtrand und beim Stadtpark *Campo Grande* gelegen.

Geschichte: 1074 gelang es, Valladolid von den Mauren zurückzuerobern. Die Stadt nahm einen raschen Aufschwung und war wiederholt Residenz der kastilischen Könige. 1469 heirateten hier die „Katholischen Könige" Isabella von Kastilien und Ferdinand von Aragón – der Grundstein zur Einheit Spaniens. Kolumbus verbrachte die letzten beiden Jahre bis zu seinem Tod (1506) in der Stadt, Phillip II. wurde hier geboren. Unter ihm und Phillip III. war Valladolid zeitweise wieder Hauptstadt des Reiches, bis 1621 Madrid endgültig diese Rolle übernahm.

Information/Verbindungen

- *Information* **Oficina de Turismo**, Pabellon de Cristal, Acera de Recoleto s/n, am Rand des Stadtparks Campo Grande, unweit der Plaza de Zorilla. Geöffnet täglich 9–20 Uhr, Fr/Sa bis 21 Uhr. ✆ 983 219310, www.asomateavalladolid.org, www.ava.es.
- *Verbindungen* **Flug**: Flughafen (✆ 983 415500) etwa zwölf Kilometer nordwestlich an der N 601; mehrmals täglich Busverbindung ab Busbahnhof mit LINECAR. Überwiegend Inlandsflüge.

Zug: Bahnhof (Info-✆ der Renfe: 902 240 202) etwa eine Viertelstunde südlich der Altstadt; zur Plaza Mayor rechts am Stadtpark

Übernachten
1 Hostal Los Arces
2 Hotel El Nogal
3 Hostal Res. Paris
4 Hotel Zenit Imperial
10 Hotel Res. Felipe IV.

Essen & Trinken
5 Bar Vino Tinto
6 Bar Herrero
7 La Tasquita
8 La Parilla de San Lorenzo
9 Rest. Cervantes
11 Rest. Ramiro's

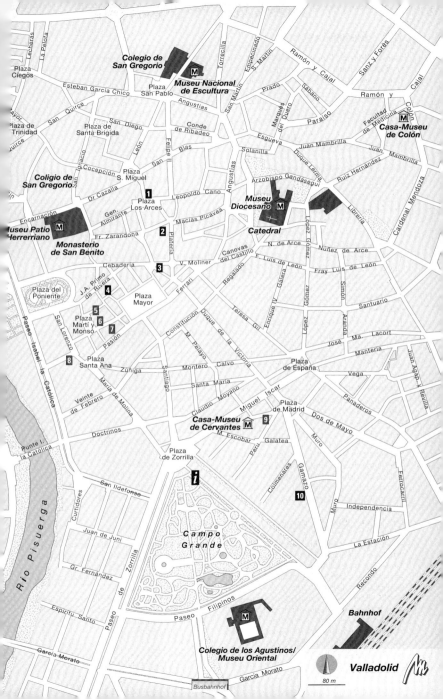

vorbei, über die Plaza de Zorilla. Gute Verbindungen nach Palencia, nach Madrid (meist via Ávila) etwa alle 1–2 Stunden, León 12-mal und Burgos 10-mal täglich. Auch Fernzüge nach Galicien, Asturien und ins Baskenland bis Irún (Grenze).
Bus: Busbahnhof (Info: ℅ 983 236308) an der Calle Puente Colgante, westlich unweit des Bahnhofs. Ins Zentrum durch den Stadtpark (nachts besser umgehen) und über die Plaza de Zorilla. Häufige ALSA-Busse nach Madrid, nach Salamanca 5- bis 6-mal, León 8-mal, Burgos 6-mal, Santander 2- bis 3-mal täglich.

Übernachten/Essen (siehe Karte S. 610/611)

• *Hotels* **** **Hotel Res. Felipe IV. (10)**, eine der ersten Adressen vor Ort, altstadtnah und komfortabel, mit Garage. DZ offiziell etwa 160 €, am Wochenende oder per Internet oft günstiger. Calle Gamazo 16, nahe Bahnhof und Plaza de Zorilla; ℅ 983 307000, ℡ 983 308687, www.hfelipeiv.com.
*** **Hotel Zenit Imperial (4)**, in einem historischen Palast des 16. Jh. fast direkt an der Plaza Mayor gelegen, deshalb beworben als „das zentralste Hotel der Stadt". Guter Komfort. DZ etwa 90-100 €, bei Messen etc. bis 300 €. Calle Peso 4, ℅ 983 330300, ℡ 983 330813, www.zenithoteles.com.
*** **Hotel El Nogal (2)**, kleines, ebenfalls recht zentral gelegenes und komfortables Mittelklassequartier. DZ etwa 80-95 €. Calle Conde Ansurez 10, nördlich unweit der Plaza Mayor, ℅ 983 340233, ℡ 983 354965, www.hotelelnogal.com.
** **Hostal Res. Paris (3)**, in etwa derselben Richtung, noch etwas näher an der Plaza Mayor gelegen. Hotelähnlicher Charakter, sehr solide Zimmer, DZ etwa 65-70 €. Calle Especería 2, ℅ 983 370625, ℡ 983 358301, www.hostalparis.com.
* **Hostal Los Arces (1)**, bei der gleichnamigen Plaza. Freundliches, familiäres Quartier mit einem (für diese Klasse) ordentlichen Standard. DZ/Dusche um die 45 €, ohne knapp 40 €. Calle San Antonio de Padua 2, 1. Stock, ℅ 983 353853.

• *Essen* **Rest. Ramiro´s (11)**, außerhalb des Zentrums im Dachgeschoss des Museo de la Ciéncia. Michelinbesternte Kreativküche, schönes Ambiente, guter Sevice. Menü à la carte ab etwa 40 €, man kann aber auch deutlich mehr anlegen. Avenida Salamanca s/n, ℅ 983 276898.
Rest. Cervantes (9), nahe der Casa Museo de Cervantes. Eines der besten Lokale der Innenstadt: prima Service, feine Küche und eine erstaunliche Weinauswahl. Menü à la carte vergleichsweise günstige 35 € aufwärts. Calle Rastro 6, ℅ 983 306138, So und im August geschlossen.
La Parilla de San Lorenzo (8), westlich der Plaza Mayor, schon in Flussnähe. Mittelalterliches Ambiente im Untergeschoss eines früheren Klosters; Küche mit Schwerpunkt auf Fleischgerichten. Menü ab etwa 25 €. Calle Pedro Niño 1, ℅ 983 335088. So-Abend geschlossen, im Sommer auch Mo.
Die **Tapa-Zone** von Valladolid liegt gleich westlich der Plaza Mayor. Unter den vielen Lokalen hier empfehlenswert sind die fast puristisch eingerichtete *Bar Vino Tinto* **(5)** in der Calle Campana 4, das gemütliche, mit Kachelschmuck dekorierte *La Tasquita* **(7)** in der Calle Calixto Fernández de la Torre 3 und die nahe, im Charakter ähnliche *Bar Herrero* **(6)** auf Hausnummer 4.

Nachtleben/ Feste & Veranstaltungen

• *Nachtleben* Mehrere Zonen je nach Uhrzeit. Nach dem Tapa-Bummel (s.o.) geht es in die Terrassenbars um die Plaza de la Universidad, danach in die dicht gedrängten Kneipen der „Zona Paraíso y Portu" um die Calles Antigua und Paraíso und schließlich spät in der Nacht in die (nicht ganz billigen) Lokale um die Plaza San Miguel und die abzweigenden Straßen. Alle Gebiete liegen nahe beieinander in der Altstadt.

• *Feste* **Semana Santa**, die Karwoche, landesweit berühmte Prozessionen besonders am Mittwoch und am Karfreitag.
Fiesta Mayor, Hauptfest der Stadt, um die 3. Septemberwoche.
Semana International de Cine, Ende Oktober. Großes Filmfestival, das 2005 sein 50-jähriges Jubiläum feierte. Infos: www.seminci.com.

Mittelpunkt der Stadt: Plaza Mayor

Sehenswertes

Catedral: Im Herzen der Altstadt zeigt die gegen 1580 von Juan de Herrera geplante Kathedrale die schwindende Bedeutung Valladolids in dieser Zeit: Sie wurde nie vollendet, fiel zudem weitaus kleiner aus als ursprünglich vorgesehen. Das der Kathedrale angeschlossene *Museo Diocesano* lohnt den Besuch da schon eher.
Öffnungszeiten Di–Fr 10–13.30, 16.30–19 Uhr, Sa/So 10–14 Uhr. Eintritt zum Museum 2,50 €, zur Kathedrale gratis.

Casa-Museo de Colón: In der Calle Colón, ein Stück östlich der Kathedrale. Das Haus, in dem *Christoph Kolumbus* ab 1504 seine letzten beiden Jahre verbrachte und in dem er am 31. 5. 1506 starb, ist heute teilweise als Museum eingerichtet. Zum 500. Todestag des Entdeckers wurde die Ausstellung mit einem Aufwand von 2,7 Millionen Euro komplett renoviert und in Richtung „interaktiv" aufgehübscht.
Öffnungszeiten Di–Sa 10–14, 17-20.30 Uhr (Winter 16-18 Uhr), So 10–14 Uhr; Eintritt 2 €.

Colegio de San Gregorio/Museo Nacional de Escultura: Nahe der Plaza San Pablo liegt die bedeutendste Sehenswürdigkeit der Stadt. Gegen Ende des 15. Jh. errichtet, besitzt das Kolleg eine wunderbar ausgearbeitete Fassade im Stil isabellinischer Gotik; ebenso prächtig gestaltet ist auch der hintere der beiden Innenhöfe. Ursprünglich war hier auch das hiesige *Skulpturenmuseum* „Museo de Escultura" untergebracht, das wichtigste seiner Art in ganz Spanien. Für eine Erweiterung der Ausstellung wurden umliegende Gebäude wie der *Palacio de Villena* (16. Jh.) einbezogen; das Kolleg selbst wurde zuletzt renoviert, wird aber eines Tages wieder als Teil des Museums öffnen. Glanzlichter der Ausstellung sind u.a. Werke von *Alonso Berruguete*, darunter Meisterstücke wie der Retabel der Kirche San Benito oder das „Martyrium des Hl. Sebastian". Von *Diego de Siloé* stammt ein herrliches Chorgestühl.
Öffnungszeiten Di–Sa 10–14, 16-21 Uhr (Winter nur bis 18 Uhr), So 10–14 Uhr; Eintritt 2,40 €, Sa-Nachmittag und So gratis. www.mne.es.

Museo Patio Herreriano: Im Gebiet nordwestlich der Plaza Mayor beherbergt das ehemalige Kloster San Benito in der Calle Jorge Guillén 6 ein Museum zeitgenössischer Kunst. Im Sommer 2002 eröffnet, bietet die fast 900 Exponate umfassende Ausstellung einen guten Überblick über die spanische Kunst von 1918 bis zur Gegenwart.
Öffnungszeiten Di–Fr 11-20 Uhr, Sa 10-20 Uhr, So 10-15 Uhr; Eintrittsgebühr 3 €; www.museopatioherreriano.org.

Casa Museo de Cervantes: Etwa zwischen Plaza de España und Plaza de Zorilla, in einem kleinen Seitengässchen der Verbindungsstraße Calle Miguel Iscar. Das romantische Haus wurde von 1603 bis 1606 vom Dichter Cervantes bewohnt, der hier auch einen Teil des „Don Quijote" verfasst haben soll.
Öffnungszeiten Di–Sa 9.30–15 Uhr, So 10–15 Uhr; Eintrittsgebühr 2,40 €.

Colegio de Agustinos/Museo Oriental: Am Paseo de Filipinos 7, direkt südlich des Stadtparks Campo Grande und nur einen Katzensprung von Bahnhof und Busbahnhof. Die Sammlung chinesischer und philippinischer Kunst wurde von den Augustinermönchen während ihrer vier Jahrhunderte dauernden Missionstätigkeit in Fernost zusammengetragen.
Öffnungszeiten Mo–Sa 16–19 Uhr, So 10–14 Uhr; Eintrittsgebühr 4 €.

Museo de la Ciéncia: Valladolids Wissenschaftsmuseum liegt leider etwas abseits weit im Südwesten der Stadt, an der Avenida de Salamanca und jenseits des Río Pisuerga. Die hochmoderne Ausstellung bietet viele interaktive Exponate, und auch an die Kinder wird gedacht. Ein *Planetarium* ist angeschlossen. In der Nähe liegt die 2007 eröffnete, vom Museum gemeinsam mit der Stadt Valladolid getragene *Casa del Río* (2 €), das erste Flussaquarium Spaniens.
Öffnungszeiten Juli bis September Di-So 11-21 Uhr, sonst Di–Fr 10–19 Uhr, Sa/So 11-21 Uhr; Eintrittsgebühr 9 €, dienstags 5 €.

Umgebung von Valladolid

▶ **Simancas:** Über dem Städtchen am Río Pisuerga, das etwa zwölf Kilometer in Richtung Tordesillas/Salamanca liegt, erhebt sich eine mächtige Burg des 13. Jh. Seit Karl V., also seit fast einem halben Jahrtausend, ist hier das *Königliche Generalarchiv* eingerichtet, das über 33 Millionen (!) Dokumente aufbewahrt.

▶ **Peñafiel:** Ein sehr ungewöhnliches Kastell (Di-So 11.30-14.30, 16.30-20.30 Uhr, im Winter z.T. nur bis 19.30 Uhr; Kastell 2,50 €, mit Weinmuseum 6 €) beherrscht das Städtchen an der N 122, 60 Kilometer östlich von Valladolid – errichtet im 10. Jh., ist es 211 Meter lang, aber nur ganze 23 Meter breit und erinnert so an ein Schiff. Im Inneren ist das Weinmuseum *Museo Provincial del Vino* (kommentierte Weinprobe am Wochenende 8 €) untergebracht, schließlich nennt sich Peñafiel auch *Cuna de la Ribera del Duero*, die „Wiege" dieser Weinregion. Die Aussicht vom Kastell ist grandios.

• *Übernachten* *** **Hotel Ribera del Duero**, im stattlichen Gebäude einer ehemaligen Getreidefabrik aus dem frühen 20. Jh., Zimmer teilweise mit Blick aufs Kastell; Parkplatz. DZ etwa 90 €. Av. Escalona 17, ✆ 983 881616, www.hotelriberadelduero.com.

• *Camping* **Riberduero**, 1. Kat., beim Sportgelände Polideportivo, südwestlich etwas außerhalb des Ortes, zunächst in Richtung Cuéllar. Gute Ausstattung, Pool. Geöffnet April bis September; p.P., Auto, Zelt je etwa 4,50 €. ✆ 983 881637, www.campingpenafiel.com.

211 Meter lang, nur 23 Meter breit: Castillo de Peñafiel

Palencia

Eine ruhige Provinzhauptstadt in der fruchtbaren Ebene Tierra de Campos.

Als keltiberische Gründung ist Palencia uralt, wurde von Römern, Westgoten und Mauren aber immer wieder zerstört. Im 11. Jh. wurde die Stadt neu gegründet, war im 12. Jh. zeitweilig sogar Königsresidenz; ab dem 13. Jh. nahm hier die erste Universität Spaniens die Arbeit auf. Trotz großer Vergangenheit sind Sehenswürdigkeiten heute eher rar in Palencia. Ausnahmen machen die große Kathedrale der Stadt und der Hauptplatz *Plaza Mayor* mit seinen Arkadengängen und der gotischen Kirche *San Francisco*

- *Information* **Oficina de Turismo**, Calle Mayor 105; ✆ 979 740068. Am südöstlichen Ende der Hauptstraße der Altstadt, geöffnet täglich 9–14, 17–20 Uhr, im Sommer durchgehend. www.palenciaturismo.com.
- *Verbindungen* **Zug**: Bahnhof am Park Jardinillos, nahe dem nordwestlichen Ende der Calle Mayor. Knotenpunkt: León 16-mal, Santander 6-mal täglich. Nach Valladolid/Madrid alle 1–2 Stunden, Burgos 9-mal täglich, häufiger ab der Richtung Madrid gelegenen Umsteigestation Venta de Baños.
Bus: Busbahnhof um die Ecke vom Bahnhof. Nach Valladolid 9-mal, Burgos 2-mal, Salamanca 6-mal und Madrid 6-mal täglich.
- *Übernachten* *** **Hotel Res. Castilla Vieja**, auf der dem Zentrum gegenüberliegenden Flussseite, jedoch nicht weit von der Altstadt (Höhe Infostelle). Renovierte und gut ausgestattete Zimmer, Garage und Pool. DZ etwa 50–90 €. Avda. Casado del Alisal 26, ✆ 979 749044, ✆ 979 747577, h_castillavieja@mundivia.es.
** **Hotel Res. Monclús**, solides Haus in zentraler Lage unweit der Kathedrale und der Calle Mayor; Garage vorhanden. DZ kosten 57 €. Calle Menendéz Pelayo 3, ✆ 979 744300, ✆ 979 744490.
** **Hostal Res. Ávila**, ebenfalls in recht zentraler Lage ein paar Straßen östlich der Calle Mayor. Geräumige, solide Standardzimmer, Cafeteria angeschlossen. DZ/Bad etwa 45–55 €. Calle Conde de Vallellano 5, ✆ 979 711910, www.hostalavila.com.
* **Pensión El Hotelito**, auch nicht weit von der Calle Mayor. Schlichte, aber solide und saubere Zimmer; DZ je nach Ausstattung (ohne/mit) Bad etwa 30–35 €. Calle General Amor 5, ✆ 979 746913.

Catedral San Antolín: Die große gotische Kathedrale aus dem 14./15. Jh. wurde auf einem westgotischen, später romanisierten Vorgängerbau errichtet, der heute die Krypta bildet und vielleicht noch auf das 7. Jh. zurückgeht. Angeschlossen ist ein Museum, in dem unter anderem ein „San Sebastián" von *El Greco* zu sehen ist.
Öffnungszeiten Führungen im Museum Mo–Sa 10.30–12.30. 16.30-18.30 Uhr, So 11.15 Uhr; Eintrittsgebühr für Museum und Krypta 3 €.

▸ **Baños de Cerrato:** Etwa zehn Kilometer in Richtung Valladolid und rund zwei Kilometer östlich des an der A 62 gelegenen Industriestädtchens *Venta de Baños*, einem wichtigen Eisenbahnknotenpunkt. Die kleine, dreischiffige Basilika *San Juan Bautista* am Ortsrand von Baños de Cerrato ist eine der ältesten Kirchen Spaniens, bereits 661 von Westgotenkönig Recesvinto gegründet, der so seinen Dank für die Heilung in der hiesigen Quelle bezeugte. Am 24. Juni jeden Jahres findet hier ein feierlicher Gottesdienst statt.
Offizielle Besuchszeiten Di–So 10.30–13.30, 16-18 Uhr, im Sommer Di-So 10-13.30, 17–20 Uhr, der Kustode wohnt gegenüber. Eintritt 1 €, mittwochs gratis.

León

Ihre bedeutenden romanischen und frühgotischen Baudenkmäler machen die Provinzhauptstadt zu einem beliebten Besichtigungsziel. Höhepunkte sind die Kathedrale und das freskengeschmückte Pantheon der Basilika San Isidoro.

León liegt im Nordwesten der kastilischen Hochebene, am Zusammenfluss des Río Bernesga und des Río Torío. Die 140.000-Einwohner-Stadt ist eine Etappe am alten Pilgerweg *Camino de Santiago*, dem Jakobsweg nach Santiago de Compostela. Hat man erst einmal die neuen Wohnviertel hinter sich gelassen, erweist sich Leóns Zentrum als lebhaft und attraktiv. Die Altstadt besitzt Charme, der allerdings an manchen Stellen langsam brüchig wird: Die Plaza Mayor und einige umgebende Straßenzüge zeigen deutliche Spuren des Verfalls. Den Gegenpol zum rustikalen Ambiente der Altstadt bilden die feinen baulichen Relikte einer Zeit, in der León zu den leuchtendsten Städten Spaniens zählte. Höhepunkte sind die wunderschöne, lichtdurchflutete Kathedrale und das Pantheon der Basilika San Isidoro mit seinen berühmten Fresken.

Orientierung: Vom Río Bernesga direkt ins Herz von León führt die *Avda. de Ordoño II*. Ihre Verlängerung *Calle Ancha* trennt die Altstadt in zwei unterschiedliche Teile. Das Gebiet nördlich der Avenida entspricht in seiner rechteckigen Anlage den römischen Ursprüngen Leóns; teilweise blieben die römischen Stadtmauern auch noch erhalten. Hier sind neben der *Kathedrale* mit ihren weithin sichtbaren Türmen auch die meisten anderen Sehenswürdigkeiten der Stadt zu entdecken. Das Viertel südlich der Avenida ist ärmer an Monumenten, besitzt aber eine ganze Reihe uriger Tapa-Bars; hiesiges Zentrum ist die *Plaza Mayor*.

Geschichte: León wurde 68 n. Chr. als Lager der römischen VII. Legion gegründet. Ob der Name der Stadt auf diese Legion oder ihr Wappentier, den Löwen (span.: león) zurückgeht, ist umstritten. 988 durch maurische Truppen verwüstet, erlebte die wieder aufgebaute Siedlung als Hauptstadt des gleichnamigen Königreichs bis ins 12. Jh. ihre Blütezeit. Die Vereinigung der Königreiche Kastilien und León 1230 beendete den Status als Königsresidenz, doch blieb die Stadt dank der Lage am Jakobsweg das ganze Mittelalter hindurch ein bedeutendes Handels- und Verkehrszentrum.

León 617

Treffpunkt der Jakobspilger: natürlich die Kathedrale

Information/Verbindungen

- *Information* **Oficina de Turismo**, Plaza de Regla 4, ✆ 987 237082, ✆ 987 273391. Direkt gegenüber der Kathedrale, oft starker Andrang. Öffnungszeiten: Mo–Fr 9–14, 17–19 Uhr, Sa/So 10–14, 17–20 Uhr.
- *Post* Plaza de San Francisco, am Ende der Avda. de la Independencia. Öffnungszeiten: Mo–Fr 8.30–20.30 Uhr, Sa 9–14 Uhr.
- *Internet-Zugang* Café Hadock, Calle Santiesteban y Osorio 9, eine nördliche Seitenstraße der Avenida de Lancia (Flussnähe), ✆ 987 209256, www.hadock.com.
- *Verbindungen* **Zug**: RENFE-Bahnhof (Info-✆ der Renfe: 902 240202) an der Avenida de Astorga, auf der westlichen, dem Zentrum gegenüberliegenden Flussseite. Nach Burgos 4-mal, Logroño 2-mal, Madrid via Valladolid und Ávila 7-mal, Oviedo/Gijon 7-mal, Lugo/La Coruña 2- bis 3-mal, Vigo 3-mal, Santiago de Compostela 1-mal täglich. FEVE-Bahnhof (www.feve.es) zwischen San Isidoro und San Marcos, Regionalzüge nach Guardo, 1 x tgl. weiter nach Bilbao.

Bus: Busbahnhof (Info: ✆ 987 211000) am Paseo del Ingeniero Saenz de Miera, der Uferstraße auf der westlichen Flussseite. Busse unter anderem nach Astorga etwa stündlich, Burgos 1-3-mal, Bilbao 1-mal, Santander 2-mal, Potes (Picos de Europa) 1-mal, Villafranca del Bierzo 3-mal, Lugo/A Coruña 3-mal, Oviedo/Gijón 9-12-mal, Madrid 7-10-mal, Valladolid 8-mal, Salamanca 4-mal täglich.

PKW: Die Altstadt um Kathedrale und Calle Ancha ist Fußgängerzone, Parken ist unmöglich und Restaurants und Hotels können (mit Ausnahme des Taxis und das nur im Schritttempo) nur zu Fuß erreicht werden. Die Tiefgaragen an der Plaza Santo Domingo (am Beginn der Avenida de Ordoño II.) und in der Calle General Lafuente (erreichbar über die Avenida de la Independencia) sind zwei der wenigen Möglichkeiten, altstadtnah zu parken.

Übernachten/Camping (siehe Karte S. 618/619)

Zur Fiesta-Zeit Ende Juni kommt es zu Engpässen.

- *Übernachten* ***** **Parador Hostal San Marcos (16)**, siehe auch „Sehenswertes". Stilvoller kann man wohl kaum logieren – edle Pracht mit Tradition. Angesichts des fantastischen Ambientes sind die Preise nicht einmal überzogen: DZ etwa 180–235 €.

618 Kastilien-León

Plaza San Marcos 7, in Flussnähe am Nordwestrand des Zentrums; ✆ 987 237300, ℻ 987 233458, leon@parador.es.

*** **Hotel La Posada Regia (8)**, sehr hübsches Quartier in einem Stadthaus des 14. Jh. 20 Zimmer, alle unterschiedlich, aber alle komfortabel und mit Stil eingerichtet. Am Wochenende leider ziemlich laut, meint Leser Leopold Möstl (stimmt). Gutes Restaurant („Bodega Regia", siehe unten) angeschlossen. DZ etwa 90–110 €. Calle Regidores 9–11, Nähe Calle Ancha; ✆ 987 213173, ℻ 987 213031, www.si-santamonica.es/regialeon.

*** **Hotel Res. Paris (7)**, zentral im Herzen der Altstadt gelegenes Haus, vor einigen Jahren zum Dreisterner hochrenoviert. Funktional-freundliche, gut ausgestattete Zimmer, kompetente Rezeption; DZ etwa 70–75 €. Calle Ancha 18, ✆ 987 238600, ℻ 987 271572., www.hotelparis.lesein.es.

Hospedería Fernando I (1), kleineres Hotel direkt unterhalb der römischen Mauern, fünf Gehminuten von der Kathedrale. Einfach, aber ausreichend möblierte, wenn auch nicht besonders geräumige Zimmer, die nach hinten sind besonders ruhig. Im Haus gutes Restaurant (siehe „Essen & Trinken"). DZ 55-65 €. Avenida de los Cubos 32, ✆ 987 220731, www.hospederiafernandoi.com.

** **Hostal Orejas (14)**, komfortables und recht großes Hostal in einer Seitenstraße der Avenida de Ordoño II., kürzlich renoviert, Zimmer zur Avenida de la República Argentina leider sehr laut. DZ/Bad etwas über 50 €, es gibt auch noch einige günstigere Zimmer ohne Bad zu 36 €. Calle Villafranca 8, ✆/℻ 987 252909.

* **Hostal Res. Londres (10)**, ähnlich angenehm, in Bezug auf Preis und Ausstattung etwas tiefer eingestuft. Gute Zimmer mit TV und Telefon, anständige Bäder; Personal radlerfreundlich und (laut Leserzuschrift) „supernett". DZ/Bad 40 €. Avenida Roma 1, ✆ 987 222274, www.hostallondres.com.

* **Hostal Bayon (11)**, im selben Gebiet. Älteres, gepflegtes Haus, freundlich und relativ ruhig. Nur sechs geräumige Zimmer mit schönen Holzfußböden; DZ ohne Bad 28 €, mit Bad 35 €. Calle Alcázar de Toledo 6, ✆ 987 231446.

* **Hostal Oviedo (15)**, einfaches und preisgünstiges Quartier in Flussnähe, dabei nicht ungepflegt. DZ kosten hier 30-35 €. Avenida Roma 26, ✆ 987 222236.

B&B Pensión Blanca (13), neu, modern und praktisch, ein Tipp von Nicole Kriegbaum. „Die sympathische junge Vermieterin bemüht sich sehr um ihre (meist eher jungen) Gäste. Die Atmosphäre ist locker und ungezwungen – wir haben uns gleich wie daheim gefühlt". Zimmer ohne Bad inkl. Frühstück DZ 30 €. Calle Villafranca 2/2a, ✆ 987 251991.

* **Pensión Melany (18)**, hundert Meter vom Bahnhof Richtung Stadt. Einfach, aber freundlich; DZ ohne Bad unter 20 € (!). Avenida de Palencia 4, ✆ 987 241075.

Jugendherberge (12) Residencia Juvenil Infanta Doña Sancha. Nur im Juli und August geöffnet und auch dann nur wenige Plätze

León 619

– unbedingt vorher anrufen. Calle La Corredera 2, in einer Wohnanlage der Universität beim Park Jardin San Francisco, vom Zentrum über die Avda. Independencia zu erreichen; ✆ 987 203414.

Jugendherberge (17) Consejo de Europa, ebenfalls nur im Juli und August geöffnet. Auch hier nur wenige Plätze und nicht billig: 14 € p. P.! Paseo del Parque 2, im Gebiet hinter der Stierkampfarena; ✆ 987 200206.

• *Camping* Die Stadt plant, allerdings schon seit Jahren ohne konkretes Ergebnis, einen zentralen Platz einzurichten.

Ciudad de León, 2. Kat., 1995 eröffneter Platz mit Einkauf, Bar und Cafeteria. Er liegt an der N 601 Richtung Valladolid bei Alto del Portillo (Golpejar de Sobarriba), gut 5 Kilometer außerhalb der Stadt; keine direkte Busverbindung. Preise p.P. 5 €, Auto, Zelt um die 4,50 €. Die Öffnungszeiten (zuletzt: Juni bis Mitte/Ende September) schwankten in den letzten Jahren häufiger mal, deshalb besser anrufen: ✆ 987 680233, www.vivaleon.com/campingleon.htm

Don Suero de Quiñones, in Hospital de Órbigo gut 30 km südwestlich von León, aber immerhin in der Nähe des Jakobsweges, der N 120 und der AP 71. Gemeindeeigener Wiesenplatz, offiziell geöffnet von Ostern bis Oktoner, p.P. 4,50 €, Zelt und Auto je ca. 3 €. ✆ 987 361018.

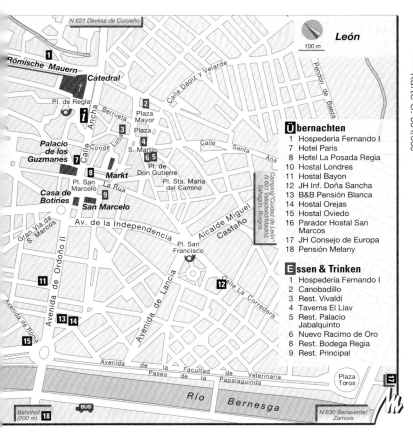

Essen/Nachtleben/Feste (siehe Karte S. 618/619)

Eine gute Auswahl an Restaurants und Tapa-Bars findet sich um die Altstadt-Plätze Plaza San Martín und Plaza Don Gutierre, flusswärts nahe der Plaza Mayor.

• *Essen* **Rest. Vivaldi (3)**, mitten im Rummel um die Altstadt-Plätze vertritt dieses Restaurant gehobene Gastronomie, was dem Guide Michelin einen Stern wert ist (probieren Sie das Spanferkel-Confit mit Kastanien aus dem Bierzo und Trüffeln zu ca. 30 €!) Menüs zu ca. 50 und 70 €, à la carte ca. 45-65 €. Platerías 4, ℡ 987 260760. Im August am Sonntag, das übrige Jahr Sonntag nachmittags und montags Ruhetag.

Rest. Bodega Regia (8), im Hotel La Posada Regia. Freundliches, hübsch eingerichtetes Restaurant mit guter lokaler Küche, das längere Tradition besitzt als das Hotel selbst, Gastgarten auf dem kleinen, ruhigen Platz vor der Tür. Mit mindestens 45 € muss man fürs komplette Essen rechnen. Ausgezeichnet das geschmorte Täubchen (ca. 18 €), super die Merluza aus dem Ofen für zwei (ca. 50 €). Calle Regidores 9–11, So sowie jeweils in der zweiten Januar- und der ersten Septemberhälfte geschlossen.

Rest. Canobadillo (2), um die Ecke von der Plaza Mayor. Eine alte Bodega mit schönem Innenhof, zum Restaurant umgebaut, sehr stilvolle Atmosphäre. Menü à la carte ab etwa 25 €, auch günstige Tagesmenüs. Caño Badillo 2, So-Abend und Di geschlossen.

Hospedería Fernando I (1), populäres Familienrestaurant des gleichnamigen Hotels mit ausgezeichneter Regionalküche in großen Portionen, Menü abends 16 € (aber ohne Wein), à la carte ab ca. 25 €. Avenida de los Cubos 32, ℡/Fax 987 220601. Eines der wenigen guten Lokale, die Sonntag abends geöffnet haben.

Rest. Nuevo Racimo de Oro (6), am hübschen Restaurantplatz San Martín. Ebenfalls ein beliebtes, uriges und gemütliches Lokal, einen Tick teurer als oben (3 Gänge ab ca. 35 €). „Keinesfalls die Morcilla und die Gambas al ajillo verpassen", rät Leser Thomas Becker. Eine der Spezialitäten sind Forellen: truchas racimo. Plaza San Martín 8; im Sommer So, sonst Mi geschlossen.

Taverna El Liav (4), ein weiteres Beispiel für die zahlreichen Lokale an der Plaza San Martín, Leoneser Küche mit guten Fleischgerichten; Desserts allerdings belanglos. Drei Gänge ab. 20 €, Salate 5-9 €. Plaza San Martín 9, So abends zu.

Rest. Palacio Jabalquinto (5), zwei Schritte von der Plaza San Martín, ein Lesertipp von Peter-Paul Hafner: „Ausgezeichnete kastilische Küche, angenehmes Ambiente in einem historischen Gebäude, gute Auswahl an Weinen der Region. Einen Besuch wert. Calle Juan de Arfe 2."

Rest. Principal (9), Menüs zu 12 € und 18 €, auch Platos Combinados ab 8 €, bürgerlicher Nachbarschaftstreff, gute Gratis-Pinchos zum Getränk. Plaza San Marcelo 16

• *Nachtleben* Das **Barrio Húmedo** im Gebiet um die Plaza Mayor und die Plaza San Martín trägt seinen Namen „Feuchtes Viertel" zu Recht. Wohl nirgends in León ist die Konzentration an Bars höher als hier.

Das **Barrio Romántico**, ungefähr begrenzt durch die römischen Mauern, die Kathedrale und den Palacio de los Guzmanes, ist ebenfalls eine beliebte Kneipenzone.

• *Feste* **Semana Santa**, die Osterwoche. Besonders berühmt ist die „Procesión de los pasos", die in der Nacht von Gründonnerstag auf Karfreitag stattfindet.

Fiestas de San Juan y San Pedro, die beiden größten Festtage der Stadt, am 24. und am 29. Juni. An den Tagen dazwischen wird selbstredend auch gefeiert, je nach Kalenderlage auch schon mal über den 29. Juni hinaus.

Sehenswertes

Catedral Santa María La Regla: Mit den beiden 63 und 68 Meter hohen Glockentürmen ist der Treffpunkt aller Jakobs-Pilger schon von weitem zu erkennen. Die im 13. Jh. begonnene, jedoch erst mehrere Jahrhunderte später fertiggestellte Kathedrale gilt als schönster frühgotischer Bau Spaniens, gleichzeitig als „französischste" Kirche des Landes: Baumeister Enrique, der die Arbeiten zunächst leitete, hatte sich an den Kathedralen von Reims, Chartres und Amiens orientiert. Die *Westfassade* ist am prächtigsten ausgearbeitet. Die freundliche Madonna Santa

María la Blanca („die Weiße") an der Mittelsäule der Vorhalle ist eine Kopie, das Original steht im Inneren der Kirche. Das *Innere* der Kathedrale ist von vollendeter Eleganz – Formen, Farben und Lichteffekte in herrlichem Zusammenspiel. Am schönsten zeigt es sich bei Sonnenschein: Nur dann lassen sich die zu Recht berühmten, funkelnden *Buntglasfenster*, vergleichbar einzig mit denen der Kathedrale von Reims, in voller Farbenpracht bewundern. Sie stammen aus dem 13. bis 20. Jh. und bedecken eine Fläche von über 1800 Quadratmetern – es heißt, die Kathedrale habe mehr Glas als Stein... Der platereske *Kreuzgang* ist über das Nordportal zu erreichen; er stammt aus dem 14. Jh. und wurde im 16. Jh. umgebaut. Das *Museum* der Kathedrale zeigt kirchliche Kunst und uralte Handschriften, die bis auf das 6. Jh. zurückgehen.

• *Öffnungszeiten* Kathedrale von Juli bis September Mo–Sa 8.30–13.30, 16–20 Uhr, So/Fei 8.30–14.30, 17–20 Uhr, im Winter Mo–Sa 8.30–13.30, 16–19 Uhr, So/Fei 8.30–14.30, 17–19 Uhr; Eintritt gratis. Diözesanmuseum und Kreuzgang Mo–Sa 9.30–13.30, Mo-Fr 16–19.30 (Winter 19) Uhr; Eintritt für Museum und Kreuzgang 3,50 €, nur Museum/Kreuzgang 2 € bzw. 1 €.

Real Basílica de San Isidoro: Die Königliche Stiftskirche San Isidoro, einige hundert Meter nordwestlich der Kathedrale an die alten Stadtmauern gelehnt und dem ersten Bischof von Sevilla geweiht, zählt zu den bedeutendsten Werken der spanischen Frühromanik. Dieser Ruf gründet sich vor allem auf das angeschlossene Pantheon der Könige, die Begräbnisstätte der frühen Herrscher von Kastilien und León. König Ferdinand I., der 1037 die beiden Reiche einte, ließ den Komplex an der Stelle eines von den Mauren zerstörten Klosters errichten. Die dreischiffige *Kirche* stammt in ihrer heutigen Form hauptsächlich aus dem 12. Jh., der große Chor wurde erst im 16. Jh. eingefügt. Das *Panteón*, zwischen 1054 und 1063 erbaut, bildet den ältesten Bauteil des Komplexes. Ihren Beinamen „Sixtinische Kapelle der Romanik" verdankt die niedrige, archaisch wirkende Säulenhalle den wunderbaren bunten Fresken des Gewölbes. Die in der zweiten Hälfte des 12. Jh. entstandenen und außergewöhnlich gut erhaltenen Gemälde zeigen Alltagsszenen und biblische Motive, darunter Christus als Weltenherrscher. Kunsthistorisch ähnlich bedeutsam sind die Kapitele der Säulen und Wandpfeiler: Erstmals in der spanischen Romanik treten neben pflanzlichen Darstellungen auch Menschen- und Tierfiguren auf.

Öffnungszeiten Winter (Sept.–Juni) Mo–Sa 10–13.30, 16–18.30, So/Fei 10–13.30 Uhr, Sommer Mo–Sa 9–20, So/Fei 9–14 Uhr. Eintritt inklusive Führung 4 €, Do-Nachmittag frei.

Plaza San Marcelo: Am Übergang der Avenida de Ordoño II. in die Calle Ancha. Neben der namensgebenden Kirche (16./17. Jh.), dem Rathaus und dem Palacio de los Guzmanes (16. Jh.) steht hier ein Gebäude, wie man es in Kastilien wohl nicht erwarten würde: Die neogotische *Casa de Botines* von 1884 ist ein Werk des genialen katalanischen Architekten *Antoni Gaudí*.

Plaza Mayor: Der im 17. Jh. angelegte, arkadenumgrenzte Hauptplatz der Altstadt hat sich trotz der teilweise etwas baufälligen Umgebung viel Charme bewahrt. Das Gebiet in Richtung der Plazas San Martín und Don Gutierre ist heute die Kneipenzone der Stadt.

San Marcos: In Flussnähe am nordwestlichen Zentrumsrand, gegenüber dem gleichnamigen Platz. Schon im 12. Jh. stand hier das Stammhaus des Ordens von Santiago, gleichzeitig Pilgerherberge. So wie das später an gleicher Stelle errichtete Kloster und jetzige Luxushotel heute zu sehen ist, entstammt es dem 16.-18. Jh. Die wundervolle, gut 100 Meter lange Fassade ist in ihrer reichen Dekoration ein wahres Meisterstück des plateresken Stils. Die zugehörige Kirche *Iglesia de San Marcos*

(16. Jh.) besitzt ein schön geschnitztes Chorgestühl und eine Fassade, die mit steinernen Jakobsmuscheln, dem Pilgersymbol, geschmückt ist. Angeschlossen ist das *Museo de León*, das in erster Linie prähistorische Funde aus der Provinz sowie sakrale Kunst ausstellt.

- *Öffnungszeiten* Museum ganzjährig Di-So/Fei 10-14 Uhr, Okt.-Juni auch Di-Sa 16-19 Uhr, Juli-Sept. auch 17-20 Uhr; Eintritt 1,20 €, an Sa/So/Fei frei. Der Zugang zum Hotel beziehungsweise zu dessen Bar ist normalerweise frei möglich. Kirche San Marcos gleiche Zeiten, Eintritt 0,60 €.

Weiterreise Richtung Galicien

▶ **Astorga**: Etwa 45 Kilometer westlich von León. Zur Römerzeit lag das Städtchen an der Kreuzung großer Heer- und Handelsstraßen, war später eine wichtige Pilgerstation des Jakobsweges. Von der einstigen Bedeutung zeugen Bauwerke wie die teilweise noch römischen Stadtmauern und die aus dem 15. Jh. stammende *Kathedrale Santa María*. Der nahe Bischofspalast *Palacio Episcopal* von 1893 ist ein Werk des Katalanen Antoni Gaudí, der dem Gebäude den Charakter einer etwas skurrilen Burg verlieh. Im Inneren zeigt das *Museo de los Caminos* (Mo geschlossen) Kirchliches und Volkskundliches zur Geschichte des Jakobswegs.

- *Information* Oficina Municipal de Turismo, Plaza de Eduardo de Castro 5, gegenüber dem Bischofspalast neben dem Hotel Gaudí, ℅ 987 618222. Geöffnet Mo–Sa 10–14, 16–19 Uhr, So 10–14 Uhr.
- *Verbindungen* Zug: Bahnhof (Info-℅ der Renfe: 902 240202) der Hauptlinie León-Galicien am nordöstlichen Ortsrand, ein ganzes Stück vom Zentrum. Züge in beide Richtungen 7-mal täglich. **Bus**: Busbahnhof an Avda. Murallas, nördlich unweit von Kathedrale und Bischofspalast, wesentlich günstiger gelegen als der Bahnhof. ALSA-FERNANDEZ-Busse von/nach León etwa stündlich, nach Ponferrada 7-mal täglich.
- *Übernachten/Essen* Preisgünstige Hostals sind im Zentrum leider ziemlich rar.
*** Hotel Asturplaza, komfortable Adresse im Zentrum, 1998 eröffnet. Im Haus die beliebte, nicht ganz billige Cervecería Los Hornos mit großem Schankbereich. DZ etwa 90-100 €. Plaza Mayor, ℅ 987 618900, ☏ 987 618949, www.asturplaza.com.
*** Hotel Res. Gaudí, die alteingesessene Konkurrenz, direkt beim Bischofspalast. DZ nach Saison etwa 60–70 €, auch größere DZ mit Salon ca. 90 €, für ausgewiesene Pilger gibt es ca. 25 % Rabatt. Das angeschlossene, durchaus gehobene Restaurant serviert auch ein günstiges Tagesmenü. Calle Eduardo de Castro 6, ℅ 987 617654, ☏ 615040.
** Hostal Res. La Peseta, Nähe Rathaus. Solides, gut ausgestattetes Hostal, angeschlossen ein Restaurant mit bekannt feiner Küche. DZ/Bad gut 50 €, Essen à la carte ab etwa 20 €. Plaza San Bartolomé 3, ℅ 987 617275, ☏ 987 615300.
* Hostal Casa Sacerdotal, im Besitz der Kirche und relativ schlicht, aber picobello gepflegt. DZ/Bad etwas über 40 €. Calle Hermanos La Salle 6, beim Seminario südlich unweit des Bischofspalastes; ℅ 987 615 600.

▶ **Ponferrada**: Die Hauptstadt der landschaftlich eindrucksvollen Region El Bierzo lebt in erster Linie vom Erzabbau und der entsprechenden Industrie – und das ist dem kaum von Touristen besuchten Städtchen (Bahnstation) auch anzusehen. Dennoch nicht ohne Reiz ist die östlich des Río Sil gelegene Altstadt, die auch die Hauptsehenswürdigkeit Ponferradas beherbergt: Die große Templerburg *Castillo de los Templarios* von 1178 sieht von außen fast aus wie ein Disney-Schloss, ist jedoch ein interessantes Beispiel spanischer Militärarchitektur des Mittelalters (Di–Sa 10.30–14, 17–ca. 21 Uhr So/Fei 11–14 Uhr, im Winter nachmittags 16–ca. 18 Uhr, auch abhängig vom Tageslicht. Eintrittsgebühr knapp 3 €).

Verspielt: Gaudís Bischofspalast in Astorga

624 Kastilien-León

- *Übernachten* **** **Hotel Res. Del Temple**, ein großer, komfortabler Bau in der Neustadt mit stilistischen Anklängen ans Mittelalter, Garage. DZ nach Ausstattung ab 100 €. Avda. de Portugal 2, im südwestlichen Stadtbereich, ℡ 987 410058, 📠 987 423525, www.templehoteles.com.

*** **Hotel Bierzo Plaza**, ein Lesertipp von Prof. Dr. Klaus Hasemann: „Ein gutes Hotel in einer erschwinglichen Preisklasse und in sehr ansprechender Lage, mit eigenem Restaurant im urigen Keller." DZ 100 €, am Wochenende oft günstiger. Plaza del Ayuntamiento 4, ℡ 987 409001, 📠 987 409013, www.hotelbierzoplaza.com.

* **Hostal Res. San Miguel**, in der Neustadt unweit des Bahnhofs, stadtwärts der Schienen. Gute Lage in einer lebendigen Marktgegend, angenehme Zimmer, angeschlossen ein einfaches, preiswertes Restaurant. DZ/Bad zu 45 €. Calle Luciana Fernández 2, ℡ 987 411047.

- *Camping* **El Bierzo**, 2. Kat., etwa zwölf Kilometer westlich beim Dörfchen Villamartín de la Abadia, südlich der N 120. Angenehmer, ruhiger Übernachtungsplatz an einem Flüsschen, an dem man auch baden kann; freundliches Bar-Restaurant, Radverleih. Meist nur Juni bis September geöffnet; p.P, Auto je ca. 4 €, Zelt etwa 4,50 €; ℡/📠 987 562515.

▶ **Las Médulas de Carucedo**: Las Médulas ist ein kleines Dorf nahe der Nebenstraße N 536 Richtung O Barco, etwa zwanzig Kilometer südwestlich von Ponferrada und vier Kilometer südlich des Ortes Carucedo. Der Name steht jedoch auch für ein ausgedehntes Minengebiet, das zu den bizarrsten Landschaften Spaniens zählt. Unter den Römern dürfte Las Médulas die größte Mine des ganzen Reichs gewesen sein. Um an das Edelmetall der tieferen Schichten zu gelangen, wurden ganze Systeme aus Minen und Schächten in das weiche, orangefarben leuchtende Gestein gegraben und dann geflutet, bis das darüber liegende Gelände einbrach. Resultat ist eine von Menschenhand geschaffene, fast surrealistisch zerklüftete Landschaft, die von der Unesco zum Weltkulturerbe erklärt wurde.

Aula Arqueológica: Das Museum am Ortsrand von Las Médulas befasst sich nicht nur mit den Minen selbst, sondern auch mit den Lebensbedingungen der vorrömischen Einwohner und ihren befestigten Siedlungen, den sogenannten „Castros", deren Grundmauern noch an mehreren Stellen der Umgebung erhalten blieben. Erhältlich ist eine Broschüre in Englisch, in der auch die Wanderwege im Gebiet aufgeführt sind. Die Erläuterungen im Museum selbst sind leider nur auf Spanisch abgefasst.

Öffnungszeiten April–Sept. tgl. 10–13.30, 16–20 Uhr, März und Okt. Sa 10–14, 15.30–18, So 10–13,30 Uhr; Eintrittsgebühr knapp 1,50 €, Führungen 15 € (1 1/2 Std.) und 30 € (3 Std.). Die Zeiten wechseln oft, besser vorab anrufen: ℡ 987 422848; www.fundacionlasmedulas.com.

▶ **Villafranca del Bierzo**: Etwa zwanzig Kilometer nordwestlich von Ponferrada, nahe der A 6 nach Lugo. Mit alten Adelshäusern und Kirchen, wuchtiger Burg und einer charmanten Plaza Mayor ist das mittelalterliche Pilgerstädtchen durchaus erfreulich anzusehen. Ein ersehntes Ziel geschwächter Pilger früherer Jahrhunderte war die Kirche *Iglesia de Santiago* (12. Jh.) mit ihrer Puerta del Perdón: Wer aufgrund körperlicher Gebrechen die Reise nach Santiago nicht fortführen konnte, erhielt bereits hier am „Tor der Vergebung" Absolution aller Sünden.

- *Übernachten* *** **Parador Villafranca del Bierzo**, vor fast drei Jahrzehnten errichtetes Gebäude im höher gelegenen Teil des Städtchens. DZ etwa 130 €. Avda. Calvo Sotelo s/n, ℡ 987 540175, 📠 987 540010, www.parador.es.

* **Hotel Res. San Francisco**, einziges Mittelklassehotel vor Ort, Zimmer ordentlich. In der Bar im Erdgeschoss kann es laut werden. DZ nach Saison etwa 50–60 €. Plaza Mayor 6, ℡ 987 540465, 📠 987 540544, www.hotelsanfrancisco.org.

Weiterreise Richtung Burgos

▶ **Sahagún**: Etwa 50 Kilometer südöstlich von León. Das Landstädtchen ist eher ein Ziel für speziell Interessierte, die sich für mudéjare Backsteinkirchen der Romanik begeistern können: Im Ort und seiner Umgebung stehen gleich mehrere dieser Gotteshäuser.

• *Übernachten* *** **Hotel Puerta de Sahagún**, etwas außerhalb, aber modern und komfortabel, wenn auch etwas dröge ausgestattet. Das Haus hat Pool, Sauna, Fitnessraum, zwei Restaurants, Cafeteria. „Zimmer nach hinten verlangen" (Empf. Leser Dr. Barnim Heiderich), DZ ab ca. 55 €, in der Hochsaison bis 70 €, „Junior Suite" bis 100 €. ✆ 987 781880, ℻ 987 781881, www.hotelpuertadesahagun.com.

** **Hostal La Codorniz**, ein recht komfortables, fast hotelähnliches Hostal mit Restaurant. DZ/Bad kosten rund 45–50 €. Arco s/n, ✆ 987 7870276, ℻ 987 780186.
• *Camping* **Pedro Ponce**, 2. Kat., recht gut ausgestatteter städtischer Platz, Pool. Geöffnet April bis September; p.P. und Zelt je etwa 3,50 €, Auto 3 €. Ctra. N 120, km 2; ✆/℻ 987 781112.

Burgos

Kastilien pur. Im Mittelalter jahrhundertelang die Kapitale der Region, glänzt die Stadt am Jakobsweg mit einer Reihe beachtlicher Bauten. Herausragend aber ist die riesige, zum Weltkulturerbe erklärte Kathedrale.

Kastilische Strenge und noble Eleganz schließen sich in Burgos nicht aus. Dominieren in der historischen Altstadt graue Granit- und weißliche Kalksteintöne, so zeigt sich das Nordufer des Río Arlanzón von einer ganz anderen Seite: Entlang des erfreulich unbegradigten Flussbetts erstreckt sich eine platanengesäumte Promenade, die zum Flanieren einlädt. Besonders stolz sind die Einheimischen übrigens auf ihre Sprache: Hier, so heißt es, werde das reinste Kastilisch gesprochen. Die relativ eng begrenzte Altstadt liegt unterhalb des Burgberges auf der Nordseite des Río Arlanzón. Ihr Hauptplatz ist die *Plaza José Antonio*, auch Plaza Mayor genannt. Nur ein kleines Stück westlich steht die Kathedrale; flusswärts verwandelt sich der *Paseo del Espolón* allabendlich in die Flanierzone der Stadt. Südlich des Río Arlanzón bildet die *Plaza de Vega* einen Orientierungspunkt innerhalb der neueren Viertel.

Geschichte: Burgos, 884 im Zuge der Reconquista als befestigter Stützpunkt gegen die Mauren gegründet, wurde bald zur Hauptstadt zunächst der Grafschaft Kastilien, von 1037 bis 1492 dann des vereinigten Königreichs Kastilien-León. 1043 erblickte im nahen Dorf Vivar ein gewisser Rodrigo Díaz das Licht der Welt – als El Cid erlangte der abenteuerlustige Kämpfer, der zwar gegen, mal für die Mauren stritt, landesweiten Ruhm (siehe auch Kapitel „Valencia"). Gegen Ende des 16. Jh. setzte ein wirtschaftlicher Niedergang ein, der erst in den 60er-Jahren durch staatliche Industrieförderung gebremst wurde. Im Spanischen Bürgerkrieg hatte die Stadt von 1936 bis 1939 die zweifelhafte Ehre, Regierungssitz der Nationalisten Francos zu sein – wohl auch deshalb steht Burgos nicht gerade im Ruf besonderer Liberalität.

Information/Verbindungen

• *Information* **Oficina de Turismo de la Junta**, Plaza Alonso Martínez 7, ✆ 947 203125, ℻ 947 276529, oficinadeturismoburgos@jcyl.es. Im nordöstlichen Altstadtbereich, das Büro der Comunidad, zuständig für Stadt und Umland. Öffnungszeiten Mo–Fr 9–14, 17–19 Uhr, Sa/So 10–14, 17–20 Uhr.

Oficina Municipal de Turismo, Plaza Rey San Fernando 2, gegenüber dem Südportal der Kathedrale, ☏ 947 288874, ✆ 947 288862, www.aytoburgos.es, Di-Sa 10-14, 17-20 Uhr, im Sommer auch So 10-14 Uhr. Die frühere Oficina Municipal de Turismo im Teatro Principal unweit der Cid-Statue, ist bis auf weiteres geschlossen.

● *Post* Plaza Conde de Castro, südlich des Flusses; Öffnungszeiten: Mo–Fr 8.30–20.30 Uhr, Sa 9.30–14 Uhr.

● *Verbindungen* **Zug**: Bahnhof (Info-☏ der Renfe: 902 240202) an der Plaza de la Estación, jenseits des Río Arlanzón. Für die fernere Zukunft ist eine Verlegung nach außerhalb geplant. Burgos liegt an den Hauptlinien von der Grenzstadt Irún nach Madrid und Lissabon. Anschlüsse unter anderem nach Zaragoza 4-mal, Palencia 9-mal, León 4-mal, Vigo 2- bis 3-mal, La Coruña 2- bis 3-mal, Bilbao 5-mal, San Sebastian/Irún (via Vitoria, z. T. mit Umsteigen) 10-mal, Logroño 3-mal, Pamplona 1-mal täglich. Fahrkarten kauft man am besten im RENFE-Stadtbüro in der Calle Moneda 21, Altstadt, nahe Plaza San Antonio, ☏ 947 203560.

Bus: Busbahnhof (Info: ☏ 947 288855) an Calle Miranda/Plaza de Vega. Nach Madrid 9-10-mal, Palencia 2-3-mal, León 1-mal, Santander 4-mal, Bilbao 7-mal, San Sebastián (via Vitoria) 6-mal, Logroño 6-mal, Pamplona 1-mal täglich; je 1-mal täglich nach La Coruña, Lugo und Santiago, nach Oviedo/Gijón 2-mal täglich.

*Übernachten/*CAMPING

Recht hohes Preisniveau auch bei einfachen Pensionen. Zur Fiesta Ende Juni, Anfang Juli starke Nachfrage, ebenso im August: Burgos ist nicht nur Besichtigungsziel, sondern auch Zwischenstation vieler Portugal- und Marokkoreisender.

● *Hotels* ****** Hotel Abba Burgos (1)**, das moderne Hotel auf dem Burgberg über der Stadt liegt direkt am Jakobsweg. Schicke Innenarchitektur, mit der man ein älteres Gebäude in einen Luxusschuppen verwandelte. Sehr freundlich-kompetentes Personal, Hallenbad, Sauna, Fitnessraum, 99 makellose Zimmer in gut abgestimmten Farbtönen, einige mit kleinem Gartenanteil. DZ 120-160 €. Calle Fernán Gonzalez 72, ☏ 947 001100, ✆ 947 001101, www.abbahoteles.com.

**** Hotel Velada Burgos (5), sehr komfortabler Viersterner in einem Stadtpalais der Grafen von Berberana aus dem 17. Jh., einige der Zimmer mit alten Gebäudeteilen, alle mit getrennten Schlaf- und Wohnräumen (mit jeweils einem Plasma-Fernseher). DZ 150-200 €, als EZ schon mal zum halben Preis. Calle de Fernán González 6-10, ☏ 947 257680, ✆ 947 257681, reservas.burgos@veladahoteles.com.

*** Hotel Mesón del Cid (2), in Toplage gegenüber der Kathedrale. Sehr stilvoll und hübsch dekoriert. Eigene Garage, gutes Restaurant. DZ 110-140 €. Plaza Santa María 8, ☏ 947 208715, ✆ 947 269460, www.mesondelcid.es.

** Hotel España (9), schon etwas älteres Mittelklasse direkt an der Flaniermeile von Burgos, also sehr zentral, dabei relativ ruhig gelegen. DZ ab 60-80 €. Paseo del Espolón 32, ☏ 947 206340, ✆ 947 201330, www.hotelespana.net.

** Hotel Res. Norte y Londres (11), recht großes Mittelklassehotel nahe der Infostelle, renovierte Zimmer. Zum Service und zum kargen Frühstück gab es einige Leserkritik. DZ nach Saison 55–95 €. Plaza Alonso Martínez 10, ☏ 947 264125, ✆ 941 277375, www.hotelnorteylondres.com.

** Hotel Res. Conde de Miranda (8), kleineres, nicht unkomfortables Hotel direkt im Busbahnhof. Für Spätankömmlinge eine Überlegung wert. DZ/Bad nach Saison 55-70 €. Calle de Miranda 4, ☏ 947 265267, ✆ 941 2207770.

* Hotel Jacobeo (14), in günstiger Lage nahe der Casa del Cordón. Die Fassade macht zwar nicht viel her, das Ambiente ist jedoch angenehm und die Zimmer sind für die Kategorie ausgesprochen solide eingerichtet. Preis pro DZ je nach Saison zwischen 50 und 80 €. Calle San Juan 24, ☏ 941 260102, ✆ 947 260100, hoteljacobeo@todoburgos.com.

** Hostal Res. San Juan (16), beim Monasterio de San Juan, also schon knapp außerhalb des engeren Zentrums. Zimmer schlicht, Bäder und Betten jedoch gut in Schuss. Gut geführt. Leider etwas hohe Preise: DZ/Bad gut 35 €, ab etwa Mitte/Ende Juni bis Ende Juli knapp 45 €, im August 60 €. Calle Bernabé Pérez Ortiz 1, ☏/✆ 947 205134.

Pensión Peña (15), nahe der Casa del Cordón, ein Lesertipp von Anja Scholl: „Zimmer renoviert, mit Waschbecken und drei Badezimmern auf dem Gang. Auch die

Burgos 627

Kastilien-León
Karte S. 584/585

Übernachten
1 Hotel Abba Burgos
2 Hotel Mesón del Cid
5 Hotel Velada Burgos
8 Hotel Conde de Miranda
9 Hotel España
10 Hotel Landa Palace
11 Hotel Norte y Londres
14 Hotel Jacobeo
15 Pensión Peña
16 Hostal San Juan

Essen & Trinken
3 Meson La Cueva
4 Com. Vegetariano Gaita
5 Rest. El Tostado
6 Bar Casa Pancho
7 Cervecería Trol
12 Bodega Riojana
13 Casa Ojeda

Burgos

Leute waren total nett." DZ ohne Bad kosten 24-26 €. Calle La Puebla 18, ✆ 947 206323.

Jugendherberge Albergue Juvenil, Avda. General Vigón, gut einen Kilometer nordöstlich des Zentrums. Prima Ausstattung, jedoch nur Juli bis Mitte August geöffnet, sonst von Studenten belegt. ✆ 947 220362.

Außerhalb: ***** **Hotel Landa Palace (10)**, einige Kilometer außerhalb des Zentrums an der Straße nach Madrid. Exzentrisches Traumquartier im Stil eines gotischen Palastes, Antiquitäten überall, üppig möblierte Zimmer, fantastischer Swimmingpool. Auch das Restaurant genießt besten Ruf. Allerdings: DZ 160-230 €. Carretera N-I, km 235, ✆ 947 2577777, ✆ 947 264676, www.landa.as.

• *Camping* Zur Fiestazeit Ende Juni, Anfang Juli ist es sehr ratsam, früh am Tag einzutreffen, ebenso im August.

Fuentes Blancas, 1. Kat., in einem Naherholungsgelände vier Kilometer östlich des Zentrums, in Flussnähe und etwa einen Kilometer vom Kloster Cartuja de Miraflores entfernt. Tagsüber etwa stündlich Busse ab der El-Cid-Statue, letzter gegen 21 Uhr. Ebener, gut ausgestatteter Platz mit Restaurant und Einkauf, Schatten eher mäßig. Ganzjährig geöffnet; p.P. und Auto je 5 €, kleines Zelt 4 €, Parzelle 14 €. ✆/℡ 947 486016. www.campingburgos.com.

Essen/Nachtleben/Feste (siehe Karte S. 627)

- *Essen* Ein preisgünstiges Revier ist die bei Einheimischen als „Fressgasse" beliebte Calle San Lorenzo, die zwischen den Plazas José Antonio und Alonso Martínez liegt.

Rest. El Tostado (5), im Hotel Velada Burgos, diskreter, leicht unterkühlter Schick, intelligente Jahreszeitenküche mit stark französischen Zügen, Degustationsmenüs ab ca. 45 €, Calle de Fernán González 6-10.

Rest. Casa Ojeda (13), für Liebhaber kastilischer Braten eine der ersten Adressen der Stadt. Holzofen! Allerdings nicht ganz billig, ab 25 € aufwärts muss man fürs Essen (kein Menü!) mindestens hinlegen. Angenehm die Cafetería im Erdgeschoss mit Platos Combinados (ca. 12 €). Ein Luxus-Feinkostladen ist angeschlossen. Calle de Vitoria 5 gegenüber Casa del Cordón. ✆ 947 209052. So-Abend geschlossen.

Rest. Meson La Cueva (3), zentral gegenüber der Kathedrale gelegen, fast direkt neben dem Hotel El Cid. Keine Touristenfalle, sondern ein gutes Restaurant mit gehobener Küche. Für ein Menü à la carte ist mit etwa 30 € aufwärts zu rechnen (schlichte Morcilla de Burgos 8 €!). Das recht einfache Tagesmenü ist mit ca. 17 € keineswegs preiswert. Plaza Santa María 7, So-Abend geschlossen, im Februar Betriebsferien.

Comedor Vegetariano Gaita (4), vegetarisches Restaurant in einer Neubaugegend etwas außerhalb des Zentrums, jedoch nicht sehr weit von der Infostelle der Comunidad. Das Tagesmenü kostet hier nur etwa 8 €. Nur mittags geöffnet, So geschlossen. Calle San Francisco 31.

Bodega Riojana (12), Kleine Tapa-Bar schräg gegenüber dem Hotel Norte y Londres, preiswerte und gute Pinchos ca. 1,50 €, Raciones ab 3 €, sehr gute Tortillas. Calle San Juan 1, Eingang von der Plaza Alonso Martínez.

Bar Casa Pancho (6), stets gut besuchte Tapa-Bar, bekannt besonders für ihre „Cojonudos" und „Cojonudas"; auch Restaurant (1. Stock). Wachteleiervariationen. Calle San Lorenzo 13/15.

Cervecería-Rest. Trol (7), nur ein paar Schritte weiter. Ebenfalls eine beliebte, vor allem vom Ambiente und von der Stimmung her sehr ansprechende Bar. Im Restaurant kommt das Tagesmenü auf etwa 12,50 €. Calle San Lorenzo 25.

- *Nachtleben* Bevorzugter Treffpunkt sind am frühen Abend die Bars der Altstadtgassen Calle San Lorenzo, Laín Calvo und Sombrerería sowie die nahe der Casa del Cordón gelegenen Straßen Puebla und San Juan. Gegen 22 Uhr wechselt man ins Gebiet „Las Llanas" um die Calles Llanas de Afuera und Llanas de Adentro, direkt nördlich der Kathedrale. Wer bis zum frühen Morgen durchhalten will, findet Discobars und Clubs in der Calle Las Calzadas; sie beginnt bei der Calle San Lesmes, östlich der Altstadt.

- *Feste* **Fiestas de San Pedro y San Pablo**, 29. Juni bis 8. Juli, je nach Wochentag auch darüber hinaus. Das Hauptfest der Stadt; am 8. Juli Wagenprozession und Picknick in Fuentes Blancas (Bereich Campingplatz), Wahl der „Miss Fiesta" etc.

El Curpillos, am Tag nach Corpus Christi (Fronleichnam), Wallfahrt zum Kloster Las Huelgas.

Sehenswertes

Auffallend die Fülle baulicher Details in der Altstadt: Torbogen, Friese, Säulen, Rosetten zuhauf.

Catedral Santa María

Eine der schönsten Kirchen Spaniens, Weltkulturerbe. Schon von weitem ist sie zu erkennen, doch macht erst ein Rundgang die gewaltigen Ausmaße richtig sichtbar. Die Kathedrale von Burgos ist die drittgrößte Spaniens, nach denen von Sevilla und Toledo. 1221 wurde mit dem Bau begonnen, wenige Jahrzehnte später waren die

Die lange Bauzeit hat sich gelohnt: Kathedrale von Burgos

drei Schiffe samt Portalen errichtet, doch zogen sich die weiteren Arbeiten noch über Jahrhunderte hin. Die **Hauptfassade** Richtung Westen beherrschen die beiden 84 Meter hohen Türme, deren filigrane Helme von jenem Kölner Baumeister Hans geschaffen wurden, den die Spanier Juan de Colonia nannten. Das Hauptportal wurde im 18. Jh. umgebaut, die kunstvolle Rosette und darüber die acht Statuen kastilischer Könige des 11.-13. Jh. sind noch original. Zwei prächtig geschmückte Portale lohnen den Weg an die Nordseite der Kathedrale: Die gotische *Puerta de la Coronería* am Querschiff war der Zugang der Könige. Um die Ecke ist die platereske *Puerta de la Pellejería* das Werk eines weiteren Kölners, Francisco beziehungsweise Franz.

Den **Innenraum** betritt man durch die gotische *Puerta del Sarmental* an der Südseite der Kathedrale, von der Plaza del Rey Fernando aus. Erster Höhepunkt ist die *Vierung*: An der Kreuzung von Mittel- und Querschiff tragen vier Pfeiler das 59 Meter hohe, von reichem Plateresckschmuck gezierte Kuppelgewölbe aus dem 16. Jh. Am Boden unter der Kuppel liegt seit 1921 Spaniens Nationalheld *El Cid* neben seiner Gattin *Jimena* begraben. Geht man, vom Eingang kommend, weiter geradeaus, trifft man an der Nordseite des Querschiffs auf die „Goldene Treppe" *Escalera Dorada*, ein plateresckes Meisterstück des Diego de Siloé. Keinesfalls versäumen sollte man die fantastische *Capilla del Condestable*, hinter der Capilla Mayor in der Verlängerung des Mittelschiffs. Ab 1482 von Simon von Köln, einem Sohn des Hans von Köln im Plateresckstil errichtet, besitzt sie als einzige aller Kapellen noch ihre originalen Buntglasfenster. Die hervorragend gearbeiteten Liegefiguren der Grabmäler zeigen den obersten Feldherrn Kastiliens, Condestable Pedro Fernández de Velasco, und seine Gattin, gestorben 1492 und 1500. Die *Capilla de Santísimo Cristo* in der Südwestecke der Kathedrale beherbergt ein hochverehrtes Kruzifix, dessen Christus aus Büffelhaut und Menschenhaar gefertigt ist. In der Nähe erwarten unter der Uhr an der Innenseite der Hauptfassade Schaulustige zu jeder vollen Stunde das Erscheinen des *Papamosca*: Der kuriose „Fliegenschnapper" reißt zu jedem Glockenschlag weit den Mund auf; einem gängigen Scherz zufolge macht er damit nur seine Zuschauer nach. Der gotische *Kreuzgang* wurde früher durch das eindrucksvolle Portal des Gil de Siloé (15. Jh.) erreicht. Es ist heute verschlossen, man betritt den Kreuzgang und das in ihm und den Nebenräumen eingerichtete Kathedralmuseum vom Chor aus. Im Museum beachte man vor allem die große Kapelle der hl. Katharina, deren besonders schöner Eingangsbogen mit figurenreichem Tympanon kaum zu übersehen ist.

• *Öffnungszeiten* Tgl. 9.30–13, 16–19 Uhr, Juli–Sept. nachmittags 13.30–19.30 Uhr, im Winter tgl. 10-13, 16-18.45 Uhr. Eintritt für Kathedrale und das Museum knapp 4 € (Pilger 1 €), man erwirbt die Eintrittskarte in einem unterhalb der Kathedrale an der Plaza de San Fernando eingerichteten Raum, zu dem man nach der Besichtigung über Treppen und Gänge zurückgeführt wird.

Weitere Sehenswürdigkeiten im Zentrum

Iglesia de San Nicolás: Die spätgotische Kirche des 15. Jh. ist von der Plaza Santa María, dem Vorplatz der Kathedrale, über Treppen zu erreichen. Ihr Prunkstück ist ein grandioser Altaraufsatz aus Alabaster, den Franz von Köln zu Anfang des 16. Jh. schuf: 465 Figuren stellen biblische Motive dar.

Öffnungszeiten Juli–September Mo–Sa 9–14, 16–20 Uhr, sonst Di–Fr 18.30–19.30 Uhr, Sa 9.30–14, 17–19 Uhr, So 9–14, 17–18 Uhr; Eintritt 1€, Mo gratis.

Castillo: Die über der Altstadt gelegene Burg der Grafen von Kastilien wurde im 18. Jh. weitgehend ein Raub der Flammen, bietet aber immerhin eine schöne Aussicht auf Burgos.

Öffnungszeiten Okt.-März Sa, So/Fei 11-14 Uhr, April-Juni Sa, So/Fei 11-14, 16-19 Uhr, Juli/Aug. 11-19 Uhr, Eintritt 3,20 €.

Iglesia de San Esteban und Museo del Retablo (Museum der Altarwände): Die gotische Kirche San Esteban dient heute als Spaniens einziges Altarwandmuseum. In den geräumigen Schiffen der im späten 13. Jh. errichteten Kirche wurden große Altäre aufgestellt, die man aus der ganzen Provinz hierher gebracht hat. Größenmäßig kaum zu überbieten und künstlerisches Prunkstück ist die Altarwand des San Mamés von 1540, die 6,33 m mal 5,50 m misst.

Öffnungszeiten Zuletzt war leider auf unbestimmte Zeit geschlossen.

Centro de Arte Caja de Burgos: Gäbe es nur die Aussicht von der Terrasse auf Burgos, würde sich bereits der Besuch dieser baulich interessanten zeitgenössischen Galerie lohnen. Drei Baublöcke mit fünf Stockwerken, mit Holz verkleidete Wände, riesige Glasfronten. Die drei Blöcke sind fächerförmig aufgestellt, was an die Außenansicht eines romanischen oder gotischen Chors erinnert – bewusste Parallele zum Chor der Kirche San Esteban, die etwas höher steht. Wechselausstellungen, die wie der gesamte Bau von der Bank Caja de Burgos gesponsert werden.

Öffnungszeiten Juli–September Mo–Sa 9–14, 16–20 Uhr, sonst Di–Fr 18.30–19.30 Uhr, Sa 9.30–14, 17–19 Uhr, So 9–14, 17–18 Uhr; Eintritt frei.

Paseo del Espolón: Die Flanierzone der Stadt besteht aus zwei Bereichen. Flusswärts erstreckt sich eine aufgelockerte Parkanlage, Richtung Altstadt parallel dazu verläuft die eigentliche Einkaufs- und Caféstraße. Das Westende des Paseo markiert der wuchtige *Arco de Santa María*, wehrhafter Rest der Stadtbefestigung des 14. Jh., im

Wuchtiges Stadttor: Arco de Santa María

16. Jh. umgebaut. Im Osten endet der Paseo an der Plaza del General Primo de Rivera, die mit einer *Reiterstatue des Cid* an den berühmtesten Sohn der Stadt erinnert.

Casa del Cordón: Der Palast an der Plaza de Calvo Sotelo, unweit nördlich der Cid-Statue, gehörte im 15. Jh. dem in der Kathedrale begrabenen Condestable Pedro Fernandéz de Velasco. Das Haus beherbergte illustre Gäste: Einst empfingen hier die „Katholischen Könige" Christoph Kolumbus, ein Jahrzehnt später starb in ihm ihr Schwiegersohn Philipp der Schöne an den Folgen eines „Sportunfalls": Er hatte sich beim Pelotaspiel eine Erkältung eingefangen.

Museo de Pintura „Marceliano Santa Maria": Der renovierte Kreuzgang des ehemaligen Klosters San Juan beherbergt heute ein Gemäldemuseum. In stimmungsvollem Rahmen präsentiert die Ausstellung Landschaftsbilder und Porträts des aus Burgos stammenden Malers Marceliano Santa María (1866–1953).
Öffnungszeiten Di–Sa 10–13.50, 17–20.50 Uhr, So 11–13.50 Uhr; Eintritt frei.

Museo de Burgos: Die *Casa de Miranda*, ein Herrenhaus des 16. Jh., steht auf der südlichen Flussseite nahe des Busbahnhofs; der Eingang befindet sich in der Calle Calera 25. In dem schönen Renaissancebau ist ein gut bestücktes archäologisches Museum untergebracht; in der anschließenden *Casa de Angulo* gibt es eine Abteilung für schöne Künste, deren zeitlicher Rahmen von der mozarabischen Periode bis in unsere Tage reicht.
Öffnungszeiten Di–Sa 10–14, 16–19 Uhr, So 10–14 Uhr, Juni–Sept. Di–Fr abends 17 bis 20 Uhr. Eintrittsgebühr etwa 1,20 €, Studenten/Senioren gratis; Sa/So Eintritt frei.

Außenbezirke

Monasterio de las Huelgas Reales: Etwa 1,5 Kilometer westlich des Zentrums, Busse ab Plaza General Primo de Rivera (Cid-Statue). Im 11. Jh. ein Lustschloss der Könige, ab 1187 Zisterzienserinnenkloster mit ausgedehnten Ländereien, dem nur

Damen aus bestem Hause beitreten durften. Die hiesigen Äbtissinnen besaßen immense kirchliche und weltliche Macht, sprachen Gericht bis hin zur Todesstrafe. Die *Klosterkirche* aus dem 12./13. Jh. beherbergt eine ganze Reihe von Gräbern kastilischer Könige und Adliger, der gotische *Kreuzgang* des 13./15. Jh. glänzt mit Deckenstuck im Mudéjar-Stil. Besonders beeindruckend ist das Textilmuseum *Museo de Telas*, das prunkvolle Gewänder des Mittelalters ausstellt.

* *Öffnungszeiten* Di–Sa 10–13, 15.45–17.30 Uhr, So 10.30–14 Uhr. An manchen Feiertagen ist geschlossen. Besuch nur mit spanischsprachiger Führung möglich, Gebühr 5 €, Studenten die Hälfte; Mi gratis (für EU-Bürger).

Cartuja de Miraflores: Etwa 3,5 Kilometer östlich des Zentrums, Busse Richtung Campingplatz, siehe dort. Sehenswert ist das aus dem 15. Jh. stammende Kartäuserkloster vor allem seiner Innenausstattung wegen. Der Baumeister und Bildhauer *Gil de Siloé* schuf hier drei seiner Meisterwerke: den vergoldeten Hochaltar, das Grab des Infanten Alfonso, vor allem aber die fantastischen *Grabmäler von Juan II. und Isabella von Portugal*, die gegen Ende des 15. Jh. entstanden und an Detailreichtum kaum zu überbieten sind.

Öffnungszeiten Mo–Sa 10.15–15, 16–18 Uhr, So 11–15, 16–18 Uhr; gratis.

Weiterreise Richtung Logroño

(Richtung León siehe am Ende des entsprechenden Ortskapitels)

Atapuerca

Das unscheinbare Dorf am Fuß der gleichnamigen Sierra, im Gebiet zwischen der N 120 nach Logroño und der Autobahn Richtung Vitoria-Gasteiz, soll interessant sein? Ja, das ist es: An mehreren Stellen der Sierra wurden Reste menschlicher Skelette gefunden, die – nach den georgischen von Dmanisi – ältesten in Europa. Die Fundstätten können besichtigt, ein rekonstruiertes Dorf besucht werden. Der Standort wurde im Jahr 2000 als UNESCO-Welterbe deklariert. Die Entdeckung der Skelette des heute „homo antecessor" genannten Hominiden, des (wahrscheinlich) direkten Vorfahren des Neandertalers, aber auch des heutigen Menschen, ist dem Bau einer Werksbahn zu verdanken. In einem Bahneinschnitt (*Trinchera del Ferrocarril*) fand ein Grabungsteam 800.000 Jahre alte Knochenreste. Der Fund bestand aus mindestens sechs menschlichen Skeletten, mit Sicherheit Reste einer Mahlzeit von Menschenfressern der eigenen Rasse. In einer kleinen Höhle, die der Anschnitt aufdeckte, kamen bis zu 1,25 Mio. Jahre alte Funde ans Licht. Aufsehenerregend auch die Große Höhle (*Gran Dolino*), in der 1994 neben Resten des Homo antecessor auch dessen primitive Steinwerkzeuge entdeckt wurden (interessanterweise wurde noch kein Hinweis auf einen auch nur vorübergehenden Wohnstandort gefunden, etwa ein Feuerrest). In der 13 m tiefen *Sima de los Huesos*, einem senkrechten Karstschlund, gruben die Archäologen etwa 400.000 Jahre alte Skelette aus. Sie gehörten zu mindestens 28 Individuen, waren aber in so kleine Teile zerbrochen und derart mit den Knochen von mindestens 170 Bären der Art Ursus deningeri vermischt, dass man die Zahl nicht sicher angeben kann. Mysteriös ...

Grabungen und Funde können besichtigt werden, Anmeldungen zu den Führungen durch das Ausgrabungsgelände am besten Wochen vorher, die Führungen starten in Ibeas de Juarros oder Atapuerca und dauern jeweils ca. 2 1/2 Stunden. In Ibeas de Juarros, 15 km südlich an der N 120, gibt es ein kleines Museum, das sich (nach einem der Ausgräber) „Aula Emiliano Aguirre" nennt, und beim Dorf Atapuerca lockt ein Archäologischer Park, in dessen Freigelände und den ziemlich fantasievoll „rekonstruierten" Hütten man eine Menge über das Leben des paläolithischen Menschen erfährt.

Verbindungen Ibeas de Juarros wird mindestens 2 x tgl. von den Bussen von Continental-Auto auf der Linie Burgos-Logroño bedient, Atapuerca ist nicht an das öffentliche Verkehrsnetz angeschlossen.

Zona Arqueológica (Ausgrabungsgelände): Wer das Glück hat, während der sommerlichen Ausgrabungsphase einen Besichtigungstermin zu ergattern, bekommt archäologische Arbeit direkt vorgeführt, die Studenten und Dozenten aus Madrid, Burgos und Tarragona durchführen. Große Teile des Grabungsgeländes sind unter einem Dach vor Regen geschützt.

- *Besichtigung* Im August und September häufige Termine, im Winter nur am Wochenende, meist ab Atapuerca 10 und 12 Uhr, ab Ibeas de Juarros 11 und 15.30 Uhr. Infos und Anmeldungen auf www.paleorama bzw. über informacion@paleorama.es (Ibeas de Juarre) oder auf www.atapuerca.net bzw. über info@atapuerca.net (Atapuerca). Oder persönlich in der Aula Emiliano Aguirre in Iberas de Juarros, ✆ 947 421462, ✆ 947 421005, und in der Oficina de Información „Paleorama" in Atapuerca.

Aula Emiliano Aguirre: Das Museum mit allgemein verständlichen Infos zu den Grabungen und der Frage des Vormenschen existiert seit 1993. Es liegt etwa 15 km südlich im Ort Ibeas de Juarros nahe der N 120 und ist entsprechend gut besucht. Originalobjekte aus den Funden, Rekonstruktionen, Zusatzinformationen.
Besichtigung Im Sommer Mi–So 10–14, 16–20 Uhr, letztes Wochenende des Monats geschlossen. Im Winter Sa, So, Fei 11–14 Uhr.

Parque Archeologico (Archäologischer Park): Der 2001 eröffnete Archäologische Park am Ortsrand des Dorfes Atapuerca ist die wohl populärste Attraktion der Zone. Auf etwa einem Hektar wurde ein archäologischer Themenpark errichtet, der zwar mit Atapuerca und dem Homo antecessor thematisch nur lose verbunden ist, aber gute Infos über das Leben des Vor- und Frühmenschen gibt. Einige eher spekulative Rekonstruktionen von Hütten, Arbeitsstätten, Feuer- und Abschlagplätzen dienen als Hintergrund für die Darstellung des Lebens vor Homo sapiens sapiens. Reservierung unbedingt nötig!

- *Besichtigung* Im Sommer Mi-So ganztägig geöffnet (ca. 10–20 Uhr), jedoch nur für Gäste mit Reservierung, im Winter nur Sa, So+Fei 10-14 Uhr. Am letzten Wochenende des Monats ist immer geschlossen. Wer nicht reserviert hat, kann für nicht erschienene Gäste einspringen, was recht häufig vorkommen soll. Reservierungs-✆/✆ 947 930473.

Weiterreise Richtung Madrid und Soria

▸ **Covarrubias:** Knapp 40 Kilometer südöstlich von Burgos, zu erreichen über einen Abzweig von der A 1 nach Madrid oder (besser) von der N 234 nach Soria. Seine lange Geschichte – der Ort spielte vor und während der Reconquista eine bedeutende Rolle – ist dem Städtchen gut anzusehen. Der mauerumgürtete Ortskern erfreut mit historischen Fachwerkhäusern und kleinen Plätzen. Zur Stiftskirche *Colegiata* gehört auch ein sehr gut ausgestattetes Museum (Di geschlossen).

- *Verbindungen* **Busse** der Gesellschaft ARCEREDILLO ab Burgos nur Mo, Mi + Fr, zurück Mo, Fr, Sa + So je 1 x; Übernachtung nötig!
- *Übernachten* ***** Hotel Rey Chindasvinto**, noch recht junges Hotel, gut ausgestattet und eine empfehlenswerte Adresse, DZ 66-72 €. Plaza del Rey Chindasvinto 5, ✆ 947 406560.

** Hotel Doña Sancha, angenehmes Hotel etwas außerhalb des alten Ortes, höherer Standard, als die zwei Sterne vermuten lassen, Sat-TV, Fön, DZ ca. 40-50 €, Avda. Victor Barbadillo 31, ✆ 947 406400, www.

hoteldonasancha.com.
Pensión Casa Galín, einem guten, preiswerten Restaurant angeschlossen. Nur wenige Zimmer, Reservierung ratsam. DZ je nach Ausstattung (mit/ohne Bad) etwa 30–36 €. Plaza Doña Urraca 4, ✆/📠 947 406552.

• *Camping* **Covarrubias**, 1. Kat., mittelgroßer, recht gut ausgestatteter Platz, im Sommer mit Pool. Zumindest offiziell ganzjährig geöffnet, p.P. etwa 4 €, Auto/Zelt jeweils etwa 3,50 €. Carretera Hortigüela, ✆ 947 406417 (Sommer) bzw. 983 295841.

▸ **Monasterio de Santo Domingo de Silos**: Für Liebhaber romanischer Kreuzgänge Pflicht, für Freunde gregorianischer Chöre ein Hochgenuss. Das etwa 15 Kilometer südöstlich von Covarrubias gelegene Benediktinerkloster Santo Domingo geht wahrscheinlich auf eine westgotische Abtei des 6. Jh. zurück und wurde nach Zerstörungen der Maurenzeit im 11. Jh. neu gegründet. Hauptsehenswürdigkeit ist der grandiose doppelstöckige *Kreuzgang* des 11./12. Jh., der zu den schönsten Spaniens zählt. An den vier Ecksäulen sind Reliefs mit Motiven des Neuen Testaments zu sehen, berühmt ist besonders der *„Gang nach Emmaus"* im Nordwesten. Die maurisch beeinflussten Kapitelle der restlichen Säulen zieren neben christlichen Szenen auch Fabelwesen, Tiere und pflanzliche Ornamente. Ferner unbedingt sehenswert sind das *Grab des Heiligen Domingo* im Nordflügel, das sehr reich bestückte Museum und die aus dem 18. Jh. stammende Klosterapotheke.

Öffnungszeiten Mo–Sa 10–13, 16.30–18 Uhr, So/Fei 16.30–18 Uhr; Eintritt 3 €.

Padres als Popstars?
Die Gregorianischen Choräle von Santo Domingo de Silos

Die frommen Benediktiner von Santo Domingo hätten es sich wohl nie träumen lassen, dass eines Tages wahre Hundertschaften von Fotografen und Fernsehreportern ihr Kloster heimsuchen würden. Auslöser war eine Sammlung von Chorälen, die bereits 1973 in der Abtei aufgenommen worden war. Kurz vor Weihnachten 1993 erneut auf den Markt gebracht, stürmten die spirituellen Gesänge binnen kurzem die internationalen Pop-Charts. In der Folge zog es neben Touristen auch Scharen von Journalisten in die Abtei. So ganz glücklich fühlten sich die Padres über den Andrang nicht: „Wir sind doch keine Popstars". Mit Techno, Rap oder Funk haben Gregorianische Gesänge in der Tat wenig gemein. Die einstimmigen, ohne jede Instrumentalbegleitung von einer Schola oder einem Solisten auf Latein gesungenen Choräle sind eine Art „vertonte Bibel", sollen Sänger wie Zuhörer zur stillen Meditation über das Geheimnis Gottes führen.
Gregorianische Gesänge sind in Santo Domingo morgens oder mittags (Messen Mo–Sa 9 Uhr, So 12 Uhr) und abends (Vesper 19 Uhr, an Donnerstagen im Sommer um 20 Uhr; Completas täglich 21.30 Uhr) zu hören.

• *Verbindungen* **Busse** der Gesellschaft ARCEREDILLO ab Burgos nur Mo, Do, Fr + Sa, zurück Mo-Sa ab 7.30 Uhr, je 1 x. Wer das Kloster besichtigen will, muss wegen der Abfahrts- bzw. Ankunftszeiten mindestens zwei Übernachtungen einplanen.

• *Übernachten* Gute Auswahl an Unterkünften in schönen, alten Häusern.

*** **Hotel Santo Domingo de Silos II**, außergewöhnlich komfortables Quartier gegenüber dem Klostereingang, große Zimmer, sehr gutes Restaurant (Milchlamm im Tontopf für zwei Personen 27 €). DZ kosten ca. 55 €. ✆ 947 390053, 📠 947 390052, www.hotelsantodomingodesilos.com.

* **Hostal Res. Cruces**, an der Plaza Mayor 2. Gepflegtes Quartier, von mehreren Lesern gelobt, dabei eine der preisgünstigeren Möglichkeiten vor Ort: DZ/Bad 45 €, ✆ 947 390064.

Aranda de Duero: Das Städtchen liegt an der A 1 nach Madrid, etwa 80 Kilometer südlich von Burgos und am Kreuzungspunkt wichtiger Fernstraßen. Kunstfreunde finden im Ort die spätgotische Kirche *Santa María* (15. Jh.) mit isabellinischem Portal, Camper etwas außerhalb einen günstig gelegenen Übernachtungsplatz.

Übernachten: **Parador de Lerma**, in der rund 45 km nördlich gelegenen Kleinstadt Lerma. 2003 eröffneter Parador im prachtvollen Herzogspalast (Palacio Ducal) aus der Zeit des ersten Herzogs von Lerma, elegant ausgestattet, auch Hallenbad, Sauna und Fitnessraum. Standard-DZ ca. 175 €; ✆ 947 177110, www.parador.es.

Camping **Costajan**, 1. Kat., etwa drei Kilometer nördlich des Zentrums von Aranda de Duero, Zufahrt von der A 1 bei km 164-165. Gut ausgestatteter Platz, Schatten, großes Schwimmbad mit Gaststätte. Ganzjährig geöffnet; p.P., Auto, Zelt je etwa 6 €. ✆ 947 502070.

Soria

Eine kleine Provinzhauptstadt auf über tausend Meter Höhe, weit im Osten der Region Kastilien-León und etwa auf halbem Weg zwischen Burgos und Zaragoza gelegen.

„In dem Hochland droben, wo der Duero um Soria seinen Armbrustbogen zieht", so beschrieb der große Dichter Antonio Machado die Lage seiner Wahlheimat. Eben wegen seiner Abgeschiedenheit sieht das kaum 40.000 Einwohner zählende Städtchen am westlichen Ufer des Río Duero nur wenige ausländische Besucher. Dabei ist Soria nicht unattraktiv, besitzt ein historisches Zentrum, das einiges an alter Bausubstanz bewahrt hat. Hauptplätze des kleinen Städtchens sind die *Plaza Mayor* mit dem charakteristischen Löwenbrunnen und die etwa 500 Meter weiter westlich gelegene *Plaza Mariano Gradanos*, verbunden durch die Fußgängerzone *El Collado*.

- *Information* **Oficina de Turismo**, Calle Medinacelli 2, an der Rückseite eines großen Verwaltungsbaus unweit der Plaza Mariano Gradanos; ✆ 975 212052. Öffnungszeiten von Juli bis September täglich 9-20 Uhr (Fr/Sa bis 21 Uhr), sonst täglich 9-14, 17-20 Uhr.

- *Verbindungen* **Zug**: Bahnhof am südlichen Stadtrand; Züge nach Alcalá de Henares und Madrid je 2-mal täglich.
Bus: Busbahnhof (Info: ✆ 975 225160) an der Avda. de Valladolid am westlichen Stadtrand; nach Burgos 3-mal, Logroño 6-mal, Pamplona 5-mal, Zaragoza 3-mal, Valladolid 3-mal und Madrid 11-mal täglich.

- *Übernachten* ****** Hotel Mesón Leonor**, benannt nach der früh verstorbenen Frau Machados. Schöne, ruhige Lage nordöstlich etwas abseits des Zentrums, reizvoller Blick auf die Stadt. Parkmöglichkeit. DZ etwa 95–115 €. Paseo del Mirón s/n, ✆ 975 220250, ✆ 975 229953. www.hotel-leonor.es.
*** Parador de Soria, modernes Gebäude auf dem Schlosshügel, kürzlich renoviert. Schöner Blick auf die Stadt. Standard-DZ etwa 160 €; Parque del Castillo s/n, ✆ 975 240800, ✆ 975 240803, www.parador.es.
** Hostal Soria Plaza Mayor, im Herzen der Stadt. Noch junges Quartier mit hotelähnlichem Komfort und reizvollen Räumlichkeiten; ein Teil der Zimmer geht mit Balkon auf den Platz. DZ nach Saison etwa 75-105 €. Plaza Mayor 10, ✆ 975 240864, www.hotelsoriaplazamayor.com.
** Hostal Res. Hospedería Solar de Tejada, zentral gelegenes, gut ausgestattetes Hostal mit viel Charme und hübsch eingerichteten Zimmern. DZ etwa 60 €. Calle Claustrilla 1, Ecke El Collado, ✆/✆ 975 230054.
** Hostal Res. Alvi, nicht weit von der Infostelle und der Plaza Mariano Granados. Ordentliche Ausstattung, DZ/Bad etwa 50 €. Calle Alberca 2, ✆ 975 228112.

- *Camping* **Fuente de la Teja**, 1. Kat., etwa zwei Kilometer außerhalb; Swimmingpool. Die Nächte können frisch sein. Geöffnet Ostern bis September; Parzelle inkl. Auto, Zelt je nach Größe ab etwa 8 €, p.P. 4 €, zur NS inklusive. Carretera de Madrid, km 223, ✆ 975 222967, ✆ 975 233199. www.fuentedelateja.com.

636   Kastilien-León

- *Essen* Tapa-Bars finden sich besonders um die Altstadtplätze Plaza San Clemente und Plaza Ramón Benito Aceña. Eine Spezialität der Stadt sind die gerösteten Brotwürfel „Migas".

Rest. Mesón Castellano, traditionsreiche Adresse im Zentrum. Rustikal-edles Interieur, kastilische Küche mit Schwerpunkt auf Braten. Menü ab etwa 30 € aufwärts. Plaza Mayor 2, ✆ 975 213045.

Mesón de Isabel und **Casa Augusto**, Plaza Mayor 4 bzw. 5, sind die „Nachbarn" des Mesón Castellano, beide einen Tick günstiger und ebenfalls gut.

Capote, von der Plaza Mayor aus gesehen am Ende der Fußgängerzone. Prima Laden, im Angebot vor allem Montaditos (hier: kleine Brötchen), die man sich, mit einem Bestellzettel (Namen draufschreiben) bewaffnet, an der Theke aussucht und später an der Ausgabe abholt. Preisgünstig. C. Marqués de Vadillo 7.

- *Feste* **Fiestas de San Juan**, Ende Juni, das Hauptfest der Stadt, mit Stierkämpfen und einer Tradition, die viele Jahrhunderte zurückreicht. Es beginnt am Donnerstag nach der Johannisnacht (23./24. Juni).

Sehenswertes

Palacio de los Condes de Gómara: Etwas nördlich der Plaza Mayor, an der Calle Aguirre, erstreckt sich mit einer Front von gut 100 Meter Länge der prächtige, turmbekrönte Renaissancepalast des 16. Jh.

Iglesia de Santo Domingo, noch ein Stück weiter nördlich, am Ende der Calle Aduana Vieja. Im 12. Jh. als eine der vielen romanischen Kirchen Sorias errichtet, besitzt sie eine sehr schöne Fassade.

Museo Numantino: An der Plaza General Yagüe, etwas westlich der Plaza Mariano Granados. Höhepunkt der archäologischen Ausstellung sind Funde aus der berühmten, acht Kilometer nördlich gelegenen keltiberischen Stadt *Numancia*. Deren Einwohner hatten nach jahrelanger Belagerung durch die Römer 134 v. Chr. ihre Siedlung in Brand gesteckt und kollektiven Selbstmord begangen, um nicht in die Sklaverei zu geraten: ein großer spanischer Mythos. Die Ausgrabungsstätte selbst ist zugänglich (Mo geschlossen), aber nicht besonders interessant.
Öffnungszeiten Di-Sa 10–14, 16–19 Uhr (Juli bis September 17-20 Uhr), So 10–14 Uhr; Eintrittsgebühr 1,20 €.

Concatedral San Pedro: Flusswärts des Altstadtzentrums, auf Höhe des Schlossbergs, erhebt sich die sehenswerte Nebenkathedrale (12./16. Jh.) mit ihrem reizvollen romanischem Kreuzgang.
Öffnungszeiten Ostern bis September Mo 11-13 Uhr, Di-So 10.30-13.30, 16.30-19.30 Uhr (So nur bis 19 Uhr), im restlichen Jahr nur Di-So 11-13 Uhr; Eintrittsgebür 1 €.

Monasterio San Juan de Duero: Östlich des Zentrums steht wie auf der Altstadt gegenüberliegenden Flussseite das interessanteste Monument von Soria. Das frühere Kloster (12. Jh.) des Templerordens besitzt einen zwar teilweise zerstörten, aber sehr ungewöhnlichen und schönen *Kreuzgang*, in dessen vielgestaltig ornamentalen Bögen sich romanische und maurische Elemente mischen. Sehenswert auch die ehemalige Klosterkirche, die ebenfalls aus dem 12. Jh. stammt.
Öffnungszeiten Di–So 10–14 Uhr, Di–Sa auch 17–20 Uhr (Sommer) bzw. 16–19 Uhr (Winter); Eintrittsgebühr 0,60 €.

Ermita de San Saturio: Hoch über der östlichen Flussseite liegt diese Wallfahrtskirche, die im 18. Jh. errichtet und teilweise aus dem Fels gehauen wurde; sie verfügt über einen schönen Barockaltar und bietet eine reizvolle Aussicht. Achtung, die Zufahrtsstraße ist teilweise sehr schmal.
Öffnungszeiten Di–Sa je nach Jahreszeit 10.30–14, 16.30-18.30/19.30/20.30 Uhr, So 10.30-14 Uhr. Eintritt frei.

Mächtig: Los Mallos de Riglos

Aragón

Mit einer Fläche von 47.669 Quadratkilometern zählt die Comunidad Autónoma Aragón zu den größeren Gemeinschaften Spaniens, ist aber ähnlich dünn besiedelt wie die Extremadura oder Kastilien-La Mancha.

Ganze 27 Einwohner leben hier im Schnitt auf einem Quadratkilometer. Zum Vergleich: Im benachbarten Katalonien sind es mehr als 220. Die Comunidad umfasst die drei Provinzen Huesca im Norden, Zaragoza in der Mitte und Teruel im Süden. Hauptstadt ist Zaragoza. In der ringsum von Gebirgen eingeschlossenen Region hielten sich bis vor kurzem, teilweise bis heute, uralte Strukturen. Manch entlegeneres Dorf wirkt, als wäre seit Jahrhunderten die Zeit stehen geblieben. Der große Regisseur *Luis Buñuel* sagte von seinem Geburtsort Calanda in der Provinz Teruel, dass „dort das Mittelalter bis zum ersten Weltkrieg" gedauert habe.

Die **Landschaft** Aragóns wird in weiten Teilen durch die manchmal eintönig, dann wieder grandios wirkenden Steppen des *Ebro-Beckens* geprägt, die über die Hälfte der Fläche der Gemeinschaft bedecken. Regenarmut und der oft wenig fruchtbare Boden lassen nur dort intensive Landwirtschaft zu, wo Bewässerungsmöglichkeiten bestehen. Ganz anders präsentiert sich der Norden Aragóns. Hier bieten die *Pyrenäen* landschaftliche Attraktionen ersten Ranges, die mit Schluchten, Wäldern und Bächen das Auge streicheln.

Die wenigen **Städte** der Region werden von Kunstliebhabern vor allem wegen ihres Reichtums an Mudéjarbauten besucht. Anzutreffen ist diese mittelalterliche Architektur der unter christlicher Herrschaft lebenden Mauren besonders in den „Mudéjar-Städten" *Tarazona*, *Calatayud* und *Daroca* sowie in der weit im Süden Aragóns liegenden Provinzhauptstadt *Teruel*.

- *Internet* www.turismodearagon.com
- *Klima* Das Klima Aragóns ähnelt insgesamt dem Kastiliens, ist rau und überwiegend kontinental geprägt. Auf lange, sehr heiße und trockene Sommer folgen eiskalte Winter. In der Pyrenäenregion sind die Temperaturen im Sommer moderater, die Niederschläge fallen aufs Jahr gerechnet höher aus.
- *Verbindungen* **Zug**: Zentrum des Schienennetzes ist Zaragoza. Nebenlinien führen via Huesca/Jaca zur Pyrenäenstation Canfranc mit Busverbindung nach Frankreich sowie in den Süden nach Teruel und weiter nach Sagunto und Valencia.
Bus: Wermutstropfen für Pyrenäen-Reisende: Busverbindungen sind selten, und, wo vorhanden, meist auf eine oder zwei Fahrten am Tag beschränkt.
- *Küche und Keller* Die Küche der Region steht im Ruf, herzhaft und recht einfach zu sein. Sehr beliebt und gewissermaßen das „Nationalgericht" Aragóns sind Speisen **al chilindrón**, Fleisch (Hähnchen, Lamm, Kaninchen, Schwein) in einer Sauce aus Tomaten, Zwiebeln und gebratenen Paprika. Regionale Spezialitäten sind der berühmte Schinken aus Teruel, im Gebiet um Zaragoza **magras con tomate** (dünne Schinkenstreifen in Tomatensauce) und in den Pyrenäen Wildgerichte und die köstlichen Forellen **truchas**. Als Nachspeise findet man das Mandelbrot **guirlache** sowie Obst in getrockneter oder kandierter Form.

Bekanntester Wein Aragóns ist der dunkelrote, höchst kräftige **Cariñena**, der durchaus 18 Volumenprozent Alkohol erreichen kann; stark im Kommen die kleine D.O.-Region **Somontano**.
- *Feste* Die Feste Aragóns sind vielleicht nicht so berühmt wie die anderer Regionen; originell und ausgelassen sind sie allemal.
Semana Santa, die Karwoche, wird besonders in der Provinz Teruel auf spektakuläre Weise gefeiert: In Híjar, Calanda, Alcañiz und anderen Orten wird bei der „Tamborrada" getrommelt, bis manchem die Hände bluten.
Fiesta del Primer Viernes de Mayo, am ersten Freitag im Mai in Jaca (Huesca), zur Erinnerung an eine Schlacht gegen die Mauren.
Fiestas del Angel, die Woche nach dem ersten Montag im Juli, in Teruel.
Fiesta de San Lorenzo, am 10. August in Huesca, der Geburtsstadt des Heiligen.
Fiesta de San Roque, 16. August, Fest des Pestheiligen in Calatayud (Zaragoza) und in Bronchales (Teruel), wo der sogenannte „Kükentanz" Baile de los Pollos stattfindet: nur über 65-Jährige dürfen teilnehmen.
Fiestas del Santo Cristo y San Vicente Ferrer, 12.-15. September in Graus (Huesca), mit Riesen und Gigantenköpfen; am meisten los ist am 14. September.
Fiestas del Pilar, zweite Oktoberwoche in Zaragoza. Größtes Fest Aragóns und letzter Höhepunkt der spanischen Stierkampfsaison.

Geschichte

Als *Sancho III. der Große*, Herrscher von Navarra, 1035 starb, wurde sein mächtiges Reich unter seinen drei Söhnen geteilt. Gleichzeitig mit Kastilien entstand unter *Ramiro I.* so aus einer Grafschaft ein Königreich, und wie der westliche Nachbar machte sich auch Aragón bald daran, seine Grenzen zu erweitern. König *Sancho Ramirez*, Sohn Ramiros, eroberte 1076 Teile Navarras, darunter auch Pamplona. Gleichzeitig rückten er und seine Nachfolger gegen den Ebro und damit die maurisch besetzten Gebiete vor. 1118 konnte *Alfons I. der Kämpfer* Zaragoza einnehmen und zur Hauptstadt ausrufen.

Später erweiterte auch kluge Heiratspolitik den Aktionsradius Aragóns. 1137 heiratete die Tochter Ramiros II. den katalanischen Herrscher *Ramon Berenguer IV*. Die Vereinigung der beiden Häuser brachte Aragón den Zugang zum Meer und damit gewaltigen Gewinn an Reichtum und Macht. Im 13. und zu Beginn des 14. Jh. erstreckte sich der Einfluss des Doppelreichs über das halbe Mittelmeer, reichte bis nach Sizilien und Athen. Nach innen allerdings war die Macht der aragonischen Herrscher nicht unbeschränkt: dem starken Adel gegenüber galten sie nur als „Erster unter Gleichen", und auch vielen Städten mussten sie Sonderrechte einräumen, die sogenannten *fueros*.

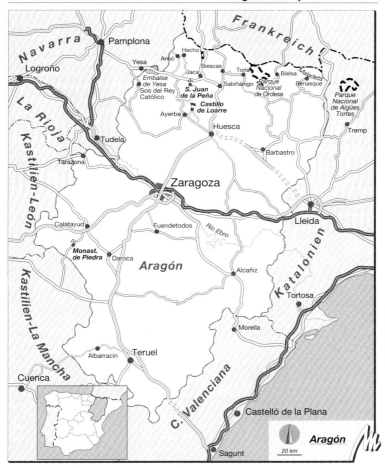

1476 schließlich besiegelte die Heirat König Ferdinands II. von Aragón mit der kastilischen Thronfolgerin Isabella die Vereinigung der beiden spanischen Großreiche, deren Führung allerdings bald in die alleinigen Hände Kastiliens geriet.

Aragonische Pyrenäen

Ein Fest für Wanderer und Naturfreunde. Die Zentralpyrenäen bilden in jeder Hinsicht den Höhepunkt der mächtigen Gebirgskette.

Das Gebiet Aragóns umfasst die höchsten Berge der Pyrenäen. Eine ganze Reihe von Gipfeln übertrifft die Dreitausendermarke; Spitzenreiter ist der *Pico d'Aneto* (3404 m) nahe der Grenze zu Katalonien. Doch ist es nicht die Höhenlage allein, die den Reiz der Zentralpyrenäen ausmacht. Den Reisenden erwarten spektakuläre Schluchten, glasklare Bergbäche, aus Naturstein errichtete Dörfer und eine artenreiche Tier- und Pflanzenwelt. Besonders bekannt ist die Region für ihren hohen Bestand an Greifvögeln: nur in wenigen anderen Gebieten Europas sind Steinadler, Bart- und Lämmergeier so zahlreich anzutreffen. Ausgangspunkte für Exkursionen in die Zentralpyrenäen sind, so man nicht von Frankreich oder Katalonien her einreist, in der Regel *Huesca* oder *Jaca*. Zu den schönsten Zielen zählt ganz sicher der Nationalpark *Parque Nacional de Ordesa y Monte Perdido*, aber auch die weniger besuchten Gebirgstäler im Osten und Westen lohnen den Weg.

Huesca

Streng genommen zählt die noch im Flachland liegende Provinzhauptstadt gar nicht zur Pyrenäenregion. Huesca besitzt jedoch neben Jaca die besten Verkehrsverbindungen und Informationsmöglichkeiten des Gebiets und bietet sich daher als Sprungbrett an. Länger aufhalten wird sich hier kaum jemand wollen, auch wenn Huesca durchaus lebendig und sein altes Zentrum recht gut erhalten ist.

• *Information* **Oficina Municipal de Turismo**, im südlichen Altstadtbereich, Plaza Lluis López Allué; ✆ 974 292170. Geöffnet täglich 9–14, 16–20 Uhr, im Sommer sogar durchgehend 9-20 Uhr. Im selben Gebäude ein „Schulmuseum" Museo Pedagógico, gratis. www.huescaturismo.com

• *Verbindungen* **Zug**: Bahnhof mit AVE-Anschluss an der Calle Zaragoza, einen knappen Kilometer südlich der Altstadt. Züge nach Zaragoza 8-mal, Sabiñánigo/Jaca 3-mal, Canfranc 2-mal täglich.
Bus: Verbindungen unter anderem mit ALOSA nach Zaragoza halbstündlich, Sabiñánigo 7-mal, Jaca 7-mal, Lleida 6-mal, Pamplona 1-mal täglich. www.alosa.es.

• *Übernachten* Eine gewisse Konzentration an Hotels und Hostals um die Plaza de Lizana im westlichen Altstadtbereich.
*** La Posada de la Luna, in einer nicht allzu reizvollen Wohngegend am westlichen Altstadtrand, das Haus selbst jedoch hübsch und gepflegt. 2004 eröffnet, gehobenes Komfortniveau. DZ nach Saison etwa 130–150 €. Calle Joaquin Costa 10, ✆ 974 240857, ✉ 974 241315, ww.posadadelaluna.com.
** Hostal Lizana II,etwas weiter südlich, am oben erwähnten Altstadtplatz. Fast hotelähnlicher Komfort, mit Garage. DZ/Bad etwa 50–75 €. Plaza Lizana 6, ✆ 974 220776, ✉ 974 231455, www.hostal-lizana.com.
* Hostal Lizana, zugehörig, Rezeption im anderen Hostal. Etwas einfacher, aber durchaus in Ordnung, die Garage der Dependance kann mitbenutzt werden. DZ/Du etwa 45–65 €. Plaza Lizana 8, ✆ 974 220776, ✉ 974 231455, www.hostal-lizana.com.
* Hostal El Centro, recht großes Hostal im Gebiet östlich des Busbahnhofs. Geräumige, brauchbare Zimmer, DZ/Bad etwa 45-55 €, mit Dusche etwas günstiger. Calle Sancho Ramírez 3, ✆ 974 226823. hostalelcentro.com.

• *Camping* **San Jorge**, 2. Kat., kleiner Platz in den westlichen Außenbezirken, etwa unterhalb des Hügels Cerro San Jorge; Zufahrt von der Straße nach Zaragoza beschildert. Ganz ordentliche Ausstattung, passables Restaurant. Geöffnet April bis Mitte Oktober; p.P., Auto, Zelt je etwa 4 €. ✆ 974 227416. www.campingsanjorge.com.

• *Feste* **Fiesta de San Lorenzo**, 10. August; Fest des Pestheiligen, der in Huesca geboren wurde. Höhepunkt ist „El Rosario de la Aurora", Rosenkranzbeten in der Morgendämmerung.

Sehenswertes

Catedral: Im Zentrum der Altstadt. Die im 13./16. Jh. errichtete gotische Kathedrale glänzt mit schönem Portal, einem kunstvollen Hochaltar (16. Jh.) aus Alabaster und einem Chorgestühl der Renaissance. Angeschlossen ist ein Museo Diocesano.
<u>Öffnungszeiten</u> Mo-Sa 10.30-13.30, 15.30-17.30 Uhr, Eintrittsgebühr 3 €.

Museo Provincial: Einige Straßen nördlich der Kathedrale. Ausgestellt sind vor allem vorgeschichtliche und römische Funde, aber auch kirchliche Kunst. Das Mu-

seum umfasst Teile des aragonischen Königspalastes, der im 12. Jh. Schauplatz der blutigen *Glocke von Huesca* war: König Ramiro II. lud sechzehn seiner aufständischen Adligen zu einer Versammlung, wie es hieß, um eine Glocke einzuweihen, „die man im ganzen Land hören sollte". Die Unglücklichen wurden gleich nach ihrem Eintreffen enthauptet, ihre Köpfe in Glockenform aufgehängt – in der Tat eine Botschaft, die weithin Gehör fand.
Öffnungszeiten Di–Sa 10–14, 17–20 Uhr, So 10–14 Uhr; Eintritt frei.

Centro de Arte y Naturaleza (CDAN): Etwa zwei Kilometer außerhalb der Stadt, rechter Hand der A 132 Richtung Pamplona. Das moderne Gebäude, konzipiert vom renommierten Architekten Rafael Moneo, beherbergt neben einer Kunstsammlung (u.a. mit Arbeiten von Antoni Tàpies) vor allem wechselnde Ausstellungen.
Öffnungszeiten Di–So 11–14, 17–20 Uhr (Sommer bis 21 Uhr), So bereits ab 10 Uhr; Eintritt frei.

Umgebung

Castillo de Loarre: Die beeindruckende Burg (Di–So 10–14, 16-20 Uhr; häufige Wechsel; 2 €), etwa 35 Kilometer nordwestlich von Huesca und einige Kilometer abseits der A 132 gelegen, besetzt einen Felssporn zu Füßen der fast 1600 Meter hohen Sierra de Loarre. Bereits im frühen 11. Jh. durch Sancho III. als Schutzfestung gegen die Mauren errichtet, hat sich die ausgedehnte, seit 1906 als Nationaldenkmal geschützte Anlage ihren romanischen Charakter weitgehend bewahrt. Ihr Inneres, in dem auch eine romanische Kirche steht, kann besucht werden. Von den beiden Türmen (Vorsicht beim Aufstieg!) bietet sich ein weiter Blick.

- *Übernachten:* ***** Hospedería de Loarre**, im Ort Loarre. Hübsches Quartier mit guten Zimmern in einem restaurierten alten Gebäude, ordentliches Restaurant. DZ/F etwa 70–100 €. Mayor s/n, ✆ 974 382706, ✆ 974 382713. www.hospederiadeloarre.com.
- *Camping* **Castillo de Loarre** (2. Kat.), noch junger Platz auf dem Weg vom Ort Loarre zum Kastell. Ruhige Lage mit Blick zur Burg und weit über die Ebene. Gute Sanitärs, ordentliches Restaurant, geführte Exkursionen. Geöffnet Ostern bis Oktober; p.P., Zelt, Auto je etwa 4 €. ✆ 974 382722. www.campingloarre.com.

Mallos de Riglos: Das kleine Dorf Riglos, etwa zwölf Kilometer hinter Ayerbe und etwas abseits der A 132 gelegen, ist ein Mekka spanischer Freeclimber. Ihr Ziel sind die rötlichen, senkrecht mehrere hundert Meter hoch aufragenden Felswände „Mallos", die das Dorf selbst geradezu als Baukastenspielzeug erscheinen lassen.

- *Übernachten* ***** Hotel Villa de Ayerbe**, im Städtchen Ayerbe, ein Lesertipp von Dr. Reinhard Müller-Matthesius: „Guter Ausgangspunkt, wirkte sehr sauber, Parkplatz gleich am Eingang. Gut gegessen haben wir im Restaurant El Rincón del Palacio, dorthin kann man vom Hotel auch gut zu Fuß hingelangen." DZ nach Ausstattung etwa 70-80 €. Duqe de Divona 15, ✆ 974 380080, ✆ 974 380234. www.hotelayerbe.com.

Valle de Benasque

Das östlichste der aragonischen Pyrenäentäler erstreckt sich unterhalb des mächtigen, bis 3404 Meter hohen Maladeta-Massivs. Benasque selbst, dem auf 1138 m gelegenen Hauptort des Tals, merkt man den Einfluss des wachsenden Tourismus an. Dennoch konnte das alte Dorf sich enge Gassen und reizvolle Winkel bewahren. Benasque ist Ausgangsort für eine ganze Reihe von Wanderungen und Touren wie auch „Talstation" des östlich gelegenen Skigebiets *Cerler*.

- *Information* **Oficina Municipal de Turismo**, Calle San Sebastián 5, ✆ 974 551289; geöffnet täglich 9.30–13.30, 16.30–20.30 Uhr, zur HS im Juli und August noch erweitert. www.turismobenasque.com.
- *Verbindungen* **Busse** von und nach Huesca verkehren 2-mal täglich.

- *Übernachten* *** **Hotel San Marsial**, kleineres, komfortables und reizvoll rustikal eingerichtetes Quartier, DZ/F nach Saison etwa 80–120 €; auch Apartments. Carretera de Francia 77, ℅ 974 551616, 🕾 974 551623. www.hotelsanmarsial.com.
- * **Hotel Avenida**, unweit der Infostelle. Gemütliches, familiäres Quartier mit 16 Zimmern, DZ nach Saison etwa 40-70 €. Avenida de los Tilos 3, ℅ 974 551126, 🕾 974 551515, www.h-avenida.com.
- *Camping* Mehrere Möglichkeiten. **Camping Aneto** (2. Kat., ganzjährig außer im November; p.P., Auto, Zelt je 6 €; ℅ 974 551141) liegt etwa 3,5 Kilometer oberhalb des Ortes, der kleinere Platz **Camping Ixeia** (2. Kat., Juni–September) noch ein Stück weiter.

Parque Nacional de Ordesa y Monte Perdido

Eine Hochgebirgslandschaft von herber Schönheit. Faszinierende Canyons, steil aufragende Felswände, beste Wandermöglichkeiten.

Der bereits im Jahre 1918 ausgewiesene Nationalpark liegt im Gebiet des 3355 Meter hohen Monte Perdido. Auf französischer Seite setzt sich die Schutzzone im Pyrenäen-Nationalpark fort. Wie Aigües-Tortes in Katalonien teilt sich auch der Ordesa-Park in zwei Gebiete. Die *Monte-Perdido-Zone* im Osten ist von der A 138 Aínsa-Bielsa und damit durch den Tunnel de Bielsa auch von französischer Seite her zugänglich. Die *Ordesa-Zone* im Westen, der häufiger besuchte Teil des Parks, wird über die N 260 und das Dorf Torla erreicht. Der ab Höhen von etwa 1000 Meter ansteigende, an Bächen und Wasserfällen reiche Park beherbergt teilweise selten gewordene Arten. Charakteristisch für die Pflanzenwelt sind Buchen, Birken, Kiefern und Tannen; wer Glück hat, entdeckt neben vielen anderen Wildblumen auch Edelweiß. An Säugetieren sehr häufig anzutreffen sind Gämsen, der Steinbock dagegen ist selten geworden. Ungewöhnlich gut vertreten sind Greifvögel vieler Arten.

- *Information* **Centro de Visitantes**, Infostelle am Parkeingang hinter Torla (Ordesa-Seite; der Bus zum Park stoppt hier); ℅ 974 486421. Nur zur Saison von Ostern bis etwa Oktober geöffnet, dann täglich 9–14, 16–19 Uhr. Kartenverkauf, Informationen zu Wanderrouten etc. Eine Zweigstelle liegt in Torla selbst, ℅ 974 486472. Vorab-Infos bei den Touristeninformationen Huesca oder Benasque.
- *Verbindungen* Die besten Anschlüsse bestehen nach Torla in der Ordesa-Zone, siehe dort.
- *Schutzbestimmungen* Maximal 1800 Besucher gleichzeitig werden zugelassen. Zur Saison ist zudem der Kfz-Verkehr zum Parkgebiet eingeschränkt, siehe auch unter Torla. Ansonsten gelten die üblichen Einschränkungen, kein Abfall, kein Feuer, kein Camping etc.
- *Übernachten* Eine Reihe von Schutzhütten, darunter das bewirtschaftete „Refugio Góriz", das aber im Sommer häufig belegt ist (Camping im Umfeld gestattet). Zu Unterkünften in den Orten der Umgebung des Parks siehe unten.
- *Camping* Camping im Park verboten; Plätze außerhalb des Schutzgebietes in beiden Zonen vorhanden, siehe unten.

▸ **Monte-Perdido-Zone**: Die östliche der beiden Zonen des Naturparks umfasst drei Täler, die alle von der N 173 Aínsa-Bielsa aus erreichbar sind. *Gargantas de Escuaín* und das weiter westlich gelegene *Valle de Añisclo* sind beide etwas abgelegen und von schluchtartigem Charakter. Das nördlichste und breiteste der Täler, *Valle di Pineta*, führt vom Hauptort Bielsa aus direkt auf den Monte Perdido zu. Landschaftlich reizvoll sind alle drei Täler, doch verfügt Bielsa und damit das Valle di Pineta über die mit Abstand meisten und besten Einrichtungen, darunter auch ein Parador. Einen Stopp bei der Anreise lohnt das Städtchen *Aínsa*, 34 Kilometer südlich von Bielsa und damit weit außerhalb des Parks; es ist teilweise unter Denkmalschutz gestellt und besitzt eine besonders hübsche (aber leider oft zugeparkte) Plaza Mayor. Im Ort besteht ein gutes halbes Dutzend Übernachtungsmöglichkeiten bis zum Zweisternehotel.

Parque Nacional de Ordesa y Monte Perdido 643

Bielsa: Im touristischen Zentrum der östlichen Parkzone herrscht zur Saison schon ein ziemlicher Trubel, doch ist das frühere Bergdörfchen im Ortskern noch zu erahnen.

• *Verbindungen* Mit öffentlichen Verkehrsmitteln ist einzig Aínsa zu erreichen, nämlich 1-mal täglich per Bus von Sabiñánigo via Torla, siehe Ordesa-Zone.

• *Übernachten* Um Bielsa ein halbes Dutzend Hotels und Hostals, zur Saison oft Quartierschwierigkeiten.

*** Parador de Bielsa, am Ende des Pineta-Tals, etwa 14 km westlich von Bielsa. Nur 24 Zimmer; zur Saison unbedingt reservieren! Standard-DZ etwa 140-160 €; ✆ 974 501011, ✉ 974 501188, www.parador.es.

• *Camping* **Pineta**, 2. Kat., etwa sieben Kilometer westlich von Bielsa. Offiziell geöffnet von April bis Anfang, Mitte Oktober; p.P., Auto, Zelt je etwa 5 €. Ctra. del Parador, km 7; ✆ 974 501089. www.campingpineta.com.

▶ **Ordesa-Zone**: Die bekanntere und häufiger besuchte der beiden Parkzonen ist auch mit öffentlichen Verkehrsmitteln einigermaßen problemlos erreichbar. Das tief eingeschnittene, wald- und wasserreiche Hochtal des *Río Arazas* eröffnet fantastische Möglichkeiten zum Bergwandern.

Torla: In schöner Lage etwa acht Kilometer vom Parkzugang entfernt, zeigt sich der alte Ortskern von Torla mit seinen engen Gassen und kleinen Plätzen von der romantischen Seite. Die Ausmaße des Großparkplatzes gleich unterhalb allerdings können auf den ersten Blick schon einen gewissen Schock auslösen.

• *Information* **Oficina de Turismo**, Plaza Aragón s/n, am kleinen Hauptplatz im Ortskern, ✆ 974 486378. Öffnungszeiten von März bis September Mo-Sa 9.30-13.30, 17-21 Uhr.

• *Verbindungen* Nach Torla Mo–Sa 1-mal vormittags Bus ab Sabiñánigo (Bahnstation der Linie Huesca-Jaca). Im Sommer ist die Zufahrt von Torla in den Park für Privatfahrzeuge gesperrt; stattdessen verkehren Busse (hin und zurück etwa 4,50 €) mit allerdings limitierter täglicher Fahrgastzahl: früh eintreffen! Sonst nur zu Fuß; schöner als auf der Straße läuft es sich auf dem Fußpfad am Fluss.

• *Übernachten* Mehrere Hotels und Hostals, viele davon an der Hauptstraße zum Park. Hohes Preisniveau, zur Saison häufig belegt, Reservierung ratsam.

Hotel Villa de Torla, freundlich eingerichtetes Hotel im Zentrum von Torla. Geöffnet März bis Dezember, DZ nach Saison und Ausstattung etwa 55–70 €. Plaza Aragón 1, ✆ 974 486156, ✉ 974 486365. www.hotelvilladetorla.com.

* Hotel Bujaruelo, angenehmes und gut ausgestattetes, 2005 komplett renoviertes Haus an der Parkstraße. DZ nach Saison etwa 50–70 €. Carretera de Ordesa s/n, ✆ 974 486174, ✉ 974 486330. www.torla.com.

** Hostal Res. Alto Aragón, im Ort, ein Ableger des nahen, einen Tick teureren Einsternhotels Ballarin; dort ist auch die Rezeption. Schlichte, aber brauchbare DZ/Bad nach Saison etwa 40-45 €. Calle Capuvita 11, ✆ 974 486155.

Balcón del Pirineo, im südlicher gelegenen Dorf Buesa, ein Lesertipp von Salvatore Sortino: „Sehr schönes, familiäres und gastfreundliches Landhaus, in der Küche werden ausschließlich regionale und saisonale Spezialitäten (Besitzer kocht selbst!) zubereitet." Apartment für 2-4 Personen etwa 60-75 €. Calle Vita s/n, ✆ 974 486023, www.balconpirineos.com.

• *Camping* **Ordesa**, 1. Kat., an der Straße zum Park, beim gleichnamigen Hotel; Schwimmbad. Geöffnet etwa Mai bis Ende Oktober; p.P., Auto, Zelt je etwa 5,50 €; ✆ 974 486146. www.hotelordesa.com.

Río Ara, 2. Kat., etwas einfacher als die Konkurrenz, aber schön beim Fluss gelegen. Beschilderter Abzweig von der Parkstraße, noch vor dem Camping Ordesa. Geöffnet Ostern bis Oktober; p.P., Auto, Zelt je etwa 4,50 €. ✆ 974 486248. www.campingrioara.com.

Wandern: Wanderkarten sind in Torla und bei der Infostelle am Parkeingang erhältlich. Die *Rundtour zum Circo Soaso*, dem großartigen, einem Amphitheater ähnlichen Abschluss des Tals, ist die beliebteste Wanderung der Ordesa-Zone, im Juli und August vielleicht allzu beliebt. Beginn am Parkplatz, Dauer etwa 5–7 Stunden, unterwegs tolle Ausblicke in den Canyon des Río Arazas.

Jaca

Jaca, auf einem Hügel über dem Río Aragón gelegen, war im Mittelalter die erste Hauptstadt des Königreichs Aragón und bedeutende Station am Jakobsweg. Mit seinen über 12.000 Einwohnern ist das Städtchen ein günstiger Stützpunkt für Ausflüge in die umliegende Bergwelt, hatte sich sogar, wenn auch vergebens, für die Winterolympiade 2014 beworben. Jaca besitzt eine lebendige Altstadt, deren bestes Stück die Kathedrale ist.

• *Information* **Oficina de Turismo**, Plaza San Pedro 11-13, nahe Kathedrale; ℅ 974 360098. Öffnungszeiten Mo–Sa 9–13.30, 16.30–19 Uhr, im Juli-August Mo-Sa 9-21 Uhr.

• *Verbindungen* **Zug**: Bahnhof am nordöstlichen Stadtrand, eine ganze Ecke vom Zentrum entfernt; Busverbindung. Nach Sabiñánigo/Huesca und Zaragoza je 3-mal, Canfranc 2-mal täglich.

Bus: Busbahnhof an der Avda. de la Jacetania, nordöstlicher Altstadtrand; nach Sabiñánigo, Huesca und Zaragoza je 7-mal, Valle de Hecho und Valle de Ansó 1-mal täglich.

• *Übernachten* Hostals besonders im Bereich um die Calle Mayor, die Hauptstraße der Altstadt.

*** **Hotel Conde Aznar**, kleineres Mittelklassehotel westlich knapp außerhalb der Altstadt. Angenehmes Ambiente, angeschlossen das exquisite Restaurant „La Cocina Aragonesa". Standard-DZ nach Saison etwa 80–100 €, F inklusive; es gibt auch Superior-Zimmer und Suiten. Paseo de la Constitución 3, ℅ 974 361050, ℻ 974 360797. www.condeaznar.com.

* **Hotel Ciudad de Jaca**, gepflegtes Haus in sehr zentraler Lage. DZ nach Saison etwa 50–60 €, Frühstück inklusive. Calle 7. de Febrero 8, ℅ 974 364311, ℻ 974 364395. www.hotelciudaddejaca.com.

* **Hostal Alpina**, eine der günstigeren Adressen der Stadt, für den Preis dabei durchaus brauchbar. DZ/Bad etwa 45-50 €. Calle Mayor 57, Anfragen auch im nahen Zweisternhotel La Paz (Nr. 41). ℅ 974 364026. www.alojamientosaran.com.

Jugendherberge Albergue Juvenil, Avda. Perimetral s/n, recht abgelegen am Stadtrand Richtung Sabiñánigo, ℅ 974 360536.

• *Camping* **Pirineos**, 1. Kat., bester Platz um Jaca, etwa 15 km westlich bei Santa Cilia de Jaca, Anfahrt über die N 240. Umfangreiche Ausstattung, zwei Pools; auch Bungalows. Ganzjährig geöffnet. Preise p.P. und Zelt je etwa 6,50 €, Auto 6 €. ℅ 974 377351, www.campingpirineos.es.

• *Feste* **Fiesta del Primer Viernes de Mayo**, am ersten Freitag im Mai; kostümreiches Historienspiel einer mittelalterlichen Schlacht gegen die Mauren.

Festival Folclórico de los Pirineos, Folklorefestival, das nur alle zwei Jahre (2011, 2013), jeweils um den 12. Juli stattfindet.

Catedral: Die zwischen 1040 und 1076 errichtete Kathedrale, eine der ältesten romanischen Kirchen des Landes, diente beim Bau vieler Gotteshäuser am Jakobsweg als Vorbild. Leider wurde sie in späteren Jahrhunderten großteils im gotischen und plateresken Stil umgestaltet. Original verblieben nur die Außenmauern, der Turm und die Portale im Westen und Süden, die schönen Figurenschmuck aufweisen. Das angeschlossene Museo Diocesano (zuletzt wegen Renovierung geschlossen) enthält eine beachtliche Sammlung romanischer Fresken aus Bergkirchen der aragonischen Pyrenäen.

Umgebung

▸ **Santa Cruz de la Serós**: Etwa 15 Kilometer südwestlich von Jaca, zu erreichen über einen Abzweig der N 240. Das kleine Bergdorf Santa Cruz beherbergt inmitten seiner alten Steinhäuser eine schöne romanische Kirche gleichen Namens, letzter Rest eines im 11. Jh. gegründeten Klosters.

▸ **Monasterio de San Juan de la Peña**: Einige Kilometer südlich von Santa Cruz schmiegt sich das legendenumwobene, bereits im 9. Jh. gegründete Kloster in toller Lage unter eine überhängende Felswand. Der Großteil der Anlage stammt aus dem

10.-12. Jh., so auch die zentrale *Oberkirche* und der nur in zwei Flügeln erhaltene, dennoch beeindruckende *Kreuzgang* mit seinen reizvollen Kapitellen. Neben der Oberkirche birgt der barock umgebaute *Panteón Real* die Gräber fast aller Könige Aragóns. Zwei Interpretationszentren (Centro Interpretación San Juan de la Peña und Centro Interpretación Reino de Aragón) sind angeschlossen, und wer mag, kann in der hiesigen Hospedería auch gleich übernachten.

• *Öffnungszeiten* Im Hochsommer täglich 10-20 Uhr, sonst saisonal häufig wechselnd. Eintritt zum Kloster 6 €, inklusive der beiden Interpretationszentren 12 €; ✆ 974 355119, www.monasteriosanjuan.com.

• *Übernachten* ****** Hospedería de San Juan de la Peña**, recht luxuriöses Quartier mit schönen Details, Cafeteria und Restaurant angeschlossen. Parkplatz (wie üblich gebührenpflichtig). DZ/F nach Saison etwa 65-115 €, zu bestimmten Terminen Mindestaufenthalt zwei bis drei Nächte. ✆ 974374422.

Valle de Hecho (Echo)/Valle de Ansó

Die Täler von Hecho (auch: Echo) und Ansó münden etwa 20 bzw. 28 Kilometer westlich von Jaca in das Tal des Río Aragón. Dünn besiedelt und lange Zeit fast völlig weltabgeschieden, wurden sie für den Tourismus zwar entdeckt, sind von ihm aber noch nicht völlig vereinnahmt worden. In den wenigen, aus Stein und Schiefer errichteten Dörfern sind gelegentlich noch Trachten zu sehen, deren Form bis ins Mittelalter zurückreicht. Dank der schmalen Verbindungsstraße vom Ort Hecho ins Ansó-Tal lassen sich beide Täler zu einer Rundfahrt verbinden.

• *Verbindungen* Bus 1-mal täglich (nachmittags) ab Jaca über Hecho nach Ansó, Rückfahrt früh am Morgen.

• *Übernachten* In den beiden Hauptorten Hecho und Ansó jeweils mehrere Hostals, im Juli/August allerdings häufig ausgebucht. Spätankömmlinge (Bus!) sollten dann besser telefonisch reservieren.
* Hostal Casa Blasquico, in Hecho. Sehr hübsches kleines Quartier mit Hotelcharakter, aber nur wenigen Zimmern; angeschlossen ein hervorragendes Restaurant. In der ersten Septemberhälfte eine Woche lang geschlossen. DZ/Bad etwa 50 €. Pl. Palacio 1, ✆ 974 375007. www.casablasquico.com.
* Posada Magoria, in Ansó. Ebenfalls ein angenehmes Quartier mit gutem vegetarischen Restaurant, untergebracht in einem restaurierten alten Haus. DZ/Bad etwa 50-55 €. Calle Milagro 32, ✆ 974 370049. www.posadamagoria.com.

• *Camping* **Valle de Hecho** (2. Kat.), ortsnah bei Hecho, mit angeschlossener Herberge. Ganzjährig, p.P., Auto, Zelt je etwa 4 €. ✆ 974 375361. www.campinghecho.com.

▶ **Weiterreise nach Pamplona**: Der Stausee *Embalse de Yesa* (Campingplätze) liegt zwar überwiegend auf dem Gebiet Aragóns. Der touristisch besonders interessante Westzipfel mit dem Kloster Monasterio de Leyre zählt jedoch bereits zu Navarra und ist auch dort beschrieben.

Zaragoza

Mit mehr als 600.000 Einwohnern die fünftgrößte Stadt Spaniens, reicht der Einzugsbereich der Metropole am Ebro weit über die Grenzen Aragóns hinaus. Zaragoza, die Bischofs-, Universitäts- und Messestadt, Sitz der EXPO 2008, gibt sich dynamisch und aufstrebend.

Als Industrie- und Handelszentrum ist die Hauptstadt Aragóns mit einigem Wohlstand gesegnet, verzeichnet deshalb seit mehreren Jahrzehnten eine starke Zuwanderung, die die Einwohnerzahl drastisch ansteigen ließ. Zaragoza zeigt ein überwiegend modernes Gesicht, das von breiten, oft schachbrettartig angelegten Straßenzügen bestimmt wird. Die relativ eng begrenzte Altstadt am Ebro glänzt weni-

Am westlichen Altstadtrand: alte Römermauern und der Torreón de la Zuda

ger als Gesamtensemble als vielmehr mit einzelnen herausragenden Bauwerken, ist aber insgesamt nicht ohne Reiz.

Orientierung: Die Innenstadt Zaragozas liegt am südlichen Ufer des Ebro. Zentraler Verkehrsknotenpunkt ist die *Plaza de Basilio Paraiso*; flusswärts führt der breite *Paseo Independencia* über die Plaza Aragón direkt auf die Altstadt *Casco Viejo* zu. Er endet an der *Plaza España*, die zusammen mit der Ringstraße El Coso, ihrem westlichen Abschnitt Avda. César Augusto und dem Río Ebro das alte Zentrum begrenzt. Sein Hauptplatz ist die flussnah gelegene, ausgedehnte *Plaza de Nuestra Señora del Pilar*, kurz Plaza del Pilar genannt.

Geschichte

Zaragoza verdankt seinen Namen der Römersiedlung *Caesaraugusta*, die Kaiser Augustus als Ruhesitz verdienter Legionäre gegründet hatte. 714 besetzten die Mauren die fortan *Saraqusta* genannte Stadt. Erst 1118 durch Alfons I. zurückerobert, nahm Zaragoza als Hauptstadt Aragóns raschen Aufschwung. Die Blütezeit reichte bis gegen Ende des 15. Jh., als nach dem Zusammenschluss mit Kastilien Aragón und damit auch Zaragoza viel von ihrer Macht an Zentralspanien verloren. Im Spanischen Befreiungskrieg 1808/09 entbrannte um Zaragoza ein fürchterlicher Kampf: Fast die Hälfte der Einwohnerschaft ließ beim wütenden Widerstand gegen die Franzosen ihr Leben, viele wertvolle Bauten wurden zerstört – den Spaniern ist Zaragoza deshalb ebenso ein Symbol des Unabhängigkeitswillens ihrer Nation wie Sagunt oder Numancia.

Information/Adressen/Verbindungen

• *Information* **Oficina Municipal de Turismo**, Plaza del Pilar; ✆ 976 393537, ✆ 976 200635. Hilfreich und vielsprachig, geöffnet von April bis Oktober täglich 9–21 Uhr, sonst 10-20 Uhr. Hier auch Infos über geführte Stadtrundgänge, den recht preis-

Zaragoza 647

günstigen und auch in einer Nacht- und einer Kinderversion verkehrenden „Bus Turístico" sowie die „Zaragoza Card", die viele Vergünstigungen bietet.
Internet: www.turismozaragoza.com.
Zweigstellen im Torreón de la Zuda, dem historischen Turm an der Pl. Glorieta de Pío XII, ✆ 976 201200, sowie im Bahnhof und im Flughafen, geöffnet jeweils wie oben.
Turismo de Aragón, Büro der Comunidad, zuständig für ganz Aragón; Avda. César Augusto 25, ✆ 976282181. Geöffnet täglich 10-14, 17–20 Uhr. www.turismodearagon.com.
• *Post* Paseo Independencia 33; Öffnungszeiten: Mo–Fr 8.30–20.30 Uhr, Sa 9.30–14 Uhr.
• *Verbindungen* **Flug**: Flughafen Sanjurjo (Info: ✆ 976 712300) etwa zehn Kilometer westlich. Flughafenbus von und zum Paseo Pamplona 19, Abfahrten 7-mal täglich, Preis 2 €.

Zug: Bahnhof Intermodal Zaragoza-Delicias (Info-✆ der Renfe: 902 240202) nordwestlich des Zentrums an der Avda Rioja 33 (nahe Avda. Navarra), in die Innenstadt bis zum Paseo Constitución mit Bus Nr. 51. Züge fahren u. a. nach Huesca 10-mal, Jaca 3-mal und Canfranc 2-mal, nach Teruel und Valencia 2- bis 3-mal täglich; nach Barcelona 12-mal, Madrid 18-mal (viele AVE), nach Logroño 6-mal, Pamplona 4-mal, San Sebastián (Donostia) 2-mal täglich.
Bus: Busbahnhof Intermodal Delicias, mit dem Bahnhof in einem gemeinsamen Gebäude (dem „Intermodal" eben) zusammengefasst. Info-✆ 976 700599, im Netz unter www.estacion-zaragoza.es.
Gute Verbindungen, einige Beispiele: ALOSA fährt nach Huesca etwa stündlich, Jaca 5-mal und Sabiñánigo ebenfalls 5-mal täglich; ABASA nach Alcañiz 4-mal, ALSA

nach Barcelona etwa stündlich, nach Bilbao 6-mal, León 3-mal, Santander 4-mal, THERPASAnach Soria 5-mal, Tarazona 4-mal täglich, GRUPO AUTOBUSES JIMÈNEZ nach Teruel 9-mal, Logroño 8-mal, Burgos 4-mal, Valencia 5-mal täglich, AUTOMÓVILES ZARAGOZA nach Calatayud 10-mal, AGREDA nach Daroca 2-mal täglich, CONDA nach Tudela 5-mal, Pamplona 7-mal und San Sebastián (Donostia) 4-mal täglich.

Übernachten (siehe Karte Seite 647)

Zaragoza ist Messestadt. Eng wird es vor allem von Februar bis April und erst recht beim Hauptfest Fiesta del Pilar in der Woche um den 12. Oktober. Dann (und ebenso bei anderen Großereignissen) steigen die Preise deutlich.

- *Hotels* *** **Hotel Tibur (7)**, absolut zentral gelegenes und komfortables Quartier direkt bei der Kathedrale; Garage angeschlossen. DZ kosten im Normalfall etwa 85 €, zur Fiesta del Pilar um die 180 €. Plaza de la Seo 2–3, ✆ 976 202000, ✎ 976 202002. www.hoteltibur.com.

** **Hotel Las Torres (2)**, in ebenso perfekter Lage direkt an der Plaza del Pilar. Bei der letzten Recherche gerade in Umbau und Renovierung, die Preise (bis dato: DZ etwa 80 €, zur Fiesta 130 €) könnten deshalb steigen. Plaza del Pilar 11, ✆ 976 394250, ✎ 976 394254, www.hotellastorres.com.

** **Hotel Sauce (8)**, gleichfalls sehr günstig mitten in der Altstadt gelegen. Sehr freundliches Personal; die hübschen Zimmer fallen in der Größe unterschiedlich aus, sind aber alle gemütlich und stilvoll eingerichtet. Kleine Cafeteria fürs Frühstück; Garage. Anfahrt am besten von Norden über die Flussuferstraße, dann über die Calle San Vicente de Paúl. DZ etwa 65-90 €, zur Fiesta 120 €. Calle Espoz y Mina 33, ✆ 976 205050, ✎ 976 398597, www.hotelsauce.com.

** **Hotel Res. Avenida (6)**, immer noch recht zentral am westlichen Altstadtring gelegen und mit Garage. Komfortable Zimmer mit Lärmschutzfenstern (die auch nötig sind). DZ etwa 65 €, zur Fiesta 115 €. Avenida César Augusto 55, ✆ 976 439300, ✎ 976 439364., www.hotelavenida-zaragoza.com.

* **Hotel Posada de las Almas (1)**, in ruhiger Lage knapp westlich des Altstadtrings; Zufahrt zur Garage von dort durch eine Fußgängerzone. Nostalgisches, traditionsreiches Haus, 1705 gegründet! Allerdings, Stil hin oder her: Die Zimmer könnten allmählich eine Renovierung vertragen. DZ etwa 50 €. Gutes Restaurant. Calle San Pablo 22, eine Seitenstraße der Avda. César Augusto, ✆ 976 439700, ✎ 976 439143.

** **Hostal Plaza (4)**, in prima Lage direkt am Hauptplatz, zwar teilweise etwas hellhörig, insgesamt aber gut in Schuss. Die Bäder sind recht klein, z. T. schon älter, z. T. fast neu. DZ/Dusche kosten hier knapp 50 €, zur Fiesta 70 €. Plaza del Pilar 14, ✆ 976 294830.

* **Hostal Paraíso (13)**, etwas außerhalb der Altstadt, am verkehrsreichen Paseo Pamplona. „Der Komfort eines Hotels zu den Preisen eines Hostals", werben die Eigentümer, und haben Recht, zumindest, was den Komfort betrifft: Zimmer mit TV, Klimaanlage etc.; Garage. DZ/Bad etwa 50–70 €. Paseo Pamplona 23, ✆ 976 217608, ✎ 976 217607.

- *Jugendherberge* **Albergue Juvenil (14)**, Calle Franco y López 4, etwas abgelegen in der Neustadt, Bus Nr. 38 ab Coso und Paseo Independencia. Reservierung sehr ratsam: ✆ 976 306692 und 976 714797.

- *Camping* **Ciudad de Zaragoza**, neu eröffneter Platz einige Kilometer westlich des Zentrums. Gute Ausstattung inkl. Restaurant und Pool, ganzjährig geöffnet. P.P. und Zelt je etwa 5 €, Auto 5,50 €. Calle San Juan Bautista de la Salle s/n, Zufahrt über die N IIa (Autovía de Madrid), Ausfahrt Urbanización Rosales del Canal. ✆ 976 241495, www.campingzaragoza.com.

Essen und Trinken (siehe Karte Seite 647)

In der Altstadt, speziell im Kneipenviertel El Tubo zwischen der Calle Don Jaime I. und der Calle Alfonso, finden sich jede Menge Tapa-Bars und einfache, preisgünstige Restaurants.

Rest. El Fuelle (12), im südöstlichen Altstadtbereich. Sehr altes Haus, dem man die Jahrhunderte von außen nicht ansieht, urige und gemütliche Räumlichkeiten. Gute aragonische Küche, Spezialität Grill- und Ofengerichte; mittleres Preisniveau. So-Abend geschlossen. Calle Mayor 59, ✆ 976 976 398033.

Rest. Casa Emilio (3), bei der Aljafería und ein sehr guter Platz für ein ausgedehntes Mittagsmahl – traditionelles Gasthaus, solide aragonische Hausmannskost und mehrere, z. T. ausgesprochen günstige Tagesmenüs. Avenida de Madrid 5.

Buffet-Rest. Las Palomas (5), ein schmuckloses Lokal gleich am Hauptplatz, ein Lesertipp von Dr. H.U. Kottich: „Meterlange Tische und Vitrinen voller Speisen, Tapas, Suppen, Gemüse, Salate und und... Hier kann der Einsteiger alles durchprobieren und sich mit der spanischen Küche vertraut machen." Mittags- und abendliches Tapas-Büffet kommen jeweils auf etwa 11 €. Plaza del Pilar 14-16.

Taberna Dominó (9), ein schönes Beispiel für die ganze Reihe von Tapa-Bars an diesem sehr beliebten Altstadtplatz unweit der Kathedrale. Gemütliches Interieur, zu den Tapa-Spezialitäten zählen insbesondere Schinken- und Wurstwaren, die freilich ihren Preis haben. Plaza Santa Marta s/n. Gegenüber und von Lesern gelobt: **Cervecería Bar Marpy**.

Bar La Nicolasa (11), nicht weit entfernt an einem anderen „Tapa-Platz" der Altstadt. Hübsches Interieur mit alten Fotos, auch Tische im Freien; baskisch inspirierte Tapas mit Schwerpunkt auf Schinken und Wurst. Plaza San Pedro Nolasco 2.

Bar-Café El Prior (10), im Tubo-Viertel. Großes Kellercafé in einem Palast des 17. Jh., nett für einen Imbiss zwischendurch. Angeschlossen eine Bodega, am Wochenende oft Live-Musik. Calle Santa Cruz 7, Ecke Calle Martínez, ab 14 Uhr geöffnet. Tapa-Bars im Umfeld finden sich an der nahen Plaza Santa Cruz.

Nachtleben

Wie so oft in Spanien gibt es auch in Zaragoza bestimmte Night-Zonen, in denen die einzelnen Lokale recht häufig wechseln.

Altstadt-Zone „Casco": Nächtlicher Treffpunkt ist hier das Gebiet um den Mercado Central an der Avda. César Augusto, begrenzt durch die Calles Predicadores, El Olmo, El Temple, Contamina und Manifestación.

Neustadt-Zone „La Zona": Etwa zwischen dem Paseo Sagasta und dem Paseo Constitución gelegen, insbesondere die Straßen León XIII., San Vicente Martir und Francisco Vitoria.

Einkaufen/Feste und Veranstaltungen

• *Einkaufen* **Markt**: Schöne Markthalle „Mercado Central" aus der Zeit der Jahrhundertwende an der Avda. César Augusto; geöffnet Mo–Sa vor- und nachmittags.

Kaufhaus: „El Corte Inglés" an der Plaza Paraíso und dem Paseo Independencia.

• *Feste und Veranstaltungen* Besonders im Frühling und Sommer wird so viel geboten, dass eine komplette Auflistung den Rahmen sprengen würde: Faltblätter bei den Infostellen.

San Valero, 29. Januar, das Fest des Stadtpatrons von Zaragoza.

Cincomarzada, 5. März, zur Erinnerung an die Karlistenkriege; Festprogramm.

Semana Santa, Karwoche. Berühmte Orgelkonzerte. Am Ostersonntag ein traditioneller Stierkampf in der einzigen überdachten Arena ganz Spaniens.

San Jorge, 23. April; das Fest des Schutzpatrons von Aragón.

Mercado Medieval, an wechselnden Terminen im Juni oder Juli, einer der in Spanien immer beliebteren „mittelalterlichen Märkte", im Gebiet um die Kathedrale.

Fiestas del Pilar, in der Woche um den 12. Oktober. Das furiose Hauptfest der Stadt bringt Konzerte aller Art, traditionellen Tanz, Ausstellungen, Sportereignisse, den letzten Höhepunkt der spanischen Stierkampfsaison und vieles mehr.

Sehenswertes

Basílica de Nuestra Señora del Pilar: Unübersehbar erheben sich an der Flussseite der langgestreckten Plaza del Pilar die Türme und Kuppeln der eindrucksvollsten Kirche Zaragozas. Genau hier soll im Jahr 40 dem nach Santiago reisenden Apostel Jakob die auf einer Säule (span.: pilar) stehende Jungfrau Maria erschienen sein. An

Stelle verschiedener Vorgängerkirchen entstand ab dem 17. Jh. die heutige dreischiffige Basilika auf rechteckigem Grundriss, gekrönt von vier Ecktürmen, einer zentralen und zehn kleineren Kuppeln. Einer der Türme kann per Aufzug (2 €; Fr geschlossen) „bestiegen" werden und bietet natürlich eine sagenhafte Aussicht. Hauptanziehungspunkt ist jedoch die *Capilla de Nuestra Señora del Pilar*: Hier trägt besagte Säule die kleine Statue der Maria. Ein Stück weiter zeigt ein Stein einen Fußabdruck, der von ihr stammen soll. Die Decke der Kapelle ist mit Fresken von González Velázquez und, in den kleineren Kuppeln, von Goya und Bayeu ausgemalt.

Öffnungszeiten 5.45–21.30 Uhr (im Winter bis 20.30 Uhr), gratis.

La Lonja: Die im 16. Jh. errichtete Börse Zaragozas, von der Basilika durch das Rathaus Ayuntamiento getrennt, ist leider nur zu Ausstellungen geöffnet, dann jeweils Di–Sa 10–14, 17–21 Uhr, So 10–14 Uhr.

Foro Romano Caesaraugusta/Ruta de Caesaraugusta: Direkt vor der Kathedrale sind die römischen Anfänge der Stadt zu bewundern. Die Reste von Bauten und Abwassersystemen stammen aus der Zeit vom 1. Jh. v. Chr. bis zum 1. Jh. n. Chr. und erstrecken sich deutlich unterhalb des heutigen Straßenniveaus. Angeschlossen ist eine lebendige Dia-Show über das römische Zaragoza. Weitere römische Ausgrabungen, mit dem Forum unter dem Begriff „Ruta de Caesaraugusta" zusammengefasst, sind der ehemalige Hafen *Puerto Fluvial Caesaraugusta* an der Plaza San Bruno flusswärts der Kathedrale, die Thermen *Termas Públicas Caesaraugusta* an der Calle San Juan y San Pedro, einen Block südlich der Calle Mayor, und das einst immerhin 6000 Sitzplätze umfassende Amphitheater *Teatro Caesaraugusta* in der Calle San Jorge 12, unweit der Plaza de San Pedro Nolasco.

Öffnungszeiten Di–Sa 10–14, 17–20 Uhr, So 10–14 Uhr, Eintrittsgebühr jeweils 2 €, Verkauf am Foro. Das Teatro Caesaraugusta ist Di-Sa 10-21 Uhr, So 10-14 Uhr geöffnet, 3 €. Ein Kombi-Ticket für alle vier Stätten kostet 6 €.

La Seo: Die eigentliche Kathedrale von Zaragoza. Der zunächst dreischiffige, seit dem 15. Jh. fünfschiffige Bau entstand ab 1119 an der Stelle einer maurischen Moschee, wurde jedoch erst Ende des 18. Jh. fertig gestellt, was der Kirche auch anzusehen ist: Gotischer Stil dominiert, doch sind auch mudéjare, barocke und platereske Elemente zu entdecken. Meisterstück des Innenraums ist der aus Alabaster gefertigte gotische Hochaltar des Deutschen Juan de Suavia (15. Jh.); auch die vielen Seitenkapellen sind prächtig geschmückt. Zur Kathedrale gehört auch ein Museum: Das *Museo de Tapices* zeigt hochklassige flämische Wandteppiche des 15.-17 Jh.

Öffnungszeiten Di–Fr 10-14, 16-19 Uhr (Winter bis 18 Uhr), Sa 10-13, 16-19 Uhr (Winter bis 18 Uhr), So 10-12, 16-19 Uhr (Winter bis 18 Uhr); Eintrittsgebühr 2,50 €.

Museo Ibercaja Camón Aznar: Etwas versteckt liegt im Bereich südlich des Hauptplatzes am Carrer Espoz y Mina 23 dieses Museum, das von der spanischen Bank Ibercaja geführt wird. Untergebracht im schönen Stadtpalast Palacio de los Pardo (16. Jh.), zeigt es Kunstwerke aus der Stiftung des Humanisten José Camón Aznar, einem der bedeutendsten Fachleute für Goya. Glanzlicht sind die fast kompletten Stichserien des genialen Künstlers, darunter die berühmten „Caprichos", die düsteren „Desatres de la Guerra", die Stierkampfillustrationen der „Tauromaquia" und die rätselhaften „Disparates".

Öffnungszeiten Zuletzt wegen Renovierung geschlossen, mit Erscheinen dieser Auflage aber wohl bereits wieder geöffnet. Öffnungszeiten bis dato: Di-Fr 9-14.15, 18-21 Uhr, Sa 10-14, 18-21 Uhr, So 11-14 Uhr. Eintritt frei.

Das Herz der Stadt: Basílica de Nuestra Señora del Pilar

Museo Pablo Gagallo: Einem weiteren großen Künstler Aragóns, nämlich dem Bildhauer Pablo Gargallo (1881-1934), widmet sich dieses Museum an der Plaza San Felipe 3. Den würdigen Rahmen der Austellung bildet der repräsentative Palacio de los Condes de Argillo aus dem 16. Jh., errichtet in einer Mischung aus Gotik und Renaissance.

Öffnungszeiten Auch dieses Museum sollte nach seiner Renovierung bald wieder öffnen. Zu besuchen war es bislang Di-Sa 10-14, 17-21 Uhr, So 10-14 Uhr, der Eintritt frei.

Mudéjare Türme: Einige Beispiele der Baukunst der Mauren, die auch nach der Rückeroberung in Zaragoza lebten, blieben der Stadt erhalten, so der Turm der Kirche *La Magdalena* in der östlichen Altstadt und der *Torreón de la Zuda* westlich der Plaza del Pilar, in dessen Umgebung sogar noch einige Reste der römischen Stadtbefestigung zu sehen sind.

Iglesia Santa Engracia: Bereits außerhalb der Altstadt, beim Paseo de la Independencia in der Nähe der Post. Die frühere Klosterkirche des 15./16. Jh. wurde im Befreiungskrieg weitgehend zerstört und Ende des 19. Jh. wieder aufgebaut. Original jedoch und Grund genug für den Besuch ist das reich geschmückte, platereske Alabasterportal.

Museo de Zaragoza: An der Plaza de los Sitios, vom Paseo Independencia über die Calle Costa zu erreichen. Neben einer archäologischen Abteilung verfügt das Museum über eine Keramikausstellung und eine gut bestückte Gemäldegalerie, die unter anderen Werken auch Arbeiten von Goya, Ribera und Bayeu präsentiert.

Öffnungszeiten Di-Sa 10-14, 17-20 Uhr, So 10-14 Uhr; Eintritt frei.

Patio de la Infanta: Eine Überraschung – gleich um die Ecke von der Plaza de Basilio Paraíso birgt an der Calle de San Ignacio Loyola das moderne Verwaltungsgebäude der Bank Intercaja einen kompletten Innenhof der Renaissance. Der Patio hat einen langen Weg hinter sich: Einst zerlegt nach Frankreich verkauft, wurde er

Denkmal für den Meister

dort „wiederentdeckt", von der Ibercaja zurückgekauft, Stein für Stein nach Zaragoza transportiert und wieder zusammengebaut. Der wunderschöne Hof birgt eine permanente Ausstellung von Goya-Gemälden, darunter ein Porträt des Félix de Azara von 1805 und ein Selbstporträt des Künstlers aus der Zeit um 1770. Im selben Gebäude sind noch weitere, teilweise wechselnde Ausstellungen untergebracht.

Öffnungszeiten Zuletzt wegen Renovierung geschlossen, mit Erscheinen dieser Auflage aber wohl bereits wieder geöffnet. Vorgesehene Öffnungszeiten: Mo–Fr 9–14, 18–21 Uhr, Sa 11–14, 18–21 Uhr, So 11–14 Uhr; Eintritt frei.

La Aljafería: Obwohl etwas abseits im Westen der Stadt in der Nähe des Bahnhofs gelegen, ist das ehemalige Schloss der mittelalterlichen maurischen Herrscher den Weg absolut wert. Im 11. Jh. errichtet, diente der mehrfach umgebaute und zuletzt über ein Jahrzehnt lang restaurierte Palast erst als maurisches Lustschloss, später als christliches Kloster, als Königsresidenz und Sitz der Inquisition; heute beherbergt er das Aragonische Parlament. Im Erdgeschoss blieb eine wunderschöne kleine Moschee erhalten; das erste Stockwerk, über eine prachtvolle gotische Treppe zu erreichen, birgt den nicht minder prächtigen Thronsaal (Gran Salón) mit fantastischer Kassettendecke. Der Turm *Torre del Trovador* war einst Gefängnis der Inquisition; hier spielt ein Teil von Verdis „Troubadour".

Öffnungszeiten Mitte April bis Mitte Oktober Mo–Mi sowie Sa/So 10–14, 16.30–20 Uhr, Fr 16.30–20 Uhr; im restlichen Jahr Mo–Mi sowie Sa 10–14, 16–18.30 Uhr, Fr 16–18.30 Uhr, So 10–14 Uhr; Eintritt 3 €.

Gelände der Expo 2008: Noch etwas nordwestlich der Aljafería, im Gebiet von Ranillas und damit schon am Stadtrand, erstreckt sich in einer großen Kurve des Ebro das Gelände der Weltausstellung von 2008 (zentrales Thema: „Wasser und nachhaltige Entwicklung"). Welchem Zweck die einzelnen Installationen, darunter das größte Süßwasseraquarium Europas und ein 73 Meter hoher Wasserturm in Form eines Wassertropfens, künftig genau zugeführt werden sollen, blieb bei der letzten Recherche noch etwas unklar – die Rede war von einem Park mit Kultur-, Freizeit- und Sporteinrichtungen, Kongresszentrum und Hotels, ebenso von Büro- und Gewerbegebieten, eventuell aber auch einer Nightlifezone.

Umgebung

▶ **Cartuja de Aula Dei**: Etwa zwölf Kilometer nördlich von Zaragoza, zu erreichen über die Nebenstraße nach Peñaflor. Die Kirche des 1564 gegründeten Kartäuserklosters bemalte Goya mit inzwischen restaurierten Szenen aus dem Leben Mariä und Christi. Lange Zeit waren die elf Fresken nur Männern zugänglich, da eine mehr als 900 Jahre alte Regel den Mönchen jeglichen Kontakt mit Frauen verbietet. Nach mehrjährigen Verhandlungen haben sich die Kartäuser vor einiger Zeit nun doch bereit erklärt, den Bau eines separaten Eingangs zu gestatten, so dass jetzt auch weibliche Besucher in den Kunstgenuss kommen können. Theoretisch zumindest: Das Kloster ist nämlich nur an jedem letzten Wochenende (Sa/So) im Monat geöffnet, und auch das nur nach vorheriger Anmeldung: ℡ 976 714934.

▸ **Fuendetodos**: Echte Goya-Fans werden vielleicht seinen Geburtsort an der C 221, etwa 30 Kilometer südlich von Zaragoza, aufsuchen wollen. Ob das restaurierte und in ein Museum (Di–So 11–14, 16–19 Uhr; 3 €) verwandelte Gebäude tatsächlich sein Geburtshaus war, gilt jedoch als strittig. Zudem zählen die ausgestellten Arbeiten des Genies leider nicht zu seinen Meisterwerken.

▸ **Sos del Rey Católico**: Weit im Nordwesten der Provinz Zaragoza, auf einer Nebenstrecke nach Pamplona und unweit der Grenze zu Navarra, bewahrt das verschlafene Örtchen an der A 127 ein noch fast mittelalterliches Stadtbild mit schöner Plaza Mayor. Seinen Namen leitet es stolz vom „Katholischen König" Ferdinand her, der 1452 hier geboren wurde.

- *Übernachten* *** **Parador Fernando de Aragón**, moderner, in der Architektur jedoch an das historische Ortsbild angepasster Parador innerhalb der Stadtmauern. Schöne Aussicht, gutes Restaurant. Standard-DZ etwa 140 €. Calle Arquitecto Sainz de Vicuña 1, ℡/℻ 948 888011, www.parador.es.

Mudéjarstädte in Aragón

Einige Ortschaften Aragóns bewahren noch Bauten, die an die maurisch geprägte Periode der Region erinnern. Sie stammen jedoch nicht aus der Zeit der islamischen Herrschaft, sondern wurden von Christen bei maurischen (oder mit maurischer Architektur vertrauten) Baumeistern in Auftrag gegeben.

Tarazona

Die Kleinstadt im Westen der Comunidad wird wegen ihrer Hügellage und ihrer Vielzahl an Mudéjarbauten gerne (und sehr übertrieben) als „aragonisches Toledo" bezeichnet. Zu den Highlights zählen die in Restaurierung befindliche *Kathedrale* des 12.-18. Jh. samt Kreuzgang (16. Jh.) in mudéjar-typischer Backsteinbauweise und in der Oberstadt die Kirche *La Magdalena* mit Mudéjar-Turm sowie das Rathaus *Casa Consistorial* aus dem 16. Jh.

- *Information* **Oficina de Turismo**, Plaza de San Francisco 1, am zentralen Kreisel: ℡ 976 640074. Öffnungszeiten: Mo–Fr 9–13.30, 16.30–19 Uhr, Sa/So 10–14, 16–19 Uhr.
- *Verbindungen* Therpasa-Busse mehrmals täglich von/nach Zaragoza; auch Anschlüsse nach Soria.
- *Übernachten* *** **Hotel Brujas de Bécquer**, an der Straße nach Zaragoza; im Gesamtbild eher nüchtern, aber recht komfortabel. DZ etwa 55-60 €. Carretera Zaragoza s/n, ℡ 976 640404, ℻ 976 640198. www.hotelbrujas.com.
- * **Hostal Palacete de los Arcedianos**, im Zentrum. Schlichtes, recht preisgünstiges Quartier in einem Gebäude des 16. Jh., DZ/Bad etwa 35-45 €. Plaza de los Arcedianos 1, ℡ 976 642303, www.palacetearcedianos.com.
- *Feste* **Mercado Medieval**, an einem Wochenende im Juni. Erst vor einigen Jahren eingeführt, ist dieser mittelalterliche Markt bereits die große Attraktion des Städtchens.

Calatayud

Dank seiner Lage an der A 2 nach Madrid bietet sich das Städtchen als Übernachtungsstation an. Calatayud besitzt eine hübsche, wenngleich nicht spektakuläre Altstadt mit einer Reihe von Mudéjar-Türmen.

- *Verbindungen* Zug: Bahnstation an der Linie Zaragoza-Madrid.
  Bus: Mit AUTOMÓVILES ZARAGOZA 10-mal täglich von und zur Hauptstadt; 1-mal vormittags Bus zum Kloster Piedra, Rückfahrt nachmittags.
- *Übernachten* *** **Hotel Monasterio de Piedra**, im Kloster Monasterio de Piedra, siehe unten. Mit Swimmingpool. Die Zimmer sind z.t. ehemalige Mönchszellen, DZ etwa 115-140 €. Reservierung (telefonisch) zumindest zur Saison und am Wochenende dringend geraten; ✆ 976 849011, www.monasteriopiedra.com.
  *** **Hospedería Mesón de la Dolores**, im Ort selbst, ein Lesertipp von Doris Wienand: „Mittelalterlicher Charme. Das Preis-Leistungs-Verhältnis bezüglich der Übernachtung und des Essens (das ganz hervorragend war) ist sehr gut." DZ etwa 70-80 €. Plaza de los Mesones 4, ✆ 976 889055, ✆ 976 889059, www.mesondelasdolores.com.
  * **Hotel Fornós**, ebenfalls in Calatayud selbst, akzeptable Mittelklasse mit recht preiswertem Restaurant. DZ etwa 60–65 €. Paseo Cortés de Aragón, ✆ 976 881300. www.hotel-fornos.com.
- *Camping* **Calatayud**, 2. Kat., etwa drei Kilometer außerhalb in Richtung Zaragoza, am besten zu erreichen über die Ausfahrten 237 und 242. Nicht unbedingt leise, sonst ganz passabel; öffentlich zugänglicher Swimmingpool. Keine Busverbindung zur Stadt. Geöffnet Ostern bis Mitte Oktober; p.P., Auto, Zelt je etwa 5,50 €. ✆ 976 880592.

Monasterio de Piedra: Vielleicht interessanter als Calatayud selbst ist dieses Kloster im Gemeindebereich von Nuévalos, 27 Kilometer südlich von Calatayud an der A 202. Um das ehemalige Zisterzienserkloster des 12. Jh. erstreckt sich ein wunderschöner, üppig begrünter und von markierten Wanderwegen durchzogener Naturpark mit Wasserfällen und Teichen.

Öffnungszeiten Täglich 9-18 Uhr (Sommer bis 20 Uhr), Eintritt für Kloster und Park 12,50 €.

Daroca

Im Mittelalter spielte die Kleinstadt an der N 234 Calatayud-Teruel eine bedeutendere Rolle als heute. Davon zeugen noch die große Stadtmauer und die besser erhaltenen Türme und Tore. Darüber hinaus hat das hübsch gelegene und auf eine sympathische Art verschlafene Daroca eine angenehme Altstadt und mehrere Mudéjarbauten zu bieten.

- *Verbindungen* Busse der Gesellschaft AGREDA verkehren von/nach Zaragoza 3-mal täglich; seltenere Anschlüsse auch nach Teruel.
- *Übernachten* *** **Hotel Posada de Almudi**, an einem kleinen Platz in der Ortsmitte, ein hübsches Quartier in einem restaurierten Palast des 15./16. Jh.; wer es moderner liebt, wird in einem zugehörigen Neubau fündig. DZ etwa 65 €. Calle Grajera 7, ✆ 976 800606. www.posadadelalmudi.es.

Teruel

Die südlichste der drei Provinzhauptstädte Aragóns liegt auf fast tausend Meter Höhe und besitzt ein ungewöhnlich herbes Klima – die durchschnittliche Jahrestemperatur beträgt keine zwölf Grad.

Teruel wurde zwar schon 1171 rückerobert, doch bestand bis ins 16. Jh. eine maurische Kolonie unter christlicher Herrschaft. Wegen ihrer mudéjaren Architektur, insbesondere in Form mehrerer Türme, wurde die sonst wenig aufregende Stadt denn auch in die Liste des Weltkulturerbes aufgenommen. Ebenso weithin bekannt ist Teruel durch die „Liebenden von Teruel" (Los Amantes de Teruel), die tragischen Helden einer mittelalterlichen Liebesgeschichte des 13. Jh.

Mittelalterliche Tragik: Los Amantes de Teruel

In aller Kürze die von verschiedenen Dichtern überlieferte Geschichte: Aufgrund der Armut ihres Geliebten Diego de Marcilla verweigert der Vater der Braut Isabella de Segura die Erlaubnis zur Hochzeit. Gramgebeugt wandert der Zurückgewiesene aus, um in der Fremde sein Glück zu machen. Als er nach fünf Jahren als reicher Mann zurückkehrt, kommt er wenige Minuten zu spät: Isabella steht mit einem anderen vor dem Traualtar und verwehrt Diego selbst einen einzigen, letzten Kuss. Diego überlebt diesen Schicksalsschlag nicht, Isabella stirbt gebrochenen Herzens bei seiner Beerdigung.

Orientierung: Mittelpunkt der Altstadt ist die *Plaza Carlos Castel* mit ihrem Stierbrunnen, im Volksmund auch *Plaza Torico* genannt. Am westlichen Altstadtrand erstreckt sich der „Aussichtsbalkon" von Teruel, der *Paseo del Óvalo*, von dem die 1920/21 errichtete Treppe *La Escalinata* hinab zum Bahnhof führt.

• *Information* **Oficina de Turismo**, Calle San Francisco 1, an der nördlichen Verlängerung des Paseo del Óvalo, unweit der Treppe La Escalinata. ℡ 978 641461. Geöffnet täglich 9-14, 16.30-19.30 Uhr, am Sonntag erst ab 10 Uhr. www.dpteruel.es.

Oficina Municipal de Turismo, Plaza Amantes 6, beim „Mausoleum der Liebenden", ℡ 978 624105. Geöffnet täglich 10-14, 16-20 Uhr.

• *Verbindungen* **Zug**: Bahnhof westlich unterhalb der Altstadt, ins Zentrum durch die Treppe im angrenzenden Park. Nach Valencia und Zaragoza je 3-mal, z. T. mit Weiterfahrt nach Alicante bzw. Pamplona/San Sebastián und Logroño/Bilbao.

Bus: Busbahnhof an der Ronda Ambeles im Südosten der Altstadt; nach Barcelona je nach Saison 1- bis 2-mal, Madrid 2- bis 3-mal, Zaragoza 6-mal, Valencia 5-mal täglich.

• *Übernachten* Zur Fiesta-Zeit im Juli ist ohne Reservierung kaum ein Unterkommen.

*** Parador de Teruel, neueres Gebäude mit Mudéjar-Anleihen, einige Kilometer außerhalb an der Straße nach Zaragoza; Schwimmbad. Standard-DZ etwa 130 €. Ctra. Sagunto-Burgos, ℡ 978 601800, 📠 978 608612, www.parador.es.

*** Hotel Torico, fast direkt am Hauptplatz der Altstadt gelegen. Ordentliche Mittelklasse, nicht ganz billig: DZ etwa 85-135 €. Calle Yague de Salas 5, ℡ 978 608655, www.bacohoteles.com.

* Hostal Aragón, ebenfalls nur ein paar Schritte vom Hauptplatz; ein angenehmes, für die Klasse recht komfortables Quartier. DZ/Bad etwa 40 bis 45 €, ohne Bad günstiger. Calle Santa María 4, ℡ 978 601387.

Mudéjar in Hochform: San Salvador

- *Essen* **Rest. La Menta**, in einer unscheinbaren Seitengasse unweit der Kirche San Pedro. Gehoben in Küche und Ambiente, Menü à la carte ab etwa 35 €. Calle Bartolomé Esteban 10, So/Mo geschlossen. ℅ 978 607532.
Rest. Mesón Óvalo, am gleichnamigen Paseo. Gute Lokalküche in ordentlichen Portionen, Mittagsmenü etwa 12 €, à la carte ab etwa 25 €. Paseo del Óvalo 2. Im Umfeld noch weitere Lokale.

- *Feste* **Las Bodas de Isabel de Segura**, inoffiziell auch „Los Medievales" genannt, an einem langen Wochenende Mitte Februar.
Fiestas del Angel, in der Woche nach dem ersten Montag im Juli, großes Fest zu Ehren der Liebenden von Teruel.
Feria del Jamón, am zweiten Wochenende im September, eine „Schinkenmesse" rund um die berühmten Schinken von Teruel.

Sehenswertes

San Salvador: Der viel fotografierte Mudéjarturm des 13./14. Jh. überspannt mit einem Spitzbogen die gleichnamige Straße, die auf dem Weg vom Bahnhof zur Plaza Carlos Castell liegt. Im Inneren (Di-So 10-14, 16-20 Uhr; 2,50 €) ist ein „Interpretationszentrum der Mudéjar-Architektur" untergebracht. Der Aufstieg wird mit einem weiten Blick über die Stadt belohnt. Wenige Jahre später und in ähnlichem Stil errichtet wurde der Turm **San Martín** an der Plaza Prado im Westen der Altstadt. Der Legende zufolge sollen die Baumeister der beiden Türme, Abdalá und Omar, mit ihren Werken das gleiche Mädchen umworben haben. Für welchen der beiden sich die schöne Zoraida dann aber entschieden hat, ist unbekannt.

San Pedro: Östlich nahe der Plaza Carlos Castell ragt neben der Kirche San Pedro der Mudéjarturm Torre de San Pedro auf. Gleich daneben findet sich eine sehr makabre Attraktion: Das *Mausoleo de los Amantes* birgt in gläsernen Särgen zwei Skelette, die die der Liebenden von Teruel sein sollen.
Öffnungszeiten: Täglich 10-14, 16-20 Uhr, im August durchgehend; Kombieintritt für Turm, Kirche und Mausoleum 7 €, nur Mausoleum 4 €.

Catedral: Nordwestlich des Hauptplatzes markiert die im 13. Jh. errichtete Kathedrale (Mo-Sa 11-14, 16-19/20 Uhr; 3 €) den Höhepunkt des Mudéjarstils in Teruel. Ihr Turm ist mit Ziegeln und grünen und schwarzen Kacheln geschmückt; im Inneren der Kirche eine vielgestaltig bemalte Artesonado-Decke aus dem 13./14. Jahrhundert.

Umgebung

▶ **Dinópolis**: Die Provinz Teruel ist bekannt für ihre Saurierfunde; erst 2004 wurden hier die Reste des mit 35 Meter Länge und vermutlich 50 Tonnen Gewicht größten jemals in Europa entdeckten Dinosauriers ausgegraben. Den Dinos verschrieben hat sich auch der 2001 eröffnete Themenpark Dinópolis einige Kilometer außerhalb in Richtung Valéncia, der naturgemäß vor allem für Kinder interessant ist.
Öffnungszeiten: Juli bis etwa Mitte September täglich 10-20 Uhr, zur NS oft nur am Wochenende bzw. von Mi-So; die genauen, jährlich wechselnden Termine gibt es unter ℅ 902 448000 und www.dinopolis.com. Eintritt 22 €, Kinder bis 11 J. 17 €.

▶ **Albarracín**: Das Städtchen in der gleichnamigen Sierra, etwa 30 Kilometer westlich von Teruel gelegen, steht innerhalb seiner weitläufigen Stadtmauern komplett unter Denkmalschutz. Entsprechend mittelalterlich zeigt sich Albarracín heute noch, wenn auch einige Häuser vielleicht etwas arg glatt restauriert sind. Auf einem Rundgang nicht versäumen sollte man das Museum der Kathedrale, das eine Reihe Brüsseler Gobelins des 16. Jh. ausstellt.

- *Verbindungen* **Busse** von und nach Teruel fahren 1-mal täglich.
- *Übernachten* ***** Hotel Albarracín**, stilvolles Haus in einem historischen Gebäude, mit Garten und Swimmingpool. DZ kosten etwa 70-140 €. Calle Azagra s/n, ℡ 978 710011, 📠 978 710036, www.gargallo-hotels.com.

** Hotel Arabia, ein Lesertipp von Dr. Reinhard Müller-Matthesius: „Durchaus solide und preiswerte, wenngleich auch nicht umwerfende Unterkunft. Parkmöglichkeiten gibt es in unmittelbarer Nähe." DZ etwa 70-85 €. C. Bernardo Zapater 2, ℡ 978 710212, 📠 978 710237, www.montesuniversales.com.

** Hostal Los Palacios, empfehlenswertes Quartier in ortstypischer Bauweise. Solide eingerichtete Zimmer, schöner Ausblick, dabei recht preiswert: DZ/Bad etwa 40-45 €. Calle Palacios 21, ℡ 978 700327.

Jugendherberge Albergue Juvenil, ein Lesertipp von Gernot Näser: „Im Juli und August unbedingt vorbestellen, die Stadt ist von Spaniern stark besucht. Calle de Santa María 5, Telefon 976 714797, zwischen 9 und 14 Uhr."

- *Camping* **Ciudad de Albarracín**, 2. Kat., beim Sportgelände Polideportivo municipal. Sehr reizvolle Lage mit Blick, gute Sanitärs. Geöffnet April bis Oktober; p.P., Auto, Zelt je etwa 3,50 €. ℡ 978 710197. www.campingalbarracin.com.

Alcañiz

Das Städtchen an der N 232 liegt im äußersten Osten Aragóns und wird überragt vom wuchtigen Kastell *Castillo de los Calatravos*, das heute als Parador eingerichtet, jedoch auch zu besichtigen ist (10-13.30, 16-19 Uhr; ca. 5 €) und u.a. zwei Säle mit gotischen Wandmalereien enthält. Weitere reizvolle Bauten, darunter das Rathaus und die große Kirche Santa María la Mayor, gruppieren sich um den hübschen Hauptplatz Plaza de España.

- *Verbindungen* **Busse** von und nach Zaragoza verkehren 3- bis 4-mal, von und nach Teruel 1-mal täglich.
- *Übernachten* ***** Parador de Alcañiz**, in besagtem Kastell. Entsprechend reizvolles Ambiente, Standard-DZ etwa 155 €. Castillo Calatravos s/n, ℡ 978 830400, 📠 978 830366, www.parador.es.

* Hostal Alcañiz, ein Lesertipp von Ullrich Werling: „Das Doppelzimmer war zwar klein, aber sehr gut ausgestattet (modernes Bad, Fernseher, Klimaanlage). Das Hostal liegt auch einigermaßen ruhig, bes. die Zimmer auf der Rückseite." DZ etwa 45 €. Plaza Santo Domingo 6, ℡/📠 978 834340.

- *Feste* **Semana Santa**: Alcañiz liegt an der „Ruta de tambores y bombos", zu der mehrere Orte gehören, in denen Ostern mit lautem Trommeln gefeiert wird. Noch markerschütternder getrommelt wird in Calanda, ca. 15 km südwestlich, dem Geburtsort von Luis Buñuel: Von Karfreitag 12 Uhr bis Ostersamstag 14 Uhr gibt es dort vier Prozessionen und drei „Trommelorgien" mit mehr als tausend Trommlern und Trommlerinnen.

Was haben Sie entdeckt?

Haben Sie *die* Bar mit wundervollen Tapas gefunden, das freundliche Hostal, den günstigen Campingplatz, einen schönen Wanderweg? Und welcher Tipp war nicht mehr so toll? Wenn Sie Ergänzungen, Verbesserungen oder neue Informationen zum Spanienbuch haben, lassen Sie es mich bitte wissen! Ich freue mich über jede Zuschrift! Schreiben Sie an:

Thomas Schröder
Stichwort „Spanien"
c/o Michael Müller Verlag GmbH
Gerberei 19
91054 Erlangen
thomas.schroeder@michael-mueller-verlag.de

Das Kapital der Region: reifende Rioja-Trauben

La Rioja

Zumindest dem Weinliebhaber ist der Name wohlbekannt: Aus der kleinen Comunidad La Rioja stammen die mit Abstand berühmtesten Weine des ganzen Landes.

Historisch erst zu Navarra, dann zu Altkastilien gehörig, erlangte die ehemalige Provinz Logroño im Zuge der Regionalisierung von 1979 bis 1983 den Status einer Comunidad Autónoma. Mit einer Fläche von gerade mal 5034 Quadratkilometern und kaum über 300.000 Einwohnern ist La Rioja die kleinste Autonome Gemeinschaft des spanischen Festlands.

Ihre **Landschaft** gliedert sich in das bis über 2000 Meter Höhe ansteigende Bergland „La Sierra" im Süden und das Tal des Río Ebro, das wiederum in verschiedene Regionen unterteilt wird: die flachere und trockene *Rioja Baja* im Südosten, die *Rioja Logroñesa* um die Hauptstadt Logroño und die hügelige, fruchtbare *Rioja Alta* im Südwesten.

Unter den **Städten** ist *Logroño* die einzige, die den Namen Großstadt auch nur annähernd verdient. Reizvoller als die Hauptstadt, die in erster Linie von Industrie geprägt wird, zeigt sich manch kleineres Städtchen der Rioja. Direkt an der uralten Pilgerroute des Jakobswegs liegt *Santo Domingo de la Calzada* mit seinem sehenswerten Kloster.

- *Internet-Infos* www.lariojaturismo.com
- *Verbindungen* **Zug**: Innerhalb der Rioja ist nur das Ebro-Tal per Bahn erreichbar. Ab Logroño bestehen recht gute Anschlüsse in die umliegenden Autonomen Gemeinschaften.

Bus: Zwischen den Städten gutes Netz, die Sierras im Süden werden dagegen nur schwach bedient.

- *Küche* Die Kochkunst der Rioja genießt in Spanien guten Ruf. Die lokale Küche profitiert von den exzellenten Produkten der blühenden Landwirtschaft. Typische Gerichte **a la riojana** sind z. B. die berühmten **pimientos rellenos**, meist mit Fleisch gefüllte Paprika, **chuletas al sarmiento**, Lammkoteletts, die über Rebenholz gegrillt werden und **pochas**, Kartoffeln mit der lokalen Wurst **chorizo**. Hervorragend munden auch die Forellen **truchas**. Die Süßspeisen der Rioja, in der Region als Sammelbegriff nach einem alten arabischen Wortstamm **golmajería** genannt, sind legendär, insbesondere das Mandelgebäck **fardelejo**.

• *Feste* Wie zu erwarten, kreisen die Feste der Rioja vielfach um das Thema Wein. Zur Erntezeit in der zweiten Septemberhälfte zelebriert fast jedes Dorf sein eigenes Weinfest. Doch auch im restlichen Jahr ist der Festkalender gut bestückt.

Día de Santo Domingo, 12. Mai, das Fest des Schutzpatrons von Santo Domingo de la Calzada.

Fiesta de San Bernabé, 11. Juni; Patronatsfest in der Hauptstadt Logroño.

Fiesta Mayor, 29. Juni, bei Haro, mit der berühmten Weinschlacht „Batalla del Vino".

San Mateo, um den 21. September in Logroño; Fest des Heiligen und der Weinernte. **Weitere typische Feste** finden im Städtchen Nájera (24. Juni), in Anguiano (21./22. Juli), Alfaro (15.-18. August), Calahorra (Ende August) und Arnedo (ab 27. September) statt.

Weine aus La Rioja

Die ältesten Urkunden, die den Weinanbau in der Rioja belegen, stammen aus dem 12. Jh., doch haben sicher schon die Römer hier manch edlen Tropfen gekeltert. Ab etwa 1860 gründeten sich die ersten großen Weinkellereien, viele auf Initiative französischer Winzer, die wegen der in der Heimat wütenden Reblaus nach Spanien geflohen waren. Seitdem zählt die Weinproduktion zu den Grundpfeilern der Wirtschaft der Rioja. Ihren Geschmack verdanken die überwiegend roten Rioja-Weine neben dem Mikroklima und den besonderen Böden auch der jahrelangen Lagerung, die wie beim Bordeaux in Eichenfässern erfolgt. Die Dauer der Reife bildet auch den Maßstab der Klassifikation:

• *Joven* sind junge, ein- bis zweijährige Weine. Auf eine Reife im Holzfass wird hier meist verzichtet.

• *Crianza* wurde als Rotwein hingegen mindestens ein Jahr im Fass sowie mehrere Monate in der Flasche gereift. Für Weiß- und Roséweine gilt eine Lagerzeit im Fass von mindestens sechs Monaten.

• *Reserva* sind ausgewählte Weine, die als Rotweine von ihrer mindestens dreijährigen Lagerung ein Jahr im Fass verbracht haben. Bei Weiß- und Roséweinen gilt eine Lagerzeit von mindestens zwei Jahren, davon sechs Monate im Fass.

• *Gran Reserva* schließlich, das Spitzenprodukt aus den besten Jahrgängen, muss als Rotwein mindestens fünf Jahre lagern, davon zwei Jahre im Fass. Für Weiß- und Roséweine ist eine Reifezeit von mindestens vier Jahren vorgeschrieben, davon sechs Monate im Fass. Die Mehrzahl der besten Reservas und Gran Reservas kommt aus der Rioja Alta.

Calahorra

Die Bischofsstadt (Bahnstation) geht auf eine Römersiedlung zurück und ist der Hauptort der Rioja Baja. Obwohl nach Logroño die bedeutendste Stadt der gesamten Rioja, leben in Calahorra nur bescheidene 18.000 Seelen. Die Altstadt um die *Plaza del Raso* zeigt sich einigermaßen ansehnlich.

- *Übernachten/Essen* *** **Parador Marco Fabiano Quintiliano**, neueres Gebäude, in ruhiger Lage östlich etwas außerhalb der Stadt. Standard-DZ etwa 140 €. Parque Era Alta s/n, ✆ 941 130358, ℻ 941 135139, www.parador.es.

** **Hotel Chef Nino**, im Zentrum, dem guten Restaurant gleichen Namens angeschlossen; mit Garage. DZ etwa 60 €. Calle Padre Lucas 2, ✆ 941 133504, ℻ 941 133516.

* **Hostal Teresa**, ebenfalls zentral gelegen. Einfache, brauchbare Zimmer, DZ ohne Bad 30 €. Calle Santo Domingo 2, ✆/℻ 941 130332.

Enciso und die Ruta de los Dinosaurios

In der Kreidezeit vor ca. 115 Mio. Jahren war die untere Rioja im Gebiet südwestlich des heutigen Calahorra eine schlammige Seeuferzone, über die zahlreiche Saurierarten liefen. An insgesamt 18 Stellen haben sich Fußspuren von Sauriern erhalten. Die einzelnen Fundstätten sind auf einer ausgeschilderten Route zu besuchen, der „Vía Cretácica" oder populärer der „Ruta Dinosaurios". Trotz der Popularität von Sauriern taugt die Route nur für eingefleischte Dinosaurierfreaks: An einem heißen Sommertag mit dem Auto von undeutlicher Spur zu undeutlicher Spur zu sausen, ist nicht nur für die meisten Kinder kein Vergnügen. Bevor man sie besucht, sollte man auf jeden Fall im Paläonthologischen Museum in Enciso gewesen sein, wo es nicht nur Abgüsse, Reproduktionen und Schaubilder zu den Sauriern gibt, sondern auch Infos über die Route.

- *Öffnungszeiten/Lage* Juni bis Mitte Sept. Di-Fr 11-14 Uhr, Sa/So/Fei 17-20 Uhr, sonst nur Sa/So/Fei 11-14 Uhr. Das Dorf Enciso liegt an der LR 115 34 km südwestlich von Calahorra. Im *Internet* bietet www.lariojaturismo.com unter den Stichworten „Reserva de Culturas/Dinosaurios" detaillierte Infos über Route und Fundstätten.

Logroño

Am Ufer des hier schon recht breiten Río Ebro gelegen, wird die Hauptstadt der Rioja überwiegend von der Moderne geprägt.

Zugegebenermaßen nicht ohne Charme ist die lebendige kleine Altstadt um die Kathedrale. Gerade hier zeigt sich jedoch ein scharfer Kontrast: Sind die Straßenzüge nahe des Hauptplatzes noch voller Leben, so ändert sich das Bild zum Fluss hin drastisch, sind Armut, trostlose Lebensbedingungen und der erbärmliche Verfall vieler Häuser nicht mehr zu übersehen.

Orientierung: Das Zentrum liegt südlich des Río Ebro. Die Altstadt beginnt am Fluss und reicht bis zum Hauptplatz *Paseo del Espolón*, offiziell Paseo del Principe de Vergara genannt. Nach Süden markieren die elegante *Gran Via* und ihre Verlängerung *Avda. de Jorge Vigón* die Grenze der Innenstadt.

Information/Verbindungen

- *Information* **Oficina de Turismo**, ein verglaster Neubau direkt auf dem Hauptplatz Paseo del Espolón; ✆ 941 291260, ℻ 941 291640. Öffnungszeiten Mo–Sa 10–14, 17–20 Uhr, So/Fei 10–14 Uhr.
- *Verbindungen* **Flug**: Flughafen Logroño-Agoncillo (✆ 941 277485) an der N 232 in Richtung Zaragoza beim Ort Agoncillo. Nur Inlandsflüge.

Zug: Bahnhof (Info-✆ der Renfe: 902 240202) an der Plaza de Europa, etwa 800 Meter südlich des Zentrums. Züge u.a. nach Zaragoza 8-mal, Bilbao 2-mal, Vigo/La Coruña direkt 1-mal, zur Umsteigestation Miranda de Ebro (Pamplona, Vitoria-Gasteiz, San Sebastián/Donostia etc.) 5-mal täglich.

Bus: Busstation (Info: ✆ 941 235983) an der Avda. de España, etwa auf halbem Weg vom Bahnhof ins Zentrum. Verbindungen u. a. nach Santo Domingo de la Calzada 9-mal, Haro 5-mal, Zaragoza 6-mal, Soria 5-mal, Burgos 5-mal, Santander 2-mal, Bilbao 6-mal, Vitoria-Gasteiz 7-mal, Pamplona 6-mal täglich.

Logroño

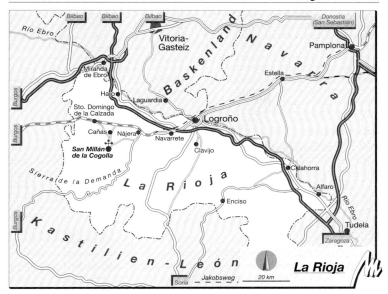

Übernachten

Einfache und preiswerte Fondas besonders im Gebiet der Kathedrale, speziell rund um die Calle de Portales, nördlich des Paseo del Espolón. Zu den Fiesta-Zeiten wird's eng.

• *Hotels* ****** Hotel Carlton Rioja**, großes, vor einigen Jahren renoviertes Hotel in zentraler Lage an der Hauptstraße der Stadt. Gut ausgestattete, geräumige Zimmer, Garage. DZ 65-135 €. Gran Vía 5, ✆ 941 242100, ✉ 941 243502, www.pretur.es.

*** Hotel Murrieta, einigermaßen komfortable Mittelklasse in ruhiger Lage westlich nahe der Altstadt; Garage. DZ/Bad ca. 60-85 €. Calle Marqués de Murrieta 1, die Verlängerung der Calle Portales; ✆ 941 224150, ✉ 941 223213, www.pretur.es.

*** Hotel Res. Marqués de Vallejo, hübsches Haus mit verglasten Balkonen, nur einen Katzensprung vom Hauptplatz und mitten in der Kneipenzone. Die Preise des Hotels liegen um die 95-115 € fürs DZ. Calle Marqués de Vallejo 8, ✆ 941 248333, ✉ 941 240288, www.hotelmarquesdevallejo.com.

*** Hostal Res. La Numantina, ebenfalls sehr zentral gelegen, ein recht luftiges Haus mit passablem Mobiliar. DZ ohne Bad ab etwa 30 €, mit Bad und TV 55 €. Calle Sagasta 4, eine Seitenstraße der Nordwestecke des Paseo Espolón; ✆/✉ 941 251411.

• *Camping* **La Playa** (1. Kat.), am gegenüberliegenden Ufer des Río Ebro, bei einem Sportgelände. In der Nähe befindet sich eine Fußgängerbrücke zur Stadt, Autozufahrt Richtung „Vitoria por Laguardia". Schattig, die Sanitäranlagen frisch renoviert und gepflegt. Öffentliches Schwimmbad nebenan, für Camper gratis. Ganzjährig geöffnet, zur Fiesta oft überfüllt – Alternativen in Navarrete und Nájera. Preise p.P., Auto, Zelt je etwa 5 €. ✆ 941 252253, ✉ 941 258661, www.campinglaplaya.com.

Essen und Trinken/Feste

Restaurantgebiet Nummer eins ist die Altstadt und hier wiederum die Calles Peso, Laurel und San Agustín, im Gebiet um die Markthalle.

La Rioja

- *Essen* Rest. **Cachetero**, eines der Spitzenlokale der Stadt — langjährige Tradition, viel gelobte Regionalküche. Ab 35 € aufwärts muss man schon rechnen. So, Mi-Abend und in der ersten Augusthälfte geschlossen. Calle Laurel 3, ℡ 941 228463.
Bar-Rest. Casa Taza, direkt nebenan. Hier geht es einfacher zu, die ordentliche Hausmannskost kann sich jedoch durchaus schmecken lassen. Tagesmenü 11 €, Wein geht extra, à la carte nicht zu teuer. Calle Laurel 5.
- *Feste* **Fiesta de San Bernabé** (11. Juni), zu Ehren des Stadtpatrons, der im Kampf gegen die Franzosen half. Verteilung von Fisch, Brot und Wein.
Fiesta de San Mateo, um den 21. September. Das Fest der Weinernte; Stiertreiben „Encierro" à la Pamplona.

Sehenswertes

Concatedral Santa María de Redonda: Nur etwa 150 Meter nördlich des Paseo Espolón erhebt sich die Konkathedrale Logroños (die Hauptkathedrale der Diözese steht in Calahorra). Im 15. Jh. errichtet und im 18. Jh. umgebaut, erinnert heute nur noch ihr Name an den einst runden Grundriss. Ein paar Schritte östlich zeichnet sich die romanische Kirche *Iglesia de San Bartolomé* (12. Jh.) besonders durch ihr schönes Portal aus.
Öffnungszeiten Mo–Sa 8–13, 18–20.45 Uhr, So 9–14, 18.30–20.45 Uhr.

Museo de la Rioja: An der Plaza San Agustín. Das Regionalmuseum ist in einem neoklassizistischen Palast untergebracht, dem aus dem 18. Jh. stammenden Palacio de Espartero. Es präsentiert in zeitlicher Ordnung archäologische Funde sowie kirchliche und profane Kunst der Rioja-Region.
Öffnungszeiten Di–Sa 10-14, 16-21 Uhr, So 11.30-14 Uhr; Eintritt gratis.

Iglesia de Santiago el Real: Direkt am Jakobsweg durch Logroño. Den Heiligen Jakob, dem die Kirche des 16. Jh. geweiht ist, zeigt eine barocke Darstellung am Portal hoch zu Pferd als *matamoros* („Maurentöter").

Umgebung von Logroño

Nájera: Das Städtchen am Jakobsweg und der N 120, knapp 30 Kilometer westlich von Logroño (Busverbindung) gelegen, war im Mittelalter weit bedeutender als heute. Einen Besuch lohnt das Kloster *Santa María la Real*, das im 11. Jh. von König García Sanchez gegründet wurde (Di–Sa 10–13, 16–17.30 (Hochsaison 19) Uhr, So/Fei 10–13 und 16–18 Uhr; 2 €).

- *Übernachten* ** **Hotel San Fernando**, zentral im Ort, mit Parkplatz und gutem, relativ preiswerten Restaurant. DZ etwa 55-110 (!) €. Paseo Martín Gameroi 1, ℡ 941 363700, ℻ 941 363399, www.sanmillan.com.
* **Hostal Hispano**, freundliches Quartier, für Kategorie und Preis recht gut ausgestattet; Restaurant angeschlossen. DZ/Bad etwa 45-65 €. Calle La Cepa 2, ℡ 941 362975.
- *Camping* **El Ruedo**, 3. Kat., zu erreichen von der N 120 nach Burgos. Zur Fiesta-Zeit von Logroño eine Alternative zum dortigen Platz. Geöffnet April bis September; p.P., Auto, Zelt je etwa 4,50 €. ℡ 941 360102.

▶ **San Millán de la Cogolla**: Etwa 20 Kilometer südwestlich von Nájera stehen um das am Rand der Sierra de la Millán gelegene Pilgerdorf (Busse ab Logroño 1- bis 2-mal täglich) die beiden Klöster Monasterio de Yuso und Monasterio de Suso. Ihre Existenz verdanken sie dem Hl. Millán, der im 6. Jh. hier Wunder gewirkt haben soll. Kunsthistorisch bedeutsam, von der Unesco sogar in der Liste des Weltkulturerbes geführt, ist nur das Monasterio de Suso, dessen Kirche bis ins 10. Jh. zurückgeht.
Öffnungszeiten Di-So 10-13.30, 16-18 Uhr; für eine Besichtigung ist die Anfahrt mit Mikrobus ab dem Kloster Yuso obligatorisch.

Haro

Das Weinbauzentrum der Rioja Alta: In Haro, knapp 40 Kilometer von Logroño entfernt, verarbeiten fast einhundert Bodegas den Rebensaft.

Viele der Kellereien liegen im Gebiet um den Bahnhof und können besichtigt werden. Von August bis Mitte September sind allerdings meist Betriebsferien, auch nachmittags wird man oft auf verschlossene Türen stoßen. Das Städtchen selbst, von Hochhäusern und Gewerbegebieten fast umzingelt, ist mit Ausnahme seiner Altstadt nicht unbedingt eine Schönheit.

• *Information* **Centro de Iniciativas Turísticas**, Plaza Monseñor Florentino Rodriguez, ℅ 941 303366. Öffnungszeiten von Juni bis Mitte Oktober Mo–Sa 10–14, 16–19 Uhr, So 10–14 Uhr; sonst nur Di–So vormittags. Hier auch Informationen über Kellerei-Besichtigungen.

• *Verbindungen* **Zug**: Bahnhof etwa eine halbe Stunde Fußweg nördlich des Zentrums, jenseits des Río Tirón. Züge u. a. nach Logroño und zur Umsteigestation Miranda de Ebro 5-mal täglich.
Bus: Busbahnhof an der Calle Ventilla, Verbindungen von/nach Logroño 5-mal täglich.

• *Übernachten* **** **Hotel Res. Los Agustinos**, angenehmer Komfort in einem historischen Gebäude, 2006 komplett renoviert. DZ/Bad ca. 105-130 €. Plaza San Agustin, ℅ 941 311308, ℻ 941 303148, www.hotellosagustinos.com.
* **Pensión La Peña**, dem gleichnamigen, recht preiswerten Restaurant angeschlossen. Ordentliche DZ ohne Bad kosten etwa 25 €, DZ/Bad (wenige) etwas mehr. Plaza de la Paz 17 bzw. Calle Vega 1, ℅ 941 310022.

• *Camping* **Camping de Haro**, 2. Kat., beim Río Tirón, in der Nähe des Bahnhofs. Ganz gut ausgestattet, unter anderem mit Swimmingpool (gratis). Offiziell ganzjährig geöffnet; p.P. 5 €, Parzelle inkl. Auto, Zelt je etwa 10 €. ℅ 941 312737, 941 312068, www.campingdeharo. com.

• *Feste* **Festividad de San Pedro**, 24.-29. Juni. Am letzten Tag findet einige Kilometer außerhalb die berühmt-berüchtigte Weinschlacht „Batalla del Vino" statt: Die Teilnehmer bespritzen sich über und über mit Wein, etwa 100.000 Liter werden dabei zu Ehren des Heiligen San Felice wortwörtlich „unters Volk gebracht". Die Weinschlacht beginnt um zehn Uhr morgens im Gebiet Riscos de Bilibio, in der Umgebung der Einsiedelei des Heiligen.

• *Bodega-Besichtigungen* Telefonische Voranmeldung ist ratsam, manchmal geht es aber auch ohne. Führungen finden in der Regel vormittags und meist nur auf Spanisch statt. Einige interessante Kellereien im Bahnhofsviertel: **Compañia Vinicola del Norte de España** (Cune), der Rioja-Klassiker mit mehr als 125-jähriger Tradition, ℅ 941 3004800; **Bodegas Akutain**, La Manzanera s/n, Führung auch in Deutsch möglich, ℅ 941 302651; **Bodegas López de Herredia Viña Tondonia**, gegründet 1877, ℅ 941 310244.

Museo del Vino de la Rioja: Einen Besuch wert ist dieses auch optisch ansprechende Weinmuseum in der Estación Enológica, das auf mehreren Stockwerken eine Fülle an Wissenswertem präsentiert.
Öffnungszeiten Mo–Sa 10–14 Uhr, 16-19 Uhr, So 10-14 Uhr; Eintrittsgebühr 2 €, Mi gratis.

Santo Domingo de la Calzada

Ein früheres Pilgerstädtchen, wie schon der Name nahelegt: *Santo Domingo* war ein Heiliger des 11. Jh., der den frommen Wanderern mit dem Bau einer Brücke, einer Kirche und von Fußwegen („calzadas") den Marsch erleichterte. Auch heute noch ist der Ort mit seiner hübschen Altstadt nicht nur für Pilger einen Halt wert.

• *Information* **Oficina de Turismo**, Calle Mayor 70, nicht weit von der zentralen Plaza del Santo; ℅ 941 341230. Öffnungszeiten: Juli bis Mitte Oktober Mo–Sa 10–14, 16–19 Uhr, So 10–14 Uhr; im restlichen Jahr etwas eingeschränkt.

• *Verbindungen* **Bus**: Anschlüsse von/nach Logroño 9-mal, Burgos 5-mal täglich.

• *Übernachten* *** **Parador de Santo Domingo de la Calzada**, in der ehemaligen Pilgerherberge des Heiligen Domingo. Standard-DZ etwa 160 €. Plaza del Santo 3, ℅ 941 340300, ℻ 941 340325, www.parador.es.

** Hostal Hospedería Santa Teresita, kirchlich geführt. DZ/Bad etwa 40 €. Calle Pinar 2, im südöstlichen Altstadtbereich, ℡ 941 340700.

* Hostal Rey Pedro I, Calle San Roque 9, recht neues Haus (2005) in der Altstadt mit mehr Komfort, als der eine Stern erwarten lässt; alle Zimmer mit Internetanschluss. DZ um die 55 €; ℡ 941 341160, www.hostalpedroprimero.es.

• *Camping* **Bañares**, 1. Kat., großer Platz etwa 6 km nordöstlich beim gleichnamigen Ort; Schwimmbad. Offiziell ganzjährig geöffnet; p.P., Auto, Zelt je etwa 6,50 €. ℡ 941 342804.

• *Feste* **Día de Santo Domingo**, 12. Mai, der zentrale Tag des farbenprächtigen, jahrhundertealten Patronatsfestes, das schon einige Tage vorher beginnt.

Sehenswertes

Catedral de Santo Domingo: Im 12. Jh. an der Stelle der Kirche des Hl. Domingo errichtet, sind ihr Glockenturm und das Portal späte Zutaten des Barock. Im Inneren ein schöner Hochaltar, das Grabmal des Heiligen und – ein Käfig, der von einem Huhn samt Hahn bewohnt wird.

Öffnungszeiten von Kathedrale, Kreuzgang und Museum Mo-Sa von 10-13.30 und 16-18.30 Uhr; Eingang in der Calle del Cristo, Eintrittsgebühr etwa 2 €. Das Grabmal ist auch vom Südeingang aus (kostenlos) zugänglich, von dort eingeschränkter Blick auf das Kirchenschiff. Sonntags ist die Kathedrale nur zum Gottesdienst geöffnet.

Ein quicklebendiges Abendessen

Die Hühner in der Kathedrale erinnern natürlich an eine Legende: Ein pilgernder Jüngling hatte das Herz einer Wirtstochter entflammt, sie aber abgewiesen. Darob erzürnt, schwärzte sie ihn fälschlicherweise des Diebstahls an. Das harte Urteil lautetet auf Tod durch den Strang. Betrübt setzten die Eltern des Unglücklichen ihre Wallfahrt fort. Doch wie groß waren ihr Erstaunen und ihre Freude, als sie bei ihrer Rückkehr den geliebten Sohn immer noch lebendig am Galgen hängend fanden – der Heilige Domingo hatte eingegriffen und das unschuldige Opfer gehalten. Eilig liefen die Eltern zum Richter, auf dass dieser den jungen Mann abschneide. Der jedoch, ungläubig nicht gewillt, sich bei seinem Abendessen, einem guten Teller Geflügel, stören zu lassen, mochte das Wunder nicht glauben: „Er lebt ebensowenig, wie dieses Huhn und dieser Hahn hier wieder lebendig werden." Und siehe, das Federvieh stand auf, gackerte, krähte und flog aus dem Fenster ... Seit jener Zeit steht in der Kathedrale von Santo Domingo ein Hühnerkäfig mit einer weißen Henne und einem weißen Hahn. Bei der Auswahl von letzterem achtet man darauf, dass er besonders laut und oft zu krähen pflegt. Die Tiere werden übrigens etwa alle drei Wochen ausgetauscht.

Erinnerung an ein Wunder:
Hühnerkäfig in der Kathedrale

Einst Wohnstatt des Schutzpatrons von Navarra: Castillo de Javier

Navarra (baskisch: Nafarroa)

Mit Aragón und der Rioja teilt Navarra das ungerechte Schicksal, von der Mehrzahl der ausländischen Reisenden nur als reine Durchgangsstation zwischen Atlantik und Mittelmeer betrachtet zu werden.

Die *Comunidad Foral de Navarra* besteht aus einer einzigen Provinz gleichen Namens und umfasst eine Fläche von 10.421 Quadratkilometern, auf der gut 600.000 Menschen leben. Gesellschaftlich und kulturell besonders verbunden ist die Region dem Baskenland: Vor allem im Norden Navarras verstehen viele Einwohner sich als Basken, sprechen auch die Sprache; baskischen Ursprungs sind auch die Mehrzahl der dortigen Ortsnamen.

Die **Landschaft** Navarras zeigt sich vielseitig. Im Norden fällt der hier schon deutlich flachere Hauptkamm der *Pyrenäen* zum Atlantik hin ab. Üppige Vegetation signalisiert den nassen Einfluss der nahen Küste – nicht umsonst wird ein Teil dieser Zone „La Navarra Húmeda" genannt, das „Feuchte Navarra". Im Süden erstreckt sich im Ebro-Becken das flache und trockene Schwemmland *Ribera*, das an die sonnenverbrannten Weiten Zentralspaniens erinnert.

Die **Städte** der Region bewahren, zumindest soweit sie am Pilgerpfad *Jakobsweg* (Camino de Santiago) liegen, vieles an mittelalterlichem Erbe. *Pamplona*, die Hauptstadt der Gemeinschaft, ist nicht nur zu den legendären „Fiestas de San Fermín" im Juli besuchenswert, und auch kleinere Städtchen wie *Puente la Reina* und *Estella* erinnern mit feinen Sakralbauten an ihre große Zeit als Pilgerstationen.

- *Internet-Infos* www.turismonavarra.es
- *Klima* So vielfältig wie die Landschaft. Während der Norden einen guten Teil der atlantischen Tiefausläufer einfängt und deshalb über Mangel an Niederschlägen kaum zu klagen hat, weist der Süden ein trocke-

nes, kontinentales Klima ähnlich dem Kastiliens auf.

• *Verbindungen* **Zug**: Durch Navarra hindurch besteht nur eine Linie, die in Nord-Süd-Richtung über Pamplona verläuft. Wichtige Knotenpunkte mit anderen Linien sind Castejón de Ebro im Süden und Altsasu/Alsasua sowie Miranda de Ebro im Norden.
Bus: Für weite Teile Navarras, vor allem die Pyrenäen und die Orte am Jakobsweg, die einzige Wahl. Auch für die Weiterreise in andere Regionen ist der Bus oft vorzuziehen: Der Bahnhof von Pamplona liegt ungünstig und wird nicht besonders gut bedient.

• *Küche* Navarras Küche vereint Einflüsse aus Frankreich, Aragón und dem Baskenland, besitzt aber durchaus eigenständigen Charakter. Der fruchtbare Süden kann aus einem reichen Gemüseangebot schöpfen und liefert deshalb den üppigen Eintopf **menestra**, besonders geschätzt in der Region um Tudela. Die Pyrenäen bereichern Spaniens Küche um die **truchas a la navarra**, mit Schinken gefüllte Forellen. Rebhuhn (**perdiz**) ist ebenfalls beliebt und wird meist mit einer dunklen Sauce, die auch etwas Schokolade enthält, serviert. Weitere Spezialitäten sind **chuletas de cordero a la navarra**, mit einer Sauce aus Zwiebeln, Tomaten und Schinken, **pimientos rellenos**, mit Fleisch oder Stockfisch gefüllte Paprika und die **garbure** (auch: sopa de potaje de coles), ein deftiger Eintopf auf Kohl-Gemüse-Basis. Berühmt sind Navarras Käse, wie **queso de Roncal, queso de Roncesvalles** und **queso de Ulzama**.

• *Feste* Unter den Festen sind die **Fiestas de San Fermín** (6.-14. Juli) von Pamplona weltberühmt, nicht zuletzt dank der Werbung Hemingways.
Karwoche, besonders aufwändig gefeiert in Tudela.
Fiesta de Santa Ana, 24.-30. Juli, ebenfalls in Tudela.
Patronatsfeste in Puente la Reina (24.-31.7.), Estella (ab Freitag vor dem ersten Augustsonntag), Sangüesa (ab 11. September) und Olite (14.-18. September).

Geschichte

Nach der maurischen Besetzung Spaniens 711 formierte sich auch in der Region Navarra heftiger Widerstand, der aber zunächst eher erfolglos blieb, weshalb man zwischenzeitlich sogar mit den Arabern paktierte. Ab dem 9. Jh. lässt sich dann von einem christlichen Königreich Pamplona sprechen, das unter Sancho III. dem Großen (1000–1035) seinen Höhepunkt erreichte und sogar Kastilien und Aragón beherrschte. Nach dem Tod Sanchos wurde sein Großreich unter den drei Söhnen aufgeteilt; García III. erbte das Königreich Navarra. Etwa zeitgleich brachte der Jakobsweg, dessen Routen sich in Navarra vereinigen, ungeahnten wirtschaftlichen Aufschwung. Der Reichtum weckte natürlich den Neid der militärisch stärkeren Nachbarn Aragón und Kastilien, und so kam Navarra fortan immer wieder unter fremde Herrschaft. Nachdem eine Heirat 1234 die Union mit der Champagne gebracht hatte, geriet die Region eine Zeit lang gar zur französischen Provinz. Erst 1441 gewann Navarra seine Selbständigkeit zurück, doch bereits 1512 sorgte der Einmarsch des „Katholischen Königs" Ferndinand II. wieder für Unruhe, diesmal durch den Anschluss an das vereinigte Königreich Kastilien-Aragón, der mit dem Vertrag von 1515 besiegelt wurde – Navarra war und blieb fortan Teil Spaniens, einigermaßen zufriedengestellt durch die von der Krone eingeräumten Sonderrechte *fueros*.

Tudela

Kaum mehr als 32.000 Einwohner genügen Tudela, um sich mit dem Attribut der zweitgrößten Stadt Navarras schmücken zu können.

Die Hauptstadt der fruchtbaren, für ihre guten Weine bekannten Ribera-Zone wurde von den Mauren gegründet und erst 1119 von den christlichen Heeren erobert. In den folgenden Jahrhunderten lebten Christen, Mauren und Juden einträchtig zusammen; das Gemeinwesen blühte. Bedeutendste Sehenswürdigkeit ist die *Kathedrale*, die im 12./13. Jh. über einer Moschee errichtet wurde; ihr Westportal zeigt

Tudela

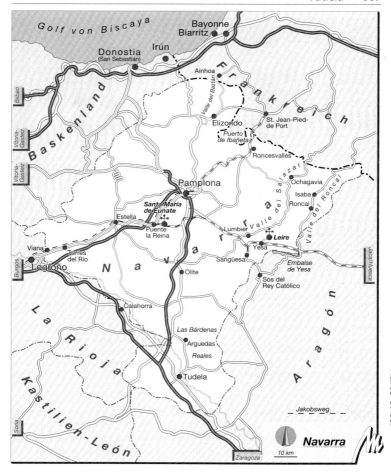

Navarra
Karte S. 667

eine Darstellung des Jüngsten Gerichts, sehenswert sind auch der romanische Kreuzgang und die Seitenkapellen. Zentrum von Tudela ist die *Plaza de los Fueros*, die einst eine Arena war.

- *Information* **Oficina de Turismo**, Calle Juicio 4 bei der Kathedrale; ✆/✉ 948 848058. Öffnungszeiten: Mo–Fr 9.30–14, 16–20 Uhr, Sa/So 10–14 Uhr, Sa auch 16–20 Uhr. Im Feb./März nur bis 19 Uhr.

- *Verbindungen* **Zug**: Bahnhof zentrumsnah südöstlich der Altstadt. Verbindungen nach Pamplona 5-mal täglich, außerdem nach Zaragoza (z. T. weiter nach Barcelona) und Logroño/Bilbao.

Bus: Mit CONDA unter anderem 6-mal von/nach Pamplona, teilweise über Olite.

- *Übernachten* ***** Hotel Tudela Bardenas**, angenehm und komfortabel; Parkplätze. DZ etwa 75–105 €. Avda. de Zaragoza 60, südöstlich der Altstadt Nähe Stierkampfarena; ✆ 948 410802, ✉ 948 410972, www.tudelabardenas.com.

** Hostal Remigio, zentral gelegen und mit die preiswerteste Möglichkeit im Städt-

Navarra

Eine wahre Wüste: Las Bardenas Reales

chen. Durchaus solide, wenn auch recht schlichte Zimmer, leider nicht sehr ruhig gelegen, beliebtes Restaurant angeschlossen. DZ/Bad etwa 45–55 €. **Gaztambíde 4**, ganz in der Nähe der Plaza de los Fueros; ✆ 948 820850, ✆ 948 824123, www.hostalremigio.com.

Jugendherberge Albergue Juvenil Municipal, im Gebiet südlich des Bahnhofs. Erst vor wenigen Jahren eröffnet, mit 24 Plätzen aber recht klein, unbedingt vorab anrufen. Camino Caritat 17, ✆ 948 848116, ✆ 948 826367.

• *Feste* **Semana Santa**, die Karwoche; am Karsamstag das Passionsspiel „El Volatín", das den Tod Judas' darstellt.
Fiesta de Santa Ana, etwa 24.-28. Juli; mit Stiertreiben à la Pamplona, Stierkämpfen, großen Umzügen und traditionellen Tänzen auf der Plaza de los Fueros.

Las Bardenas Reales: Nordöstlich von Tudela erstreckt sich dieses ausgedehnte Naturschutzgebiet, das wahren Wüstencharakter besitzt und ohne weiteres als Westernkulisse dienen könnte. Rund 415 Quadratkilometer misst das von den zerfurchten Trockentälern der Barrancos durchzogene Areal an der Grenze zu Aragón. Im Süden des Gebiets liegt die vergleichsweise fruchtbare „schwarze" Bardena Negra, den weit überwiegenden Teil jedoch bildet die staubtrockene „weiße" Bardena Blanca (Hauptzugang bei *Arguedas* an der NA 134 zwischen Olite und Tudela), in der man sich in die Wüsten Amerikas versetzt fühlt. Das weitläufige Gebiet ist fast menschenleer, selten nur trifft man auf eine Schafherde und ihren Hirten.

• *Information* Zuständig ist das Fremdenverkehrsamt Tudela. Achtung, die Bardenas sind Naturschutzgebiet, viele Pisten für Kraftfahrzeuge gesperrt. Zugänglich ist das Gebiet von acht Uhr morgens bis eine Stunde vor Einbruch der Dunkelheit, Camping sowie das Verlassen der Pisten sind verboten.

Aktivsportveranstalter: Geführte Radtouren, Trekking u. a. veranstaltet Bardena Activa in Arguedas, Calle Batán 2, ✆ 948 830272, www.bardenaactiva.com.

• *Fahrradverleih* Ciclos Marton, ein Fahrradgeschäft im Zentrum von Arguedas, Calle San Ignacio, ✆ 948 831577, verleiht Mountainbikes – zumindest im Sommer wohl nur etwas für wirklich hartgesottene Biker. Unbedingt ausreichend Wasser und Sonnenschutz mitführen!

Olite

Heute ein kleines Nest von dreieinhalbtausend Einwohnern, erlebte Olite, knapp 40 Kilometer südlich von Pamplona, seine Blütezeit im Mittelalter, war im 15. Jh. gar Sitz der Könige von Navarra. Die Bauten der damaligen Zeit bestimmen auch heute noch das Ortsbild. Die weitläufige Königsresidenz *Palacio Real* (täglich 10–14 Uhr sowie, je nach Saison, 15/16–17.30/20 Uhr; Eintritt 2,50 € Mai) ist mit Türmen und Wehrmauern eher Burg denn Palast.

- *Information* Plaza de los Teobaldos 10; ℡/≋ 948 741703, Geöffnet Ostern bis September Mo–Fr 10–14, 16–19 Uhr, Sa/So 10–14 Uhr, im restlichen Jahr täglich 10–14 Uhr.
- *Verbindungen* Zug: Station der Linie Pamplona-Castejón nördlich der Altstadt. Lokalzüge in beide Richtungen 2-mal täglich.
  Bus: Mit CONDA und LA TAFALLESA 12-mal täglich von/nach Pamplona.
- *Übernachten* ***** Parador Príncipe de Viana**, in einem Teil des Palastes. Insgesamt zwar stilvoll, für die Preisklasse aber vielleicht etwas rustikal. Standard-DZ etwa 185 €. Plaza de los Teobaldos 2, ℡ 948 740000, ≋ 948 740201, www.parador.es.
  ** Hotel Carlos III el Noble, noch das günstigste Hotel des Städtchens: DZ etwa 60–70 €. Rua de Medios 1, nicht weit von der Infostelle; ℡ 948 740644, ≋ 948 740557.
- *Camping* **Ciudad de Olite**, 2. Kat., außerhalb des Städtchens. Ganzjährig geöffnet, p.P., Auto, Zelt je rund 3,50 €. Ctra. N 115, +km 2,3; ℡ 948 712443.
- *Feste* **Patronatsfest**, etwa in der Zeit vom 14.-18. September.

Pamplona

Zur Fiestazeit von San Fermín (6.-14.7.) platzt Pamplona aus den Nähten. Entgehen lassen sollte man sich das Spektakel dennoch nicht. Auch in der übrigen Zeit lohnt Pamplona (baskisch: Iruñea) einen Stopp.

Dann jedoch scheinen nur wenige ausländische Besucher den Weg in die Hauptstadt Navarras zu finden. Vielleicht werden sie schon bei der Anreise von den Raum greifenden Industrieanlagen und den hochhausgesäumten Straßenschluchten der ausgedehnten Vorstädte abgeschreckt: Das Umland eingerechnet, verzeichnet Pamplona als absolutes wirtschaftliches Zentrum der Region immerhin etwa eine Viertelmillion Einwohner und damit fast die Hälfte der gesamten Bevölkerung Navarras. Doch wer die Stadt nur durchfährt, versäumt so manches. Pamplonas eng begrenzte Altstadt, obwohl nicht direkt eine Schönheit, hat Atmosphäre. Winklige Gassen, urige Kneipen, in denen während der Semesterzeit das Studentenleben tobt, und die für die Architektur nordspanischer Städte typischen Balkone aus Schmiedeeisen und Glas ergeben ein stimmiges Bild.

Orientierung: Die Altstadt *Casco Antiguo* liegt im Nordosten Pamplonas, nahe des Río Arga, der hier eine Schleife beschreibt. Im Norden und Osten wird sie noch von Mauern eingeschlossen und sonst von Grünanlagen und Promenaden wie dem *Paseo de Sarasate* begrenzt. Ihr Hauptplatz ist die weiträumige *Plaza del Castillo* am südlichen Rand des historischen Viertels.

Geschichte: Der Stadtname, so will es zumindest die Legende, verweist auf den Gründer. Der römische Feldherr Pompeus nämlich soll es gewesen sein, der 75 v. Chr. *Pompaelo* errichten ließ. 732 nahm hier jenes riesige maurische Heer Quartier, das bald darauf beim französischen Poitiers von den Franken unter Karl Martell besiegt wurde. 778 zerstörte Karl der Große nach seiner missglückten Belagerung Zaragozas die Befestigungen Pamplonas. Politisch-ethnische Zwistigkeiten führten vom 13. bis ins 15. Jh. zwischen den drei Stadtvierteln *Navarrería*, *San Cernin* und *San Nicolás* zu innerstädtischem Kleinkrieg. Abweichende Herrschaftsverhältnisse und Sonderrechte waren die Ursache, Brandstiftungen und Massenmorde die Folge. Erst 1423 konnte König Carlos III. mit seinem „Privileg der Vereinigung" die zerstrittenen Viertel einen.

San Fermín – die Fiesta

Wenn alljährlich am 6. Juli um zwölf Uhr mittags die vom Rathaus Casa Consistorial abgeschossene Rakete „chupinazo" den Beginn der Fiesta von San Fermín verkündet, stürzen sich Hunderttausende in einen Taumel, der erst am 14. Juli mit einem gewaltigen Kater wieder enden wird. Das 400 Jahre alte Fest soll eigentlich den Stadtpatron Pamplonas ehren. Doch seit Hemingway San Fermín als Hintergrund für seinen Roman „Fiesta" (im Original „The Sun also Rises") wählte und damit weltweit bekannt machte, hat sich einiges geändert. Die Einwohnerzahl Pamplonas verdreifacht sich, der Wein fließt Tag und Nacht in Strömen. Nicht nur Amerikaner torkeln heute auf Papa Hems längst verwehten Spuren; San Fermín ist in weiten Teilen zur internationalen Promilleparty mutiert. Dennoch, und trotz aller Misslichkeiten: Wer irgend kann, darf sich das Spektakel nicht entgehen lassen!

Encierros: Der Lauf mit den Stieren ist der Angelpunkt der Fiesta. Jeden Morgen um Punkt acht Uhr rasen die Kampfstiere auf einer 825 Meter langen Strecke quer durch die Altstadt; vor ihnen, je nach Temperament, Leichtsinn und Alkoholspiegel mehr oder weniger weit von den lebensgefährlichen Hörnern entfernt, eine aufgepeitschte Menge. Als mutig gilt, wer den Lauf möglichst lange aushält, bevor er sich durch einen Sprung über die Barrieren (Hauseingänge sind sehr riskant) in Sicherheit bringt. Potenziellen Teilnehmern muss gesagt werden, dass spanische Kampfstiere mit den eher gemütlichen Fleischlieferanten heimischer Breiten wenig gemeinsam haben. Sie sind eine eigens für den Kampf gezüchtete Rasse, blitzgefährlich, aus dem Stand schneller als ein Pferd, extrem wendig und wiegen dabei rund eine halbe Tonne. Jedes Jahr fordern die Encierros mehrere Verletzte, manchmal auch Tote, zumeist unter unerfahrenen Ausländern. Die Läufe starten an der nördlichen Stadtmauer und führen über die Calles Santo Domingo, Mercaderes und Estafeta in die Arena. Am gefährlichsten sind der fast rechtwinklige Übergang der Calle Mercaderes zur Calle Estafeta, an dem die Stiere aus dem Tritt geraten, und die letzten Meter vor dem Tor, auf denen sich die Läufer stauen. Nach dem Stierlauf dürfen sich Amateure in der Arena an „Kampfkühen" (vaquillas) mit umwickelten Hörnern versuchen. Um einen guten Platz zu erhalten, sollte man als Zuschauer wie als Akteur, sowohl zum Lauf als auch zu den Spielchen in der Arena, rechtzeitig eintreffen, nämlich ab ca. sechs, spätestens sieben Uhr morgens. Ab 7.30 Uhr wird die Strecke gesperrt. Die besten Beobachtungsposten sind der Startplatz Santo Domingo (gleichzeitig der einzige Zugang für die Läufer) und der letzte Abschnitt vor der Arena. Nach Möglichkeit stellt man sich an die äußere der beiden Barrieren, denn der Raum zwischen ihnen dient als Sicherheitszone und wird kurz vor dem Lauf von der Polizei geräumt. Traditionelle Kleidung sind weiße Hemden und Hosen mit roten Halstüchern und Schärpen; ebenso traditionell sollten Frauen nicht aktiv teilnehmen, woran sich man-

che Ausländerinnen allerdings nicht zu stören scheinen. Übrigens: Wer San Fermín aus Termingründen nicht besuchen kann, findet Encierros auch in Tudela (24.-28. Juli), Puente la Reina (25.-31. Juli), Tafalla (15.-20 August), Estella (ab Freitag vor dem erstem Augustsonntag) und Sangüesa (11.-17. September).
Internet-Tipp www.fiestasdesanfermin.com

Der Augenblick der Wahrheit: Sekunden vor dem Todesstoß

Corridas: Die Stierkämpfe finden am Nachmittag statt; Eintrittskarten am Eingang, oft allerdings nur noch „schwarz" erhältlich. Doch machen Encierros und Corridas noch längst nicht die ganze Fiesta aus: Bis in den frühen Morgen spielen Bands auf dem Hauptplatz und um die Avda. Bayona. In der Zitadelle finden ein Jahrmarkt und allabendlich ein Feuerwerk statt, durch die Straßen patrouillieren Umzüge mit den Riesen „Gigantes" und den Großköpfen „Cabezudos", und getrunken und gefeiert wird ohnehin rund um die Uhr. Am Vormittag des 7. Juli schließlich kommt auch der Namenspatron San Fermín mit einem eigenen Umzug zu Ehren.

Information/Verbindungen

- *Information* **Oficina de Turismo**, Calle Eslava 1, direkt an der Plaza San Francisco, ✆ 848 420420, ✆ 848 424630. Öffnungszeiten: Mo–Fr 10-19 Uhr, Sa 10-14, 16-19 Uhr, So 10-14 Uhr (Winter: Mo-Sa 10–14, 16–19 Uhr), So 9.30–14 Uhr (Winter 10-14 Uhr).
- *Verbindungen* **Flug**: Flughafen Aeropuerto de Noain (Info: ✆ 948 168700) sechs Kilometer südlich. Nur Inlandsverbindungen, keine Flüge nach D, A oder CH.

Zug: Bahnhof (Renfe-✆ 902 240202) unkomfortabel abgelegen im Nordwesten der Stadt, Richtung San Sebastián und jenseits des Río Arga. Stadtbusverbindung mit Bus Nr. 9 von und zum Paseo de Sarasate, nahe Hauptplatz. Sehr mäßige Verbindungen: Züge nach Burgos 1-mal, Vitoria-Gasteiz 4- bis 5-mal, San Sebastián (Donostia) 3-mal täglich; noch relativ gut sind die Verbindungen zum Knotenpunkt Altsasu/Alsasua: 6-mal tgl. Nach Logroño nur über Castejón oder Miranda de Ebro.

Bus: Der äußerst enge Busbahnhof liegt an der Avda. Conde Oliveto, südlich der Altstadt unweit des Kastells Ciudadela, und somit zentraler als der Bahnhof. Busse in die Pyrenäentäler und nach Yesa je 1-mal, Sangüesa 4-5-mal täglich, siehe jeweils dort. Weiterhin fahren CONDA nach Tudela 6-mal und Zaragoza 7-mal täglich, CONDA und LA TAFALLESA nach Olite 10-mal, LA ESTELLESA nach Puente la Reina und Estella 10-mal, nach Logroño 5-mal täglich; LA BURUNDESA nach Vitoria-Gasteiz 11-mal, Bilbao 5-mal, Santander im Sommer 2-mal täglich, LA RONCALESA nach San Sebastián (Donostia) 9-mal täglich.

Übernachten

Außerhalb von San Fermín problemlose Quartiersuche, wenn die Preise auch relativ hoch liegen. Zur Fiesta allerdings ohne langfristige Reservierung keine Chancen; gleichzeitig erhöhen sich die Übernachtungspreise auf das zwei- bis dreifache des unten genannten Normaltarifs. Die Vermieter von „Casas particulares" (Privatzimmer) trifft man vor der Infostelle. Wer partout nichts findet (die Mehrzahl...) schläft in Parks oder auf der Hauptplaza, erlaubt ist dann fast alles. Aber Achtung, hohe Diebstahlsrate – die Gepäckaufbewahrungen im Busbahnhof und Bahnhof sind zur Fiesta ebenso überfüllt wie die Unterkünfte!

• *Übernachten* ***** **Hotel La Perla (3)**, am Hauptplatz. Der nostalgisch-verstaubte Charme dieses Hotels vom Jahrgang 1881 wurde einer Komplett-Renovierung unterzogen, die das Haus zum Fünfstern-Strahler machte. DZ ab etwa 260 €, zur Fiesta-Zeit beginnen die Preise bei 775 €... Plaza del Castillo 1, ✆ 948 223000, ✇ 948 222324. www.granhotellaperla.com.

*** **Hotel Maisonnave (6)**, komfortabel ausgestatteter Backsteinbau in der Altstadt nahe dem Rathaus. Garage und Parkplätze vorhanden, gutes Restaurant. Oft Gruppen, im Sommer deshalb Reservierung ratsam. Während der ersten Julihälfte Topzuschlag (ca. 300 €), in der übrigen Zeit kostet ein DZ 80–135 €, oft geht es aber auch günstiger. Calle Nueva 20, nahe der Plaza San Francisco, ✆ 948 222600, ✇ 948 220166, www.hotelmaisonnave.es.

*** **Hotel Yoldi (13)**, knapp außerhalb der Altstadt in dennoch sehr zentraler Lage. Kürzlich renoviert, Garage. Während San Fermín der Haupttreffpunkt aller Aficionados, steigt hier doch die Mehrzahl der Toreros ab. DZ im Normalfall rund 75 €, zur Fiesta (ca. 300 €) ohnehin keinerlei Chancen. Avenida San Ignacio 11, ✆ 948 224800, ✇ 948 212045, www.hotelyoldi.com.

*** **Express By Holiday Inn (15)**, Businesshotel in Gewerbegebiet am Stadtrand der Neustadt, Zimmer mit allen Annehmlichkeiten, gute Bäder, Frühstücksbüffet im Preis inbegriffen – kein Schnickschnack und daher Value for Money: DZ/F ab ca. 55 € (Sanfermines 230 €). Mutilva Baja, Valle de Atanguren, ✆ 948 293293, ✇ 948 293294 expresspamplona@terra.es.

** **Hotel Tryp Burlada (1)**, im nordöstlichen Vorort Burlada, 2003 komplett renovierter moderner Bau, 53 Zimmer meist mit Internetanschluss, DZ ca. 60–105 €, zu den Sanfermines 175-240 €. Calle La Fuente 2, ✆ 948 131300, ✇ 948 122346.

** **Hotel Rest. Eslava (4)**, am nordwestlichen Altstadtrand, ein historisches Haus mit teilweise wunderschöner Aussicht. DZ kosten zu normalen Terminen je nach Ausstattung etwa 75–155 €. Plaza Virgen de la O, ✆ 948 222270, ✇ 958 225157, www.hotel-eslava.com.

* **Hostal Bearán (12)**, in einer typischen Altstadtgasse westlich der Plaza Castillo. Renovierte, angenehme Zimmer mit TV, Telefon, moderne Bäder mit Fön, freundliche Leitung; DZ/Bad 45 €, zu den Sanfermines ab 120 €. Die **Fonda La Aragonesa** auf der anderen Straßenseite, die entgegen dem äußeren Anschein sehr angenehme Zimmer beherbergt, gehört zum Haus; DZ ohne Bad kosten hier ab 30 € (Sanfermines 60 €). Calle San Nicolás 25 bzw. 34, ✆ 948 223428.

* **Pensión Otano (10)**, in der Nähe und etwas einfacher ausgestattet als das „Bearán", dabei jedoch noch durchaus ordentlich. DZ/Bad kosten etwa 45 €. Calle San Nicolás 5, Anfragen im Restaurant im ersten Stock; 2. Julihälfte geschlossen. ✆ 948 225095, ✇ 945 210012. Weitere einfache Pensiónes und Fondas in der Calle San Nicolás und ihrer Verlängerung, der Calle San Gregorio.

Jugendherberge Residencia Juvenil Fuerte del Príncipe (14), Calle Goroarabe 36, südlich des Zentrums; ✆ 948 291206. Geöffnet über Ostern sowie Mitte Juli bis Mitte September, jedoch sehr häufig von Gruppen belegt: unbedingt vorher anrufen.

• *Camping* **Ezkaba**, 2. Kat., bei Eusa/Orikaín, etwa 7 km nördlich von Pamplona. Kaum Schatten, dafür ein Swimmingpool. Zu San Fermín gesteckt voll, unbedingt einige Tage vorher da sein, sonst „completo"; eine

Pamplona 673

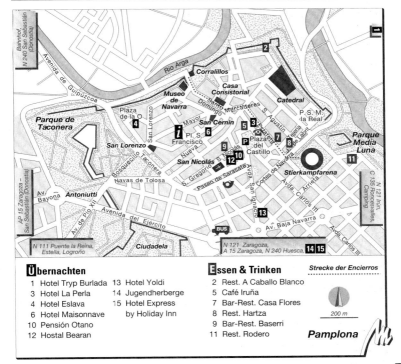

Übernachten
1 Hotel Tryp Burlada
3 Hotel La Perla
4 Hotel Eslava
6 Hotel Maisonnave
10 Pensión Otano
12 Hostal Bearan
13 Hotel Yoldi
14 Jugendherberge
15 Hotel Express by Holiday Inn

Essen & Trinken
2 Rest. A Caballo Blanco
5 Café Iruña
7 Bar-Rest. Casa Flores
8 Rest. Hartza
9 Bar-Rest. Baserri
11 Rest. Rodero

Strecke der Encierros

200 m

Pamplona

Alternative ist der ebenfalls ganzjährig geöffnete Platz bei Puente la Reina. Offiziell ganzjährig geöffnet; Preise p.P., Auto, Zelt etwa 5,50-6 €, zu San Fermín deutlich mehr.

Zufahrt über die N 121 A nach Irún, etwa bei km 7 Abzweig nach Berriosuso; Busse nach Eusa ab Calle Olite, Nähe Stierkampfarena. ℡ 948 330315. www.campingezcaba.com.

Essen/Nachtleben

Viele Bars und Restaurants in den Calles San Nicolás/San Gregorio und Estafeta.

• *Essen* **Rest. Rodero (11)**, innovative Spitzengastronomie hinter unscheinbarer Front, das ist dem Guide Michelin einen Stern wert. Ein Klassiker sind etwa frittierte Artischocken mit Hummer, gewürzt mit Pfeffer-Olivenöl. Drei Gänge à la carte nicht unter ca. 55 €, Menüs zu 45 € bis 70 €. Calle Arrieta 3, ℡ 948 228035, 948, www.restauranterodero.com.

Rest. Hartza (8), nobel, viel gelobt und sympathisch. Spezialitäten sind marktabhängige Gerichte wie auch Meeresküche, als Paradegericht gilt der Wolfsbarsch „Lubina" (z. B. „en papillote"). Preislich allerdings auch Spitze: Menü 45-70 €. Calle Juan de Labrit 19, stadtwärts nahe der Arena, ℡ 948 224568. Geschlossen Mo, So-Abend, über Weihnachten sowie drei Wochen ab Anfang August.

Rest. Caballo Blanco (2), in der Calle Redín, nahe der Kathedrale auf der Stadtbefestigung. Nur einen Sprung abseits der Sightseeing-Routen sitzt man hier sowohl innen unter altem Gewölbe als auch außen im Garten über der Mauerkrone sehr schön und stilvoll.

Bar-Rest. Baserri (9), in einer der „Fressgassen" der Altstadt. Eine der beliebtesten Theken der Stadt, weithin berühmt für die große Auswahl exquisiter Tapas (Pintxos),

Navarra Karte S. 667

674   Navarra

Früher im Niemandsland, heute mitten in der Altstadt: Casa Consistorial

die Küche von María Agustina Ortíz ist Kult. Mittags wird für ca. 15 € auch ein solides Menü angeboten, das Probiermenü kommt auf 32 €. Calle San Nicolás 32, nahe Hostal Bearán, www.restaurantebaserri.com.

Café Iruña (5), am Hauptplatz. Lieblingslokal Hemingways und eines der traditionsreichsten Cafés der Stadt, über ein Jahrhundert alt mit typischem Fin-de-siècle-Dekor. Auch preiswertes Mittagsmenü à 12 €. Plaza Castillo 44.

Bar-Rest. Casa Flores (7), schlichtes Lokal mit einfachem und traditionellem Speisenangebot bei guter Qualität, viele Einheimische. 14 Platos combinados ca. 11-7 €, Tagesmenü 13 €. Calle Estafeta 85, ✆ 948 222175.

• *Nachtleben* In der **Altstadt** herrscht in den Gassen Calle San Nicolás, San Gregorio und Estafeta bis etwa 1 Uhr nachts einiger Betrieb, zwischen Arena und Altstadt im Gebiet der Calles Juan de Labrit, Tejería und San Agustín noch etwas länger.

Das **Barrio San Juan** in der Neustadt, westlich des Stadtparks, ist ab etwa Mitternacht die erste Adresse Pamplonas. Geöffnet ist hier bis gegen 4 Uhr morgens. Allein in der winzigen Travesia Bayona, einer Abzweigung der mit Bars ebenfalls gut bestückten Avenida Bayona, findet sich gut ein halbes Dutzend Kneipen.

Sehenswertes

Catedral Metropolitana: Im Inneren des dreischiffigen Baus, der bis auf die unpassend klassizistische Fassade vorwiegend aus dem 15./16. Jh. stammt, ist besonders das Alabastergrabmahl des Königs Carlos III. El Noble (1387–1425) und seiner Frau Leonor de Trastámara beachtenswert. Der gotische *Kreuzgang* (13.-15. Jh.), zu erreichen durch das rechte Seitenschiff, wurde schon von Romancier Victor Hugo in den höchsten Tönen gepriesen; tatsächlich ist er einer der schönsten des Landes. Das angeschlossene *Museo Diocesano* stellt neben anderen sakralen Kostbarkeiten auch den Kirchenschatz aus.

Öffnungszeiten Die Kathedrale ist nur gemeinsam mit dem Diözesanmuseum (und von diesem ausgehend) und gegen Bezahlung zu besichtigen. Mo–Fr 10–14, 16–19 Uhr, Sa 10–14 Uhr, Kathedrale So nur zu den Messen geöffnet (keine Besichtigung!); im Hochsommer teilweise erweiterte Öffnungszeiten (u. U. auch So). Eintritt rund 4 €.

Casa Consistorial: Das Rathaus wurde 1423 ins „Niemandsland" zwischen den bis dahin verfeindeten Stadtvierteln gesetzt, die interessante Fassade stammt jedoch vom Neubau des 18. Jh. Die Säulen der dreigeteilten Front sind von unten nach oben in jeweils dorischem, ionischem und korinthischem Stil gehalten. Die allegorischen Figuren neben dem Eingang stellen die Gerechtigkeit und die Vorsicht dar.

San Cernín (auch: San Saturnino): Im Mittelalter war der ursprünglich romanische, im 13. Jh. dann gotisch neu errichtete Bau die Kirche des gleichnamigen Stadtteils. Vom ältesten Gotteshaus Pamplonas sind heute jedoch nur noch die wehrhaften Türme erhalten.

Museo de Navarra: Im Norden der Calle San Domingo präsentiert das Museum Navarras eine hochwertige Sammlung archäologischer Funde, historischer Architektur und wertvoller Gemälde, darunter mit dem „Bildnis des jungen Marqués von San Adrián" eines der besten Porträts Goyas (1804).
Öffnungszeiten Di–Sa 9.15–14, 17–19 Uhr, So/Fei 11–14 Uhr; Eintritt 2 €, Studenten mit Ausweis die Hälfte; Sa-Nachmittag und So ist der Eintritt frei.

Las Murallas: Von den Altstadtplätzen *Virgen de la O* oder *Santa María la Real* kann man einen Gang entlang der alten Stadtmauern beginnen, der abseits städtischer Hektik schöne Ausblicke ins Tal des Río Arga erschließt.

La Ciudadela: Die südwestlich der Altstadt gelegene, ehemals fünfeckige Zitadelle entstammt dem 16./17. Jh. Heute geht es innerhalb wie außerhalb ihrer Mauern friedlicher zu: Das gesamte Gebiet ist in einen großen grünen Park verwandelt worden, wie geschaffen für einen faulen Nachmittag.

Am Jakobsweg

In Navarra vereinigen sich die Hauptrouten des Pilgerwegs nach Santiago de Compostela. Der „Camino de Santiago" brachte der Region nicht nur Wohlstand, sondern auch Kontakt mit der Kultur jenseits der Pyrenäen. Außer in Katalonien findet sich deshalb nirgends sonst in Spanien eine solche Konzentration romanischer Bauwerke.

Von den vier Hauptrouten, die in Frankreich Pilger aus ganz Europa aufnehmen, vereinigen sich drei noch vor den Pyrenäen und erreichen über den Pass von Roncesvalles Pamplona. Über Estella, Logroño, Burgos, León, Ponferrada und Villafranca del Bierzo wurde schließlich, nach einer allein durch Spanien gut 800 Kilometer messenden Strecke, Santiago erreicht. Die Pilger waren an ihrer Ausstattung leicht zu erkennen: Überrock, Umhang, Hut, Lederbeutel und Kürbisflasche, nicht zuletzt der Stock als Stütze und Waffe. Als Pilgerabzeichen, das auch Einlass in die kirchlichen Herbergen verschaffte, diente die Jakobsmuschel (vieira). Im „Heiligen Jahr",

> ### El Camino del Santiago
>
> Im 10. Jahrhundert war ein großer Teil Spaniens in maurischer Hand. Ausländische Unterstützung, und war sie nur moralischer Natur, hatte das christliche Spanien bitter nötig. Da traf es sich gut, dass bereits ein Jahrhundert zuvor bei Compostela das Grab des Hl. Jakob (span.: Santiago) entdeckt worden war. Nachdem der Apostel, erschienen in Gestalt eines Ritters, 844 noch die Schlacht von Clavijo für die Christen entschieden und sich so als Schutzheiliger („matamoros": Maurentöter) gegen die islamische Okkupation empfohlen hatte, erstrahlte ein neuer religiöser Glanz über der Iberischen Halbinsel. Auch jenseits der Pyrenäen wuchs nun der Wunsch, Jakobs Grab gegen die Ungläubigen zu schützen und ihm durch die Pilgerfahrt nach Santiago Verehrung zu erweisen. Anfangs war dies eine hochgefährliche Angelegenheit, doch bereits im 11. Jh. war die Reconquista so weit vorgedrungen, dass entlang des Jakobswegs keine Überfälle der Mauren mehr zu befürchten waren. In der Folge erlebte der Pilgerpfad einen wahren Boom, nahm Santiago hinter Jerusalem und Rom den dritten Rang der bedeutendsten Wallfahrtsorte der Christenheit ein.

Das Symbol des Jakobswegs, häufiger Begleiter am „Camino"

wenn der 25. Juli, der Namenstag Jakobs auf einen Sonntag fällt (das nächste Mal 2010), schwoll der Pilgerstrom besonders an: Dann wurde nicht wie üblich nur ein Drittel der Sünden vergeben, sondern ein vollständiger Ablass ausgesprochen.

Die Orte, die am Jakobsweg entstanden, waren nach einheitlichem Muster aufgebaut. Der Pilgerpfad bildete die Hauptstraße, neben der sich Herbergen, Hospitäler, Kirchen und Handwerksbetriebe ansiedelten. Wenn sich diese Straßendörfer im Lauf der Zeit auch ausbreiteten, bleibt der ursprüngliche Grundriss an Orten wie Sangüesa, Puente la Reina und Estella doch noch kenntlich. Die Einwohnerschaft war damals ethnisch bunt gemischt. Viele Pilger siedelten sich nach erfolgter Wallfahrt entlang der Route an, hinzu kamen Kaufleute, Glücksritter und fahrende Spielleute. Ohne Probleme ging das nicht ab. Oft igelten sich die einzelnen Gruppen, wie im mittelalterlichen Pamplona, in mauerumstandenen Vierteln ein.

Heute erlebt der Jakobsweg ein mächtiges Revival. Besonders im Sommer sind entlang der Route viele Gruppen meist junger Leute zu sehen, die ganz traditionell zu Fuß nach Santiago pilgern. Andere reisen, nicht ganz stilgemäß, aber sicher ebenfalls sehr reizvoll, mit dem Fahrrad.

Roncesvalles (Orreaga)
Ein kleines Dorf mit großer Geschichte, etwa 50 Kilometer nordöstlich von Pamplona an der N 135, unweit der französischen Grenze.

Inmitten wilder, oft wolkenverhangener Pyrenäenlandschaft war Roncesvalles (baskisch: Orreaga) als erste Station des Jakobswegs nach der strapaziösen Überquerung der Pyrenäen das heiß ersehnte Etappenziel der mittelalterlichen Pilger. Gleichzeitig bildet die Siedlung den Hintergrund für die mythische, jedoch auf realem Geschehnis gründende Sage von Roland, einem der zwölf Paladine Karls des Großen. Doch hatten, anders als im mittelalterlichen *Rolandslied*, nicht Mauren die Nachhut Karls des Großen 778 am Pass von Roncesvalles (heute: Puerto de Ibañeta) angegriffen, war Roland somit auch nicht der todesverachtende Retter des Abendlandes. Tatsächlich rächte sich wohl eine Union aus Aragón, Navarra und dem Baskenland am abmarschierenden Frankenheer für die teilweise Zerstörung Pamplonas. Zu spät soll Roland damals in sein Horn „Olifant" geblasen haben, um Hilfe herbeizuholen: Die komplette Nachhut wurde aufgerieben, alle zwölf Paladine starben. Auf der Passhöhe erinnern ein Kirchlein und ein Gedenkstein an die Schlacht.

- *Information* Oficina de Turismo, Antiguo Molino, nahe Hostal Casa Sabina; ✆ 948 760193. Öffnungszeiten: Ostern bis September Mo–Sa 10–14, 15–18 Uhr, So 10–14 Uhr.
- *Verbindungen* **Bus**: LA MONTAÑESA fährt 1-mal täglich von/nach Pamplona.
- *Übernachten* ** **Pensión La Posada**, bestes Quartier vor Ort. Untergebracht in einem historischen Gebäude des 17. Jh., gutes Restaurant. DZ/Bad nach Saison etwa 50 €. ✆ 948 760225, ✉ 948 760266, www.laposadaderoncesvalles.com.

* **Hostal Casa Sabina**, nahe Stiftskirche und Infostelle, seit kurzem mit Restaurant. Nur fünf Zimmer, oft belegt; DZ/Bad nach Saison ca. 45 €. Carretera Pamplona-Francia km 48, ✆ 948 760012.

Jugendherberge Albergue Juvenil, in Roncesvalles nahe der Stiftskirche. Viele Gruppen – besser reservieren: ✆ 948 760015.

- *Camping* **Urrobi**, 2.Kat., von Roncesvalles etwa 8 km in Richtung Pamplona, bei Espinal-Aurizberri. Geöffnet April bis November; p.P., Auto, Zelt je etwa 5 €. ✆/✉ 948 760200, www.campingurrobi.com.

Monasterio de Leyre

An der zweiten, vom aragonischen Somport-Pass kommenden Jakobsroute und vier Kilometer oberhalb des Dörfchens *Yesa* (N 240) gelegen, wurde das Kloster (Mo–Sa 10.15–14, 15.30–18/19 Uhr, So 10.15–14, 16–18/19 Uhr; 2 €) bereits im 11. Jh. von den Königen Navarras gegründet. Die heutigen Bauten stammen überwiegend aus späterer Zeit, doch bewahren Apsis, Krypta und das detailliert skulpturierte Portal der Kirche noch romanische, das Schiff gotische Züge. Wenig östlich von Yesa beginnt der ausgedehnte, großteils zu Aragón gehörige Stausee *Embalse de Yesa*, auch „Mar de Pirineos" genannt, an dem es sich ganz gut baden lässt.

- *Verbindungen* **Bus**: LA TAFALLESA fährt Mo–Sa 1-mal täglich von/nach Pamplona.
- *Übernachten* ** **Hospedería de Leyre**, direkt im Kloster – absolute Ruhe und authentische Atmosphäre für relativ bescheidenes Geld. DZ/Bad oder Du kosten nach Saison etwa 65–80 €. Ein ordentliches Restaurant ist angeschlossen. Geöffnet März bis Mitte Dezember; ✆ 948 884100, ✉ 948 884137, www.monasteriodeleyre.com.

* **Hostal El Jabali**, in Yesa, an der Straße nach Jaca/Huesca; Swimmingpool. DZ/Bad je nach Saison knapp 40–45 €, ohne Bad etwas günstiger. Nov. bis April geschlossen. Carretera a Jaca; km 49; ✆/✉ 948 884042.

- *Camping* **Municipal Mar del Pirineo**, 1.Kat., direkt am Stausee Embalse de Yesa, bereits in der Provinz Zaragoza (Aragón) und zu erreichen über die N 240. Mit Swimmingpool. Geöffnet ab Ostern sowie Mai bis September, zur Hochsaison oft belegt. Preis p.P., Auto, Zelt jeweils rund 5 €. N 240, km 337, ✆ 948 398074, ✉ 948 887177.

▸ **Sangüesa**: Das Städtchen, an einem „Ableger" des Jakobswegs und hart an der Grenze zu Aragón gelegen, glänzt im Ortskern mit einer ganzen Reihe von Palästen des 15. und 16. Jh., darunter das heutige Rathaus und der *Palacio de Vallesantoro*, der mit Motiven im Stil präkolumbianischer Ornamente geschmückt ist. Bedeutendstes Bauwerk von Sangüesa ist die zum Nationaldenkmal erklärte romanische Kirche *Santa María la Real* (11./13. Jh.). Ihr Südportal zeigt im Tympanon Szenen des Jüngsten Gerichts, darunter tummeln sich Heilige, Fabelwesen, Arbeiter und Musikanten.

- *Information* **Oficina de Turismo**, Calle Mayor 2, gegenüber Santa María la Real, ✆ 948 871411. Geöffnet täglich 10–14 Uhr, im Sommer Mo–Fr auch 16–19 Uhr.

- *Verbindungen* **Busse** der Gesellschaft LA VELOZ SANGÜESINA verkehren 4-5-mal täglich von/nach Pamplona.
- *Übernachten* ** **Hotel Yamaguchi**,

Zweckbau an der Straße nach Javier; Swimmingpool. DZ/Bad kosten etwa 65 €; Crta. Javier s/n, ℡ 948 870127, ℻ 948 870700. www.hotelyamaguchi.com.

Pensión las Navas, zentraler und preiswerter, aber ebenfalls durchaus ansehnlich; allerdings nur sechs Zimmer. Das angeschlossene Restaurant ist gut und nicht zu teuer. DZ/Bad etwa 40 €; Calle Alfonso el Batallador 7, ℡ 948 870077.

- *Camping* **Cantolagua** (2. Kat.), in einem Naherholungsgelände (mit Schwimmbad) im südlichen Ortsbereich. Kleiner, städtischer Platz, freundlich geführt. Geöffnet Februar bis November; Preise p.P., Auto, Zelt je etwa 3,50-4,50 €. Camino Cantolagua s/n, ℡ 948 430352, ℻ 971 871313.
- *Feste* **Patronatsfest**, vom 11.-17. September, unter anderem mit „Encierros" wie in Pamplona.

Puente la Reina (baskisch: Gares)

Knapp 25 Kilometer südwestlich von Pamplona vereinigen sich in dem Städtchen am Río Arga die beiden Routen des Jakobswegs.

Dem Pilgerpfad verdankte Puente la Reina seinen mittelalterlichen Wohlstand, der sich in mehreren großen Kirchen manifestierte. Hauptstraße von Puente la Reina ist die *Calle Mayor*, die von einer Reihe von Adelspalästen gesäumt wird. Das Wahrzeichen des Städtchens jedoch ist die namensstiftende *Brücke*, die im 11. Jh. auf Weisung der Königin Doña Mayor errichtet wurde.

- *Information* **Oficina de Turismo**, am Hauptplatz Plaza Julian Mena, ℡ 948 340845. Nur im Sommer geöffnet.
- *Verbindungen* **Bus**: LA ESTELLESA 10-mal täglich von/nach Pamplona und Estella, seltener auch Anschlüsse nach Logroño.
- *Übernachten* *** **Hotel Jakue**, knapp außerhalb des Ortes an der N 111 Richtung Pamplona. Moderner Bau, ansprechend und komfortabel; Parkplatz, Schwimmbad, Sauna etc. DZ etwa 80-90 €, während der Fiestas von San Fermín (Pamplona ist nah) ab ca. 120 €. Irunbidea s/n, ℡ 948 341017, ℻ 948 341120, www.jakue.com.

Hotel Rural Bidean, eine prima Adresse mitten im Ort, nur ein paar Schritte von der Plaza Mena. Hübsch restauriertes altes Steinhaus, komfortable und geschmackvoll-rustikale Zimmer mit Heizung und TV. Neu eingerichtetes Restaurant (nicht billig). DZ/Bad rund 55 €, während San Fermín allerdings bis 90 €. Calle Mayor 20, ℡ 948 340457, ℻ 948 340293, www.bidean.com.

- *Camping* **El Molino** (1. Kat.) bei Mendigorria, gut sechs Kilometer südlich des Ortes. Ruhige, hübsche Umgebung, viele Dauercamper. Preis p.P., Zelt, Auto je etwa 5-5,50 €. Offiziell ganzjährig geöffnet (Ausnahme: 24.12.-6.1.), ℡ 948 340604. www.campingelmolino.com.
- *Feste* **Patronatsfest** vom 25.-31.7., u. a. mit „Encierros" ähnlich denen von Pamplona.

Santa María de Eunate: Ein elegantes Kirchlein direkt am Jakobsweg, einsam in einer von Feldern und Hügeln geprägten Landschaft östlich von Puente la Reina. Im 12. Jh. erbaut, weist das schmucke Gotteshaus einen ungewöhnlichen Grundriss in Form eines unregelmäßigen Achtecks mit kleiner Apsis auf. Um die Kirche selbst verläuft eine gleichfalls unregelmäßig achteckige Bogengalerie mit Pfeilern und Doppelsäulen, und um diese wiederum eine ebensolche Umfassungsmauer. Der Sinn der Bogengalerie ist bis heute ungeklärt.

- *Anfahrt/Öffnungszeiten* Von Pamplona auf der N 111 Richtung Logroño; kurz vor Puente la Reina links, noch etwa drei Kilometer, dann rechter Hand. Geöffnet ist von März bis Oktober Di–So 10.30–13.30, 16–19 Uhr bzw. 17–20 Uhr (Juli–September), von November bis Februar Di–So 10.30–14.30 Uhr; Montag und im gesamten Dezember ist geschlossen.

Estella (baskisch: Lizarra)

Auch Estella verdankt dem Jakobsweg Wohlstand und sogar den Aufstieg zur wichtigsten Siedlung zwischen Pamplona und Logroño.

Sein mittelalterliches Ambiente mit Kirchen, Klöstern und Adelspalästen blieb dem Städtchen bis heute weitgehend erhalten. Zentrum von Estella ist die *Plaza de los*

Estella

Fueros, doch liegen die bedeutendsten Sehenswürdigkeiten jenseits des Río Ega, im Gebiet um den alten Königspalast *Palacio de los Reyes de Navarra*.

- *Information* **Oficina de Turismo**, Calle San Nicolás 1, ✆/✉ 948 556301. Neben dem Königspalast, engagiert und kompetent. Stark saisonal gestaffelte Öffnungszeiten, im Hochsommer Mo-Fr 9-20 Uhr, Sa/So 10-14 Uhr, im Winter Mo-Sa 10-17 Uhr, So 10-14 Uhr.
- *Verbindungen* **Bus**: Busbahnhof auf der Zentrumsseite an der Plaza de la Coronación. LA ESTELLESA von/nach Pamplona 10-mal, Logroño 9-mal täglich; 5-mal täglich nach Donostia (San Sebastián).
- *Übernachten* **** Hotel Yerri**, an der NA 120 Richtung San Sebastián, kurz hinter der Arena und somit noch relativ zentral; Parkplätze. Guter Standard, DZ etwa 60–65 €. Avenida Yerri 35, ✆ 948 546034, ✉ 555081.
  * Pensión San Andrés, relativ große Pension im Zentrum unweit westlich der Plaza de los Fueros. In dieser Preisklasse eine gute Wahl, recht ordentliche Zimmer, DZ/Bad nach Saison 35-38 €, ohne Bad schon um 30 €, Dreibettzimmer mit Bad 45 €. Calle Mayor 1, ✆ 948 554158, ✉ 948 550448.
- *Camping* **Camping Lizarra**, 1. Kat., etwa 2 km außerhalb des Zentrums. Wenig Schatten, ansonsten ein gut ausgestatteter Platz mit großem Schwimmbad (gratis), Fahrradverleih, Restaurant und Einkauf. Ganzjährig geöffnet; Parzelle inkl. Auto und Zelt knapp 14 € (es gibt auch halbe Parzellen), p.P. zusätzlich 5 €. ✆ 948 551733, Carretera Nacional 111, km 43, www.campinglizarra.com.
- *Feste* **Patronatsfest** ab dem Freitag vor dem ersten Augustsonntag, komplett mit Dudelsackmusik, Tanz und „Encierros" à la Pamplona.

Sehenswertes

Palacio de los Reyes de Navarra: Aus dem 12. Jh. stammend, ist der Königspalast von Estella einer der wenigen erhaltenen romanischen Profanbauten. Türme und Galerien allerdings sind Zusätze des 16. Jh. An den Säulen der Hauptfassade sind neben einer Darstellung des letzten Kampfes von Paladin Roland allerlei Fabelgestalten zu entdecken. Das Innere beherbergt ein Museum des örtlichen Künstlers Gustavo de Maeztu y Whitney, geöffnet Di–Sa 11–13, 17–19 Uhr, So 11–13 Uhr; Eintritt frei.

San Pedro de la Rúa: Der Turm der im 12./13. Jh. errichteten Kirche dominiert das Umfeld des Königspalastes. Neben dem maurisch inspirierten Portal und einer originellen Drachensäule im Inneren interessiert vor allem der teilweise zerstörte, dennoch beeindruckende Kreuzgang mit seinen detaillierten Kapitellen. In der Regel ist San Pedro nur auf Führungen zu besichtigen (Anfragen bei der nahen Infostelle); ein Blick auf den Kreuzgang lässt sich jedoch auch von dem Steig aus erhaschen, der etwas südlich der Kirche von der Calle de la Rúa hinauf zur Hauptstraße führt.

San Miguel Arcángel: Auf der Zentrumsseite des Río Ega macht die nahe der Calle Mayor gelegene Kirche des 12. Jh. die Hauptsehenswürdigkeit aus. Ansonsten eher schlicht, fasziniert ihr Nordportal durch besonders ausgefeilten romanischen Figurenschmuck.

Monasterio de Irache: Etwa zwei Kilometer südwestlich von Estella in Richtung Logroño gelegen, unterhielt dieses Benediktinerkloster (Di 9.30–13.30 Uhr, Mi–Fr 9.30–13.30, 17–19 Uhr, Sa/So 8.30–13.30, 16–19 Uhr) bereits im elften Jahrhundert ein Pilgerhospiz, ein Jahrhundert vor dem von Roncesvalles. Zwischen dem 16. und dem 19. Jh. bestand hier auch eine Universität. Sehenswert sind vor allem die romanische Kirche des 12. Jh. und der schöne, platereske Kreuzgang, der aus dem 16. Jh. stammt. In Zukunft soll im Kloster ein Luxushotel eingerichtet werden.

Hausstrand eines eleganten Seebades: Donostias Playa de la Concha

Baskenland (Euskadi/País Vasco)

Nachrichten, die uns aus dem Baskenland erreichen, berichten meist von der Unabhängigkeitsbewegung ETA, von Demonstrationen und Autobomben. Das Baskenland zeigt jedoch noch viele andere, erfreulichere Gesichter.

Auf baskisch *Euskadi*, auf Spanisch *País Vasco* genannt, erhielt die Region als erste der spanischen Gemeinschaften bereits 1979 eine (eingeschränkte) Autonomie zugestanden, doch geht der Status einer *Comunidad Autónoma* extremen Basken nicht weit genug. Offiziell teilt sich das von gut 2,1 Millionen Menschen bewohnte Baskenland in drei Provinzen: *Araba* (spanisch: Alava; Hauptstadt Vitoria-Gasteiz, gleichzeitig Hauptstadt des Baskenlands) liegt im Inland, *Gipuzkoa* (Guipúzcoa; Hauptstadt Donostia, spanisch San Sebastián genannt) und *Vizcaya* (Bizkaia; Hauptstadt Bilbo/Bilbao) an der Atlantikküste. Soweit die politische Gliederung, doch zählen historisch wie kulturell auch der Norden Navarras sowie drei französische Provinzen zum Baskenland.

In Bezug auf die Bevölkerungsdichte gehört das 7261 Quadratkilometer kleine Baskenland mit fast 300 Einwohnern pro Quadratkilometer zu den spanischen Spitzenreitern. Vor allem die industrialisierten Küstenprovinzen sind es, die den Durchschnittswert hochschrauben: Der Großraum Bilbao zählt zu den am dichtesten besiedelten Gebieten Europas, während die eher landwirtschaftlich strukturierte Südprovinz Alava vergleichsweise wenige Einwohner hat.

Rätselhafte Sprache Euskara

Vom Kastilisch sprechenden Spanien wird das baskische Euskara oder Euskera gern als „Sprache des Teufels" verspottet, doch kann offensichtlich selbst der Satan wenig damit anfangen.

Einer alten Legende zufolge soll nämlich sogar Luzifer persönlich nach immerhin sieben Jahren Aufenthalt im Baskenland nicht mehr als die Worte „ja" und „nein" beherrscht haben. Legende wie spöttische Charakterisierung verweisen darauf, wie ungewohnt Euskara klingt. Während alle anderen westeuropäischen Idiome aus dem Indogermanischen entstanden, ist Baskisch noch älter als diese Ursprache. Seine Herkunft ist bis heute nicht geklärt; Untersuchungen ergaben Ähnlichkeiten mit kaukasischen und hamitisch-semitischen (afroasiatischen) Sprachen.

Zur Schreibweise von Orts- und Straßennamen: Schilder im Baskenland sind meist zweisprachig. Da Karten, Pläne, Unterkunftsverzeichnisse etc. sich voll auf die baskischen Bezeichnungen eingestellt haben, verwenden wir diese auch. Bei Ortschaften werden die spanischen Namen in Klammern ergänzt. Eine Ausnahme bildet nur Bilbo, das ganz überwiegend in der spanischen Schreibweise Bilbao beknnt ist und auch so beworben wird. Straßennamen sind ein Problem für sich, lauten beispielsweise im Hotelführer oft auch innerhalb einer Stadt mal auf Baskisch, dann wieder auf Spanisch – eine gewisse Mischung lässt sich da nicht vermeiden, was übrigens auch für die Namen von Festen gilt.

Vierzehn Worte Baskisch

Natürlich wird im Baskenland überall Spanisch verstanden und gesprochen, doch freut sich jeder echte Baske über ein paar Wörter in seiner Heimatsprache:

Guten Morgen (bis Mittag)	*Egun on*	Bitte (als Aufforderung)	*Mesedez*
Guten Tag (bis zum Abend)	*Arratsalde on*	Bitte (als Antwort auf Danke)	*Ez horregatik*
Gute Nacht	*Gabon*	Ja	*Bai*
Hallo!	*Kaixo!*	Nein	*Ez*
Wie gehts?	*Zer moduz?*	Entschuldigung!	*Barkatu*
Sehr gut, und Dir?	*Ni oso ondo, eta zu?*	Tschüss! Bis später!	*Agur! Gero arte!*
Danke	*Eskerrik asko*		

Geschichte des Baskenlandes

Wie die Wurzeln seiner Sprache ist auch die Herkunft des baskischen Volkes unklar und Anlass zu allerlei Vermutungen. So halten einige Forscher die Basken für die eigentliche iberische Urbevölkerung; andere glauben an eine Einwanderung aus dem Kaukasus.

Die Römer nahmen vor allem auf die südlicheren Teile des Baskenlands Einfluss, auf das Gebiet von Pamplona und auf Alava. Mit den ab dem 5. Jh. herandrängenden Westgoten, den ihnen folgenden Franken und Mauren schlugen sich die Basken nach Kräften, ließen notfalls das flache Land im Stich und zogen sich in die Gebirgsregionen zurück, wo man das wehrhafte Volk gerne in Ruhe ließ.

Baskenland

Seit dem 10. Jh. tagte im Baskenland alle zwei Jahre ein Ältestenrat, traditionell unter einer Eiche beim heutigen *Gernika* (Guernica), das zur „heiligen Stadt der Basken" wurde; der Stumpf des Baumes ist heute noch zu sehen. Mit dem Erstarken der Königreiche von Navarra und Kastilien kam das Baskenland unter deren Oberhoheit; setzte sich zunächst Navarra durch, so gewann ab dem 12./13. Jh. Kastilien an Boden. Immer jedoch waren die fremden Könige klug genug, den Basken Sonderrechte (*fueros*) zu gewähren, wie Steuererleichterungen und die Garantie auf eigene Sprache und Verwaltung. Diese Sonderrechte und im Gegenzug das Versprechen der Basken, den König anzuerkennen, wurden jahrhundertelang immer wieder feierlich unter der Eiche von Gernika erneuert. Der Bruch dieser Vereinbarung erfolgte erst im 19. Jh. mit den Karlistenkriegen. Etwa gleichzeitig, Mitte des 19. Jh., begann in den Provinzen Gipuzkoa und Bizkaia die Industrialisierung (Metall, Schiffsbau). Während des Ersten Weltkriegs erlebte das Baskenland einen enormen wirtschaftlichen Aufschwung, der auch der erstarkten Nationalismus-Bewegung Auftrieb gab.

Im *Spanischen Bürgerkrieg* (1936–39) stand das Baskenland auf Seiten der Republikaner. Die mörderische Bombardierung der „heiligen Stadt" *Gernika* am 16. 4. 1937, ein von der deutschen Fliegerstaffel Legion Condor verbrochener Angriff auf ein rein ziviles Ziel, war natürlich symbolisch gemeint und wurde von den Basken auch so verstanden. Das Franco-Regime brachte der Region, wie nicht anders zu erwarten, brutale Repression. Die Sprache war verboten, regiert wurde mit Knüppel, Schusswaffe und dem eleganteren Mittel skandalöser Gerichtsurteile; ein Umfeld, das die Geburt und den fragwürdigen Aufstieg der ETA zur Terrororganisation nicht unverständlich erscheinen lässt. Mit Francos Tod, der Einführung der Demokratie und besonders der Inkraftsetzung einer teilweisen Autonomie ist eine Normalisierung eingetreten. Eine eigene Polizeitruppe (sie trägt, natürlich, die „Boina" genannten roten Baskenmützen) wurde installiert, die

Geschichte des Baskenlandes 683

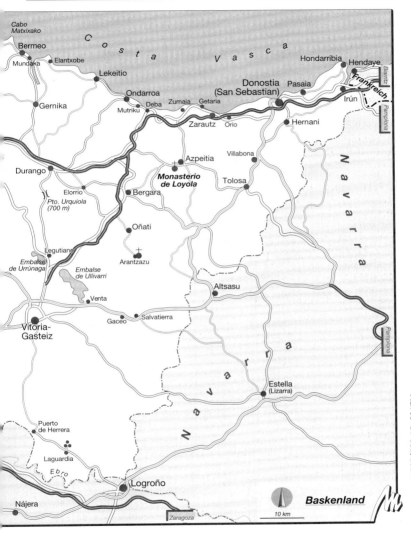

baskische Sprache wird an allen Schulen gelehrt, von so manchem Gebäude weht die baskische Flagge *Ikurriña*. Lange fast einzigartig war die Position des baskischen Regionalparlaments, das selbst Steuern einziehen darf.

Ein Teil der Basken ist mit dieser Halbautonomie auch zufrieden, den vielen auswärtigen Arbeitern, die in den Industrieregionen etwa 40 % der Einwohner ausmachen, ist sie wohl mehr oder weniger gleichgültig. Bleibt ein gewisser Bevölkerungsanteil, der nach wie vor völlige Selbständigkeit fordert – ungeachtet der Frage, inwieweit das kleine Baskenland als Nation wirtschaftlich überhaupt überlebensfähig wäre.

Euskadi – Spaniens Unruheherd

Während Katalonien, das in Bezug auf eigene Sprache und Kultur vieles mit dem Baskenland gemeinsam hat, seine Autonomiebestrebungen maßvoll und friedlich verficht, machen es die Basken dem spanischen Staat weniger leicht.

Wohl nicht umsonst sagt man ihnen ein ausgeprägtes Selbstbewusstsein bis hin zur Dickschädeligkeit nach. Zumindest teilweise verständlich wird der Wunsch nach Eigenständigkeit durch die Erfahrungen, die die Basken besonders während des Franco-Regimes machen mussten. Nicht entschuldigt werden dadurch jedoch die Methoden des „militärischen Flügels" der Freiheitsbewegung ETA.

Die Anfänge: Die ETA formierte sich in den späten 50er-Jahren als zunächst rein politische und gesellschaftliche Linksalternative zu der bestehenden konservativen Nationalbewegung. 1968 erfolgte mit dem ersten Attentat der Einstieg in den „militärischen Kampf". Zunächst blieben die Anschläge noch auf hochrangige Vertreter des verhassten Franco-Regimes beschränkt. Nach der Spaltung in die ETA político-militar und die ETA militar 1974 lernten jedoch nicht nur Angehörige der spanischen Politik, Streitkräfte und Polizei, sondern auch Zivilisten den sich stetig steigernden Terror fürchten. Die Sympathie, die die ETA zunächst bei der Linken auch außerhalb des Baskenlandes besaß, hatte sie sich mit immer blindwütigeren Anschlägen bald verspielt.

Der GAL-Skandal: Mitschuldig an der Eskalation war allerdings auch die andere Seite, insbesondere die paramilitärische Polizeitruppe Guardia Civil, die sich häufig ebenfalls ungesetzlicher Mittel bis hin zum Mord bediente. Schlagzeilen machten in diesem Zusammenhang die sogenannten „Antiterroristischen Befreiungstruppen GAL", die in den 80er-Jahren unter Einsatz ausländischer Krimineller Anschläge auf nach Frankreich geflohene ETA-Angehörige verüben ließ. Mindestens 27 vermeintliche ETA-Mitglieder wurden dabei ermordet. Wie sich später herausstellte, waren hohe Angehörige der damaligen spanischen Regierung tief in die Vorgänge verstrickt.

„Jetzt reicht es": In den 90er-Jahren sank die Zahl der ETA-Anschläge zunächst, doch stieg sie bald umso steiler wieder an. Landesweites Entsetzen löste 1997 die Ermordung des von der ETA als Geisel genommenen Kommunalpolitikers Miguel Angel Blanco Garrido aus. Die Spanier, auch die weit überwiegende Mehrheit der Basken, reagierten mit Trauer und ohnmächtiger Wut. *Basta ya*, „jetzt reicht es" – sechs Millionen drängten sich auf den landesweiten Demonstrationen gegen den Terror, allein in Bilbao 500.000 Menschen. Ganz offensichtlich hatte die ETA mit der Ermordung des jungen Mannes, der mit der hohen Politik nun gar nichts zu tun hatte, eine Grenze überschritten. Durch einen umstrittenen Prozess gegen den politischen Arm der ETA verschärfte sich die Situation noch: Im Oktober 1997 musste sich die gesamte Führungsspitze der extrem linken Partei Herri Batasuna (HB) vor dem Obersten Gerichtshof verantworten – das erste Verfahren gegen eine legale Partei seit Einführung der Demokratie in Spanien. Den Vorstandsmitgliedern wurde vorgeworfen, nicht nur ETA-Morde öffentlich gerechtfertigt, sondern auch ein Wahlvideo in Auftrag gegeben zu haben, in dem maskierte und bewaffnete

ETA-Mitglieder für ihre Organisation warben. Alle 23 Politiker wurden zu jeweils sieben Jahren Haft verurteilt. Die „Etarras" reagierten auf ihre Weise. Hunderte von Politikern und Journalisten erhielten Briefe mit Morddrohungen, die Terroranschläge auf Politiker der regierenden Volkspartei PP häuften sich.

Hoffnung: Im September 1998 durfte erstmals ernsthaft auf ein Ende des Terrors gehofft werden. Damals hatte das „Irische Forum", ein Bündnis von 23 Parteien, Bürgerrechtsgruppen und Gewerkschaften des Baskenlands, in seiner „Erklärung von Lizarra" zu einem Friedensprozess nach dem Vorbild Nordirlands aufgerufen. Schon einige Tage später verkündete die ETA eine einseitige, bedingungslose und, erstmals in ihrer Geschichte, auch unbefristete Waffenruhe. Die spanischen Parteien beurteilten den unerwarteten Schritt teils zurückhaltend, teils verhalten optimistisch.

Nationalsymbol: der Stumpf der alten Eiche von Gernika

Terror und kein Ende? Der Waffenstillstand hielt 14 Monate. Im November 1999 erklärte die ETA ihren Gewaltverzicht für beendet. Als Grund genannt wurde die „anhaltende Unterdrückung und Repression" durch die Regierungen in Madrid und Paris. Verantwortlich seien aber auch die gemäßigten nationalistischen Regierungsparteien des Baskenlands, PNV und EA, die entgegen einer geheimen Vereinbarung nicht die Wahl eines souveränen Parlaments (sprich: einen eigenständigen Staat) in allen baskischen Regionen, also unter Einschluss von Navarra und des französischen Baskenlands, vorbereitet hätten. Die Parteien bestritten die Existenz eines solchen Pakts. Nur wenige Wochen nach der Aufkündigung des Waffenstillstands begann der Terror erneut. ETA-Kommandos ermordeten Polizisten, Militärangehörige, Richter, Unternehmer und Politiker, legten Bomben in Madrid und an den Urlauberküsten des spanischen Mittelmeers. Auch mehrere Mitarbeiter missliebiger Zeitungen fielen gezielten Attentaten zum Opfer.

Der Staat wehrt sich: Am 27. August 2002 verabschiedete das Spanische Parlament eine Resolution für das Verbot der linksnationalistischen Partei Batasuna und ihrer Vorgängerinnen Herri Batasuna und Euskal Herritarok. Grundlage war das erst kurz zuvor in Kraft getretene spanische Parteiengesetz, das Parteien verbietet, die „systematisch die Grundrechte verletzen und Mordanschläge befürworten oder rechtfertigen". Das Vermögen von Batasuna wurde eingezogen, die Parteibüros geschlossen. Das Verbot der einzig verbliebenen rein baskischen Zeitung Egunkaria trug ebenfalls dazu bei, die Gemüter zu erregen, während die Gründung einer neuen Bürgerplattform namens AuB (Autodeterminaziorako Bilgunea) eine neue Basis für die extremistischen Basken schuf.

Der Plan Ibarretxe: Der nächste Zug im Schach zwischen Basken und spanischer Regierung kam dann wieder von der gemäßigten PNV und nannte sich Plan Ibarretxe. Im Herbst 2002 veröffentlichte der Lehendakari (Premier des baskischen Regionalparlaments) Juan José Ibarretxe ein Papier, in dem der Status des Baskenlandes als „estado libre asociado" angestrebt wurde – de facto also eine Unabhängigkeitserklärung. Denn, so hieß es, die Basken seien ein eigenes Volk mit eigener Identität. Madrid und die EU wiesen die Ziele der Erklärung umgehend zurück, die baskische Regierungskoalition distanzierte sich jedoch in keiner Weise. Im spanischen Parlament wurde der Plan erwartungsgemäß mit großer Mehrheit abgeschmettert. Aber auch die baskischen Wähler gaben nicht die erhoffte Unterstützung: Bei den Regionalwahlen im Frühjahr 2005, von Ibarretxe eigentlich zu einer Art Plebiszit über seinen Plan ausgerufen, rutschte sein Parteienbündnis PNV/EA von 33 auf 29 der insgesamt 75 Mandate ab.

Klimawechsel und neuer Terror: Die frisch gewählte spanische Regierung unter Zapatero versprach 2004 einen neuen Stil im Umgang mit dem Baskenland, und tatsächlich verbesserte sich das Klima, Kommunikation schien möglich geworden zu sein. Die terroristischen Gruppierungen um die ETA allerdings machten weiterhin kein Hehl daraus, dass sie von Verhandlungen nichts halten. Im Sommer 2004 begann eine neue Terrorwelle der ETA, diesmal vor allem gegen den Tourismus an den Mittelmeerstränden gerichtet. Sie zielte eher auf Sachschäden und Presseecho, als auf wirklich substantielle Zerstörungen oder gar Personenschäden und sollte wohl in erster Linie Handlungsfähigkeit demonstrieren. Denn die ETA stand gleich in mehrfacher Hinsicht unter Druck. Zum einen hatte nach dem verheerenden Attentat von Madrid am Frühjahr 2004 in der baskischen Bevölkerung ein Meinungsumschwung eingesetzt, der bis weit ins nationalistische Lager reichte: Der Versuch, politische Ziele mit Gewalt zu erreichen, schien auch dort kaum mehr salonfähig. Zum anderen dürfte der ETA allmählich das Führungspersonal ausgegangen sein. Im Herbst 2004 gelang nämlich der französischen und spanischen Polizei ein wirklich großer Coup: In einer gemeinsam vorbereiteten Aktion wurden zuerst in den französischen Pyrenäen und ein paar Tage später im spanischen Baskenland führende Köpfe der ETA festgenommen, darunter ihr vermutlich maßgeblicher Bandenchef (wie er in der spanischen Presse korrekt bezeichnet wird) Mikel Albizu alias „Antza".

„Permanenter Waffenstillstand" und neue Attentate: Nach der Explosion einer Autobombe in Madrid im Sommer 2005 hatte niemand mit einer einseitigen Erklärung der ETA gerechnet, die im März 2006 die Schlagzeilen stellte – die ETA verkündete einen „Permanenten Waffenstillstand". Während die Regierung Zapatero darauf einging und sogar mit direkten Kontakten zu ETA-Leuten begann, ging die konservative PP auf Frontalkurs zu irgendwelchen Gespräche mit Terroristen. Organisierte Straßenunruhen der Extremisten, *kale borroka*, förderten die Ruhe im Lande auch nicht gerade. Der „permanente Waffenstillstand" hielt bis Ende des Jahres, dann war mit dem Attentat am Madrider Flughafen Barajas (30.12.2006) die Schonzeit wieder vorbei. Zapatero brach die Gespräche ab, und Oppositionsführer Rajoy triumphierte. Bald hatte er noch einmal Gelegenheit dazu: Im März 2007 ließ Zapatero den zu 3000 Jahren Haft verurteilten ETA-Mann Iñaki de Juana aus dem Zuchthaus Madrid in seine Heimatstadt Donostia in häusliche Pflege verlegen, aus „piedad", wie der Premier betonte, denn de Juana stand nach einem Hungerstreik knapp vor dem Tod. Auch dies brachte wieder einige Hunderttausend aus Protest auf die Straße, wobei jedoch die Mehrheit der Nation mit Zapatero übereinstimmte (Ex-Premier González meinte, er hätte es genau so gemacht).

Neue Allianzen und das Beispiel Katalonien: Im Sommer 2007 kündigte die ETA neue Attentate an. Zuvor hatte schon eine Befragung der baskischen Bevölkerung gezeigt, dass die oft beschworene Friedwilligkeit im Baskenland doch nicht so verbreitet ist: 53 % der Befragten sprachen sich für eine Legalisierung von Batasuna aus, dem, wie es heißt, politischen Arm der ETA. Und Batasuna ließ sich auch prompt (im März) als neue Partei ASB (Abertzale Sozialisten Batasuna) für die Wahlen zum Parlament in Madrid aufstellen. Dagegen hatte die baskisch-nationalistische PNV sowohl den Sozialisten als auch der Volkspartei einen Anti-Terror-Pakt gegen die ETA angeboten. – Viel diskutiert wurde auch das „Estatut", das die Madrider Zentralregierung 2006 Katalonien gewährte. Die Katalanen durften sich in der Präambel ausdrücklich als „Nation" bezeichnen; das teuerste Zugeständnis, das Spanien einer seiner Regionen machen kann. Dummerweise funktioniert das aber beim Baskenland nicht: Ein Drittel aller Basken lebt im Nachbarland Frankreich, und vom reicheren Nachbarn möchte man sich ungern auf die Hühneraugen treten lassen (die Katalanen in Südfrankreich sind wegen ihrer im Vergleich zu Spanien geringen Zahl dagegen kein Streitobjekt). Und dass die „Grande nation" einer ihrer Sprachgruppen niemals die Bezeichnung „Nation" gönnen würde, versteht sich doch von selbst, nicht wahr?

Batasuna-Verhaftungen und Straßenkämpfe: Anfang Oktober 2007 wurde praktisch die gesamte Spitze der verbotenen Partei Batasuna verhaftet; die Begründung war „Begünstigung der terroristischen ETA". Am nächsten Tag begannen in verschiedenen baskischen Städten Straßenkämpfe (*kale borroka*), die Mitte des Monats in Donostia/San Sebastián ihren Höhepunkt fanden.

Die Regionalwahlen 2009: Die baskischen Regionalwahlen vom 1. März 2009 führten zu einem Machtwechsel, der wohl noch vor wenigen Jahren für unmöglich gehalten worden wäre. Zwar wurde auch diesmal die PNV mit 30 von insgesamt 75 Abgeordneten stärkste Kraft, doch zogen die bürgerlichen, „gesamtspanischen" Parteien den Nationalisten insgesamt davon: Zusammen erreichten die Sozialisten der PS(O)E mit 25 Sitzen und die Konservativen der PP mit 13 Sitzen eine (sehr knappe) absolute Mehrheit. In seiner Argumentation unterstützt durch eine erheblich niedrigere Wahlbeteiligung als 2005, monierte das nationalistische Lager, ursächlich für den Wahlausgang sei das staatliche Verbot aller linksnationalistischen Parteien des Baskenlands als Nachfolger der Batasuna gewesen. Vorläufiges Ergebnis der aus den Wahlen resultierenden Verhandlungen war die (unmittelbar vor Redaktionsschluss dieser Auflage erfolgte) Zusage der PP, eine Minderheitsregierung der Sozialisten mit den Unabhängigen der kleinen UPD zu stützen – eine Koalition der beiden großen gesamtspanischen Konkurrenten wäre wohl doch zuviel der Neuerung gewesen. Man darf gespannt sein, wie sich die Situation weiter entwickeln wird ...

Reiseziel Baskenland

Für etliche Reisende ist das Baskenland der Einstieg zu einer Tour entlang der Atlantikküste. Da die Region mit den westlichen Nachbarn Kantabrien und Asturien vieles gemeinsam hat, treffen die folgenden Kapitel in weiten Teilen auch für diese beiden Autonomen Gemeinschaften zu, in gewissem Maße auch noch für Galicien.

Die **Atlantikküste** Nordspaniens bietet ein ganz anderes Bild als die Gestade des Mittelmeers. Völlig zu Recht spricht man vom „grünen Spanien" *España Verde*. Was für ein Kontrast: Bis an die Strände reichen die saftig grünen Hügel, auf denen schwarz-weiße Kühe weiden. Verantwortlich für die üppig sprießende Flora ist natürlich das atlantische Klima, das mit Regenschauern, Windböen und Nebel auch im Sommer nicht geizt. Man sollte dem launischen Wetter eigentlich sogar dankbar sein, hat es doch exzessiven Pauschaltourismus und Bettenburgen à la Benidorm bislang wirkungsvoll verhindert. Die nördlichen Atlantikküsten, die Costa Vasca des Baskenlands, die Costa de Cantabria Kantabriens und die Costa Verde Asturiens sind, wie auch die fjordähnlichen Rías Galiciens, vorwiegend Domäne innerspanischer Urlauber, die sich freuen, der Hitze des Binnenlandes entkommen zu sein.

Die **Binnenregion** des Baskenlands besteht großteils aus sanften Mittelgebirgen, die im Osten von den Ausläufern der *Pyrenäen*, im Westen von denen des *Kantabrischen Gebirges* gebildet werden. In der von Wäldern, Feldern, üppigen Weiden und den einzeln stehenden Bauernhöfen „Caserios" geprägten Landschaft wird sich mancher an die Schweiz erinnert fühlen. Reine Romantik sollte man sich jedoch nicht erwarten: Das Baskenland ist auch Industrieregion mit sehr dicht ausgebautem Verkehrsnetz; besonders in der Provinz Vizcaya gehören qualmende Schlote zum Bild, die nächste Autobahn ist nie weit entfernt.

Die baskischen **Städte** besitzen je nach Region sehr unterschiedlichen Charakter, wie schon die Hauptstädte der drei Provinzen deutlich machen: *Donostia* (San Sebastián) ist das elegante Seebad, *Bilbao* (bask. Bilbo) die vitale Industriestadt. *Vitoria-Gasteiz* mit seinem historischen Zentrum träumt abseits der Hauptrouten immer noch ein wenig vor sich hin. So manches Kleinod findet sich unter den Fischerstädtchen der Küste, die sich oft ihren alten Ortskern bewahrt haben.

An dieser Stelle ein **Tipp** für Camper, Motorradfahrer und andere Pechvögel, die nach längeren Regengüssen mal wieder richtig durchtrocknen wollen. Er gilt an der ganzen atlantischen Küste: Jenseits des kantabrischen Gebirges, also wenig mehr als eine Stunde Fahrt landeinwärts, kann sich das Wetter ganz anders darstellen als am Meer – warum also nicht mal einen kurzen Abstecher gen Süden einlegen? Während Donostia (San Sebastián) und Santander im Regen ertrinken, können Pamplona, Logroño, Burgos und León durchaus frohen Sonnenschein melden...

• *Internet-Infos* www.euskadi.net, www.baskenlandtourismus.net

• *Klima und Reisezeit* Ozeanischer Einfluss ist eindeutig bestimmend; milde Winter, mäßig warme Sommer und ganzjährige Niederschlagsneigung sind die Konsequenzen. Daher ist auch im Sommer mit Schauern zu rechnen; oft reißt es jedoch schnell wieder auf und die Sonne blinzelt zwischen den Wolken hervor. Die trockensten Monate, gleichzeitig die mit der längsten Sonnenscheindauer sind Juni und Juli. Am wärmsten, aber schon etwas feuchter, ist der August, im September fällt dann mehr Regen als im März oder April. Zu Durchschnittstemperaturen siehe die Klimatabelle von Santander im Kapitel „Kantabrien". Die günstigste Reisezeit variiert je nach Interessenslage. Ab Mitte Juli bis Ende August sind urlaubende Spanier am Atlantik zu Gast; Hotels, Campingplätze, Restaurants können völlig belegt sein. Wer nicht unbedingt baden, sondern vor allem auf Entdeckungsreise gehen will, findet von April bis Juni und – eingeschränkt durch höhere Niederschläge – im September/Oktober bessere Bedingungen vor.

• *Baden* Die Badesaison reicht mit Wassertemperaturen um die 19/20 Grad von Juli bis in den September; nur sehr Abgehärtete werden bereits im Juni ins dann 16 Grad kalte Wasser steigen wollen. Etwas mehr Vorsicht als am ruhigen Mittelmeer ist am Atlantik schon geboten; Strömungen und der gewaltige Gezeitenwechsel können gefährlich sein. An belebten Stränden machen zur offiziellen Badesaison (15.6.-15.9.) Signalmasten auf etwaige Risiken aufmerksam: Grün – Baden o.k., Gelb – aufgepasst, Rot – auf keinen Fall ins Wasser, Lebensgefahr. Die längsten Strände des Baskenlandes besitzen Donostia (San Sebastián) und das nahe Surfermekka Zarauz (Zarautz); darüber hinaus lassen sich bei einer Fahrt entlang der überwiegend felsigen Küste immer wieder kleine, aber schöne Badebuchten entdecken. Wegen der starken Verschmutzung nicht zu empfehlen ist die Bucht von Bilbao.

• *Verbindungen* **Zug**: Keine Verbindung entlang der Küste mit der Staatsbahn RENFE. Deren baskische Hauptlinie führt, von Madrid über Burgos oder Zaragoza kommend, zum Knotenpunkt Altsasu und weiter nach Donostia (San Sebastián) und Irún an der französischen Grenze. Bilbao (Bilbo) ist über eine Nebenlinie zu erreichen. **Schmalspurbahnen** (Interrail und andere Bahnpässe nicht gültig!), die an der gesamten nördlichen Atlantikküste praktisch das Monopol besitzen, sind hier die Alternative zur Staatsbahn. Im Baskenland wichtig ist besonders die Linie San Sebastian-Bilbao der Gesellschaft Eusko Trenbideak/Ferrocariles Vascos (ET/FV); ab Bilbao dann Weiterfahrt mit FEVE nach Santander/Oviedo/El Ferrol: mit insgesamt knapp 1000 Kilometern die längste Schmalspurlinie Europas.
Bus: Da die Bahnlinie Donostia-Bilbao selten in Meeresnähe verläuft, bleibt der Bus für die meisten Küstenorte die einzige Wahl. Das Netz ist engmaschig und effektiv, auch kleinere Ortschaften werden meist mehrmals täglich angefahren.

• *Übernachten* Zur spanischen Reisesaison, also im Juli, besonders aber im August, sind Hotels und Hostals in den Küstenorten häufig komplett belegt; es empfiehlt sich, rechtzeitig zu reservieren. Besonders prekär ist die Situation in Donostia. Wer völlig außerhalb der Saison reist, wird sich vor ein anderes Problem gestellt sehen: Viele Küstenhotels sind nur im Sommer geöffnet. Das Preisniveau liegt generell etwas höher als im Rest Spaniens.
Campingplätze finden sich an den Küsten prinzipiell in ausreichender Anzahl. Im August allerdings kann es schon mal eng werden; besser, man kommt bereits gegen Mittag am Platz seiner Wahl an. Ganz besonders gilt das für das erste Augustwochenende, wenn zu den Urlaubern noch Durchreisende hinzukommen.

• *Essen und Trinken* Die baskische Küche gilt zu Recht als die beste Spaniens, baskische Restaurants finden sich in jeder Großstadt des Landes. Gekocht wird nicht nur raffiniert, sondern auch reichlich: Hungrige Esser dürfen sich auf große Portionen freuen.
Ihre Spezialitäten entnimmt die baskische Küche natürlich überwiegend dem Atlantik, Fisch und Meeresgetier bestimmen den Speisezettel. Die Auswahl ist immens, weshalb nur die bekannteren Gerichte vorgestellt werden können. **Merluza** (Seehecht), **besugo** (Seebrasse), **angulas** (winzige Glasaale), **sardinas** (Sardinen) und **atún/bonito** (Thunfisch) zählen zu den beliebtesten Fischarten.
Sie werden entweder schlicht und köstlich gegrillt oder kommen in verschiedenen Saucen auf den Tisch: **à la vizcaina** (rote Sauce mit Zwiebeln und Paprikaschoten), **al pil-pil** (weiße Sauce, entstanden durch langsames Braten in Öl, mit Knoblauch und Pfefferschoten) und **salsa verde** (grüne Sauce aus Spargel, Erbsen und Petersilie). Solcherart behandeln die Basken auch den Stockfisch **bacalao**, der entgegen seines Aussehens vorzüglich mundet. Optisch ebenfalls gewöhnungsbedürftig sind die vorzüglichen **chipirones en su tinta**, kleine Tintenfische in einer Sauce, die ihre Tinte schwarz gefärbt hat. Rustikaler und sehr sättigend ist der Thunfisch-Kartoffel-Eintopf **marmitako**; Fleischfans schätzen die großen Koteletts **chuletón**. Mit Nachspeisen

---

Kochen – reine Männersache

Mit ursächlich für die hoch entwickelte Kochkunst im Baskenland sind sicher die *Gastronomischen Gesellschaften*. Im 19. Jh. zuerst in Donostia gegründet, sind sie heute in fast jedem Dorf anzutreffen. Ihre Mitglieder (bislang noch fast ausschließlich Männer, Frauen werden nur allmählich zugelassen) treffen sich regelmäßig in küchentechnisch perfekt eingerichteten Klubs und bekochen sich dort reihum – ein ständiger fröhlicher Wettstreit um den Titel des örtlichen Meisters am Herd.

haben es die Basken nicht so sehr, stattdessen darf es gern ein Stück vom kräftigen Schafskäse aus **Idiazábal** sein.

Unter den **Weinen** ist der im Küstenstreifen bei Zarautz und Getaria angebaute, säuerliche Weißwein **txakolí** zu nennen – und, nicht zu vergessen, die hervorragenden Riojas aus der **Rioja alavesa**, der südlichsten Ecke des Baskenlands. Wie in Asturien wird auch hier viel Apfelwein **sidra** getrunken; **sidrerías** nennen sich die darauf spezialisierten, urigen Kneipen.

• *Feste und Veranstaltungen* Die Basken wissen zu feiern, lieben Musik und ihre mehr als hundert teilweise uralten Tänze. Ihrem Brauchtum sind sie sehr verbunden, auch ihren für Spanien ungewöhnlichen Sportarten, die meist auf traditionellen Arbeiten beruhen: Wettkämpfe im Grasmähen, Baumfällen, Holzhacken, Steinheben, Tauziehen und ähnliche Aktivitäten. Berühmt sind die Ruderregatten und das Ballspiel **pelota** (auch: jai alai), das auf dem **frontón** genannten Platz wahlweise mit Schleuderkörben, Schlägern oder der Hand gespielt wird.

Tamborrada, am 20./21. Januar, in Donostia (San Sebastián) zu Ehren des Stadtpatrons.
Fiesta de San Blas, 3. Februar; baskische Tänze in der „Käsestadt" Idiazábal (Gipuzkoa). **Iñaute/Aratuste**, Karneval bzw. Fasching, teils uralte Kostüme aus der Zeit vor der Christianisierung, in Tolosa und Amezketa (Gipuzkoa) sowie in Zalduendo und Salcedo (Araba); auch Donostia feiert kräftig.
Fiesta de la Magdalena, um den 21./22. Juli in Bermeo (Bizkaia), unter anderem mit nächtlicher Fischerfahrt.**Fiesta de San Pedro**, vom 28. bis 30. Juni im Küstenort Zumaia (Zumaya/Gipuzkoa).
Fiesta de San Marcial, 30. Juni, das Hauptfest der Grenzstadt Irún.
Internationales Jazzfestival, in der zweiten Julihälfte in Donostia.
Dia de San Ignacio de Loyola, 31. Juli, in ganz Gipuzkoa gefeiert.
Fiestas de la Virgen Blanca, 4.-9. August, in Vitoria-Gasteiz. Die sonst eher ruhige Stadt explodiert.
Semana Grande (Aste Nagusia), die „Große Woche", um den 15. August in Donostia; Riesenprogramm. Bilbao feiert seine Semana Grande in der Zeit vom 18.-28. August.
San Roke (San Roque), am 14.8. in Deba (Deva/Gipuzkoa), 15.-18. 8. in Gernika (Bizkaia).
Fiestas de San Antolín, etwa vom 1. bis 8. September in Lekeitio (Lequeitio/Bizkaia).
Internationales Filmfestival, in der zweiten Septemberhälfte in Donostia.
Feria de Guernica, erster und letzter Montag im Oktober in Gernika (Guernica/Bizkaia).
Santo Tomás, 21. Dezember, Donostia.

Costa Vasca

Provinz Gipuzkoa (Guipúzcoa)

Mit dem königlichen Seebad Donostia (San Sebastián) hält Gipuzkoa den höchsten touristischen Trumpf des Baskenlands in der Hand. Doch auch manch kleineres Küstenstädtchen kann sich sehen lassen.

▶ **Irún**, eine graue Industrie- und Grenzstadt, lädt allerdings kaum zum Verweilen ein. Erfreulicherweise sind die Verbindungen so gut, dass ein Aufenthalt kaum nötig ist. Höchstens bei später Ankunft aus Frankreich mag eine Übernachtung erwägenswert sein, da die Quartiersuche in Donostia von Juli bis September spätestens ab dem Nachmittag praktisch aussichtslos wird. Günstige Hostals und Fondas finden sich im Gebiet um den Bahnhof.

Hondarribia (Fuenterrabia)

Kaum vier Kilometer nördlich von Irún zeigt sich das Baskenland schon von einer viel hübscheren Seite. Hondarribia besteht aus zwei Ortsteilen, die beide ihren eigenen Reiz besitzen. Das ruhige, mauerbewehrte alte Zentrum besetzt mit engen Gassen und repräsentativen Bauten der Renaissance und des Barocks einen Hügel. Unterhalb hat sich um den Fischereihafen an der Mündung des Río Bidasoa ein etwas jüngeres Viertel etabliert, das mit bunt bemalten Häusern und Balkonen und viel Blumenschmuck hübsch herausgeputzt ist. Herausgeputzt für die vielen Besucher, denn Hondarribia ist natürlich schon längst „entdeckt", der kleine Strand im Sommer gut besetzt.

Information **Bidasoa Turismo**, Jabier Ugarte Kalea 6, beim Kreisverkehr an der Hauptzufahrt unterhalb der Altstadt. Geöffnet ist Mo-Fr 9-13.30, 16-18.30 Uhr, Sa 10-14 Uhr; von Juli bis Mitte September erweiterte Öffnungszeiten. ℡ 943 645458, ✆ 943 645466, www.bidasoaturismo.com.

Verbindungen **Bus**: Mehrere Haltestellen, unter anderem an der Zuloaga Kalea im unteren Viertel. Busse fahren mehrmals stündl. von/nach Irún und Donostia.
Schiff: Vom Anleger Embarcadero ganzjährig Schiffe zum französischen Hendaye auf der anderen Seite der Bucht; Fahrpreis etwa 1,50 €.

Übernachten Hoher Standard, hohes Preisniveau; einfache, günstige Quartiere sind selten. Im Juli/August kann es der relativ niedrigen Bettenzahl wegen sehr schwer werden, Platz zu finden.
*** Parador El Emperador, auf dem höchsten Punkt der Altstadt, eine restaurierte und aufgemöbelte Burg, die in ihren Ursprüngen auf das 10. Jh. zurückgeht. DZ etwa 225 €. Plaza de Armas 14, ℡ 943 645500, ✆ 943 642153, www.parador.es.
** Hotel Res. San Nikolas, kleines Hotel in einem historischen Gebäude der Altstadt unweit des Paradors. Eine empfehlenswerte Adresse mit gutem Preis-Leistungs-Verhältnis, Leser waren zufrieden. Angenehme Atmosphäre, gemütliche DZ nach Saison 45-90 €. Plaza de Armas 6, ℡ 943 644278, ✆ 943 646217.
** Hostal Res. Alvarez Quintero, beim Kreisverkehr nahe der Infostelle. In einem großen Wohnblock und trotzdem ein spanisches Hostal vom alten Schlag. Freundlich geführt. Manche Zimmer sind etwas dunkel und nicht ganz leise, insgesamt aber solide. DZ nach Lage, Ausstattung (ohne/mit Bad) und Saison knapp 35–55 €. Beñat Etxepare 2, ℡ 943 642299.
Jugendherberge Albergue Juvenil „Juan Sebastián Elcano" (IYHF), Crta. Faro s/n, etwas außerhalb Richtung Leuchtturm; Busse „Playa". Oft belegt, zeitweise geschlossen, besser vorher anrufen: ℡ 943 641550.

Camping **Jaizkibel**, 3. Kat., im Grünen etwa einen Kilometer westlich des Zentrums, ordentlich ausgestattet, relativ schattig und mit Bar/Restaurant. Ganzjährig geöffnet; p.P., Auto, p.P., Auto etwa 4,50 €, Zelt nach Größe 4,50-6 €. Ctra. Guadalupe, km 22, ℡ 943 641679.

Donostia (San Sebastián)

Schon im 19. Jh. war Donostia die inoffizielle Sommerresidenz des Königshofs. Elegantes Flair zeichnet die Stadt auch heute noch aus.

In Traumlage schmiegt sich die auf kastilisch San Sebastián genannte Provinzhauptstadt in ihre halbkreisförmige Strandbucht *La Concha*, „die Muschel". Oft mit Biarritz verglichen, bewahrt das viel besuchte Seebad wie sein französisches Pendant noch jenen Anflug von Nostalgie, der an die goldenen 20er-Jahre erinnert. Mittlerweile gibt sich Donostia allerdings weniger elitär. Das Publikum an der Hauptpromenade *Paseo de la Concha* reicht von der kauzigen Engländerin, die ihre Windhunde spazieren führt, bis zum Freak mit dem Schlafsack unterm Arm. Entsprechend bunt und lebendig gestaltet sich das sommerliche Treiben auf den Flanierwegen und an den schönen, vor den atlantischen Wogen weitgehend geschützten Stränden. Die Stadtverwaltung tut ihr Bestes, die unterschiedlichen Besuchergruppen zufriedenzustellen – kein anderer Ort am spanischen Atlantik, Santander vielleicht noch ausgenommen, hat einen so dichten und vielfältigen Veranstaltungskalender vorzuweisen wie Donostia.

Orientierung: Trotz der immerhin etwa 180.000 Einwohner bleibt die Stadt leicht überschaubar, liegt alles Wichtige eng beisammen. Das engere Zentrum von Donostia erstreckt sich zwischen dem *Río Urumea* im Osten und der Bucht *Bahia de la Concha* im Westen. Der Hafen und die schachbrettartige *Altstadt*, mit zahlreichen Gaststätten Treffpunkt der Kneipenbesucher und Feinschmecker, liegen unterhalb des weit ins Meer vorgeschobenen Stadthügels *Monte Urgull*. Landeinwärts bildet die *Alameda del Boulevard* die Grenze zu den ebenfalls rechtwinklig aufgebauten jüngeren Vierteln mit Boulevards, Promenaden und schönen Häusern der vorletzten Jahrhundertwende.

Information

- *Information* **Oficina Municipal de Información**, Centro de Atracción y Turismo, nahe der Zurriola-Brücke über den Fluss; Calle Reina Regente 8, ✆ 943 481166, ✉ 943 481172, www.sansebastianturismo.com. Geöffnet Juni–Sept. Mo–Sa 8–20 Uhr, So 10–14 Uhr; sonst Mo–Sa 9–13.30, 15.30–19 Uhr, So 10–14 Uhr.
Oficina de Turismo del Gobierno Vasco, das Büro der Comunidad am Paseo de los Fueros 1, ist seit längerer Zeit geschlossen, Wiedereröffnung fraglich.

Verbindungen

- *Flug* Flughafen (Info: ✆ 943 668500) etwa 20 Kilometer östlich bei Hondarribia (Fuenterrabia); Busverbindung via Hondarribia, siehe unten. Inlandsflüge nach Madrid und Barcelona und Verbindungen mit Low-Cost-Carriern nach Mitteleuropa.
- *Zug* Donostia (San Sebastián) besitzt zwei Bahnhöfe.
Staatsbahn RENFE (Info-✆ der Renfe: 902 240202) ab Bahnhof Estación Norte am Paseo de Francia; auf der anderen Flussseite zwischen den Brücken Puente Santa Catalina und Puente María Cristina. Nach Irún mehrmals stündlich; Vitoria-Gasteiz 10-mal, Burgos 7-mal, Vigo und La Coruña je 1-mal, Pamplona/Zaragoza 3-mal täglich.
Euskotren (Ferrocarriles Vascos) ab Estación Amara, im Süden des Zentrums an der Calle de Easo. Die Küstenlinie nach Westen, nach Bilbao tagsüber stündlich, Fahrzeit dorthin etwa dreieinhalb Stunden; die Teilstrecke bis Zumaia wird noch etwas häufiger bedient. Außerdem halbstündliche Verbindungen nach Irún und zur französischen Grenzstadt Hendaye mit dem „Maulwurf" El Topo, so benannt wegen der vielen Tunnels der Strecke.
- *Bus* Hauptbusbahnhof an der Plaza de Pío XII, südlich des Zentrums in Flussnähe. Keine Info, kein gemeinsames Büro, die Busgesellschaften haben ihre Büros in der angrenzenden, ins Zentrum führenden Avenida de Sancho el Sabio. Ein neuer Busbahnhof, der diesen Namen verdient, ist seit Jahren angedacht, er soll sich im ebenfalls erst zu bebauenden Viertel Rivera de Loyola (zwischen Autobahnzubringer und Küstenautobahn) befinden. Von der Plaza de Pío XII starten unter anderem PESA sowie die Busse der Bahngesellschaft EUSKO TREN nach Zarautz (halbstündlich bis stündlich), über Deba und die Küste nach Lekeitio (6-mal täglich), Bilbao (halbstündlich bis stündlich), Vitoria-Gasteiz (2-mal), LA GIPUZKOANA nach Loyola (12-mal), LA BURUNDESA und CONTINENTAL nach Vitoria-Gasteiz (bis 10-mal). Weitere Anschlüsse bestehen nach Santander (10-mal), Logroño (2- bis 4-mal), Burgos (7-mal), Gijón (5-mal), León (1-mal), Pamplona (8-mal), Zaragoza (3-mal) und Madrid (10-mal).
INTERURBANOS-Busse zum Flughafen sowie nach Hondarribia/Irún ab Plaza Guipúzcoa, gleich nördlich der Avda. Libertad; Abfahrten tagsüber etwa viertelstündlich.
TSST-Busse von/nach Tolosa ab der Plaza Guipúzcoa, Abfahrten tagsüber etwa alle halbstündlich.
- *Auto* Donostia ist in punkto Parken echtes Notstandsgebiet. Die gesamte Innenstadt zwischen Concha-Bucht und Fluss, nach Süden bis über den Euskotren-Bahnhof hinaus, ist wie das Gebiet der Playa de la Zurriola von Mo–Sa 9–13.30, 15.30–20 Uhr **Parkkontrollzone** (Zona Aparcamiento Controlado). Parkscheine gibt es an Automaten, die maximale Parkdauer ist auf 1,5 Stunden limitiert; Abschleppwagen/Parkkralle! Teure **Tiefgaragen** (ab 18 € pro Tag) finden sich z. B. bei der Oficina Municipal de Información, an der Plaza Cervantes/Avda. Libertad (Concha-Seite) und bei der Kathedrale. Relativ günstig ist noch die Garage beim Euskotren-Bahnhof. Chancen

Donostia (San Sebastián) 693

auf unreglementierte, freie Parkplätze bieten sich am ehesten am Paseo del Urumea. anderes Flussufer, Nähe María-Cristina-Brücke.
- *Stadtbusse* Im Zentrumsbereich nicht unbedingt nötig; Plan bei den Infostellen.
- *Taxi:* Funktaxen unter ☏ 943 464646 (Taxi Donostia), 943 404040 (Taxi Vallina) und 943 310111 (Taxi Santa Clara).
- *Mietwagen* ATESA, Calle Gregorio Ordoñez 10, ☏ 943 463013; AVIS, Calle Triunfo 2 (Seitenstr. C. San Martín), ☏ 943 461556, Flughafen ☏ 943 668548; BUDGET, Avda. Alcalde José Elósegui 112, ☏ 943 392945; EUROPCAR, im Renfe-Bahnhof, ☏ 943 322304, Flughafen ☏ 943 668530; HERTZ, Calle Garbera 1 (Einkaufszentrum), ☏ 943 392229, Flughafen ☏ 943 668560.
- *Fahrradverleih* BICI RENT, Avda. Zurriola 22, ☏ 943 290854, nimmt ca. 30 € pro Tag und veranstaltet auch geführte Touren.

*A*dressen

Deutsches Honorarkonsulat: Calle Fuenterrabia 15, eine Seitenstraße der Avenida Libertad, ☏ 943 421010.

Post: Paseo de Francia s/n, Neustadt, südlich unweit der Kathedrale. Öffnungszeiten: Mo–Fr 8.30–20.30 Uhr, Sa 9.30–14 Uhr.

Internet-Zugang: Vascobrasil, Calle Reina Regente neben Touristen-Info. Donosti-Net, mit zwei Büros in der Altstadt: Calle Embeltrán 2 und Calle San Jerónimo 8. Cafeteria Frudisk (siehe auch „Essen"), Calle Miracruz 6, www.frudisk.com.

*Ü*bernachten/*C*amping *(siehe* *K*arte *S. 694/695)*

Die Preise aller Unterkünfte liegen, auch für baskische Verhältnisse, sehr hoch. Zur Sommersaison, etwa von Juni bis September, verschärft im Juli und August, platzt Donostia aus allen Nähten – wer dann nicht reserviert hat, sollte unbedingt schon am frühen Vormittag auf Quartiersuche gehen.

- *Neustadt* Relativ nahe zu den Bahnhöfen und zum Busbahnhof gelegen, dennoch nicht weit von den Stränden entfernt. Breites Angebot an Quartieren, vom Luxushotel bis zur preiswerten Pension.

**** ABBA Hotel de Londres y de Inglaterra (28), ein echter Klassiker direkt an der Concha-Bucht, mit toller Aussicht und der Atmosphäre der Belle Epoque. Garage. DZ etwa 155–235 €. Calle Zubieta 2, ☏ 943 440770, ✆ 943 440491, www.hlondres.com.

*** Hotel Niza (31), einige Schritte weiter, also auch sehr zentral und günstig gelegen. Ebenfalls ein Gebäude aus der goldenen Zeit der Stadt, dabei jedoch etwas preisgünstiger: DZ 115–135 €. Garage vorhanden. Calle Zubieta 56, ☏ 943 426663, ✆ 943 441251, www.hotelniza.com.

*** Hotel Avenida (4), auf einem Hügel nahe Playa de Ondarreta mit Traumblick und Schwimmbad. Gute Zimmer mit TV und Minibar. Eine Empfehlung von Leserin Erna Pfeiffer: „innerhalb San Sebastiáns in dieser Kategorie äußerst günstig". DZ 85–125 €. Paseo de Igueldo 55, ☏ 943 212022, ✆ 943 212887, www.hotelavenida.net.

** Hotel Ezeiza (3), wunderbar gelegenes, relativ neues Hotel, von der Playa de Ondarreta nur durch Straße und Park getrennt, alle Zimmer sehr hell mit Sat-TV. Der gehobene Preis lohnt sich vor allem bei Zimmern zur Meerseite. DZ 85–110 €. Avda. Satrustegui 13, ☏ 943 214311, ✆ 943 214768, www.hotelezeiza.com.

** Hotel Terminus (34), kleineres, recht gutes Haus der Mittelklasse direkt beim RENFE-Bahnhof; noch halbwegs zentral und doch mit passablen Chancen auf einen Parkplatz außerhalb des Parkkontrollgebietes. Von Lesern empfohlen. DZ rund 55–85 €. Avda. de Francia 21, ☏ 943 291900, ✆ 943 291999, www.hotelterminus.org.

* Hotel Zaragoza Plaza (30), in günstiger Lage am gleichnamigen Platz hinter der Playa de la Concha. Im Jahr 2000 eröffnet, nur 19 Zimmer, komfortabel ausgestattet. DZ ca. 120 €. Parkgaragen in der Nähe. Plaza Zaragoza 3, ☏ 943 452103, ✆ 943 446502, www.hotelzaragozaplaza.com.

** Pensión Alemana (32), im Gebiet hinter dem Hotel Niza und mithin nicht weit vom Strand Playa de la Concha. Gut geführtes Quartier mit langer Tradition, geräumige Zimmer (einige auf den dunklen Lichtschacht) und hotelähnlicher Komfort zu allerdings auch durchaus hotelähnlichen Preisen: DZ/Bad 70–95 €. Calle San Martín 53, ☏ 943 462544, ✆ 943 461771, www.hostalalemana.com.

694 Baskenland

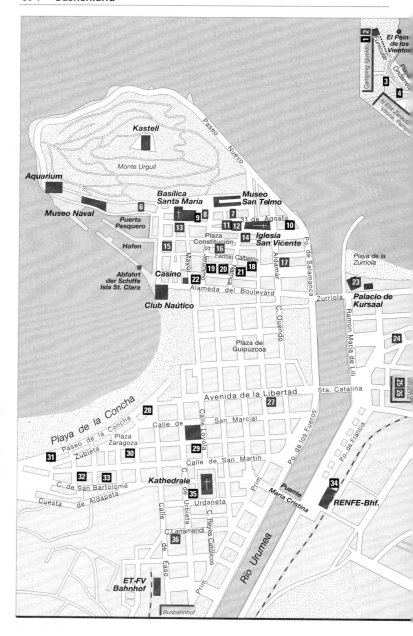

Donostia (San Sebastián)

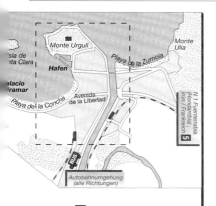

Übernachten

1 Jugendherberge La Sirena
3 Hotel Ezaiza
4 Hotel Avenida
9 Pensión Amaiur
10 Hotel Res. Parma
18 Pensión San Lorenzo
19 Pensión Anne
20 Pensión Arsuaga
21 Pensión Loinaz
22 Pensión Boulevard
28 Hotel de Londres y de Inglaterra
29 Pensión La Perla
30 Hotel Zaragoza Plaza
31 Hotel Niza
32 Pensión Alemana
33 Hostal Res. Easo
34 Hotel Terminus
35 Pensión Urkia

Essen & Trinken

2 Rest. Akelare
5 Rest. Arzak
6 Rest. Itzalian
7 Bar Ormazabal Etxea
8 Rest. La Cueva
11 Rest Casa Urbano
12 Bar La Cepa
13 Bar Casa Alcade
14 Bar Txepetxa
15 Rest. Arrai Txiki
16 Bar Etxanitz
17 Rest. Casa Nicolasa
23 Rest.-Café Kursaal
24 Rest. La Zurri
25 Bar Bergara
26 Bar Aloña-Berri
27 Bar Antonio
36 Rest. La Barranquesa

Donostia (San Sebastián)

100 m

** **Pensión La Perla (29)**, nördlich nahe der Kathedrale. Ein Tipp in dieser Klasse: Solide Einrichtung, die meisten Zimmer erfreulich geräumig; patente, freundliche Wirtin, familiäre Atmosphäre, erträgliche Preise: DZ/Du/WC je nach Saison etwa 35 bis 55 €. Calle Loyola 10, ℡ 943 428123, www.pensionlaperla.com.

** **Pensión Urkia (35)**, ebenfalls in der Nähe der Kathedrale und im Besitz derselben Familie wie das „La Perla". Auch hier sind die Zimmer sehr gut ausgestattet und gepflegt. Preise wie oben. Calle Urbieta 12, ℡ 943 424436, www.pensionurkia.com.

* **Pensión Easo (33)**, in der Nähe der Pensión Alemana. Große, ganz ordentliche Zimmer, die unterschiedlich ausfallen – vorher ansehen. Günstig für Autofahrer: Parkgarage nebenan, falls voll, ist es zur Tiefgarage am Euskotren-Bahnhof auch nicht weit. Im Sommer allerdings überteuert: DZ/Bad etwa 45–70 €, ohne Bad ca. 35–50 €; Calle San Bartolomé 24, ℡/@ 943 453912, www.pensioneaso.com.

• *Altstadt* Hier finden sich vor allem preiswerte Quartiere unterer Kategorien, darunter einige sehr erfreuliche Adressen. Ein ideales Gebiet für den Abend, denn die Pintxo-Bars liegen direkt vor der Tür. Zu den Stränden ist es von der Altstadt aus nicht weit, die Bahnhöfe und der Busbahnhof sind dagegen eine ganze Ecke entfernt.

** **Hotel Res. Parma (10)**, am östlichen Rand der Altstadt, einziges Hotel in diesem Gebiet. Gute Lage, komfortable Zimmer, breite Preisspanne: DZ nach Saison und Ausstattung knapp 90–130 €. Calle General Jaúregui 11, ℡ 943 428893, @ 943 424082, www.hotelparma.com.

* **Pensión San Lorenzo (18)**, eine sehr gute Adresse in dieser Klasse. Komfortable, kürzlich frisch renovierte Zimmer mit TV, Radio und Mini-Bar. Internet-Anschluss. DZ/Bad 45-55 €. Allerdings: nur fünf Zimmer, oft belegt. Calle San Lorenzo 21, ℡/@ 943 425516, www.infonegocio.com/pensionsanlorenzo.

* **Pensión Amaiur (9)**, ausgesprochen nette und freundlich geführte kleine Pension neben der Kirche Santa María. Sieben lauschige Zimmer, darunter auch Dreibettzimmer, zwei kleine Terrassen. DZ ohne Bad nach Lage und Saison etwa 35–55 €. Calle 31 de Agosto 44, ℡ 943 429654.

* **Pensión Loinaz (21)**, nahe Shoppingcenter La Bretxa. Freundlicher, englischsprachiger Besitzer, internationale Atmosphäre, einwandfreie Zimmer mit schönen Holzböden. Sehr gute Gemeinschaftsbäder, Wäscheservice. DZ ohne Bad etwa 35–50 €. Calle San Lorenzo 17, ℅ 943 426714, www.pensionloinaz.com.

*** Pensión Arsuaga (20)**, ein paar Schritte weiter. Altmodischer Touch, passable Zimmer; davon vier im Hauptgebäude, fünf an der kleinen Plaza gegenüber. Preisgünstige Mahlzeiten im Restaurant im dritten Stock. DZ ohne Bad satte 40–55 €. Calle Narrica 3, ℅ 943 420681.

* Pensión Boulevard (22), in zentraler Position am Eingang zur Altstadt. Angenehme Zimmer, DZ mit Bad 45–75 (!) €. Wohl auch aufgrund der auffälligen Lage oft voll belegt. Alameda del Boulevard, Ecke Calle San Jerónimo; ℅ 943 421687.

* Pensión Anne (19), angenehme kleine Pension. Sechs moderne Zimmer mit Holzfußböden, gute Gemeinschaftsbäder. DZ ohne Bad von Oktober bis März etwa 35 €, im Juli/August knapp 60 €, in der übrigen Zeit um die 40 €. Das einzige Zimmer mit Bad kostet 50-70 €. Calle Esterlines 15, ℅ 943 421438, www.pensionanne.com.

Jugendherberge: Albergue Juvenil La Sirena **(1)**, komfortabler, hübscher Bau am Monte Iguedo, nicht weit vom Ondarreta-Strand. Stadtbus Nr. 16 ab der Alameda hält vor dem Haus, Bus Nr. 24 fährt ab den Bahnhöfen. Oft voll belegt, zwischen 10 und 15 Uhr geschlossen. Übernachtung mit gutem Frühstück je nach Alter und Saison stolze 15–18 €. Paseo de Iguedo 25, ℅ 943 310268.

Die Jugendherberge „Albergue Juvenil Ulia-Mendi" am Monte Ulia steht nur für Gruppen zur Verfügung.

• *Camping* **Iguedo**, 1. Kat., gut sechs Kilometer westlich des Zentrums am Monte Iguedo; Stadtbus Nr. 16 ab Alameda del Boulevard, Abzweig für Autofahrer ein Stück hinter dem Tunnel am Concha-Strand. Guter Platz mit feiner Ausstattung, u. a. Waschmaschinen. Einzelreisende mit Auto können in der Saison (16.6.-15.9.) hier allerdings den Preisschock ihres Lebens erfahren: Mit Pkw ist grundsätzlich eine Parzelle obligatorisch, die je nach Ausstattung und inklusive zwei Personen etwa 27–31 € kostet! Für Motorradfahrer und Rucksackler gibt es kleinere Parzellen à circa 15,50-17 €, inkl. zwei Personen. Außerhalb der Saison akzeptable Preise. Zur Bewachung schreibt Leser Carsten Gentner: „Reisenden mit einem ausgeprägten Sicherheitsgefühl sei der Platz empfohlen. Ansonsten ist die selbstgefällige Art des Sicherheitspersonals nicht jedermanns Sache." Oft belegt, im Sommer unbedingt bis mittags eintreffen; ganzjährig geöffnet, ℅ 943 214502, www.campingiguedo.com.

Oliden, 2. Kat., Ausweichplatz landeinwärts der N I San Sebastián-Irún bei km 476, gut zehn Kilometer außerhalb, etwa auf Höhe des Ortes Oyarzun. Preislich etwas günstiger als Iguedo: Zwei Personen, Auto, Zelt 15-16 €, ohne Auto ab 11,50 €. Mit Swimmingpool, jedoch unschöne, laute Lage. Dennoch ebenfalls oft belegt; ganzjährig geöffnet, ℅ 943 490728.

Essen und Trinken (siehe Karte S. 694/695)

Donostia ist die nordspanische Hauptstadt der Tapas, hier *pinchos* (baskische Schreibweise: pintxos) genannt. Die gesamte Altstadt ist voller Lokale, die mittags und abends Pinchos anbieten. Im Baskenland fallen sie, wohl aus klimatischen Gründen, sättigender aus als in Zentral- und Südspanien. Das Preisniveau allerdings liegt je nach Lokalität unterschiedlich hoch – vor dem Zugreifen sollte man sich deshalb vielleicht besser informieren. Als Begleitung empfiehlt sich ein Rioja oder der Weißwein Txakolí aus dem nahen Gebiet von Zarautz und Getaria.

• *Restaurants*: **Rest. Arzak (5)**, bestes Restaurant der Stadt und eines der angesehensten Spaniens, eines der nur vier Restaurants, die der Guide Michelin in Spanien mit drei Sternen auszeichnet. Küchenchef Juan Mari Arzak war Wegbereiter der baskischen Nouvelle Cuisine und ist für seinen Einfallsreichtum ebenso bekannt wie für seinen behutsamen Umgang mit Traditionellem. Essen à la carte ab etwa 100 €. So-Abend, Mo, Mitte Juni bis Anfang Juli und im November geschlossen. Alto de Miracruz 21, östlich gut zwei Kilometer außerhalb des Zentrums; ℅ 943 272753.

Rest. Akelare (2), eines der besten Restaurants der Stadt (und Spaniens). Chef Pedro Subijana hat wie Arzak die Küche des Landes enorm beeinflusst und (seit 2007) ebenfalls drei Michelin-Sterne aufzuweisen. À la carte ab ca. 80 €, Menü 120 €. Paseo del Padre Orcolaga 56 (am Hang des Monte Iguedo), ℅ 943 212052, restaurante@akelarre.net,

"Kalkuliertes Chaos aus Winkeln und Wogen": Guggenheim-Museum Bilbao

▲▲ Nobles Seebad: San Sebastián (baskisch: Donostia)
▲ Abendstimmung: Bermeos Hafen leuchtet

Schwungvoll: Surfer-Skulptur in La Coruña ▲▲
Städtischer Stolz: Museo Domus in La Coruña ▲

Prächtiges Pilgerziel: die Kathedrale von Santiago de Compostela

Donostia (San Sebastián)

geschlossen Februar, erste Oktoberhälfte, Dienstag (nur Jan. – Juni), So abends und Mo außer an Feiertagen.

Rest. und Café Kursaal (23), elegant-minimalistisches Café-Restaurant im schicken „Kursaal", ein Favorit von Donostias *upper crust*. Im Café Tagesmenüs ab ca. 18 €, im Restaurant Essen ab ca. 50 €. Ganz ungewöhnlich frühe Schließzeiten: 22 Uhr fürs Café, 22.30 Uhr für das Restaurant. Zuriola pasealekua 1, ✆ 943 003162, So abends, Mo und Di abends geschlossen sowie 3 Wochen zw. Weihnachten und Mitte Januar.

Rest. Casa Nicolasa (17), einer der Spitzenreiter im Zentrum. Traditionelle baskische und französische Küche, zu den Spezialitäten zählen „kokotxas", Kehlstücke – und nur die! – vom Seehecht. Probiermenü etwa 60 €, à la carte ab ca. 50 €. So, Mo und drei Wochen im Januar/Februar geschlossen. Calle Aldamar 4, Altstadt nahe Alameda, ✆ 943 421762, www.ondojan.com.

Rest. Casa Urbano (11), ebenfalls in der Altstadt. Nett und freundlich dekoriert; solide, marktabhängige Küche mit Schwerpunkt auf Grillspezialitäten, vor allem Fisch. Tagesmenü etwa 25 €, à la carte ab ca. 35 €. Mi-Abend, So und in der zweiten Junihälfte geschlossen. Calle 31 de Agosto 17, ✆ 943 420434.

Rest. Itzalian (6), stellvertretend für die zahlreichen, meist nicht ganz billigen Fischrestaurants am Hafen. Holzstühle im Freien, Essen ab etwa 20 €. Paseo del Muelle 11, hinterer Hafenbereich, auf dem Weg zum Aquarium.

Rest. La Cueva (8), eine der raren Möglichkeiten, in der Altstadt im Freien ein komplettes Mahl zu sich zu nehmen. Freundlicher Familienbetrieb, festes Menü etwa 15 €, à la carte ab ca. 25 €. Plaza Trinitate, ein kleiner Platz oberhalb der Calle 31 De Agosto.

Rest. Arrai Txiki (15), kleines Restaurant, das Biokost anbietet; auch Kaffee, Brot und Wein sind hier biologische Produkte. Einfache, schmackhafte Küche (Vollwertnudeln mit Saitan-Soße, Bio-Plumcake), Menü ab 15 € und jeden Cent wert. Calle Campanario 3, geöffnet ab 13 Uhr, Di zu, www.arraitxiki.com.

Rest. La Zurri (24), in der Neustadt, ein Tipp fürs preiswerte Mittagessen. Schlichter Comedor, von den Angestellten der Umgebung meist bestens besucht; umfangreiche Auswahl an soliden Tagesmenüs für jeweils knapp 7 €. Nur mittags geöffnet. Calle Zabaleta 9, jenseits des Flusses.

Ansprechend: Pensión Amaiur

Rest. La Barranquesa (36), ein weiterer Preistipp in der Neustadt. Groß, nüchtern, aber nicht ungemütlich, Tagesmenüs noch eine Kleinigkeit günstiger als oben. Calle Larramendi 21, eine Seitenstraße der Calle del Urbieta, drei Parallelstraßen südlich der Kathedrale, im Untergeschoss.

● *Pintxo-Bars* **Bar Bergara (25)**, etwas abgelegen nahe der Markthalle des östlichen Viertels Gros, aber noch in Fußentfernung vom Zentrum. Für Liebhaber den Weg wert: mehrfacher Preisträger des jährlichen Pintxo-Wettbewerbs, der Pintxo wird als ästhetisch-kulinarisches Schauspiel zelebriert. Lob auch von der Zeitung El País: „Eine der nahrhaftesten und einladendsten Theken der Stadt." Gehobenes Preisniveau. Täglich geöffnet; Calle General Artetxe 8, www.pinchosbergara.com

Bar Aloña-Berri (26), in der Nähe und einer der ernsthaftesten Konkurrenten der Bar Bergara, allerdings auch preislich, von Lesern dennoch sehr gelobt. Wer einen der raren Tische ergattert, kann sich ein „Probiermenü aus Pintxos" zusammenstellen lassen. Gute Auswahl an Weinen aus Txakolí und der Rioja. Calle Bermingham 24, So-Abend und Mo geschlossen.

Bar Antonio (27), kleine Bar im Zentrum. Ebenfalls ein mehrfacher Sieger des Pintxo-Wettbewerbs; unter den Gästen viele Mit-

glieder der örtlichen High-Society. Calle Bergara 3, So teilweise geschlossen.
Bar Txepetxa (14), Spezialität sind Anchovis wie z. B. „anchoa con crema de centollo" (also mit einer Creme aus Meerspinnenfleisch). Alle, die in Spanien Rang und Namen haben, waren schon da. Pescaderia 5.
Bar La Cepa (12), in der Altstadt. Winziger, traditioneller Speiseraum, die Decke voller Schinken. Hier gibt es auch größere Portionen (Raciones), z. B. Fleischklößchen, Champignons oder Meeresgetier. Calle 31 de Agosto 7, Mi geschlossen.
Bar Ormazabal Etxea (7), gleich gegenüber. Große Auswahl leckerer Pintxos zu ausgesprochen günstigen Preisen; mittags wie abends proppenvoll, dass es keine Sitzgelegenheiten gibt, stört niemand. Calle 31 de Agosto 22.
Bar Etxanitz (16), eine weitere, winzige Altstadt-Bar mit preiswerten und dabei sehr üppigen Pintxos, die auch hungrige Besucher zufriedenstellen sollten (zuletzt standen mittags mehr als 40 Pintxos auf dem Tresen). Calle Fermín Kalbetón 24, eine Altstadtgasse, in der noch zahlreiche andere Bars liegen.
Bar Casa Alcalde (13), ganz oben in der Altstadt bei der Kirche Santa María. Eine der berühmtesten Bars der Stadt – Tradition seit 1919! Angeschlossen ein Restaurant gehobenen Preisniveaus (Menü ab 25 €). Calle Mayor 19, täglich geöffnet.
• *Cafeterias etc.* **Cafeteria Frudisk**, in einem Plattengeschäft an der Calle Miracruz 6, gleich jenseits der Brücke Santa Catalina. Junges Publikum, recht preiswerte Bocadillos und Platos combinados, auch gut fürs Frühstück; Internetzugang.
Mariscos, Meeresfrüchte gekocht und nach Gewicht zum Mitnehmen verkauft, sind noch halbwegs preisgünstig erhältlich, z.B bei „Mariscos Angulas", Calle Puerto (Altstadt, Hafennähe) oder „Mariscos El Puerto" im hinteren Hafenbereich Richtung Aquarium. Dort werden an Ständen auch gekochte Garnelen, Krabben und Meeresschnecken angeboten.

*N*achtleben

Gran Casino, darf in einem so eleganten und traditionsreichen Ferienort natürlich nicht fehlen. Calle Mayor 1, Altstadt.
Etxekalte, in der Altstadt, Music-Pub mit Schwerpunkt auf Jazz. Calle Campanario, in einer Parallelstraße zum Hafen. Life-Jazz gibt es auch ab und zu in der **Be Bop Bar**, Calle Alde Zaharra. **Altxerri**, nahe der städtischen Infostelle, ist ebenfalls auf Jazz abonniert, Do ist Jazzabend life, Mo zu. Zu suchen am Paseo Reina Regente 2.
Soho, schickes Ambiente und gestyltes Publikum im Bar/Pub in der San Martín 49.

Argia ist laut Leserin Birgit Brachat „die derzeit angesagteste Bar in San Sebastián. Sie befindet sich am südöstlichen Zugang zur Plaza Constitución". **Etxebe Pub**, Iñigo 8 (Altstadt), sehr populäre Disco zum Volldröhnen. **Kabutzia**, am Hafen im oberen Stockwerk des Club Náutico, ist eine Art Mischung aus Pub und Disco, Spezialität Salsa. Moderate Türsteher.
La Rotonda, eine recht beliebte Disco am Paseo de la Concha, gleich hinter dem gleichnamigen Strand.
Ku, am Paseo Igueldo, der Disco-Dauerbrenner außerhalb, nahe Camping Igueldo.

*F*este & *V*eranstaltungen/*B*aden

Donostia versteht sich auch als Kulturstadt und bietet ein reiches Sommerprogramm. Informationen zu den einzelnen Veranstaltungen bei den Infostellen.

• *Feste/Veranstaltungen* **Tamborrada**, Trommelwettbewerb am 20. Januar, zu Ehren des Stadtpatrons San Sebastián.
Iñauteriak, Karneval bzw. Fasching, bunte Umzüge, heiße Kostüme. Als Vorspiel am ersten Samstag im Februar das „Fest der Kesselschmiede".
Maiatza Danza, wie der Name sagt: Tanzfest an wechselnden Terminen im Mai.
Fiesta de San Juan, das Mittsommernachtsfest in der Nacht des 23./24. Juni.

Internationales Jazzfestival, in der zweiten Julihälfte; So jeweils Pferderennen.
Aste Nagusia (Semana Grande), die „Große Woche", um den 15. August. Riesenprogramm, baskische Tänze und Kraftspiele.
Ruderregatten um den Cup „La Bandera de la Concha" an den ersten beiden Sonntagen im September. Im Finale die acht besten Teams der kantabrischen Küste.
Internationales Filmfestival, eines der bedeutendsten der Welt, zweite September-

Das „spanische Biarritz": schmucke Fassaden in Donostia

hälfte. Zentrum der Aktivitäten ist das Teatro Victoria Eugenia nahe der Zurriola-Brücke. Infos: ✆ 943 481212.

● *Baden* Die **Playa de la Concha** ist der Strand Nummer eins. Gemischtes Publikum mit Tendenz zur spanischen Urlaubsfamilie, in der Saison sehr voll. Bei Flut ist der Strand fast verschwunden. Gut dagegen die Infrastruktur mit Rotkreuzstation, Verleih von Sonnenschirmen, etc. Westlich der felsigen Landzunge heißt sie **Playa de Ondarreta** und gilt so ein bisschen als Nobelstrand der besseren Gesellschaft.

Die **Playa Zurriola** liegt auf der anderen Seite des Río Urumea. Durch Sandaufschüttung wurde der einst kleine Strand wesentlich vergrößert. Er ist den atlantischen Wellen viel stärker ausgesetzt als die anderen Strände und deshalb auch Treff der Surfer. Die Atmosphäre ist hier lockerer als an den anderen Stränden.

▶ **Sehenswertes**: Im klassischen Sinn recht wenig, da die Stadt mehrfach, zuletzt im Spanischen Befreiungskrieg 1813, komplett zerstört wurde. Der „Haushügel" Monte Urgull bietet schöne Spazierwege mit toller Aussicht auf die tagsüber wie auch im nächtlichen Lichterglanz bezaubernde Concha-Bucht. Komplett umrunden lässt sich der Berg auf dem Paseo Nuevo.

Club Naútico: Der 1929 nach Plänen von José Manuel Aizpurua und Joaquín Labayen errichtete Bau erinnert in seiner Architektur an einen Schiffsrumpf. Damals eine Sensation (entstand er doch noch vor den heute berühmteren Bauten der Architekten Frank Lloyd Wright, Le Corbusier und Mies van der Rohe) könnte er heute einen Anstrich vertragen. Viele Passanten übersehen ihn – die Architekturwelle, deren Vorreiter er war, ist Alltag geworden.

Museo San Telmo: An der Plaza del Zuloaga, direkt unterhalb des Monte Urgull, untergebracht in einem ehemaligen Dominikanerkloster. Die Ausstellung umfasst neben archäologischen Funden auch völkerkundliche Stücke sowie eine umfangreiche Gemäldesammlung.

Öffnungszeiten Di–Sa 10.30–13.30, 16–19.30 Uhr, So/Fei 10.30–14 Uhr, Juli/Aug. Di–Sa 10.30–20.30, So/Fei 10.30–14 Uhr; Eintritt frei.

Gut bewacht: Blick vom Sporthafen zum Monte Igueldo

Basílica Santa María: Am Ende der Altstadtgasse Calle Mayor und an deren Kreuzung mit der Calle 31 de Agosto, die als einzige Straße der Stadt den Flächenbrand von 1813 überstanden hat. Santa María geht auf eine romanische Kirche des 11. Jh. zurück, der heutige Bau stammt aber aus der Mitte des 18. Jh.

Iglesia de San Vicente: In der gleichnamigen Altstadtgasse erhebt sich die älteste noch bestehende Kirche der Stadt. Im gotischen Stil Anfang des 16. Jh. erbaut, gibt sich ihr Äußeres wehrhaft, das Innere, das gute Schnitzarbeiten vor allem am Altar beherbergt, ziemlich düster.

Plaza de la Constitución: Der recht kleine Hauptplatz der Altstadt diente einst als Stierkampfarena. Heute ist er allabendlich belebter Treffpunkt wie auch gelegentlicher Aufmarschort politischer Kundgebungen.

Museo Naval: Im hinteren Hafenbereich, untergebracht in einem Gebäude des 18. Jh., präsentiert das Schiffsmuseum viele Exponate rund um die Seefahrt.
Öffnungszeiten Di-Sa 10-13.30, 16-19.30 Uhr, So 11-14 Uhr. Eintritt etwa 1,50 €, Do gratis.

Aquarium/Palacio del Mar: Das 1928 gegründete Aquarium wurde 1998 in großem Stil umgebaut und erweitert. Höhepunkt ist ein Riesenbecken von 40 Meter Länge, 15 Meter Breite und bis zu acht Meter Tiefe, das die Besucher in einem gläsernen Tunnel durchqueren und den Haien und Rochen so quasi Auge in Auge gegenüberstehen können. Durchaus ein Erlebnis also, wenn auch keine ernsthafte Konkurrenz für das fantastische „Aquarium Finisterrae" von La Coruña.
Öffnungszeiten Mo-Fr 10-19, Sa/So/Fei 11-20 Uhr, Mitte Juli bis Mitte September 10-21 Uhr; Einlass bis 45 Min. vor Schluss. Eintritt etwa 8 €, Kinder ermäßigt. www.aquariumss.com.

Isla de Santa Clara: Mal eine Abwechslung, lustig auch für Kinder, ist ein Schiffsausflug zur kleinen Insel in der Concha-Bucht. Fährbetrieb nur im Sommer; halbstündliche Abfahrten am Hafen bis gegen 20 Uhr, Erwachsene etwa 3 €, Kinder ermäßigt.

Palacio de Congresos Centre Kursaal: Das Kongresszentrum der Stadt steht am Zurriola-Strand. Der Bau aus zwei voneinander getrennten, durchsichtigen Glaswürfeln ist ein Entwurf des Spaniers Rafael Moneo.

Palacio Miramar: Auf der Felszunge zwischen den Stränden La Concha und Ondarreta. 1893 für die Königin María Cristina im englischen Cottage-Stil fertiggestellt, dient das Gebäude gelegentlich offiziellen Empfängen und ist normalerweise nicht zugänglich. Die schönen Parks aber können tagsüber besucht werden.

El Peine de los Vientos: An der Küste unterhalb des Monte Igueldo, vom Ondarreta-Strand über den Paseo Peine de los Vientos zu erreichen. Der „Kamm der Winde" ist ein Werk des Künstlers Eduardo Chillida (1924–2002).

Monte Igueldo: Eindrucksvoller noch als der Blick vom Monte Urgull oder vom Palacio Miramar ist die klassische Ansicht der Concha-Bucht vom Berg Igueldo aus, der sich an ihrem Westende erhebt. Tagsüber öffnet ein kleiner Vergnügungspark mit Restaurant, nachts ist die Aussicht umsonst. Zu erreichen ist der Monte Igueldo mit Bus Nummer 16 ab der Alameda oder mit der stilvollen, aus dem Jahr 1912 stammenden Seilbahn (Sommer bis 22 Uhr, sonst bis 20 Uhr, 1,50 €), die oberhalb des Ondarreta-Strands startet.

Umgebung von Donostia

Im Süden der Stadt finden sich zwei unterschiedliche Museen, die leider etwas abseits liegen. Doch der Weg lohnt sich.

Miramón: Das interaktive Museum der Naturwissenschaften, mit vollem Namen „Kutxa Espacio de la Ciencia" genannt, will Naturkräfte und ihre technische Anwendung anschaulich, aber auch spielerisch erklären – und das gelingt der Einrichtung auch bestens. „Se puede tocar", Anfassen erlaubt: An insgesamt 160 so genannten „Modulen" lassen sich eigenhändig Experimente aller Art nachvollziehen. Angeschlossen sind ein 36 Meter hohes astronomisches Observatorium, ein digitales Planetarium, ein Saal mit Filmvorführung etc.

• *Lage/Öffnungszeiten* Mikeletegi Pasealekua 43, etwas komplizierte Anfahrt vom Zentrum über die Calle Prim, ab der Plaza Pio XII den Hinweisen zu den Hospitälern (Ciudad Sanitaria) folgen, dann beschildert; wesentlich einfacher mit Bus Nr. 28, Abfahrten etwa stündlich ab Alameda de Boulevard. Geöffnet Di–Sa 10–19 Uhr, So/Fei 11–19 Uhr, von Juni bis September jeweils bis 20 Uhr; Eintrittsgebühr gut 4 €, temporäre Ausstellungen und Planetarium (2 €) gehen extra. Internet-Infos: www.miramon.org.

Chillida Leku (Museo Chillida): Spätestens durch die Aufstellung seiner rund sechs Meter hohen Eisenskulptur „Berlin" vor dem Kanzleramt wurde der baskische Bildhauer Eduardo Chillida, Jahrgang 1924 und in seiner Jugend Profi-Torhüter in Donostia, auch in Deutschland einem breiten Publikum bekannt. Mit seinem Museum, einem Querschnitt durch die künstlerische Arbeit von fünf Jahrzehnten, hatte sich der im August 2002 verstorbene Chillida einen Lebenstraum erfüllt. Mittelpunkt ist der „Caserío Zabalaga", ein Bauernhaus des 16. Jh., das rund 110 kleinere Arbeiten des Künstlers beherbergt. In der umgebenden Parkanlage stehen weitere rund 40 Skulpturen, diesmal im bekannten Großformat Chillidas und aus seinen bevorzugten Materialien Eisen und Granit gefertigt.

• *Lage/Öffnungszeiten* Das Museum liegt an der GI 2132 nach Hernani, einer Abzweigung der N I nach Vitoria-Gasteiz, und nur wenige Kilometer von Miramón; Bus G 2 fährt etwa halbstündlich ab der Calle Oquendo in San Sebastián. Geöffnet ganzjährig So 10.30–15 Uhr, Juli/Aug Mo–Sa 10.30-20 Uhr, Rest des Jahres Mo, Mi-Sa sowie Feiertag 10.30-15 Uhr. Eintrittsgebühr rund 6 €; Studenten ermäßigt. Internet-Infos gibt es unter www.museochillidaleku.com und www.eduardo-chillida.com.

Zarautz (Zarauz)

Das Städtchen, etwa 15 Kilometer westlich von Donostia gelegen, glänzt vor allem durch seinen langen und breiten Sandstrand. Besonders beliebt ist der Ort bei Surfern, die sehr günstige Bedingungen vorfinden. Dennoch ist Zarautz kein reines Ferienghetto. Abseits der Strandzone zeigt sich das Städtchen nämlich von einer ganz anderen Seite: Der gemütliche alte Ortskern mit seinen Pflastergassen besitzt Stil und Atmosphäre, der Hauptplatz rund um den Musikpavillon wirkt auch außerhalb der Saison durchaus lebendig.

• *Information* **Oficina de Turismo**, Avenida de Navarra s/n, ✆ 943 830990, ✆ 943 835628; an der Strandseite der Durchgangsstraße, unweit der zentralen Kreuzung. Öffnungszeiten: Sommer Mo–Sa 9–20.30 Uhr, Winter Mo–Fr 9.30–13, 15.30–19.30 Uhr, Sa 10–14 Uhr; So ganzjährig 10–14 Uhr.

• *Verbindungen* **Zug**: Euskotren-Bahnhof am östlichen Rand des Zentrums; nach Donostia und Zumaia etwa halbstündlich bis stündlich, nach Bilbao stündlich.

Bus: Verschiedene Haltestellen an der Durchgangsstraße, je nach Ziel und Gesellschaft. Mit PESA/Euskotren häufige Anschlüsse nach Donostia sowie Richtung Getaria und Zumaia. ALSA/ TURYTRANS fährt mindestens 2-mal täglich nach Bilbao und Santander.

• *Post:* Herrikobarra Kalea 10, am südlichen Zentrumsrand; geöffnet Mo–Sa 8–14 Uhr.

• *Übernachten* Eine Liste mit Apartments und Privatzimmern gibt es bei der Infostelle.

** **Hotel Alameda**, postmoderner Bau, der lokale Tradition zitiert, zentrums- und strandnah landeinwärts der Durchgangsstraße; mit Garage. DZ/Bad nach Saison knapp 70–100 €. Seitximineta Kalea 2, ✆ 943 830143, ✆ 943 132474, www.hotelalameda.net.

** **Pensión Txiki Polit**, am Hauptplatz der Altstadt. Die recht große, propere und saubere Pension besteht aus zwei Gebäuden, einem modernen neuen Teil und einem Altbau, die zueinander über Eck liegen; gute Bar und Restaurant (Menü 10 €) angeschlossen. Ganzjährig geöffnet. DZ/Bad ca. 50-60 €, ohne Bad ca. 40-50 €. Musika Plaza, ✆ 943 835357, ✆ 943 833731, www.txikipolit.com.

Jugendherberge Albergue Juvenil „Albertia", südwestlich unweit des Zentrums an der San Inazio Kalea s/n. Ganzjährig geöffnet, im September allerdings gelegentlich wegen Ferien geschlossen. Oft Gruppen, besser reservieren: ✆ 943 132910, ✆ 943 130006, www.gipuzkoa.net/albergues.

• *Camping* Beide Plätze nicht am Meer.
Gran Camping Zarauz, 2. Kat., etwa drei Kilometer außerhalb Richtung San Sebastián. Angenehmer Platz, hübsch und teilweise weiter Aussicht auf einem Hügel gelegen; recht großes Bar-Restaurant. Ganzjährig geöffnet; p.P., Auto, je 4,50 €, Zelt 4,50–5 €. ✆ 943 831238, ✆ 943 132486, www.grancampingzarautz.com.

Talai-Mendi, 2. Kat., am Ortsrand Richtung San Sebastián, auch zum Strand näher als der Gran Camping. Kleiner Platz, nur über Ostern und vom Ende Juni bis etwa 10. September geöffnet; p.P., Auto, je 4 €, Zelt 4,50-5 €. ✆/✆ 943 830042.

Westlich von Zarautz

▸ **Getaria (Guetaria)**: Der kleine Hafen unterhalb der gotischen Kirche *San Salvador* liegt hübsch auf einer Landzunge mit vorgelagerter Felseninsel; zwei kleine Strände locken zum Badestopp. In der Hauptstraße erinnert ein Denkmal an den ersten Weltumsegler Juan Sebastián Elcano (1487–1526), den einzigen Kapitän aus Magellans Flotte, der sein Schiff heil nach Hause brachte.

Westlich von Zarautz

- *Information* **Oficina Municipal de Turismo**, Parque Aldamar 2, an der Hauptstraße im Zentrumsbereich, ✆ 943 140957. Nur im Sommer und auch dann nur unregelmäßig geöffnet.
- *Übernachten* **** Pensión Guetariano**, einfache Pension in zentraler Lage unweit des Fremdenverkehrsamts. DZ/Bad kostet 50 €. Errerieta Kalea 3, ✆ 943 140567.
- *Feste* **Fiesta de San Salvador**, mehrere Tage um den 6. August. Patronatsfest, unter anderem mit einem Reiterumzug zur Erinnerung an den Weltumsegler Juan Sebastián Elcano. In diesem Zeitraum auch der **Desembarco d'Elcano**, jedoch nur alle vier Jahre (2011). Mit historischen Kostümen wird Elcanos Landung nach seiner Weltumsegelung nachgestellt.

▶ **Zumaia (Zumaya):** Wieder eine ganze Ecke größer als Getaria ist Zumaia, dem eine tiefe Bucht Schutz vor den atlantischen Wogen gibt. Zeigt sich das Hafenstädtchen in seinen Außenbezirken ziemlich unansehnlich, so erweist sich das Zentrum unterhalb der Kirche *San Pedro* als durchaus malerisch. Am östlichen Ortsrand Richtung Donostia, neben den Ruinen eines alten Klosters, präsentiert das *Museo Zuloaga* (April bis Mitte September, Mi–So 16–20 Uhr; 3 €) neben Werken des berühmten baskischen Malers Zuloaga auch Gemälde der Familiensammlung, darunter Bilder von El Greco und Goya. In der Nähe eröffnete vor wenigen Jahren das private *Museo Producto Artesanal del País Vasco – Laia* (Di–Fr 10–14, 16–19.30 Uhr bzw. Winter 15–18 Uhr, Sa/So 10.30–14, 16.30–20 Uhr; 1,50 €), das sich der bäuerlichen Kultur des Baskenlands und ihren Produkten widmet; eine Verkaufsausstellung ist angeschlossen.

- *Information* **Oficina de Turismo**, im Zentrum nahe der Durchgangsstraße, bei der Tankstelle. Mo-Sa 10-14, Mo-Fr 16-19 Uhr, Juli/Aug. tgl. 10-19 Uhr. Plaza Zuloaga 1, ✆ 943 143396.
- *Übernachten* **Hotel Zumaia**, in einer Neubaugegend Nähe Bahnhof. Geräumige, sehr komfortable, aber recht hellhörige Zimmer, DZ/Bad/F etwa 60-70 €. Alai 13, ✆ 943 143441, ✉ 943 860764.

▶ **Deba (Deva):** Das Seebad an der Mündung des gleichnamigen Flusses besitzt zwei recht schöne Strände, der Ort selbst wirkt jedoch weniger reizvoll als seine Nachbarn. Kunstfreunde werden vielleicht einen Blick auf die hübsche Hallenkirche *Nuestra Señora de la Asunción* (14. Jh.) werfen wollen.

▶ **Mutriku (Motrico):** Kurz vor der Grenze zur Provinz Vizcaya lohnt Mutriku zumindest für Camper vielleicht noch einen Aufenthalt: Insgesamt fünf Plätze liegen im Umfeld des Fischerortes, der seinen historischen Kern ganz gut bewahrt hat.

- *Camping* **Aritzeta**, 1. Kat., guter Platz in sehr schöner Lage über dem Ort. Terrassiertes Gelände, von fast allen Stellplätzen tolle Aussicht, zum Strand etwa einen Kilometer. Ganzjährig geöffnet, p.P., Auto, Zelt je 4 €, 2 Nächte Minimumaufenthalt! Zufahrt östlich des Zentrums, beschildert, aber für Caravans schwierig. ✆ 943 603356.

▶ **Monasterio de San Ignacio de Loyola:** Nicht direkt an der Küste, aber doch nah genug, um bei einem Abstecher besucht zu werden, erinnert das etwa zwei Kilometer südwestlich des Städtchens Azpeitia gelegene Kloster an *Ignatius von Loyola* (Don Iñigo de Loyola, 1491–1556), den Gründer des Jesuitenordens. Der Bau benötigte vom 17. bis ins 19. Jh. fast zweihundert Jahre für seine Fertigstellung, die riesige Kuppel der Basilika stammt von Joaquín Churriguera. Ein Seitenflügel umfasst das Geburtshaus Ignatios, die „Santa Casa".

Verbindungen Busse von/nach Donostia (San Sebastián) 12-mal, Zarautz 6-mal täglich.

Kühn geschwungen: Brücke am Hafen von Ondárroa

Costa Vasca

Provinz Bizkaia (Vizcaya)

Das Ruhrgebiet des Baskenlands: Der Großraum Bilbao weist die mit Abstand dichteste Industriekonzentration Nordspaniens auf.

Ein Tourismusprospekt bemerkt ehrlich, schlicht und treffend: „Die Aneinanderreihung von Stränden, Hügeln und Fabrikschornsteinen ist in gewisser Weise der Inbegriff der Landschaft des heutigen Vizcaya". Einen erfreulichen Kontrast zu den qualmenden Schloten bilden jedoch die liebenswerten Fischerstädtchen der Küste. Etwas landeinwärts erinnert *Gernika* an baskische Traditionen und an deutsche Verbrechen der Nazizeit.

▶ **Ondárroa**: Auf den ersten Blick ein eher modernes, geschäftiges Städtchen, das wie fast alle anderen Küstensiedlungen am Atlantik an einer Flussmündung liegt. Der zweite Blick erfasst erfreut eine alte Steinbrücke und die bunt bemalten Balkons mancher Häuser. Trotz zweier hübscher Strände spielt der Tourismus in Ondárroa nicht die Hauptrolle; der große Hafen ernährt den Ort auch so ganz gut.

Lekeitio (Lequeitio)

Lekeitio hat sich im Tourismus schon etwas stärker engagiert, was dem Ort nicht unbedingt schlecht bekommen ist. Das von grünen Hügeln umgebene Hafenstädtchen liegt an einer weiten Bucht, aus der eine bewaldete Insel ragt. Die Altstadt mit ihren engen Gassen erweist sich als angenehmes Revier zum Flanieren.

• *Information* **Oficina de Turismo**, Gamarra Kalea 1, gegenüber der Kirche am Hafen; ✆ 94 6844017, www.lekeitio.com. Geöffnet im Winter Mo–Fr 10.30–13.30, 16–19 Uhr, Sa/So 10.30–13.30 Uhr, im Sommer tgl. 10-14, 16-20 Uhr.

- *Verbindungen* **Busse** von und nach Gernika und Bilbao etwa stündlich, von und nach Donostia via Ondarroa, Mutriku und Deba 4-mal täglich.
- *Übernachten* ***** Hotel Emperatriz Zita**, sehr angenehmes Hotel unweit des Hafens und des Ortsstrands. Geräumige Zimmer, z. T. mit schöner Aussicht. DZ etwa 70-115 €. Santa Elena Etorbiodea s/n, ✆ 946 842655, ✆ 946 243500.
- *Camping* **Endai** (3. Kat.), kleiner Platz etwa drei Kilometer östlich in Richtung Ondárroa, oberhalb der Straße. Geöffnet Mitte Juni bis Mitte September; p.P., Zelt je etwa 4 €, Auto 3 €; ✆ 946 842469.
- *Feste* **Euskal Zinema**, Kinofestival an wechselnden Terminen, meist Ende Juni. **Fiesta de San Pedro**, 28. Juni bis 1. Juli. Bei diesem Fest sieht man den kuriosen „Kaxarranka"-Tanz, der auf einer von Fischern getragenen Holztruhe getanzt wird. **Itxas Soinua**, Musikfestival, 1.-15. August. **Fiestas de San Antolín**, 1.-8. September, das Hauptfest der Stadt.
- *Baden* Der eigentliche Ortsstrand, vom Fluss in zwei Bereiche geteilt, verfügt über eher ruhiges Wasser. Schöner und wohl auch etwas sauberer badet es sich jedoch am anderen Strand jenseits des kleinen Felskaps; hier können allerdings auch schon mal höhere Wellen heranbranden.

Gernika (Guernica)

Die „Heilige Stadt der Basken" liegt landeinwärts, doch folgt die Küstenstraße dem Bogen ohnehin und umgeht so die tiefe Flussmündung des Río Oca. Seit dem 10. Jh. war Gernika (spanisch Guernica, offiziell Guernica y Luno) Sitz des baskischen Ältestenrats, vor dem sogar die Könige von Navarra und Kastilien zu erscheinen hatten, wollten sie es sich mit den Basken nicht verderben. Diese alte Tradition war es, die den Kommandanten der deutschen Fliegerstaffel „Legion Condor" bewog, als Unterstützung für Franco das friedliche Städtchen am 26. April 1937 in Grund und Boden bomben zu lassen: der erste direkte Luftangriff auf eine zivile Siedlung überhaupt, mehr als 1600 Menschen starben. Pablo Picasso nahm das Massaker zum Anlass seines weltbekannten Monumentalgemäldes „Guernica", das mittlerweile im „Centro de Arte Reina Sofia" in Madrid zu sehen ist. Heute ist Gernika ein eher ruhiges Städtchen. Die berühmteste Sehenswürdigkeit bildet der Stumpf der uralten Eiche, unter der einst der Ältestenrat tagte. Er ist das wichtigste Nationalsymbol der Basken.

- *Information* **Oficina de Turismo**, Artekale 8, an der Arkadenstraße im Zentrum; Öffnungszeiten von Juli bis September täglich 10–19 Uhr, sonst Mo–Fr 10–13, 16–19 Uhr, Sa 11–13.30 Uhr. ✆ 946 255892, www.gernika-lumo.net.
- *Verbindungen* **Zug**: ET/FV-Bahnhof am östlichen Zentrumsrand. Züge von und nach Bilbao und Bermeo tagsüber halbstündlich. **Bus**: Haltestelle 100 Meter vom Bahnhof, den Schienen in südlicher Richtung folgen; halbstündliche Verbindungen nach Bilbao und Bermeo, nach Lekeitio etwa stündlich.
- *Übernachten* **** Hotel Res. Gernika**, unweit vom Zentrum an der Straße nach Bermeo. Gut ausgestattet, mit Garten und Parkplatz, komfortable Zimmer. DZ ca. 80 €. Carlos Gangoiti 17, ✆ 946 254948, ✆ 946 255874, www.hotel-gernika.com. **Pensión Iratxe**, zentrumsnah südwestlich der Bushaltestelle; ordentliche Zimmer. DZ etwa 35–40 €. Industria Kalea 4, eine Parallelstraße zur Hauptstraße nach Bilbao, ✆ 946 256463.
- *Feste* **Fiestas de San Roke** (San Roque), Patronatsfest vom 15. bis 18. August. **Feria de Gernika**, am ersten und letzten Montag im Oktober. Am ersten Montag Viehmarkt, am letzten großer Handwerksmarkt.

Sehenswertes

Gernika Museoa: Das Museum an der Foru Plaza 1, unweit der Infostelle, befasst sich mit der Vergangenheit der Stadt, insbesondere mit der Bombardierung Gernikas, und zieht Parallelen zu früheren Angriffen auf Brüssel.
Öffnungszeiten Mo–Sa 10–14, 16–19 Uhr, So 10–14 Uhr; Eintrittsgebühr rund 2 €.

Palacio/Museo de Euskal Herria: Nahe dem früheren baskischen Parlament Batzarretxea. Vom Zentrum geht es über die bergauf führende Urioste Kalea, bei der

Kirche dann links ab. Das Museum reflektiert die Geschichte der Basken in drei Themengruppen, die über verschiedene Stockwerke verteilt sind: Umgebung und Vorgeschichte, Territorien und Recht, schließlich die baskischen Menschen.
Öffnungszeiten Di–Sa 10–14, 16–19 Uhr, So 11–15 Uhr; Fei 11-14.30, 16-20 Uhr, Eintritt frei.

Casa de Juntas (Batzarretxea): Das ehemals baskische Parlament, heute Sitz des Landtags von Bizkaia, ist ein architektonisch bangloses Gebäude des 19. Jh. Das Ziel der zahlreichen Schulklassen bildet der *Arbola Zaharra* (Árbol viejo, „Alter Baum"), der Stumpf der tausendjährigen Eiche, der in einem kleinen Tempelchen steht.

Umgebung von Gernika

▶ **Cueva de Santimamiñe**: Eine Höhle mit prähistorischen Felszeichnungen, etwa fünf Kilometer nordöstlich von Gernika bei Kortezubi. Es besteht Zugangsbeschränkung auf 15 Personen pro Führung, zur Hochsaison ist es deshalb ratsam, schon rund eine Stunde vor Beginn der ersten Führung anwesend zu sein. Der „Saal der Malereien" (Sala de Pinturas) selbst war allerdings zuletzt geschlossen. Vor allem Fußgänger sollten sich deshalb vor Antritt der gut einstündigen Wanderung in Gernika über den aktuellen Stand informieren.

Irritierend: der bemalte Wald von Oma

• *Anfahrt* Beschilderte Abzweigung etwa drei Kilometer nördlich von Gernika an der Straße Richtung Lekeitio; noch etwa 2,5 Kilometer. Mit dem Bus: „Richtung Lekeitio alle zwei Stunden, Aussteigen an der Haltestelle Kortezubi, noch etwa 2,5 Kilometer zu laufen." (Leserbrief von Familie Rußig). Von Gernika dauert der Fußweg eine gute Stunde.
• *Führungen* Mo–Fr 10, 11.15, 12.30, 16.30, 18 Uhr; gratis, jedoch nur auf Spanisch.

▶ **El bosque animado de Oma**: Ein wirklich lohnender Ausflug. Vom Restaurant nahe der Höhle führt ein rund 40-minütiger, nicht ganz unbeschwerlicher Fußweg ins Tal von Oma, das etwa drei Kilometer südöstlich liegt. Es birgt ein Kunstwerk besonderer Art, 1987 vom baskischen Künstler Agustín Ibarrola geschaffen: Der „Beseelte Wald von Oma", auch „Bosque pintado" (bemalter Wald) genannt, besteht aus verschiedenen Gruppen einfarbig oder bunt bemalter Bäume, insgesamt wohl mehrere hundert Stämme. Leider werden gelegentlich Teile des Kunstwerks von Vandalen zerstört; als Täter gelten fanatische ETA-Anhänger, die an Ibarrolas Werben für eine Versöhnung aller Basken Anstoß nehmen sollen. Trotzdem lohnt sich der Abstecher (für den man alles in allem ruhig drei Stunden einplanen kann) weiterhin.

Blickfang über dem Meer: die Kirche Santa Maria von Mundaka

Mundaka und Bermeo

▸ **Mundaka** liegt hübsch an der weiten Mündung des Río Oca. Der kleine Hafen wird abends zum Treffpunkt der Einheimischen wie auch der Urlauber. Mundaka gilt als einer der besten Surfspots der nordspanischen Küste, besitzt aber nur kleinere Strände. Je nach Wetterlage verbindet jedoch von etwa Juni bis September eine Fähre das Dorf mit dem Strand *Playa de Laida* auf der anderen Seite der Flussmündung.

• *Information* **Oficina de Turismo**, Kepa Deuna Kalea, nahe dem Hafen; ✆ 946 177201, www.mundaka.org. Häufig wechselnde Öffnungszeiten; im Sommer täglich geöffnet, außerhalb der Saison nur Di–So und dann nur vormittags bis 13.30 Uhr.

• *Verbindungen* **Zug**: Bahnhof der Euskotren-Nebenlinie, Züge von/nach Bilbao via Gernika etwa halbstündlich.
Bus: Halbstündliche Verbindungen nach Gernika; dort Anschluss in alle Richtungen.

• *Übernachten* ** **Hotel Atalaya**, Nähe Kirche. Liebenswertes Quartier in einem schönen Haus der vorletzten Jahrhundertwende; gut ausgestattete, wenn auch nicht große Zimmer. Parkplatz. DZ etwa 110–120 €. Itxaropen Kalea 1, ✆ 946 177000, 📠 946 876899, www.atalayahotel.es.

* **Hotel Mundaka**, nicht weit vom Hafen. Ordentlich ausgestattete, geräumige Zimmer, für örtliche Verhältnisse zu relativ günstigem Preis: DZ etwa 55–80 €. Florentino Larrinaga Kalea 9, ✆ 946 876700, 📠 946 876158. www.hotelmundaka.com.

• *Camping* **Portuondo**, 1. Kat., etwa einen Kilometer außerhalb von Mundaka, Richtung Gernika. Schöne Lage auf einem Vorgebirge über dem Meer, unterhalb ein kleiner Felsstrand. Exzellente Sanitärs; das terrassenartig gestufte, steile Gelände dürfte Wohnmobilen und Caravans allerdings Schwierigkeiten bereiten. Rustikaler Self-Service mit Grill. Viele Surfer. Ganzjährig, p.P. zur HS 6,50 €, Stellplatz 13 €; zur NS oder ohne Auto geht's auch günstiger. ✆ 946 877701, www.campingportuondo.com.

▸ **Bermeo** trägt den Wal als Wahrzeichen: Hier ist der größte Fischereihafen der Küste beheimatet, ein nettes, unverfälschtes Viertel und früher einer der wichtigsten Häfen der baskischen Walfangflotte. Das Fischereimuseum *Museo del Pescador* ist im mittelalterlichen Turm Torre Ercilla (Di–Sa 10–13.30, 16–19.30 Uhr, So 10–13.30; gratis) untergebracht.

- *Information* **Oficina de Turismo**, Askatasun bidea 2, hafennah direkt an der großen Kreuzung; ✆ 94 6179157. Im Sommer täglich 9.30-20 Uhr geöffnet, sonst Mo-Sa 10-13.30, 16.30-19.30 Uhr, So 10-13 Uhr. www.bermeo.org.
- *Verbindungen* **Zug**: Bilbotren-Züge von/nach Bilbao (Bahnhof Atxuri) via Gernika etwa halbstündlich.
Bus: Halbstündlich nach Gernika; dort Anschluss in alle Richtungen.
- *Übernachten* **** Hotel Txaraka**, in einem Wohngebiet westlich des Zentrums. Gut ausgestattetes Quartier, auf ein Restaurant im Haus muss man allerdings verzichten. DZ nach Saison etwa 70–75 €. Almike Auzoa s/n, ✆ 946 885558, ✆ 946 85164.
- *Feste* **Fischerfest**, größtes Fest von Bermeo, etwa in der zweiten Septemberwoche.

Hinter Bermeo bleibt die Küste zunächst weiterhin reizvoll. Kurz vor Arteta macht sich dann mit der Bauruine eines Atomkraftwerks erstmals der Einfluss Bilbaos bemerkbar. Je näher man der Hauptstadt der Bizkaia kommt, desto höher die Siedlungsdichte und die Verschmutzung.

Bilbao (Bilbo)

Eine Stadt erfand sich neu: Bilbao, jahrzehntelang ein Symbol für dampfende Schlote und graue Industriegebiete, hat sich fein gemacht. Gewagte Architektur und hochkarätige Kunst sorgen für ein modernes Image. Prunkstück ist das Guggenheim-Museum von Stararchitekt Frank Gehry.

Über fast 20 Kilometer Länge, von Autobahnen eingeschnürt, erstreckt sich beiderseits des Río Nervión und bis zu dessen Mündung der Großraum Bilbao, der inklusive aller Vorstädte gut eine Million Einwohner zählt. Der wichtigste Hafen des gesamten Landes, Eisenhütten, chemische und petrochemische Industrie versorgten die Region bis in die 1990-er mit einer Konzentration an Schadstoffen, die nicht nur in Spanien ihresgleichen suchte. Schließungen der größten Verschmutzer, Einbau moderner Filteranlagen und Verschiebungen von der Industrie in Richtung der Wirtschaftssektoren Service und Kommunikation sowie die Verlegung des Hafens nach weiter abwärts in der Ría haben Bilbaos Luft spürbar gereinigt.

Die größte Stadt Nordspaniens zeigt heute vor allem ihre erfreulichen Seiten, die einen Besuch überaus interessant erscheinen lassen. Zum einen ist Bilbao ein wichtiger Knotenpunkt öffentlicher Verkehrsmittel und für Bahnreisende entlang der Atlantikküste ohnehin ein obligatorischer Umsteigepunkt. Zum anderen ist das Zentrum Bilbaos alles andere als unattraktiv. In den Gassen der kleinen, aber feinen Altstadt findet sich eine Vielzahl höchst lebendiger Bars und guter, teilweise recht preiswerter Restaurants. Das Museum der Schönen Künste ist eines der besten Spaniens. Damit nicht genug: Bereits mit der Eröffnung des hypermodernen *Guggenheim Museums* 1997 katapultierte sich Bilbao in den Rang einer europäischen Kunstkapitale.

Das silbern glänzende Supermuseum ist nur eines einer ganzen Reihe von Projekten, die im Lauf weniger Jahre das Bild Bilbaos völlig verändert haben. Die Stadtverwaltung hat sich zum Ziel gesetzt, den Ruf einer hart arbeitenden, aber nicht unbedingt übermäßig originellen Kommune abzustreifen und zur Avantgarde unter Spaniens Großstädten aufzuschließen: *„Sevilla, Barcelona und jetzt... Bilbao"* heißt das offizielle Motto. Freilich sollte sich der mehrere Milliarden Euro teure Einsatz langfristig auch finanziell lohnen. An erster Stelle stand deshalb der Ausbau der Infrastruktur – mit Stil, versteht sich. Direkt am Río Nervión, unweit des Guggenheim Museums und des Museums der Schönen Künste, steht das Flaggschiff der Stadterneuerung: das rund 350.000 Quadratmeter große Zentrum *Abandoibarra*, mittlerweile ganz kurz vor der Fertigstellung. Konzipiert vom amerikanischen Architekten Cesar Pelli, umfasst es neben Wohnungen und Büros das riesige postmoderne Einkaufszentrum *Zubiarte*, große Parkanlagen und ein Luxushotel der Sheraton-Kette. Seit 2002 ist das Viertel durch eine neue Straßenbahn mit der Altstadt und dem Bahnhof der FEVE verbunden, deren Streckenführung teilweise unter die Erde verlegt wurde. Gleich nebenan entstand aus ehemaligen Docks das Kongress- und Opernhaus *Palacio Euskalduna*, eine ehemalige Werft wurde in das neue Meeresmuseum (*Museo marítimo*) integriert. Die Fußgängerbrücke *Zubizuri* („Weiße Brücke") des berühmten Architekten Santiago Calatrava überspannt seit einigen Jahren den Nervión, die elegante *Euskalduna-Brücke* des auf Brücken spezialisierten Architekten Javier Manterola ist schon seit 1996 in Funktion.

Stilvoll: Bahnhof in Bilbao

Das mächtige gründerzeitliche *Alhóndiga*-Gebäude im Herzen der Neustadt verwandelt sich in ein Kultur- und Sportzentrum. Auch die Verkehrsverbindungen profitieren vom Stadtumbau. Der Flughafen wurde (ebenfalls durch Calatrava) umgebaut, das Netz der futuristisch gestylten Metro erweitert. Künftig soll auch das chronische Chaos aus diversen Bahnhöfen rund um den heutigen Bahnhof Abando durch ein sogenanntes *Intermodal* abgelöst werden, das alle Bahnlinien und vielleicht irgendwann auch Busgesellschaften unter einem Dach vereint. Auf den Flächen, die durch den Gleisabbau frei werden, entsteht ein völlig neuer Wohnbezirk. Die meisten Projekte sind schon verwirklicht oder stehen kurz vor ihrer Vollendung, wie das neue Stadtviertel Abandoibarra. Bei anderen, wie beim Intermodal, dürften bis zur Fertigstellung noch einige Jahre ins Land gehen. Bereits jetzt spürbar ist jedoch die stärkere Anziehungskraft des „neuen" Bilbao. Die Zahl der Besucher hat sich deutlich erhöht, und an Wochenenden wird es eng in den Hotels der Provinzhauptstadt.

Orientierung: Trotz der Größe liegen Sehenswürdigkeiten und die wichtigen Einrichtungen nahe beieinander. Der Río Nervión teilt Bilbao in zwei Hälften von jeweils sehr eigenständigem Charakter. Die ausgedehnte Neustadt **Ensanche**, im wesentlichen ein Kind des 19. Jahrhunderts, erstreckt sich mit meist schnurgeraden Straßenzügen auf seiner westlichen Seite. Ihre Hauptstraße ist die *Gran Vía de Don Diego López de Haro*, meist kurz als Gran Vía bezeichnet. Sie verläuft ungefähr in West-Ost-Richtung und endet kurz vor dem Fluss an der *Plaza Circular*. Am anderen, östlichen Ufer des Río Nervión liegt die kleine Altstadt **Casco Viejo**, mit der Plaza Circular verbunden durch die Brücke *Puente Arenal*. Etwa in der Mitte der Altstadt erhebt sich die Kathedrale; nach Süden verlaufen bis zum Flussufer die „Sieben Straßen" *Siete Calles*, der älteste Kern Bilbaos und einer der beliebtesten Kneipenzonen der Stadt.

710 Baskenland

Information/Adressen

- *Information* **Bilbao Turismo**, Plaza Ensanche 11; ℅ 944 795760, ℅ 944 795761, www.bilbao.net/bilbaoturismo. Hauptbüro mit der größten Auswahl an Broschüren, bestens informiertes und freundliches Personal. Öffnungszeiten: Mo–Fr 9–14, 16–19.30 Uhr.

Zweigstelle im Teatro Arriaga, geöffnet Mo–Fr 11-14, 17-19.30 Uhr, Sa 9.30–14, 17–19.30 Uhr, So/Fei 9.30–14 Uhr, im Sommer Mo-Sa 9.30-14, 16-19.30, So/Fei 9.30-14, 16-19 Uhr.

Zweigstelle Guggenheim, Abandoibarra etorbidea 2, neben dem Museum. Geöffnet Juli/Aug. Mo–Sa 10–19 Uhr, So/Fei 10–15 Uhr, Rest des Jahres Di–Fr 11–18 Uhr, Sa 11–19 Uhr, So/Fei 11–14 Uhr.

In allen Zweigstellen gibt es die **Bilbao Card** (1 Tag 6 €, 2 Tage 10 €, 3 Tage 12 €), die freie Fahrt auf allen öffentlichen Verkehrsmitteln und Ermäßigungen in Museen, Geschäften und Restaurants gewährt. Auch online erhältlich auf www.bilbao.net/bilbaoturismo.

Zweigstelle Flughafen, Abflugbereich (!), ℅ 944 710301; geöffnet Mo–Fr 7.30–23 Uhr, Sa/So 8.30–23 Uhr.

Deutsches Honorarkonsulat: Done Bikendi (Calle San Vicente) 8, im Gebiet nördlich der Plaza Circular, ℅ 942 38585.

Österreichisches Honorarkonsulat: Calle Club 8, ℅ 944 640763.

Reisetiming und Aste Nagusia

In der ersten Augusthälfte ist in Bilbao – wie in vielen Orten Spaniens – nicht viel los. Die halbe Stadt ist im Urlaub, die Cafés und Bars schließen früher oder machen erst gar nicht auf – erst nach dem 15. August füllt sich die Stadt wieder und zwar mit Aplomb. In der zweiten Augusthälfte nämlich feiert Bilbao Aste Nagusia, die „Große Woche" und dann ist jedes Hotel besetzt, jedes Lokal von (spanischen) Touristen überschwemmt. Erst im September nimmt die Stadt wieder ihren normalen Rhythmus an.

Konsulat der Schweiz, Calle de Telésforo Aranzadi 3, ℅ 944 704360.

Post: Alameda Urquijo 19, Neustadt, eine Seitenstraße der Gran Vía, Nähe Bahnhof Estación de Abando. Öffnungszeiten: Mo–Fr 8.30–20.30 Uhr, Sa 9.30–14 Uhr.

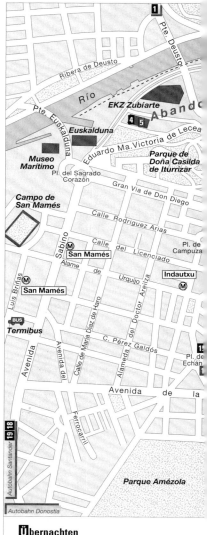

Übernachten
1. Pensión Maite
3. Hotel Hespería Bilbao
4. Hotel Sheraton
7. Hotel Conde Duque
9. Hotel Nervión
13. Hotel Carlton
15. Hotel Indautxu
17. Res. Blas de Otero
18. JH Aterpetxea
19. Hotel Ibis

Bilbao

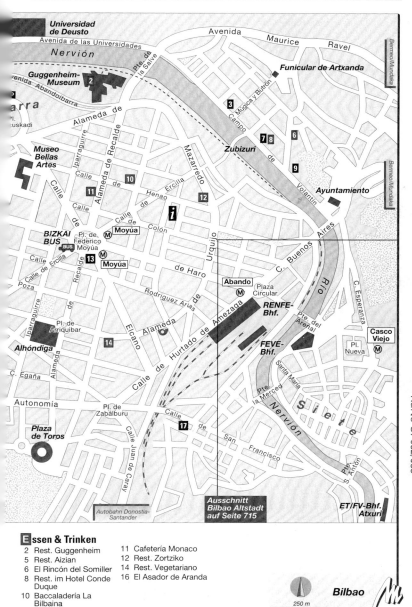

Essen & Trinken
- 2 Rest. Guggenheim
- 5 Rest. Aizian
- 6 El Rincón del Somiller
- 8 Rest. im Hotel Conde Duque
- 10 Baccaladería La Bilbaina
- 11 Cafetería Monaco
- 12 Rest. Zortziko
- 14 Rest. Vegetariano
- 16 El Asador de Aranda

Internet-Zugang: Internetzugang gibt's gratis zum Drink im Nash Café, Calle Simon Bolívar 11. Cyber Café Antxi, Calle Luis Briñas 13, Ecke Alameda de Urquijo (Nähe Busbahnhof); www.cybercafe-antxi.com. El Señor de la Red, Calle Rodriguez Arias 69 (Nähe Calle María Díaz de Haro), ✆ 944 277773, www.elsenordelared.com.

Verbindungen

• *Flug* **Aeropuerto Sondica** (auch Bilbao-Loin genannt; ✆ 94 4869300), etwa neun Kilometer nördlich, Busverbindung mit BIZKAI BUS alle 30 min. von und zur Plaza Federico Moyúa und zum Termibus (1,20 €); ein Taxi in die Stadt kostet ca. 25 €. Gute Inlandsverbindungen, aber auch Flüge in den deutschen Sprachraum.

• *Zug* Derzeit noch ein halbes Dutzend Bahnhöfe. Für den Reisenden sind in erster Linie die folgenden drei von Bedeutung, die alle nicht weit vom Fluss entfernt liegen.
RENFE-Bahnhof: Estación de Abando (Info-✆ der Renfe: 902 240202), auch Estación del Norte genannt. Zentral an der Südseite der Plaza Circular, nahe der Brücke Puente Arenal gelegen. Züge über Burgos nach Madrid oder La Coruña, sowie über Logroño nach Zaragoza und Barcelona, weitere Verbindungen ab Knotenpunkt Miranda de Ebro. Hier auch die Station der Vorortzüge Cercanías.
FEVE-Bahnhof an der Calle Bailen 2, Info: ✆ 944 250615, www.feve.es. Gleich östlich des RENFE-Bahnhofs, vom Fluss nur durch das Gebäude der RENFE-Cercanías (Vorortzüge) getrennt. Architektonisch ein Modernismo-Traum. Für die Schmalspurbahnen nach Santander, Fahrtdauer etwa 2,5 Std., Abfahrten 3-mal täglich sowie nach León, 1-mal täglich.
Euskotren-Bahnhof (ET/FV—Eusko Tren/Ferrocarriles Vascos): Estación Atxuri, Achuri 6, ✆ 902 543210, www.euskotren.es. Auf der Altstadtseite, von der Altstadt selbst etwa zehn Minuten südwärts am Ufer entang. Schmalspurbahn nach Gernika/Bermeo etwa halbstündlich, Donostia (San Sebastián) stündlich.

• *Bus* **Busbahnhof Termibus** an der Calle Luis Briñas, am westlichen Rand der Neustadt Ensanche, Metro-Haltestelle San Mamés; ✆ 944 395077. Hier starten alle großen Busgesellschaften, darunter ALSA nach Santander (halbstündlich), Oviedo, Santiago de Compostela (6-mal tgl.!) und Zaragoza, ANSA nach Madrid, Burgos, León und Teilen Galiciens, LA BURUNDESA/LA UNION nach Vitoria-Gasteiz, Pamplona, Logroño und Santo Domingo, PESA Richtung Durango und Donostia/San Sebastián, CONTINENTAL AUTO nach Madrid, Barcelona, VIBASA nach Burgos, Vitoria-Gasteiz und Ourense. BIZKAI BUS (✆ 902 222265) ist für den Flughafen sowie Gernika und Lekeitio zuständig; Abfahrt am Termibus mit Halt an der Plaza Moyúa.

• *Stadtverkehr* Prinzipiell liegt alles Wichtige in Fußentfernung. Ein Metrofahrplan sowie eine Liste der Stadtbusse BILBOBUS sind bei der Infostelle erhältlich. Tagesticket für alle Linien und Verkehrsmittel 3 €, günstig sind Wertkarten (ab 5 €) bei denen Einzelfahrten (0,60 €) abgebucht werden, beide an Automaten.
Metro: Die optisch beeindruckende Metro (www.metrobilbao.net), die die Altstadt mit der Neustadt und den Vororten verbindet, vom britischen Architekten Norman Foster konzipiert und um Nebenlinien erweitert wurde, nützt aufgrund ihrer Linienführung eher den Einwohnern als den Touristen. Die wichtigen Stationen der Innenstadt liegen so nahe zueinander, dass man die Strecken auch laufen kann: **Casco Viejo** (Altstadt, Zugang an Plaza Unamuno), **Abando** (Plaza Circular/Bahnhöfe der Renfe und Feve) und **Moyúa** (Museen Bellas Artes und Guggenheim). Am nützlichsten ist die Metro als Zubringer zum Busbahnhof nahe der Station **San Mamés**.
Straßenbahn: Seit 2002 verbindet die Straßenbahn Euskotran mit eingegrüntem Gleiskörper oder — wo möglich — seitlichem Grün die Altstadt mit dem Guggenheim-Museum und dem Abandoibarra-Zentrum (www.euskotran.es).
Taxis unter ✆ 944 448888, ✆ 944 800909 oder ✆ 944 102121.

• *Funicular de Artxanda* Ein besonderes Verkehrsmittel ist die 1915 in Dienst gestellte und 1983 renovierte Standseilbahn auf den Monte Artxanda. Das kurz „Funi" genannte Bähnchen startet viertelstündlich im Gebiet hinter der Zubizuri-Brücke. Die preiswerte Fahrt lohnt sich auch wegen der schönen Aussicht. Infos ✆ 944 454966.

• *Parken* Während die Altstadt überwiegend Fußgängerzone und Parken generell unmöglich ist, gibt es in der Neustadt neben den für

Bilbao

Anwohnern reservierten Parkstreifen mehrere (nicht billige) Parkhäuser und Parkplätze.
• **Mietwagen** AVIS, Alameda Doctor Areilza 34, eine Seitenstraße der Gran Vía nahe Plaza Molúa, ✆ 944 275760, am Flughafen ✆ 944 869649; EUROPCAR, im Renfe-Bahnhof, ✆ 944 239390, am Flughafen ✆ 902 105055; HERTZ, Plaza Pio X (am Puente Deusto) s/n, ✆ 944 153677, Flughafen ✆ 944 530931; NATIONAL/ATESA, am Flughafen ✆ 944 533340.

Übernachten (siehe Karten S. 710/711 und S. 715)

An Wochenenden („Fin de Semana") offerieren viele der gehobenen Hotels (nicht die Fünfsterner!) verbilligte Spezialtarife. Mittlerweile ist Bilbao jedoch auch dann gut besucht, deshalb besser reservieren oder zumindest sehr früh auf die Suche gehen. Zur Fiesta-Zeit Mitte August übersteigt die Nachfrage das Angebot bei weitem, ansonsten gilt der August in vielen Hotels als Nebensaison. Preiswerte Pensionen finden sich besonders in der Altstadt, eine Liste gibt es bei der Infostelle.

***** **Hotel Carlton (13)**, luxuriöses Quartier in einem traditionsreichen, zentral gelegenen Gebäude der Neustadt, das mit seinem Stil der Belle Epoque zu den Wahrzeichen Bilbaos zählt. Vor einigen Jahren komplett renoviert; Garage. DZ 70-275 €. Plaza Federico Moyúa 2, ✆ 944 162200, 📠 944 164628, www.hotelcarlton.es.

***** **Hotel Sheraton (4)**, 2003 eröffneter schicker Hotelbau des Architekten Ricardo Legorrere im Viertel Abandoibarra, Architektur und Inneneinrichtung in fashionabelfunktionalem Understatement – kühl, aber äußerst komfortabel bis hin zu den „Sheraton sweet-sleeper"-Betten. Nicht *nur* für Krösusse (Presidential Suite ab 2500 € pro Nacht …), DZ ab ca. 105-255 €. Avenida Lehendakari Leizaola 29, ✆ 944 280000, 📠 944 280001, www.sheraton.com/bilbao

**** **Hotel Silken Indautxu (15)**, das nach dem Stadtviertel benannte Hotel verbindet geschickt eine gründerzeitliche Villa, in der sich u. a. das Restaurant befindet, mit einem postmodernen Bettentrakt. Das Innere ist so intelligent gestaltet wie möbliert: Mix aus Stilmöbeln und modernem Komfort mit funktionellen Formen. DZ 95-190 €, Wochenende ca. 130 €. Plaza Bombero Etxanitz s/n, ✆ 944 44 0004, 📠 944 221331, www.hotelindautxu.com.

*** **Hotel Barceló Nervión (9)**, in guter Lage am Fluss nahe der Altstadt. Großes Hotel mit fast 350 komfortabel ausgestatteten Zimmern, vor wenigen Jahren von oben bis unten renoviert. Business-Center mit Netzanschluss, Garage, Fahrradverleih. DZ etwa 70–170 €. Paseo Campo Volantín 11, die östliche Uferstraße, unweit Rathaus Ayuntamiento; ✆ 944 454700, 📠 944 455608, www.bchoteles.com.

Hotel Hespería Bilbao (3), schickes Hotel in unmittelbarer Nähe des Guggenheim-Museums, 2005 eröffnet, 150 Zimmer zu 90-175 €, Campo Volantín 28, ✆ 944 051100, 📠 944 051110, www.hesperia-bilbao.com.

*** **Hotel Conde Duque (7)**, ein kleines Stück weiter, zum Guggenheim-Museum nur ein Katzensprung, dabei noch in leichter Fußentfernung von der Altstadt. Von außen ist dieses Best-Western-Hotel keine Schönheit, die Zimmer sind jedoch geräumig und gut ausgestattet, alle mit Internetanschluss. Garage. DZ 60–175 €. Paseo Campo Volantín 22, ✆ 944 456000, 📠 944 456066, www.hotelcondeduque.com.

* **Hotel Petit Palace Arana (24)**, 64 ganz moderne Zimmer, alle mit Internetzugang, in einem am 1905 errichteten Stadthaus, das zum komfortablen Hotel der High-Tech-Hotelkette umgebaut wurde. Günstige, doch nicht ganz ruhige Altstadtlage beim Teatro Arriaga. DZ 55–290 (!) €. Calle Bidebarrieta 2, ✆ 944 156411, 📠 944 161205, www.hthotels.com

** **Hotel Ibis (19)**, 10 km außerhalb liegendes Hotel der bekannten Kette, preisgünstig, bequem und komfortabel, ideal für Autofahrer (Parken im Zimmerpreis inbegriffen). DZ ca. 60 €. Barrio de Kareaga Norte (an der N 634 in Richtung Santander), Barakaldo, ✆ 944 180160, 📠 966 6532, www.ibishotel.com

** **Hotel Sirimiri (36)**, gutes Hotel am Altstadtrand in Richtung Bahnhof Atxuri (Euskotren), eine Empfehlung von Michael Heuer; DZ 80–100 €, Plaza Encarnación 3, ✆ 944 330759, 📠 944 330875, www.hotelsirimiri.com.

* **Hotel Arriaga (25)**, freundliches und angenehmes kleines Hotel in ebenfalls sehr zentraler Lage auf der Altstadtseite. Gut ausgestattete Zimmer; ein zusätzliches Plus ist die eigene Garage. Leider recht laut, Schallschutzfenster könnten Abhilfe schaffen … DZ 82 €. Calle Ribera 3, ✆ 944 790001, 📠 944 790516.

Baskenland Karte S. 682/683

714 Baskenland

** Hostal Iturrienea Ostatua (33), ausgesprochen hübsches, wenn auch nicht eben ruhig gelegenes Quartier in der Altstadt. Holz, Naturstein, Antiquitäten und die Werke lokaler Künstler prägen das Interieur, die Zimmer sind liebevoll dekoriert, die Bäder gut eingerichtet (die Leser A. und G. Mittring monieren aber zu Recht, dass durch die zahlreichen Objekte zu viel Platz vollgestellt ist). DZ/Bad kosten etwa 60–65 €, das Frühstück ist mit 8 € extrem überteuert. Calle Santa María 14, an der blaugelben Fassade leicht zu erkennen, ✆ 94 4161500, ✆ 94 4158929, www.iturrieneaostatua.com.

** Pensión Bilbao (22), trotz zentraler Lage nahe der Plaza Circular ruhige Pension guter Qualität (jährlich komplett neuer Anstrich, schöne Dielenböden) und freundlicher Leitung, DZ ca. 45 €, Calle Amistad 2, ✆ 944 246943, www.pensionbilbao.com.

Pensión Mardones (31), etwas verbrauchte Pension in der Altstadt. Schöne Holzfußböden, ordentliche, wenn auch etwas enge Bäder, leider recht durchgelegene Betten. Weite Preisspanne; am besten kommen Pärchen weg, die sich eines der großen Betten teilen. DZ mit Bad 35-60 €, ohne Bad 35-45 €. Calle Jardines 4, ✆ 944 153105.

Pensión de la Fuente (27), schon ältere, aber ganz ordentliche und dabei preiswerte Adresse in der Altstadt. DZ/Bad etwa 45 €, ohne Bad knapp 30 €. Calle Sombrerería 2, südlich der großen Plaza Nueva, eine Seitenstraße der Calle Correo. ✆ 944 169989.

* Pensión Ladero (30), erstaunlich große Altstadtpension nicht weit von der Kathedrale. 21 gut möblierte Zimmer im 4. Stock, überwiegend sogar mit TV ausgestattet. Auch die Gemeinschaftsbäder sind recht ordentlich. DZ ohne Bad knapp 35 €. Calle Lotería 1, ✆ 944 150932, www.pensionladero.com.

** Pensión Maite (1), einfache, aber sauberere Pension in neuerem (etwas hellhörigem) Haus im Vorort Barakaldo, Zimmer schlicht, aber gute Betten und sogar TV, DZ 32 €. Calle Nafarroa 1, Barakaldo, ✆ 944 387445, hostalmaite@yahoo.es.

Residencia Blas de Otero (17), 2004 eröffnete (studentische), allgemein gelobte Herberge in Bahnhofsnähe im Arbeiterviertel San Francisco, einfach eingerichtete EZ und DZ mit Bad, TV, Küche (!), im Haus Fitnessraum, DZ 53 €, EZ 36 €; Calle de las Cortes 38.

Jugendherberge Albergue Aterpetxea (18), hypermoderne, saubere und für den Komfort preiswerte Jugendherberge in der Nähe des Busbahnhofs, aber direkt an der Schnellstraße und laut. Stolz weist man darauf hin, die ISO-Norm 9002 zu erfüllen; Internetanschluss. Der Luxus kostet pro Person ab 13 €, im Einzelzimmer bis zu ca. 19 €, einfaches Frühstück jeweils inklusive. Bus Nr. 58 ab Puente del Arenal hält direkt vor der Tür. Carretera Basurto-Kastrexana 70, ✆ 94 4270054, http://albergue.bilbao.net.

Essen/Nachtleben/Feste (siehe auch Karte S. 710/711)

• *Essen* Bestes Jagdrevier für preiswerte Tapa-Bars und Restaurants ist die Altstadt, besonders die Straßen Barrenkale Barrena und Somera im Gebiet der „Siete Calles".

Rest. Zortziko (12), eines der besten Restaurants der Stadt, nicht umsonst mit einem Michelinstern ausgezeichnet. Ambiente in pink und crême (etwas tuntig, aber gediegen). Kreative Küche (berühmtestes Gericht ist *pato azulon*, „Blaue Ente" – die einzelnen Teile wie Brust und Schenkel werden unterschiedlich zubereitet), feines Ambiente, entsprechende Preise: 55 € aufwärts muss man à la carte schon hinlegen, das Probiermenü kommt auf 75 €. 600 sämtlich nicht ganz billige Weine zur Auswahl. Alameda de Mazorredo 17, ✆ 94 4239743. Sonntags, Mo-Abend sowie von Mitte August bis Mitte September geschlossen.

Rest. Aizian (5), das Renommée-Restaurant des Sheraton profitiert vom Chef Roberto Asúa, dessen Kochkünste dem Restaurant Andra Mari im nahen Galdakao (in Richtung San Sebastián) einen Michelinstern eingebracht haben. Kleine, aber kreative Karte, große Weinauswahl, drei Gänge 60-70 €. Avenida Lehendakari Leizaola 29, ✆ 94 4280039. Sonntags zu.

Rest. Guggenheim (2), Restaurant, Cafetería, Bar, Außenbereich und Innenbereich (der letztere nur für Museumsbesucher) – das Guggenheim ist eine Gastrolandschaft. Besonders preisgünstig ist der Speisesaal der Cafetería, wo man ein vorzügliches Menú del día für um die 15 € bekommt (an Wochenenden 20-25 €). Im Restaurant à la carte ab ca. 60 €. Avda. de Abandoibarra 2, ✆ 944 239333.

Bilbao 715

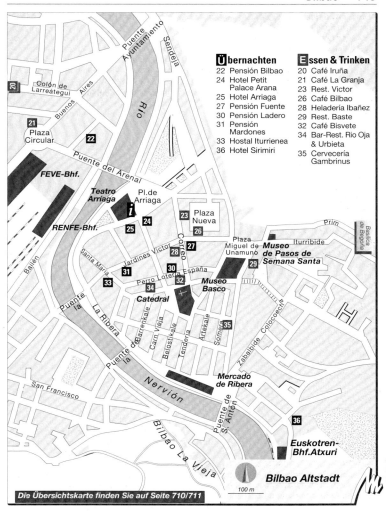

Übernachten
22 Pensión Bilbao
24 Hotel Petit Palace Arana
25 Hotel Arriaga
27 Pensión Fuente
30 Pensión Ladero
31 Pensión Mardones
33 Hostal Iturrienea
36 Hotel Sirimiri

Essen & Trinken
20 Café Iruña
21 Café La Granja
23 Rest. Victor
26 Café Bilbao
28 Heladería Ibañez
29 Rest. Baste
32 Café Bisvete
34 Bar-Rest. Rio Oja & Urbieta
35 Cervecería Gambrinus

Die Übersichtskarte finden Sie auf Seite 710/711

Baskenland Karte S. 682/683

Rest. Victor (23), gehobene Klasse in der Altstadt direkt an der Plaza Nueva. Erster Stock, edles Interieur, eher traditionelle und marktabhängige baskische Küche. Tagesmenü etwa 35 €, à la carte gibt man mindestens das Gleiche aus. Stilvolle Bar Victor im Erdgeschoss. Plaza Nueva 2, ✆ 94 4151678. Sonntags sowie von Mitte Juli bis Anfang August geschlossen, in der ersten Septemberwoche ebenfalls.

El Asador de Aranda (16), lokaler Stellvertreter der bekannten Restaurantkette; Spezialität gegrilltes Lamm. Üppig dekoriert, Essen ab etwa 25 €, Do ist Spanferkeltag (ca. 20 €). Neustadt, Calle Egaña 27; So-Abend und im August für zwei Wochen geschlossen.

Rest. Baste (29), in der Altstadt. Speiseraum im hinteren Bereich des Lokals, gute baskische Küche, Spezialität gefüllte Muscheln (Mejillones rellenos). Essen ab etwa 20 €. So-

Baskenland

Abend sowie etwa vom 10. Juli bis 10. August geschlossen. Calle María Muñoz 6, an der Rückseite des Archäologischen Museums.

Rest. Vegetariano (14), wie der Name schon sagt. Gemütlich eingerichtet, nicht teuer und in Fußentfernung zur Estación de Abando. Leider nur Mo–Sa 13–16 Uhr geöffnet, preisgünstiges Tagesmenü (4 Gänge ca. 10 €). Alameda de Urquijo 33, zwei Querstraßen von der Post.

Bar-Rest. Río Oja (34), in der Altstadt. Bereits 1959 gegründetes, sehr beliebtes Lokal, in dem hauptsächlich „Cazuelitas" serviert werden: Das sind kleine Kasserollen, die etwa 6–8 € kosten – zwei braucht man schon, um satt zu werden (es sei denn, man nimmt die „pimientos rellenos" zu 7 €, gefüllte und panierte Spitzpaprika, dazu gibt es Pommes). Ein Menü à la carte (3 Gänge) ist ab ca. 20 € zu haben. Calle Perro 4. Ganz ähnlich und nur eine Kleinigkeit teurer ist das benachbarte **Bar-Rest. Urbieta**.

Rest. im Hotel Conde Duque (8), sehr preiswertes Hotelrestaurant, z. B. dreigängiges Mittagsmenü inkl. Wein zu 12 € – für Bilbao ein Schnäppchen!

El Rincón del Somiller (6), Restaurant mit großer Karte, Tagesmenü 10 €, à la carte ca. 25 €, vor allem aber beliebte Bar mit 1a-Pintxos und einem Dutzend offenen Weinen ab ca. 1 €, einige besonders gute Weine stehen nicht auf der Karte. Tivoli 8 (nahe Campo Volantín), ✆ 94 445 3083.

Bacaladería La Bilbaina (10), Bacalao-Spezialist, Fertiggerichte für den Straßenverkauf und kleines Restaurant, sehr gute Küche. Tolles Meeresmenü zu drei Gängen mit Bacalao nach der Art von Bilbao und dazu Riojawein, ab 2 Personen pro Person 25 €, à la carte ab 30 €. Leser Ronald Neuhäuser gab diesen guten Tipp, Lob spendete er auch dem Rincón del Somiller. Henao 30, ✆ 944 230707.

Cervecería Gambrinus (35), die Bierkneipe in der Altstadt bietet zwar eine für mitteleuropäische Verhältnisse enttäuschende Auswahl an Bieren (ca. ein Dutzend), aber einen reizvollen, über zwei Stockwerke reichenden Raum, der an einen Bierkeller erinnern soll und vor allem eine hervorragende rustikale Küche, die sich nicht nur in Pintxos und belegten Brötchen erschöpft (ab ca. 3,50 €), sondern auch schmackhafte Tellergerichte (ca. 8 €) umfasst (Speiseraum im hinteren, höheren Raumteil). Calle Somera 18, Zugang auch von der Calle Ronda.

Café Iruña (20), mit „maurischem" Dekor, eines der schönsten und zugleich traditionsreichsten unter den zahlreichen Cafés Bilbaos, 1903 gegründet – nicht versäumen! „Personal sehr unfreundlich" (Leser Doris Fackler). Jardines de Albia 5, auf der Neustadtseite gegenüber dem gleichnamigen Park, bis Mitternacht, am Wochenende länger.

Café La Granja (21), ein weiterer Vertreter der reizvollen Kaffeehauskultur der vorletzten Jahrhundertwende, schön altmodischer Kellnerservice und hervorragende Pintxos zu ca. 2 €. Sehr zentrale Lage an der Plaza de Circular 3.

Heladería-Turronería Ibañez (28), eine Empfehlung von Leserin Doris Fackler, wirklich ausgezeichnetes Eis und hausgemachter Turrón (eine Art Türkischer Honig), auch Turrón-Eis und andere ungewöhnliche Eiskreationen; Calle Correo 23 (nahe Kathedrale).

An der nahen **Plaza Nueva** finden sich Cafés mit schönen Plätzen im Freien, so das **Café Bilbao (26)**, eine Cafeteria von 1911 unter den Lauben der Plaza Nueva, behutsam renoviert, stimmungsvoll mit guten Raciones und Pintxos, besonders lecker diejenigen mit Champignons von Grill und die gefüllten *chipirones* (kleine Tintenfische). Allerdings kein Geheimtipp – meist knallvoll, viele Ausländer. Plaza Nueva 6.

Cafetería Monaco (11), gepflegte klimatisierte Café-Bar um die Ecke von der Plaza Moyúa, Alameda de Recalde 32.

Café Bisvete (32), das unauffällige Cafe auf dem Platz vor der Kathedrale hat ein treues Stammpublikum. Mittags große Auswahl an ausgezeichneten Pintxos, weiters Platos combinados (ca. 7 €), bereits ab 8 Uhr gibt es Frühstück. Leider nur bis 21 Uhr geöffnet. Plaza Santiago 6.

• *Nachtleben* Die **Calle Licenciado Poza** bildet die bestbesuchte Kneipenzone der Neustadt, besonders im Gebiet der Kreuzung mit der Calle Gregorio de la Revilla.

Die **„Siete Calles"** (besonders Barrenkale Barrena) und die angrenzenden Straßen der Altstadt wie die Calle Jardines und die Calle Santa Maria zählen ebenfalls zu den beliebtesten Schauplätzen des nächtlichen „Poteo", des Herumstreifens von Bar zu Bar.

Mehrere Nachtkneipen sind auf Rockmusik und Blues spezialisiert, so Rock and Roll, Calle Blas de Otero 3 und Rock Star, Gran Via 87.

• *Feste* **Aste Nagusia** (spanisch: Semana Grande), die „Große Woche". Das turbulente Hauptfest Bilbaos beginnt am Samstag nach dem 15. August und dauert acht Tage. Stierkämpfe, Feuerwerk, Rockkonzerte, Theater etc.

Sehenswertes

Plaza Nueva: Am nördlichen Rand der Altstadt bildet das Häusergeviert, in dessen Arkadengängen es sich trefflich wandeln lässt, den in sich geschlossenen Hauptplatz des alten Bilbao.

Museo Vasco/Euskal Museoa: An der Plaza del Miguel Unamuno 4 (Südostecke der Plaza Nueva) belegt das Baskische Museum für Archäologie, Volkskunde und Geschichte ein ehemaliges Jesuitenkloster. Die archäologische Abteilung im schönen Kreuzgang und im Erdgeschoss präsentiert überwiegend vorgeschichtliche Funde; die völkerkundliche Abteilung befasst sich unter anderem mit traditionellem Webhandwerk, der Fischerei, Sport und, natürlich, der Eisenverhüttung. In der Abteilung für Geschichte sind religiöse Kunstwerke, Waffen und die Einrichtung des „Consulado" zu sehen, eines Handelsgerichts des 16.-19. Jh., das die Schifffahrt und den Handel in der Flussmündung regelte.

Öffnungszeiten Di–Sa 11–17 Uhr, So 11–14 Uhr. Eintritt 3 €, Studenten 1,50 €; donnerstags sowie für Kinder bis 10 Jahre und Rentner gratis; www.euskal-museoa.org.

Museo de Pasos de Semana Santa: Das Museum in der Calle Iturribide 3, unweit des Museo Basco, beherbergt die „Pasos" genannten Skulpturengruppen, die bei den Umzügen der Karwoche durch die Stadt getragen werden und erklärt die Geschichte der einzelnen Bruderschaften.

Öffnungszeiten Di–Fr 11–13.30, 17–19.30 Uhr, Sa 11–14, 17–20 Uhr, So 11–14 Uhr; in den Wochen um Ostern ist geschlossen. Eintritt 2 €, Studenten 1 €, Kinder bis 12 J. und Rentner gratis.

Catedral de Santiago und Umgebung: Im Herzen der Altstadt, ursprünglich im gotischen Stil des 15. Jh. erbaut, wurde die Kathedrale nach einem Brand im 16. Jh. erneuert; Fassade und Glockenturm sind neogotische Zutaten des 19. Jh. Südlich der Kathedrale erstreckt sich das älteste Viertel *Siete Calles*, die Kneipenzone der Altstadt, bis hinunter zum Fluss.

Das Herz der Stadt im Morgenlicht: Plaza Nueva

Diözesanmuseum: Im Kloster der Dominikanerinnen, an der Plaza Encarnación 9b, 1515 von diesen gegründet, befindet sich eine interessante Sammlung kirchlich-religiöser Objekte, unter denen vor allem das vorwiegend aus Amerika importierte Silber hervorsticht.

Öffnungszeiten Di–Sa 10.30–13.30, 16–19 Uhr, So 10.30–13.30 Uhr, Eintritt 2 €, Stud., Kinder (bis 18J.!) und Sen. 1 €, am Do freier Eintritt.

Bilbao La Vieja: Jenseits des Flusses liegt das alte Viertel Bilbao la Vieja. Im Laufe der Zeit etwas marode geworden, soll es im Rahmen der Stadtmodernisierung in den kommenden Jahren renoviert werden, Grünflächen sowie Sport- und Kultureinrichtungen erhalten. Bisher allerdings ist in dem Gebiet noch erhöhte Vorsicht geboten, befindet sich hier doch das ungemütliche Zentrum der harten Drogenszene Bilbaos.

Basílica de Begoña: Die hoch über der Altstadt gelegene Wallfahrtskirche des 16. Jh. bietet einen guten Blick über Bilbao; zu erreichen ist sie über Treppen ab der Plaza del Miguel Unamuno oder über einen Aufzug (Ascensor) bei der Kirche San Nicolás, nördlich der Plaza Nueva.

Guggenheim-Museum Moderner und Zeitgenössischer Kunst: Die spektakulärste Sehenswürdigkeit der Stadt, ein architektonisches Meisterwerk, das Bilbao in eine Reihe mit New York und Venedig stellt. Seit Oktober 1997 besitzt die Stadt nun Zugriff auf die riesige, fast zehntausend Werke umfassende Sammlung der Stiftung, die 1937 vom amerikanischen Unternehmer Solomon Guggenheim gegründet wurde. Unter den Kunstwerken dieser größten Privatsammlung der Welt sind Arbeiten von Chagall, Delaunay, Klee, Léger, Matisse, Modigliani, Mondrian, natürlich auch Dalí, Gris, Miró, Picasso und und und ... Bislang allerdings wird dieser Schatz kaum genutzt, widmet sich das Museum doch vor allem wechselnden Ausstellungen.

Befürchtungen, die faszinierende Architektur des futuristischen Baus am Río Nervión könne seinen Inhalt in den Schatten stellen, sind gerechtfertigt. Der dynamische Entwurf des amerikanischen Star-Architekten Frank Owen Gehry ist tatsächlich ein Traum. „Ein kalkuliertes Chaos aus Winkeln und Wogen" nannte die „Welt am Sonntag" das je nach Lichteinfall mal silbrig, mal golden, dann wieder eisblau schimmernde Riesenschiff aus Titanium, dessen Errichtung mehr als 130 Millionen Euro verschlang. Kern dieser Kathedrale der Kunst ist ein 50 Meter hohes Atrium, durch dessen gigantisches Glasdach das Sonnenlicht flutet. Rampen und gläserne Lifte führen zu den 19 Galerien, die sich über drei Etagen erstrecken. Die Form der Räume zeichnet das zerklüftete Äußere exakt nach – auch im Inneren findet sich kaum ein rechter Winkel. 11.000 Quadratmeter Ausstellungsfläche besitzt das Museum, wobei die größte der Galerien, wegen ihrer Form *pez* (Fisch) genannt, mit einer Länge von 130 Metern und einer Breite von 30 Metern selbst den voluminösesten Kunstwerken ausreichend Platz bieten sollte. Natürlich verfügt das Museum auch über einen Souvenirshop sowie ein Restaurant, dessen Stühle von Gehry persönlich gestaltet wurden. Den faszinierendsten Anblick auf das Museum hat man übrigens am Abend von der Promenade an der Ría, dann leuchten die Metallkörper dieses komplexen Bauwerks in der sinkenden Sonne rötlich auf und die riesige Bronzespinne „Maman" (von Louise Bourgeois, 1999) glitzert mit blitzenden Reflexen.

• *Lage/Anfahrt* Das sehr ausgedehnte Museumsgelände erstreckt sich am südlichen Flussufer im Norden der Neustadt Ensanche. Autofahrer finden eine großen Parkplatz (Sa/So sogar gratis) direkt westlich des Museums; Anfahrt am besten von der Plaza Moyúa über die Calle Elcano und dann auf die Brücke Puente de Deusto (Richtung Deusto), noch vor dem Fluss selbst jedoch wieder rechts ab. Durch den groß angelegten Umbau des Gebiets von Abandoibarra könnte sich die Parksituation im Lauf der nächsten Jahre allerdings ändern.

Spektakuläre Kathedrale der Kunst: Guggenheim-Museum

- *Öffnungszeiten* Di–So 10–20 Uhr, im Juli und August täglich. Die Eintrittsgebühr variiert je nach den gerade stattfindenden Sonderausstellungen; Richtwert etwa 10,50-12.50 €, Pensionisten/Kinder über 12 J./Stud. 6.50-7,50 €. Weiters gibt es ein Kombiticket („Bono Artean") zu ca. 12 €, das auch zum Besuch des Museo de Bellas Artes berechtigt. Am Eingang erhältlich ist auch eine deutsch- oder englischsprachige Broschüre mit dem Ausstellungsprogramm.
- *Internet* www.guggenheim-bilbao.org.

Museo de Bellas Artes: Am Rand von Abandoibarra gelegen, steht die Ausstellung mittlerweile etwas im Schatten des Guggenheim-Museums – zu Unrecht. Die Galerie im *älteren Gebäude* umfasst in den ersten neun Sälen spanische Gemälde und Skulpturen des 12.–17. Jh., darunter Größen wie Velazquez, El Greco und Zurbáran. In weiteren Räumen sind niederländische, italienische und französische Künstler zu sehen. Die Säle 16–19 beherbergen Gemälde des 18./19. Jh., unter ihnen drei hervorragende Porträts von Goya in des Meisters üblicher Deutlichkeit (Saal 16). Der erste Stock ist baskischen Künstlern wie Echevarría und Zuloaga gewidmet, dessen Bildnis der schönen Condesa Mathieu de Noeilles vom 1913 einen Ehrenplatz einnimmt. Das *moderne Gebäude* präsentiert im Obergeschoss spanische und ausländische Kunst des 20. Jh., darunter Werke von Picasso, Tàpies, Kokoschka und Vasarely.

- *Lage und Öffnungszeiten* Plaza del Museo 2, am Parque de Doña Casilda de Iturriza; von der Gran Vía und der großen Plaza Federico Moyúa über die Calle Elcano zu erreichen. Geöffnet Di–Sa 10–20 Uhr, So 10–14 Uhr; Eintritt rund 5 €, Stud./Sen. 3,50 €, Mi gratis. Hier gibt es ebenfalls das Kombiticket „Bono Artean", das auch zum Besuch des Guggenheim-Museums berechtigt.
- *Internet* www.museobilbao.com.

Palacio Euskalduna (Kongress- und Musikpalast): Der in Form und Außenhaut an ein futuristisches Schiff erinnernde Bau an der Ria ist nach der Werft benannt, die sich hier ehemals befand. Die Werft wird durch die metallisch glänzende, undurchsichtige Außenhaut wie durch die von den Architekten Federico Soriana und Dolores

Palacios eingesetzte Schiffbautechnologie zitiert. Ein – künstlicher – Kohlehaufen vor der Tür samt Förderkran und die Lichtinstallation auf dem eng geschnittenen Grundstück verstärken noch den Eindruck eines an der Ría angelandeten Schiffes. Die 5000 m² Fläche im Inneren werden für Veranstaltungen vom Kongress bis zum Symphonie- oder Popkonzert und zur Opernaufführung genutzt.

Museo Marítimo Ría de Bilbao: Das (derzeit) neueste Museum Bilbaos wurde unter teilweiser Verwendung der ehemaligen Euskalduna-Werft eingerichtet. Elf Schiffe und ein historischer Kran sind auf dem früheren Trockendock zu besichtigen, das eigentliche mehrstöckige Meeresmuseum mit seinen 7000 m² Ausstellungsfläche wurde geschickt in das linke Widerlager der Euskaldunabrücke integriert. Durchbrochene schräge Trennwände suggerieren in den beiden oberen Stockwerken unaufdringlich ein Schiffsinneres. Zu Beginn der Besichtigung unbedingt den Film im Erdgeschoss ansehen (auch in Englisch), er zeigt u. a. eine interessante Computersimulation der Entwicklungsphasen Bilbaos. Viele Schiffsmodelle und Originalgemälde, Erklärungen leider nur auf Baskisch und Kastilisch.

• *Lage und Öffnungszeiten* Muelle Ramón de la Sota 1, Stiegenabgang vom Puente Euskalduna. Geöffnet Di-Fr. u. So 10-18.30 Uhr, Sa 10–20 Uhr, Juli/Aug. Di-So 10-20 Uhr; Eintritt rund 5 €, erm. 3,50 €.
• *Internet* www.museomaritimobilbao.org

▶ **Weiterreise:** Weiter an der Küste geht es im Kapitel „Kantabrien".

Provinz Araba (Alava)

Die Inlandsprovinz des Baskenlands ist überwiegend gebirgiger Natur. Eine Ausnahme bildet das weite, flache Becken um die Hauptstadt Vitoria-Gasteiz. Weit im Süden liegt die Region der Rioja Alavesa: Auch der baskische Anteil des berühmten Weinbaugebietes produziert hervorragende Tröpfchen.

Vitoria-Gasteiz

Obwohl an der Kreuzung wichtiger Verkehrswege gelegen, wird die Provinzhauptstadt, die gleichzeitig Hauptstadt des gesamten Baskenlands ist, eher selten besucht. Eine der Ursachen für die Zurückhaltung ausländischer Reisender ist wohl das langweilige, einförmige Bild, das die wuchernden Industrieanlagen und Mietskasernen der Außenbezirke abgeben. Im historischen Kern allerdings, oberhalb der zwei nebeneinander liegenden Hauptplätze *Plaza Virgen de la Blanca* und *Plaza de España*, beweisen enge Gassen und eine ganze Reihe gotischer Bauten das tatsächliche, ehrwürdige Alter der Stadt: Über 800 Jahre ist es her, seit 1181 Navarras König Sancho „Der Weise" Vitoria gründete.

Information/Verbindungen

• *Information* Oficina de Turismo, Plaza General Loma s/n, gegenüber dem baskischen Parlament an der Calle de la Florida, ✆ 945 161598, ✉ 945 161105. Geöffnet Mo–Sa 10–19, So/Fei 11–14 Uhr. Infos im Internet: www.vitoria-gasteiz.org/turismo.
• *Verbindungen* **Flug:** Aeropuerto Vitoria-Foronda (Info: ✆ 945 163591, www.aena.es) etwa acht Kilometer nordwestlich, keine Busverbindung. Nur Inlandsflüge, u. a. nach Madrid und Santiago de Compostela.
Zug: Bahnhof (Info-✆ der Renfe: 902 240202) zehn Fußminuten südlich der Altstadt, ins Zentrum über die Calle Eduardo Dato. Züge nach Burgos 7-mal, San Sebastián (Donostia) 10-mal, Pamplona 3- bis 4-mal, La Coruña 1- bis 2-mal täglich.

Vitoria-Gasteiz

Übernachten
2 Hotel La Bilbaína
6 Parador de Argomañiz
8 Hotel Ciudad de Vitoria
9 Hostal Nuvilla
10 Hotel Dato 28
11 Pensión Zurine

Essen & Trinken
1 Rest.-Bar La Riojana
3 Bar Kirol
4 Rest. La Yerra
5 Cafet. Virgen Blanca
7 Zaldiarán

Vitoria-Gasteiz

Bus: Busbahnhof (☎ 945 258400), Calle Los Herrán 50. Verbindungen u. a. mit CONTINENTAL nach Burgos 8-mal, San Sebastián 8-mal (auch andere Gesellschaften), Santiago de Compostela 1-mal tgl. (im Aug. 2-mal); LA BURUNDESA nach Pamplona 10-mal, nach San Sebastián 7-mal; PINEDO nach Estella 2-mal, nach Haro/Logroño 2-mal; TURYTRANS nach Santander 5-mal; UNION nach Bilbao etwa stündlich.

● *Post* Calle de Postas 9, in einer Fußgängerzone, die von der Plaza Virgen Blanca östlich verläuft; Öffnungszeiten: Mo–Fr 8.30–20.30 Uhr, Sa 9.30–14 Uhr.

Übernachten/Camping

Prinzipiell problemlose Suche, zur Fiestazeit allerdings wird es eng. Liste mit Privatzimmern „Casas Huespedes" bei der Infostelle.

*** Hotel Silken Ciudad de Vitoria (8), erst wenige Jahre altes, jedoch im reizvoll nostalgischen Stil des 19. Jh. gehaltenes Haus nahe der neuen Kathedrale/Parque de la Florida. Komfortable Zimmer; Garage. DZ bis 170 €. Portal de Castilla 8, ☎ 945 141100, ✉ 945 143616, www.hoteles-silken.com.

Baskenland

*** Parador de Argomaníz (6), etwa 14 Kilometer außerhalb, zu erreichen über die Straße nach Donostia. Ruhige Lage und historisches Ambiente in einem Palast der Renaissance; DZ ab etwa 115 €. Carretera N 1, km 363; ✆ 945 293200, 📠 945 293287, www.parador.es.

** Hotel Dato 28 (10), ein angenehmes kleines Hotel in einer Fußgängerzone, auf dem Weg vom Bahnhof zur Altstadt. Freundliche Dekoration, anständige Zimmer, ruhig, Garage. Gutes Preis-Leistungsverhältnis: DZ 50-60 €. Calle Eduardo Dato 28, ✆ 945 147230, 📠 945 232320, www.hoteldato.com.

* Hotel La Bilbaína (2), günstig über einer Fußgängerzone mit Blick auf das neue Kunstmuseum gelegenes Hotel, kleine, aber gepflegte Zimmer, Sat-TV, Schallschutzfenster, aber leider insgesamt hellhörig. DZ ca. 60 €. Calle Prudencio Varástegui 2, ✆ 945 254400, 📠 945 279757.

* Hostal Res. Nuvilla (9), in einem geschäftigen Gebiet der Neustadt, nicht weit vom Zentrum. Saubere, angenehme Zimmer, DZ ohne Bad rund 40 €. Calle de los Fueros 29, ✆ 945 259151.

* Pensión Zurine (11), Nähe Bahnhof; Zimmer und Bäder für die Kategorie recht ordentlich ausgestattet. Preise ähnlich wie oben. Calle de la Florida 29, ✆ 945 233887. In derselben Straße noch weitere Quartiere, z. B. die **** Pensión „Araba 2"** auf Nummer 25, ✆ 945 232588.

• *Camping* **Ibaya**, 1. Kat., etwa fünf Kilometer außerhalb an der Ausfallstraße nach Burgos. Am Beginn der Calle Portal de Castilla (Südwestende Parque de la Florida) starten Busse nach Armentia, von dort noch 2,5 Kilometer zu Fuß. Recht guter Platz, Cafeteria und Einkaufsmöglichkeit. Zur Fiesta-Zeit bis spätestens Mittag eintreffen, sonst belegt! Ganzjährig geöffnet; p.P., Auto, Zelt je etwa 4 €. Carretera N 102 in Zuarzo de Vitoria, ✆ 945 147620.

Essen/Feste (siehe Karte S. 721)

Günstige Restaurants in der Altstadtgasse Calle Cuchillería, kurz „Cuchi" genannt.

Zaldiarán (7), elegantes Restaurant mit der besten baskischen Küche der Stadt und einer der besten der Region, nicht billig, Avda. Gasteiz 21, ✆ 945 134822.

Rest. La Yerra (4), mitten in der Altstadt. Argentinisches Restaurant, das dementsprechend vorwiegend Fleischgerichte serviert. Tagesmenü etwa 13 €, Essen à la carte ab 20 €. Calle Correría 46.

Rest.-Bar La Riojana (1), offener Riojawein, am Tresen gute Auswahl an Pintxos zu günstigem Preis, lockere Atmosphäre, zu den Mahlzeiten Küche nach Art der Rioja. Calle de la Cuchillería 34.

Bar Kirol (3), Beispiel für die vielen stimmungsvollen Kneipen in der Altstadt: dunkler Raum, lange Theke, rustikal eingerichtet und meist knallvoll. Im Angebot vor allem preisgünstige Bocadillos und Raciones. Calle Cuchillería 31, Nähe Spielkartenmuseum.

Cafetería Virgen Blanca (5), die beliebte Cafetería ist meist gut besetzt, weitere Cafés ebenfalls am Platz und in dessen unmittelbarer Nähe.

• *Feste* **Festival de Jazz**, dritte Juliwoche, Programm unter www.jazzvitoria.com.

Fiesta de la Virgen Blanca, 4.-9. August. Das große, auch in Spanien noch nicht sehr bekannte Fest beginnt am 4.8. um 18 Uhr auf der Plaza Virgen Blanca mit dem Schuss „Chupinazo" und dem Herablassen der an einem Regenschirm hängenden „Celedón"-Puppe von der Kirche San Miguel; dazu gönnt sich jeder Besucher Schampus und Zigarre. Bis zum 9.8. wird dann täglich durchgefeiert bis zum Morgen, mit Stierkampf, Laternenprozession „Procesión de la faroles", Bands in den traditionellen blauen Hemden etc ... Ausführliches Programm bei der Infostelle.

Sehenswertes

Plaza de la Virgen Blanca: In ungewöhnlicher Dreieckform leicht ansteigend, zeigt der westliche der beiden Hauptplätze eine Mischung aus alt und neu; auffallend die vielen verglasten Balkone. Die benachbarte **Plaza España**, im späten 18. Jh. dem wunderschönen Hauptplatz von Salamanca nachempfunden, ist das große Wohnzimmer der Stadt.

Stimmungsvoll: Altstadtwinkel bei Vitorias Kirche San Miguel

Iglesia San Miguel Arcángel: Nördlich oberhalb der beiden Plätze, im 14./15. Jh. errichtet und im 16. Jh. erweitert. Zwischen den Bögen der Vorhalle steht das Bildnis der Schutzheiligen „Weiße Jungfrau", dahinter ein schönes gotisches Portal, im Inneren ein aufwändiger Hauptaltar des 17. Jh.

El Campillo: Zwischen San Miguel und der alten Kathedrale erstreckt sich der sogenannte Campillo, der älteste Teil Vitorias; ein architektonisches Schatzkästlein voller mittelalterlicher Paläste und Adelshäuser.

Museo Fournier de Naipes: Im Zentrum der Altstadt beherbergt der 1525 errichtete Palacio Bendaña ein ungewöhnliches Museum: Hier dreht sich alles um Spielkarten und ihre Geschichte.

Öffnungszeiten Di-Fr 10-14, 16-18.30, Sa 10-14, 17-20, So 11-14, 17-20 Uhr, Eintritt frei.

Museo de Ciencias Naturales: Das Museum der Naturwissenschaften liegt an der Calle Siervas de Jesús, untergebracht im wehrhaften Turm Torre de Doña Ochada, der aus dem 15. Jh. stammt. Möglicherweise sind hier bald auch die in Bernstein eingeschlossenen Insekten, Molusken und sogar Flügelteile von Flugdinosauriern ausgestellt, die Mitarbeiter des Museums bei Peñacerrada entdeckt haben.

Catedral Santa María (Catedral Viejo): Die alte Kathedrale (sie soll übrigens Ken Follett zu seinem Buch „Die Tore der Welt" inspiriert haben) bildet den nördlichen Abschluss des Campillo. Im 14. Jh. in gotischem Stil errichtet, besitzt sie in der Vorhalle ausgesprochen fein gearbeitete Portale, deren mittlerer Bogen der Jungfrau gewidmet ist. Im Inneren zu bewundern sind zahlreiche gotische Gräber und eine ganze Reihe von Kapellen, die teilweise mit hochrangigen Gemälden ausgestattet waren, die seit 1999 im Diözesanmuseum zu sehen sind.

• *Öffnungszeiten* Die Kathedrale wird derzeit noch restauriert und archäologisch erschlossen, sie ist für den normalen Publikumsverkehr geschlossen. Dennoch kann man sie besuchen: Für 3 € finden Führungen statt, die vor allem auch die interessanten Ausgrabungen der Vorgängerbauten zeigen (die z. T. später wieder unter dem Boden verschwinden werden), Termine und Anmeldung unter ✆ 945 255135 oder www.catedralvitoria.com bzw. in der Touristeninformation.

Diözesanmuseum: In der neuen Kathedrale, Calle Cadena y Eleta 2, ist das Diözesanmuseum untergebracht, das eine Reihe von Gemälden aus der alten Kathedrale und aus anderen Sammlungen zeigt. U.a. sieht man Werke von El Greco, Ribera, Luca Giordano, Carreño de Miranda, Alonso Caro und anderen, flämische Triptychen der Renaissance und weitere Kunstschätze.

Öffnungszeiten Di–Fr 10–14, 16–18.30 Uhr, Sa 10–14 Uhr, So/Fei 11–14 Uhr.

Museo Provincial de Arqueología: Das archäologische Museum (Öffnungszeiten siehe unten) in der Calle Correría 116, unweit nördlich der alten Kathedrale, zeigt Fundstücke aus Stadtgebiet und Provinz, von Ausgrabungen aus den vielen Dolmen der Provinz Araba über die prähistorische Siedlung La Hoya bis zu römischen Inschriften.

Artium: 2003 eröffnetes Museum zeitgenössischer Kunst in der Calle Francia 24, etwas von der Straße zurückgesetzt, um für das moderne Gebäude einen gebührenden städtischen Freiraum zu schaffen, der allerdings architektonisch nicht gestaltet wurde – eine verpasste Chance.

Öffnungszeiten Di–So 11–20 Uhr, Eintritt 3,50 €, Kinder und Sen. 1,80 €, am Mittwoch „tu decides", ab einem Minimum von 1 Cent kann man den Eintrittspreis selbst bestimmen!

Weitere Museen: In der Neustadt kann man am Paseo de Fray Francisco de Vitoria einen weiteren Museumskomplex besuchen. Auf auf Nr. 3 warten ein *Waf-*

Noch schläft die Stadt: Fiesta-Nachmittag an der Plaza de la Virgen

fenmuseum (Museo de Armería) und auf Nr. 8, im Palacio de Augusti, das der *Münzen* und das Museum der schönen *Künste Museo de Bellas Artes*, sehenswert vor allem wegen seiner Sammlung baskischer Meisterwerke des späten 19. und frühen 20. Jahrhunderts, darunter hochrangige Arbeiten von Zubiaurre, de Echeverría, Maeztu y Whitney, Arteta und Zuloaga.

<u>Öffnungszeiten</u> aller Museen Vitorias: Di–Fr 10–14, 16–18.30, Sa 10–14, 17–20, So/Fei 11–14 Uhr, Eintritt frei.

La Rioja Alavesa

Ganz im Süden der Region Araba, von der Hauptstadt durch Gebirgsmassive und eine Exklave der Provinz Burgos getrennt, erstreckt sich das Gebiet der baskischen Rioja. Es ist eine sehr fruchtbare Region, die außer Wein auch Korn und Gemüse produziert.

Laguardia

Die größte Siedlung der Rioja Alavesa geht auf das 10. Jh. zurück und gehörte damals zum Königreich Navarra. Grenzstreitigkeiten mit Kastilien und jahrhundertelange Kämpfe (1461 wurde Laguardia auch tatsächlich kastilisch) haben das Städtchen mit seinem hübschen mittelalterlichen Kern geprägt. Schon der Name Laguardia, „Die Wache", verweist auf die Funktion als Grenzfestung. Wehrhaft zeigen sich die großteils noch erhaltenen Stadtmauern, wehrhaft auch die beiden romanisch-gotischen Kirchen *Santa María de los Reyes* mit ihrem prachtvollen gotischen Portal mit originaler mehrfarbiger Bemalung und *San Juan Bautista*, deren beider Bausubstanz überwiegend aus dem 12. bis 14. Jh. stammt.

- *Verbindungen* **Busse** der Continental verkehren 3- bis 4-mal täglich von und nach Vitoria, Anschlüsse auch nach Logroño.
- *Information* **Officina de Turismo**, Plaza de San Juan s/n, ✆/✆ 945 600845. Geöffnet Mo-Fr 10-14, 16-19 Uhr, Sa 10-14, 17-19 Uhr, So 11-17 Uhr. www.laguardia-alava.com.
- *Übernachten* **** Hotel Antigua Bodega de Don Cosme Palacio**, ein langer Name für dieses charmante kleine Hotel in einem historischen Gebäude. Nur zehn gemütliche, jeweils nach einer Traubensorte benannte Zimmer; Restaurant angeschlossen. DZ etwa 80-90 €. Geschlossen zwischen Weihnachten und ca. 25. Januar. Carretera Elciego s/n, ✆ 941 621195, ✆ 941 600210, antiguabodega@cosmepalacio.com.
- * **Hotel Res. Pachico Martínez**, mit 24 Zimmern die größte Herberge vor Ort; mit Garage und gutem Restaurant. DZ/Bad um die 55-60 €. Calle Sancho Abarca 20, ✆ 941 600009, ✆ 941 600005, www.pachico.com.
- *Feste* **Fiesta de San Juan**, 23.-25. Juni, Hauptfest des Ortes. Es beginnt am 23. mit dem Abschuss einer Rakete, um 17 Uhr dann Umzug mit Dudelsack- und Schalmeienspielern, Tänzern und dem bunt bekleideten „Cachimorro" zur Kirche San Juan, wo der Jungfrau und dem Schutzpatron die Stadtflagge präsentiert wird. Am 25. dieselbe Zeremonie. Dazwischen wird natürlich auch gefeiert.

▶ **Bodegas Ysios**: Die Kellergebäude der Bodegas Ysios (Teil des Weltkonzerns Domeq) in der Nähe von Laguardia sind mit ihrer wellenförmigen Dachform ein besonders interessantes Werk zeitgenössischer Architektur, entworfen von Santiago Calatrava aus Valencia. Der Wiener „Standard" bezeichnete Calatravas Kellereigebäude als eine „Kathedrale für den Wein".

▶ **Elciego**: Im nahen *Elciego* wurde im Herbst 2006 das Werk eines weiteren Star-Architekten, Frank Gehry (→ Bilbao/Guggenheim Museum) eröffnet, ein Hotel mit exklusiven Suiten, das zur nordamerikanischen Hotelkette Starwood und der exklusiven Hotelvereinigung „Luxury Collection" gehört. Es liegt auf dem Gelände der Bodegas Marqués de Riscal, dem ältesten Weingut der Rioja, das neben dem Hotel die Kellerei, ein Besucherzentrum, Laden und Weinmuseum umfasst. Das neue Hotel wirkt mit seinen lockig geschwungen Dächern aus Titanium, die in Silber, Gold und (tja, Rosé?) Zartrosa eingefärbt sind, wie eine riesige Weintraube oder ein zertrümmertes Raumschiff – Gehry lässt uns wieder mal raten. Die Ortsansässigen nennen den Hotelglitzer übrigens cool „la cosa", „Das Ding".

- *Übernachten/Essen&Trinken* ***** **Hotel Marqués de Riscal**, für uns alle, die wir zu viel Geld in der Tasche haben und nicht wissen, wie wir's ausgeben sollen, ist dieser neue Luxusschuppen im Gehry-Look das gefundene Fressen. Genau genommen gar nicht mal sooo teuer: die Nacht im DZ (ohne Frühstück natürlich) ab 500 € (plus Mehrwertsteuer), es gibt aber immer wieder spezielle Angebote (auf der Internetseite nachschauen!), die bei bis zu 2 Nächten für zwei mit Frühstück und 50 € „Spa-Guthaben" (der Wellnessbereich ist nämlich nicht drin im Normalpreis!!!) ab 390 € kosten. Zimmer (nur 43) und Suiten mit Bad und Dusche separat, Telefon an der Wanne, klar: CD-Player und W-Lan-Anschluss, das TV-Gerät ist von Bang&Olufsen. Calle Torrea 1, 01340 Elciego, ✆ 945 180880, www.starwoodhotels.com.

▶ **La Hoya**: Die vorgeschichtliche Siedlung der Keltiberer liegt knapp zwei Kilometer nördlich von Laguardia und ist über eine Stichstraße zu erreichen. Interessanter als das Ausgrabungsgelände selbst, dessen Grundmauern dem Laien wenig Anschauliches bieten, dürfte für die meisten wohl das moderne *Museum* sein, das mit Fotos, Fundstücken und der Rekonstruktion eines Wohnhauses die Lebensbedingungen der hier einst ansässigen Menschen dokumentiert.

Öffnungszeiten Vom 1. Mai bis zum 15. Oktober Di–Fr 11–14 Uhr, 16–20 Uhr, Sa 11–15 Uhr, So/Fei 10–14 Uhr; Rest des Jahres Di–Sa 11–15 Uhr, So/Fei 10–14 Uhr. Eintritt gratis, Info-✆ 945 621122.

*Viehmarkt in den Picos de Europa:
Kantabriens Rinder sind landesweit berühmt*

Kantabrien

Meer und Hochgebirge, eine reizvolle Kombination. Mit Ausnahme des benachbarten Asturien liegen in keiner anderen Region Nordspaniens diese Gegensätze so nah beieinander wie in Kantabrien.

Die *Comunidad Autónoma Cantabria* besteht aus einer einzigen Provinz gleichen Namens, die kaum 5300 Quadratkilometer Fläche belegt, aber immerhin über eine halbe Million Einwohner zählt. Geschichtlich betrachtet, zählt Kantabrien zu Altkastilien, bildete über viele Jahrhunderte dessen einzigen Zugang zum Meer. Der Regionalisierung von 1979–83 verdankt die ehemalige Provinz Santander ihren heutigen Status als Autonome Gemeinschaft, nach der Rioja die kleinste des spanischen Festlands.

Die **Landschaft** Kantabriens vereint auf faszinierende Weise Meer und Gebirge. Hier die Küste mit ihrer Mischung aus sanft geschwungenen Strandbuchten und harschen Felsklippen; wenige Kilometer landeinwärts Hügel und Berge, Flusstäler und Almen, Wälder, Wiesen, Schaf- und Rinderherden. Im Westen erhebt sich mit den *Picos de Europa* gar ein echtes Hochgebirge.

Die **Städte** sind, mit Ausnahme des Großraums von *Santander*, des wenig reizvollen Industriezentrums *Torrelavega* und des am Ebro-Stausee gelegenen *Reinosa* von eher bescheidenen Ausmaßen. Östlich der Hauptstadt konnte sich *Castro-Urdiales* viel Lokalkolorit bewahren. Auch *Comillas*, westlich von Santander gelegen, besitzt ein sehr hübsches Zentrum; *Santillana del Mar* schließlich ist mit seinen uralten Häusern und Palästen das kantabrische Museumsstädtchen schlechthin.

Kantabrien

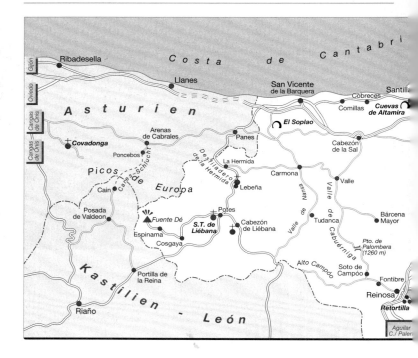

Ganz in der Nähe verweisen die weltberühmten, 14.000 Jahre alten Felszeichnungen der *Höhlen von Altamira* auf die vorgeschichtliche Besiedelung Kantabriens, sind jedoch für Normalsterbliche kaum zu besuchen. Eine Alternative bietet die jüngst neben dem Original installierte Kopie der Höhle, eine andere die weniger bekannten Höhlen bei *Puente Viesgo*.

- *Internet* www.turismodecantabria.com, www.cantabria.org
- *Klima* Kantabriens Klima gibt sich typisch atlantisch und wird von gemäßigten Sommern und relativ milden Wintern geprägt. Im kantabrischen Hochgebirge herrschen natürlich fast alpine Wetterverhältnisse – bei Bergtouren ist also Vorsicht geboten. Regenschauer sind rund ums Jahr häufig zu erwarten; am geringsten ist die Niederschlagsneigung im Juni und Juli.
- *Baden* Nicht übersehen darf man die vor allem aus Ebbe und Flut resultierenden Gefahren des Atlantiks. An vielen Badestränden wird zur offiziellen Badesaison (15.6.-15.9.) per Signalmasten auf etwaige Risiken aufmerksam gemacht: Grün: Baden o.k.; Gelb: Achtung; Rot: Baden verboten, Lebensgefahr. Schöne Strände finden sich von Ost nach West beispielsweise bei Laredo, im Gebiet nordwestlich von Santoña, auch in und um die Hauptstadt Santander selbst; weiter westlich bei Comillas und San Vicente de la Barquera. An den relativ niedrigen Wassertemperaturen, die auch im Sommer kaum über 20 Grad klettern, darf man sich allerdings nicht stören...
- *Verbindungen* Zug: Mit der Staatsbahn RENFE ist von den hier beschriebenen Orten nur Santander zu erreichen (Linie Madrid-Palencia-Santander). Die FEVE, eine private Schmalspurbahn, auf der Interrailpässe und andere Netzkarten nicht gültig sind, bedient die Linie Bilbao-Santander-Oviedo (Asturien) und weiter nach Galicien: langsam, geringe Frequenzen,

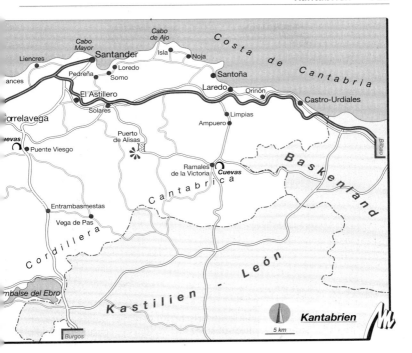

aber landschaftlich teilweise spektakulär. Im Bereich Kantabrien führt die Strecke allerdings fast ausschließlich durchs Binnenland, also abseits der Küste.
Bus: Entlang der Küste die einzige Wahl; Richtung Baskenland und Asturien deutlich häufigere und schnellere Verbindungen als die geruhsame FEVE.

• *Küche:* Kantabriens Küche kann aus dem Vollen schöpfen – Meer wie Gebirge liefern hervorragende Grundprodukte. „Nationalgerichte" wie in anderen Regionen gibt es kaum, stattdessen teilen sich die Nachbarn Kastilien, Asturien und Baskenland den Einfluss auf die kantabrische Kochkunst. Hervorragend sind die meist aus Kuhmilch hergestellten, sahnigen Käse, die unter der Bezeichnung **quesuco** zusammengefasst werden; auch die Nachspeisen Kantabriens, wie der Kuchen **quesada** (aus Käse, Honig, Butter) und die Crèmespeisen **natillas** genießen guten Ruf.

• *Feste und Veranstaltungen* Die Hauptstadt Santander hat das am breitesten angelegte Programm. Daneben feiert natürlich auch in Kantabrien jedes noch so kleine Dorf mindestens einmal jährlich sein Fest.
Fiesta del Reyes, Heilige Drei Könige, 6. Januar; Festspiele in Santillana del Mar.
Carnaval, Karneval/Fasching, besonders in Santoña.
La Folía, am Sonntag nach Ostern in San Vicente de la Barquera; Meeresprozession, Tanz etc.
Fiestas del Coso Blanco, Ende Juni/Anfang Juli, in Castro Urdiales.
Fiestas de Comillas, um den 15. Juli.
Ferias de Santiago, Woche um den 25. Juli in Santander; am 24. Juli großes Feuerwerk.
Festival de Jazz, Ende Juli in Santander.
Festival Internacional, gesamter August in Santander; klassische Musik, Ballett etc.
Batalla de las Flores, „Blumenschlacht" in Torrelavega, am Sonntag, der dem 15. August am nächsten liegt. Ähnliches Fest am letzten Freitag im August in Laredo.
Romería de San Miguel, 29. September; Wallfahrt in Puente Viesgo.

Klimadaten am Beispiel Santander
(Durchschnittswerte in Grad Celsius bzw. Tagen)

Monat	Luft		Wasser	Regentage
	° max	° min		
Januar	11.8	6.7	12	16
Februar	12.1	6.7	12	14
März	14.3	8.1	12	13
April	15.4	9.4	12	13
Mai	16.8	11.3	14	14
Juni	19.7	14.2	16	13
Juli	21.5	16.0	19	11
August	22.2	16.3	20	14
September	21.2	14.9	19	14
Oktober	18.3	12.5	17	14
November	14.9	9.4	15	15
Dezember	12.5	7.6	13	18
Jahresmittel	16.7	11.1	15.1	169

(Regentage: Tage mit mindestens 0,1 mm Niederschlag)

Costa de Cantabria

Über 200 Kilometer lang ist die kantabrische Küstenlinie. Davon sind mehr als 30 Kilometer Strand. Der Rest besteht aus Steilküste, schroffen Felsklippen und den lauschigen, tief eingeschnittenen Flussmündungen der Rías – es gibt also einiges zu entdecken.

Castro Urdiales

Gleich das erste Städtchen hinter der Grenze zum Baskenland lockt zu einem Stopp. Castro Urdiales ist die wohl älteste noch bestehende Siedlung der kantabrischen Küste, geht bis auf die Römerzeit zurück.

Zwar empfangen auch hier die Außenbezirke mit unschönen Neubauten, der historische Ortskern um den natürlichen Hafen jedoch bewahrt malerischen Reiz. Das Ensemble aus der festungsartigen gotischen Kirche *Nuestra Senora de la Asunción* und den in Restaurierung befindlichen Ruinen der früheren Templerburg, die heute einen Leuchtturm beherbergen, wäre allein den Abstecher wert. Hinter dem Hafen laden arkadengesäumte Gassen mit alten Steinhäusern zum Bummel.

- *Information* **Oficina de Turismo**, Avenida de la Constitución 1, beim Hauptplatz am Hafen; ✆/✆ 942 871337. Geöffnet täglich 9.30-13.30, 16–19, im Sommer 9.30–21 Uhr.
- *Verbindungen* **Bus**: Busbahnhof in der Calle Leonardo Rucabado s/n in der Nähe der Autobahnabfahrt Süd, leider 1,5 km von der Altstadt entfernt und am Samstag geschlossen (!). Zur Stadt am besten hinunter zum Strand und auf der Uferpromenade nach links. ENCARTACIONES fährt halbstündlich von/nach Bilbao. Verbindungen von und nach Santander mit TURYTRANS 10-mal täglich.
- *Übernachten* ***** Hotel Miramar**, noch relativ altstadtnah gelegen und direkt am Strand Playa de Brazomar. Geöffnet etwa von März bis Oktober, DZ knapp 70–100 €. Avenida de la Playa 1, ✆ 942 860204, ✆ 942 870942.

** Pension La Sota, zentral beim Hauptplatz am Hafen. Angenehme Zimmer und hotelähnlicher Komfort, aber auch hotel-

Beliebtes Motiv von Hobbymalern: Hafenansicht von Castro Urdiales

ähnliches Preisniveau: DZ/Bad kosten je nach Saison etwa 45–55 €. La Correría 1, ✆ 942 871188, 📠 942 871284.

• *Camping* **El Castro** (2. Kat.), oberhalb des westlichen Ortsrands, etwa 1,5 Kilometer vom Zentrum, enge Zufahrt ab der Stierkampfarena. Gut ausgestattet, unter anderem mit Pool, allerdings kaum Schatten. Autobahn je nach Windrichtung in Hörweite. Geöffnet etwa Mitte Juni bis Anfang September, p.P. etwa 5 €, Zelt 6 €, Auto 2,50 €. ✆ 942 867423.

• *Feste* **San Juan**, 23./24. Juni, Sommernachtsfest mit karnevalsähnlichen Umzügen. **Fiestas del Coso Blanco**, am ersten Freitag im Juli. Berühmtes und sehr farbenfrohes Fest mit Feuerwerk, Prozession etc. **Fiesta del Carmen**, 16. Juli. Fest der Schutzheiligen der Fischer.

• *Baden* Die kleine, etwas östlich gelegene **Playa de Brazomar** und die etwas größere, dunkelsandige, aber leider ziemlich verbaute **Playa Ostende** am westlichen Ortsrand sind im August sehr gut besucht, außerhalb der spanischen Feriensaison jedoch fast leer.

Laredo

Aus Richtung Castro Urdiales kommend, hat man einen guten Blick über Laredo: Die eng gedrängte Altstadt, gekrönt von der Kirche, besetzt einen kleinen Hügel; entlang des ausgedehnten Strandes schließen sich, um ein Vielfaches ausgedehnter, schier endlose Reihen von einförmigen Apartmentblocks an. Im Sommer verzehnfacht sich die Einwohnerschaft des Städtchens, quellen die Restaurants und Discobars fast über.

• *Information* **Oficina Municipal de Turismo**, Calle López Seña s/n; ✆ 942 611096. In der Neustadt, etwa 300 Meter strandwärts vom Altstadtrand, ganzjährig tgl. 9-13.30, 16-19 Uhr geöffnet.

• *Verbindungen* **Busstation** südwestlich unweit der Altstadt; ALSA-Busse von und nach Santander und Castro Urdiales 8-mal täglich, zur HS noch häufiger (Santander bis zu 20-mal pro Tag).

• *Übernachten* *** **Hotel El Ancla**, schönes Hotel mit Garten, in einer Art kleinem Palast, der mit vielerlei maritimen Erinnerungsstücken dekoriert ist. Ruhige Lage nahe Strand Playa de la Salve; Parkplätze. Ganzjährig geöffnet, DZ/Bad nach Saison

und Ausstattung etwa 80-140 €. Calle González Gallego 10, ☎ 942 605500, ℻ 942 611602. www.hotelelancla.com.
* *Camping* Insgesamt vier Plätze bei Laredo, alle im Westen der Stadt gelegen. **Carlos V.** (2. Kat.), in noch halbwegs ortsund strandnaher Lage. Geöffnet Mai bis September; p.P. 5,50 €, Zelt etwa 5 €, Auto 6 €. ☎ 942 605593.
* *Feste* **Batalla de las Flores**, die „Blumenschlacht" am letzten Freitag im August.

Santoña

Direkt gegenüber der Landzunge von Laredo liegt dieses Fischerstädtchen und ist doch touristisch weniger brutal erschlossen; vielleicht verdient der Ort genug mit seinen zahlreichen Konservenfabriken, in denen die Meeresbeute eingedost wird. In der Umgebung von Santoña warten zwei Strände: Playa de San Martín und, empfehlenswerter, Playa de Berría, letzterer etwa drei Kilometer nördlich und mit der „Blauen Umweltflagge" ausgezeichnet.

* *Verbindungen* **Busse** von und nach Santander verkehren mehrmals täglich.
* *Camping* **Playa de Berria**, 2. Kat., außerhalb direkt am gleichnamigen Strand gelegen. Geöffnet über Ostern und von Juni bis Mitte September; p.P., Auto, Zelt je rund 5 €. ☎ 942 662248.
* *Feste* **Carnaval**, der Karneval beziehungsweise Fasching, wird in Santoña besonders intensiv gefeiert.

Umgebung

Um das Cabo de Ajo: Nordwestlich von Santoña erstreckt sich ein Gebiet fruchtbaren, hügeligen Weidelands und kleiner Dörfer. Sobald man sich jedoch den oft sehr schönen Stränden nähert, ändert sich das Bild, machen sich die zahlreichen Ferienvillen, Hotels und Campingplätze bemerkbar: Im Einzugsbereich von Santander gelegen, ist die Region mittlerweile mehr als nur gut erschlossen.

Santander

Ein elegantes Seebad in schöner Lage, das mit hervorragenden Stränden und einem reichen Sommerprogramm glänzt. Historische Monumente sind allerdings Mangelware: Ein Großfeuer zerstörte 1941 fast die gesamte Altstadt.

Der Gemeinsamkeiten mit Donostia sind noch mehr: Auch Santanders touristischer Aufstieg begann mit Ferienaufenthalten des Königshofs, vor allem Königin Isabels II., und auch hier glaubt man gelegentlich einen Hauch von Nizza oder Biarritz zu spüren. So überwiegend auf Fremdenverkehr ausgelegt wie Donostia ist Kantabriens Hauptstadt freilich nicht. Der große, bereits seit römischen Zeiten bestehende Hafen ist am Wohlstand mindestens ebenso beteiligt. Der Hafen ist es auch, der mit Werften und Industriegebieten gleich bei der Anreise ins Auge fällt. Erst im Zentrum gewahrt man die noblen Geschäfte, breiten Boulevards und das kosmopolitische Flair, das die internationale Universität und das reichhaltige Kulturprogramm der Stadt im Sommer verleihen.

Orientierung: Länglich und schmal erstreckt sich Santander auf der zur Bucht gewandten Seite seiner Landzunge. Mittelpunkt des Zentrums ist die in Meeresnähe gelegene *Avenida Alfonso XIII.* (Tiefgarage), die eher Platz denn Allee ist. An ihrer dem Ufer abgewandten Seite verläuft die *Avda. Calvo Sotelo*, die Hauptstraße der Stadt, die weiter östlich in den *Paseo de Pereda* übergeht. Im äußersten Osten der Landzunge erhebt sich die Halbinsel *La Magdalena*. Nördlich von ihr erstreckt sich das von Belle-Epoque-Villen und Parkanlagen geprägte Freizeitviertel Santanders, wie der anliegende Strand *El Sardinero* genannt.

Santander

Santanders großes Kapital: weite Sandstrände

Information/Verbindungen/Diverses

- *Information* **Oficina Municipal de Turismo**, an den Jardines de Pereda, der Grünanlage bei der Avda. Alfonso XIII. Zuständig für die Stadt; ✆ 942 203000, ✆ 942 362078. Öffnungszeiten im Sommer täglich 9–14, 16–21 Uhr, im Winter täglich 9.30–13.30, 16–19 Uhr.
Zweigstelle im Bezirk Sardinero, Avenida de la Victoria, ✆ 942 740414. Nur etwa von Ostern bis Anfang Oktober in Betrieb, außerhalb der Hochsaison auch dann nur am Wochenende. Weitere Zweigstellen am Flughafen (tgl, 8-21 Uhr) und an der Estación Maritima (Mo und Do zu den Fährzeiten).
Oficina Regional de Turismo, Mercado del Este, kleines Büro im neuen Marktgebäude, ✆ 942 310708. Zuständig für Stadt und Region, geöffnet täglich 9.30–13.30, 16–19 Uhr.

- *Verbindungen* **Flug**: Aeropuerto Santander-Parayas (Info: ✆ 942 202100), fünf Kilometer südlich. Linienbus-Shuttle (halbstündlich) zwischen Flughafen und Busbahnhof in Santander (1,60 €), es gibt auch einen direkten Bus nach Bilbao.

Zug: RENFE-Bahnhof (Info-✆ 902 240202) an der Plaza Estaciones; nach Palencia und Valladolid 5- bis 6-mal, Madrid 3-mal täglich. FEVE-Bahnhof meerwärts direkt daneben. Nach Bilbao 3-mal täglich, etwa 2,5 Stunden Fahrt; in Bilbao umsteigen nach Donostia. Nach Oviedo 2-mal täglich, etwa 5 Stunden Fahrt, in Oviedo umsteigen nach Ferrol/Galicien. Info: ✆ 942 211687, www.feve.es.

Bus: Großer Busbahnhof (Info: ✆ 942 21199-5, www.santandereabus.com) unterirdisch gegenüber den beiden Bahnhöfen. LA CANTABRICA fährt 4- bis 7-mal täglich nach Santillana, Comillas und San Vicente, PALOMERA 2- bis 3-mal nach Potes, Turytrans bzw. ALSA-Enatcar nach Laredo bis 20-mal, Castro Urdiales 10-mal täglich, nach San Vicente de la Barquera 8-mal, Llanes 6-mal, Oviedo/Gijon 7-mal, Bilbao etwa stündlich, San Sebastián 10-mal, Vitoria 5-mal, Pamplona 2-mal und Zaragoza 5-mal täglich. Weiterhin mit ALSA nach La Coruña, Vigo und Santiago de Compostela, SALBUS nach León, Palencia, Valladolid und Salamanca, CONTINENTAL nach Puente Viesgo, Burgos und Madrid.

Leihwagen: ATESA, beim RENFE-Bahnhof, ✆ 942 222926-870, am Flughafen ✆ 942 251155; AVIS, im RENFE-Bahnhof, ✆ 942 227025, am Flughafen ✆ 942 251014; EUROPCAR, beim Renfe-Bahnhof, ✆ 942 217817, am Flughafen ✆ 942 262546; HERTZ, Calle Alday s/n (Einkaufszentrum), ✆ 942 362821, am Flughafen ✆ 942 254144.

Schiff: Die Gesellschaft „Los Reginas" (✆ 942 216753) fährt zu den riesigen Stränden von Puntal (h&r 3,50 €), Somo und Pedreña (7 €) auf der östlichen Seite der Bahía de Santander; die gleiche Gesellschaft veranstaltet auch Bootsrundfahrten (7 €) unterschiedlicher Dauer durch die Bucht. Abfahrt ab Embarcadero Lanchas, bei den Jardines de Pereda.

• *Stadtverkehr* **Busse** zwischen Zentrum und El Sardinero: Nr. 1, 3, 4, 5 7 und 9; im Sommer gibt es auch Nachtbusse, den sogenannten „Servicio Nocturno".

Taxis: Funktaxi unter ✆ 942 333333 und ✆ 942 369191.

• *Adressen* **Post:** Avda. Alfonso XIII., Ecke Avda. Calvo Sotelo, bei der Kathedrale; Öffnungszeiten: Mo–Fr 8.30–20.30 Uhr, Sa 9.30–14 Uhr.

Internet: CiberLope, Calle Lope de Vega 14.

Übernachten/Camping (siehe auch Karte S. 737)

Im Juli und August empfiehlt es sich sehr, möglichst früh am Tag auf die Suche zu gehen: Santander ist dann trotz hoher Preise schnell ausgebucht. Außer im Zentrum finden sich eine ganze Reihe von Hotels und Hostals im Strandbezirk El Sardinero, speziell in der Avda. de los Castros.

• *Zentrum* ***** Hotel NH Ciudad de Santander (16)**, eine der ersten Adressen im Bereich des Stadtzentrums in allerdings wenig attraktiver Lage. Moderner Betonbau, komfortabel ausgestattete Zimmer; Garage und Parkplätze; gutes Restaurant angeschlossen. DZ nach Saison etwa 120–195 €. Paseo Menéndez Pelayo 13–15, am nordöstlichen Zentrumsrand, einige Blocks landeinwärts der Dársena Puerto Chico; ✆ 942 319900, ℻ 942 217303, www.nh-hotels.com.

*** Hotel Central (27), in der Tat nur einen Katzensprung von der zentralen Plaza Porticada. Restauriertes Gebäude des 19. Jh., das auch schon Königsfamilien als Feriendomizil gedient haben soll. An der Fassade und im liebevoll dekorierten Inneren spielt die Farbe Blau eine große Rolle. DZ nach Saison etwa 85–125 €, zur NS an Wochenenden (Fr–So) oft günstige Spezialangebote. Calle General Mola 5, ✆ 942 222400, ℻ 942 363829, www.elcentral.com.

*** Hotel Abba Santander (22), angenehme gehobene Mittelklasse mit langer Tradition, gegründet 1923. Geschmackvolle, erst kürzlich renovierte und vergrößerte Zimmer mit sehr guten Bädern, DZ nach Saison und Ausstattung etwa 100–180 €. Calle Calderón de la Barca 3, Nähe Bahnhöfe und Busbahnhof; ✆ 942 212450, ℻ 942 229238, www.abbasantanderhotel.com.

** Pensión Plaza (7), praktisch direkt beim Busbahnhof. Für eine Pension ausgesprochen komfortabel, sehr gut eingerichtete Zimmer mit TV, moderne Bäder. Das DZ/Bad schlägt je nach Saison allerdings auch mit etwa 45–60 € zu Buche. Calle Cádiz 13, ✆ 942 212967, www.pensionplaza.com.

** Hostal Res. Liébana (13), meerwärts nahe den beiden Bahnhöfen. Mobiliar z. T. nicht mehr das jüngste, aber sauber, freundlich und gut geführt; Garage vorhanden. Große Preissprünge je nach Saison und Zimmerausstattung: DZ/Bad 40–60 €. Calle Nicolás Salmerón 9, ✆ 942 223250, ℻ 942 229910, www.hliebana.arrakis.es.

** Hostal La Mexicana (28), insgesamt etwas altmodisch wirkendes, aber gut geführtes und solides wie gepflegtes Quartier im offiziell 3. (tatsächlich 5.) Stock eines noch immer recht repräsentativen Gründerzeithauses in zentraler Lage; kleines Restaurant (nur für Gruppen auf Vorbestellung) angeschlossen. Nicht zu kleine Zimmer mit Bad, DZ/Bad nach Saison und Ausstattung rund 35–55 €, für Santander ein Schnäppchen. Calle Juan de Herrera 3, ✆ 942 222350, www.hostalmexicana.com.

** Pensión Real (29), praktisch um die Ecke, beim städtischen Markt in einer leider auch nachts stark befahrenen Straße. Ordentliche, geräumige Zimmer, freundliche Eigentümer, „nett und hilfsbereit" (G. Schermuly). Im Erdgeschoss Restaurant-Bar „Silverio" mit Blick auf den Markt. DZ ohne Bad etwa 25 €, im Juli/August und über Ostern mit knapp 35 €, mit Bad 40-55 € jedoch ziemlich überteuert. Plaza de la Esperanza 1, ✆ 942 225787.

* Pensión San Miguel (8), eine von mehreren passablen und relativ preisgünstigen Pensionen im selben Hochhaus, nahe den beiden Bahnhöfen. DZ ohne Bad, aber mit TV, nach Saison gut 30-40 €. Die Leser Oesterle fanden die Pension abgewohnt, sanitär nicht einwandfrei und teuer, inzwischen hat sich das Niveau wieder verbessert (wie z. B. Leserin Ulla Bachsetin berichtet). Calle Rodríguez 9, ✆ 942 220363, ℻ 942 220702.

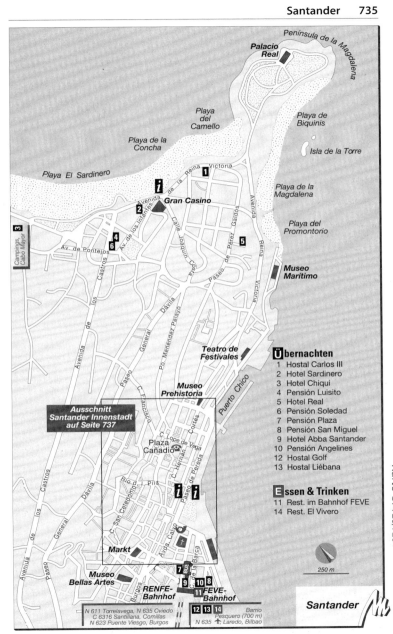

Kantabrien

* **Pensión Angelines (10)**, gute Pensión, die Zimmer mit Parkett, TV, sehr sauber, doppelt verglaste Fenster, ausreichend Bäder im Gang; DZ ohne Bad 25-40 €. Calle Atilano Rodríguez 9, ✆/℡ 942 312584, www.pensionangelines.com. Für Sprach-Gourmets ein kleiner Auszug aus der deutschen Übersetzung des Web-Auftritts der Pension: „Sich setzen in Verbindung mit realízanos wir und irgendeine Beratung das Wunsch auf unserer Pension Services oder Position". Na denn.

* **Hostal Los Caracoles (25)**, einfach, jedoch für Santander extrem preisgünstig, dabei relativ große Zimmer. DZ ohne Bad rund 25–35 €. Calle Marina 1, landeinwärts der Jardines de Pereda, von der Avenida Calvo Sotelo über die Calle Marineros Voluntarios zu erreichen; ✆ 942 212697.

● *Bezirk Sardinero/Avda. de los Castros*
***** **Husa Hotel Real (5)**, traditionsreiche Belle-Epoque unweit des Gebiets Sardinero. Ein prachtvoller, komplett renovierter Bau, erstes Haus am Platz und Mitglied der „Leading Hotels of the World". DZ nach Saison rund 190–300 €. Paseo de Pérez Galdós 28, ✆ 942 272550, ℡ 942 274573, www.hotelreal.es.

*** **Hotel Sardinero (2)**, eine Nummer preiswerter, aber ebenfalls mit durchaus nostalgischem Stil, vor wenigen Jahren renoviert. In der Nähe des Kasinos. DZ nach Saison etwa 90–125 €. Plaza de Italia 1, ✆ 942 271100, ℡ 942 271698, www.gruposardinero.com.

*** **Hotel Chiqui (3)**, großes Hotel in ausgezeichneter Lage fast am Ende des Sardinero-Strandes, gute Zimmer, doch (außer im Restaurant) keine Klimaanlage. „Auch von der Atmosphäre her ein ganz reizendes Hotel mit schicker, farbenfroher Einrichtung", so Leserin Erna Pfeiffer. Für die Lage nach spanischen Maßstäben fast zum Schnäppchenpreis zu haben. In der Nebensaison viele Gruppenreisende. DZ ca. 105–150 €. Avda. García Lago 9, 942 282700 942 273032, www.hotelchiqui.com.

** **Hostal Carlos III (1)**, ein einladendes Haus der Gründerzeit in Strandnähe. Gute, gepflegte Zimmer, DZ mit Bad ab ca. 50-70 €, kleines Zimmer 35-55 €. Avda. de Reina Victoria 135, ✆/℡ 0942 271616.

* **Pensión Luisito (4)**, in der „Hostal-Avenida". Große Zimmer, teilweise mit Balkon. DZ nur ohne Bad, knapp 45 €. Nur August und September geöffnet, Reservierung ratsam. Avenida de los Castros 11, ✆ 942 271971.

* **Pensión La Soledad (6)**, zwei Schritte weiter, in Ausstattung und Preis ganz ähnlich und ebenfalls August und September geöffnet. Auch hier ist Reservierung zu empfehlen. Avenida de los Castros 17, ✆ 942 270936

● *In Flughafennähe* * **Hostal Golf (12)**, Hostal mit Traveller-Atmosphäre, alle Zimmer mit Bad, TV, gratis Internet, Waschmaschine, Bett p. P. ab 19 €, im EZ ab 27 €. Die sehr laute Lage nahe Autobahn und Industrie vermag nicht zu begeistern. Polígono la Cerrade 32, ✆ 942 252667.

● *Camping* **Cabo Mayor**, 2. Kat., großer und gut ausgestatteter, aber lieblos geführter und nicht sehr sauberer Platz fünf Kilometer nordöstlich des Zentrums Richtung Leuchtturm Faro und Cabo Mayor. Recht hübsche, bei den Einwohnern von Santander als Ausflugsziel beliebte Umgebung, die zu Spaziergängen einlädt; die Entfernung zum nächsten Strand beträgt ungefähr 500 Meter. Die Anfahrt mit dem Auto erfolgt vom Zentrum zunächst immer am Meer entlang, dann rechts am Stadion vorbei, ab hier beschildert. Per Stadtbus direkt bis vor den Platz gelangt man mit Bus Nr. 1 oder 9, selten und nur im Sommer (und nur nachmittags) fährt Bus 15 ab beiden Bahnhöfen zum Campingplatz; alternativ kann man auch einen der zahlreichen Busse nach Sardinero (Halbstundentakt) bis zur Haltestelle am Eingang zum Golfplatz nehmen, von dort ist es noch ungefähr ein halber Kilometer zu Fuß. Geöffnet ist Ostern bis Mitte Oktober, Preis p. P. und Zelt jeweils etwa 5,50 €, Auto 5 €. ✆/℡ 942 391542. www.cabomayor.com.

Essen/Nachtleben (siehe auch Karte S. 735)

Barrio Pesquero (auch: Poblado de Pesquadores): Das Fischerviertel ist eine Top-Adresse für alle Liebhaber von Fisch und Meeresfrüchten – auf engem Raum findet sich hier etwa ein Dutzend recht preisgünstiger Restaurants. Zu suchen etwa 1,5 km südwestlich des Zentrums; von der Meerseite des FEVE-Bahnhofs über die Calle Castilla oder über die Uferstraße die abzweigende Calle Marqués de la Hermida. In beiden Fällen nach etwa 800 Metern dann links in die Calle Heróes de Armada und in den Hafenbereich – der Weg lohnt sich. Weitere Restaurantzonen sind das Zentrum und El Sardinero.

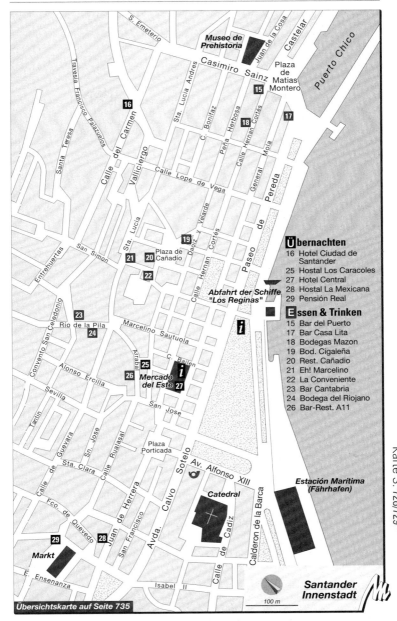

Bar del Puerto (15), im Zentrum, nahe dem kleinen Hafen Puerto Chico. Dieses Restaurant „Bar" zu nennen, ist echtes Understatement – eine der feinsten Adressen der Stadt. Vor allem Fisch-, aber auch Fleischliebhaber kommen hier auf ihre Kosten. Teuer: Meeresgetier wird nach Kilo berechnet, kantabrische Languste z.B. 150 €. Menü ab etwa 55 € aufwärts; Calle Hernán Cortes 63 und Calle General Mola 22, ℅ 942 213001, täglich geöffnet.

Bodega Cigaleña (19), noch eine „Lokalberühmtheit". Dunkel mit viel Atmosphäre, riesige Weinflaschensammlung – die Ritterrüstungen allerdings scheinen etwas übertrieben folkloristisch. Renoviert, die bekannt gute Küche ist rustikal, deftig in großzügigen Portionen, Essen à la carte ab etwa 30 €. Raciones an der Bar sind relativ preisgünstig. Calle Daoiz y Velarde 19, oberhalb der Calle Hernán Cortés; So Ruhetag.

Rest. Cañadío (20), ebenfalls in diesem Gebiet. Gehobenes, weithin bekanntes Restaurant mit feiner Küche und leicht gehobenem Preisniveau (ab ca. 35 €). Die Tagesmenüs für etwa 15 € fallen dagegen vergleichsweise günstig aus, und auch die Tapas und Raciones an der Bar sind nicht überteuert (8-16 €). Plaza Cañadío, So Ruhetag.

Bodega del Riojano (24), ein sehr gemütliches, traditionsreiches Lokal. Schon am Eingang würziger Schinkenduft; an der Decke große Holzbalken, gewaltige Fässer als Raumteiler. Küche à la riojana, Tagesmenü ca. 20 €, drei Gänge à la carte ab etwa 30 €. Am Anfang der Calle Río de la Pila 5, einer Querstraße zur Calle San Celedonio. Außerhalb der Sommersaison So-Abend und Mo geschlossen.

Bar Cantabria (23), schräg gegenüber dem Riojano. Eher einfache Einrichtung, die Decke voller Schinken. Gute Auswahl an Fleisch- und Fischgerichten, feiner Hauswein, dabei ausgesprochen preiswert: Tagesmenü etwa 7 €, üppiges Essen à la carte ab etwa 20 €. Calle Río de la Pila 10, Mo geschlossen.

Bodegas Mazon (18), herrlich altertümliches Lokal: ein großer Saal, Kronleuchter, eine lange Bar und Riesenfässer bilden die rustikale, aber nicht bemühte Einrichtung. Im Angebot solide „Comida casera" (Hausmannskost), die neuen Besitzer bieten ein Tagesmenü zu 20 € an, à la carte etwa gleicher Preis. Calle Hernán Cortés 59.

Bodegas La Conveniente (22), von außen unscheinbar, innen eine absolut urwüchsige Bodega, deren Einrichtung sich wohl seit über 50 Jahren kaum verändert hat – sehenswert. Als Musikbegleitung spielt ein Pianist, der auf einer Empore über den Essern sitzt. Sehr beliebt, Raciones kosten etwa 6 €; Nichtraucherlokal! Calle Gomez Oreña, im Gebiet nahe der Plaza Cañadío, oberhalb der Calle Daoiz y Velarde, erst ab 19 Uhr geöffnet, So zu.

Eh! Marcelino (21), praktisch um die Ecke und ideal für einen schnellen Imbiss ist dieses hübsche, mit Kachelbildern im alten Stil dekorierte kleine Lokal. So galt es zumindest bisher, ein Besitzerwechsel war angekündigt und ist wohl auch schon vollzogen. Calle Santa Lucía, Ecke Calle Pizarro.

Bar Casa Lita (17) am Beginn des Paseo de Pereda beim Puerto Chico, eine Bodega mit Speisenangebot, Lesertipp von Ursi Urech und Albert Stolz: „hervorragend". Nicht ganz billig aber gut, Tagesgerichte wie Bacalao mit Beilagen ca. 7 €.

Rest. El Vivero (14), eines der besten Restaurants in besagtem Barrio Pesquero. Etwas nüchterner Speisesaal, der sich besonders an Wochenenden ab etwa 21 Uhr füllt. Gute Auswahl an Fischgerichten, preiswerte Tagesmenüs, abends à la carte ab etwa 15 €. Calle Marqués de la Enseñada, Mo geschlossen.

Bar-Rest. A 11 (26), gute und preiswerte Tapas und Raciones, Hauptgerichte ca. 14 €, beliebt und oft knallvoll; Calle Arrabal 11, ℅ 942 074362.

FEVE-Cafeteria (11), gutes und preiswertes Essen im Bahnhof, gibt's das? Im FEVE-Bahnhof Santander sehr wohl, der Leser-Empfehlung von Familie Oesterle kann nur voll zugestimmt werden: große Portionen, gutes Essen, mäßige Preise – zweigängiges Menü ca. 8 €, platos combinados ca. 6 €. Allerdings keine Augenweide. Auch die RENFE-Station hat eine gute Cafetería mit Selbstbedienung.

• *Nachtleben* Die **Plaza Cañadío** und ihre Umgebung, einige Blocks landeinwärts des Paseo de Pereda, einer der beliebtesten Treffpunkte der Altstadt. An Sommerwochenenden herrscht in den vielen Bars und Disco-Pubs bis gegen vier, fünf Uhr morgens reger Betrieb. Ein Klassiker mit sehr ausgedehnten Öffnungszeiten ist die Bar „Cairo" an der Calle Moctezuma 1, nur zwei Schritte von der Plaza.

Die **Calle Río de la Pila**, gerade mal ein paar hundert Meter westlich, bildet mit ihren ebenfalls zahlreichen Bars eine weitere gern besuchte Nachtzone.

Santander

Das Gebiet **El Sardinero** ist derzeit nicht mehr so aktuell, bedient Vergnügungssuchende aber immerhin mit dem Casino an der Plaza Italia. Mit Eintrittsgebühr und der Pflicht zu Ausweis und entsprechender Kleidung ist zu rechnen.

Märkte/Feste/Baden

- *Märkte* **Mercado** im Zentrum an der Pl. de la Esperanza. Mo-Fr auch nachmittags geöffnet, Sa nur bis gegen 14 Uhr.
Mercado Municipal de Puerto Chico unter einem blauen klassizistischen Tempelchen in der Calle Casimiro Sainz.
- *Feste/Veranstaltungen* Dicht gedrängtes Sommerprogramm, das in Einzelheiten hier gar nicht aufgezählt werden kann, Details bei den Infostellen.
Ferias de Santiago, großes Fest im Sardinero-Bezirk, in der Woche um den 25. Juli. Stierkämpfe, am 24. Juli großes Feuerwerk, Sardinenessen und Sangriatrinken am Sardine-o-Strand.
Festival Internacional, seit nun über vierzig Jahren eines der größten Festivals Spaniens, das während des gesamten Monats August klassische Musik, Ballett, Opern, Theater und einen berühmten Klavierwettbewerb in das 1991 eigens dafür errichtete Festivaltheater „Teatro de Festivales" bringt. Im Beiprogramm: Fiesta de San Roque am 16. August, Feuerwerk am 29. August, Pilgerzug „Romería Montañesa del Faro" zum Cabo Mayor und vieles mehr.
- *Baden* Reichlich Auswahl an Stränden.
Playa del Promontorio, Playa de la Magdalena, Playa de Biquinis: An der zur Bucht gewandten Seite der Halbinsel. Das Meer ist hier ruhiger, eventuell auch etwas wärmer, aber nicht unbedingt sauberer als an den anderen Stränden.
Playa del Camello, Playa de la Concha, Playa El Sardinero: Nördlich der Halbinsel La Magdalena gelegen, gehören sie alle zur Sardinero-Zone und sind, mit entsprechendem Wellengang, dem offenen Atlantik zugewandt. Die Playa El Sardinero, mit der „Blauen Umweltflagge" ausgezeichnet, wird offiziell noch einmal in zwei Bereiche unterteilt: La Primera, unterhalb des Casinos, gilt als exklusiver und als Surfer-Treff; La Segunda, der längste alle Strände, hat ein wenig das Image des „Touristen-Strands".
Playa las Mataleñas, Richtung Leuchtturm (Faro) und in Nähe der Campingplätze, ist nur über einen steilen Abstieg zu erreichen, wird deshalb auch nicht ganz so voll wie die anderen Strände.

Sehenswertes

An historischer Architektur ist nicht mehr besonders viel geboten: Nach dem Großfeuer von 1941 musste fast die gesamte Altstadt neu aufgebaut werden.

Catedral: Die Kathedrale im Herzen der Stadt konnte nach dem Großbrand restauriert werden. In gotischem Stil zu Beginn des 13. Jh. errichtet, bewahrt sie in der Krypta *Capilla del Cristo* die Grabstätten der Märtyrer Emeritius und Celedonius. Im Kreuzgang ruht der Schriftsteller und Gelehrte Menéndez y Pelayo (1856–1912).

Museo Municipal de Bellas Artes: In der Calle Rubio 6 präsentiert das Museum der Schönen Künste wechselnde Ausstellungen, zeitgenössische und lokale Künstler wie Meister des 17./18. Jh.; Höhepunkt ist Goyas „Porträt von Fernando VII",. das allerdings nicht immer ausgestellt wird. Im selben Gebäude enthält die *Biblioteca Menéndez Pelayo* die Bibliothek des großen Sohns der Stadt. In der Nähe ist auch sein Wohnhaus („Casa Museo") zu besichtigen.
Öffnungszeiten Museum Winter Mo–Fr 10.15–13, 17.30–21 Uhr, Sa 10–13 Uhr, Sommer Mo–Fr 10 45-13, 18-21 Uhr, Sa 10.30-13 Uhr, an Feiertagen geschlossen. Der Eintritt ist frei.

Museo Regional de Prehistoria y Archeológia: Calle Casimiro Sainz 4, etwas landeinwärts des kleinen Hafens Puerto Chico. Ausgestellt sind überwiegend vorgeschichtliche Funde; besonders interessant sind die Exponate und Fotografien aus den nur schwer zugänglichen Höhlen von Altamira.
Öffnungszeiten Di–Sa 9–13, 16–19 Uhr, So 11–14 Uhr. Der Eintritt ist gratis.

Kantabrien

Museo Marítimo del Cantábrico: An der Calle San Martín de Bajamar, etwa zwischen Zentrum und Halbinsel La Magdalena; vom kleinen Hafen Puerto Chico immer in Ufernähe halten. Das in jahrelanger Arbeit erweiterte und modernisierte Museum stellt auf vier Stockwerken das Kantabrische Meer vor. Neben einem großen Aquarium besitzt das Museum gut präsentierte Exponate zu Meeresbiologie, Marinegeschichte mit Schiffsmodellen und zum traditionellen Fischfang, darunter das 24 Meter lange Skelett eines Wals. Die audiovisuelle Einführung sollte man nicht versäumen. *Öffnungszeiten* Di-So 10-21 Uhr, Winter 10-18/19 Uhr. Eintritt 6 €.

Península de la Magdalena: Die Halbinsel La Magdalena, im Osten der Landzunge von Santander, zählt mit Spazierwegen, Tennisplätzen, einem „Mini-Zoo", schöner Aussicht und den umliegenden Stränden zum sommerlichen Standardrepertoire Santanders.

Umgebung

▶ **Cuevas de Puente Viesgo:** Weniger bekannt und weniger rigoros zugangsbeschränkt als die von Altamira sind die Höhlen etwas außerhalb des kleinen Kurbads *Puente Viesgo*, etwa 25 Kilometer südlich in Richtung Burgos gelegen. Besonders sehenswert sind die *Cueva de Castillo* und die *Cueva de las Monedas*, doch bergen auch die anderen Höhlen Felszeichnungen. Die künstlerische Bedeutung der Schöpfungen von Altamira erreichen die hiesigen Malereien zwar nicht, wohl aber die kunsthistorische – der Besuch lohnt sich sehr. Hier sind auch Erlaubnisscheine für den Besuch (nur Do) der erst 1995 für die Allgemeinheit geöffneten Höhlen *Cuevas de Hornos de la Peña* bei San Felices de Buelna erhältlich.

• *Öffnungszeiten* Die Höhlen von Puente Viesgo, vor allem Castillo und Las Monedas, sind im Turnus geöffnet, also nie alle gleichzeitig. Zugangsbeschränkung auf 380 Personen täglich, deshalb besser morgens eintreffen. Das moderne „Centro de interpretación" für alle Höhlen befindet sich bei der Höhle El Castillo. Geöffnet sind Interpretationszentrum und Höhlen Mai bis September Mo–Sa 10–14, 16–20 Uhr, in den übrigen Monaten Mi–So 9.30–16.30 Uhr. Die Führungen kosten etwa 3 €.

Santillana del Mar

Der Zusatz „del Mar" führt in die Irre – Santillana liegt nicht am Meer, sondern einige Kilometer landeinwärts an der C 6316 nach Comillas und in direkter Nachbarschaft der berühmten Höhlen von Altamira.

Den Besucher erwartet ein rein mittelalterliches, bereits im 5. Jh. gegründetes Städtchen, für Jean Paul Sartre „die schönste Stadt Spaniens". Pflastergassen, Fachwerk, Paläste, wappengeschmückte Portale und Kirchen; Holzbalkone, die unter ihrer Blumenlast fast zusammenbrechen... Im Sommer strömen die Belegschaften der Reisebusse durch das kleine, etwas arg herausgeputzte Städtchen. Wer jedoch außerhalb der Saison kommt oder über Nacht bleibt, wird entdecken, dass Santillana alles andere als museal ist: Die etwa tausend Einwohner des alten Bezirks leben neben dem Tourismus immer noch von der Landwirtschaft.

• *Information* **Oficina de Turismo**, Calle Jesús Otero 20, ✆ 942 818251. Neubau am städtischen Parkplatz Aparcamiento Municipal, ortseinwärts der Durchgangsstraße. Kompetentes und mehrsprachiges Personal, Öffnungszeiten: Tgl. 9.30–13.30, 16–19 Uhr.

• *Verbindungen* **Auto**: Der Ortskern ist Fußgängerzone, die Zufahrt zu den Quartieren jedoch frei. Gebührenpflichtige, aber relativ preiswerte Parkplätze finden sich am Rand des Zentrums, zu erreichen unter anderem neben der Durchgangsstraße Comillas-Santander.

Santillana del Mar

Zug: FEVE-Bahnhof etwa vier Kilometer südlich bei Puente San Miguel. Züge von/nach Santander fahren etwa stündlich, von/nach Oviedo 2-mal täglich.
Bus Auch die Busse stoppen am Rand des Städtchens, nahe dem Hauptzugang zum Ort. LA CANTABRICA fährt 5-mal täglich von und nach Santander sowie 4-mal von und nach Comillas und San Vicente. Im Juli und August häufigere Verbindungen.

• *Übernachten* Reizvolle Quartiere in historischen Häusern, viele einfachere Hotels auch außerhalb an der Durchgangsstraße. Hohe Preise, starke Saisonschwankungen.

**** Parador Gil Blas, in einem alten Palast, der aus dem 15./16. Jh. stammt, gegenüber der neuere ***** Parador Nacional Santillana** (der mit dem „Gil Blas" die Gemeinschaftseinrichtungen teilt). Am schönsten liegen die Zimmer zum Garten. Reservierung ist ratsam; Standard-DZ kosten etwa 175 €, im Parador Nacional Santillana 155 €. Plaza Ramón Pelayo 8, ✆ 942 028028, ✉ 942 818391, www.parador.es.

Posada La Solana, ein Quartier des ländlichen Fremdenverkehrs, kaum zweihundert Meter vom Hauptplatz Plaza Mayor, toller Blick auf Colegiata und Ort. Eine echte Empfehlung: typisches, rustikales Steinhaus, Parkplätze. Zehn gut eingerichtete Zimmer mit TV, relativ moderates Preisniveau: DZ/Bad nach Saison etwa 45–70 €. Auch Drei- und Vierbettzimmer. Von November bis März geschlossen. Calle Los Hornos 12, ✆ 942 818106, ✉ 942 818185, www.posadalasolana.com.

Hospedaje Angélica, einfaches, aber solides Quartier fast um die Ecke von der Plaza Mayor. Nur drei recht hübsche Zimmer mit Holzböden, mit Bad ca. DZ eines mit Bad ca. 35 €, ohne Bad ca. 30 €. Calle Hornos; falls geschlossen, im zugehörigen Souvenirgeschäft fragen; ✆ 942 818238.

• *Camping* **Santillana**, 1. Kat., rund einen halben Kilometer vom Zentrum Richtung Comillas, zu Fuß vom Hauptplatz über die Calle Hornos sogar nur etwa 300 Meter entfernt. Geneigtes Wiesengelände oberhalb der Straße, wenig Schatten, Swimmingpool. Ganzjährig geöffnet; Preis p.P. und

Viel besuchtes Denkmalstädtchen: Santilla del Mar

Auto je gut 6 €, kl. Zelt gut 5 €. ✆ 942 818250, ✉ 942 840183.

• *Essen* Die angesichts des Besucherstroms zu erwartenden Preise, Küchenwunder werden dafür nicht vollbracht.

Rest. Casa Cossío, in einem historischen Gebäude nahe der Stiftskirche Colegiata. Mit um die 11 € gibt es ein für Santillana preisgünstiges Tagesmenü (sehr schlichtes Touristenmenü zu ca. 9,50 €), à la carte liegen die Preise deutlich höher. Plaza Abad Francisco Navarro.

Bodega Los Nobles, eine solide Kneipe, gut für Bocadillos oder Raciones. Es gibt auch relativ günstige Menüs. Calle Carrera 6, die Verlängerung der Calle Cantón in Richtung der Durchgangsstraße

• *Fest* **Fiesta del Reyes**, Hl. Drei Könige, 6. Januar; Festspiele mit Laiendarstellern.

La Colegiata: Das herausragende Gebäude Santillanas ist die Kirche des Benediktiner- und späteren Augustinerklosters, an der gleichnamigen Plaza ganz hinten im Ort. Im 12. Jh. errichtet, gilt sie als bedeutendster romanischer Bau Kantabriens. Besonders schön ist der *Kreuzgang* ausgefallen, ein wahres Kleinod romanischer Bildhauerkunst. Seine Kapitelle sind mit biblischen Motiven, Legenden, Alltags-

und Kampfszenen geschmückt, doch gibt es, wie auch in der Kirche selbst, ebenso „Szenen eher obszöner Art" (Prospekt des Fremdenverkehrsamtes) zu entdecken.
Öffnungszeiten Di–So 10–13.30, 16–19.30 Uhr (Winter 18.30); Eintritt ca. 3 €.

Das **Museo Regina Coeli**, ein Museum religiöser Kunst im Klarissinenkloster, knapp außerhalb des historischen Bereichs und jenseits der Durchgangsstraße, kann mit derselben Eintrittskarte besucht werden wie Kirche und Kreuzgang.
Gleiche *Öffnungszeiten* wie Colegiata, Eintritt ebenfalls ca. 3 €.

Umgebung von Santillana

▶ **Cuevas de Altamira:** Die berühmten Höhlen von Altamira liegen etwa zwei Kilometer südlich von Santillana. 1879, bei der Entdeckung der etwa 14.000 Jahre alten Felszeichnungen, glaubten Wissenschaftler noch an eine Fälschung – als sich um die folgende Jahrhundertwende die Echtheit herausstellte, war die kunsthistorische Sensation perfekt, sprach man von einer „Sixtinischen Kapelle vorgeschichtlicher Kunst". 1924 wurde Altamira zum Nationalmonument erklärt, 1985 ins Weltkulturerbe aufgenommen. Heute darf nur mehr eine Handvoll Auserwählter die farbigen, lebendigen Tierzeichnungen (Wisente, Pferde, ein Wildschwein) begutachten.

Replika der Höhle und Nationales Museum Altamira: Angemessenen Ersatz für das Original bietet die „Neocueva" wenige hundert Meter von der Höhle selbst, der auch ein Museum angeschlossen ist. Mehr als drei Jahre lang arbeiteten die beiden Kunstprofessoren Pedro Saura und Matilde Múzquiz an der millimetergenauen Kopie. Das angegliederte Museum beherbergt eine gut und anschaulich gemachte Dokumentation der spanischen Vorgeschichte. Auch die nahe Tropfsteinhöhle *Cueva de las Estalactitas* ist zu besichtigen.

• *Öffnungszeiten* Juni bis September Di–Sa 9.30–19.30 Uhr, Winter Di-Sa 9.30-17 Uhr, ganzjährig So 9.30–17 Uhr, geschlossen 1.-6. Jan., 1. Mai., 24., 15. und 31. Dez. Wegen des sehr starken Andrangs werden Marken mit der Uhrzeit für den Einlass vergeben. Die Wartezeit kann durchaus mehrere Stunden betragen, an manchen Tagen ist zudem schon gegen Mittag das tägliche Besucherkontingent voll ausgeschöpft. Zumindest zur Saison empfiehlt es sich deshalb dringend, zu reservieren oder bereits früh am Tag zu erscheinen. Eintrittsgebühr rund 2,50 €, Studenten die Hälfte; Personen unter 18 und über 65 Jahren gratis, an den Samstagen ab 14.30 Uhr, am 12.10., 6.12. und 18.5. ist der Eintritt für alle frei.

• *Kartenreservierung* ✆ 902 112211. Ein Tipp von den Lesern Britta Hering und Detlef Jahn: „Karten für die Neocueva kann man bei allen Filialen der Banco de Santander kaufen (ca. zwei Tage im Voraus sollte man allerdings planen). Diese werden dann vor Ort an der Theke noch mit zwei Extra-Zugangskarten ergänzt."

Comillas

Ein historisches, à la Santillana proper herausgeputztes Ortszentrum auf einem Hügel, dazu gute Strände – Comillas hat beides zu bieten.

Wie an den zahlreichen Villen ersichtlich, war das Städtchen schon zur vorletzten Jahrhundertwende eine beliebte Sommerfrische. Auffällig ist der Einschlag katalanischen Modernisme-Stils an einigen Häusern wie auch am westlich oberhalb des Zentrums gelegenen großen Komplex aus *Palacio de Marqués* und der früheren päpstlichen Universität *Seminario Pontifíca*. Zu erklären ist der katalanische Einfluss aus den guten Beziehungen, die der Marqués von Comillas zur Aristokratie Barcelonas unterhielt. Für den Bau eines Lustschlösschens verpflichtete der adelige Herr deshalb auch keinen Geringeren als Antoni Gaudí – der kleine Palast „El

Comillas

Katalanischer Kontrast in Kantabrien: Gaudís „El Capricho"

Capricho", den der geniale Architekt im Park des Palacio de Marqués errichtete, ist heute ein sehr feudales Restaurant.

- *Information* **Centro de Iniciativas y Turismo**, Calle María de Piélago, im höher gelegenen Teil des Zentrums, nahe Hauptplatz; ✆ 942 722591. Öffnungszeiten: Mo–Sa 10.30–13.30, 16.30–19.30 Uhr, So 10.30–13.30 Uhr.
- *Verbindungen* **Bus**: Bushaltestelle westlich unweit des Zentrums, Richtung San Vicente. LA CANTABRICA fährt 4-mal täglich von/nach Santillana, Santander und San Vicente de la Barquera, im Sommer häufiger.
- *Übernachten* Im Sommer ist Comillas oft mal ausgebucht, deshalb möglichst früh am Tag auf die Suche gehen.

**** Hotel Comillas, am Ortsrand Richtung San Vicente, etwa 500 Meter vom Zentrum entfernt unterhalb des Seminario. Erst wenige Jahre junges Quartier mit sehr gut ausgestatteten Zimmern und Pool. DZ etwa 65–135 €. Paseo de Solatorre 1, ✆ 942 722300, ✉ 942 722339, www.shotenor.com.

* Hotel Solatorre, in der Nähe des Hotels Comillas, etwa 700 Meter vom Zentrum entfernt. Solide, komfortable Zimmer; Parkplatz. DZ etwa 45–70 €. Barrio de Solatorre s/n, ✆ 942 722480, ✉ 942 722218.

** Hostal Esmeralda, am östlichen Rand des Zentrums. Eher Hotel als Hostal; freundliche und familiäre Atmosphäre, angenehme Zimmer mit allerdings nur papierdünnen Wänden. DZ/Bad nach Saison etwa 45–75 €. Calle Antonio López 7, ✆ 942 720097, ✉ 942 722258.

* Pensión Bolingas, hübsches altes Häuschen im südlichen Zentrumsbereich, nicht weit vom Hauptplatz. Einfach, aber sauber und sympathisch, zudem preisgünstig: DZ ohne Bad ab etwa 25 €. Calle Gonzalo de la Torre de Trassierra, nahe Paseo Primo de Rivera; ✆ 942 720841.

- *Camping* **Comillas**, 2. Kat., durch eine Straße zweigeteilter Platz. Vom schattenlosen unteren Teil ist eine kleine Badebucht zu erreichen, der Ortsstrand aber auch nicht weit. Geöffnet Juni bis September; nicht ganz billig: Parzelle (inkl. Auto, Zelt) etwa 13,50 €, p.P. 6 €. ✆/✉ 942 720074, www.campingcomillas.com.
- *Essen* **Rest. El Capricho del Gaudí**, Speisen im Gaudí-Palast! Das Vergnügen hat natürlich seinen Preis: Schon das feste Menü kommt auf rund 25 €, à la carte sollte man mit etwa 30 € aufwärts rechnen. Dennoch gut besucht, Reservierung ratsam. Vom Zentrum den Schildern nach Cabezón folgen, später rechts und durch ein Eisentor. So-Abend geschlossen, außerhalb der Saison auch Mo. ✆ 942 720365.

Bar-Rest. Filipinas, ein Tipp im Zentrum. Altes Steinhaus mit einfach eingerichtetem Speisesaal, aber gutem Essen und gutem

Wein. Günstige Mittagsmenüs für etwa 11 €, dann oft bis auf den letzten Platz belegt. Calle de Arzobispos 12, vom Hauptplatz Richtung San Vicente.
* *Feste* **Fiestas de Comillas**, mehrere Tage um den 15. Juli, das Hauptfest des Städtchens.
* *Baden* Der Ortsstrand **Playa de Comillas** ist hübsch, wird aber zur Saison sehr voll. Mehr Platz bieten die weite **Playa de Oyambre** (in manchen Karten Playa de Jerra; Vorsicht vor Strömungen!) und die sich anschließende **Playa de Merón** einige Kilometer westlich.

San Vicente de la Barquera

Ein bedeutender Fischerhafen an der Mündung des Río Escudo, die von einer langen, im 15. Jh. errichteten Brücke überspannt wird. In weiten Teilen prägen unansehnliche Neubauten das Ortsbild. Anders die eng um einen Hügel gedrängte Altstadt, die von der wehrhaften Kirche *Santa María de los Angeles* (13./16. Jh.) überragt wird und deren enge Gassen noch an die mittelalterliche Glanzzeit des Städtchens erinnern.

* *Information* **Oficina de Turismo**, Calle Generalísimo 20, an der Hauptstraße Richtung Llanes, ganzjährig Mo–Fr 10–13, 16–19 Uhr, Sa 11–13.30, 16.30–18.30 Uhr, So 11–14 Uhr. ✆ 942 710797, www.vicentedelabarquera.org.
* *Verbindungen* **Zug**: FEVE-Bahnhof ungünstig gelegen, nämlich gut drei Kilometer südlich des Zentrums.
Bus: Günstiger als die Bahn; Busbahnhof am Parque del Telleno, unweit der großen Brücke. TURYTRANS nach Oviedo/Gijon 6-mal, Llanes 6-mal, San Sebastián 4-mal; LA CANTABRICA nach Comillas/Santillana und Santander 4-mal täglich, im Sommer häufiger; Anschlüsse nach Potes und Arenas de Cabrales via Panes je nach Saison 2- bis 3-mal täglich.
* *Übernachten* ***** Hotel Miramar**, kleineres Hotel etwas außerhalb über der Flussmündung und in der Nähe des Leuchtturms; toller Blick und gutes Restaurant. Geöffnet März bis Mitte Dezember; DZ nach Saison knapp 65–75 €. Paseo de la Barquera s/n, ✆/≈ 942 710075, miramarhoteles@arakis.es.
* Pensión Liébana, zu erreichen über die Treppen am Hauptplatz Plaza José Antonio. Empfehlenswertes, gut geführtes Haus. Alle Zimmer mit TV, DZ/Bad nach Saison etwa 25–35 €. Calle Ronda 2, ✆ 942 710211, pensionliebana@ya.com.
* *Camping* **El Rosal**, 2. Kat., am Meer, gut ausgestattet. Geöffnet von Ostern bis Mitte Oktober; Parzelle inkl. Auto und kl. Zelt ab 11 €, p.P. 6 €. Zufahrt bei Kilometer 63 der Straße Santander-Oviedo, bei der großen Brücke, ✆ 942 710165. www.campingelrosal.com.
* *Feste* **La Folía**, am Sonntag nach Ostern. Meeresprozession, die uralten „Picayo"-Tänze und das übliche Festprogramm mit Musik.
* *Baden* Der Ortsstrand **Playa de San Vicente** ist recht klein und voll. Weit mehr Platz hat die ausgedehnte **Playa de Merón** etwa 1,5 Kilometer östlich, jenseits der Flussmündung.

▶ **Weiterreise**: Weiter an der Küste geht es in Asturien, Abschnitt „Costa Verde".

Picos de Europa (kantabrischer Bereich)

Nur wenige Fahrtminuten vom Meer ragen die Berge auf, bald steht man umringt von Zweitausendern: Die Picos de Europa machen es möglich.

Der Gebirgszug, der ein Gebiet von ungefähr 40 Kilometer Länge und rund 20 Kilometer Breite einnimmt, steigt in der Torre Cerredo bis auf 2648 Meter Höhe an. Er bildet die höchste Erhebung des *Kantabrischen Gebirges* (Cordillera Cantabrica), das sich in Ost-West-Richtung vom Baskenland bis nach Galicien erstreckt. Die Picos de Europa selbst liegen im Grenzbereich der Autonomen Gemeinschaften León, Kantabrien und Asturien und bestehen aus drei Massiven. Aufgebaut ist der Gebirgszug aus Kalkstein – Karstphänomene, wie unterirdische Flussläufe oder sogenannte Dolinen, trichterförmige Vertiefungen, die aus eingestürzten Höhlen entstanden, sind deshalb verbreitet.

In diesem Abschnitt wird der Hauptzugang von der kantabrischen Seite über *Potes* beschrieben, ergänzt durch eine Südumfahrung des Gebirges, die in die Gemeinschaft León führt. Das kantabrische Gebiet ist touristisch relativ stark erschlossen, was neben den bekannten Nachteilen auch seine Vorzüge hat: Die Auswahl an Unterkünften ist größer und die besseren Verbindungen ermöglichen Ausflüge ins Hochgebirge, bei denen man nicht auf Übernachtung in Berghütten oder aufs Campen angewiesen ist. Spektakulärer, gleichzeitig mit besseren Wandermöglichkeiten, ist jedoch der Teil der Picos, der von Asturien her zu erreichen ist. Auch um den Naturschutz war es in Asturien lange Zeit besser bestellt. Dort hatte man einen Teil der Bergregion schon 1918 als Nationalpark geschützt. Erst 1995 in Angriff genommen wurde dagegen das Projekt des grenzüberschreitenden, also auch Kantabrien und Kastilien-León einbeziehenden *Parque Nacional Picos de Europa*, der mit 64.660 Hektar der größte Europas ist.

Informationen über den asturischen Bereich der Picos de Europa finden Sie am Beginn des Kapitels zu Asturien.

Reiseplanung/Verbindungen: Die Busrouten orientieren sich stark an den Grenzen der Autonomen Gemeinschaften; von der kantabrischen auf die asturische Seite (und umgekehrt) zu gelangen, ist mit Umsteigen verbunden, die Anschlüsse sind sehr spärlich; noch übler sieht es mit Verbindungen in die südliche, zu León zählende Zone aus. Wer mit Bussen unterwegs ist, entscheidet sich deshalb besser frühzeitig für die kantabrische oder asturische Seite. Autofahrer haben es da besser, können die drei Massive wahlweise im Norden oder Süden umfahren.

Wandern: Für Touren in den Picos sind richtige Ausrüstung und Erfahrung unverzichtbar, schließlich bewegt man sich in einem echten Hochgebirge, in dem häufig Nebel aufzieht und das Wetter überhaupt rasch umschlagen kann. Eine Infrastruktur wie in den Alpen sollte man sich dagegen besser nicht erwarten. Die hiesigen Berghütten sind deutlich einfacher ausgestattet, besitzen beispielsweise oft keine Toiletten. Wegmarkierungen fehlen häufig; falls ein Weg gekennzeichnet ist, dann meist mit Steinmännchen, selten mit Farbe. Aufgrund der Geländebeschaffenheit können auch normale Wanderrouten da und dort unvorhergesehene Steilstücke beinhalten. Bezugsmöglichkeiten für Karten sind jeweils im Text angegeben; als Überblick und für leichte Spaziergänge mag der Maßstab 1:85.000 ausreichen, für längere Exkursionen empfiehlt sich jedoch der Maßstab 1:25.000 (mehrere Verlage, sehr brauchbar die Karten von Miguel Angel Adrados).

Potes

Eindrucksvoll ist schon die Anfahrt von der Küste auf der N 621, die durch die enge Schlucht Desfiladero de la Hermida führt.

Potes selbst, auf knapp 300 Meter Höhe gelegen, bietet einen guten Ausgangspunkt für Exkursionen im Deva-Tal und in die höheren Regionen des östlichen und des zentralen Massivs; letzteres ist auch über eine Seilbahn ab *Fuente Dé*, dem Abschluss des Tals, zu erreichen. Obwohl im Juli und August viel besucht, bewahrt der Ort im alten Zentrum, um die Brücke über den Río Quiviesa, noch weitgehend den traditionellen Baustil; kleinere Häuser aus Naturstein herrschen vor, architektonische Auswüchse sind bislang selten.

● *Information* **Oficina Municipal de Turismo**, Plaza Jesús de Monasterio, nach der Brücke am Busparkplatz; ✆ 942 730787. Geöffnet täglich 10-14, 16-20 Uhr, im Winter evtl. kürzer. **Oficina de Información de Potes**, Information des Nationalparks an der Straße in Richtung Fuente Dé ca. 1 km außerhalb. Überblickskarte, Liste der Wanderwege, Tipps zu Berghütten (Refugios), die allerdings fast ausnahmslos nur im Sommer geöffnet sind.

746 Kantabrien

Idyllisch: Bergpanorama hinter Potes

• *Verbindungen* **Bus**: Haltestelle vor der Kirche. PALOMERA-Busse (✆ 942 880611) von/nach Fuente Dé fahren nur über Ostern und von Mitte Juli bis Mitte September, dann 2- bis 3-mal täglich; Bus bis Espinama ganzjährig. Busse von und nach Santander via Unquera und San Vicente de la Barquera verkehren je nach Saison 2- bis 3-mal täglich. Die Busse stoppen auch in Panes; ab dort 2-mal täglich Anschluss in die asturische Picos-Region (Arenas de Cabrales, Cangas de Onís). Busse nach León 1-mal täglich.

• *Übernachten/Essen* Gute Auswahl, im Juli/August jedoch großer Andrang; besser, morgens auf die Quartiersuche zu gehen. Auch einige Bars vermieten Zimmer.

* **Hotel Casa Cayo**, nahe der Brücke, ordentlich und gut geführt, vor einiger Zeit renoviert. Hübsche, geräumige und rustikal eingerichtete Zimmer. Einziges Manko ist die Lage einiger Räume direkt über der sehr lebhaften und nicht zu überhörenden Bar – wer im zweiten Stock wohnt, hat damit keine Probleme. DZ/Bad knapp 50 €. Das sehr beliebte Restaurant glänzt mit guter Küche, Menü à la carte ab etwa 20 €, Tagesmenü ca. 15 €. Calle Cántabra 6, ✆ 942 730150, ✉ 942 730119. In der selben Gasse noch weitere Restaurants und Bars.

** **Pensión Picos de Europa**, komfortabel und mit freundlicher Leitung, der Inhaber spricht sogar ein wenig Deutsch. Im Haus ist die Freizeitagentur „Euro Picos", man wird also kompetent beraten. Zimmer zur Straße mit schönem Blick auf die Picos, jedoch nicht ganz leise. DZ/Bad nach Saison knapp 50-65 €. Mitte Dez. bis Mitte März geschlossen. Calle San Roque 6, an der Abzweigung der Straße nach Riaño noch vor dem Ortszentrum, ✆ 942 730005, ✉ 942 732 061, www.hotelpicosdeeuropa.net.

** **Pensión/Restaurant El Fogón de Cus**, gutes Restaurant mit angeschlossener Pension. Freundlicher, gesprächiger Chef, der selbst in der Küche steht; einfache, aber ansprechende Zimmer. DZ ohne Bad nach Saison etwa 30-40 €; Tagesmenü etwa 9 €. Calle Capitán Palacios 2, an der Hauptstraße, ✆ 942 730060.

• *Camping* **La Viorna**, 1. Kat., ortsnächster Platz, ein terrassiertes Hanggelände mit schöner Aussicht auf die Picos, junge Bäume, Swimmingpool. Der Platz liegt etwa 1,5 km oberhalb des Ortes an der Straße zum Kloster Toribio; vom Zentrum Richtung Espinama, dann bald links. Geöffnet ist April-Oktober, p.P., Auto, Zelt je etwa 4 €. ✆ 942 732101, ✉ 942 732021.

• *Sport/Touren* Viele Möglichkeiten.

Picos Awentura, Calle Cervantes 3; ✆ 942 732 161, www.cantabria.com/picosawentura. Breites Angebot: Reit- und Geländewagenausflüge, „Quads", Gleitschirmfliegen, Canyoning (Schluchtdurchquerungen – jedoch nicht im Nationalpark), auch Unterkunftsvermittlung.

• *Einkaufen* **Wanderkarten** verkaufen Foto

Bustamante und die Bücherei Librería Vela, beide direkt an der Hauptstraße gelegen. **Markt** ist jeden Montag. Zu empfehlen besonders der lokale Käse „Queso de Liébana" sowie der gebrannte „Orujo", ein Schnaps aus Traubentrester ähnlich dem Grappa.

Monasterio de Santo Toribio de Liébana: Das uralte Kloster liegt an einem Hang etwa drei Kilometer südwestlich oberhalb von Potes und ist über eine Fahrstraße zu erreichen. Bereits im 6. oder 7. Jh. gegründet, besitzt Santo Toribio ein seltenes Privileg: Immer wenn der 16. April, der Geburtstag des Heiligen Toribio, auf einen Sonntag fällt, wird ein „Heiliges Jahr" gefeiert, das sogenannte *Jubileo* oder *Año Santo Lebaniego*, das bis zum 16. April des nächsten Jahres dauert. Nur während dieses Jahres wird die romanische Pforte der Vergebung (Puerta del Perdón) geöffnet, deren Durchschreiten von allen begangenen Sünden reinigt. Berühmt wurde das Kloster durch den Besitz eines großen Holzstückes, des „Lignum Crucis", das vom Kreuz Christi stammen soll. Kunsthistorikern ist Santo Toribio dagegen vor allem durch den um 775 hier entstandenen illustrierten „Kommentar zur Apokalypse" bekannt. Die Originale dieses Werks des hiesigen Mönches Beatus sind leider verschollen, frühe Abschriften aber beispielsweise im Kathedralenmuseum von Girona in Katalonien zu sehen. Im Kreuzgang von Santo Toribio hängen nur einige Kopien.

Nach Fuente Dé

Das Sträßchen von Potes nach Fuente Dé windet sich am Río Deva entlang und gewinnt dabei erst langsam, dann steiler an Höhe. Autofahrer sollten auf Pferde und Kühe achten, die, am liebsten hinter unübersichtlichen Kurven, unvermittelt die Straße überqueren oder auch gemütlich auf ihr entlangwandern.

▶ **Espinama**: Etwa 16 Kilometer hinter Potes, gibt sich das Dörfchen ein ganzes Stück ländlicher; Holzbrücken, ein plätschernder Bach, gemächliche Kühe … Für Unterkunft und Verpflegung ist dank mehrerer Hostals und Fondas dennoch gesorgt.

▶ **Fuente Dé**: Etwa vier Kilometer hinter Espinama, auf 1078 Meter Höhe und praktisch nur aus Talstation, Campingplatz und Parador bestehend. Von hier erklimmt die Seilbahn *Teleférico* in spektakulärer Weise die fast 800 Höhenmeter zur Bergstation „El Cable" auf 1834 Meter. Oben führt ein Weg durch karge Felslandschaft in etwa einer Stunde zum modernen *Hotel-Refugio Aliva*, das auch Übernachtungsplätze bietet; statt mit der Seilbahn zurückzufahren, kann man auch in etwa vier Stunden auf einer allerdings recht stark befahrenen Jeep- und Mountainbiketrasse nach Espinama absteigen. Wer gut ausgerüstet ist, wird sich stattdessen vielleicht an der Besteigung der *Peña Vieja* (2618 m) versuchen wollen; hin und zurück gut 4 Std., oben schöne Fernsicht.

• *Betriebszeiten* der Seilbahn im Sommer täglich 9-20 Uhr, im Winter 10-18 Uhr. Die einfache Fahrt kostet etwa 6 €, Berg- und Talfahrt 10 €, Mitglieder alpiner Vereine erhalten ca. 20 % Ermäßigung. Zur Saison gibt es oft sehr lange Wartezeiten; dann sollte man am besten bereits vor der ersten Fahrt eintreffen. www.cantur.com.

• *Übernachten/Camping* *** **Parador de Fuente Dé**, großer Bau der Sechzigerjahre, nahe der Talstation. Standard-DZ etwa 130 €, m Winter 105 €. ✆ 942 736651, ✆ 942 736654, www.parador.es.

** **Hotel El Rebeco**, ebenfalls in der Nähe der Seilbahnstation, eine angenehme und preisgünstigere Alternative zum Parador. DZ knapp 55–65 €. ✆ 942 736601, ✆ 942 736600. hotelrebeco@mundivia.es.

** **Hotel-Refugio Aliva**, etwa eine Stunde Fußweg von der Bergstation und nur von etwa Mitte Juni bis Mitte Oktober geöffnet, abhängig von den Wetterbedingungen. Oft ausgebucht, man kann sich aber schon an der Talstation über den Belegungsstand informieren. DZ kosten ab etwa 65 €, Vollpension (keine anderen Verpflegungsmöglichkeiten!) zusätzlich ca. 25 € p.P. ✆ 942 730999, ✆ 942 736610.

Camping/Refugio El Redondo, 2. Kat., im Gebiet oberhalb der Seilbahn. Landschaftlich schön gelegener Platz, die Nächte fallen der Höhenlage entsprechend mitunter allerdings recht frisch aus. Anfahrt für Wohnmobile und Caravans schwierig. Ein preiswertes Refugio mit Matratzenlager und ein kleines „Volkskundemuseum" sind angeschlossen. Geöffnet Juni bis September sowie über Ostern; Stellplatz etwa 11 €, p.P. ca. 5,50 €. ✆ 942 736699.

Südumfahrung der Picos de Europa

Die Alternative zur nördlichen Umfahrung über Arenas de Cabrales, siehe hierzu das Kapitel über die asturischen Picos de Europa. Landschaftlich reizvoll sind beide Routen. Von Potes erklimmt die N 621 in südwestlicher Richtung den Pass *Puerto de San Glorio* (1609 m), der zugleich die Grenze zur Gemeinschaft León bildet. In Portilla de la Reina zweigt dann rechts die Straße nach Posada de Valdeón ab.

▸ **Posada de Valdeón**, ein hübsches Bergdörfchen zu Füßen des mittleren und des westlichen Massivs, bietet sich für eine Zwischenübernachtung besonders an. Knapp zehn Kilometer nördlich liegt am Ende einer teilweise geradezu ungemütlich engen Straße der Weiler *Caín*, Endpunkt der Wanderung durch die spektakuläre Schlucht Garganta de Cares. Beschrieben ist dieser reizvolle Weg im Kapitel über Asturien. Man kann die Durchquerung aber natürlich auch von der hiesigen Seite beginnen oder nur einmal ein Stück in die problemlos zu begehende Schlucht „hineinschnuppern". In einigen feuchten, dunklen Tunnels leistet dann eine Taschenlampe wertvolle Dienste.

• *Information* **Oficina Administrativa y de Información del Parque Nacional**, die Verwaltungs- und Infostelle des Nationalparks für Kastilien-León. Im Sommer geöffnet Mo–Sa 9–14, 16–18.30, So/Fei 9–15 Uhr, im Winter kürzer und nur Mo–Sa. Das Büro bietet neben Informationen auch den Picos eine Videovorführung sowie geführte Touren. Travesía de los Llanos s/n, nahe der Straße Richtung Caín etwas oberhalb, ✆ 987 740549.

• *Verbindungen* **Bus**: Die Gesellschaft EASA bedient mit ihrer „Ruta del Cares" von etwa Ende Juni bis in den September auch Posada de Valdeón, die genauen Daten ändern sich leider jedoch immer wieder. In der Vergangenheit fuhren die Busse in manchen Jahren täglich, in anderen nur an Wochenende – erkundigen Sie sich bitte vor Ort. Zusteigemöglichkeiten zu der Linie bestehen u. a. ab den asturischen Ortschaften Oviedo, Arriondas, Cangas de Onís, Arenas de Cabrales, Llanes und Ribadesella; von Posada weiter nach Caín geht es dann zu Fuß oder per Kleinbus. Diese Verbindung ermöglicht die Durchquerung der Cares-Schlucht als Tageswanderung; abends Rückfahrt ab Poncebos am anderen Ende der Schlucht. Eine weitere Busverbindung ab Posada führt 1-mal täglich von/nach León.

• *Übernachten/Essen* *** Hotel Cumbres de Valdeón**, Neubau am westlichen Siedlungsrand, die erste Adresse vor Ort. Restaurant angeschlossen. DZ kosten knapp 40–45 €. Mitte Dez. bis Anf. Feb. geschl.; Carretera Soto de Valdeón, km 14; ✆ 987 742701, ✆ 987 742740.

** Hostal Res. Campo, nahe der Pensión Begoña, die praktisch das Ortszentrum markiert. Ordentliches, noch recht junges Quartier, DZ/Bad nach Saison etwa 35-45 €. Carretera Cordiñanes s/n, ✆/✆ 987 740502.

* Pensión Begoña, wenige Schritte entfernt und im Besitz derselben Familie. Einfache, aber gepflegte und gemütliche DZ ohne Bad ab 40 €, zu günstigerem Preis auch Einzel- als Doppelzimmer möglich. Duschen geht extra. Ein Tipp ist das zugehörige Restaurant, das gute Menüs mit mehr als üppigen Portionen serviert. ✆ 987 740516.

• *Camping* **Camping El Cares**, 2. Kat., bei Santa Marina de Valdeón, von Posada de Valdeón rund vier Kilometer Richtung Potes. Geöffnet Juni bis September, p. P., Auto, Zelt je etwa 4,50 €. ✆ 987 270476, www.elcares.com.

Etwa 14 Kilometer hinter Posada de Valdeón trifft die Nebenstraße beim Pass *Puerto del Pontón* auf die N 625. Etwas flotter als bisher, landschaftlich aber weiterhin eindrucksvoll, erreicht diese nach knapp 50 Kilometern *Cangas de Onís*, die „Hauptstadt" der asturischen Picos de Europa.

Asturische Variante: Haus mit Hórreo

Asturien

Unter den Gemeinschaften der spanischen Nordküste nimmt Asturien eine Sonderstellung ein: Hier begann im 8. Jh. die christliche Rückeroberung, die Reconquista. Vielen Historikern gilt Asturien heute deshalb als „Wiege der spanischen Nation".

Die *Comunidad Autónoma Asturias* besteht aus einer einzigen Provinz gleichen Namens, die mit einer Fläche von 10.565 Quadratkilometern und gut einer Million Einwohnern etwa doppelt so groß ist wie der östliche Nachbar Kantabrien.

Die **Landschaft** wird hier ebenfalls vom reizvollen Kontrast zwischen Meer und Gebirge geprägt: Bis auf das Becken um Oviedo ist praktisch ganz Asturien Bergland. Höhepunkt in jeder Hinsicht sind die *Picos de Europa* im Grenzgebiet zu Kastilien-León und Kantabrien, ein bis über 2600 Meter Höhe ansteigendes, als Nationalpark ausgewiesenes Gebirge. Trotz der Industrialisierung mancher Bereiche ist Asturien in weiten Gebieten landwirtschaftlich strukturiert. Wer von Osten kommt, wird hier erstmals auf die *hórreos* stoßen, oft jahrhundertealte Getreidespeicher, die zum Schutz vor Nässe und Schädlingen auf Pfeiler gestellt sind; anders als in Galicien sind sie in Asturien meist aus Holz.

Größere **Städte** zählt Asturien nur wenige. Die Hauptstadt *Oviedo* wie auch *Gijón* und *Avilés*, die mit ihren Autobahnverbindungen ein „Y" formen, sind von eingeschränktem Reiz, bilden sie doch die auf Kohle, Eisen und Maschinenbau spezialisierte Industrieregion Asturiens. Schöner anzusehen sind die kleineren Städtchen der Küste wie *Llanes*, *Ribadesella* oder das winzige *Cudillero*. Besonders reizvoll an einer Flussmündung liegt *Luarca*.

750 Asturien

- *Internet-Infos* www.infoasturias.com
- *Klima* Das asturische Klima bestimmt im Küstenbereich der Atlantik. Regenschauer und Nebel sind auch in den Sommermonaten keine Seltenheit, die Winter fallen mild aus. Anders in den Gebirgsregionen, die in höheren Lagen deutlich zum alpinen Klima hin tendieren; bei Bergtouren ist also Vorsicht geraten.
- *Baden* An der asturischen **Costa Verde** (treffend: „Grüne Küste") finden sich Badeplätze zuhauf; kein Wunder bei einer Küstenlinie von über 350 Kilometern Länge. Steile Felsabstürze und Sandstrände wechseln sich ab. Wie generell in Nordspanien sind allerdings auch in Asturien die Badefreuden stark dem Klima unterworfen; genussvoll ist der Sprung in die Fluten, bei Temperaturen um die 20 Grad, nur von Juli bis in den September. Verwiesen sei an dieser Stelle noch einmal auf die besonders aus dem Gezeitenwechsel resultierenden Gefahren des Atlantiks.
- *Verbindungen* **Zug**: Die Staatsbahn RENFE bedient, über eine von Madrid via León kommende Linie, nur den Raum Oviedo, Gijón und Avilés. Die Schmalspurbahn der FEVE verläuft im Osten küstennah, biegt aber bei Ribadesella landeinwärts nach Oviedo ab. Dort beginnt eine weitere FEVE-Linie ins galicische Ferrol, die ab Cudillero wieder parallel zur Küste läuft; Anschlüsse zu dieser Linie auch ab Gijón. Generell sind die Frequenzen auf Langstrecken gering (Züge nur 1- bis 2-mal täglich); Kurzstrecken werden häufiger bedient.
Bus: Schnellere und häufigere Verbindungen als per Bahn. Hauptgesellschaft innerhalb Asturiens ist ALSA, in der zahlreiche Untergesellschaften aufgegangen sind, darunter EASA, die für den Osten der Region samt Picos de Europa zuständig ist.
- *Küche und Keller* Asturiens Küche spiegelt die Nähe von Meer und Gebirge. Ihr Paradegericht, die spanienweit berühmte **fabada asturiana**, kommt aus dem Hinterland: ein deftiger Eintopf aus weißen Bohnen, Würsten und Schweinefleisch. Den Bergregionen verdankt Asturien seine nicht minder gerühmten Käsesorten, allen voran der **queso de cabrales**, ein köstlicher Blauschimmelkäse ähnlich dem Roquefort, oft aus einer Mischung von Kuh-, Schafs- und Ziegenmilch hergestellt und gern zum Kochen verwendet. Die Küste liefert Fisch und Meeresfrüchte, deren Vielfalt im Meereseintopf **caldereta asturiana** deutlich wird.

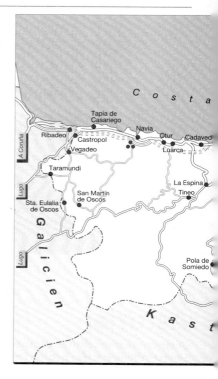

Vereint sind Meer und Gebirge schließlich in den **fabes con almejas**, der ungewöhnlichen Kombination weißer Bohnen mit Venusmuscheln. Beliebte Nachspeisen sind süßer Reis, **arroz con leche**, und die Walnusstaschen **casadielles**.
Sidra, Apfelwein, ist das charakteristische Getränk Asturiens. Die Kneipen, in denen er serviert wird, nennen sich **chigres** (auch: sidrerías). Beim Einschenken muss die Flasche möglichst hoch über das Glas gehalten werden, damit der Sidre schön schäumt – in der Regel übernimmt das der Kellner. Auch in der Küche hat das Regionalgetränk seinen Platz – **merluza a la sidra** (Seehecht in Apfelweinsauce) findet sich auf vielen Speisekarten.
- *Feste* Die asturischen Feste bewahren noch viel traditionelles Erbe. Mit etwas Glück hört man die in entlegeneren Regionen noch vertretene Lokalsprache **bable**; Dudelsäcke und Tänze erinnern an die keltischen Wurzeln Asturiens.

Asturien

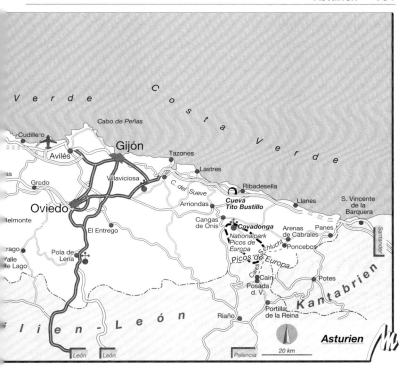

Fiesta del Bollú, Ostersonntag und Ostermontag in Avilés; traditionelles Essen der Butterkuchen Bollú; dazu gibt's Weißwein.

Fiesta de los Huevos Pintos („Fest der bemalten Eier"), Dienstag nach Ostern in Pola de Siero (östlich nahe Oviedo).

Fiestas de l'Amuravela, 29. Juni, in Cudillero.

Fiesta del Pastor, 25. Juli, großes „Schäferfest" im Nationalpark Covadonga.

La Vaqueirada, letzter Sonntag im Juli; Fest der Wanderschäfer bei Luarca.

Fiesta de las Piraguas, Kanurennen zwischen Arriondas und Ribadesella, Fiestas in beiden Städten – das bedeutendste Fest Asturiens, in der Regel am ersten oder zweiten Samstag im August.

Día de Asturias, erster Augustsonntag in Gijón; Wagenprozession, Tänze etc.

Fiestas de San Roque, um den 16. August in Llanes; viele überlieferte Tänze.

La Regalina, letzter Augustsonntag in Cadavedo (Luarca); sehr traditionsbewusstes Fest.

Jira al Embalse de Trasona, 31. August, große Romería (Wallfahrt) zum Stausee Trasona südöstlich von Avilés; über 30.000 Teilnehmer. **Toros en el Mar**, Stiertreiben am Strand; 14. Sept. in Candás (nordwestlich von Gijón).

Fiesta de San Mateo, 21. September; wichtigster Tag der Fiesta von Oviedo, die schon etwa eine Woche vorher beginnt; ein weiterer Höhepunkt ist der 19. September, wenn Oviedo den „Día de América" feiert.

Romería de los Santos Mártires de Valdecuna, 27. September, uralte Wallfahrt bei Mieres südlich von Oviedo.

Fiesta de los Humanitarios, 11. November, Moreda-Aller. Fabada-Essen, Messe im asturischen Bable-Dialekt, Prozession.

Geschichte

Anders als der östliche Nachbar Kantabrien, der ja historisch zu Altkastilien zählt, kann Asturien eigene geschichtliche Wurzeln für sich reklamieren, spielte sogar eine bedeutende Rolle in der Geschichte Spaniens.

Ursprünglich von Kelten abstammend, war die Bevölkerung Asturiens schon immer freiheitsliebend, setzte fremden Eroberern hart zu, was Römer und auch Westgoten zu spüren bekamen. Als ab 711 mächtige maurische Heere in weniger als einem Jahrzehnt fast ganz Spanien überrollt hatten, konnte sich Asturien die Unabhängigkeit bewahren. Die *Schlacht von Covadonga 722*, in der ein asturisches Heer unter dem Fürsten Don Pelayo eine maurische Truppe besiegte, gilt als Beginn der Reconquista, der christlichen Rückeroberung. Im daraufhin gegründeten Königreich Asturien verlagerte sich die Macht jedoch bald an die neu eroberten Gebiete weiter südlich; León löste Oviedo als Hauptstadt ab. Im 11. Jh. gelangte Asturien unter die Oberhoheit Kastiliens, dessen Regenten fortan die Geschicke der Region bestimmten und sich ab dem 14. Jh. auch offiziell mit dem Titel „Prinz von Asturien" schmückten.

Picos de Europa (asturischer Bereich)

Das zu Asturien zählende Gebiet der Picos de Europa ist wohl die interessanteste Region dieses Hochgebirges, das teilweise auch zu Kastilien-León und Kantabrien zählt.

Die Picos de Europa, ein aus drei Massiven zusammengesetztes Kalksteingebirge, das Höhen bis zu 2648 Meter (Torre Cerredo) erreicht, sind der höchste Bereich des Kantabrischen Gebirgs. In diesem Abschnitt werden die Zugänge von der asturischen Seite beschrieben, die von *Cangas de Onís* und *Arenas de Cabrales* aus vor allem das westliche und das mittlere Massiv erschließen. Einen landschaftlichen Höhepunkt bildet das Gebiet um die Gebirgsseen Lago Enol und Lago Ercina. Weiter östlich führt eine der schönsten Wanderungen der Picos durch die spektakuläre Schlucht *Garganta del Cares*, die das westliche und das mittlere Massiv voneinander trennt.

Allgemeine Informationen sowie Details über den **kantabrischen Bereich** und über eine **Südumfahrung** der Picos de Europa finden Sie im Kapitel „Kantabrien".

Cangas de Onís

Nach dem Sieg über die Mauren beim nahen Covadonga 722 wurde Cangas de Onís zur ersten Hauptstadt Asturiens. Heute ist das Städtchen die größte Siedlung der asturischen Picos, gleichzeitig das lebendige touristische Zentrum der Region. Zwiespältig präsentiert sich das Stadtbild: Allzu viele mehrstöckige Apartmentblocks zwängen sich zwischen die traditionellen Häuser.

• *Information* Oficina de Turismo, ✆ 985 848005. Beim Rathaus am Hauptplatz Plaza de Ayuntamiento nahe der Hauptstraße, geöffnet Di-Sa 10-14, 17-19.30 Uhr; im Juli und August täglich 10-22 Uhr. www.cangasdeonis.com.
Centro de Interpretación Casa Dago, eine Informationsstelle der Nationalparkverwaltung, an der Hauptstraße in Richtung Covadonga; Avda. Covadonga 43, ✆ 985 848614. Mit kleiner Ausstellung, Videovorführung und Verkauf von Wanderkarten. Geöffnet täglich 9-14, 16-18.30 Uhr, im Dez./Jan. leicht gekürzt.

Cangas de Onís 753

• *Verbindungen* **Bus**: Haltestelle gegenüber dem Rathaus und der Oficina de Turismo. ALSA fährt alle 1–2 Stunden nach Oviedo; 4x täglich nach Arenas de Cabrales, davon 2x weiter nach Panes, dort Umsteigemöglichkeit auf die Busse von Santander nach Potes in den kantabrischen Picos. Ebenfalls mit ALSA auf der „Ruta del Cares" von etwa Mitte Juli bis in den September – zuletzt nur bis Ende August – nach Posada de Valdeón in Kastilien-León; ob diese Fahrt täglich oder nur am Wochenende stattfindet, entscheidet die Gesellschaft alljährlich neu – erkundigen Sie sich bitte vor Ort. Von Posada geht es weiter zu Fuß oder mit einem recht teuren Kleinbus nach Caín am Ausgang der Cares-Schlucht und nach der Wanderung durch die Schlucht am Abend ab Poncebos zurück. Weitere, zum Teil ebenfalls nur saisonale ALSA-Verbindungen führen 4x täglich nach Arenas (in manchen Jahren auch mit Weiterfahrt nach Poncebos am Südende der Cares-Schlucht), 1x nach Llanes und Ribadesella sowie 4–5x (HS mehr) nach Covadonga, ab Mitte Juli (4 x tgl.) und im August bzw. bis in den September (halbstündlich) auch weiter zu den Seen im Nationalpark. **Organisierte Touren** mit Kleinbus sind die zweite Möglichkeit und außerhalb der kurzen Hochsommersaison die einzige, die Cares-Wanderung an *einem* Tag zu machen. Zwischen Mitte Juni und Ende September meist täglich fährt Senda de Cares, Infos unter ✆ 985 947192, ✆ 659 488823 oder in einem der zahlreichen Reisebüros an der Hauptstraße in Cangas de Onís. Ein weiterer Veranstalter, Vive Picos de Europa, fährt die Route mit Allradfahrzeug ganzjährig an Samstagen, im Juli, August und September täglich, für die Durchwanderung der Schlucht hat man genügend Zeit. Die Touren beginnen und enden in Cangas de Onís. Der Preis liegt bei ca. 30 €. ✆ 609 187074, www.vivepicos.com.

• *Übernachten* Hohes Preisniveau, im Juli und August zudem starke Nachfrage.
***** **Parador de Cangas de Onís**, Im Ortsteil Villanueva, einige Kilometer von Cangas selbst an der von Arriondas kommenden Straße, direkt am Fluss. Erst wenige Jahre junger Parador, untergebracht in einem alten Kloster mit modernem Anbau. Standard-DZ etwa 160 €. Villanueva s/n, ✆ 985 849402, ✆ 985 849502, www.parador.es.

** **Hotel Los Lagos**, solide Mittelklasse direkt am Hauptplatz schräg hinter der Infostelle. Ein gutes Restaurant ist angeschlossen. Einige Zimmer zur Hauptstraße! Starke Saisonschwankungen im Preis. DZ etwa 40–80 €. Etwa 10. Dez. bis März geschlossen; Jardines del Ayuntamiento 3, ✆ 988 49277, ✆ 988 48405, www.loslagos.es.

* **Hotel Piloña**, im alten Ortskern, recht gute Zimmer mit (kleinem) Bad/WC und TV, z.T. Balkon, starke Saisonschwankungen beim Preis: DZ ca. 35–100 €, günstig ist die HP (im EZ im Sept. für 45 €!). Calle San Pelayo 19, ✆ 985 848088, ✆ 947376.

* **Hotel Monteverde**, anständiges Familienhotel mit ebenso anständigen Preisen, Zimmer mit TV, sehr gutes Frühstück; vom Hotel werden auch Wanderungen sowie MB- und Kanutouren veranstaltet. DZ ca. 35–65 €, Calle Sargento Provisional 5, ✆ 985 84 8079, ✆ 848370, www.hotel-monteverde.net.

* **Pensión Principado**, eine von mehreren kleinen Pensionen in diesem Gebiet. Einfach, aber saubere Zimmer, freundliche und familiäre Atmosphäre. Das DZ ohne Bad kostet je nach Saison ab etwa 35 €, im August bis 60 €. An der Hauptstraße Avenida Covadonga 6, ✆ 985 848350.

• *Camping* **Covadonga**, 3. Kat., im Ortsteil Soto de Cangas, etwa fünf Kilometer außerhalb, direkt nach der Abzweigung Covadonga, zu erreichen mit den ALSA-Bussen Richtung Covadonga. Angenehmer Grasplatz am Flüsschen; Bar/Imbiss, Mountainbikeverleih, im Sommer ein Infostand. Geöffnet in der Osterwoche sowie von Juni bis etwa Mitte September. Preise p.P. rund 5 €, Auto und kleines Zelt jeweils ca. 4 €. ✆ 985 848897, ✆ 985 940097.

• *Essen* **Rest. Los Arcos**, dem Hotel Los Lagos angeschlossen und eine der ersten Adressen des Städtchens. Menü à la carte ab etwa 45 €. Avenida de Covadonga 17, in der zweiten Januarhälfte geschlossen.

Rest. Meson El Puente Romano, sehr hübsch gelegenes Restaurant bei der romanischen Brücke am Ortsanfang; Tische im Freien unter Platanen. Solides Tagesmenü mit generösen Portionen schon unter 10 €, Hauptgerichte auch recht preiswert.

• *Sport & Touren* **Cangas Aventura** ist einer von mehreren Anbietern des „Turismo activo", die Reitausflüge, Kanutouren, Mountainbikes etc. offerieren. Avda. de Covadonga s/n, ✆ 985 849261 oder 985 848576.

Asturien Karte S. 750/751

Covadonga und die Bergseen

Das Gebiet südöstlich von Cangas de Onís zählt zu den schönsten, allerdings auch meistbesuchten Bereichen des Nationalparks Picos de Europa.

Bereits 1918 wurde diese Region der asturischen Picos de Europa zum Nationalpark Covadonga erklärt, der heute im weit größeren Nationalpark Picos de Europa aufgegangen ist. Ein Grund für den sommerlichen Andrang ist sicher die historische Bedeutung der Wallfahrtsstätte Covadonga, ein anderer die leichte Erreichbarkeit der beiden oberhalb des Heiligtums gelegenen Bergseen Lago Enol und Lago Ercina. Der Rummel konzentriert sich jedoch um die Stellen, die mit dem Auto angefahren werden können; nur ein kleines Stück abseits wird es bereits viel ruhiger.

▸ **Covadonga**: Die Wallfahrtsstätte, fantastisch in einem engen Felstal gelegen, gilt offiziell als Ursprung der Reconquista und der Idee vom spanischen Staat an sich. Ob der westgotische Fürst Pelayo wirklich solch hochfliegende Pläne hatte, als er 722 hier einen kleinen maurischen Trupp schlug, mag dahingestellt bleiben. Den Mittelpunkt des Wallfahrtbetriebs bildet die *Cueva Santa*: Hierhin, in die in einer Felswand gelegene „Heilige Höhle", soll sich Pelayo mit den Seinen zurückgezogen haben. Um die sagenumwobene Höhle ist im Laufe der Zeit ein wahrer Wallfahrtskomplex gewachsen, komplett mit recht interessantem Museum, der 1891 errichteten Basilika, einem Postgebäude etc.

● *Öffnungszeiten* **Wallfahrtskirche** offiziell tgl. 7–19 Uhr, wegen zahlreicher Messen Besuch oft eingeschränkt. **Museum** tgl. 10.30–14, 16–19.30 Uhr, Eintritt 2 €.

● *Verbindungen* **Busse** der ALSA ab Cangas de Onís 4–5x täglich, im Juli/August noch häufiger und dann z.T. mit Weiterfahrt zum Gletschersee Lago de Enol. Sommerverbindungen, jeweils 1x täglich, bestehen ab Llanes, Ribadesella und Arenas de Cabrales.

● *Feste* **Día de la Santina**, viel besuchte Wallfahrt zur Heiligen am 8. September.

Die Bergseen Lago Enol und Lago de la Ercina: Die beiden hübschen Gletscherseen sind auf einer zwölf Kilometer langen, schmalen, kurvigen und steilen Straße ab Covadonga zu erreichen. Auch wenn an Wochenenden und im Sommer (dann Zufahrtssperre möglich, siehe unten) viel Betrieb herrscht, lohnt sich der Weg hier hinauf. Aussichtspunkte bieten weite Blicke über die auf deutlich über tausend Meter Höhe gelegenen Seen und ihre Berglandschaft, über grüne Wiesen, aus denen Karstfelsen blitzen, bei gutem Wetter sogar bis zum Meer. Zudem eröffnen sich im Umkreis der Seen sehr schöne Wandermöglichkeiten.

● *Information* **Centro de Visitantes Pedro Pidal**, nicht weit vom großen Parkplatz am Ende der Hauptstraße; Besucherzentrum mit Ausstellungen, Videovorführung, Geschäft etc. Täglich geöffnet von 10–18 Uhr, ab Mitte Dezember bis zum Beginn der Karwoche geschlossen.

● *Verbindungen* Mit dem eigenen PKW ist die Auffahrt nur bis 10 Uhr morgens gestattet (Rückfahrt nach 20 Uhr), oben parken 3 €, danach Pendelbus hin/zurück 8 €, Parken kurz nach Cangas am Großparkplatz (3 €). Bustickets nicht im Bus erhältlich, nur am Busbahnhof in Cangas de Onís und im Kiosk am Großparkplatz nach Cangas.

● *Übernachten/Wandern* Mehrere Schutzhütten (Refugios), die nicht nur Betten, Speis und Trank anbieten, sondern auch ein gutes Ziel für Wanderungen abgeben. Einige Beispiele im Umfeld der Seen: **Refugio de Enol**, in der Nähe des gleichnamigen Sees. Ganzjährig.

Refugio de Vegarredonda, auch Vega Redonda genannt, etwa 1,5 Stunden südlich des Lago Enol; ✆ 985 922952. Besser ausgestattet, mehr Platz, ganzjährig geöffnet. Das Refugio ist Ziel eines beliebten und sehr schönen Wanderwegs, der zunächst als Fahrstraße vorbei an der Westseite des Sees führt.

Heile Bergwelt: im Nationalpark oberhalb von Covadonga

- *Camping* Camping und Übernachtung in WoMos/Wohnwagen ist im Gebiet um die Seen nicht mehr gestattet. Aktuelle Auskünfte in der Infostelle von Cangas de Onís.
- *Feste* **Fiesta del Pastor**, 25. Juli; Fest der Schäfer der Region. Messe, Reiten ohne Sattel, Baumklettern und andere Wettbewerbe, Ausstellung handwerklicher Erzeugnisse etc.

Arenas de Cabrales

Ein Dörfchen knapp 30 Kilometer östlich von Cangas de Onís, an der landschaftlich sehr reizvollen AS 114, die sich am Nordrand der Picos hinzieht. Arenas ist Ausgangspunkt zur Wanderung durch die Cares-Schlucht, gleichzeitig das „Käsedorf" der Picos: Eine ganze Reihe von Geschäften verkauft den blaugeäderten Cabrales-Käse, der in den Felshöhlen der Umgebung reift.

- *Information* **Oficina de Turismo**, eine Art Kiosk an der Hauptstraße Carretera General; ✆ 985 846484. Öffnungszeiten etwa Juli bis Mitte September, dann Di–So 10–14, 16–20 Uhr. Außerhalb dieser Monate nur über Ostern und an langen Wochenenden, den „Puentes", geöffnet.
- *Verbindungen* **Busse** der ALSA von und nach Cangas de Onís und Oviedo 4- bis 6-mal, Panes (umsteigen nach Potes in den kantabrischen Picos) 2-mal, Llanes 3-mal täglich. Zur Hochsaison fahren die Busse manchmal weiter nach Poncebos am Rand der Cares-Schlucht.
- *Übernachten* *** **Hotel Picos de Europa**, an der Hauptstraße. Komfortable Ausstattung, Swimmingpool und Garten, ganz ordentliches Restaurant mit relativ preiswertem Tagesmenü. DZ nach Saison etwa 60–100 €. Nov. bis März geschl. Calle Mayor s/n, ✆ 985 846491, ✉ 985 846545, www.hotelpicosdeeuropa.com.

* **Pensión Covadonga**, unweit des Infokiosks. Recht große Pension mit mehreren Stockwerken, die Zimmer sind gemütlich und für Kategorie und Preis durchaus ordentlich ausgestattet. DZ/Bad etwa 25–35 €. Ganzjährig geöffnet, ✆ 985 846566.

** **Pensión Castañeu**, liegt direkt hinter der Pensión Covadonga und ist in Ausstattung und Preis sehr ähnlich (DZ ca. 25–35 €). ✆ 985 846573.

Ländlich: Panorama bei Arenas de Cabrales

- *Camping* **Naranjo del Bulnes**, 2. Kat., angenehmer Platz beiderseits der Hauptstraße, etwa einen Kilometer östlich des Ortes. Mountainbikeverleih, Wanderschule, preisgünstiges Bar-Restaurant; im Sommer Berginfos. Geöffnet ist März bis Oktober; Preis p.P. 6 €, Auto und kleines Zelt je etwa 5 €. ✆/℡ 985 846578.

Garganta de Cares

Die spektakuläre Schlucht des Río Cares, deren Felswände mehrere hundert Meter aufragen, wird durch einen etwa zwölf Kilometer langen Wanderweg erschlossen. In jeder Richtung zwölf Kilometer wohlgemerkt, denn am Ziel, dem Weiler Caín, bestehen kaum öffentliche Verkehrsmittel (siehe aber unten). Im Juli/August und an Wochenenden ist der Andrang immens. Der Eingang zur Schlucht, beschildert *Senda del Cares* oder auch mit *Desfiladero del Cares*, liegt beim Weiler *Poncebos*, etwa sechs Kilometer südlich von Arenas; im Sommer pendeln teure Landrover auf der Strecke. In Poncebos geht es hinter der Brücke rechts, noch etwa einen Kilometer auf einer beschilderten Straße entlang, dann rechts hoch. Wer die schlecht ausgeschilderte Abzweigung nach rechts verpasst und geradeaus weitergeht, findet später noch eine weitere Aufstiegsmöglichkeit, die allerdings in steilen Serpentinen nach oben führt und teilweise etwas rutschig ist. Der etwa zwei Meter breite Weg selbst ist leicht begehbar, doch sind die Abstürze zur Schlucht ungesichert. Vorsicht ist auch nach oben geboten: Gelegentlich kommt es zu Steinschlag. Nützlich sind natürlich feste Schuhe, außerdem eine Taschenlampe für manche dunklen Tunnels. Wasser sollte man nicht vergessen, denn Quellen gibt es unterwegs keine. Immerhin findet sich mittlerweile auf etwa halbem Weg ein Kiosk, der seinen Vorrat – vor allem an Getränkedosen – auf Maultierrücken erhält. Schließlich empfiehlt es sich, etwaige andere Bedürfnisse vor Antritt der Wanderung zu erledigen: Mit Toiletten ist der zumindest im Sommer sehr belebte Weg bislang nicht ausgestattet.

- *Verbindungen* **Busse** sind leider häufigen Änderungen ausgesetzt – die ALSA entscheidet erst vor Saisonbeginn über den aktuellen Fahrplan und wechselt dabei immer wieder die Frequenzen. In der Vergangenheit fuhren zumindest im Sommer manche der von Oviedo/Cangas und Llanes kommenden Busse mit Ziel Arenas weiter nach Poncebos – erkundigen Sie sich bitte vor Ort. Ähnliches gilt für die ALSA-Busse auf der „Ruta de Cares", die von etwa Ende Juni bis in den September (in manchen Jahren täglich, in anderen nur am Wochenende) morgens den kastilischen Ort Posada de Valdeón anfahren und so die Durchquerung der Schlucht in einer Richtung ermöglichen; Zusteigemöglichkeiten zu dieser Linie bestehen u.a. in Oviedo, Arriondas, Cangas de Onís, Llanes, Ribadesella und auch in Arenas. Von Posada de Valdeón geht es zu Fuß oder mit einem nicht ganz billigen Kleinbus weiter nach Caín am südlichen Schluchteingang, dann durch die Schlucht und abends ab Poncebos zurück. In der Gegenrichtung war diese Kombination bisher nicht möglich.

Organisierte Touren mit Kleinbus sind die zweite Möglichkeit und außerhalb der kurzen Hochsommersaison die einzige, die Cares-Wanderung an *einem* Tag zu machen. Sie starten meist in Cangas de Onís, man kann aber auch in Arenas zusteigen, wird aber auf der Rückfahrt nur bis Cangas gebracht (von wo aber meist noch Busverbindung nach Arenas besteht – vorher informieren!). Details siehe Cangas de Onís.

- *Übernachten* In Poncebos, fast direkt am Schluchteingang, gibt es mehrere Unterkünfte mit Restaurant, ebenso am anderen Ende in Caín, siehe „Südumfahrung der Picos de Europa".

** **Hotel Mirador de Cabrales**, einziges echtes Hotel vor Ort. Geöffnet etwa Ende März bis Mitte Oktober, DZ kosten je nach Saison ca. 40–90 €, Poncebos s/n, ✆ 98 985 846673, ✉ 985 846685, www.hotelmirador.com.

* **Hotel Garganta del Cares**, gleich nebenan. Zimmer einfach möbliert, aber sauber; DZ/Bad etwa 45-65 €. Poncebos s/n, ✆ 985 846463.

Costa Verde (östlicher Teil)

Llanes

Etwas abseits der Hauptstraße gelegen, teilt sich das hübsche Fischer- und Ferienstädtchen in zwei klar definierbare Bereiche: Hier das jüngere, neuzeitliche Llanes, in dem in den letzten Jahren viel gebaut wurde; dort die enge, teilweise noch mauerumgürtete und denkmalgeschützte Altstadt, in der Adelshäuser und die frühgotische Kirche *Santa María* (12.-17. Jh.) stehen. Mitten im Ort liegt der Hafen, der durch einen Kanal mit dem offenen Meer verbunden ist.

- *Information* **Oficina Municipal de Turismo**, im Turm „La Torre" oberhalb der Durchgangsstraße, fast direkt hinter dem imposanten Gebäude des Casinos; ✆ 985 400164. Öffnungszeiten von Juli bis September Mo-Sa 10-14, 17-21 Uhr, So 10-15 Uhr; während des restlichen Jahres Mo-Sa 10-14, 16-18.30 Uhr, So 10.30-13.30 Uhr.

- *Verbindungen* **Zug**: Hübscher FEVE-Bahnhof im südwestlichen Ortsbereich; Züge nach Santander 2-mal, nach Oviedo 3-mal, Ribadesella 5-mal täglich.

Bus: Busstation an der Calle La Bolera im südöstlichen Ortsbereich (✆ 985 402322). ALSA-Busse in die Picos de Europa: 3x täglich nach Arenas de Cabrales, im Sommer 1x täglich nach Cangas de Onis. Von etwa Ende Juni bis in den September (meist nur erste Septemberwoche) bestehen auch Verbindungen („Ruta del Cares") nach Posada de Valdeón bei Caín an der Südseite der Cares-Schlucht. ALSA/TURYTRANS fährt 10x täglich nach Oviedo, nach Santander 12x, Bilbao 7x und San Sebastián 3x täglich.

- *Übernachten* *** **Hotel Las Rocas**, solides Quartier an der östlichen Hafenseite, Parkplatz vorhanden. Geöffnet Ostern bis September, DZ nach Saison etwa 55–125 €. Calle Marqués de Canillejas 3, ✆ 985 402431, ✉ 985 402434, www.hotelasrocas.com.

** **Pensión La Guía**, zentral am Hauptplatz. Altes Haus, vor einigen Jahren komplett renoviert. Hübsche Zimmer, besonders reizvoll die Nummern 7 bis 10 unter dem Dach. Ganzjährig geöffnet, DZ/Bad je nach Ausstattung und Saison 40–70 €. Plaza Parres Sobrino, ✆ 985 402577. www.pensionlaguia.com.

Ansichts-Sache: Blick vom Paseo San Pedro auf Llanes

* **Pensión Hospedaje Casa del Río**, in einer Art Villa nicht weit vom FEVE–Bahnhof. Freundlich-zurückhaltende Vermieter, Mobiliar nicht das jüngste, die Zimmer jedoch gepflegt und sauber, mit Holzfußböden und teilweise sogar schmalen Balkonen. DZ mit Waschbecken, aber ohne Bad knapp 30–40 €, in der NS auch mal preiswerter. Avenida San Pedro 3, neben dem Hotel Don Paco, ✆ 985 401191.

Jugendherberge Albergue Juvenil, Calle Celso Amiera, vom Zentrum westwärts Richtung Ribadeo, nach der Abzweigung zum FEVE-Bhf. dann rechts. Im September geschlossen, ✆ 985 400770.

• *Camping* Im Gemeindebereich von Llanes, insbesondere in Richtung Westen, liegt eine ganze Reihe von Plätzen.

Las Bárcenas, 2. Kat., recht zentrumsnaher, hübsch gelegener und gut ausgestatteter Platz südöstlich des Ortskerns; zu erreichen über die N 634 aus Richtung Santander. P.P. und Auto jeweils knapp 4,50 €, Zelt 5 €. ✆ 985 402887, 🖷 985 400175.

• *Baden* Die **Playa de Poo**, **die Playa de Celorio** und die **Playa de Barro** zählen zu den hübschen Strandbuchten westlich von Llanes, zu erreichen über kleine Seitensträßchen der Hauptstraße. Schon etwas näher an Ribadesella als an Llanes liegt die **Playa de Cuevas del Mar**, ein besonders schöner, von Felsen umrahmter Sandstrand. Die Zufahrt dorthin zweigt auf Höhe des Inlandsortes Nueva ab.

Ribadesella

Die breite Mündung des Río Sella trennt Ribadesella in zwei Hälften: An der Ostseite liegen die Altstadt um die hübsche Plaza Vieja und der Hafen; an der Westseite das Strandviertel um die hufeisenförmige Playa de Ribadesella. Außer Badeaufenthalt und Stadtbummel lohnt Ribadesella einen Stopp auch zum Besuch der Tropfsteinhöhlen *Cuevas de Tito Bustillo*, in denen vorgeschichtliche Felszeichnungen zu sehen sind.

Oficina Municipal de Turismo, in einem kleinen Pavillon auf der Altstadtseite des Orts, rechter Hand der Brücke; ✆ 985 860038. Öffnungszeiten Mo-Sa 10-13, 17-20 Uhr, So 11-14 Uhr, Juli/Aug. tgl. 10-20 Uhr. www.ribadesella.com.

Ribadesella

- *Verbindungen* **Zug**: FEVE-Bahnhof am Südrand der Altstadt, nach Santander 2-mal, Llanes 5-mal, Oviedo 3-mal täglich.
Bus: Busbahnhof an der Ausfahrtsstraße in Richtung Süden; ALSA nach Gijón 8x, Oviedo und Llanes je 10x täglich, daneben auch Anschlüsse nach Santander, Bilbao und Donostia (San Sebastián). Im Sommer bestehen außerdem, teilweise mit Umsteigen in Arriondas, einige ALSA/EASA-Verbindungen in die westlichen und südlichen Picos de Europa, ähnlich denen ab Llanes; die Tagestour durch die Cares-Schlucht ab Posada de Valdeón/Caín beispielsweise ist auch von hier aus möglich.
- *Übernachten* ***** Hotel Ribadesella Playa**, hübsche Villa im Strandviertel, gemütlich eingerichtete Zimmer, z. T. mit Balkon und Meerblick; Parkplätze. DZ nach Saison etwa 55–110 €. Calle Ricardo Cangas 3, ✆ 985 860715, ℻ 985 860220. www.ribadesellaplaya.com.
* Hotel Boston, ein Lesertipp von Thomas Becker: „Sehr sauber, gepflegt und in gutem Zustand". Es liegt im Strandviertel praktisch direkt an der Hauptstraße, von der Altstadt kommend kurz hinter der Abzweigung zur Höhle Tito Bustillo. Die Zimmer zur Straße sind laut. DZ/Bad etwa 35-45 €. El Pico 7, ✆ 985 860966.
Jugendherberge Albergue Juvenil, ein freundliches und gemütliches Quartier im Strandviertel an der Westseite der Bucht. Calle Ricardo Cangas, unweit des Hotels Ribadesella Playa. ✆ 985 861380.
- *Camping* **Ribadesella**, 1. Kat., im Inland etwa 2,5 Kilometer südwestlich des Ortes. Terrassierter Wiesenplatz, bislang noch wenig Schatten, sonst jedoch gut ausgestattet. Geöffnet etwa von April bis Mitte oder Ende September, p.P., Auto und Zelt je ca. 5,50-6 €,

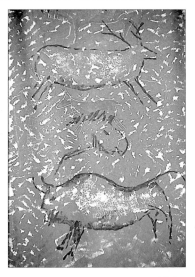

Eindrucksvoll: vorzeitliche Höhlenmalerei

teure Bungalows, überteuerter Laden. Sebreño s/n, Zufahrt linker Hand etwa einen Kilometer westlich der Brücke, ✆/℻ 985 858293, www.camping-ribadesella.com.
- *Feste* **Descenso Internacional del Sella**, am ersten oder zweiten Samstag im August. Großes Kanurennen „Fiesta de las Piraguas", zwischen Arriondas und Ribadesella. Zuschauer begleiten die Aktiven zu Fuß, die FEVE schickt einen Zug, der im Kanutempo nebenher fährt, Fiestas in beiden Städten, bei Llovio gigantisches Mittagspicknick.

Cuevas de Tito Bustillo: Die nahe Ribadesella gelegenen Tropfsteinhöhlen wurden erst 1968 entdeckt. Einer der Säle enthält Tierzeichnungen, deren Alter auf bis zu 25.000 Jahre geschätzt wird, womit sie älter wären als die von Altamira. Vor der Höhle befindet sich ein Informationszentrum, die Aula Didáctica, deren Besuch (möglichst vor der Höhlenführung) sehr empfehlenswert ist.

- *Lage/Öffnungszeiten* Die Höhle liegt auf der westlichen Seite des Río Sella; von der Altstadt kommend nach links abzweigen. Geöffnet ist Ende März (bzw. Karwoche, falls früher) bis Anf. oder Mitte September Mi–So 10–16.30 Uhr, Eintrittsgebühr 3 €, am Mi gratis. Öffnungszeiten der Aula Didáctica ganzjährig Mi–So, Okt. bis Mai 10–16.15 Uhr, Juni bis Sept. 10–17 Uhr, Info-✆ 985 861120. Es empfiehlt sich dringend, den Höhlenbesuch vorab zu reservieren, denn das tägliche Besucherlimit ist vor allem zur Saison schnell ausgeschöpft: ✆ 902 190508.

Richtung Villaviciosa/Gijón verläuft die Straße abseits der Küste; Stichstraßen führen zu Strandsiedlungen und Fischerdörfern wie dem hübschen Lastres. Ein besonders

reizvoller Strand, die Playa de Rodiles (Campingplatz), findet sich an der Ostseite der Ría de Villaviciosa.
Villaviciosa selbst, etwas landeinwärts am Beginn der Flussmündung gelegen, gilt als „Hauptstadt" des Apfelweins Sidra; entsprechende Kneipen liegen in der Altstadt um die Plaza Mayor. In Richtung Gijón macht sich dann allmählich der Einfluss der dortigen Industriegebiete bemerkbar.

Gijón (Xixón)

Mit rund 270.000 Einwohnern ist Gijón die größte Stadt Asturiens, gleichzeitig bedeutendster Hafen der Region, ein dicht besiedelter Großraum voller Schwerindustrie und erdrückendem Verkehr. Auf der Habenseite mag man der im spanischen Bürgerkrieg weitgehend zerstörten Stadt ein lebendiges Zentrum zusprechen, wie auch einen kilometerlangen, allerdings hochhausgesäumten Strand. Gijóns kleine Altstadt *Cimadevilla* besetzt die Landzunge zwischen Hafengebiet im Westen und dem Strand *Playa de San Lorenzo* im Osten. Das heutige Zentrum liegt weiter landeinwärts um die *Plaza Seis del Agosto*.

• *Information* **Oficina de Turismo**, Puerto Deportivo, Espigón Central de Fomento s/n, ✆ 985 341771, ℻ 985 356357; großer Info-Kiosk auf dem mittleren Pier des Sporthafens, gut ausgerüstet und sehr hilfsbereit. Viele Broschüren, u.a „Ruta del Modernisme" zu Jugendstilhäusern in der Stadt; Öffnungszeiten täglich 8/9-20 Uhr, im Sommer auch länger. Daneben besteht eine Reihe von Infostellen der Stadt („InfoGijón", z.T. nur im Sommer geöffnet), zum Beispiel am Strand San Lorenzo. www.gijon.info, www.visitigijon.com.

• *Verbindungen* **Flug**: Flughafen Aeropuerto de Asturias östlich von Avilés, etwa 40 km entfernt, Busverbindung mit ALSA ab Busbahnhof. Flüge nach D, A, CH nur über Madrid oder Palma de Mallorca.
Zug: Gijón besitzt gleich zwei Bahnhöfe. Bahnhof der RENFE-Cercanías (für Kurzstrecken, aber auch einen Teil der Fernzüge) und der FEVE in zentraler Lage an der Calle Alvarez Garaya, östlich der Plaza Seis del Agosto. FEVE-Verbindungen bestehen nach Pravia (umsteigen nach Galicien) und El Berrón (umsteigen nach Kantabrien), im Sommer zusätzliche Badezüge nach Llanes „En tren a la playa".
Die RENFE-Estación Jovellanos liegt etwa 500 m weiter westlich. Hier halten viele der Züge erneut, die die Cercanías-Station verlassen; gleichzeitig starten hier die Fernzüge nach León, Madrid und Barcelona. Verbindungen nach Oviedo halbstündlich, nach León 7x, Madrid 3x täglich.
Bus: Geplant ist der Bau eines städtischen Busbahnhofs, der ALSA-Busbahnhof wurde jedoch gerade umgebaut und erweitert, also bleibt's wohl doch beim alten. Bisher sind die Abfahrtsstellen der kleineren Gesellschaften meist über die Stadt verstreut, im Zweifel die Infostelle konsultieren. ALSA ist für die meisten Ziele zuständig, die Busse starten vom eigenen zentralen Busbahnhof an der Calle Magnus Blikstad 1, etwa 200 m südlich des Doppelbahnhofs von FEVE und RENFE-Cercanías. Die meisten Ziele innerhalb Asturiens werden angefahren, u.a. Oviedo laufend, Ribadesella 7x, Cudillero 6x, Luarca 4x. Weitere Verbindungen bestehen nach Kastilien (z.B. León, Madrid je 6-8x) und Galicien (z.B. La Coruña und Santiago je 3x), mit ALSA/TURYTRANS auch nach Kantabrien und ins Baskenland, z.B. Santander 8x, Bilbao 6x, San Sebastián 5x täglich. Im Sommer zwischen den drei großen Städten Asturiens auch Nachtbusse.

• *Übernachten* Generell ziemlich hohe Preise.
**** Parador Molino Viejo, stilvolle und noble Herberge, untergebracht in einer alten Mühle am Parque Isabel la Católica, nur wenig landeinwärts des östlichen Endes der Playa San Lorenzo. Standard-DZ 155 €. Parque de Isabel la Católica s/n, ✆ 985 370511, ℻ 985 370233, www.parador.es.
*** Hotel Asturias, das gründerzeitliche Hotel (1911) weist zum Teil noch den Dekor seiner Entstehungszeit auf, allerdings nicht in den relativ großen und eher kühl, aber mit Sitzecke und Teppichen eingerichteten Zimmern. DZ ca. 65-90 €. ✆ 985 350600, ℻ 985 346872, www.hotelasturiasgijon.es

** Hostal Res. Manjón, in guter und zentraler Lage am unteren westlichen Altstadtrand, nicht weit von der Infostelle. Vor einigen Jahren renoviert, ordentliche DZ/Bad rund 35-50 €, DZ nur mit Dusche etwas günstiger. Plaza del Marqués 1, ℡ 985 352378.

Jugendherberge San Andrés de Canellana, 132 Betten in Zweier- bis Zehnerzimmern, viele mit Bad. Camino de los Caleros s/n, Barrio de Contrueces, ℡/≈ 985 160673, www.alberguegijon.com.

• *Camping* **Deva-Gijón**, 1. Kat., noch recht neuer, sehr ausgedehnter und gut ausgestatteter Platz bei Deva, südlich der N 632 Richtung Villaviciosa und etwa sechs Kilometer östlich von Gijón. Offiziell ganzjährig geöffnet, Preise p.P., Auto, Zelt jeweils gut 6 €. ℡ 985 133848. www.campingdeva-gijon.com.

Gijón, 2. Kat., im Gebiet Las Caserías, etwa drei Kilometer östlich des Zentrums. Anfahrt über die Straße am Strand entlang, nach der Brücke links, dann beschildert. Geöffnet über Ostern sowie Juni bis September; p.P., kleines Zelt je rund 4 €, Auto 3 €, in der Hochsaison Stellplatz bis ca. 20 €! ℡ 985 365755.

• *Essen* **Sidrería Parilla El Retiro**, traditionelles Haus im Zentrum, das seit 1935 besteht. Die Karte umfasst Fisch-, Wild- und andere Fleischgerichte sowie Eintöpfe und Dutzende Pinchos; gutes Weinangebot. Menü à la carte ab etwa 30 €. Paseo Begoña 28, eine Seitenstraße der Calle Jovellanos; in der zweiten Septemberhälfte geschlossen.

• *Feste* **Día de Asturias**, erster Augustsonntag; traditionelle Wagenprozession mit Musikbegleitung, Tanzgruppen etc.

Gijóns urigste Seite: die Altstadt Cimadevilla

Sehenswertes

Römische Mauern und Bäder: Am Südrand der römischen Siedlung Giga, wo die Alt- und Neustadt verbindende Landzunge am engsten ist, wurden bedeutende Reste der römischen Vorgängerstadt ausgegraben. Einer der Tortürme des römischen Landturmes wurde modern aufgestockt und intelligent in den restaurierten mittelalterlichen Bau des Torre de Reloj integriert. Teile der Stadtmauer etwas unterhalb der Plazuela de Jovellanos und hinter dem Palacio de Revillagigedo sind jederzeit zugänglich. Am interessantesten sind jedoch die Reste einer römischen Thermenanlage, die an der Straße Campo Valdés ausgegraben und der Öffentlichkeit zugänglich gemacht wurden (östlicher Teil der Landenge, nahe Plaza Mayor und Plazuela de Jovellanos). Über den Ruinen der Thermen, deren erhaltene Reste u.a. die Fußbodenheizung umfassen, entstand ein kleines Museum, audiovisuelle Hilfen geben zusätzliche Informationen.

Öffnungszeiten Juli/Aug. Di–Sa 11–13.30, 17–21, So 11–14, 17–20 Uhr, Rest des Jahres Di–Sa 10–13, 17–19 (März–Juni und Sept. 20) Uhr, So 11–14, 17–19 Uhr. Eintritt ca. 2,50 €, So frei.

762   Asturien

Museo del Ferrocarril de Asturias: Das Eisenbahnmuseum von Gijón liegt auf dem Gelände des ehemaligen Nordbahnhofs Estación del Norte und ist mit rund tausend Exponaten das größte seiner Art im ganzen Land. Zu sehen sind Lokomotiven, Personen- und Güterwaggons verschiedener Bahngesellschaften, Gleisstücke, alte Fahrkarten, Signale etc. An Samstagen können Besucher das Gelände auf einer 500 Meter langen Schmalspurstrecke sogar abfahren.
Öffnungszeiten Di–Sa 10–14, 16–20 Uhr, So/Fei 11–14, 16–20 Uhr; im Juli/August Di–Sa 10–14, 17–21 Uhr, So/Fei 11–14, 17–21 Uhr. Eintrittsgebühr etwa 2,50 €, So gratis.

Acquario: An der Playa de Poniente westlich von altem und neuem Stadtzentrum und nahe dem Bahnmuseum steht das neue Meeresaquarium von Gijón. Das mehrstöckige Gebäude gibt Auskunft über das Leben im Meer vor der Küste Gijóns und in den asturischen Flüssen (Fischotter!) und Seen (beide im ersten Stock), informiert aber auch stichprobenartig über die anderen Meere der Welt von der Antarktis (mit Magellan-Pinguinen) bis zum Großen Barriereriff (Hai-Bassin).
Öffnungszeiten Juli/Aug tgl. 10-24 Uhr, Juni+Sept. tgl. 10-22 Uhr, Okt.+März So-Fr 10-19, Sa 10-22 Uhr, April/Mai So-Do 10-20, Fr/Sa 10-22 Uhr; Eintritt 10 €, erm. 8/5 €, ℡ 985 185220, www.acquariodegijon.com.

Museú Etnografiu del Pueblu d'Asturies: Im ethnologischen Museum „Dorf von Asturien" sind volkstümliche Geräte und Werkzeuge ausgestellt, Beispiele der Getreidespeicher „Hórreos" und alter Bauernhäuser, außerdem ein Dudelsackmuseum (Museo de la Gaita), dem auch eine Werkstatt angeschlossen ist. Hier steht auch der architektonisch beeindruckende Pavillon, mit dem Asturien auf der Expo in Sevilla vertreten war. Das sehr sehenswerte Museum liegt leider ein ganzes Stück östlich des Zentrums, auf der anderen Seite der Flussmündung und hinter dem Messegelände. Am angenehmsten zu erreichen ist es auf einem Spaziergang entlang des Strandes San Lorenzo, jenseits des Flusses dann landeinwärts abbiegen.
Öffnungszeiten Di–Sa 10–13, 17–20 Uhr, So 11–14, 17–19 Uhr, im Juli/August geringfügig erweiterte Zeiten. Eintritt ca. 2.50 €; Bus Nr. 1 und 10.

Umgebung

Gijón liegt in der Industriezone Asturiens; wer hier die (gebührenfreie) Autobahn benutzt, verpasst nicht viel und erspart sich Verkehrschaos.
Avilés ist wie Gijón in erster Linie Industriezentrum. Der kleine Ortskern um die zentrale *Plaza de España* freilich bewahrt mit historischen Häusern und engen Gassen noch das mittelalterliche Erbe des Städtchens. Lange Straßenzüge, die nach Renaissance riechen und Klassizismus, links und rechts Arkaden. In der Calle Galiana, 250 m lang, bestimmen Stadthäuser des Modernismo das Bild; zudem verlaufen in dieser Gasse sogar zwei parallele Arkaden, die einen für die Menschen, die anderen für die Tiere bzw. die Waren, die sie transportierten, denn Avilés war ein bedeutender Marktort. Bei der letzten Recherche noch Zukunftsmusik war das Centro Cultural, das zwischen der Altstadt und der Ría von Avilés eröffnen soll. Kein Geringerer als der 1907 geborene Architekt Oscar Niemeyer, bekannt als Schöpfer der Architektur von Brasilia, hat für Avilés einen Museums-, Ausstellungs- und Konzertpalast in vier großen Gebäuden entworfen, die den „größten Platz der Welt" umschließen und durch ihre Anlage das alte Avilés wieder mit dem Meer verbinden sollen.

- *Information* **Oficina de Turismo,** Calle Ruizgómez 21, Mo-Fr 9-14, 16.30-18.30, Sa/So/Fei 10-14 Uhr, ℡ 985 544325.
- *Übernachten* ***** **NH Palacio de Ferrera,** standesgemäße Unterkunft in einem barocken Palast im Stadtzentrum, DZ ca. 100-215 €. Plaza de España 9, ℡ 985 129080, ℡ 985 510684.

Ungewöhnliche Form: die Kathedrale von Oviedo

Oviedo

Die asturische Hauptstadt, im 9./10. Jh. Residenz der Könige von Asturien, hat sich nur einige wenige, dafür jedoch kostbare und als Weltkulturerbe geschützte Zeugen ihrer großen Vergangenheit bewahrt.

Oviedo liegt auf einem Hügel etwa 30 km südwestlich von Gijón, umgeben von einem Kranz von Bergen. Bei blutigen Arbeiteraufständen 1934 und während langer Kämpfe im Spanischen Bürgerkrieg schwer zerstört, zeigt sich Oviedo heute als lebendige und geschäftige Stadt, wird in den Außenbezirken von Industrie, im Zentrum von Neubauten geprägt. Historischen Charakter weist einzig das kleine, jedoch reizvolle und denkmalgeschützte Altstadtviertel um die Kathedrale auf, das in den letzten Jahren auf Hochglanz gebracht worden ist. Am Hang des nahen Monte Narranco warten zwei weitere Kostbarkeiten auf den Kunstfreund: Die Kirchen Santa María und San Miguel zählen zu den schönsten Beispielen der asturischen Präromanik.

Orientierung: Das Zentrum der von einer Ringstraße umgebenen Innenstadt markieren der große Park *Campo de San Francisco* und die an ihm entlanglaufende *Calle Uría*. Weiter östlich liegt die Altstadt, bestimmt durch die *Kathedrale* und, ein Stück südlich, die *Plaza de la Constitución*.

Information/Verbindungen/Diverses

- *Information* **Oficina de Turismo de Asturias,** Calle Cimadevilla, beim Durchgang zur Plaza de la Constitución, Info der Region Asturien, ✆ 985 213385, ✉ 985 228459, www.infoasturias.com. Öffnungszeiten täglich 10-19 Uhr.

Oficina Municipal de Turismo, an der Plaza de la Constitución gegenüber dem Rathaus. Geöffnet tgl. Okt.-Juni 10-14, 16.30-19 Uhr, Juli-Sept. tgl. 9.30-14, 16.30-19 Uhr.

Asturien

Zweigstelle des städtischen Büros in einem Steinhäuschen am Rand des Campo San Francisco; Calle Marqués de Santa Cruz 1, ✆ 985 227586. Geöffnet tgl. 10.30–14, 16.30–19.30 Uhr.

• *Verbindungen* **Flug**: Der Flughafen „Aeropuerto de Asturias" liegt küstennah westlich von Avilés in 47 km Entfernung; Verbindungen nach D, A, CH über Madrid oder Barcelona. Busverbindung ab der Bus-/Bahnstation Estación del Norte.

Zug: Moderner, großzügiger RENFE-Bahnhof Estación del Norte (Info-Tel. der Renfe: 902 240202, 24 Std.) am nordwestlichen Ende der Calle Uría. Züge nach Gijón und Avilés mindestens halbstündlich, nach León 7-mal, weiter nach Madrid 3-mal; nach Burgos 2-mal, Vitoria-Gasteiz, Logroño und Pamplona je 1-mal täglich. FEVE (✆ 985 297656) ist ebenfalls in der Estación del Norte untergebracht (Übergang in den hinteren Bahnhofsteil). Züge nach Osten Richtung Santander verkehren 2-mal, der Frühzug fährt weiter nach Bilbao; Llanes 4-mal täglich, Luarca und Navia 3-mal, weiter nach Ferrol 2-mal täglich.

Bus: Der Busbahnhof liegt in nächster Nähe des Bahnhofs von RENFE und FEVE. ALSA fährt zu den meisten Zielen in Asturien, im Sommer zwischen den drei großen Städten Asturiens auch Nachtbusse. Nach Gijón laufend, Ribadesella 15-mal, Llanes 12-mal, Cudillero über Avilés 2-mal, Luarca und Ribadeo 6-mal täglich. Verbindungen auch nach Kastilien (León 8-mal) und Galicien (La Coruña 6-mal, Santiago 5-mal). In den Osten Asturiens, nach Kantabrien und in das Baskenland gute Verbindungen: Llanes 10-mal, Santander 8-mal, San Sebastián 6-mal täglich. ALSA bedient auch die Picos de Europa und teilweise die zugehörige Küste, unter anderem mit einer Linie von Llanes nach Arenas de Cabrales. Nach Cangas de Onís etwa stündlich, mit Umsteigen nach Covadonga (4-mal) und Arenas de Cabrales (3-mal). Nur im Sommer Direktbus zu den Seen über Cangas de Onís und Covadonga (ab Oviedo 8.15 Uhr, zurück ab 20.15 Uhr). Von etwa Ende Juni bis (manchmal!) in den September ist auf der „Ruta del Cares" genannten Linie ein Tagesausflug mit Wanderung durch die Schlucht Garganta de Cares möglich, Details s. dort.

Autoverleih: Mehrere Vermieter am Flughafen. In der Stadt: ATESA, Calle Alcalde García Conde 4, ✆ 985 229940; AVIS, im Bahnhof, ✆ 985 241383; EUROPCAR, im Bahnhof, ✆ 985 245712; HERTZ, Calle Ventura Rodríguez 4, ✆ 985 270824.

• *Post* Calle Alonso Quintanilla 1, nördlich nahe der Plaza Escandalera. Öffnungszeiten: Mo–Fr 8.30–20.30 Uhr, Sa 9.30–14 Uhr.

• *Internet-Zugang* **Laser Internet Center**, Calle San Francisco 9, Nähe Hotel Principado; ✆ 985 200066. Kostenloser Internetzugang in der **Stadtbibliothek** am Mercado Fontán.

Übernachten (siehe Karte S. 766/767)

Hohes Preisniveau. Relativ günstige Pensionen und Casas Huespedes finden sich besonders in der Calle Uría und der Einkaufsstraße Calle Nueve de Mayo.

***** **Hotel de la Reconquista (12)**, das Tophotel der Stadt, im Gebiet nordwestlich des Parks Campo de San Francisco. Untergebracht in einem reizvollen Hospiz des 18. Jh., die Kapelle dient als Restaurant. Feinstes Ambiente und Luxus pur für rund 220 € pro DZ, in der Nebensaison ab 175 €. Calle Gil de Jaz 16, ✆ 985 241100, 🖷 985 246011, www.hoteldelareconquista.com.

**** **Gran Hotel España (13)**, komfortable und stilvolle Herberge mit über hundertjähriger Tradition. Beste Lage am nördlichen Rand der Altstadt, der Klasse entsprechendes Preisniveau: DZ um 70–165 €. Calle Jovellanos 2, ✆ 985 220596, 🖷 985 222140, www.hotelestrebol.com.

*** **Hotel NH Principado (14)**, funktionales Kettenhotel in ebenfalls guter Lage zwischen Park und Kathedrale, Parkmöglichkeit in der Tiefgarage an der Plaza Escandalera. DZ etwa 85–155 €. Calle San Francisco 2, ✆ 985 217792, 🖷 985 213946, www.nh-hotels.com.

*** **Hotel Clarín (5)**, sehr angenehmes Mittelklassehotel in der Einkaufszone, die Zimmer zum Lichthof mit Aircondition, gute Bäder, Minibar, solides Mobiliar, Cafetería im Haus. DZ ca. 70–120 €. Calle Caveda 23, ✆ 985 227272, 🖷 228018, www.hotelclarin.es.

** **Hotel Santa Clara (8)**, kleineres, zentral am Rand der Einkaufszone gelegenes Hotel. Modern möbliert, nicht ganz ruhige Zimmer, Parkgarage in der Nähe. DZ/Bad 60–80 €, am Wochenende gelegentlich Spezialangebote. Calle Santa Clara 1, ✆ 985 2227 27, 🖷 985 228737.

Oviedo

* **Hotel Santa Cruz (16)**, sauberes, zentral gelegenes Hotel nahe Parque de San Francisco, eine Empfehlung von Leserin Erna Pfeiffer: „Sogar ein Fön war da, eigentlich Komfort wie bei drei Sternen, das Personal freundlich und hilfsbereit." DZ 55–80; Calle Marqués de Santa Cruz 6, ✆ 985 223711.

** **Hostal Arcos (19)**, freundliches Quartier, mitten im Herzen der Altstadt gelegen. Beliebt und oft belegt, zur Saison deshalb Reservierung ratsam. DZ/Bad rund 35 bis 50 €. Calle Magdalena 3, gleich bei der Plaza de la Constitución; ✆ 985 214773.

* **Hostal Belmonte (4)**, in nicht ganz leiser Umgebung an der Hauptstraße zum Renfe-Bahnhof. Das Haus ist eines der schönsten spät-eklektizistischen Häuser dieser an solchen Großbürgerbauten nicht armen Straße. Geräumige, gut möblierte Zimmer, im Sommer jedoch etwas überteuert: DZ/Bad nach Saison knapp 40–60 €, ohne Bad etwa 35-40 €. Calle Uría 31, ✆ 985 241020.

* **Pensión Riesgo (1)**, preiswerte, angenehme und saubere Pension mit allerdings etwas kleinen Zimmern. Gute Lage in der Haupteinkaufsstraße Oviedos. DZ ohne Bad etwa 30–45 €, es gibt auch einige etwas teurere Zimmer mit nachträglich eingebauter Dusche. Calle Nueve de Mayo 16, ✆ 985 218945.

Jugendherberge (22) Residencia Juvenil, recht komfortabel, aber etwas abgelegen im Barrio del Cristo, gut zwei Kilometer südöstlich des Zentrums, Bus Nr. 2 ab Calle Uría. Zur Saison oft belegt, dann besser reservieren. Calle Julián Clavería 14, ✆ 985 232054.

Essen/Nachtleben/Einkaufen/Feste (siehe Karte S. 766/767)

• *Essen* Einfache, preisgünstige Lokale sind vor allem im Gebiet der Bahnhöfe und des Busbahnhofs zu finden.

Rest. Marisquería La Goleta (7), in der Einkaufszone nördlich des Parks San Francisco, Mini-Eingang. Eines der Spitzenrestaurants von Oviedo, Schwergewicht auf Fischspezialitäten. Essen à la carte von etwa 35 € aufwärts. Calle Covadonga 32, ✆ 985 213847, www.lagoleta.com; So und im Juli geschlossen.

Rest. El Raitan (18), ein Hort asturischer Tradition im Herzen der Altstadt. Gekocht wird ausschließlich nach überlieferten asturischen Rezepten. Auswahl unter einem halben Dutzend fester Menüs zu Preisen zwischen etwa 12 und 32 € (asturisches Degustationsmenü). So-Abend geschlossen. Plaza Trascorrales 6, unweit der Plaza Mayor, ✆ 985 214218, www.elraitan.com. Empfehlenswert auch das „**El Chingre**" im selben Haus mit vorzüglichen Tapas.

Bar/Rest. El Fontán (20), ein helles, luftiges Lokal mitten in der Altstadt, untergebracht im gleichnamigen städtischen Markt (nicht im alten Marktkomplex, sondern in der Halle der Gründerzeit, die heute noch als Markt verwendet wird). Regionalgerichte ca. 9-13 €, etwa Fabada (10 €) und Pote asturiano (9 €), gute Reisgerichte.

Rest. Las Campanas de San Bernabé (3), in derselben Gegend wie das La Goleta. Rustikales Haus, traditionelle asturische Küche, Essen à la carte ab etwa 25 €. Calle San Bernabé 7, eine Seitenstraße der Calle Nueve de Mayo. So und im August geschlossen. Nebenan die urige **Sidrería Burladero**.

Bodega La Cigaleña (21), Tapas und Bier vom Fass, kuriose Flaschensammlung, ein Tipp von Ralf Lehmann, Calle de Daoiz y Velarde 19, Marcado Fontán.

Bar Sevilla (17), Bar & Restaurant in der sehr touristischen Calle Cimadevilla, jedoch selbst fest in lokaler Hand – ob an der Bar oder den Tischchen im Lokal und draußen, wo es u. a. (auch abends) ein gutes Tagesmenü zu 10 € gibt, und das in einer Gegend, wo schlichteste Raciones mit 8,90 € beginnen. Zum Dessert sollte man den hausgemachten Arroz con leche wählen. Calle Cimadevilla s/n, gegenüber der Info der Region Asturias.

• *Sidrerías* Sidra bekommt man in speziellen Lokalen, wo der Apfelwein auf typische Art ausgeschenkt wird. Absolutes Zentrum des spritzigen Genusses ist die Calle del Aquila und deren Fortsetzung Calle de Gascona nahe der Kathedrale. Damit man dieses Sidra-Zentrum nicht übersieht, macht ein riesiges, quer über die Gasse gespanntes Transparent darauf aufmerksam. Sehr stimmungsvoll sind auch die beiden Sidrerías im und am Mercado Fontán (besonders Las Forgaxes und die oben erwähnte Bodega La Cigaleña).

Sidrería La Fumarada (11), große, sehr beliebte und entsprechend gut besuchte Sidrería mit langer Theke, Atmosphäre ein wenig wie in einer Braugaststätte. Die meisten Gäste kommen auf ein/zwei/drei Glas Sidra und einen Happen noch vor dem Abendessen, also zwischen 20 und 22 Uhr. Große Auswahl an raciones, Spezialität

Asturien Karte S. 750/751

766 Asturien

sind Meeresfrüchte. Nicht billig: die Ración Meeresfrüchte (min. 2 Pers.) kostet ca. 40 €/Person, auf der Terrasse nochmals 10 % Aufschlag. Calle del Aquila 4.

Sidrería Faro Vidio (15), in der Altstadt, ein Lesertipp von Ute Kalter und Roland von Glasow: „Das Einschenkritual ist obligatorisch. Der Versuch, sich selbst nachzuschenken, bleibt auf jeden Fall erfolglos". Nicht ganz billig, Fischgerichte ab 20 €, das gute Tagesmenü zu nur 12 €. Calle Cimadevilla 19, zwischen Plaza Mayor und Plaza Alfonso II.

Sidrería Tierra Astur (10), ein Lesertipp von Regina Roth: „Von der Plaza Mayor kommend am Mercado vorbei stehen rechts etwas versteckt in einem wunderschönen Innenhof kleine Tische und Stühle im Freien. Super Stimmung, die Sidra floss reichlich. Zu essen gibt es eine riesige Auswahl an kalten und warmen asturischen Spezialitäten. Die Preise erschienen uns im Vergleich zu anderen Lokalen in Oviedo eher gemäßigt." Calle Gascona 1, ℡ 985 203411, Menü 9 €. Diesen Tipp gab auch kürzlich (in der Zeitung El País) der aus Oviedo stammende Gaitero José Angel Hevia, der auch das Asturias in der selben Gasse schätzt: **Sidrería Asturias (9)**, Calle Gascona 9, maritim gestyltes Ambiente, bekannt für gute Mariscos, Tapas 3,50-10 €; ℡ 985 211752, www.sidreriaasturias.es.

La Noceda (6), Calle Victor Chavari 3, bietet gehobene asturische Küche. Leserin Manuela Jetter lobte das mit Serrano-Schinken gefüllte Fischfilet, ℡ 985 225959.

Sidrería Casa Muñiz (2), nördlich der Einkaufszone in einer etwas langweiligen Gegend. Urig und solide, Tagesmenü schon unter 7 €. Calle La Lila 16.

• *Nachtleben* Zur Semesterzeit herrscht abends reichlich Betrieb in der Altstadt, besonders in den Gassen und auf den Plätzen zwischen Kathedrale und Plaza Mayor: Calle Mon, La Rua, Plaza Riego und Plaza Trascorrales.

• *Einkaufen* **Markt** Mercado Fontán, wunderschöne Markthalle südlich der Plaza de la Constitución. Gute Auswahl an asturischen Käsen und Würsten, an Sidra etc.

Flohmarkt sonntags und donnerstags beim Mercado Fontán.

• *Feste* **Fiesta de San Mateo**, um den 21. September; längere Fiesta, die schon etwa eine Woche vorher beginnt. Ein Höhepunkt ist der Tag Amerikas („Día de América") am 19. 9., nämlich das Fest der Auswanderer nach Lateinamerika.

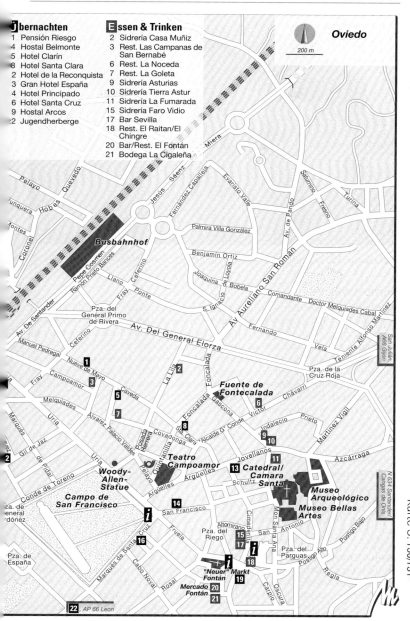

Asturische Präromanik, über tausend Jahre alt: Santa María

Sehenswertes

Catedral: Im Herzen der Altstadt, umgeben von einer Reihe weiterer historischer Gebäude. Die spätgotische Kirche, vom 14. bis 16. Jh. an Stelle einer weit älteren Vorgängerin errichtet, verwundert durch die asymmetrische Fassade mit drei verschiedenen Portalen und dem an die Südecke platzierten, 82 Meter hohen Turm. Im Inneren bewahrt die *Capilla Mayor* einen prächtiger Altaraufsatz (1531) von ungewöhnlicher Größe und herausragender Qualität. Über das südliche Querschiff der Kathedrale ist die **Cámara Santa** (Weltkulturerbe) zugänglich, die Hauptsehenswürdigkeit Oviedos. Zunächst gelangt man in eine Vorhalle mit hervorragenden romanischen Apostelstatuen (12. Jh.), dann in einen kleineren Raum, der bereits im 9. Jh. errichtet wurde. Er gehörte ursprünglich zum Palast Alfonso II. und beherbergt eine kostbare Truhe voll sagenhafter Reliquien und uralter Schätze, die wegen einer Absperrung leider nicht genauer betrachtet werden können. – Der schöne *Kreuzgang* (15. Jh.) im Flamboyant-Stil glänzt mit dem filigranen Schmuck seiner Spitzbögen.

• *Öffnungszeiten* Die Kathedrale ist rund ums Jahr meist Mo-Sa 10-13 und 16-19 (Sa 18) Uhr geöffnet, dies trifft auch auf Camara Santa, Diözesanmuseum und Kapitelsaal zu. Im Winter tendenziell kaum Zusatzstunden, im Sommer evtl. länger und ohne Mittagspause (stark wechselnde Zeiten!). Eintritt nur für die Cámara Santa 1,50 €, Kombinationskarte mit Kreuzgang, Kapitelsaal und kleinem Diözesanmuseum etwa 3 €, Do-Nachmittag freier Eintritt. Infos ✆ 985 221033.

Museo Arqueológico: An der Calle San Vicente 5 ist im Kreuzgang eines ehemaligen Klosters das archäologische Museum Oviedos untergebracht, das neben Funden der Vorgeschichte und der Römerzeit auch präromanische und romanische Architekturfragmente ausstellt. Zuletzt war der Bau wegen Restaurierung geschlossen.

Museo de Bellas Artes: Nur ein kleines Stück südöstlich der Kathedrale birgt der im 18. Jh. errichtete *Palacio de Velarde* ein Museum der Schönen Künste, das Ge-

Cudillero

mälde der Renaissance, des Barock und des 19. Jh. ausstellt. Erst vor kurzem hat das Museum seinen wohl größten Schatz erworben, der in einem eigenem Saal im Erdgeschoss zu sehen ist, einen kompletten Apostelzyklus von El Greco, bestehend aus zwölf Gemälden

- *Öffnungszeiten* Juli/Aug. Di-Sa 11-14.30 Uhr, 17-21 Uhr, So/Fei 11-14.30 Uhr, Rest des Jahres Di-Fr 10.30-14 Uhr, 16.30-20.30 Uhr, Sa 11.30-14 Uhr, 17-20 Uhr, So/Fei 11.30-14.30 Uhr; Eintritt frei. Das Museum kann auch von der Rúa aus betreten werden, in diesem Fall hat man zuerst die Sargadelos-Ausstellung vor sich und kommt zuletzt in den El-Greco-Saal.

San Julián de los Prados: Etwa einen Kilometer nordöstlich außerhalb des Zentrums, zwischen der Autobahn A 66 (und leider ganz nahe an dieser) und der AS 18 nach Gijón und Avilés, steht die größte präromanische Kirche Asturiens, als Weltkulturerbe ausgewiesen. San Julián, auch *Santullano* genannt, entstand in der ersten Hälfte des 9. Jahrhunderts, während der Regierungszeit von Alfonso II. Ihre Hauptattraktion sind die bedeutenden Wandmalereien, die in schwarzen, gelben und purpurnen Farbtönen die Innenwände bedecken und architektonische, florale und christliche Motive zeigen, darunter mehrfach das edelsteingeschmückte Kreuz.
Öffnungszeiten Von Mai bis September Mo 10–12.30 Uhr, Di–Fr 10–12.30, 16–17.30 Uhr; Oktober bis April Mo 10–12,30 Uhr, Di–Sa 9.30–11.30 Uhr; Eintritt mit Führung (alle ½ Std.) etwa 1,50 €; Mo ohne Führung gratis.

Umgebung

▶ **Monte Naranco**: Am Hang des Naranco-Berges, etwa drei Kilometer nordwestlich des Zentrums, stehen zwei uralte kleine Kirchlein. Beide sind bedeutende Beispiele der asturischen Präromanik und Weltkulturerbe. Ein Interpretationszentrum macht mit diesem besonderen Stil bekannt.

- *Anfahrt und Öffnungszeiten* Südwestlich vom RENFE-Bahnhof über das Viadukt Ingeniero Marquina, dann rechts ab (beschildert: „Monumentos Preromanicos"); Bus 3 ab Calle Uría. April–Sept. Di–Sa 9.30–13.30, 15.30–19.30 Uhr, So/Mo 10–13 Uhr; Rest des Jahres Mo, Di-Sa 10–13.30, 15–17 Uhr, So/Mo 10–13 Uhr; Eintritt frei. Eintritt mit Führung (fakultativ, Beginn in Santa María) etwa 3 €.

Santa María del Naranco, die untere der beiden Kirchen, war im 9. Jh. ursprünglich die Haupthalle des Sommerpalasts von Königs Ramiro I., wurde erst später als Gotteshaus geweiht. Zweigeschossig angelegt, besitzt sie an den Stirnseiten offene kleine Vorhallen. An den Längsseiten wie im Inneren sind Säulen mit dem typisch asturischen Kordelmuster zu sehen; beachtenswert auch die vielen Medaillons unterschiedlicher Darstellungen. **San Miguel de Lillo** steht zweihundert Meter oberhalb. Im Verhältnis zur Grundfläche wirkt der kleine, ebenfalls mit dem Kordelmuster geschmückte Bau erstaunlich hoch. Schön gestaltet sind die steinernen Fenstergitter; am Westeingang zwei Reliefs, die jeweils einen hohen Herren und zwei Begleiter bei der Beobachtung von Zirkusspielen zeigen.

Costa Verde (westlicher Teil)

Außerhalb der Industrieregion um Oviedo, Gijón und Aviles zeigt sich die asturische Küste ihrem Namen gemäß wieder schön grün.

Cudillero (Cuideiru)

Dicht an dicht klettern hinter dem winzigen Hafen die Häuser von Cudillero (im hiesigen Dialekt „Cuideiru" genannt) einen fast schluchtartigen Taleinschnitt hoch.

Fürwahr ein pittoreskes Bild, das an Wochenenden auch außerhalb der Saison Betrachter findet: Das stimmungsvolle kleine Fischerstädtchen hat sich zum Ausflugsziel entwickelt. Strände fehlen, Badelustige müssen sich schon zur drei Kilometer entfernten *Playa de Aguilar* im Osten oder besser gleich nach Westen bemühen, wo sich eine ganze Reihe von Stränden erstreckt, am schönsten vielleicht die weite Bucht der vier Kilometer entfernten *Playa de la Concha de Artedo*.

• *Information* **Oficina de Turismo**, Info-Glaspalast direkt am Hafen, schon jenseits des alten Hafens, geöffnet Mo–Fr 10–14, 16.30–19 Uhr, Sa/So 11–14 Uhr, Sa auch 16.30–19 Uhr, Juli bis Sept. tgl. 10–21 Uhr. Puerto del Oeste, ℡ 985 591377, www.cudillero.org.

Cudillero Turismo, Kiosk der Hoteliersvereinigung am Hafen, im Sommer täglich von 11.30–13.30 und 17.30–22.30 Uhr geöffnet. ℡ 985 591452.

• *Verbindungen* **Zug:** FEVE-Bahnhof relativ ungünstig einige Kilometer südlich außerhalb des Ortes gelegen, Züge Richtung Avilés/Gijon bis 14x, Oviedo 3x, Luarca/Navia 3x, weiter nach Ferrol 2x täglich.

Bus: Mit ALSA nach Gijón 6x, über Avilés nach Oviedo 2x täglich; Haltestelle etwa 500 Meter hügelwärts des Hafens.

• *Übernachten* ** **Hotel La Casona de Pío**, nur ein paar Schritte vom Hafen, hinter der Fischauktionshalle Lonja. 1997 eröffneter, schön restaurierter alter Steinbau; geschmackvolle Zimmer mit rustikalem Touch. DZ/Bad nach Saison etwa 55-85 €. Riofrío 3, ℡ 985 591512, 985 591519, casonadepio@arrakis.es.

** **Hotel Mariño**, in guter Lage oberhalb der Strandbucht von Artedo, knapp fünf Kilometer westlich des Ortes. Kleines Hotel mit nur einem Zimmern, umso größer das angeschlossene, gute, aber nicht eben billige Restaurant. DZ/Bad knapp 40–55 €; Concha Artedo s/n, ℡ 985 590186, www.concha-artedo.com.

** **Hotel Isabel**, an der Hauptstraße etwas oberhalb des Hafens, 14 Zimmer, renoviert. Kein Restaurant, im Umfeld aber genug Möglichkeiten. DZ/Bad nach Saison knapp 50–80 €. Calle Suárez Inclán 36–38, ℡ 985 59 1155, 591706, www.cudillero.org/hoteles/isabel.htm.

** **Pensión El Camarote**, im höher gelegenen Ortsbereich von Cudillero, vom Hafen etwa 300 Meter die Hauptstraße hoch. Ordentliches Quartier, jedoch nur von April bis September geöffnet. DZ/Bad nach Saison knapp 40–55 €. Calle García de la Concha, ℡ 985 590525.

• *Camping* Mehrere Plätze um den Strand Playa de Artedo, einige Kilometer westlich, zu erreichen über eine Stichstraße.

L'Amuravela, 2. Kat., der ortsnächste Platz. In El Pito, Wiesengelände auf einem Hügel oberhalb von Cudillero, gerade noch in gestreckter Fußentfernung. Kaum Schatten, jedoch gute Sanitärs, Swimmingpool. Geöffnet Karwoche bis November; Preise p.P., Auto, Zelt je 4,50 €. Beste Anfahrt, besonders für Wohnmobile, bereits östlich von Cudillero – die Ortsdurchfahrt ist nämlich arg eng. ℡/985 590995, www.lamuravela.com.

• *Essen:* **Taberna del Puerto**, das dem Wasser am nächsten liegende der Hafenrestaurants; Tische im Freien. Gute Fischgerichte, Menü à la carte ab etwa 18 €.

• *Feste* **Fiesta de la Amuravela**, am 29. Juni, dem Tag von San Pedro. Hauptattraktion ist ein Redner, der im lokalen Dialekt Personen und Ereignisse des vergangenen Jahres durch den Kakao zieht.

Luarca

Abseits der viel befahrenen Durchgangstraße, die den Ortskern nur streift, erweist sich Luarca als eine der reizvollsten Siedlungen der Costa Verde. Quer durch das sympathische Städtchen schlängelt sich der Río Negro zu seiner Mündung ins Meer. Die Altstadt liegt zwischen dem großen Hafen und einer Schleife des Flusses, an dessen Ufern schöne, traditionelle Häuser das Auge erfreuen. Hauptplatz ist die ansehnliche *Plaza Alfonso X. El Sabio*, gegenüber der Altstadt und mit dieser durch Brücken verbunden. Westlich der Flussmündung erstrecken sich die beiden größeren der insgesamt drei Strände des Städtchens.

- *Information* **Oficina de Turismo**, Calle Cáleros 11 am Hauptplatz Alfonso X el Sabio, ℡ 985 640083. Freundlich und kompetent; Öffnungszeiten Juli/Aug. Mo-Sa 10.30-14, 16.30-20 Uhr, So 11-14, 17-19 Uhr, Rest des Jahres Mo-Fr 10-14, 16.30-19.30 Uhr, Sa/So 11-14, 17-19 Uhr.
- *Verbindungen* **Zug**: FEVE-Bahnhof der Linie Oviedo-Ferrol etwa zwei Kilometer westlich oberhalb der Stadt; Züge Richtung Oviedo 3-mal, Navia 3-mal, weiter nach Ferrol 2-mal täglich.

Bus: Zentrale Haltestelle in Flussnähe am Paseo de Gómez; mit ALSA nach Oviedo 6-mal, Gijón 4-mal, Ribadeo 6-mal, nach A Coruña und Santiago je 2-mal täglich.
- *Übernachten* *** **Hotel Villa La Argentina**, auf einem Hügel etwa 15 Fußminuten östlich des Zentrums, in einer schönen Villa von 1899, umgeben von einem großen, parkartigen Garten. Nur zwölf Zimmer und drei Suiten; Tennisplatz und kleiner Pool. DZ nach Saison und Ausstattung 65–115 €. Villar de Luarca, ℡ 985 640102, ℻ 985 640973, www.villalaargentina.com.

* **Hotel Rico**, in zentraler Lage am Hauptplatz, vor wenigen Jahren renoviert und deshalb recht gut in Schuss. Für Luarca liegt das Preisniveau hier recht günstig: DZ/Bad kosten nach Saison etwa 35–65 €. Plaza Alfonso X 6, ℡ 985 470559.

** **Hostal Oria**, in einer Seitenstraße der Flussuferstraße, auf der Neustadtseite. Etwas arg hohe Preise: DZ/Bad gut 50 €, ohne Bad 40 € – in der Nebensaison sollte da ein kräftiger Nachlass drin sein. Calle Crucero 7, ℡ 985 640385.
- *Camping* Beide Plätze sind für Fußgänger über kleine Wege deutlich schneller zu erreichen als über die Hauptstraßen; das freundliche Personal der Infostelle zeichnet die Routen gern in eine Karte ein.

Los Cantiles, 2. Kat., bei Villar de Luarca, etwa 3,5 km östlich des Zentrums. Tolle Lage über der Steilküste, „selbst ein Umweg zu diesem Platz lohnt sich", fand Leser Aike Jan Klein. Deutschsprachige Leitung. Ganzjährig geöffnet; p.P., Auto je 4,50 €, Zelt etwa 4 €. Schnellste Zufahrt etwa drei Kilometer östlich von Luarca, hier meerwärts, nochmals gut drei Kilometer. ℡ 985 640938. www.campingloscantiles.com.

Playa de Tauran, ländlicher Camping ebenfalls an einer Steilküste, knapp drei Kilometer westlich von Luarca; in der Nähe ein kleiner, geschützter Strand. Info über Reitausflüge und Radtouren; Fahrradverleih. Geöffnet in der Osterwoche sowie Mai bis September; Preise ähnlich wie oben. Beste Zufahrt von der Fernstraße westlich von Luarca; ℡ 985 641272.
- *Essen* **Rest. El Sport**, eine der nobleren Adressen Luarcas, bekannt für Fisch und Meeresfrüchte. Degustationsmenü ca. 30 €, à la carte ab etwa 20 € aufwärts. Fantastisch die Meeresfrüchteplatte mit allen möglichen Krustentieren inkl. seltenen und teuren Percebes (Markt-Tagespreis, teuer). Calle del Rivero 8, an der Hafenseite der Altstadt, außerhalb der Saison Do-Abend geschlossen.
- *Feste* **El Carmen**, 16. Juli, Patronatsfest in Luarca und im östlich gelegenen Barcia.

La Vaqueirada, Schäferfest am letzten Sonntag im Juli in La Braña de Aristébano, in den Bergen etwa 15 km südlich; eines der farbenprächtigsten Feste Asturiens.

El Rosario, 15.8. und **San Timoteo**, 22.8., beide in Luarca. Zwischen den beiden Stichtagen permanente Fiesta. Am 15.8. Meeresprozession der gesamten Fischereiflotte.

Richtung Galicien

▶ **Navia** (FEVE-Bhf.) liegt etwas abseits der Küste am breiten Fluss gleichen Namens, ein kleines Fischerstädtchen mit einigen hübschen Häusern der vorletzten Jahrhundertwende und einem großen Industriekomplex flussaufwärts. Jenseits des Rió Navia zweigt linker Hand eine Straße zu den bei Coaña gelegenen Ausgrabungen eines Keltendorfs ab.

Poblado Celtico (Castro de Coaña): Sehr gut erhalten sind noch die Grundmauern der fast hundert keltischen Häuser, die etwa aus dem 1. Jh. nach Christus stammen. Eng muss es damals zugegangen sein: Oft beträgt der Abstand zwischen den einzelnen Behausungen gerade einen halben Meter. In einer „Aula Didáctica" werden archäologische Funde gezeigt.

Öffnungszeiten Von April bis September Di–So 11–14, 16–19 Uhr, sonst Di–Fr 11–15 Uhr, Sa/So 11–13.30, 16–17 Uhr; Eintritt etwa 1,50 €, Mi gratis.

Schöne Landschaft, kühles Wasser: Strand an den Rías Altas

Galicien

Im äußersten Nordwesten der Iberischen Halbinsel bewahrt Galicien seinen ureigenen Charakter, der sich vom Rest Spaniens in vielem unterscheidet.

Die *Comunidad Autónoma Galicia* zählt auf einer Fläche von 29.434 Quadratkilometern rund 2,8 Millionen Einwohner und teilt sich in die vier Provinzen Lugo, Ourense, A Coruña und Pontevedra; Hauptstadt ist Santiago de Compostela. Die Eigenständigkeit Galiciens, in der Landessprache *Galiza* genannt, erklärt sich zum einen aus der abgeschiedenen Lage der Region, zum anderen auch aus der Geschichte: Von Kelten und später von germanischen Sueben bewohnt, war Galicien während der maurischen Besetzung eines der letzten christlichen Refugien, spielte aber in der gesamtspanischen Geschichte – von der Bedeutung Santiagos als Wallfahrtsort abgesehen – nie eine große Rolle. Erst im 15. Jh. errang Kastilien die völlige Oberhoheit über das Gebiet. Fast enger als mit Spanien sind die kulturellen Bande mit Portugal; so hat die galicische Sprache *galego* (span.: gallego) mehr Ähnlichkeit mit dem Portugiesischen als mit dem kastilischen Spanisch.

Galicien gehört zu den ärmeren Gebieten Spaniens. Jahrhundertelange Erbteilung ließ den Landbesitz der einzelnen Familien auf kleine, oft genug auch noch verstreute Parzellen schrumpfen, die kaum mehr als das Existenzminimum hervorbringen. Industrie (Aluminium, Papier) ist rar. Den eigentlichen Reichtum der Region bildet das Meer: Ein gutes Drittel des gesamten spanischen Fangs an Fisch- und Meeresfrüchten wird in Galicien gelandet – umso härter traf die Region das schwere Tankerunglück der „Prestige". Seit jeher müssen zahlreiche Galicier ihr Glück in der Emigration suchen. Es sind so viele, dass in manchen Ländern Lateinamerikas jeder Spanier „gallego" genannt wird.

Die **Landschaft** wird an der zwölfhundert Kilometer langen Küste durch die fjordähnlichen, tiefen Einschnitte der *rías* bestimmt. Gegliedert ist die galicische Küste in drei Bereiche: Die *Rías Altas* im Norden zwischen Ribadeo und A Coruña, die *Costa da Morte* bis zum Cabo Finisterre (gal.: Cabo Fisterra) und die großen *Rías Bajas*, die bis zur portugiesischen Grenze reichen. Das Binnenland ist eine Symphonie in Grün. Ausgesprochen atlantisches Klima sorgt für rasches Wachstum auch eigentlich ortsfremder Pflanzen. Leider ersetzen heute vielerorts Monokulturen von Pinien und Eukalyptus – schnell wachsender Rohstoff für Papierfabriken – die alten Eichenwälder. Sowohl im Inland wie auch an der Küste trifft man auf die Getreidespeicher *hórreos*. Anders als in Asturien sind sie hier aus Granit, meist viel kleiner und sehen mit ihren Kreuzen und Dachverzierungen aus wie kleine Tempelchen; ein Charakteristikum Galiciens, wie auch die steinernen Wegkreuze *cruceiros*.

Tankerunglücke vor Galicien

Am 19. November 2002 sank, 250 Kilometer vor der Küste Galiciens, der Großtanker „Prestige". Das einwandige, 26 Jahre alte Schiff, bereits sechs Tage vorher an der Costa da Morte in Seenot geraten und dann aufs offene Meer hinaus geschleppt, hatte mehr als 75.000 Tonnen hoch giftiges Schweröl an Bord, fast doppelt soviel wie die 1989 vor Alaska gesunkene „Exxon Valdez". Es war das vierte Tankerunglück innerhalb von 25 Jahren vor Galicien, und das weitaus folgenreichste. In mehreren Wellen wurde die „Marea negra", die schwarze Flut, an die Küste getrieben, verseuchte mehr als hundert Strände. Betroffen waren, neben der Costa da Morte, auch Teile der Rias Bajas und Rias Altas sowie das Vogelparadies des Nationalparks Atlantische Inseln, aber auch die anderen nordspanischen Küstenregionen von Asturien bis ins Baskenland und sogar der Nachbar Frankreich. An mehr als 900 von insgesamt 1200 Kilometern galicischer Küstenlinie musste der Fischfang verboten werden – nicht nur ein ökologisches, sondern auch ein ökonomisches Desaster erster Ordnung für die arme Region. Fischer und Umweltaktivisten kritisierten wütend das Krisenmanagement der Regierungen Spaniens und Galiciens, die falsch reagiert und allzulange die Geschehnisse verharmlost hätten. In Santiago de Compostela kam es zur bis dahin größten Demonstration in der Geschichte von Galicien. Erst 22 Tage nach der Havarie wurde das ganze Ausmaß des Unglücks auch von offizieller Seite anerkannt: „Das ist unser Tschernobyl", gestand ein Regierungsvertreter. Die Strände waren relativ schnell wieder gereinigt und zumindest optisch sauber. Die langfristigen Folgen der „Katastrophe mit Ansage" (Greenpeace) sind jedoch immer noch nicht völlig überschaubar.

Unter den größeren galicischen **Städten** ist sicher das Pilgerziel *Santiago de Compostela* herausragend, doch auch *A Coruña*, *Pontevedra* und *Lugo* besitzen Charme. *Vigo*, obwohl von Industrie und Hafen geprägt, mag mit seiner Vitalität trotzdem Bewunderer finden. *Ourense* dagegen wirkt ziemlich nüchtern, und die Industriestadt *Ferrol* schließlich, Geburtsort Francos, muss man nicht unbedingt gesehen haben.

Zur Schreibweise von Ortsnamen: Auch wenn man gelegentlich auf ein überschmiertes Ortsschild stößt, ist Separatismus wie im Baskenland oder in Katalonien den meisten Galiciern fremd. Dennoch ist die galicische Sprache auf dem Vor-

Galicien

marsch. So sind alle amtlichen, von der „Xunta" (dem Organ der Selbstverwaltung der Region) herausgegebenen Dokumente sowie Ortsangaben und Hinweisschilder in Galicisch gehalten. Wir verwenden in diesem Führer deshalb immer die galicischen Ortsnamen; wo dies möglich war, wurden die meist sehr ähnlichen spanischen Bezeichnungen in Klammern ergänzt.

- *Internet-Infos* www.turgalicia.es
- *Klima* Galiciens Klima, geprägt vom Atlantik, ist das feuchteste Spaniens. Die Temperaturen sind gemäßigt mit relativ milden Wintern und nicht zu heißen Sommern; wärmste Region sind die Rías Bajas. An den Küsten ist Nebel verbreitet, der sich in den wärmeren Monaten jedoch meist im Laufe des Vormittags auflöst.
- *Baden* Platz genug bieten die insgesamt 275 Kilometer Strand (in Galicien **praia** genannt), doch sind die Wassertemperaturen nicht jedermanns Sache; an Küstenbereichen, die dem offenen Atlantik ausgesetzt sind, erreichen sie selbst im Sommer kaum 18 Grad. Besser sieht es in den geschützten Fjorden besonders der Rías Bajas aus, wo die Oberflächentemperatur bis 20 Grad oder sogar etwas darüber klettern kann. Wie am gesamten Nordatlantik warnen auch in Galicien zur offiziellen Badesaison (15.6.–15.9.) an belebten Stränden Signalmasten vor atlantischen Gefahren: Grün – Baden problemlos; Gelb – Achtung; Rot – Lebensgefahr!
- *Verbindungen* Zug: Die RENFE-Linien via León oder Zamora erreichen alle Provinzhauptstädte, verlaufen jedoch meist abseits der Küste. Die Schmalspurbahn FEVE bedient mit mäßigen Frequenzen die nördlichen Rías Altas zwischen Ferrol und Asturien (ab dort weiter nach Kantabrien/Baskenland). In Ferrol besteht RENFE-Anschluss.
  Bus: Entlang der Küste oft die einzige Möglichkeit oder die schnellere Alternative; manch entlegenerer Ort ist allerdings selbst per Bus nur einmal am Tag zu erreichen.
- *Übernachten* Erfreulich: Die Preise der galicischen Quartiere liegen im Schnitt unter denen anderer nordspanischer Regionen, wie das Preisniveau hier überhaupt etwas niedriger ist.
- *Küche und Keller* Rustikal und sättigend, ist die hiesige Küche durch die weite Verbreitung galicischer Restaurants in Spanien wohlbekannt. **Empanadas**, mit Fleisch, Fisch oder Gemüse gefüllte Teigtaschen, werden von vielen Bäckereien verkauft. An der Küste überwältigt der Reichtum an Fisch und Meeresfrüchten, die in Galicien noch recht günstig zu erhalten sind. Von gewöhnungsbedürftiger Konsistenz ist **pulpo a feira**, gekochter Krake mit Öl und Paprikapulver. **Caldeirada**, ein Eintopf aus Fisch und Meeresfrüchten, mag da manchem mehr zusagen. Aus dem Binnenland kommen **lacón con grelos**, Schweineschulter mit Steckrübenblättern, und der deftige Eintopf **caldo gallego** mit Kohl, Kartoffeln, Bohnen und Fleisch- oder Wursteinlage. Bekanntester Käse ist der milde, seiner Form wegen so genannte **tetilla** („Busen"). Eine Tapa-Köstlichkeit sind die spanienweit beliebten, gebratenen Paprikaschoten **pimientos de padrón** aus Padrón.
  Die galicischen Weine kommen aus den südlichen Regionen. Der säuerlich-frische, rote oder weiße **Ribeiro** moussiert noch ein wenig und erinnert so an den portugiesischen vinho verde. Meist aus Porzellanschalen getrunken, passt er als Weißwein ebensogut zu Fisch und Meeresfrüchten wie der elegante **Albariño**. Eine besondere alkoholische Spezialität Galiciens ist die **queimada**, eine flambierte Mischung aus Tresterschnaps, Zucker und Zitrone. Zum Ärger der Puristen werden meist auch einige Kaffeebohnen beigegeben.
- *Feste* Ein Kapitel für sich. Traditioneller Bestandteil ist Musik aus den Dudelsäcken „Gaitas", oft begleitet von Tambourinen. In einer Region, in der bis ins letzte Jahrhundert der Glaube an Hexen verbreitet war, tat die katholische Kirche gut daran, uralten „heidnischen" Traditionen ihr christliches Mäntelchen überzustülpen; **romerías**, Wallfahrten mit oft starker Betonung des Todes, sind deshalb weit verbreitet. Hier nur ein Auszug aus dem reichen Programm, weitere Details im Text; ein kompletter, deutschsprachiger „Terminkalender der Veranstaltungen und Feste" ist bei den Infostellen erhältlich.
  Carnaval, Karneval (Fasching), unter anderem in allen Provinzhauptstädten.
  Semana Santa, die Osterwoche, in allen Orten; herausragend in Viveiro (Provinz Lugo), interessant auch in Finisterre und Padrón (jeweils Provinz A Coruña).
  Feria de Exaltación del Vino Ribeiro, Weinfest der Ribeiro-Region in Ribadavia (Ourense); wechselnde Termine Ende April, Anfang Mai.

Galicien

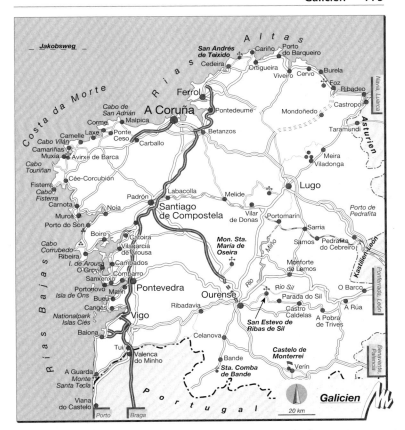

Maios, Maifeste, um den 1.–3. Mai, besonders in Betanzos (A Coruña) und Pontevedra.

Curros (auch: „A Rapa das Bestas"): In den Gebirgsregionen besonders der Provinzen Pontevedra und A Coruña werden einmal im Jahr die frei lebenden Pferde eingefangen und zum Stutzen der Mähnen und Schweife in die Pferche (curros) geführt; ein archaisches, ungemein lebhaftes Schauspiel. Im Mai: zweiter Sonntag bei La Valga. Im Juni: erster Sonntag bei Torroña, zweiter Sonntag bei Mougás, dritter Sonntag bei Morgadanes-Gondomar, alle im Hinterland südlich und östlich von Bayona (Provinz Pontevedra); letzter So bei Cedeira (A Coruña) und Pastoriza-Mondoñego (Lugo). Im Juli: erstes Wochenende (Sa–Mo) bei San Lorenzo de Sabucedo-La Estrada (Pontevedra), der bedeutendste von allen; erster Sonntag bei San Andrés de Boimente-Viveiro (Lugo), zweiter Sonntag bei Amil-Moraña (Pontevedra) und Monte Castelo/Cotobado (Pontevedra). Im August: am vierten Sonntag bei Lundea/A Cañiza (Pontevedra).

Corpus Cristi, Fronleichnam; Blumenteppiche in Puenteareas, Redondela und Gondomar (Pontevedra), Padrón, Ribeira (Santa Eugenia; Provinz A Coruña) und Lugo.

Nuestra Señora del Carmen, um den 16. Juli, zu Ehren der Schutzheiligen der Seefahrer und Fischer. In vielen Hafenstädten, darunter A Coruña, Corcubión, Muros (A Coruña), Ribadeo (Lugo), O Grove, Marín, Vigo (Pontevedra).

Santiago, 25. Juli, in ganz Galicien Feiern zu Ehren des Schutzheiligen; in Santiago de Compostela Höhepunkt der „Fiestas del Apóstol", vom 16.–31. Juli.
Romería Santa Marta Ribarteme, 29. Juli, in Las Nieves (Pontevedra). Eine der makaber todesverbundenen galicischen Wallfahrten: Wer im letzten Jahr einen Unfall oder ein Unglück knapp überlebt hat, lässt sich im offenen Sarg tragen.
Fiesta del Vino Albariño, am ersten Augustwochenende; großes Fest des Albariño-Weins in Cambados (Pontevedra).
Xira de Santa Cruz/Día da Gaita Galega, 1. Augustsonntag auf dem Hügel Santa Cruz nahe Ribadeo (Lugo): Wallfahrt und Fest des galicischen Dudelsacks.
Wikinger-Volksfest, meist am ersten Augustsonntag, bei der großen Brücke in Catoira bei Padrón (Pontevedra). Nachgespielte Wikingerinvasion, Dudelsackmusik, Muschelessen.
San Roque, um den 16. August. Große Feste in Viveiro (Lugo), Betanzos (A Coruña) und Vilagarcía de Arousa (Pontevedra).
Romería de Naseiro, mehrere Tage um den vierten Sonntag im August, viel besuchte Wallfahrt bei Viveiro (Lugo).
Romerías de San Andrés de Teixido, ab Mitte September bis zum Abschlussfest am 30. November, berühmte Wallfahrten zur Kirche San Andrés (bei Cedeira; Provinz A Coruña).
A Vixe da Barca, in der Regel Fr–Mo um das zweite Septemberwochenende, bei Muxia (A Coruña).
Festa do Marisco, zweites Oktoberwochenende in O Grove, Provinz Pontevedra: Fest der Meeresfrüchte, für Gourmets ein Hochgenuss.

Rías Altas

Die Küste zwischen Ribadeo und A Coruña ist insgesamt touristisch wenig erschlossen, was auch bedeutet, dass Unterkünfte nicht allzu zahlreich und öffentliche Verkehrsmittel spärlich vertreten sind.

Ribadeo

Der Grenzort zu Asturien liegt etwas landeinwärts an der Mündung des Río Eo. Die lebendige Altstadt und der heute etwas ins Abseits gerückte Hauptplatz Plaza España mit seinen opulenten Spätgründerzeit- und noch üppigeren Jugendstil-Häusern besetzen eine Anhöhe, von der sich die Häuser bis hinunter zur Ría ziehen.

- *Information* **Oficina Municipal de Turismo**, Praza de España s/n, ✆ 982 128689. Geöffnet im Juni bis Mitte September Mo 16–19 Uhr, Di–So 9.30–13.30, 16–19 Uhr; im restlichen Jahr deutlich reduzierte Öffnungszeiten (meist ab 10.30 Uhr) oder ganz geschlossen.
- *Verbindungen* **Zug**: FEVE-Bahnhof etwa 2,5 km südwestlich des Zentrums; Züge nach Ferrol 4-mal, Oviedo 2-mal täglich.
Bus: Busbahnhof am nördlichen Stadtrand Richtung Nationalstraße. Verbindungen mit ARRIVA und ALSA unter anderem nach A Coruña und Santiago je 2-4-mal, Lugo 5-mal, Viveiro 5-mal, Oviedo 6-mal täglich. Info ✆ 902 277482.
- *Übernachten* ***** Parador de Ribadeo**, am südlichen Stadtrand über der Ría. Neuerer Bau, schöner Blick von den verglasten Balkonen der zur Ría liegenden Zimmer, teures Restaurant. DZ etwa 140–160 €. Rúa Amador Fernández 7, ✆ 982 128825, ✆ 982 128346, www.parador.es.
* Hotel Mediante, solide, gute Mittelklasse am Hauptplatz, angenehme Zimmer, nach hinten ganz ruhig (nach vorne abends/nachts evtl. Jugendlichentreff auf dem Hauptplatz!). Mit angeschlossenem, relativ preiswertem Restaurant. DZ nach Saison knapp 35–60 €. Praza España 8, ✆ 983 130453, ✆ 982 130758.
- *Feste* **Xira de Santa Cruz**, am ersten Augustsonntag. Wallfahrt, gleichzeitig „Tag des galicischen Dudelsacks" (Día da Gaita Galega) mit vielen Volksmusikgruppen.

▶ **Foz**, etwa 20 Kilometer westlich von Ribadeo, ist ein Industriestädtchen mit großem Hafen und weiten Stränden, aber wenig ansehnlichem Stadtbild. Es wird viel gebaut.

Alle Köstlichkeiten Galiciens: Markt in Viveiro

▶ **Mondoñedo**, an der Inlandsroute nach A Coruña, hat da schon mehr Charakter: ein altes Bischofsstädtchen mit reizvoller Plaza España, an der sich eine Kathedrale in buntem Stilgemisch erhebt.

Viveiro (Vivero)

Auch um dieses Städtchen sprießen erste Hochhäuser, doch ist der alte Kern des hügelwärts ansteigenden Orts hübsch geblieben.

Die Altstadt von Viveiro liegt auf der östlichen Seite der gleichnamigen Ría und ist teilweise noch von der alten Stadtmauer umgeben, in die manche der Häuser hineingebaut sind. Auf der anderen Seite der Mündung des Río Landro, durch eine Brücke verbunden, erstreckt sich das neuere Badeviertel *Covas* am gleichnamigen Strand.

• *Information* **Oficina de Turismo**, in einem Holzkiosk schräg gegenüber der Busstation, ✆ 982 560879. Geöffnet über Ostern sowie Mitte Juni bis Mitte September, dann täglich 10–14, 17.30–20.30 Uhr.

• *Verbindungen* **Zug**: FEVE-Bahnhof südlich des Zentrums. Züge bis Ribadeo verkehren 4-mal, weiter nach Oviedo 2-mal, nach Ferrol 4-mal täglich.
Bus: Busstation an der Straße Richtung Foz, etwa 300 Meter nördlich der Brücke. ARRIVA-Busse nach A Coruña 4- bis 6-mal, Lugo 6-mal, Ribadeo 2-mal täglich.

• *Übernachten* Die Hotels höherer Klassen liegen alle außerhalb des Zentrums.
*** **Hotel Ego**, oberhalb der Praia de Area. Komfortables, hübsch dekoriertes Hotel mit angenehmen Zimmern und schöner Aussicht. DZ etwa 80 €, im Juli/August 150 €. Playa de Área s/n, ✆ 982 560987, ℻ 982 561762.

** **Hotel Vila**, in einem Wohnblock mitten im Ort. Geräumige Zimmer mit Sat-TV, moderne Bäder. Mehrere Leser fühlten sich sehr freundlich aufgenommen. DZ/Bad zur NS kaum über 25 €, im Sommer 50 €. Rúa Nicolás Montenegro 57, ✆/℻ 982 561331. Von Ribadeo kommend, schon vor der Brücke hoch in die Avenida Cervantes, vorbei an der Kirche, zweite rechts.

Camping Viveiro, 2. Kat., in der Strandsiedlung jenseits der Brücke am Paseo mari-

timo. Einfacher Platz, guter Schatten, Strand und Stadt in Fußentfernung. Geöffnet Juni–September; p.P., Auto, Zelt je etwa 4,50 €. ✆ 982 560004.
• *Feste* **Curro**, Einfangen der Wildpferde, in San Andrés de Boimente, am ersten Sonntag im Juli.

Fiesta de San Roque, mehrere Tage ab dem 16. August auf dem Hügel Monte San Roque. Mit Wallfahrt, Folklore etc.
Romería de Naseiro, um den 25. August; große Wallfahrt und Festessen von Pulpo, Empanadas und Sardinen.

▶ **Ortigueira**: Abseits der Durchgangsstraße ein gepflegter, ruhiger und etwas verträumter Ort. Hauptanziehungspunkt sind die ausgedehnten Dünenstrände, die sich auf der bewaldeten Halbinsel im Nordwesten des Städtchens erstrecken.

Serra da Capelada: Die gebirgige Halbinsel westlich von Ortigueira lohnt einen Abstecher mit toller Landschaft, spektakulären Steilküsten und dem Wallfahrtsort *San Andrés de Teixido*, der von Mitte September bis Ende November Ziel zahlreicher Pilger ist. Zwischen Cedeira und Ferrol eine Reihe von langen Stränden, das Wasser allerdings ziemlich kalt.

Ferrol

Der spanische Militärhafen hat eine jüngere Vergangenheit, die man nicht unbedingt an die große Glocke hängt. Gleichzeitig ist Ferrol nicht nur der größte Militärhafen der spanischen Atlantikküste, auch als Handelshafen hat die Stadt große Bedeutung.

Ferrol, wegen der zweifelhaften Ehre, Geburtsort Francos zu sein, früher mit dem Namenszusatz „del Caudillo" versehen, verleugnet den Diktator nicht: Bis vor kurzem stand sein Reiterstandbild auf der Praza de España, sein Geburtshaus beherbergt ein Museum. Ferrol hat keine Schokoladenseite, keine touristischen „Muss"-Attraktionen. Das heißt nicht, dass diese Stadt ohne Interesse für den Reisenden wäre, er muss sie nur nehmen, wie sie ist.

• *Information* **Oficina de Información de Turismo**, Rúa Magdalena 12, hundert Meter südwestlich der Praza de España; ✆ 981 311179. Öffnungszeiten: Mo–Fr 10–14, 16–18.30 Uhr, Sa 10.30–13 Uhr. Nur im Sommer Info-Kiosk an der Porta Nova, dem ersten Platz, den man, von A Coruña kommend, in Ferrol erreicht.
• *Verbindungen* **Zug**: Ferrol ist der Endpunkt der landschaftlich reizvollen FEVE-Linie von Oviedo, Züge auf der Gesamtstrecke verkehren 2-mal täglich, Teilstrecken häufiger. FEVE- und der allerdings nur spärlich bediente RENFE-Bahnhof liegen zentrumsnah im selben Gebäude.
Bus: Großer Busbahnhof neben den Bahn-

höfen. Gute Verbindungen, unter anderem bis 21 Uhr stündlich nach A Coruña; nach Santiago, Pontevedra und Vigo 4-mal täglich.
Mietwagen: ATESA, Bahnhof, ✆ 981 312868.
• *Übernachten* ***** Parador de Ferrol**, in regionaltypischem Stil, zentrumsnah gelegen, beschildert ab der Praza de España. Standard-DZ nach Saison etwa 140–160 €. Almirante Vierna s/n, ✆/℡ 981 356720, www.parador.es.
** Hostal Valencia, neueres Hostal mit gutem Standard, Garage, DZ 40–60 €, im August und in der Karwoche auch höher; Avda. de Catabis 390, an der Straße nach Cedeira im Nordosten der Stadt, ✆ 981 370352, 318011.

Sehenswertes: Typisch für Ferrol ist die großzügige Stadtanlage des 18./19. Jahrhunderts, die aber die Fußgängergeduld zwischen Porta Nova im Osten und Darsena Cruxeiras (Kreuzfahrtschiffshafen) im Westen schon arg beansprucht.
Museo Naval (Marinemuseum): Wer sich für die Geschichte der Schifffahrt und speziell für spanische Marine- (und Militär-) Geschichte interessiert, ist hier gut bedient. Der Standort hat ebenfalls Geschichte: Das Museum ist im Militärarsenal von Ferrol in der Avenida dos Irmandiños untergebracht.
Öffnungszeiten Di–So/Fei 10.30–13.30 Uhr, Eintritt frei.

Betanzos

Von der Römerzeit bis weit ins Mittelalter besaß Betanzos einen bedeutenden Hafen, der heute versandet ist. Geblieben sind die Adelspaläste und Kirchen der atemberaubend ansteigenden, teils noch mauerumgürteten Altstadt um die Plaza de la Constitución auf der Kuppe des Hügels. Der eigentliche Hauptplatz des vom Tourismus wenig berührten Städtchens ist die *Plaza García Hermanos*, südlich der Altstadt und von den typischen Glasgaleriehäusern umgeben. Nur ein paar Schritte südlich liegt das *Museu das Mariñas* (tgl. 10–13, 16–20 Uhr; 1,50 €) mit einer interessanten Ausstellung zur Stadtgeschichte.

- *Information* **Oficina de Turismo**, Praza de Galicia 1, im Rathaus; ℡ 981 776666, www.betanzos.es. Geöffnet Mo–Fr 10–14, 16–19 oder 20 Uhr, Sa 10.30–13 Uhr.
- *Verbindungen* **Zug**: Zentraler Bahnhof Betanzos-Cidade (Ciudad) nordwestlich nahe der Altstadt und hinter einem Park. Bessere Verbindungen nach A Coruña ab Betanzos-Infesta.
Bus: Zentraler Busstopp an der Praza Hermanos García, Verbindungen unter anderem mit ARRIVA nach A Coruña halbstündlich bis stündlich, nach Santiago mit CASTROMIL/MONBUS 3- bis 4-mal täglich.
- *Übernachten* *Essen* **** Hotel Res. Garelos Betanzos**, leicht überpreistes, aber komfortables Hotel (Zimmer mit Fön, Internetanschluss). DZ mit Dusche 70–80 €, mit Bad 100–150 €, Rúa Alfonso IX 8, ℡ 981 775922, www.hotelgarelos.com.
*Pensión Estación Norte, einfache Pension nahe dem Kopfbahnhof Betanzos-Infesta, nur 4 Zimmer, DZ 25–40 €, ℡ 981 770002.
- *Feste* **Maios**, 1.–3. Mai, Frühlingsfest mit Gesang, Tänzen und Blumenschmuck.
San Roque, um den 16. August, jeweils einige Tage vor- und nachher. Am 16. Aufstieg des Riesenballons „El Globo", an zwei weiteren Tagen Fahrten mit geschmückten Booten „Os Caneiros" auf dem Fluss.

A Coruña (La Coruña)

Vigo arbeitet, Pontevedra schläft, Santiago betet, heißt es in einem galicischen Sprichwort. Und A Coruña? A Coruña tanzt...

Mit fast 250.000 Einwohnern ist A Coruña nach Vigo die zweitgrößte Stadt Galiciens, besitzt auch einen der größten Häfen der Region. Erschrecken den Besucher zunächst noch ausgedehnte Vorstädte, so entpuppt sich das quirlige Zentrum als überraschend elegant und nobel. Die Altstadt zeigt sich von der malerischen Seite. Berühmt ist A Coruña zum einen für sein reges Nachtleben, zum anderen für die verglasten Balkone *galerías* oder *miradores*. Wenn die Häuserfronten im Sonnenschein blitzen und spiegeln, versteht man den Beinamen „Kristallstadt", *Ciudad de Cristal*. Die Stadtväter geben sich alle Mühe, die Attraktivität A Coruñas noch zu steigern. Zum einen gönnte man sich einen Ausbau der Uferstraße zur fußgängerfreundlichen Promenade *Paseo Marítimo*, zum anderen gibt es hier eines der ungewöhnlichsten Museen Spaniens: Im interaktiven *Museo Domus* dreht sich alles um den Menschen. Eine weitere hochinteressante Sehenswürdigkeit ist das raffiniert konzipierte Meeresmuseum und Aquarium *Casa de los Peces*, das „Haus der Fische".

Orientierung: Die Altstadt Ciudad Vieja liegt im östlichen Bereich der Halbinsel von A Coruña. Das heutige Zentrum erstreckt sich auf der dorthin führenden Landenge. Seine Hauptstraßen sind der hafennahe *Paseo de los Cantones* und dessen Verlängerung *Avda. de la Marina*. Den Übergang der neueren Stadtteile in die charmante Altstadt markiert die reizvolle *Plaza de María Pita*.

Information/Verbindungen/Diverses

- *Information* **Turismo de Coruña**, Praza de María Pita s/n, Büro der Stadtinfo in einem Glaspavillon; ✆/✉ 981 221822. Öffnungszeiten Mo–Fr 9–14.30, 16–20.30 Uhr, Sa 10–14, 16–20 Uhr, So/Fei 10–15 Uhr. Eine Filiale im Flughafen Alvedro öffnet Mo–Fr 8–14, 16–22 Uhr, Sa 10–13.30, 17–21.30 Uhr, So 10–13.30, 16.30–21 Uhr. www.turismocoruna.com.
Oficina de Turismo, Dársena de la Marina s/n, Ende Avenida Marina, geöffnet Mo–Fr 10–14, 16–19 Uhr, Sa 10–14, 17–19 Uhr, So/Fei 11–14 Uhr, ein Infobüro der Xunta, also der Regionalregierung Galiciens, ✆ 981 221822.
- *Verbindungen* A Coruña ist Ausgangspunkt sowohl für die Rías Altas als auch für die Costa da Morte. Die Homepage der Stadt www.lacoruna.es enthält gut aufgebaut das gesamte städtische Verkehrsnetz mit allen Verbindungen. Infos zu Stadtbussen unter ✆ 981 250100.

Flug: Flughafen Alvedro (Info: ✆ 981 187200) etwa zehn Kilometer südlich. Busse (Asicasa) ab Puerta Real jede halbe Stunde (an Wochenenden stündlich), Info ✆ 981 231234.

Zug: Bahnhof San Cristóbal (Info-✆ der Renfe: 902 240202) weit in der Neustadt. Die Busse Nr. 5 sowie Nr. 1/1a fahren ins Zentrum, die Linien scheinen allerdings gelegentlich zu wechseln. Verbindungen nach Santiago 16-mal, Pontevedra und Vigo 12-mal, Lugo 4-mal, Madrid 2-mal, León und Burgos 2- bis 3-mal, Bilbao und Donostia (San Sebastián) je 1-mal täglich.

Bus: Busbahnhof (✆ 981 184335) etwa 400 Meter östlich des Bahnhofs, jenseits der breiten Avda. Alfonso Molina; Busse ins Zentrum unter anderem ab der Rúa Caballeros (Südwestseite, Bus Nr. 1 und 1a). Verbindungen mit ALSA nach Gijón 3-mal, Oviedo 6-mal täglich; CASTROMIL nach Santiago stündlich, Pontevedra/Vigo 9-mal, ARRIVA zu den Rías Altas (unter anderem Viveiro) 3–4-mal täglich, nach Muros 8-mal, nach Lugo 6-mal, ARRIVA und FINISTERRE sowie VAZQUEZ zur Costa da Morte, nach Cée und Fisterra bis zu 8-mal.

Straßenbahn: Die Tranvía ist eine rein touristische Angelegenheit, zur Erkundung der langen Meerespromenade aber perfekt geeignet. Im Sommer 12–21 Uhr ständig, sonst an Wochenenden stündlich, 1 €.

Autoverleih: Recht gute Auswahl. Einige Adressen: AVIS, Federico Tapia 42, ✆ 981 121201; Don Rent, gegenüber Estación Ren-

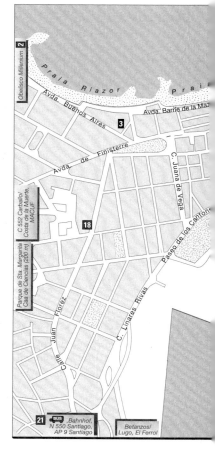

fe (Ronda de Oteiro 12), ✆ 981 153702; EUROPCAR, Avenida de Arteixo 21, ✆ 981 143536, HERTZ am Flughafen ✆ 981 663990 und im Bahnhof RENFE, ✆ 981 234012.

Bootsrundfahrten: „Cruceros" verschiedener Agenturen führen vom Hafen in die Bucht von A Coruña; eine gute Gelegenheit, die Stadt einmal aus einer anderen Perspektive zu sehen. Abfahrten (Preis p.P. ab ca. 6 €) etwa auf Höhe der Praza María Pita; im Sommer regelmäßig, sonst nur sporadisch an Wochenenden. Neben den Rundfahrten besteht auch ein Pendeldienst zum Strand Santa Cristina.

A Coruña

Übernachten
1. Eurostars Ciudad de La Coruña
3. Hotel Riazor
4. Pensión Centro Gallego
5. Hostal Res. Mará
9. Hostal Carbonara
10. Hostal La Provinciana
12. Hostal Santa Catalina
14. Hostal La Alianza
15. Hostal Roma
16. Hostal Res. Alborán
20. Hotel Hesperia Finisterre

Essen & Trinken
2. Rest. Playa Club
6. Cerv. 'Die Kneipe'
7. Mesón O'Calexo III
8. Mesón O'Piorno
11. Caffé Vecchio
13. Mesón del Pulpo
17. Rest. La Penela
18. Rest. A la Brasa
19. Caffé Momos
21. Rest. Casa Pardo

A Coruña — 100 m

- *Post* Rúa del Alcalde, zwischen der Avda. de la Marina und dem Hafen. Öffnungszeiten: Mo–Fr 8.30–20.30 Uhr, Sa 9.30–14 Uhr.

Übernachten/Camping

Gute Auswahl an Pensionen im Viertel hinter der Avenida Marina, insbesondere in der Calle Real, deren Verlängerung Calle Riego de Agua und an der Rúa Nueva, einem Seitengässchen der Calle Estrella. Ein weiterer Schwerpunkt liegt am Paseo del Ronda.

- *Hotels* ***** **Hotel Hesperia Finisterre (20)**, vor wenigen Jahren renoviertes Luxushotel in fantastischer Aussichtslage am Rand der Altstadt, aller Komfort inklusive kostenlosem Zugang zu den Sportanlagen und Swimmingpools des Freizeitgeländes „La Solana"; Parkplätze und Garage. DZ nach Saison etwa 120–235 €. Paseo do Parrote 2, ✆ 981 205400, ✆ 981 208462, www.hesperia-finisterre.com.

Galicien

**** Hotel Eurostars Ciudad de La Coruña (1), sehr schön auf einer Landzunge bei der Torre de Hercules gelegenes, gutes, aber nicht luxuriöses Hotel, von den oberen Etagen schöner Blick auf Stadt und Meer, DZ 180–200 € (im Internet z.T. ab 60 €!), Juan Sebastián Elcano 13, ✆ 981 211100, ✆ 981 224 610, www.eurostarsciudaddelacoruna.com.

*** Hotel Riazor (3), großes Mittelklassehotel in noch relativ zentraler Lage am gleichnamigen Strand an der Nordwestseite der Landenge. Vor einigen Jahren renoviert, aber schon wieder etwas abgewetzt, viele Zimmer mit Meerblick, Garage. Leserempfehlung: Balkon im 11. Stock mit Meerblick. DZ nach Saison und Ausstattung etwa 90–120 €. Avda. Barrié de la Maza 29, ✆ 981 253400, ✆ 981 253404, www.riazorhotel.com.

** Hostal Res. Mará (5), in einer nördlichen, besonders nachts nicht ganz leisen Parallelstraße zur Rúa Real, von Ausstattung und Komfort her fast schon ein Hotel. Gute Zimmer mit Fernseher; DZ/Bad nach Saison knapp 45–60 €. Rúa La Galera 49, ✆ 981 221802.

** Hostal Res. Alborán (16), recht ordentliches, wenn auch nicht immer peinlich sauberes Haus in der Altstadt, einen Katzensprung von der Praza María Pita entfernt. Ebenfalls mit Hotelcharakter, angenehme, aber kleine Zimmer mit TV, moderne Bäder. Für das Gebotene preiswert: EZ ab 23 € (sehr klein), DZ/Bad knapp 40 €, im August rund 50 €. Rúa Riego de Agua 14, ✆ 981 2265 79, ✆ 981 222562, r.alboran@gmail.com.

** Hostal Res. La Provinciana (10), mit ordentlichen Zimmern und Bädern. Familiäre Atmosphäre, Fernsehzimmer; insgesamt vielleicht etwas angekitscht dekoriert, aber gemütlich. DZ/Bad nach Saison knapp 40–50 €. Rúa Nueva 5, Eingang im Hinterhof, insgesamt recht ruhig; ✆/✆ 981 220400.

**Pensión Centro Gallego (4), nette und saubere Pension mit preiswerter Cafetería (Tagesmenü 9 €), DZ mit Bad ca. 35–55€, Estrella 2, ✆ 981 222236.

** Hostal Santa Catalina (12), ein weiteres Zweistern-Hostal mit ordentlichem Standard, etwas versteckt unweit der Rúa San Andrés. DZ/Bad kosten hier je nach Saison etwa 35–50 €. Travesía Santa Catalina 1, ✆ 981 226609, ✆ 981 228509.

** Hostal Carbonara (9), ein Lesertipp von Aike Jan Klein: „Noch ein Hostal mit gutem Preis-Leistungsverhältnis. Zimmer hotelähnlich, zentral und trotzdem nicht zu laut gelegen." DZ/Bad ca. 35–50 €, mit Dusche ca. 32–50 € Rúa Nueva 16, nahe Hostal La Provinciana, ✆/✆ 981 225251.

* Hostal Roma (15), ebenfalls in der selben Straße wie das Hostal La Provinciana. Im 4. Stock eines der Beton-Glaspaläste, jüngst aufgefrischt mit z. T. neuen (kleinen) Bädern, zur Saison oft belegt. DZ/Bad 45–60 €. Rúa Nueva 3, ✆ 981 228075, ✆ 981 210219.

* Hostal La Alianza (14), Traveller-Hostel nahe dem Stadtzentrum an der Praza Maria Pita; klein und familiär, sauber, wenn auch sehr spartanisch eingerichtet. Winzige Zimmer, keine Küche, keine Lounge! Bett p. P. ab 17 €; Riego de Agua 8, ✆ 981 228114.

● *Camping* **Los Manzanos**, 1. Kat., zehn Kilometer östlich Richtung Santa Cruz in Oleiros. Wiesengelände, gute Ausstattung, in Fußentfernung ein Strand. Geöffnet Palmsonntag bis Ende September; p.P., Auto, Zelt jeweils knapp 6,50 €. Zu erreichen über einen Abzweig der N VI bzw. mit Bussen „Santa Cruz" ab Busbahnhof. ✆ 981 614825, www.camping-losmanzanos.com.

Bastiagueiro, 3. Kat., in derselben Richtung, aber nur sieben Kilometer von der Stadt entfernt, Busse ab Busbahnhof nach Bastiagueiro. Kleiner Platz mit recht ordentlichen Sanitärs, leider kaum Platz für Zelte (viele feststehende Wohnwagen). Schöner Blick auf A Coruña, direkt unterhalb der große Strand Playa de Bastiagueiro. Geöffnet Juni bis September sowie Karwoche, p.P., Auto, Zelt je ca. 4,50 €. ✆ 981 614878.

Essen/Nachtleben (siehe Karte S. 780/781)

● *Essen* Beliebte Restaurantgassen sind die Rúas Estrella, Real und besonders die Rúa Franja, die in die Praza María Pita mündet. Allesamt liegen sie im Viertel hinter der Avda. Marina. Große Ausnahme: Das „Playa Club" beim Fußballstadion. In A Coruña isst man vorwiegend Mariscos, den Preis der Meersfrüchte, der in manchen Lokalen nach Gewicht gerechnet wird, sollte man vorher erfragen, er kann exorbitant sein!

Rest. Playa Club (2), seit 2001 betreibt A Coruñas Fußballclub gegenüber dem Stadion Riazor mit herrlichem Blick auf die Bucht ein Restaurant mit angeschlossener Cafetería, das höchstes Niveau besitzt. Die Küche leitet ein Baske, der *donostiarra* (also der San Sebastiáner) Mikel Odriozola, der in den Gourmettempeln von Arzak und

El Bullí gelernt hat. Raffinierte, moderne spanische Küche, aber auch ein überdurchschnittliches Tagesmenü für – in diesem Rahmen spottbillige – 28 €, à la carte ab ca. 45 € p. P. Da kommen selbst fanatische Nicht-Fußballfans zum Stadion! Andén de Riazor s/n, ✆ 981 257128. So abds., Mo und 3 Wochen im Jan./Feb. geschlossen.

Rest. Casa Pardo (21), eine der ersten Adressen vor Ort, wie der Playa Club mit einem Michelinstern ausgezeichnet. Exquisite Küche zu entsprechenden Preisen, das Essen à la carte kommt leicht auf 45 € aufwärts. Rúa Novoa Santos 15, außerhalb des Zentrums in der Nähe des Busbahnhofs, ✆ 981 280021. So u. Mo abds. Ruhetag, im März geschlossen.

Rest. A la Brasa (18), ebenfalls eine recht gehobene Lokalität. Der Name ist kulinarisches Programm: „Vom Grill". Menü à la carte ab ca. 25 €, Hausmenü 28 €. Rúa Juan Florez 38, westlich etwas außerhalb des engeren Zentrums, ✆ 981 270727.

Rest. La Penela (17), in der Südostecke des Hauptplatzes. Gepflegte galicische Küche zu vergleichsweise günstigen Preisen: Menü à la carte ab etwa 25 €, Hauptgerichte ca. 8– 15 €. Praza María Pita 12, ✆ 981 201969; sonntags geschlossen, abends erst ab 21.30 Uhr.

Mesón del Pulpo (13), ein kleiner, einfach eingerichteter Raum. Hiesige Spezialität ist namensgemäß Pulpo á Feira, es gibt aber auch anderes Meeresgetier. Ración Pulpo etwa 10 €, von manchen Gerichten gibt es auch halbe Portionen. Rúa Franja 9–11.

Mesón O'Calexo III (7), in derselben Straße. Gemütliche Atmosphäre, zur Tapazeit proppevoll. Raciones kosten hier etwa 3– 9 €, Meeresfrüchteplatte für zwei Personen 35 €, es gibt auch günstige Menüs für etwa 8 €. Zu suchen in der Rúa Franja 19–21.

Mesón O'Piorno (8), im vorderen Bereich hübsche Bar mit Schinken über der Theke, hinten der Speisesaal. Gut für Tapas und Empanadas, mehrere Tagesmenüs ab etwa 8 €. Rúa Estrella 18.

Caffé Momos (19), Bar mit Restaurantbetrieb mitten in der Altstadt bei Sta. Barbara, fast nur Einheimische. Tapas, Mittagsmenü mit guter Auswahl für 8 €. Rúa Santo Domingo 16.

Cerveceria „Die Kneipe" (6) – richtig gele-

Lichter Schutz vor Wind und Wetter: „Galerias" in A Coruña

sen: Eine „deutsche" Bar, in der aber fast nur Spanier verkehren, viele mit langer Gastarbeiterzeit in Deutschland (wer zögernd vor der Tür steht, wird schon mal von Passanten auf Deutsch angesprochen). Gute Musik, viele – z. T. deutsche – Biersorten. Rúa Franja 2, fast direkt an der Praza María Pita. Nur spät nachmittags und abends geöffnet.

Caffé Vecchio (11), in der Einkaufszone. Groß, hässlich, aus unerfindlichen Gründen Schickeriatreff und immer belebt, eine Institution. Gute Getränkeauswahl. Rúa Real 74.

• *Nachtleben* Die spanienübliche Einteilung in Zonen. Zunächst die Gassen im Zentrum (Rúas Olmos, Estrella, Franja) für Tapas und Wein. Ab etwa zwei Uhr geht es dann einige Straßen nordwestlich in die „postmodernen" Bars in und um die Rúa Juan Canalejo und die Rúa del Orzán. Ein weiteres Nachtgebiet liegt um die Rúas San José und San Juan in der Altstadt, nahe der Praza España. Discos und Disco-Bars finden sich im Umfeld der Strände und an den Rúas Juan Florez und Sol.

*E*inkaufen/*F*este/*B*aden

• *Markt* Schöne Markthalle an der skurrilen Praza San Agustín, zwei Straßen nördlich der Calle Franja; nur vormittags geöffnet.

• *Feste/Veranstaltungen* **Hogueras de San**

Juan, in der Nacht des 23. auf den 24. Juni. Sonnwendfeuer auf der Promenade und an den Stränden, das größte am Riazor-Strand. Sardinengrillen, Umzug der Hexen, kulturelles Beiprogramm. Infos auf www.hoguerassanjuan.com.

Nuestra Señora del Carmen, 16. Juli, Bootsprozession zu Ehren der Schutzheiligen der Fischer und Seeleute.

Fiesta de María Pita, gesamter August, zu Ehren der Stadtheldin. Sport- und Kulturveranstaltungen, Gratiskonzerte am Strand, lange Nächte etc. Die „Große Woche" Semana Grande wechselt alljährlich, liegt aber in der Regel um den 15. August; dann unter anderem ein großes Fußballturnier und eine nachgestellte Seeschlacht in Erinnerung an den Angriff von Sir Francis Drake. Am letzten Sonntag „Concurso de Empanadas", Teigtaschenwettbewerb im Park Santa Margarita; Probieren ist umsonst. Ein komplettes Programm der Aktivitäten gibt es bei der Infostelle.

Virgen del Rosario, eine Woche um den 7. Oktober; Fest der Stadtheiligen in der Altstadt. Musikwettbewerb, Stierkämpfe etc.

• *Baden* A Coruñas Sandstrände, die **Praia Orzán** und die anschließende **Praia Riazor**, erstrecken sich westlich der Halbinsel. Die Wasserqualität wird regelmäßig kontrolliert, und schöne Plätze zum Sonnen sind die beiden Strände allemal.

Sehenswertes

Sehenswürdigkeiten im klassischen Sinn sind eher rar: Als Reaktion auf den Angriff der „Unbesiegbaren Armada", die 1588 von hier aus startete, sandte England im folgenden Jahr die Flotte von Sir Francis Drake – zwar konnte die dadurch zur Heldin avancierte María Pita die Stadt rechtzeitig warnen und so immerhin die Eroberung verhindern, die Kanonen des englischen Hofpiraten jedoch verwüsteten A Coruña schwer. Gleichwohl besitzt A Coruña mit dem interaktiven „Museo Domus" und dem Meeresmuseum „Aquarium Finisterrae" gleich zwei Attraktionen internationalen Formats.

Avenida de la Marina: Entlang der Hafenstraße, die zum Meer hin durch einen Park abgegrenzt wird, stehen die schönsten der Glaspaläste Coruñas.

Plaza María Pita: Auch der in sich geschlossene Hauptplatz der Stadt ist von Häusern mit Glasbalkonen umgeben; am frühen Abend beleben sich die Arkadencafés.

Museo de Bellas Artes: In der Calle Panaderas zeigt das Museum der schönen Künste Werke spanischer Meister wie Velázquez und Ribera, daneben aber auch Arbeiten ausländischer Künstler (Rubens, Bruegel). Goyas schaurige Graphikzyklen „Los Caprichos" und „Desperados" mit ihren Horrorvisionen von Krieg, Vergewaltigung, Mord und sozialen Missständen sind unbedingt den Besuch wert (1. Stock rechts), ebenso die kostbaren Porzellane der ehemaligen Hof-Porzellanmanufaktur in Sargadelos mit schönen Tellern.

Öffnungszeiten Di–Fr 10–20 Uhr, Sa 10–14, 16.30–20 Uhr, So 10–14 Uhr; an Fei geschl., Eintritt etwa 2,50 €, Sa-Abend und So frei.

Museo Fundación Caixa de Galicia: Am Cantón Grande, dem Zentralteil des Boulevards gegenüber dem Hafen, ließ die Caixa de Galicia einen architektonisch eindrucksvollen Ausstellungsbau hinstellen. Mit geschwellter Glas-Brust unterbricht er die Reihe der Häuser der späten Gründerzeit. Die Galerie wird für eine feste Sammlung und für zeitlich begrenzte Ausstellungen genutzt (Eintritt frei).

Adresse/Infos Cantón Grande 21–24, ℡ 981 275350, fundacioncaixagalicia.org.

Ciudad Vieja: Die im Gegensatz zum geschäftigen Zentrum recht verschlafen wirkende Altstadt von A Coruña lädt mit manch reizvollem Eckchen zum Bummeln ein. Sehr malerisch zeigt sie sich um die *Plaza Santa Barbara*, die von mehreren sehenswerten romanischen Kirchen- und Klosterbauten des 13.–15. Jh. umstanden ist. Weiter westlich besetzt die Kirche *Santa María del Campo* (13./15. Jh.) mit ihren hübsch skulpturierten Portalen den höchsten Punkt der Altstadt. Das anschließende *Museo de Arte Sacra* (Museum für Sakralkunst; Di–Fr 9–13, 17–19 Uhr, Sa 10–13 Uhr, Eintritt frei) ist ein moderner Bau des galicischen Architekten Galego – schon für das Gebäude allein lohnt sich der Besuch.

Castelo San Antón/Museo Arqueológico: An der äußersten südöstlichen Spitze der Halbinsel ist in einer früheren Festung das Archäologische Museum untergebracht, in dem vor allem vor- und frühgeschichtliche Funde zu sehen sind.
Öffnungszeiten Di–Sa 10–21 Uhr, So/Fei 10–15 Uhr, im Winter bis 19.30 Uhr, So/Fei 10–14.30 Uhr; Eintrittsgebühr 2 €, erm. 1 €.

Paseo Marítimo: A Coruñas wenige Jahre alte Meerespromenade beginnt am Hafen und führt rund um die Halbinsel bis vorbei an den Stränden Orzán und Riazor. Bei sonnigem Wetter eignet sie sich bestens zu einem knapp zweistündigen Spaziergang oder zu einer Fahrradtour. Wer mag, kann den Weg auch

Romantische Winkel: Ciudad Vieja

mit einer Art Straßenbahn zurücklegen, der *Tranvía*, die von Juli bis September täglich, sonst allerdings nur am Wochenende fährt.

Torre de Hércules: Im Norden der Halbinsel, etwa zwei Kilometer vom Zentrum, steht der älteste noch betriebene Leuchtturm der Welt – so heißt es zumindest reklameträchtig. Tatsächlich stammt heute nur noch der Unterbau vom alten römischen Turm des 2. Jh.; der obere Teil wurde im 18. Jh. darübergebaut. Sowohl vom Turm selbst als auch von seinem Fuß bietet sich ein weiter Rundblick, die Umgebung wurde verkehrsberuhigt und mit modernen Skulpturen aufgepeppt.
Öffnungszeiten Im Juli/August täglich 10–20.45 Uhr, Fr/Sa bis 23.45 Uhr, in den übrigen Monaten je nach Jahreszeit bis 17.45 bzw. 18.45 Uhr; Eintrittsgebühr ca. 2 €.

Museo Domus, Casa del Hombre: Schon kurz nach seiner Eröffnung 1995 zählte das „Haus des Menschen", nur ein paar hundert Meter nördlich der Praia de Orzán gelegen, zu den meistbesuchten Ausstellungen des Landes. Unterstützt von modernster interaktiver Technik dreht sich hier alles um das Abenteuer menschlicher Existenz. Beeindruckend ist schon das Gebäude an sich, ein Werk des japanischen Star-Architekten Arata Isozaki. Innen erwartet den Besucher eine Überraschung nach der anderen. Die Besichtigungstour führt zu Themenbereichen wie „Ich", „Wir", „Die Sinne" oder „Das Gehirn". Man sieht ein Bild der Mona Lisa, zusammengesetzt aus über 10.000 einzelnen Porträts, wandert durch ein sechs Meter hohes Herz, kann seinen Körper chemisch analysieren lassen oder mit einem Skelett um die Wette radeln. Die Erläuterungen sind in Spanisch und Galicisch gehalten, englischsprachige Ergänzungen leider selten.
Öffnungszeiten Täglich 10–19 Uhr, im Juli/August 11–21 Uhr; Eintritt 2 €.

Casa de las Ciencias: Einige Jahre älter als Domus, stellt es sozusagen dessen Muttermuseum dar, wurde hier doch die Konzeption dafür erstellt. Andererseits mag man den anmutigen kleinen Bau, der auf einem Hügel mitten im Parque de Santa María (Neustadt) steht und sich auf reizvolle Weise vor allem der Technik und den Naturwissenschaften widmet, gar nicht als Museum bezeichnen: 80 Prozent der Ausstellungsstücke wechseln jährlich, ebenso das Programm des angeschlossenen Planetariums.

Öffnungszeiten Täglich 10–19 Uhr, im Juli/August 11–21 Uhr, Eintritt für Ausstellungen und Planetarium zusammen 3 €, auch einzeln möglich. www.casaciencias.org.

Casa de los Peces: Das „Haus der Fische" steht an der Küste etwas nördlich des Museo Domus, ungefähr auf halbem Weg zum Torre de Hércules. Schwerpunktthema des ebenso unterhaltsamen wie lehrreichen Aquariums ist das Ökosystem des Atlantiks und insbesondere der galicischen Küsten; die „Sala Humboldt" widmet sich in wechselnden Ausstellungen jedoch auch anderen Meeren der Welt. Insgesamt beherbergt das Museums-Aquarium mehr als 300 verschiedene Arten von Meeresbewohnern, der Großteil gefangen von galicischen Fischern. In Außenbecken können Robben und Kraken beobachtet werden, es gibt ein „Streichelaquarium", in dem Besucher Rochen anfassen dürfen, und einen botanischen Garten, der Küstenpflanzen Spaniens ausstellt. Highlight ist jedoch das fast fünf Millionen Liter fassende „Nautilus"-Becken, das durch eine Rundumverglasung quasi von innen betrachtet werden kann.

Öffnungszeiten Täglich 10–19 Uhr, Sa/So/Fei bis 20 Uhr, im Juli/August 10–21 Uhr, Einlass jeweils bis eine Stunde vor Schließung. Eintrittsgebühr 10 €.

▶ **Weiterreise**: Südwestlich von A Coruña beginnt die *Costa da Muerte* – siehe das entsprechende Kapitel im Anschluss an Santiago de Compostela.

Santiago de Compostela

Weder die größte noch die wirtschaftlich bedeutendste Stadt Galiciens. Sicher aber die berühmteste, wohl auch die schönste. Santiago darf man sich nicht entgehen lassen.

Und das gilt nicht nur für Pilger auf dem Jakobsweg, deren heiß ersehntes Ziel Santiago seit 1495 ist. Die Altstadt, in einem Guss aus Granit errichtet, glänzt neben der herrlichen Kathedrale mit mehreren Dutzend Kirchen und Klöstern, mit schönen Plätzen und lauschigen Arkadengängen, die zum Schutz vor dem Regen auch nötig sind: Santiago gilt als feuchteste Stadt Spaniens. Im „Heiligen Jahr" *Ano Santo*, wenn der 25. Juli, der Namenstag des Apostels Jakob, auf einen Sonntag fällt (2010, 2021), zählt Santiago sicher auch zu den überlaufensten Städten des Landes. Doch schon in normalen Jahren liegt die Besucherzahl bei gut über drei Millionen. Wer übrigens glaubt, die kaum hunderttausend Einwohner zählende Kapitale Galiciens sei verschlafen oder provinziell, der irrt gewaltig. Santiago ist bereits seit dem 16. Jh. Sitz einer berühmten Universität, deren über dreißigtausend Studenten während der Semesterzeit reichlich Leben in die Stadt bringen. Dem Auge bietet Santiago ohnehin Erfreuliches, wurde von der Unesco mit dem Prädikat „Kulturerbe der Menschheit" geadelt. Für Abwechslung sorgt, vor allem im Sommer, ein breites Kulturprogramm mit zahlreichen Konzerten, Ausstellungen und Theateraufführungen. Künftig möchte Santiago noch mehr Kultur auf die Beine stellen: Auf dem

Monte Gaiás südlich der Altstadt und jenseits der Bahnlinie Vigo–A Coruña entsteht derzeit nach Plänen des amerikanischen Architekten Peter Eisenman eine rund hundert Millionen Euro teure (und in der jetzigen Wirtschaftssituation nicht unumstrittene) „Ciudad de la Cultura" mit Museeen, Theater, Auditorium und Bibliothek, deren teilweise Eröffnung gegenwärtig für das Heilige Jahr 2010 erwartet wird.

Orientierung: Bindeglied zwischen der als Fußgängerzone ausgewiesenen Altstadt und den neueren Stadtteilen ist die *Praza Galicia* (Tiefgarage) am südlichen Rand des Straßenrings, der den historischen Kern begrenzt. Eine wichtige Straße der Neustadt ist die *Calle Hórreo* (bekannter als Calle General Franco), die von der Plaza Galicia direkt nach Süden verläuft; den Hauptplatz der Altstadt bildet die *Praza do Obradoiro* mit der Kathedrale.

Santiago – der wundersame Apostel

Gleich mehrere Wunder waren es, die den Aufstieg Santiagos zu dem nach Jerusalem und Rom drittwichtigsten Wallfahrtsort der Christenheit einleiteten. Legenden zufolge soll der Heilige Apostel Jakob (Span.: Santiago) nach Spanien gezogen sein, um die heidnische Halbinsel zu christianisieren – ein Versuch, der, so er tatsächlich stattgefunden hat, weitgehend fehlschlug, worauf Jakob nach Jerusalem zurückkehrte. Dort wurde er, soviel ist wiederum gesichert, im Jahr 44 auf Befehl von Herodes Agrippa enthauptet. Folgt man der Legende weiter, so brachte eine Gruppe Christen den Leichnam in einem Marmorsarg auf ein Schiff ohne Mannschaft. Von einem Engel gesteuert, erreichte es binnen weniger Tage die galicische Küste und fuhr den Río Ulla aufwärts bis in die Nähe von Iria Fluvia, der Hauptstadt des damals römischen Galiciens, wo die Gebeine beigesetzt wurden.

In der zweiten Hälfte des 8. Jh., fast ganz Spanien war von den Mauren besetzt, begann man sich am asturischen Königshof der Legende zu erinnern. Reliquien konnten der Reconquista, der christlichen Rückeroberung, sicher förderlich sein, doch wo war das Grab? Eine wundersame Lichterscheinung des Einsiedlers Pelayo, begleitet von himmlischen Chören, half schließlich zu Beginn des 9. Jh. dem frommen Wunsch auf die Sprünge. Man grub auf dem von Pelayo bezeichneten „Sternenfeld" (lat.: Campus Stellae; geläufige Erklärung für den Namen Compostela) und fand tatsächlich einen Marmorsarkophag; nicht allzu überraschend, suchte man doch auf einem römischen Friedhof. Nach der Entdeckung des Grabes wurde der Bischofssitz von Iria Flavia nach Compostela verlegt, Jakob zum Schutzheiligen des Königreichs ausgerufen. Als wenig später, im Jahr 844, der Heilige in der Schlacht von Clavijo erschien, mit dem Schwert in der Hand den Sieg über die Mauren sicherte und sich so als „matamoros", als „Maurentöter" empfahl, war der Aufstieg von Santiago zum Wallfahrtsziel nur mehr eine Frage der Zeit. Umso erstaunlicher, dass die Existenz der Reliquien im 16. Jh. in Vergessenheit geriet; nach mehreren Umbauten in der Kathedrale wusste kein Mensch mehr, wo sie zu finden waren. Erst im 19. Jh. förderten Grabungen in der Krypta Gebeine zutage, die von Papst Leo XIII. als diejenigen Jakobs anerkannt wurden – das bislang letzte der Reihe von Wundern. Zur weiteren Geschichte des Jakobsweges siehe im entsprechenden Abschnitt des Kapitels „Navarra".

Galicien

Information/Verbindungen/Diverses

• *Information* **Oficina de Turismo**, Rúa do Vilar 30, in der Altstadt, Tel 981 584081, ✆ 981 565178, www.turgalicia.es. Infostelle für Galicien, stresserprobt und geduldig; Öffnungszeiten (Sommer): Mo–Fr 10–20 Uhr, Sa 11–14, 17–19 Uhr, So/Fei 11–14 Uhr.
Información Turística Municipal, städtisches Büro in derselben Straße, im Angebot Hotel- und Pensionsverzeichnis, Buspläne etc.; Rúa do Vilar 63, ✆ 981 555129, www.santiagoturismo.com. Geöffnet Karwoche und Juni–Sept. täglich 9–21 Uhr, Rest des Jahres tgl. 9–14, 16–19 Uhr.
Zweigstellen im Flughafen (täglich zu den meisten Ankunftszeiten) und im Busbahnhof (nur Karwoche und Sommer Di–Sa 9–16 Uhr).

• *Verbindungen* **Flug**: Der Flughafen Labacolla-Santiago (Info: ✆ 981 547500) liegt etwa zwölf Kilometer östlich in Richtung Lugo, nahe der N 547. Am Busbahnhof startet die Busgesellschaft FREIRE bis zu 15-mal täglich zum Flughafen.
Zug: Bahnhof (Info-✆ der Renfe: 902 240202) in Fußentfernung am Ende der Calle Hórreo. Züge nach A Coruña fahren 16-mal täglich, nach Pontevedra und Vigo etwa stündlich, nach Ourense 6-mal, Madrid 2-mal und nach León, Burgos und Donostia (San Sebastián) je 1-mal täglich.
Bus: Busbahnhof Estación de Autobuses (Info: ✆ 981 542416) an der Avenida de Lugo, unkomfortable 1,5 Kilometer vom Altstadtrand entfernt. Bus Nr. 5 fährt von und zur Praza Galicia. Verbindungen mit CASTROMIL (und Monbus) nach A Coruña, Pontevedra/Vigo und Noia/Muros jeweils etwa stündlich, nach Villagarcía/Cambados und O Grove 6-mal, Fisterra 5-mal, Muros/Cée 6-mal, Ribeira etwa stündlich, Ourense 7-mal, Ferrol 6-mal, Betanzos 5-mal täglich. ARRIVA nach Camariñas (3-mal), FREIRE nach Lugo 5-mal, IASA nach Viveiro 1-mal täglich; HEFESL nach Muxia 2-mal und Negreira bis 15-mal tgl. ALSA/INTERCAR nach Gijón und Oviedo 3-mal, Santander und Donostia (San Sebastián) 1- bis 2-mal, nach Madrid 3-mal täglich, VIBASA tgl. nach Bilbao. ALSA fährt bis nach Aachen, Köln, Düsseldorf, Bremen und Hamburg, 3-mal wöchentl. nach Zürich (dort buchbar bei A. Leman/ALSA, Limmatstr. 103, ✆ 0041 43 3666430).
Leihwagen: Fast alle Vermieter haben ihre Büros in der Neustadt. AVIS, Hórreo s/n, ✆ 981 547831, Bahnhof ✆ 981 590409, am Flughafen ✆ 981 547830; BREA, Calle Gómez Ulla 10, ✆ 981 562670; Hertz, am Flughafen, ✆ 981 598893; EUROPCAR am Bahnhof ✆ 981 597476, am Flughafen ✆ 981 547740; ATESA, Plaza Obradorio (im Hotel Reyes Católicos), ✆ 981 581904, im Bahnhof ✆ 981 599007, am Flughafen ✆ 981 599877.
Parken: Günstig (5 Std. à 1 €) auf dem Campus der Universität an der Avda. de Rosalía de Castro, von dort ca. 15 Min. zu Fuß zur Altstadt.

• *Post* Travesia Fonseca (Altstadt), Ecke Rúa Franco; Öffnungszeiten: Mo–Fr 8.30–20.30 Uhr, Sa 9.30–14 Uhr.

• *Telefon* Rúa Franco 50, ein Büro in der südwestlichen Altstadt.

• *Internet-Zugang* Café Terra Nova (→ Essen), Avda. de Rodrigo del Padrón 3. Cybernova, Rúa Nova 50, gleichzeitig Telefonzentrale. Das Internetcafé in der Rúa Xelmirez 19, hat auch *Schließfächer*.

Übernachten/Camping

Große Auswahl auf der Ebene der Hostals und hier meist „Hospedaje" genannten Pensionen und Fondas, besonders in der Rúa do Vilar, den westlichen Parallelgassen Raiña und Calle del Franco sowie der Calle Entremurallas hinter der Plaza Galicia.

• *Hotels* Zu den Fiestas im Juli ist Santiago sehr schnell ausgebucht, ebenso im August, in „Heiligen Jahren" sowieso.

***** **Parador de Santiago de Compostela (7)**, eines der Flaggschiffe der spanischen Hotellerie. Die imposante Pilgerherberge des 15. Jh. liegt direkt am Hauptplatz der Altstadt und besitzt sogar eine Garage. Perfektes Ambiente, stilvolle Einrichtung, Zimmer mit fast allen denkbaren Annehmlichkeiten – schön für den, der es sich leisten kann, hier zu logieren: DZ 205 €. Reservierung ratsam. Praza do Obradoiro 1, ✆ 981 582200, ✆ 981 563094, www.parador.es.

**** **Gran Hotel Santiago (8)**, Glaskasten mit 143 Zimmern und Suiten auf dem Weg zum Monte de Gozo beim Stadion, schmaler, begrünter Lichthof mit Glasaufzug, komfortabel. DZ ab 110 €, zu Messezeiten

Santiago de Compostela 789

Übernachten
1. Hotel Monumento San Francisco
2. Hotel Costa Vella
4. Hostal Pico Sacro
6. Hostal Seminario Mayor
7. Parador de Santiago de Compostela
8. Gran Hotel Santiago
11. Ciudad de Vacaciones y Camping
14. Hotel Virxe da Cerca
16. Hospedaje Ramos
18. Hotel Aires Nunes
21. Hostal Alameda
27. Hostal Suso
28. Albergue Turistico Meiga
29. Hostal A Nosa Casa
30. Hostal Mapoula
32. Hotel Avenida
33. Hotel Husa Universal
36. Hotel Gelmírez
37. Hostal Mexico
38. Hotel Rey Fernando

Essen & Trinken
3. Rest. Casa Felisa
5. Rest. Bierzo Enxebre
9. Rest. Enxebre
10. Café Literarios
12. Rest. Casa Manolo
13. Rest. Casa Marcelo
15. Café Aires Nunes
17. Rest. Don Gaiferos
19. Bar-Rest. Orella
20. Café-Cerv. Dakar
22. Café Terra Nova
23. Rest. Asesino
24. C.-Rest. Candilejas
25. Bar-Rest. O 42
26. A Taberna do Bispo
31. Café Derby
34. Bar Abrigadoiro
35. Rest. Toñi Vicente

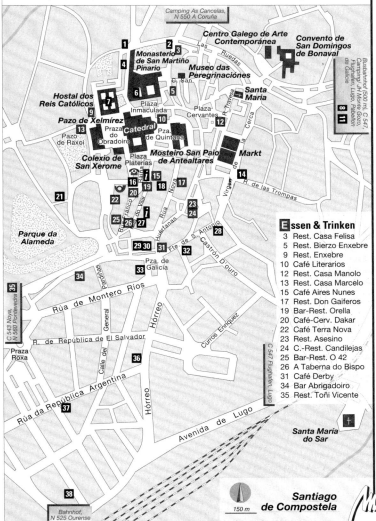

Santiago de Compostela

Galicien Karte S. 775

210 €. Rúa Mestre Mateo s/n, ℡ 981 534222, ℻ 981 534223, gh-hoteles.es.

**** Hotel Monumento San Francisco (1), ein Hotel am Nordrand des historischen Viertels, untergebracht in einem Teil des Klosters San Francisco; Parkplätze vorhanden. Die geräumigen Zimmer sind komplett renoviert und viersterntypisch komfortabel, das Ambiente, die Atmosphäre und die Lage sind herausragend und rechtfertigen einigermaßen den Preis. Beeindruckend der Kreuzgang und der Speisesaal im ehemaligen Refektorium der Mönche. DZ/Bad etwa 125–140 €. Campillo de San Francisco 3, ℡ 981 581634, ℻ 981 571916, sanfranciscohm.com.

*** Hotel Res. Hesperia Gelmírez (36), großes, vor wenigen Jahren renoviertes Mittelklassehotel in zentraler Neustadtlage, etwa auf halbem Weg zwischen Bahnhof und Praza Galicia (Tiefgarage). DZ kosten zwischen 90 und 100 €. Rúa Hórreo 92, ℡ 981 561100, ℻ 981 563269, www.hesperia-gelmirez.com.

*** Hotel Virxe da Cerca (14), 1999 eröffnet, ein Lesertipp von Verena Eickholt: „Das Hotel besitzt durchaus Paradorniveau. Wir hatten ein Zimmer nach hinten und waren von dem Verkehr auf der Hauptstraße völlig abgeschirmt. Leckeres Frühstück im Pavillon im Garten, bewachter Parkplatz direkt um die Ecke, sehr freundliches Personal." Diesem Urteil kann man sich nur anschließen. DZ nach Saison knapp 95–115 €. Rúa Virxe de la Cerca 27, ℡ 981 569350, ℻ 981 586925, www.pousadasdecompostela.com.

** Hotel Husa Universal (33), absolut zentral gelegen, recht ordentliche, wenn auch etwas hellhörige Zimmer, die relativ preiswerte Tiefgarage direkt vor der Tür. Viele Zimmer gehen nach hinten, der Verkehr auf dem Platz stört deshalb nicht so sehr. DZ am Sonntag ab ca. 55 €, sonst nicht unter 80 €. Praza de Galicia 2, ℡ 981 585800, ℻ 981 585790. www.husa.es.

** Hotel Res. Costa Vella (2), sehr hübsches, 1999 eröffnetes Hotel in guter Lage am nördlichen Altstadtrand. Nur 14 Zimmer in einem restaurierten historischen Haus, allesamt geschmackvoll eingerichtet, z. T. Stilmöbel; reizvoller Garten, freundliche Atmosphäre. DZ nach Saison etwa 65–75 €, mit Salón 85–95 €. Porta da Pena 17, der (gebührenpflichtige) Parkplatz Juan XIII. liegt nicht weit entfernt. ℡ 981 569530, ℻ 569531, www.costavella.com.

** Hotel Aires Nunes (18), hübsches kleines Hotel, erst 2002 eröffnet, unter den Arkaden der zentralen Rúa do Vilar mit Café im Erdgeschoss. Geschmackvoll eingerichtete, wenn auch nicht unbedingt große Zimmer mit guter Ausstattung (Fön, Minibar, Sat-TV). DZ 75–90; Rúa do Vilar 17, ℡ 981 569350, ℻ 586925, www.pousadasdecompostela.com.

** Hotel Res. Rey Fernando (38), gepflegtes Haus am äußersten südwestlichen Zentrumsrand. Nicht weit vom Bahnhof, deshalb interessant für Spätankömmlinge. DZ/Bad nach Saison knapp 50–60 €. Rúa Fernando III O Santo 30, ℡ 981 593550, ℻ 981 590096.

* Hotel Avenida (32), einfach, aber in Ordnung, karg möblierte, peinlich saubere und relativ große Zimmer mit TV, DZ inkl. Frühstück ca. 60 €; Fonte de Santo Antonio 5, ℡ 981 570051, ℻ 565817.

** Hostal Pico Sacro (4), ebenfalls in diesem Gebiet. Freundliches, sehr sauberes Quartier, die 12 Zimmer vor einigen Jahren renoviert. Keine Parkplätze, aber mit dem Auto anfahrbar. Die Lage zahlt man mit: DZ/Bad nach Saison etwa 50 bis 55 €. Rua San Francisco 22, ℡ 981 584466, ℻ 981 583328.

** Hostal Res. Alameda (21), gut ausgestattetes, mit zwanzig gemütlichen, wenn auch eher kleinen Zimmern relativ großes Hostal im südwestlichen Altstadtbereich, in der Nähe des Stadtparks. DZ/Bad etwa 40–50 €, einfachere Zimmer ohne Bad etwas günstiger. Calle San Clemente 32, ℡ 981 588100, ℻ 981 588689.

** Hostal Res. Mapoula (30), angenehmes und gepflegtes Hostal in einer winzigen Altstadtgasse unweit der Praza Galicia. Günstige Lage also, dabei vom Verkehrslärm einigermaßen abgeschirmt. Leser Robert Stark lobte auch die freundliche Aufnahme. DZ/Bad um die 40–50 €, auch einige günstigere Zimmer nur mit Dusche, alle recht beengt; Entremurallas 10, ℡ 981 580124, ℻ 981 584089, www.mapoula.com.

** Hostal Res. Suso (27), in der oben erwähnten Arkadengasse der Altstadt, ganz in der Nähe der Infostelle. Eine beliebte Café-Bar ist angeschlossen. Nur wenige gute Zimmer mit neuen Bädern, zur Hochsaison oft belegt. DZ/Bad knapp 40 €. Rúa do Vilar 65, ℡ 981 586611.

* Hostal Seminario Mayor (6), auch bekannt als Hostal San Martín, da direkt im gleichnamigen Kloster, nur ein paar Schritte von der Kathedrale. Nur von Juli bis September geöffnet, das betagte Gebäude ist sonst von Studenten und angehenden Priestern belegt. 126 (!) recht spartanische

Santiago de Compostela

Zimmer, vom dritten Stock schöne Aussicht. DZ/Bad knapp 50 €, etwas viel fürs Gebotene, aber die Lage... Praza da Inmaculada 5, ✆ 981 583008.

*** Hostal A Nosa Casa (29), in der Nähe des Hostals Mapoula. Zehn gut möblierte, teilweise leider etwas enge Zimmer, moderne Bäder. DZ/Bad ca. 35 €, auch Zimmer ohne Bad. Entremurallas 9, Vermieter in der Bar; ✆ 981 585926.

* Hospedaje Ramos (16), in dieser Preisklasse eine gute Wahl – Zimmer relativ einfach, aber gepflegt; diejenigen mit Bad fallen deutlich besser aus. DZ/Bad etwa 30 €, die Zimmer ohne Bad sind nur eine Kleinigkeit günstiger. Rúa Raiña 18, eine westliche Parallelstraße der Rúa do Vilar, über einem Restaurant; ✆ 981 581859.

Hostal Mexico (37), 2007 renoviertes Traveller-Hostel in einem Hochhausblock, 103 Betten in EZ, DZ und Dreibettzimmern (keine Dorms), alle mit Bad, TV und AC. W-Lan ist gratis, es gibt ein Café fürs Frühstück, aber keine Küche. EZ 25–35 €, DZ 45–55 €. Rúa Republica Argentina 33, ✆ 981 598000, ✉ 981 598016, www.hostalmexico.com.

Albergue Turistico Meiga (28), wie schon die Internetadresse verrät: ein Backpackerquartier, das erste in Santiago. Typ schlichtes Hostal in einem Wohnhaus (3. Etage), eher laut, da direkt an einer auch nachts verkehrsreichen Straße, aber nahe dem Zentrum, und darauf kommt es an. Betten in Dorms mit Balkon (4–8 Pers.) ab ca. 16 € p. P., im DZ ab 35 €, Rúa Fonte de San Antonio 25/3, ✆ 981 570846, www.meiga-backpackers.es.

Ciudad de Vacaciones y Camping (11) auf dem Monte de Gozo, dem „Berg der Freude" etwa vier Kilometer außerhalb in Richtung Flughafen, Bus C1 stündlich ab Busbahnhof und Bahnhof, Bus Nr. 7 an Wochenenden und Bus Nr. 6 ab der Calle Hórreo jedoch nur von/bis Hotel Santiago Apostól an der Staatsstraße ca. 0,5 km unterhalb. Hotelbetrieb, Pilgerherberge und Jugendherberge, allesamt in mehr oder weniger komfortabel ausgestatteten Containern, viele Gruppen. Im Gebiet auch Läden, Restaurant/Bar, Spielsalon mit Internet. Hotel-DZ ab ca. 45 €. San Marcos s/n, ✆ 981 558942, ✉ 981 562892. Angeschlossen die **Jugendherberge Monte do Gozo**, ganzjährig geöffnet, im Sommer häufig voll belegt, Reservierung sehr ratsam: ✆ 981 558942.

• *Camping* **Monte do Gozo**, 1. Kat., siehe auch oben, ebenfalls auf der letzten Landmarke des Jakobswegs. Sehr ausgedehnter, gut ausgestatteter Platz, allerdings kaum Schatten. Zuletzt nur von Mitte Juli bis Mitte September geöffnet, p.P. und Zelt je etwa 5 €, Auto 4,50 €. Ctra. Aeropuerto, km 2, ✆ 981 563142.

As Cancelas, 2. Kat., auf einem Hügel am Nordostrand der Stadt, relativ nahe am Busbahnhof. Gestreckte Fußentfernung ins Zentrum, Gratisplan an der Rezeption erhältlich. Terrassenartig angelegter Platz, etwas Schatten, erstklassige Sanitärs; Cafeteria/Restaurant, Swimmingpool (gratis). Ganzjährig geöffnet; p.P. Auto, Zelt saisonbedingt jeweils etwa 5,50 €. Anfahrt vom Zentrum über die N 550 Richtung A Coruña, am zweiten Kreisverkehr, der Plaza de España (Tankstelle), rechts, dann gleich wieder halblinks, beschildert. Busse Nr. 6 alle 20 Minuten ab Calle Hórreo 25, vor der Apotheke; letzter gegen 22.45 Uhr. ✆ 981 580266.

Essen (siehe Karte S. 789)

• *Restaurants* **Rest. Toñi Vicente (35)**, seit langem die erste Adresse Santiagos, mit einem Michelin-Stern ausgezeichnet und mit vielen anderen Kochpreisen bestückt. Vielseitige, phantasievolle Küche mit Schwerpunkt auf Fischgerichten und Mariscos. Menü ab etwa 45 €. Calle Rosalía de Castro 24, ✆ 981 594100. Sonntags geschlossen.

Rest. Don Gaiferos (17), ebenfalls eine viel gelobte Kathedrale der Kochkunst. Im Angebot internationale und regionale Speisen, wobei auch hier die Meeresküche dominiert. 3 Gänge ab ca. 30 €. Rúa Nova 23, ✆ 981 583894. So geschlossen.

Rest. Enxebre (9), Edelrestaurant des Parador, etwas unterhalb am Abgang zur Rúa das Hortas. Feine Küche zu erträglichen Preisen: Ein Menü aus galicischen Jakobsmuscheln und einem gemischten Fischteller kostet ca. 30 €, Tagesmenü 20 €. Costa de Cristo s/n, ✆ 981 582200.

Rest. Casa Marcelo (13), ein Lesertipp von Rolf Müller und Susanne Halbach: „Keine Scheu vor anscheinend piekfeinem Restaurants – hier gibt´s eine ellenlange Weinkarte und ausschließlich ein täglich wechselndes Fünfgangmenü in lockerer Atmosphäre. Offene Küche, man schaut dem sehr freundlichen Chefkoch (Bocuse-Schüler, schwört aber eher auf Witzigmann) beim Handwerk zu." Menü 43 €, normale Getränkepreise, Abendessen nicht vor 22 Uhr. Rúa Hortas 1, Reservierung ratsam, da nur 12 Tische: ℅ 981 558580.

Rest. Bierzo Enxebre (5), rustikales Lokal mit galicischer und Bierzo-Küche, Tagesmenü 11 €, abends 30 € f. 2 Pers., sehr gut die Morcilla (Blutwurst) de León (o Burgos) 7,50 €, delikater Bacalao 13 €; Rúa Troía 10, im nördlichen Altstadtbereich, www.bierzoenxebre.com.

Rest. Asesino (23), eine Lokal-Berühmtheit seit den Sechzigern. Studentenkneipe, Prominententreff – der „Mörder" mit seiner kuriosen Atmosphäre hat sogar gnädige Aufnahme in so manchem Kulinarierführer gefunden. Galicisches Menü ab etwa 15 €. Praza de Marcelo 16.

Bar-Rest. O 42 (25), in einer in punkto Restaurants eigentlich ziemlich touristischen Gegend. Die Küche ist jedoch ausgesprochen gut, die Atmosphäre angenehm und die Auswahl galicischer Weine vielfältig, weshalb das Restaurant auch von Einheimischen geschätzt wird. Festes Menü ab 15 €, à la carte ab 22 €, man kann es jedoch auch bei den bekannt guten Raciones an der Bar belassen (3–11 €). Rúa Franco 42.

Rest. Casa Felisa (3), das Restaurant der Pension gegenüber dem Hotel Costa Vella hat einen hübschen Garten, sehr freundlichen Service und ausgezeichnete Küche zu für Santiago zurückhaltenden Preisen: 11 € für ein Menü der gehobenen Klasse (z. B. mit Bacalao in der Folie), Wein, Wasser und Kaffee. Rua Porta da Peña 5, ℅ 981 582602, www.casafelisa.es.

Cafetería-Rest. Candilejas (24), optisch unscheinbares Lokal an einem hübschen kleinen Altstadtplatz, Tische auch im Freien. Üppig portionierte Menüs der Marke „solide Hausmannskost" kommen hier schon für knapp 7,50 € auf den Tisch. Plaza Mazarelos 11.

Rest. Casa Manolo (12), seit Jahren ein Tipp nicht nur in Santiagos Studentengemeinde. Auch von einigen Lesern gelobt, während andere lieblos bereitetes Essen und ein Industriedessert bekamen und von „Geldschneiderei" sprechen. Die Menüs hier bieten sowohl mittags als auch abends üppige Portionen in großer Auswahl (etwa 15 Gerichte pro Gang!) und kosten dabei nur 6 € (allerdings im Gegensatz zum sonstigen Brauch ohne Wein). Kein Wunder, dass sich Warteschlangen bilden, die oft bis ins Freie reichen. Praza Cervantes, Ecke Rúa San Bieito.

• *Tapa-Bars und Cafés* Reichlich Tapa-Bars, aber auch einfache Restaurants in den gleichen Altstadtgassen wie die Hostals und Hospedajes.

Bar Abrigadoiro (34), südlich des Parque de la Herradura. Herrlich rustikale Bodega, von deren Decke Schinken baumeln; eine beeindruckende Reihe alter Fässer dient als Tische. Gute Wurst-, Schinken- und Käseauswahl, nett auch nur für ein Glas Wein. Rúa da Carrera do Conde 5, nur abends.

Bar-Rest. Orella (19), nicht so ganz preisgünstige Bar, die in breiter Auswahl hauptsächlich Bocadillos und Raciones offeriert und vor allem ein junges Publikum anzieht, abends oft gesteckt voll. Rúa da Raíña 19, eine Parallelgasse zur Rúa do Vilar. Ganz ähnlich im gleichen Haus das rustikale **Rest. Maria Carteña** mit großer Auswahl vor allem an Pinchos und Raciones.

Café Aires Nunes (15), nahe den Infostellen. Hübsches, beliebtes Konditorei-Café mit kleinem Gärtchen nach hinten. Neben Snacks wie Sandwichs, Tortilla-Tapas etc. gibt es hier auch sehr feine Torten und Kuchen. Rúa do Vilar 17.

Café Literarios (10), direkt hinter der Kathedrale. Gemütliches Café in schöner Lage, ein gern besuchter Treffpunkt. Praza Literarios, von der Praza Quintana die Treppen hoch.

Café Derby (31), eines der ältesten Cafés der Stadt, schönes Jugendstildekor. Seit langem eine Institution in Santiago. Rúa do Orfas 29.

Café-Cervecería Dakar (20), eine herrlich nostalgische Mischung aus Bierstube und Café, in der es auch Bocadillos und andere Kleinigkeiten gibt. Nicht teuer. Rúa Franco 13.

Café Terra Nova (22), ruhiges Nichrauchercafé mit vorwiegend studentischer Klientel, viele mit Laptop, denn der Internetzugriff ist kostenlos, auch PCs zur Gratis-Bedienung. Sehr guter Kaffee, und ein sicherer Standort einen Steinwurf unterhalb der Kathedrale: links daneben und gegenüber stehen Polizeiwagen. Avda. de Rodrigo del Padon 3, www.cafeterranova.com.

A Taberna do Bispo (26), Tapas, Bier vom Fass und Wein zu fairen Preisen, eine Empfehlung von Leser Wolfgang Schröder, Calle Franco 37 bajo, ℅ 981 586045, www.atabernadobispo.com.

Nachtleben/Markt/Feste

- *Nachtleben* Während des Semesters ist am Donnerstag das meiste los, denn übers Wochenende fahren viele Studenten heim. Von Juli bis September zeigt sich Santiago eher von der ruhigen Seite.
In der Altstadt ist nur bis etwa Mitternacht Betrieb. Einen Besuch wert sind dort unter anderem folgende Bars und Cafés:
Modus Vivendi, eine der traditionsreichsten und immer noch beliebtesten Bars der Stadt. Gelegentlich Live-Konzerte; Praza de Feixóo 1.
Paraíso Perdido, das „Verlorene Paradies", nicht minder berühmt und belebt. Zu suchen in der Rúa de San Paio de Entre Altares, unweit der Plaza Quintana.
Café Azul, ähnlich legendär wie die beiden oben genannten Adressen, zu suchen in der Rúa do Vilar 85.
Casa das Crechas, mit traditioneller galicischer Musik, gelegentlich live. Via Sacra 3.
Rúa Nova in der Rúa Nova 36, ebenfalls eine sehr beliebte Anlaufstelle.
Später in der Nacht geht es in die Bars der „Zona Nueva" genannten Neustadt, besonders ins Gebiet um die Praza Roxa (Plaza Roja), z. B. in die Rúa Nova de Abaixo oder die Rúa Frei Rosendo Salvado.

- *Markt* Lebendiger und interessanter Mercado mit gutem Angebot an der Plaza del Abastos, östlicher Altstadtrand; nur bis mittags.

- *Feste* **A Ascensión**, um Christi Himmelfahrt (40 Tage nach Ostern); ein etwa einwöchiges, volkstümliches Fest. Messe in der Kathedrale, bei der auch das Weihrauchfass Botafumeiro zum Einsatz kommt, Viehmarkt, kulturelle und sportliche Ereignisse.
Fiestas del Apóstol, vom 15.–31. Juli. Das Hauptfest der Stadt, Höhepunkt ist natürlich der 25. Juli, der Tag des Heiligen Santiago. In der Nacht vorher findet an der Plaza del Obradoiro das große Feuerwerk „Fogo do Apóstolo" statt, am Tag des Heiligen selbst eine große Prozession mit feierlicher Messe in der Kathedrale. Im Beiprogramm Konzerte, ein Folklore-Festival, Theateraufführungen etc.

Südlich der Kathedrale: Praza das Platerías

La Tuna: Eine mittelalterliche Tradition. Ursprünglich hielten Studenten ihrer angebeteten Dame ein Ständchen und bekamen, wenn erfolgreich, von dieser als Zeichen der Gunst ein Band in den Farben ihrer Fakultät. In der Vergangenheit waren die Gesänge vornehmlich im Juli/August ab etwa 22 Uhr zu hören, vor allem in der Rúa Franco, manchmal auch am Kathedralenplatz. Mittlerweile allerdings scheint „La Tuna" zu einer studentischen Einkommensquelle ersten Ranges geworden zu sein, manchmal hört man sie den ganzen Tag und überall – mancher Leser fand das auf Dauer eher lästig.

Sehenswertes

Praza do Obradoiro: Der weite, harmonische Vorplatz der Kathedrale ist an allen Seiten von bemerkenswerten Bauten unterschiedlicher Herkunft und Stile umstanden; im Norden das von den „Reyes Católicos" gegründete frühere Pilgerhospiz *Hospital Real* (15. Jh.) mit schönem Platereskschmuck, im Westen der *Pazo de Rajoy* (18. Jh.), heute Rathaus und Regierungssitz von Galicien, und im Süden das eher schlichte *Colexio de San Xerome*, heute Rektorat der Universität. Im Nordosten steht, von der Kathedrale weit überragt, der *Pazo de Xelmírez* aus dem 12./13. Jh.

Öffnungszeiten des Pazo de Xelmírez → Kathedrale; Eintrittsgebühr knapp 5 € in Kombination mit den Museen der Kathedrale. Hier auch Verkauf und Reservierung der Führungen zum Dach der Kathedrale.

Catedral

Die dem spanischen Nationalheiligen Santiago, dem Apostel Jakobus major (dem älteren) geweihte Kathedrale, Endpunkt entbehrungsreicher Pilgerfahrten, war für die beteiligten Architekten und Künstler natürlich eine Herausforderung. Das Ergebnis ist beeindruckend. Die Kathedrale steht an Stelle einer Vorgängerin, die 997 durch die Mauren zerstört wurde. Um 1075 begann im romanischen Stil der Neubau, der 1128 abgeschlossen war; im Lauf der Zeit kamen einige Elemente der Gotik und der Renaissance hinzu. Das 18. Jh. schließlich brachte eine weitgehende Barockisierung des Äußeren; der Innenraum jedoch blieb unverändert romanisch.

Westfassade: Nicht umsonst wird sie „El Obradoiro" („Das Goldene Werk") genannt, leuchtet die wundervolle Barockfassade in der Abendsonne doch tatsächlich golden. Zwei Zwillingstürme von je 74 Meter Höhe umrahmen den einem Retabel (Altaraufsatz) nachempfundenen Mittelgiebel, auf dem eine Statue des Heiligen Jakob thront. Unter der Freitreppe von 1606 liegt der Eingang zur sogenannten „Catedral Vieja", einer ehemaligen Krypta.

Pórtico de la Gloria: Auch wenn man um die Baugeschichte weiß, erstaunt es doch, hinter der Barockfassade plötzlich auf ein romanisches Portal zu stoßen. Der Eingang der früheren Westfassade, etwa 1166–1188 von *Meister Mateo* geschaffen, ist eines der bedeutendsten Meisterwerke der spanischen Romanik: Ein dreibogiges Portal von unglaublich detailliert und lebendig gearbeitetem Figurenschmuck, der aus fast 200 Aposteln, Heiligen und Engeln besteht. Es gehört zur Wallfahrt, die Mittelsäule mit dem sitzenden Jakob zu berühren und sich dabei etwas zu wünschen. Über die Jahrhunderte haben die Pilgerhände fünf Vertiefungen gegraben.

Inneres: Von stolzen Dimensionen – die drei Schiffe sind 97 Meter lang, das Querschiff 65 Meter breit. Ziel aller Pilger ist die prachtvolle *Capilla Mayor* über dem Grab des Heiligen: Zum Abschluss der Wallfahrt gilt es, den Mantel der überreich geschmückten Jakobsfigur zu küssen. Unter dem Hauptaltar bewahrt die *Krypta* die Reliquien des Heiligen und seiner Schüler, der Heiligen Theodor und Athanasius. Die restlichen Kunstschätze können hier nur gestreift werden. Beispiele unter vielen sind der Kirchenschatz *Tesoro*, die Königsgräber der *Capilla de las Reliquias* (beide im rechten Seitenschiff), das Gitter des Chorumgangs und das Gewölbe der *Capilla de Mondragón* im rechten Chorumgang. Der große *Kreuzgang* im Platereskstil des 16. Jh. beherbergt die *Bibliothek*, ein *Teppichmuseum* und ein *Archäologisches Museum*.

Das Dach der Kathedrale: Seit 2004 ist es möglich, im Rahmen einer Führung (Di-So 10–14, 16–20 Uhr, 10 €) das Dach der Kathedrale zu ersteigen. Ausgangspunkt und Verkaufsstelle ist der Pazo de Xelmírez (siehe oben), die Gruppenstärke darf 25 Personen nicht übersteigen. Im 18. Jh. war das Dach, ursprünglich aus Granit, mit Ziegeln gedeckt worden, erst Mitte des 20. Jh. erhielt es seinen ursprünglichen

Ein Meisterwerk der Romanik: Pórtico de la Gloria

Charakter zurück. Nicht nur der Blick über die Kathedrale selbst, auch die Aussicht auf die Stadt überwältigt. Vielleicht geht es einem ja wirklich wie Aymeric Picaud, der im Codex Calixtinus über den Besuch auf dem Dach der damals noch unfertigen Kathedrale schrieb: „Wer mit schwerem Herzen aufsteigt, geht als fröhlicher Mensch wieder nach unten."

- *Öffnungszeiten* Kathedrale, Kreuzgang und Museen im Winter (Okt. bis Mai) Mo–Sa 10–13.30, 16–18.30 Uhr, im Sommer tgl. 10–14, Mo–Sa 16–20 Uhr; Eintrittsgebühr zu den Museen inkl. Catedral Vieja und Kreuzgang sowie Pazo de Xelmírez 5 €. Dachführung Di–So 10–14, 16–20 Uhr, Eintritt 10 €, erm. 8 €, Eingang durch den Pazo de Xelmírez, Reservierung sinnvoll: ✆ 981 552985.

Um die Kathedrale

Praza das Platerías: Der schmucke kleine Platz liegt an der Kathedralen-Südseite, die als einzige Fassade der Kirche noch romanischen Ursprungs ist und ein schönes Portal besitzt.

Praza da Quintana: An der Ostseite der Kathedrale. Von historischen Bauten umgrenzt, ist der Platz zur Semesterzeit ein abendlicher Treffpunkt der Studenten. Das hiesige Portal der Kathedrale, die *Puerta Santa*, wird nur in Heiligen Jahren geöffnet.

Praza da Inmaculada: Im Norden der Kathedrale. Hier lohnt sich ein Blick auf deren *Puerta de la Azabacheria* (18. Jh.) wie auch auf das wuchtige Säulenportal (16. Jh.) des ehemaligen Benediktinerklosters *Monasterio de San Martín Pinario*.

Museo das Peregrinacions: An der Rúa de San Miguel dos Agros, wenig östlich des Mosteiro de San Martíño Pinario, befasst sich das Museum der Pilgerfahrten mit dem Jakobsweg selbst, aber auch mit den Ursprüngen der Jakobsverehrung, dem Bild des Heiligen im Wandel der Zeit etc. Ein eigener Raum ist der Kathedrale und der Stadt Santiago gewidmet. Die Bilder, Texte und Skulpturen der sehenswerten

Architektur pur: „Schneckentreppe" im Museo do Pobo Gallego

Ausstellung sind auf Deutsch in einer Broschüre dokumentiert, die man beim Kauf der Eintrittskarten erhält. Das Museum soll in Zukunft in ein noch einzurichtendes Museo da Ciudade (Stadtmuseum) im heutigen Gebäude der Banco de España an der Praza das Platerías integriert werden.
Öffnungszeiten Di–Fr 10–20 Uhr, Sa 10.30–13.30, 17–20 Uhr, So/Fei 10.30–13.30 Uhr. Eintritt 2,50 €, Studenten die Hälfte.

Außerhalb der Altstadt

Convento Santo Domingos de Bonaval: Ein kleines Stück nordöstlich der Altstadt am Ende der gleichnamigen Straße. Das bereits im 13. Jh. gegründete Kloster beherbergt die Grabstätten berühmter Galicier, weshalb das Kloster auch als „Panteón de Gallegos illustres" gerühmt wird. In einem Flügel ist das sehenswerte Galicische Volkskundemuseum *Museo do Pobo Gallego* untergebracht. Das architektonische Glanzstück des Baus ist jedoch die in einen Treppenschacht eingelassene, dreifach gewundene *Wendeltreppe*, die den Kreuzgang mit den verschiedenen Etagen des Gebäudes verbindet.
Öffnungszeiten Di–Sa 10–14, 16–20 Uhr, So/Fei 11–14 Uhr; freier Eintritt. Am Eingang ist für wenig Geld ein interessantes deutschsprachiges Begleitheft erhältlich.

Centro Galego de Arte Contemporáneo: Direkt neben dem Konvent eröffnete vor einigen Jahren das moderne Museum zeitgenössischer Kunst. Gewidmet ist es insbesondere galicischen Künstlern unserer Tage.
Öffnungszeiten Di–So 11–20 Uhr. Der Eintritt ist frei.

Colegiata Santa María do Sar: Etwa einen Kilometer südöstlich der Altstadt. Die Mauern und Pfeiler der Kirche des 12. Jh. stehen, wohl wegen des lehmigen Bodens, ziemlich schräg, weshalb im 16. Jh. Stützpfeiler angebracht wurden. Beachtenswert ist der erhalten gebliebene Flügel des Kreuzgangs; Fragmente der zerstörten Bauteile sind in einem kleinen Museum ausgestellt.
Öffnungszeiten Mo–Sa 10–13, 16–19 Uhr; Eintritt 0,60 €. Vorheriger Anruf erwünscht: ✆ 981 562891.

Costa da Morte (Costa de la Muerte)

Die Küstenlinie südwestlich von A Coruña bis zum Cabo Finisterre macht ihrem Namen alle Ehre: „Küste des Todes" heißt sie wegen der zahlreichen Schiffsunglücke, die sich an den felsigen Steilküsten bis heute ereignen. Auch wer sich hier als Schwimmer ins Wasser wagt, kann schnell zu den Opfern zählen: Die Strömungen sind unberechenbar.

Dem Auge bietet die Todesküste ein Bild wilder, herber Schönheit. Ihre Ortschaften sind klein und überschaubar, ducken sich zum Schutz vor den schweren Winterstürmen in den Schatten von Bergen und Felsklippen. Der Tourismus hält sich in engen Grenzen. Wo vorhanden, ist er auf einheimische Apartmenturlauber zugeschnitten, weshalb in manchen Orten kräftig gebaut wird. Unterkünfte und Campingplätze sind selten und im August möglicherweise ausgebucht; Busverbindungen konzentrieren sich meist auf die Provinzhauptstadt.

Malpica de Bergantinos

Der Ort am nördlichen Ende der „Todesküste" ist ein fast liebenswert chaotisch zusammengestückeltes Städtchen mit relativ großem Hafen und einem Sandstrand in der Bucht.

Übernachten / Camping ** **Hostal J. B.**, komfortables Quartier direkt am Strand, eines von wenigen Hostals im Ort. DZ/Bad kosten nach Saison etwa 40–55 €. Calle Playa 3, ✆ 981 721906.
* **Hostal Res. Panchito**, recht ordentlicher Neubau im Zentrum, DZ/Bad nach Saison etwa 30–50 €. Praza Villar Amigo 6, ✆ 981 720307. Auch einige Restaurants an der Hauptstraße vermieten Zimmer.

Camping Sisargas, 1. Kat., sehr gut ausgestatteter Platz etwa vier Kilometer landeinwärts von Malpica, Richtung Carballo. Wiese unter schattigen Bäumen, Swimmingpool (gratis), Tennis; Einkaufsmöglichkeit und Restaurant. Geöffnet von Juni bis Mitte September; Preise p.P. 4 €, Zelt etwa 5,50 €, Auto 3,50 €. ✆/≈ 981 721702. www.campingsisargas.com.

▶ **Corme** ist berühmt für seine exquisiten Entenmuscheln *percebes*, eine recht teure Delikatesse. Die Umgebung des Fischerstädtchens, das Mitte Juni sein Sardinenfest feiert, ist mit schönen Stränden gesegnet; Unterkünfte sind jedoch sehr rar.

▶ **Laxe**, jenseits der Ría, ist von Corme aus gut zu sehen, jedoch nur auf einem Umweg landeinwärts zu erreichen. Laxe glänzt mit einem reizvollen Dünenstrand. Und obwohl viel gebaut wird, ist der Ort noch kaum für Touristen herausgeputzt.

• *Übernachten* * **Hotel Casa do Arco**, eher ein edles und nicht ganz billiges Restaurant, das auch gerade mal vier hübsche und komfortable Zimmer vermietet; untergebracht in einem reizvollen, strandnah gelegenen Steinhaus des 15. Jh. DZ/Bad nach Saison angemessene 40–60 €. Plaza Ramón Juega 1, ✆/≈ 981 706904.
* **Hostal Bahia**, Betonkasten direkt über dem Hafen, vom Zimmer 208 mit Terrasse hat man den besten Blick – toll! Manolo, Besitzer und Mädchen für alles, kennt jede Sehenswürdigkeit und erklärt geduldig, wie man hinkommt. Lesenswertes Gästebuch. Zimmer auf Hotelniveau, sehr gute Betten. DZ 40–50 €, die beiden mittleren Terrassenzimmer (also auch 208) bis 70 €. Avda. Besugueira 24, ✆ 981 728304, ≈ 728307, www.bahialaxe.com.

Camariñas

Das Städtchen ist weithin bekannt für die hier in Handarbeit angefertigten Klöppelspitzen *encaces de palillos*, eine Tradition, die bis auf keltische Zeiten zurückgehen soll. Die Arbeiten haben ihren Preis, verlangt die Herstellung der filigranen Ware trotz der flinken Finger der „Palilleiras" doch reichlich Zeit. Geld verdient Camariñas auch mit seinem großen Fischerhafen und mit dem Tourismus. Letzteres erstaunt vielleicht, besitzt die Siedlung doch nur einen kleinen Strand.

• *Übernachten/Essen* Camariñas besitzt eine bemerkenswerte Anzahl von Hostales, die jedoch fast grundsätzlich nur von etwa Juli bis September geöffnet haben.
** **Hostal Triñanes II**, am Ortseingang beim kleinen Strand. 20 Zimmer, DZ/Bad kosten ca. 40 €. Area de Vila s/n, ✆ 981 736108.
* **Pensión La Gaviota**, mit Restaurant, ein Lesertipp von Eva Jauch-Kessler: „Das einzige Quartier, in dem Ende Mai ein Zimmer zu haben war. Sehr ordentlich mit Dusche und Toilette, gepflegt und sehr sauber. Das Haus liegt bei der neuen Markthalle. Der Mann der Padrona ist Fischer und deshalb ist das Angebot an Meeresfrüchten und Fisch gut und preiswert." Auch andere Leser waren mit dieser Pension und ihrem Restaurant zufrieden und lobten die freundliche Atmosphäre. DZ 30–40 €. Rúa do Río 18, ✆ 981 737032 oder 981 736522.

Muxía (Mugia)

Das ruhige Städtchen liegt hübsch auf der Camariñas entgegengesetzten Seite der Ría, überragt von einem kahlen Hügel und umgeben von Heidekrautfeldern. Betrieb herrscht in Muxía nur zu den weithin bekannten Festen, doch finden sich abseits der etwas gesichtslosen Hafenstraße immerhin einige romantische Ecken. Vor dem Ort erstrecken sich zwei schöne Strandbuchten. Hiesiger Hauptanziehungspunkt ist jedoch die mythenumwobene Wallfahrtskirche etwas außerhalb.

• *Übernachten/Camping* ** **Hostal La Cruz**, am Ortsanfang. Recht komfortables, erst Anfang der 90er erbautes Haus mit 25 Zimmern, Restaurant angeschlossen, das einzige im Ort selbst. DZ/Bad nach Saison etwa 45–55 €. La Cruz 126, ✆ 981 742084.
Camping Lago Mar, 2. Kat., etwa fünf Kilometer vor Muxía, bei Los Molinos an der noch sehr natürlichen Praia do Lago. Sehr kleiner Platz, z. T. schattiger Kiefernwald, nur von Mitte Juni bis Mitte September geöffnet, p.P. 5 €, Parzelle inkl. Auto, Zelt 20 €. ✆ 981 750628. www.campinglagomar.es.
Zwei Restaurants und weiterer Campingplatz **El Paraíso** (3. Kat., ✆ 981 750790) ganz in der Nähe.

• *Feste* **A Virxe da Barca**, am zweiten oder dritten Wochenende (Fr–Mo) im September. Berühmte Wallfahrt zur Marienkirche mit Messe, zeremoniellen Liedern und Tänzen.

Cée und Corcubión

Die beiden Ortschaften sind zwar fast zusammengewachsen, unterscheiden sich jedoch in ihrem Charakter erheblich voneinander. Cée ist Knotenpunkt verschiedener Buslinien, bietet also recht gute Verkehrsverbindungen, ist sonst jedoch wenig bemerkenswert. Corcubión wirkt gleich viel freundlicher: Hinter der Hafenstraße besitzt der fast ländliche Ort ein hübsches altes Viertel, beschildert „casco histórico", in dem es sich angenehm bummeln lässt.

• *Übernachten* * **Hotel Las Hortensias**, neuerer Bau am Ortsausgang von Corcubión Richtung Finisterre. Eigener kleiner Strand, gemütlich eingerichtete Zimmer, z. T. mit Meerblick; ganz passables Restaurant angeschlossen. DZ/Bad mit Frühstück nach Saison etwa 45–50 €. Corcubión, Playa de Quenxe, ✆ 981 745029, ✎ 981 746125.

• *Camping* **Rutas de Finisterre**, 2. Kat., strandnah und schattig gelegener, mit Bar-Restaurant etc. gut ausgestatteter Platz, einige Kilometer außerhalb von Corcubión Richtung Finisterre. Geöffnet über Ostern sowie Mitte Juni bis Mitte September. Preise p. P., Auto, Zelt je ca. 5 €. ✆/✎ 981 746302.

Finisterre (Fisterra)

Der bekannteste Ort im Küstenabschnitt profitiert vom gleichnamigen, etwa 3,5 km entfernten Kap und den ausgedehnten Stränden der Umgebung. Finisterre

Muros

bedeutet „Ende der Welt", und genau das vermuteten hier schon die Römer, später auch die vielen mittelalterlichen Jakobspilger, die ihre Wallfahrt am Kap beschlossen. Wenn beim Sonnenuntergangsritual nicht zuviel Betrieb herrscht, kann man selbst heute noch diesen Eindruck haben.

- *Übernachten* ** **Hotel Hospedería O Semáforo**, in traumhafter Lage direkt am Kap, untergebracht in der ehemaligen meteorologischen Station. Nur fünf hübsche Zimmer, DZ etwa 80–110 €. Gleichzeitig auch ein netter Platz zum Essen, kann es hier bei Sonnenuntergang allerdings laut werden, wenn der Platz unterhalb schwarz ist von Menschen. Faro de Finisterre, ✆ 981 725869, ✆ 981 740807. www.osemaforo.com.
- * **Hotel Finisterre**, im Ort. Recht groß, mit Garage, Restaurant im Haus. Komfortable DZ mit TV nach Saison etwa 40 bis 45 €. Calle Federico Ávila 8, ✆ 981 740000, ✆ 981 740054. Im * **Hostal Finisterre**, unter gleicher Leitung schräg gegenüber und mit gutem Restaurant, gibt es saubere, wenn auch kleine Zimmer, tlw. mit Bad/WC, DZ 30–35 €.
- *Essen* **Rest. O Centolo**, am Hafen bei der Statue des Emigranten. Klar, dass Fisch und Meeresfrüchte hier die erste Wahl sind. Menü à la carte ab etwa 18 € aufwärts, im Angebot aber auch preisgünstige Raciones und Tagesmenüs. Bajada del Puerto s/n.
- *Feste* Am Gründonnerstag und Ostersonntag bekannte Laienspiele.

Richtung Muros: Mehrere schöne Strände. Die reizvolle *Praia de Carnota* ist der längste Strand der ganzen Umgebung. Carnota selbst streitet sich mit dem wenige Kilometer weiter gelegenen Örtchen Lira um die Ehre, den größten *hórreo* Galiciens zu besitzen. Beide messen deutlich über 30 Meter Länge, ersterer liegt meerwärts, letzterer landeinwärts der Straße.

Rías Bajas

Anders als die Rías Altas und die Costa da Morte sind die vier tiefen Fjorde der Rías Bajas für den Tourismus relativ gut erschlossen.

Ursächlich ist sicher das mildere Klima, das ruhigere Meer und die höheren Wassertemperaturen, die sich im Sommer in den geschützten Buchten entwickeln können. Die Kehrseite ist die Zersiedelung einiger Gebiete, besonders in der Ría de Arousa.

Ría de Muros y Noia

Ähnelt der schroffe nördliche Teil der Ría noch der Costa da Morte, so zeigt sich ihre sanfte Südseite deutlich den Rías Bajas zugehörig.

Muros

Ein schmuckes Städtchen mit beachtlichem Fischereihafen und denkmalgeschütztem Ortskern voller enger Gassen und Arkadengänge. In der Bucht Richtung Noia liegt die sehenswerte alte Gezeitenmühle *Molino Pozo Cachon*, die das Wechselspiel von Ebbe und Flut als Antrieb nutzte. In dem langgestreckten Steinbau war auch ein Ausstellungsraum untergebracht, doch hat ein Wassereinbruch leider vieles zerstört; eine Restaurierung ist vorgesehen.

- *Verbindungen* **Bus**: Haltestelle an der Uferstraße; ARRIVA-Busse fahren unter anderem nach Santiago via Noia 14-mal, weiter nach A Coruña 6- bis 8-mal täglich.
- *Übernachten* ** **Hotel La Muradana**, schmalbrüstiges hohes Haus an der Uferstraße in Murcs, einziger Vertreter der Hotelkategorie im Ort selbst. Ordentliches Quartier, ruhige Zimmer zu den schmalen Seitengässchen, die meisten sorgfältig renoviert, neue Fenster. DZ/Bad nach Saison knapp 45–55 €. Avenida Castelao 99, ✆ 981 826885.
- * **Hostal Ría de Muros**, ebenfalls an der Uferstraße gegenüber der Zufahrt zu Parkplatz und Busstop – nicht ganz leise, aber

liebevoll eingerichtet, Zimmer recht geräumig, teilweise mit schöner Aussicht. DZ/Bad nach Saison etwa 35–75 €. Rúa Castelao 53, ℅ 981 826056.

• *Camping* San Francisco, 1. Kat., oberhalb von San Francisco de Louro. Schöner, gut ausgestatteter Platz innerhalb der Mauern des gleichnamigen, idyllisch gelegenen Franziskanerklosters. Geöffnet ungefähr vom 20. Juni bis Ende erste Septemberwoche; p.P., Auto, Zelt je etwa 5,50 €. ℅ 981 816148, www.campinglouro.com.

• *Feste* **Nuestra Señora do Carme**, 16. Juli; Fest zu Ehren der Schutzheiligen der Fischer und Seeleute.

• *Baden* Strände finden sich in der Umgebung, z. B. beiderseits des wenige Kilometer südlich gelegenen Kaps Punta Carreiro.

Noia (Noya)

Zu Zeiten der Römer ein bedeutender, mittlerweile versandeter Hafen, bewahrt das Städtchen im Ortskern ein reiches mittelalterliches Erbe aus Adelspalästen, kaum einen Meter breiten Pflastergassen und mehreren bedeutenden Kirchen wie der *Iglesia San Martín* (15. Jh.). Besonders faszinierend ist der Friedhof der Kirche Santa María, der Hunderte von uralten Grabplatten mit geheimnisvollen Zeichen birgt.

• *Übernachten* * **Hostal Elisardo**, nahe der Alameda. Die Zimmer sind recht neu, hell und sauber, das Haus allerdings nicht immer ganz ruhig. Das angeschlossene Restaurant wurde gelobt. DZ/Bad nach Saison gut 35–45 €. Rúa Costa do Ferrador bzw. Rúa General Franco 12, ℅ 981 820130.

* **Hostal Rest. Costiña**, eine Leserempfehlung von J. Gonzalez: „Neue Pension, etwas weit weg, aber mit einem tollen Preis-Leistungs-Verhältnis". DZ/F 35–45 €. Obre de Arriba 7, ℅ 981 820900.

• *Camping* **Camping Punta Batuda**, 1. Kat., schon im Gemeindegebiet von Porto do Son, etwa sechs Kilometer südlich von Noia. Gut ausgestattetes, strandnahes Wiesengelände in schöner Lage oberhalb der Felsküste; Swimmingpool. Preise saisonabhängig p.P., Auto, Zelt je etwa 5,50 €. Offiziell ganzjährig geöffnet, außerhalb der Saison besser anrufen: ℅ 981 766542, www.puntabatuda.com.

▶ **Castro de Baroña:** Etwa 20 Kilometer hinter Noia und fünf Kilometer hinter dem Städtchen Porto do Son liegen bei Baroña die eindrucksvollen Reste der Rundhütten eines Keltendorfes. Lange Strände ziehen sich von hier fast ununterbrochen bis zum *Cabo Corrubedo* und jenseits bis Ribeira (Santa Eugenia), teilweise über Pisten von der Hauptstraße aus zugänglich.

▶ **Parque Natural de Corrubedo:** Südlich der Nebenstraße, die die C 550 mit dem Örtchen Corrubedo am gleichnamigen Kap verbindet, erstreckt sich ein ausgedehntes System von Dünen und Lagunen, das als Naturpark unter besonderen Schutz gestellt wurde. Die weitaus höchste, schön geschwungene Düne wandert immer noch und ist deshalb als „Duna viva" (lebende Düne) bekannt.

• *Information/Öffnungszeiten* **Centro de Recepción C.I.E.L.G.A.** mit Parkplatz und Cafetería, Hinweisschild an der CP 7302 zwischen Carreira (3,5 km westlich von Ribeira) und Artes, die etwa an der Ostgrenze des Parks entlang läuft (also *nicht* von der AC 303 zwischen Ribeira und Corrubedo bzw. der C 550 von Ribeira nach Noia!). Sehr genaue Auskünfte, Übersichtskarte, Wegbeschreibungen. Geöffnet tgl. (auch im Winter) 10–13.30, 16–19 Uhr.

• *Übernachten* **Hotel As Dunas**, ein Lesertipp von Brigitte Sattlegger: „Entzückendes Hotel in der Nähe der Dünen von Corrubedo, am Ende einer Sackgasse, die noch nicht asphaltiert war. Von der Straße zwischen Porto do Son und Ribeira gibt es bei der Abzweigung nach Olveira Hinweisschilder. Die Besitzer haben lange in England gelebt, sprechen also perfekt Englisch. Sie waren sehr freundlich um ihre Gäste bemüht. Das Haus ist im englischen Cottage-Stil erbaut, die Zimmer sind großzügig und freundlich eingerichtet." Inzwischen ist die Zufahrt asphaltiert, die Aufnahme ist so herzlich, der Aufenthalt so angenehm wie im Lesertipp beschrieben, und man findet das Hotel, wenn man in Oleiros die AC 303 in Richtung Corrubedo nimmt und nach ca. 2,5 km den Schildern folgt. Das DZ/Bad kos-

Die „lebende Düne": Duna viva im Naturpark Corrubedo

tet inkl. Frühstück ca. 45–60 €. Lugar Bretal-Olveira 138 (Ribeira), ✆ 981 865185, ✉ 981 835903.

• *Camping* **Las Dunas**, 3. Kat., nicht weit von der Zufahrt zum Schutzgebiet, ein paar hundert Meter landeinwärts der Straße Richtung Kap Corrubedo. Gepflegte Sanitärs. Mit Einkaufsmöglichkeit und Cafeteria, in diesem abgelegenen Gebiet nicht ganz unwichtig. Nur von Mitte Juni bis Mitte September geöffnet, Preise p.P., Auto, Zelt jeweils knapp 5 €. ✆ 981 868009.

Ría de Arousa

Die größte und gleichzeitig touristisch am stärksten entwickelte der Rías Bajas, in einigen Gebieten unschön zersiedelt.

Hauptanziehungspunkte für die meist spanischen Gäste sind die Halbinsel von O Grove und die nahe, durch eine Straße verbundene „Millionärsinsel" La Toja. *Ribeira* (Riviera), auch als Santa Eugenia bekannt und am nordwestlichen Rand der Ría gelegen, ist hingegen in erster Linie ein großer Fischereihafen.

Padrón

Das Städtchen an der N 550, etwa 20 Kilometer südlich von Santiago de Compostela, war als *Iria Flavia* die Hauptstadt des römischen Galicien; hier soll das Engelsschiff mit den Reliquien des Heiligen Jakob gelandet sein, weshalb viele Pilger die Wallfahrt bis hierher verlängerten. Padrón ist auch als Geburtsort der Dichterin Rosalía de Castro bekannt, deren unweit des Bahnhofs gelegenes Haus besichtigt werden kann (Mo geschlossen, Anruf erbeten: ✆ 981 811204), ebenso durch seine spanienweit bekannten Paprikaschoten „pinientos de Padrón", die am ersten Samstag im August bei der „Festa do Pemento" die Hauptrolle spielen.

802 Galicien

- *Verbindungen* **Zug**: Bahnhof der recht häufig bedienten Linie Santiago-Vigo östlich etwas außerhalb des Zentrums, nahe der Casa Museo von Rosalía de Castro.
Bus: Bushaltestelle etwas außerhalb in Richtung Iria Flavia; Castromil fährt nach Santiago, Pontevedra, Vigo und Ribeira tagsüber etwa stündlich, A Coruña 6-mal, Noia 4-mal, Cambados 5-mal täglich.
- *Übernachten/Essen* ** **Hotel Res. Rivera**, vor einigen Jahren vom Hostal zum Hotel hochgestuft, mit Garage. DZ/Bad nach Saison etwa 45–80 €. Angeschlossen das sehr gute, aber nicht ganz billige Restaurant „Chef Rivera" (à la carte ab ca. 30 €, So abds. und Mo zu, ausgenommen August). Enlace Parque 7, ✆ 981 810523, ✉ 981 811454.
- *Feste* **Semana Santa/Corpus Cristi**, Osterwoche und Fronleichnam, jeweils mit berühmten Feierlichkeiten.
Festa do Pemento, Fest der Pfefferschoten am ersten Samstag im August.

▶ **Villagarcía de Arousa** besitzt einen sehr großen Fischerei- und Handelshafen, der das Städtchen teilweise vom Meer abschneidet. Außer mit einer schönen Promenade und einigen Adelspalästen beeindruckt der überwiegend neuzeitlich geprägte Ort wenig.
- *Übernachten/Essen* **** **Hotel Pazo O Rial**, nobles und stilvolles Quartier in einem umgebauten Palast des 17. Jh.; mit Swimmingpool. Das zugehörige Restaurant ist auch optisch ein Traum. DZ/Bad etwa 105–140 €. O Rial 1, Villajuán, etwas außerhalb in Richtung Cambados; ✆ 986 507011, ✉ 986 501676, www.pazorial.com.

▶ **Illa de Arousa**: Die Insel ist mit dem Festland durch eine gut zwei Kilometer lange Brücke verbunden. Wer nur ein wenig außerhalb der Saison kommt, hat die teilweise unter Naturschutz gestellte Insel und ihre Strände fast für sich, von den wenigen Einwohnern des kleinen Fischerorts gleichen Namens einmal abgesehen.
- *Übernachten* **Jugendherberge Albergue Juvenil As Sinas**, nicht direkt auf der Insel, sondern bei Vilanova de Arousa. Am Strand Playa de Sinas, zum Wasser nur ein Katzensprung. Nur Juni bis September geöffnet, ✆ 986 554081 oder 986 554455.
- *Camping* **Salinas** (2. Kat.), einfacher Platz in Strandnähe direkt auf der Insel, Anfahrt nach der Brücke links über einen Feldweg. Offiziell von Juni bis September geöffnet, schließt aber oft schon früher. Preise p.P. 5 €, Auto, Zelt je 4,50 €. ✆ 986 527444.

Zur Nebensaison einsam: Strand auf der Illa de Arousa

Cambados

Das Hafenstädtchen ist der Mittelpunkt der Albariñoregion, die den besten Wein Galiciens liefert: *La Capital de Albariño* nennt sich Cambados deshalb gern, besitzt auch die entsprechende Anzahl an Weinhandlungen. Vom Wein abgesehen, glänzt Cambados auch durch sein hübsches Ortsbild; auffallend ist die große Zahl an Palästen, die in Galicien *pazos* genannt werden. Strände besitzt Cambados allerdings nicht.

- *Information* **Oficina de Turismo**, Kiosk an der ufernahen, zentralen Praza do Concello s/n, ✆ 986 520786, Öffnungszeiten (Sommer) 10–14, 16.30–20.30 Uhr.
- *Verbindungen* **Busstation** nahe der Infostelle; mit MONBUS von/nach Pontevedra bis zu 20-mal, von/nach Santiago 4-mal täglich.
- *Übernachten* *** **Parador El Albariño**, im hübschen Palast „Pazo de Bazán" nahe der Praza do Concello, der bis ins 17. Jh. zurückgeht; mit Swimmingpool. Standard-DZ kosten nach Saison etwa 140–190 €. Rúa Principe 1, ✆ 986 542250, ✆ 986 542068, www.parador.es.
- * **Hostal Res. Pazos Feijóo**, in einer Parallelstraße zur Ufer-Avenida, fast direkt an der zentralen Praza do Concello (Infostelle). Angenehme Zimmer, DZ/Bad zur NS preisgünstige 25 €, von Juni bis September ca. 45 €. Rúa Curros Enriquez 1, ✆ 986 542810.
- *Feste* **Fiesta del Vino Albariño**, Weinfest am ersten Sonntag im August.

O Grove

Der Hauptort der Halbinsel ist eines der Touristenzentren Galiciens, mit der entsprechenden Auswahl an Hotels und Hostals.

Wichtigste Attraktion der kleinen Halbinsel von O Grove sind die weit ausgedehnten Strände der Halbinsel, deren Spitzenreiter die kilometerlange *Praia da Lanzada* westlich der Landenge darstellt. Trotz der Besucherscharen zur spanischen Saison lässt es sich in O Grove ganz gut aushalten – so völlig verbaut, wie man annehmen sollte, ist der Ort gar nicht. Etwas außerhalb liegt im Nordwesten der Halbinsel, direkt neben dem Camping Moreiras, das 1997 eröffnete *Aquariumgalicia* (10–21 Uhr, 9 €) mit zahlreichen Becken, die die verschiedenen galicischen Küstenabschnitte nachbilden.

- *Information* **Oficina de Turismo**, ein kleines Steinhaus am Hafen, Praza do Corgo 1; ✆ 986 731415. Geöffnet nur von Anfang Juli bis zum Ende der Festa do Marisco im Oktober, Mo–Sa 10–14, 17–21 Uhr, So 11–14 Uhr.
- *Verbindungen* **Bus/Schiff**: MONBUS fährt ab dem gemeinsamen Terminal vor Bus und Ausflugsschiffen (div. Angebote, z.B. Rundfahrt in der Ría de Arousa ca. 13 €) am Hafen nach Pontevedra, im Sommer mindestens stündlich (bis 20-mal tgl.), sonst eingeschränkter. Busse nach Villagarcía 8-mal, nach Vigo 4-mal, Santiago 4x täglich. Im Juli/August gibt es auch einen Busservice zu den Stränden.
- *Übernachten* Die Mehrzahl der Unterkünfte ist nur von Juni bis September geöffnet.
- ***** **Gran Hotel Hespería La Toja**, stilvoller Klassiker der Mini-Insel, mit allen Annehmlichkeiten, schön gelegenem Pool und angeschlossenem Thermalbad. Ganzjährig geöffnet, der Ausstattung entsprechendes Preisniveau: DZ rund 155 €, über Ostern sowie im Juli und August 260 €. A Toxa, ✆ 986 730025, ✆ 986 730026, www.granhotelhesperia-latoja.com.
- *** **Hotel La Noyesa**, an einer kleinen, leider manchmal etwas verkehrsgeplagten Plaza im Zentrum; Parkgarage in der Nähe. Ganzjährig geöffnet, DZ mit obligatorischem Frühstück etwa 50–70 €. Praza de Arriba 5, ✆ 986 730923, h.noyesa@hotmail.com.
- * **Hostal Casa Campaña**, an der Hauptstraße im Ort. Kürzlich teilrenoviert; Die geräumigen DZ/Bad für etwa 40–55 € bieten gutes Gegenwert fürs Geld. Ganzjährig geöffnet. Avenida de Castelao 60, ✆ 986 730919, ✆ 986 732277, info@hotelcampana.com.

- *Camping* **Moreiras**, 2. Kat., ortsnächster Platz, im Nordwesten der Halbinsel, etwa 3,5 Kilometer von O Grove und direkt neben dem Aquarium. Sehr ordentlicher, schattiger Platz, ein größerer Sandstrand nahebei. Berühmt für tolle Sonnenuntergänge, prima Aussicht von der Terrasse des Bar-Restaurants. Ganzjährig geöffnet; p.P., Auto, Zelt je 5,50 €. Ctra. O Grove-San Vicente, ✆ 986 713691.

Muiñeira, 2. Kat., einer der zahlreichen Plätze an der Südseite der Halbinsel. Schöne Lage oberhalb der Praia da Lanzada, Schatten allerdings rar. Ganzjährig geöffnet, p.P., 5,50 €, Zelt 7,50 €, Auto 4,50 €. ✆ 986 738404.

- *Essen* **Rest. Finisterre**, am Hauptplatz, Nähe Rathaus. Von außen unscheinbar, aber berühmt für Meeresfrüchte. Üppiges Menü à la carte ab etwa 25 €, Meersfrüchteplatte für zwei mit wirklich allem, was dazugehört (auch *centolla*/Meerspinne) samt gutem Weißwein ca. 40 €. Pl. del Corgo 2-B.

Comidas el Alemán, in der Hauptstraße. Der Eigentümer ist tatsächlich ein Deutscher, der schon vor langer Zeit ausgewandert ist, das Lokal aber so spanisch, wie es nur sein kann. Sehr solides und preisgünstiges Tagesmenü 12 €, freundlicher Service. Rúa Castelao 70.

- *Feste* **Nuestra Señora do Carme**, 16. Juli, zu Ehren der maritimen Schutzheiligen.

Nuestra Señora da Lanzada, Wallfahrt zum Lanzadastrand am letzten Augustsamstag. Um Mitternacht oder bei Morgengrauen nehmen die Frauen das fruchtbarkeitsfördernde „Bad der neun Wellen" (Baño de las nuevas olas).

Festa do Marisco, in der ersten Oktoberhälfte. Das Fest der Meeresfrüchte, die in Riesenmengen verspeist werden, bildet nur den Höhepunkt einer etwa einwöchigen Fiesta, zu der Verkaufsstände, Folkloretänze etc. gehören.

▶ **A Toxa (La Toja)**: Die Insel, mit O Grove durch eine Brücke verbunden, ist ein Spielwiese für Millionäre. Teure Hotels, Tennisplätze, Golfplatz, Casino, Kurbad... Normalbürger dürfen sie allerdings auch betreten und sich an den Parkanlagen, am Blumenschmuck und an der kuriosen, über und über mit Jakobsmuscheln dekorierten kleinen Kirche freuen.

Ría de Pontevedra

Hauptanziehungspunkt dieser Ría ist die alte Stadt Pontevedra selbst.

Die nördliche Küste zeigt sich, besonders zwischen Portonovo und Sanxenxo, dagegen kräftig verbaut. Stopps auf der Strecke von O Grove nach Pontevedra lohnen entweder an den reizvollen Stränden noch vor Portonovo oder in Combarro, einem kleinen Nest, das mit pittoreskem Ortskern und Hórreos am Meer nicht nur Fotografen entzückt.

Pontevedra

Obwohl an Größe und wirtschaftlicher Bedeutung vom nahen, weit geschäftigeren Vigo überflügelt, ist Pontevedra die Hauptstadt der südwestlichen Provinz Galiciens.

Auf den ersten Blick scheint Pontevedra eine modernes, lebendiges, aber eher belangloses Städtchen zu sein. Von einer ganz anderen Seite zeigt sich jedoch die Altstadt, die an die mittelalterliche Blüte Pontevedras als Hafen erinnert. Alles ist bildhübsch herausgeputzt, viele der grauen Granitfassaden wirken wie frisch geschrubbt; Steinhäuser, Torbögen, Arkaden, urige Kneipen und lauschige kleine Plätze mit den typischen *cruceiros* bilden ein malerisches Ensemble.

Orientierung: Die Südgrenze der Innenstadt markieren die *Avda. Reina Victoria*, mit großen Grünanlagen, und ihre östliche Verlängerung *Avda. Augusto*. Die beiden wichtigsten Plätze, die gleichzeitig die Grenze zur Altstadt bilden, liegen weiter nördlich, Richtung Fluss: *Plaza de España* und *Plaza de la Peregrina*.

Pontevedra

Information/Verbindungen

- *Information* **Oficina de Turismo**, Rúa General Gutiérrez Mellado 1, eine südliche Seitenstraße der Rúa Micheleña, die die beiden Hauptplätze verbindet, in einer Passage; ✆ 986 850814, ✉ 986 848123. Öffnungszeiten im Sommer täglich 9.30–14, 16–20 Uhr; im Winter Mo–Fr 9.30–14, 16–18.30 Uhr, Sa 10–14 Uhr.
- *Verbindungen* Bahnhof (Info-✆ der Renfe: 902 240202) und Busbahnhof (Info: ✆ 986 8524 08) unweit voneinander am Ende der Rúa Calvo Sotelo, etwa einen Kilometer südöstlich der Innenstadt. „Líneas Pontevedresas" fahren halbstündlich zur Plaza España.

Zug: Nach Santiago, A Coruña und Vigo tagsüber jeweils etwa stündliche Verbindungen.

Bus: CASTROMIL nach Vigo stündlich, zu Stoßzeiten halbstündlich, Santiago etwa stündlich, A Coruña 9–10-mal täglich, Muros und Noia bis 8-mal tgl. MONBUS nach Villagarcía stündlich. Nach O Grove mit MONBUS im Sommer bis 20-mal tgl., teilweise über den Lanzada-Strand, außerhalb der Saison seltener.

Übernachten/Essen/Feste

- *Hotels* *** **Parador Casa del Barón**, in einem historischen Palast der Altstadt, errichtet im 16. Jh. und in regionalem Stil möbliert. Parkplätze vorhanden. Standard-DZ nach Saison etwa 140–160 €. Calle Barón 19, ✆ 986 855800, ✉ 986 852195, www.parador.es.
- * **Hotel Res. Rúas**, architektonisch angepasster Neubau nahe der schönen Altstadtplaza Leña. In seiner Klasse ein sehr empfehlenswertes Quartier. DZ nach Saison etwa 45–60 €. Calle Sarmiento 37, ✆ 986 846416, ✉ 986 86411. hotelruas@terra.es.
- * **Pensión Casa Maruja**, fast direkt an der Plaza España. Gute Zimmer; zur Saison Reservierung ratsam. DZ, je nach Saison und Ausstattung, etwa 25–40 €. Avenida Santa María 2, ✆ 986 854901. In der Umgebung noch weitere Pensionen, z. B. „Casa Alicia", Avenida Santa María 5, mit ebenfalls recht ordentlichen Zimmern.
- * **Pensión Florida**, südöstlich nahe der Altstadt. Neun angenehme Zimmer, drei Bäder; freundliche Leitung. DZ 25–35 €. Calle de García Camba 3, bei „Habitaciones" klingeln oder in der Konditorei fragen; ✆ 986 851979.
- *Essen* Zwischen Plaza Peregrina und der Altstadtplaza Leña viele urige Tapabars, be-

Nachschub für die Restaurants von Pontevedra: Ernte von Meeresfrüchten

sonders in den Calles Figuieroa und Pasantería.

Rest. Alameda Doña Antonia, im südlichen Altstadtbereich. Eines der Top-Restaurants von Pontevedra, Menü à la carte ab etwa 40 €. Rúa Soportales de la Herrería 4 an der Praza de Herrería, im 1. Stock, kein Schild, Eingang leicht zu übersehen! ✆ 986 847274; So ab 15.30 Uhr geschlossen.

Bar-Rest. Rianxo, direkt an der Plaza de la Leña. Gemütliches Lokal, Speisesaal im ersten Stock, einige wenige Tische auch im Freien. Gutes und recht preiswertes Essen, Menü à la carte ab etwa 15 € aufwärts.

Tapería Asador La Azienda del Vino, schicke neue Bar-Tapería mit gehobenem Menü (11 €), super Weinauswahl. Edler Raum in Blau, Schwarz und Granitgrau, Gäste der Marke „beautiful people". Rúa da Alhondiga s/n (1).

- *Feste* **Fiesta de la Peregrina**, um den 2. Sonntag im August, Fest der Provinzpatronin.

Sehenswertes

Ruinas Santo Domingo: Noch südlich der Altstadt; Nähe Infostelle. Die imposanten Ruinen der Kirche des 14. Jh. bilden einen merkwürdigen Kontrast zu den Parks und modernen Bauten der Umgebung.

Plaza de la Peregrina: Hier fällt besonders die ungewöhnliche Form der schmalen, nach außen gewölbten Barockfassade der *Iglesia de la Peregrina* (18. Jh.) ins Auge. Gleich hinter der Plaza Peregrina steht die *Iglesia San Francisco*, ein großer gotischer Bau aus dem 14. Jh., dessen Hauptportal noch von der Vorgängerin des 13. Jh. stammt.

Plaza de la Leña: Mit Arkadenbögen, historischen Steinhäusern und einem *cruceiro* in der Mitte ist die kleine Plaza de la Leña der fotogene Paradeplatz der Altstadt, seit über zweihundert Jahren völlig unverändert geblieben.

Museo Provincial: Im Osten der Plaza de la Leña, Eingang an der Calle Pasantería. Ein ganzer Museumskomplex: Ausstellung archäologischer Funde (Keltenschatz), Gemälde spanischer Meister, die Nachbildung einer Admiralskajüte etc.

Öffnungszeiten Juni bis Oktober Di–Sa 10–14, 17–20.45 Uhr, So 11–14 Uhr; in den übrigen Monaten Di–Sa 10–14, 16.–19 Uhr, So 11–14 Uhr; Eintritt für EU-Bürger frei.

Península de Morrazzo

Die Halbinsel von Morrazzo schiebt sich zwischen die Rías von Pontevedra und Vigo. Hinter Pontevedra wird die Küste erst nach dem Militärhafen *Marín* einigermaßen interessant; eine Reihe kleiner, aber feiner Strände findet sich um *Bueu*. Jenseits des Cabo de Home gehen die Ortschaften dann fast ineinander über. Die angenehmsten und relativ ruhigsten Fleckchen liegen um das Cabo de Home selbst, z. B. der Dünenstrand bei der kleinen Streusiedlung *Nerga*.

Ría de Vigo

Auf einer gigantischen Brücke überquert die Autobahn Pontevedra-Vigo den Ausläufer dieser südlichsten Ría. Spätestens hier sieht man die Aufbauten der typischen, *Viveros* oder *Bateas* genannten Muschelbänke aus dem Wasser ragen.

Vigo

Mit etwa 300.000 Einwohnern Galiciens größte Stadt und der bedeutendste Fischereihafen Spaniens. Vigo ist keine Schönheit.

Hochhausbezirke und ausgedehnte Industrieanlagen, die Fischkonserven und Autos produzieren, prägen das Bild. Auf der anderen Seite stehen die hübsche Lage der Stadt, ihr vitales Nachtleben und die zahlreichen Restaurants im alten Fischerviertel *Berbés*.

Orientierung: Einen guten Überblick über Vigo und die Ría genießt man vom *Castillo del Castro* im gleichnamigen Stadtpark in Fußentfernung vom Meer. Die Hauptstraße *Calle Urzaiz* läuft vom Süden kommend auf den Hafen zu, verwandelt sich dann in die Fußgänger- und Einkaufszone *Calle Principe* und endet im Gassengewirr des Hafengebiets. Schräg rechts dahinter liegt der Fährhafen *Estación Marítima*, schräg links das Fischerviertel.

Reiches Angebot: Vigos Austerngasse Rúa de Pescadería

- *Information* **Oficina de Turismo de la Xunta**, Rúa Canovas del Castillo 22, an der Hafenstraße vor der Estación Marítima; ✆ 986 430577. Öffnungszeiten: Mo–Fr 9.30–14, 16.30–18.30 Uhr, Sa 10–12 Uhr, an Wochenenden im Juli und August 10–14, 16.30–19.30 Uhr.

Oficina Municipal de Turismo, Praza Pedra s/n, ✆ 986 224757 oder ✆ 986 430577; zwei Blocks landeinwärts der Hafenstraße im Gebiet des Marktes La Piedra (A Pedra). Öffnungszeiten: Mo–Sa 10–14, 16–19.30 Uhr.

- *Verbindungen* **Auto**: Am besten in einer Tiefgarage parken – die Rate an Fahrzeugeinbrüchen ist für nordspanische Verhältnisse äußerst hoch.

Flug: Aeropuerto de Vigo (Info: ✆ 986 487409) etwa zehn Kilometer östlich. Busverbindung mit Nummer R 9 ab der Calle Urzaiz.

Zug: Bahnhof (Info-✆ der Renfe: 902 240202) an der Plaza Estación in der Neustadt, am Ende der Rúa Urzaiz und in gestreckter Fußentfernung zum Hafen. Nach Pontevedra, Santiago und A Coruña tagsüber etwa stündlich, nach Ourense 7-mal täglich.

Bus: Busbahnhof weit im Süden; Stadtbus Nummer R 4 ins Zentrum. Verbindungen mit ATSA nach Baiona und Tui/A Guarda zur Saison jeweils etwa halbstündlich; CASTROMIL nach Pontevedra halbstündlich, Santiago stündlich, nach A Coruña 10-mal täglich; MONBUS nach Pontevedra halbstündlich, nach O Grove und Cambados stündlich, GOMEZ DE CASTRO nach Lugo 7-mal tgl., AUTO INDUSTRIAL nach Ourense 7-mal. Weitere Verbindungen, jeweils 1- bis 3-mal täglich: ALSA nach Bilbao und Irún, VIBASA nach Burgos, Vitoria, Bilbao und Donostia (San Sebastián), AUTO RES fährt 6-mal täglich nach Madrid. Info ✆ 986 373411.

Schiff: NAVIERA MAR DE ONS unterhält Fährverbindungen zu den Islas Cíes (siehe unten) und den Hafenorten der Ría. Informationen in der kleinen Estación de Ría, ein paar hundert Meter südöstlich der Estación Marítima.

- *Adressen* **Honorarkonsulat der Bundesrepublik Deutschland**, Avenida Gran Vía 170, ✆/✆ 986 123149, hkvigo@mundo-r.com.

Post: Plaza de Compostela 3, in der Neustadt südöstlich des Hafenviertels, Öffnungszeiten: Mo–Fr 8.30–20.30 Uhr, Sa 9–14 Uhr.

Internet-Zugang: Ciber-Station, Praza Constitución 3.

- *Übernachten* *** **Hotel Ipanema**, solide Mittelklasse in guter Lage im Einkaufsviertel, nicht weit vom Bahnhof, mit Garage und Parkplätzen. DZ rund 90–110 €, an Wochenenden oft Spezialtarife. Rúa Concepción Arenal 5, ✆ 986 227820, ✆ 986 439871.

** **Hostal Res. Puerta del Sol**, in zentraler Lage, südlich unweit des Hafenviertels. Durchgehend renoviert, hotelähnlicher Komfort, Tiefgarage vor der Tür. DZ/Bad nach Saison etwa 60–70 €. Porta do Sol 14, ℅ 986 222364, ℅ 227153.

** **Hostal Atlántico**, saubere, brauchbare Zimmer (Bad, TV) in einem 60-Zimmer-Hostal nahe der Altstadt ohne die sonst altstadtübliche Lärmbelästigung am Wochenende, Zimmer im 5. und 6. Stock mit verglaster Front, Cafetería im Erdgeschoss. DZ mit Bad ca. 65–80 €, Garage ca. 7–10 €. Avda. García Barbón 35, ℅ 986 220530, ℅ 221654.

• *Camping* **Playa Samil** (2. Kat.), etwa 7 Kilometer südlich, bei der Praia de Samil, dem Hausstrand von Vigo; Busverbindung. Geöffnet April–September, p.P., Zelt je etwa 4,50 €, Auto 5 €, ℅ 986 240210. Eine Alternative, mit ebenfalls guter Busverbindung nach Vigo versehen, ist der Platz von Baiona, siehe dort.

• *Essen* **Rúa de Pescadería**: Die kleine Parallelgasse zum Hafen, direkt hinter dem Hotelklotz Bahia del Vigo, ist mit zahlreichen spezialisierten Lokalen die beste Adresse für Liebhaber von Fisch, Meeresfrüchten und Tapas. Mittags bis etwa gegen 15 Uhr verkaufen Fischerinnen an wuchtigen Granit-Tischen frische Austern im Dutzend zum Direktschlürfen.

• *Nachtleben* Das Viertel **Arenal**, hafennah östlich der Estación Marítima gelegen, beherbergt eine ganze Reihe Bars und Discos meist Marke „postmodern". Betrieb herrscht hier allerdings erst ab frühestens Mitternacht; vorher ist das **Hafenviertel** (Rúa de Pescadería, Berbés) die bessere Adresse. Im Sommer verlagert sich ein Teil des Nachtlebens in die Strandvororte im Süden.

Museo del Mar: Das 2002 eröffnete Meeresmuseum von Vigo steht direkt am Meer und wirkt als Gesamtkomplex wie eine Gruppe von typischen Hafenlagerhäusern, die vor einer Mole mit Leuchtturm auf Handelswaren warten. Nichts davon stimmt, die beiden Architekten Saldo Rossi und César Portela zitieren in ihrer Architektur, rufen Assoziationen hervor (tatsächlich handelte es sich bei dem bereits vorher bestehenden Gebäude um einen Schlachthof). Die Meeresrouten von und nach Vigo, die Schifffahrt in den Rías, aber auch die Religiosität der Seeleute sind Themen der ständigen Ausstellungen. Immer wieder finden Sonderausstellungen statt.

Öffnungszeiten/Lage Sommer Di–So 10–14, 17–21/22 (Fr 23.30) Uhr, Winter Di–Do 11–20, Fr 11–23.30, So/Fei 10–21 Uhr, Eintritt 5 €; Infos ℅ 986 247750. Das Museum steht an der Avda. Atlantida 160 an der Praia de Alcabre westlich der Altstadt.

Umgebung

Richtung Süden beginnt mit dem etwa sieben Kilometer entfernten „Hausstrand" Praia de Samil eine ganze Reihe von Stränden.

Islas Ciés/Parque Nacional de las Islas Atlánticas: Wegen ihrer hohen ökologischen Bedeutung wurden die Islas Ciés, drei Inselchen in der Ría de Vigo, zusammen mit der Inselgruppe des Archipiélago de Ons und der noch weiter nördlich gelegenen Isla de Sálvora, im Frühjahr 2002 als Nationalpark Parque Nacional de las Islas Atlánticas ausgewiesen. Die Cíes-Gruppe besteht aus drei Inseln, deren kleinste als Vogelreservat für den Publikumsverkehr gesperrt ist. Die beiden größeren, miteinander durch eine Sandbank verbundenen Inseln Isla de Monte Agudo und Isla de Faro dürfen jedoch betreten werden – und belohnen die Überfahrt mit bildschönen Sandstränden. Außer einem Campingplatz gibt es allerdings keinerlei Übernachtungsmöglichkeiten.

• *Fähren* Betriebszeit nur von etwa Mitte Juni bis Ende September, ab Ende August variabel je nach Wetterlage. Abfahrten bei der Estación de Ría, südöstlich unweit der großen Estación Marítima. Zugangsbeschränkung auf 2000 Personen pro Tag; zur Saison also besser früh am Morgen kommen oder im Fährgebäude reservieren, ℅ 986 225272. Abfahrten mehrmals täglich, hin und zurück ca. 17 €, Mitnahme von Fahrzeugen nicht möglich.

• *Camping* **Islas Ciés**, 3. Kat., 800 Plätze,

mit Restaurant und teurem Laden – es kann wohl nicht schaden, etwas Verpflegung mitzubringen. Grundsätzlich ist es auch ratsam, schon in der Estación de Ría am Schalter „Información Camping" zu reservieren. Zusammen mit dem Fährticket erhält man eine Art Wertmünze, die auf den Aufenthalt angerechnet wird. Preise p.P., Zelt jeweils etwa 7,50 €; ✆ 986 438358, ✉ 986 447204.

Badeort mit Burg: Baiona

Baiona (Bayona)

Eine weit geschwungene Strandbucht, die auf ein malerisches Kastell ausläuft, jedoch durch eine Linie mehrstöckiger Apartmentblocks optisch beeinträchtigt wird: Auf den ersten Blick wirkt Baiona nicht allzu anziehend. Dass das Städtchen nicht erst vor zehn Jahren erbaut wurde, sondern aus dem Mittelalter stammt, merkt man erst eine Parallelstraße landeinwärts. Die enge Hauptstraße *Calle Ventura Misa* wird von soliden Steinhäusern gerahmt und hat, wie ihre Seitengassen, viel Atmosphäre. Außerhalb der Saison geht es recht ruhig zu. Übrigens erfuhr das Städtchen vor allen anderen von der Existenz des amerikanischen Kontinents: Am 10. März 1493 legte hier die Karavelle „Pinta" an, erstes der Schiffe von Kolumbus, die von der Entdeckungsfahrt zurückkehrten. Das Kastell *Monte Real* aus dem 16. Jh., in dem heute ein Parador untergebracht ist, kann gegen geringe Gebühr besichtigt werden. Von seinen dicken Mauern bietet sich eine schöne Aussicht.

• *Information* **Centro Atención al Turista**, Rúa Ventura Misa 17, an der Hauptgasse, die sich hier zu einem kleinen Platz öffnet; ✆ 986 385055, ✉ 986 385931, www.baiona.org. Geöffnet Mo–Sa 10–15 Uhr, Mo auch 16.30–19.30 Uhr.

Zweigstelle am Paseo de Ribeira s/n, in einem Holzhäuschen am Parkplatz unterhalb der Burg, ✆ 986 687067. Nur von Mitte Juni bis Mitte November geöffnet, dann täglich 10–20 Uhr.

• *Verbindungen* **Bus**: ATSA-Busse fahren halbstündlich nach Vigo sowie 3-mal täglich nach A Guarda.

Schiff: Naviera Mar de Ons fährt im Sommer, je nach Wetterlage von etwa Anfang Juli bis Mitte September, 3- bis 4-mal täglich zu den Islas Cíes.

- *Übernachten* Recht hohes Preisniveau, zur spanischen Feriensaison wird es eng.
**** **Parador Conde de Gondomar**, innerhalb der Kastellmauern, vor einigen Jahren renoviert. Tolle Lage mit fantastischem Blick, paradorüblicher Komfort, Parkmöglichkeit und Garage. DZ etwa 240 €, im Agust nur mit HP. Monterreal, ✆ 986 355000, @ 986 355076, www.parador.es.
** **Hotel Res. Tres Carabelas**, hübsches historisches Haus im Zentrum, gemütliche Zimmer: in seiner Klasse ein sehr empfehlenswertes Quartier. Ganzjährig geöffnet; DZ kosten je nach Saison etwa 45 bis knapp 65 €. Rúa Ventura Misa 61, ✆ 986 355133, @ 986 355921, www.hoteltrescarabelas.com.
* **Hostal Kin**, an der mittelalterlichen Hauptstraße, also relativ frei von Verkehrslärm. Schlichte DZ kosten je nach Ausstattung und Saison etwa 25–35 €. Rúa Ventura Misa 27, ✆ 986 355695. Falls geschlossen, in der Cafeteria Kin nachfragen, Rúa Ventura Misa 53.
- *Camping* **Bayona Playa**, 1. Kat., sehr gut ausgestatteter, recht schattiger Platz in guter Lage am Strand vor dem Ort, gestreckte Fußentfernung ins Zentrum auf einem von der Straße getrennten Fuß- und Radweg, der z. T. durch Marschgebiet verläuft. Schade, dass die Reihe neuer Holzbungalows den früher bestechenden Ausblick nach Westen jetzt fast komplett verstellt. Swimmingpool (gratis), Einkauf, Bar-Restaurant nur zur Hochsaison in Betrieb. Ganzjährig geöffnet, Preise zur HS nicht gerade niedrig: p.P. ca. 6,50 €, Zelt 4 €, Auto 7 €. ✆ 986 350035, @ 986 352952, www.campingbayona.com.
- *Essen* **Rest. O Moscón**, eines der besten Restaurants im Ort. Erste Wahl sind hier die Fischspezialitäten, für ein Essen à la carte sollte man ab etwa 30 € aufwärts rechnen, Tagesmenü 13 €. An der Uferstraße beim Sporthafen, Rúa Alférez Barreiro 2, neben der Plaza Pedro de Castro (Rathausplatz).

Freiduría Jaqueyvi, in einer Seitengasse der Hauptstraße Calle Ventura Misa. Mit niedrigen Holztischen und -stühlen gemütlich eingerichtet, Plätze auch im Freien. Menü etwa 12 €, man kann es auch bei Kleinigkeiten belassen. Rúa San Antonio 3.

Umgebung von Baiona

Zwischen Baiona und dem grenznahen Städtchen *A Guardia* findet sich vorwiegend Felsküste. Im hügeligen Hinterland leben halbwilde Pferde, die im Frühjahr und Sommer bei den spektakulären „Curros" eingefangen werden. Auf dem Berg *Monte Santa Tecla* südlich von A Guardia sind die Reste einer Keltensiedlung und ein kleines Museum (nur März bis November; gratis) zu besichtigen. Die weite Aussicht über die Küstenlinie und auf den Rio Minho stiehlt beiden fast die Schau.

Galicisches Binnenland

Weniger besucht als das Küstengebiet, scheinen sich manche Regionen der Mittelgebirgslandschaft Innergaliciens in den letzten hundert Jahren kaum verändert zu haben.

Entlang des Río Miño

Der längste Fluss Galiciens entspringt weit im Norden der Region, bildet am dicht besiedelten Unterlauf die Grenze zu Portugal und mündet bei A Guardia in den Atlantik.

▶ **Tui (Túy)** ist eine der Grenzstädte. Ein uralter Ort, von Iberern und Römern besiedelt, Residenz der Westgoten, im Mittelalter heftig umkämpfte Grenzfestung zwischen Kastilien und Portugal. Der wehrhaften *Kathedrale* (11./14. Jh.) auf dem Altstadthügel sieht man es sehr wohl an, dass sie auch zur Verteidigung konstruiert wurde.

- *Information* **Oficina de Turismo**, Rúa Colon 2; ✆/@ 986 601789. Öffnungszeiten: Mo–Fr 9– 13.30, 16.30–18.30 Uhr, Sa 10.30–12.30 Uhr; zur Hochsaison erweiterter Zeitplan.

Ourense 811

Als Festung gebaut: die Kathedrale von Tui

- *Verbindungen* Zug: Anschluss an Fernzüge Richtung Ourense ab dem Bahnhof Guillarei, etwa drei Kilometer außerhalb in Richtung Vigo; Verbindungen von/nach Vigo 7-mal täglich.
  Bus: Schneller als der Zug, Haltestelle zudem zentraler an der Hauptstraße Rúa Calvo Sotelo. Mit ATSA etwa stündliche Abfahrten nach A Guarda und Vigo, mit CASTROMIL mehrmals tgl. nach Santiago.
- *Übernachten* *** **Parador San Telmo**, Neubau in traditioneller Architektur und schöner Lage; Swimmingpool. Standard-DZ etwa 140–160 €. Avenida de Portugal s/n, in Grenznähe, ✆ 986 600309, ✆ 986 602163, www.parador.es.
  * **Hostal Generosa**, zentral im Ort, unweit der Bushaltestelle. Herrlich altmodisch – lange Gänge, Holzböden, große Spiegel. Die Bäder sind erfreulicherweise relativ modern. Dank der nahen Grenze immer gut besucht, zur Saison besser anrufen oder früh am Tag kommen. DZ ohne Bad selbst zur HS kaum 25 €! Rúa Calvo Sotelo 37, ✆ 986 600055.
- *Essen* **Rest. Novo Cabalo Furado**, direkt bei Kathedrale und Diözesanmuseum. Von der Einrichtung her nicht besonders ausgefallen, die marktabhängige Regionalküche ist jedoch weithin berühmt. Spezialitäten sind Fisch und Meeresfrüchte, vor allem aber Aal aus dem Miño, eine lokale Besonderheit. Angesichts des Gebotenen nicht einmal teuer: Essen à la carte schon ab etwa 20 €. Praza do Concello s/n, So und in der zweiten Junihälfte geschlossen.
- *Feste* **Fiesta de la Angula del Miño**, am Sonntag nach Ostersonntag. Das kulinarische „Fest des Aals aus dem Río Minho" ist berühmter Bestandteil der einwöchigen Patronatsfeiern zu Ehren des Heiligen Telmo.

▶ **Ribadavia**, ein hübsches Städtchen mit mehreren sehenswerten Kirchen und einem kleinen, aber gut erhaltenen Judenviertel (Barrio Judio), liegt schon in der Provinz Ourense. Ribadavia ist Hauptort des bekannten Weinbaugebietes Ribeira.

- *Information* **Servicio Municipal de Turismo**, Praza Maior 7, ✆ 988 471275, www.ribadavia.com. Engagiertes Büro am Hauptplatz; Öffnungszeiten von Juni bis September Mo–Sa 9–14.30, 17–20 Uhr, So 10.30–14.30, 17–19 Uhr, im restlichen Jahr Mo–Sa 10.30–14.30, 16–18.30 Uhr, So 10.30–15 Uhr.
- *Verbindungen* Zug: Bahnhof der Linie Ourense-Vigo knapp außerhalb des Zentrums, Anschlüsse jeweils 5-mal täglich.
  Bus: Busstation noch etwas zentraler als der Bahnhof an der Brücke Ponte San Francisco. AUTO INDUSTRIAL fährt mehrmals täglich nach Vigo und Ourense.

- *Übernachten/Essen* Quartiere sind rar.
- **Hostal Plaza**, zentrales und angenehmes Quartier direkt an der Hauptplaza. DZ/Bad knapp 35 €, zur NS noch etwas günstiger. Das angeschlossene (bürgerliche) Restaurant genießt ebenfalls guten Ruf und ist dabei alles andere als teuer – Tagesmenü 9 €. Praza Maior 15, ✆ 988 470576.
- *Camping* **Leiro**, 1. Kat., beim gleichnamigen Ort etwa zehn Kilometer nordwestlich von Ribadavia. Recht groß und gut ausgestattet, das zugehörige Restaurant gilt als eins der besten in der Umgebung. Offiziell ganzjährig geöffnet, p.P., Auto, Zelt je etwa 4 €. ✆ 988 488036.
- *Feste* **Feria del Exaltación del Vino Ribeiro**, berühmtes Weinfest an wechselnden Terminen Ende April/Anfang Mai.

Festa da Istoria, mittelalterliches Fest an wechselnden Terminen, in der Regel an einem Samstag Ende August oder Anfang September. Mehr als zehntausend Einwohner kleiden sich in Kostüme des 16. Jh., mittelalterliche Musik und Reiterspiele.

Fiesta del Portal: Fest der Stadtpatronin, gleichzeitig auch der Weinernte; mehrere Tage ab dem 7. September.

Ourense (Orense)

Hochhausschluchten und ausgedehnte Geschäftsviertel prägen das Bild der Provinzhauptstadt, die schon zu Römerzeiten besiedelt war.

Sie verbergen eine kleine Altstadt, deren steil ansteigende Gässchen zum Herzen Ourenses führen, der Kathedrale *San Martín*. Wer sich für Kirchenbauten nicht sonderlich begeistern kann, wird sich stattdessen vielleicht über die lebhafte Atmosphäre der Stadt freuen können – Ausnahme ist wie immer im Inland der August, wenn die halbe Einwohnerschaft am Meer weilt.

- *Information* **Oficina de Turismo**, Caseta do Legoeiro, Ponte Vella, Info der Xunta in einem kleinen Häuschen an der alten Flussbrücke, nur sehr allgemeine Infos zu Galicien; ✆ 988 372020. Geöffnet Mo–Fr 9–14, 16.30–18.30 Uhr.

Padroado Provincial, Info der Provinz Ourense, auch Detailinfos, effizient, Mo–Fr 8.30–14.30 Uhr, Rúa de Progreso 28, ✆ 988 391085, www.turismourense.com.

Oficinado Municipal Turismo, städtische Info, Mo–Fr 10–14, 17–19 Uhr, Sa/So/Fei 12–14 Uhr, Rúa Burgas 12, neben dem Brunnen As Burgas, ✆ 988 366064.

- *Verbindungen* **Zug**: Bahnhof (Info-✆ der Renfe: ✆ 902 240202) jenseits des Río Minho, in die Stadt über die „Römerbrücke" Puente Romano. Wichtiger Knotenpunkt für Fernzüge; innerhalb Galiciens nach Vigo 6-mal, Santiago 3–5-mal, A Coruña 2-mal täglich. Züge nach León ebenfalls 2-mal täglich.

Bus: Busbahnhof (✆ 988 21602) weit außerhalb des Zentrums an der Hauptstraße Vigo-Madrid; mit Stadtbussen zu erreichen. Gute Verbindungen, z. B. mit CASTROMIL nach Santiago bis zu 8-mal, AUTO INDUSTRIAL nach Vigo 15-mal, Pontevedra 7-mal, LA DIRECTA nach Lugo 5-mal, AUTO RES nach Madrid 6-mal täglich.

- *Übernachten* * **Hotel Zarampallo**, modernes und recht komfortables Haus Haus in allerdings nicht ganz ruhiger Altstadtlage, gutes Restaurant angeschlossen (Eingang Calle San Miguél 9). DZ 50–55 €. Calle Hermanos Vilar 31, ✆ 988 220053, ℻ 230008.

* **Hotel Parque**, beim Stadtpark. Mit 57 Zimmern recht groß, zentral gelegen, gut geführt und sauber. Ordentliches Preis-Leistungsverhältnis: DZ etwa 45 €. Parque San Lazaro 24, ✆ 988 233611, ℻ 988 239636.

* **Hostal Res. Cándido**, an einer hübschen kleinen Altstadtplaza, die Zimmer zum Platz sind leider nicht die leisesten. DZ/Bad etwa 25 €. Rúa Hermanos Vilar 25, ✆ 988 229607, ℻ 242197.

- *Essen* Restaurantgasse Nummer eins ist die Calle San Miguel am nördlichen Altstadtrand. Solide, einfache Lokale finden sich auch im Gebiet um die Kathedrale.

Rest. Casa María Andrea, mit Holz und Naturstein sehr hübsch eingerichteter alter Stadtpalast, reizvoll auch die Tische auf der Empore im Freien zum Platz. Beliebt und nicht teuer, Tagesmenü etwa 11 €, à la carte kaum unter 20 €. Calle San Miguel, Ecke Calle Hermanos Vilar.

▸ **Sehenswertes**: Die arkadengeschmückte *Plaza Mayor* markiert den Mittelpunkt der Altstadt. Zur Kathedrale sind es nur wenige Schritte. Die *Catedral San Martín*, im 12./13. Jh. erbaut, musste nach mehreren Zerstörungen im 17. Jh. restauriert werden. Als besonders bemerkenswert unter den verschiedenen noch romanischen Portalen gilt das reich skulpturierte „Paradiestor" Pórtico del Paraíso, das dem Pórtico de la Gloria der Kathedrale von Santiago nachempfunden wurde.

Umgebung von Ourense

Mosteiro Santa María de Oseira: Etwa 30 Kilometer nördlich von Ourense, zu erreichen über eine nordwärts abzweigende Nebenstraße der N 525 bei *Cea*. Santa María gilt als bedeutendstes Kloster ganz Galiciens, wird aufgrund seiner räumlichen Ausdehnung gar als „El Escorial Galiciens" bezeichnet. Die weitläufige Anlage, die nur mit Führung besichtigt werden kann, umfasst die romanisch-gotische Kirche des 12. und 13. Jh. mit Barockfassade, verschiedene Wirtschaftsgebäude, ein Gästehaus und gleich drei Kreuzgänge, die aus dem 16.–18. Jh. stammen.
Öffnungszeiten 10–12, 15.30–18 Uhr bzw. 20 Uhr, je nach Jahreszeit, Infos ✆ 988 282004.

▸ **Monforte de Lemos**: Etwa 50 km nordöstlich von Ourense liegt das 15.000-Einwohner-Städtchen Monforte de Lemos. Die den Namen gebende mittelalterliche Burg (mons forti = Berg der Burg) geht auf einen römischen Vorgänger zurück, der hohe *Torre del homenaje*, der die höchste Stelle markiert, ist ein schöner Aussichtsplatz. Von den vor allem im 17. Jh. errichteten Bauten des Städtchens ist besonders das Colegio de Nuestra Señora la Antigua besuchenswert, ein 1590–1619 errichtetes Kloster im Herrera-Stil, wegen Stilmerkmalen und Größe oft auch „Galicischer Escorial" genannt.

• *Übernachten* ****** Parador de Monforte de Lemos**, erst vor wenigen Jahren eröffneter Parador, untergebracht im Benediktinerkloster Vicente do Pino und einem angrenzenden Palast. Zeitgemäße Luxuszimmer und Suiten, Pool und Fitnessraum. Standard-DZ ca. 140–160 €; Praza Luis de Góngora y Argote s/n, ✆ 982 418414, ✉ 418495, www.parador.es.

Castelo de Monterrei: Eine beeindruckende Burganlage (Mo/Di geschlossen) im äußersten Süden Galiciens, etwa 80 Kilometer südwestlich von Ourense und unweit des recht modern geprägten Städtchens *Verín* nahe der A 52 hinüber nach Kastilien-León. Auf einem bereits von den Kelten besiedelten Hügel errichtet, geht die Festung bis ins 13. Jh. zurück. Die weite Aussicht von hier oben reicht bis zur Grenze nach Portugal.

• *Übernachten* ***** Parador de Verín**, in reizvoller Lage und mit schöner Aussicht auf einen Hügel unweit der Burg Monterrei, etwa vier Kilometer nordwestlich von Verín. Palastähnlicher Bau älteren Datums, Schwimmbad. Nur 23 Zimmer, zur Saison oft belegt. Standard-DZ etwa 130 €; die Zimmer mit den Nummern 101 bis 107 haben Blick auf die Burg. ✆ 988 410075, ✉ 988 412017, www.parador.es.

*** Hotel Gallego, ebenfalls in diesem Gebiet, bei Albarellos de Monterrei an der N 525. Moderner Bau, Parkplätze und Schwimmbad; ein sehr gutes und nicht überteuertes Restaurant gehört dazu. DZ ca. 60–65 €. Carretera N 525, km 171,7; ✆/✉ 988 418202.

Garganta del Sil

Eine faszinierende Landschaft östlich von Ourense. Mehrere hundert Meter tief ist das breite Tal, das sich der Río Sil, ein Nebenfluss des Río Miño, in Jahrmillionen gegraben hat. Hoch oberhalb des aufgestauten Stroms thronen uralte Klöster und kleine Dörfer.

Ein schmales, kurviges Sträßchen erschließt das Gebiet südlich der auch „Cañón del Sil" genannten Schlucht. An vielen Stellen öffnen sich grandiose Ausblicke hinunter auf den gewundenen Flusslauf und hinüber zu den mal felsigen, mal dicht bewaldeten Hängen der anderen Seite. Die Zeit raubende, aber ungemein reizvolle Route trifft an ihrem Ende bei Castro Caldelas auf die C 536 und ermöglicht so die Weiterreise hinüber nach Ponferrada in Kastilien-León. Unterkünfte im Gebiet sind rar, die knapp hundert Kilometer lange Strecke von Ourense bis nach A Pobra de Trives, einem Städtchen mit recht guter Infrastruktur, ist jedoch an einem Tag zu schaffen. Im Sommer bietet sich unterwegs auch Gelegenheit zu einer Minikreuzfahrt mit einem Katamaran, die den Río Sil einmal von ganz einer anderen Seite zeigt. *La Ribeira Sacra*, das „Heilige Ufer", nennt sich die Region wegen der vielen überwiegend romanischen Klöster, die hier schon ab dem 6. Jh. errichtet wurden. Ein Grund dafür war sicher die Fruchtbarkeit des Gebiets, das sich als ideal für den Weinbau erwies.

• *Anfahrt* Achtung, Tankstellen sind selten; eine gute, detaillierte Straßenkarte ist zudem sehr ratsam. Die beste Anfahrt nach Luintra (Nogueira de Ramuín), der ersten größeren Ortschaft entlang der Route, erfolgt von Ourense zunächst auf der C 536 nach Osten Richtung Castro Caldelas, nach etwa sieben Kilometern bei Castadón dann links ab nach Pereiro de Aguiar und hinter diesem Ort wieder links. Eine mögliche Alternative insbesondere für diejenigen, die zunächst eine Flusskreuzfahrt machen wollen, führt auf der N 120 von Ourense nach Nordwesten bis zum Dorf O Peares, bei dem man auf das schöne, jedoch sehr enge und holprige Versorgungssträßchen entlang der südlichen Flussseite abbiegt, das direkt zur Anlegestelle „Embarcadero San Estevo" unterhalb des Dörfchens Loureiro führt; von hier besteht eine Verbindung hinauf zur schmalen Verbindungsstraße zwischen Luintra und Parada do Sil.

▸ **Mosteiro San Estevo de Ribas de Sil**: Einige Kilometer östlich des Dorfs *Luintra* (auch: Nogueira de Ramuín) führt eine Nebenstraße linker Hand zu dieser bemerkenswerten, auf Spanisch *Monasterio de San Esteban de Ribas de Sil* genannten und in manchen Karten schlicht als „Ribas de Sil" bezeichneten Anlage, dem bedeutendsten Kloster der Ribeira Sacra. Erst vor wenigen Jahren wurde in der großen, lange Zeit unübersehbar restaurierungsbedürftigen Anlage ein Parador eingerichtet. San Estevo, traumhaft oberhalb des Río Sil gelegen, wurde bereits 909 als Priesterschule gegründet. Die heutigen Gebäude allerdings stammen aus späterer Zeit, weshalb sich die Anlage als Mischung verschiedener Stile präsentiert. Gleich drei Kreuzgänge warten auf den geruhsamen Betrachter, besonders schön der *Claustro del Obispo*. Reizvoll zeigt sich auch die Umgebung des Klosters, in der mehrere Wanderwege ausgeschildert sind.

• *Übernachten* **** **Parador de Santo Estevo**, 2004 eröffnetes Luxusquartier im Kloster. Die 74 Zimmer verteilen sich über die drei Kreuzgänge und fallen im Charakter ganz unterschiedlich aus; einige besitzen Ausblick über die Schlucht. Standard-DZ 160–175 €. Angeschlossen ein Terrassenrestaurant sowie eine Cafeteria im Claustro de la Portería. Zuletzt war der Parador vom 7. Januar bis inkl. dritte Februarwoche geschlossen. Monasterio de Santo Estevo, Nogueira de Ramuín; ✆ 988 010110, ℻ 988 010111, www.parador.es.

• *Flusskreuzfahrten* Etwa zwei Kilometer hinter der Kreuzung zum Kloster zweigt eine enge Straße links ab, führt durch einen kleinen Weiler und dann in zahlreichen Kurven hinab ins Tal des Río Sil. Nach etwa fünf Kilometern gabelt sich das Sträßchen: links geht es auf die parallel zum Fluss verlaufende, schmale Versorgungsstraße nach Os Peares an der N 120, rechts zum nahen Schiffsanleger *Embarcadero de San Estevo*, der kurz vor der Staumauer liegt. Hier starten die Katamarane zu ihrer knapp eineinhalbstündigen Fahrt, die den Río Sil aufwärts bis zum Anleger San Fiz und zurück führt; ein Alternativprogramm ist die einviertelstündige Fahrt flussaufwärts bis zum Anleger *Embarcadero Abeleda* bei Castro Caldelas. Dank stetig wechselnder Panoramen gestaltet sich die Fahrt in jedem Fall höchst abwechslungsreich. Abfahrten im Prinzip 2-mal täglich. Garantiert wird der Betrieb von der Gesellschaft zwar nur an Wochenenden im Sommer, die Schiffe fahren jedoch fast rund ums Jahr. Je nach Saison und Wochentag kostet die Fahrt ab etwa 9 €, der eventuell nötige Bus geht zur HS extra. Da diie Zeiten stark schwanken und die Anleger weitab vom Schuss liegen, sind Vorabinfo und Reservierung ausgesprochen ratsam: Viajes Pardo, Info-Tel. 902 215100, www.riosil.com. Ein Merkblatt ist in den Touristeninformationen von Ourense zu erhalten.

Parada do Sil: Als eine der größeren Siedlungen in diesem Gebiet bildet Parada do Sil das Gemeindezentrum und die Versorgungsstation der umliegenden Weiler. Gut einen Kilometer nördlich des Dorfes, zu erreichen über einen holprigen Feldweg, liegen die einander benachbarten Aussichtspunkte *Os Balcones de Madrid*, von denen sich ein umfassender Blick über den Río Sil öffnet. Einige Kilometer unterhalb des Ortes versteckt sich das kleine Kloster *Mosteiro Santa Cristina*, das bis ins 9. Jh. zurückgeht.

• *Information* **Oficina de Turismo**, Plaza Ayuntamiento s/n, ✆ 988 292104; von der Hauptstraße den Schildern zum Camping und nach Sta. Cristina folgen, dann rechts. Häufig wechselnde Öffnungszeiten.

• *Übernachten* **Casa dos Castiñeiros**, Unterkunft des ländlichen Fremdenverkehrs im Weiler Rabacallos, ein ganzes Stück außerhalb von Parada do Sil; Anfahrt über die Hauptstraße nach Osten, nach einigen Kilometern dann flusswärts (links) ab. Zimmer in mehreren Häusern, DZ/Bad um die 50–60 €. Rabacallos s/n, ✆ 988 208029, ✆ 988 208209.

▶ **Richtung Kastilien: A Pobra de Trives:** Ein freundliches, auf Spanisch *Puebla de Trives* genanntes Provinzstädtchen an der C 536, schon ein gutes Stück außerhalb der Region der Ribeira Sacra und eine gute Zwischenstation auf dem Weg nach Kastilien.

• *Information* **Oficina de Turismo**, Praza de Reloj 11, im Ortskern nahe der Durchgangsstraße; ✆ 988 330010. Öffnungszeiten: Mo–Fr 10–13, 16–19 oder 20 Uhr, Sa/So/Fei 11–14, 16–20 Uhr.

• *Übernachten* **Casa Grande de Trives**, in einem Palast des 17. Jh., an der Front die Wappen der verschiedenen Besitzerfamilien, sehr reizvolle Unterkunft des „Turismo rural". Freundlich geführt, hübsche Dekoration. Nur sieben angenehme Zimmer, DZ/Bad je nach Saison und Komfort 50–60 €. Rúa Marqués de Trives 17, an der Hauptstraße, ✆/✆ 988 332066, www.casagrandetrives.com.

** Hotel Via Nova, 1998 eröffnetes kleines Hotel nahe der Infostelle. Sieben hübsch eingerichtete Zimmer mit TV, DZ/ Bad etwa 35 €, zur HS 45 €. Rúa de Jacinto Alvarado 12, ✆/✆ 988 330849.

• *Camping* **A Masía**, 2. Kat., am Ortseingang neben der Hauptstraße aus Richtung Ourense. Brauchbar ausgestatteter Platz, gutes Restaurant. Im Oktober Betriebsferien; p.P., Auto, Zelt je etwa 3,50–4 €. ✆ 988 330898.

Lugo

Ruhig bis verträumt zeigt sich die kleine Hauptstadt der nordöstlichen Provinz Galiciens, dabei jedoch nicht unattraktiv.

Als römische Siedlung an der Kreuzung bedeutender Verkehrswege nahm die ehemalige Keltensiedlung und heutige Provinzhauptstadt ihren Aufstieg. Die mächtigen Mauern, die die Römer errichteten, wurden im 14. Jh. ausgebessert und blieben bis heute komplett erhalten.

• *Information* **Oficina de Turismo**, Praza da Constitución, städtische Info im Kiosk am Platz gegenüber dem Busbahnhof, sehr bemüht, guter Stadtplan; Öffnungszeiten täglich 11–14, 16.30–17 Uhr. ✆/✆ 982 231361.

• *Verbindungen* **Zug**: Bahnhof (Info-✆ der Renfe: 902 240202) nordöstlich unweit der Altstadt; Züge unter anderem nach A Coruña 4-mal täglich. Nach León 2- bis 3-mal täglich; bessere Verbindungen Richtung Osten bestehen ab dem südlich gelegenen Knotenpunkt Monforte de Lemos.

Bus: Busbahnhof (Info: ✆ 982 223985) an der Praza Constitución südöstlich nahe der Altstadt, in Blickentfernung von der Stadtmauer. Verbindungen unter anderem nach A Coruña 15-mal mit ARRIVA-IASA, Santiago de Compostela 7-mal mit FREIRE, Ourense 7-mal täglich mit LA DIRECTA; zur nördlichen Küste nach Ribadeo 6-mal, Viveiro 5-mal täglich, MONFORTE nach Sarria (am Jakobsweg) stündlich.

• *Übernachten* ***** Hotel Res. Méndez Núñez**, solider, altbewährter und 2004 komplett renovierter Komfort (schöne Bäder!) in der Altstadt, nicht weit vom Hauptplatz, DZ ca 65 €. Rúa da Raiña 1, ✆ 982 230711. ✆ 982 229738, www.hotelmendeznunez.com.
* Hotel Res. España, preiswerte, aber durchaus ordentliche Mittelklasse knapp außerhalb der Altstadtmauern, Parkmöglichkeit. DZ/Bad je nach Saison gut 35–45 €. Avenida Villalba 2 bis, ✆ 982 231540.
** Hostal Res. San Roque, in der Nähe des Busbahnhofs. DZ kosten mit geringen saisonalen Schwankungen um die 30–40 €. Plaza Comandante Manso 11, ✆ 982 222700.

• *Essen* **Rest. La Barra**, im nördlichen Altstadtbereich. Eine der ersten Adressen Lugos; solide, marktabhängige Regionalküche mit traditionellem Anspruch und Schwerpunkt auf Meeresprodukten. Menü ab etwa 35 € aufwärts. Rúa San Marcos 27, So Ruhetag.

• *Feste* **Fiesta de San Froilán**, etwa in der ersten Oktoberhälfte, das Hauptfest der Stadt.

Sehenswertes

Las Murallas: Der mit weit über hundert massiven halbrunden Türmen bewehrte Mauerring umrundet die gesamte Altstadt auf einer Länge von über zwei Kilometern und wurde im Jahr 2000 in die Unesco-Liste des Weltkulturerbes aufgenommen. An sechs der insgesamt zehn Stadttore, unter anderem an der *Puerta de Santiago* im Südwesten nahe der Kathedrale, kann man die Mauern besteigen und so einen Rundgang um das historische Ortszentrum unternehmen.

Plaza de España: Der Hauptplatz von Lugo, auch *Praza Maior* genannt, liegt im südlichen Bereich der Altstadt, aufgelockert durch Parkanlagen.

Catedral Santa María: Unweit westlich der Plaza de España. Vom 12. bis ins 18. Jh. errichtet, bildet sie ein Gemisch verschiedener Stile von der Romanik bis zum Barock. Nördlich der Kathedrale liegen die *Plaza de Santa María* und, ein Stück weiter, die reizende *Plaza del Campo*.

Museo Provincial: Im Mittelpunkt der Altstadt, neben der Kirche San Francisco. Neben archäologischen Funden im Kreuzgang ist auch Heimatkundliches ausgestellt, darunter eine komplette ländliche Küche.
Öffnungszeiten Mo–Fr 10.30–14, 16.30–20.30 Uhr, Sa 10.30–14, 16.30–20 Uhr So/Fei 11–14 Uhr. Juli und August: Mo–Fr 11–14, 17–20 Uhr, Sa 10–14 Uhr, an Fei geschl. Eintritt für EU-Bürger frei.

Santa Eulalia de Bóveda: Außerhalb der Stadt, ein uralter, geheimnisvoller Bau. Direkt unterhalb einer unscheinbaren, etwa fünfzehn Kilometer südwestlich von Lugo gelegenen Pfarrkirche entdeckte man erst um 1920 eine Art Krypta, die wohl auf die Zeiten der Römer zurückgeht. Die Wände und das von Säulen getragene Tonnengewölbe des kleinen Raums, in dem eine Quelle entspringt, sind mit verschiedenen Motiven wie Blattwerk, Vögeln und Girlanden bemalt, von denen nicht geklärt ist, ob sie bereits christlicher Natur sind. Neuere Vermutungen gehen dahin, dass der Bau zwei Entstehungsphasen aufweist, die in das 3.–4. und das 7.–9. Jh. datieren. Manche Archäologen allerdings tippen gar auf ein vorchristliches Quellheiligtum.

• *Anfahrt/Öffnungszeiten* Von Lugo zunächst auf die N 540 Richtung Santiago de Compostela. Nach etwa fünf Kilometern hinter einer Tankstelle rechts ab Richtung Friol, nach etwa 800 Metern an der Gabelung links halten, dann wieder rechts über ein Flüsschen zur Kirche. Öffnungszeiten: Juni bis September Mo–Sa 8–15, 16–20 Uhr, So/Fei 11–20 Uhr; restliche Monate Mo–Fr 8.30–14.30, 16–20 Uhr, Sa/So/Fei 11–20 Uhr.

Etwas Spanisch

In Spanien wird nicht etwa nur eine, es werden gleich vier Sprachen gesprochen: Neben dem Kastilischen (*castellano*) sind in den entsprechenden Regionen auch Katalanisch, Baskisch und Galicisch offizielle Sprachen. *Castellano*, das Hochspanische, ist seit dem 15. Jh. Amtssprache des Landes und in ganz Spanien gebräuchlich; es wird der Einfachheit halber als español (Spanisch) bezeichnet.

In Europa beherrschen es über 40 Millionen Menschen, weltweit fast 400 Millionen. Castellano gehört zu den romanischen Sprachen und hat seinen Ursprung in dem auch auf der Iberischen Halbinsel gesprochenen „Vulgärlatein". Wer also Latein, Italienisch oder Französisch kennt, hat es wegen der Ähnlichkeit vieler Vokabeln weitaus leichter, Spanisch zu lernen. Die wichtigsten Unterschiede zu den übrigen romanischen Sprachen ergeben sich aus der Landesgeschichte: Es gibt rund 1500 Wörter, die aus dem Arabischen entlehnt sind, etliche germanische Ableitungen aus der Westgotenzeit sowie solche aus dem Baskischen und Französischen.

Für Ihren Urlaub müssen Sie nicht unbedingt Spanisch lernen. Deutsch, Englisch und die Gebärdensprache reichen meist völlig aus, um einzukaufen, ein Auto oder Zimmer zu mieten. Wer aber näher mit den Menschen im Lande in Kontakt kommen möchte, wird schnell merken, wie erfreut und geduldig Spanier reagieren, wenn man sich ein bisschen Mühe gibt. Der folgende kleine Spanisch-Sprachführer soll Ihnen helfen, sich in Standardsituationen besser zurechtzufinden. Scheuen Sie sich nicht, am Anfang auch einmal Sätze zu formulieren, die nicht gerade durch grammatikalischen Feinschliff glänzen – wer einfach drauflosredet, lernt am schnellsten.

Betonung und Aussprache

Endet das Wort auf einen Vokal oder auf n oder s, so wird die vorletzte Silbe betont, andernfalls die letzte Silbe. Ausnahmen werden mit einem Akzent gekennzeichnet.

- **c**: vor a, o, u und Konsonanten wie k (caldo = kaldo), vor e und i wie engl. „th" (cero = thero)
- **ch**: wie tsch (mucho = mutscho)
- **h**: ist stumm (helado = elado)
- **j**: wie ch (rojo = rocho)
- **ll**: wie j (calle = caje)
- **ñ**: wie nj (año = anjo)
- **qu**: wie k (queso = keso)
- **v**: wie leichtes b (vaso = baso), manchmal wie leichtes süddeutsches „w" (vino = wino)
- **y**: wie j (yo = jo)
- **z**: wie engl. „th" (zona = thona)

Etwas Spanisch

Elementares

Grüße

Guten Morgen	buenos días
Guten Tag (bis zum Abend)	buenas tardes
Guten Abend/ gute Nacht	buenas noches
Hallo	Hola (sehr gebräuchlich)
Auf Wiedersehen	adiós
Tschüss	hasta luego (= bis später)
Gute Reise	buen viaje

Small Talk

Woher kommst du?	de dónde eres?
Ich komme aus ...	soy de ...
... Deutschland	Alemania
... Österreich	Austria
... Schweiz	Suiza
Sprechen Sie deutsch?	habla usted alemán?
englisch/französisch/italienisch	inglés/francés/italiano
Ich spreche nicht spanisch	yo no hablo español
Ich verstehe (nicht)	yo (no) comprendo/ entieno
Verstehst du?	comprendes/ entiendes?
Ist das schön!	qué bonito!
Das gefällt mir	me gusta
Ein bisschen langsamer, bitte	un poco más despacio, por favor
In Ordnung/ passt so / o.k. (auch als Frage sehr gebräuchlich)	vale? – vale!

Minimal-Wortschatz

Ja	sí
Nein	no
Bitte	por favor
Vielen Dank	muchas gracias
Entschuldigung	perdón
Verzeihung	disculpe
groß/klein	grande/pequeño
gut/schlecht	bueno/malo
viel/wenig	mucho/poco
heiß/kalt	caliente/frío
oben/unten	arriba/abajo
ich	yo
du	tú
Sie	usted
Können Sie mir sagen, wo ... ?	podría decirme dónde está ... ?
verboten	prohibido
Mädchen	chica
Junge	chico
Frau	señora
junge Frau	señorita
Herr	señor

Wie geht's?	**qué tal?** (bei Freunden)
Wie geht es Ihnen?	**cómo está?**
(Sehr) gut	**(muy) bien**
und Dir?	**y tú?**
Wie heißt Du?	**cómo te llamas?**
ich heiße ...	**me llamo ...**

Fragen & Antworten

Gibt es ... ?	hay?	Haben Sie ... ?	tiene usted ... ?
Was kostet das?	cuánto cuesta esto?	Ich möchte ...	quisiera ...
Wie/wie bitte?	cómo?	Um wieviel Uhr?	a qué hora?
Wissen Sie?	sabe usted ... ?	Ist es möglich/kann ich?	es posible?
ich weiß nicht ...	yo no sé	Warum?	por qué?
Wo?	dónde?	Weil	porque
Von wo?	de dónde?		
Wo ist ... ?	dónde está ... ?		

Orientierung

nach ...	hacia	hier	aquí
links	izquierda	dort	allí, ahí
rechts	derecha	Adresse	dirección
geradeaus	todo derecho	Stadtplan	plano de la ciudad
die nächste Straße	la próxima calle	Ist es weit?	está lejos?

Zeit

vormittag(s)	(por la) mañana
nachmittag(s)	(por la) tarde
abend(s)	(por la) noche
heute	hoy
morgen	mañana
übermorgen	pasado mañana
gestern	ayer
vorgestern	anteayer
Tag	el día
jeden Tag	todos los días
Woche	semana
Monat	mes
Jahr	año
stündlich	cada hora
wann?	cuándo?

Wochentage

Montag	lunes
Dienstag	martes
Mittwoch	miércoles
Donnerstag	jueves
Freitag	viernes
Samstag	sábado
Sonntag	domingo

Jahreszeiten

Frühling	primavera
Sommer	verano
Herbst	otoño
Winter	invierno

Monate

Januar	enero
Februar	febrero
März	marzo
April	abril
Mai	mayo
Juni	junio
Juli	julio
August	agosto
September	septiembre
Oktober	octubre
November	noviembre
Dezember	diciembre

Uhrzeit

Stunde	hora
Um wieviel Uhr?	a qué hora?
Wieviel Uhr ist es?	Qué hora es?

Unterwegs

Wann kommt ... an?
    cuándo llega ... ?
Wieviel Kilometer sind es bis ... ?
    cuántos kilómetros hay de aquí a ... ?
Ich möchte bitte aussteigen!
    quisiera salir, por favor!

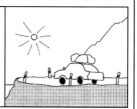

Hafen	puerto	Autobus	autobús
Haltestelle (Bus)	parada	Bahnhof	estación
Fahrkarte	tiquete	Flughafen	aeropuerto
Hin und zurück	ida y vuelta	das (nächste) Flugzeug	el (próximo) avión
Abfahrt	salida	Hafen	puerto
Ankunft	llegada	Schiff	barco
Information	información	Deck	cubierta
Kilometer	kilómetro	Fährschiff	transbordador/ferry
Straße	calle	Reisebüro	agencia de viajes
Telefon	teléfono	(der nächste) Bus	(el próximo) autobús
Reservierung	reservación		
Weg	camino, fuera		

Auto/Zweirad

ich möchte ...	quisiera ...	*Bremse*	frenos
wo ist ... ?	dónde está ... ?	*Ersatzteil*	pieza de recambio
... die nächste Tankstelle	... la próxima gasolinera	*Keilriemen*	correa
Bitte prüfen Sie, ob ...	por favor, compruébe usted si ...	*Kühler*	radiador
		Kupplung	embrague
Ich möchte mieten (für 1 Tag)	quisiera alquilar (por un día)	*Licht*	luces
		Motor	motor
(die Bremse) ist kaputt	(los frenos) no funcionan	*Öl*	aceite
		Reifen	rueda
wieviel kostet es (am Tag)?	cuánto cuesta (un día)	*Reparatur*	reparación
		Stoßdämpfer	amortiguator
Benzin	gasolina	*Werkstatt*	taller
bleifrei	sin plomo	*Autobahn*	autopista
Diesel	gasóleo/gasoil	*Baustelle*	obras
(1/20) Liter	(un/veinte) litro(s)	*Kreuzung*	cruce
Auto	coche	*Einbahnstraße*	sentido único
Motorrad	moto	*Straße gesperrt*	carretera cortada
Moped	ciclomotor	*Umleitung*	desvío
Anlasser	starter	*parken*	aparcar
Auspuff	escape	*kann ich hier parken?*	puedo aparcar aquí?
Batterie	batería		

Bank/Post/Telefon

In Postämtern gibt es keine öffentlichen Telefone - zuständig sind die Telefonzentralen telefónica (locutorio). Münzfernsprecher finden sich auch in vielen Bars und Hotels.

Wo ist ...	dónde está ...
Ich möchte ...	quisiera ...
... ein Tel.-Gespräch	... una llamada
Wieviel kostet das?	cuánto cuesta?

Bank	banco	Geld	dinero
Postamt	correos	mit Luftpost	por avión
Brief	carta	Päckchen	pequeño paquete
Karte	tarjeta	Paket	paquete
Briefkasten	buzón	postlagernd	por lista de correos
Briefmarke	sello	Telefon	teléfono
eingeschrieben	por certificado	Telegramm	telegrama
Euroscheck/ Reiseschecks	eurocheque/ cheques de viaje	Schweizer Franken	francos suizos

Übernachten

Haben Sie ... ?	tiene usted. .. ?	Haus	casa
Gibt es ... ?	hay ... ?	Küche	cocina
Wieviel kostet es (das Zimmer)?	cuánto cuesta (la habitación)	Toilette	servicios
		mit ...	con ...
Ich möchte mieten (...)	quisiera alquilar (...)	ohne ...	sin ...
		... Dusche/Bad	... ducha/baño
für 5 Tage	para cinco días	... Frühstück	... desayuno
Kann ich sehen... ?	puedo ver... ?	Reservierung	reserva
Kann ich haben... ?	puedo tener... ?	Wasser (heiß/kalt)	agua (caliente/fría)
ein (billiges/gutes) Hotel	un hotel (barato/ bueno)	Hoch/Nebensaison	temporada alta/baja
		Campingplatz	el camping
Haben Sie nichts billigeres?	no tiene algo más barato?	zelten („wild")	acampar (libre)
		Zelt (klein)	tienda individual
Zimmer	habitación	Hauszelt	tienda familiar
ein Doppelzimmer	habitación doble	Schlafsack	saco de dormir
Einzelzimmer	habitación individual	Wohnmobil	coche cama
Bett	cama	Wohnwagen	caravana
Pension (Voll/Halb)	pensión (completa/media)	Stellplatz	parcella

822 Etwas Spanisch

Im Restaurant/in der Bar

Speisekarte und Spezialitäten: Siehe im ausführlichen Kapitel „Essen und Trinken" vorne im Buch.

Haben Sie ... ?	tiene usted ... ?	*Mineralwasser (sprudelnd/still)*	agua con/sin gas
Ich möchte ...	quisiera ...	*Hauswein*	vino del país/de la casa
Eine Tapa hiervon	una tapa de esto		
Wieviel kostet ... ?	cuánto cuesta ... ?	*Rotwein*	vino tinto
Herr Ober!	oiga, camerero!	*Weißwein*	vino blanco
Die Rechnung (bitte)	la cuenta (por favor) *höflicher*: la cuenta, cuando pueda!	*süß/herb*	dulce/seco
		Saft	zumo
Speisekarte	menú	*Kaffee*	café
zum Mitnehmen	para llevar	*Milchkaffee*	café con leche
Glas/Flasche	vaso/botella	*Zucker*	azúcar
(Glas) Bier	(caña) cerveza	*Tee*	té
Wasser	agua	*Milch*	leche

Einkaufen

Was kostet ...	cuánto cuesta ... ?	*Knoblauch*	ajo
Haben Sie ... ?	tiene usted ... ?	*Kuchen*	pastel
geben Sie mir bitte	déme... por favor	*Marmelade*	mermelada
klein/groß	pequeño/grande	*Milch*	leche
1 Pfund (= 1/2 Kilo)	medio kilo	*Öl*	aceite
1 Kilo/Liter	un kilo/litro	*Orange*	naranja
100 Gramm	cien gramos	*Pfeffer*	pimienta
geöffnet	abierto	*Salz*	sal
geschlossen	cerrado	*Seife*	jabón
Geschäft	tienda	*Shampoo*	champú
Supermarkt	supermercado	*Sonnenöl*	bronceador
Einkaufszentrum	hipermercado	*Streichhölzer*	caja de cerillas
Bäckerei	panadería	*Tomaten*	tomates
Konditorei	pastelería	*Wurst*	embutido
Metzgerei	carnicería	*Zeitung*	periódico
Friseur	peluquería	*Zeitschrift*	revista
Buchhandlung	librería	*Zucker*	azúcar
Apfel	manzana	*Kleidung*	vestidos
Brot	pan	*Bluse*	blusa
Butter	mantequilla	*Hemd*	camisa
Ei(er)	huevo(s)	*Hose*	pantalones
Essig	vinagre	*Pullover*	jersey
Gurke	pepino	*Rock*	falda
Honig	míel	*Schuhe*	zapatas
Joghurt	yogurt	*Kann ich probieren?*	puedo probar?
Käse	queso	*Es gefällt mir*	me gusta
Klopapier	papel higiénico	*Ich nehme es*	me lo llevo

Etwas Spanisch

Hilfe & Krankheit

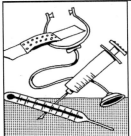

Hilfe!	socorro!
Helfen Sie mir bitte	ayudeme por favor
Ich habe Schmerzen (hier)	me duele (aquí)
Gibt es hier ... ?	hay aquí ... ?
Ich habe verloren ...	he perdido ...
Haben Sie ... ?	tiene usted ... ?
Wo ist (eine Apotheke)?	dónde hay (una farmácia)
Wann hat der Arzt Sprechstunde?	cuándo pasa el médico la consulta
Ich bin allergisch gegen ...	yo soy alérgico a ...

Deutsch	Spanisch	Deutsch	Spanisch
Deutsche Botschaft	embajada alemana	... Watte	algodón
Polizei	policía	Ich habe ...	yo tengo ...
Tourist-Information	oficina de turismo	Ich möchte ein	quiero una
Arzt	médico	Medikament gegen	medicina contra ...
Krankenhaus	hospital	... Durchfall	diarrea
Unfall	accidente	... Fieber	fiebre
Zahnarzt	dentista	... Grippe	gripe
Ich möchte (ein) ...	quisiera (un/una) ...	... Halsschmerzen	dolor de garganta
... Abführmittel	laxante	... Kopf ...	dolor de cabeza
... Aspirin	aspirina	... Magen ...	dolor de estómago
... die „Pille"	la píldora	... Zahn ...	dolor de muelas
... Kondome	preservativos	... Schnupfen	catarro, resfriado
... Penicillin	penicilina	... Sonnenbrand	quemadura del sol
... Salbe	pomada	... Verstopfung	estreñimiento
... Tabletten	pastillas		

Zahlen

¼	un cuarto	13	trece	50	cincuenta
½	un medio	14	catorce	60	sesenta
0	cero	15	quince	70	setenta
1	un/una	16	dieciséis	80	ochenta
2	dos	17	diecisiete	90	noventa
3	tres	18	dieciocho	100	ciento, cien
4	cuatro	19	diecinueve	200	doscientos
5	cinco	20	veinte	300	trescientos
6	seis	21	veintiuno (-ún)	500	quinientos
7	siete	22	veintidós	1000	mil
8	ocho	23	veintitrés	2000	dos mil
9	nueve	30	treinta	5000	cinco mil
10	diez	31	treinta y uno	10.000	diez mil
11	once	32	treinta y dos	100.000	cien mil
12	doce	40	cuarenta	1.000.000	un millón

Verlagsprogramm

Ägypten
- Ägypten
- Sinai & Rotes Meer

Australien
- Australien – der Osten

Baltische Länder
- Baltische Länder

Belgien
- *MM-City* Brüssel

Bulgarien
- Schwarzmeerküste

China
- *MM-City* Shanghai

Cuba
- Cuba
- *MM-City* Havanna

Dänemark
- *MM-City* Kopenhagen

Deutschland
- Allgäu
- Altmühltal & Fränkisches Seenland
- *MM-City* Berlin
- Berlin & Umgebung
- Bodensee
- *MM-City* Dresden
- Fehmarn
- Franken
- Fränkische Schweiz
- *MM-City* Hamburg
- Mainfranken
- Mecklenburgische Seenplatte
- Mecklenburg-Vorpommern
- *MM-City* München
- *MM-Wandern* Münchner Ausflugsberge
- Nürnberg, Fürth, Erlangen
- Oberbayerische Seen
- Ostfriesland und Ostfriesische Inseln
- Ostseeküste – von Lübeck bis Kiel
- Ostseeküste – Mecklenburg-Vorpommern
- Pfalz
- Rügen, Stralsund, Hiddensee
- Südschwarzwald
- Schwäbische Alb
- Usedom
- *MM-Wandern* Westallgäu und Kleinwalsertal

Dominikanische Republik
- Dominikanische Republik

Ecuador
- Ecuador

Frankreich
- Bretagne
- Côte d'Azur
- Elsass
- *MM-Wandern* Elsass
- Haute-Provence
- Korsika
- Languedoc-Roussillon
- *MM-City* Paris
- Provence & Côte d'Azur
- *MM-Wandern* Provence
- Südfrankreich
- Südwestfrankreich

Griechenland
- Athen & Attika
- Chalkidiki
- Griechenland
- Griechische Inseln
- Karpathos
- Kefalonia & Ithaka
- Korfu
- Kos
- Kreta
- *MM-Wandern* Kreta
- Kykladen
- Lesbos
- Naxos
- Nord- u. Mittelgriechenland
- Nördl. Sporaden – Skiathos, Skopelos, Alonnisos, Skyros
- Peloponnes
- Rhodos
- Samos
- Santorini
- Thassos, Samothraki
- Zakynthos

Großbritannien
- Cornwall & Devon
- England
- *MM-City* London
- Schottland
- Südengland

Irland
- *MM-City* Dublin
- Irland

Island
- Island

Italien
- Abruzzen
- Apulien
- Adriaküste
- Chianti – Florenz, Siena, San Gimignano
- Cilento
- Dolomiten – Südtirol Ost
- Elba
- Friaul-Julisch Venetien
- Gardasee
- Golf von Neapel
- Italien
- Kalabrien & Basilikata
- Lago Maggiore
- Ligurien – Italienische Riviera, Genua, Cinque Terre
- Liparische Inseln
- Marken
- Mittelitalien
- Oberitalien
- Oberitalienische Seen
- Piemont & Aostatal
- *MM-City* Rom
- Rom & Latium
- Sardinien
- *MM-Wandern* Sardinien

- Sizilien
- Südtirol
- Südtoscana
- Toscana
- Umbrien
- *MM-City* Venedig
- Venetien

Kanada
- Kanada – der Osten
- Kanada – der Westen

Kroatien
- Istrien
- Kroatische Inseln & Küste
- Mittel- und Süddalmatien
- Nordkroatien – Kvarner Bucht

Malta
- Malta, Gozo, Comino

Marokko
- Südmarokko

Montenegro
- Montenegro

Neuseeland
- Neuseeland

Niederlande
- *MM-City* Amsterdam
- Niederlande

Norwegen
- Norwegen
- Südnorwegen

Österreich
- Salzburg & Salzkammergut
- Wachau, Wald- u. Weinviertel
- *MM-City* Wien

Polen
- *MM-City* Krakau
- Polnische Ostseeküste
- *MM-City* Warschau

Portugal
- Algarve
- Azoren
- *MM-City* Lissabon
- Lissabon & Umgebung
- Madeira
- *MM-Wandern* Madeira
- Nordportugal
- Portugal

Russland
- *MM-City* St. Petersburg

Schweden
- Südschweden

Schweiz
- Genferseeregion
- Graubünden
- Tessin

Slowakei
- Slowakei

Slowenien
- Slowenien

Spanien
- Andalusien
- *MM-City* Barcelona
- Costa Brava
- Costa de la Luz
- Gomera
- *MM-Wandern* Gomera
- Gran Canaria
- *MM-Touring* Gran Canaria
- Ibiza
- Katalonien
- Lanzarote
- La Palma
- *MM-Wandern* La Palma
- *MM-City* Madrid
- Madrid & Umgebung
- Mallorca
- *MM-Wandern* Mallorca
- Nordspanien
- Spanien
- Teneriffa
- *MM-Touring* Teneriffa

Tschechien
- *MM-City* Prag
- Südböhmen
- Tschechien
- Westböhmen & Bäderdreieck

Türkei
- *MM-City* Istanbul
- Türkei
- Türkei – Lykische Küste
- Türkei – Mittelmeerküste
- Türkei – Südägäis von İzmir bis Dalyan
- Türkische Riviera – Kappadokien

Tunesien
- Tunesien

Ungarn
- *MM-City* Budapest
- Westungarn, Budapest, Pécs, Plattensee

USA
- *MM-City* New York

Zypern
- Zypern

Aktuelle Informationen zu allen Reiseführern finden Sie im Internet unter
www.michael-mueller-verlag.de

Michael Müller Verlag GmbH, Gerberei 19, 91054 Erlangen

Tel. 0 91 31 / 81 28 08-0; Fax 0 91 31 / 20 75 41; E-Mail: info@michael-mueller-verlag.de

Nette Unterkün bei netten Leute

- ABRUZZEN
- ALENTEJO
- ALGARVE
- ANDALUSIEN
- DODEKANES
- KRETA
- MARKEN
- SARDINIEN
- SIZILIEN
- TENERIFFA
- TOSKANA
- ZAKYNTHOS

CASA FERIA
Land- und Ferienhäuser

CASA FERIA
die Ferienhausvermittlung
von Michael Müller

Im Programm sind ausschließlich persönlich ausgewählte Unterkünfte abseits der großen Touristenzentren.

Ideale Standorte für Wanderungen, Strandausflüge und Kulturtrips.

Einfach www.casa-feria.de anwählen, Unterkunft auswählen, Unterkunft buchen.

Casa Feria wünscht
Schöne Ferien

www.casa-feria.de

Reisenotizen

Reisenotizen

Register

A Guardia 810
Abbasiden 74
Adra 341
Adressen 48
Agroturismo 37
Aguadulce 341
Águilas 323
Aids 48
Aiguablava 133
Aiguafreda 133
Aínsa 642
Alacant (Alicante) 300
Albacete 523
Alcalá de Henares 577
Alcañiz 657
Alcántara 516
Alcaraz 524
Alcázar de San Juan 528
Alcoi (Alcoy) 287
Alcossebre (Alcocéber) 266
Alfons VI. 75
Alfons X. der Weise 77
Algeciras 443
Alhama de Almería 340
Almagro 526
Almería 335
Almerimar 341
Almodóvar del Río 404
Almohaden 74
Almoraviden 74
Almuñécar 344
Alora 424
Alpujarra almeriense 340
Altamira 742
Altea 297
Ambulanz 549
Amerikanisch-Spanischer Krieg 83
Andorra 150
Andorra La Vella 150
Angeln 64
Anreise
    mit Auto und Motorrad 16
    mit dem Bus 20
    mit dem Flugzeug 21
    mit der Bahn 20
Antequera 422
Apartments 37
Apotheken 49
Aqüeducte Romà 245
Arabesken 92
Aracena 506
Aragón 637
Aragonische Pyrenäen 639
Aranda de Duero 635
Aranjuez 575
Archipiélago de Ons 808
Arcos de la Frontera 470
Ardales 425
Arenas de Cabrales 755
Arenas de San Pedro 595
Arenys de Mar 143
Argamasilla de Alba 528
Arguedas 668
Arties 156
Ärztliche Versorgung 49
Astorga 622
Atapuerca 632
Auslandsschutzbrief 17
Autonome Gemeinschaften 99
Autonomiestatut 106
Autoreisezug 17
Ávila 590

Register

Avilés 762
Ayamonte 504
Aznar, José María 87
Azulejos 92

Badajoz 510
Baelo Claudia 448
Baeza 384
Baiona (Bayona) 809
Baños Califales 400
Baños de Cerrato 616
Banyoles 120
Baqueira-Beret 156
Barbate 449
Barcelona 158
Bardenas Reales 668
Barock 95
Bar-Restaurantes 43
Bars 42
Begur 132
Belmonte 528
Benasque 641
Benicarló 264
Benicàssim (Benicasim) 266
Benidorm 298
Bermeo 707
Besalú 120
Betanzos 779
Bielsa 643
Bilbao (Bilbo) 708
Blanes 141
Blaue Umweltflagge 50
Boí 154
Bólivar, Simón 82
Bolnuevo 322
Bolonia 448
Bonaparte, Joseph 82
Borell II., Graf 104
Bornos 471
Bosque animado de Oma 706
Bourbonenherrschaft 81
Briefmarken 63
Bubión 377
Bueu 806
Burgos 625

Cabo de Gata 334
Cabo de la Nao 294
Cabo de Trafalgar 448, 449
Cáceres 514
Cádiar 379
Cádiz 453
Cafeterías 42
Caín 748
Calabardina 323
Calahonda 342
Calahorra 659
Calatayud 654
Calderón de la Barca 81
Calella de la Costa 143
Calella de Palafrugell 134
Calp (Calpe) 295
Camariñas 797
Cambados 803
Cambrils 251
Caminito del Rey 425
Camping 38
Campo de Criptana 528
Campo Principe 368
Cangas de Onís 752
Cañón del Sil 813
Cap de Creus 115
Capileira 377
Caravaca de la Cruz 318
Carboneras 332
Cardona 157
Carmona 494
Cartagena 319
Casa del Campo 565
Casares 431
Castell de Ferro 342
Castellar de la Frontera 438
Castelldefels 178
Castelldefels 233
Castelló (Castellón) de la Plana 266
Castelló d'Empúries 116
Castelo de Monterrei 813
Castillo de Loarre 641
Castro de Baroña 800
Castro Urdiales 730
Català 102

Cava 46
Cazorla 387
Cée 798
Cervantes, Miguel de 81, 578
Chiclana de la Frontera 453
Chinchón 576
Chipiona 464
Churrigueresco 95
Ciudad Real 523
Ciudad Rodrigo 606
Coca 590
Combarro 804
Comillas 742
Confederación Nacional de Trabajo 83
Conil de la Frontera 451
Constantí 245
Corcubión 798
Cordillera Bética 328
Córdoba 389
Corme 797
Cortés, Hernán 80
Corts Catalans 104
Costa Blanca 289
Costa Brava 109
Costa Cálida 322
Costa da Morte (Costa de la Muerte) 797
Costa Daurada 237
Costa de Almería (Östlicher Teil) 331
Costa de Almería (Westlicher Teil) 341
Costa de Garraf 233
Costa de la Luz (Provinz Cádiz) 445
Costa de la Luz (Provinz Huelva) 500
Costa del Azahar 262
Costa del Maresme 142
Costa del Sol (östlich von Málaga) 406
Costa Verde (Östlicher Teil) 757
Costa Verde (Westlicher Teil) 769
Covadonga, Wallfahrtsstätte 754

Covarrubias 633
Coves del Canelobre
 (Cuevas de Canalobre) 288
Cuculliero (Cuidieriu) 769
Cuenca 529
Cueva de la Pileta (Höhle) 438
Cueva de Romeral 424
Cueva de Santimamiñe 706
Cueva de Altamira 742
Cuevas de Hornos de la
 Peña 740
Cuevas de Menga y Viera
 424
Cuevas de Nerja 407
Cuevas de Puente Viesgo 740
Cuevas de Tito Bustillo 759

Daimiel 527
Dalí-Dreieck 107
Daroca 654
Deba (Deva) 703
Delta de l'Ebre 254
Deltebre 256
Denia 290
Diebstahl 24
Domènech i Montaner,
 Lluís 212
Drogen 51

Ecija 495
Einkaufszentren 51
El Ejido 341
El Escorial 579
El Greco 94, 537
El Maestrat (El
 Maestrazgo) 263
El Masnou 178
El Palmar 286
El Port de la Selva 111
El Puerto de Santa María
 462
El Rocío 497
El Saler 286
El Toboso 528
Elx (Elche) 309
Embalse de Yesa 677
Embalses del Conde y de
 Guadalhorce 424
Empuriabrava 116
Empúries 122
Enciso 660
Erosión 69
Escolanía 230
Espinama 747
Espot 152, 153
Essen gehen 41
Estancos 52
Estany de Banyoles 120
Estany de Sant Maurici 152
Estella (Lizarra) 678
Estepona 430
ETA 684

Fahrradtransport im
 Flugzeug 21
Fahrradtransport in der
 Bahn 20
Fahrradverleih 169
Falange Española 84
Feiertage 52
Ferdinand II. von Aragón 78
Ferdinand III. 76
Ferias 52
Ferien auf dem Bauernhof
 37
Ferienhäuser 37
Ferrol 778
Feste 52
FGV 28
Fiestas 52
Figueres 116
Finisterre (Fisterra) 798
Flamenco 54
Flix 254
Fonda 36
Fornells 133
Fort Bravo 340
Foz 776
Franco Bahamonde,
 Francisco 84
Fremdenverkehrsamter 56
Frieden von Utrecht 81
Fuendetodos 653
Fuengirola 427
Fuente De 747
Fuentevaqueros 372
Fußball 64

Gádor 340
Galicien 772
Gandia 288
Gares (Puente la Reina) 678
Garganta de Cares 748, 756
Garganta del Chorro 425
Garganta del Sil 813
Gata de Gorgos 295
Gaucín 438
Geld 55
Generation von 98 83
Geographie 99
Gernika (Guernica) 705
Geschichte 72
Getaria (Guetaria) 702
Gibraltar 439
Gijón 760
Girona 124
Golf von Roses 115
González, Adolfo Suárez 85
González, Felipe 85
Gotik 94
Goya, Francisco José de
 96, 566, 571
Granada 345
Grazalema 437
Griechen 73
Grúa, La 24
Grüne Versicherungskarte 64
Gruta de San José 267
Guadalajara 523
Guadalest 300
Guadalupe 517
Guadix 380
Guardamar de Segura 308
Guardia Civil 62
Guernica 705

Habitaciones 38
Haro 663
Haustiere 56
Hidalgos 76
Hondarribia (Fuenterrabia)
 690
Horta-Guinardó 161
Hostal 35
Hotel 35
Hoyos del Espino 595

Huelva 502
Huesca 640
Hunde 56

Iberer 72
Ignatius von Loyola 81
Illa de Arousa 802
Illes Medes 123
Informationsstellen 56
Internationale Brigaden 85
Internet 56
Irún 690
Isabella von Kastilien 78
Isabellinischer Stil 94
Isla Cristina 504
Isla de Tabarca 307
Islas Ciés 808
Itálica 494
Izquierda Unida 86

Jaca 644
Jaén 381
Jaime I. 76
Jakobsweg 675
Jarandilla de la Vera 519
Játiva 287
Jávea 293
Jerez de la Frontera 466

Jerez de los Caballeros 509
Jijona 287
Jimenar de la Frontera 438
Jugendherbergen 37

Karl der Große 75
Karl V. (Carlos I.) 79
Karlistenkriege 82
Karten 58
Karthago 73
Kaufhäuser 51
Kelten 72
Keltiberer 72
Klassizismus 95
Kleidung 58
Klima 58
Kolumbus, Christoph 78
Kondome 48
Kreditkarten 55
Kriminalität 60
Kuba-Aufstand 83
Kunstgeschichte 89

La Alberca 606
La Albufera 286
La Almadraba 335
La Antequeruela 368
La Barrosa 453
La Coruña (A Coruña) 779

La Font Roja (Funete Roja)
 287
La Granja de San Ildefonso
 589
La Jonquera 109
La Línea de la Concepción
 442
La Manga 322
La Pobla de Segur 151
La Rabita 342
La Rioja 658
La Seu d´Urgell 148
La Vila Joiosa (Villajoyosa)
 300
Lago de la Ercina 754
Lago Enol 754
Laguardia 725
Lanjarón 376
Laredo 731
Lärm 70
Las Alpujarras 375
Las Fuentes 266
Las Médulas de Carucedo;
 624
Lastres 759
Laujar de Andarax 340
Laxe 797
Lekeitio (Lequeitio) 704

León 616
L'Escala (La Escala) 121
L'Estartit 122, 123
L'Hospitalet de l'Infant 252
Literatur 60
Lizarra (Estella) 678
Llafranc 134
Llançà (Llansa) 110
Llanes 757
Lleida 248
Lloret de Mar 139
Logroño 660
Lorca 317
Lorca, Federico García 372
Los Caños de Meca 449
Lotterien 61
Luarca 770
Lugo 815
Luintra 814

Madrid 541
Málaga 408
Malgrat 143
Malpartida de Cacéres 516
Malpica de Bergantinos 797
Manierismus 94
Manises 286
Manzanares el Real 579
Mar Menor 322
Marbella 428
Marcha 61
Maresme 142
Marín 806
Marisquerías 43
Märkte 51
Marokko 444
Matalascañas 500
Mataró 143
Mauren 74
Mazagón 502
Meda Gran 123
Meda Petita 123
Medina Azahara 403
Medina Sidonia 471
Menú del Día 41
Mérida 510
Miami Platja 252

Mijas 426
Minas de Riotinto 505
Mini-Hollywood 339
Miranda del Castañar 606
Mojácar 331
Monasterio de la Cartuja 492
Monasterio de la Rábida 503
Monasterio de Leyre 677
Monasterio de San Ignacio de Loyola 703
Monasterio de San Juan de la Peña 644
Monasterio de Santo Domingo de Silos 634
Monasterio de Santo Toribio de Liébana 747
Monasterio de Yuste 519
Mondoñedo 777
Moneo, Rafael 570
Monestir de Poblet 247
Monestir Sant Pere de Rodes (San Pedro de Rodaj) 111
Monforte de Lemos 813
Montblanc 246
Montserrat 228
Moraira 295
Morella 263
Mosteiro San Estevo de Ribas de Sil 814
Mosteiro Santa María de Oseira 813
Mota del Cuervo 528
Motril 342
Movida 61
Mozarabischer Stil 92
Mudéjar-Stil 92
Mugia 798
Mulhacén 374
Müll 70
Mundaka 707
Murcia 313
Murillo, Bartolomé Esteban 96
Muros 799
Mutriku (Motrico) 703

Muxía 798

Nájera 662
Napoleon I. 82
Nasriden 74
Naturführer 61
Navarra 665
Navarredonda 595
Navia 771
Nerga 806
Nerja 406
Niebla 504
Níjar 335
Nogueira de Ramuín 814
Noia (Noya) 800
Notruf 49
Notrufnummer 24
Novo Sancti Petri 453
Núria 147

O Grove 803
Oasys 339
Öffnungszeiten 62
Olite 669
Olot 144
Olvera 437
Omaijaden 74
Ondárroa 704
Orihuela (Oriola) 310
Orjiva 376
Orpesa (Oropesa) 266
Ortigueira 778
Osuna 496
Ourense (Orense) 812
Oviedo 763

Padrón 801
Palafrugell 133
Palamós 135
Palencia 615
Palos de la Frontera 503
Pals 131
Pampaneira 377
Pamplona 669
Pannenhilfe 24
Pantà de la Riba-Roja 254
Parada do Sil 815
Paradores 35

838 Register

Paraje Natural El Torcal 422
Parc d'Atraccions 220
Parc Natural Aiguamolls de L'Empordà 120
Parc Natural de la Zona Volcanica de la Garrotxa 144
Parc Natural del Delta de l'Ebre 254
Parken 24
Parque Nacional Coto de Doñana 465, 498
Parque Nacional de Cabañeros 527
Parque Nacional de la Sierra Nevada 372
Parque Nacional de las Islas Atlánticas 808
Parque Nacional de Monfragüe 519
Parque Nacional de Ordesa y Monte Perdido 642
Parque Nacional Picos de Europa 745
Parque Nacional Tablas de Daimiel 527
Parque Natural Cabo de Gata-Níjar 332
Parque Natural de Corrubedo 800
Parque Natural de las Lagunas de Ruidera 526
Parque Natural El Valle 317
Parque Natural Lago de Sanabria 608
Parque Natural Sierra Espuña 317
Parque Natural Sierras de Cazorla, Segura y Las Villas 386
Partido Popular (PP) 86
Partido Socialista del Obrero Español (PSOE) 85
Paseo 62
Pedraza 590
Pelayo, Fürst 754
Peñafiel 614
Penedès 231
Peñíscola 264

Pensión 35
Peralada 116
Peratallada (Kat.) 124
Personalausweis 64
Philipp (Felipe) II. 80
Phönizier 73
Picasso, Pablo 97
Picasso, Pablo Ruíz 420
Picos de Europa (Asturischer Bereich) 752
Picos de Europa (Kantabrischer Bereich) 744
Pineda de Mar 143
Pitres 378
Pizarro, Francisco 80
Plasencia 518
Platereskstil 94
Platja d'Aro 136
Platja de Pals 131
Poblat Ibèric 123
Pobra de Trives, A 815
Policía Local 63
Policía Nacional 63
Polizei 62
Ponferrada 622
Pont de les Ferreres 245
Pontevedra 804
Port Bou 109
Port Lligat 114
PortAventura 250
Portilla de la Reina 748
Portonovo 804
Posada de Valdeón 748
Post 63
Postsparbuch 55
Postüberweisung 55
Potes 745
Pradollano 374
Präromanik 92
Priego de Córdoba 404
Primo de Rivera, General 83
Primo de Rivera, José Antonio 84
Privatzimmer 38
Púbol 124

Puebla de Sanabria 609
Puebla de Trives 815
Puente la Reina 678
Puente Viesgo 740
Puerto Banús 430
Puerto de Mazzarón 322
Puerto Lápice 528
Puigcerdà 148
Punische Kriege 73
Punta Umbría 503
Purullena 380
Pyrenäenfrieden 81

Quadrat d'Or 211

Rauchverbote 63
Rechtsschutzversicherung 17
Reconquista 74
Reinosa 727
Reisedokumente 64
Reisepass 64
Reisechecks 55
Reisezeit 58
Renaissance 94
Renaixença 105
RENFE 28
Republik, Erste 82
Republik, Zweite 83
Restaurantes 43
Restauration 83
Reus 245
Reyes Católicos 78
Rías Altas (Galicien) 776
Rías Bajas 799
Ribadavia 811
Ribadeo 776
Ribadesella 758
Riba-Roja d´Ebre 254
Ribeira (Riveira) 801
Ribeira Sacra 814
Ribes de Freser 147
Riglos 641
Rioja Alavesa 725
Ripoll 146
Riu Noguera Pallaresa 151
Romanik 93

Register

Romanisierung 73
Römer 73
Roncesvalles 676
Ronda 432
Rondas 160
Roquetas de Mar 341
Roses 115
Rota 463
Ruidera 526
Ruïnes d'Empúries 122
Ruta de los Dinosaurios 660

Sa Riera 133
Sa Tuna 133
Sagunt (Sagunto) 267
Sahagún 625
Salamanca 596
Salardú 156
Salobreña 343
Salou 250
San Andrés de Teixido 778
San Fermín 670
San José 333
San Miguel de Cabo de Gata 334
San Millán de la Cogolla 662
San Pedro de la Nave 608
San Sebastián (Donostia) 691
San Vicente de la Barquera 744
Sancho III. der Große 75
Sangüesa 677
Sanlúcar de Barrameda 464
Sant Andreu 161
Sant Carles de la Ràpita 256
Sant Cugat del Vallès 228
Sant Feliu de Guíxols 136
Sant Jaume d'Enveja 256
Sant Joan de los Abadesses 146
Sant Martí 161
Sant Pere Pescador 121
Sant Pol de Mar 143
Sant Sadurní d'Anoia 231
Santa Cruz de la Serós 644
Santa Eulalia de Bóveda 816
Santa Maria de L'Estany 157
Santa Pola 307
Santander 732
Santiago de Compostela 786
Santillana del Mar 740
Santo Domingo de la Calzada 663
Santoña 732
Sants 221
Sanxenxo 804
Sardana 109
Schmalspurbahnen 28
Seeschlacht von Lepanto 80
Seeschlacht von Trafalgar 82
Segorbe 268
Segovia 583
Semana Santa 487
Semana Tràgica 83
Sepúlveda 590
Serra da Capelada 778
Serra de Collserola 219
Setenil 437
Sevilla 472
Sidra 46
Sierra de Gredos 595
Sierra de la Peña de Francia 606
Sierra Morena 328
Sierra Nevada 372
Siesta 64
Siglo de Oro, El 81
Silberstraße 507
Simancas 614
Sinagoga Major 200
Sitges 233
Skifahren 374
Solsona 156
Soria 635
Sort 152
Sos del Rey Católico 653
Sotelo, Calvo 84
Sotogrande 442
Spanische Mark 104
Spanisches Fremdenverkehrsamt 56
Sperrnummer für Bank- und Kreditkarten 55
Sprachen 99
Stadtbusse 167
Stierkampf 66, 191

Tamarit 238
Tamariu 134
Tanken 23
Tankerunglück vor Galicien 773
Tapas 42
Tarazona 653
Tarifa 446
Tarragona 238
Taüll 156
Telefonieren 68
Teruel 654
Theresa von Avila 81
Toiletten 69
Toledo 532
Tordesillas 609
Torla 643
Toro 608
Torre del Mar 407
Torremolinos 426
Torrenueva 342
Torrevieja 308
Torroella de Montgrí 123
Torrox-Costa 407
Tortosa 253
Tossa de Mar 137
Tourismus 71
Trevélez 378
Trujillo 517
Tudela 666
Tui (Túy) 810
Turégano 590
Turismo activo 64
Turismo rural 37
Turismo verde 37

Úbeda 385
Übernachtungs-Tipps 34
Ubrique 438
Ugíjar 379

Ullastret 123
Umweltschutz 69
Unabhängigkeitskrieg, Spanischer 82

Valdepeñas 524
Valdés Leal, Juan de 96
Valencia 268
Valenciana, Comunitat 101, 256, 257, 288
Valeri i Pupurull, Salvador 215
Vall d'Aran 156
Vall de Boí 154
Valladolid 609
Valle de Ansó 645
Valle de Benasque 641
Valle de Hecho (Echo) 645
Valle de los Caídos 581
Vallvidrera 219
Vejer de la Frontera 450
Velázquez, Diego de 95, 570
Vélez-Málaga 408
Ventas 43
Verín 813

Verkehrsbestimmungen 23
Vía de la Plata 507
Vic 157
Vielha 156
Vigo 806
Viladecans 178
Vilafranca del Penedès 231
Vilanova i la Geltrú 236
Villafranca del Bierzo 624
Villagarcía de Arousa 802
Villajoyosa 300
Villarreal de San Carlos 519
Villaviciosa 760
Vinaròs (Vinaroz) 263
Vitoria-Gasteiz 720
Viveiro (Vivero) 777
Viznar 372
Völkerwanderung 73
Volksaufstand von Madrid 82
Vollkaskoversicherung 17
Vorwahlen 68

Wanderführer 61
Wanderkarten 58
Wein 46

Westerndörfer 339
Westgotisches Reich 73

Xàbia (Jávea) 293
Xàtiva (Játiva) 287
Xixón 760
Xixona (Jijona) 287

Yesa 677

Zafra 508
Zahara de la Sierra 437
Zahara de los Atunes 448
Zamora 607
Zapatero, José Luis Rodríguez 87
Zaragoza 645
Zarautz (Zarauz) 702
Zeit 71
Zentralruf der Autoversicherer 24
Zoll 71
Zumaia (Zumaya) 703
Zurbarán, Francisco de 95